WORDS

médiascopie du vocabulaire anglais

Florent GUSDORF
Agrégé de l'Université
Professeur en classes préparatoires
(Lycée Charlemagne, Paris)

ellipses

EDITION MARKETING
EDITEUR DES PREPARATIONS
GRANDES ECOLES MEDECINE
32, rue Bargue 75015 PARIS

ISBN 2-7298-9130-7

AVERTISSEMENT / *FOREWORD*

Fondé sur le dépouillement systématique d'articles de la presse spécialisée et générale au cours des dix dernières années, ***WORDS*** se présente sous la forme d'une banque de données du vocabulaire des thèmes principaux de l'actualité tels qu'ils ont été traités dans les médias britanniques (UK) et américains (USA).

Avant d'être lexique, ***WORDS*** se veut outil de référence. Il s'adresse à tous les étudiants des cycles universitaires et aux élèves préparationnaires des concours aux grandes écoles scientifiques, commerciales ou littéraires ainsi qu'aux étudiants en sciences politiques et en I.U.T. Il est destiné aux élèves curieux des événements du monde qui les entoure et désireux de maîtriser une langue et un vocabulaire spécifique de notre époque. Il s'adresse également à l'enseignant soucieux du traitement varié et méthodique des sujets d'actualité au sein de sa classe. ***WORDS*** peut être utilisé pour le travail écrit comme pour la communication orale. La richesse des thèmes abordés permet de répondre à tous les sujets que l'actualité propose au fil des événements : à ce titre, il doit permettre à l'élève de développer de façon autonome n'importe quel problème de société à l'écrit tout comme il permet le dialogue en situation autour de sujets ou de documents, qu'ils soient messages publicitaires, iconographiques ou autres. D'autre part, des ouvrages ultérieurs du même type fourniront à ***WORDS*** un complément ainsi qu'une spécialisation en fonction des besoins propres aux étudiants selon la branche qu'ils suivent.

La démarche adoptée est constructive et didactique : chaque chapitre est conçu comme un tout et traite, de façon aussi autonome que possible le problème abordé selon un plan progressif. L'accent est mis davantage sur le maniement du mot proposé et la cohésion de la structure d'emploi en contexte que sur la mémorisation systématique de lexique — sans pour autant que cette dernière démarche soit à proscrire. Il nous a paru essentiel de faire figurer le mot au sein de l'expression, afin de montrer les formes et les limites de l'emploi et d'inscrire la structure dans le cadre plus large de la notion. Ce jeu d'emboitement ne va certes pas sans quelques répétitions, justifiées par l'exhaustivité du thème traité et par la nécessité d'une mise en valeur claire des conditions d'utilisation de telle ou telle expression. Des renvois à d'autres chapitres permettent au lecteur un développement plus complet de l'information. La traduction des expressions retenues a été la plus étroite et la plus neutre possible : elle ne se veut nullement modèle exclusif et gagne même, j'en suis certain, à être améliorée, à l'aide de vos éventuelles corrections ou suggestions qui seront les bienvenues.

Je remercie Paul de Laboulaye pour le regard critique qu'il a exercé sur le manuscrit et le travail d'éditorialiste dont il a bien voulu se charger. Merci à la Pomme également.

•••••

WORDS *is a French/English vocabulary book. It has been written for university or high school students who have chosen French as a major and plans to use French in the course of their professional activities; but it was also designed to meet the needs of the teachers of French eager to keep abreast of recent trends and developments in French/English vocabulary and anxious to have a readily-accessible tool to teach the French language as well as French civilization. It will also help all those who are interested in reading in and understanding French today, be it in the course of their studies, training or professional lives. Generally speaking it has been designed to meet the needs of all those who have to be familiar with, and to use, a general vocabulary in English and French.*

More than 700 pages long, **WORDS** *is designed to be a general vocabulary book organized around specialized topics, presenting as broad a picture as possible of the main aspects of the new lexical order in the 1990s.* **WORDS** *is a contemporary vocabulary book: research was based on the close reading of current affairs magazines and the daily press plus specialized literature and dictionaries.* **WORDS** *contains technical vocabulary along with words and expressions describing people's activities and occupations in addition to a survey of areas lying at the very heart of our industrial, economic and social life. The changing world of the 1990s offers a constant challenge to keep up-to-date, all the more so as in recent years a whole array of new terms and concepts has come to join the everyday vocabulary used in professional life:* **WORDS** *constitutes a unique tool designed to help you grasp the complexities of our modern world and understand the intricacies of our environment.*

WORDS *is divided into four main parts covering the subjects which are the core of society today: the first part, entitled Society, is devoted to today's social problems (The Organization of Society, Social Tensions, Law and Order, The Leisure Society, The Media and Health), the second part deals with Politics (Political life and International Relations) while the third part is about Economy (Factors of Production, Means of Production, Industrial Relations, The Business World, Finance, Trade, Means of Transportation, Economic Tensions) and the fourth is about The Environment (Countries of the World, Climate, Pollution, Wildlife, Deforestation, Catastrophes, Drought, Famine and Overpopulation).*

As precise vocabulary is the key to understanding and effective communication, we have tried to provide the reader with a comprehensive viewpoint. The chapters are organized in such a way as to give a rational overview of man's different activities. Words and expressions are given in context for greater clarity in order to avoid the danger of confusing one word or expression with another. It provides the reader with an instant and almost inexhaustible source of words and expressions useful to deal with any subject. An index in both English and French enables the reader to gain instant access to the relevant chapter and lexical field.

WORDS *can be used in the classroom, for self-tuition or as a source of reference material when writing reports or essays. At the same time* **WORDS** *provides the reader with the essential lexical information he needs to understand and become familiar with the area he intends to specialize. It also constitutes a reference work for professionals requiring succinct and technically accurate answers, providing them with a readily-accessible source of terms used in the everyday course of their activities. Finally it also affords a unique opportunity for all those wishing to broaden their vocabulary and facilitate their understanding of the reading material encountered in their studies or professional lives. The wide variety of words and expressions presented in context means the* **WORDS** *gives the reader the opportunity to train for oral as well as written work on the issues of the modern world, from a general or more specialized point of view.*

SOMMAIRE

TABLE DES MATIÈRES

Society

V THE MEDIA — *LES MEDIAS* 233

VI HEALTH — *LA SANTE* 251

Politics

Economy

XIII FINANCE — *LES FINANCES* 521

XV MEANS OF TRANSPORTATION *LES MOYENS DE TRANSPORT* 579

XVI ECONOMIC TENSIONS — *LES TENSIONS ECONOMIQUES* 611

The environment

I SOCIETY

I THE ORGANIZATION OF SOCIETY — *L'ORGANISATION DE LA SOCIETE*

1 FAMILY — *LA FAMILLE*

I THE FAMILY CELL — *LA CELLULE FAMILIALE*

1 THE FAMILY — *LA FAMILLE*

a household	*un foyer*
family life	*la vie de famille*
the family circle	*le cercle de famille*
the extended family	*la famille au sens large*
relations	*les proches*
the nuclear family	*la famille nucléaire*
a large family	*une famille nombreuse*
dependants	*charges de famille*
the head of the family	*le chef de famille*
a breadwinner	*un soutien de famille*
the father	*le père*
dad, daddy	*papa*
the mother	*la mère*
mum, mummy	*maman*
the parents	*les parents*
parental duties	*obligations parentales*
a husband	*un époux*
a wife	*une épouse*
a legitimate child	*un enfant légitime*
illegitimate	*illégitime*
the offspring	*la progéniture*
the offshoot	*les rejetons*
the progeny	" "
a scion	*un descendant*
a dynasty	*une dynastie*
a brother	*un frère*
a sister	*une sœur*
a relative	*un parent*
the next of kin	*les parents proches*
no kin of	*sans lien avec*
kinship	*la parenté*
a cousin	*un cousin / une cousine*
a first cousin	*un cousin germain*
a cousin through marriage once removed	*un cousin par alliance au deuxième degré*
a niece	*une nièce*
a nephew	*un neveu*
an aunt	*une tante*
an uncle	*un oncle*
a grandmother	*une grand-mère*
a grandfather	*un grand-père*
the grandparents	*les grands-parents*
the great grandparents	*les arrière-grands-parents*
a son	*un fils*
a daughter	*une fille*
twins	*les jumeaux*
a twin brother	*un jumeau*
a twin sister	*une jumelle*
a grandchild	*un petit-enfant*
a grandson	*un petit-fils*
a granddaughter	*une petite-fille*
a great-grandchild	*un arrière-petit-enfant*
the in-laws	*la belle-famille*
the parents-in-law	*les beaux-parents*
a father-in-law	*un beau-père*
a mother-in-law	*une belle-mère*
a brother-in-law	*un beau-frère*
a sister-in-law	*une belle-sœur*
a god-child	*un filleul / une filleule*
a godfather	*un parrain*
a godmother	*une marraine*

2 MARRIAGE — *LE MARIAGE*

cohabitation	*la cohabitation, le concubinage*
to cohabit	*cohabiter, vivre en concubinage*
a common-law marriage	*une union hors mariage, entre concubins*
a common-law wife	*une concubine*
a maiden name	*un nom de jeune fille*
to retain	*conserver*
to propose to sb.	*demander en mariage*
engagement	*fiançailles*
to be engaged (to)	*être fiancé (à)*
a fiancé	*un fiancé*
a fiancée	*une fiancée*
to be of marriageable age	*être nubile*
to have a stag party	*enterrer sa vie de garçon*
to marry sb.	*épouser qqn.*
to get married with	*se marier avec*
a marriage	*un mariage*
a marriage agency	*une agence matrimoniale*
the superintendent registrar (UK)	*l'officier d'état civil*

a justice of the peace (US)	*un juge de paix*
the state registry of birth, marriages and deaths	*le registre d'état civil*
to publish banns	*publier les bans*
to issue a licence	*accorder une autorisation*
a witness	*un témoin*
a dowry	*une dot*
a marriage settlement	*une constitution de rente sur l'épouse survivante*
a church wedding	*un mariage religieux*
the bride	*la mariée*
the bridegroom	*le marié*
the best man	*le garçon d'honneur*
a bridesmaid	*une demoiselle d'honneur*
the newly-weds	*les nouveaux mariés*
the married couple	*les époux*
a wedding	*les noces, la célébration d'un mariage*
a wedding ring	*une alliance*
marriage vows	*vœux du mariage*
a marriage certificate	*un certificat de mariage*
a honeymoon	*une lune de miel*
a honeymoon trip	*un voyage de noces*
the marriage rate	*le taux des mariages*
a hasty marriage	*un mariage en catastrophe*
a shotgun marriage	*un mariage forcé*
a wedding anniversary	*un anniversaire de mariage*
silver wedding	*noces d'argent*
golden wedding	*noces d'or*
wedded life	*la vie de marié*
to meet requirements	*remplir des conditions*
to annul a marriage	*annuler un mariage*
to be voidable	*être annulable*
to declare null and void	*déclarer nul et non avenu*
a decree of nullity	*un jugement d'annulation*
to consummate	*consommer*
to suffer from a mental disorder	*souffrir de troubles mentaux*
to be fit for marriage	*être apte au mariage*
a venereal disease (VD)	*une maladie vénérienne*
to be pregnant by another man	*être enceinte d'un autre homme*
unwed	*célibataire*
an unwed mother	*une mère célibataire*
monogamy	*la monogamie*
monogamous	*monogame*
bigamy	*la bigamie*
bigamous	*bigame*
to lose one's parents	*perdre ses parents*
an orphan	*un / une orphelin(e)*
to be orphaned	*devenir orphelin*
an orphanage	*un orphelinat*
a guardian	*un tuteur*
a widow	*une veuve*
a grass widow	*une divorcée, une femme séparée*
a widower	*un veuf*
widowhood	*le veuvage*
to be widowed	*devenir veuve / veuf*
a family tree	*un arbre généalogique*
stock	*souche*
of protestant stock	*de souche protestante*
ancestry	*l'ascendance, les aïeux*
descent	*ascendance*
lineage	*la lignée*
an heir	*un héritier*
an heiress	*une héritière*
to inherit	*hériter*
to be heir to	*être l'héritier de*
inheritance	*un héritage*
a legacy	" "

3 DIVORCE — *LE DIVORCE*

3.1 SEPARATION — *LA SEPARATION*

to end a relationship	*mettre un terme à une union*
the spouse	*l'épouse / l'époux*
to dissolve a marriage	*dissoudre un mariage*
a strain	*une tension*
to put a strain on	*mettre à rude épreuve*
to break up	*se briser*
to break down irretrievably	*se briser de façon irrémédiable*
a marriage breakdown	*une dissolution de mariage*
a broken marriage	*un mariage brisé*
a break-up	*une rupture*
a teetering marriage	*un mariage chancelant*
on the rocks	*en train de craquer*
to split up	*se séparer*
to separate	" "
a separation	*une séparation*
to be in the process of separating	*être en instance de séparation*
a trial separation	*une séparation à l'essai*
an amicable separation	*une séparation à l'amiable*
a consensual separation	*une séparation par consentement mutuel*
a judicial separation	*une séparation de corps*
to dump	*plaquer (fam.)*
to walk out of	*quitter*
to ditch	*larguer (fam.)*
to end up in divorce	*finir par un divorce*
to get a divorce (from)	*divorcer (de)*
to get divorced	*divorcer*
to be divorced from	*être divorcé de*
a divorcee	*un / une divorcé(e)*
to sever links (with)	*rompre les liens (avec)*

3.2 GOING TO COURT — *LA PROCEDURE PENALE*

a petition	*une requête*
to be held in court	*être jugé par le tribunal*
to present a divorce petition	*présenter une demande de divorce*
an unopposed petition	*une demande non contestée*

an undefended divorce	*une demande de divorce non contestée*
to file a cross-petition	*déposer une demande reconventionnellle*
a petitioner	*un demandeur*
a defender	*un défendeur*
a third party	*un tiers*
a divorce case	*une affaire de divorce*
divorce proceedings	*une procédure de divorce*
to take legal action against	*intenter une action en justice*
to fight a legal battle	*livrer un combat juridique*
to sue for divorce	*entamer une procédure de divorce*
to start divorce proceedings	*demander le divorce*
to go to trial	*passer en jugement*
the courtroom	*le tribunal*
the Divorce Registry	*le bureau d'enregistrement des divorces*
on grounds of	*pour raison de*
to lay down grounds for divorce	*établir des causes de divorce*
mental cruelty	*la cruauté mentale*
divorce for fault	*un divorce aux torts exclusifs de*
a no-fault divorce	*un divorce aux torts partagés*
divorce by mutual agreement	*un divorce par consentement mutuel*
infidelity	*l'infidélité*
to deceive	*tromper*
deception	*la tromperie*
to cheat on one's husband / wife	*tromper son mari / sa femme*
adultery	*l'adultère*
depraved behaviour	*le comportement dépravé*
a recording of adultery	*un constat d'adultère*
to commit adultery	*commettre l'adultère*
a co-respondent	*un co-défenseur (personne complice de l'adultère)*
to desert	*abandonner*
desertion	*abandon*
to live as two separate households	*constituer deux foyers distincts*
to live apart	*vivre séparé(s)*
to be estranged from one's wife	*se brouiller avec sa femme, être séparé de sa femme*
estrangement	*la désunion, la séparation*
a missing spouse	*un conjoint disparu*
presumption of death	*une présomption de décès*
to presume death	*présumer le décès*
prima facie evidence	*un commencement de preuve*

3.3 SETTLEMENT — *LE REGLEMENT*

a court ruling	*une décision de justice*
to grant a decree	*délivrer un jugement*
to grant a decree nisi	*délivrer un jugement de divorce conditionnel*
to grant a decree absolute	*délivrer un jugement de divorce définitif*
to support a family	*subvenir aux besoins de sa famille*
to provide for one's family	" " " "
maintenance	*la pension alimentaire*
to provide maintenance	*verser une pension alimentaire*
alimony	*une pension alimentaire*
palimony	*une pension alimentaire à son concubin / sa concubine*
to pay alimony	*verser une pension alimentaire*
to be entitled to	*avoir droit à*
to be well provided for	*être à l'abri du besoin*
a marriage contract	*un contrat de mariage*
a prenuptial agreement	*un accord prénuptial*
a matrimonial regime	*un régime matrimonial*
separation of property	*la séparation de biens*
community property	*la communauté des biens*
marital property	" " "
the length of marriage	*la durée du mariage*
earning power	*le montant des revenus*
to disclose assets	*révéler les biens*
to divide assets	*faire le partage des biens*
a portion of	*une part de*
a settlement	*un accord*
to negotiate	*négocier*
to reach a settlement	*parvenir à un accord*
efforts at conciliations	*tentatives de conciliation*
to apply for a court order	*demander une ordonnance au tribunal*
a matrimonial order	*une ordonnance relative aux affaires matrimoniales*
to enforce payment	*obliger à payer*
an attachment of earnings order	*une décision de saisie-arrêt sur les salaires*

3.4 CUSTODY OF CHILDREN — *LA GARDE DES ENFANTS*

a dispute over	*un conflit à propos*
to have a custody fight	*se disputer la garde*
a squabble	*une querelle*
to squabble	*se chamailler*
to clash over	*se disputer à propos de*
traumatic	*traumatisant*
custodianship	*le droit de garde des enfants*
guardianship	*la tutelle*
a guardian	*un tuteur*
to appoint	*désigner*
custody complications	*difficultés au sujet de la garde*
to grant legal custody	*accorder la garde légale*
a custody order	*une ordonnance de garde*
to grant an interim order	*accorder une ordonnance provisoire*
to revoke a custody order	*révoquer une ordonnance de garde*
to receive custody	*obtenir la garde*

to get custody	" "
to gain custody	" "
to be given custody	*se voir confier la garde*
to award custody	*attribuer la garde*
to entrust the mother with the custody of	*confier la garde à la mère*
provisions for access	*dispositions de droits de visite*
to have an equal say (in)	*avoir un droit de regard égal (dans)*
to be denied custody	*se voir refuser la garde*
to pay child support	*verser une pension pour les enfants*
an exclusion order	*une interdiction d'accès au domicile conjugal*
a child abduction	*un enlèvement d'enfant*
to abduct	*enlever*
to spirit away	*subtiliser*
to recover children	*reprendre les enfants*
to get the children back	*récupérer les enfants*
a legal visit	*une visite légale*
to remarry	*se remarier*
a remarried parent	*un parent remarié*
remarriage	*le remariage*

4 THE SEXUAL REVOLUTION — *LA REVOLUTION SEXUELLE*

sexual revolt	*la révolte sexuelle*
to propel	*faire progresser*
to be under way	*se dérouler*
to be in the throes of	*être en proie à*
to slow down	*se ralentir*
to rebuff	*repousser*
a shift in attitudes	*un changement d'attitudes*
to have an affair	*avoir une liaison*
to sleep with sb.	*coucher avec qqn.*
free love	*l'union libre*
free union	" "
an obsession with sexual matters	*être obsédé par problèmes sexuels*
a sexual trend	*une tendance sexuelle*
a sexual spree	*une débauche de sexe*
sexual bloom	*épanouissement sexuel*
sexual entanglements	*liaisons multiples*
trivialisation of sex	*la banalisation du sexe*
a male counterpart	*un compagnon mâle*
a one-night stand	*une connaissance d'un soir*
to live in sin	*vivre dans le péché*
to shack up with sb.	*vivre à la colle avec qqn.*
to swap	*échanger*
mate swapping	*l'échangisme*
group sex	*le sexe en groupe*
a swing party	*une soirée échangiste*
revolving door sex	*le sexe à géométrie variable*
a sexologist	*un sexologue*
a sex therapist	*un thérapeute spécialiste des questions sexuelles*
traditional values	*valeurs traditionnelles*
to reassert	*réaffirmer*
a reassertion	*une réaffirmation*
a romance	*une idylle*
to court	*courtiser*
to woo	*faire la cour à*
a commitment	*un engagement*
to abide by	*rester fidèle à*
to build a lasting relationship	*établir une relation durable*
an in-depth relationship	*une relation profonde*
fidelity	*la fidélité*
faithful	*fidèle*
truthful	*véritable*
genuine	*authentique*

II THE GENERATION GAP — *LE CONFLIT DES GENERATIONS*

1 THE YOUNGER GENERATION — *LA JEUNE GENERATION*

the young	*les jeunes*
a youngster	*un jeune*
young	*jeune*
the youth	*la jeunesse*
a youth	*les jeunes*
youthful	*jeune*
to be in	*être à la mode*
to be hip	*être dans le vent*
to be in tune with one's times	*être branché*
conformity	*le conformisme*
non-conformist	*non conformiste*
to conform	*se conformer*
carefree	*indifférent*
a devil-may-care attitude	*une attitude "j'm'en foutiste" (fam.)*
careless	*négligent*
carelessness	*la négligence*
to show no concern about the future	*ne pas se soucier de l'avenir*
independence	*indépendance*
independent (of)	*indépendant (vis à vis de)*
a display of independence	*une manifestation d'indépendance*
to be independent-minded	*avoir un esprit d'indépendance*
to have a mind of one's own	*avoir son franc-parler*
to be outspoken	" " " "
to have an outgoing nature	*avoir un caractère ouvert*
spirited	*fougueux*
boisterous	*turbulent*

demure	*réservé*
naughty	*méchant*
mean	"
vicious	*pervers*
to share values with	*partager des valeurs avec*

2 TEENAGE *L'ADOLESCENCE*

a teenager	*un adolescent*
teenage	*adolescent*
the teens	*l'adolescence*
to be in one's teens	*être adolescent*
a teenaged American	*un adolescent américain*
an adolescent	*un adolescent*
a baby boomer	*qui est né après la seconde guerre mondiale (génération 1946-1964)*
mature	*mûr*
maturity	*la maturité*
to be immature	*manquer de maturité*
manhood	*l'âge d'homme*
adulthood	*l'âge adulte, la virilité*
to scramble into adulthood	*entrer tant bien que mal dans l'âge adulte*
a volatile stage	*une période difficile*
to come of age	*devenir majeur*
coming of age	*la majorité*
a minor	*un mineur*
to be under age	*être mineur*
to grow up	*grandir*
the grown ups	*les adultes*
to postpone growing up	*tarder à mûrir*
to start a family of one's own	*fonder sa propre famille*
a rite of passage	*un rite de passage*

2.1 MOODS *HUMEURS*

a mood	*une humeur*
moody	*lunatique*
fickle	*inconstant*
a problem child	*un caractériel*
to withdraw into oneself	*se renfermer*
to be withdrawn	*être renfermé*
to withdraw into one's shell	*se refermer dans sa coquille*
to shut others out	*se replier sur soi*
uncommunicative	*qui ne se livre pas*
self-contained	*réservé*
to have a hazy sense of identity	*avoir un sentiment confus de son identité*
to reject adult direction	*rejeter les conseils des adultes*
to be cast out from	*être rejeté*
an outcast	*un marginal*
to be left to one's own devices	*être livré à soi-même*
to confide in	*se confier à*
to trust	*faire confiance à*
trustful	*confiant*
distrustful	*méfiant*
untrustworthy	*indigne de confiance*
sly	*sournois*
psychological disturbances	*troubles psychologiques*
to be emotional	*être émotif*
devious	*pervers*
cynical	*cynique*
cynicism	*le cynisme*
irksome	*irritable*
touchy	*susceptible*
idle	*oisif*
idleness	*oisiveté*
apathetic	*apathique*
apathy	*apathie*
boredom	*ennui*
to get bored	*s'ennuyer*
to be bored stiff	*s'ennuyer ferme*
attention span	*le degré d'attention*
to feel lonely	*se sentir seul*
to feel miserable	*avoir des idées noires*
to cut a sorry figure	*faire grise mine*
to be a good mixer	*être sociable*
to sulk	*bouder*
sulky	*maussade*
sulkiness	*la bouderie*
sullen	*morose*
sullenness	*la morosité*
forlorn	*maussade*
to have the blues	*avoir le cafard*
to feel blue	*broyer du noir*
ill-tempered	*de mauvaise humeur*
an outburst of temper	*un mouvement d'humeur*
a fit of temper	*un accès de colère*
to be temperamental	*être d'humeur instable*
to have a quick temper	*être soupe au lait*
petulant	*irascible*
self-dramatizing	*qui se fait un monde de tout*
grumpy	*grognon*
materialistic	*matérialiste*
impractical	*qui manque de réalisme*
to make a commitment	*s'engager*
non-committal	*qui refuse de s'engager*
to make a cultural statement	*s'affirmer culturellement*
to seek an escape from	*chercher à échapper à*
a role model	*un modèle de personnalité*
to look up to	*respecter*
a lifestyle	*un style de vie*
to chew gum	*mâcher du chewing-gum*

2.2 THE AWKWARD AGE *L'AGE INGRAT*

awkward	*gauche*
self-conscious	*gêné*
self-consciousness	*embarras*
bodily alterations	*changements corporels*
gawky	*godiche*
graceless	*sans grâce*
fuzzy-cheeked	*à la barbe naissante*
puberty	*la puberté*
pubescent	*pubescent*
a growth spurt	*une crise de croissance*
acne	*acné*

pimples	*boutons*
a skin condition	*un problème de peau*
to be obsessed with one's self	*être obsédé par son moi*
to be preoccupied with	*se préoccuper de*
to posture	*prendre des airs, affecter une attitude*
self assurance	*la confiance en soi*
self assured	*sûr de soi*
cool	*flegmatique*
to brag about	*se vanter de*
a braggart	*un hâbleur*
to boast of	*se vanter de*
to show off	*s'afficher*
to swagger	*crâner*
self-centered	*égocentrique*
narcissism	*le narcissisme*
narcissistic	*narcissique*
to primp	*se pomponner*
a trend	*une mode*
trendy	*à la mode*
a fad for	*un engouement*
to sport the latest clothes	*être habillé du dernier cri*

2.3 « REBEL WITHOUT A CAUSE » — *« LA FUREUR DE VIVRE »*

2.3.1 CHUMS — *LES COPAINS*

to hang around	*traînasser*
to consort with	*fréquenter*
friendship	*l'amitié*
to make friends with	*se lier d'amitié avec*
to get along with	*s'entendre avec*
a buddy	*un pote*
an acquaintance	*une relation, une connaissance*
a close friend	*un(e) ami(e) intime*
a bosom friend	" " "
a drag	*un raseur*
a bore	" "
a wet blanket	*un rabat-joie*
to party	*sortir*
a party	*une soirée*
to give a party	*donner une soirée*
to have fun	*s'amuser*
to have a good time	*bien s'amuser*
to laze about	*paresser*
to loaf about	*traîner*
to drift through a day-to-day life	*vivre au jour le jour*
to drop out of school	*abandonner ses études*
scholastic underachievement	*une situation d'échec scolaire*
to underachieve	*ne pas donner toute sa mesure*
a feeling of inadequacy	*un sentiment d'inadaptation*
to hang out with	*crécher chez (fam.)*
a hangout	*un lieu favori*
promiscuous	*de mœurs faciles*
promiscuity	*la promiscuité*

2.3.2 EXPERIMENTING WITH SEX — *PREMIERS AMOURS*

the onset of sexual maturation	*l'approche de la maturité sexuelle*
sexual drive	*les pulsions sexuelles*
to feel attracted to	*être séduit par*
to become infatuated with	*s'enticher de*
to be in love with	*être amoureux de*
to love to distraction	*aimer à la folie*
to be mad about	*être fou de*
to be smitten with	*être fou amoureux de*
to have a crush on	*en pincer pour (fam.)*
emotional turmoil	*émoi passionnel*
sexual activity	*activité sexuelle*
to parade one's sexuality	*étaler sa sexualité*
to experience sex	*faire ses premières expériences*
to have a date with	*avoir un rendez-vous / sortir avec*
to date	*fréquenter*
to have intercourse	*avoir des rapports sexuels*
foreplay	*la stimulation*
to pet	*câliner*
to fondle	"
to cuddle	"
to neck	*peloter (fam.)*
to seduce	*séduire*
to entice	*attirer*
the pits	*le chemin des amoureux*
a token of affection	*une preuve de tendresse*
arousal	*l'éveil*
to arouse	*stimuler*

2.3.3 TEMPTATIONS — *LES TENTATIONS*

a temptation	*une tentation*
to yield to	*céder à*
to be immune to	*être à l'abri de*
to have a shot at	*essayer*
alcohol	*l'alcool*
booze	*la boisson*
drugs	*la drogue*
an addiction to	*une dépendance pour*
to take drugs	*se droguer*
delinquency	*la délinquance*
a delinquent	*un délinquant*
a frustration	*une frustration*
to feel frustrated	*se sentir frustré*
to vent one's frustrations	*laisser libre cours à ses frustrations*
to air one's frustrations	*exprimer ses frustrations*
youth culture	*la culture des jeunes*
the trappings of a culture	*les signes extérieurs d'une culture*
popular	*populaire*
popularity	*la popularité*
a cult figure	*une idole*
to lose one's hold on	*perdre son emprise sur*

see : drugs — *voir : la drogue*
drinking — *l'alcoolisme*
crime — *la criminalité*

3 THE OLDER GENERATION — *LES AINES*

the older generation	*la génération précedente*
the elders	*les aînés*
the square generation	*les "ringards"*
the grown ups	*les grandes personnes*
narrow-minded	*étroit d'esprit*
broad-minded	*large d'esprit*
old-fashioned	*vieux jeu*
fuddy-duddy	" "
to be behind one's times	*être en retard d'une génération*
the old man / woman	*le vieux / la vieille (fam.)*
an old fogey	*un vieux ringard*
an old bean	*une vieille noix (fam.)*
a fuddy-duddy	*un vieux schnock (fam.)*
strict	*sévère*
harsh on	*dur envers*
obdurate	*bouché (fam.)*
strait-laced	*collet monté*
a stick in the mud	*un rabat-joie*
a killjoy	" " "
to have a long face	*faire grise mine*
to wear a long face	" " "
to find fault with	*trouver à redire*
tiresome	*fatiguant*
stuffy	*coincé*

4 PARENT-CHILDREN RELATIONSHIPS — *LES RELATIONS PARENTS-ENFANTS*

the generation gap	*le fossé des générations*
to bridge a gap	*combler un fossé*
to widen a gap	*élargir un fossé*

4.1 ANTAGONISMS — *LES ANTAGONISMES*

to be on good terms with	*être en bons termes avec*
to get on well with	*s'entendre bien avec*
to see eye to eye with	*voir les choses du même œil*
to have opposite viewpoints	*avoir des points de vue divergents*
to argue with	*discuter*
to have an argument with	*se disputer avec*
to have words	*avoir des mots*
to be in conflict with	*être en conflit avec*
to be at odds with	" " "
to be at loggerheads with	*être en désaccord avec*
a squabble	*une prise de bec*
to squabble	*se chamailler*
to quarrel	*se quereller*
a quarrel	*une querelle*
a row	*une dispute*
to clash with	*se heurter*
to stick to one's guns	*camper sur ses positions*
a strained relationship	*une relation tendue*
to become estranged (from)	*se brouiller (avec)*
to lose touch with	*perdre le contact avec*
to keep the channels of communication open	*garder le contact avec*

4.2 REBELLING — *LA REBELLION*

to rebel against	*se rebeller contre*
a rebel	*un rebelle*
rebellious	*rebelle*
to reject values	*rejeter les valeurs*
to kick against	*se rebeller contre*
to stand up to	*résister à, tenir tête à*
to answer back	*être impertinent*
to be insolent toward	*être insolent envers*
to disobey	*désobéir à*
disobedient	*désobéissant*
disobedience	*la désobéissance*
to be critical of authority	*critiquer l'autorité*
unruly	*indiscipliné*
to be wild	*faire les 400 coups*
ill bred	*mal élevé*
ill-mannered	" "
cheeky	*insolent*
rude	*grossier*
to nag	*embêter*
to nitpick	*pinailler*
to needle	*agacer*
to annoy	*énerver*
to leave home	*quitter la maison*
to run away from home	*fuguer*
a run away	*un fugueur*
to forgive	*pardonner*

4.3 AUTHORITY — *L'AUTORITE*

to be overbearing over	*dominer*
to be under the thumb of	*être sous la coupe de*
to be under the sway of	*être sous la domination de*
to be at the beck and call of	*obéir au doigt et à l'œil à*
to lecture	*sermonner*
to boss about	*mener au doigt et à la baguette*
to bossy around	*être sur le dos de*
to get off one's back	*arrêter d'être sur le dos de*
to respect	*respecter*
respectful	*respectueux*
disrespectful	*irrespectueux*
to obey	*obéir à*
obedience	*l'obéissance*
obedient	*obéissant*
to comply with	*se plier à*
compliant	*souple*
authority	*l'autorité*
authoritarian	*autoritaire*
to bow to authority	*plier devant l'autorité*
to pander to authority	*ramper devant l'autorité*
bothersome	*ennuyeux*
interfering	*importun*
meddlesome	*indiscret*

4.4 HARMONY — *L'HARMONIE*

to pamper	*choyer*
to dote on	*raffoler de*
to spoil	*gâter*
spoilt	*gâté*
rotten	*pourri*
over-pampered	*couvé*
to mother	*materner*
to coddle	*câliner*
affectionate	*affectueux*
caring	*plein d'attention*
lenient	*indulgent*
leniency	*l'indulgence*
tolerant	*tolérant*
easygoing	*accommodant*
permissive	*laxiste*
permissiveness	*le laxisme*
to be well bred	*être bien élevé*

III DOMESTIC VIOLENCE — *LA VIOLENCE DOMESTIQUE*

1 DISCIPLINE — *LA DISCIPLINE*

to punish sb. for	*punir qqn. pour*
punishment	*une punition*
to spank	*fesser*
a spanking	*une fessée*
a lack of discipline	*un manque de discipline*
to discipline	*discipliner*
a disciplinarian	*un tyranneau*
to rule with an iron hand	*diriger d'une main de fer*
to hit in the face	*frapper au visage*
to smack on the bottom	*fesser*
to cane	*punir à coups de canne*
to belt	*frapper à coups de ceinture*
to keep in line	*faire marcher à la baguette*
to make a scene	*faire une scène*
to berate sb. for	*admonester qqn. pour*
to scold	*gronder*
to tell off	"
to upbraid	"
to hector	*malmener*

2 CHILD ABUSE — *LES MAUVAIS TRAITEMENTS AUX ENFANTS*

to bully	*brutaliser*
to ill-treat	*maltraiter*
to beat	*battre*
to hit	*frapper*
a cigarette burn	*une brûlure de cigarette*
to neglect	*négliger*
to abandon	*abandonner*
to corrupt	*corrompre*
to expose a child	*mettre en danger la sécurité, la santé ou la moralité de l'enfant*
to abuse a child	*maltraiter un enfant*
to be abused	*être l'objet de mauvais traitements*
to be in want of	*être privé de*
to molest	*se livrer à des voies de fait*
child molestation	*brutalités à enfants, attentats à la pudeur*
to assault	*exercer des violences*
to assault indecently	*attenter à la pudeur de*
indecent assault	*attentat à la pudeur*
indecent exposure	*outrage public à la pudeur*
to outrage public decency	*porter outrage aux bonnes mœurs*
sexual intercourse	*rapports sexuels*
unlawful sexual intercourse	*rapports sexuels illicites*
carnal knowledge (of)	*rapports charnels (avec)*
penetration "to any degree"	*pénétration "si peu profonde soit-elle"*
a taboo act	*un acte tabou*
incest	*l'inceste*
to be scarred	*porter des cicatrices*
to traumatise	*traumatiser*
to bring a charge of indecency	*inculper qqn. d'attentat aux mœurs*
to be put into care	*faire l'objet d'une décision de placement*
to be placed into care	*faire l'objet d'une décision de prise en charge*
a care order	*une décision de prise en charge*
an interim care order	*l'assistance éducative*
a ward of court	*une pupille sous contrôle du tribunal*
a child-protection agency	*un service de protection de l'enfance*

3 VIOLENCE AGAINST WOMEN — *LES FEMMES BATTUES*

battered	*battu*
a battered wife	*une femme battue*
a wife batterer	*un mari violent*
to rape	*violer*
a rape	*un viol*
a rapist	*un violeur*
an allegation	*une allégation*
founded	*fondé*
unfounded	*non fondé*
a false accusation	*une fausse accusation*
valid	*bien fondé*

to set up a refuge	*créer un refuge*
molestation	*le harcèlement*
to exclude from	*interdire l'accès du domicile à*
an offending spouse	*un conjoint fautif*
to grant a non-molestation order	*accorder une ordonnance interdisant la violence*

2 WOMAN — *LA FEMME*

I A WOMAN'S BURDEN — *LE FARDEAU DE LA FEMME*

1 CHILDREN — *LES ENFANTS*

to be pregnant	*être enceinte*
pregnancy	*la grossesse*
to bear a child	*porter un enfant*
child-bearing	*la grossesse*
to expect (a child)	*attendre (un enfant)*
expectant	*enceinte*
motherhood	*la maternité*
fatherhood	*la paternité*
parenthood	*la condition de parents*
a mother-to-be	*une future mère*
to breastfeed	*nourrir au sein*
breastfeeding	*allaitement*
to bottlefeed	*nourrir au biberon*
to wean	*sevrer*
weaning	*le sevrage*
a baby-bottle	*un biberon*
a diaper	*une couche-culotte*
nappies	*couches*
a pacifier / a comforter	*une tétine*
baby formula	*un mélange lacté (pour biberon)*
a pram	*un landau*
a baby carriage	*une poussette*
a duty	*un devoir*
to fulfill one's duty	*remplir son devoir*
dutiful	*consciencieux*
to look after	*s'occuper de*
to take care of	*prendre soin de*
to dedicate oneself to	*se consacrer à*
to devote oneself to	*se dévouer pour*
to sacrifice hours with	*sacrifier des heures avec*
to bring up a child	*élever un enfant*
to rear a child / to raise a child	*" " "*
to educate	*éduquer*
child-rearing	*l'éducation des enfants*
the upbringing	*l'éducation*
to nurture	*élever, prendre soin de*
mothering	*l'amour maternel*
childless	*sans enfant*
barren	*stérile*
to be single	*être célibataire*
unmarried	*célibataire*
an unwed mother	*une mère célibataire*
a bachelor	*un célibataire*
a spinster	*une vieille fille*

2 HOMEMAKER — *LA FEE DU LOGIS*

2.1 GENERAL BACKGROUND — *GENERALITES*

home life	*la vie de famille*
a household	*un foyer*
a housewife	*une femme d'intérieur, une ménagère*
a househusband	*un homme de maison*
the keeper of the home	*la gardienne du foyer*
the tender of the hearth	*" " " "*
a home executive	*une maîtresse de maison*
to set down domestic rules	*établir les règles domestiques*
to make a home	*avoir un foyer*
a lovely home	*un joli intérieur*
to run a home	*gérer un foyer*
unaided	*tout seul*
to control the purse strings	*tenir les cordons de la bourse*
to keep house	*tenir la maison*
to keep the home spick and span	*tenir une maison impeccable*
to keep one's husband happy	*rendre son mari heureux*
blissful domesticity	*la paix domestique*

2.2 HOUSEHOLD CHORES — *LES CORVEES DOMESTIQUES*

a household chore	*une corvée domestique*
to perform a household chore	*faire une corvée domestique*
dull / monotonous	*monotone*
repetitive	*répétitif*
thankless / unrewarding	*ingrat*
meaningless	*dénué de signification*
a household task	*une tâche ménagère*
drudgery	*le travail ingrat*

to do the lion's share of	*faire le plus gros du travail*
a recipe	*une recette*
to prepare the meals	*préparer les repas*
to cook	*faire la cuisine*
cooking	*la cuisine*
a cook	*un / une cuisinier(ère)*
a good cook	*un cordon bleu*
to boil	*faire bouillir, bouillir*
to grill	*faire griller*
to bake	*faire cuire au four*
to roast	*rôtir*
to fry	*(faire) frire*
to barbecue	*faire griller au barbecue*
to warm	*(faire) chauffer*
to reheat	*réchauffer*
to do the house	*faire le ménage*
to tidy	*ranger*
tidy	*en ordre*
to do a room	*faire une pièce*
to make one's bed	*faire son lit*
to scrub	*nettoyer à la brosse*
to swill down	*laver à grande eau*
to scour	*récurer*
a mop	*un balai laveur*
to mop	*essuyer*
on all fours	*à quatre pattes*
to dust	*épousseter*
dust	*la poussière*
a duster	*un chiffon à poussière*
to sweep	*balayer*
to polish	*cirer, lustrer*
to wring out	*essorer*
to go shopping / to run errands	*faire les courses*

2.3 HOME APPLIANCES — *LES APPAREILS MENAGERS*

a kitchen aid	*un robot ménager*
a utensil	*un ustensile*
a cooker	*un réchaud*
an electric cooker	*une cuisinière électrique*
a gas oven	*une cuisinière à gaz*
a gas lighter	*un allume-gaz*
a burner	*un feu*
a ring	*une plaque électrique*
a hot plate	*une plaque de cuisson*
a saucepan	*une casserole*
a frying pan	*une poêle*
a pressure cooker	*une cocotte-minute, un autocuiseur*
a kettle	*une bouilloire*
a mincer	*un hachoir*
a spit	*une broche*
a toaster	*un grille-pain*
a can opener	*un ouvre-boîte*
a sink	*un évier*
a tap	*un robinet*
a dish rack	*un égouttoir*
a washing machine	*un lave-linge*
a dishwasher	*un lave-vaisselle*
a dryer	*un sèche -inge*
to do the washing	*faire la lessive*
a wash	*une lessive*
to do the dishes / to wash up	*faire la vaisselle*
a vacuum cleaner	*un aspirateur*
to vacuum	*aspirer*
to run the vacuum cleaner	*passer l'aspirateur*
a polisher	*une cireuse*
a refrigerator	*un réfrigérateur*
a freezer	*un congélateur*
a microwave oven	*un four à micro-ondes*
to microwave	*passer au four à micro-ondes*
an iron	*un fer à repasser*
to iron / to press	*repasser*
a water-heater / a boiler	*un chauffe-eau*
a rubbish chute	*un vide-ordures*
rubbish / garbage	*ordures*
a dustbin / a garbage can	*une poubelle*

II WOMAN'S LIBERATION — *LA LIBERATION DE LA FEMME*

1 STEREOTYPES — *LES STEREOTYPES*

a stereotype	*un stéréotype*
to reject a stereotype	*rejeter un stéréotype*
fragile	*fragile*
frail	*frêle*
sweet	*douce*
immature	*qui manque de maturité*
irresponsible	*irresponsable*
dependent on	*aux crochets de*
to depend on	*dépendre de*
physically weak	*faible physiquement*
an inborn difference	*une différence innée*
unfit for	*inapte à*
inexperienced	*inexpérimenté*
home-bound	*casanier*
to darn	*repriser*
to sew	*coudre*
to knit	*tricoter*
to change nappies	*changer les couches*
to lack authority	*manquer d'autorité*
depressed	*déprimé*

2 FRUSTRATIONS — *LES FRUSTRATIONS*

demeaning work	*le travail avilissant*
degrading	*dégradant*
to be limited to	*se limiter à*

to be confined to	*être réduit à*
confinement to	*la limitation à*
to be tied to the sink	*être coincé à la maison*
to be tied by the children	*être prise par les enfants*
to be trapped at home	*être prisonnier de sa maison*
a reproductive role	*un rôle reproducteur*
to be kept by	*être entretenu par*
a low status job	*un emploi sans prestige*
depreciated	*dévalorisé*
dissatisfaction	*insatisfaction*
to be dissatisfied with	*être insatisfait de*
a frustration	*une frustration*
frustrated	*frustré*
bitterness	*l'amertume*
bitter	*amer*
to stand in the way of	*s'opposer à*
an obstacle to self-realization	*un obstacle à l'accomplissement de soi*

3 FEMINISM — *LE FEMINISME*

a feminist	*une féministe*
female activism	*le féminisme*
the women's liberation movement	*le mouvement de libération de la femme*
women's lib	*le M.L.F.*
a women's liberationist	*une militante féministe*
a libber	" " "
sexism	*le sexisme*
a sexist	*un sexiste*
a sex object	*un objet sexuel*
male	*mâle*
female	*femelle*
male chauvinism	*le sexisme, la phallocratie*
a male chauvinist	*un phallocrate*
a chauvinist pig	*un sale phallocrate (fam.)*
a patriarchal society	*une société patriarcale*
a patronizing attitude	*une attitude condescendante*
condescending	*condescendant*
emancipation	*émancipation*
to emancipate	*émanciper*
to be emancipated	*s'émanciper*
to ask for equal treatment	*demander à être traité de la même façon*
a claim	*une revendication*
to claim	*revendiquer*
to press a claim	*formuler une revendication*
to demand	*exiger*
to awaken women (to)	*sensibiliser les femmes (à)*
to free women from	*libérer les femmes de*
to liberate women from	" " " "
to have access to	*avoir accès à*

III WOMAN AT WORK — *LA FEMME AU TRAVAIL*

1 DISCRIMINATION — *LA DISCRIMINATION*

sex discrimination	*la discrimination sexuelle*
sex-based attitudes	*attitudes sexistes*
the Equal Pay Act	*la loi sur l'égalité des salaires*
a Sex Discrimination Act	*une loi contre la discrimination entre les sexes*
to make a claim under the Act	*introduire une demande en se prévalant de la loi*
a Minority Rights Group (MRG)	*un collectif pour la défense des droits des minorités*
to be entitled to	*avoir droit à*
to secure justice for	*assurer les droits de*
to get equal pay	*obtenir un salaire égal*
a salary gap	*un écart de salaires*
to close a gap / to fill a gap	*combler un écart*
salary disparities	*inégalités de salaires*
a discrepancy	*une divergence*
a male preserve	*une chasse gardée des hommes*
to harass	*harceler*
to seal off	*fermer*
a job-market	*un marché de l'emploi*
to be judged unfit for	*être considéré comme inapte à*
to feel uncomfortable working with	*se sentir gêné de travailler avec*
to be reluctant to	*être réticent à*
to feel unwelcome	*avoir l'impression de gêner*
reluctance	*la réticence*
barred from	*empêché de*
to block goals	*entraver les objectifs*
a career goal	*un objectif de carrière*
to set different standards	*instituer des critères différents*
subservient	*soumis*
to remove barriers	*supprimer les barrières*

2 HIRING WOMEN — *L'EMBAUCHE DES FEMMES*

to hire	*embaucher*
recruitment	*le recrutement*
to recruit	*recruter*
to set hiring goals	*établir des objectifs à l'embauche*
to reach out for	*rechercher*
to tap	*exploiter, utiliser*
a pool of skills	*une réserve de talent*
to promote	*promouvoir*
promotion	*la promotion*
to further goals	*encourager les objectifs*

to fill jobs with	*pourvoir des postes*
to be considered as executive timber	*être considéré comme ayant l'étoffe d'un cadre*
to overcome the impediments	*surmonter les obstacles*
to clear a hurdle	*franchir un obstacle*
to prove eligible for	*se montrer capable de*
to overcome objections	*vaincre les objections*
to monopolize jobs	*accaparer les emplois*
to take over jobs in	*prendre la relève*
to break into	*pénétrer dans*
to penetrate a job market	*pénétrer un marché de l'emploi*
to make inroads into	*entamer*
to penetrate a bias barrier	*vaincre la barrière des préjugés*
to battle bias	*lutter contre les préjugés*
a male-dominated sphere	*un secteur dominé par les hommes*
to come to terms with	*finir par accepter*
to overturn a belief	*faire mentir une idée*
a long-held belief	*une idée profondément enracinée*
to give the lie to	*démentir*
to lag	*être à la traîne*
a lagging acceptance	*une approbation tardive*
to compete with men for	*rivaliser avec les hommes*
to earn the respect of	*gagner le respect de*
to be judged on merit	*être jugé sur le mérite*
to get on with	*s'entendre bien avec*

3 A WOMAN'S CAREER — *LA CARRIERE D'UNE FEMME*

3.1 THE CHOICE OF A CAREER — *LE CHOIX D'UNE CARRIERE*

female employment	*l'emploi féminin*
a career woman	*une femme qui fait carrière*
careerist	*carriériste*
to aspire to a career	*aspirer à un métier*
to take up a career	*embrasser une carrière*
to have a career	*avoir un métier*
to pursue a career	*poursuive une carrière*
the pursuit of a career	*la poursuite d'une carrière*
to put one's career first	*donner la priorité à sa carrière*
to spark one's pursuit of a career	*motiver la poursuite d'une carrière*
to launch into	*se lancer dans*
a career path / a career track	*une voie professionnelle*
to opt for a career track	*choisir de faire carrière*

3.2 PROMOTION — *L'AVANCEMENT*

to make progress through	*avancer dans*
to be on the move	*avancer dans une carrière*
to advance through the ranks	*être promu*
the lower ranks	*les bas échelons*
the middle ranks	*les échelons intermédiaires*
to rise from the bottom of the economic scale	*partir du bas de l'échelle économique*
to make a move / to change jobs	*changer d'emploi*
to strike out on one's own	*se lancer seul dans*
to have rotating opportunities	*avoir des occasions de changer de service*
training	*la formation*
to have an occupation of one's own	*avoir un métier à soi*
to be the master of one's time	*être libre de gérer son temps*
to have control over one's life	*être maître de son existence*
self-fulfillment	*l'épanouissement*
the unfolding of the self	"
a sense of fulfillment	*un sentiment de s'accomplir*
to feel useful	*se sentir utile*
self-respect	*le respect de soi*
a breadwinner	*un soutien de famille*
to increase one's disposable income	*augmenter le revenu disponible*
to achieve financial independence	*réaliser l'indépendance financière*
to miss out on an opportunity	*manquer une occasion*

3.3 WORKING MOTHERS — *LES MERES QUI TRAVAILLENT*

to work two jobs	*avoir un double métier*
to fit babies around employment	*travailler tout en ayant des enfants*
a dual career couple	*un couple où les deux travaillent*
to work separate shifts	*travailler à des postes / horaires différents*
a work schedule	*un horaire de travail*
a flexible schedule	*un horaire flexible*
flextime	*l'horaire à la carte*
weekly balancing	*la flexibilité des horaires hebdomadaires*
absenteeism	*absentéisme*
a breakdown in child-care arrangements	*un imprévu dans la garde des enfants*
to turn down a promotion	*refuser une promotion*
a work-at-home program	*un système de travail à domicile*
an expendable career	*un emploi superflu*
a rewarding career	*un métier gratifiant*
to be relegated to	*être relégué à*
a mommy track	*une carrière de mère de famille*
dependent-care responsibilities	*responsabilités familiales*
to fulfil a family obligation	*remplir une obligation familiale*
to abandon professional ambition	*abandonner toute ambition professionnelle*
parental leave	*le congé parental*

a parental leave law	*une loi d'éducation parentale*
a maternity leave	*un congé de maternité*
to take time off after the birth	*prendre un congé après l'accouchement*
to take time off from work	*s'arrêter de travailler*
unpaid	*sans solde*
a supportive boss	*un patron compréhensif*
unsupportive	*incompréhensif*
to guarantee reinstatement	*garantir la réintégration*
a dilemma	*un dilemme*
to be torn between	*être partagé entre*
to resume work	*se remettre à travailler*
to get out into the workplace	" " " "

3.4 WOMEN AT THE TOP — *LES FEMMES EN TETE*

to break into the world of power	*pénétrer dans le monde du pouvoir*
to hold top jobs	*occuper de hauts postes*
to achieve top jobs	*parvenir à de hautes responsabilités*
to propel (into)	*propulser (à)*
to move into a position of authority	*occuper un poste à responsabilité*
to be in a decision-making position	" " " "
to take decisions	*prendre des décisions*
to step into a high profile job	*être nommé à un poste en vue*
to climb the corporate ladder	*gravir les échelons dans l'entreprise*
to balance family responsibilities with a life outside the home	*faire la part entre ses responsibilités familiales et une vie professionnelle*
a nanny	*une nourrice*
a live-in nanny	*une nourrice à domicile*
a living-out nanny	*une nourrice à la journée*
a child-minder	*qui s'occupe des enfants*
a nursery	*une pouponnière, une crèche*
a workplace nursery / on-site care	*une crèche sur le lieu de travail*
to set up a nursery	*installer une crèche*
a day-care center	*une garderie*
a pre-primary school	*une école maternelle*
to fight one's way to the top	*se battre pour arriver au sommet*
to struggle to the top	" " " " "
to be fit for	*être apte à*
to be on a fast track	*faire une brillante carrière*
to join top management	*rejoindre l'équipe dirigeante*
to call the shots	*prendre les décisions*
the pinnacle	*le faîte*
high-ranking	*haut placé*
to head	*être à la tête de*
to run	*diriger*
a business owner	*un chef d'entreprise*
a woman boss	*une femme patron*
to be tough	*être peu commode*
to be equal to the job	*être à la hauteur de la tâche*
to beat men at their own game	*prendre les hommes à leur propre jeu*

IV WOMAN AND POLITICS — *LA FEMME EN POLITIQUE*

1 GENERAL BACKGROUND — *GENERALITES*

a woman candidate	*une femme candidat*
political power	*le pouvoir politique*
political life	*la vie politique*
to take part in	*participer à*
local	*local*
national	*national*
a level	*un échelon*
political appointment	*la désignation à un poste politique*
a Cabinet appointment	*une nomination ministérielle*
a petticoat government	*un gouvernement en jupons*
public office	*fonctions électives*
to run for public office	*être candidat à un poste électif*
to occupy an office	*occuper un poste*
an office-holder	*un titulaire d'un poste*
a woman / female office holder	*une titulaire d'un poste*
an upsurge in	*une poussée de*
to be frozen out of politics	*être interdit de politique*
to stand for office	*se présenter à une élection*
to balance a ticket	*équilibrer une liste électorale*
to put a woman on a ticket	*désigner une femme sur une liste*
to head the ticket	*diriger la liste*
to make the ticket (USA)	*être sur le "ticket" (candidate à la présidence ou vice-présidence)*
a prospect	*une candidate potentielle*
to be electable	*être éligible*
to have a try for	*poser sa candidature*
to move into the spotlight	*être sous le feu des projecteurs*

the limelight	*le devant de la scène*
to be thrust onto the stage	*être propulsée sur la scène*
peace-oriented	*pacifique*
political savvy	*le savoir-faire politique*
sensitive on issues	*sensible aux problèmes*
a steadying influence on	*une influence apaisante sur*
well qualified	*tout à fait qualifiée*
seasoned	*expérimentée*
to stand to gain by	*avoir tout à gagner en / à*
to enhance the chances	*accroître les chances*
galvanizing	*mobilisateur*
to make up 54 per cent of the electorate	*former 54 % de l'électorat*
the balance of power	*l'équilibre des pouvoirs*
to assume a man's role	*assumer le rôle d'un homme*
tokenism	*un geste politique symbolique*
a perfunctory role	*un rôle de pure forme*
to backfire	*avoir un effet contraire*
gender balance	*l'équilibre entre les sexes*
to exploit a gender gap	*exploiter la différence entre les sexes*
to give in to	*céder à*
a special interest group	*un groupe d'intérêt spécial*
to outshine	*être plus brillante que*
to outsmart	*être plus intelligente que*
a political gimmick	*un artifice politique*

see : politics *voir : la politique*

3 BIRTH *LA NAISSANCE*

I GENERAL BACKGROUND *GENERALITES*

1 PREGNANCY *LA GROSSESSE*

a pregnancy test	*un test de grossesse*
to be pregnant	*être enceinte*
to become pregnant	*tomber enceinte*
the duration of pregnancy	*la durée de la grossesse*
to be four months pregnant	*être enceinte de quatre mois*
an unwanted pregnancy	*une grossesse non désirée*
an extra marital pregnancy	*une grossesse extra maritale*
to abort a pregnancy	*avorter*
the pregnancy rate	*le taux de grossesse*
morning sickness	*nausées*
to be in the family way	*être enceinte*
to expect a child	*attendre un enfant*
to be expecting	*être enceinte*
expectant	*enceinte*
amniography	*amniographie*
an amnioscopy	*une amnioscopie*
an amniocentesis	*une amniocentèse*
amniotic fluid	*le liquide amniotique*
a fetal defect	*une anomalie du fœtus*
to assume a father role	*assumer un rôle de père*
the parenting of children	*faire des enfants*
to bear a child	*porter un enfant*
childbearing	*la grossesse*
confinement	" "
to postpone childbearing	*différer une grossesse*
an open secret	*un secret de Polichinelle*
to have a bun in the oven	*avoir un polichinelle dans le tiroir (fam.)*
child tax allowances	*allocations familiales*

2 BIRTH *LA NAISSANCE*

a birth	*une naissance*
to give birth to	*donner naissance à*
a childbirth	*un accouchement*
natural childbirth	*accouchement sans douleur*
childbirth classes	*cours d'accouchement sans douleur*
a birth certificate	*un extrait de naissance*
a birthplace	*un lieu de naissance*
a birthdate	*une date de naissance*
a birthday	*un anniversaire*
the birthrate	*le taux de natalité*
a birthmark	*une tache de vin*

3 DELIVERY *L'ACCOUCHEMENT*

a stillborn child	*un enfant mort-né*
a miscarriage	*une fausse couche*
to miscarry	*faire une fausse couche*
to have a miscarriage	" " " "
a delivery	*un accouchement*
to deliver a baby	*accoucher*
to bring forth	"
to have a complicated labour	*avoir un accouchement difficile*
to be delivered of a daughter	*accoucher d'une fille*
a caesarian section	*une césarienne*
to deliver by caeserean section	*accoucher par césarienne*

an impending arrival	*un accouchement imminent*
at term	*à terme*
premature	*prématuré*
a maternity ward	*une maternité*
a labour ward	*une salle de travail*
a delivery room	*une salle d'accouchement*
labour pains	*douleurs de l'accouchement*
travail	*l'enfantement*
in labor	*en travail*
a fœtal position	*une position fœtale*
a womb position	" " "
a scar	*une cicatrice*
a midwife	*une sage-femme*
an obstetrician	*un médecin-accoucheur*
the placenta	*le placenta*
the afterbirth	" "
the umbilical cord	*le cordon ombilical*
a newborn	*un nouveau-né*
an infant	*un nourrisson*
a nursling	" "
twins	*des jumeaux*
triplets	*des triplés*
prenatal care	*soins prénatals*
to receive prenatal care	*recevoir des soins prénatals*
a stretch-mark	*une vergeture*
to breastfeed	*allaiter*
breastfeeding	*l'allaitement maternel*
breast milk	*le lait maternel*
mixed feeding	*l'allaitement mixte*
a wet nurse	*une nourrice*
a baby bottle	*un biberon*
baby formula	*un mélange lacté*

4 FILIATION — *LA FILIATION*

legitimacy	*la filiation légitime*
legitimate	*légitime*
illegitimacy	*illégitimité*
illegitimate	*naturel*
an illegitimate birth	*une naissance illégitime*
to be born	*naître*
to be born out of wedlock	*être un enfant naturel*
an out-of-wedlock child	*un enfant illégitime*
adulterine	*adultérin*
paternity	*la paternité*
the burden of proof	*la charge de la preuve*
affiliation proceedings	*la procédure de filiation*
to do blood tests	*procéder à des examens sanguins*
to provide a conclusive proof	*fournir des preuves concluantes*
an affiliation order	*une ordonnance entraînant l'obligation d'entretien*
to father a child	*être le père d'un enfant*
a baby batterer	*un bourreau d'enfants*
baby battering	*mauvais traitements à enfants*

5 ADOPTION — *L'ADOPTION*

to adopt	*adopter*
to give up a child for adoption	*confier un enfant pour l'adoption*
to surrender a baby for adoption	*donner un bébé à adopter*
an adoption agency	*une agence d'adoption*
prospective adoptive parents	*futurs parents adoptifs*
an adoption order	*un jugement d'adoption*
adopters	*parents adoptifs*
an upper age limit	*une limite d'âge maximum*
to be vested with duties	*être investi de devoirs*
a right of access of parent	*un droit de visite du père ou de la mère*
fostering	*le placement dans un foyer nourricier*
fosterage	*adoption*
a foster home	*un foyer nourricier*
a foster family	" " "
a foster mother	*une mère adoptive*
foster parents	*parents adoptifs*
to foster a child with	*placer un enfant chez*
to wind up in foster care	*se retrouver placé chez*
to be in care	*être placé*
to be put / placed in care	*être pris en charge / placé par décision de justice*
a care order	*une décision de prise en charge*
a social worker	*une assistante sociale*
to take away	*ôter*
to be taken away	*être enlevé à*
to take back	*reprendre*
to remove	"
guardianship	*la tutelle*
custodianship	*le droit de garde*
to place with a guardian	*être confié à un tuteur*
to grant legal custody	*accorder la garde légale*
a custody order	*une ordonnance de garde*
a step parent	*un père / une mère par alliance*
a wet nurse	*une nourrice*
day care	*la crèche*
day care facilities	*une crèche*
a day care center	" "
baby snatching	*le rapt d'enfant*

II SEXUAL EDUCATION — *L'EDUCATION SEXUELLE*

sexual matters	*problèmes sexuels*
a sexual disease	*une maladie sexuelle*
a sexually transmissible disease (STD)	*une maladie sexuellement transmissible (MST)*
a venereal disease (VD)	*une maladie vénérienne*

a genital wart	*un condylome*
herpes	*un herpès*
to be open about	*parler ouvertement de*
a lack of openness about sex	*un manque de franchise sur les problèmes sexuels*
a taboo	*un tabou*
virginity	*la virginité*
to lose one's virginity	*perdre sa virginité*
to be a virgin	*être vierge*
precocious sexuality	*la sexualité précoce*
reproduction	*la reproduction*
an early experimentation with	*une expérience précoce de*
to have sexual intercourse	*avoir des rapports sexuels*
guidance	*conseils*
to obtain contraceptive counseling	*se faire conseiller en matière de contraception*
to seek contraception	*chercher un moyen de contraception*
an accessible means of	*un moyen accessible de*
to get somebody on birth control	*prescrire la pillule à quelqu'un*
a sex education curriculum	*un cours d'éducation sexuelle*
a sex education program	*un programme d'éducation sexuelle*
a contraceptive-counseling program	*un programme d'information sur la contraception*
family planning services	*les services de planisme familial*
planned parenthood	*la régulation des naissances*
to be ignorant about	*ignorer tout de*
a lack of information	*un manque d'informations*
to be awash in misinformation	*être inondé de fausses informations*
a mistaken notion about	*une notion fausse au sujet de*
naiveté	*la naïveté*
ineptitude	*la stupidité*
to dedramatize	*dédramatiser*
to demystify	*démystifier*
to fall prey to unwanted pregnancies	*être la proie de grossesses non désirées*
to prevent unwanted pregnancies	*prévenir les grossesses non désirées*
to condone promiscuity	*fermer les yeux sur la promiscuité*
to frown upon	*regarder d'un mauvais œil*
to stress abstinence	*mettre l'accent sur l'abstinence*
to abstain from	*s'abstenir de*
to refrain from	" "
chaste	*chaste*
to encourage chastity	*encourager la chasteté*
to warn against	*mettre en garde contre*

III TEENAGE PREGNANCY — *LA GROSSESSE CHEZ LES ADOLESCENTES*

a teen mother	*une mère adolescente*
to hide one's pregnancy from	*cacher sa grossesse à*
to grasp the situation	*se rendre compte de la situation*
to be born to a single mother	*être né de mère célibataire*
an absentee father	*un père absent*
a fatherless home	*un foyer sans père*
phantom parents	*parents fantômes*
immature parents	*parents trop jeunes*
to think ahead	*anticiper*
the weight of responsibility	*le poids des responsabilités*
to carry a burden	*porter un poids*
to negotiate the psychological perils	*résoudre les problèmes psychologiques*
to experience emotional problems	*rencontrer des problèmes affectifs*
to fill a void in life	*combler un vide existentiel*
a poverty-related problem	*un problème lié à la pauvreté*
to be trapped in poverty	*être pris au piège de la pauvreté*
the feminization of poverty	*la féminisation de la pauvreté*
a drop out	*qui abandonne ses études*
to drop out of school	*abandonner ses études*
to keep in school	*continuer ses études*
to struggle to raise	*élever difficilement*
to be on welfare	*être assisté*
to receive public assistance	*recevoir l'aide publique*
a lack of opportunity	*un manque de perspectives*
to feel locked into one's station in life	*être bloqué pour le reste de sa vie*
to find direction	*trouver un sens*
to find a purpose	*trouver un but*
an absence of alternatives	*une absence de choix*
a sense of fatalism	*un sentiment de fatalité*
passivity	*la passivité*
resignation	*la résignation*
to resign oneself to	*se résigner à*
to be resigned to one's fate	*être résigné à son sort*
at the prospect of	*à la perspective de*
to be resentful of an unborn child	*en vouloir à son enfant qui va naître*
to impose lasting hardships	*imposer des privations durables*

to live in disarray	*vivre dans le désarroi*
a sense of worthlessness	*un sentiment d'inutilité*
to spiral out of control	*perdre tout contrôle sur*
despair	*le désespoir*
a high rate of illness	*un fort taux de maladie*
a rate mortality	*un taux de mortalité*
complications related to	*complications liées à*
to put a baby in danger (of)	*mettre la vie d'un bébé en danger (de)*
prematurity	*la prématurité*
to be born premature	*naître avant terme*
a low-weight baby	*un bébé d'un petit poids*
undersized	*trop petit*
ailing	*de santé fragile*
handicapped	*handicapé*
a handicap	*une infirmité*
to receive lifelong medical care	*recevoir des soins toute sa vie*
mental problems	*troubles psychiatriques*
developmental problems	*troubles du développement*
to be emotionally disturbed	*souffrir de troubles affectifs*
to be unbalanced	*être déséquilibré*
to upgrade teen medical care	*améliorer les soins aux adolescents*

IV BIRTH CONTROL — *LA LIMITATION DES NAISSANCES*

1 CONCEPTION — *LA CONCEPTION*

conception	*la conception*
to prevent conception	*empêcher la conception*
to conceive a child	*concevoir un enfant*
the inception of pregnancy	*le début de la grossesse*
fertilization	*la fertilisation*
fecundation	*la fécondation*
ovulation	*ovulation*
semen	*le sperme*
the seed	*la graine*
the egg	*l'œuf*
a hormone	*une hormone*
the menstrual cycle	*le cycle menstruel*
menstruation	*la menstruation*
to menstruate	*avoir ses règles*
to have one's period	" " "
to have one's monthlies	" " "
the curse	*les règles (fam.)*
to miss one's period	*ne pas avoir ses règles*
the uterus	*l'utérus*
the womb	"
the vagina	*le vagin*
the pelvis	*le pelvis*
the cervix	*le col de l'utérus*
an ovary	*un ovaire*

2 CONTRACEPTION — *LA CONTRACEPTION*

a method of contraception	*une méthode de contraception*
available	*à sa disposition*
a contraceptive device	*un moyen de contraception*
an array of devices	*une gamme de moyens*
a contraception means	*un moyen de contraception*
contraceptive research	*la recherche en matière de contraception*
a birth control option	*une liberté de contraception*
safe sex	*relations sexuelles sans danger*
a condom	*un préservatif*
a rubber	*une capote anglaise (fam.)*
to use as protection	*servir de protection*
to go unprotected	*être sans protection*
the rhythm method	*la méthode des rythmes*
the pill	*la pillule*
a birth control pill	*une pillule contraceptive*
to be on the pill	*prendre la pillule*
to use the pill	*utiliser la pillule*
an oral contraceptive	*un contraceptif oral*
an injectable contraceptive	*un contraceptif par injection*
RU 486	*la pillule à retardement*
a morning after pill	*une pillule du lendemain*
the abortion pill	*la pillule abortive*
to induce menstruation	*provoquer les règles*
to induce abortion	*provoquer un avortement*
a cervical cap	*un diaphragme*
a diaphragm	" "
to fit with a diaphragm	*poser un diaphragme*
a spermicide	*un spermicide*
a foam	*une mousse*
a cream	*une crème*
a jelly	*un gel*
a sponge	*une éponge*
an intrauterine device (IUD)	*un stérilet*
a coil	" "
a loop	" "
sterilization	*la stérilisation*
tubal sterilization	*la stérilisation des trompes*
the Fallopian tube	*la trompe de Fallope*
the uterine tube	" " " "
to sterilize	*stériliser*
to be sterilized	*se faire stériliser*
to have one's tubes tied	*se faire ligaturer les trompes*
a hysterectomy	*une hystérectomie*
an ovariectomy	*une ovarectomie*
a vasectomy	*une vasectomie*
irreversible	*irréversible*

reversible	*réversible*
to reverse a procedure	*inverser une procédure*
a failure rate	*un taux d'échec*
to provide 100 per cent protection	*être sûr à 100%*
a side effect	*un effet secondaire*
long-term health effects	*effets à long terme sur la santé*

V FECUNDATION — *LA FECONDATION*

1 FERTILITY — *LA FERTILITE*

to fertilize	*fertiliser*
to stimulate fertility	*stimuler la fertilité*
to take fertility drugs	*se soigner contre la stérilité*
infertility	*la stérilité*
infertile	*stérile*
barren	"
barrenness	*la stérilité*
a hormone stimulant	*un stimulant hormonal*
a fertility drug	*un médicament contre la stérilité*
a slow sperm count	*une faible quantité de spermatozoïdes*
a slow sperm mobility	*une faible mobilité des spermatozoïdes*
a blockage	*une obstruction*
an abnormality	*une malformation*
an ovum	*un ovule*

2 REPRODUCTIVE TECHNIQUES — *LES TECHNIQUES DE REPRODUCTION*

a reproductive technique	*une technique de reproduction*
insemination	*insemination*
to inseminate	*inséminer*
artificial insemination (AI)	*insémination artificielle (AI)*
intratubal insemination (ITI)	*insémination intra-utérine (IIU)*
artificial procreation	*la procréation artificielle*
in vitro fertilization (IVF)	*la fécondation in vitro (FIV)*
to be fertilized	*être fertilisé*
outside the womb	*artificiellement*
egg / sperm donation	*le don d'œufs / de sperme*
to produce the ovum	*produire l'œuf*
to donate	*faire don de*
a donor	*un donateur*
artificial insemination by donor (AID)	*insémination artificielle par donneur (IAD)*
a sperm bank	*une banque du sperme*
to deposit eggs	*faire un dépôt d'œufs*
ova	*ovules*
ovulation	*l'ovulation*
a spermatozoon / spermatozoa	*un spermatozoïde / spermatozoïdes*
to be childless	*être sans enfant*
to produce children	*faire des enfants*
to make a baby	*faire un bébé*
to rip at the core of a relationship	*causer une profonde déchirure dans une relation*
to damage a relationship	*nuire à une relation*
to rock a marriage	*ébranler un mariage*
to put a marriage on the rocks	*provoquer la rupture dans un mariage*
to put the blame on	*rejeter la responsabilité sur*
to affect sexuality	*avoir des conséquences sur la sexualité*
self-image	*l'image de soi*
self-esteem	*l'estime de soi*
a laboratory conception	*une conception en laboratoire*
an embryo	*un embryon*
an embryo transfer (ET)	*un transfert d'embryon (TE)*
an embryo experiment	*une expérience d'embryon*
to split an embryo	*diviser un embryon*
to freeze an embryo	*geler un embryon*
to gestate an embryo	*garder un embryon en gestation*
to implant an embryo in a womb	*implanter un embryon dans un utérus*
to reproduce from unfertilised eggs	*reproduire à partir d'œufs non fertilisés*
a test tube baby	*un bébé éprouvette*
the use of fetus	*l'utilisation des fœtus*
twin fission	*la fission de jumeaux*
to produce twins	*produire des jumeaux*
cloning	*le clonage*
a clone	*un clone*
to clone	*cloner*
parthenogenesis	*la parthénogenèse*
eugenics	*l'eugénisme*
genetics	*la génétique*
ethics	*l'éthique*
to benefit people	*profiter aux gens*

VI SURROGATE MOTHERHOOD — *LES MERES PORTEUSES*

surrogacy	*la maternité de substitution*
a surrogate mother	*une mère porteuse*
a surrogate carrier	*une mère d'accueil*
to hire a mother	*louer les services d'une mère*
to rent a uterus	*louer un utérus*
to draw up a contract	*rédiger un contrat*
to bind oneself to	*s'engager à*
to carry out an agreement	*exécuter un accord*
a surrogacy battle	*un conflit juridique (portant sur les droits de procréation)*
to back out of a contract	*désavouer un contrat*
to hold up in court	*brandir devant un tribunal*
to conceive by artificial insemination	*concevoir par insémination artificielle*
to bear a child on behalf of	*porter un enfant pour le compte de*
to bear a child for payment	*porter un enfant moyennant finances*
for the convenience of	*par souci de commodité pour*
to commission a baby	*commander un bébé*
to pay a fee	*payer les frais*
to provide the womb	*fournir l'utérus*
to consent to the birth	*consentir à la naissance*
to raise legal issues	*soulever des problèmes légaux*
an ethical problem	*un problème moral*
to forbid payment to	*interdire le versement d'argent*
to create a new concept of	*établir un nouveau concept de*
parenthood	*la parenté*
unnatural reproduction	*la reproduction contre nature*
abnormal	*anormale*
artificial	*artificielle*
alternative	*de rechange*
to interfere with nature	*aller à l'encontre de la nature*
interference	*ingérence*
the natural process	*le processus naturel*
natural sexual reproduction	*la reproduction sexuelle naturelle*
to bypass the normal act	*éviter l'acte naturel*
the product of a loving act	*le fruit d'un acte d'amour*
a conjugal act	*un acte conjugal*
to be born in a natural family	*naître dans une famille naturelle*
a biological father	*un père biologique*
a biological mother	*une mère biologique*

4 OLD AGE — *LA VIEILLESSE*

I AGEING — *VIEILLIR*

1 THE OLD PEOPLE — *LES PERSONNES AGEES*

the aged citizens	*les personnes âgées*
the senior citizens	*le troisième âge*
the seniors	" " "
the grey	" " "
the grey heads	*les personnes âgées*
the old folk	*les vieux*
the oldies	" "
the elderly	*les personnes d'un certain âge*
elderly	*d'un certain âge*
to be on the wrong side of 60	*avoir plus de 60 ans*
to be on the right side of 60	*avoir moins de 60 ans*
the over 65s	*les plus de 65 ans*
the 60-year-olds	*les sexagénaires*
the silver generation	*la génération vermeille*
the third age	*le troisième âge*
the second age	*les personnes actives*
a sexagenarian	*un sexagénaire*
a septuagenarian	*un septuagénaire*
a centenarian	*un centenaire*
middle age	*l'âge mûr*
middle-aged	*d'âge mûr*
to get old	*vieillir*
to grow old	"
to age	"
age-old	*séculaire, antique*
to get on in years	*prendre de l'âge*
well on in years	*d'un âge avancé*
advanced in years	*âgé*
to be well stricken in years	*avoir un âge avancé*
to mature	*mûrir*
to pass a milestone	*franchir une étape*
to grow younger	*rajeunir*

to be past one's prime / to be over the hill	*ne plus être de la première jeunesse*
to have one foot in the grave	*avoir un pied dans la tombe*
life expectancy	*l'espérance de vie*
a rise in life expectancy	*un allongement de l'espérance de vie*
longevity	*la longévité*
the life span	*la durée de la vie*
to extend the life span	*allonger la durée de la vie*
the progress of science	*les progrès de la science*
society's aging	*le vieillissement de la population*
the age quake	*le choc de la vieillesse*
to abrade the national fabric	*éroder le tissu social*

2 THE WEAR AND TEAR OF AGE — *L'USURE DE L'AGE*

the scourge of old age	*le fléau de la vieillesse*
a wrinkle	*une ride*
wrinkled	*ridé*
lined	"
to go grey	*grisonner*
to turn white	*blanchir*
hoary	*blanchi*
to dye	*teindre*
frailty	*la fragilité*
frail	*frêle*
fragility	*la fragilité*
fragile	*fragile*
vulnerability	*la vulnérabilité*
vulnerable	*vulnérable*
declining	*sur le déclin*
to wither	*se faner*
to shrivel	*se ratatiner*
to wane	*décroître*
to fade	*péricliter*
to fail / to flag / to weaken	*s'affaiblir*
to lose one's strength	*perdre ses forces*
to lose one's faculties	*perdre ses facultés*
to curb one's activities	*ralentir ses activités*
sickness	*la maladie*
senility	*la sénilité*
senile	*sénile*
sexlessness	*impotence*
disability	*invalidité*
to be disabled	*être invalide / impotent*
the disabilities of old age	*les infirmités de la vieillesse*
a disability pension	*une pension d'invalidité*
a disability-insurance plan	*une assurance invalidité*
to slide into illness	*glisser vers la maladie*
impotency	*impotence*
sexual abilities	*prouesses sexuelles*
a dampening of sexual urges	*un affaiblissement des pulsions sexuelles*
to go gaga	*devenir sénile*
to dote	*être gâteux*
dotage	*le gâtisme*
to be in one's second childhood	*retomber en enfance*
to be let down by one's health	*être abandonné par sa santé*
a deterioration of functions	*une détérioration des fonctions*
to become incapacitated	*être frappé d'incapacité*
to lessen desires / capabilities	*diminuer les désirs / les capacités*
to have a chronic condition	*être atteint de maladie chronique*
to suffer mental impairment	*souffrir de troubles mentaux*
cranky	*grincheux, revêche, acariâtre*
crankiness	*le caractère revêche*
a heart condition	*problèmes cardiaques*
liver trouble	*problèmes hépatiques*
dietary deficiency	*insuffisance nutritionnelle*
high blood pressure	*hypertension artérielle*
hearing impairment	*la surdité*
arthritis	*l'arthrite*
depression	*la dépression*
overmedication	*la surmédication*

3 NURSING CARE — *LES SOINS AUX VIEILLARDS*

to be bed-ridden	*être grabataire*
to be housebound	*être confiné chez soi*
an automated home	*un logement automatisé*
geriatrics	*la gériatrie*
a geriatric clinic	*une clinique gériatrique*
a gerontologist	*un gérontologue*
a nursing home	*une maison de retraite*
a home for the aged	*une maison du troisième âge*
a silver mansion	*une résidence du troisième âge*
to be in the care of	*être soigné par*
to require special care	*exiger des soins particuliers*
to need 24-hour nursing	*nécessiter des soins permanents*
outside care	*soins à l'extérieur*

II RETIREMENT — *LA RETRAITE*

1 THE RETIREMENT AGE — *L'AGE DE LA RETRAITE*

to retire	*prendre sa retraite*
to retire sb.	*mettre qqn. à la retraite*
a retiree	*un(e) retraité(e)*
the pension eligibility age	*l'âge de la retraite*
to be of pensionable age	*avoir l'âge de la retraite*
mandatory retirement age	*l'âge obligatoire de la retraite*

to move the retirement age from . . . to . . .	*ramener l'âge de la retraite de ... à ...*
to approach retirement age	*approcher de l'âge de la retraite*
to change retirement patterns	*changer les modes de retraite*
to postpone retirement	*retarder le moment de la retraite*
to hit retirement age	*atteindre l'âge de la retraite*
to flock into retirement	*se précipiter pour prendre sa retraite*
voluntary retirement	*la retraite volontaire*
to take early retirement	*prendre une retraite anticipée*
involuntary retirement	*une retraite forcée*
to delay mandatory retirement	*retarder l'âge de la retraite*

2 PENSION — *LA RETRAITE*

to pension off	*mettre à la retraite*
a pension	*une retraite*
to collect a pension	*toucher une pension*
to draw a pension	" " "
to enjoy a state pension	*jouir d'une pension civile*
an old-age pension	*une pension de vieillesse*
a retirement pension	*une pension civile*
a pension book	*un livret de retraite*
a pension fund	*une assurance vieillesse*
a pension scheme	*une caisse de retraite*
a pensioner	*un(e) retraité(e)*
a retirement pension package	*un plan de retraite*
to sweeten a pension with	*rendre une retraite plus attrayante par*
Social Security (USA)	*la pension de retraite*
to go on Social Security	*prendre sa retraite*
to collect Social Security	*toucher une pension*
to draw benefits	*toucher une allocation*
a recipient	*un bénéficiaire*
to be eligible for a pension	*avoir droit à la retraite*
a full federal pension	*une pension civile complète*
a reduction in pension	*une baisse de sa pension de retraite*
to have a cut-down pension	*toucher une pension réduite*
to be based on	*être indexé sur*
lifetime earnings	*revenus globaux*
to get a pension boost	*obtenir une revalorisation de sa retraite*
to be inflation-proofed	*être protégé de l'inflation*
to strain a pension system	*mettre un système de retraite à l'épreuve*
to redraw the rules of pensions	*redéfinir les règles de la retraite*

3 RETIRING — *LA MISE A LA RETRAITE*

semi-retirement	*une semi-retraite*
an incentive to	*une incitation à*
to make room for	*laisser la place à*
to be tempted to	*être tenté de*
to need a push to quit	*forcer à quitter*
to ease into retirement	*pousser progressivement à la retraite*
to be keen on	*être impatient de*
to look forward to	*attendre impatiemment de*
to leave the workforce	*cesser son activité*
to cease employment	" " "
to stop work	*arrêter de travailler*
to stay on at work	*poursuivre son activité*
to quit from choice	*prendre sa retraite volontairement*
age discrimination	*la discrimination par l'âge*
prematurely	*prématurément*
to be tossed out	*être mis dehors*
to get rid of one's older workers	*se débarrasser de ses employés âgés*
to shake one's older workers out	*se défaire de ses employés âgés*
to get one's old buffers off the payroll	*mettre ses vieux à la retraite (fam.)*
to discharge one's waste human material	*éliminer le personnel inutile*
to squeeze the fat out of	*dégraisser*
to deny promotions	*refuser de promouvoir*
to be confused by new technology	*être déconcerté par les nouvelles technologies*
to refuse to adjust to	*refuser de s'adapter à*
to be retrained in new technologies	*se former aux nouvelles technologies*
to refuse new skills	*refuser les nouvelles techniques*
to be choosey	*être difficile à satisfaire*
an alternative to lay-offs	*une autre solution aux licenciements*

4 THE COST OF RETIRING — *LE COUT DE LA RETRAITE*

a burden	*un fardeau*
to be a burden to	*être un fardeau pour*
a charge	*une charge*
an onus	*une responsabilité*
an obligation	*une obligation*
to care for an ailing parent	*prendre soin d'un parent malade*
to support	*supporter le coût*
a dependent parent	*un parent à sa charge*
to be a toll on children	*être une charge pour les enfants*
to ignite an age war	*déclencher une guerre des générations*
non productive	*non productif*
to be in bad shape financially	*avoir des diffcultés financières*
to dig deeper into one's pockets	*vider ses fonds de tiroir*
savings	*les économies*
to have a few savings tucked away	*avoir quelques économies de côté*
to gobble up one's savings	*engloutir ses économies*
to draw out one's savings	*vider son compte d'épargne*

to eke out one's pension (by)	*suppléer à sa retraite (en)*
to supplement one's income	*arrondir son revenu*
to live frugally	*vivre de peu*
to live on cat food	*se nourrir d'aliments pour chats*
a spartan apartment	*un appartement austère*
poverty among the elderly	*la pauvreté des personnes âgées*
to be interested in occasional work	*être intéressé par un emploi occasionnel*
to hire back	*réembaucher*
to rehire	"
to unretire	*tirer de sa retraite*
to provide temporary staff	*fournir une main d'œuvre temporaire*
to continue some form of paid work	*poursuivre une forme d'activité rémunérée*
to work part-time	*travailler à temps partiel*
a part-timer	*un employé à temps partiel*
to work for low wages	*travailler pour un salaire de misère*
to cushion the drop in one's income	*amortir la chute de son revenu*

III OLD AGE AND LEISURE — *VIEILLESSE ET LOISIR*

1 IDLENESS — *L'OISIVETE*

idle	*oisif*
inactive	*inactif*
inactivity	*l'inaction*
spare time	*le temps libre*
to fill one's spare time	*occuper son temps libre*
free time	*le temps libre*
leisure time	*le temps de loisir*
leisure occupations	*loisirs, distractions*
a life of leisure	*une vie d'oisiveté*
to adjust to a life of leisure	*s'adapter à une vie de loisirs*
to be cut out for a life of leisure	*être fait pour une vie de loisirs*
to have time on one's hands	*avoir du temps devant soi*
to pursue happiness	*être à la poursuite du bonheur*
to set off in search of	*partir à la recherche de*
to be wooed by	*être courtisé par*
a sunbelt	*les états méridionaux, le sud*

2 ACTIVITY — *L'ACTIVITE*

to plan for old age	*préparer sa retraite*
to plot one's afterlife	*organiser sa retraite*
to dodge an idle old age	*éviter une vieillesse oisive*
to be tempted out of one's leisure	*être tenté de sortir de l'oisiveté*
to break free	*s'échapper*
to escape	*s'évader*
to take to travelling	*se mettre à voyager*
to grow restless	*donner des signes d'impatience*
restlessness	*la bougeotte*
to be content with	*se contenter de*
to be busy in charitable work	*s'occuper d'œuvres charitables*
to plunge into good works	*se plonger dans des œuvres de bienfaisance*
to return to school	*reprendre des études*
a university for the third age	*une université du troisième âge*
energy	*énergie*
zip	*entrain*
pep	*le dynamisme*
reckless	*téméraire*
unbounded	*sans limite*
vitality	*la vitalité*
an adolescent spirit	*un esprit jeune*
willfulness	*la volonté*
to be full of go	*être plein d'énergie*
to be on the go	*être sans cesse en mouvement*
free of health problems	*sans souci de santé*
to engage in some form of exercise	*faire de l'exercice*
to benefit from exercise	*tirer parti d'exercices physiques*
continual alertness	*la verdeur*
to stay mentally engaged	*rester actif intellectuellement*
to have a positive outlook on life	*voir le bon côté de l'existence*
to cultivate new interests	*poursuivre de nouveaux intérêts*
to do away with the elderly experience	*se passer de l'expérience des aînés*
dependable	*digne de confiance*
dependability	*la fiabilité*

3 THE SILVER INDUSTRY — *L'INDUSTRIE DU TROISIEME AGE*

a population top-heavy with old folk	*une population riche en personnes âgées*
a growing market	*un marché en expansion*
to cater to	*pourvoir aux besoins de*
to eye a market	*viser un marché*
to tap a market	*exploiter un marché*
to grow steadily	*se développer régulièrement*
to create a huge market	*créer un énorme marché*

a woopie (well-off older people)	*un riche retraité*
silver leisure services	*loisirs pour le troisième âge*
educational services	*programmes d'éducation*
retraining services	*programmes de recyclage*
dietetic services	*services de diététique*
home service delivery	*livraisons à domicile*
"wellness" products	*produits de bien-être*
anti-aging creams	*crèmes de jouvence*
to be beloved by	*être les chouchous de*
the travel industry	*l'industrie des voyages*
political clout	*la force politique*
to show political muscle	*faire preuve de force politique*
to tap the grey vote	*exploiter le vote du troisième âge*
to court the grey vote	*courtiser le vote des personnes âgées*
a grey lobby	*un lobby du troisième âge*
a force to be reckoned with	*une force avec laquelle compter*

IV DEATH *LA MORT*

1 GENERAL BACKGROUND *GENERALITES*

to die (of)	*mourir (de)*
to decease	*décéder*
to pass away	"
to be dead	*être mort*
a dead man	*un mort*
the dead	*les morts*
to die of	*mourir de*
to die from	*mourir des suites de*
the last rites	*les derniers sacrements*
death	*la mort*
the demise of	*la mort de*
the death rate	*le taux de mortalité*
a death certificate	*un certificat de décès*
a decease	*un décès*
the deceased	*le(s) défunt(s)*
late	*feu, défunt*

2 BURIAL *L'ENTERREMENT*

a morgue	*une morgue, un institut médico-légal*
a post-mortem	*une autopsie*
an autopsy	" "
a mortuary	*un dépôt mortuaire*
a mortician (USA)	*un entrepreneur de pompes funèbres*
an undertaker (UK)	" " "
a funeral home	*une entreprise de pompes funèbres*
to be cremated	*être incinéré*
to be incinerated	" "
a funeral urn	*une urne funéraire / cinéraire*
ashes	*cendres*
a suttee	*une sati, un sati*
a wake	*une veillée funèbre*
the vigil	" " "
the body	*le corps*
the corpse	*le cadavre*
a pall	*un drap mortuaire*
a shroud	*un linceul*
to be embalmed	*être embaumé*
a coffin	*un cercueil*
a casket	" "
a bier	*une bière*
the lid	*le couvercle*
to bury	*enterrer*
a burial	*un enterrement*
a funeral	*les funérailles, un enterrement*
to be a pall bearer	*porter le cercueil*
a widow	*une veuve*
a widower	*un veuf*
an orphan	*un orphelin*
a hearse	*un fourgon funéraire*
a wreath	*une couronne mortuaire*
a grave	*une tombe*
a tombstone	*une pierre tombale*
a gravestone	" " "
a vault	*un caveau*
a churchyard	*un cimetière*
a cemetery	" "
to toll the knell	*sonner le glas*
mourning	*le deuil*
to go into mourning	*prendre le deuil*
no flowers by request	*ni fleurs ni couronnes*
deepest sympathy	*sincères condoléances*

3 A STATE FUNERAL *LES FUNERAILLES NATIONALES*

state funeral	*funérailles nationales*
a national cemetery	*un cimetière national*
to attend a funeral	*assister aux funérailles*
a funeral procession	*un convoi funéraire*
to dispatch	*envoyer*
a message of condolences	*un message de condoléances*
to lead a delegation	*conduire une délégation*
to cancel a visit	*annuler une visite*
to be on hand	*être présent*
to receive a dignitary	*recevoir un dignitaire*
to express one's official condolences	*exprimer ses condoléances officielles*
a book of condolences	*un registre des condoléances*
to deliver a eulogy	*faire le panégyrique*
to lie in state	*être exposé solennellement*

to stand at attention	*être au garde-à-vous*
to stand in a moment of a silent tribute	*respecter une minute de silence*
to leave a void in the ranks of	*créer un vide dans les rangs de*

4 INHERITANCE — *L'HERITAGE*

a solicitor	*un notaire*
a contract	*un contrat*
a will	*un testament*
to make a will	*exprimer sa volonté par testament*
to draw up a will	*rédiger un testament*
probate	*la validation de testament*
to probate	*homologuer*
to grant probate of a will	*homologuer un testament*
to take out probate of a will	*faire homologuer un testament*
void	*nul*
voidable	*annulable*
a probate court	*un tribunal des successions*
an estate	*une masse successorale*
to leave a large estate	*laisser un gros héritage*
to liquidate the estate	*liquider la succession*
the administration of estates	*l'administration des successions*
to die interstate	*mourir sans laisser de testament*
to inherit sth. from sb.	*hériter (de) qqch. de qqn.*
a legacy	*un legs, un héritage*
to bequeath	*léguer (des biens immobiliers)*
inheritance	*succession, héritage*
to come into an inheritance	*faire un héritage*
an heir (to)	*un héritier (de)*
a rightful heir	*un héritier légitime*
an heiress	*une héritière*
an heirloom	*un héritage*
to fall heir to	*hériter de*
issue	*la descendance*
relatives	*parents proches*
collaterals	*collatéraux*
the spouse	*le conjoint*
to have a claim (to)	*avoir droit (à)*
the rights of succession	*les droits de succession*
death duties	*droits de succession*
death taxes (USA)	" " "
an executor	*un exécuteur testamentaire*
an executrix	*une exécutrice testamentaire*

5 CITY LIFE — *LA VILLE*

I THE URBAN ENVIRONMENT — *L'ENVIRONNEMENT URBAIN*

1 URBAN CENTERS — *LES CENTRES URBAINS*

to urbanize	*urbaniser*
urbanization	*l'urbanisation*
urban sprawl	*l'étalement urbain*
a spread city	*un développement urbain anarchique*
a metropolitan area	*une agglomération*
a built-up area	" "
a conurbation	*une conurbation*
an urban district	*une communauté urbaine*
an urban area / an urb	*une zone urbaine*
a town	*une ville*
a city	*une grande agglomération*
a capital city	*une capitale*
a megalopolis	*une mégalopolis*
a strip city	*une zone inter-urbaine habitée (ex: entre New York et Newark)*
a township	*une commune*
a borough	*une municipalité, un arrondissement (à Londres)*
a dormitory town	*une ville-dortoir*
a bedroom community	" " "
a mushroom town	*une ville champignon*
a satellite town	*une ville satellite*
a new town	*une ville nouvelle*
a shanty town	*un bidonville*
a tank town (USA)	*une petite ville perdue*
a boom town	*une ville champignon*
the citizenry	*les habitants d'une ville*
city people	*les citadins*
townspeople	" "
a townee	*un citadin*
an out-of-towner	*un étranger dans la ville*
an inhabitant	*un habitant*
to live in a city	*habiter une ville*
a city dweller	*un habitant d'une grande ville*
a city center	*le centre-ville*
downtown	*le centre-ville*
downtown Boston	*le centre de Boston*

to go downtown	*aller en ville*
the core city / the central city	*le cœur de la ville*
the city limits	*la périphérie*
the outer city	*la banlieue*
the outskirts	*les faubourgs*
a suburb	*un faubourg, une banlieue*
the outer suburbs	*la grande banlieue*
the outlying suburbs	" " "
suburban / exurban	*de faubourg*
a suburbanite	*un banlieusard*
to commute	*aller de son domicile à son lieu de travail (et vice versa)*
a commuter	*un banlieusard, un usager des transports en commun*

2 DISTRICTS — *LES QUARTIERS*

a neighborhood	*un quartier*
a district / a ward	*un quartier, un arrondissement*
a residential district	*un quartier résidentiel*
a residential area	*les beaux quartiers*
a greenbelt	*les espaces verts*
an industrial site	*une zone industrielle*
an industrial park (USA)	" " "
an industrial estate (UK)	" " "
the inner city	*le ghetto*
a red light district	*un quartier chaud*
a shopping district / area / precinct	*un quartier commerçant*
an arcade	*une galerie*
a financial district	*un quartier des affaires*
a business district	" " "
a technopolis	*une technopole*
a technoburb	*un pôle de développement*
a rundown district	*un quartier pauvre*
the City	*le quartier des affaires à Londres*
Wall Street	*le quartier des affaires à New York*

3 THE PUBLIC TRANSIT SYSTEM — *LES TRANSPORTS EN COMMUN*

a taxi / a cab	*un taxi*
a taxi rank	*une station de taxis*
to call a cab	*appeler un taxi*
to take a cab	*prendre un taxi*
to pick up	*emmener, conduire*
to drop sb. off	*déposer qqn.*
the fare	*la course / le billet*
a token	*un jeton (de métro)*
to tip	*donner un pourboire*
a tip	*un pourboire*
to take sb. (to)	*emmener qqn. (à, dans, chez ...)*
a bus	*un autobus*
a bus lane	*une voie d'autobus*
a bus stop	*un arrêt d'autobus*
to get on the bus	*prendre le bus*
to get off the bus	*descendre de l'autobus*
a conductor	*un receveur*
a bus driver	*un chauffeur de bus*
a station	*une gare*
a train station	*une gare ferroviaire*
a metro station	*une station de métro (à Paris)*
a subway station	*une station de métro*
a subway rider	*un voyageur*
a turnstile	*un tourniquet*
to jump the turnstiles	*passer sans payer*
a street car	*un tramway*
the L (the elevated track)	*le métro aérien*
the underground / the tube	*le métro*
the metro	*le métro parisien*
to meet at the station	*chercher à la gare*
a bus terminal	*une gare routière*

4 LANDMARKS — *LES REPERES*

a landmark	*un point de repère*
a public building	*un bâtiment public*
the public services	*les services municipaux*
government center	*une cité administrative*
town hall	*la mairie, l'hôtel de ville*
a parking lot	*une aire de stationnement*
a parking meter	*un parcmètre*
a police station / a precinct station	*un commissariat*
a bank	*une banque*
a post-office	*une poste*
a pillar box (UK) / a mail box (USA)	*une boîte aux lettres*
a phone booth / a call box	*une cabine téléphonique*
a pay station (USA)	" " "
a skyscraper	*un gratte-ciel*
a head office	*un siège social*
the headquarters (of a company)	*le siège social (d'une société)*
a tourist office / a tourist bureau	*un syndicat d'initiative*
a university	*une université*
a university campus	*un campus universitaire*
a hospital	*un hôpital*
the stock exchange	*la bourse*
a court of justice / a tribunal	*un tribunal*
a cathedral	*une cathédrale*
a hotel	*un hôtel*
a youth hostel	*une auberge de jeunesse*
to put up at a hotel	*descendre dans un hôtel*
to make a reservation	*faire une réservation*
to check in	*prendre une chambre*
to check out	*libérer la chambre*
an art gallery	*une galerie d'art*
a museum	*un musée*
a fine arts museum	*un musée des beaux-arts*
a science museum	*un musée des sciences*
an exhibition	*une exposition*
an aquarium	*un aquarium*
a cinema house / a movie theater	*un cinéma*
a theatre / a playhouse	*un théâtre*
a public library	*une bibliothèque municipale*

a sports arena	*un palais des sports*
a sports ground	*un terrain de sport, un stade*
a playground	*un terrain de jeux*
a department store	*un grand magasin*
window shopping	*le lèche-vitrines*
to go window shopping	*faire du lèche-vitrines*
a shopping mall / a shopping center	*un centre commercial*
a park	*un parc*
a square	*une place*
the market square	*la place du marché*
the central market	*les halles*
a plaza / a public square	*une place publique*
a commons	*un parc public*
an adventure playground	*un terrain d'aventure*
green areas	*espaces verts*
a cemetery	*un cimetière*
a crematorium / a funeral home	*un funérarium*

5 INNER-CITY — *LE GHETTO*

a blighted area	*un quartier déshérité*
an impoverished neighborhood	*un quartier défavorisé*
a slum area	*un quartier de taudis*
the slums	*la zone*
a hovel / a slum	*un taudis*
jerry building	*la construction bon marché*
a jerry-built house	*une maison en carton-pâte*
a ghetto resident	*un habitant du ghetto*
squalor / dirt / filth	*la saleté*
grime	*la crasse*
grimy / grubby	*crasseux*
squalid	*sordide*
dismal / bleak	*lugubre, sinistre*
tottering houses	*habitations chancelantes*
to crumble	*tomber en ruines*
a crack	*une fente*
cardboard	*le carton*
hardboard	*Isorel*
plywood	*le contreplaqué*
corrugated iron	*la tôle ondulée*
dilapidated / ramshackle	*délabré*
gutted	*vandalisé*
decay	*le délabrement*
to fall into decay	*tomber en ruines, se délabrer*
a pothole	*un nid de poules*
a potholed pavement	*une chaussée défoncée*
derelict land	*terrains vagues*
a patch of derelict land	*un terrain vague*
a dump	*une décharge*
a fly dump	*une décharge sauvage*
an asphalt jungle	*une jungle de béton*
a violence-prone area	*une zone de violence*
a street urchin	*un gamin des rues*
a street Arab	" " "
to breed despair	*engendrer le désespoir*
to breed violence	*engendrer la violence*
to be stuck in a ghetto	*être prisonnier d'un ghetto*
to be trapped (in)	" " " "
to be mired	*être enlisé*
fatherless children	*enfants sans père*
a single parent family	*une famille sans père / sans mère*
welfare dependency	*assujettissement à l'aide sociale*
social isolation	*isolement social*
to inherit a culture of poverty	*hériter d'une culture de pauvreté*
to be left behind	*être laissé pour compte*
to be dragged down	*être entraîné dans la misère*
to escape the destructiveness (of)	*échapper au côté destructeur (de)*
segregated housing	*la ségrégation dans le logement*
an urban enterprise zone	*une zone industrielle franche*

see : poverty — *voir : la pauvreté*
crime — *la criminalité*
drugs — *la drogue*

II MANAGING THE CITY — *LA GESTION DE LA VILLE*

1 URBAN DESIGN — *LA CONCEPTION DE LA VILLE*

a town planner	*un urbaniste*
town planning	*l'urbanisme*
the layout of a city	*le plan d'une ville*
a pilot scheme	*un projet expérimental*
a municipal code	*un code d'urbanisme municipal*
zoning	*le zonage*
to erect / to put up a building	*construire un bâtiment*
to pull down	*démolir*
a construction site	*un chantier de construction*
a vista	*une perspective*
to open a vista	*ouvrir une perspective*
to shape the city environment	*former l'environnement urbain*
an urban designer	*un architecte de la ville*
public development authorities	*les responsables du développement*
redeployment	*la réorganisation*
conservation	*la préservation*
the urban landscape	*le paysage urbain*

the townscape	" " "
the streetscape	" " "
the skyscape	*le profil des bâtiments*
urban renewal	*la rénovation urbaine*
to be under renovation	*être en cours de rénovation*
to refurbish / to rehabilitate	*rénover*
to upgrade a district	*réhabiliter un quartier*
rehabilitation	*la rénovation*
to rehouse	*reloger*
to enhance	*mettre en valeur*
to spruce up	*embellir*
slum-upgrading	*la réhabilitation des ghettos*

2 URBAN EVILS — *LES MAUX DE LA VILLE*

urbanology	*l'étude de l'environnement urbain*
an urbanologist	*un spécialiste des problèmes urbains*
urban troubles	*difficultés urbaines*
city growth	*la croissance urbaine*
urban evils	*problèmes urbains*
the collapse of urban services	*la dégradation des services municipaux*
a slew of social evils	*une kyrielle de problèmes sociaux*
to plague a city	*empoisonner une ville*
to gnaw at the soul of a city	*ronger l'âme d'une ville*
to eliminate evils	*supprimer les maux*
to grouse	*récriminer*
a grouse	*une récrimination*
to bewail one's city's decline	*se lamenter sur le déclin de sa ville*
a constraint	*une contrainte*
the decadence of the environment	*la dégradation de l'environnement*
the physical environment	*l'environnement physique*
to deteriorate	*se dégrader*
the population density	*la densité urbaine*
recreational activities	*activités de loisir*
the cost of living	*le coût de la vie*
rent controls	*la réglementation des loyers*
poor housing	*le logement misérable*
substandard housing	*les logements non conformes aux normes*
sewerage / sewage	*le système d'assainissement des eaux*
a sewer	*un égoût*
deficient education	*enseignement inadéquat*
decent schools	*écoles correctes*
traffic fatalities	*accidents de la circulation*
sales taxes	*taxes locales*
city income tax	*impôts locaux*
air pollution	*la pollution de l'atmosphère*
polluted	*pollué*
a pollutant	*un polluant*
smog	*le smog*
automobile exhaust	*les gaz d'échappement*
fuel combustion	*la combustion de carburant*
noise	*le bruit*
loud noise	*le vacarme*
intrusive noise	*les agressions par le bruit*
a maximum noise level	*un niveau sonore maximum*
noisy	*bruyant*
windy	*venteux*
odorous	*malodorant*
unpleasant	*désagréable*
crime	*la délinquence*
theft	*le vol*
burglary	*le cambriolage*
a break-in	*un cambriolage*
assault	*les agressions*
a mugging	*une agression*
to lock one's door	*verrouiller sa porte*
to barricade oneself at home	*se barricader chez soi*
a crime-watch group	*un groupe d'auto-défense*
a community patrol	*une patrouille de surveillance (dans un quartier)*
a neighborhood watch committee	*un comité de surveillance de quartier*
a tenants' patrol	*une patrouille organisée par les locataires*
a vigilante group	*une milice privée*
a vigilante	*un membre d'une milice privée*
to patrol the streets	*organiser des patrouilles dans les rues*
a brutal subway system	*un réseau métropolitain dangereux*
see : pollution crime	*voir : la pollution* *la criminalité*

3 CITY GOVERNMENT — *LA GESTION MUNICIPALE*

the local authorities	*les autorités municipales*
the city fathers	*les élus locaux*
a corporation / a municipality	*une municipalité / un conseil municipal*
the city council	*le conseil municipal*
the city budget	*le budget municipal*
a mayor	*un maire*
a deputy mayor	*un maire-adjoint*
to preside over the council	*présider le conseil*
to convene a session	*réunir le conseil municipal*
to consider a question	*examiner une question*
to submit the budget (to)	*soumettre le budget (à)*
to grant a concession	*accorder une concession (à)*
to pass an ordinance	*voter un arrêté*
a city's by-law	*un arrêté municipal*
to adopt the budget	*voter le budget*
to decide rates of taxation	*décider des taux d'imposition*

to lay down policies	*arrêter les grandes lignes*
to appoint	*nommer*
to dismiss	*renvoyer*
a city / town clerk	*un secrétaire de mairie*
a city commissioner	*un commissaire municipal*
a selectman	*un conseiller municipal, un édile*
an alderman / a councilman	" " " " "
a treasurer	*un trésorier*
a registrar	*un officier d'état civil*
a town marshal	*un sheriff*
a solicitor	*un avocat, un conseiller juridique*
a tax collector	*un inspecteur des impôts*
an assessor	*un contrôleur des impôts*
an auditor	*un commissaire aux comptes*
a board	*une commission*
a school board	*une commission scolaire*
a department	*un bureau*
a recorder	*un archiviste*
a comptroller	*un contrôleur financier*
municipal revenues	*recettes municipales*
to levy taxes	*prélever l'impôt*
the water board	*le service de distribution des eaux*
a waterboard technician	*un technicien du service des eaux*
water supply	*l'approvisionnement en eau*
urban sanitation	*le système sanitaire urbain*
sewage disposal	*le traitement des eaux usées*
a sewage works	*une usine de traitement des eaux*
garbage collection	*le ramassage des ordures*
a refuse lorry	*une benne poubelle*
to collect rubbish	*ramasser les ordures*
welfare services	*services sociaux*
public utility services	*services publics*
the supply of gas	*approvisionnement en gaz*
public transportation	*transports en commun*
a well-run city	*une ville bien gérée*

III THE HOUSING MARKET — *LE MARCHE DE L'IMMOBILIER*

1 HOUSING — *LE LOGEMENT*

housing policy	*la politique du logement*
a housing benefit	*une allocation de logement*
a housing association	*une association de propriétaires*
the housing problem	*le problème du logement*
lodgings	*un logement*
a dwelling	*une habitation*
a development area	*un lotissement*
a trailer park / a trailer camp / a trailer court	*un camp de caravaning*
a parcel / a lot	*une parcelle*
an apartment / a flat	*un appartement*
a block of flats	*un immeuble*
an apartment building	" "
a tower block / a high riser	*une tour d'habitation*
office space	*bureaux*
an office block	*un immeuble de bureaux*
an office tower	*une tour de bureaux*
a rental apartment unit	*un appartement en location*
a studio / a flatlet	*un studio*
a bed-sitter / a bed-sit (UK)	*un studio, une chambre meublée*
an efficiency apartment (USA)	*un studio*
a split-level apartment	*un duplex*
a split level building	*un bâtiment à niveaux décalés*
a penthouse	*un duplex au dernier étage*
a loft	*un grenier, un loft*
a floor-through	*un appartement occupant tout un étage*
a co-op	*une société qui possède un immeuble*
a condominium / a condo	*un appartement dans un immeuble en copropriété*
a semi-detached house	*une maison jumelle / mitoyenne*
a detached house	*un pavillon*
terraced houses	*rangées de maisons de même style*
a row of houses	*une rangée de maisons*
a townhouse	*une maison en ville*
a mansion house	*une maison de maître*
a wing	*une aile*
a tract house	*une maison dans un lotissement (de même style que les autres)*
a walkup house	*une maison sans ascenseur*
a mobile home	*une grande caravane*
a mountain lodge	*un chalet de montagne*
a country home	*une maison de campagne*
a dacha	*une datcha*
social housing	*le logement social*
state-built housing	*immeubles de la ville*
a council house	*un logement HLM (pavillon)*
a council flat	*un logement HLM (appartement)*
a tenement block	*logements HLM*
a housing project (USA)	*une résidence de HLM*
a housing estate	*un grand ensemble*

a public housing unit	*un HLM*
a public housing project	*une cité HLM*
a floor / a storey (USA)	*un étage*
the first floor	*le rez-de-chaussée (USA) le premier étage (UK)*
the groundfloor	*le rez-de-chaussée*
modern conveniences (mod. con.)	*tout confort*
a panoramic view	*une vue panoramique*
to look onto	*donner sur*
with an unobstructed view	*avec une vue imprenable*
a breathtaking view	*une vue imprenable*
to spoil the view	*gâcher la vue*
luxuriously appointed	*luxueusement aménagé*

2 REAL ESTATE — *L'IMMOBILIER*

real estate	*l'immobilier*
a real estate agency	*une agence immobilière*
a real estate agent / a realtor	*un agent immobilier*
a house agent	*un agent immobilier*
a property developer	*un promoteur immobilier*
to develop	*exploiter, mettre en valeur*
a property agent	*un agent immobilier*
a property speculator	*un spéculateur immobilier*
the property market	*le marché de l'immobilier*
a property transaction	*une transaction immobilière*
to buy a house	*acheter une maison*
to afford a house	*s'offrir une maison*
a show flat	*un appartement témoin*
a valuer	*un expert en biens immobiliers*
to buy sight unseen	*acheter sur plan*
to buy land sight unseen	*acheter un terrain sur description*
on sale sight unseen	*vendu sur plan*
a homeowner	*un propriétaire*
a homeowning nation	*un pays de propriétaires*
homeownership	*la propriété*
a home loan	*un prêt immobilier*
a home savings plan	*un plan d'épargne logement (PEL)*
to own a house	*posséder une maison*
to house	*abriter*
property	*la propriété*
a piece of property	*une propriété*
personal property	*biens mobiliers*
real property	*biens immeubles*
commercial property	*propriétés commerciales*
a dud property	*une propriété sans valeur*
a plum property	*une propriété de choix*
top-notch property	*une propriété de premier choix*
property conveyancing	*la cession des propriétés*
high yielding property	*propriétés à haut rendement*
returns on property	*les revenus de l'immobilier*
to eye property	*convoiter une propriété*
to part with one's property	*se séparer d'une propriété*
to convey	*rédiger l'acte de cession*
a property deed	*un acte de propriété*
property tax	*impôt foncier*
land	*la terre, les terrains*
land prices	*les prix des terrains*
a land tax	*un impôt foncier*
a landowner	*un propriétaire terrien*

3 RENTING — *LA LOCATION*

a lease	*un bail*
to lease	*louer à bail*
to lease out	*donner à bail*
a leaseholder	*un locataire à bail*
a leasehold flat	*un appartement en location*
a leaseback	*une cession-bail*
a freehold	*la propriété foncière libre et perpétuelle, la pleine propriété*
to own freehold	*posséder en pleine propriété*
a freeholder	*un propriétaire foncier à perpétuité*
to sign a lease	*signer un bail*
a lessee	*un locataire à bail, un preneur à bail*
a deposit	*une caution*
to let	*louer (le propriétaire)*
"To let"	*"A louer"*
to rent	*louer (prendre une location)*
the rent	*le loyer*
rent control	*la réglementation des loyers*
to freeze rents	*bloquer les loyers*
to pay the rent	*payer le loyer*
a rent review	*une révision de loyer*
to face a rent review	*être face à une révision de bail*
a rack rent	*un loyer exorbitant*
a rent strike	*une grève des loyers*
a renter / a tenant	*un locataire*
a council tenant	*un locataire dans une HLM*
a sitting tenant	*un locataire en possession des lieux*
a landlady / a landlord	*une / un propriétaire*

4 THE REAL ESTATE MARKET — *LE MARCHE DE L'IMMOBILIER*

4.1 THE CONSTRUCTION INDUSTRY — *L'INDUSTRIE DU BATIMENT*

house-building	*le bâtiment*
the building trade	*le secteur du bâtiment*
a builder	*un constructeur*
a hard hat	*un ouvrier du bâtiment*
a house painter	*un peintre en bâtiment*
the housing industry	*l'industrie du bâtiment*
a building contractor	*un entrepreneur en bâtiment*
a housebuilder	*un entrepreneur de construction*

a homebuilder	*un entrepreneur du bâtiment*
homebuilding	*industrie du bâtiment*
a construction company	*une entreprise de travaux publics*
a home development company	*une société de promotion immobilière*
housing starts / a house start	*le nombre de maisons mises en chantier*
a housing scheme	*un programme de construction de logements*
a project	*un ensemble immobilier*
a commercial project	*un centre commercial*
a shopping project	*un ensemble commercial*
a shopping development	*" " "*

4.2 THE HOUSING SLUMP — *LA CRISE DE L'IMMOBILIER*

to be hit by a cyclical downturn	*être touché par une baisse conjoncturelle*
the turmoil of the property market	*le désordre du marché immobilier*
a flat market	*un marché terne*
a soft market	*un marché mou*
to be in the doldrums	*être dans le marasme*
a distressed property market	*un marché immobilier sinistré*
to be mired (in)	*être enlisé (dans)*
a real estate depression	*une crise de l'immobilier*
a housing slump	*une crise du logement*
to be in mid slump	*être en pleine crise*
tumbling house prices	*la dégringolade des prix*
plummetting real estate prices	*la chute de l'immobilier*
a stagnant market	*un marché en stagnation*
a boom-and-bust cycle	*un cycle de prospérité et de dépression*
a turnover	*un écoulement, un roulement*
a home value	*une valeur immobilière*
unsold houses	*maisons invendues*
the falling value (of)	*la perte de valeur (de)*
the medium price	*le prix moyen*
a knock-down price	*un prix réduit*
a cut-price house sale	*une vente au rabais*
to knock down	*vendre aux enchères*
to plonk estates	*se débarrasser de propriétés*
a flagging demand	*une demande en baisse*
a vacancy rate	*un taux d'occupation*
vacant / unlet	*libre, inoccupé*
a glut of office space	*une saturation de locaux professionnels*

4.3 THE HOUSING BOOM — *L'EXPLOSION DU MARCHE DE L'IMMOBILIER*

to go on a building spree	*se lancer dans une frénésie de construction*
a building boom	*un boom de la construction*
a housing shortage	*une pénurie de logements*
to drive prices up	*faire monter les prix*
to pep up prices	*stimuler les prix*
runaway land values	*le prix galopant des terrains*
house price inflation	*inflation dans le prix des maisons*
to gain value	*prendre de la valeur*
to buy at inflated prices	*acheter à des prix gonflés*
to stretch oneself to buy	*se surendetter pour acheter*
to put prices out of reach (of)	*mettre les prix hors d'atteinte (de)*
a property binge	*une frénésie d'achats de propriétés*
to be in hot demand	*être très recherché*
to sell like hot cakes	*se vendre comme des petits pains*
to recover (from)	*se remettre (de)*
to spark a rebound	*provoquer une relance*
to lift real estate values	*faire monter les valeurs immobilières*
to remain in fragile health	*demeurer précaire*
to snap up a bargain	*sauter sur une occasion*
to be priced out of the market	*pratiquer des cours au-dessus du marché*
to grab	*saisir*
a property grab	*une ruée sur les propriétés*
to speculate	*spéculer*
a speculator	*un spéculateur*
to go through the roof	*flamber*

5 URBAN MIGRATION — *L'EXODE URBAIN*

migration toward urban areas	*émigration vers les centres urbains*
cityward migration	*émigration vers la ville*
rural depopulation	*exode rural*
rural-urban migration	*" "*
an influx of newcomers	*un afflux de nouveaux arrivants*
to attract people	*attirer les gens*
to gain people	*accroître la population*
to move into	*déménager*
to pour in	*affluer*
to swell a population	*grossir une population*
to be swamped (by)	*être envahi (de / par)*
to settle (in)	*s'installer (à)*
to gentrify a district	*embourgeoiser un quartier*
to thrive	*prospérer*
to meet with hostility	*rencontrer l'hostilité*
to look askance at	*regarder de travers*
to depress the value of a home	*faire baisser la valeur d'une maison*
a polyglot place	*un lieu polyglotte*
a job creator	*un créateur d'emplois*
urbanization	*l'urbanisation*
suburbanization	*l'extension des banlieues*
suburban growth	*l'expansion des faubourgs*
to move out to suburbia	*déménager pour la banlieue*
to overflow one's boundaries	*sortir de ses limites, déborder*

to stretch out	*s'étendre*
to push people out to the suburbs	*repousser les gens vers les banlieues*
to shift people out of the town	*déplacer les gens hors de la ville*
to enlarge commuter belts	*élargir les zones de banlieue*
to cluster	*se grouper*
depopulation	*le dépeuplement*
decentralization	*la décentralisation*
to leave town	*quitter la ville*
to flee a city	*fuir une ville*
a movement away from a city	*un exode urbain*
to retain middle class residents	*retenir les classes moyennes*
to entice people to live away from	*pousser les gens à vivre loin de*
to put up with the travelling	*supporter les allers-retours*
to be town-wearied	*être las de la ville*
the call of the wild	*l'appel de la nature*
bracing air	*air revivifiant*
cheap housing	*logements bon marché*
affordable housing	*un logement abordable*
low cost renting	*loyers bon marché*
an outflow (from)	*un exode (loin de)*
a rural county	*une région rurale*

6 EDUCATION *L'EDUCATION*

I THE EDUCATIONAL SYSTEM *LE SYSTEME EDUCATIF*

1 GENERAL BACKGROUND *GENERALITES*

the Minister of Education	*le ministre de l'Education*
the Ministry of Education	*le ministère de l'Education*
the Department of Education (USA)	" " "
the Department of Education and Science (DES)	*le ministère de l'Education et de la Recherche scientifique*
educational policy	*la politique de l'éducation*
educational reform	*la réforme de l'éducation*
free / free charging	*gratuite*
paying	*payant*
centralisation	*la centralisation*
centralised	*centralisé*
decentralisation	*la décentralisation*
the local management of schools	" "
education spending	*les dépenses pour l'éducation*
to set national education goals	*fixer des objectifs pédagogiques nationaux*
an educational law	*une loi sur l'éducation*
compulsory / mandatory schooling	*la scolarité obligatoire*
a school district	*une académie*
a Local Educational Authority (LEA)	" "
a scholarship / a grant	*une bourse*
a loan repayment assistance program	*un programme de prêts remboursables*
parent-teacher relationships	*les relations parents-professeurs*
a parent-teacher association (PTA)	*une association de parents d'élèves*

2 SCHOOLS *LES ECOLES*

2.1 GENERAL BACKGROUND *GENERALITES*

a school	*une école*
to go to school	*aller à l'école*
to be in school	*faire des études*
schooling	*les études*
to start school	*commencer l'école, commencer l'année scolaire*
the school year	*l'année scolaire*
to reach school age	*atteindre l'âge scolaire*
to attend school	*fréquenter l'école*
school attendance	*la scolarisation, la scolarité*
the school leaving age	*l'âge de fin de scolarité*
a school report	*un bulletin scolaire*
a school attendance officer / a truant officer	*un fonctionnaire chargé de faire respecter les règlements de scolarisation*
school integration	*l'intégration scolaire*
to integrate a school	*imposer la déségrégation dans un établissement scolaire*
busing (USA)	*le transport obligatoire des élèves pour motif de déségrégation*
to bus to school	*amener à l'école en bus*

a magnet school (USA)	*un programme conçu pour attirer les enfants blancs dans les écoles à prédominance noire*
a schoolbus	*un car de ramassage scolaire*
an open campus	*un campus avec liberté de circuler*
a closed campus	*un campus sans liberté de circuler*
a locker / a pigeon hole	*un casier*
the yearbook	*le livre de la promotion*
an academic year	*une année scolaire*
a semester	*un semestre*
a term	*un trimestre*
half-term	*un congé de mi-trimestre*
the Summer holidays	*les grandes vacances*
the Easter break	*les vacances de Pâques*
the junior prom	*le bal de la promotion*

2.2 THE UNITED KINGDOM — *LE ROYAUME-UNI*

a state school	*une école publique*
a preparatory school	*une école primaire privée*
a parish school	*une école communale*
a public school	*un établissement secondaire privé, un grand collège*
a grammar school	*un lycée*
a technical school	*un lycée technique*
a comprehensive school	*un collège (sans sélection à l'entrée)*
a magnet school	*une école spécialisée dans un domaine (ex: les langues étrangères)*
a prep school	*une école préparatoire aux écoles secondaires privées*
a polytechnic	*un IUT (institut universitaire de technologie)*
an engineer school	*une école d'ingénieurs*
a normal school	*une école normale d'instituteurs*
a denominational school	*un établissement confessionnel*
a boarding school	*un pensionnat, un internat*
to go to boarding school / to board	*être interne*
a day school	*un externat*
to go to day school	*être externe*
a cramming school / a crammer	*une boîte à bac*
a finishing school	*une institution pour jeunes filles de bonne famille*
an academy of music	*un conservatoire*

2.3 THE USA — *LES ETATS-UNIS*

kindergarten	*le jardin d'enfants*
nursery school	*la maternelle*
a primary school / a grade school	*une école primaire*
a common school	*une école communale (primaire, élémentaire)*
an elementary school	*une école primaire*
a middle school	" " "
a secondary school	*un établissement secondaire*
a junior high school	*un collège, un CES*
a junior high	" " " "
a high school	*un lycée*
a public school	*une école publique*
a secular school	*une école laïque*
a vocational school	*un lycée professionnel*
a preparatory school	*un lycée privé (qui prépare aux grandes universités)*
a training college	*une école normale d'instituteurs*
a parochial school	*une école privée confessionnelle*
an all-black school	*une école noire*
an integrated school	*un établissement scolaire où se pratique la déségrégation*
an elite school	*une école élitiste*
a co-educational school	*un établissement mixte (filles-garçons)*
an academy	*une école privée*
a military academy	*une école militaire*
a naval academy	*une école navale*
a conservatory	*un conservatoire*

3 SCHOOL PERSONNEL — *LE PERSONNEL ENSEIGNANT*

the teaching profession	*l'enseignement, le professorat, le corps enseignant*
a school board	*un conseil d'établissement*
a school committee	*un comité municipal chargé des affaires scolaires*
a superintendent	*un recteur*
a director of education	" "
the Inspectorate	*l'Inspection générale*
an inspector general	*un inspecteur général (IG)*
an inspection	*une inspection*
to observe a class	*inspecter une classe*
the staff	*le personnel*
the teaching staff	*le personnel enseignant*
the staff room / the teachers' room	*la salle des professeurs*
the headmaster	*le directeur*
the principal	*le proviseur*
the vice-principal	*le proviseur-adjoint*
to run a school	*diriger une école*
to operate a school	*faire fonctionner une école*
a bursar	*un intendant*
a librarian	*une / un bibliothécaire, une / un documentaliste*

a media center	*un centre de documentation*
a guidance office	*le bureau du conseiller d'orientation*
a guidance counsellor	*un conseiller / une conseillère d'orientation*
careers guidance	*l'orientation professionnelle*
a careers officer	*un conseiller d'orientation*
a nurse station	*une infirmerie*
a nurse	*une infirmière*
a social worker	*une assistante sociale*
a coach	*un entraîneur sportif*
a department head	*un chef de département*
a head teacher	*un professeur principal*
a teacher	*un enseignant*
a school teacher	*un professeur de collège*
a highschool teacher	*un professeur de lycée*
a substitute teacher / a "sub"	*un professeur remplaçant*
a schoolmaster	*un instituteur*
a tutor	*un répétiteur*

4 THE UNIVERSITY — *L'UNIVERSITE*

4.1 GENERAL BACKGROUND — *GENERALITES*

further / higher education	*les études supérieures*
to go to university	*aller à l'université, faire des études supérieures*
to study at university	*faire des études universitaires*
to enrol in a university	*s'inscrire à une faculté*
enrolment	*l'inscription, les effectifs*
an enrolment of 800	*un effectif de 800*
to register	*s'inscrire*
registration (USA)	*l'inscription*
matriculation (UK)	"
an admission policy	*une politique d'accès*
an admission quota	*un numerus clausus*
admission procedures	*procédures d'inscription*
admission (to)	*l'inscription (dans / à)*
to be on a waiting list	*être sur une liste d'attente*
to get in a university	*s'inscrire dans une université*
university entrance	*l'entrée à l'université*
tuition fees	*droits d'inscription*
a university campus	*un campus universitaire*
research facilities	*un centre de recherches*
a lecture room / a lecture hall	*un amphithéâtre*
a university library	*une bibliothèque universitaire*
a dining hall	*un réfectoire*
a dining room	*une cantine*
a faculty dining room	*une cantine des professeurs*
a dormitory	*un dortoir*
a co-ed dormitory	*un dortoir mixte*
a sorority	*un club d'étudiantes, un cercle d'étudiantes*
a fraternity	*un club d'étudiants, une fraternité, une confrérie*
a pledge	*un engagement*

4.2 THE FACULTY — *LE CORPS ENSEIGNANT*

an academic	*un universitaire*
a Chancellor	*un recteur (des universités), un chancelier*
a vice-chancellor	*un vice-recteur, un vice-chancelier*
a president	*un président*
a dean	*un doyen*
a department head	*un chef de département*
a faculty advisor	*un professeur responsable*
a proctor	*un responsable de la discipline (UK), un surveillant (USA)*
a professorship	*une chaire*
tenure	*la titularisation*
tenurable	*titularisable*
to be on a tenure track	*être titularisable*
to have tenure	*être titularisé*
a tenured professor	*un professeur titulaire*
a doctoral student	*un thésard*
an exchange student	*un étudiant d'échange*
an unregistered student	*un auditeur libre*
a researcher	*un chercheur*
to do research	*faire de la recherche*
research work	*travaux de recherche*

4.3 THE BRITISH UNIVERSITY — *L'UNIVERSITE BRITANNIQUE*

a faculty	*une faculté*
the Faculty of Arts	*la faculté des Lettres*
the Faculty Board	*le Conseil de faculté*
a governing body	*les administrateurs*
the head of a college	*le recteur d'un collège*
a fellow	*un chargé de cours*
a tutor	*un directeur d'études*
a don	*un professeur (à Cambridge et Oxford surtout)*
an assistant lecturer	*un assistant*
a part-time lecturer	*un chargé de cours*
a lecturer	*un maître-assistant*
a senior lecturer / a reader	*un maître de conférences*
a readership	*une maîtrise de conférences*
a professor	*un professeur en titre*
a University chair	*une chaire universitaire*

4.4 THE AMERICAN UNIVERSITY — *L'UNIVERSITE AMERICAINE*

a college	*un collège universitaire (trois premières années universitaires), une faculté*

to have a college education	*être diplômé de l'enseignement supérieur*
a liberal arts college	*une faculté des lettres et des sciences humaines*
a state university	*une université d'état*
a private university	*une université privée*
the Ivy League	*la Ligue du lierre (prestigieuses universités américaines du Nord-Est)*
an Ivy League university	*une université prestigieuse et traditionnelle*
to be ivy	*sortir d'une grande université*
graduate school	*une université (années post-licence)*
to go to graduate school	*faire des études supérieures*
to go to college	*faire des études supérieures*
medical school	*la faculté de médecine*
law school	*la faculté de droit*
a business school	*un institut des affaires, une école de commerce, une université de gestion*
the language department	*le département des langues*
tutorials	*travaux dirigés*
summer school	*les cours d'été*
an alma mater	*une université dont on est diplômé*
an alumnus / alumni	*un ancien élève / anciens élèves*
the faculty	*le corps enseignant*
a faculty meeting	*une réunion du Conseil de faculté*
an instructor	*un chargé de cours*
a tutor	*un assistant*
an assistant-professor	*un maître-assistant*
a teaching assistant	*un assistant-enseignant, un allocataire-moniteur*
a research assistant	*un Attaché temporaire d'Enseignement et de Recherche (ATER)*
an associate professor	*un maître de conférences*
a full professor	*un professeur titulaire*
a visiting professor	*un professeur invité*
a professor emeritus	*un professeur honoraire*

5 THE CLASS — *LA CLASSE*

5.1 THE STUDENT COMMUNITY — *ELEVES ET ETUDIANTS*

a pupil	*une / un élève*
a daypupil	*un externe*
a boarder	*un interne*
a pre-school child / a pre-schooler	*un élève de maternelle*
a schoolboy, a schoolgirl	*un écolier, une écolière*
a student	*un étudiant*
a student body	*l'effectif étudiant*
a student body president	*le président d'une amicale d'étudiants*
a student officer	*un membre du bureau des étudiants*
a medical student	*un étudiant en médecine*
an oldgirl / oldboy	*une ancienne / un ancien élève*
a fresher	*un bizuth*
hazing	*le bizutage*
a cheerleader	*une majorette*
an athlete	*un sportif*
a clique	*une coterie*
the brains	*les intellos (fam.)*

5.2 THE UNITED KINGDOM — *LE ROYAUME-UNI*

a form / a grade	*une classe*
the first form	*la 6e*
the second form	*la 5e*
the sixth	*la première*
the upper sixth	*la terminale*

5.3 THE USA — *LES ETATS-UNIS*

a grade	*une classe*
the 1st grade	*le cours préparatoire (CP)*
the sixth grade	*la 6e*
to be a freshman	*être en 3e*
a freshman	*un élève de 3e*
a sophomore	*un élève de 2e*
a junior	*un élève de 1e*
a senior	*un élève de terminale*

5.4 THE CLASSROOM — *LA SALLE DE CLASSE*

a classroom	*une salle de classe*
to have a class	*avoir cours*
to have a French class	*avoir cours de français*
a mandate	*un cours obligatoire*
a stream	*un niveau*
to be divided into 5 streams	*être réparti en cinq classes de niveau*
to stream the English classes	*répartir les élèves par niveau en anglais*
remedial teaching	*cours de rattrapage*
remedial work	*le soutien pédagogique*
a period	*une heure de cours, une période, un module*
a free period	*une heure de permanence*
a study / a prep-room	*une salle d'études*
study hall	*la permanence*
a hall pass	*un billet de permanence*
a lunch period	*l'heure du déjeuner*
home room	*l'étude*

a break	*une récréation, une pause*
to report to the office	*se présenter au bureau*
to page a student	*convoquer un élève (par haut-parleur)*
a special class	*une classe pour handicapés*
special help	*instituteurs spécialisés*
the visually impaired	*les non-voyants*
a speech defect / disorder	*un défaut d'élocution*
a learning disability	*un handicap*
an emotional disorder	*un trouble du comportement*
a resource room	*une salle pour activités d'éveil*

5.5 THE CURRICULUM — *LE PROGRAMME*

a curriculum of general knowledge	*un programme de culture générale*
a syllabus	*un programme*
a core curriculum	*un programme fondamental*
to be on the syllabus	*être au programme*
a fringe subject	*un sujet secondaire*
a course	*un cours*
a French course	*un cours de français*
a civics course	*un cours d'instruction civique*
a course selection	*un choix de cours*
a honours course	*un programme d'études spécialisées (en vue d'un diplôme universitaire)*
to take honours in French	*se spécialiser en français*
a pass course	*un programme général*
a subject of instruction	*un cours*
a schedule / a timetable	*un emploi du temps*
extracurricular activity	*l'activité en dehors des heures de cours*
the debating society	*la société des débats*
to be on the debating team	*faire partie de l'équipe de débats*

5.5.1 SCIENCES — *LES SCIENCES*

mathematics / maths	*les maths*
a math teacher	*un professeur de maths*
arithmetic	*l'arithmétique*
mental arithmetic	*le calcul mental*
algebra	*l'algèbre*
to reckon / to count / to compute	*calculer*
to calculate	"
calculus	*le calcul*
differential calculus	*le calcul différentiel*
integral calculus	*le calcul intégral*
an operation	*une opération*
to solve a problem	*résoudre un problème*
an assumption	*une hypothèse*
a statement	*un énoncé / un résultat*
a sum	*une somme*
a result	*un résultat*
a theorem	*un théorème*
a vector	*un vecteur*
a proof	*une preuve*
to add up	*additionner*
addition	*l'addition*
to subtract	*soustraire*
subtraction	*la soustraction*
to multiply fourfold	*multiplier par 4*
a multiplication	*une multiplication*
to divide	*diviser*
a division	*une division*
to enumerate	*énumérer*
the theory of sets	*la théorie des ensembles*
an empty set	*un ensemble vide*
a sum	*une somme*
a denominator	*un dénominateur*
a number	*un nombre*
a decimal number	*un nombre décimal*
an odd number	*un nombre impair*
an even number	*un nombre pair*
finite	*fini*
an integer	*un nombre entier*
reciprocal	*réciproque*
a figure	*un chiffre*
in round figures	*en chiffres ronds*
a digit	*un chiffre*
a two-digit number	*un nombre à deux chiffres*
a fraction	*une fraction*
two out of five (2/5)	*2 sur 5*
a remainder / a rest	*un reste*
the rule of three	*la règle de trois*
power	*la puissance*
ten to the minus five	*10 puissance moins 5*
a quadratic equation	*une équation du 2e degré*
an index	*un indice*
an exponent	*un exposant*
exponential	*exponentiel*
a graph	*un graphique*
an axis / axes	*une coordonnée / coordonnées*
a coordinate	*une coordonnée*
an ordinate	*une ordonnée*
an abscissa	*une abscisse*
a curve	*une courbe*
a parabola	*une parabole*
a square root	*une racine carrée*
to extract a square root	*extraire une racine carrée*
a cube root	*une racine cubique*
a function	*une fonction*
an unknown quantity	*une inconnue*
a derivative	*une dérivée*
a matrix	*une matrice*
geometry	*la géométrie*
solid geometry	*la géométrie dans l'espace*
to draw	*dessiner*
a triangle	*un triangle*
a square	*un carré*
a quadrilateral	*un quadrilatère*
a circle	*un cercle*
a trapezium	*un trapèze*
a polygon	*un polygone*
a cube	*un cube*

a cylinder	*un cylindre*
a sphere	*une sphère*
a tangent	*une tangente*
an angle	*un angle*
a right angle	*un angle droit*
acute / obtuse	*aigu / obtus*
concave / convex	*concave / convexe*
isosceles	*isocèle*
a vertex	*le sommet (d'un angle)*
an apex	*le sommet (d'un triangle)*
a bisector	*une bissectrice*
a median	*une médiane*
a side	*un côté*
perpendicular	*perpendiculaire*
straight	*droit*
a radius	*un rayon*
trigonometry	*la trigonométrie*
a sine	*un sinus*
a cosine	*un cosinus*
a sine curve	*une sinusoïde*
physics	*la physique*
nuclear physics	*la physique nucléaire*
a physicist	*un physicien*
an atom physicist	*un atomiste*
astronomy	*l'astronomie*
astronautics	*l'astronautique*
calorimetry	*la calorimétrie*
cybernetics	*la cybernétique*
dynamics	*la dynamique*
electronics	*l'électronique*
electromagnetism	*l'électromagnétisme*
kinematics	*la cinématique*
thermodynamics	*la thermodynamique*
biology	*la biologie*
a biologist	*un biologiste*
botany	*la botanique*
a herbarium	*un herbier*
chemistry	*la chimie*
geology	*la géologie*
natural science	*les sciences de la nature*
pharmacology	*la pharmacologie*
zoology	*la zoologie*
a laboratory	*un laboratoire*
practical work	*les travaux pratiques (TP)*
a test tube	*une éprouvette*
a Bunsen burner	*un bec Bunsen*
a flask	*un ballon*
a stirrer	*un agitateur*
a precipitate	*un précipité*
to carry out experiments	*faire des expériences*
to analyze	*analyser*
conversion	*la transformation*
a microscope	*un microscope*
a lens	*une lentille*
coupled lenses	*lentilles accolées*
to focus a microscope	*régler un microscope*
a prism	*un prisme*
to magnify	*grossir*
chemicals	*produits chimiques*
an acid	*un acide*
sulfuric acid	*acide sulfurique*
hydrochloric acid	*acide chlorhydrique*
gaseous	*gazeux*
solid / liquid	*solide / liquide*
isothermal	*isotherme*
colourless	*incolore*
inodorous	*inodore*
tasteless	*insipide*
a dye	*un colorant*
carbon	*le carbone*
carbon dioxide	*gaz carbonique*
chlorine	*le chlore*
iodine	*iode*
oxygen	*oxygène*
hydrogen	*hydrogène*
mercury	*le mercure*
nitrogen	*azote*
sulphur	*le soufre*
a base	*une base*
a body	*un corps*
an element	*un corps simple*
a compound	*un corps composé*
a fluid	*un fluide*
a calorie	*une calorie*
a salt	*un sel*
to test	*éprouver*
to melt	*fondre*
to dissolve	*(se) dissoudre*
economics	*les sciences économiques*
home economics	*l'économie ménagère*
statistics	*les statistiques*
a percentage	*un pourcentage*
sociology	*la sociologie*
technology	*la technologie*
social studies	*les sciences sociales*
history	*l'histoire*
geography	*la géographie*

5.5.2 LIBERAL ARTS — *LES LETTRES*

philosophy	*la philosophie*
psychology	*la psychologie*
religious instruction	*l'enseignement religieux*
classical languages	*langues mortes*
modern languages	*langues vivantes*
foreign languages	*langues étrangères*
a language teacher	*un professeur de langue*
a language lab	*un labo de langues*
literature	*la littérature*
grammar	*la grammaire*
spelling	*l'orthographe*
a dictation	*une dictée*
an essay	*une rédaction*
a paper	*une dissertation*

5.5.3 OTHERS — *AUTRES*

a workshop	*un atelier*
sheet metal work	*le travail sur métaux*
handicraft	*le travail manuel, la techno*

drawing	*le dessin*
engineering drawing	*le dessin industriel*
music	*la musique*
singing	*le chant*
the high school gym	*le gymnase*
physical education (phys. ed.)	*l'éducation physique*
physical training (PT)	" "
track	*le stade*
track practice	*entraînement au stade*
an indoor court	*un court couvert*
an outdoor court	*un court extérieur*

5.6 CLASSROOM MATERIAL — *LE MATERIEL SCOLAIRE*

school stationery	*fournitures scolaires*
a desk	*un bureau*
a satchel	*un cartable*
a school-bag	*un sac d'école*
paper	*le papier*
tracing-paper	*le papier à décalquer*
blotting-paper	*le papier buvard*
cardboard	*le carton*
a teacher's handbook	*le livre du maître*
a textbook	*un manuel*
a dictionary	*un dictionnaire*
an exercise book	*un cahier de devoirs*
a copybook	*un cahier*
a notebook	*un bloc-notes, un cahier, un carnet*
a memo book	*un carnet*
a writing pad	*un bloc-notes*
a rough book	*un cahier de brouillon*
a jotter	*un bloc-notes, un cahier de brouillon*
a diary	*un agenda, un cahier de textes*
a binder	*un classeur*
a sheet	*une feuille*
a folder	*une chemise*
a card-index	*un fichier*
a pen-case	*une trousse*
a pencil	*un crayon*
to sharpen a pencil	*tailler un crayon*
a pencil-sharpener	*un taille-crayon*
a fountain pen	*un stylo à encre*
a ballpoint	*un stylo à bille*
crayons	*crayons de couleur*
a box of colors	*une boîte de peinture*
a biro	*un bic*
a felt-tip pen	*un feutre*
an eraser	*un effaceur*
a rubber	*une gomme*
a ruler	*une règle*
a foot-rule	*un double-décimètre*
compasses / a pair of compasses	*un compas*
a T-square	*un T*
a square	*une équerre*
a protractor	*un rapporteur*
a pocket calculator	*une calculette*
glue / paste	*la colle*
to glue / to paste	*coller*
a stapler	*une agrafeuse*
to staple	*agrafer*
a staple	*une agrafe*
a paperclip	*un trombone*
a label	*une étiquette*
ink	*encre*
a slate	*une ardoise*
to put away	*ranger*
to check	*vérifier*
to file	*classer*
to jot down notes	*prendre des notes*
the blackboard	*le tableau*
a paper-board / a flip board	*un tableau à feuilles mobiles*
a map	*une carte*
a sponge	*une éponge*
chalk	*la craie*
a piece of chalk	*un morceau de craie*
a duster	*un chiffon*
to erase / to rub out	*effacer*
to wipe	*essuyer*
to wet / to moisten	*mouiller*
teaching-aids	*le matériel pédagogique*
a slide projector	*un projecteur de diapositives*
an overhead projector	*un rétroprojecteur*
a transparency	*un transparent*
a record player	*un électrophone*
a record	*un disque*
a tape recorder	*un magnétophone*
a tape	*une bande magnétique*
a cassette recorder	*un magnétophone à cassettes*
a cassette	*une cassette*
earphones	*écouteurs*
a videotape recorder	*un magnétoscope*

II THE TEACHER — *L'ENSEIGNANT*

1 STATUS — *LE STATUT*

the teaching profession	*le professorat, le corps enseignant, l'enseignement (activité)*
to go into teaching	*entrer dans l'enseignement*
a teaching career	*une carrière d'enseignant*
a licensed teacher	*un professeur licencié*
to recruit a teacher	*recruter un enseignant*
a certified teacher	*un professeur certifié*
a teaching certificate	*un CAPES (certificat d'aptitude au professorat de l'enseignement secondaire)*
academic freedom	*la liberté de l'enseignement*

to teach a subject	*enseigner une matière*
to secure a teaching job	*obtenir un emploi d'enseignant*
teacher training	*la formation pédagogique*
a teacher-training course	*un stage pédagogique*
to train a teacher	*former un enseignant*
practical training	*les stages de formation*
an intern teacher	*un professeur stagiaire*
a teaching position	*un poste d'enseignant*
vacant	*vacant*
to apply for a position	*postuler pour un emploi*
to fill a vacancy	*occuper un poste*
a teaching load	*une charge d'enseignement*
a paid leave	*un congé avec solde*
a maternity leave	*un congé de maternité*
a sick leave	*un congé de maladie*
a sabbatical leave	*un congé sabbatique*
to take a leave	*prendre un congé*
a teachers' union	*un syndicat d'enseignants*
a contract	*un contrat*
to win tenure of one's position	*être titularisé*
to achieve tenure	*obtenir une titularisation*
to be let go	*être licencié*
to get a pink slip	*recevoir un avis de licenciement*
to discharge	*licencier*
to remove from a position	*renvoyer d'un poste*
to underrate teaching	*dévaloriser l'enseignement*
to upgrade a profession	*revaloriser une profession*
to press for higher salaries	*demander des salaires plus élevés*
a wage scale / a pay scale	*une grille des salaires*
an incentive allowance	*une prime d'encouragement*
a pay review	*une révision de salaire*
to opt out of the national scale	*sortir de la grille*
a scheme for greater pay flexibility	*un projet pour une plus grande souplesse salariale*
to moonlight	*avoir un second emploi*
to work at a second job	*" " "*
extra hours	*heures supplémentaires*
to work overtime	*faire des heures supplémentaires*
a merit increment	*une augmentation au mérite*
academic rank	*le grade*
administrative chores	*corvées administratives*
to take on administrative responsibilities	*assumer des responsabilités administratives*

2 TEACHING DUTIES — *LES TACHES DE L'ENSEIGNANT*

to teach (sb. sth.)	*enseigner (qqch. à qqn.)*
to learn (sth)	*apprendre (qqch.)*
to transmit values	*transmettre des valeurs*
to teach the basic skills	*enseigner les matières fondamentales*
to develop intellectual skills	*développer les capacités intellectuelles*
to acquire knowledge	*acquérir des connaissances*
acquisition of knowledge	*l'acquisition des connaissances*
to do sums	*faire du calcul*
to read fluently	*lire couramment*
to cover a subject	*couvrir un sujet*
a method of teaching	*une méthode d'enseignement*
to engage the attention (of)	*fixer l'attention (de)*
to engage the interest (of)	*susciter l'intérêt (de)*
an innovative teacher	*un enseignant imaginatif*
a boring teacher	*un enseignant ennuyeux*
to assist the students to learn	*aider les étudiants à apprendre*
to prepare a student for examinations	*préparer un étudiant aux examens*
to define the curriculum	*arrêter le programme*
homework	*les devoirs à la maison*
a class assignment	*une affectation de classe*
to assign a class to	*confier une classe à*
an assignment	*un devoir*
to give an assignment	*donner un devoir*
a paper	*un devoir écrit*
to set sb. a paper	*donner un devoir à qqn.*
a term paper	*une composition trimestrielle*
a quiz	*un test*
to quiz	*tester*
to drill	*entraîner*
a drill	*un exercice d'entraînement*
an imposition	*un devoir supplémentaire*
a translation	*une traduction*
an unseen	*une version*
to mark papers / to grade papers	*corriger des copies*
a mark / a grade	*une note*
a pass-mark	*la moyenne*
to sit on juries	*faire partie de jurys*
to be on jury duty	*être de jury*
to tutor	*faire du soutien*
to take on tutoring work	*faire des heures de soutien*
pedagogical effectiveness	*efficacité pédagogique*
teaching ability	*la capacité à enseigner*
to vary one's teaching	*varier ses méthodes*
to keep up with one's field	*se tenir au courant de sa matière*
to upgrade one's skills	*améliorer ses méthodes*
to be on show	*être sur une scène*
to challenge a student's ideas	*mettre en question les idées d'un étudiant*
to manage a classroom	*tenir une classe*
to counsel	*conseiller*
to write a character reference	*écrire une lettre de recommandation*
to play God	*jouer à Dieu*
dedicated	*consciencieux*
scholarly	*instruit*
self-confident	*sûr de soi*
knowledgeable	*au fait de son sujet*
knowledgeability	*le savoir*
energy	*énergie*

energetic	*énergique*
clarity	*la clarté*
empathy	*le contact*
competence	*la compétence*
incompetence	*l'incompétence*
sensitivity	*la sensibilité*
able	*capable*
inept teaching	*enseignement inepte*
authoritarian	*autoritaire*
lenient	*indulgent*

3 UNIVERSITY WORK — *LE TRAVAIL UNIVERSITAIRE*

a credit	*une unité de valeur*
to register for a course	*s'inscrire à un cours*
to take a course	*suivre un cours*
to major in	*préparer un diplôme de*
an English major	*un étudiant en anglais*
to do research	*faire des recherches*
full time research	*la recherche à plein temps*
a research fellowship	*une bourse de recherches*
to publish	*publier*
a scholarly journal	*une revue savante*
a paper	*une communication*
to give a paper	*faire une communication*
a conference	*une conférence*
a lecture	*un cours*
to give a lecture	*faire une conférence*
to lecture	*faire un cours*
a seminar	*un séminaire, un cours de travaux pratiques*
a common room (UK)	*une salle des professeurs*

III ACADEMIC ACHIEVEMENT — *LES PERFORMANCES SCOLAIRES*

1 EXCELLENCE IN EDUCATION — *LA REUSSITE SCOLAIRE*

scholastic achievement	*la réussite scolaire*
academic standards	*le niveau des études*
to do well	*bien réussir*
to work hard	*travailler dur*
to toil at	*travailler dur à*
to swot for an exam	*potasser un examen*
to swot at maths	*bûcher les maths*
to get good marks	*obtenir de bonnes notes*
to be good at	*être bon en*
a good all-rounder	*un bon en tout*
to set the educational pace	*imposer le rythme de la classe*
to finish way above the mean	*finir bien au-dessus de la moyenne*
to outscore	*battre, obtenir de meilleurs résultats que*
to be proficient (in)	*être fort (en)*
to push oneself	*être exigeant avec soi-même*
to push oneself to	*pousser l'exigence jusqu'à*
the emotional brink	*la dépression*
to excel (in)	*briller (en)*
the track system	*la répartition par niveau*
a quest for excellence	*une recherche de l'excellence*
to strive for excellence	*se battre pour réussir*
a ticket to success	*un sûr moyen de réussir*
to be marked for success	*être voué au succès*
to win a scholarship	*obtenir une bourse*
to target the best schools	*viser les meilleures universités*
the royal road	*la voie royale*
to lead to the highest posts	*conduire aux sommets*
an aspiration	*une aspiration*
to have high expectations	*nourrir de grandes ambitions*
the crowning achievement	*le couronnement*
to acquire knowledge	*acquérir des connaissances*
to earn credit	*donner satisfaction*
to be a credit to a school	*faire honneur à une école*
to do one's homework	*faire ses devoirs*
to catch on to school subjects	*comprendre les matières scolaires*
to catch up with one's homework	*rattraper son retard dans les devoirs*
to have a solid grounding (in)	*avoir de solides connaissances (en)*
to shine (in)	*briller (en)*
to keep one's grades up	*se maintenir au niveau*
to keep up an average	*maintenir sa moyenne*
to stick it out at school	*persévérer à l'école*
school spirit	*l'esprit de l'école*
a thirst for knowledge	*une soif de connaissance*
analysis abilities	*capacités d'analyse*
synthesis abilities	*capacités de synthèse*
reasoning skills	*aptitudes au raisonnement*
to respond to challenge	*réagir devant les difficultés*
to go in a subject	*s'intéresser à une matière*
to take charge of oneself	*être responsable de son travail*
to be familiar with a subject	*connaître bien son sujet*
to master a subject	*maîtriser un sujet*
to memorize / to learn by heart	*apprendre par cœur*
the honours program	*le programme des distinctions*
the honour society	*le tableau d'honneur, la liste des distinctions*
to be inducted into	*être nommé au tableau d'honneur*

a honour student	*un élève méritant*
academic honours	*distinctions académiques*
to receive honour	*recevoir les félicitations*
to be on the Dean's list	*être inscrit au tableau d'honneur*
an academic achiever	*un brillant élève*
a gifted student	*un étudiant doué*
an exceptional child	*un surdoué*
a whiz kid	" "
academically able	*doué sur le plan scolaire*
a bookworm	*un rat de bibliothèque*
an IQ (intellectual quotient)	*un QI (quotient intellectuel)*
a grade grind	*un bûcheur*
a swot	*un bosseur*
hardworking	*travailleur*
consciencious	*consciencieux*
compliant	*docile*
attentive	*attentif*
heedful (of)	*réceptif (à)*
bland	*doux*
skeptical	*sceptique*
a quester	*un curieux*
stimulating	*stimulant*
orderly	*ordonné*
to be articulate	*s'exprimer avec aisance*
bright / smart	*intelligent*
talented	*doué*
sharp	*vif*
painstaking	*soigneux, assidu*
to have brains	*être intelligent*
up and coming	*soucieux de percer*

2 THE LOW ACHIEVER — *L'ELEVE MEDIOCRE*

an average student	*un élève moyen*
school performance	*la réussite scolaire*
to have a low academic performance	*avoir du mal dans ses études*
to fail to attain academic success	*échouer dans ses études*
to repeat a year	*redoubler*
repeating	*le redoublement*
a repeater	*un redoublant*
to keep back	*faire redoubler*
to promote a student (to)	*faire passer (dans)*
to drop a subject	*abandonner une matière*
to shrink from challenge	*baisser les bras devant les difficultés*
to buck the system	*rechigner devant le système*
to be irrespective of effort	*être peu respectueux de l'effort*
to bungle one's work	*bâcler son travail*
to be sloppy about one's work	" " "
to get bad marks	*recevoir de mauvaises notes*
to slouch	*traîner*
to idle one's time away	*gaspiller son temps*
to laze around	*paresser*
laziness	*la paresse*
lazy	*paresseux*
slack	*négligent*
careless	"
idle	*oisif*
absent-minded	*distrait*
untidy	*peu soigneux*
slapdash work	*le travail bâclé*
to slacken one's effort	*relâcher son effort*
an ignorant	*un ignorant*
to be literate	*savoir lire*
to be numerate	*savoir compter*
illiteracy	*l'analphabétisme*
illiterate	*analphabète*
a lack of brains	*inintelligence*
to be unfamiliar with a subject	*méconnaître son sujet*
provoking	*agaçant*
passive	*passif*
cheeky	*impudent*
talkative	*bavard*
disruptive	*turbulent*
unruly	*indiscipliné*
dull	*sot*
a dullard	*un sot*
slow witted	*lent d'esprit*
dumb	*stupide*
slow in the uptake	*qui ne comprend pas vite*
to distrust teachers	*se méfier des professeurs*
to skip classes / to cut school	*sécher les cours*
truancy	*l'école buissonnière*
to play truant	*faire l'école buissonnière*
absenteeism	*l'absentéisme*
to quit school	*abandonner les études*
to drop out of school	" " "
a dropout	*un élève qui a abandonné les études*
to leave school	*quitter l'école, arrêter ses études*
a school leaver	*un élève qui a terminé ses études*

3 SCHOOL DISCIPLINE — *LA DISCIPLINE A L'ECOLE*

an attendance list / sheet	*une liste d'appels*
a roll call	*l'appel*
to be late	*être en retard*
tardiness	*le manque de ponctualité*
an absence slip	*un billet d'absence*
an excused absence	*une absence excusée*
to check names	*vérifier les présences*
the absentee rate	*le taux d'absence*
to disrupt classes	*déranger les cours*
to rag	*chahuter*
an unruly pupil	*un élève chahuteur*
to use corporal punishment	*administrer des châtiments corporels*
to chew out	*réprimander*
to break the rules	*enfreindre le règlement*
to mete out punishment	*punir*
a detention	*une retenue*
to give 2 hours' detention	*donner 2 heures de colle*
to be in detention	*être collé*
to be kept in detention	*être gardé en retenue*

to suspend	*exclure*
suspension	*exclusion temporaire*
to expel from school	*expulser de l'école*
to dismiss	*renvoyer*
to kick out	*mettre à la porte*
to remove from school	*retirer de l'école*
to send down	*renvoyer*
to be turned out	*être renvoyé*
to transfer to another school	*inscrire dans une autre école*
a breach of discipline	*un manquement à la discipline*
to discipline	*punir*
a disciplinary committee	*un conseil de discipline*
to crib	*pomper (fam.)*
to cheat	*tricher*
a cheater	*un tricheur*

4 EXAMINATIONS — *LES EXAMENS*

a candidate	*un candidat*
a test	*un test, un examen*
a college oriented test	*un test d'entrée à l'université*
a timed test	*un test en temps limité*
a multiple choice test	*un QCM (questionnaire à choix multiples)*
a written test	*un examen écrit*
an oral test	*un oral*
a test score	*le résultat d'un test*
to score on a test	*marquer des points lors d'un test*
to succeed at a test	*réussir à un test*
an examination / an exam	*un examen*
to examine	*interroger, examiner*
exam preparation	*la préparation aux examens*
the grind of examination preparation	*le cauchemar de la préparation à un examen*
a competitive examination	*un concours*
a competitive examination for admission	*un concours d'entrée à une grande école*
to seek entrance	*s'inscrire à un concours*
entrance requirements	*le niveau d'entrée*
to be tested in a subject	*passer un examen dans une matière*
to enter higher education	*poursuivre des études universitaires*
to read for a degree	*préparer un diplôme*
to read the bar	*faire des études de droit*
to take an exam	*se présenter à un examen*
to stand for an exam	" " "
to sit for an exam	*passer un examen*
an exam paper	*une épreuve écrite*
backpapers	*les annales*
a backpaper	*un texte d'annales*
to sit the written examination (of)	*être présent aux épreuves écrites (de)*
to invigilate	*surveiller un examen*
an invigilator	*un surveillant d'examen*
the average mark	*la moyenne*
the passing mark	*la note d'admission*
to pass an exam	*réussir à un examen*
to pass with honours	*passer avec mention*
to pass with credit	*réussir dans des conditions satisfaisantes*
to sail through with flying colors	*réussir avec les honneurs*
the finals	*examens de sortie*
to fail an exam	*échouer à un examen*
to flunk an exam	*rater un examen*
to flunk a student	*recaler un étudiant*

5 GRADUATING — *LES DIPLOMES*

the general certificate of education (GCE) (UK)	*le baccalauréat*
the Certificate of secondary education (CSE) (UK)	*le diplôme de fin d'études secondaires*
O-level (Ordinary level / A-level (Advanced level)) (UK)	*les deux parties du baccalauréat*
the College Entrance Examination Board	*la commission d'examen des dossiers d'entrée à l'université*
a board of examiners	*une commission d'examen*
a scholastic aptitude test (SAT)	*un examen de sélection à l'université*
a standard	*un niveau*
to lower standards	*abaisser le niveau*
a prize	*un prix*
prize giving	*la distribution des prix*
a prize list	*un palmarès*
a prize winner	*un lauréat*
to graduate	*obtenir un diplôme*
to graduate a student	*conférer un diplôme à un étudiant*
to graduate from high school	*être bachelier*
to graduate from Harvard	*être diplômé de Harvard*
to graduate summa cum laude	*réussir avec tous les honneurs / avec les félicitations du jury*
a graduate	*un diplômé*
an undergraduate	*un étudiant de licence (ou qui n'a pas obtenu un premier diplôme universitaire)*
a post-graduate student	*un étudiant de 3e cycle*
graduation	*l'obtention des diplômes*
graduation day	*le jour de remise des diplômes*
a graduation ceremony	*une cérémonie de remise des diplômes*
a valediction	*un discours d'adieu*
a valedictorian	*élève qui prononce le discours d'adieu*
commencement	*la remise des diplômes*
a commencement address	*un discours de remise des diplômes*
conferment	*la collation des grades*
a cap	*une toque*
a gown	*une toge*
to get the kudos	*récolter les lauriers*

a degree	*un diplôme*
an honours degree	*un diplôme obtenu après spécialisation*
a pass degree	*un diplôme sans mention*
a diploma	*un diplôme (certificat)*
to award a diploma	*décerner un diplôme*
a Bachelor's degree (a B.A.)	*un diplôme de licence*
a Master's degree (an M.A.)	*un diplôme de maîtrise*
a doctor of philosophy (Ph.D)	*une thèse de doctorat, un docteur*
comps.	*épreuves écrites de doctorat*
to defend a doctorate	*soutenir une thèse*
to earn a doctorate	*obtenir un doctorat*

6 TRAINING — *LA FORMATION*

to abandon full time education	*abandonner l'éducation à temps complet*
a poor training record	*une piètre formation*
basic education	*éducation minimum*
theoretical knowledge	*connaissances théoriques*
to receive training	*recevoir une formation*
vocational training	*la formation professionnelle*
vocational courses	*la formation continue*
on-the-job training	*la formation sur le tas*
a training program	*un programme de formation*
a training budget	*un budget pour la formation*
a training scheme	*un stage de formation*
a training session	*un stage*
to train (for)	*suivre une formation (pour devenir)*
the Open University	*le Centre national d'enseignement à distance (CNED)*
cooperative education	*enseignement alterné*
continuing education	*la formation continue*
a skill	*une qualification*
a skill shortage	*une pénurie de main d'œuvre qualifiée*
skilled	*qualifié*
a skills gap	*un manque de qualification*
to plug the skill gap	*pallier le manque de qualification*
to improve the educational standards	*améliorer le niveau d'éducation*
to improve the skills	*améliorer la qualification*
to improve educational performance	*améliorer les résultats scolaires*
to provide rudimentary training (for)	*apporter une formation élémentaire (à)*
low level training	*la formation rudimentaire*
remedial training	*la formation de réinsertion*
employment training (ET)	*la formation professionnelle*
a youth training scheme (YTS)	*la formation des jeunes*
job training scheme (JTS)	*la formation professionnelle*
self-improvement	*l'amélioration de sa condition*
to keep unemployed teenagers off the streets	*occuper les jeunes au chômage*

7 EDUCATIONAL REFORM — *LA REFORME DE L'ENSEIGNEMENT*

an Education Act	*une loi de réforme de l'enseignement*
school hours	*rythmes scolaires*
to establish new courses	*créer des enseignements nouveaux*
to incorporate modern practices	*intégrer des techniques modernes*
to provide sb. with a more varied baggage	*fournir un bagage diversifié*
to build footbridges	*construire des passerelles*
adult literacy	*alphabétisation*
reading standards	*critères de lecture*
to introduce market forces	*introduire les forces du marché*
a public monopoly	*un monopole d'Etat*
to keep schools up to the mark	*maintenir les établissements à la hauteur*
accountability	*la responsabilité*
accountable (to)	*responsable (devant)*
a knowledge gap	*un fossé des connaissances*
research funding	*le financement de la recherche*
to raise the educational level	*élever le niveau d'éducation*
to raise standards	*augmenter les critères de sélection*
to bring back selection	*réintroduire la sélection*
to be self-taught	*être autodidacte*
to teach oneself English	*apprendre l'anglais en autodidacte*
a shortfall of teachers	*une pénurie d'enseignants*
night school	*les cours du soir*
to go to night school	*suivre les cours du soir*
the electronic classroom	*l'école électronique*
electronic learning	*apprendre sans professeur*
a video conferencing network	*un réseau de conférences vidéo*

7 RELIGION — *LA RELIGION*

I RELIGIONS — *LES RELIGIONS*

1 GENERAL BACKGROUND — *GENERALITES*

a religion	*une religion*
religious	*religieux*
monotheism	*le monothéisme*
polytheism	*le polythéisme*
ecumenical	*œcuménique*
lay	*laïque*
laity	*la laïcité*
the laity	*les laïcs*
a layman	*un laïque, un profane*
a secular country	*un pays laïc*
profane	*profane*
sacred	*sacré*
consecrated	*consacré*
disestablishment	*la séparation de l'Eglise et de l'Etat*
to proclaim separation of church and state	*proclamer la séparation de l'église et de l'Etat*
republican tradition	*la tradition républicaine*
to be entitled to religious education	*avoir droit à une éducation religieuse*
God	*Dieu*
a god	*un dieu*
a goddess	*une déesse*
an idol	*une idôle*
divinity	*la divinité*

2 CHRISTIANITY — *LE CHRISTIANISME*

a christian	*un chrétien*
Christendom	*la chrétienté*
Christianity	*le christianisme*
the Almighty	*le Tout-Puissant*
the Lord	*le Seigneur*
the Redeemer	*le Rédempteur*
the Virgin	*la Vierge*
the Blessed Virgin	*la Sainte Vierge*
the Messiah	*le Messie*
the Saviour	*le Sauveur*
the Shepherd	*le Berger*
the Holy Ghost	*le Saint-Esprit*
a redeemer	*un rédempteur*
a prophet	*un prophète*
a prophecy	*une prophétie*
Moses	*Moïse*
an Apostle	*un Apôtre*
a disciple	*un disciple*
paradise	*le paradis*
Heaven	*le Ciel*
Hell	*l'Enfer*
to damn	*damner / condamner*
Purgatory	*le Purgatoire*
Doomsday	*le Jour du jugement dernier*
Resurrection	*la Résurrection*
Resuscitation	" "
the Chosen Ones	*les Elus*
an angel	*un ange*
the devil	*le diable*
catholic	*catholique*
Roman Catholicism	*le catholicisme romain*
a Protestant	*un protestant*
Protestantism	*le protestantisme*
Reformation	*la Réforme*
the Anglican Church	*l'Eglise anglicane, l'Anglicanisme*
the Church of England	*l'Eglise anglicane*
the established Church	*l'église établie, la religion d'Etat*

3 ISLAM — *L'ISLAM*

Islamism	*l'Islamisme*
the Islamic religion	*la religion islamique*
a Moslem	*un musulman*
a Muslim	" "
to have an official status	*avoir pignon sur rue*
Allah	*Allah*
Muhammad / Mohammed	*Mahomet*
a prophet	*un prophète*
a prophecy	*une prophétie*
prophetic	*prophétique*
the Koran	*le Coran*
Mecca	*la Mecque*
a mosque	*une mosquée*
a minaret	*un minaret*
a muezzin	*un muezzin*
a call to prayer	*un appel à la prière*
a crescent	*un croissant*
to issue a building permit	*délivrer un permis de construire*
to islamicize	*islamiser*
a caste system	*un système de castes*
religious insignia	*insignes religieux*
a prayer mat	*un tapis de prière*
to display one's religious convictions	*étaler ses convictions religieuses*
a dress code	*un code vestimentaire*
a head scarf	*un foulard*
a chador	*un tchador*
to wear a veil	*se voiler*
a turban	*un turban*
a yashmak	*un litham / litsam*
to wear out of choice	*porter par choix*
to keep one's head covered	*garder la tête couverte*
to bar from class	*refuser à l'école*
an orthodox follower	*un orthodoxe*

to enforce Islam purity	*faire respecter la pureté de l'Islam*
fundamentalism	*l'intégrisme*
a fundamentalist	*un intégriste*

4 JUDAISM — *LE JUDAISME*

a Jew	*un Juif*
jewish	*juif*
a tribe	*une tribu*
Ashkenazic	*ashkénase*
Sefardic	*séfarade*
Hebrew	*hébreu, hébraïque, l'hébreu*
a gentile	*un non juif, un gentil*
the exodus	*l'exode*
the Dead Sea Scrolls	*les manuscrits de la mer Morte*
Israel	*Israël*
an Israeli	*un Israélien*
Palestine	*la Palestine*
a homeland	*une patrie*
the Gaza Strip	*la bande de Gaza*
the West Bank	*la Cisjordanie*
a zionist	*un sioniste*
synagogal practices	*pratiques du culte*
a synagogue service	*un office à la synagogue*
circumcision	*la circoncision*
to circumcise	*circoncire*
Sabbath	*le sabbat*
a Bar Mitzwa ceremony	*une Bar Mitzwa*
a skull cap	*une calotte*
a yarmulke	" "
phylacteries	*phylactères*
the Torah / Tora	*la Tora*
exegesis	*l'exégèse*
the flood	*le déluge*
Passover	*la Pâque juive*
Rosh Hashana	*le Nouvel An juif*
to celebrate Passover	*célébrer la Pâque juive*
antisemitic	*antisémite*
the Holocaust	*l'Holocauste*

5 OTHERS — *AUTRES*

Buddha	*Bouddha*
Buddhism	*le bouddhisme*
a Buddhist	*un bouddhiste*
Buddhistic	*bouddhique*
Hinduism	*l'hindouisme*
a Hindu	*un hindouiste*
a deity	*une divinité*

6 SECTS — *LES SECTES*

a sect	*une secte*
sectarian	*sectaire*
bigoted	"
a denomination	*une confession*
a dissenter	*un dissident*
Wesleyan	*méthodiste*
Puritanism	*le puritanisme*
a Puritan	*un Puritain*
Mormonism	*le mormonisme*
a Mormon	*un Mormon*
a Methodist	*un Méthodiste*
a Baptist	*un Baptiste*
Greek orthodoxy	*l'orthodoxie grecque*
a Shiite	*un Chiite*
a Sikh	*un Sikh*
a gurdwara	*un temple Sikh*
a Druse	*un Druse*

7 PAGANISM — *LE PAGANISME*

a pagan / a heathen	*un païen*
the heathen	*les païens*
a non believer	*un incroyant*
an unbeliever	" "
unbelieving	*incroyant*
agnostic	*agnostique*
an atheist	*un athée*
a creed	*un credo, une croyance*
a free thinker	*un libre-penseur*
an agnostic	*un agnostique*
a free mason	*un franc-maçon*
freemasonry	*la franc-maçonnerie*

8 WITCHCRAFT — *LA SORCELLERIE*

sorcery	*la sorcellerie*
a witch	*une sorcière*
a witch doctor	*un sorcier (en Afrique)*
a wizard	*un sorcier*
magic	*la magie*
voodooism	*le vaudou*
obeah / obi	" "
an obeah doctor	*un sorcier*
a medicine man	*un sorcier (peau-rouge)*
satanism	*le satanisme*
to cast a spell	*jeter un sort*
a witch hunt	*une chasse aux sorcières*

II THE CHURCH — *L'EGLISE*

1 GENERAL BACKGROUND — *GENERALITES*

a church	*une église*
the High Church	*l'Eglise haute (anglicane)*
the Low Church	*l'Eglise basse (anglicane)*
a mainstream church	*une église principale*
a mainline church	" " "
a churchgoer	*un pratiquant*
a church member	*un membre d'une paroisse*

a parish	*une paroisse*
a parishioner	*un paroissien*
the faithful	*les fidèles*
holy	*saint*
holiness	*la sainteté*
a traditionalist	*un traditionaliste*
the church hierarchy	*la hiérarchie de l'église*
a religious order	*un ordre religieux*
the episcopate	*l'épiscopat*
a church office holder	*un titulaire de l'église*
a theologian	*un théologien*
a congregation	*une assemblée des fidèles, les fidèles*
to run a congregation	*diriger une congrégation*
to head a diocese	*diriger un diocèse*
a mission	*une mission*
a missionary	*un missionnaire*

2 CHURCH ORGANIZATION — *L'ORGANISATION DE L'EGLISE*

a minister of the church	*un ministre du culte*
clergy	*le clergé*
a clergyman	*un ecclésiastique*
a cleric	" "
a divine	*un théologien*
clerical	*clérical*
a preacher	*un prédicateur*
a priest	*un prêtre*
a vicar	*un pasteur (anglican)*
a rector	*un curé (catholique)*
a curate	*un vicaire (anglican)*
a sexton	*un sacristain*
a beadle	*un bedeau*
a verger	" "
a novice	*un novice*
a novitiate	*un noviciat*
a monk	*un moine*
a nun	*une religieuse*
a sister	" "
a friar	*un frère*
an abbot	*un abbé, un Père supérieur*
a deacon	*un diacre*
a canon	*un chanoine*
a chaplain	*un aumônier*
a chaplaincy	*une aumônerie*
a padre	*un aumônier militaire*
a dean	*un doyen*
a prelate	*un prélat*
a bishop	*un évêque*
an archbishop	*un archevêque*
a council of bishops	*une assemblée des évêques*
to consecrate a bishop	*consacrer un évêque*
a diocese	*un diocèse*
an archdiocese	*un archevêché*
a cardinal	*un cardinal*
a nuncio	*un nonce*
the Pope	*le Pape*
papal authority	*l'autorité papale*
the Rev. Father	*le révérend père (catholique)*
the Right Rev.	*le très révérend*
the most Rev.	*le révérendissime*
monsignor	*monseigneur*
a pastor	*un pasteur*
a reverend	" "
a minister	" "
a parson	" "
a rector	" "
the Rev. Jackson	*le révérend Jackson (protestant)*
a rabbi	*un rabbin*
a chief rabbi	*un grand rabbin*
an ayatollah	*un ayatollah*
a mullah	*un mollah*
an imam	*un imam*
an orthodox priest	*un pope*
a guru	*un gourou*

3 RELIGIOUS EDIFICES — *LES EDIFICES RELIGIEUX*

a place of worship	*un lieu de culte*
a shrine	*un lieu saint*
a sanctuary	*un sanctuaire*
a temple	*un temple*
a chapel	*une chapelle*
a convent	*un couvent*
a cloister	*un cloître*
an abbey	*une abbaye*
a church	*une église*
a cathedral	*une cathédrale*
a square	*un parvis*
a monastery	*un monastère*
a keystone	*une clé de voûte*
a front	*une façade*
a porch	*un porche*
a capital	*un chapiteau*
an arch	*un arc, une arche*
an arching	*une voussure*
a column	*une colonne*
a pillar	*un pilier*
a gargoyle	*une gargouille*
a box	*un tronc*
an offertory-box	" "
a holy font / fount (USA)	*les fonds baptismaux*
the organ	*l'orgue*
a nave	*une nef*
a vault	*un voûte*
an apse	*une abside*
a pulpit	*une chaire*
a pew	*un banc d'église*
an aisle	*un bas-côté*
stained glass windows	*les vitraux*
a steeple	*un clocher*
a spire	*une flèche*
a dome	*un dôme*
a shrine	*un reliquaire*
the vestry	*la sacristie*
Gothic	*gothique*
Roman	*roman*
a monastery	*un monastère*
a vicarage	*un presbytère (anglican)*
a rectory	*un presbytère (catholique)*
a synagogue	*une synagogue*
a bishop see	*un siège épiscopal*
the bishop's palace	*l'évêché*

an archbishop's palace	*un archevêché*
an archbishopric	" "

4 WORSHIP — *LE SERVICE RELIGIEUX*

a flock	*les ouailles*
to worship	*adorer, pratiquer, vénérer*
to practise one's religion	*pratiquer sa religion*
a service	*un office, un culte*
to celebrate a service	*célébrer un office*
to hold a worship service	*organiser un service religieux*
to attend Sunday service	*assister à l'office dominical*
evening service	*l'office du soir*
a funeral service	*funérailles*
to take services	*assister aux offices*
to go to church	*aller à l'église*
to go to mass	*aller à la messe*
morning prayer	*l'office du matin*
matins	*les matines*
vespers	*les vêpres*
evensong	" "
the Eucharist	*l'Eucharistie*
a thanksgiving service	*un service d'action de grâces*
a ritual	*un rite*
to pray	*prier*
to kneel	*s'agenouiller*
to cross oneself	*se signer*
a prayer	*une prière*
an intercessory prayer	*une prière d'intercession*
the Lord's Prayer	*le Notre Père*
the Creed	*le Credo*
a prayer gathering	*une réunion de prière*
a rosary	*un chapelet*
a missal	*un missel*
the station of the Cross	*le chemin de croix*
to sin	*pécher*
a sin	*un péché*
sinful	*coupable*
a capital sin	*un péché capital*
a venial sin	*un péché véniel*
a deadly sin	*un péché mortel*
to atone for one's sins	*expier ses péchés*
an act of contrition	*un acte de contrition*
penance	*la pénitence*
to do penance for	*faire acte de pénitence pour*
a soul	*une âme*
to repent	*se repentir*
repentance	*le repentir*
to confess	*se confesser*
a confessional box	*un confessionnal*
to tempt	*tenter*
temptation	*la tentation*
to redeem	*racheter*
to bless	*bénir*
a blessing	*une bénédiction*
a sermon	*un sermon*
to profess to believe in God	*faire une profession de foi*
to praise the Lord	*louer le Seigneur*
to say the Apostle's Creed	*dire le Credo*
to take holy communion	*prendre la communion*
to receive communion	*communier*
a host	*une hostie*
to sing a hymn	*chanter un hymne*
a psalm	*un psaume*
a choir	*un chœur*
a choirboy	*un choriste*
an altar boy	*un enfant de chœur*
a collection	*une quête*
to make a collection	*faire une quête*
an altar	*un autel*
a gilded altar	*un autel décoré*
the cross	*la croix*
a crucifix	*un crucifix*
incense	*l'encens*

5 CELEBRATIONS — *LES FETES*

Lent	*le Carême*
Mid-Lent	*la mi-carême*
Ash Wednesday	*le Mercredi des Cendres*
Shrove Tuesday	*Mardi-gras*
Palm Sunday	*le Dimanche des Rameaux*
Maundy Thursday	*le Jeudi Saint*
Good Friday	*le Vendredi Saint*
Easter	*Pâques*
Easter Sunday	*le Dimanche de Pâques*
Ascension	*l'Ascension*
Whitsun Day	*la Pentecôte*
Whitmonday	*le Lundi de Pentecôte*
Assumption Day	*l'Assomption*
Thanksgiving	*Thanksgiving*
Hallowe'en (USA)	*la veille de la Toussaint*
All Saints' Day	*la Toussaint*
Hallowmas (USA)	" "
All Souls' Day	*le jour des morts*
Christmas	*Noël*
Twelfth Night	*la nuit des Rois*
to mark birth	*marquer la naissance*

6 THE POPE — *LE PAPE*

the Papacy	*la Papauté*
the Vatican	*le Vatican*
the Curia	*la Curie (le gouvernement du Vatican)*
the Pontiff	*le Pontife*
a pontificate	*un pontificat*
God's vicar in earth	*le vicaire de Dieu sur Terre*
His Holiness	*Sa Sainteté*
the Holy See	*le Saint-Siège*
to summon a synod	*convoquer un synode*
to call a synod	" " "
a conclave	*un conclave*
to hold a general audience	*tenir une audience générale*
an encyclical	*une encyclique*
to issue an encyclical	*publier une encyclique*
to promulgate	*promulguer*
an episcopal conference	*une assemblée pontificale*
to convoke a council	*convoquer un concile*
a papal visit	*une visite pontificale*

an upcoming visit	*une visite prochaine*
to set forth on a pilgrimage	*partir en pèlerinage*
to be engaged in a crusade	*s'engager dans une croisade*
to make a public appearance	*apparaître en public*
to reach the masses	*évangéliser les masses*
to reach out to ordinary people	*rendre visite aux gens ordinaires*
to generate enthusiasm	*provoquer l'enthousiasme*
to attract a large turnout	*attirer une grande foule*
to trigger a large turnout	" " " "
a papal adulation	*l'adoration papale*
a devoted flock	*fidèles dévoués*
to kindle anti-catholic sentiments	*attiser des sentiments anti-catholiques*

7 TELEVANGELISM — *LE TELEVANGELISME*

a televangelist	*un télévangéliste*
electronic evangelism	*l'évangélisme à la télévision*
a star preacher	*un prédicateur vedette*
a gospel telecaster	*une vedette de l'Evangile*
a gospeler	*un évangélisateur*
a TV ministry	*un ministère à la TV*
to operate a TV ministry	*diriger un ministère à la TV*
a personality cult	*un culte de la personnalité*
a religionist	*un fanatique*
a religion entrepreneur	*un promoteur religieux*
a performer	*une vedette*
to reach viewers	*toucher les télespectateurs*
fundraising	*la collecte de fonds*
to solicit funds over the airwaves	*solliciter des contributions en direct*
to solicit pledges	*solliciter des promesses de dons*
to boost donations	*stimuler les dons*
to galvanize	*galvaniser*
a telethon	*un marathon télévisé*
faith healing	*la guérison par la foi*
a faith healer	*un guérisseur (mystique)*
to heal (by)	*guérir (en)*
the laying-on of hands	*l'imposition des mains*
to utter prophecies	*annoncer des prophéties*
to launch a revival meeting	*lancer une réunion pour le renouveau de la foi*
a born again christian	*un chrétien régénéré*
born again broadcasting	*émissions de régénération*
to manipulate	*manipuler*
to disappoint expectations	*décevoir les attentes*
a scandal	*un scandale*
to tarnish evangelism	*ternir l'image de l'évangélisme*
Godscam	*un scandale religieux*
Godsgate	" " "
spiritual blackmail	*le chantage spirituel*
to undermine faith	*saper la foi*
a fake	*un faux*
a delusion	*une tromperie*
an ethical violation	*une atteinte à la morale*

8 FAITH — *LA FOI*

to believe in God	*croire en Dieu*
a belief	*une croyance*
a believer	*un croyant*
devout	*dévôt, fervent*
pious	*pieu*
impious	*impie*
faithful	*fidèle*
fervent	*fervent*
zealous	*zélé*
fanaticism	*le fanatisme*
fanatical	*fanatique*
a fanatic	*un fanatique*
to tap emotions	*exploiter des émotions*
to have an intoxicating appeal	*exercer un attrait irrésistible*
to fast	*jeûner*
a fast	*un jeûne*
a pilgrim	*un pèlerin*
a pilgrimage	*un pèlerinage*
to go on a pilgrimage	*partir en pèlerinage*
a hermit	*un ermite*
to meditate	*se recueillir*
meditation	*le recueillement*

III THE ROLE OF THE CHURCH — *LE ROLE DE L'EGLISE*

1 BECOMING A PRIEST — *LE CHOIX DE LA PRETRISE*

to enter the Church	*entrer dans les ordres*
to take holy orders	" " " "
to enter the priesthood	*se faire prêtre*
to choose a religious life	*choisir de consacrer sa vie à Dieu*
to feel the call to the clergy	*avoir une vocation de prêtre*
a cassock	*une soutane*
unquestionable allegiance	*obéissance sans faille*
a lifelong commitment	*l'engagement de toute une vie*
to pledge a life of poverty	*se vouer à une vie de pauvreté*
celibacy	*le célibat*
chastity	*la chasteté*
obedience	*l'obéissance*
to join the clergy	*devenir prêtre*
to take the veil	*prendre le voile*

to enter a seminary	*entrer dans un séminaire*
a training seminary	*un séminaire de formation*
a seminarian	*un séminariste*
to staff a church	*rejoindre l'Eglise*
to serve a church	*servir Dieu*
to ordain	*ordonner*
ordination	*l'ordination*
to be fitted for the challenges	*être apte à répondre aux défis*
a trainee priest	*un prêtre novice*
to train for the priesthood	*suivre des études pour devenir prêtre*
to show one's calling	*prouver sa vocation*
to be drafted as a bishop	*être choisi comme évêque*

2 A PRIEST'S DUTIES — *LES DEVOIRS D'UN PRETRE*

to perform one's sacerdotal duties	*accomplir ses devoirs sacerdotaux*
to perform charitable work	*s'occuper d'œuvres charitables*
to visit the needy	*rendre visite aux nécessiteux*
to comfort the afflicted	*consoler les affligés*
the sick / the poor	*les malades*
to respond to the concerns of	*répondre aux problèmes de*
to say mass	*dire la messe*
to celebrate mass	*célébrer la messe*
to celebrate a marriage	*célébrer un mariage*
to preach the gospel	*prêcher les évangiles*
to preach faith	*prêcher la foi*
to mount the pulpit	*monter en chaire*
an address	*une allocution*
a sacrament	*un sacrement*
to christen	*baptiser*
a christening	*un baptême*
to baptize	*baptiser*
a baptism	*un baptême*
a godmother	*une marraine*
a godfather	*un parrain*
to stand godfather	*servir de parrain*
a godchild	*un filleul / une filleule*
to undergo a mass baptism	*subir un baptême collectif*
by pouring	*par aspersion*
by immersion	*par immersion*
to sprinkle	*asperger*
a sprinkler	*un goupillon*
holy water	*eau bénite*
to be baptised into the catholic church	*se faire baptiser catholique*
Sunday School	*le catéchisme, l'école du dimanche*
bible reading	*l'école du dimanche*
to engage in religious teaching	*enseigner la religion*
a catechumenate	*un catéchumène*
to confirm	*confirmer*
confirmation	*la confirmation*
a rite of passage	*une étape*
to hear confession	*confesser (qqn.)*
to make confession	*se confesser*
to counsel	*conseiller*
to convert	*convertir*
a conversion	*une conversion*
the extreme unction	*l'extrême onction*
last rites	*les derniers sacrements*
to administer last rites	*administrer les derniers sacrements*
to anoint	*oindre*
to do missionary work	*faire œuvre missionnaire*
missionary zeal	*le zèle missionnaire*

3 ETHICS — *LA MORALE*

morals	*la morale*
morality	*les principes moraux*
moral	*conforme à la morale*
morale	*le moral (de qqn.)*
a low morale	*le moral bas*
a moral standard	*un critère moral*
evil	*le mal*
evil	*pervers, néfaste*
to do evil	*faire du mal*
to do wrong	*mal agir*
to right a wrong	*réparer une injustice*
to do good	*faire le bien*
to know right from wrong	*distinguer le bien du mal*
to issue moral stands	*dicter des positions morales*
a rigid stance (on)	*une attitude stricte (à propos de)*
to condemn	*condamner*
to denounce	*dénoncer*
to reprove	*réprouver*
to stand up for a principle	*défendre un principe*
to stick to one's principles	*rester fidèle à ses principes*
to battle against	*se battre contre*
nihilism	*le nihilisme*
skepticism	*le scepticisme*
secularism	*la laïcisation*
atheism	*l'athéisme*
to rebuke	*critiquer*
to inveigh against	*s'en prendre à*
to admonish	*réprimander*
to revile	*vilipender*
a burning issue	*un problème brûlant*
to reaffirm a ban on	*réaffirmer une interdiction de*
to strengthen one's authority over	*renforcer son autorité sur*
a tenet	*un principe, une doctrine*
a deeply held commitment	*un engagement ferme*
sexual activity before marriage	*les relations sexuelles avant le mariage*
artificial contraception	*la contraception artificielle*
abortion	*l'avortement*
a stricture against abortion	*une critique de l'avortement*
birth control	*la régulation des naissances*
female priesthood	*les femmes-prêtres*
homosexuality	*l'homosexualité*
divorce	*le divorce*
women's rights	*les droits des femmes*
remarriage	*le remariage*

4 SOCIAL ROLE — *LE ROLE SOCIAL*

to serve an ideal	*être au service d'un idéal*
to grapple with problems	*s'attaquer à des problèmes*
to see to spiritual needs	*veiller aux besoins spirituels*
social needs	*besoins sociaux*
to speak out on behalf (of)	*parler au nom de*
to be involved in	*être engagé dans*
church involvement (in)	*l'engagement de l'église (dans)*
to put ideals into practice	*mettre les idéaux en pratique*
to crusade against injustice	*faire croisade contre l'injustice*
to preach social justice	*prêcher la justice sociale*
to denounce economic injustice	*dénoncer l'injustice économique*
to insist on the rights (of)	*insister sur les droits (de)*
to support the rights (of)	*soutenir les droits (de)*
the downtrodden	*les opprimés*
the oppressed	" "
to hammer away at the themes (of)	*insister sur les thèmes (de)*
peace	*la paix*
poverty	*la pauvreté*
brotherhood	*la fraternité*
equality	*l'égalité*
human rights	*les droits de l'homme*
to protest nuclear arms spending	*protester contre les dépenses d'armement nucléaire*
to take up arms against / over	*s'insurger contre / à propos de*
to take on a political dimension	*prendre une dimension politique*
to be involved in politics	*s'engager dans la politique*
religious activism	*le militantisme religieux*
a rise of activism	*une montée du militantisme*
an activist spirit	*un esprit militant*
to divest oneself of all ideologies	*rester à l'écart de toutes les idéologies*
to serve universal unity	*être au service de l'unité universelle*

IV THEOLOGY — *LA THEOLOGIE*

1 THEOLOGY UNDER FIRE — *LA THEOLOGIE EN QUESTION*

a theologian	*un théologien*
a theological scholar	*un savant en théologie*
liberation theology	*la théologie de la libération*
the church writings	*les écrits religieux*
the Holy Scriptures	*les Ecritures Saintes*
the Bible	*la Bible*
the Ancient Testament	*l'Ancien Testament*
the New Testament	*le Nouveau Testament*
the teachings of the Bible	*les enseignements de la Bible*
a parable	*une parabole*
biblical	*biblique*
liturgy	*la liturgie*
a doctrine	*une doctrine*
a doctrinal issue	*un problème de doctrine*
canon law	*le droit canon*
church thinking	*la pensée religieuse*
to provide guidance	*offrir des conseils*
to give a sense of discipline	*inspirer un sentiment de discipline*
to keep a tight rein on	*garder la main haute sur, surveiller de près*
to interpret theology	*interpéter la théologie*

2 THEOLOGICAL ORTHODOXY — *L'ORTHODOXIE THEOLOGIQUE*

the mainstream of church thinking	*le courant traditionnel de la pensée religieuse*
church discipline	*la discipline religieuse*
an ultra traditionalist	*un ultra-conservateur*
a papal loyalist	*un fidèle du Vatican*
inflexible	*intransigeant*
traditional dogma	*le dogme traditionnel*
to fix the limits (of)	*fixer les limites (de)*
an unchallengeable truth	*une vérité éternelle*
an unassailable truth	*une vérité intangible*
to avoid direct involvement in politics	*éviter toute implication directe en politique*
to hold to the letter of	*s'en tenir à la lettre de*
to enforce canon law	*appliquer le droit canon*
to take a tough line	*adopter une ligne dure*
to correct errant thinkers	*ramener les égarés dans le droit chemin*
to bend to papal will	*se plier à la volonté du pape*
to crack down on	*mettre bon ordre à*
a papal crackdown on	*une injonction papale*
a bull	*une bulle*
to uphold policies	*soutenir les doctrines*
to see eye to eye on	*voir d'un même œil*
book bannings	*l'interdiction de livres*
a blacklisting	*une mise à l'index*
a suspension	*une suspension*
to issue a suspension order	*donner l'ordre de suspendre*
an expulsion	*une expulsion*
to excommunicate	*excommunier*
an excommunication	*une excommunication*
a revocation	*une révocation*
an edict	*un édit*

3 REFORMISM — *LE PROGRESSISME*

theological heresy	*l'hérésie théologique*
to confront restiveness	*faire face à la contestation*
a church progressive	*un réformiste*
to push the church toward change	*pousser l'église au changement*
to become fossilized	*se fossiliser*
to be stuck in the Middle Ages	*demeurer dans l'obscurantisme*
a relic	*une relique*
to misinterpret	*déformer l'interprétation*
a misinterpretation (of)	*une interprétation déformée (de)*
an inflexible church	*une église intransigeante*
to take a defiant stand	*adopter une attitude de défi*
to challenge a theology	*braver une théologie*
challenge to the Pope's authority	*le défi à l'autorité papale*
to find oneself under a strong challenge	*se trouver fortement contesté*
to test liturgical novelties	*prendre des initiatives en matière de liturgie*
to ignore Vatican's dictates	*rester sourd aux injonctions du Vatican*
a testing ground	*un champ d'expérimentation*
a test of wills	*une épreuve de force*
to stray off official teaching	*s'égarer de la ligne officielle*
to distance oneself from	*prendre ses distances par rapport à*
to engage in spiritual disobedience	*se livrer à la désobéissance spirituelle*
to castigate a doctrine	*fustiger une doctrine*
to take a doctrine to task	" " "
heresy	*l'hérésie*
heretical	*hérétique*
a heretic	*un hérétique*
to launch a dissent movement	*lancer un mouvement dissident*
to form a breakaway church	*former une église dissidente*
to retract one's views	*amender son point de vue*

4 THE CHURCH CRISIS — *LA CRISE DE L'EGLISE*

an interest in faith	*un intérêt dans la foi*
to cause a falling-off of interest (in)	*provoquer une baisse d'intérêt (dans)*
to lapse	*arrêter de pratiquer*
a lapsed Catholic	*un catholique qui n'est plus pratiquant*
churchgoing	*la fréquentation des l'église*
to retain adherents	*conserver des adeptes*
to lure people away from	*détourner les gens de*
to fill the pews	*remplir les églises*
to rally the faithful	*rassembler les fidèles*
to suffer a decline	*souffrir d'un déclin*
to bemoan the lack of spirituality	*déplorer le manque de spiritualité*
to hit church income	*affecter les revenus de l'église*
to secularize	*séculariser*
secularisation	*la sécularisation*
secularism	*la laïcité*
secular	*laïque*
modernization	*la modernisation*
urbanization	*l'urbanisation*
a shortage of priests	*une pénurie de prêtres*
to quit one's vocation	*abandonner la prêtrise*
to leave the church	*quitter les ordres*
to break vows	*rompre ses vœux*
to break one's vows of celibacy	*rompre ses vœux de célibat*
an erring priest	*un prêtre pêcheur*
to recant one's views	*abjurer sa foi*
apostasy	*l'apostasie*
an apostate	*un apostat*
a renegade	*un renégat*
to unfrock	*défroquer*
to be thick on the ground	*se rencontrer fréquemment*
to discourage vocations	*décourager les vocations*
a church controversy	*une controverse religieuse*
a female priest	*une femme-prêtre*
ordination of women	*l'ordination des femmes*
to approve of women priests	*approuver les femmes-prêtres*
a religionless country	*un pays qui a perdu sa foi*

5 RELIGIOUS REVIVAL — *LE RENOUVEAU RELIGIEUX*

a religious revival	*un renouveau religieux*
to find solace in	*trouver un réconfort dans*
salvation	*le salut*
eternal salvation	*le salut éternel*
a miracle	*un miracle*
miraculous	*miraculeux*
a surge of vocations	*une vague de vocations*
a Christian upsurge	*une vague religieuse*
church enrollment	*le nombre des fidèles*
to increase a country's fervour	*accroître la ferveur d'un pays*
a rise in religious fervor	*un élan de ferveur religieuse*
to relaunch religion	*donner un nouvel essor religieux*
to promote religion	*promouvoir la religion*
a revival of interest in	*un renouveau d'intérêt pour*
an increase in vocations	*une recrudescence des vocations*
to be born again	*re-naître à Dieu*
to proselytize	*faire du prosélytisme*
proselytism	*le prosélytisme*
to evangelize	*évangéliser*
to spread the Gospel	*répandre la bonne parole*
to share one's faith	*partager sa foi*
to look at one's religious roots	*examiner ses racines religieuses*

to recruit	*recruter*
recruitment	*le recruitment*
to indoctrinate	*endoctriner*
indoctrination	*l'endoctrinement*
to follow	*suivre*
a follower	*un adepte*
a practising catholic	*un catholique pratiquant*
to bring back to the church	*ramener dans le sein de l'église*
to woo back	*faire revenir*
to win adherents	*faire de nouveaux adeptes*
to attend church	*assister au service*
participation in mass	*la participation à la messe*
church attendance	*la présence à l'église*
to be in church	*être présent à l'office*

6 RELIGIOUS PERSECUTION — *LA PERSECUTION RELIGIEUSE*

to persecute	*persécuter*
persecution	*la persécution*
to revive a persecution	*raviver une persécution*
anti clericalism	*anticléricalisme*
anti-clerical	*anticlérical*
spiritual warfare	*la guerre des religions*
religious freedom	*la liberté de religion*
freedom of worship	*la liberté de culte*
freedom of conscience	*la liberté de conscience*
a battle for religious freedom	*une bataille pour la liberté de culte*
religious submission	*la soumission religieuse*
a religious control law	*une loi sur la religion*
to repress clergy	*réprimer le clergé*
to exercise religious functions	*exercer des fonctions religieuses*
to be subservient to	*être soumis à*
a subservient arm of the state	*une branche asservie à l'Etat*
to seek legalization of one's church	*chercher à légaliser son église*
to live underground	*vivre dans la clandestinité*
to lead an underground movement	*diriger un mouvement clandestin*
to celebrate a clandestine mass	*célébrer une messe clandestine*
a makeshift altar	*un autel de fortune*
a purge	*une purge*
to purge	*purger*
repression	*la répression*
to confiscate church buildings	*confisquer les édifices religieux*
confiscation	*la confiscation*
to shut down churches	*fermer les églises*
to oppress churches	*opprimer les églises*
to turn churches to secular use	*transformer les églises en lieux laïques*
to discriminate against Christians	*pratiquer la discrimination envers les chrétiens*
to harass	*harceler*
harassment	*le harcèlement*
to apply punitive sanctions	*réprimer*
to impose anti-religious statutes	*imposer des lois contre la religion*
to deny the right to propagate the Gospel	*refuser le droit de dire l'Evangile*
to prohibit evangelism	*interdire l'évangélisation*
to discourage	*décourager*
a ban on evangelism	*une interdiction d'évangéliser*
the destruction of a religion	*la suppression d'une religion*
to be bent on the destruction of a religion	*être déterminé à supprimer une religion*
to silence church bells	*faire taire les cloches des églises*
to liquidate a church	*supprimer une religion*
to wipe out a religion	*" " "*
to eliminate religious belief	*éliminer toute croyance religieuse*
to lead an anti-religion campaign	*mener une campagne anti-religieuse*
to convert a country to an atheist state	*convertir le pays en un Etat athée*
to become unchurched	*devenir athée*
to increase state control over	*accroître la mainmise de l'Etat sur*
to register a church with the government	*immatriculer une église auprès du gouvernement*
to propagandize on behalf of atheism	*faire de la propagande pour l'athéisme*
to be subjected to atheistic indoctrination	*être soumis à l'endoctrinement athée*
to keep the faith	*garder la foi*
to relax a ban	*assouplir une interdiction*
to win religious freedom	*obtenir la liberté de culte*
to restore basic rights	*rétablir les droits fondamentaux*
the rebirth of a church	*la renaissance d'une église*
to be declared the official religion	*être déclaré religion officielle*
a martyr	*un martyr*
martyrdom	*le martyre*

II SOCIAL TENSIONS — *LES TENSIONS SOCIALES*

1 IMMIGRATION — *L'IMMIGRATION*

I GENERAL BACKGROUND — *GENERALITES*

1 IMMIGRANTS — *LES IMMIGRANTS*

an immigrant	*un immigrant, un immigré*
an emigrant	*un émigrant*
migrant	*migrateur, nomade*
a national	*un ressortissant*
a native	*un autochtone*
a migration	*une migration*
migratory	*migratoire*
sedentary	*sédentaire*
legal	*légal*
illegal	*illégal*
a foreigner	*un étranger*
foreign	*étranger*
an alien	*un ressortissant étranger*
alien	*étranger*
an expatriate	*un expatrié*
a newcomer	*un nouvel arrivant*
an incomer	*un immigrant, un nouvel arrivant*
an entrant	*un arrivant*
a resident alien	*un étranger installé dans le pays d'accueil*
to migrate from	*émigrer (de)*
to migrate to / into	*immigrer (à, dans)*
to immigrate	*immigrer*
emigration	*émigration*

2 BORDERS — *LES FRONTIERES*

to enter a country	*entrer dans un pays*
a border / a frontier	*une frontière*
a checkpoint	*un point de passage*
a port of entry	*" " " "*
customs	*la douane*
a customs officer	*un douanier*
a customshouse	*un bâtiment des douanes*
to go through the customs	*passer la douane*
to check documents	*vérifier les papiers*
a passport	*un passeport*
a passport holder	*le détenteur d'un passeport*
to issue a visa	*délivrer un visa*
to enter on a student visa	*entrer avec un visa d'étudiant*
a tourist visa	*un visa de touriste*
a business visa	*un visa d'affaires*
a temporary visa	*un visa temporaire*
an entrance visa	*un visa d'entrée*
a renewable visa	*un visa renouvelable*
customs duty	*droits de douane*
to pay duty on	*payer des droits de douane sur*
to declare	*déclarer*
a country of origin	*un pays d'origine*
a country of destination	*un pays de destination*
a host country	*un pays d'accueil*

3 MIGRATORY MOVEMENTS — *FLUX MIGRATOIRES*

large scale immigration	*immigration de grande envergure*
international migrations	*migrations internationales*
internal migrations	*migrations internes*
external migrations	*migrations externes*
a migratory movement	*un mouvement migratoire*
a stage	*une étape (géographique)*
a step	*une étape, une démarche*
net migration	*le flux migratoire net*
migration data	*données migratoires*
seasonal migrations	*migrations saisonnières*
forced migration	*émigration forcée*
chain migration	*émigration en chaîne*
mass migration	*émigration massive*
a change of residence	*un changement de domicile*
to have a fixed abode	*avoir un domicile fixe*
to belong to	*appartenir à*
a tribe	*une tribu*
tribal migrations	*migrations tribales*
nomadism	*le nomadisme*
nomadic	*nomade*
an incentive to	*une incitation à*
an obstacle to	*un obstacle à*
an alternative to	*une solution de rechange à*

4 THE STATUS OF THE IMMIGRANT — *LE STATUT DE L'IMMIGRANT*

immigration policy	*la politique de l'immigration*
immigration reform	*la réforme de l'immigration*

an immigration lawyer	*un avocat spécialiste des problèmes de l'immigration*
an immigration firm	*un cabinet d'avocats spécialisé dans les problèmes de l'immigration*
an immigration law	*une loi sur l'immigration*
the Immigration and Naturalization Services (INS) (USA)	*les services d'immigration et de naturalisation*
a foreign born resident	*un résident né à l'étranger*
a citizen	*un citoyen*
citizenship	*la citoyenneté*
a full-fledged citizen	*un citoyen à part entière*
to become a citizen of	*devenir citoyen de*
to receive citizenship	*recevoir la citoyenneté*
to grant citizenship	*accorder la citoyenneté*
a proof of citizenship	*une preuve de citoyenneté*
to obtain legal residence	*obtenir le droit de résidence*
to naturalise	*naturaliser*
to be naturalised	*être naturalisé*
naturalisation	*la naturalisation*
the naturalisation process	*le processus de naturalisation*
to take up residence	*élire domicile*
to acquire citizenship	*acquérir la nationalité par*
by birth	*la naissance*
by descent	*par ses parents*
through naturalisation	*par naturalisation*
to extend legal status to	*élargir le statut légal à*
to legalise	*légaliser*
legalisation	*l'égalisation*
to be eligible for	*avoir les conditions requises pour l'éligibilité*
eligibility rules	*règles d'éligibilité*
stiff rules	*règles sévères*
to qualify for	*avoir les qualités requises pour*
to take the oath	*prêter serment*

II ATTRACTION TO A COUNTRY — *L'ATTRAIT POUR UN PAYS*

1 APPEAL — *L'ATTRAIT*

to be attracted to	*être attiré vers*
an attraction	*un attrait*
an appeal	" "
to appeal to	*attirer, tenter, séduire*
to feel the appeal	*ressentir l'attrait*
to have a strong appeal	*exercer un fort attrait*
irresistible	*irrésistible*
to draw	*attirer*
to be drawn to	*être attiré par*
to be pulled to	*être attiré vers*
a lure	*un attrait, un leurre*
to be lured to	*être alléché par*
to yearn for	*aspirer à*
a yearning for	*une envie de*
to long for	*désirer ardemment*
a longing for	*une envie de*
an aspiration	*une aspiration*
to entice	*séduire*
enticing	*séduisant*
an opportunity	*une occasion*
to seize an opportunity	*saisir une occasion*
to grab a chance	" " "
a beacon	*un phare*
to go in search of	*aller à la recherche de*
to go in quest of	*partir en quête de*
to have a thirst for	*avoir soif de*
to have a taste for	*avoir le goût de*
to make good a promise to	*tenir / remplir une promesse de*
a goal	*un but*
an aim	" "
an objective	*un objectif*
to achieve a goal	*atteindre un objectif*
to reach a goal	*atteindre un but*
a lifelong dream	*le rêve de toute une vie*
to make a dream come true	*réaliser un rêve*
to fulfill a dream	*accomplir un rêve*

2 INCENTIVES TO MIGRATION — *LES INCITATIONS A L'EMIGRATION*

a push factor	*un facteur d'incitation*
a migration factor	*un facteur d'émigration*
to bring about migration	*provoquer une migration*
to contemplate leaving	*envisager de partir*
to influence	*influencer*
to seek a better future	*chercher une vie meilleure*
to seek fortune	*tenter fortune*
a motive (for)	*un motif (de)*
a root cause (for)	*une cause profonde (de)*
a would-be immigrant	*un émigrant potentiel*
a prospective migrant	*un candidat au départ*

2.1 THE ECONOMIC FACTOR — *LE FACTEUR ECONOMIQUE*

to improve living conditions	*améliorer les conditions d'existence*
a prospect	*une perspective*
to seek employment	*chercher du travail*
to look for a bigger wage packet	*chercher un meilleur salaire*
to be spurred by a sense of desperation	*être poussé par un sentiment de désespoir*
to be driven to the wall	*être mis au pied du mur*
to be up against the wall	*être dos au mur*
to be forced to move	*être obligé de partir*
to be pushed by	*être poussé par les*

circumstances	*circonstances*
to be pushed by poverty	*être poussé par la misère*
to be a fugitive from poverty	*fuir la pauvreté*
to flee economic misery	*fuir la misère économique*
a dearth of basic means of livelihood	*une insuffisance des moyens d'existence élémentaires*
a standard of living	*un niveau de vie*
overpopulation	*la surpopulation*
food supplies	*vivres*
the failure of crops	*la perte des récoltes*
exhaustion of natural resources	*l'épuisement des ressources naturelles*
to flee from	*fuir*
a flight from famine	*une fuite devant la famine*
to escape famine	*échapper à la famine*
to discover	*découvrir*
a discovery	*une découverte*
to covet	*convoiter*
the gold rush	*la ruée vers l'or*
a gold seeker	*un chercheur d'or*
to go west	*aller vers l'ouest*
to catch the migration fever	*être gagné par la fièvre de l'immigration*
a brain drain	*une fuite des cerveaux*
to be drained of	*être vidé de*
manpower	*la main d'œuvre*
to beckon	*attirer*
to court	*solliciter*
to woo	*rechercher*
a demand for labour	*un appel de main d'œuvre*
urbanization	*l'urbanisation*
urban amenities	*les charmes de la ville*

see : famine — *voir : la famine*

2.2 THE FAMILY FACTOR — *LE FACTEUR FAMILIAL*

a tie	*un lien*
a link	*une attache*
to be reunited	*être réuni*
a relative	*un parent (membre de la famille)*
to join one's family	*rejoindre sa famille*
to be separated from	*être séparé de*
a family gathering	*une réunion familiale*
family togetherness	*la réunification de la famille*
a root	*une racine*
to cut one's roots with	*rompre avec*
to be cut off one's roots	*être coupé de ses racines*
to cut oneself from one's roots	*se couper de ses racines*
to uproot oneself from one's home	*couper les liens avec sa patrie*
uprooted	*déraciné*
uprootedness	*le déracinement*
to have no roots	*être déraciné*
to leave for good	*quitter définitivement*
to break up with the past	*rompre avec le passé*
to preserve ties (with)	*maintenir des liens (avec)*
to forsake	*abandonner*
to leave behind	"

2.3 THE POLITICAL FACTOR — *LE FACTEUR POLITIQUE*

to flee from	*fuir*
to decamp	*ficher le camp (fam.)*
to seek an escape route	*chercher un chemin d'évasion*
tyranny	*la tyrannie*
oppression	*l'oppression*
a yoke	*un joug*
to live under the thumb of	*être sous la coupe de*
a dissident	*un dissident*
a dissenter	" "
to dissent from	*être en désaccord avec*
to harass	*harceler*
to face harassment	*subir le harcèlement*
to flee civil strife	*fuir la guerre civile*
to flee troubles	*fuir les troubles*
to seek safety	*chercher le salut*
a freedom seeker	*qui est en quête de liberté*
an escaper	*qui cherche à fuir*
a leap toward freedom	*un saut vers la liberté*
a flight to freedom	*une fuite vers la liberté*
to bolt for a new life	*fuir vers une nouvelle vie*
to be displaced	*être expulsé / déraciné / transplanté*
a region of origin	*une région d'origine*
an embassy	*une ambassade*
sanctity of diplomatic premises	*l'inviolabilité des locaux diplomatiques*

see : dictatorship — *voir : la dictature*

2.4 THE RELIGIOUS FACTOR — *LE FACTEUR RELIGIEUX*

to persecute	*persécuter*
persecution	*la persécution*
to be persecuted	*être persécuté*
to escape persecution	*fuir la persécution*
faith	*la foi*
to practise one's faith	*pratiquer sa religion*
a pogrom	*un pogrom / pogrome*
to be allowed out	*être autorisé à partir*
to provide a haven	*offrir un refuge*
to provide a sanctuary for	*fournir un sanctuaire pour*
a sanctuary seeker	*un demandeur d'asile*

see : religion — *voir : la religion*

3 TRIALS AND HARDSHIPS — *LES EPREUVES*

an obstacle	*un obstacle*
a barrier	*une barrière*
a roadblock	*un barrage*
a restriction	*une restriction*

to overcome an obstacle	*surmonter un obstacle*
cultural	*culturel*
religious	*religieux*
the language barrier	*la barrière linguistique*
bilingual	*bilingue*
to be familiar with	*connaître*
a custom	*une coutume*
travelling expenses	*frais du voyage*
travelling conditions	*conditions de voyage*
to cope with	*affronter*
to face problems	*faire face à des problèmes*
to meet with problems	*rencontrer des problèmes*
a hardship	*une épreuve*
to face hardships	*affronter des épreuves*
to meet with hardships	" " "
to endure hardships	*supporter des épreuves*
to overcome	*surmonter*
hazardous	*dangereux*
risky	*risqué*
precarious	*précaire*
exhausting	*épuisant*
gruelling	*exténuant*
taxing	*éprouvant*
harrowing	*déchirant*
to brave dangers	*affronter les dangers*
a hazard	*un danger*
to die of	*mourir de*
to die from	*mourir des suites de*
an epidemic	*une épidémie*
an outbreak (of)	*une épidémie (de)*
to break out	*éclater*
to be struck by	*être atteint par*
to be the prey of	*être la proie de*
to go down with	*attraper*
to take a heavy toll on	*prélever un lourd tribut sur*
to exact a heavy toll on	" " " " "
to be subject to	*être sujet à*
to be deprived of	*être privé de*
to risk one's life	*risquer sa vie*
to risk death	*risquer la mort*
at the risk of one's life	*au péril de sa vie*

III IMMIGRATION CONTROL — *LA LIMITATION DE L'IMMIGRATION*

1 THE IMMIGRATION FLOW — *LA MAREE DES IMMIGRANTS*

a surge of immigrants	*une vague d'immigrants*
a stream	*un flot*
to stream	*s'écouler*
a flood	*un flux*
to flood	*inonder*
a flow	*un flot*
to flow	*se déverser*
a tide	*une marée*
an outpouring	*un déferlement*
to pour in	*affluer*
an influx	*un afflux*
an invasion (of)	*une invasion (de)*
a trend	*une tendance*
a current	*un courant*
an exodus	*un exode*
to knock on the door	*frapper à la porte*
to absorb	*absorber*
to be overwhelmed	*être envahi*

2 OPENING THE BORDERS — *L'OUVERTURE DES FRONTIERES*

to let in	*laisser entrer*
to open one's borders	*ouvrir ses frontières*
to lift the gates on emigration	*ouvrir les portes à l'émigration*
to give free passage to	*permettre de sortir librement*
to throw open the door	*ouvrir grand la porte*
to open the floodgates	*ouvrir les vannes*
to fling open one's borders	*ouvrir tout grand ses frontières*
to drop passport controls	*abandonner les contrôles aux frontières*
to abolish internal controls	*abolir les contrôles internes*
to stream across the border	*traverser la frontière en masse*
to join the outflow	*se joindre au flot des partants*
to come across a border	*traverser une frontière*
to get across a border	*franchir une frontière*
to scramble to get out	*se précipiter pour quitter (un pays)*
to erect a wall	*construire un mur*
to dismantle	*démanteler*
to tear down	*démolir*
to break down	"
to breach	*ouvrir une brèche*
to lose control of one's borders	*perdre la maîtrise de ses frontières*
a policy out of control	*une politique qu'on ne maîtrise pas*
to keep an accurate count (of)	*tenir un compte précis (de)*
to pass through	*traverser*

3 CLOSING THE DOOR — *LA FERMETURE DES FRONTIERES*

3.1 THE THRESHOLD OF TOLERANCE — *LE SEUIL DE TOLERANCE*

to curb the flow	*limiter l'afflux*
to curb the flood	" "
to contain the invasion	*contenir l'invasion*
to slow the tide	*ralentir la marée*

to stem the flow	*endiguer le flot*
to diminish	*réduire*
to slam the door shut	*claquer la porte au nez*
to jam the door shut	*maintenir la porte hermétiquement close*
a trickle	*un mince filet*
to slow to a trickle	*s'écouler au compte-gouttes*
to dry up	*se tarir*
a barrier	*une barrière*
to go up	*se dresser*
to erect a barrier	*ériger une barrière*
to have one's fill of immigrants	*avoir son content d'immigrés*
to burst one's seams	*être plein à craquer*
to keep immigrants out	*empêcher les immigrés d'entrer*
to prevent immigrants from invading	*empêcher les immigrés d'envahir*
to staunch the outflow	*arrêter l'exode*
to forestall	*anticiper*
to choke off an exodus	*empêcher un exode*
a hemorrhage / a haemorrhage	*une hémorragie*
to halt	*stopper*
to take in	*absorber*
an intake	*les admissions*
to reduce one's intakes	*diminuer le nombre des admissions*
to absorb	*absorber*
absorption	*absorption*
absorptive capacity	*la capacité d'absorption*
to be within the capacity to absorb	*avoir la capacité d' absorber*
a reluctant host	*un hôte récalcitrant*
to be reluctant to accept	*hésiter à accepter*
to limit	*limiter*
limited	*limité*
unlimited	*illimité*

3.2 THE QUOTA SYSTEM — *LES QUOTAS*

to restrict	*restreindre*
a restriction on	*une restriction de*
to place restrictions on	*mettre des restrictions à*
to introduce restrictions	*introduire des restrictions*
to relax restrictions (on)	*assouplir les interdictions (de)*
to slacken restrictions	*assouplir des restrictions*
a restrictive policy	*une politique restrictive*
to redirect policies	*réorienter les politiques*
to tighten	*renforcer*
to soften	*adoucir*
a stance	*une position*
to enact legislation	*faire voter des lois*
to pass laws against	*promulguer des lois contre*
to tighten visa requirements	*renforcer les conditions d'obtention de visa*
to fit the requirements	*remplir les conditions*
to prohibit	*interdire*
to ban automatic citizenship	*interdire la citoyenneté d'office*
to keep a tight lid on	*maintenir un contrôle strict sur*
a quota	*un quota*
the quota principle	*le principe des quotas*
to retain	*retenir*
to admit	*admettre*
outside the quotas	*en dehors des quotas*
to abolish	*abolir*
to give preference	*donner la préférence*
national preference	*la préférence nationale*
to favour	*être partisan de*
to select	*choisir*
to screen out	*sélectionner*
the screening process	*le processus de sélection*

3.3 TURNING BACK IMMIGRANTS — *LE RENVOI DES IMMIGRES*

to get rid of	*se débarrasser de*
to chuck out	*mettre à la porte*
to kick out	*mettre dehors*
to be escorted back to the frontier	*être reconduit à la frontière*
to boot back over the border	*refouler sans ménagement*
to be turned back	*être refoulé*
to board a plane	*embarquer à bord d'un avion*
to force	*obliger par la force*
at gunpoint	*sous la menace d'une arme*
to send back	*renvoyer*
to ship back	*renvoyer par bateau*
to dump into the sea	*rejeter à la mer*
to get pushed out to sea	*être refoulé vers la haute mer*
to tow back to sea	*remorquer vers la haute mer*
to turn a boat away	*renvoyer un bateau*
to send packing	*expédier sans ménagement*
summarily	*sommairement*
to scale back one's hospitality	*mettre un frein à l'hospitalité*
a hard-hearted nation towards	*une nation insensible envers*
a harsh policy	*une politique rigoureuse*
arbitrary	*arbitraire*
repressive	*répressif*
inhumane	*inhumain*
warm-hearted	*chaleureux*
compassion	*la compassion*
to wear thin	*être à bout de, s'amenuiser*
to wrench one's conscience	*être un déchirement pour la conscience*
to forfeit a heritage of	*renoncer à un héritage*
to caution (against)	*mettre en garde (contre)*
an irritant	*une cause d'irritation*

3.4 BORDER CONTROLS — *LA SURVEILLANCE DES FRONTIERES*

to regulate the flux	*réglementer le flux*
to violate laws	*enfreindre les lois*
to keep a watch for	*surveiller*
a fence	*un grillage*
topped with barbed wire	*hérissé de fil de fer barbelé*
a network	*un réseau*
to set up a network	*installer un réseau*
elaborate	*sophistiqué*
an electronic sensor	*un détecteur électronique*
to register	*enregistrer*
to set off a sensor	*déclencher un signal d'alarme*
a camera	*un appareil photo*
infrared	*à infrarouge*
a nightscope	*lunettes de nuit*
the Border Patrol	*la police des frontières*
a Border Patrol agent	*un fonctionnaire des douanes*
an INS agent	*un fonctionnaire des services de l'Immigration*
a border guard	*un garde-frontière*
a fly over patrol	*une patrouille aérienne*
to patrol	*patrouiller*
to make one's rounds	*être en patrouille*
to police a border	*surveiller une frontière*
to intercept	*intercepter*
to catch	*attraper*
to dodge	*éviter*
to elude	*échapper à*
to apprehend	*appréhender*
to deport	*déporter*
deportation	*la déportation*
a round up	*un coup de filet*
to round up	*faire une rafle*
to crack down on	*réprimer*
to take a tough line on	*adopter une attitude intransigeante*
to reinforce	*renforcer*
frontier checks	*les contrôles aux frontières*
to carry out checks	*opérer des vérifications*
to swap information	*échanger des renseignements*
to open the back door to	*ouvrir la porte à*
to root out illegal immigrants	*chasser les émigrés clandestins*

4 ILLEGAL IMMIGRATION — *L'IMMIGRATION CLANDESTINE*

4.1 BOGUS DOCUMENTS — *LES FAUX PAPIERS*

an illegal	*un clandestin*
undocumented	*sans papiers*
an undocumented worker	*un travailleur clandestin*
an illegal alien	*un étranger clandestin*
a visa abuser	*un étranger en situation irrégulière*
visa fraud	*la fraude au visa*
to combat visa fraud	*lutter contre la fraude au visa*
to expand anti-fraud efforts	*intensifier la lutte contre la fraude*
a short-stay visit	*une courte visite*
to overstay	*outrepasser son droit de séjour*
a visa overstayer	*qui dépasse le droit de séjour accordé par son visa*
to overextend one's stay	*dépasser son temps de séjour*
to take advantage of a visit	*profiter d'une visite*
to be armed with false documents	*être muni de faux papiers*
bogus documents	*faux papiers*
forged	*falsifié*
fake	*faux*
counterfeit	"
fraudulent	*frauduleux*
tampered documents	*papiers falsifiés*
an id card	*une carte d'identité*
a permit	*un permis*
a residence permit	*un permis de séjour*
a work permit	*un permis de travail*
a permit-holder	*le titulaire d'un permis*
a green card (USA)	*une carte de séjour*
a marriage license	*une autorisation de mariage*
a fabricated identity	*une fausse identité*
to masquerade as	*se faire passer pour*
to bluff one's way into	*entrer au culot*
to register with	*se déclarer à*
a non-registered immigrant	*un immigré en situation irrégulière*
unwanted	*non-désiré*
undesirable	*indésirable*
to hire illegal aliens knowingly	*engager sciemment des travailleurs clandestins*

4.2 ALIEN-SMUGGLING — *LE TRAFIC D'IMMIGRANTS*

human cargo	*la cargaison humaine*
to enter a country illegally	*entrer clandestinement dans un pays*
to smuggle in	*entrer clandestinement*
to smuggle people into	*faire passer clandestinement dans*
a smuggling ring	*un réseau de passeurs*
a smuggling network	" " " "
a smuggler	*un passeur*
a coyote	" "
to land immigrants	*faire débarquer des immigrants*
to guide	*guider*
a border cross	*un franchissement de frontière*

an illegal crossing (into)	*une traversée clandestine de la frontière (pour rejoindre)*
to find one's way into	*pénétrer*
to filter through	*s'infiltrer*
to slip in	*se faufiler*
to slip across the border into a country	*entrer clandestinement dans un pays*
to sneak into	*s'introduire clandestinement*
to get over a border by stealth	*s'introduire furtivement dans un pays*
to try one's luck	*tenter sa chance*
to conceal	*dissimuler*
to harbour	*abriter, receler*
to transport	*transporter*
to scramble for cover	*chercher à s'abriter*
under cover of darkness	*à la faveur de l'obscurité*
to ford a river	*traverser un fleuve à gué*
to be heat-sick	*attraper une insolation*
the wilderness	*étendues sauvages*
inhospitable	*inhospitalier*

IV ADJUSTMENT TO THE NEW LAND — *L'INTEGRATION*

1 SETTLING IN — *L'INSTALLATION*

to settle	*s'établir*
a settler	*un colon*
to make a fresh start	*prendre un nouveau départ*
to start from scratch	*repartir à zéro*
to rise from nothing	*partir de rien*
to start anew	*prendre un nouveau départ*
to start afresh	" " "
to found a new home	*fonder un nouveau foyer*
to strike new roots	*s'implanter*
to sink roots	"
to adjust to	*s'adapter à*
to adapt to	" "
to be integrated (into)	*s'intégrer (à)*

2 ASSIMILATION — *L'ASSIMILATION*

to assimilate (oneself) into	*s'assimiler, être assimilé (à)*
assimilation (into)	*l'assimilation (à, dans)*
a process of assimilation	*un processus d'assimilation*
the mainstream	*la masse (des habitants d'un pays)*
to fit in into	*s'intégrer (à)*
to blend in	*se fondre dans*
to mix with	*se mélanger (à)*
to merge into	*se fondre dans*
adjustment to	*l'adaptation à*
maladjustment	*difficultés d'adaptation*
adaptation to	*l'adaptation à*
integration	*intégration*
to speed up integration	*accélérer l'intégration*
to ease the process of	*faciliter le processus de*
to burrow into society	*faire son trou dans la société*
an adoptive land	*un pays adoptif*
resilience	*la flexibilité*
resilient	*capable de s'adapter*
a mosaic	*une mosaïque*
a melting-pot	*un creuset*

3 ALIENATION — *L'ALIENATION*

to suffer from ill-adjutsment	*souffrir d'inadaptation*
to be caught between two worlds	*être partagé entre deux mondes*
to fret about one's future	*s'inquiéter au sujet de son avenir*
an inequity	*une injustice*
to hamper assimilation	*entraver l'assimilation*
to be turned down for	*se voir refuser*
to be rejected (from)	*être rejeté de*
rejection	*le rejet*
to be excluded (from)	*être exclu (de)*
exclusion	*l'exclusion*
to be shut off / out	*être exclu (de)*
to feel ostracized	*se sentir exclu*
ostracism	*l'ostracisme*
an outsider	*un étranger*
otherness	*le sentiment d'altérité*
alienation	*l'aliénation*
to be alienated	*être aliéné*
an enclave	*une enclave*
a divergence of cultures	*une différence de cultures*
the native culture	*la culture du pays*
to cross a culture	*passer d'une culture à une autre*
an encroacher	*un importun*
to encroach upon	*empiéter sur*
to push a culture out	*évincer une culture*
cultural fusion	*le mélange culturel*
" values	*valeurs culturelles*
" norms	*critères culturels*
" pluralism	*le pluralisme culturel*
" background	*le milieu culturel*
the clash of two cultures	*le choc de deux cultures*
cultural wrench	*le déracinement culturel*
to abide by one's origins	*rester fidèle à ses origines*
to respect one's origins	*respecter ses origines*
the foreignization of culture	*l'acculturation*
to come from alien cultures	*être issu de cultures différentes*

multicultural	*pluriculturel*
multiculturalism	*le pluralisme des cultures*
to dilute	*diluer*
to impose a culture on	*imposer une culture à*
to be absorbed into a culture	*être absorbé par une culture*
to contribute to a culture	*contribuer à une culture*
uniformity	*uniformité*
homogeneous	*homogène*
heterogeneous	*hétérogène*
to be distributed among	*être réparti parmi*
ancestry	*ascendance*
forebears / forefathers	*ancêtres*
of doubtful ancestry	*d'ascendance douteuse*
to claim	*revendiquer*
of origin	*de souche*
to belong to a community	*appartenir à une communauté*
to intermarry	*se marier entre membres d'une même communauté*
intermarriage	*le mariage entre membres d'une même communauté*
to abandon one's ways	*renoncer à ses coutumes*
the locals	*les autochtones*

4 XENOPHOBIA — *LA XENOPHOBIE*

a xenophobe	*un xénophobe*
xenophobic	*xénophobe*
an excess of xenophobia	*un excès de xénophobie*
knee-jerk xenophobia	*un réflexe de xénophobie*
anti-immigrant feelings	*sentiments xénophobes*
anti-foreign	*xénophobe*
an anti-immigrant mood	*un climat xénophobe*
to resent the presence	*s' indigner de la présence*
resentment (over)	*indignation (à propos de)*
to fuel resentment	*fournir matière à indignation*
restrictionist sentiment	*sentiments protectionnistes*
nationalistic	*nationaliste*
a spirit of superpatriotism	*un esprit cocardier*
parochial	*à courte vue*
animus	*animosité*
animosity	"
hostility	*hostilité*
ambivalence	*ambivalence*
to arouse suspicion	*susciter la méfiance*
to look suspicious	*avoir l'air suspect*
to look down on sb.	*mépriser qqn.*
a scapegoat	*un bouc émissaire*
a butt	*une cible*
to blame sb. for	*rendre qqn. responsable de*
to blame sth. on sb.	" " " "
to accuse sb. of	*accuser qqn. de*
to bear the brunt of	*subir le contrecoup de*
social ills	*les maux de la société*
economic woes	*les difficultés économiques*
to strain	*grever*
unbearable social strains	*tensions sociales insupportables*
to stretch social services	*grever les services sociaux*
to be burdened by	*être obéré par*
to rob the natives of jobs	*prendre les emplois aux autochtones*
to take jobs away from	*occuper les emplois de*
to do native-born Americans out of a job	*occuper les emplois des Américains de souche*
to burden the welfare system	*alourdir les programmes d'aide sociale*
a simmering issue	*un problème qui couve*
to explode	*éclater*
to brew	*menacer*
a backlash against	*un retour de bâton*
to sharpen the immigration issue	*raviver le problème de l'immigration*

V THE IMMIGRANT AT WORK — *L'IMMIGRE AU TRAVAIL*

1 IMMIGRANT LABOUR — *LA MAIN D'ŒUVRE IMMIGREE*

a guest worker	*un travailleur immigré*
a transient worker	*un travailleur temporaire*
a frontier worker	*un travailleur frontalier*
a casual worker	*un travailleur occasionnel*
to bring in (from another country)	*faire venir (de l'étranger)*
to bring in (from abroad)	" " " "
to be welcome	*être bien accueilli*
a guest country	*un pays d'accueil*
to seek after	*rechercher*
to be sought after	*être prisé*
a shortage	*une pénurie*
a willing manpower	*une main d'œuvre malléable*
to constitute	*former*
to come by the millions	*arriver par millions*
first generation immigrants	*immigrés de la première génération*
second generation	*de la deuxième génération*
old seed immigrants	*immigrants de souche*
to help build a country	*contribuer à la construction d'un pays*
to bring new vitality to	*apporter une énergie nouvelle à*
to bring along skills to	*apporter des talents à*
a marketable skill	*un talent monnayable*
to bring job experience	*apporter une expérience professionnelle*

to play a useful role in	*jouer un rôle utile dans*
to supply labour	*fournir de la main d'œuvre*
a need for labour	*un besoin de main d'œuvre*
a cheap labour force	*une main d'œuvre bon marché*

2 TYPES OF JOBS — *LES TYPES D'EMPLOIS*

to fill a job	*occuper un emploi*
to occupy a job	" " "
to shun a job	*bouder un emploi*
to spurn	*mépriser*
to turn one's nose up at a job	*dédaigner un emploi*
a menial job	*un emploi subalterne*
dirty	*ingrat*
arduous	*pénible*
bottom-rung	*subalterne*
a low skill job	*un emploi peu qualifié*
a low skilled worker	*un ouvrier peu qualifié*
low-paying	*faiblement rémunéré*
low-paid	*mal rétribué*
ill-paid	*mal payé*
an unwanted job	*un emploi dont personne ne veut*
thankless	*ingrat*
a farm labourer	*un travailleur journalier*
a janitor	*un concierge, un gardien d'immeuble*
a hospital orderly	*un garçon de salle*
a chambermaid	*une femme de chambre*
a dishwasher	*un plongeur (dans un restaurant)*
a garbage man	*un éboueur*
a dustman	" "

3 EXPLOITATION — L'EXPLOITATION

a sweated worker	*un travailleur exploité*
to be paid "off the books"	*être payé au noir*
to take advantage of	*exploiter*
to exploit	"
a work permit	*un permis de travail*
to revoke a work permit	*résilier un permis de travail*
to expire	*expirer*
to withhold raises	*bloquer les augmentations de salaires*
to deny promotions	*refuser des promotions*
to be turned down for a job	*se voir refuser un emploi*
to make jobs unavailable (to)	*refuser l'accès à l'emploi (à)*
to remit	*envoyer de l'argent*
a remittance	*un envoi de fonds*
a repatriation grant	*une prime de rapatriement*
grateful	*reconnaissant*

4 FROM RAGS TO RICHES — *DE LA MISERE A LA RICHESSE*

a disparity	*une disparité*
mobility	*la mobilité*
upward mobility	*l'ascension professionnelle*
to be upwardly mobile	*avancer dans sa carrière*
an economic way station	*une étape dans la vie professionnelle*
to do nicely	*réussir*
to make it	"
to flourish	*prospérer*
to make the big time	"
to strike it rich	*faire fortune*
to make a pile	" "
to make a fortune	" "
to go from rags to riches	*passer de la misère à la richesse*
a rags-to-riches story	*l'histoire d'une réussite professionnelle*
to pull oneself up by the bootstraps	*s'élever à la force du poignet*
to be driven by a work ethic	*être stimulé par une éthique professionnelle*
to find a job on a par with	*trouver un emploi de niveau égal à*
an upstart	*un nouveau riche, un parvenu*
a chuppy (a Chinese yuppie) (USA)	*un nouveau riche (d'origine chinoise)*
a model minority	*une minorité exemplaire*
to hold up as an example	*brandir comme exemple*
to excel (in, at)	*exceller, se surpasser (en)*
to climb the ladder	*grimper l'échelle*
to rise to prominence	*se faire remarquer*
to rise in the world	*faire son chemin*
to earn a reputation (for)	*acquérir une réputation (pour, de)*
to take up senior posts in	*occuper des hauts postes dans*
to reach managerial levels	*atteindre des postes de direction*
to become part of the establishment	*faire partie de l'establishment*
to leave one's print	*laisser son empreinte*
to make one's mark	*laisser sa marque*

5 IMMIGRATION : A PLUS — *L'IMMIGRATION : UN ATOUT*

a benefit for / to	*un avantage pour*
a boon (to)	*une bénédiction, une aubaine (pour)*
an asset	*un atout*
to benefit from	*tirer avantage de*
a demand for imported labour	*une demande de main d'œuvre étrangère*
to enrich a country (by)	*enrichir un pays (par)*
to impoverish a country	*appauvrir un pays*
to keep business alive	*dynamiser les affaires*
to bring talent	*apporter des talents*
to bring fresh vigour	*apporter un sang neuf*
to play a dynamic role	*jouer un rôle dynamique*
to pay more in taxes	*payer davantage en impôts*
to take in benefits	*coûter en allocations*
to place a burden (on)	*être à la charge (de)*

to contribute to the economy	*participer à l'économie*
to stand to gain from	*avoir tout à gagner à*
to fuel the boom	*contribuer à l'essor*
to put downward pressure on wages	*maintenir des salaires bas*

VI REFUGEES — *LES REFUGIES*

1 POLITICAL ASYLUM — *L'ASILE POLITIQUE*

a political refugee	*un refugié politique*
political asylum	*l'asile politique*
to apply for political asylum	*demander l'asile politique*
to file for	*déposer une demande*
an asylum seeker	*un demandeur d'asile*
an applicant	*un candidat*
an application for	*un dossier de candidature*
a petition for	*une demande*
a claim for asylum	" "
the refugee status	*le statut de réfugié*
to grant a status	*accorder un statut*
to turn down	*refuser*
to reject	*rejeter*
to be denied sanctuary	*se voir refuser l'asile à*
to appeal to	*faire appel à*
an appeals procedure	*une procédure d'appel*
to assist with an asylum application	*aider à remplir une demande d'asile*
a Refugee Act	*une loi sur les réfugiés*
the Geneva Convention	*la Convention de Genève*
the United Nations High Commission for Refugees (UNHCR)	*le Haut Commissariat pour les réfugiés aux Nations unies*
a steering committee on refugees	*un comité d'organisation sur les réfugiés*
to monitor	*suivre de près*
monitoring procedures	*procédures de contrôle*
to be ill-treated	*être maltraité*
to qualify as	*remplir les conditions requises pour*
to fail to qualify	*ne pas remplir les conditions requises*
to be classified as	*être classé comme*
to gain admittance	*être autorisé à entrer*
to have a fear of persecution	*redouter d'être persécuté*
on grounds of	*pour des raisons de*
to resettle	*s'établir, repeupler*
a resettlement	*établissement, le repeuplement*
a reception center	*un centre d'accueil*
a refugee camp	*un camp de réfugiés*
to be crammed into a camp	*s'entasser dans un camp*
a holding center	*un centre de détention*
to be held in	*être détenu dans*
a transit camp	*un camp de transit*
to be warehoused	*être parqué dans un hangar*
to quarter	*cantonner*
to quarantine	*mettre en quarantaine*

2 FORCED MIGRATIONS — *LES MIGRATIONS FORCEES*

to deport	*déporter*
deportation	*la déportation*
a round of deportations	*une série de déportations*
to carry out a deportation	*organiser une déportation*
large scale	*massif*
a deportee	*un déporté*
a batch of deportees	*un groupe de déportés*
to delay	*retarder*
a reprieve	*un sursis*
to win a reprieve	*obtenir un sursis*
to suspend deportation	*suspendre les déportations*
to halt	*interrompre*
to press ahead with	*accélérer*
displacement	*l'éviction*
to transfer	*transférer*
a transfer	*un transfert*
to induce (to)	*inciter (à)*
inducement	*incitation*
to move	*déménager*
to expatriate	*(s')expatrier*
expatriation	*l'expatriation*
to repatriate	*rapatrier*
repatriation	*le rapatriement*
a repatriation program	*un programme de rapatriement*
to force back to	*renvoyer par la force*
to volunteer to return	*être volontaire au retour*
a return	*un retour*
a returnee	*un renvoi*
to take back	*reprendre*
to exile	*exiler*
to send into exile	*envoyer en exil*
to expel	*expulser*
an expulsion	*une expulsion*
to give notice of	*notifier*
to banish	*bannir*
banishment	*le bannissement*
a slave	*un esclave*
slavery	*l'esclavage*
the slave trade	*le commerce d'esclaves*
a slaver	*un négrier*
to haul slaves	*transporter des esclaves*
to bounce people from country to country	*chasser d'un pays à un autre*
the shuttlecock phenomenon	*le phénomène de la girouette*
undesirable	*indésirable*
unwanted	"
under duress	*par la force*
by force	*de force*
forcible	" "
by free consent	*librement consenti*

voluntary	*volontaire*
unvoluntary	*forcé*
mandatory	*"*
against one's wishes	*contre son gré*
unacceptable	*inacceptable*
to deter (from)	*dissuader (de)*
a deterrent	*un moyen de dissuasion*
to discourage	*décourager*
to fend off	*refuser, repousser*
to ward off	*éviter*

2 RACISM — *LE RACISME*

1 GENERAL BACKGROUND — *GENERALITES*

racism	*le racisme (théories et doctrines)*
racialism	*le racisme (pratique de discrimination)*
racist	*raciste*
a racist bias	*un préjugé racial*
to uphold racist theories	*défendre des théories racistes*
to advocate racist theories	*prôner des théories racistes*
to prevail	*prévaloir*
to obtain	*avoir cours*
to aim at	*avoir pour but*
non racist	*antiraciste*
a race	*une race*
race relations	*relations raciales*
race riots	*émeutes raciales*
racial	*racial*
on racial grounds	*sur des critères de race*
multiracial	*multiracial*
a multiracial society	*une société multiraciale*
a racial issue	*un problème racial*
racial tension	*la tension raciale*
a racial climate	*un climat racial*
to stir racism	*éveiller des sentiments racistes*
to stir up racial hatred	*inciter à la haine raciale*
racism on the rise	*la montée du racisme*
overt racism	*le racisme affiché*
subtle racism	*le racisme voilé*
institutional racism	*le racisme institutionnel*
deep-rooted	*profondément ancré*
deeply ingrained	*invétéré*
virulent	*virulent*
to exhibit racism (against)	*faire preuve de racisme (envers)*
to practice a form of racism	*pratiquer une forme de racisme*
ethnic	*ethnique*
an ethnic group	*une ethnie*
ethnic makeup	*la composition ethnique*
ethnocentrism	*ethnocentrisme*
ethnology	*ethnologie*
a minority	*une minorité*
nativism	*le nativisme*
nativist	*nativiste*
eugenics	*l'eugénisme*
skin	*la peau*
dark-skinned	*de couleur*
brown-skinned	*basané*
colored	*de couleur*
non white	*" "*
the blacks	*les noirs*
the coloreds	*les gens de couleur*
the whites	*les blancs*
the hair texture	*la texture des cheveux*
the features	*les traits*
the body build	*la carrure*
to dress	*s'habiller*
to sport an accent	*avoir un accent*
a criterion / criteria	*un critère / critères*
inherent	*propre à*
innate	*inné*
a species	*une espèce*
a gene	*un gène*
genetic	*génétique*
a stereotype	*un stéréotype*
spurious	*tendancieux*
mental habits	*habitudes de pensée*
a mix of nationalities	*un mélange de nationalités*
riffraff	*la racaille*
a nig nog	*un bougnoule (fam.)*
a wog	*un métèque (fam.)*
a smoke	*un nègre (fam.)*
a boogie	*" "*
a honkie	*un blanc*
a spick	*un Mexicain (fam.)*
a greaser	*" "*
a Chink	*un chinetoque (fam.)*
a gook	*un jaune (fam.)*
the Commission for Racial Equality	*la Commission sur l'égalité raciale*
the High Council on Integration	*le Haut-Conseil pour l'intégration*
a Race Relations Act	*une loi sur les relations raciales*
a Civil Rights Act	*une loi sur les droits civils*

2 DISCRIMINATION *LA DISCRIMINATION*

racial discrimination	*la discrimination raciale*
lace curtain discrimination	*la discrimination voilée*
reverse discrimination	*la discrimination à l'envers*
to practice discrimination	*pratiquer la discrimination*
to complain of	*se plaindre de*
to endure discrimination	*souffrir de discrimination*
an act of discrimination	*un acte de discrimination*
to discriminate against	*établir une discrimination envers*
to be discriminated against	*être l'objet de discrimination*
on grounds of	*à cause de*
colour	*la couleur*
creed	*la croyance religieuse*
public facilities	*lieux publics*
to lay down a requirement	*établir une condition*
to engage in discrimination	*se livrer à la discrimination*
to be guilty of discrimination	*être coupable de discrimination*
to put an end to	*mettre un terme à*
discriminatory	*discriminatoire*
a behaviour	*une attitude*
a pattern	*un modèle*
a treatment	*un traitement*
to commit a discriminatory act	*commettre un acte de discrimination*
a discrimination-free society	*une société sans discrimination*
a gap	*un fossé*
to widen	*(s') élargir*

3 SEGREGATION *LA SEGREGATION*

segregation	*la ségrégation*
to segregate	*séparer*
segregated	*où la ségrégation est appliquée, ségrégé / ségrégué*
segregationist	*ségrégationniste*
desegregation	*la déségrégation*
desegregated	*où la ségrégation n'est plus appliquée*
to set apart	*séparer*
to subject to	*soumettre à*
victimized	*victime de*
on-the-one-hand rulings	*décisions (de justice) partiales*
on-the-other-hand rulings	" " "
apartheid	*l'apartheid*
petty apartheid	*l'apartheid mesquin*
to live under apartheid	*vivre sous un régime d'apartheid*
the demise of apartheid	*la chute de l'apartheid*
an antiapartheid activist	*un militant contre l'apartheid*
to ease up on apartheid	*alléger le système de l'apartheid*
to dismantle apartheid	*démanteler l'apartheid*
to undo the structures of apartheid	*détruire les structures de l'apartheid*
to do away with apartheid	*supprimer l'apartheid*
to hold down	*opprimer*
to be held down	*être opprimé*
to be oppressed	" "
oppression	*oppression*
oppressive	*oppressif*
an oppressor	*un oppresseur*
ruthless	*impitoyable*
subjugation	*assujettissement*
to subjugate	*soumettre*
domination	*la domination*
to exert a domination over	*exercer une domination sur*
supremacy	*la suprématie*
sway (over)	*la domination (sur)*
to have a say in	*avoir son mot à dire dans*
to repeal	*abroger*

4 PREJUDICES *LES PREJUGES*

a prejudice	*un préjugé*
a bias	" "
to break out	*apparaître, se manifester*
narrow-minded	*étroit d'esprit*
broad-minded	*large d'esprit*
to be open-minded	*avoir un esprit ouvert*
tolerance	*la tolérance*
a threshold of tolerance	*un seuil de tolérance*
tolerant	*tolérant*
intolerance	*l'intolérance*
intolerant	*intolérant*
to be prejudiced against	*avoir des préjugés envers*
to be biassed	*avoir des préjugés*
unprejudiced	*antiraciste*
a prejudiced society	*une société raciste*
to be riddled with	*foisonner de*
to get rid of	*se débarrasser de*
to be openly prejudiced	*ne pas faire mystère de ses préjugés*

to flaunt one's prejudices	*étaler ses préjugés au grand jour*
to make no secret of	*ne pas cacher*
to be vocal about	*afficher*
to be reputed	*être réputé*
a reputation (for)	*une réputation (de)*
lazy	*paresseux*
violent	*violent*
oversexed	*débordant de sexualité*
uneducated	*sans éducation*
to live on welfare	*être assisté*
a bigot	*un sectaire*
bigoted	*intolérant*
bigotry	*le sectarisme*

5 ANTI-SEMITISM *L'ANTISEMITISME*

a Jew	*un Juif*
a Jewess	*une Juive*
jewish	*juif*
jewry	*les Juifs, la communauté juive*
an Anti-Semite	*un antisémite*
anti-semitic	*antisémite*
an anti-semitic remark	*une remarque antisémite*
a star of David	*une étoile de David*
a pogrom	*un pogrom*
genocide	*le génocide*
the Holocaust	*l'Holocauste*
the Hitler period	*la période hitlérienne*
a concentration camp	*un camp de concentration*
to live through the horrors (of)	*connaître l'horreur (de)*
to launch a campaign against Jews	*lancer une campagne contre les Juifs*
to die at the hands of the Nazis	*mourir aux mains des Nazis*
an outburst of anti-semitic attacks	*une flambée d'attaques antisémites*
to be wracked by a spasm of anti-semitism	*être déchiré par des accès d'antisémitisme*
anti-Jewish prejudices	*préjugés antisémites*
overt anti-semitism	*antisémitisme déclaré*
an act of anti-semitism	*un acte d'antisémitisme*
Jew baiting	*la persécution des Juifs*
a spate of vandalism	*une série d'actes de vandalisme*
a rash of anti-Jewish incidents	*une série d'incidents anti-sémites*
to desecrate	*profaner*
desecration	*la profanation*
to desecrate a grave	*profaner une tombe*
to deface a grave	*souiller une tombe*
to overturn a gravestone	*renverser une pierre tombale*
to vandalize a cemetery	*commettre des actes de vandalisme dans un cimetière*
to acknowledge responsibility for	*admettre la responsabilité de*
to be tried for crimes against humanity	*être jugé pour crimes contre l'humanité*

6 URBAN SEGREGATION *LA SEGREGATION URBAINE*

housing	*le logement*
a ghetto	*un ghetto*
to be entrenched in	*être retranché dans*
the inner city	*les quartiers déshérités*
a neighborhood	*un quartier*
a rough neighborhood	*un quartier chaud*
run down	*délabré*
seedy	*miteux*
ramshackle	*délabré*
decay	*le délabrement*
to fall into decay	*se délabrer, tomber en ruines*
to go to rack and ruin	*tomber en ruines*
a township	*une municipalité*
a slum area	*un quartier de taudis*
the slums	*la zone*
a hovel	*un taudis*
a shantytown	*un bidonville*
densely populated	*populeux*
a suburb	*une banlieue*
suburban	*de banlieue*
a tenement block	*une cité*
a block of tenements	*une cité HLM*
a housing project	*" " "*
a housing complex	*" " "*
to renovate	*réhabiliter*
to refurbish	*rénover*
renovation	*la réhabilitation*
to patch up	*rafistoler*
to give a facelift	*ravaler*
blighted urban areas	*zones urbaines sinistrées*
an alien population	*une population étrangère*
to take over a neighborhood	*envahir un quartier*

7 RACISM AND POLITICS — *RACISME ET POLITIQUE*

an electoral stock-in-trade	*un fonds de commerce électoral*
to find a political echo	*rencontrer un écho politique*
the far right	*l'extrême droite*
the extreme right	" "
an extremist	*un extrémiste*
a radical attitude	*une attitude extrémiste*
to command support	*recueillir des voix*
to have followers	*avoir des adeptes*
to have a following	*avoir des partisans*
a nationwide support	*un soutien national*
to make electoral gains	*enregistrer des progrès en voix*
to seize the race issue	*s'emparer du problème racial*
a scapegoat	*un bouc émissaire*
to touch a sensitive nerve	*toucher une corde sensible*
rhetoric	*la rhétorique*
a rabble-rouser	*un agitateur*
to stoke concern	*alimenter l'inquiétude*
to touch growing concern	*provoquer une inquiétude croissante*
to heighten concern	*accroître l'inquiétude*
to air one's concerns	*exprimer son inquiétude*
valid concerns	*inquiétudes légitimes*
to defuse concerns	*désarmer les inquiétudes*
to voice one's fears	*formuler ses craintes*
to raise worries	*soulever des craintes*
to curb excesses	*mettre un frein aux excès*
to stir a controversy	*susciter une controverse*
controversial	*sujet à controverse*
a bone of contention	*une pomme de discorde*
to set off a debate	*provoquer un débat*
to cross party lines	*transcender les opinions partisanes*
to divide public opinion	*diviser l'opinion publique*
to threaten the social fabric	*menacer le tissu social*
to forge national consciousness	*cimenter la conscience nationale*
to manipulate the current situation	*tirer les ficelles de l'agitation actuelle*
to exploit fear	*exploiter la peur*
to play the racial theme to the hilt	*jouer à fond la carte du racisme*
to wage a scare campaign	*mener une campagne d'épouvante*
an unduckable issue	*un problème incontournable*
thorny	*épineux*
a thorny issue	*un casse-tête*
a hot potato	*un problème explosif*
a boiling pot	*un chaudron*
a problem that won't go away	*un problème persistant*
a problem to be reckoned with	*un problème avec lequel il faut compter*
to take sides	*prendre parti*
to take position	*prendre position*
to take a stand in favour of	*prendre position en faveur de*
to echo approval	*emboîter le pas*
to speak out against	*élever la voix contre*
to affect the outcome of	*peser sur l'issue de*
to swing elections	*faire basculer les élections*

see : politics
elections

voir : la politique
les élections

8 RACIAL VIOLENCE — *LA VIOLENCE RACIALE*

to revive racism	*raviver le racisme*
hate	*la haine*
hatred	" "
an outbreak of hatred	*un regain de haine*
out of hatred	*par haine*
to hate	*haïr*
a hate group	*un groupuscule raciste*
an insult	*une insulte*
to insult	*insulter*
verbal abuse	*insultes verbales*
a racist slur	*une insulte raciale*
racist jibe	*quolibets racistes*
to shout obscenities at	*crier des obscénités à*
provocative comments	*remarques provocantes*
to taunt	*narguer*
to taint	*souiller*
to spew venom	*cracher du venin*
to daub public buildings (with)	*recouvrir les murs des bâtiments publics (de)*
racist taunts	*provocations racistes*
an anonymous phone call	*un appel anonyme*
an obscene letter	*une lettre d'obscénités*
a threatening letter	*une lettre de menace*
a stare	*un regard*
hostile	*hostile*
hostility	*l'hostilité*
tense	*tendu*
tension	*la tension*
confrontation	*la confrontation*
to glare at	*jeter un regard hostile sur*
to look scornfully at	*regarder avec mépris*
uneasiness	*inquiétude*
a climate of fear	*un climat de peur*
to set in	*s'installer*

untenable	*intenable*
unbearable	*insupportable*
unacceptable	*inacceptable*
a threat	*une menace*
to threaten	*menacer*
to carry out a threat	*mettre une menace à exécution*
to harass	*harceler*
harassment	*le harcèlement*
to intimidate	*intimider*
intimidation	*intimidation*
to incite	*inciter*
incitement (to)	*l'incitation (à)*
to terrorize	*terroriser*
to hound out	*chasser*
to deteriorate (into)	*dégénérer (en)*
to turn into	*se transformer en*
to be a victim of	*être la victime de*
to channel one's aggression	*canaliser son agressivité*
to direct	*concentrer*
to molest	*brutaliser, rudoyer*
an assault	*une agression*
to assault	*agresser*
a beating	*un passage à tabac*
to beat up	*passer à tabac*
to beat to death	*rosser à mort*
a gang attack	*une agression par une bande*
to spark clashes	*provoquer des heurts*
a hate motivated killing	*un meurtre raciste*
to go unpunished	*rester impuni*
to be trigger-happy	*avoir la gâchette facile*
a racial conflict	*un conflit racial*
acute	*aigu*
a riot	*une émeute*
a flare-up	*une flambée de violence*
to go up in flames	*s'embraser*
a breakdown in racial civility	*une cassure dans l'harmonie raciale*
to appeal for race harmony	*plaider pour l'harmonie raciale*
a televised appeal	*un appel télévisé*
see : political violence	*voir : la violence politique*

9 FIGHTING RACISM — *LA LUTTE CONTRE LE RACISME*

non-violence	*la non violence*
non violent	*non violent*
passive resistance	*la résistance passive*
civil disobedience	*la désobéissance civile*
a protest petition	*une motion de protestation*
to march against	*défiler contre*
a march	*une marche*
an anti-racist protest	*un défilé antiraciste*
to stage a protest march	*organiser une marche de protestation*
a demonstration	*une manifestation*
to demonstrate	*manifester*
to organize a rent strike	*faire la grève des loyers*
to boycott	*boycotter*
a boycott	*un boycottage*
militancy	*le militantisme*
to maintain the satus quo	*maintenir le statu quo*
inertia	*l'inertie*
to defend one's interests	*défendre ses intérêts*
to offer an alternative	*offrir une solution de rechange*
to reduce racial tensions	*diminuer les tensions raciales*
to alleviate tensions	*apaiser les tensions*
alleviation	*l'apaisement*
to overthrow the existing order	*renverser l'ordre établi*
the use of force	*l'usage de la force*
to resort to	*recourir à*
to outlaw racial discrimination	*proscrire la discrimination raciale*
to put an end to	*mettre un terme à*
to eradicate	*supprimer*
to root out	*extirper*
to wipe out	*faire disparaître complètement*
to tear down the barriers (of)	*démolir les barrières (de)*
to bring about changes	*provoquer des changements*
to be free of racism	*être libre de tout racisme*
political action	*l'action politique*
legislation	*la législation*
to pass legislation	*faire voter des lois*
to pressure	*faire pression sur*
implementation	*la mise en œuvre*
to implement	*mettre en œuvre*
to be committed to	*s'engager à*
to grant automatic citizenship	*accorder la nationalité d'office*
to confer nationality	*conférer la nationalité*
to take nationality	*prendre la nationalité*
to give priority to job training	*accorder la priorité à la formation professionnelle*
housing programs	*programmes de logements*
to earmark money for	*consacrer des fonds à*
to educate	*éduquer*
to preach tolerance	*prêcher la tolérance*
to build bridges to	*jeter des ponts vers*
to improve relations	*améliorer les relations*
to establish better relations	*établir de meilleures relations*
assimilation	*l'assimilation*
to assimilate	*assimiler*

10 EQUALITY *L'EGALITE*

inequality	*l'inégalité*
a right	*un droit*
equal rights	*l'égalité des droits*
to pledge equal rights	*promettre l'égalité des droits*
to stand on one's rights	*revendiquer ses droits*
to claim one's rights	" " "
to assert one's rights	*faire valoir ses droits*
to fight for	*se battre pour*
to promote	*promouvoir*
to campaign for	*faire campagne pour*
to obtain equality of rights	*obtenir l'égalité des droits*
a quest for equality	*une quête pour l'égalité*
civil rights	*les droits civils / civiques*
to be equal to	*être égal à*
to enjoy the same rights as	*jouir des mêmes droits que*
to enjoy legal protection	*jouir de la protection légale*
to deny sb. the right to	*refuser à qqn. le droit de*
to grant a right	*accorder un droit*
to be denied equality	*se voir refuser l'égalité*
to achieve equality	*parvenir à l'égalité*
to codify equality in employment	*codifier l'égalité devant l'emploi*
an industrial tribunal	*un conseil des prud'hommes*
Equal Pay Act	*la loi sur l'égalité des salaires*
to make claims under the Act	*introduire des demandes en se prévalant de la loi*
a claimant	*un demandeur*
to ask for equal treatment	*réclamer l'égalité des droits*
to get equal pay	*obtenir l'égalité des salaires*
to achieve equal treatment	*parvenir à une égalité de traitement*
egalitarian	*égalitariste / égalitaire*
inegalitarian	*inégalitaire*
to be on the same footing as	*être sur un même pied que*
to be on an equal footing	*être sur un pied d'égalité*
to be on a par with	" " " "

inferior to	*inférieur à*
inferiority	*l'infériorité*
superior to	*supérieur à*
superiority	*la supériorité*
to be turned down	*être refusé*
on grounds of	*pour des motifs de*
to benefit from the same opportunities (as)	*bénéficier des mêmes chances (que)*
an imbalance	*un déséquilibre*
to correct	*corriger, rectifier*
to right	*redresser*
to eliminate	*supprimer*
to redress	*réparer*
affirmative action	*action en faveur des minorités*
to enact	*promulguer*
to expand	*étendre*
to push for	*faire pression pour*
to roll back	*faire reculer*
to dismantle	*démanteler*
to drag one's feet	*être réticent*
foot-dragging	*les résistances*
to deliver a formal protest	*déposer une protestation formelle*
to initiate proceedings	*intenter des poursuites*
to complain	*se plaindre*
a complaint	*une plainte*
to raise a complaint	*déposer plainte*
to lodge / make a complaint	" "
offending behaviour	*l'attitude incriminée*
to sue	*intenter un procès*
to sue for damages	*poursuivre en dommages-intérêts*
to give a ruling	*rendre une décision*
to issue an injunction	*délivrer une injonction*
to be fined	*être condamné à payer une amende*
to award compensation	*accorder des réparations*
to comply with	*respecter*

see : human rights
justice

voir : les droits de l'homme
la justice

3 DRUGS — *LA DROGUE*

I DRUG TAKING — *L'USAGE DE LA DROGUE*

1 DRUGS — *LES DROGUES*

1.1 GENERAL BACKGROUND — *GENERALITES*

drugs	*drogues, médicaments, produits pharmaceutiques*
an over the counter drug	*un médicament en vente libre*
to obtain over the counter	*obtenir sans difficulté et légalement*
a controlled drug	*un produit pharmaceutique classé*
ethical drugs	*médicaments vendus sur ordonnance*
a doctor's prescription	*une ordonnance médicale*
class A	*le tableau A (médicaments les plus dangereux)*
class C	*le tableau des médicaments les moins dangereux*
a drug	*une drogue*
a soft drug	*une drogue douce*
a hard drug	*une drogue dure*
dope / junk / shit / nasties	*la came (fam.)*
smack	*la schnouf (fam.)*
glue	*la colle*
a solvent	*un solvant*
gum	*la colle*
to sniff	*inhaler, sniffer, priser*
glue sniffing	*respirer de la colle*
to inhale	*respirer*

1.2 GRASS — *L'HERBE*

cannabis	*le cannabis, le chanvre indien*
marijuana	*la marijuana / la marihuana*
pot / tea / bush / shit	" "
to smoke grass	*fumer de l'herbe*
weed	*l'herbe*
hashish	*le hashish*
hash	*le hash*
THC (tetrahydrocannabinol)	*THC*
kif / boo	*le kif / kief*
bang / bhang	*le chanvre*
khat / kat / qat / cat	*le khat / qat*
hemp	*le chanvre indien*
a joint	*un joint, un pétard (fam.)*
a reefer	*une cigarette de marijuana*
a stick	*un joint*

1.3 PILLS — *LES PILULES*

a pill	*une pilule*
a sleeping-pill	*un somnifère*
to swallow pills	*avaler des cachets*
a depressant	*un dépresseur*
a barbiturate	*un barbiturique*
a downer	*un tranquillisant*
quaalude / lude	*le quaalude*
methaqualone	*le méthaqualone*
an anti-depressant	*un stimulant*
uppers	*amphétamines*
to be on uppers	*prendre des amphés (fam.)*
a pep pill	*un stimulant*
hallucinogens	*hallucinogènes*
L.S.D. (Lyserg Saüre Diethylamid)	*le L.S.D. (acide lysergique diethylamide)*
psychedelic	*psychédélique*
acid	*l'acide, le LSD*
a hallucinogenic plant	*une plante hallucinogène*
mescaline	*la mescaline*
peyote	*le peyotl*
a mescal button	*une pastille de mescaline*
PCP (phencyclidine hydrochloride)	*le PCP*
a hypnotic	*un hypnotique*

1.4 NARCOTICS — *LES STUPEFIANTS*

cocaine	*la cocaïne*
angel	*la fée blanche, la coco (fam.)*
angel dust	*PCP (phéncyclidine)*
coke	*la came, la coke (fam.)*
free base drugs	*cocaïne traitée à l'éther*
snow	*la blanche*
coca paste	*la pâte de coca*
crack (mixture of cocaine, sodium bicarbonate and water)	*le crack (mélange de cocaïne, de bicarbonate, de soude et d'eau)*
a cracking sound	*un bruit craquant*
to be crack fueled	*marcher au crack*
base / baseball	*le crack*
rock / roxanne	" "
amphetamines	*amphétamines*
speed	*un excitant (du type amphétamine)*
ice ("crystal meth") (crystallised methamphetamine)	*la glace (métamphétamine cristallisée)*
glass / crystal	*la glace*

an opiate	*un opiacé*
opium	*opium*
to chew opium	*mâcher de l'opium*
morphia / morphine	*la morphine*
heroin	*héroïne*
brown sugar	*le brown sugar (poudre colorée)*
methadone	*la méthadone*
to inject oneself with	*se piquer à l'aide de*
to sample cocaine	*goûter à la cocaïne*
to binge on cocaine	*se défoncer à la cocaïne*
an intake of cocaine	*une prise de cocaïne*
to sniff a line of coke	*inhaler une prise*
to snort	*renifler / respirer la poudre*
to free base	*fumer de la cocaïne traitée à l'éther*
to do cocaine	*se poudrer*
to be on cocaine	*se shooter à la cocaïne*
to mainline	*se piquer (par injection intraveineuse)*
a mainline	*une veine apparente*
to inject into a vein	*injecter dans une veine*
to shoot up	*se shooter (fam.)*
to give oneself a fix	" "
to get a fix	" "
a dose	*une dose*
an overdose	*une surdose*
to shoot an overdose	*absorber une surdose*
a line of coke	*une ligne de cocaïne (la dose de poudre est disposée en une mince bande allongée)*
a fix / a jab / a shot	*une piquouse (fam.)*
paraphernalia	*l'attirail*
a pipe	*une pipe*
a bamboo pipe	*une pipe d'opium*
a needle	*une aiguille*
a syringe / a jabber	*une seringue*
a vial	*une fiole*
a bong	*une pipe (pour marijuana)*

2 DRUG ADDICTS — *LES TOXICOMANES*

a drug addict	*un drogué*
a heavy addict	*un grand toxicomane*
a drug taker	*un consommateur de drogue*
a druggie	*un camé (fam.)*
a junky	*un toxico (fam.)*
a dope fiend	*un camé*
a dope addict / a doper	*un toxico*
an addict / an abuser	*un toxicomane*
a pot smoker / a tea head	*un fumeur de marijuana*
a heroin user	*un héroïnomane*
a morphine user	*un morphinomane*
a cocaine user	*un cocaïnomane*
a cokehead	" "
coke-using people	*cocaïnomanes*
a mainliner	*un piquomane*
an over-user	*un gros toxicomane*
a glue sniffer	*un renifleur de colle (sniffeur)*
an acid freak / an acid head	*un habitué du LSD*

3 DRUG ADDICTION — *LA TOXICOMANIE*

the drug habit	*l'accoutumance à la drogue*
drug abuse	*la toxicomanie*
the advent of a drug	*l'arrivée d'une drogue*
to introduce a drug on the market	*introduire une drogue sur le marché*
to explore the effects of a drug	*explorer les effets d'une drogue*
to try a drug	*essayer une drogue*
to touch the stuff	*toucher à la drogue*
to experiment with drugs	*tâter de la drogue*
to dabble in drugs	*goûter à la drogue*
to abuse drugs	*abuser de la drogue*
to take drugs	*se droguer*
to consume drugs	*consommer des drogues*
to use drugs	*utiliser de la drogue*
on the sly	*en cachette*
to develop a liking for	*prendre goût à*
to develop a habit	*s'accoutumer à*
habit-forming	*qui crée une accoutumance*
to hide a habit from	*dissimuler son accoutumance à*
to take a hold among	*s'emparer de*
to start on the drug track	*s'engager sur la voie de la drogue*
to enter the world of heroin	*pénétrer dans le monde de l'héroïne*
dependence	*la dépendance*
to be dependent on drugs	*être en état de dépendance*
to be drug-dependent	" " "
a form of slavery	*une forme d'esclavage*
to have an easy tolerance for drugs	*bien tolérer les drogues*
to be on drugs	*se droguer*
to be addicted to	*s'adonner à*
to be addictive	*qui crée une dépendance*
the addictive potential of	*le pouvoir de dépendance de*
addicting	*asservissant*
addictiveness	*le pouvoir de dépendance*
to surrender one's life to drugs	*assujettir sa vie à la drogue*
to crave for drugs	*être en manque*
to be desperate for a fix	*crever d'envie de se shooter (fam.)*
to be awash with drugs	*être envahi par les drogues*
to be hooked on	*se camer à*
to be stoned on	*se shooter avec*
to get high on	*se défoncer avec*
to be on a high	*flipper*
to generate a high	*provoquer une défonce*
to be under the influence of	*être sous l'empire de*
to stoke up on	*alimenter la chaudière à l'aide de*

II DRUG TRAFFICKING — *LE TRAFIC DES STUPEFIANTS*

1 DRUG EXPORTING COUNTRIES — *LES PAYS EXPORTATEURS DE DROGUE*

a drug-source nation	*un pays producteur de drogue*
the Golden Triangle	*le Triangle d'Or*
the Golden Crescent	*le Croissant d'Or*
opium growing	*la culture de l'opium*
an opium-growing country	*un pays producteur d'opium*
a seed	*une graine*
poppy seed	*la graine de pavot*
poppy cultivation	*la culture du pavot*
to grow poppy	*faire pousser du pavot*
a poppy farmer	*un cultivateur de pavot*
a poppy cultivator	" " "
a small holder	*un petit propriétaire*
an upland farmer	*un fermier des montagnes*
a grower	*un cultivateur*
coca	*le coca*
a coca leaf	*une feuille de coca*
a pod	*une capsule*
to be swollen with resin	*être gonflé de résine*
goo	*le jus visqueux*
a coca bush	*un buisson de coca*
a coca-growing valley	*une vallée où pousse le coca*
a coca crop	*une récolte de coca*
to be planted to	*être consacré à la plantation de*
to plant illegally	*planter illégalement*
illegal crops	*cultures illicites*
to harvest a crop	*faire une récolte*
the harvesting of	*la récolte de*
to encroach upon	*gagner du terrain sur*
to gain ground	*progresser*
to yield	*produire, rapporter*
a replacement crop	*une culture de substitution*
a poppy replacement program	*un programme de substitution à la culture du pavot*
to earn illegal revenue	*rapporter des revenus illicites*
to end up in the arms of	*finir dans les veines de*
to end up in the streets of Harlem	*aboutir dans les rues de Harlem*
to meet the demand	*répondre à la demande*
the availability of drugs	*la disponibilité des drogues*
available	*disponible*
a shortage of drugs	*une pénurie de drogues*
a saturated market	*un marché saturé*
a source of supply	*une source d'approvisionnement*
to seek out	*rechercher*

2 DRUG PROCESSING — *LA FABRICATION DE LA DROGUE*

to process	*traiter*
a process	*un procédé*
a coca processing center	*un centre de traitement du coca*
a processing plant	*une usine de traitement*
a heroin mill	*une fabrique d'héroïne*
a milling operation	" " "
to operate	*faire fonctionner, exploiter*
to distill	*distiller*
distillation	*la distillation*
a distillery	*une distillerie*
to refine	*raffiner*
refinement / refining	*le raffinage*
a refinery	*une raffinerie*
to manufacture	*fabriquer*
to produce a drug	*produire une drogue*
a laboratory	*un laboratoire*
a lab setup	*une installation de labo*
a processing lab	*un labo de traitement*
a heroin refining lab	*un labo de raffinage de l'héroïne*
clandestine	*clandestin*
hidden away	*caché*
makeshift	*de fortune*
a vat	*une cuve*
a burner	*un brûleur*
a vacuum pump	*une pompe à vide*
to break down the opium into	*convertir l'opium en*
a conversion process	*un procédé de transformation*
a conversion factory	*une usine de transformation*
to set up	*installer*
to close down	*fermer*
to sprout	*surgir*
to spring up	*jaillir*
to shoot up	*pousser*
to prosper / to thrive	*prospérer*
to boom	*être en plein essor*
to flourish	*se développer*
to take off	*décoller*
a chemist	*un chimiste*
chemical	*chimique*
a substitute for	*un succédané de*
a by-product	*un sous-produit*
an ingredient	*un ingrédient*
a derivative	*un dérivé*
best quality	*de première qualité*
lesser quality	*de qualité inférieure*
high grade	*d'excellente qualité*
low grade	*de qualité médiocre*
to upgrade	*améliorer*
to be adulterated	*être frelaté*
to synthesize a drug	*synthétiser une drogue*

raw opium	*l'opium brut*
to soak	*faire tremper*
to filter	*filtrer*
to heat	*chauffer*
to precipitate	*précipiter*
to dry	*sécher*
to crush	*broyer*
pure heroin	*héroïne pure*
charcoal	*le charbon de bois*
aceton	*acétone*
sulphuric / sulfuric acid	*acide sulfurique*
to dilute / to get a cut	*diluer*
to get a 5 cut / a five fold dilution	*diluer cinq fois*

3 DRUG TRAFFIC — *LE TRAFIC DES STUPEFIANTS*

the drug trade	*le commerce de la drogue*
to traffic in drugs	*se livrer au trafic de stupéfiants*
a drug trafficker	*un trafiquant de drogue*
to be involved in drug trafficking	*être impliqué dans le trafic de drogue*
the drug route	*le parcours de la drogue*
the heroin trail	*la piste de l'héroïne*
a cocaine channel	*une filière de la cocaïne*
to get a stranglehold on a market	*avoir la mainmise sur un marché*
to have a stake in	*avoir une participation dans*
to mastermind	*organiser*
compartimentalized information	*informations compartimentées*
a self contained cell	*une cellule indépendante*
to push drugs	*revendre de la drogue*
to deal in drugs	*faire le commerce de la drogue*
the narcotics trade	*le narcotrafic*
hydra-headed	*multiforme*
to distribute	*distribuer*
to conduct a dealing	*faire une transaction*
to peddle	*revendre*
to supply sb. with drugs	*fournir de la drogue à qqn.*
to consign	*expédier*
a consignment	*un envoi*
to ship	*expédier (par bateau)*
a shipment	*une cargaison*
to pick up a shipment	*prendre livraison d'une cargaison*
to finance a shipment	*financer un envoi*
to rout shipment through	*dérouter une cargaison par*
to load	*charger*
a load	*une cargaison*
to unload	*décharger*
a cargo	*une cargaison*
to move	*transporter*
by plane	*par avion*
by ship	*par bateau*
to ply the waters	*faire la navette (en bateau)*
to take drugs to	*convoyer la drogue vers*
to deliver	*livrer*
a delivery	*une livraison*
to fly drugs in	*faire venir la drogue par avion*
to fly drugs out	*expédier la drogue par avion*
to air / drop a shipment	*larguer une cargaison (d'un avion)*
an air-dropped bag	*un sac largué par un avion*
a dirt airstrip	*une piste d'atterrissage de fortune*
to package	*conditionner*
packaging	*le conditionnement*
to transit a country	*transiter par un pays*
to funnel	*faire passer*
to ferry	*transporter*
to stash away	*planquer*
to secrete	*cacher*
to store	*stocker*
to collect	*récupérer*
a key transit point	*un point de transit névralgique*
a stopover depot	*un local-relais*
a transhipment point	*un point de transbordement*
a way station	*une étape*
a stronghold	*un bastion*
a safe house	*une maison sûre*
a haunt	*un lieu sûr*
a stash	*une cachette*
a stash house	*une planque*
a hideaway	*une cachette*
a hideout	*une planque*
a cache	*une cachette*
a false bottom	*un double fond*
a false-bottomed suitcase	*une valise à double fond*
a heroin-laden car	*une voiture chargée d'héroïne*
an expediter	*un consignateur*
a human mule	*une mule*
a courier	*un passeur*
a smurf	*un passeur (fam.)*
a means of conveyance	*un moyen de transport*
a collector	*un collecteur*
a stash man	*un carreur*

4 DRUG SMUGGLING — *LA CONTREBANDE DE LA DROGUE*

smuggling / contraband	*la contrebande*
a smuggler	*un contrebandier*
to smuggle	*faire passer en fraude*
to smuggle drugs into a country	*introduire de la drogue en contrebande*
to smuggle out of a country	*faire sortir en contrebande*
to smuggle through the customs	*passer la douane en fraude*
a smuggling ring	*un réseau de contrebande*
a smuggler's cove	*une crique de contrebandiers*
to sneak in	*faire entrer en fraude*
to sneak out	*faire sortir en fraude*
to run drugs	*faire de la contrebande de drogues*

drug running	*la contrebande de drogues*
a smuggling run	*une livraison de contrebande*
to bulge with haul	*regorger de marchandises*
a speedboat	*une vedette rapide*
an outboard motor	*un moteur hors bord*
to inspect	*arraisonner*
to cut smugglers off at the source	*intercepter les contrebandiers à la source*

5 DRUG TRAFFICKERS — *LES TRAFIQUANTS DE DROGUE*

a dealer	*un fournisseur, un dealer*
a crack dealer	*un fournisseur de crack*
a drug pusher	*un revendeur de drogue*
a supplier	*un fournisseur*
a peddler	*un revendeur*
a runner	*un négociant*
a wholesaler	*un grossiste*
a drug trader	*un trafiquant de drogue*
a drug merchant	*un marchand de drogue*
a drug lord	*un seigneur de la drogue*
an opium lord	*un seigneur de l'opium*
a drug baron	*un baron de la drogue*
a coke tycoon	*un magnat de la cocaïne*
a cocaine czar	*un roi de la drogue*
a drug don	*un capo de la drogue*
a cocaine don	*un capo de la cocaïne*
a drug kingpin	*un gros bonnet de la drogue*
a hitman	*un homme de main*
a professional killer	*un tueur à gages*
a hired killer	*un sicaire*
a drug thug	*un mafieux*
an overboss	*un caïd*
a drug boss	*un chef de réseau*
the big fish	*les gros poissons*
the big wigs	*les gros bonnets*
the small fry	*le menu fretin*
a big time crook	*un escroc de grande envergure*
a cartel	*un cartel*
a cartel chieftain	*un chef de cartel*
a drug ring operation	*un réseau de drogue*
the drug underworld	*le milieu de la drogue*
the drug mafia	*la pègre de la drogue*
the heroin syndicate	*la mafia de l'héroïne*
a drug connection	*un réseau de drogue*
a drug network	" " " "

6 MONEY AND DRUGS — *L'ARGENT ET LA DROGUE*

6.1 THE DRUG MONEY — *L'ARGENT DE LA DROGUE*

drug money	*l'argent de la drogue*
narco dollars	*les narco-dollars*
the crack trade	*le commerce du crack*
the drug business	*le commerce de la drogue*
a bustling trade	*un marché actif*
a lucrative drug	*une drogue qui rapporte*
drug revenues	*les revenus de la drogue*
a profit	*un bénéfice*
to rake up profits	*ramasser des bénéfices*
to reap profits	*récolter des bénéfices*
profitable	*rentable*
the proceeds from drugs	*les revenus tirés de la drogue*
drug proceeds	" " " "
a wholesale price	*un prix de gros*
a retail price	*un prix de détail*
street value	*la valeur marchande*
resale value	*la valeur de revente*
to carry a street value of	*avoir une valeur marchande de*
to be on the traffickers' payroll	*être à la solde des trafiquants*
to be in the pay of	*être à la solde de*
to grab a share of the market	*s'emparer d'une part de marché*
to intercept the profits	*mettre la main sur les bénéfices*

6.2 MONEY LAUNDERING — *LE BLANCHIMENT DE L'ARGENT*

to set up a scam	*monter une carambouille*
to launder money	*blanchir des fonds*
to rinse money	*laver de l'argent*
to cleanse money	" "
a launderer	*qui blanchit l'argent*
a money washer	*qui lave l'argent*
the money laundering trade	*le trafic du blanchiment de l'argent*
a money-laundering center	*une plaque tournante pour le blanchiment de l'argent*
a hub	*une plaque tournante*
a money rinsing ring	*un réseau de blanchiment de l'argent*
a laundering operation	*une opération de blanchiment*
the money laundering process	*le processus de blanchiment*
a laundering probe	*une enquête sur le blanchiment de l'argent*
the flow of money	*les mouvements de capitaux*
dirty money	*argent sale*
tainted money	*argent mal acquis*
coke-tinged money	*argent de la cocaïne*
hot money	*capitaux fébriles*

see : tax evasion — *voir : la fraude fiscale*

6.3 DRUG CORRUPTION — *LA CORRUPTION PAR LA DROGUE*

to corrupt	*corrompre*
corruption	*la corruption*
drug-related corruption	*la corruption liée à la drogue*
to spawn corruption	*engendrer la corruption*

to be riddled with corruption	être rongé par la corruption
to cleanse of corruption	nettoyer de la corruption
to bribe	soudoyer
to bribe sb. into silence	acheter le silence de qqn.
a bribe	un pot-de-vin
to take a bribe	se laisser corrompre
to offer a bribe	offrir un pot-de-vin
to pocket money in bribes	empocher des pots-de-vin
bribery	corruption
open to bribery	corruptible
to buy off	acheter le silence de
to buy the indulgence of	acheter les faveurs de
to pay off sb.	régler qqn.
to grease / oil sb.'s palms	graisser la patte de qqn.
to fix	soudoyer
to infect	infecter
to look the other way	fermer les yeux
to abet dealers	se faire le complice des pourvoyeurs

III THE FIGHT AGAINST DRUGS — *LA LUTTE ANTI-DROGUE*

1 THE AUTHORITIES — *LES POUVOIRS PUBLICS*

the Drug Enforcement Administration (DEA)	l'Office américain de lutte contre le trafic de drogue (l'Office Central de Répression du Trafic de Stupéfiants, l'OCRTS)
(the ex-Narcotic Bureau)	(autrefois la Brigade des stupéfiants)
Customs and Excise officers	douaniers et fonctionnaires des contributions indirectes
a drug squad / brigade	une brigade des stupéfiants
an antidrug unit	un dispositif antidrogue
an anti narcotics police unit	une unité chargée de la répression du trafic des stupéfiants
a drug fighter	un agent de la lutte anti-drogue
a drug agent	un agent de la lutte anti-drogue
a narcotics expert	un spécialiste des stupéfiants
a drug buster	un agent chargé de la répression du trafic de drogues
an antismuggling squad	une brigade de l'air et des frontières
an undercover agent	un informateur
to station	poster
a police snitch	un informateur

2 THE WAR ON DRUGS — *LA GUERRE CONTRE LA DROGUE*

2.1 GENERAL BACKGROUND — *GENERALITES*

to confront the drug threat	faire face à la menace de la drogue
to take a strong stand against	adopter une attitude ferme face à
to tackle with resolve	s'attaquer avec détermination à
to tackle the problem at its source	s'attaquer au problème à sa source
to give the drug war high priority	accorder la priorité des priorités à la guerre contre la drogue
to be high in the agenda	venir en tête des préoccupations
an overall anti-drug plan	un plan d'ensemble pour lutter contre la drogue
to be locked in a life-and-death struggle	mener une lutte sans merci
to launch a crusade against	lancer une croisade contre
to mobilize	(se) mobiliser
to galvanize sb. into action	mobiliser qqn.
to line up for battle	se préparer au combat
to be in the frontline of	être aux avant-postes de
to declare war on	déclarer la guerre à
a total and absolute war	une guerre totale et absolue
a war without quarter	une guerre sans merci
a full scale war	une guerre totale
an all-out war	une guerre maximum
to start a war on	partir en guerre contre
to wage a war on	mener une guerre contre
to wage a campaign on	mener une campagne contre
to combat drugs	combattre la drogue
to make inroads (into)	faire des progrès (dans)
to make headway	progresser
to destroy the drug menace	éliminer la menace de la drogue
to win with force	gagner par la force
to score a victory	remporter une victoire
to make significant gains in	remporter des victoires significatives dans
to fight the drug scourge	combattre le fléau de la drogue
to rid a country of a scourge	débarrasser un pays d'un fléau
to strike at the root of an evil	s'attaquer à la racine d'un mal
to strike back at the drug plague	combattre le fléau de la drogue

to stem the plague of drug use	*enrayer le fléau de la drogue*
to wipe out a scourge	*extirper un fléau*
to fight a criminal scourge	*lutter contre un fléau criminel*
to break the cycle of bloodshed	*briser le cycle de la violence*
see : war	*voir : la guerre*

2.2 LIMITED OPERATIONS — *LES OPERATIONS PONCTUELLES*

an operation	*une opération*
to mount an operation	*monter une opération*
a strike	*une opération coup de poing*
to mount a strike	*monter une opération*
to strike at	*s'attaquer à*
drug-lord property	*les biens des seigneurs de la drogue*
to chase a tip	*poursuivre un tuyau*
to act on a tip	*intervenir sur information*
to tip off	*renseigner*
a tip off	*un renseignement*
a lead	*une piste*
to have a lead	*tenir une piste*
a rumor	*une rumeur*
to snitch on	*moucharder*
to tail	*filer*
to put a tail on	*prendre en filature*
a police tail	*une filature policière*
to stake out	*surveiller*
a stakeout team	*une équipe de surveillance*
a bust	*une descente*
to bust	*faire une descente*
a police raid	*une descente de police*
to search a car for drugs	*fouiller une voiture pour s'assurer qu'il n'y a pas de drogue*
to rip apart a car	*démonter une voiture*
to search a house	*perquisitionner une maison*
to make a search	*opérer une perquisition*
to keep under surveillance	*faire surveiller*
a warrant / search warrant	*un mandat / de perquisition*
a search warrant	*un mandat de perquisition*
to use trained dogs	*utiliser des chiens dressés*
a drug-sniffing dog	*un chien renifleur*
to sniff out drugs	*renifler de la drogue*
to search sb. / to frisk sb.	*fouiller qqn.*
a buy and bust	*un achat suivi d'une arrestation*
to set sb. up	*piéger qqn.*
to be framed	*être victime d'un coup monté*
to be caught in the act	*être pris sur le fait*
to be caught in the act of selling drugs	*être pris en train de vendre de la drogue*
to recover	*récupérer*
a recovery	*une récupération*
to find a cache	*trouver une cache*
a haul	*une prise*
to seize	*saisir*
a seizure	*une saisie*
to make a seizure	*faire une saisie*
to intercept	*intercepter*
to confiscate	*confisquer*
to infiltrate a ring	*s'infiltrer dans un réseau, infiltrer un réseau*
to expose	*démasquer*
to reveal	*révéler*
to outfox the police	*être plus malin que la police*
to get rid of the stuff	*se débarrasser de la marchandise*
to flush down	*déverser, se débarrasser de*
to dump	*se débarrasser de*
see : police	*voir : la police*

2.3 LARGE SCALE OPERATIONS — *LES OPERATIONS D'ENVERGURE*

a large scale operation	*une opération d'envergure*
a paramilitary operation	*une opération paramilitaire*
to militarize anti-drug operations	*militariser les opérations anti-drogue*
to command an operation	*ordonner une opération*
to train a unit (in)	*entraîner une unité (pour / à)*
countersubversion warfare	*la guerre contre la subversion*
a search and destroy mission	*une mission de localisation et de destruction*
a stop and search sweep	*un ratissage systématique*
to make a sweep	*ratisser*
a sweep	*un ratissage*
to comb an area	*passer une région au peigne fin*
an illicit field	*une plantation illégale*
to defoliate coca crops	*défolier les plantations de coca*
a defoliant	*un défoliant*
defoliation	*la défoliation*
to unleash / to let loose	*lâcher*
to introduce on a mass scale	*introduire massivement*
to air-drop	*larguer*
a crop killer	*un insecte destructeur*
a swarm of insects	*une nuée d'insectes*
a caterpillar	*une chenille*
a moth	*un papillon*
a pest	*un insecte nuisible*
a secretive research program	*un programme secret de recherches*
to keep a secret under wraps	*tenir un projet secret*
to develop chemical / biological agents	*mettre au point des agents chimiques / biologiques*
a biological control agent	*un agent de lutte biologique*
a quick fix	*un expédient*
to eradicate	*éradiquer*

eradication	*la destruction*
herbicide eradication	*la destruction par herbicide*
crop eradication	*la destruction des cultures*
an eradication worker	*un employé chargé de la destruction*
to root out	*extirper*
to wipe out	*supprimer*
to spray crops with herbicides	*arroser les récoltes d'herbicides*
to clamp down on coca cultivation	*supprimer les cultures de coca*
to crack down on coca production	*réprimer la culture du coca*
to crack down on the drug trade	*réprimer le trafic de drogue*
a crackdown (on)	*une répression (contre)*
a clampdown (on)	*" " "*
to ban the cultivation of poppies	*interdire la culture de pavot*
to lure away farmers from	*attirer les paysans vers d'autres cultures*
to wean farmers from the cocaine trade	*détourner les paysans du commerce de la cocaïne*
to bully farmers out of the coca trade	*contraindre les fermiers à renoncer à la culture du coca*
to raid a lab	*faire un raid sur un labo*
to stage a raid	*organiser un coup de main*
to tear out a lab	*détruire un labo*
to raid a warehouse	*faire une descente dans un hangar*
to slash down a plant	*détruire une usine*
to uproot a plant	*" " "*
to stamp out	*détruire*
to dismantle an empire	*démanteler un empire*
to curtail the drug trade	*réduire le trafic de drogue*
to slow the trade	*ralentir le commerce*
to impede the efforts	*entraver les efforts*
to hamper the drug traffic	*gêner le trafic de la drogue*
to cut into a booming trade	*entamer un commerce florissant*
to make a dent into	*porter un coup à*
to snuff out the business	*mettre fin au commerce*
to cut off production at its source	*interrompre la production à la source*
to attack drugs at the source	*s'attaquer à la source de la drogue*
to pinch the inflow of drugs	*enrayer l'afflux de drogues*
to squeeze the outflow	*limiter les exportations*
to tighten the noose around the neck of	*resserrer l'étau autour de*
to defeat a cartel	*vaincre un cartel*

2.4 ENFORCING THE LAW — *L'APPLICATION DE LA LOI*

to enforce the law	*faire respecter la loi*
to sanction the use of	*sanctionner l'usage de*
to pass antidrug legislation	*faire voter des lois contre l'usage des stupéfiants*
to be caught with drugs	*être arrêté en possession de drogue*
to be arrested on narcotics charges	*être arrêté pour détention de stupéfiants*
a suspected user	*un toxicomane présumé*
to identify users	*identifier les drogués*
to keep track of traffickers	*suivre les mouvements des trafiquants*
to be busted	*se faire coffrer*
to extradite	*extrader*
to take on	*se battre contre*
to prosecute	*poursuivre en justice*
a prosecutor	*un procureur*
to be arraigned on drug charges	*être traduit devant un tribunal sous l'inculpation de trafic de drogue*
to be indicted on	*être accusé de*
a charge of	*une accusation de*
an indictment	*un acte d'accusation*
to be charged with	*être accusé de*
to be convicted (of)	*être reconnu coupable (de)*
a conviction	*une condamnation*
to release	*relâcher*
bail	*la caution*
to make a juvenile arrest	*arrêter un mineur*
to be ordered to	*ordonner d'être conduit*
a foster home	*une famille d'accueil*
to be monitored	*être suivi*
probation	*la mise à l'épreuve*
a probation officer	*un délégué à la liberté surveillée*
to be on probation	*être à l'épreuve*
to head into trouble	*filer un mauvais coton*
to scare people away from drugs	*dissuader les gens de se droguer (par la peur)*

see : justice — *voir : la justice*

IV CAUSES OF DRUG ADDICTION — *LES CAUSES DE LA TOXICOMANIE*

1 CULTURAL CAUSES — *CAUSES CULTURELLES*

the product of	*le produit de*
the rock music culture	*la culture rock*
the Vietnam War	*la guerre du Viêt-nam*
to give an easy access to	*avoir facilement accès à*
the cult of personal liberation	*le culte de la libération de soi*
to liberalize	*libéraliser*

liberalization	*la libéralisation*
permissiveness	*la permissivité*
permissive	*laxiste*
a fad drug	*une drogue populaire*
trendy	*à la mode*
a craze for	*un engouement pour*
a manhood thing	*une preuve de virilité*
to assert one's manhood	*affirmer sa virilité*

2 SOCIAL CAUSES — *CAUSES SOCIALES*

the rat race	*la course à l'argent*
the competitiveness of life	*la compétitivité dans l'existence*
life in the fast lane	*une vie trépidante*
intense	*intense*
the pace of life	*le rythme de l'existence*
fast-paced	*intense*
a fast-paced work environment	*un milieu professionnel éprouvant*
to keep pace with	*rester à la hauteur*
hectic	*frénétique*
a frenzy	*une frénésie*
frenzied	*forcené*
frantic	*frénétique*
to be under pressure	*être sous pression*
the pressure of life	*les pressions de l'existence*
to relieve the pressure	*relâcher la pression*

3 A WAY OUT — *UN MOYEN D'EVASION*

to fill a vacuum	*combler un vide*
idleness	*l'oisiveté*
for want of anything better to do	*par désœuvrement*
to escape from	*échapper à*
to relieve the boredom of	*échapper à l'ennui de*
to divert sb. from	*détourner qqn. de*
a diversion	*un moyen de diversion*
to turn to	*se tourner vers*
to take comfort from	*trouver une consolation dans / à*
to find comfort in	*se réconforter avec*
to find solace in	*se consoler avec*
to take a drug out of frustration	*se droguer par frustration*
to take a drug out of anger	*se droguer par colère*
to get out of bad moods	*chasser les humeurs noires*
to brighten one's outlook	*éclaircir son horizon*
to ease one's tension	*calmer ses nerfs*
to escape from ghetto life	*échapper à la vie dans le ghetto*
to be attracted by	*être attiré par*
to lure	*attirer*
an enticing lure	*une perspective séduisante*
a get-rich-quick lure	*l'attrait de l'argent facile*
fast money	*l'argent facile*
to turn to a lucrative option	*se tourner vers une occupation lucrative*
to guarantee minimum wages	*garantir un revenu minimum*
chump change	*un salaire de base*
crack earnings	*bénéfices sur la vente du crack*
profits	*les bénéfices*
profitable	*rentable*
a street smart	*un gamin des rues*
to sport gold chains	*porter des chaînes en or*
to crave glamorous cars	*avoir envie de voitures de luxe*

V CONSEQUENCES OF ADDICTION — *LES CONSEQUENCES DE LA TOXICOMANIE*

1 PHYSIOLOGICAL CONSEQUENCES — *CONSEQUENCES PHYSIOLOGIQUES*

a kick	*une sensation*
a trip	*un flip (fam.)*
a high	*une sensation*
to be on a trip	*faire un trip (un voyage)*
to trip on	*flipper*
a bad trip	*un trip qui tourne mal*
to be tripped out	*être flippé*
to be spaced out	*être dans les vaps (fam.)*
to freak out	*halluciner*
dopey	*hébété par la drogue*
a stimulant	*un excitant*
exhilaration	*la griserie*
exhilarated	*grisé*
euphoria	*l'euphorie*
a rush of euphoria	*un accès d'euphorie*
to have euphoric effects	*avoir des effets euphorisants*
to produce a feeling of	*produire un sentiment de*
to give a feeling of	*provoquer un sentiment de*
to produce a false sense of	*provoquer un sentiment trompeur de*
to give the illusion of	*conférer l'illusion de*
to feel the illusion of	*avoir l'illusion de*
to give a sense of	*donner un sentiment de*
to assuage a thirst for	*calmer une envie de*
instant gratification	*le plaisir instantané*
to make sb. smarter	*rendre qqn. plus intelligent*
strong	*fort*
sexy	*sexy*
masterful	*dominateur*
competent	*compétent*
to feel blessed with	*se sentir doué de*

to lack virtues	*manquer de qualités*
to enhance one's self	*regonfler son ego*
to promote a fascism of the self	*promouvoir une toute-puissance de soi*
an ego food	*une nourriture du moi*
to be in control of	*être maître de*
personal supremacy	*le sentiment de domination*
to live for oneself	*vivre pour soi*
to live for the moment	*vivre pour l'instant présent*
to bolster creative energy	*stimuler l'énergie créatrice*
to heighten awareness	*rendre la conscience plus vive*
lucidity	*la lucidité*
a potential for	*un potentiel pour*

2 PHYSICAL CONSEQUENCES — *CONSEQUENCES PHYSIQUES*

the evils of drug	*les conséquences funestes de la drogue*
an evil	*un fléau*
to do sb. harm	*causer du tort à qqn.*
to do harm (to)	*causer du tort (à)*
to harm	*nuire*
harmful	*nocif*
harmfulness	*la nocivité*
to pose a threat to life	*représenter une menace pour la santé*
a health hazard	*un risque pour la santé*
to carry a medical risk	*comporter un risque pour la santé*
to impair the health	*ruiner la santé*
to undermine	*miner*
to destroy	*détruire*
destructive	*destructeur*
destructiveness	*le caractère destructeur*
a side effect	*un effet secondaire*
to weak havoc on life	*causer des ravages dans l'existence*
to pump poison into oneself	*s'injecter du poison*
drug-related ailments	*maux liés à la drogue*
to make sb. heedless	*rendre qqn. inattentif*
droopy	*apathique*
listless	"
lazy	*paresseux*
to sap the energy	*saper l'énergie*
to vomit	*vomir*
vomiting	*vomissements*
to throw up	*vomir*
fever	*la fièvre*
chills	*frissons*
a headache	*un mal de tête*
a blackout	*une syncope*
to pass out	*tomber en syncope*
to lead to	*provoquer*
a breakdown of the nasal membrane	*une rupture de la cloison nasale*
to lose one's appetite	*perdre l'appétit*
to kill the appetite	*ôter l'appétit*
to lose weight	*perdre du poids*
to result in severe weight loss	*provoquer une grave perte de poids*
withdrawal symptoms	*symptômes de manque*
to exhibit withdrawal symptoms	*donner des signes d'état de manque*
to be cold turkey	*être en manque*
to be strung out	" "
to be hung up	" "
to have the horrors	*avoir des symptômes dus au sevrage*
to destroy liver cells	*détruire les cellules du foie*
to cause lung damage	*causer des lésions pulmonaires*
to trigger a heart attack	*provoquer un infarctus*
a heart failure	*un arrêt du cœur*
kidney failure	*une défaillance rénale*
hepatitis	*l'hépatite*
AIDS	*le sida*
an unsterilized needle	*une aiguille non stérilisée*
reusable	*ré-utilisable*
a birth defect	*une malformation congénitale*
a bout of paranoia	*un accès de paranoïa*
persecution mania	*le délire de la persécution*
psychosis	*la psychose*
to pick up fights with	*chercher querelle à*
to drive like a maniac	*conduire comme un fou*
to kill oneself	*se tuer*
to collapse from an overdose	*s'effondrer à la suite d'une surdose*
lethal	*mortel*
fatal	*fatal*
a death from drugs	*une mort imputable à la drogue*
to die from an overdose	*mourir des suites d'une overdose*
to o.d. (to overdose)	*être victime d'une overdose*
to take a high toll on	*prélever un lourd tribut sur*

3 ECONOMIC CONSEQUENCES — *CONSEQUENCES ECONOMIQUES*

to be a drain on a budget	*obérer les finances*
to have an impact on	*avoir un impact sur*
pernicious	*pernicieux*
perniciousness	*le caractère pernicieux*
detrimental for	*préjudiciable à*
a drug-connected offence	*un délit lié à la drogue*
a drug-related crime	*un crime lié à la drogue*
a crime associated with drugs	" " " " " "
a crime-related problem	*un problème de criminalité*
to be reduced to stealing	*en être réduit à voler*
to support a habit	*financer ses besoins en drogue*
to finance a habit	" " "
to maintain a habit	*subvenir à ses besoins en drogue*
to satisfy one's needs	*satisfaire ses besoins*
to ride a drug habit to bankruptcy	*provoquer une faillite à cause de la toxicomanie*
to ride a drug habit to homelessness	*perdre sa maison à cause de la toxicomanie*
to be vulnerable to blackmail	*être vulnérable au chantage*

a drug gang	*un gang de la drogue*
gang warfare	*la lutte des gangs*
helpless	*impuissant*
helplessness	*l'impuissance*
to undermine the government's authority	*saper l'autorité du gouvernement*
retaliation	*représailles*
to retaliate against	*prendre des mesures de représailles contre*
drug abuse at work	*l'abus des drogues sur le lieu de travail*
to breed absenteism	*engendrer l'absentéisme*
drug impaired workers	*travailleurs diminués par la drogue*
to screen an applicant for drugs	*faire subir un test de dépistage à l'embauche*
a drug-screening test	*un test de dépistage de la drogue*
to undergo	*subir*
to take a urine test	*subir une analyse d'urine*
to commission a test	*ordonner un test*
to put an employee through a test	*faire subir un test à un employé*
random drug-testing	*tests effectués au hasard*
to test positive	*avoir des analyses positives*
to prove positive	*s'avérer être positif*
to be found drug-free	*se révéler négatif*
an invasion of employees' privacy	*une intrusion dans la vie privée des employés*
to pry into	*fouiller dans*
to weed out drug users	*se débarrasser des toxicomanes*
an employee assistance program	*un programme d'aide aux employés*
an in-house assistance program	*un programme d'aide maison*
a repentant	*un pénitent*
to threaten the fabric of society	*menacer le tissu social*
see : violence	*voir : la violence*
poverty	*la pauvreté*

4 DETOXIFICATION — *LA DESINTOXICATION*

to detoxify	*désintoxiquer*
to be detoxified	*se faire désintoxiquer*
to seek help for drugs	*chercher à se faire aider pour résoudre un problème de drogue*
to kick a habit	*se désintoxiquer*
to beat a habit	" "
to quit cocaine	*arrêter la cocaïne*
to give up	*renoncer à*
to get off	*cesser de prendre*
to be weaned off	*être sevré de*
to wean oneself off	*se sevrer de*
to cut one's consumption	*réduire sa consommation*
to cut drug use	*réduire sa consommation de drogue*
to be withdrawn from heroin use	*abandonner l'usage de la drogue*
to curb a craving	*mettre un frein à une envie*
to quell a desire	*réprimer une envie*
to be cocaine-free	*être affranchi de la cocaïne*
to keep drug-free	*ne plus toucher à la drogue*
to stay off	*s'abstenir de*
a treatment	*un traitement*
to undergo a treatment	*subir un traitement*
to accept treatment	*accepter de se faire soigner*
a substitute for	*un succédané de*
a cure	*un remède*
to respond to a cure	*réagir à un traitement*
a drug clinic	*un centre de soins pour toxicomanes*
to rehabilitate the addicts	*réadapter les toxicomanes*
to enter a rehabilitation clinic	*être admis dans un centre de réadaptation*
to undergo drug therapy	*entreprendre une cure de désintoxication*
to set up a program	*établir un programme*
an assistance program	*un programme d'aide*
a drug-treatment program	*un programme de désintoxication*
a drug abuse treatment program	*un programme de traitement de la toxicomanie*
a counseling session	*une séance de thérapie*
a drug counselor	*un thérapeute*
to provide psychiatric counseling	*fournir une assistance psychiatrique*
a hot line	*une ligne téléphonique spéciale*
to set up a hot line	*installer une ligne spéciale*
a toll-free number	*un numéro d'appel gratuit*
Cocaine Anonymous	*Toxicomanes anonymes (groupe d'entraide pour cocaïnomanes convertis, sur le modèle des Alcoholic Anonymous)*
a self-help group	*un groupe d'entraide*
a cured addict	*un drogué guéri*
a non-user	*un ancien drogué*
to recover from	*guérir de*
to have withdrawal pangs	*être en état de manque*
a relapse	*une rechute*
to relapse	*rechuter*
to slip back into	*sombrer à nouveau dans*

5 A PROBLEM OF SOCIETY — *UN PROBLEME DE SOCIETE*

a public health concern	*un problème de santé publique*
a plague	*un fléau*
a scourge	*une calamité*

a blight	*une plaie*
a public bane	*un fléau public*
a legitimate worry	*une préoccupation légitime*
a controversial social issue	*un problème social controversé*
the moral equivalent of war	*l'équivalent moral de la guerre*
to be concerned over	*s'inquiéter de*
to exaggerate the dangers of	*exagérer les dangers de*
a drug-plagued city	*une ville ravagée par la drogue*
a drug-ridden society	*une société envahie par la drogue*
a coke-laden country	*un pays inondé de cocaïne*
to be ingrained in US life	*être enraciné dans la vie américaine*
widespread	*répandu*
pervasive	*envahissant*
far-reaching	*lourd de conséquences*
the swelling ranks of	*le nombre croissant de*
the staggering numbers of	*les chiffres stupéfiants de*
a national drug-control policy	*une politique nationale de lutte anti-drogue*
to set up a task force on drug abuse	*mettre sur pied une commission de travail sur l'abus des stupéfiants*
a drug-education program	*un programme d'éducation sur la drogue*
a campaign	*une campagne*
a drug prevention program	*un programme de prévention contre la drogue*
to beef up a program	*renforcer un programme*
to increase anti-drug expenditures	*accroître les dépenses pour la lutte anti-drogue*
to drive for	*s'efforcer d'obtenir*
a drug-free school	*une école sans drogue*
a drug-free workplace	*un lieu de travail sans drogue*
to legalize	*légaliser*
to decriminalize	*dépénaliser*
decriminalization	*la dépénalisation*

4 POVERTY — *LA PAUVRETE*

I GENERAL BACKGROUND — *GENERALITES*

1 THE POOR — *LES PAUVRES*

a two-tier society	*une société à deux vitesses*
an underclass	*une classe défavorisée*
a subculture	*une sous-culture*
the poor	*les indigents*
the destitute	" "
the indigent	" "
pauper	*pauvre, indigent*
a pauper	*un pauvre*
destitution	*le dénuement, l'indigence, la misère*
the underprivileged	*les défavorisés*
the dispossessed	*les démunis*
the have-nots	" "
the haves and have-nots	*les (pays) riches et les (pays) pauvres*
dispossession	*la dépossession*
the lowly	*les humbles*
the needy	*les nécessiteux*
the outcasts	*les marginaux*
the outcasts of the social order	*les exclus de la société*
the throwaways	" " "
the marginalized	*les marginalisés*
the downtrodden	*les opprimés*
the misfits	*les inadaptés*
to be outcast	*être rejeté*
human dross	*le rebut de l'humanité*
scum	*la lie (de la société)*
offal	*déchets humains*
refuse of all classes	*déchets de l'humanité*
the jetsam and floatsam	*les épaves humaines*
a parasite	*un parasite*
a beggar	*un mendiant*
a vagrant	*un vagabond*
a derelict	*une épave (humaine)*
a marginal world	*un monde de marginaux*
a pariah class of people	*une classe de marginaux*
a skid row alcoholic	*un ivrogne (de la zone)*
the mentally ill people	*les aliénés*
an ex-mental patient	*un ancien malade mental*
to be deinstitutionalized	*être sorti d'un établissement spécialisé*
a drug addict	*un toxicomane*
the elderly	*les personnes âgées*
the single parents	*les parents célibataires*
the disabled	*les handicapés*
the chronically ill	*les malades chroniques*
school dropouts	*les non-diplômés*
the dropouts	*les marginaux*

2 POVERTY — *LA PAUVRETE*

2.1 STRUCTURAL POVERTY — *LA PAUVRETE STRUCTURELLE*

poverty stricken	*pauvre*
poverty ridden	"
the poverty threshold	*le seuil de pauvreté*
the poverty line	" " "
to live in poverty	*vivre dans le besoin*
to live in extreme poverty	*vivre dans l'indigence*
to live below the poverty line	*vivre en-dessous du seuil de pauvreté*
to live on the margin of society	*vivre en marge de la société*
entrenched poverty	*la pauvreté chronique*
a depressed area	*une région en difficulté*
an enclave of poverty	*une poche de pauvreté*
a pocket of poverty	" " "
a grinding poverty	*une misère noire*
distress	*la détresse*
privation	*les privations*
deprivation	" "
hardship	" "
a plight	*une situation pénible*
a predicament	" " "
poverty stares you in the face	*la pauvreté vous saute au visage*
precariousness	*la précarité*
to live in precarious conditions	*vivre dans des conditions précaires*
to live from hand to mouth	*vivre d'expédients*
a hand to mouth existence	*une vie d'expédients*
the bare necessities of life	*le strict nécessaire*
to live in necessity	*vivre dans le besoin*
to do without necessities	*se passer de l'essentiel*
to live below a bare comfort level	*vivre dans le dénuement*
to eke out a living	*gagner une maigre pitance*
to scrape an existence	*tirer le diable par la queue*
to put the poor out of sight	*cacher les pauvres à la vue*

2.2 WANT — *LE BESOIN*

bare subsistence wages	*un salaire de misère*
starvation wages	" " " "
to be destitute	*être sans ressources*
to be in dire straits	*être dans une misère noire*
to be in poor circumstances	*être dans la gêne*
to be in straitened circumstances	" " "
to be poorly off	" " "
to be badly off	" " "
to be in need	*être dans le besoin*
to be deprived	*être déshérité*
to be hard up for money	*être à court d'argent*
to be short of money	" " " "
to be penniless	*être sans le sou*
to be broke	*être fauché (fam.)*
to keep the wolf from the door	*tirer le diable par la queue*
to make both ends meet	*joindre les deux bouts*
to meet the basic costs of life	*satisfaire aux besoins fondamentaux de l'existence*
to be strapped	*être sur la paille*
to be down and out	*être au bout du rouleau*
to be at the end of one's tether	" " "
narrow means	*petits moyens*
slender means	" "
impoverished	*indigent*
to become impoverished	*tomber dans la misère*
impecunious	*sans le sou*

2.3 THE CYCLE OF POVERTY — *LE CYCLE DE LA PAUVRETE*

the working poor	*les travailleurs pauvres*
a descent to the bottom of society	*une descente dans les bas-fonds de la société*
to wind up	*se retrouver*
to join the ranks of the poor	*rejoindre les rangs des pauvres*
to slide into poverty	*glisser dans la pauvreté*
to fall on hard times	*connaître des temps difficiles*
to grasp at straws	*se raccrocher désespérément*
to feel the pinch	*sentir les effets de la rigueur*
to strike at the poor	*frapper les pauvres*
to tighten one's belt	*se serrer la ceinture*
to be caught up in a crisis	*être victime d'une crise*
to be down on one's luck	*jouer de malchance*
savings	*les économies*
to live on one's savings	*vivre sur ses économies*
to exhaust one's savings	*épuiser ses réserves*
to go down the drain	*partir en fumée*
to run dry of funds	*être à sec*
to tighten credit	*resserrer le crédit*
a credit squeeze	*un resserrement du crédit*
a credit crunch	" " " "
to scrimp and save	*économiser sur tout*
to make cheeseparing economies	*faire des économies de bouts de chandelle*
to pawn	*mettre en gage*
a pawnbroker	*un prêteur sur gages*
a pawnshop	*un crédit municipal*
a pawnee	*un créancier*
to be pauperized	*être réduit à l'indigence*
pauperization	*l'état d'indigence*
to teeter on the brink of poverty	*être au bord de la pauvreté*
to hover on the brink of poverty	" " "
to fall off the edge of society	*plonger dans la pauvreté*
to be pushed down into poverty	*être poussé vers la pauvreté*
to be forced down into poverty	" " "
to be pushed under the poverty line	*basculer dans la pauvreté*

to sentence sb. to a life of poverty	*condamner qqn. à une vie de pauvreté*
to make a descent into poverty	*sombrer dans la pauvreté*
to slip (into)	*glisser (vers)*
to be untouched by economic recovery	*être exclu de la reprise économique*
an economic upturn	*une relance économique*
to be left out (of)	*être laissé pour compte*
to sink to a rock bottom point	*sombrer dans les profondeurs*
to reach rock bottom	*toucher le fond*
to be beyond hope of recovery	*être sans espoir de salut, n'avoir aucune chance de s'en sortir*
to be marginalised against one's will	*être marginalisé malgré soi*
a vicious circle	*un cercle vicieux*
to breed a self-perpetuating cycle	*engendrer un cercle vicieux*
to crawl to the margins of society	*se marginaliser*
downward social mobility	*la déchéance sociale*
to face downward mobility	*être confronté à la déchéance sociale*
to be left out of the American Dream	*être exclu du rêve américain*
to be shut out	*être exclu*
to be locked out	" "
a wrenching experience	*une expérience déchirante*
to be driven out of the labour market	*être exclu du marché du travail*
to drop out of the labour force	*être rejeté du monde du travail*
to withdraw from the workforce	*cesser d'appartenir au monde du travail*
occupational plight	*le marasme professionnel*
to provide a minimum income	*fournir un revenu minimum*
an economic status	*un statut économique*
the economic underworld	*les bas-fonds*
to perform the dirty work	*effectuer les basses besognes*
to be at the bottom of the economy	*être au bas de l'échelle économique*
to be in the lowest pay brackets	*être situé dans la fourchette de salaires la plus basse*

2.4 THE WAR ON POVERTY — *LA GUERRE CONTRE LA PAUVRETE*

to wage a war (on)	*faire la guerre (à)*
to piece together	*élaborer*
a task force on poverty	*un groupe de travail sur la pauvreté*
a poverty program	*un programme de lutte contre la pauvreté*
an assistance program	*un programme d'aide*
a strategy for survival	*une stratégie de survie*
to abolish poverty	*abolir la pauvreté*
to defeat poverty	*vaincre la pauvreté*
to end poverty	*mettre un terme à la pauvreté*
to eliminate poverty	*éliminer la pauvreté*
to fight one's way out of poverty	*se battre pour sortir de la pauvreté*
an antipoverty program	*un programme de lutte contre la pauvreté*
to work one's way out of poverty	*s'efforcer de sortir de la pauvreté*
to fight against heavy odds	*lutter contre des forces supérieures*

II HOMELESSNESS — *LES SANS-ABRI*

1 TRANSIENTS — *LES VAGABONDS*

the homeless	*les sans-abri*
the homeless horde	*la horde des sans-abri*
homelessness	*le phénomène des sans-abri*
street people	*les sans-logis*
to drift	*errer*
a drifter	*un instable*
a wanderer	*un vagabond*
a depression-driven wanderer	*un vagabond victime de la dépression*
a runaway child	*un fugueur*
vagrancy	*le vagabondage*
a vagrant	*un vagabond*
a tramp	" "
a vagabond	" "
a knight of the road	" "
a hobo	*un clochard*
an urban hobo	*un clochard des villes*
a bag lady	*une clocharde (ainsi appelée car elle transporte ses possessions dans des sacs plastiques)*
a transient	*un migrant (à la recherche d'un emploi)*
an itinerant worker	*un travailleur saisonnier*
a migrant	*un migrant*
a migrant worker	*un travailleur saisonnier*
a dosser	*un sans-abri*
a down-and-outer	*un clochard*

2 UPROOTEDNESS — *LE DERACINEMENT*

to be uprooted	*être déraciné*
the uprooted	*les déracinés*
to join the ranks of the uprooted	*grossir les rangs des déracinés*
to be on the move	*déménager*
to pull up stakes	"

to take to the road	*prendre la route*
to be forced to the street	*être jeté à la rue*
to be driven off the land	*être expulsé de ses terres*
to wander in search of	*errer à la recherche de*
to dump onto the street	*mettre à la rue*
to be forced onto the road	*être condamné à l'errance*
to trudge the streets	*parcourir les rues*
to roam a country	*parcourir un pays*
to criss cross a country	*parcourir un pays dans tous les sens*
to hop a freight	*sauter à bord d'un train de marchandises*
a squatters' camp	*un camp de squatters*
to sleep rough	*dormir à la dure*
to sleep underneath a bridge	*vivre sous les ponts*
to doss down for the night	*crécher quelque part pour la nuit, coucher à l'asile de nuit*
to be exposed to the weather	*être exposé aux intempéries*
to huddle (in / on)	*se blottir (dans / sur)*
a steam gate	*une bouche d'aération*
an air-vent	" " "
to sleep in hallways	*dormir dans les entrées d'immeubles*
the entranceway to stores	*l'entrée des magasins*
a doorway	*une embrasure*
to freeze to death	*mourir de froid*
to perish of pneumonia	*mourir de pneumonie*
to make it through the winter	*réussir à passer l'hiver*
to pass a sleeping ordinance	*prendre un arrêté municipal interdisant le vagabondage*
to sleep in public places	*dormir sur les bancs publics*
to live a transient existence	*vivre une vie de vagabond*
with no fixed abode	*sans domicile fixe*
to lack a fixed address	*être sans domicile fixe*
to be robbed of one's possessions	*se faire voler tous ses biens*

3 EVICTION — *L'EXPULSION*

a rent	*un loyer*
to pay the rent	*payer le loyer*
to climb	*augmenter*
to rise	"
to skyrocket	*monter en flèche*
to push rents up	*faire monter les loyers*
back rent	*le loyer de retard*
a rent allowance	*une allocation de logement*
to be overdue	*être échu*
a warning letter	*une lettre d'avertissement*
to be displaced from one's home	*se faire expulser de chez soi*
to evict	*expulser*
an eviction	*une expulsion*
to resist eviction	*refuser de quitter les lieux*
a holdout tenant	*un locataire récalcitrant*
to squat	*occuper des locaux*
to have squatters removed	*faire expulser des squatters*
to afford permanent shelter	*s'offrir un logement permanent*
a possession order	*une ordonnance de retour en possession*
a repossession	*une reprise de possession, une saisie*
to repossess	*reprendre possession de, saisir*
to seize tenants' goods	*saisir les biens des locataires*
a mortgage	*une hypothèque, un emprunt-logement*
to take out a mortgage	*obtenir un emprunt-logement*
a mortgagee	*un créancier hypothécaire*
a mortgage holder	" " "
to pay off a mortgage	*rembourser une hypothèque*
to clear a mortgage	" "
to meet a mortgage payment	*faire face à une hypothèque*
to foreclose on a mortgage	*refuser d'accorder un prêt hypothécaire*
to hang on to one's house	*s'accrocher à sa maison*
to put up a house on the block	*mettre une maison en vente*
to be hunted down	*être recherché (par les autorités)*
a bill collector	*un agent de recouvrement*
a collection agency	*une agence de recouvrement*
to resell in a depressed market	*revendre dans un marché déprimé*
to speculate on misery	*exploiter la misère*
to foreclose	*saisir, refuser d'accorder un prêt*
a foreclosure	*une saisie (d'un bien hypothéqué)*
to lose a home through foreclosure	*se faire saisir sa maison*
to shut down a farm	*cesser une activité agricole*
to board a farm	*murer une ferme*
to be taken over	*être repris*
a search for housing	*la recherche d'un logement*
to undertake a search	*entreprendre des recherches*
to hunt for an apartment	*rechercher un appartement*
a shortage of lettings	*une pénurie de locations*
a deposit	*une caution*

see : city life — *voir : la vie urbaine*

4 TEMPORARY ACCOMMODATION — *LE LOGEMENT PROVISOIRE*

to assist the homeless	*venir en aide aux sans-abri*
to provide for the homeless	" " "
to have homelessness forced upon sb.	*être victime d'une éviction*

remedial housing	*le logement temporaire*
a shelter	*un asile, un foyer, un centre d'accueil*
to shelter	*accueillir, recueillir*
to house	*abriter*
an Emergency Assistance Unit (EAU)	*un logement temporaire*
a flophouse	*un asile de nuit*
a doss home / house	" " "
a municipal Lodging House	*un foyer municipal*
a dormitory shelter	*un asile de nuit*
a city shelter	*un foyer municipal*
a municipal shelter	" " "
a city-run shelter	*un foyer géré par la municipalité*
a congregate shelter	*un foyer collectif*
a barracks shelter	*un foyer de fortune*
an emergency shelter	*un foyer de secours*
to provide shelter	*procurer un asile*
to be unsheltered	*être sans abri*
to receive shelter	*être logé dans un foyer*
to offer shelter	*offrir l'asile*
to open a shelter	*ouvrir un foyer*
to request shelter	*demander à être logé dans un foyer*
to apply for shelter	*faire une demande de logement*
to land in a public shelter	*se retrouver dans un foyer municipal*
to be placed in a shelter	*être placé dans un foyer*
to be assigned to a shelter	*se voir attribué une place dans un foyer*
to be granted temporary placement	*être logé temporairement*
to be shunted from one shelter to another	*être déplacé d'un foyer à un autre*
to be thrown out (of)	*se faire expulser (de)*
to accelerate homelessness	*accélérer le phénomène des sans-abri*
to add to the growth (of)	*contribuer à l'augmentation (de)*
to overflow	*déborder*
a surge in the number of homeless	*une augmentation du nombre des sans-abri*
to be ousted from	*être mis à la porte de*
a low-rent hotel	*un hôtel bon marché*
a short-term hotel	*un hôtel pour séjour court*
a long-term hotel	*un hôtel pour séjour long*
a length of stay	*la durée d'un séjour*
an adult home	*un foyer pour hommes*
a single-room occupancy hotel (SRO)	*un meublé*
a Salvation Army Center	*un centre de l'Armée du salut*

5 PUBLIC HOUSING — *LE LOGEMENT SOCIAL*

a housing project	*un ensemble HLM*
subsidized housing	*les logements subventionnés*
the lack of housing	*le manque de logements*
cheap housing	*logements bon marché*
a low income dwelling unit	*un logement pour revenus modestes*
rent-controlled	*à loyer réglementé*
a shortfall of housing units	*une pénurie de logements HLM*
a waiting list	*une liste d'attente*
a waiting period	*un délai*
to relocate	*se reloger*
relocation	*le relogement*
vacant housing	*logements vacants*
a housing advice center	*un centre de consultation juridique pour le logement*

III WELFARE — *L'AIDE SOCIALE*

the Department of Health and Human Services (HHS) (USA)	*le ministère de la Santé et des services sociaux*
the Federal Housing Administration (FHA) (USA)	*le ministère du Logement*
the Department of Housing and Urban Development (HUD) (USA)	*le ministère du Logement et du Développement urbain*
a Ministry of Social Affairs	*un ministère des Affaires sociales*
to provide services	*offrir des services*

1 GENERAL BACKGROUND — *GENERALITES*

the welfare responsibility	*la solidarité*
communal responsibility	" "
solidarity	" "
assistance	*l'aide*
relief	*l'aide, l'assistance*
to promote the general welfare	*promouvoir le bien-être général*
the welfare state	*l'Etat-providence,*
welfare services	*les services d'assistance sociale*
a welfare agency	*un bureau d'aide sociale*
a welfare service	*les services de l'aide sociale*
a relief bureau	*un bureau d'assistance*
a social assistance program	*un programme d'aide social*
a federally-assisted program	*un programme d'aide fédéral*
to assist	*venir en aide*
public charity	*la charité publique*
a welfare worker	*un travailleur social*
a case worker	*une assistante sociale*

a social worker	" " "
a welfare fund	*une caisse de solidarité*
a welfare check	*un chèque d'assistance*
a welfare counsellor	*un conseiller pour les affaires sociales*
a welfare planner	*un planificateur social*
to run a welfare program	*gérer un programme d'assistance*
a welfare recipient	*un prestataire, un bénéficiaire de l'aide sociale*
a welfarite (USA)	" " " *(pej.)*
a long-term welfare recipient	*un prestataire de longue durée*
a welfare client	*un prestataire social*
a welfare hotel	*un foyer de l'assistance*
welfare rolls	*la liste des bénéficiaires*
to remove from the welfare rolls	*rayer de la liste des bénéficiaires*
a removal	*une suppression*
welfare benefits	*prestations sociales, aide sociale*
to end up on welfare	*finir assisté*
to turn to welfare	*se tourner vers l'aide sociale*
to be on welfare	*bénéficier de l'aide sociale, être assisté*
to be cut off welfare benefits	*se voir supprimer les prestations*
to restore lost welfare benefits	*rétablir les prestations sociales*
to ask for public assistance	*demander l'aide publique*
to get public assistance	*recevoir l'aide publique*
to apply for aid	*demander l'aide publique*
to relieve	*secourir, soulager*
to alleviate	*soulager*
a relief check	*un chèque d'assistance*
to go on relief	*toucher l'assistance*
to get relief	*bénéficier d'aides sociales*
to rely on handouts	*vivre d'aumônes*
to contribute to charity	*verser aux œuvres*
to afford protection	*avoir les moyens d'être couvert, offrir une couverture sociale*
to be provided for	*être à l'abri du besoin*
to be covered	*être couvert*
to cover a risk	*couvrir un risque*
coverage	*la couverture*
to collect	*toucher des allocations*

2 WELFARE BENEFITS — *LES AIDES SOCIALES*

to administer un program	*administrer un programme*
to tailor a program	*adapter un programme*
a categorical assistance program	*un programme d'aide catégorielle*
social security budget	*le budget de la sécurité sociale*
to finance (from)	*financer (à partir de)*
government revenues	*le budget de l'Etat*
transfer payments	*transferts sociaux*
social payments	" "
federal outlays	*dépenses publiques*
public spending	" "
a benefit	*une allocation, un avantage*
federal benefits (USA)	*allocations fédérales*
in-kind benefits	*avantages en nature*
in-cash benefits	*avantages en espèces*
to pay benefits	*verser des prestations*
to claim benefits	*prétendre à des allocations*
to forfeit benefits	*perdre ses droits aux avantages*
a claimant	*un assuré*
a subsidy	*une subvention*
to subsidize	*subventionner*
to grant	*accorder*
a grant	*une aide, une allocation*
a cash grant	*une aide en espèces*
a welfare grant	*une aide sociale*
an allowance	*une allocation*
a coupon	*un bon*
to be eligible for	*remplir les conditions pour*
a criterion of eligibility	*un critère d'éligibilité*
eligibility standards	*conditions d'eligibilité*
eligibility rules	*règles d'éligibilité*
to be ineligible for	*ne pas remplir les conditions*
to be entitled to	*avoir droit à*
to qualify	*remplir les conditions*
to register	*s'inscrire*
registration	*immatriculation*
food stamps	*bons d'alimentation*
food stamps benefits	*allocations de bons d'alimentation*
a sickness benefit	*une prestation maladie*
benefit entitlements	*allocation de droits sociaux*
child benefits	*le complément familial*
child nutrition funds	*allocations alimentaires aux enfants*
Aid to Family with Dependent Children (AFDC) (USA)	*système d'allocations pour les sans-ressources*
an AFDC allocation	*une allocation de ressources*
Women, Infants, Children (WIC) (USA)	*une allocation supplémentaire aux mères, nourrissons et enfants de moins de 5 ans*
the contribution principle	*le principe de contribution*
an employer contribution	*une contribution patronale*
an employee contribution	*une contribution salariale*
Old Age Assistance	*un fonds de vieillesse*
housing policy	*la politique du logement*
housing aid	*l'aide au logement*
a housing benefit	*une allocation de logement*
a city allocation	*une subvention municipale*
housing subsidies	*allocations logement*
medical care	*soins médicaux*
social security (USA)	*la pension de retraite*
to have social security	*toucher une pension de retraite*

social security payments	*versements de la sécurité sociale*

3 CHILDREN ON WELFARE — *LES ENFANTS DE LA PAUVRETE*

a chapter I child (USA)	*un enfant issu d'une famille pauvre*
dissolution of the family	*la dissolution de la famille*
family breakdown	*l'éclatement de la cellule familiale*
family disintegration	*la désintégration de la famille*
a broken family	*une famille désunie*
a dislocated family	" " "
to annihilate a family	*détruire une famille*
to preserve family ties	*préserver la cohésion de la famille*
to hold a family together	*maintenir la cohésion familiale*
absentee parents	*parents absents*
an absentee father	*un père absent*
to be born to an unwed mother	*avoir une mère célibataire*
to be born out of wedlock	*être un enfant naturel*
a welfare mother	*une mère assistée*
lack of parental supervision	*le manque d'éducation parentale*
a lack of role-models	*une absence de modèles d'émulation*
to damage a marriage	*causer du tort à un mariage*
teenage pregnancy	*la grossesse des adolescentes*
an unplanned pregnancy	*une grossesse non prévue*
unwed parenthood	*une mère / un père célibataire*
to feel unwanted	*se sentir non désiré*
to feel unloved	*se sentir rejeté*
to walk off a marriage	*quitter le domicile conjugal*
to desert one's family	*abandonner sa famille*
to be left with unsupported children	*rester seul et sans ressources avec ses enfants*
a child support payment	*une pension pour les enfants*
a single parent	*un parent célibataire*
battering	*violences*
a battered child	*un enfant battu*
child battering	*mauvais traitements à enfant*
a child batterer	*un bourreau d'enfant*
to give up one's children	*abandonner ses enfants*
to be torn from one's home	*être arraché à son foyer*
to take away a child (from)	*ôter un enfant (à)*
to scatter children	*disperser les enfants*
to be tossed about	*être ballotté*
to place	*placer*
a foster home	*une famille d'accueil*
to put in foster care	*confier à une famille d'accueil*
to give a child to foster care	*confier un enfant à la DASS*
to be placed in jurisdiction of the courts	*être confié à la garde de la justice*
to be entangled in the legal system	*s'embrouiller dans le système juridique*
a juvenile court	*un tribunal pour enfants*
a juvenile home	*un centre de redressement*
to mature into an adult offender	*devenir un délinquant à l'âge adulte*

4 LIFE ON WELFARE — *LA VIE D'ASSISTE*

4.1 HOUSING AND THE POOR — *LOGEMENT ET PAUVRETE*

a slum area	*un quartier de taudis*
an inner city	*un ghetto*
a trailer-park settlement	*un camp de roulottes*
a low-income resident	*un locataire à faible revenu*
wretched housing	*le logement misérable*
substandard housing	*le logement insalubre*
to live below street level	*vivre dans un sous-sol*
a tenement	*un logement*
a shack	*une cabane*
a backwood shack	*une cabane isolée*
a chicken coop	*une cage à lapins*
a health violation	*une infraction aux règlements d'hygiène*
to flout sanitary codes	*faire fi des règlements d'hygiène*
running water	*eau courante*
a draught	*un courant d'air*
a shabby street	*une rue minable*
a fleabag	*un asile de nuit*
a hellhole	*un bouge*
unheated	*non chauffé*
missing window panes	*carreaux cassés*
urine stench	*odeurs d'urine*
squalor	*la saleté*
filth	" "
dirt	" "
damp	*humide*
dampness	*l'humidité*
tar paper	*le papier goudron*
a strip of cardboard	*un morceau de carton*
a rooming house	*une maison de rapport*
to be roach infested	*être infesté par les cafards*
rat ridden	*envahi par les rats*
vermin ridden	*infesté de vermine*
garbage strewn	*jonché de détritus*
dilapidated	*délabré*
decrepit	"
derelict	*en ruines*
run-down	*abandonné*
tacky	*minable, moche*
unwholesome	*malsain*
unhealthy	"
a firetrap	*un piège à incendie*
to build low income housing	*construire des logements HLM*

to rehabilitate	*rénover*
see : city life	*voir : la vie urbaine*

4.2 HUNGER — *LA FAIM*

to be racked by hunger	*être tenaillé par la faim*
hunger-racked	*tenaillé par la faim*
to starve	*être affamé*
to go hungry	*souffrir de la faim*
malnutrition	*la malnutrition*
malnourished	*mal nourri*
to fend off hunger	*assouvir sa faim*
to stifle stomach pains	*calmer ses douleurs d'estomac*
to feel weak for lack of	*se sentir faible par manque de*
emergency food	*alimentation d'urgence*
a food allowance	*une allocation d'aide alimentaire*
to lighten up (on)	*se priver (de)*
to make do with	*se contenter de*
to do without	*se passer de*
to run low	*être à court*
to learn to stretch	*apprendre à faire durer*
to be on an empty stomach	*avoir le ventre vide*
to cut one's hunger	*couper sa faim*
to cut back on food	*réduire ses dépenses d'alimentation*
to cut back on purchases	*réduire ses dépenses*
scarce food	*maigres repas*
a soup kitchen	*une soupe populaire*
a soup line	" " "
a breadline	" " "
to set up a soup kitchen	*organiser une soupe populaire*
to beat starvation	*vaincre la faim*
a bread line	*une file d'attente dans une soupe populaire*
to line up at a soup kitchen	*faire la queue pour une soupe*
a golden heart restaurant	*un resto du cœur*
to turn to	*se tourner vers*
to tide over with emergency supplies	*dépanner à l'aide de provisions d'appoint*
a meal ticket	*un ticket restaurant*
to panhandle	*mendier*
a chunk of bread	*un quignon de pain*
a bowl of soup	*un bol de soupe*
to forage in trash	*fouiller dans les poubelles*
to scavenge garbage cans	" " "
to scavenge for food	*fouiller (dans les poubelles) à la recherche de nourriture*
to be reduced to going through garbage	*en être réduit à fouiller dans les poubelles*
a handout	*une aumône*
to bum one's way	*vivre aux crochets de*
to busk	*chanter dans les rues / dans le métro*
a busker	*un musicien ambulant*
to eat one's fill	*manger à sa faim*

see : famine	*voir : la famine*

4.3 CLOTHES — *LES VETEMENTS*

shabby clothes	*vêtements miteux*
used clothes	*habits d'occasion*
threadbare	*élimé*
patched	*rapiécé*
hand-me-down clothes	*vêtements d'occasion*
seedy	*miteux*
rags	*haillons*
to be in rags and tatters	*être vêtu de haillons*
to be dressed in tatters	" " "

4.4 HEALTH CARE — *LES SOINS MEDICAUX*

a health threat	*une menace pour la santé*
to expose a child to	*exposer un enfant à*
lead poisoning	*le saturnisme*
lead paint	*la peinture au plomb*
a lead level	*un niveau de plomb*
a lead paint chip	*un éclat de peinture au plomb*
asbestos	*amiante*
to meet the health needs	*satisfaire les besoins médicaux*
pre-natal care	*soins prénatals*
follow-up care	*le suivi des soins*
a high risk pregnancy	*une grossesse à haut risque*
to put a life at risk	*mettre une vie en danger*
to incur incalculable damage (to)	*entraîner des lésions irréparables (pour)*
a low-birth-weight child	*un bébé de poids trop faible*
maternal anemia	*anémie maternelle*
a neuro development handicap	*un handicap dans le développement neurologique*
a behavioral problem	*un trouble du comportement*
to deny essential health care	*refuser les soins élémentaires*
to receive punctual care	*recevoir des soins ponctuels*
a nutrition program	*un programme diététique*
to be excluded (from)	*être exclu (de)*

4.5 WELFARE AND SCHOOL — *L'ECOLE DE LA MISERE*

to attend classes	*fréquenter l'école*
regular attendance	*assiduité*
to struggle through one's lessons	*peiner pendant les cours*
to skip a meal	*sauter un repas*
to enroll	*s'inscrire*
to make it to school	*réussir à fréquenter l'école*
to be 3 grades behind	*avoir trois ans de retard*
a learning disability	*un trouble de l'apprentissage*

to be emotionally disturbed	*souffrir de troubles affectifs*
a hyperactive child	*un enfant hyperactif*
to lose out on an education	*être perdant dans ses études*
pedagogic damage	*dégâts pédagogiques*
a drop-out rate	*un taux d'abandon des études*
a shortened term	*un trimestre tronqué*
to clip short a school year	*raccourcir une année scolaire*
illiteracy	*analphabétisme*
illiterate	*analphabète*
unemployable	*qui ne peut pas trouver d'emploi*
to be undereducated	*avoir fait peu d'études*
ill-educated	*peu instruit*
to turn pupils away	*renvoyer les élèves*

5 JOB INCENTIVES — *LES AIDES A L'EMPLOI*

a job incentive	*une incitation / une aide à l'emploi*
to take drastic action	*prendre des mesures énergiques*
to channel resources	*allouer des fonds*
to lavish money (on)	*dépenser des sommes folles (pour)*
the dole	*indemnité, allocation*
to be on the dole	*être au chômage*
to train	*former*
to enroll in training programs	*s'inscrire dans des stages de formation*
to provide job training	*offrir une formation*
a local pilot project	*un projet pilote local*
to place a welfare client in a job	*trouver un emploi à un prestataire*
to push off the relief rolls	*rayer des listes de l'assistance*
to get off the welfare rolls	*mettre un terme à sa condition d'assisté*
to assist sb. in looking for a job	*aider qqn. à retrouver un emploi*
to get people into the workplace	*mettre les gens au travail*
a workfare program	*un TUC (travaux d'utilité collective)*
a community job	" " "
a public service job (USA)	" " "
to be responsible (for)	*être responsable (de)*
to foster a sense of responsibility	*développer un sens des responsabilités*
to promote job training	*encourager la formation*
to achieve self sufficiency	*devenir autonome*
to tide over	*aider à franchir un cap difficile*
self-reliance	*l'indépendance*
self-reliant	*autonome*
rehabilitation	*la réhabilitation*
to maintain family life	*préserver une vie de famille*
to hold a meaningful job	*avoir un emploi significatif*
to have a dream beyond the street	*avoir un horizon autre que la rue*
to end a cycle of poverty	*mettre fin au cycle de la pauvreté*
to conquer the cycle of poverty	*vaincre la pauvreté*
to escape poverty	*échapper à la pauvreté*
the odds against escaping	*les chances d'échapper*
to break out of the poverty cycle	*sortir du cycle de la pauvreté*
to break out of the ghetto	*sortir du ghetto*
to instill ambition	*insuffler l'ambition*
to teach the work ethic	*enseigner la morale du travail*
to provide self-esteem	*apporter l'estime de soi*
see : education	*voir : l'éducation*

6 WELFARE REFORM — *LA REFORME DE L'AIDE SOCIALE*

to reform a system	*réformer un système*
a welfare reform plan	*un plan de réforme sociale*
to carry out a welfare program	*mettre en œuvre un programme d'aide sociale*
to overhaul a system	*restructurer un système*
to contain the welfare state	*maîtriser les dépenses de l'Etat-providence*
a welfare mess	*la pagaïe de l'assistance*
to ignore the issue	*faire semblant d'ignorer le problème*
to mute the debate	*estomper le débat*
to turn our back on	*se détourner de*
to turn a deaf ear to	*faire la sourde oreille à*
to freeload	*profiter*
a welfare cheat	*un fraudeur aux allocations*
to live off the government	*vivre sur le dos de l'Etat*
a new social contract	*un nouveau contrat social*
to ease poverty and want	*soulager le besoin et la misère*
to ease the plight	*remédier à la situation dramatique*
to chip away at the margins	*rogner sur les bords*
to back away from services	*réduire des services*
to reduce dependency	*réduire l'état de dépendance*
state dependence	*la dépendance de l'Etat*
to discourage welfare applicants	*décourager les candidatures à l'assistance*
to tighten eligibility rules	*renforcer les règles d'éligibilité*
to spell out obligations	*énoncer clairement les devoirs*
to satisfy a minimum work requirement	*accomplir un travail minimum*
in exchange for benefits	*en échange de prestations*
to coddle the poor into laziness	*encourager les indigents à la paresse*

to phase out of public assistance	*éliminer graduellement des programmes sociaux*
to cut federal funds	*réduire les subventions fédérales*
to terminate a program	*suspendre un programme*
an overburdened program	*un programme surchargé*
to withhold funds	*refuser de financer*
to request a cut in	*demander une réduction de*
a stopgap measure	*un palliatif*
a quick fix	*un expédient*
to relieve the crisis	*remédier à la crise*

5 ABORTION — *L'AVORTEMENT*

1 GENERAL BACKGROUND — *GENERALITES*

an abortion	*un avortement*
voluntary termination of pregnancy	*une interruption volontaire de grosssesse (IVG)*
an abortion Act	*une loi sur l'avortement*
a teenage abortion	*un avortement chez une adolescente*
an illegal abortion	*un avortement illégal*
a reported abortion	*un avortement dénoncé*
a spontaneous abortion	*un avortement spontané*
to have an abortion	*avorter*
to get an abortion	*se faire avorter*
to perform an abortion	*pratiquer un avortement*
an abortion center / clinic	*un centre d'orthogénie*
an abortion facility	" " "
to run a clinic	*diriger une clinique*
an abortionist	*un avorteur*
a backstreet abortionist	*une faiseuse d'anges*
to abort	*avorter*
to self-abort	*s'auto-avorter*
to end a pregnancy	*mettre fin à une grossesse*
to terminate a pregnancy	*mettre un terme à une grossesse*
a termination of pregnancy	*une interruption de grossesse*
to induce an abortion	*provoquer un avortement*
the 28th week of pregnancy	*la 28e semaine de grossesse*
to hide a pregnancy from	*cacher une grossesse à*
to conceal the birth of a child	*dissimuler la naissance d'un enfant*
to carry a pregnancy to term	*mener une grossesse à terme*
to end in abortion	*se terminer par un avortement*
a D and C	*une dilatation avec curetage*
a fetus	*un fœtus*
an unborn child	*un enfant à naître*
viable	*viable*
a pregnancy test	*un test de grossesse*
to be suited for motherhood	*être fait pour la maternité*
to be unsuited for	*être inapte à*
to be unready for	*ne pas être mûr pour*
to afford a child	*se permettre d'avoir un enfant*

2 PRO LIFE — *CONTRE L'AVORTEMENT*

to be pro life	*être contre l'avortement*
a prolifer	*un adversaire de l'avortement*
the right to life	*le droit à la vie*
a right to live	*un droit de vivre*
a right-to-lifer	*un adversaire de l'avortement*
a right-to-life movement	*le mouvement des adversaires de l'avortement*
an antiabortionist	*un adversaire de l'avortement*
the antiabortion forces	*les forces opposées à l'avortement*
antiabortion sentiment	*état d'esprit anti avortement*
to be anti choice	*être contre la liberté de choix*
the anti abortion cause	*le parti des adversaires de l'avortement*
to disapprove of abortion	*désapprouver l'avortement*
a disapprobation of	*une désapprobation de*
a disapproval of	*une réprobation de*
to be against	*s'opposer à / être opposé à*
to discourage	*décourager*
a conscience clause	*une clause de conscience*
to restrict abortion	*restreindre l'avortement*
to enact restrictions on abortion	*décréter des limitations à l'avortement*
to place restrictions on	*imposer des limites à*
to disallow abortions	*prohiber les avortements*

to outlaw abortion	*interdire l'avortement*
to ban abortion	*proscrire l'avortement*
to deserve protection (from)	*avoir le droit d'être protégé (contre)*
to protect potential life	*protéger toute possibilité de vie*
a duty	*un devoir*
a hallowed obligation	*une obligation sacrée*
the moment of conception	*le début de la conception*
to be tantamount to	*être équivalent à*
a murder	*un meurtre*
a killing	*un assassinat*
baby killing	*l'infanticide*
an expedient way	*un expédient*
to correct a mistake	*rectifier une erreur*
a punishable criminal act	*un acte criminel puni par la loi*
parental consent	*le consentement parental*
a parental consent law	*une loi sur le consentement parental*
to contribute to a breakdown of traditional family values	*contribuer à l'effondrement de valeurs traditionnelles de la famille*

3 PRO CHOICE — *POUR L'AVORTEMENT*

an abortion-rights activist	*un militant pour le droit à l'avortement*
a pro choice activist	*un partisan du droit à l'avortement*
a pro-choicer	" " "
an advocate of	*un partisan de*
a supporter of	*un adepte de*
to control one's life / body	*être maître de son existence / corps*
to have a say in sb.'s decision	*avoir son mot à dire dans la décision de qqn.*
to leave the decision to	*s'en remettre à la décision de*
a woman's right to	*le droit de la femme à*
the enslavement of women	*l'asservissement des femmes*
to bear an unwanted child	*porter un enfant non désiré*
to permit abortions	*permettre les avortements*
to legalize abortion	*légaliser l'avortement*
to warn against	*mettre en garde contre*
to resort to	*avoir recours à*
an illegal procedure	*une procédure illégale*
backstreet butchery	*le carnage provoqué par les avortements clandestins*
a failed abortion	*un avortement raté*
a bungled abortion	*un avortement bâclé*
a botched abortion	" " "
to puncture the uterus	*transpercer l'utérus*
vacuum aspiration	*aspiration par le vide*
a suction abortion	*un avortement par succion*
an abortion pill	*une pillule abortive*
to safeguard the mother's health	*préserver la santé de la mère*
to be endangered	*être menacé*
to be at stake	*être en danger*
to survive outside the womb	*survivre après la naissance*
a fetal abnormality	*une malformation fœtale*
a defective fetus	*un fœtus malformé*
to die in childbirth	*mourir en couches*
to die in childbed	" " "
to rape	*violer*
a rape	*un viol*
a rape victim	*la victime d'un viol*
a rapist	*un violeur*
an incest	*un inceste*
an incest victim	*la victime d'un inceste*
a child conceived in rape / in incest	*un enfant conçu à la suite d'un viol / d'un inceste*

6 HOMO-SEXUALITY — *L'HOMO-SEXUALITE*

1 GENERAL BACKGROUND — *GENERALITES*

a homosexual	*un homosexuel*
homosexual	*homosexuel*
lesbianism	*le lesbianisme, le saphisme*
a heterosexual	*un hétérosexuel*
bisexual	*(sexuellement) ambivalent*
sexual attraction	*l'attrait sexuel*
homosexual practices	*pratiques homosexuelles*

to engage in homosexuality activities	*se livrer à des activités homosexuelles*
a homosexual impulse	*une impulsion homosexuelle*
overt homosexuality	*homosexualité déclarée*
gay	*homosexuel*
queer	"
bent	*pédé (fam.)*
a faggot	*un pédé*
a fag	" "
a fruit	" "
a pansy	" "
a fairy	" "
a queer	*un homosexuel*
straight	*hétérosexuel*
straight society	*la société non-homosexuelle*
a lesbian	*une lesbienne*
lesbian	*lesbienne*
a dyke	*une lesbienne (fam.)*
a gay community	*une communauté homosexuelle*
gay behaviour	*le comportement homosexuel*
a proclivity	*une propension*
an inclination	*une tendance*
a gay minister	*un pasteur homosexuel*

2 HOMOSEXUAL DISCRIMINATION — *LA DISCRIMINATION ENVERS LES HOMOSEXUELS*

to victimize	*prendre pour victime*
victimization	*représailles*
gay bashing	*la chasse aux homosexuels*
anti-gay violence	*la violence contre les homosexuels*
homophobia	*la phobie des homosexuels*
to grow up gay	*grandir homosexuel*
to mask one's insecurities	*dissimuler ses angoisses*
a dreaded secret	*un secret redoutable*
to share a secret	*partager un secret*
inner anguish	*l'angoisse intérieure*
to cloak a fact	*masquer un fait*
to confront	*faire face à*
a burden	*un fardeau*
to unburden oneself	*soulager sa conscience*
a crisis hot line	*une ligne spéciale*
to create a strain	*créer une tension*
an outsider	*un marginal*
to turn sb. away	*rejeter qqn.*
to be closed off sb.'s world	*être rejeté du monde de*
the fear of rejection	*la peur d'être rejeté*
to close the door on	*refuser d'admettre*
political exclusion	*le rejet de la vie politique*
a political backlash	*une réaction politique*
to come out of the closet	*se montrer au grand jour*
to live outside the closet	*vivre au grand jour*
an open homosexual	*un homosexuel déclaré*
practicing	*actif*
understanding	*la compréhension*
acceptance	*la reconnaissance*
integration	*l'intégration*
tolerance	*la tolérance*
the limits of tolerance	*les limites de la tolérance*
tolerant	*tolérant*
to test	*mettre à l'épreuve*
toleration	*la tolérance (l'acte de tolérer)*

3 HOMOSEXUAL ACTIVISM — *LE MILITANTISME HOMOSEXUEL*

activism	*le militantisme*
an activist	*un militant*
the gay liberation movement	*le mouvement de libération homosexuel*
the gay revolution	*la révolution homosexuelle*
a liberationist	*un militant de l'émancipation*
a gay parade	*un défilé d'homosexuels*
gay rights	*les droits des homosexuels*
a gay-rights movement	*un mouvement pour l'égalité des droits des homosexuels*
to advance the gay-rights cause	*faire progresser la cause des droits des homosexuels*
a gay lobbying group	*un groupe de pression des homosexuels*

4 THE HOMOSEXUAL LIFESTYLE — *LE STYLE DE VIE HOMOSEXUEL*

a lifestyle	*un style de vie*
a gay mecca	*un haut-lieu de l'homosexualité*
a gay bar	*un bar pour homosexuels*
the bar scene	*le monde des bars*
a bathhouse	*les bains-douches*
a nightclub	*une boîte de nuit*
homosexual relations	*relations homosexuelles*
consenting adults	*adultes consentants*
a lover	*un amant*
a live-in relationship	*un compagnon*
a stable relationship	*une relation stable*
to return sb.'s advances	*répondre aux avances de qqn.*
to be sissified in one's dress	*être féminin dans sa façon de s'habiller*
to be a sissy	*être efféminé*
effeminate	*efféminé*
manliness	*la masculinité*
to practice one's sexuality	*pratiquer sa sexualité*
to practice safe sex	*avoir des relations sans risque*
the AIDS crisis	*la crise du sida*
to be at low risk for aids	*présenter un danger mineur d'infection*
to have multiple partners	*avoir plusieurs partenaires*
gay marriage	*le mariage entre homosexuels*
gay parents	*parents homosexuels*
a gay family	*une famille homosexuelle*
a gay adoptive father	*un père adoptif homosexuel*
an adverse effect on	*un effet néfaste sur*
adopted children	*enfants adoptifs*
domestic partnership laws	*lois sur la vie en commun*
to die intestate	*mourir intestat*
a claim on property	*une revendication sur les biens*
a bereavement leave	*un congé pour cause de décès*

5 SEXUAL DEVIATIONS — *LES DEVIANCES SEXUELLES*

a sexual deviation	*une perversité sexuelle*
sexual orientation	*l'orientation sexuelle*
to shape sexual preferences	*former les goûts en matière sexuelle*
a deviation	*une perversion*
sexual inversion	*inversion sexuelle*
a sex drive	*une pulsion sexuelle*
a deviant act	*un acte pervers*
public morals	*valeurs morales de la société*
to sin	*commettre un péché*
a sin	*un péché*
sinful	*honteux, coupable*
a crime against nature	*un crime contre nature*
a pervert	*un pervers*
to pervert	*pervertir*
to deprave	*dépraver*
to become depraved	*se dépraver*
depravation	*avilissement*
to corrupt	*corrompre*
an outrageous conduct	*une conduite scandaleuse*
public decency	*la morale publique*
illegal	*interdit*
a transvestite	*un travesti*
cross gender behaviour	*l'attitude du sexe opposé*
transsexualism	*le transsexualisme*
cross dressing	*s'habiller comme le sexe opposé*
pornography	*la pornographie*
child pornography	*la pornographie enfantine*
a child pornography ring	*un ballet rose*
to take advantage of minors	*abuser des mineurs*
a taboo	*un tabou*
a stigma / stigmata	*une marque / stigmates*
lust	*la concupiscence*
lustful	*concupiscent*
lascivious	*lascif*
lasciviousness	*la luxure*
obscene	*obscène*
obscenities	*obscénités*
lewd	*obscène*
lewdness	*obscénité*
lecherous	*lubrique, luxurieux*
lechery	*la luxure, la lubricité*
sensuality	*la sensualité*
eroticism	*érotisme*
erotic	*érotique*
exhibitionism	*exhibitionnisme*
sodomy	*la sodomie*
sodomy laws	*lois contre la sodomie*
fellatio	*la fellation*
to molest	*rudoyer, malmener, attenter à la pudeur de*
to expose oneself	*commettre un outrage à la pudeur*
a flasher	*un exhibitionniste*
voyeurism	*le voyeurisme*
a sadist	*un sadique*
sadism	*le sadisme*

sadistic	*sadiste*
masochism	*le masochisme*
masochistic	*masochiste*
nymphomania	*la nymphomanie*
nymphomaniac	*nymphomane*
prostitution	*la prostitution*
a prostitute	*une prostituée*
a pick up	*un partenaire occasionnel*
a brothel	*un bordel (fam.)*
a madam	*une tenancière de bordel*
a procurer	*un souteneur*
a pimp	*un maquereau (fam.)*
a whore	*une putain (fam.)*
a hooker	" " "
a loose woman	*une femme de petite vertu*
to live off the earnings (of)	*vivre des revenus (de)*
to charge for sexual services	*faire payer ses services*
a protector	*un protecteur*
to tout for custom	*racoler des clients*
to solicit clients	" " "
to importune	" " "
to loiter and solicit	*traîner et racoler sur la voie publique*

7 SUICIDE — *LE SUICIDE*

I GENERAL BACKGROUND — *GENERALITES*

a suicide	*un suicide / un(e) suicidé(e)*
the rate of suicide	*le taux de suicide*
to be suicide prone	*être enclin au suicide*
to attempt to kill oneself	*tenter de se supprimer*
an attempted suicide	*une tentative de suicide*
a suicide attempt	" " " "
a suicide bid	" " " "
a failed attempt	*une tentative ratée*
to carry out the dark wish	*exaucer le souhait de mourir*
to plan one's death	*préparer sa mort*
to stage one's own death	*mettre en scène sa propre mort*
a self-inflicted death	*une mort délibérée*
an act of self-destruction	*un acte d'auto-destruction*
to bring about one's own self destruction	*provoquer sa propre mort*
a death pact	*un pacte avec la mort*
to prompt suicide	*pousser au suicide*
to be driven to suicide	*être conduit au suicide*
to commit suicide	*se suicider*
to end one's life	*mettre fin à ses jours*
to kill oneself	*se donner la mort*
self-killing	*le suicide*
to take one's own life	*mettre fin à ses jours*
to snuff out a life	*supprimer une vie*
to do oneself in	*se supprimer*
suicidal	*suicidaire*
a suicidal tendency	*une tendance suicidaire*
a suicidal act	*un acte suicidaire*
to present suicidal risk	*présenter des risques de suicide*
self-destructive	*suicidaire*
a high risk group	*un groupe à haut risque*
a suicide pact	*un commun accord de suicide*
aiding and abetting suicide	*la complicité de suicide*
death by misadventure	*la mort par accident*

II MEANS OF SUICIDE — *LES FORMES DE SUICIDE*

a drug	*une drogue*
analgesics	*analgésiques*
narcotics	*narcotiques*
to narcotize	*s'administrer un narcotique*
poison	*le poison*
carbon monoxide poisoning	*l'asphyxie à l'oxyde de carbone*
domestic gas	*le gaz domestique*
hanging	*la pendaison*
to hang oneself	*se pendre*
drowning	*la noyade*
to drown	*se noyer*
to swim away from a shore	*s'éloigner d'un rivage à la nage*
a firearm	*une arme à feu*
a weapon	*une arme*
to turn a weapon on oneself	*retourner une arme contre soi*
to jump from	*sauter de*

III CAUSES OF SUICIDE — *LES CAUSES DE SUICIDE*

to be correlated to a factor	*être lié à un facteur*
to solve a problem	*résoudre un problème*
to exhaust all other options	*épuiser toutes les autres solutions*
a last resort	*un dernier recours*
as a last resort	*en dernier recours*
in the last resort	*en dernier ressort*
to resort to	*recourir à*

1 HEALTH PROBLEMS — *LES PROBLEMES DE SANTE*

to be plagued by health problems	*être assailli de problèmes de santé*
failing health	*la santé déclinante*
to end pain	*mettre fin à ses souffrances*
despair	*le désespoir*
to give way to despair	*céder au désespoir*
despondency	*la déprime*
despondent	*déprimé*
depression	*la dépression*
depressed	*dépressif*
a depressive illness	*une maladie dépressive*
to carry a suicidal risk	*comporter un risque de suicide*
unstable	*instable*
unbalanced	*déséquilibré*
unhinged	*désaxé*
vulnerable	*vulnérable*
to exhibit signs of strain	*montrer des signes de surmenage*
a mental illness	*une maladie mentale*
to be mentally ill	*être dérangé mentalement*
a neurosis	*une névrose*
to be under strain	*être dans un état de tension nerveuse*
to be overstressed	*être surmené*
to yield to depression	*céder à la dépression*
to be in the grip of	*être en proie à*
a nervous breakdown	*une dépression nerveuse*
to break down	*craquer*
to go to pieces	*s'effondrer*

2 MISCELLANEOUS — *DIVERS*

bereavement	*le deuil*
loneliness	*la solitude*
reduced circumstances	*la pauvreté*
reluctance to become a burden (to)	*la réticence à devenir un poids (pour)*
to be love-sick	*être malade d'amour*
to bottle up one's feelings	*contenir ses sentiments*
to attract attention (on)	*attirer l'attention (sur)*
to get attention	*chercher à se faire remarquer*
attention-seeking	*destiné à se faire remarquer*
a glamorous way to die	*une façon glorieuse de mourir*
to imitate a suicide	*imiter un suicide*
a contagion effect	*un effet contagieux*
a cluster effect	*un effet boule de neige*
a copycat death	*une mort par imitation*
an impulse	*une impulsion*
impulsive	*impulsif*
rash	*irréfléchi*
an urge to	*une forte envie de*
on the spur of the moment	*sur un coup de tête*

IV CONSEQUENCES — *LES CONSEQUENCES*

to shake a family	*ébranler une famille*
to numb a country	*paralyser un pays*
a sense of horror	*un sentiment d'horreur*
suicide prevention	*la prévention des suicides*
to deter potential victims	*décourager les candidats au suicide*
to identify	*identifier*
to be in need of support	*avoir besoin d'aide*
to avert a suicide	*éviter un suicide*
a hot line	*une ligne spéciale*
a suicide hot line	*S.O.S. détresse*
to set up a line	*installer une ligne*
to counsel	*conseiller*
a counseling network	*un réseau de conseil*

8 MORAL CRISIS — *LA CRISE MORALE*

I CONFIDENCE — *LA CONFIANCE*

1 A SENSE OF CONFIDENCE — *UN SENTIMENT DE CONFIANCE*

confidence	*la confiance*
self-confidence	*la confiance en soi*
to gauge the confidence	*mesurer la confiance*
to lose confidence (in)	*perdre confiance (en)*
to restore confidence	*rétablir la confiance*
overconfidence	*la suffisance, la confiance aveugle*
to believe in oneself	*croire en ses forces*
optimism	*l'optimisme*
optimistic	*optimiste*
boundless optimism	*l'optimisme sans borne*
a surge of optimism	*une vague d'optimisme*
to elicit a sense of optimism	*provoquer un sentiment d'optimisme*
to ignite a sense of optimism	" " "
to regain one's optimism	*retrouver l'optimisme*
to whip up optimism	*inciter à l'optimisme*
sanguine	*optimiste*
sanguinity	*l'optimisme*
pride	*la fierté*
a sense of pride	*un sentiment de fierté*
to pride oneself on	*se targuer de*
to take pride in	*se réjouir de*
to brim with pride	*déborder de fierté*
to unfurl pride	*étaler sa fierté*
to bask in	*jouir de*
to fuel pride	*nourrir la fierté*
proud	*fier*
to boast	*se vanter de*
to congratulate oneself	*se féliciter*
to brag (about, of)	*se vanter (de)*
bragaddocio	*fanfaronnades*
bluster	*la bravache*
to be the envy of	*faire l'envie de*
to be envied for	*être envié pour*
narcissism	*le narcissisme*
narcissistic	*narcissique*
self-assurance	*la confiance en soi*
self-assured	*sûr de soi*
self-assertion	*l'affirmation de soi*
self-celebration	*l'auto-congratulation*

2 A MOOD OF CONFIDENCE — *UN CLIMAT DE CONFIANCE*

a mood	*un état d'esprit*
a belief (in)	*une conviction (en)*
to shake a belief	*ébranler une conviction*
to erase a belief	*effacer une conviction*
renewal	*le renouveau*
soaring spirits	*un moral au beau fixe*
sunny spirits	" " " " "
to hearten	*encourager*
to regain one's strength	*retrouver ses forces*
morale	*le moral*
spirits	" "
to brighten the mood	*remonter le moral*
wholesome	*sain*
jaunty	*enjoué*
zesty	*enthousiaste*
ebullience	*exubérance*
ebullient	*exubérant*
buoyant	*optimiste*
buoyancy	*l'optimisme*
to feel buoyant (about)	*être optimiste (pour)*
aglow	*rayonnant*
upbeat	*optimiste, euphorique*
to cheer up	*se réjouir*
cheerful	*réconfortant, réjouissant*
cheerfulness	*entrain*
high-spirited	*plein d'entrain*
to send spirits high	*avoir lieu de se réjouir*

3 PATRIOTISM — *LE PATRIOTISME*

a patriot	*un patriote*
patriotism	*le patriotisme*
patriotic	*patriotique*
flag-waving	"
the moral fiber	*la fibre morale*
to elicit a sense of patriotism	*provoquer un sentiment de patriotisme*
an outpouring of patriotism	*une vague de patriotisme*
nationalist	*nationaliste*
the national will	*la volonté nationale*
to call up patriotic spirits	*invoquer des sentiments patriotiques*
to capture the flag	*s'emparer du thème patriotique*
jingoism	*le chauvinisme*
jingoistic	*chauvin*
to feel good about one's country	*être fier de son pays*
public-spirited	*à l'esprit civique*
to stand tall	*être fier*
to bend the world to one's will	*tenir le monde dans sa main*

4 VISION — *LA VISION*

an appeal	*un attrait*
to enliven a dream	*égayer un rêve*
a visionary	*un visionnaire*
to achieve a dream	*réaliser un rêve*
to make a dream come true	" " "
to fulfill a dream	" " "

to dream up	*imaginer*
to conjure up	*évoquer*
a beacon to all	*un phare pour tous*
a hope for all	*un espoir pour tous*
to capture the imagination	*s'emparer de l'imagination*
to fire the imagination	*embraser l'imagination*
a driving force	*une force agissante*
to set up standards	*montrer l'exemple*
to live up to values	*être fidèle à ses valeurs*
to excite	*exciter*
to mobilize	*mobiliser*
an energizer of people	*un mobilisateur de foules*
to convey an uplifting vision	*transmettre une vision optimiste*
an inspirational message	*un message inspiré*
to drive a message home	*faire passer un message*
a breadth of vision	*une largeur de vue*
a lofty spirit	*une hauteur d'idées*
vitality	*la vitalité*
creative	*créateur*
creativeness	*la créativité*
a powerhouse of new ideas	*une mine d'idées nouvelles*
to make strides (in)	*faire des progrès (en)*
to bend to change	*se plier aux changements*
a capacity for renewal	*une capacité à se renouveler*
a capacity for change	*une capacité de changement*
drive	*l'énergie*
innovation	*l'innovation*
to mark a country's achievements	*marquer les réalisations d'un pays*
to grant sb. credit for	*être à l'honneur de qqn.*
an atmosphere alive with energy	*une atmosphère empreinte d'énergie*
entrepreunarial energy	*l'énergie d'entreprendre*
to supply energy	*inspirer l'énergie*
a sense of purpose	*la résolution*
a sense of pioneering	*un sens de l'innovation*
unlimited possibilities	*possibilités illimitées*
unfettered opportunities	" "
a can-do spirit	*un sens du possible*
a solvable problem	*un problème soluble*
an intractable problem	*un problème insoluble*
assertion	*l'affirmation*
boldness	*la hardiesse*
bold	*hardi*
inventiveness	*l'esprit inventif*
inventive	*inventif*
challenging	*stimulant*
the promise of plenty	*la promesse de l'abondance*
to seek betterment of	*chercher à améliorer*
to be in search of	*être à la recherche de*
a better tomorrow	*un meilleur avenir*

5 DETERMINATION — *LA DETERMINATION*

determined	*résolu*
ruthlessness	*le caractère impitoyable*
ruthless	*impitoyable*
demanding	*exigeant*
self-demanding	*exigeant vis-à-vis de soi*
rewarding work	*le travail gratifiant*
hard driving	*ambitieux*
blunt	*brusque*
bluntness	*le franc-parler*
dedicated	*dévoué*
tough mindedness	*la volonté, la force de caractère*
tough minded	*persévérant*
invulnerable	*invulnérable*
godlike	*divin*
to persevere	*persévér*

6 SHAPERS OF THE WORLD — *LES BATISSEURS*

to exert influence	*exercer une influence*
to wield influence	" " "
leadership	*le leadership, la capacité à diriger*
to influence a drive toward	*influencer un mouvement en faveur de*
to retain a leading role	*conserver un rôle primordial*
to achieve success	*parvenir au succès*
a rebirth of the spirit	*un renouveau de l'esprit*
to ride a crest	*être au faîte de la réussite*
to be on the crest of a wave	*être celui à qui tout réussit*
a powerhouse of democratic ideals	*un creuset d'idéaux démocratiques*
to set ideas around the world	*imposer des idées dans le monde entier*
missionary zeal	*le zèle missionnaire*
a civic crusade	*une croisade civile*
a divinely ordained mission	*une mission d'inspiration divine*
a Good Samaritan	*un bon Samaritain*
to lift one's best face (to)	*se montrer sous son meilleur jour (à)*
the appeal of a culture	*l'attrait d'une culture*
to play a global role	*jouer un rôle planétaire*
to alleviate poverty	*soulager la misère*
to live up to an ideal	*se montrer à la hauteur d'un idéal*
to set the pace (in)	*donner le ton (dans)*
to be in the ascendancy	*être celui à qui tout sourit*
heyday	*un apogée*
to have a heyday	*connaître un apogée*
halcyon days	*les jours heureux*
a banner year	*une année faste*
to flourish	*s'épanouir*
to move untrammelled	*progresser en toute liberté*
to embody	*incarner*
to be a role model	*servir de modèle*
to revert to a model	*revenir à un ancien modèle*
to shape the world	*déterminer le destin du monde*
a shaper of the world	*un géant de l'histoire*
to hunt for challenges	*traquer les défis*
to take up a challenge	*relever un défi*
to overcome challenges	*venir à bout des difficultés*

to be in control	*être maître de la situation*
the stuff of greatness	*l'étoffe des grands*
a celebrity culture	*un culte de la célébrité*
a search for heroes	*une quête de héros*

II DIFFIDENCE — *LA DEFIANCE*

1 A SENSE OF DIFFIDENCE — *UN SENTIMENT DE DEFIANCE*

diffident	*qui manque de confiance*
distrust	*la méfiance*
to distrust	*se défier de*
mistrust	*la méfiance*
to mistrust	*se méfier de*
a breach of faith	*une forfaiture*
a breach of trust	*un abus de confiance*
inability (to)	*l'incapacité à*
to be unable to	*être incapable de*
unwillingness	*la réticence*
to be unwilling to / reluctant to	*être réticent à*
to experience a crisis of confidence	*traverser une crise de confiance*
to destroy an ethic	*détruire une morale*
to feel defensive (about)	*être sur la défensive (à propos de)*
dispirited	*démoralisé*
cynicism	*le cynisme*
cynical	*cynique*
to loathe	*abhorrer*
loathing	*le dégoût*

2 DECADENCE — *LA DECADENCE*

decadent	*décadent*
decadent puritanism	*le puritanisme décadent*
prudish	*pudibond*
decline	*le déclin*
to be in decline	*être en déclin*
a declinist	*un Cassandre*
declining	*la décadence*
to wane	*décliner*
to be on the wane	*être sur le déclin*
a bleak fate	*un sombre destin*
to look bleak	*paraître sombre*
to decay	*pourrir*
decay	*le pourrissement, la décadence*
to berate	*admonester*
to underrate	*sous-estimer*
to voice objections	*soulever des objections*
self-centered	*égocentrique*
mediocrity	*la médiocrité*
insularity	*l'insularité*
bigotry	*le sectarisme*
complacence	*la suffisance*
a culture of conformity	*une culture du conformisme*
complacent	*satisfait de soi*
to smudge the glow of a dream	*ternir l'éclat d'un rêve*
to tarnish a dream	*ternir un rêve*
faded grandeur	*la grandeur passée*
to lose one's energy	*perdre de son énergie*
a disposable culture	*une culture jetable*
shallowness	*le caractère superficiel*
shallow	*superficiel*
shakiness	*la fragilité*
shaky	*peu solide*

3 « THE CLOSING OF THE MIND » — *« L'AME DESARMEE »*

a mood	*un état d'esprit*
to sour	*s'aigrir, tourner à l'aigre*
to sink	*sombrer*
a decline of the spirit	*un déclin moral*
to harbour scepticism	*être sceptique*
to duck reponsibility	*fuir les responsabilités*
to blame sb. for	*accuser qqn. de*
national self-doubt	*les incertitudes d'un pays*
to take a toll on the spirit	*prendre un coup au moral*
to overtake a nation	*s'emparer d'un pays*
a sense of loss	*un sentiment de dépérissement*
a sense of dislocation	*un sentiment de déséquilibre / de confusion*
dismay	*le désarroi*
impotence	*l'impuissance*
limitation	*l'insuffisance*
passivity	*la passivité*
defeatism	*le défaitisme*
defeat	*la défaite*
frustration	*la frustration*
inadequacy	*le déphasage*
helplessness	*l'impuissance*
helpless	*impuissant*
an inferiority complex	*un sentiment d'infériorité*
to erode national confidence	*saper la confiance d'un pays*
to lose faith in	*perdre confiance en*
to take a second look at	*reconsidérer*
to be critical of	*critiquer*
self-critical	*auto-critique*
inward-looking	*replié sur soi*
to speak ill of	*dire du mal de*
to disparage	*dénigrer*
to be disdainful of	*mépriser*
to feel contempt (for)	*éprouver du mépris (pour)*
contemptuous	*méprisant*

III LAW AND ORDER — *LA LOI ET L'ORDRE*

1 CRIME — *LA CRIMINALITE*

I PATTERNS OF CRIME — *LES FORMES DE CRIMINALITE*

1 GENERAL BACKGROUND — *GENERALITES*

crime	*la violation de la loi, la délinquance, la criminalité*
a crime	*un délit, un crime, une infraction*
a white collar crime	*une infraction administrative (sans effusion de sang)*
juvenile crime	*la criminalité juvénile*
hardcore crime	*la criminalité dure*
to commit a crime	*commettre une infraction*
an incitement to commit a crime	*une incitation à commettre une infraction*
an attempt to commit a crime	*une tentative d'infraction*
a conspiracy to commit a crime	*une association en vue de commettre une infraction*
the commission of a crime	*la perpétration d'un crime*
a criminal	*un criminel*
a hardened criminal	*un criminel endurci*
criminal	*criminel*
to have a criminal record	*avoir un casier judiciaire*
criminal behaviour	*une attitude criminelle*
the criminal population	*les criminels*
a criminal subculture	*une subculture criminelle*
to report a crime	*signaler un crime*
a police reported crime	*un crime signalé à la police*
to go unreported	*omettre de signaler*
to engage in crime	*se livrer à des activités criminelles*
to abet in a crime	*aider qqn. à commettre un crime*
to be charged with a crime	*être inculpé pour crime*
a criminologist	*un criminologue*

2 THE GROWTH OF CRIME — *LA POUSSEE DE LA CRIMINALITE*

the crime rate	*le taux de criminalité*
a crime index	" " " "
crime statistics	*statistiques de la criminalité*
crime strategies	*stratégies de lutte contre la criminalité*
a crime for fun	*un crime gratuit*
for no purpose	*gratuit*
wanton	*injustifié*
callous	*sans pitié*
horrendous	*horrible*
chilling	*qui donne le frisson*
impulsive crime	*un crime irréfléchi*
emulatory crime	*un crime d'émulation*
rampant crime	*la criminalité régnante*
soaring crime	*l'accroissement de la criminalité*
to rise	*être en augmentation*
to increase	*augmenter*
an increase in crime	*une augmentation de la criminalité*
a tide of crime	*une vague de criminalité*
a crime wave	" " " "
an upsurge in crimes	*une recrudescence de la criminalité*
to get out of hand	*se déchaîner*
to prevent crime	*empêcher le crime*
crime prevention	*la prévention de la criminalité*
to curb crime	*freiner la criminalité*
to control crime	*enrayer la criminalité*
to eliminate crime	*éliminer la criminalité*
to eradicate crime	" " "
to crack down on crime	*réprimer la criminalité*
to deter crime	*décourager les criminels*
to keep crime down	*limiter la criminalité*
to be convicted of a crime	*être condamné pour une infraction*

3 CRIMES AND CRIMINALS — *CRIMES ET CRIMINELS*

a respectable citizen	*un citoyen respectable*
to abide by the law	*respecter la loi*
law abiding	*soucieux des lois*
to be above the law	*être au-dessus des lois*
to keep within the law	*rester dans les limites de la légalité*
to perpetrate	*perpétrer, commettre*
the perpetrator of a crime	*l'auteur d'un crime*

(a) scofflaw	*qui bafoue la loi*
to break the law	*enfreindre la loi*
a law breaker	*un délinquant*
to violate the law	*enfreindre la loi*
a violation of the law	*une infraction à la loi*
to have a brush with the law	*avoir maille à partir avec la justice*
to be on the wrong side of the law	*être en infraction avec la loi*
to get in conflict with the law	*entrer en conflit avec la loi*
to be caught in the act	*être pris en flagrant délit*
to be caught red-handed	*être pris la main dans le sac*
a misdemeanour	*un délit*
a misdeed	*un délit, un crime, un méfait*
to do wrong	*mal agir*
a wrong	*une injustice*
a civil wrong	*un délit civil*
a wrongdoer	*un malfaiteur*
wrongdoing	*méfaits*
a wrongful act	*un acte dommageable*
an evildoer	*un malfaiteur*
a conspiracy	*une association de malfaiteurs*
an offence	*un délit, une infraction*
an inchoate offence	*une infraction non réalisée*
a completed offence	*une infraction consommée*
a summary offence	*une infraction entraînant une procédure simplifiée*
a full offence	*une infraction dans son intégralité*
an arrestable / non arrestable offence	*une infraction entraînant ou non une arrestation sans mandat*
an offender	*un délinquant*
a first offender	*un délinquant primaire*
a petty offender	*un simple délinquant*
a repeater	*un récidiviste*
a repeat offender	" "
a second offender	" "
a previous offender	" "
a persistent offender	*un repris de justice*
a felon	*un criminel*
a felony	*un crime, un forfait*
to perpetrate a felony	*commettre un crime*
felonious	*criminel*

4 COMPLICITY — *LA COMPLICITE*

an accomplice	*un complice*
a principal offender	*un auteur principal*
to assist an offender	*se faire complice d'une infraction*
collusion	*la complicité*
in collusion with	*de connivence avec*
to be in cahoots with	*être de mèche avec*
a partner in crime	*un complice*
to connive	*être complice de*
connivance	*la connivence*
an accessory before the fact	*un complice par instigation*
an accessory after the fact	*un complice par assistance*
to aid and abet	*être complice de qqn.*
an aidor	*qui apporte son aide*
an abettor	*qui encourage*
an abettor / an abetter	*un instigateur*
to be party to a crime	*participer à un délit*
a conspiracy	*une association de malfaiteurs*

5 JUVENILE DELINQUENCY — *LA DELINQUANCE JUVENILE*

delinquency	*la délinquance*
a delinquent	*un délinquant*
a juvenile delinquent	*un délinquant juvénile*
a child	*un mineur (-14 ans)*
a young person	*un mineur (-17 ans)*
a habitual delinquent	*un repris de justice*
truancy	*l'école buissonnière*
to play truant	*faire l'école buissonnière*
to cut classes	*sécher les cours*
to skip school	" " "
to drop out (of school)	*abandonner ses études*
a dropout	*qui a abandonné ses études*
inadequate schooling	*un niveau d'études insuffisant*
a school record	*un livret scolaire*

II OFFENCES AGAINST THE PUBLIC INTEREST — *LES CRIMES CONTRE L'INTERET PUBLIC*

1 OFFENCES AGAINST THE STATE — *LES CRIMES CONTRE L'ETAT*

an offence against the state	*un crime contre l'Etat*
treason	*la trahison*
a traitor	*un traître*
to be a traitor to one's country	*trahir son pays*
to turn traitor	*passer à l'ennemi*
to sell out	" " "

to betray	*trahir*
to spy	*espionner*
a spy	*un espion*
to aid the enemy	*collaborer avec l'ennemi*
a quisling	*un collaborateur*
a collaborationist	" "
to overthrow the government	*renverser le gouvernement*
a plot	*un complot*
to hatch a plot	*ourdir un complot*
to scheme	*intriguer*
sedition	*la sédition*
to foster disaffection	*encourager à la désertion*
to desert	*déserter*
a capital offence	*un crime passible de la peine capitale*

2 PUBLIC ORDER — *L'ORDRE PUBLIC*

public peace	*la tranquillité publique*
public nuisance	*troubles d'ordre public*
public areas	*lieux publics*
a vagrant	*un vagabond*
a rogue	" "
an itinerant performer	*un artiste ambulant*
a busker	*un chanteur du métro / des rues*
with no fixed abode	*sans domicile fixe*
drunkenness	*l'ivrognerie*
disturbance of the peace	*le tapage nocturne*
a breach of the peace	" " "
disorderly conduct	" " "
disorderliness	" " "
to cause a breach of the peace	*troubler l'ordre public*
unruly	*désordonné*
unseemly	*peu convenable*
abusive words	*propos injurieux*
blasphemy	*le blasphème*
abusive behaviour	*le comportement insultant*
a barroom brawl	*une rixe dans un bar*
an affray	*une rixe*
a drunken brawl	*une bagarre d'ivrognes*
a quarrel	*une querelle*
a fight	*une bagarre*
a scuffle	*une échauffourée, une rixe*
commotion	*troubles*
a rout	*un attroupement illégal*
unlawful assembly	*un rassemblement illicite*
to obstruct	*entraver*
an obstruction	*une entrave*
a riot	*une émeute*
a criminal riot	*une émeute entraînant des dégâts matériels*
to sack	*mettre à sac*
to loot	*piller*
looting	*le pillage*
arson	*l'incendie volontaire*
an arsonist	*un incendiaire*
a vandal	*un vandale*
to gut	*dévaster*
charred urban landscape	*le spectacle d'une ville incendiée*
to be scarred (by)	*porter les cicatrices (de)*
to run amuck	*être pris d'une crise de folie meurtrière*
to create havoc	*causer des dégâts*
to go on a rampage	*se déchaîner*
mayhem	*la violence*
to revel in mayhem	*se délecter de la violence*
to turn lethal	*se terminer par la mort*
to result in death	*provoquer la mort*
see : political violence	*voir : la violence politique*

3 CORRUPTION — *LA CORRUPTION*

to be corrupt	*être corrompu*
a stink of corruption	*une (sale) odeur de corruption*
a corrupt regime	*un régime corrompu*
to be riddled by corruption	*être rongé par la corruption*
widespread corruption	*la corruption généralisée*
corruption allegations	*allégations de corruption*
open to corruption	*corruptible*
a corrupt gift	*un don à des fins de corruption*
a bribe	*un pot-de-vin*
an attempt to bribe	*une tentative de corruption*
to take a bribe	*se laisser corrompre*
to accept a bribe	*accepter un pot-de-vin*
to offer a bribe	*faire une tentative de corruption*
to bribe	*suborner, soudoyer, corrompre*
bribery	*la subornation, la corruption*
commercial bribery	*la corruption commerciale*
to be open to bribery	*être corruptible*
graft	*la corruption*
to fix officials	*soudoyer des responsables*
influence peddling	*le traffic d'influence*
a kickback	*une ristourne, un pourcentage*
to take a kickback (from)	*accepter un dessous-de-table (de)*
an arms kickback scandal	*le scandale des dessous-de-table sur les ventes d'armes*
a rake-off	*un dessous de table*
to rake off illegal profit	*faire des profits illégaux*
a payoff	*un versement illégal*
to graft	*graisser la patte*
as a sop	*pour s'acheter les bons services*
payola	*pots-de-vin*
hush money	*un pot-de-vin*
a backhander	" " "
a sweetener	" " "
a commission	*une commission*
to pay a commission	*verser une commission*
to obtain an illegal commission	*obtenir une commission illégale*
to be in the pay (of)	*être à la solde (de)*
to blackmail	*faire chanter*

blackmail	*le chantage*
a blackmailer	*un maître chanteur*
exertion of undue influence	*intimidation*
to shake sb. down for money	*soutirer de l'argent à qqn.*
a shake down	*une extorsion*
protection money	*somme versée par intimidation, argent extorqué par intimidation*
to pay protection money	*acheter sa protection*
a protection racket	*extorsion de fonds par intimidation*
to be subjected to	*être l'objet de*
attempted extortion	*une tentative d'extorsion*
to break a racket	*mettre fin à un racket*
see : scandal and ethics	*voir : scandales et morale*

4 FRAUD — *LA FRAUDE*

to defraud (sb. of sth.)	*frauder, escroquer (qqch. à qqn.)*
fraud	*la fraude, l'abus de confiance*
a fraud	*un piège à gogos*
a bank fraud	*une escroquerie financière*
a defrauder / a fraudster	*un fraudeur*
a shyster	*un escroc, un avocat marron*
fraudulent practices	*pratiques frauduleuses*
fraudulent conversion	*le carambouillage*
fraudulently	*frauduleusement*
consumer fraud	*fraude à la consommation*
mislabeling	*étiquetage trompeur*
misrepresentation in advertising / misleading advertising	*la publicité mensongère*
to adulterate	*frelater*
food adulteration	*le frelatage des aliments*
misrepresentation	*une déclaration inexacte*
fraudulent misrepresentation	*une déclaration frauduleuse*
to honour a contract	*honorer un contrat*
to rescind a contract	*annuler un contrat*
a breach of contract	*une rupture de contrat*
a breach of trust	*un abus de confiance*
a contracting party	*une partie contractante*
non performance in agreement	*inexécution d'un accord*
to backdate a document	*antidater un document*
misuse of authority	*abus d'autorité*
illegal hiring practices	*pratiques d'embauche illégales*
illegal labour practices	*infractions à la législation du travail*
to rig a market	*manipuler un marché*
a conspiracy	*une entente frauduleuse*
an illegal rebate	*une remise illégale*
to use substandard material	*utiliser des matériaux non conformes*
illegal dumping of hazardous wastes	*la décharge interdite de produits toxiques*
to fix prices	*s'entendre sur les prix de façon illicite*
price fixing	*l'entente illicite sur les prix*
the aggrieved party	*la partie lésée*
tax fraud	*la fraude fiscale*
income tax falsification	*la falsification de déclaration d'impôt*
a false claim	*une fausse déclaration*
a tax dodger	*un fraudeur du fisc*
tax dodging	*évasion fiscale*
a tax evader	*un fraudeur du fisc*
tax evasion	*évasion fiscale*
a tax haven	*un paradis fiscal*
a tax shelter	" " "
securities fraud	*la fraude aux titres de valeur*
inside information	*informations privilégiées*
insider trading	*le délit d'initié*
to act on inside information	*agir sur la foi d'informations privilégiées*
a violator	*un coupable de délit*
an insider law	*une loi sur les délits d'initié*
to go bankrupt	*faire faillite*
a bankruptcy	*une faillite*
a receivership	*un syndicat de faillite*
to go into receivership	*entrer en liquidation*
to fall into receivership	*faire faillite*
antitrust violations	*violations des lois anti-trusts*
industrial espionage	*espionnage industriel*
to furnish confidential information	*fournir des renseignements confidentiels*
an illegal prescription	*une ordonnance illégale*
mail fraud	*la fraude postale*
an occupational crime	*un délit professionnel*
an occupational offender	*un délinquant en col blanc*
professional rules	*un code de déontologie*
to be disbarred from one's profession	*être radié d'une profession*
see : budget and taxes	*voir : le budget et les impôts*
bankruptcy	*la faillite*

5 PATENT INFRINGEMENT — *LA CONTREFAÇON DE BREVETS*

a patent pirate	*un contrefacteur*
an infringement of patent	*une contrefaçon de brevet*
a trademark	*une marque*
a trademark thief	*un imitateur*
copyrights	*droits de reproduction*
a copyrights bandit	*un plagiaire*
intellectual property rights	*droits de la propriété intellectuelle*
intellectual property theft	*le vol de la propriété intellectuelle*
to copy	*plagier*
plagiarism	*le plagiat*
piracy	" "
an infringer	*un contrefacteur*

to infringe on	*enfreindre*
to bring an infringement suit	*faire un procès pour contrefaçon*
criminal samizdat	*publications non autorisées*

6 EMBEZZLEMENT — *LE DETOURNEMENT DE FONDS*

to embezzle	*détourner des fonds*
to misappropriate funds	*commettre un abus de confiance*
misappropriation (of public funds)	*une concussion, un détournement de fonds, un abus de confiance*
improper conversion of funds	*malversations*
to defalcate	*détourner des fonds*
defalcation	*le détournement de fonds*
to falsify	*truquer*
falsification of accounts	*un faux en écriture*
falsification of a document	*la falsification d'un document*
false information	*informations mensongères*
a misleading balance sheet	*un bilan trompeur*
padding of expense accounts	*le gonflement artificiel / frauduleux des notes de frais*
to pad the bill	*gonfler la note*

7 FORGERY — *LA CONTREFAÇON*

a banknote / a bill (US)	*un billet de banque*
in circulation	*en circulation*
to forge	*contrefaire, falsifier*
forgery	*la contrefaçon*
a forgery	*un faux, un document falsifié*
a forger	*un faux-monnayeur*
to counterfeit	*contrefaire de la monnaie*
counterfeit	*contrefait*
a counterfeiter	*un faux-monnayeur*
a counterfeit note	*un faux billet*
printing techniques	*techniques d'impression*
to fake	*falsifier*
a fake note	*un faux billet*
to foil would-be forgers	*déjouer les faux-monnayeurs éventuels*
an optical security device	*un système de sécurité optique*
a watermark	*un filigrane*
a hologram	*un hologramme*
uncopiable	*inimitable*
to keep counterfeiters at bay	*faire échec aux faux-monnayeurs*

8 SWINDLING — *L'ESCROQUERIE*

a swindler	*un escroc*
to swindle	*escroquer*
to fleece	"
to bilk	*filouter*
a crook	*un escroc*
to delude	*duper*
to beguile	"
to milk	*plumer (fam.)*
to bleed	*saigner, extorquer*
to con	*escroquer*
a conman	*un escroc*
a congame	*une escroquerie*
a con	" "
a confidence trickster	*un escroc*
a confidence man	" "
a confidence game	*un abus de confiance, une escroquerie*
confidence	*la confiance*
to have confidence in	*faire confiance à*
to trust	" " "
to deceive	*tromper, induire en erreur*
deception	*la tromperie, la fraude*
deceit	*la tromperie*
deceitfulness	*le caractère trompeur*
deceitful	*trompeur*
by stealth	*à la dérobée*
a trick	*un tour*
a rip off	*une escroquerie, une arnaque*
to be ripped off	*se faire avoir*
monkey business	*une rocambouille, une entourloupe (fam.)*
shenanigans	*magouilles, manigances*
hanky panky	*une entourloupe*
a sham	*un imposteur, la frime*
a scam	*une carambouille, un scandale*
to be taken in	*être dupé*
to cheat	*tricher, duper*
a cheater	*un tricheur*
to defraud	*frauder*
a fast talker	*un baratineur*
a hoax	*une mystification*
phony	*faux, bidon*
to pose as	*se faire passer pour*
to masquerade as	" " " "
a masquerader	*un imposteur*
an impostor	" "
to hustle	*fourguer*
a hustle	*une arnaque*

9 TRAFFICKING — *LES TRAFICS*

contraband	*la contrebande*
to traffic in	*faire le trafic de*
to smuggle	*faire la contrebande de*
a smuggler	*un contrebandier*
to smuggle into a country	*introduire en contrebande*
to smuggle out of a country	*faire sortir en contrebande*
to sneak in	*introduire en douce*
to sneak out	*faire sortir en douce*
dope smuggling	*faire la contrebande de la drogue*
to bootleg	*faire la contrebande d'alcools, fabriquer de l'alcool illégalement*

bootlegging	*la contrebande d'alcool*
a bootlegger	*qui fait la contrebande de l'alcool*
rumrunning	*le trafic de rhum*
to run guns	*faire le trafic d'armes*
a run gunner	*un trafiquant d'armes*
a gun smuggler	" " "
a gun dealer	*un marchand d'armes*
to take delivery of	*prendre livraison de*
to land a cargo	*débarquer une cargaison*
to load aboard	*charger à bord*
a souped-up boat	*une vedette rapide*
to stanch the flow	*enrayer le flot*

III OFFENCES AGAINST PROPERTY — *LES INFRACTIONS CONTRE LES BIENS*

1 THEFT — *LE VOL*

to appropriate	*s'approprier*
to steal	*voler*
to rob	*dérober*
to rob sb. of sth.	*dérober qqch. à qqn.*
a robber	*un voleur*
robbery	*un vol qualifié*
an armed robbery	*une attaque à main armée*
an assault with intent to rob	*une agression avec intention de vol*
a thief	*un voleur*
a theft	*un vol*
auto theft	*le vol d'automobiles*
grand auto theft	*le vol qualifié d'automobiles*
joyriding	*une balade en voiture à l'insu du propriétaire*
a larcener	*un voleur*
larceny	*le vol*
grand larceny	*le vol qualifié*
petty larceny	*un larcin*
to pilfer	*chaparder*
a pilferer	*un spécialiste des petits larcins*
pilfering	*le chapardage*
to mooch sth. from sb.	*taper qqn. de*
to cadge sth. from / off sb.	" " "
a shoplifter	*un voleur à l'étalage*
shoplifting	*le vol à l'étalage*
to plunder	*piller*
to filch	*chiper*
to snatch	*arracher*
a purse	*un sac à main*
purse snatching	*le vol à l'arraché*
a purse snatcher	*un vol à l'arraché*
a wallet	*un portefeuille*
to lift	*voler (dans une poche), barboter*
a pickpocket	*un voleur à la tire*
to pick pockets	*faire les poches*

2 ART THEFT — *LE VOL DES ŒUVRES D'ART*

an art thief	*un voleur d'œuvres d'art*
a master painting	*une peinture de maître*
a collector	*un collectionneur*
to mastermind	*organiser*
a mastermind collector	*un cerveau collectionneur*
to recover	*retrouver*
a haul	*une prise*
hot art	*œuvres d'art volées*
to resell in the open market	*revendre sur le marché*
an insurance theft	*un vol à l'assurance*
theft coverage	*l'assurance d'œuvres d'art*
to carry damage insurance	*être assuré contre les dégâts*

3 BANK ROBBERY — *L'ATTAQUE DE BANQUE*

to rob a bank	*attaquer une banque*
to hold up a bank	" " "
a hold up	*un braquage*
a stick up	*un vol à main armée*
to heist	*faire un casse*
a heist	*un casse*
a heister	*l'auteur d'un casse*
an armed robber	*un braqueur*
to raid a bank	*attaquer une banque*
a raid	*une attaque*
a vault	*une chambre forte*
a safe	*un coffre-fort*
a teller	*un guichet*
a window	" "
a cashier	*un caissier*
an armoured car	*un fourgon blindé*
a guard	*un convoyeur de fonds*
a masked robber	*un bandit armé*
a balaclava	*un passe-montagne*
a hood	*une cagoule*
to tie	*attacher*
to bind	*ligoter*
to gag	*bâillonner*
to burst into	*faire irruption*
at point blank	*à bout portant*
to hold sb. at gunpoint	*braquer son arme sur qqn.*
to hand over	*remettre*
a haul	*un butin*
used notes	*coupures usagées*
of small denomination	*en petites coupures*
a getaway	*une fuite*
to make a getaway	*prendre la fuite*
a getaway car	*une voiture qui sert à la fuite*

4 TRESPASSING — *LA VIOLATION DE PROPRIETE*

to trespass (upon)	*s'introduire illégalement (chez)*
a trespasser	*un intrus*
to break in	*entrer par effraction*
a break-in	*un cambriolage*
to burglarize	*cambrioler*
a burglar	*un cambrioleur*
burglary	*le cambriolage, l'effraction de domicile*
aggravated burglary	*l'effraction de domicile avec port d'arme*
burglar proof	*muni d'un système d'alarme*
to force one's way into	*pénétrer de force dans*
forced entry	*l'entrée par effraction*
to pick a lock	*crocheter une serrure*
a picklock	*un rossignol*
a safe	*un coffre-fort*
to crack a safe	*ouvrir un coffre-fort*
to break into a safe	*forcer un coffre-fort*
safe cracking	*le perçage de coffres-forts*
a safecracker	*un perceur de coffres-forts*
a safebreaker	" " " "
a jemmy	*une pince monseigneur*
to poach	*braconner*
a poacher	*un braconnier*
poaching	*le braconnage*
to squat	*occuper illégalement, squattériser*
a squatter	*un squatter*
to set up house	*s'installer*
empty premises	*locaux inhabités*
to have squatters removed	*faire évacuer des squatters*
to evict	*expulser*
to regain possession	*reprendre possession*

5 RECEIVING — *LE RECEL*

to fence a loot	*vendre à un receleur, fourguer un butin (fam.)*
fencing	*le recel*
a fence	*un receleur*
to receive stolen goods	*receler des biens volés*
to handle stolen goods	*disposer de biens volés*
receiving and concealing	*le recel*
a receiver	*un receleur*
retention of goods	*la détention de biens*
disposal of goods	*la vente de biens*
to hand the proceeds (of)	*remettre le produit (de)*
to conceal	*dissimuler*
concealment	*le recel*
to retrieve stolen goods	*récupérer des marchandises volées*

IV CRIMES AGAINST PERSONS — *LES CRIMES CONTRE LES PERSONNES*

1 ASSAULTS — *LES AGRESSIONS*

an assault	*une agression*
to assault	*agresser, violenter*
an assault with a deadly weapon	*une attaque à main armée*
to attack	*attaquer*
an attack	*une attaque, une agression*
an assailant	*un agresseur*
to lurk	*rôder*
to lie in wait for	*guetter*
to stalk	*suivre*
a prowler	*un rôdeur*
to prowl	*rôder*
a hoodlum / a hood	*un voyou*
a thug	*un loubard*
a hooligan	*un voyou, un casseur*
a tough	*une petite frappe*
a goon	*un gangster*
to mug	*agresser*
a mugging	*une agression*
to stab	*poignarder*
a stabbing	*une agression à coups de couteau*
to knife	*donner un coup de couteau*
a razor	*un rasoir*
a slasher	*un agresseur (muni d'une arme tranchante)*
to cosh	*cogner sur*
to club	*matraquer*
to bash	*cogner sur*
to be set upon	*se faire attaquer*
to beat up	*tabasser*
to beat to death	*tabasser à mort*
assault and battery	*voies de fait, coups et blessures*
battery	*coups*
to rape	*violer*
to gang rape	*violer collectivement*
rape	*le viol*
a gang rape	*un viol collectif*
a rapist	*un violeur*
wilding	*la folie animale*
indecent exposure	*outrage public à la pudeur*
indecent assault	*attentat à la pudeur*
to molest	*rudoyer, malmener*

a child molester	*un attentat à la pudeur sur mineur*
child abuse	*violences sur enfants*
to defile	*souiller, salir*

2 GANG WARFARE — *LA GUERRE DES GANGS*

a gang	*un gang, une bande*
a gang emblem	*un signe de reconnaissance*
a street gang	*un gang de rue*
to go national	*s'organiser nationalement*
a rival gang	*un gang rival*
gang activity	*l'activité des gangs*
gang life	*la vie des gangs*
a street gang network	*un réseau de gangs de rue*
to be inducted into a gang	*être incorporé dans un gang*
to be initiated into a gang	*être intronisé dans un gang*
to join a gang	*s'enrôler dans un gang*
to hang out with	*traîner en companie de*
to stay away from gangs	*refuser de se mêler aux gangs*
a gang member	*le membre d'un gang*
a homeboy	*un membre frère*
a fellow gang member	" " "
gang membership	*l'adhésion à un gang*
inter gang warfare	*la guerre des gangs*
gangland territory	*territoire appartenant à un gang*
a roving gang	*un gang en maraude*
a gang-related homicide	*un crime de gangs*
to be jumped by gang members	*se faire attaquer par des membres d'un gang*
to have a taste for street life	*aimer traîner dans les rues*
to slip into a life of crime	*sombrer dans le crime*
peer pressure	*la pression d'autrui*
a peer group	*les pairs*
to look for companionship	*rechercher la compagnie*
to look for acceptance	*chercher à se faire reconnaître*
to show one's mettle	*faire ses preuves*
to test one's mettle	*être mis à l'épreuve*
to assert one's identity	*affirmer son identité*
to prove one's manhood	*prouver sa virilité*
to earn full stripes	*gagner ses galons*
to prompt fights	*inciter à se battre*
a switchblade	*un couteau à cran d'arrêt*
to defend one's turf	*défendre son territoire*
a sense of belonging	*un sentiment d'appartenance*
a sense of approval	*un sentiment d'approbation*
to give sb. status	*conférer un statut à qqn.*
to brag about one's exploits	*se vanter de ses exploits*
to get one's values (from)	*trouver ses valeurs (dans)*
to feud	*s'affronter*
to battle it out for supremacy	*lutter pour la suprématie*
a dispute over	*un conflit à propos de*
to get into drugs	*se livrer au trafic de drogue*
to permeate the ghetto	*envahir le ghetto*
to hook up with	*se mettre en cheville avec*
a street corner drug prince	*un petit traffiquant local*
to clock	*faire l'intermédiaire*
to work as a middleman	*travailler comme intermédiaire*
a distributor	*un distributeur*
to provide high wages	*payer grassement*
to live a short life	*avoir une brève existence*
to survive gang life	*s'en tirer*
the incidence of murders	*la fréquence des meurtres*
the inner city	*le ghetto*
a slum area	*un quartier de taudis*
a high crime area	*une zone de forte criminalité*
to churn out killers	*fabriquer des assassins*
safety	*la sécurité*
a safe street	*une rue sûre*
unsafe	*dangereux*
a deserted street	*une rue déserte*
cross fire	*le tir croisé*
a free fire zone	*une zone dangereuse*
a no-go area	*une zone interdite*
a boiling cauldron	*un chaudron en ébullition*
to spray bullets into	*arroser de balles*
to blast away	*tirer sur*
a shoot out	*une fusillade*
to shoot it out with	*régler ses comptes à coups de revolver*
to be caught in the line of fire	*être dans la ligne de tir*
a bystander	*un passant*
an innocent	*un innocent*
to trap innocents	*prendre des innocents au piège*
property destruction	*la destruction de biens*
wilful destruction	*le vandalisme*

3 KIDNAPPING — *LES RAPTS*

to kidnap	*enlever*
a kidnapper	*un kidnappeur*
to be in the hands of	*être aux mains de*
to foil a kidnapping	*déjouer un kidnapping*
to take sb. away	*enlever qqn.*
to abduct	*enlever*
an abduction	*un rapt*
an abductor	*un ravisseur*
to capture	*capturer*
a captor	*un ravisseur*
a captive	*un prisonnier*
to hold sb. captive	*détenir qqn. prisonnier*
to snatch	*enlever*
to seize	*s'emparer de*
a seizure	*une capture*
a hostage	*un otage*
to hold sb. hostage	*détenir en otage*
hostage taking	*la prise d'otages*
a hostage taker	*un preneur d'otages*
to be held	*être détenu*

to knuckle under a demand	*céder sous les exigences*
a ransom	*une rançon*
to extort a ransom	*extorquer une rançon*
to collect a ransom	*rassembler une rançon*
marked money	*argent repérable*
to prey on wealthy families	*s'attaquer aux familles fortunées*
to be a target of choice	*être une cible de choix*
to be motivated by greed	*être motivé par l'appât du gain*
to prod sb. into paying	*inciter qqn. à payer*
to threaten sb. into paying	*forcer qqn. à payer sous la menace*
to demand	*exiger*
a demand	*une exigence*
to meet the demands	*satisfaire aux exigences*
to hold for ransom	*détenir en vue d'obtenir une rançon*
to pay a ransom	*verser une rançon*
to release	*relâcher*
a release	*une libération*
to secure the release of	*obtenir la libération de*
to rejoice at a release	*se réjouir d'une libération*
to set free	*libérer*
a gesture of goodwill	*un geste de bonne volonté*
to hijack	*détourner*
hijacking	*la piraterie aérienne*
a hijacking	*un détournement (avion / véhicule)*
a hijacker	*un pirate de l'air*
rustling (of cattle)	*le vol de bétail*

4 HOMICIDES — *LES HOMICIDES*

a murder	*un meurtre*
a murderer	*un meurtrier*
a murderess	*une meurtrière*
an underage murderer	*un assassin mineur*
an attempted murder	*une tentative de meurtre*
a first degree murder	*un assassinat*
a second degree murder	*un meurtre*
a mass murder	*une tuerie*
a murder weapon	*l'arme d'un crime*
murderous	*meurtrier*
an infanticide	*un infanticide*
a parricide	*un parricide*
with malice aforethought	*avec préméditation*
a manslaughter	*un homicide involontaire et non prémédité*
intentional manslaughter	*homicide volontaire*
unintentional manslaughter	*homicide involontaire*
to murder	*assassiner*
to commit a murder	*commettre un meurtre*
to assassinate	*assassiner*
an assassination	*un assassinat (politique)*
an assassin	*un assassin*
to slay	*massacrer*
a slayer / a manslayer / a killer	*un tueur*
a serial killer	*tueur qui commet des meurtres en série*
a carnage	*un carnage*
a massacre	*un massacre*
a slaughter	" "
a bloodbath	*un bain de sang*
mass killing	*une tuerie générale*
murder will out	*la vérité se fait jour*
to clear a murder	*éclaircir un meurtre*
a clearance rate	*le nombre de meurtres éclaircis*
to solve a murder	*résoudre un meurtre*
a post mortem	*une autopsie*
an inquest	*une enquête (après mort)*
to strangle	*étrangler*
to smother	*étouffer*
to lynch	*lyncher*
to hang	*pendre*
to poison	*empoisonner*
to wipe out	*éliminer*
to do to death	*tuer*
to drown	*se noyer*
a drowning	*une noyade*

5 ORGANIZED CRIME — *LE GRAND BANDITISME*

the Mafia	*la mafia*
a Mafia member	*un membre de la mafia*
the Syndicate	*la mafia*
the mob	*la pègre, le milieu*
a mobster	*un mafioso, un truand*
a godfather	*un parrain*
a crime syndicate	*un syndicat du crime*
the underworld	*le milieu, la pègre*
a hide-out	*une cachette*
a mafia informer	*un informateur de la mafia*
a mafia trial	*un procès de la mafia*
to be well organized	*être bien organisé*
the conspiracy of silence	*la conspiration du silence*
to break the code of silence	*rompre la règle du silence*
to commission a crime	*commanditer un crime*
a hit man	*un tueur à gages*
a hit squad	*une équipe de tueurs*
a hit	*un meurtre sur commande*
to make a hit	*remplir un contrat*
a contract	*un contrat*
a murder contract	*un meurtre sur commande*
to have a contract on sb.	*être payé pour exécuter qqn.*
a sidekick	*un sous-fifre*
a racket	*un racket*
to organize a racket	*organiser un racket*
to operate a racket	*diriger un racket*
racketeering	*le racket*
a racketeer	*un racketter*
a train robbery	*une attaque de train*
organized smuggling	*la contrebande organisée*
drug traffic	*le trafic de drogue*
liquor sales	*les ventes d'alcools*
gambling	*le jeu*
the gambling industry	*l'industrie des jeux*
a gaming organisation	*une organisation des jeux*
a gamester	*un joueur*
a casino	*un casino*
a slot machine	*une machine à sous*
a horse betting parlor	*une officine de paris mutuels urbains*

prostitution	*la prostitution*
a pimp	*un souteneur*
a prostitute	*une prostituée*
loan sharking	*la pratique de prêts à taux usuraires*
a shark	*un requin*
a shylock	*un usurier*
the drugging of racehorses	*le dopage des chevaux de course*
political corruption	*la corruption politique*

V GUNS AND CRIME — *LES ARMES A FEU ET LA CRIMINALITE*

1 FIREARMS — *LES ARMES A FEU*

a gun	*une arme à feu*
a pistol	*un pistolet*
a handgun	" "
a rifle	*un fusil*
a shotgun	*un fusil de chasse*
a sawn-off shotgun	*un fusil à canon scié*
a semi automatic weapon	*un semi-automatique*
a paramilitary weapon	*une arme paramilitaire*
a machine gun	*une mitrailleuse*
a firearm	*une arme à feu*
a weapon	*une arme (blanche / à feu)*
a weapon of choice	*une arme de prédilection*
high powered	*de forte puissance*
gauge	*le calibre*
a silencer	*un silencieux*
a butt	*une crosse*
a barrel	*un canon*
double-barrelled	*à deux coups*
a magazine	*un magasin*
a cock	*un chien*
a breech	*une culasse*
a trigger	*une gâchette*
a trigger guard	*une sécurité*
a safety catch	*un cran de sûreté*
to pull the trigger	*appuyer sur la gâchette*
recoil	*le recul*
a muzzle	*une gueule*
a bullet	*une balle*
buckshot	*la chevrotine, le gros plomb*
a slug	*une balle (de revolver)*
to slug	*tirer un coup*
a shell	*une cartouche*
a cartridge	" "
a blank cartridge	*une cartouche à blanc*
to load	*charger*
a shot	*un coup*
to shoot	*tirer*
gunfire	*coups de feu, fusillade*
a round of ammunition	*une décharge*
cordite	*la cordite*
a volley	*une salve*
to arm	*armer*
an arsenal	*un arsenal*
an armed nation	*une nation en armes*
a gun owner	*un détenteur d'une arme à feu*
a gun fancier	*un amateur d'armes à feu*
a good shot	*un bon tireur*
a marksman	*un bon fusil*
marksmanship	*l'habileté au tir*
the report of a gun	*la détonation d'une arme*
to keep a gun	*avoir une arme (chez soi)*
to own a gun	*posséder une arme*
to carry a gun	*porter une arme*
to sport a gun	" " "
to pack a gun	" " "
to use a gun	*se servir d'une arme*
to wield a gun	*manier une arme*
to draw a gun on sb.	*braquer une arme sur qqn.*
to take aim at	*mettre en joue*
a gunman	*un bandit armé*
a gunsmith	*un armurier*
to be at hand	*être à portée de main*
to be available	*être sous la main*
the accessibility of firearms	*la facilité à se procurer des armes à feu*
a shooting range	*un stand de tir*
target shooting	*exercices de tir*
target practice	" "
to plink	*s'entraîner au tir (en pleine nature)*
to be within shot	*être à portée de fusil*
to be out of shot	*être hors de portée*
to register a gun	*déclarer une arme*
gun registration	*la déclaration de détention d'arme*
a license	*un port d'arme*
an unlicensed gun	*une arme non déclarée*
to be trigger-happy	*avoir la gachette facile*
a gunshot wound	*une blessure par balle*
a gun-inflicted injury	" " "
death by gunfire	*la mort par arme à feu*
to die of gunshot wound	*mourir des suites d'une blessure par balle*
accidental shooting	*coups de feu accidentels*
to kill by accident	*tuer par méprise*
deadly	*mortel*
lethal	"

2 SELF-DEFENSE — *L'AUTODEFENSE*

self-protection	*l'autodéfense*
the right of self defense	*le droit à l'autodéfense*
to resort to	*recourir à*
to arm oneself	*s'armer*
to defend oneself against	*se défendre contre*
to survive	*survivre*

survival	*la survie*
to protect one's property from	*défendre ses biens contre*
an affection for guns	*un penchant pour les armes*
to run deep into the psyche	*être profondément ancré dans le psychisme*
a constitutional right	*un droit constitutionnel*
an inalienable right	*un droit inaliénable*
to guarantee a right	*garantir un droit*
to stand up for one's rights	*défendre ses droits*
to uphold the law	*faire triompher la loi*
the right to bear arms	*le droit de porter une arme*
the National Rifle Association (NRA)	*l'Association nationale de défense des armes à feu (un lobby américain)*

3 GUN CONTROL — *LA LIMITATION DES ARMES A FEU*

to take the law into one's own hands	*se faire justice*
an every-man-for-himself atmosphere	*un climat de Far-West*
a lawless individual	*un individu sans foi ni loi*
a vigilante	*un membre d'une milice privée qui fait sa propre loi, un vigile*
to administer justice	*rendre la justice*
to mete out justice	" "
to undermine justice	*saper la justice*
to take revenge for	*se venger de*
to wreak revenge (upon)	*exercer une vengeance (sur)*
to get even with	*se venger de*
to seek redress	*chercher réparation*
to redress a grievance	*réparer un tort*
vengeful	*vengeur*
revengeful	"
to vindicate	*faire valoir (ses droits)*
vindication	*la justification*
vindictive	*vindicatif*
to inflict punishment (for)	*infliger un châtiment (pour)*
to hit back at	*riposter*
to strike back at	"
to settle a score (with)	*régler son compte (à)*
to give sb. his / her comeuppance	*rendre à qqn. la monnaie de sa pièce*
to retaliate (against)	*user de représailles (envers)*
retaliation	*les représailles*
reprisals	" "
to pay sb. back in his own coin	*rendre à qqn. la monnaie de sa pièce*
to pay back in kind	" " " "
an eye for an eye	*la loi du talion (œil pour œil)*

to increase safety	*accroître la sécurité*
a gun control initiative	*une initiative pour limiter le port d'arme*
to push for gun control	*préconiser la limitation des armes*
to prod legislators into	*pousser les élus à*
to take steps (to)	*prendre des mesures (afin de)*
to control the sale of guns	*enrayer la vente d'armes*
to crack down on gun sales	*réprimer les ventes d'armes*
to enact strict gun legislation	*voter des lois strictes contre les armes à feu*
a gun law	*une loi sur la réglementation des armes à feu*
to outlaw guns	*proscrire les armes*
to restrict gun ownership	*restreindre la possession des armes à feu*
background information	*renseignements sur les antécédents*
a thorough check	*une vérification complète*
to undergo a check	*subir une vérification*
to run a check	*faire une vérification*
a would-be buyer	*un acheteur potentiel*
to disclose	*révéler*
to ask for	*réclamer*
to provide information	*fournir des renseignements*
to check a buyer's background	*vérifier les antécédents d'un client*
to impose a waiting period	*imposer un délai*
to institute a waiting period	*instituer un délai*
to allow time	*accorder un délai*
to maintain up-to-date records	*conserver des archives à jour*
to create data banks	*créer des banques de données*
to deter	*dissuader*
a deterrence	*un moyen de dissuasion*
the arms race	*la course aux armements*
a domestic arms race	*une course nationale aux armements*
to escalate	*intensifier*
to ratchet up another notch	*franchir une nouvelle étape*
to start another spiral	*provoquer un nouvel engrenage*
a gun control activist	*un adversaire des armes à feu*
to keep guns out of circulation	*restreindre le nombre d'armes en circulation*
to ban guns	*interdire les armes*
to require licencing	*exiger un port d'arme*
to impose permit requirements	*imposer des conditions de port d'arme*
mandatory registration	*l'enregistrement obligatoire*
to ban the import	*interdire l'importation*

VI CAUSES OF CRIME — *LES CAUSES DE LA CRIMINALITE*

1 CRIMINAL BEHAVIOUR — *LE COMPORTEMENT CRIMINEL*

criminology	*la criminologie*
the study of crime	*l'étude de la criminalité*
crime causation	*causes de la criminalité*
the makeup of an offender	*le portrait d'un criminel*
a typology	*une typologie*
a psychological deviation	*une aberration psychologique*
deviant	*anormal*
antisocial behaviour	*une attitude antisociale*
a biological factor	*un facteur biologique*
a genetic component	*un facteur génétique*
an endocrinal abnormality	*une anormalité endocrinienne*
a hereditary trait	*un trait héréditaire*
neurological problems	*problèmes neurologiques*
to result from brain injuries	*être provoqué par des lésions cérébrales*
learning disorders	*troubles de l'apprentissage*
a chromosomal aberration	*une aberration chromosomique*
a compulsive neurosis	*une névrose obsessionnelle*
a rooted impulse	*une impulsion irrésistible*
an aggressive tendency	*une tendance à l'agressivité*
to channel aggressive impulses	*canaliser des impulsions agressives*
a sexual urge	*un besoin sexuel*
a sexual desire	*un désir sexuel*
kleptomania	*la kleptomanie*
impulsive	*impulsif*
unpredictable	*imprévisible*
motiveless	*sans mobile*
depraved	*dépravé*
mean	*méchant*
malicious	"
vicious	"
malevolent	*malveillant*
evil	*diabolique*
savage	*sauvage*
wild	*déchaîné*
cruel	*cruel*
tough	*dur*
unforgiving	*impitoyable*
implacable	*implacable*
relentless	"
coldblooded	*insensible*
unfeeling	"
hardhearted	"
coldhearted	"
ruthless	*sans pitié*
merciless	" "
pitiless	" "
remorseless	*sans remords*
vengeful	*vindicatif*
embittered	*aigri*
sadistic	*sadique*
to mean ill	*vouloir du mal*
to be up in arms against	*être en révolte contre*
to show contempt for	*afficher du mépris envers*
to assert one's masculinity	*affirmer sa virilité*
to vent one's frustration	*donner libre cours à ses frustrations*
to air one's frustration	*exprimer ses frustrations*
to let out	*laisser échapper*
pent up frustrations	*frustrations refoulées*
innermost tensions	*tensions profondes*
to control one's inner impulses	*maîtriser ses impulsions intérieures*
to explode in rage	*exploser de fureur*
to direct rage at	*prendre pour cible de sa colère*
to elicit rage	*provoquer la fureur*
to shake the soul of a society	*ébranler l'âme d'une société*
angry	*en colère*
mad	*fou*
infuriated	*rendu furieux*
violence prone	*enclin à la violence*
destructive	*destructeur*
anarchic violence	*la violence débridée*
pointless violence	*la violence gratuite*
senseless	*insensé*
to show disregard for one's victim	*montrer de l'indifférence envers sa victime*
to generate criminal behaviour	*engendrer une attitude criminelle*
to engender crime	*engendrer la criminalité*
to spur crime	*pousser au crime*
to be linked to	*être lié à*
to be tied to	*avoir un lien avec*

2 SOCIETY AND CRIME — *SOCIETE ET CRIMINALITE*

a social ill	*un fléau social*
the social environment	*environnement social*
sociological factors	*facteurs sociologiques*
social discrimination	*la discrimination sociale*
poverty	*la pauvreté*
unemployment	*le chômage*
living conditions	*conditions de vie*
to live below the poverty level	*vivre au-dessous du seuil de pauvreté*
to be removed (from)	*être exclu (de)*
to be trapped in	*être prisonnier de*
to have little chance of opportunity	*avoir peu d'espoir de s'en sortir*
to have little stake in preserving society	*être peu impliqué dans le maintien de l'ordre social*
to relieve boredom	*soulager son ennui*
to exacerbate violence	*exacerber la violence*

a permissive society	*une société permissive*
loose morals	*mœurs relâchées*
moral laxity	*le laxisme moral*
a moral standard	*un critère moral*
to uphold a standard	*maintenir un critère*
to undergo a moral crisis	*traverser une crise morale*
to question values	*remettre les valeurs en question*
to be found wanting	*laisser à désirer*
a values vacuum	*un vide des valeurs*
ethical chaos	*la confusion morale*
cultural decay	*le délabrement culturel*
to erode norms of social behaviour	*miner les normes sociales*
to hold a cavalier attitude toward	*adopter une attitude cavalière envers*
to encourage indiscriminate violence	*encourager toutes les formes de violence sans discrimination*
lack of restraint in behaviour	*le manque de retenue dans le comportement*
blurred rules	*la confusion des règles*
to go over the line	*dépasser les limites*
to veer out of control	*échapper à tout contrôle*
boldness of social experimentation	*l'audace des expériences sociales*
to try out unorthodox solutions	*expérimenter des solutions peu orthodoxes*
to unsettle the nation's soul	*perturber l'âme de la nation*
to assault the moral equanimity	*entamer la sérénité morale*
to betray the public trust	*trahir la confiance du public*
to skirt the moral issues	*esquiver les problèmes moraux*
the moral fiber	*la fibre morale*
instant gratification	*la jouissance immédiate*
to accentuate instinct	*mettre l'accent sur l'instinct*
leniency	*l'indulgence, la clémence*
lenient (to)	*indulgent (envers)*
to take a lenient attitude toward	*adopter une attitude de clémence envers*
to hand out minimal sentences	*accorder des peines minimum*
to condone	*fermer les yeux sur*
to tolerate	*tolérer*
abuse of tolerance	*l'abus de la tolérance*
to let abuse of tolerance get the better (of)	*faire prévaloir l'abus de la tolérance (sur)*
hypocrisy	*hypocrisie*
betrayal	*la trahison*
greed	*la cupidité*
uncontrolled avarice	*l'avarice sans limite*
weakness of will	*la veulerie*
weakheartedness	*la faiblesse*
softeness (on)	*la faiblesse (envers)*
license	*l'excès de liberté*
unfettered libertarianism	*l'anarchie débridée*
mindless materialism	*le matérialisme stupide*
materialistic excess	*l'excès de matérialisme*
a freewheeling business climate	*un climat d'affairisme anarchique*
a scandal scarred era	*une période marquée par les scandales*
scandal plagued	*marqué par les scandales*
dubious deeds	*actions contestables*
law and order	*la loi et l'ordre*
to confess errors	*reconnaître ses erreurs*
to retain one's integrity	*conserver son intégrité*
to be hurt by abuses	*être affecté par les excès*
to deflect responsibility	*rejeter la responsabilité*
ethical introspection	*l'introspection morale*
a law and order backlash	*une réaction des forces de la loi et de l'ordre*
to put on brakes	*mettre un frein*
to stiffen law enforcement	*durcir les peines*

see : moral crisis — *voir : la crise morale*

3 FAMILY BREAKDOWN — *LA DECOMPOSITION DE LA FAMILLE*

the household	*le foyer*
the family cell	*la cellule familiale*
family structure	*la structure familiale*
family values	*les valeurs de la famille*
a closely-knit family	*une famille étroitement soudée*
well balanced	*bien équilibré*
family relationships	*relations familiales*
a mother / father-child relationship	*une relation mère / père-enfant*
a multiple-problem family	*une famille avec de nombreux problèmes*
a problem family	*une famille à problèmes*
to break apart	*se rompre*
to fall apart	*se disloquer*
to collapse	*s'effondrer*
a collapse	*un effondrement*
to crumble	*s'effondrer*
to disintegrate	*se désagréger*
a disintegration	*une désintégration*
a breakdown in family life	*une désintégration de la vie de famille*
absentee parents	*parents absents*
child rearing	*l'éducation des enfants*
to be headed by	*être dirigé par*
a single parent	*un père / une mère célibataire*
an overburdened parent	*un parent débordé*
an uninvolved parent	*un parent indifférent*
to be absorbed in one's own concerns	*être absorbé par ses propres soucis*
to have a demanding job	*avoir un métier prenant*
to be too busy making a living	*être trop occupé à gagner sa vie*
overachieving parents	*parents soucieux de leur réussite professionnelle*
to be strung out on alcohol / drugs	*être abruti par l'alcool / la drogue*
to desert one's home	*abandonner son foyer*
desertion	*l'abandon*
parental discord	*la mésentente conjugale*
irresponsible	*irresponsable*

to be held responsible for	*être tenu pour responsable de*
to instill a set of values	*inculquer un ensemble de valeurs*
a proper code of behaviour	*un code de conduite convenable*
to acquire a sense of compassion	*acquérir un sentiment de charité*
to be taught the difference between right and wrong	*apprendre la différence entre le bien et le mal*
a curb on conduct	*un frein à la conduite*
to misbehave	*mal se conduire*
a lack of discipline	*un manque de discipline*
to forgo punishments	*s'abstenir de punir*
a lack of parenting	*un manque d'éducation*
to lack nurturing	*manquer d'éducation*
to lack attention and supervision	*manquer d'attention et de surveillance*
to be left unattended	*être abandonné*
to be left to cope for oneself	*en être réduit à se débrouiller tout seul*
to be left to one's devices	*être livré à soi-même*
to fend for oneself	*se débrouiller par ses propres moyens*
to neglect	*négliger, délaisser*
neglect (of)	*le désintérêt (pour)*
to abuse	*maltraiter*
abuse	*mauvais traitements*
to be ill-treated	*être maltraité*
to bully	*maltraiter*
to torture	*torturer*
to be abandoned	*être abandonné*
to feel rejected	*se sentir rejeté*
parental rejection	*l'abandon parental*
to feel unwanted	*se sentir non désiré*
to breed a mishapen personality	*déformer la personnalité*
an emotionally disturbed child	*un enfant déséquilibré psychiquement*
an emotional cripple	*un déséquilibré psychique*
to rebel against authority	*se révolter contre l'autorité*
to develop a poor self-image	*avoir une piètre image de soi*
to be fated to repeat	*être destiné à reproduire*

see : family — *voir : la famille*

4 LIFE IN THE CITY — *LA VIE URBAINE*

the urban crisis	*la crise urbaine*
urban decay	*le pourrissement des villes*
the growth of urbanisation	*le développement de l'urbanisation*
dehumanization	*la déshumanisation*
to feel cut off from	*se sentir coupé de*
to feel isolated	*se sentir isolé*
unprotected	*vulnérable*
to be enclosed in	*être enfermé*
a selfish world	*un monde égoïste*
to live in a shell	*vivre replié sur soi*
to lose all sense of community	*perdre tout sens de la communauté*
to lose contact with	*devenir étranger à*
to keep in touch with	*rester en contact avec*
to be alienated	*être aliéné*
to be anonymous	*être anonyme*
anonymity	*anonymat*
to be overcome by feelings of alienation	*être envahi par sentiments d'aliénation*
to be at risk	*être en danger*
to feel helpless	*se sentir impuissant*
to barricade oneself	*se barricader*
an armed guard	*un vigile armé*
to post an armed guard	*poster un vigile armé*
to install an alarm system	*installer un système d'alarme*
to illuminate public streets	*éclairer les voies publiques*
to patrol the streets	*patrouiller dans les rues*
to do one's rounds	*faire sa ronde*
a precinct station	*un commissariat*
the lack of community facilities	*le manque d'équipements sociaux*
to promote neighbourliness	*encourager l'esprit de quartier*

see : city life — *voir : la ville*

5 THE MASS MEDIA — *LES MASS MEDIA*

a violent film	*un film de violence*
a thriller	*un film policier*
a slasher film	*un film de violence*
a porn film	*un film porno*
a raunchy program	*un programme vulgaire*
a steady diet of violence	*un régime régulier de violence*
to be standard fare	*être servi régulièrement*
to feature	*représenter*
to reflect	*refléter*
to promote	*promouvoir*
to chronicle on screen	*représenter sur l'écran*
a violent scene	*une scène de violence*
to witness an act of violence	*assister à un acte de violence*
a constant repetition of violence	*une répétition permanente de la violence*
a violent trend	*une tendance à la violence*
a purveyor of brutality	*un message de brutalité*
to romanticize sexual assault	*romancer les attaques sexuelles*
confusion between fact and fiction	*la confusion entre la réalité et la fiction*
to be immune from	*être protégé de*
to make violence look common	*banaliser la violence*
pervasiveness of violence	*l'envahissement de la violence*
to become insensitive to	*devenir insensible à*
to glorify violence	*glorifier la violence*
a dehumanized character	*un personnage déshumanisé*
to assert one's identity	*affirmer son identité*
to become a 6 o'clock news hero	*devenir le héro des nouvelles du soir*
to emulate a crime	*imiter un crime*

to mimic the behaviour	*imiter le comportement*
to inspire	*inspirer*
TV's impact (on)	*l'impact télévisuel (sur)*
to dwell on violence	*insister sur la violence*
to amount to a second education	*représenter une seconde éducation*
to reduce the level of violence (in)	*réduire le degré de violence (dans)*
to avoid sponsoring a program	*éviter de parrainer une émission*
an objectionable program	*une émission contestable*
to pressure the industry	*faire pression sur l'industrie*
to remove sex and gore (from)	*supprimer le sexe et le sang (de)*
a warning label	*un carré blanc*
to change TV content	*changer le contenu des programmes*
to censor program content	*censurer le contenu d'un programme*
censorship	*la censure*
see : the media	*voir : les médias*

2 POLICE — *LA POLICE*

I POLICE FORCES — *LES FORCES DE L'ORDRE*

1 GENERAL BACKGROUND — *GENERALITES*

a policewoman	*une femme policier*
a policeman	*un policier*
a police unit	*une unité de police*
a cop / a copper	*un flic (fam.)*
the fuzz / the heat	*la flicaille (fam.)*
the law	*les flics*
a lawman	*un représentant des forces de l'ordre*
a uniformed policeman	*un policier en uniforme*
a plain-clothes policeman	*un policier en civil*
an officer	*un gendarme*
a police officer	*un fonctionnaire de police*
a peace officer	*un gardien de la paix*
a senior officer	*un officier supérieur*
to be on secondment to	*être en détachement auprès de*
on secondment to	*en mission à*
a squad	*une brigade*
the drugs squad	*la brigade des stupéfiants*
the fraud squad	*la brigade financière*
the crime squad	*la brigade criminelle*
the vice squad	*la brigade des mœurs, la mondaine*
a SWAT team (Special Weapons and Tactics Team)	*le GIGN (Groupe d'Intervention de la Gendarmerie Nationale)*
Military Police	*la police militaire*
a marksman	*un tireur d'élite*
a bodyguard	*un garde du corps*
a dog-handler	*un maître-chien*
a security guard	*un vigile, un agent de sécurité*
security police	*la police privée*
a private investigator (PI)	*un détective privé*
a private eye	" " "
a private detective	" " "
a sleuth	*un limier*
a gumshoe	*un privé*
a shamus	" "
a licence	*une autorisation d'exercer*
to be licensed	*avoir l'autorisation d'exercer*
a police college	*une école de police*
a police academy	" " "
to join the police	*entrer dans la police*
to police	*assurer le maintien de l'ordre*
a guardian angel	*un ange gardien*
cooperation between police forces	*la collaboration entre les polices*
an increase in police manpower	*une augmentation des forces de police*
to enforce the law	*appliquer la loi*
enforcement of the law	*l'application de la loi*
a law enforcement officer	*un fonctionnaire de police chargé d'appliquer la loi*
a law enforcement agency	*un service de police*
power under the law	*le pouvoir conféré par la loi*

2 THE UNITED KINGDOM — *LE ROYAUME-UNI*

a decentralized system	*un système décentralisé*
a separate local force	*une unité de police décentralisée*
the Home Office	*le ministère de l'Intérieur*
the Home Secretary	*le ministre de l'Intérieur*
a police force	*une unité de police*
the Special Branch	*le contre-espionnage*

the Central Drugs Intelligence Unit	*la brigade des stupéfiants*
New Scotland Yard	*Scotland Yard*
the Metropolitan Police	*la police métropolitaine (la police de Londres et de ses environs)*
the Special Patrol Group (SPG)	*le GIGN*
a provincial force	*une force de police régionale*
a regional crime squad	*une brigade criminelle*
a state police (Ulster)	*une police d'Etat*
the Royal Ulster Constabulary (RUC)	*la police royale d'Ulster*
the Criminal Investigation Department (CID)	*la police judiciaire (PJ), les affaires criminelles*
a Chief Commissioner	*un inspecteur principal*
the Criminal Records Office	*l'identité judiciaire*
the plain-clothes department	*les policiers en civil*
the traffic department	*le service de la circulation*
the detective branch	*la brigade criminelle*
a police station	*un commissariat de police, une gendarmerie*
a central police station	*un commissariat central*
a Chief Constable	*un commissaire divisionnaire*
a Deputy Chief Constable	*un commissaire divisionnaire adjoint*
an Assistant Chief Constable	" " "
a Chief Superintendent	*un commissaire principal*
a Superintendent	*un commissaire de police*
a Chief Inspector	*un inspecteur principal un colonel de la gendarmerie*
a police inspector	*un inspecteur de police, un capitaine de gendarmerie*
a Sergeant	*un sergent*
a Constable	*un agent de police*
a Police Constable (PC)	" " " "
a bobby	*un flic*
a Commander	*un contrôleur général*
a Commissioner	*un préfet de police*
a Deputy Assistant Commissioner	*un adjoint au préfet de police*
an Assistant Commissioner	" " " "
the constabulary	*la gendarmerie*
a special constable	*un policier volontaire*
a volunteer	*un volontaire*
a detective	*un détective*
a plain-clothes detective	*un policier en civil*
a special policeman	*un auxiliaire de la police*
a decoy	*un policier en civil servant d'appât*
to be dressed in disguise	*être déguisé*

3 THE UNITED-STATES — *LES ETATS-UNIS*

the federal system	*le système fédéral*
the Department of Justice	*le ministère de la Justice*
the Attorney General	*le ministre de la Justice*
a federal body	*un corps fédéral*
the federal authorities	*les autorités fédérales*
the Federal Bureau of Investigation	*le FBI*
a United States marshal	*un capitaine, un officier fédéral chargé d'exécuter des jugements*
the Internal Revenue Service (IRS)	*les services du fisc*
the Narcotics Bureau	*le service de répression du trafic des stupéfiants*
the National Guard	*la Garde nationale*
a National Guardsman	*un membre de la Garde nationale*
a state force	*les forces de l'ordre (d'un état)*
a sheriff	*un shériff*
a deputy sheriff	*un shériff adjoint*
a county	*un comté*
a police commissioner	*un chef de la police (par ville)*
a deputy commissioner	*un chef de police adjoint*
a police department	*une gendarmerie*
a rookie	*un bleu, un sans-grade*
a sergeant	*un sergent*
a lieutenant	*un lieutenant*
a superior	*un supérieur*
a state trooper	*un CRS*
the mounted police	*la police montée*
the Mounties	*la police montée canadienne*
the highway patrol	*la police de la route*
a precinct	*un commissariat de quartier*

4 POLICE GEAR — *L'EQUIPEMENT POLICIER*

4.1 THE UNIFORM — *L'UNIFORME*

a bullet-proof vest	*un gilet pare-balles*
a badge	*un insigne*
to flash one's badge	*montrer son insigne*
a two-way radio	*un radio émetteur*
an infrared camera	*une caméra infrarouge*
in battle dress	*en tenue de combat*
to be clad in a uniform	*vêtu d'un uniforme*
to don	*revêtir*
a padded uniform	*un uniforme rembourré*
a whistle	*un sifflet*
a helmet	*un casque*
a vizor	*une visière*

4.2 GUNS — *LES ARMES A FEU*

a gun	*une arme*
a rifle	*un fusil*
a submachine gun	*une mitraillette*
an assault rifle	*un fusil d'assaut*

the butt	*la crosse*
the barrel	*le canon*
a clip	*un chargeur*
to empty one's magazine	*vider son chargeur*
to load one's rifle with	*charger son fusil de*
a glass marble	*une bille en verre*
live ammunition	*balles réelles*
a bullet	*une balle*
a rubber bullet	*une balle en caoutchouc*
a plastic bullet	*une balle en plastique*
a spent cartridge	*une douille*
gunshot	*le plomb*
a revolver	*un revolver*
a .38 special	*un 38 spécial*
an automatic	*un automatique*
a holster	*un étui*
large calibre	*de gros calibre*
small calibre	*de petit calibre*

4.3 THE OUTFIT — *L'EQUIPEMENT*

a shield	*un bouclier*
a truncheon / a billy / a baton	*une matraque*
a club	*un gourdin*
a bludgeon	" "
to bludgeon	*asséner des coups de gourdin*
a nightstick	*un bâton*
a lathi	*une canne de bambou*
club wielding police	*policiers munis de matraques*
to wield a baton	*manier une matraque*
a shield	*un bouclier*
tear gas	*le gaz lacrymogène*
a tear gas canister	*une bombe lacrymogène*
a tear gas shell	*une bombe lacrymogène (la cartouche)*
a gas mask	*un masque à gaz*
a smoke grenade	*une grenade fumigène*
to pop	*faire exploser*
to lob	*lancer*
to tear gas	*lancer des grenades lacrymogènes*
a water cannon	*un canon à eau*
to spray	*asperger*
to hose down	*arroser*
handcuffs	*menottes*
to handcuff	*passer les menottes*

5 POLICE TECHNOLOGY — *LA TECHNOLOGIE POLICIERE*

5.1 RECORDS — *LES FICHIERS*

the Criminal Records Office	*le service des casiers judiciaires*
record keeping	*les archives*
to keep records (on)	*conserver des archives (sur)*
computerized records	*archives informatisées*
computer-stored records	*fichiers informatiques*
a file (on)	*un dossier (sur)*
police files	*fichiers de police*
to be on file	*être fiché*
to put in police files	*verser aux fichiers de la police*
to have a record	*avoir un casier judiciaire*
to have a clean record	*avoir un casier vierge*
to keep information on	*conserver des renseignements sur*
to keep tabs on	*conserver la trace de*
automotive registration	*immatriculations automobiles*
firearms records	*archives des permis de port d'arme*
to establish ownership	*identifier le propriétaire*
to trace stolen property	*retrouver l'origine de marchandises volées*
lost property	*objets perdus*
a missing person	*une personne disparue*
to be reported missing	*être porté disparu*
to trace a person	*rechercher une personne*

5.2 THE SCENE OF A CRIME — *LES LIEUX D'UN CRIME*

an inquest	*une enquête (en cas de mort suspecte)*
to order an inquest	*ordonner une enquête*
a body	*un cadavre*
to fingerprint / to take fingerprints	*relever les empreintes digitales*
a fingerprint	*une empreinte digitale*
a fingerprinting technician	*un technicien chargé de relever les empreintes*
to dust for fingerprints	*saupoudrer pour relever les empreintes*
a footprint	*une empreinte de pied*
car tracks / tire marks	*traces de pneu*
to make a cast	*faire un moule*
a bloodtest	*un examen sanguin*
a blood spot / a bloodstain	*une tache de sang*
semen	*le sperme*
to collect specimens	*rassembler des spécimens*
a forensic scientist	*un spécialiste de médecine légale*
a forensic laboratory	*un laboratoire de médecine légale*
a coroner	*un coroner*
a medical examiner	*un médecin légiste*
to produce the corpse	*présenter le cadavre*
a pathological examination	*un examen de pathologie*
to conduct an autopsy	*faire une autopsie*
a post mortem examination	*une autopsie*
to establish identity	*établir l'identité*
to suspect foul play	*soupçonner un meurtre*
to ascertain the cause of death	*déterminer la cause du décès*
to state the cause of death	*établir la cause du décès*
natural causes	*causes naturelles*
to return a verdict	*rendre un verdict*
an open verdict	*un verdict constatant l'impossibilité de déterminer les causes de la mort*
to issue a death certificate	*délivrer un acte de décès*

to release the corpse for disposal	*rendre le corps à la famille*
death by misadventure	*une mort accidentelle*

5.3 BALLISTICS — *LA BALISTIQUE*

ballistics techniques	*techniques balistiques*
to fire a bullet	*tirer une balle*
to recover a bullet (from)	*récupérer une balle (de)*
a spent bullet	*une balle utilisée*
a shell casing	*une douille*
a suspect weapon	*une arme suspecte*
striated markings	*marques laissées par les stries*

5.4 ELECTRONICS — *L'ELECTRONIQUE*

electronic surveillance	*la surveillance électronique*
electronic eavesdropping	*les écoutes téléphoniques*
to wiretap	*mettre sur écoute téléphonique*
wiretapping	*les écoutes téléphoniques*
to bug	*mettre un micro*
a bug	*un micro*
bugging	*la surveillance électronique*
a microphone	*un microphone*
to plant a bug	*installer un micro*
a radio transmitter	*un radio émetteur*
voice recording equipment	*matériel d'enregistrement*
to listen in to telephone conversations	*intercepter conversations téléphoniques*
to monitor a conversation	*enregistrer une conversation*
binoculars	*jumelles*
a bumper beeper	*un micro placé sous le pare-chocs*

II POLICE OPERATIONS — *LES OPERATIONS DE POLICE*

1 ROUTINE POLICE ACTIVITIES — *LES ACTIVITES DE ROUTINE*

in the course of one's duty	*dans l'exercice de ses fonctions*
to carry out a duty	*remplir une mission*
a shift rota	*un tableau de service*
to be on duty	*être de service*
to be off duty	*ne pas être de service*
a duty officer	*un agent de police de garde*
a police dog	*un chien policier*
a police car	*une voiture de police*
a squad car	" " " "
a patrol car	*une voiture de patrouille*
a prowl car	" " " "
a patrol boat	*une vedette de patrouille*
a police van	*un fourgon cellulaire*
an unmarked car	*une voiture banalisée*
an armoured truck	*un camion blindé*
the beat	*la ronde*
to patrol one's beat	*faire sa ronde*
to patrol a district	*patrouiller dans un quartier*
to be on patrol	*être en patrouille*
a patrol team	*une équipe de patrouille*
preventive patrolling	*patrouilles préventives*
to improve police and community relationships	*améliorer les relations entre la police et les habitants*
to maintain contact with	*être en contact avec*
radio contact	*une liaison radio*
to keep the peace	*maintenir la paix*
marshalling	*le maintien de l'ordre*
to maintain civil order	*maintenir l'ordre public*
to protect	*protéger*
police protection	*la protection policière*
to be under police protection	*être protégé par la police*

2 TRAFFIC CONTROL — *LE REGLEMENT DE LA CIRCULATION*

a traffic policeman	*un agent de la circulation*
a traffic warden	*une contractuelle*
to be on point duty	*diriger la circulation*
to give a ticket	*dresser un procès verbal*
to book	*coller un procès verbal*
to be booked for speeding	*attraper une contredanse pour excès de vitesse*
to get booked	*recevoir un PV*
a fine	*une amende*
a Denver boot	*un sabot de Denver*
an endorsement	*un avertissement (système de permis à points)*
to have two endorsements	*avoir deux contraventions portées sur son permis de conduire*
a clean driving license	*un permis de conduire où n'est portée aucune contravention*
to lose one's license	*se faire retirer son permis*
the Highway Code	*le code de la route*
a traffic offense	*une infraction au code de la route*
a traffic violation	" " " "
reckless driving	*la conduite dangereuse*
a restricted area	*une zone bleue*
to direct traffic	*régler la circulation*
to enforce parking regulations	*faire observer les règles de stationnement*

a parking meter	*un parcmètre*
a radar	*un radar*
to impound	*mettre en fourrière*
a pound	*une fourrière*
to blow into the balloon	*souffler dans le ballon*
to breathalyse	*soumettre à l'alcootest*
a breathalyser	*un alcootest*
a drunkometer (USA)	*" "*
the blood-alcohol content	*le degré d'alcool dans le sang*
to disqualify sb. from driving	*retirer son permis à qqn. à titre provisoire*
see : car traffic	*voir : la circulation routière*

3 HUNTING A CRIMINAL — *LA CHASSE AU CRIMINEL*

to trace an offender	*retrouver un coupable*
an all-points-bulletin (APB)	*un avis à toutes les voitures*
a dispatcher	*une radio*
to run a plate	*rechercher l'identification du propriétaire d'un véhicule par sa plaque d'immatriculation*
a manhunt	*une chasse à l'homme*
a dragnet	*un filet*
to search for sb.	*rechercher qqn.*
to chase	*poursuivre*
to hunt down	*traquer*
to track down	*pourchasser*
a trail	*une piste*
to be on the trail	*être sur la piste*
to be in hot pursuit	*être aux trousses de*
to tail	*suivre*
to shadow	*"*
to put a tail on	*faire suivre*
to be on the heels (of)	*être sur les talons (de)*
to entrap sb. into doing sth.	*amener qqn. à faire qqch. par la ruse*
a tracker dog	*un chien policier*
a sniffer dog	*un chien renifleur*
to follow the scent	*suivre la piste*
to be on the right scent	*être sur la bonne piste*
to put off the scent	*mettre sur une mauvaise piste*
to be on sb.'s track	*être sur la piste de qqn.*
to keep track of sb.	*suivre la trace de qqn.*
to comb an area	*passer une région au peigne fin*
to set up a roadblock	*installer un barrage*
to lose track of	*perdre la trace de*
to cover one's tracks	*brouiller les pistes*
to give the slip	*échapper (à la police), s'échapper*
to slither away	*filer entre les doigts*
to abscond	*se soustraire à la justice*
to skip the country	*fuir le pays*
to give sb. the slip	*fausser compagnie à qqn.*
to be on the lam	*être en cavale*
to be on the run	*" " "*
to elude the police	*échapper aux recherches de la police*
to be on the loose	*être en liberté*
a description	*un signalement*
a mug shot	*un portrait*
an identikit picture	*un portrait-robot*
to issue an identikit picture	*publier un portrait-robot*
to be on the most wanted list	*être le suspect numéro un*
to put a bounty on sb.'s head	*mettre une tête à prix*
a cover	*une fausse identité*
to tip	*donner un tuyau*
a tip	*un tuyau*
a tip-off	*un renseignement*
a police informer	*un indicateur de police*
a grass	*un mouchard*
to grass on sb.	*balancer qqn.*
an informant	*un informateur*
to stake out	*surveiller, faire la planque*
a stakeout	*une maison surveillée par la police*
a stakeout squad	*une équipe de surveillance*
to swoop	*faire une descente*
a swoop	*une descente*
to round up	*interpeller*
a round up	*une interpellation*
to sweep	*ratisser*
a sweep	*un ratissage*
a police raid	*une descente de police*
to raid a house	*perquisitionner une maison*
to give oneself up	*se livrer à la police*
to turn oneself over	*" " " "*
to turn oneself in	*" " " "*

III POLICE INVESTIGATION — *L'ENQUETE POLICIERE*

1 GENERAL BACKGROUND — *GENERALITES*

to combat crime	*lutter contre le crime*
to pursue criminals	*poursuivre les criminels*
to catch criminals	*attraper les criminels*
to probe into	*enquêter sur*
a probe	*une enquête*
to initiate a probe	*démarrer une enquête*
to conduct a probe	*mener une enquête*
to investigate	*enquêter*
an investigation	*une enquête*
an investigator	*un enquêteur*

to promise a thorough investigation	*promettre de faire toute la lumière*
to face investigations	*faire l'objet d'enquêtes*
to go forward with an investigation	*donner son feu vert à une enquête*
to cooperate with the investigation	*coopérer avec les enquêteurs*
a charge	*une accusation*
to investigate a charge	*enquêter sur une accusation*
to substantiate a charge	*fournir des preuves à l'appui d'une accusation*
to levy charges at	*porter des accusations à l'encontre de*
to inquire (into)	*faire des investigations (sur)*
an inquiry	*une enquête*
to help with enquiries	*être entendu par la police*
evidence	*preuves, témoignages*
to uncover evidence	*découvrir des preuves*
to ferret out	*découvrir, mettre à jour*
to check into	*faire des investigations*
to check out	*vérifier*
to sift through	*passer en revue*
to leave no stone unturned	*ne négliger aucun élément*
to come across	*tomber sur*
to hit upon	*tomber par hasard sur*
to hint at	*faire une allusion au fait que*
a hint	*une insinuation, une allusion*
to drop a hint	*faire comprendre (par une allusion)*
to get wind of	*avoir vent de*
to have an inkling of	*se douter de*
to uncover	*déterrer*
to unveil	*dévoiler*
to expose	*révéler*
to expose to view	*étaler au grand jour*
to unearth	*déterrer*
the underside of	*les dessous de*
to give evidence	*témoigner*
to collect evidence	*rassembler des preuves*
to take sb.'s evidence	*recueillir la déposition de qqn.*
to witness	*être témoin de*
a witness	*un témoin*
an eye witness	*un témoin oculaire*
to testify	*témoigner*
a testimony	*un témoignage*

2 SEARCH — *LA PERQUISITION*

a clue	*un indice*
a lead	*une piste*
to have a lead	*tenir une piste*
to follow a lead	*suivre une piste*
to give the police a lead	*mettre les policiers sur la piste*
to search for clues	*rechercher des indices*
to seek out clues	" " "
to search	*perquisitionner*
a legal search	*une perquisition légale*
to carry out a search	*effectuer une perquisition*
to search the premises	*perquisitionner les lieux*
to search a vehicle	*fouiller un véhicule*
to search a vessel	*fouiller un navire*
to enter property	*pénétrer dans une propriété privée*
to frisk (sb.)	*fouiller (qqn.)*
to strip-search	*déshabiller*
incriminating evidence	*pièces à conviction*
a warrant	*un mandat*
a search warrant	*un mandat de perquisition*
to make an application for a warrant	*solliciter un mandat*
to issue a warrant	*émettre un mandat*
detection	*la découverte*
the detection of crime	*la découverte des criminels*
to escape detection	*échapper aux recherches*
to throw investigators off the track	*mettre les enquêteurs sur une fausse piste*
to be charged with obstruction	*être accusé de s'opposer à un officier de police*
to be obstructive	*entraver le cours de la justice*
an allegation	*une allégation*
alleged	*présumé*
an alibi	*un alibi*
to verify an alibi	*vérifier un alibi*
to challenge an alibi	*récuser un alibi*
to disclose	*révéler*
to disclose the identity	*divulguer l'identité*
a disclosure	*une révélation*
to be hit by disclosures	*être touché par des révélations*

3 ARREST — *L'ARRESTATION*

to crack a case	*résoudre une affaire*
to arrest	*arrêter*
to make an arrest	*procéder à une arrestation*
to put under arrest	*mettre en état d'arrestation*
to be under arrest	*être en état d'arrestation*
a citizen's arrest	*une arrestation effectuée par un simple citoyen*
an arrestable / non-arrestable offence	*une infraction entraînant l'arrestation sans mandat / avec mandat*
an arrest warrant	*un mandat d'arrêt*
a warrant of apprehension	*un mandat d'amener*
to issue a warrant	*délivrer un mandat*
a summons	*une assignation*
to serve a summons (on)	*signifier une assignation (à)*
to apprehend	*appréhender*
to bust	*arrêter*
to be busted (for)	*être coffré (pour)*
to bust (a place)	*faire une descente (chez, dans)*
to nab	*cueillir*
to nail	*intercepter*
to pick up	*agrafer*
to get nicked	*se faire coffrer*

to crack a gang	*découvrir un gang*
a suspect	*un suspect*
a suspected criminal	*un criminel suspect*
to hand over a suspect	*livrer un suspect*
to produce identification	*montrer ses papiers d'identité*

4 CONFESSION — *LES AVEUX*

a safeguard	*un garde-fou*
the presumption of innocence	*la présomption d'innocence*
innocent	*innocent*
guilt	*la culpabilité*
to be guilty (of)	*être coupable (de)*
to read sb. his / her rights	*informer qqn. de ses droits*
to inform a suspect of his rights	*informer un suspect de ses droits*
the Judges' Rules	*les règles des juges*
to read a suspect his Miranda (USA)	*lire ses droits à un suspect*
Miranda rules	*les règles (selon l'arrêté Miranda)*
to give Miranda warnings	*avertir de ses droits*
the right to remain silent	*le droit de se taire*
to have present an attorney	*avoir droit à la présence d'un avocat*
a right to a lawyer without charge	*un droit à l'aide judiciaire*
the right to counsel	*le droit à un avocat*
a lawyer / an attorney	*un avocat*
to caution	*mettre en garde*
to question	*interroger*
police interrogation	*un interrogatoire policier*
an examination	*un interrogatoire*
an interrogation	" "
an interrogator	*un interrogateur*
to confess	*avouer*
a confession	*aveux*
to make a confession	*faire des aveux*
under duress	*sous la contrainte*
inadmissible evidence	*preuves irrecevables*
to throw out of court	*rejeter par le tribunal*
to be given in evidence	*être retenu comme preuves*
to admit	*reconnaître*
to come out with	"
to own up to	*avouer*
to get it off one's chest	*déballer ce qu'on a sur le cœur*
to make a clean breast (of)	*décharger sa conscience*
to spill the beans	*se mettre à table (fam.)*
to reveal	*dévoiler*
a revelation	*une révélation*
to make a statement	*faire une déposition*
to issue a statement	*faire une déclaration*
a voluntary statement	*une déposition spontanée, une déclaration volontaire*
to sign a statement	*signer une déclaration*
an affidavit	*une déposition sous serment*
to allege	*invoquer, alléguer*
to deny	*nier*
a denial	*une dénégation*
to recant	*se rétracter*
a recantation	*une rétractation*
to change one's mind	*changer d'avis*
to have a change of heart	" "
a police line-up	*une séance d'identification d'un suspect*
an identity parade	" " "
a lie detector	*un détecteur de mensonges*
a polygraph	" " "
to piece together a case	*reconstituer les faits d'une affaire*
to wrap up a case	*résoudre une affaire*

5 DETENTION — *LA GARDE A VUE*

to haul in	*amener*
to lock up	*mettre sous les verrous*
to put under lock and key	*écrouer*
to lock up	*emprisonner*
a police lock up	*le violon (fam.)*
a cell	*une cellule*
custody	*la détention*
police custody	*la garde à vue*
to keep in custody	*garder à vue*
to take sb. into custody	*mettre qqn. en état d'arrestation*
protective custody	*la détention préventive*
to be remanded in custody	*placer sous mandat de dépôt*
to jail / gaol	*écrouer*
to detain	*garder à vue*
a detainee	*un détenu*
to hold for questioning	*retenir pour interrogatoire*
a writ of habeas corpus	*un ordre écrit d'habeas corpus (demandant aux autorités de remettre le détenu à la justice et de préciser les causes de détention)*
to issue a writ	*délivrer un ordre*
24 hours' detention rule	*la règle des 24 heures de garde à vue*
to hold a suspect	*maintenir un suspect en détention*
to be held for a further 48 hours	*prolonger une garde à vue de 48 heures*

6 CHARGING A SUSPECT — *L'INCULPATION D'UN SUSPECT*

to prefer charges	*procéder à des inculpations*
a charges book	*un registre des inculpations*
to charge sb. with	*inculper qqn. de*
to be charged with the commission of a crime	*être inculpé de meurtre*
a charge (against)	*un chef d'inculpation (retenu contre)*
a rap	*une accusation*

a murder rap	*une accusation de meurtre*
to be accused of	*être accusé de*
to accuse sb. of	*accuser qqn. de*
an accusation	*une accusation*
an indictement	*une inculpation*
a defendant	*un prévenu, un accusé*
to appear before magistrates	*être présenté au parquet*
to bring before a Magistrates' Court	*déférer devant le parquet*
to arraign	*traduire devant un tribunal*
arraignment	*assignation*
to bail	*mettre en liberté sous caution*
bail	*la liberté sous caution*
to make an application for bail	*demander le bénéfice du cautionnement*
to be backed for bail	*être assorti d'une caution*
to give bail for	*se porter caution pour*
to set bail at	*fixer la caution à*
to raise bail	*rassembler une caution*
to remand on bail / to release on bail	*mettre en liberté sous caution*
to grant bail	*accorder le bénéfice du cautionnement*
to grant bail pending appeal	*accorder le cautionnement en attendant l'appel*
to post bail	*fixer une caution*
to stand bail for	*se porter caution pour*
to bail out	*mettre en liberté sous caution*
to put up the money	*fournir la somme demandée*
recognizance	*engagement (pris devant le tribunal)*
to jump bail	*se dérober à la justice*
to forfeit one's bail	*perdre sa caution*
to vacate a bail decision	*annuler une décision de cautionnement*
committal to prison	*l'incarcération*
pre-trial detention	*la détention préventive*
to be on remand	*être en détention préventive*
to commit for trial	*mettre en prison préventive*
to remand in custody	*placer en détention provisoire*
a remand center	*une maison d'arrêt, un centre de détention*
a remand home	*un établissement de détention*
a further period of remand	*une prolongation de la détention*
a case remanded for a week	*une affaire renvoyée à huitaine*
to release	*remettre en liberté*
to go free	*se retrouver libre*

7 POLICE ABUSE — *LES BAVURES POLICIERES*

police malpractice	*la faute professionnelle policière*
police brutality	*brutalités policières*
police bullying	" "
police harassment	*le harcèlement policier*
overaggressiveness	*brutalités excessives*
to coerce physically	*contraindre physiquement*
to rough people up	*rudoyer, tabasser les gens*
a roughing-up	*un passage à tabac*
to beat up	*passer à tabac*
a beating up	*un passage à tabac*
to whack	*donner des coups*
open season on	*la chasse ouverte à*
rough-and-ready justice	*la justice sommaire*
to be liable for assault	*être responsable de tentatives de voies de fait*
a brutality suit	*un procès pour brutalités*
an excessive-force complaint	*une plainte pour brutalités*
a police-abuse victim	*une victime de brutalités policières*
a rights-violation complaint	*une plainte pour violation de droits*
to seek redress	*demander réparation*
to be arrest-prone	*arrêter pour un oui ou pour un non*
an unlawful arrest	*une arrestation illégale*
a wrongful arrest	*une arrestation entraînant un dommage*
false imprisonment	*la séquestration arbitraire*
to fabricate evidence	*fabriquer des preuves*
to plant drugs on sb.	*cacher de la drogue sur qqn.*
to frame sb.	*monter un coup contre qqn.*
to be framed	*être victime d'un coup monté*
a framing	*un coup monté*
a frame-up	" " "
a fitting-up	" " "
to trespass	*entrer illégalement*
a breach of police discipline	*un manquement à la discipline de la police*
a breach of the discipline code	*une violation du code disciplinaire*
to make a disciplinary charge	*déposer une plainte disciplinaire*
to lay a charge against	*porter plainte contre*
to bring a charge	" " "
to discipline	*punir*
a disciplinary hearing	*une audience disciplinaire*
to hold a disciplinary hearing	*réunir un conseil de discipline*
to be cautioned	*recevoir un avertissement*
to be fined	*se voir infliger une amende*
to be reprimanded	*être l'objet d'un blâme*
a reprimand	*un blâme*
to suspend	*suspendre*
to suspend without pay	*suspendre sans solde*
to be on suspension	*être suspendu*
to demote	*rétrograder*
a demotion	*une rétrogradation*
to dismiss	*renvoyer*
to be required to resign	*être prié de démissionner*

to reinstate	*réintégrer*
a reinstatement	*une réintégration*
the Police Complaints Authority (UK)	*l'Inspection générale des Services*
the Bureau of Professional Standards (BPS) (USA)	" " "
Internal Affairs (IA) (USA	" " "
the Crown Prosecution Service	*le ministère public*
to leave the force	*quitter la police*
to resign from the force	*démissionner de la police*
to blight a career	*entacher une carrière*

3 JUSTICE — *LA JUSTICE*

I THE SOURCES OF LAW — *LES SOURCES DU DROIT*

1 LAW AND CONSTITUTION — *LA LOI ET LA CONSTITUTION*

due process of law	*la procédure légale régulière*
canon law	*le droit canon*
civil law	*le droit civil*
criminal law	*le droit pénal*
equity law	*le droit d'équité*
statute law	*le droit statutaire*
common law	*le droit coutumier*
custom	*la coutume*
a constitution	*une constitution*
a written constitution	*une constitution écrite*
a constitutional amendment	*un amendement à la constitution*
constitutional law	*la loi constitutionnelle*
constitutionality	*la constitutionnalité*
the constitutional validity	*la validité constitutionnelle*
to hold unconstitutional	*être inconstitutionnel*
a rule of interpretation	*une règle d'interprétation*
to render inoperative	*invalider*
to invalidate	"
to violate	*violer*
to enforce	*appliquer*
enforcement	*l'application*
to concur	*être en accord*
to dissent	*être en désaccord*
a lawmaker / a legislator	*un législateur*
a lawgiver	" "
lawmaking	*l'élaboration des lois*

2 JURISPRUDENCE — *LA JURISPRUDENCE*

case law	*la jurisprudence, le droit jurisprudentiel*
a law report	*un recueil de jurisprudence*
a judicial precedent	*un précédent juridique*
judicial interpretation	*l'interprétation des lois*
the doctrine of precedent	*la doctrine du précédent*
a binding precedent	*un précédent obligatoire*
to lay down a precedent	*établir un précédent*
to argue by analogy	*raisonner par analogie*
to declare law	*reconnaître une règle pré-établie*
to overrule a precedent	*réformer un précédent*
the literal rule	*la règle d'interprétation littérale*
a canon of construction	*un critère d'interprétation*
a golden rule	*une règle d'interprétation par la logique*
a mischief rule	*une règle d'interprétation téléologique*
a leading case	*une décision / un arrêt / un jugement qui fait jurisprudence*
a binding decision	*une décision obligatoire*

3 LEGISLATION — *LA LEGISLATION*

statute legislation	*la loi (d'origine législative)*
delegated legislation	*la législation subordonnée*
a legislative code	*un code juridique, un recueil fédéral*
a criminal code	*un code pénal*
implied powers	*pouvoirs implicites*
to enact	*promulguer une loi, rendre un arrêté*
legislative enactement	*la promulgation*
a statute	*une loi, un règlement, une ordonnance, un recueil étatique*
statute	*légal, juridique*
a statute measure	*une mesure légale*
statutory	*légal, établi, fixé, prévu par la loi*
a statutory offence	*un délit prévu par la loi*
a statute of limitations	*une prescription*
a statutory instrument	*un instrument législatif*
to interpret a statute	*interpréter une loi*
by statute	*en vertu d'une loi*
an order	*un décret, une ordonnance*
an Order in Council	*une ordonnance royale*
an executive order	*un décret-loi*
an ordinance	*une ordonnance*

a rule	*une règle*
the rules of procedure	*les règles de procédure*
a bylaw	*un arrêté (municipal)*
a directive	*une directive*
an opinion	*une décision*
see : politics	*voir : la politique*

II THE COURT SYSTEM — *L'ORGANISATION DES TRIBUNAUX*

1 GENERAL BACKGROUND — *GENERALITES*

the judiciary	*le pouvoir judiciaire*
the judicial system	*le système juridique*
a judicial decision	*une décision judiciaire*
a court / a tribunal	*un tribunal*
a courthouse	*un palais de justice*
a court of justice / a court of law	*une Cour de justice*
a magistrates' court	*un tribunal d'instance*
a civil court	" " "
a court of first instance	*un tribunal de première instance*
a high(er) court / a criminal court	*un tribunal de grande instance*
a commercial court	*un tribunal de commerce*
a court of Session	*une Cour de cassation*
a juvenile court	*un tribunal pour mineurs*
a police court	*un tribunal de simple police*
a court of Assizes	*une Cour d'assises*
the Assizes	*les Assises*
a court of inquiry	*une commission d'enquête*
a state-security court	*une Cour de sûreté de l'Etat*
a court-martial	*une Cour martiale*
a kangaroo court	*un tribunal irrégulier, un tribunal guignol*
the workings of a court	*le fonctionnement d'un tribunal*
the opening of the courts	*la rentrée judiciaire*
a term of court	*une session*
to be in session	*siéger*
to hold a session	*tenir une session*
quarter sessions	*assises trimestrielles*
court records	*registres d'audience*
a court day	*un jour d'audience*
a court room	*une salle d'audience, un auditoire*
to administer justice	*rendre la justice*
to mete out justice	" " "
to render justice	" " "
to redress a wrong	*réparer un tort*
a redress	*une réparation*
to apply the law	*appliquer la loi*

2 THE BRITISH SYSTEM — *LE SYSTEME BRITANNIQUE*

a Unified Court Service	*le service du ministère de la Justice*
a circuit	*un circuit (6 en tout) (Angleterre et Pays de Galles)*
the Court of Appeal	*la Cour d'appel*
the House of Lords	*la Chambre des Lords*
an appellate committee	*un comité d'appel (Chambre des Lords)*
a Divisional Court	*une Cour d'appel (restreinte)*
a Civil division	*une chambre civile de la Cour d'appel*
the Supreme Court	*les juridictions supérieures*
the High Court	*la Haute Cour*
the Queen's bench division	*la Chambre du banc de la Reine*
the commercial Court	*le Tribunal de Commerce*
the Admiralty Court	*le Tribunal Maritime*
the Chancery Division	*la Chambre de la Chancellerie*
the Family Division	*la Chambre des Affaires matrimoniales*
a domestic court	*un tribunal des Affaires matrimoniales*
original jurisdiction	*une juridiction de 1ère instance*
appellate	*d'appel*
supervisory	*de contrôle*
the Crown Court	*une juridiction criminelle supérieure, la Cour d'Assises*
a Court of Assizes	*une Cour d'Assises*
the Central Criminal Court (the Old Bailey)	*la Cour Criminelle (de Londres), les Assises*
criminal offences	*crimes*
a criminal court	*une juridiction pénale*
a Magistrates' Court	*un tribunal de police / correctionnel*
a juvenile court	*une juridiction pour mineurs*
a special court	*un tribunal pour enfants*
the petty sessions	*la correctionnelle*
a civil action	*un procès civil*
a civil court	*un tribunal civil*
a county court	*un tribunal d'instance*
a divisional court	*un tribunal d'appel*
a Probate Court	*un tribunal des successions*
special courts	*les juridictions d'exception*
a coroner's court	*un tribunal d'enquête (du coroner)*
an administrative court	*un tribunal administratif*

an industrial tribunal	*un conseil des prud'hommes*
an ombusdman	*un médiateur*
a domestic tribunal	*un tribunal professionnel*
the Privy Council	*le Conseil privé*
a Privy councillor	*un membre du Conseil privé*

3 THE AMERICAN SYSTEM — *LE SYSTEME AMERICAIN*

3.1 THE SUPREME COURT — *LA COUR SUPREME*

a federal court	*un tribunal fédéral*
the Supreme Court	*la Cour suprême*
a Justice	*un juge (de la Cour suprême)*
the Chief Justice	*le président de la Cour suprême*
an Associate Justice	*un juge associé*
a quorum	*un quorum*
a clerk	*un assistant-stagiaire*
to clerk	*être stagiaire*
self-restraint	*l'auto-limitation*
strict construction	*l'interprétation littérale de la constitution*
a strict constructionist	*un interprète strict de la constitution*
activism	*l'activisme (du juge)*
to be split on an issue	*être partagé sur une opinion*
an advisory opinion	*un avis sur un point de droit*
majority opinion	*l'opinion majoritaire*
to write an opinion	*rédiger le jugement*
a unanimous decision	*une décision à l'unanimité*
a dissenting opinion	*une décision contraire, un avis de minorité*
a dissenter	*une personne qui est en désaccord*
a court ruling	*une décision de la Cour*
a landmark decision	*une décision historique*
to resign from the Supreme Court	*démissionner de la Cour suprême*
to fill a vacancy	*nommer à un poste*
to appoint	*désigner*
an appointee	*une désignation*
a nominee	*un candidat désigné, une proposition de candidature*
to battle a nominee	*s'opposer à une candidature*
to derail a nomination	*faire échouer une nomination*
a nomination fight	*une bataille pour la nomination*
confirmation hearing	*séances de confirmation*
to win senate approval	*être approuvé par le Sénat*
to resign a court seat	*démissionner de son poste de juge*
to be elevated to the court	*être nommé à la Cour suprême*
to elevate to the Court	*nommer au poste de juge*
to stack the Court	*influencer les décisions par nominations interposées*
a conservative trend	*une tendance conservatrice*
to tilt to the right	*pencher à droite*
to leave an imprint on a court	*marquer la cour de son empreinte*

3.2 FEDERAL COURTS — *LES COURS FEDERALES*

diversity jurisdiction	*cas de compétence contradictoire*
a court of appeals	*une Cour d'appel (10 en tout)*
a circuit court of appeals	*une Cour d'appel, une cour de circuit*
a circuit	*une circonscription judiciaire*
a district court	*une Cour de district (une par état)*
an inferior court	*un tribunal spécial fédéral*
a court of claims	*un tribunal d'instance (entend les affaires en dommages-intérêts contre l'Etat fédéral)*
a court of international trade	*un Tribunal de commerce (affaires douanières)*
a court of customs and patent appeals	*une Cour d'appel pour affaires de douane et de brevet*
a court of military appeals	*une Cour d'appel militaire*
a tax court	*une juridiction fiscale (entend en appel les affaires d'impôts)*
a court of bankruptcy	*un tribunal de commerce (chargé des faillites)*

3.3 THE STATE SYSTEM — *LE SYSTEME PAR ETAT*

a state court	*un tribunal d'état*
a trial court	*une Cour de première instance*
a court of first instance	" " " "
a court of original jurisdiction	*un simple tribunal*
a court of general jurisdiction	*un tribunal de juridiction générale*
a court of superior jurisdiction	*un tribunal de juridiction supérieure*
a court of special jurisdiction	*une cour spécialisée*
a court of limited jurisdiction	" " "
a court of inferior jurisdiction	" " "

a court of appellate jurisdiction	*une Cour d'appel*
a probate court	*un tribunal des successions*
an orphans' court	" " "
a surrogates' court	" " "
a court of claims	*un tribunal administratif*
a juvenile court	*un tribunal pour enfants*
a court of crime	*un tribunal d'assises*
a police court	*un tribunal de simple police*
a domestic relations court	*un tribunal des différents*
a justice court	*une Cour de justice*
a municipal court	*un tribunal municipal*
a city court	" " "
a labour court	*un Conseil des prud'hommes*
an arbitration tribunal	" " "
a traffic court	*un tribunal d'instance (chargé des problèmes de circulation)*
a small claims tribunal	*un tribunal de petite instance*

4 THE STAFFING OF COURTS — *LA COMPOSITION DES TRIBUNAUX*

4.1 GENERAL BACKGROUND — *GENERALITES*

to staff a court	*composer un tribunal*
the staffing of a court	*la composition d'un tribunal*
the magistracy	*la magistrature, les magistrats*
the magistrates	*les magistrats*
a magistrate	*un juge, un magistrat*
an examining magistrate	*un juge d'instruction*
an investigating magistrate	" " "
a lay magistrate	*un juge bénévole, un juge non professionnel, un juge consulaire*
a stipendiary magistrate	*un juge professionnel (rétribué)*

4.2 ENGLAND — *L'ANGLETERRE*

the Bench	*le personnel de la magistrature, la magistrature assise*
the Lord Chancellor (UK)	*le Garde des Sceaux, le Président de la Chambre des Lords*
the Lord Chief Justice	*le Lord President du banc de la Reine*
the Master of the Rolls	*le Garde des Rôles, le Président de la Cour d'appel*
a Law Lord	*un Lord-Juge (du Comité d'appel)*
a Lord Justice of Appeal	*un Lord-Juge de la Cour d'appel*
a law officer of the Crown	*un conseiller juridique de la Couronne*
an officer of the court	*un officier ministériel*
the Great Seal	*le Sceau Royal*
a Master of the Supreme Court	*un juge des juridictions supérieures*
a Queen's Remembrancer	*un représentant de la Reine*
a registrar	*un greffier*
a Procurator-General	*un représentant du Parquet*
a proctor	*un procureur*
the prosecution	*l'accusation, les plaignants*
a counsel for the prosecution	*un avocat de l'accusation*
a prosecuting counsel	*un avocat de la partie civile*
a defending counsel	*un avocat de la défense*
to appear as counsel for the prosecution	*représenter le ministère public*
the prosecuting magistrate	*le ministère public, le procureur, le parquet*
the public prosecutor	*le ministère public, le procureur de la République*
an attorney general	*un procureur général*
the Director of Public Prosecutions (DPP)	*l'avocat général, le substitut du procureur général*
a solicitor general	*un adjoint du procureur*
a puisne judge	*un juge de la Haute Cour*
a circuit judge	*un juge itinérant*
a Justice of the Peace	*un juge de paix*
a clerk to the Justice	*un conseil attaché au juge*
an examining justice	*un juge d'instruction*
a recorder	*un juge professionnel à temps partiel*
a sheriff	*un représentant de la Couronne (dans un comté)*
a bailiff	*un huissier*
a certificated bailiff	*un huissier habilité*
an examiner	*un interrogateur*

4.3 THE USA — *LES ETATS-UNIS*

the Attorney General	*le ministre de la Justice*
the Minister of Justice	" " " " "
the Judiciary Committee	*la Commission judiciaire (du Sénat)*
the American Bar Association (ABA)	*l'association des barreaux américains*
a district attorney (DA)	*un procureur*
a state attorney	" "
the attorney general	*le procureur général*
a judge	*un juge*
a lay judge	*un juge bénévole*
a professional judge	*un juge professionnel*
a circuit judge	*un juge itinérant*
a justice of the peace	*un juge de paix (à la campagne) (bénévole)*
a magistrate	*un juge (à la ville)*

a recorder	*un avocat nommé pour remplir les fonctions de juge (UK), un juge suppléant (USA), un greffier*
a bailiff	*un huissier*
a marshal	*un officier fédéral chargé d'exécuter les jugements (USA), un chef du protocole (UK)*
a clerk / a registrar	*un greffier*
a probation officer	*un agent de probation, un délégué à la liberté surveillée*
to elect a judge	*élire un juge*
to appoint	*nommer*
to nominate	*désigner*
to preside over	*présider*
a crooked judge	*un juge malhonnête*
to buy a judge	*acheter un juge*
to dismiss	*révoquer*
a dismissal	*une révocation*
misconduct	*la faute grave*
to impeach	*mettre en accusation*
an impeachment	*une mise en accusation*
to remove from office	*destituer, démettre de ses fonctions*
a removal	*une destitution*

5 THE LEGAL PROFESSION — *REPRESENTANTS ET DEFENSEURS*

5.1 TRAINING — *LA FORMATION*

the bar	*le barreau*
to read for the bar	*faire son droit*
to go to law school	*faire une faculté de droit*
a law graduate	*un diplômé en droit*
the Common Professional Examination (UK)	*l'examen d'entrée professionnel*
the Bar Finals	*le CAPA (certificat d'aptitude à la profession d'avocat)*
an Inn of Court	*un Institut d'études judiciaires (IEJ)*
a Bencher	*un doyen d'un IEJ*
to be called to the Bar	*être admis au barreau*
pupillage	*un stage*
a vocational training period	" "
a period of articles	*une période d'apprentissage (pour un avoué)*
an articled clerk	*un clerc d'avoué*
to clerk (for)	*être clerc (chez)*
to enter on the roll	*inscrire à l'Ordre des avoués*
a practising certificate	*un certificat d'exercice*
to practise law	*être homme de loi*
a private practice	*une clientèle privée*
a law practice	*un cabinet d'avocat*
to set up in practice	*monter un cabinet*
a law firm	*un groupement d'avocats*
chambers	*le cabinet, l'étude (d'avocat)*
to tout for custom / business	*chercher des clients*

5.2 LAWYERS — *LES HOMMES DE LOI*

advocacy	*la plaidoirie*
a lawyer	*un homme de loi, un avocat, un juriste*
a criminal lawyer	*un avocat d'assises, un avocat au criminel*
a trial lawyer	*un avocat plaidant*
a barrister	*un avocat (inscrit au barreau)*
a counsel	*un avocat (en cours de défense)*
an attorney-at-law	" " "
a counselor (at-law)	" " "
King's / Queen's Counsel (KC / QC)	*un avocat de la Couronne, un avocat général*
a junior counsel	*un avocat (qui n'a pas le titre de QC)*
to take silk	*être nommé avocat de la Couronne*
a leading counsel	*un avocat*
to take counsel's opinion	*consulter un avocat*
a public defender	*un avocat commis d'office*
a solicitor	*un avoué, un notaire, un huissier*
a Treasury solicitor	*un conseiller juridique du ministère des Finances*
a public notary	*un notaire*
to be appointed by the court	*être commis d'office*
a legal department	*un service juridique*
to take counsel's opinion	*consulter un avocat*
to retain a lawyer / to hire a lawyer	*prendre un avocat*
a client	*un client*
fees	*honoraires, émoluments*
a flat fee	*un honoraire fixe*
to cover fees	*supporter les frais*
to collect a fee	*toucher des honoraires*
to charge high fees	*demander de gros honoraires*
a retainer / retaining fees	*honoraires versés d'avance*
to pay a retainer	*verser une provision*
contingency fees	*pourcentage (sur les dommages et intérêts)*
a refresher	*honoraires supplémentaires*
to continue the case	*poursuivre l'affaire*

5.3 LEGAL AID — *L'AIDE JUDICIAIRE*

legal aid / legal assistance	*l'assistance judiciaire*
a legal aid scheme	*un système d'aide judiciaire*
a legal aid committee	*un bureau d'aide judiciaire*
a legal advice center	*un centre de consultation juridique*

legal advice	*une consultation juridique*
a volunteer lawyer	*un avocat bénévole*
to work under the legal aid scheme	*travailler au titre de l'aide judiciaire*
to apply for legal aid	*faire une demande d'aide judiciaire*
an application	*une demande*
an applicant	*un requérant*
an assisted person	*un assisté, un bénéficiaire de l'aide*
a means test	*une enquête sur les ressources*
to assess sb.'s means	*évaluer les moyens de qqn.*
to qualify for free aid	*remplir les conditions pour bénéficier de l'assistance judiciaire*
a disposable income	*un revenu imposable*
to provide legal aid	*apporter une assistance judiciaire*
a contribution towards costs	*une contribution aux frais*

III PROCEEDINGS — *LES POURSUITES*

proceedings	*poursuites judiciaires*
civil proceedings	*la procédure civile*
criminal proceedings	*la procédure pénale*
a private controversy	*un conflit entre personnes*
to be in dispute (over)	*être en litige (à propos)*

1 GOING TO COURT — *L'ACTION EN JUSTICE*

1.1 GENERAL BACKGROUND — *GENERALITES*

to sue	*ester en justice, engager des poursuites*
jurisdiction	*la compétence d'attribution*
to be empowered to	*être compétent pour*
to go to court / law	*recourir à la justice*
to give notice of trial	*donner notification du jugement*
to prosecute	*engager des poursuites*
prosecution	*poursuites judiciaires*
to file a suit (against)	*intenter un procès (à)*
to bring an action (against)	" " " "
to institute proceedings (against)	" " " "
to bring in an action (against)	" " " "
to bring sb. to justice	" " " "
to have the law on sb.	" " " "
to take proceedings (against)	*engager des poursuites (contre)*
to initiate proceedings (against)	" " "
to undertake proceedings (against)	" " "
to take legal action (against)	" " "
to begin proceedings	*entamer des poursuites*
to take a case to law	*porter une affaire devant les tribunaux*
to take a matter to court	" " "
to go to law with sb.	*poursuivre qqn. en justice*
to initiate an action	*intenter une action*
to take action	*introduire l'instance*
to undertake a case	*engager un procès*

1.2 COURT ORDERS — *LES ORDONNANCES JUDICIAIRES*

a ruling	*une décision*
a court order	*une ordonnance judiciaire*
an injunction	*une mise en demeure, une injonction*
to issue an injunction	*émettre une injonction*
a decree	*une décision (judiciaire / administrative)*
a writ	*un acte judiciaire*
to issue a writ	*délivrer un ordre ("writ")*
to issue a writ against sb.	*assigner qqn. en justice*
to serve a writ on sb.	" " " "
to file out a writ	*remplir un "writ"*
a writ of subpoena	*une assignation, une citation en justice*
a writ of summons	*une citation à comparaître*
to enter an appearance	*comparaître en justice*
from the service of the writ	*à compter de la date d'assignation*
to put in a physical appearance	*comparaître en personne*
an entry of appearance	*une comparution*
a default of appearance	*un défaut de comparution*
a summons	*une assignation*
to serve a summons	*assigner en justice*
to issue a summons	*lancer une assignation*
to serve paper	*assigner en justice*

2 THE INVESTIGATORY PHASE — *L'INSTRUCTION*

to reach the trial stage	*atteindre la phase du jugement*
to work on a case	*travailler sur un dossier*
to have a strong case	*avoir des arguments bien étayés*
to strengthen one's case	*renforcer ses arguments*
documents	*documents*
to pertain a case	*se rapporter à une affaire*
pretrial proceedings	*poursuites préliminaires*
a pretrial hearing (USA)	*une audition préliminaire*

a pretrial examination (UK)	*" " "*
a formal hearing	*une audition solennelle*
there is a case to answer	*des éléments suffisants existent*
to make a prima facie case	*produire des éléments suffisants*
case papers	*pièces du dossier*
a brief	*le dossier d'un litige*
discovery of documents	*la divulgation de documents*
to give discovery of documents	*donner communication des pièces*
disclosure	*la divulgation*
to sift through documents	*examiner les documents*
an examination before trial (EBT)	*un examen avant procès*
to document a claim	*établir le bien-fondé d'une demande*
a deposition	*une déposition*
to turn over files	*remettre les dossiers*
to lodge a complaint (against)	*porter plainte (contre)*
to prefer a complaint	*déposer plainte*
to be immune from prosecution	*être à l'abri de poursuites judiciaires*
to commence an action	*entreprendre une action en justice*
to stand up in court	*être valable en justice*
to judge of the advisibility of the procedure	*juger du bien-fondé de la démarche*
a discretionary power	*un pouvoir discrétionnaire*
to bring / lay a charge (against)	*porter plainte (contre)*
to press charges	*engager des poursuites*
to have a weak case	*avoir de faibles arguments*
inadmissible evidence	*témoignages irrecevables*
a procedural device	*un artifice de procédure*
an irregularity	*un vice de procédure*
to drop charges	*abandonner les poursuites*
to refrain from pressing charges	*s'abstenir d'engager des poursuites*
there is no case for the prosecution	*l'accusation est mal fondée*
unfounded testimony	*témoignages non fondés*
to dismiss a case	*rendre une décision de non lieu, classer une affaire*
to have no case	*être débouté*
to grant an adjournment	*accorder un ajournement*
to dismiss an action	*classer une affaire*
to strike out an action	*radier une affaire*
a pretrial conference	*une conférence avant-procès*
to reach a common ground for settlement	*parvenir à un accord réciproque*
to come to an agreement	*parvenir à un accord*
estoppel	*une fin de non-recevoir*
to estop (from bringing an action)	*opposer une fin de non-recevoir*
a summary procedure	*une procédure sommaire, un référé*
summary proceedings	*une procédure sommaire*
to sit in a case of summary procedure	*statuer en procédure sommaire*
a summary judgement	*un référé, un jugement en forme simplifiée*
a summary trial	*un jugement simplifié (sans jury)*
to discharge a defendant	*relaxer un prévenu*
to commit a defendant to . . . for sentence	*renvoyer l'accusé devant ... pour le prononcé de la peine*

3 THE CASE — *LE PROCES*

3.1 CLAIM — *LA DEMANDE*

a claimant	*un demandeur*
to file a claim	*déposer une demande*
a valid claim	*une demande fondée*
to have a case	*être bien fondé dans sa demande*
a cause of action	*un intérêt à agir*
a plaint	*une plainte*
a plaintiff	*un demandeur*
a plaintiff's claim	*la demande de la partie plaignante*
to contest a plaint	*contester les faits*
a statement of claim	*un exposé du demandeur*
a statement of defense	*un exposé de la défense*
to file a defense	*remettre le dossier de sa défense*
a counterclaim	*une demande reconventionnelle*
pleadings	*actes exposants les faits*
the particulars of claim	*les conclusions*

3.2 THE CASE — *LE PROCES*

an action	*une procédure contentieuse / grâcieuse*
an ordinary action	*une procédure ordinaire*
to start an action	*engager une action*
a civil action	*une action civile*
a trial / a suit	*un procès*
a lawsuit	*un procès civil*
a criminal case	*une affaire pénale*
a civil case	*une affaire civile*
a divorce case	*une affaire de divorce*
in open court	*en audience publique*
in court chambers	*en chambre du conseil*
in camera	*à huis-clos*
to make up a case	*monter un dossier*
the merits of a case	*le fond d'une cause*
to examine a case	*examiner une affaire*
to handle a case	*s'occuper d'une affaire*
to conduct a case	*plaider une affaire*
to prosecute a case	*introduire une action*
to sever a case	*disjoindre une procédure*
to adjudicate a case	*juger une affaire*
to adjudicate on a case	*statuer sur une affaire*
to re-instate a case	*ré-introduire une instance*
a class action suit	*une action collective*

a dispute / a litigation	*un litige*
a counsel's speech	*une plaidoirie*
to win one's case	*gagner son procès*

IV THE TRIAL — *LE PROCES PENAL*

1 TRIAL PROCEDURE — *LA PROCEDURE*

to try	*juger*
to arraign	*poursuivre en justice, accuser*
to be arraigned	*être assigné à comparaître*
an arraignment	*une lecture de l'acte d'accusation*
an indictable offence	*un crime / délit passible de tribunaux*
an indictement	*un acte d'accusation, une mise en accusation*
a writ for libel (against)	*une assignation en justice pour diffamation (envers)*
to draw up an indictment	*rédiger un acte d'accusation*
to bring an indictment against sb. for sth.	*mettre qqn. en accusation (pour)*
the bill of indictment	*le résumé d'instruction*
to be indicted (on a charge of)	*être accusé (de)*
reasons adduced	*les attendus*
a count	*un chef d'accusation*
particulars of charge	*le chef d'accusation*
to file a civil party complaint	*se porter partie civile*
to come before the court	*comparaître devant le tribunal*
to attend court	*se présenter au procès*
to turn up for trial	" " "
attendance	*la présence*
to bring before a judge	*comparaître devant un juge*
to bring sb. into court	*amener qqn. devant la cour*
to bring sb. before a court	*intenter un procès à qqn.*
to bring sb. to trial	*faire passer qqn. en justice*
to come up for trial	*passer au tribunal*
to go on trial	*passer en justice*
to commit sb. for trial	*déférer, déférer à la juridiction criminelle supérieure*
committal proceedings	*la procédure de renvoi*
to stand trial	*passer en jugement, se présenter à l'audience*
to be on trial (for)	*être jugé (pour)*
to try a case	*plaider un procès*
to be tried	*passer en procès*
to conduct a trial	*diriger un procès*
the right to a fair trial	*le droit à un procès équitable*
unfair	*déloyal*
a jury trial	*un jugement par jury*
to waive a right to trial by jury	*renoncer au droit de jugement par jury*
a public trial	*un procès public*
to admit the public	*faire entrer le public*
a trial in camera	*un procès à huis clos*
trial transcripts	*les minutes du procès*
to seal	*mettre sous scellés*
the close of the pleadings	*la clôture de l'instruction*

2 THE VENUE — *LE LIEU DU JUGEMENT*

the venue	*le lieu du procès, la juridiction*
the place of trial	*le lieu du procès*
to hold a trial	*organiser un procès*
to request a change of venue	*exiger un changement de juridiction*
to extradit	*extrader*
extradition	*l'extradition*
to surrender a criminal (to)	*livrer un criminel (à)*
to flee from justice	*fuir la justice*
a fugitive from justice	*un fugitif recherché par la justice*
to deliver a fugitive	*remettre un fugitif*

3 PLEAS — *LES MOYENS DE DEFENSE*

defense	*la défense*
to raise a defense	*soulever un moyen de défense*
a pleading	*une plaidoirie*
to plead guilty	*plaider coupable*
to plead non guilty	*plaider non coupable*
to accept a plea	*accueillir un moyen de défense*
a guilty plea	*la culpabilité*
to enter a plea of guilty	*plaider coupable*
to enter a not-guilty plea	*plaider non coupable*
to make a plea of self-defense	*plaider la légitime défense*
a plea of necessity	*la force majeure*
fit	*apte*
unfit to plead	*inapte à se défendre*
to cop a plea	*plaider coupable (pour atténuer une peine)*
to plea bargain	*négocier une peine*
plea bargaining	*la négociation des peines*
to seek a deal	*chercher à négocier*
to lower a charge	*diminuer une charge d'accusation*
to mitigate a charge	" " " "

to reduce charges	*abandonner une partie des poursuites*
criminal liability	*la responsabilité pénale*
to be held liable (for)	*être tenu pour responsable (de)*
a plea for exemption from	*un moyen de défense pour s'exonérer de*
extenuating circumstances	*les circonstances atténuantes*
mitigating circumstances	" " "
to make a plea in mitigation	*plaider les circonstances atténuantes*
insanity	*aliénation mentale*
diminished responsibility	*la responsabilité atténuée*
insane	*aliéné*
to prove insanity	*prouver l'aliénation*
to impair mental responsibility	*diminuer la responsabilité pénale (pour raisons mentales)*
to produce medical evidence	*fournir des certificats médicaux*
to be under the influence of drugs / of alcohol	*être sous l'empire de la drogue / de la boisson*
a minor	*un mineur*
to form a criminal intent	*avoir une intention criminelle*
diplomatic immunity	*immunité diplomatique*

4 THE PARTIES — *LES PARTICIPANTS AU PROCES*

the litigants	*les plaideurs*
a litigant	*un plaignant*
the plaintiff	*la partie civile, le plaignant, le demandeur*
the prosecutor	*le plaignant, le demandeur*
a respondent	*un défendeur*
the case for the defense	*la défense*
the case for the Crown	*l'accusation, le réquisitoire*
the case for the prosecution	" " "
a defending counsel	*un avocat de la défense*
a defense counsel	" " " "
a counsel for the defense	" " " "
an attorney for the defense	" " " "
an expert	*un expert*
a learned expert	*un expert (spécialisé)*
a forensic expert	*un expert de médecine légale*
a stenographer	*un greffier*
to take down in shorthand	*prendre en sténographie*
the dock	*le banc des accusés / des prévenus*
in the dock	*sur le banc des accusés*
the accused	*l'inculpé, le prévenu, l'accusé*
the person charged	*l'inculpé*
the prisoner	*le détenu, le prévenu*
a defendant	*un prévenu, un plaideur un intimé (en appel) un accusé (criminel)*

5 THE JURY — *LE JURY*

the jury	*les jurés*
to empanel a jury	*constituer un jury*
to be empanelled	*être désigné comme juré*
a jury panel	*une liste du jury*
to be drawn by lot	*être tiré au hasard*
to vet a jury	*sélectionner les jurés*
a prospective juror	*un juré potentiel*
to be eligible for jury duty / service	*être apte à remplir la fonction de juré*
to be ineligible	*être inapte*
to be disqualified from serving	*être déchu du droit d'être juré*
to be excused as of right	*être excusé de droit*
to be called for jury service	*être désigné pour exercer les fonctions de juré*
to do jury service	*exercer les fonctions de juré*
to sit on the jury	*faire partie du jury*
a petit / trial jury	*un jury de jugement*
jury process	*la convocation du jury*
a grand jury	*un jury d'accusation*
the jury box	*le banc du jury*
a jury man / a juror	*un juré*
an alternate juror	*un juré suppléant*
the forewoman / foreman	*la présidente / le président du jury*
a jury commissioner	*un commissaire du jury*
to take an oath	*prêter serment*
to take an affirmation	*faire une déclaration sur l'honneur*
to make an affirmation	*déclarer solennellement*
to be sworn in	*prêter serment*
a sworn juror	*un juré assermenté*
to be sworn to secrecy	*jurer de garder le secret des délibérations*
an impartial juror	*un juré impartial*
to pack a jury	*composer un jury favorable*
to challenge a juror	*récuser un juré*
a challenge for cause	*une récusation fondée*
a peremptory challenge	*une récusation sans qu'une cause soit fournie (péremptoire, non motivée)*
a standby challenge	*une récusation avec obligation de se tenir en réserve*
a challenge for cause	*une récusation motivée*
to stand down	*céder sa place*
to be biassed	*être partial*
a bias	*un préjugé*
to be colour blind	*être impartial (en matière de race)*
to pre-package a jury	*conditionner un jury*
to misdirect a jury	*mal instruire un jury*
the judge's charge to the jury	*les recommandations données au jury*
the final argument to the jury	*l'ultime plaidoyer au jury*
to sum up	*résumer*
summation / the summing-up	*le résumé des débats (par le juge)*

to charge the jury	*faire l'allocution au jury, faire le résumé des débats (par le juge)*
to provide guidance	*guider*
to decide the question of guilt	*décider de la culpabilité*
to dissent	*exprimer une opinion contraire*
a hung jury	*un jury dans l'impasse (qui n'est pas parvenu à une décision unanime)*
to deadlock	*être incapable de dégager une majorité*
to dismiss a jury	*dissoudre un jury*

6 SEARCHING FOR TRUTH — *LA RECHERCHE DE LA VERITE*

to see the parties	*accueillir les tiers*
a search for truth	*une recherche de la vérité*
to expose falsehoods	*mettre en évidence les mensonges*
a presumption	*une présomption*
to rebut a presumption	*réfuter une présomption*
to answer a charge	*réfuter une accusation*
a replication / a reply	*une réplique*
a demurrer	*une fin de non-recevoir*
an opening statement	*l'exposition des faits*
a statement	*une déposition*
a written statement	*un mémoire*
a version of the facts	*une version des faits*
to question	*interroger*
to find the facts	*tirer les faits au clair*
to elicit the facts	*faire la lumière sur les faits*
to clarify the facts	*éclaircir les faits*
to disprove facts	*nier les faits (preuves à l'appui)*
to prove facts	*prouver les faits*
an alibi	*un alibi*
to check an alibi	*vérifier un alibi*
to produce an alibi	*fournir un alibi*
to admit to	*reconnaître*
to deny	*nier*

7 EVIDENCE — *LES PREUVES*

7.1 GENERAL BACKGROUND — *GENERALITES*

the burden of proof	*la charge de la preuve*
to rest upon the prosecution	*reposer sur l'accusation*
a presumption of innocence	*une présomption d'innocence*
to rule in favour of	*décider en faveur de*
to prove intent	*faire la preuve de l'intention*
the evidence	*les preuves, les témoins*
a piece of evidence	*une preuve*
oral evidence	*une déposition orale*
hearsay evidence	*témoignages par ouï-dire (sur la foi d'un tiers)*
based on hearsay	*fondé sur des ouï-dire*
relevant evidence	*preuves pertinentes*
real evidence	*une déposition matérielle*
admissible evidence	*preuves recevables*
incriminating evidence	*pièces à conviction*
documentary evidence	*preuves littérales, preuves probantes*
conclusive evidence	*preuves irréfragables*
circumstancial evidence	*preuves indirectes*
primary evidence	*preuves de première main*
secondary evidence	*preuves secondaires*
forensic evidence	*expertise médico-légale*
the evidence for the prosecution	*les témoins à charge*
the evidence for the defense	*les témoins à décharge*
to produce evidence	*administrer la preuve*
to receive the evidence	*recevoir les preuves*
the presentation of evidence	*l'examen des preuves*
to introduce in evidence	*présenter comme preuves*
to collect evidence	*rassembler des témoignages*
to adduce evidence	*fournir des preuves*
to bear / give evidence	*déposer en justice*
to call sb. in evidence	*appeler qqn. en témoignage*
the hearing of evidence	*l'audition des témoins*
a motion to strike out evidence	*une requête pour rejeter un témoignage*
an exhibit	*une pièce à conviction*
King's evidence (UK)	*un témoin dénonciateur de ses complices*
State's evidence (USA)	" " " "
to turn State's evidence	*témoigner contre ses complices (sous promesse de pardon)*
to give evidence against	*dénoncer*
to grass	*la dénonciation*
grassing	*la délation*

7.2 WITNESS — *LES TEMOIGNAGES*

a witness	*un témoin*
an eye witness	*un témoin oculaire*
to hear the witnesses	*entendre les témoins*
to be called to the bar	*être appelé à la barre*
a witness for the defense	*un témoin à décharge*
a witness for the prosecution	*un témoin à charge*
to call as a witness	*appeler comme témoin*
to subpoena a witness	*citer un témoin à comparaître*
a subpoena	*une citation à comparaître, une assignation*
the witness box	*la barre des témoins*
to take the witness stand	*se présenter à la barre des témoins*
to swear on the Bible	*jurer sur la Bible*
to swear a witness	*faire prêter serment à un témoin*

to speak on oath	*parler sous serment*
to bear witness / to give evidence	*témoigner, déposer*
to testify to	*témoigner de*
to give testimony	*témoigner*
a verbal testimony	*une déposition orale*
to elicit testimony	*obtenir un témoignage*
to examine a witness	*interroger un témoin*
an examination	*un interrogatoire, une audition*
an examination in chief	*un interrogatoire principal*
to bully	*rudoyer*
to browbeat	*intimider*
to cross-examine	*faire subir un contre-interrogatoire*
a cross examination	*un contre-interrogatoire*
a cross-examiner	*un contre-interrogateur*
to impeach a witness	*récuser un témoin*
to challenge a witness	" " "
subornation of a witness	*la corruption de témoin*
to testify	*témoigner*
to corroborate	*corroborer*
to rule out a question	*écarter une question*
to withdraw a question	*retirer une question*
a leading question	*une réponse suggérée*
to raise an objection	*soulever une objection*
to make an objection	*faire une objection*
to sustain an objection	*admettre une objection*
to uphold an objection	*maintenir une objection*
to overrule an objection	*rejeter une objection*
to object to	*élever une objection*
to take exception (to)	*soulever une objection (à)*
to take exception to a witness	*récuser un témoin*
an exception	*une fin de non recevoir*
to proceed	*poursuivre*

7.3 PERJURY — *LE FAUX TEMOIGNAGE*

perjury	*faux témoignages*
to commit perjury	*se parjurer*
a perjurer	*un parjure*
false information	*faux renseignements*
to alter one's testimony	*modifier son témoignage*
to be prosecuted for perjury	*être poursuivi pour faux témoignage*
subornation of perjury	*la subornation de témoins*
an affidavit	*une déclaration sous serment*
to swear an affidavit	*déclarer sous serment*
to pervert the course of justice	*entraver le cours de la justice*
to remain silent	*garder le silence*
to plead the fifth (USA)	*invoquer le 5ème amendement (qui donne le droit de rester silencieux afin de ne pas se compromettre)*
self-incriminating evidence	*preuves compromettantes (pour soi)*
to give testimony against oneself	*faire une déposition compromettante pour soi*

V THE OUTCOME OF A TRIAL — *L'ISSUE DE LA PROCEDURE*

1 THE VERDICT — *LA DECISION*

to notify (to) / to serve notice (of)	*signifier*
to notify the parties	*faire des intimations aux parties*
notification	*la notification (du jugement)*
to give one's findings	*statuer, rendre sa décision*
beyond any reasonable doubt	*au-delà de tout doute raisonnable*
to determine the verdict	*déterminer le verdict*
to reach a verdict	*parvenir à un verdict*
to come to a verdict	*rendre un verdict*
to return a verdict	" " "
to bring in a verdict	*prononcer un verdict*
a unanimous verdict	*un verdict unanime*
to uphold a verdict	*confirmer un verdict*
to convict	*être déclaré coupable*
a conviction	*une condamnation*
to convict sb. of	*reconnaître qqn. coupable de*
to gain a conviction	*obtenir une condamnation*
to secure a conviction	" " "
to be found guilty	*être reconnu coupable*
to be declared guilty	" " "
to establish guilt	*établir la culpabilité*
to return a guilty verdict	*rendre un verdict de culpabilité*
to take the rap	*payer les pots cassés, porter le chapeau*
to fail in a suit	*perdre son procès*
to settle a case out of court	*arranger une affaire à l'amiable, retirer une plainte*
to be ruled out of court	*être débouté de sa plainte*
a judgement	*un jugement*
to enforce a judgement	*appliquer un jugement*
a controversial judgement	*un jugement controversé*
to comply with a judgement	*se conformer à un jugement*
to fail to comply	*ne pas observer*
compliance (with)	*la conformité (à)*
contempt of court	*outrage à magistrat*
to be in contempt of court	*offenser le tribunal*

2 INNOCENCE — *L'INNOCENCE*

to be found innocent	*être reconnu innocent*
to be cleared of a charge	*être lavé d'une accusation*
to have a clear conscience	*avoir la conscience nette*
to have a clean record	*avoir un casier judiciaire vierge*
to acquit	*acquitter, relaxer*
an acquittal	*un acquittement*
to discharge	*relaxer*
a discharge	*une relaxe*
an absolute discharge	*une dispense de peine*
a conditional discharge	*une dispense conditionnelle d'exécution de la peine*
a lack of evidence	*un manque de preuve*
inconclusive evidence	*preuves non concluantes*
to dismiss a charge	*rendre un non-lieu*
a dismissal of charges	*un non-lieu*
to dismiss a case	*rendre une fin de non recevoir*
to beat the rap	*se faire acquitter*
to get off scot free / to go free	*sortir libre*
to release / to let off	*relâcher*

3 SENTENCING — *LA CONDAMNATION*

to sentence	*condamner*
a sentence	*une condamnation*
to pass a sentence	*prononcer une peine*
to pronounce sentence	*prononcer une condamnation*
to hand out a sentence	*infliger une condamnation*
to pass sentence on sb.	*condamner qqn. à*
a suspended sentence	*une peine avec sursis*
to give a suspended sentence	*condamner à une peine avec sursis*
a suspended sentence	*une ordonnance de sursis*
a supervision order	*une mise à l'épreuve*
in absentia	*par défaut / par contumace (procès criminel)*
a judgement by default	*un jugement par contumace*
defaulting	*qui n'a pas comparu*
a tough sentence	*une condamnation sévère*
stiff	*rigoureux*
harsh	*sévère*
harshness	*la sévérité*
lenient	*indulgent*
leniency	*indulgence*
conditional sentencing	*une peine conditionnelle*
to serve a sentence	*purger une peine*
to suspend judgement	*surseoir au jugement*
to defer judgement	*différer un jugement*
to postpone	*différer*
to throw the book (at)	*infliger une peine maximum (à)*
to administer a slap on the wrist	*infliger une peine légère*
to award costs / to order costs	*condamner aux dépens*
to pay the costs	*payer les frais*
to meet the costs	*faire face au paiement des frais*
to be ordered to pay costs	*être condamné aux dépens*
court costs	*frais de procédure*
central funds	*fonds publics*

4 PRISON SENTENCES — *LES PEINES DE PRISON*

to carry a penalty	*sanctionner d'une peine*
to lay down a period	*fixer une période*
a custodial sentence / a prison term	*une peine de prison*
a jail sentence	" " "
to receive a jail sentence	*être condamné à une peine de prison*
a non-custodial sentence	*une peine sans privation de liberté*
a prison sentence	*une peine de prison*
a short-term sentence	*une peine légère*
a long-term sentence	*une lourde peine*
a life sentence	*une condamnation à vie*
imprisonment for life	*la réclusion à perpétuité*
to serve one's sentence	*subir sa peine*
to serve the full sentence	*exécuter l'intégralité de sa peine*
community work	*travaux d'intérêt général*
to be jailed for . . .	*être mis en prison pour ...*
to commit to prison	*faire incarcérer*
a committal warrant	*un mandat de dépôt / d'amener*
rehabilitation	*la réhabilitation*

5 PROBATION — *LA MISE A L'EPREUVE*

to be released on licence	*bénéficier d'une liberté conditionnelle*
probation	*la liberté surveillée*
a probation order	*une ordonnance de probation*
a supervision order	*une ordonnance de surveillance*
a probation officer	*un agent de probation*
a probationer	*un condamné en liberté surveillée, un probationnaire*
to place on probation	*mettre à l'épreuve*
a probation home / hostel	*un centre d'hébergement pour probationnaires*
a Day Training Center	*un établissement d'éducation surveillée (de jour)*
a halfway house	*un centre de réadaptation*
a previous conviction	*une condamnation antérieure*
alternative punishment	*peines de substitution*
community service	*le travail d'intérêt général*
unpaid work	*le travail non rémunéré*
a breach of probation	*un non-respect de la probation*

6 INSTITUTIONALIZATION — *L'INTERNEMENT*

a mentally disabled offender	*un délinquant handicapé mental*
to require hospitalization	*nécessiter l'hospitalisation*
to require psychiatric treatment	*nécessiter l'internement*
to commit to a hospital	*hospitaliser d'office*
a hospital order	*une ordonnance d'hospitalisation*
to institutionalize	*interner*

7 MINORS — *LES MINEURS*

to put teenagers behind bars	*mettre des jeunes en prison*
a young offender	*un jeune délinquant*
a care order	*une ordonnance de placement*
to be put in care / to be in care	*faire l'objet d'un placement*
to receive into care	*prendre en charge*
a borstal (UK)	*un établissement pour mineurs (apprentissage et rééducation)*
a young offender institution	*un établissement pour mineurs*
a detention centre	*un centre de détention fermé*
a community home	*un établissement communautaire*
a community home school (CHS)	*un établissement socio-éducatif*
an attendance centre	*un centre ouvert*
an approved school	*un internat agréé*
a foster home	*un foyer (nourricier)*
an assessment centre	*un centre d'observation*
to reform	*réformer*
a trainee	*un apprenti*

8 DAMAGES — *LES DOMMAGES-INTERETS*

civil liability / tort	*la responsabilité civile*
to sue sb. for damages	*poursuivre qqn. en dommages et intérêts*
a civil claim	*un droit à faire valoir, une demande en réparation*
an amount in dispute	*la valeur en litige*
negligence	*une faute*
an action for negligence	*une demande de dommages et intérêts*
to file a claim for damages	*intenter un procès en dommages et intérêts*
to sustain damage	*subir un dommage matériel*
to sustain injury	*subir un dommage corporel / moral*
to claim damages	*réclamer des dommages et intérêts*
damages suffered	*dommages subis*
liquidated damages	*dommages et intérêts préalablement fixés*
relief sought	*la réparation demandée*
to seek remedies	*prétendre à des réparations*
relief	*la réparation*

9 APPEAL — *LES VOIES DE RECOURS*

to feel aggrieved (at / by)	*se sentir victime d'une injustice*
the right to appeal	*le droit de faire appel*
a writ of error	*un recours pour cause d'erreur*
a notice of appeal	*une intimation, une assignation (en appel)*
to file a motion for	*déposer une demande pour*
an appellant	*un appelant*
a plaintiff in error	" "
an appellee / a respondent	*un intimé*
a defendant in error	" "
a new trial	*un nouveau procès*
unfounded evidence	*témoignages sans fondement*
newly discovered evidence	*témoignages nouveaux*
to come to light	*apparaître*
to err	*se tromper*
to challenge the legality	*contester la légalité*
to challenge a jurisdiction	*contester le lieu d'un procès*
the arrest of judgement	*la suspension d'exécution d'un jugement*
pending an appeal	*en instance d'appel*
on appeal	*en seconde instance*
to appeal against a decision	*faire appel d'une décision*
to appeal a case	*interjeter appel*
to appeal from	*faire appel de*
to appeal to	*faire appel à, introduire un recours devant*
a certificate of appeal	*un acte d'appel*
a higher court	*une cour d'instance supérieure*
a court of appeals	*une cour d'appel*
to lodge an appeal with the Supreme Court	*se pourvoir en cassation*
appellate proceedings	*poursuites en appel*
an appellate jurisdiction	*une compétence en appel*
to bring an appeal	*interjeter appel*
to appeal a conviction	*faire appel d'un jugement*
to appeal against a conviction	" " " "
to enter a motion of appeal	*se pourvoir en appel*
to lodge an appeal	*interjeter appel*
to give notice of an appeal	*notifier un appel*
to allow an appeal	*recevoir un appel*
to dismiss an appeal	*rejeter un appel*
an unmeritorious appeal	*un appel non fondé*
to justify an appeal	*justifier un appel*
fresh evidence	*nouvelles preuves*
to grant a review	*accorder une révision*
to hear an appeal from a decision	*juger d'une décision en appel*
to uphold a decision	*confirmer une décision*

to reverse a decision	*infirmer une décision*
to quash a conviction	*casser un jugement, effacer une condamnation du casier judiciaire*
to set aside a judgement	*casser un jugement*
to overturn a conviction	*infirmer un jugement*
to quash a sentence on appeal	*infirmer un jugement en appel*
to remit a case back to	*renvoyer une affaire à*

10 MEANS OF ENFORCEMENT — *LES VOIES D'EXECUTION*

a fine	*une amende*
to fine	*infliger une amende*
to compensate sb. for sth.	*indemniser qqn. de qqch.*
a compensation order	*une ordonnance d'allocation d'indemnités*
the National Exchequer	*le Trésor Public*
a restitution order	*une ordonnance de restitution*
to enforce a judgement	*exécuter un jugement*
means of enforcement	*moyens d'exécution*
to comply (with)	*se conformer (à)*
a writ of attachment	*un commandement de saisie*
a writ of execution	*un titre exécutoire*
a writ of habeas corpus	*un ordre (écrit) d'habeas corpus*
a warrant	*un mandat*
to issue a warrant	*délivrer un mandat*
to carry out a warrant	*exécuter un mandat*
a distress warrant	*un mandat de saisie*
a warrant of execution	*un mandat de saisie-exécution*
a warrant of delivery	*un mandat de reprise forcée*
a warrant of possession	*un mandat de remise en possession*
to seize	*saisir*
a charging order	*une ordonnance de saisie*
distraint	*la saisie exécutoire*
to destrain upon sb.'s goods	*saisir les biens de qqn.*
to destrain upon a debtor	*saisir un débiteur*
an auction	*une vente aux enchères*
to sell by auction	*vendre aux enchères*
proceeds	*produits de la vente*
an attachment of earnings order	*une ordonnance de saisie-arrêt sur salaire*
to issue an attachment	*prononcer une ordonnance de saisie*
a garnishee order	*une ordonnance de saisie-arrêt*
sequestration	*une mise sous séquestre*
to confiscate	*confisquer*
confiscation	*la confiscation*
deprivation	*la privation*

11 PARDON — *LA GRACE*

to pardon	*pardonner, gracier*
a pardon	*une grâce*
a conditional pardon	*une grâce limitée*
the right to pardon	*le droit de grâce*
the pardoned persons	*les amnistiés*
Royal Pardon	*la grâce royale*
a presidential pardon	*une grâce présidentielle*
to grant a pardon	*accorder la grâce*
to commute a sentence	*commuer une peine*
a lesser penalty	*une peine moins sévère*
to remit part of a sentence	*accorder une remise de peine*
to amnesty	*amnistier*
a full unconditional pardon	*une grâce amnistiante*

12 THE MISCARRIAGE OF JUSTICE — *L'ERREUR JUDICIAIRE ET LA VICTIME DU PROCES*

an indictement of justice	*une condamnation judiciaire*
a misconduct of justice	*une erreur judiciaire*
to discredit	*jeter le discrédit sur*
to do a great injustice (to)	*porter grand tort (à)*
to trample on civil liberties	*bafouer les libertés civiques*
to ride roughshod over a principle	*passer outre à un principe*
to throw doubt on	*jeter le doute sur*
to clear sb. of a charge	*laver qqn. d'une accusation*
to overrule	*rejeter*
to remedy injustice	*réparer une injustice*
to make fresh findings of the facts	*apporter des faits nouveaux*
to rehear witnesses	*entendre à nouveau les témoins*
to take additional evidence	*recueillir de nouveaux témoignages*
to supplement a testimony	*compléter un témoignage*
a discredited statement	*une fausse déclaration*
to tamper with evidence	*trafiquer les preuves*
to manufacture evidence	*fabriquer des preuves*
to fake evidence	*falsifier les preuves*
to withhold evidence	*dissimuler des preuves*
wrongful evidence	*preuves montées de toutes pièces*
to conceal information	*dissimuler des éléments*
concealment	*la dissimulation*
to mislead the court	*induire la cour en erreur*
to misdirect the jury	*mal instruire le jury*
to appoint an inquiry	*nommer une commission d'enquête*
to reverse a conviction	*infirmer un jugement*
a reversal	*une annulation*
to coerce a confession	*arracher des aveux par la force*
to bully sb. into making a confession	*contraindre qqn. à faire des aveux par la menace*
a false confession	*faux aveux*
to trump up	*fabriquer de toutes pièces*
a trumped-up charge	*une fausse accusation*
uncorroborated confessions	*aveux non confirmés*
to concoct a statement	*fabriquer une déclaration*
to badger	*importuner*

to circumvent the law	*tourner la loi*
to meddle with a jury	*influencer le jury*
to commit perjury	*se parjurer*
to fabricate a conviction	*fabriquer une accusation*
a questionable conviction	*une condamnation contestable*
to be wrongly convicted	*être condamné à tort*
a mistrial	*un procès entaché d'un vice de procédure*
to request a mistrial	*demander l'annulation d'un procès*
to turn down	*réviser*
to hand down a mistrial	*annuler un procès*
to expunge a miscarriage	*réparer une injustice*
a retrial	*un nouveau procès*
to reopen a case	*ré-ouvrir un procès*
to review a case	*réexaminer un procès*
a review	*une révision*
a retrial of the case	*un nouveau procès*
to order a new trial	*demander à repasser en jugement*
to quash a conviction	*casser un jugement*
to throw out a conviction	*" " "*

13 THE REFORM OF THE SYSTEM — *LA REFORME DU SYSTEME*

to reform the system	*réformer le système*
to tighten the standards	*renforcer les critères*
to debase	*dévaloriser*
to give determinate sentences	*accorder des peines fixées d'avance*
to drag out the length of cases	*prolonger la durée des procès*
a backlog of cases	*un retard important dans les affaires à juger*
a beleagered court	*une justice aux abois*
to cause delays	*provoquer des retards*
a crowded court	*une cour surchargée*
overloaded	*surchargé*
to be understaffed	*manquer de personnel*

4 PRISON — *LA PRISON*

1 GENERAL BACKGROUND — *GENERALITES*

the penal system	*le système pénal*
a prison van	*un fourgon cellulaire*
a jail	*une prison*
a gaol	*" "*
a jailhouse	*une prison (le bâtiment)*
the can	*la taule (fam.)*
the coop	*" "*
the clink	*" "*
the slammer	*" "*
the slams	*" "*
the cooler	*le mitard (fam.)*
a lockup	*un mitard*
the hole	*le trou (fam.)*
to hole up	*faire du mitard*
a dry tank	*une cellule (de désintoxication)*
a cell	*une cellule*
in the cells	*au bloc*
a cell block	*un bloc*
a row of cells	*une rangée de cellules*
a tier	*un étage*
to go to prison	*aller en prison*
to send to prison	*envoyer en prison*
to put into prison	*incarcérer*
to throw into prison	*jeter en prison*
to put away	*boucler*
to jail	*mettre en prison*
to lock up	*mettre au violon (fam.)*
to put sb. in clink	*mettre qqn. au bloc*
to lag	*emprisonner*
to put sb. under lock and key	*écrouer qqn.*
to commit to the cells	*écrouer au dépôt*
to detain	*arrêter*
a detainer	*un mandat de dépôt*
to imprison	*emprisonner*
to be imprisoned	*être prisonnier*
imprisonment	*emprisonnement*
banged up	*en taule*

2 CUSTODIAL SENTENCES — *LES PEINES DE PRISON*

a custodial sentence	*une peine de prison*
to be sentenced to three months' imprisonment	*être condamné à trois mois de prison ferme*
a prison term	*une peine de prison*
a term of imprisonment	*" " "*

to do time	*faire de la prison*
to do a stretch	*faire un an de taule*
a pontoon	*une peine de 21 mois*
lagging	*une peine de prison de trois ans minimum*
a ten-spot	*une peine de 10 ans*
life imprisonment	*la prison à perpétuité*
imprisonment for life	*la réclusion criminelle à perpétuité*
imprisonment for a set period	*une peine d'emprisonnement*
detention	*la détention*
to be on remand	*être en détention préventive*
in custody	*en détention préventive*
to remand in custody	*placer en détention provisoire / préventive*
to be remanded in custody	*faire de la prison préventive*
confinement	*la réclusion, la détention*
to be behind bars	*être derrière les barreaux*
to be behind walls	*être en prison*

3 PENAL INSTITUTIONS — *LES ETABLISSEMENTS PENITENTIAIRES*

a detention facility	*un établissement pénitentiaire*
a house of correction	*une maison de correction*
a model prison	*une prison modèle*
a state prison	*une prison d'état*
a federal penitentiary	*un pénitencier fédéral*
a penitentiary	*un pénitencier*
a pen	" "
a house of detention	*une maison d'arrêt*
a borstal	*une maison de redressement*
a reformatory	*une maison de redressement (UK), un centre d'éducation surveillée (USA)*
a detention centre (UK)	*un centre de redressement*
a detention home (USA)	" " " "
a remand home (UK)	*une maison d'arrêt*
a convict prison	*une centrale*
a closed prison	" "
an open prison	*un centre ouvert*
a convict colony	*une colonie pénitentiaire*
a low / minimum security prison	*une prison de sécurité minimum*
a maximum security prison	*une prison de haute sécurité*
a top-security prison	" " "
a pre-release detention center	*un centre de réhabilitation avant libération*
a watchtower	*un mirador*
a remand wing	*l'aile des détenus en préventive*
to be on the Rule (Rule 43)	*être séparé des autres prisonniers (concerne les auteurs de crimes sexuels)*
a chokey	*un bloc (fam.)*

4 THE PRISON POPULATION — *LA POPULATION CARCERALE*

a prisoner	*un prisonnier*
a detainee	" "
an inmate	*un détenu*
a fellow inmate	*un co-détenu*
an inmate orderly	*un détenu de service*
the inmate population	*la population carcérale*
a jailbird	*un taulard (fam.)*
a lag	*un forçat, un bagnard*
a convict	*un détenu*
an ex-convict	*un ancien taulard*
an ex-con	" " "
a trusty	*un prisonnier à qui on donne certains privilèges, un prévôt*
a career criminal	*un criminel professionnel*
a recidivist	*un récidiviste*
a repeat offender	" "
a habitual offender	" "
a hardened criminal	*un criminel endurci*
a petty criminal	*un léger délinquant*
to have a long criminal record	*avoir un casier judiciaire chargé*
a long termer	*qui purge une longue peine*
a lifer	*un condamné à perpétuité*
a rat	*un mouchard*
a squealer	*un cafardeur*
a nonce	*un violeur*
a parolee	*un condamné en liberté conditionnelle*
a prison guard	*un gardien de prison*
a warden (UK)	*un directeur de prison*
a prison governor (USA)	" " "
a wardress / a warder	*une surveillante / un surveillant*
a screw	*un maton (fam.)*
a kanga	" " "

5 LIFE INSIDE — *LA VIE EN TAULE*

treatment in prison	*le traitement en milieu carcéral*
the conditions of detention	*les conditions de détention*
to deprive of liberty	*priver de liberté*
the deprivation of liberty	*la privation de liberté*
prison space	*espace carcéral*
to be inside	*être en taule*
to accomodate	*loger, être prévu pour*
to make room (for)	*faire de la place (pour)*
a lack of prison space	*un manque d'espace carcéral*
to be filled beyond capacity	*être surchargé*
to be overstuffed (with)	*être bourré (de)*
to burst at the seams	*être plein à craquer*
a bulging prison	*une prison qui déborde*
to bulge with prisoners	*être plein à craquer*
to be jammed into cells	*être en surnombre dans les cellules*
to pack prisoners (into)	*entasser les prisonniers (dans)*
to spill	*déborder*
prison overcrowding	*la surpopulation pénale*
to reduce overcrowding	*réduire la surpopulation*
to alleviate overcrowding	*soulager la surpopulation*
to resort to triage	*avoir recours à un tri*
a prison-building program	*un programme de construction de prisons*
a depleted staff	*un personnel réduit*
a staff shortage	*une pénurie de personnel*
a sanitation bucket	*un seau hygiénique*
to slop out	*vider les seaux hygiéniques*
to be short-rationed	*être rationné*
scran	*la nourriture (fam.)*
burn / snout	*le tabac (fam.)*
a snout baron	*un prisonnier qui vend du tabac (aux autres prisonniers)*
to wear a prison uniform	*porter la tenue de la prison*
the prison yard	*la cour de prison*
to mark time	*attendre son heure*
to languish in cells	*languir en prison*
to be victimized	*être l'objet de représailles*
to be raped	*être violé*
deprivations	*privations*
degradation	*l'avilissement*
corruption	*la corruption*
a sense of self-worth	*l'estime de soi*
occupational training	*la formation professionnelle*
professional education	*l'éducation professionnelle*
to confine	*enfermer*
a punishment block	*le mitard*
solitary confinement	*le régime cellulaire*
to put into solitary confinement	*placer en isolement cellulaire*
maximum security confinement	*isolement maximum*
to isolate (a criminal from)	*isoler (un criminel de)*
isolation	*isolement*
an isolation cell	*une cellule d'isolement*
to be held incommunicado	*être au secret*
to be in protective custody	*être protégé*
death row	*le couloir des condamnés à mort*
to be on death row	*être condamné à mort*
to live on borrowed time	*être en sursis*

6 SECURITY MEASURES — *LES MESURES DE SECURITE*

a prison disturbance	*les incidents en prison*
a prison riot	*une révolte de prisonniers*
to erupt	*se déclencher*
to take a building by force	*s'emparer d'un bâtiment*
to strip off tiles	*arracher les tuiles*
a 24-hour surveillance	*une surveillance permanente*
an inspection	*une inspection*
to search cells	*fouiller les cellules*
an escape	*une évasion*
to escape (from)	*s'évader (de)*
to break jail	*s'évader de prison*
to fly the coop	" "
to bolt	" "
to be on the lam	*être en cavale*
an E-man	*un candidat à l'évasion*
to prevent escape	*empêcher l'évasion*
prison labour	*le travail en prison*
visiting	*les visites*
a visiting order	*une autorisation de visite*
visiting hours	*les heures de visite*
a visiting privilege	*un droit de visite*
a conjugal visit	*une visite conjugale*
a glass partition	*une paroi de verre*

7 RELEASE MEASURES — *LA LEVEE D'ECROU*

to serve a prison sentence	*purger une peine de prison*
to serve one's time	*purger son temps de prison*
to serve time	*purger une peine*
to serve 20 years	*faire vingt ans de prison*
to complete a term	*faire son temps*
good behaviour	*la bonne conduite*
to release upon good behaviour	*libérer pour bonne conduite*
parole	*la liberté conditionnelle*
jam roll	" " "
to be eligible for parole	*avoir droit à une libération conditionnelle*
to be up for parole	" " "
to release sb. on parole	*mettre qqn. en liberté conditionnelle*
to be released on parole	*bénéficier d'une libération conditionnelle*
to break parole	*ne pas respecter ses conditions de liberté conditionnelle*
parole violation	*le non-respect des conditions de liberté conditionnelle*
to go home on furlough	*regagner son foyer en permission*
a home leave	*une permission de sortie*
probation	*la mise à l'épreuve*
to grant probation	*accorder la mise à l'épreuve*
to place on probation	*mettre à l'épreuve*
a probation service	*un comité de mise à l'épreuve*
a probation order	*une ordonnance de mise à l'épreuve*
a breach of probation	*une non-soumission à une ordonnance de probation*
to be released on licence	*bénéficier d'une libération conditionnelle*
to amnesty	*amnistier*
an amnesty	*une amnistie*
to reduce a sentence	*réduire une peine*
to commute a sentence	*commuer une peine*
a commutation of punishment	*une commutation de peine*
a remission	*une remise de peine*
to grant a remission of sentence	*accorder une réduction de peine*
to release	*libérer*
to discharge	*élargir*
a discharge	*un élargissement*
to be given an early release	*obtenir une libération anticipée*
a release (from prison)	*une levée d'écrou*
to be sprung from jail	*être libéré de prison*
to be let out of prison	" " " "
on release	*à la libération*
to readjust to	*se réadapter à*
to be reintegrated into society	*être réintégré dans la société*
to stay out of trouble	*éviter les ennuis*
to run afoul of the law	*se mettre en contradiction avec la loi*
after care	*aide post-pénitentiaire*
a discharge grant	*un pécule de libération*
the National Association for the Care and Resettlement of Offenders (NACRO)	*L'Association Nationale pour la Réinsertion Sociale*

8 PUNISHMENT — *LE CHATIMENT*

penology	*la pénologie*
to punish	*punir*
punishment	*le châtiment*
corporal punishment	*le châtiment corporel*
to inflict punishment	*infliger un châtiment*
to impose punishment	*imposer un châtiment*
the effectiveness of punishment	*l'efficacité du châtiment*
punishable	*passible*
to fit the crime	*correspondre au crime*
a transgression	*une transgression*
a penalty	*une faute*
a sanction	*une sanction*
to pay for a crime	*faire payer un crime*
retribution	*la vengeance*
to suffer in proportion to	*souffrir autant que*
to match one injury for another	*accorder la peine au préjudice subi*
to provide a deterrent	*fournir un moyen de dissuasion*
to act as a deterrent	*exercer un effet disuasif*
to protect the public against	*protéger le public de*
protection	*la protection*
to present a danger (to)	*présenter un danger (pour)*
to deter	*décourager*
deterrence	*la dissuasion*
to put sb. off an idea	*ôter à qqn. toute envie de*
to get away (with)	*se tirer à bon compte (de)*
to reform	*s'amender*
reformation	*le retour à une vie honnête*

to rehabilitate	*réhabiliter*
rehabilitation	*la réhabilitation*
a rehabilitative program	*un programme de réhabilitation*
to overcome	*surmonter*
aggressive thinking patterns	*instincts agressifs*
the recidivism rate	*le taux de récidive*
contact with other inmates	*le contact avec d'autres détenus*
to reinforce criminal attitudes	*renforcer les comportements criminels*
to harden	*endurcir*
to undo the harm	*réparer le mal*
to suffer in return	*souffrir en retour*
to assuage the suffering	*soulager les douleurs*
to retaliate (against)	*user de représailles envers, se venger de*
retaliation	*les représailles*
to expiate	*expier*
expiation	*expiation*
an alternative to	*une autre solution à*
community work	*le travail d'intérêt collectif*

5 CAPITAL PUNISHMENT — *LA PEINE CAPITALE*

1 GENERAL BACKGROUND — *GENERALITES*

the death penalty	*la peine de mort*
a death sentence	*une condamnation à mort*
death row	*le couloir des condamnés à mort*
to be on death row	*être dans le couloir de la mort*
a death row inmate	*un condamné à mort*
to be punishable by death	*être passible de mort*
to carry out a death sentence	*exécuter la peine de mort*
to execute	*exécuter*
an execution	*une exécution*
to issue a notice of execution	*publier un avis d'exécution*
to mete out execution	*exécuter*
the executioner	*le bourreau*
an executed man	*un supplicié*
to put to death	*mettre à mort*
to carry out an execution	*procéder à une exécution*
to retain capital punishment	*conserver la peine de mort*
to restore capital punishment	*rétablir la peine capitale*
restoration	*le rétablissement*
to reinstate	*rétablir*
to enforce the death penalty	*appliquer la peine de mort*
to adopt	*adopter*
to extend	*élargir*
to schedule an execution	*prévoir une exécution*
to abolish	*abolir*
abolition	*abolition*
an abolitionist	*un partisan de l'abolition*
an abolitionist country	*un pays abolitionniste*
to advocate	*prôner*
an advocate	*un partisan*
to oppose	*s'opposer*
an opponent (to)	*un adversaire (de)*

2 APPEAL — *LES VOIES DE RECOURS*

to appeal against the death sentence	*faire appel d'une condamnation à mort*
to file a petition for clemency	*déposer un recours en grâce*
to apply for a clemency hearing	*demander une audience pour plaider la clémence*
to review a death sentence	*examiner une condamnation à mort*
to reverse a sentence	*casser une condamnation*
to uphold a death sentence	*confirmer une peine capitale*
to go ahead with an execution	*procéder à une exécution*
to reject a petition	*rejeter la grâce*
to reject a request for clemency	*rejeter un appel à la clémence*
a reprieve	*un délai de grâce*
the power of reprieve	*le droit de grâce*
to win a reprieve	*obtenir un délai de grâce*

to grant	*accorder*
to stay an execution	*surseoir à une exécution*
a stay of execution	*un sursis à exécution*
to delay an execution	*retarder une exécution*
to escape execution	*échapper à l'exécution*

3 THE EXECUTION — *L'EXECUTION*

to decapitate	*décapiter*
to behead	*trancher la tête*
to guillotine	*guillotiner*
the gas chamber	*la chambre à gaz*
the electric chair	*la chaise électrique*
to be fried	*être électrocuté*
to burn	*mourir sur la chaise électrique*
to administer a 2,000-volt blast of electricity	*envoyer une décharge de 2000 volts*
to inject	*faire une piqûre*
an injection	*une injection*
a lethal dose	*une dose mortelle*
to hang	*pendre*
to swing	*être pendu*
to be hanged	" "
a rope	*une corde*
a loop	*un nœud coulant*
a hood	*une cagoule*
to blindfold	*bander les yeux*
hanging	*la pendaison*
death by hanging	*la mort par pendaison*
to die on the gallows	*mourir sur la potence*
the firing squad	*le peloton d'exécution*
to be sent before the firing squad	*passer devant le peloton d'exécution*

4 THE CASE FOR / AGAINST CAPITAL PUNISHMENT — *POUR OU CONTRE LA PEINE DE MORT*

painless	*indolore*
to deter	*dissuader*
a deterrent	*une mesure de dissuasion*
to act as a deterrent	*exercer un effet de dissuasion*
to commit a second offence	*récidiver*
to protect society from	*protéger la société de*
to turn public opinion around	*convertir l'opinion publique*
a grisly practice	*un sinistre cérémonial*
a primitive attitude	*une attitude primitive*
to go against the idea of	*aller à l'encontre de l'idée de*
to cheapen the value of human life	*faire peu de cas de la vie humaine*
a miscarriage of justice	*une erreur judiciaire*
posthumous admissions	*aveux posthumes*
to establish with certainty	*établir avec certitude*
to be ineffective as a deterrent	*être un moyen de dissuasion inefficace*
to be counter productive	*être inefficace*
to reduce crime	*faire baisser la criminalité*
to bring the victim back to life	*ramener la victime à la vie*
to take the law into one's own hands	*faire justice soi-même*
a crime of impulse	*un crime non réfléchi*
to be responsible for	*être responsable de*
insanity	*aliénation mentale*
to be insane	*être aliéné*

IV THE LEISURE SOCIETY — *LA SOCIETE DE LOISIR*

1 A LEISURE SOCIETY — *UNE SOCIETE DE LOISIR*

1 GENERAL BACKGROUND — *GENERALITES*

leisure activities	*activités de loisir*
leisure-oriented activities	" " "
leisure occupations	" " "
a recreational activity	*une activité de loisir*
a leisure industry	*une industrie de loisir*
leisure time	*le temps de loisir*
a life of leisure	*une vie de loisir*
to be at leisure	*avoir du temps libre*
the leisured class	*la classe oisive*
recreational industries	*industries de loisir*
to have time on one's hands	*avoir du temps devant soi*
spare time	*le temps libre*
free time	" " "
to spend one's time	*passer son temps à*
to while away the hours	*passer le temps*
to kill time	*tuer le temps*

to devote one's time to	*consacrer son temps à*
outdoor activities	*activités de plein air*
indoor activities	*activités d'intérieur*
a hobby	*un passe-temps*
a pastime	" " "
recreation	*la détente*
relaxation	" "
to relax	*se détendre*
to take time out	" "
to take it easy	" "
to take time off	*prendre du repos*
to take a break	*faire une pause, s'interrompre dans ses activités*
idle	*oisif*
idleness	*oisiveté*

2 VACATIONS — *LES VACANCES*

a holiday / a vacation (USA)	*les vacances*
a bank holiday	*un jour de congé légal*
to vacation	*passer / prendre des vacances*
to spend one's holidays	*passer ses vacances*
the Summer holidays	*les grandes vacances*
the Easter break	*les vacances de Pâques*
half-term	*petites vacances*
Bastille Day	*le 14 juillet*
Labor Day (USA)	*la fête du travail (le 1er dimanche de septembre)*
the holiday season	*la saison des vacances*
holiday traffic	*la circulation estivale*
to take a holiday	*prendre des vacances*
to go on holidays	*partir en vacances*
to be on vacation	*être en vacances*
to be on holiday	" " "
to take a day off	*prendre un jour de congé*
holiday with pay	*les congés payés*
a holiday resort	*une villégiature*

a vacationer / a vacationist	*un vacancier*
a holiday maker	" "
a vacation hot spot	*un haut lieu de villégiature*
the holiday industry	*l'industrie des vacances*
a package holiday	*les vacances organisées*
to take a package holiday	*partir par un organisme de vacances organisées*
to run package holidays	*organiser des vacances*
a package seller	*un vendeur de voyages organisés / de vacances organisées*
the seaside	*le bord de la mer*
the country(side)	*la campagne*
a pilgrimage	*un pèlerinage*
a mecca	*une mecque*
a rafting expedition	*une expédition en radeau*
an immaculate beach	*une plage immaculée*
a sun seeker	*un amateur de soleil*
a sun worshipper	*un adepte du soleil*
a sandy beach	*une plage sablonneuse*
to sunbathe	*prendre un bain de soleil*

a sunbather	*personne qui prend un bain de soleil*
sunbathing	*les bains de soleil*
sprawled on the sand	*étalé sur le sable*
to soak up the sun	*se dorer au soleil*
sunburn / suntan	*le hâle, le bronzage*
sunburnt / sunburned	*hâlé, bronzé*
to get a tan	*se bronzer*
a suntan lotion	*une crème solaire*
a sunstroke	*une insolation, un coup de soleil*
to bake	*rôtir*
skin cancer	*le cancer de la peau*

3 ENTERTAINMENT — *LES DISTRACTIONS*

to entertain	*amuser, divertir*
an entertainment	*une distraction*
to entertain people	*recevoir des gens*
the entertainment world	*le monde du spectacle*
the entertainment industry	*l'industrie des spectacles*
an entertainment business	*une entreprise de spectacles*
an entertainment company	*une société de spectacles*
to have fun	*s'amuser*
to have a good time	*bien s'amuser*
to enjoy oneself	*s'amuser*

2 TRAVELLING — *LES VOYAGES*

1 GENERAL BACKGROUND — *GENERALITES*

to travel	*voyager*
a destination	*une destination*
to reach a destination	*atteindre une destination*
a journey	*un voyage*
to journey	*voyager*
a return journey	*un voyage de retour*
the journey home	*le voyage de retour*
a trip	*une excursion*
a one-day trip	*une excursion d'une journée*
to take a trip	*faire une excursion / un voyage*
a voyage	*un voyage à travers les océans*
a crossing	*une traversée*
a leg	*une étape*
to see the world	*voir le monde*
to hit the road	*prendre la route (fam.)*
a route	*un itinéraire*
to start a journey	*se mettre en route*
to set out	" " "
to pack off to	*faire ses valises pour*
to pack up	*boucler ses valises*
well travelled	*qui a beaucoup voyagé*
a seasoned traveller	*un voyageur chevronné*
to travel round the world	*voyager dans le monde entier*
to travel a country	*parcourir un pays*
to tour a country	*visiter un pays*
to travel a road (from . . . to . . .)	*faire la route (entre ... et ...)*
a travel agency	*une agence de voyages*
a travel bureau	" " " "
a travel organization	*un organisme de voyages*
a travel agent	*un agent de tourisme*
a travel brochure	*un dépliant touristique*
to put out a brochure	*publier une brochure*
a travel allowance	*frais de déplacement*
travel expenses	" "
a package tour	*un voyage organisé*
a package touring traveller	*un voyageur en groupe*
travel sickness	*le mal des transports*
to be travel sick	*avoir le mal de la route / de la mer ...*
to be carsick	*être malade en voiture*
to be seasick	*avoir le mal de mer*
to be travel weary	*être lassé des voyages*
travel worn	*fatigué de voyager*
to book ahead	*réserver à l'avance*
to reserve well in advance	*réserver longtemps à l'avance*
to book a seat	*réserver une place*
a fully booked flight	*un vol complet*
a traveller	*un voyageur*
a wayfarer	" "
a backpacker	*un voyageur sac au dos*
a hiker	*un marcheur*
a trekker	*un randonneur*
a eurailpassing traveller	*un voyageur qui fait le tour de l'Europe en train*
an excursionist	*un excursionniste*
a day tripper	" "

2 TRAVELLING ABROAD — *LES VOYAGES A L'ETRANGER*

foreign	*étranger*
a foreigner	*un étranger*
a foreign country	*un pays étranger*
to go abroad	*aller à l'étranger*
to venture abroad	*s'aventurer hors des frontières*
to travel overseas	*voyager à l'étranger*
to make an overseas trip	*voyager par-delà les mers*
to favour a country	*privilégier un pays*
to be laden with exotic appeal	*être plein de charme exotique*
exoticism	*le dépaysement*
to go on a safari	*partir en safari*
an alluring beach	*une plage attirante*
a trendy destination	*une destination à la mode*
a photograph buff	*un amateur de photos*
to snap pictures	*prendre des photos*
to take pictures	*photographier*
to visit museums	*faire les musées*
to kindle curiosity	*enflammer la curiosité*
a valid passport	*un passeport en cours de validité*
a visa	*un visa*
customs	*la douane*
to go through customs	*passer la douane*
a customs officer	*un douanier*
to be chary of foreign lands	*se méfier des pays étrangers*
to beware of	*se méfier de*
to be shy of strangers	*être intimidé par les étrangers*

3 WAYS OF TRAVELLING — *LES MODES DE VOYAGE*

a means of conveyance	*un moyen de locomotion*
a means of transportation	*un moyen de transport*
to travel on foot	*voyager à pied*
a walk	*une marche*
to walk	*marcher*
to go for a walk	*faire une marche*
a hike	*une excursion à pied*
to go on a hike	*partir en excursion*
to go for a hike	*partir en randonnée*
to hike	*excursionner (à pied)*
to trek	*faire de la randonnée*
a trek	*une randonnée pédestre*
to travel by car	*voyager en voiture*
to rent a car	*louer une voiture*
a car rental agency	*une agence de location de voitures*
to drive	*conduire*
to ride a bicycle	*aller à vélo*
a ride	*un voyage (en voiture, bus etc ...)*
motoring	*le tourisme automobile*
by train	*en train*
by bus	*en autobus*
by plane	*en avion*
to fly	*prendre l'avion*
a flight	*un vol*
to take a charter flight	*prendre un vol charter*
to sail	*naviguer*
hitchhiking	*l'auto-stop*
to hitchhike	*faire de l'auto-stop*
to thumb	" " "
to thumb a ride	*attendre une voiture*
to pick up a hitchhiker	*prendre un auto-stoppeur à son bord*
to be picked up	*être pris en stop*
to give a ride (to) (USA)	*prendre en stop*
to give a lift (to) (UK)	" " "
a hitchhiker	*un auto-stoppeur, une auto-stoppeuse*
a timetable	*un horaire*
a schedule	" "
to roam	*vagabonder*
to wander	*aller à l'aventure*
to be dependent on	*dépendre de*
to be free from	*être libre de*
a constraint	*une contrainte*

4 TRAVELLING GEAR — *L'EQUIPEMENT DU VOYAGEUR*

to take along	*emporter avec soi*
a travelling bag	*un sac de voyage*
to travel light	*voyager léger*
luggage / baggage	*les bagages*
a piece of luggage	*un bagage*
a suitcase	*une valise*
a trunk	*une malle*
a luggage trolley	*un chariot à bagages*

to register a piece of luggage	*faire enregistrer un bagage*
to backpack	*partir sac au dos*
a sleeping bag	*un sac de couchage*
a rucksack	*un sac à dos*
hiking boots	*chaussures de marche*
a T-shirt	*un T-shirt*
socks	*chaussettes*
pyjamas	*pyjamas*
underwear	*sous-vêtements*
swimming trunks	*un costume de bain*
a bathing suit	*un maillot de bain*
a swimsuit	" " " "
a pullover	*un pull*
a sweater	" "
a guide book	*un guide touristique*
traveller's checks	*chèques de voyage*
a gizmo	*un gadget*
an accessory	*un accessoire*
a camera	*un appareil photo*
a movie camera	*une caméra*
a roll of film	*une pellicule*
a lens	*un objectif*
a wide angle lens	*un grand angle*
a zoom	*un téléobjectif*
a collapsible umbrella	*un parapluie pliant*
a blow dryer	*un sèche-cheveux*
an electric shaver	*un rasoir électrique*
a book size radio	*une radio miniature*
a battery	*un pile*
rechargeable	*rechargeable*
a plug	*une prise*
a voltage converter	*un adaptateur de courant*
a money belt	*une ceinture pour mettre son argent*
a travel clock	*un réveil de voyage*
a shot	*une piqûre*
to have one's shots	*se faire vacciner*
to be insured	*être assuré*

5 REASONS FOR TRAVELLING — *POURQUOI VOYAGER ?*

to broaden the mind	*élargir l'esprit*
to broaden one's horizon	*élargir son horizon*
to change horizons	*changer d'horizon*
a change of air	*un changement d'air*
to be pent-up / to stay in	*rester enfermé*
to feel restless	*être impatient*
to itch to go	*être impatient de partir*
to be all set and raring to go	" " " "
itchy-footed	*impatient de partir*
to feel an urge to go	*brûler d'envie de partir*
to feel like going	" " " "
to meet people	*découvrir d'autres gens*
to get an insight into	*permettre de comprendre*
to gain an insight into	" " "
a way of living	*une façon de vivre*
to head for	*être en route pour*
to be bound for	*partir à destination de*
to have a thirst for adventure	*avoir soif d'aventure*
to have a taste for adventure	*avoir le goût de l'aventure*
to go in search of adventure	*partir à l'aventure*
an adventurer	*un aventurier*
an explorer	*un explorateur*
the spirit of adventure	*l'esprit d'aventure*
wilds	*terres sauvages*
the wilderness	*la jungle*
to seek out virgin lands	*rechercher les terres vierges*
to follow the beaten track	*suivre les sentiers battus*
to stray off the beaten track	*s'aventurer hors des sentiers battus*

3 TOURISM — *LE TOURISME*

I GENERAL BACKGROUND — *GENERALITES*

a tide of tourism	*une marée de touristes*
touristic / touristical	*touristique*
to tour	*faire du tourisme*
a tour	*un voyage, un périple*
a package tour	*un voyage organisé*
to go on a tour	*faire un périple*
to make a tour (of)	*visiter*
a tour round the world	*un tour du monde*
a tourist agency	*une agence de tourisme*

a tour operator	*un organisateur de voyages, un voyagiste*
a touring company	" " "
a cut-price operator	*un organisme à tarif réduit*
an age group	*une tranche d'âge*
to aim at	*viser*
a tourist bureau	*un syndicat d'initiative*
a tourist home	*une table d'hôtes*
a resort area	*une zone de villégiature*
a seaside resort	*une station balnéaire*
a ski resort	*une station de ski*
to see the sights	*voir les hauts lieux*
to take in the sights	*admirer les paysages*
to sightsee	*faire du tourisme*
sightseeing	*le tourisme*
to go sightseeing	*faire du tourisme*
to explore a country	*explorer un pays*
to lure tourists	*attirer les touristes*
a tourists' guide	*un guide du tourisme*
an influx of tourists	*un afflux de touristes*
to herd tourists	*canaliser le flot des touristes*
to be drawn to	*être attiré par*
to flock	*affluer*
a landmark	*une attraction touristique à ne pas manquer*
a tourist trap	*un piège à gogos*
touristy	*trop touristique*

II THE TOURIST — *LE TOURISTE*

a visitor	*un touriste*
a second-time visitor	*un touriste en visite pour la seconde fois*
a newcomer	*un nouveau venu*
a seasoned tourist	*un touriste chevronné*
an out-of-towner	*un touriste, un étranger*
a low budget tourist	*un touriste fauché*
a rushed tourist	*un touriste pressé*
a harried tourist	" " "
worn out	*épuisé*
wearied	*las*
exhausted	*épuisé*
to suffer from jet lag	*souffrir du décalage horaire*
broke	*fauché*
to tote	*trimballer*
a picnic	*un pique-nique*
a picnic basket	*un panier de pique-nique*
a shopping happy tourist	*un touriste heureux de faire ses courses*

III THE BOON OF TOURISM — *LA MANNE DU TOURISME*

the tourism industry	*l'industrie du tourisme*
the tourist trade	*le tourisme*
the economics of tourism	*l'économie du tourisme*
to enjoy a boom in tourism	*jouir d'un essor touristique*
a tourist boom	*le développement du tourisme*
tourism growth	*l'essor touristique*
tourism revenues	*les revenus tirés du tourisme*
tourism take	" " "
a source of income	*une source de revenus*
to cash in on tourism	*tirer parti du tourisme*
a top foreign exchange earner	*un gros rapporteur de devises*
to earn money on visitors	*gagner de l'argent sur le dos des touristes*
record profits (from)	*bénéfices records (tirés de)*
to enrich the nation's coffers	*remplir les coffres de l'Etat*
to roll in	*s'accumuler*
to be pure gain	*être tout bénéfice*
to exploit tourism's potential	*exploiter le potentiel touristique*
to depend on tourism	*dépendre du tourisme*
to create jobs	*créer des emplois*
to support jobs	*faire vivre*
to earn . . . a year	*rapporter ... par an*
to bolster local economies	*stimuler les industries locales*
to strengthen a host economy	*renforcer l'économie du pays d'accueil*
to draw on other industries	*drainer d'autres industries*
a ticket to development	*une solution au développement*
to grow rich on selling holidays	*s'enrichir en vendant des vacances*
to raise educational standards	*élever le niveau d'éducation*
to promote social mobility	*promouvoir la mobilité sociale*
to reinvigorate the arts and crafts	*redonner vigueur aux arts et artisanats*
to improve craft quality	*améliorer la qualité de l'artisanat*

IV TOURISM DAMAGE — *LES DEGATS DUS AU TOURISME*

an annual invasion	*une invasion annuelle*
to flood a city	*envahir une ville*
to swarm on a city	*s'abattre sur une ville*
a flock of tourists	*un troupeau de touristes*
a calamity	*une calamité*
a scourge	*un fléau*
the growing demand for tourists	*la demande croissante de touristes*
to contribute much of the damage	*contribuer largement aux dégâts*
to contribute little of the profit	*contribuer peu aux bénéfices*
to blame visitors	*accuser les touristes*

1 POLLUTION — *LA POLLUTION*

to overfish the sea	*pratiquer une pêche intensive*
to overboat	*faire du bateau intensément*
frantic development	*l'exploitation à tout crin*
to accomodate tourists	*loger les touristes*
to clutter the woods with detritus	*joncher les bois de détritus*
to litter	*déposer des ordures*
littering	*souillures*
sleeping outdoors	*passer la nuit à la belle étoile*
to conform to the decorum	*respecter les usages*
a breach of decorum	*un sans-gêne*
to have no sense of decorum	*n'avoir aucun sens des convenances*
a question of civilized behaviour	*une question d'éducation*
to cause trouble	*créer des ennuis*
to threaten the environment	*menacer l'environnement*
to jeopardize the ecology of a region	*mettre en danger l'équilibre naturel d'une région*
air pollution	*la pollution atmosphérique*
to render the air unbreathable	*rendre l'air irrespirable*
to eat the walls of cathedrals	*ronger les murs des cathédrales*
to gnaw away at	*ronger*
to be cluttered with cars	*être encombré de voitures*
to be packed with tourists	*être rempli de touristes*
a souvenir stall	*un vendeur de souvenirs*
to preserve things in their natural state	*préserver les choses dans leur état naturel*

2 VANDALISM — *LE VANDALISME*

a vandal	*un vandal*
to vandalize	*vandaliser*
a barbarian	*un barbare*
a souvenir hunter	*un amateur de souvenirs*
to wreak havoc	*causer des dégâts*
to steal artefacts (from)	*dérober des objets (à)*
to gouge out mosaics from walls	*découper les mosaïques des murs*
to cut noses off statues	*couper le nez des statues*
to be scarred by graffiti	*être souillé par les graffitis*
a scar	*une cicatrice, une marque*
to defile	*souiller*
spiked heels	*talons aiguille*
to chip away a piece of marble	*tailler un petit morceau de marbre*
to slip a rock into one's satchel	*glisser un caillou dans son sac*
to smuggle home	*rapporter en fraude*
to use as a paperweight	*servir de presse-papiers*
to take home as a souvenir	*rapporter chez soi en guise de souvenir*
a memento of past vacations	*un souvenir des vacances passées*
to destroy a site	*détruire un site*
to destroy a treasure	*détruire un trésor*
to keep tourists away	*tenir les touristes à l'écart*
to keep tourists at bay	*maintenir les touristes à l'écart*
to discourage tourism	*décourager le tourisme*
to deter tourists	*dissuader les touristes*
to be better off without tourists	*se porter mieux sans touristes*
to exact an environmental price	*taxer lourdement l'environnement*
to curb the damage	*limiter les dégâts*
to erect signs explaining . . .	*planter des écriteaux pour expliquer ...*
to post guards at tourist sites	*mettre des gardes en faction sur les lieux touristiques*
to crack down on	*réprimer*
to impose fines on	*dresser des procès verbaux*
to keep an eye on	*avoir l'œil sur*
to expel tourists	*expulser des touristes*
to institute zoning laws	*instituer des zones interdites*
to maintain sites	*entretenir les sites*
to care about the heritage	*prendre soin de l'héritage*
the patrimony	*le patrimoine*
the national heritage	*le patrimoine national*
to slash tourist arrivals	*limiter le nombre des touristes*
to outweigh an economic effect	*l'emporter sur les considérations économiques*

V THE TOURISM CRISIS — *LA CRISE DU TOURISME*

mass tourism	*le tourisme populaire*
elite tourism	*le tourisme d'élite*
a tourist stampede	*une ruée de touristes*
to come in masses	*arriver en masse*
to stem the flow (of)	*arrêter le flot (de)*
passenger growth	*l'augmentation du nombre des passagers*
to register an increase in visitors	*enregistrer une augmentation du nombre des touristes*
resort development	*le développement des stations de villégiature*
to be on the increase	*être en augmentation*
the mass travel business	*les voyages populaires*
to make travelling available	*rendre les voyages accessibles*
to strain travel infrastructures	*mettre les équipements à rude épreuve*
to overcram an airport	*envahir un aéroport*
to place a strain on airports	*mettre les aéroports à rude épreuve*
to overwhelm hotels	*prendre les hôtels d'assaut*
to be pushed to capacity	*être plein à craquer*
a hotel glut	*une surabondance d'hôtels*
a shortage of rooms	*une pénurie de chambres*
to be short by . . . beds	*être à court de ... lits*
to overcome a shortage	*faire face à une pénurie*
to meet the demand	*répondre à la demande*
to fall short of the demand	*être incapable de faire face à la demande*
hotel development	*la construction d'hôtels*
to refurbish a hotel	*rénover un hôtel*
to extend a hotel	*agrandir un hôtel*
scarce	*rare*
overpriced	*trop cher*
to be hurt by tourism	*être affecté par le tourisme*
westernization	*l'occidentalisation*
fear of AIDS	*la peur du sida*
ethnic conflicts	*les conflits ethniques*
to drain the host economy	*drainer l'économie du pays d'accueil*
overdependence on one industry	*la dépendance excessive d'une seule industrie*

4 THE HOTEL INDUSTRY — *L'INDUSTRIE HOTELIERE*

1 THE HOTEL — *L'HOTEL*

the short break market	*le marché des séjours courts*
a hotel	*un hôtel*
hotel regulations	*le règlement de l'hôtel*
a chain of hotels	*une chaîne d'hôtels*
a category	*une catégorie*
a luxury hotel	*un palace*
a first class hotel	*un hôtel de première catégorie*
a medium standard hotel	*un hôtel de catégorie moyenne*
a three-star hotel	*un hôtel de luxe*
a posh hotel	*un hôtel luxueux*
a budget hotel	*un hôtel bon marché*
a budget hotel chain	*une chaîne d'hôtels bon marché*
a youth hostel	*une auberge de jeunesse*
a motel	*un motel*
a motor hotel / a motor inn	" "
a tourist court	" "
an auto court	" "
a YMCA (Young Men's Christian Association)	*un YMCA (hôtel bon marché réservé aux hommes)*
a YWCA (Young Women's Christian Association)	*un YWCA (réservé aux femmes)*
a bed and breakfast (B & B)	*une chambre chez l'habitant*
a tourist home	" " " "
a boardinghouse	*une pension de famille*
a guest house	" " "
a self-catering holiday home	*un village vacances-famille (VVF)*
an inn	*une auberge*
an innkeeper	*un aubergiste*
a fleabag	*un hôtel minable*

2 STAYING IN A HOTEL — *LE SEJOUR A L'HOTEL*

to put up at a hotel	*descendre dans un hôtel*
to stay in a hotel	*séjourner dans un hôtel*
an occupancy rate	*un taux d'occupation des chambres*
to cater to a clientèle	*s'adresser à une clientèle*
the booking season	*la saison des réservations*
to book a room in a hotel	*réserver une chambre à l'hôtel*
deposit required with booking	*arrhes exigées à la réservation*
an early booking	*une réservation précoce*
a final booking	*une réservation définitive*
a late booking	*une réservation tardive*
to cancel	*annuler*
a cancellation	*une annulation*
all-in tariff	*tarif tout compris*
VAT not included	*TVA non comprise*
discounting	*réductions*
a guest	*un client (d'un hôtel)*
a resident	*un pensionnaire*
to accomodate 40 people	*accueillir 40 personnes*
a hotel night	*une nuit d'hôtel*
to stay overnight	*passer la nuit*
a vacancy	*une chambre libre*
no vacancy	*complet*
booked up	"
available	*disponible*
a lounge	*un salon*
a lobby	*un hall d'entrée*
a suite	*une suite*
a tearoom	*un salon de thé*
a dining room	*une salle à manger*
a single room	*une chambre pour une personne*
a double room	*une chambre pour deux personnes*
bunkbeds	*lits superposés*
cot available	*lit d'enfant disponible*
to do a room	*faire la chambre*
to make a bed	*faire un lit*
luxurious	*luxueux*
air-conditioning	*la climatisation*
full board	*la pension complète*
half board	*la demi-pension*
the reception desk	*la réception*
a registration form	*une fiche*
to fill in a form	*remplir une fiche*
to check in	*remplir une fiche (en arrivant)*
to check out	*quitter un hôtel*
to charge a room	*faire payer une chambre*
to settle an account	*régler sa note*
check-out time	*l'heure de libérer la chambre*
to vacate a room	*libérer une chambre*
a deposit	*une caution*
to forfeit a deposit	*perdre sa caution*
a safe	*un coffre-fort*
valuables	*objets de valeurs*

3 THE HOTEL STAFF — *LE PERSONNEL HOTELIER*

a hotel manager	*un gérant d'hôtel*
a hotelkeeper	*un hôtelier*
a hotelier	*un hôtelier, une hôtelière*
a porter	*un portier*
a night porter	*un portier de nuit*
a room clerk	*un réceptionniste*
a chambermaid	*une femme de chambre*
a housemaid	" " "
a doorman	*un portier*
a night clerk	*un employé de nuit*
a receptionist	*un réceptionniste*
room service	*service des chambres, le garçon d'étage*
a liftboy	*un liftier*
a page boy / a bellboy	*un chasseur*
a switchboard operator	*une / un standardiste*

4 THE CATERING INDUSTRY — *LA RESTAURATION*

a restaurant	*un restaurant*
a luncheonette	" "
a lunch counter	" "
a fast food restaurant	*un établissement de restauration rapide*
a steak house	*un restaurant*
a delicatessen / a deli	*un café-restaurant*
a diner	*un restoroute*
the head waiter	*le maître d'hôtel, le chef de rang*

a cashier	*la caisse*
a waiter	*un garçon*
a waitress	*une serveuse*
a bartender	*un serveur*
a maid	*une serveuse*
a busboy	*un aide-serveur*
a dishwasher	*un plongeur*
a carhop	*un gardien du parking (dans les restaurants et hôtels)*
a chef	*un chef*
the maître d'	*le maître d'hôtel*
a wine steward	*un sommelier*
to lay the table	*mettre la table*
to clear the table	*débarrasser la table*
to order	*commander*
an order	*une commande*
eatable food	*la nourriture comestible*
continental breakfast	*un petit-déjeuner à la française*
an English breakfast	*un petit-déjeuner à l'anglaise*
to order a meal	*commander un repas*
as a starter	*pour commencer*
to tuck in	*attaquer (un repas)*
an appetizer	*une entrée*
a first course	" "
an entrée	*un hors-d'œuvre*
appetizers	*amuse-gueule*
a dish	*un plat*
the main dish	*le plat principal*
a side dish	*un plat d'accompagnement*
a three-course dinner	*un repas à 3 plats*
a helping	*une portion*
to have a second helping	*se resservir*
today's special	*le plat du jour*
table d'hôte	*à prix fixe, un repas à prix fixe*
rare / underdone meat	*la viande saignante*
well done	*bien cuit*
medium	" "
a mixed salad	*une salade variée*
vegetables	*légumes*
a dessert / a sweet	*un dessert*
a menu	*un menu*
a fixed price	*un prix fixe*
the bill	*l'addition*
the check	"
to check the bill	*vérifier l'addition*
to overcharge	*faire payer trop*
a wine list	*une carte des vins*
to tip	*donner un pourboire*
a tip	*un pourboire*
tip included	*pourboire compris*
take-away food	*repas à emporter*
to go	*à emporter*

5 CAMPING *LE CAMPING*

to camp	*camper*
to go camping	*faire du camping*
a camper	*un campeur / une campeuse*
to pitch camp	*installer sa tente*
a pitch	*un emplacement*
to sleep under the stars	*dormir à la belle étoile*
to sleep in the open	" " " " "
a camping ground	*un camping*
a camping site	" "
a campground (USA)	" "
a recreation area	*une aire de tourisme*
a tent	*une tente*
a campfire	*un feu de camp*
a caravan / a trailer	*une caravane*
a folding trailer	*une caravane pliante*
a motor home	*un camping-car*

6 CRUISING *LES CROISIERES*

the cruising market	*le marché des croisières*
to carry passengers	*transporter des passagers*
a passenger ship	*un navire de ligne*
a ocean liner	*un transatlantique*
a superliner	*un super paquebot*
a megaliner	*un paquebot géant*
a cruising yacht	*un yacht de croisière*
a cruise line	*une compagnie de croisières*
a cruise liner	*un bateau de croisière*
to cruise	*être en croisière*
to go on a cruise	*faire une croisière*
to make a run between . . . and . . .	*faire la traversée entre ... et ...*
to ply the waters	*voguer, assurer un service régulier*
to embark for	*s'embarquer à destination de*
to disembark	*débarquer*
a well-to-do crowd	*une clientèle de gens aisés*
a fly-cruise package	*un voyage bateau / avion*
onboard entertainment	*distractions à bord*
a festive cruising	*une croisière de fêtes*
a theme cruise	*une croisière à thème*
to feature concerts	*faire figurer des concerts au programme*
to don a tuxedo	*passer un smoking*
an evening gown	*une robe du soir*

5 THE CINEMA — *LE CINEMA*

I THE LAST PICTURE SHOW — *LA DERNIERE SEANCE*

1 GENERAL BACKGROUND — *GENERALITES*

the dream machine	*la machine à fabriquer des rêves*
a movie theater	*un cinéma*
a movie house (USA)	" "
a cinema	" "
a theater complex	*un complexe cinématographique*
a three-screen cinema	*un cinéma multi-salles*
a multiplex cinema	" " " "
a cinema chain	*une chaîne de cinémas*
to run a cinema chain	*diriger une chaîne de cinémas*
a drive-in movie	*une salle en plein air accessible aux voitures*
a film club	*un ciné-club*
a cinema operator	*un exploitant de salle*
film archives	*la cinémathèque*
a film library	*une cinémathèque*
a film / a movie	*un film*
a motion picture	" "
a film show	*une séance de cinéma*
continuous performance	*le cinéma permanent*
to go to the movies / to the cinema	*aller au cinéma*
a flick	*une toile (fam.)*
to go to the flicks	*se payer une toile (fam.)*
the projection room	*la cabine de projection*
a screen	*un écran*
the screening time	*la durée de projection*
to project	*projeter*
the New Wave	*la Nouvelle Vague*

2 FILMS — *LES FILMS*

a silent film	*un film muet*
a talkie / a sound film	*un film parlant*
sound	*le parlant*
a full-length film	*un long métrage*
a short (feature)	*un court métrage*
a featurette	" " "
a travelogue	*un court métrage touristique*
a fill up	*un complément de programme*
the feature	*le grand film*
a trailer	*une bande annonce*
a reference strip	*une bande étalon*
art film	*le cinéma d'art et d'essai*
a black and white film	*un film en noir et blanc*
a guns-and-ammo movie	*un film de sang et de feu*
an epic of the screen	*un film à grand spectacle*
an adventure film	*un film d'aventures*
a thriller	*un film à suspense*
a horror film / a gory	*un film d'horreur*
a science fiction fantasy	*un film de science fiction*
a space opera	" " " "
a gangster film	*un film policier*
a detective film	" " "
a comedy	*une comédie*
a Western	*un western*
cartoon film	*le cinéma d'animation*
a cartoon	*un dessin animé*
an animated cartoon	*un film d'animation, un dessin animé*
a documentary film	*un film documentaire*
a skin flick	*un film porno*
an amateur film	*un film d'amateur*
a hit	*un succès*
a blockbuster	*une superproduction*
a golden goose	*une poule aux œufs d'or*
a box office attraction	*un spectacle à grand succès*
a box office success	*un film à succès*
a low budget film	*un film à petit budget*
to flop	*faire un bide*
a flop	*un échec*
to fall flat	*tomber à plat*
a dud	*une nullité*
a lousy film	*un navet*
a clunker	" "

3 RATINGS TO THE CINEMA — *LES VISAS D'EXPLOITATION*

censorship	*la censure*
a certificate	*un visa de censure*
a film classification system	*un classement des films*
a production code	" " " "
to issue a rating	*délivrer un visa d'exploitation*
- In the USA	*- Aux Etats-Unis*
an X-rating	*interdit aux moins de 17 ans*
G (General Audiences)	*tous publics*
PG (Parental Guidance)	*tous publics (accompagnement par les parents suggéré)*
R (Restricted)	*interdit aux moins de 17 ans non accompagnés par leurs parents*

- In the UK	*- Au Royaume-Uni*
the British Board of Film Censors	*la Commission de censure britannique*
U (Universal admission)	*tous publics*
A	*présence des parents suggérée*
A A	*interdit aux moins de 14 ans*
X	*interdit aux moins de 18 ans*
an X-rated film	*un film interdit aux mineurs, un film classé X*

4 MOVIE ATTENDANCE — *LA FREQUENTATION DES SALLES*

to watch a film	*regarder un film*
to see a film	*voir un film*
a moviegoer	*un cinéphile*
a film buff	" "
a film fan	" "
to stand in line	*faire la queue*
to queue up	" " "
a booking system	*un système de réservation*
to screen a movie	*voir un film*
to draw an audience	*attirer le public*
to woo an audience	*attirer des spectateurs*
box office pull	*l'attrait pour un film*
a movie ticket	*un billet de cinéma*
a complimentary ticket	*un billet de faveur*
the price of a movie ticket	*le prix d'un billet de cinéma*
an usherette	*une ouvreuse*
to show people to their seats	*conduire les gens à leur place*
a plushy seat	*un siège confortable*
to tip	*donner un pourboire*
a tip	*un pourboire*

II THE FILM INDUSTRY — *L'INDUSTRIE CINEMATOGRAPHIQUE*

1 PRODUCTION — *LA PRODUCTION*

a studio	*une maison de production*
the movie market	*le marché cinématographique*
the motion picture industry	*l'industrie cinématographique*
a mogul	*un nabab*
the majors	*les grands studios*
the independents	*les indépendants*
an independent producer	*un producteur indépendant*
to produce a film	*produire un film*
a production	*une production*
a production house	*une maison de production*
a mammoth production	*une superproduction*
a producer	*un producteur*
to option a film	*prendre une option sur un film*
a cost estimate	*un devis*
a film funding board	*une commission d'avances sur recettes*
to put together a series	*monter une série*
film rights	*droits d'adaptation*
to fetch $10 million	*coûter 10 millions de dollars*
to recover a cost	*rentrer dans ses frais*
to monopolize a market	*monopoliser un marché*

2 DISTRIBUTION — *LA DISTRIBUTION*

to distribute	*distribuer*
a distributor	*un distributeur*
distribution rights	*droits de distribution*
to funnel a movie to a theater	*distribuer un film dans une salle*
to release a film	*sortir dans les salles*
to show only at	*être en exclusivité à*
to be on general release	*ne plus être en exclusivité*
a soon-to-be released film	*un prochain spectacle*
a new release	*un nouveau film*
a wide-release film	*un film grand public*
a mainstream release	" " " "
middle of the road	*grand public*
to open a movie in a market	*sortir un film sur un marché*
the box office	*le nombre de spectateurs*
box offices takings	*recettes*
box office returns	"
box office receipts	"
domestic receipts	*recettes nationales*
overseas revenues	*recettes à l'étranger*
foreign gross	" "
global receipts	*recettes mondiales*
to make good box office	*faire recette*
to rake in	*rapporter*
to capitalize on a market	*exploiter un marché*
a quota	*un quota*
to fill up a quota	*remplir un quota*
to scare away investors	*faire fuir les investisseurs*
a video version	*une version en vidéo*
video rights	*les droits de vidéo*
video sale revenues	*recettes des ventes vidéo*
a video rental store	*un magasin de location vidéo*

III MOVIE MAKING — *LE TOURNAGE*

1 THE CAST — *LA DISTRIBUTION*

to feature	*mettre en vedette*
to feature in	*figurer dans, jouer dans*
a film test	*un bout d'essai*
a test shot	" " "
to give sb. a film test	*faire tourner un bout d'essai à qqn.*
a movie actor	*un acteur de cinéma*
an actress	*une actrice*
to act	*jouer*
to play in a film	*jouer dans un film*
a film star	*une vedette de cinéma*
a megastar	*un géant du cinéma*
a star part	*un premier rôle*
a starring role	*un rôle principal*
to star	*être la vedette d'un film*
to star in a film	*jouer dans un film*
starring Paul Newman as...	*avec Paul Newman dans le rôle de ...*
stardom	*le vedettariat*
to steal the show	*voler la vedette*
to co-star	*partager la vedette dans un film*
a press book	*un dossier de presse, un press-book*
local talent	*acteurs du cru*
to generate broad identity	*amener à s'identifier largement à*
an established name	*un nom reconnu*
a supporting cast	*la distribution des seconds rôles*
a supporting actor	*un second rôle*
an extra	*un figurant*
to work as an extra	*faire de la figuration*
a bit player	*un acteur de complément*
an understudy	*une doublure*
a stand-in	" "
to stand in for sb.	*doubler qqn.*
a stuntgirl	*une cascadeuse*
a stuntman	*un cascadeur*
a stunt	*une cascade*
a stunt double	*une doublure cascade*
a make-up artist	*un spécialiste du maquillage*
make up	*le maquillage*
to make up	*se maquiller*
a dresser	*une habilleuse*
a role	*un rôle*
a lead role	*un rôle principal*
a character	*un personnage*
to impersonate	*jouer (un personnage)*
a hero	*un héros*
a heroin	*une héroïne*
a villain	*un traître, un méchant*
to play the villain	*jouer le rôle du traître*
a minor role	*un rôle secondaire*
to be in a film	*jouer dans un film*
to film	*filmer*
to film well	*être photogénique*

2 DIRECTING — *LA MISE EN SCENE*

a film director	*un metteur en scène*
a film maker	*un auteur de film*
a costume designer	*un styliste*
an art director	*un décorateur*
to direct a film	*réaliser un film*
to direct the actors	*diriger les acteurs*
a screenplay	*un scénario*
a shooting script	*un scénario avec indications scéniques, un scénario définitif*
a screenwriter	*un scénariste*
a scriptwriter	" "
to screen a novel	*porter un roman à l'écran*
to make a film	*faire un film*
the floor	*le plateau*
an overshoot	*un dépassement de tournage*
a crew	*une équipe*
a continuity girl	*une script-girl*
a boom operator	*un perchiste*
a head grip	*un chef machiniste*
a gaffer	*un chef électricien*
props	*accessoires de cinéma*
a prop man	*un accessoiriste*
a stage hand	*un assistant de plateau*
an effects man	*un bruiteur*
a best boy	*un électricien*
a clapper board	*un clap*
"Quiet everybody! Action"	*"Silence! On tourne"*
to cue	*donner le signal*

3 SHOTS — *LES PRISES DE VUE*

opticals	*objectifs de prise de vue*
a film camera	*une caméra*
a stand	*un pied*
a tripod	" "
camera movement	*le mouvement de la caméra*
a crane	*une grue*
a boom	*une perche*
a dolly	*un chariot*
a capstan	*un cabestan*
a pinch roller	" "
a lead	*un cable*
to dolly the camera in / out	*faire avancer / reculer la caméra*
a trolley	*un chariot (mobile)*
to focus	*mettre au point*
focusing	*la mise au point*
a shutter	*un obturateur*
a shutter speed	*une vitesse d'obturation*
an aperture	*une ouverture*
a viewfinder	*un viseur*
a lens	*une lentille*
a zoom lens	*un zoom*
a range finder	*un télémètre*

lighting	*éclairage*
dramatic lighting	*la lumière à effet*
to shoot a film	*tourner un film*
to shoot on location	*tourner en extérieur*
the shots on location	*les extérieurs*
to shoot in the studio	*tourner en studio*
fast-motion shooting	*le tournage en accéléré*
single-frame shooting	*le tournage image par image*
to sweep around a scene	*balayer une scène*
to scan	*balayer*
interlaced scanning	*le balayage entrelaçé*
a horizontal sweep	*un balayage horizontal*
a tilt	*un panoramique vertical*
to pan	*panoramiquer*
a pan shot	*un plan panoramique*
to zoom (in / out)	*faire un zoom (sur)*
a take	*une prise de vue*
a shot	" " " "
a shooting angle	*un angle de vue*
a medium close shot	*un plan américain*
a long shot	*un plan d'ensemble*
a high angle shot	*une plongée*
a low angle shot	*une contre-plongée*
a medium long shot	*un plan demi général*
a close shot	*un plan rapproché*
a cutaway shot	*un plan de coupe*
a distance shot	*un plan éloigné*
a freeze shot	*un arrêt sur image*
a tracking shot	*un travelling*
a trucking shot	" "
to do a dolly-in on	*faire un travelling avant sur*
a dolly-out	*un travelling arrière*
depth of field	*la profondeur de champ*
to intercut	*faire un champ / un contre-champ*
a flashback	*un retour en arrière*
a flashforward	*une projection dans le temps*
a close-up	*un gros plan*
day-for-night	*la nuit américaine, effets de nuit*
a frame	*un plan, un cadre*
framing	*le cadrage*
a still	*un cliché*
to blow up	*agrandir*
a blow up	*un agrandissement*
fuzzy	*trouble*
fade	*fondu*
a fade in	*une ouverture en fondu*
a fade-out	*une fermeture en fondu, un fondu au noir*
to fade a scene into another	*faire un fondu enchaîné*
a dissolve	*un fondu-enchaîné*

4 EDITING — *LE MONTAGE*

to process	*traiter*
a processing laboratory	*un laboratoire de développement*
montage	*le montage*
to edit a film	*couper un film*
to assemble	*monter un film*
a film editor	*un monteur*
an assembler	" "
an editing table	*une table de montage*
to inlay	*incruster*
a reel	*une bobine*
footage	*de la pellicule, le métrage*
a set	*un lieu de tournage*
photography	*la photographie*
a cut	*un cliché*
to cut	*couper*
a cutting room	*une salle de montage*
cement	*la colle à film*
a frame	*une image ciné*
rushes	*la projection d'essai, chutes*
dailies	*rushes*
a leader	*une amorce de film*
a score	*une musique de film*
a track	*une piste, une bande*
the soundtrack	*la bande sonore*
an M & E track (Master and Effect)	*une bande de son internationale*
to synchronize the sound and the pictures	*synchroniser le son et l'image*
a sync track	*une piste de synchronisation*
a cue track	*une piste pilote*
special effects	*effets spéciaux*
sound effects	*effets sonores*
a trick effect	*un effet spécial*
credits	*le générique*
a rolling title	*un titre déroulant*
to dub	*doubler*
dubbing	*le doublage*
to subtitle	*sous-titrer*
a subtitle	*un sous-titre*
to colorize	*coloriser*
to view	*visionner*
a clip	*un extrait*
a print	*une copie*
an answer print	*une copie d'étalonnage*
a first answer print	*une copie zéro*
a première	*une première*
to open	*avoir lieu*
a press view	*une avant-première*
an opening night	*une première, une soirée d'ouverture*
the curtain	*le rideau*
to go up	*se lever*
a film festival	*un festival de cinéma*
a film award	*une récompense cinématographique*
a nominee	*un nominé*
to win an Oscar	*remporter un Oscar*
an Oscar-winning film	*un Oscar*
to earn a best actress prize for	*remporter le prix de la meilleure interpétation féminine pour*
a prize winner	*un film primé*
to cop an award	*remporter une récompense*
to win the runner-up jury prize	*remporter le 2e prix du jury*
a remake	*une nouvelle version*

6 THE THEATER — *LE THEATRE*

1 GENERAL BACKGROUND — *GENERALITES*

a theater	*un théâtre*
a subsidized theater	*un théâtre subventionné*
a center for the performing arts	*un centre d'art dramatique*
a playhouse	*une salle de théâtre*
a theater district	*un quartier des spectacles*
the Barbican	*le quartier des spectacles à Londres*
Broadway	*le quartier des théâtres à New York*
off-Broadway	*petits théâtres d'avant-garde à New York*
off-off-Broadway (OOB)	*le théâtre expérimental*
an obie	*une récompense décernée annuellement dans le théâtre d'avant-garde à New York*
an outdoor theatre	*un théâtre en plein air*
a theater company	*une troupe de théâtre*
a repertory troupe	*une troupe de répertoire*
to act in repertory	*faire partie d'une troupe de répertoire*

2 THE PLAY — *LA PIECE*

a theatrical production	*une production théâtrale*
to mount a production	*monter une production*
a play	*une pièce*
to book	*réserver*
booking	*la location*
to run	*tenir l'affiche*
to be running	*être à l'affiche*
to have a long run	*tenir longtemps l'affiche*
to have a three-year run	*tenir l'affiche pendant trois ans*
to be played out	*ne plus être à l'affiche*
a theater company	*une troupe de théâtre*
a curtain riser	*un lever de rideau*
an opera	*un opéra*
comic opera	*opéra comique*
a ballet	*un ballet*
a problem play	*une pièce à thèse*
a comedy	*une comédie*
a comedy of manners	*une comédie de mœurs*
a tragedy	*une tragédie*
a drama	*un drame*
a plot	*une intrigue*
a puppet show	*un spectacle de marionnettes*
an act	*un acte*
a scene	*une scène*
a long speech	*une tirade*
an aside	*un aparté*
a cue	*une réplique*
a rejoinder	" "
a punch line	*une dernière réplique*
to give sb. his / her cue	*donner la réplique à qqn.*
rhubarb	*le brouhaha (le murmure de fond)*
a dramatist	*un dramaturge*
a playwright	" "
a libretto	*un livret*

3 THE HOUSE — *LA SALLE*

a performance	*une représentation*
the audience	*la salle, les spectateurs*
a full house	*une salle comble*
crowded	*plein*
jammed	*bondé*
packed to capacity	*comble*
sold out	*complet*
no performance tonight	*relâche*
closed down	"
a playgoer	*un amateur de théâtre*
the lobby	*l'entrée*
a cloakroom	*un vestiaire*
a box	*une loge*
stalls	*fauteuils d'orchestre*
the front row	*la première rangée*
the dress circle	*fauteuils de balcon*
the circle	*le balcon*
the balcony	*le deuxième balcon*
gods	*le poulailler*
a seat	*une place*

the stage	*la scène*
a proscenium	*une avant-scène*
an apron-stage	" " "
the stage door	*l'entrée des artistes*
a revolving stage	*une scène tournante*
backstage	*les coulisses*
a wing	*une aile*
a dressing room	*une loge d'artiste*
behind the scenes	*en coulisse*
a spotlight	*un projecteur*
the limelight / the footlight	*la rampe*
to be in the limelight	*être en vedette*
the scenery	*le décor*
scenes	" "
the props	" "
a scene-change	*un changement de décor*
the pit	*la fosse*
the greenroom	*le foyer des artistes*

4 THE CAST — *LA DISTRIBUTION*

to cast	*distribuer les rôles*
a part	*un rôle*
a performer	*un artiste*
a producer	*un metteur en scène*
to stage manage	*être le régisseur de*
a stage manager	*un régisseur*
stage effects	*effets scéniques*
stage direction	*la mise en scène*
a stage director	*un metteur en scène*
a conductor	*un chef d'orchestre*
a singer	*un chanteur*
a prompter	*un souffleur*
the prompt box	*le trou du souffleur*
to tell lines	*dire son texte*
a stagehand	*un machiniste*
a stage designer	*un décorateur*
a ballet dancer	*un danseur de ballet*
a ballerina	*une ballerine*
a walk-on	*un figurant*
to do walk-on parts	*faire de la figuration*

5 ON STAGE — *SUR SCENE*

to put on a play	*monter une pièce*
to act in a play	*jouer dans une pièce*
playacting	*le théâtre*
to stage	*monter (une pièce)*
staging	*la mise en scène*
a staging	*une mise en scène*
to be stage struck	*brûler d'envie de monter sur les planches*
to be on stage	*être en scène*
to make one's debut	*débuter*
to playact	*faire du théâtre*
a playbill	*une affiche*
to top the bill	*être en tête d'affiche*
to rehearse	*répéter*
a rehearsal	*une répétition*
a dress rehearsal	*une répétition générale*
the first night	*la première*
an evening performance	*une soirée*
a matinée	*une matinée*
to tour	*faire une tournée*
to be on tour	*être en tournée*
an interval	*un entracte*
an intermission	" "
stage fright	*le trac*
to make one's entrance	*faire son entrée*
to fluff one's exit	*rater sa sortie*
to applaud	*applaudir*
to clap	"
to cheer	"
the applause	*les applaudissements*
a round of applause	*une salve d'applaudissements*
to encore	*bisser*
to boo	*siffler*
to drop the curtain	*baisser le rideau*
a standing ovation	*rappels nombreux*
a great hit	*un grand succès*

7 MUSIC — *LA MUSIQUE*

I CLASSICAL MUSIC — *LA MUSIQUE CLASSIQUE*

1 GENERAL BACKGROUND — *GENERALITES*

a musician	*un musicien*
a musicologist	*un musicologue*
a music academy	*un conservatoire*
classical music	*la musique classique*
canned music	*la musique enregistrée*
a classical label	*un disque classique*
a classical recording	*un enregistrement classique*
to be musical	*être musicien, aimer la musique*
a music hall	*un music-hall*
a concertgoer	*un amateur de concert*
a composer	*un compositeur*
to set to music	*mettre en musique*
a music critic	*un critique musical*
a music festival	*un festival de musique*
a music lover	*un mélomane*
a musical	*une comédie musicale*
a sonata	*une sonate*
a libretto	*un livret*
sharp	*dièse*
flat	*bémol*

2 MUSICAL INSTRUMENTS — *INSTRUMENTS DE MUSIQUE*

solfeggio / solfa	*le solfège*
to practise	*s'exercer*
to play scales	*faire ses gammes*
to play at first sight	*déchiffrer*
a note	*une note*
a chord	*un accord*
to tune	*accorder*
a tuner	*un accordeur*
to jar	*sonner faux*
harmonious	*harmonieux*
discordant	*discordant*
mistuned	*désaccordé*
a quartet	*un quatuor*
a quintet	*un quintette*
an instrument maker	*un fabricant d'instruments*
a guitar maker	*un fabricant de guitares*
to play the piano	*jouer du piano*
a pianist	*un pianiste*
a grand piano	*un piano à queue*
a fortepiano	*un piano forte*
a harpsichord	*un clavecin*
a keyboard	*un clavier*
a key	*une touche*
an organ	*un orgue*
an organ pipe	*un tuyau d'orgue*
an organ stop	*un jeu d'orgue*
an organist	*un organiste*
a mouth organ	*un harmonica*
the stringed instruments	*les instruments à cordes*
the strings	*les cordes*
a banjo	*un banjo*
a (double) bass	*une contrebasse*
a bow	*un archet*
a cello	*un violoncelle*
a cellist	*un violoncelliste*
a guitar	*une guitare*
a harp	*une harpe*
a viola	*un alto*
a violin	*un violon*
a violonist	*un violoniste*
a wind instrument	*un instrument à vent*
a bagpipe	*une cornemuse*
a bassoon	*un basson*
the brass	*les cuivres*
a bugle	*un clairon*
a clarinet	*une clarinette*
a flute	*une flûte*
a flautist / a flutist (USA)	*un flûtiste*
a horn	*un cor*
a French horn	*un cor anglais*
an oboe	*un hautbois*
a saxophone	*un saxophone*
a trumpet	*une trompette*
a percussion instrument	*un instrument à percussion*
the drums	*la batterie*
a big drum	*une grosse caisse*
a drummer	*un batteur*
a cymbal	*une cymbale*
a slide trombone	*un trombone à coulisse*

3 THE ORCHESTRA — *L'ORCHESTRE*

a full orchestra	*un grand orchestre*
a jazz band	*un orchestre de jazz*
a brass band	*une fanfare*
a bandsman	*un musicien*
a bandstand	*un kiosque à musique*
a conductor	*un chef d'orchestre*
a bandmaster	" " "
a baton	*une baguette*
to conduct	*diriger*
to be at the helm	"
the orchestra pit	*la fosse d'orchestre*
to perform	*exécuter*
a performer	*un exécutant, un interprète*

a piece	*un morceau de musique*
a score	*une partition*
a symphony	*une symphonie*
a piano concerto	*un concerto pour piano*
an overture	*une ouverture*
to strike up	*attaquer*
to keep time	*rester en mesure*
to beat time	*battre la mesure*
the rhythm	*le rythme*
a recital	*un récital*
a solo performance	" "
a virtuoso	*un virtuose*

4 SINGING — *LE CHANT*

singing	*le chant*
a singer	*un chanteur*
the lyrics	*les paroles*
a verse	*un couplet*
a chorus	*un refrain*
a song	*un chant*
a chorus	*un chœur*
a chorister	*un choriste*
a cantata	*une cantate*
a duet	*un duo*
a tune	*un air*
to sing in tune	*chanter juste*
to sing out of tune	*chanter faux*
to sing in chorus	*chanter en refrain*
a soloist	*un soliste*
a soprano	*une soprano*
a tenor	*un ténor*
a baritone	*un baryton*
a bass	*une basse*

II POP MUSIC — *LA MUSIQUE POP*

1 GENERAL BACKGROUND — *GENERALITES*

the show business / show biz	*le monde du spectacle, l'industrie du spectacle*
pop culture	*la culture pop*
a pop singer	*un chanteur pop*
a pop star	*une vedette de la chanson*
a pop shrine	*un sanctuaire de la culture pop*
a teen idol	*une idole des jeunes*
a crooner	*un chanteur de charme*
rhythm 'n' blues (R&B)	*le rhythm and blues*
country 'n' western (C&W)	*la musique country*
a blues	*un blues*
jazz	*le jazz*
a negro spiritual	*un spiritual*
a gospel song	*un chant religieux noir*
a disco	*une discothèque*
a nightclub	*une boîte de nuit*
a deejay / a disc jockey (DJ)	*un disc-jockey*

2 THE POP MUSIC MARKET — *LE MARCHE DE LA POP MUSIQUE*

a teenage dominated market	*un marché pour adolescents*
a record company	*une compagnie de disque*
a label	" " "
a record store	*un disquaire*
to tape	*enregistrer*
to record	"
to cut a record	*faire un disque*
to press	*presser*
to release a record	*sortir un disque*
to promote	*faire la promotion de*
an album	*un disque*
an LP (Long-Playing)	*un 33 tours*
a CD (compact disc)	*un compact disque (un CD)*
a VCD (Video Compact Disc)	*un vidéodisque*
a record sleeve	*une jaquette de disque*
a sampler album	*un disque de démonstration*
a new release	*un nouvel album*
to be remastered	*être réenregistré*
a master copy	*une copie originale*
flutter	*le pleurage*
hiss	*le souffle*

3 THE HIT — *LE SUCCES*

a hit	*un succès*
to achieve a hit	*faire un succès*
a pop chart	*un classement des ventes*
to top the chart	*être en tête des ventes*
to be top of the pops	*être en tête du hit-parade*
to make number one	*devenir numéro un*
to build oneself a solid following	*se constituer une clientèle fidèle*
to break big	*faire un tabac*
to clean up	*rapporter un joli paquet*
to sell records by the million	*vendre des disques par millions*
to rack up twenty million worldwide sellers	*se vendre à 20 millions d'exemplaires dans le monde*
to go gold	*devenir disque d'or*
a gold record	*un disque d'or*
to sell 500 000 copies	*vendre 500 000 exemplaires*
the National Academy of Recording Arts and Sciences	*l'Académie du disque*
to earn a Grammy award	*remporter un grand prix de l'Académie*

4 ON TOUR — *EN TOURNEE*

a concert	*un concert*
a concert stage	*une scène de concert*
on tour	*en tournée*
a repertoire	*un répertoire*
a synthetizer	*un synthétiseur*
an amplifier	*un amplificateur*
a loudspeaker	*un haut-parleur*
a stereo loudspeaker	*une enceinte*
a microphone / a mike	*un micro*
a lapel mike	*un micro cravate*
acoustics	*acoustique*
acoustic feedback / regeneration	*effet larsen*
to plug	*brancher*
a plug	*une prise*
a circuit breaker	*un disjoncteur*
to play a concert	*jouer en concert*
to lip-synch	*chanter en playback*
lip-sync	*la synchronisation des lèvres*
out of sync	*mal synchronisé*
a fan	*un fan*
to lionize	*faire un accueil délirant à*
to swoon	*s'évanouir*
to riot	*provoquer une émeute*
to drift apart	*se séparer*
to break apart	*se dissoudre*
a solo album	*un album solo*

8 PARKS — *LES PARCS*

an amusement park	*un parc d'attractions*
a theme park	*un parc à thème*
a leisure park	*un parc de loisir*
a park operator	*un exploitant de parc*
themed attractions	*attractions à thème*
a fair	*une foire*
a fun fair	*une foire foraine*
a fairground stall	*une baraque foraine*
a fairground ride	*une attraction foraine*
a stall holder	*un forain*
fresh attractions	*attraction neuves*
a roller coaster	*les montagnes russes*
the scenic railway (UK)	" " "
to careen	*pencher*
a steep incline	*une pente raide*
a banked curve	*un virage relevé*
to barrel roll	*faire une révolution complète*
at a breakneck speed	*à une vitesse folle*
a shooting range	*un stand de tir*
bumper cars / dodgem cars	*autos tamponneuses*
dodgems	" "
a roundabout	*un manège*
a fortune teller	*une diseuse de bonne aventure*
a site	*un site*
the infrastructure	*l'infrastructure*
start-up costs	*coûts d'investissements*
to get off the ground	*démarrer*
running costs	*coûts d'exploitation*
to be dogged by problems	*être assailli de problèmes*
a target market	*un marché cible*
to cater for	*pourvoir aux besoins de*
to draw crowds	*attirer les foules*
to welcome visitors	*accueillir des visiteurs*
an entrance fee	*un prix d'entrée*
steep	*élevé*
to charge admission	*faire payer l'entrée*

9 GAMBLING — *LE JEU*

1 GENERAL BACKGROUND — *GENERALITES*

to gamble	*jouer (pour de l'argent)*
a gambler	*un joueur*
a gamester	" "
a compulsive gambler	*un joueur invétéré*
a gambling table	*une table de jeu*
a gambling den	*un tripot*
to gamble away	*perdre au jeu*
gaming	*le jeu*
the gaming industry	*l'industrie du jeu*
the backbone of the tourist industry	*l'épine dorsale de l'industrie touristique*
a source of revenues	*une source de revenus*
to legalize casino gambling	*légaliser les jeux de casino*
to play dominoes	*jouer aux dominos*

to play draughts / chequers (USA)	*jouer aux dames*
to play dice	*jouer aux dés*
a die / dice	*un dé / dés*
a soccer pool company	*une société du loto sportif*
the pools	*le loto sportif*
to bring in revenues	*rapporter en impôts*

2 CASINO GAMBLING — *LES JEUX DE CASINO*

a casino	*un casino*
a slot machine (USA)	*une machine à sous*
a fruit machine (UK)	*" " "*
a one-armed bandit	*un bandit manchot*
the jackpot	*le gros lot*
to hit the jackpot	*gagner le gros lot*
a roulette	*une roulette*
make your bets!	*faites vos jeux !*
no more bets!	*les jeux sont faits !*
a chip	*une plaque*
a croupier / a dealer	*un croupier*
a wheel	*une roue*
to spin	*faire tourner*
a spin of the wheel	*un tour de roue*
baccara(t)	*le baccara*
craps	*le jeu de dés*
to shoot craps	*jouer aux dés*
dice	*les dés*
blackjack	*le blackjack*
poker	*le poker*
the wheel of fortune	*la roue de la fortune*
a state-run lottery	*une loterie nationale / d'état (USA)*
a keno	*une suite de 5 numéros gagnants*
a keno game	*un jeu de numéros*
bingo	*le loto*
a bingo hall	*une salle de loto*
a church-run bingo	*un loto paroissial*
a raffle	*une tombola*
to raffle	*mettre en tombola / en loterie*
a scratch and win game	*un jeu de grattage*
a number runner	*un jeu de chiffres*

3 HORSE RACING GAMBLING — *LE PMU*

off track betting	*le PMU*
to bet	*parier*
to place a bet	*"*
to lay £10 on	*jouer 10 livres sur*
to bet heavily on	*jouer gros sur*
to bet on horseraces	*parier aux courses*
a bettor	*un parieur*
a horse betting parlour	*une officine de pari mutuel*
pari mutuel pools	*le PMU*
greyhound racing	*courses de lévriers*
tote	*le pari mutuel*
a totalisator / a totalizer / a tote	*un totalisateur*
to wager money	*parier de l'argent*
to lay a wager	*placer un pari*
to punt	*parier*
a punter	*un parieur*
a backer	*" "*
a racegoer	*un turfiste*
a bookie	*un bookmaker*
a tip	*un tuyau*
to take a tip	*suivre un conseil*
a payoff	*un gain*
a trotter	*un trotteur*
a racehorse	*un cheval de course*
a racecourse	*un hippodrome*
a racetrack	*un champ de courses*
a racecard	*un programme des courses*
a rider	*un cavalier, un jockey*
a trainer	*un entraîneur*
to race a horse	*faire courir un cheval*
to ride a horse	*monter un cheval*
a handicap race	*un handicap*
a mount	*une monture*
see : sports	*voir : les sports*

4 CARD GAMES — *LES JEUX DE CARTES*

a cardgame	*un jeu de cartes*
to play cards	*jouer aux cartes*
a pack of cards	*un paquet de cartes*
a cardroom	*une salle de jeu*

a card trick	*un tour de cartes*
a card sharper	*un tricheur professionnel*
to shuffle	*battre (les cartes)*
to deal (the cards)	*distribuer (les cartes)*
to cut	*couper*
a trick	*une levée*
to take a trick	*faire une levée*
to follow suit	*fournir de la couleur*
a trump	*un atout*
to trump	*couper avec un atout*
to play trumps	*jouer atout*
a suit / a set	*une couleur*
clubs	*le trèfle*
diamonds	*le carreau*
hearts	*le cœur*
spades	*le pic*
an ace	*un as*
a jack	*un valet*
to bid	*demander*
to double	*contrer*
a grand slam	*un grand chelem*

5 GAMBLING ADDICTION — *LE DEMON DU JEU*

to play for money	*jouer pour de l'argent*
a game of chance	*un jeu de hasard*
a stake	*un enjeu*
to be at stake	*être en jeu*
to play low	*jouer petit*
to play high	*jouer gros*
to play for high stakes	" "
to cheat	*tricher*
a cheater	*un tricheur*
a cost-free route to fortune	*une voie royale vers la richesse*
a one-off opportunity	*une chance sur un million*
to become a millionaire	*devenir milliardaire*
the odds against winning	*les chances de gagner*
a payout	*un gain*
a record prize	*un gain record*
to recycle winnings	*recycler ses gains*
a gambling frenzy	*une folie du jeu*
a gambling fever	*une fièvre du jeu*
a gambling surge	*une vague de jeu*
to sweep a country	*s'emparer d'un pays*
to surrender one's willpower	*abandonner sa volonté*
to release one's grip	*lâcher son étreinte*
to run up debts	*faire des dettes*
to pay a gambling debt	*régler une dette de jeu*
Gamblers Anonymous	*Joueurs anonymes (organisme d'entraide pour les joueurs qui cherchent à se réformer ; cf. Alcoholic Anonymous)*
to join "Gamblers Anonymous"	*s'inscrire à "Joueurs anonymes"*
to admit a compulsion	*avouer son habitude invétérée*
to be saddled with debts	*être criblé de dettes*

10 SPORTS — *LES SPORTS*

I SPORT — *LE SPORT*

1 GENERAL BACKGROUND — *GENERALITES*

to practise a sport	*pratiquer un sport*
to be keen on sports	*être passionné de sport*
field sports	*activités de plein air*
a spectator sport	*un sport populaire*
a game	*un match*
a meet	*une rencontre*
prelims	*matches de qualification*
a contest	*une rencontre, un combat*
an athletic event	*un événement sportif*
an indoor event	*une rencontre en salle*
sportsmanship	*la sportivité*
unsportsmanlike conduct	*la conduite antisportive*
amateur sports	*sports amateurs*
amateurism	*l'amateurisme*
professionalism	*le professionnalisme*
rules	*le règlement*
to draw up the rules	*établir un règlement*
to lay down the rules	*fixer les règles*
an individual event	*un sport individuel*
a spectator	*un spectateur*
attendance	*le public*
a ticket-holder	*le possesseur d'un billet*
to draw crowds	*attirer les foules*
a pulling power	*une force d'attraction*

a sellout	*un stade / une salle comble*
a capacity crowd	*un stade comble*
capacity booking	" " "
a seating capacity	*le nombre de places assises*
to ring the stadium	*entourer le stade*
to attract a large following	*attirer de nombreux supporters*
to draw applause	*provoquer les applaudissements*

2 SPORTSMEN — *LES SPORTIFS*

an amateur	*un amateur*
a professional	*un professionnel*
to turn professional	*passer professionnel*
to join the professional ranks	*rejoindre les rangs des professionnels*
the professional circuit	*le circuit professionnel*
to sign a contract (with)	*signer un contrat (chez)*
a field	*les concurrents*
a sportsman	*un sportif*
an athlete	*un athlète*
athletic	*athlétique*
a champion	*un champion*
an all-round sportsman	*un sportif complet*
an outstanding champion	*un remarquable champion*
the youngest-ever champion	*le plus jeune champion de tous les temps*
an all-time great player	*un des plus grands champions de tous les temps*
a team	*une équipe*
a teammate	*un équipier, un coéquipier*
the home team	*l'équipe locale*
the visiting team	*les visiteurs*
to captain a team	*être capitaine d'une équipe*
the captaincy	*le poste de capitaine*
to field a team	*aligner une équipe*
a prospect	*un espoir*
to sign a prospect	*engager un espoir*
a draft	*une sélection*
a scout	*un recruteur*

3 TRAINING — *L'ENTRAINEMENT*

fitness	*la forme*
daily workout	*entraînement quotidien*
to sustain strenuous exercise	*soutenir un effort énergique*
a push-up	*une pompe*
to do push-ups	*faire des pompes*
a work-out program	*un programme de mise en forme*
to train (for)	*s'entraîner (en vue de)*
a trainer	*un entraîneur*
a training session	*une séance d'entraînement*
a training regimen	*un régime d'entraînement*
to coach	*entraîner*
a coach	*un entraîneur*
to go through the motions	*manquer de concentration*
to be short of practice	*être à court d'entraînement*
to be in top shape	*être au mieux de sa forme*
to be in good shape	*être en forme*
to shape up	*se préparer*
an in-form player	*un joueur en forme*
a stayer	*qui a de la résistance*
to catch unprepared	*surprendre*
to rank	*être classé*
technical skills	*l'adresse*
cunning	*la ruse*
mettle	*l'ardeur, la fougue*
stamina	*l'endurance, la résistance*
grit	*le cran*
unflagging endeavour	*efforts soutenus*
a stirring performance	*une performance enthousiasmante*
an inspirational captain	*un capitaine au jeu inspiré*
a spellbinding contest	*une rencontre fascinante*
to hold up under the strain	*ne pas céder sous la pression*
to manage the stress	*supporter la pression*
to push oneself to the limit of one's abilities	*aller au bout de ses forces*
to put one's heart and soul into it	*y mettre tout son cœur*
dogged determination	*la ferme détermination*
to rise to the occasion	*se montrer à la hauteur de la situation*
burnout	*usure*
to burn oneself out	*s'user*
to enhance one's reputation	*grandir la réputation*
to fit the mold of a media superstar	*se couler dans le moule d'une vedette médiatique*

4 REFEREEING — *L'ARBITRAGE*

a referee	*un arbitre, un juge-arbitre*
an umpire	" " " " "
to referee	*arbitrer*
refereeing	*l'arbitrage*
a line judge	*un juge de ligne*
a touch judge / a linesman	*un juge de touche*

5 COMPETITION — *LA COMPETITION*

a competition	*une compétition*
to compete for	*concourir pour*
to compete with	*rivaliser avec*
a competitor	*un adversaire*
to go in for competitive sport	*faire de la compétition*
to face stiff competition	*avoir affaire à forte partie*
a contest	*un combat, une lutte, un concours*
a contestant	*un concurrent, un adversaire*
an opponent	*un adversaire*
an unsung player	*un joueur méconnu*

an underdog	*un perdant*
the runner-up	*le second*
to take on	*affronter*
a contender (for)	*un prétendant (à), un adversaire*
a top contender	*un prétendant numéro un*
to lay claim to top contender	*prétendre à la place de numéro un*
a rival	*un rival*
a rivalry	*une rivalité*
a reigning champion	*un champion en titre*
a challenge	*un défi*
a challenger	*un challenger*
to square off (with)	*se mesurer (à)*
a square-off	*une confrontation*
to vie with one another	*se mesurer*
to measure oneself against	*se mesurer contre*
to face a strong challenge	*avoir affaire à forte partie*
to put down a challenge	*repousser un défi*
to cut a challenge to ribbons	*tailler un défi en pièces*
to put out a challenge	*lancer un défi*
to take up a challenge	*relever un défi*
to challenge sb. to	*défier qqn. de faire*
to challenge sb. to a game	*inviter qqn. à faire une partie*
to hold off a challenge	*repousser un défi*
a cliff-hanger	*une épreuve indécise jusqu'au bout*
to be past one's prime	*être sur le retour*
to emerge from retirement	*sortir de sa retraite*
a sporting record	*un record*
a world record	*un record du monde*
to break a record	*battre un record*
a record breaker	*un recordman*
to better a record	*améliorer un record*
to establish a record	*établir un record*
to set a record	" " "
to smash a record	*pulvériser un record*
to miss a record	*rater un record*
a world record holder	*le détenteur d'un record du monde*

6 QUALIFICATION — *LA QUALIFICATION*

to qualify	*se qualifier*
to win through	" "
to eliminate	*éliminer*
elimination	*l'élimination*
to scratch	*se désister*
to scratch a meeting	*annuler une rencontre*
to be rained out	*être annulé à cause de la pluie*
to finish	*terminer*
to dominate a field	*dominer ses adversaires*
dominance	*la domination*
to dethrone	*détrôner*

7 DEFEAT — *LA DEFAITE*

the outcome	*l'issue*
prognostication	*pronostics*
to beat	*battre*
to lose	*perdre*
a loser	*un perdant*
to defeat	*battre*
a defeat	*une défaite*
a spell of defeats	*une série de défaites*
to place second	*terminer second*
a lackluster showing	*une piètre performance*
a humiliating defeat	*une défaite humiliante*
to meet defeat	*subir une défaite*
to suffer a defeat	" " "
the losing side	*les perdants*
to trail by 14 points	*avoir un retard de 14 points*
to be outclassed	*être dominé*
to be outscored	*être surclassé*
to let one's chance go astray	*laisser passer sa chance*
to stun a team	*assommer une équipe*
to be overwhelmed by the occasion	*être dépassé par les événements*
to leave hopes in shreds	*ruiner les espoirs*
the agony of defeat	*les affres de la défaite*
to ascribe one's failure to	*attribuer son échec à*

8 THE LEAD — *L'AVANCE*

to lead	*mener*
a lead	*une avance*
to battle for the lead	*se battre pour prendre la tête*
to fight tooth and nail	*se battre avec acharnement*
to hold the lead	*avoir une avance*
to seize the lead	*s'emparer du commandement*
to extend a lead	*accroître une avance*
to narrow a lead	*réduire l'écart*
to shake off a lead	*se débarrasser de ses poursuivants*
to regain the lead	*reprendre la tête*
an unassailable lead	*une avance insurmontable*
to lead the pack	*emmener le peloton*

9 WINNING — *LA VICTOIRE*

to win	*gagner*
a win	*une victoire*
a winner	*un vainqueur*
to be favoured to win	*être le favori à la victoire*
to register a win	*enregistrer une victoire*
to scratch out a win	*effacer une victoire*
to win by a score of 3 to l	*gagner par 3 à 1*
a winning streak	*une série de matchs gagnants*
the winning side	*les vainqueurs*
a winning margin	*une marge victorieuse*
a 9-match winning sequence	*une série de 9 matches sans défaite*
to better a time	*améliorer un temps*
to equal a time	*égaliser un temps*
a prowess	*une prouesse*
a victory	*une victoire*

a hunger for victory	*une soif de victoire*
a surprise victory	*une victoire surprise*
a narrow victory	*une victoire serrée*
a close victory	" " "
to post a victory	*inscrire une victoire*
to court a victory	*courir après la victoire*
to score a victory	*remporter une victoire*
to pull out a victory	*enlever une victoire*
to round off a victory	*parachever une victoire*
to have 85 victories to one's account	*avoir 85 victoires à son actif*
to squeak by to win	*gagner de justesse*
to seal a win	*sceller une victoire*
a victory bonus	*une prime de victoire*
to have the edge on	*être légèrement supérieur à*
to steamroll	*écraser*
to overwhelm	"
to put to rout	*mettre en déroute*
to overpower	*dominer*
to be on top	"
to repeat a feat	*répéter un exploit*
to knock out	*éliminer*
to outplay	*surclasser*
to trounce	*écraser*
to slam a team	*écraser une équipe*
to crush	"
to drub	*battre à plates coutures*
a drubbing	*une raclée*
a whitewash	" "
to suffer a whitewash	*prendre une raclée*
to come unstuck	*tomber sur un bec (fam.)*
to lose face	*perdre la face*
to come out on top	*avoir le dessus*
to rise to the top	*atteindre les sommets*
to surpass a field	*surclasser ses adversaires*
to steal the limelight	*ravir la vedette*
a historic upset over	*une victoire surprise sur*
to clinch a championship	*remporter un championnat*
to covet a title	*convoiter un titre*
to capture a title	*remporter un titre*
to take a title	" " "
to go unbeaten	*rester invaincu*
to remain unbeaten	" "
a hat trick	*trois victoires successives*
to do the hat trick	*gagner trois matches d'affilée*
an unbeaten run of 29 games	*une série de 29 victoires consécutives*
to have a clean record after five games	*être invaincu après cinq matches*
to be three points clear of	*avoir une avance de trois points sur*
a sensational finish	*une fin de course / championnat sensationnelle*
a sporting memory	*un événement mémorable*
the thrill of victory	*le frisson de la victoire*
to cap a career	*couronner une carrière*
to crown a career	" " "
to mark the dawn of a new age	*marquer l'avènement d'une nouvelle ère*
to etch one's name in history	*inscrire son nom dans les annales*
to ensure a place in history	*être assuré d'une place dans les annales*
a 3-time winner	*un triple vainqueur*
to be a cut above the rest	*être supérieur aux autres*
to congratulate	*féliciter*
congratulations	*félicitations*
to celebrate	*fêter*
a celebration	*une fête*
a field day	*un grand jour*
to set off celebrations	*donner lieu à des festivités*
crazed fun	*festivités folles*
to put the bunting out	*sortir les banderoles*
a trophy	*une coupe*
to present sb. with a trophy	*remettre une coupe à qqn.*
the prize money	*le montant des prix*
earnings	*revenus*
pickings	*gains*
to net sb. $100,000	*rapporter 100 000 dollars à qqn.*
an endorsement contract	*un contrat publicitaire*
appearance fees	*une bourse*
to cash in on	*tirer parti de*
to land an advertising contract	*signer un contrat publicitaire*
in 6-figure sums	*estimé à plusieurs centaines de milliers de / francs / dollars*

10 THE OLYMPIC GAMES — *LES JEUX OLYMPIQUES*

the Winter Games	*les Jeux d'hiver*
the Summer Games	*les Jeux d'été*
an Olympiad	*une Olympiade*
the International Olympic Committee (IOC)	*le Comité international olympique (CIO)*
the Olympic flame / torch	*la flamme olympique*
the torchbearer	*le porteur de la flamme*
the Olympic banner	*la bannière olympique*
to win the Summer Olympics	*être choisi pour les JO d'été*
to host the Olympics	*accueillir les JO*
a host country	*un pays organisateur*
the organizers	*les organisateurs*
to generate revenues	*rapporter*
broadcast rights	*droits de retransmission*
the opening ceremony	*la cérémonie d'ouverture*
to proclaim the Games open	*proclamer l'ouverture des Jeux*
pageantry	*la pompe*
to release pigeons	*lâcher des pigeons*
a closing ceremony	*une cérémonie de clôture*
a parade of competitors	*un défilé des athlètes*
to be eligible to compete	*avoir le droit de participer*
an entry	*un concurrent*
a large entry	*une longue liste de concurrents*
to hold the Games	*organiser les Jeux*
a gold medal	*une médaille d'or*
a gold medalist	*un champion olympique, une médaille d'or*

a silver medal	*une médaille d'argent*
a bronze medal	*une médaille de bronze*
to lose a bid for a third medal	*perdre son pari de remporter une troisième médaille*
to drop out of medal contention	*être éliminé des prétendants à une médaille*
to be brought into medal contention	*être en lice pour une médaille*
the awards ceremony	*la cérémonie de remise des récompenses*
to be awarded a medal	*se voir décerner une médaille*
to claim 15 of the 25 awarded	*remporter 15 médailles sur 25 décernées*
to have a stranglehold on medals	*monopoliser les médailles*
to harvest three golds	*remporter trois médailles d'or*
to scoop	*récolter*
to sweep	*remporter*
a podium	*un podium*
a rostrum	" "
to play a national anthem	*jouer un hymne national*
the strains of an anthem	*les accents d'un hymne*
to do proud	*faire honneur à*

11 DRUGS AND SPORT — *LE DOPAGE ET LE SPORT*

steroids	*stéroïdes, hormones*
anabolic steroid	*anabolisants*
a painkiller	*un analgésique*
an energy builder	*un tonique*
a banned substance	*un produit interdit*
an illegal substance	" " "
to use steroids	*prendre des stéroïdes*
a growth hormone	*une hormone de croissance*
to increase muscle bulk	*développer la masse musculaire*
to condone the use of drugs	*fermer les yeux sur l'utilisation des drogues*
to be on drugs	*se doper*
to administer drugs	*doper qqn.*
alleged drug abuse	*allégations de dopage*
to avoid detection	*échapper à tout examen*
to fail a urine test	*s'avérer être positif*
to enhance a performance	*améliorer une performance*
to cheat	*tricher*
to disqualify	*disqualifier*
to be stripped of one's medal	*être privé d'une médaille*
to withdraw	*se retirer*
to withdraw a team	*retirer une équipe*
to besmirch an ideal	*souiller un idéal*
a disgraced champion	*un champion discrédité*
to be given the benefit of the doubt	*accorder à qqn. le bénéfice du doute*
to have one's name cleared	*être réhabilité*

see : drugs — *voir : la drogue*

12 SPORT AND VIOLENCE — *SPORT ET VIOLENCE*

a troublemaker	*un perturbateur*
a hooligan	*un voyou*
hooliganism	*le vandalisme*
to be marred (by)	*être gâché (par)*
incidents of hooliganism	*actes de vandalisme*
to jeer	*huer, conspuer*
ill-discipline	*indiscipline*
boisterous	*bruyant*
brawling	*bagarres*
a pitch invasion	*l'envahissement d'une pelouse*
to separate the opposing spectators	*séparer les spectateurs adverses*
to ransack	*mettre à sac*
to smash	*briser*
to rip up	*arracher*
to hurl	*lancer*
to wreck	*saccager*
to invade	*envahir*
to panic	*s'affoler*
panic	*la panique*
panic-stricken	*pris de panique*
to stampede	*fuir en désordre*
to trample	*piétiner*
to be crushed to death	*mourir écrasé*
to clear	*dégager*
to interrupt	*interrompre*
an interruption	*une interruption*
to stop a match	*interrompre un match*
to bring to disrepute	*jeter le discrédit sur*
to check hooliganism	*enrayer le vandalisme*
to take action	*prendre des mesures*
to control crowds	*surveiller les foules*
to equip a stadium with	*équiper un stade de*
a closed-TV circuit surveillance	*un circuit de TV interne*
a control room	*une salle de surveillance*
to play a game in camera	*jouer un match à huis-clos*
to monitor	*surveiller*
to pan the crowd	*panoramiquer la foule*
to search at the gate	*fouiller à l'entrée*
to frisk fans for alcohol / weapons	*fouiller les supporters à la recherche d'alcools / d'armes*
to fence	*installer des grillages*
to dig a moat	*creuser un fossé*
a wire cage	*une cage grillagée*
high police visibility	*une imposante présence policière*
an "all-seater"	*un stade avec places assises exclusivement*
to outlaw alcoholic beverages	*interdire les boissons alcoolisées*
to ban from local pubs	*interdire l'accès aux pubs locaux*
to fine a club for violent behaviour	*infliger une amende à un club pour violences*
to dock . . . league points from a team	*pénaliser une équipe de ... points (dans le championnat)*

a ban on club competition	*une interdiction de jouer en championnat*
a hooligan-free competition	*un match sans incident*

II SPORTS — *LES SPORTS*

1 SOCCER — *LE FOOTBALL*

football association	*le football (européen)*
football pools	*le concours de pronostic de football, le loto sportif*
to play soccer	*jouer au football*

1.1 THE STADIUM — *LE STADE*

a stadium	*un stade*
home turf	*à domicile*
a stand	*une tribune*
a grand stand	*une tribune d'honneur*
standing room	*les places debout*
the terraces	*les gradins*
a tier	*un gradin*
the bleachers	*les gradins*
the playing ground	*le terrain de sport*
the playing field	" " "
the pitch	*la pelouse*
a cloakroom	*un vestiaire*
a locker room	" "
the changing room	*le vestiaire*
a shower	*une douche*
a touchline	*une ligne de touche*
the dugout	*le banc des entraîneurs*
the goal	*le but*
a goalpost	*un poteau de but*
the goal line	*la ligne de but*
the net	*le filet*
the top near corner	*la lucarne*
the crossbar	*la barre transversale*

1.2 PLAYERS — *LES JOUEURS*

a soccer player	*un joueur de football*
a footballer	" " "
a forward	*un avant*
a centre forward	*un avant-centre*
a centre-back	*un arrière-centre*
a midfield	*un milieu de terrain*
a defense	*un arrière*
a fullback	" "
a winger	*un ailier*
a flank	*un flanc*
a goal keeper / a goalie	*un gardien de but*
to play on the wing	*jouer ailier*
to play at centre	*jouer au centre*
spikes	*crampons*
spiked shoes	*chaussures à crampons*
player substitution	*le changement de joueurs*
a substitute	*un remplaçant*
to take out a player	*remplacer un joueur*
a reserve player	*un remplaçant*
an injured player	*un joueur blessé*
to be out of action	*être indisponible*
to be out of the game	" "
for the rest of the season	*pour le reste de la saison*
to sustain an injury	*être blessé*
to sustain concussion	*être commotionné*
concussed	*commotionné*
a pulled hamstring	*une élongation, un claquage*
to strain a muscle	*se froisser un muscle*
to sprain an ankle	*se fouler une cheville*
a dislocated shoulder	*une luxation à l'épaule*
a ruptured Achilles heel	*une rupture du tendon d'Achille*
to receive treatment	*se faire soigner*
to be carried off on a stretcher	*être emmené sur une civière*
a shin guard	*un protège-tibia*
a pad	*un protège-cheville*
a jockstrap	*une coquille*
to transfer a player	*opérer un transfert de joueur*
to be transfer-listed	*être sur la liste des transferts*
a transfer	*un transfert*
a transfer fee	*le montant d'un transfert*
to sign a player	*engager un joueur*
to sign on with a squad	*signer avec une équipe*
to release a player	*laisser partir un joueur*

1.3 THE CHAMPIONSHIP — *LE CHAMPIONNAT*

the World Cup	*la Coupe du Monde*
a world championship	*un championnat du monde*
the Cup Winners' Cup	*la Coupe des vainqueurs de coupe*
the league championship	*le championnat professionnel*
a tie	*une rencontre de championnat*
a cup	*une coupe*
a cup tie	*un match de coupe*
a league match	*un match de championnat*
a draw	*un tirage au sort*
a draw ceremony	*une cérémonie de tirage au sort*
the knockout stage	*le stade des éliminatoires*
a qualifier	*un qualifié*
to complete the double of League and FA Cup	*réaliser le doublé coupe / championnat*
a fixture	*un match prévu*
the fixture list	*le calendrier des rencontres*
a recess	*une trêve*

to play over two legs	*jouer un match aller et un match retour*
a return game	*un match retour*
a friendly game / a friendly	*un match amical*
a warm-up game	*un match de préparation*
a replay	*un match rejoué*
to win on aggregate	*gagner sur les deux matches*
to pip Tottenham for the championship	*coiffer Tottenham sur le poteau pour le championnat*
to postpone a match	*remettre un match*
postponed	*remis*
to have a game in hand	*avoir un match en retard*
a table	*un classement*
a division	*une division*
the top of the table	*la tête du classement*
to stay top of the table	*rester en tête du classement*
the bottom of the table	*la queue du classement*
to relegate	*reléguer*
relegation	*la relégation*
play offs for relegation position	*matches de barrages*
the relegation play off zone	*les barrages*
fated to relegation	*condamné à la relégation*
to slide into the relegation area	*glisser dans la zone des relégations*
to demote a club	*rétrograder un club*
to be promoted	*être promu*
to gain promotion	*obtenir une promotion*
to progress to round two	*passer le premier tour*
to secure a place in the second round	*être assuré de jouer le deuxième tour*
to select	*sélectionner*
a selector	*un sélectionneur*
to cap	*sélectionner*
a cap	*une sélection*
to win a cap	*gagner une sélection*
a returnee from the 1990 squad	*un vétéran de l'équipe de 1990*
to be named to a squad	*être sélectionné dans une équipe*

1.4 DEMERITS — *LES SANCTIONS*

to play the game	*jouer franc jeu, être loyal*
a foul	*une faute*
to foul	*commettre une faute*
a foul-ridden game	*un match entaché de fautes*
a defensive foul	*une faute de la défense*
to be off side	*être hors jeu*
a penalty	*un penalty*
the penalty area	*la surface de réparation*
the penalty spot	*le point de penalty*
to award a penalty	*accorder un penalty*
a controversial penalty	*un penalty controversé*
a penalty kick	*un tir de penalty*
to lose on penalty kicks	*perdre aux tirs aux buts*
a free kick	*un coup franc*
a direct free kick	*un coup franc direct*
an indirect free-kick	*un coup franc indirect*
a bookable offence	*une infraction coupable d'un carton*
a yellow card	*un carton jaune*
to mete out a yellow card	*infliger un carton jaune*
booked	*carton jaune*
a booking	*un avertissement*
a red card	*un carton rouge*
expulsion	*l'expulsion*
sent off	*carton rouge*
to send off	*expulser*
to be banned for four matches	*être suspendu pour quatre matches*
to face suspension	*être menacé de suspension*
a three-match suspension	*une suspension pour trois matches*

1.5 THE GAME — *LE MATCH*

to play a game	*disputer un match*
to play sb. against	*sélectionner qqn. contre*
a home game	*un match à domicile*
an away-game	*un match en déplacement*
to win away	*gagner à l'extérieur*
to win home	*gagner à domicile*
a supporter	*un supporter*
a fan	" "
a home fan	*un supporter de l'équipe locale*
an away fan	*un supporter de l'équipe des visiteurs*
the toss	*le tirage au sort*
to win the toss	*gagner le tirage au sort*
to put the ball in play	*remettre la balle en jeu*
the kick-off	*le coup d'envoi*
the first half	*la première mi-temps*
the second half	*la seconde mi-temps*
an interval	*une mi-temps (durée)*
an intermission	*une mi-temps (intervalle entre)*
the scoreboard	*le panneau d'affichage*
to shoot	*tirer*
a shot	*un tir*
unstoppable	*imparable*
a drive	*un tir au but*
to drive	*tirer au but*
to pass	*faire une passe*
a slack pass	*une passe molle*
to achieve accuracy in one's passing	*réussir des passes précises*
to go out of play	*sortir du terrain*
to tackle	*arrêter (un adversaire)*
a through ball	*un petit pont*
a cross	*une balle croisée*
a crossfield pass	*une longue balle croisée*
to feint past a defender	*feinter un défenseur*
a chipped ball	*une balle courte*
a welter of goals	*une avalanche de buts*
to be hungry for goals	*avoir soif de buts*
a goal difference	*une différence de buts*
to score a goal	*marquer un but*
to net a goal	*envoyer le ballon au fond des filets*
to score an own goal	*marquer contre son camp*

to clinch a goal	*marquer un but*
to concede a goal	*s'incliner*
a scoring opportunity	*une occasion de but*
to disallow a goal	*refuser un but*
to reduce scoring opportunities	*réduire des occasions de but*
a two-goal lead	*une avance de deux buts*
a shot-on goal	*un tir au but*
a tying goal	*un but égalisateur*
to be held goalless	*être tenu en échec*
a goalless draw	*un match nul zéro à zéro*
a scoreless draw	" " " " " "
a draw	*un match nul*
to end in a draw	*finir sur un match nul*
to draw (with)	*faire match nul (avec)*
to tie	*faire match nul*
to equalize three minutes from time	*égaliser trois minutes avant la fin*
to equalize the score	*égaliser*
an equalizer	*un but égalisateur*
to level the score	*mettre les équipes à égalité*
to bring the scores level	" " " "
a goal scorer	*un buteur*
the highest scorer	*le meilleur buteur*
the leading scorer	" " "
the top scorer	" " "
a quicksilver run	*une course éclair*
to deflect a goal with one's hand	*détourner un tir de la main*
a deflected shot	*un tir détourné*
a header	*une tête*
to rebound	*rebondir*
a rebound	*un rebond*
to dribble	*dribbler*
to lunge	*plonger*
to dive	"
a lunge	*un plongeon*
a lob shot (over)	*une balle lobée (par-dessus)*
to centre on	*centrer sur*
to botch a shot	*rater un tir*
to flub a penalty kick	*rater un tir au but*
to be hacked down	*être fauché*
to raise a flag for offside	*lever son drapeau de touche*
to prize open a defense	*percer une défense*
to penetrate a defense	*pénétrer une défense*
to unsettle a defense	*déstabiliser une défense*
marking	*le marquage*
unmarked	*démarqué*
a corner (kick)	*un corner*
to win in overtime	*gagner pendant les arrêts de jeu*
to boost a team into the semifinals	*propulser une équipe en demi-finale*
to break a scoreless tie	*marquer le premier but*
to score the winning goal	*marquer le but de la victoire*
to slam home 4 goals	*marquer 4 buts*
to bang home 4 goals	" "
extra time	*les prolongations*
the final whistle	*le coup de sifflet final*

2 RUGBY — *LE RUGBY*

rugby league	*le rugby à treize*
rugby union	*le rugby à quinze*
the 5 Nations Championship	*le Tournoi des cinq nations*
the wooden spoon	*la cuillère en bois*
rugger	*le rugby*
a post	*un poteau*
a ruck	*une formation*
a try	*un essai*
to score a try	*marquer un essai*
to convert a try	*transformer un essai*
a conversion	*une transformation*
a drop goal	*un drop*
a scrimmage / scrummage	*une mêlée*
a scrum	" "
a touchdown	*un essai*
to touch the ball down	*marquer un essai*
to touch down	" " "
to overlap	*déborder*
an overlap	*un débordement*
to flag	*lever le drapeau*
to tackle	*plaquer*
a line-out	*une touche*
a throw-in	*une remise en jeu*
a forward pass	*une passe en avant*
a pack	*un pack*
a halfback	*un demi*
a scrum half	*un demi de mêlée*
injury time	*arrêts de jeu*
a sending-off offence	*une faute entraînant l'expulsion*
a sin bin	*un banc des expulsés*

3 BASKETBALL — *LE BASKETBALL*

a gymnasium	*un gymnase*
a free throw lane	*une raquette*
a free throw	*un lancer franc*
to dribble	*dribbler*
to bounce	*faire rebondir*
a step	*un pas*
to make a try for the basket	*essayer de marquer*
a toss	*un lancer*
to miss a shot	*rater un coup*
to lose possession of the ball	*perdre le contrôle du ballon*
to recover possession of the ball	*reprendre possession du ballon*
a held ball	*un ballon tenu*
a foul shot	*une faute*
the hoop	*l'anneau*
a backboard	*un panneau*
a play-off	*une belle*
rules violation	*une faute*
to retain the ball	*garder le ballon*
blocking	*une obstruction*
a jump ball	*une remise en jeu*
a banishment	*une exclusion*

4 TENNIS — *LE TENNIS*

4.1 THE COURT — *LE COURT*

a tennis player	*une joueuse / un joueur de tennis*
lawn tennis	*le tennis sur gazon*
a grass court	*un court sur herbe*
a hard court	*un court en dur (terre battue)*
clay	*la terre battue*
carpet surface	*la moquette*
an all-weather court	*un terrain en quick*
an indoor court	*un court couvert*
an alley	*un couloir*
a linesman	*un juge de ligne*
a base line	*une ligne de fond*
a baseliner	*un joueur de fond de court*
a service court	*un carré de service*
a net	*un filet*
a net call judge	*un juge de filet*
a racket	*une raquette*
a wooden racket	*une raquette en bois*
a graphite racket	*une raquette en graphite*
glass-fibre	*la fibre de verre*
a wide-bodied racket	*une raquette à grand tamis*
a racket head	*la tête d'une raquette*
a frame	*un cadre*
catgut	*le boyau*
a handle	*un manche*
a headband	*un bandeau*
a wristband	*un poignet*
a ballboy	*un ramasseur de balles*

4.2 TOURNAMENTS — *LES TOURNOIS*

to go to tennis camp	*faire un stage de tennis*
a victory-loss record	*un nombre de victoires et de défaites*
a 128-player draw	*un tableau de 128 joueurs*
the singles	*le simple*
the doubles	*le double*
the mixed doubles	*le double mixte*
a tournament	*un tournoi*
to hold a tournament	*organiser un tournoi*
to enter a tournament	*participer à un tournoi*
to play a tournament	*faire un tournoi*
to bypass a tournament	*faire l'impasse sur un tournoi*
to go directly into a tournament	*entrer directement dans le tableau*
to be seeded (5)	*être tête de série (numéro 5)*
unseeded	*ne pas être tête de série*
a final	*une finale*
a semi-final	*une demi-finale*
a quarter final	*un quart de finale*
to make the final	*aller en finale*
a finalist	*un finaliste*
to land a tournament title	*remporter un tournoi*
to regain the number I ranking	*redevenir numéro 1*
to wrest the number I ranking	*arracher la place de numéro 1*
to displace as number one	*prendre la place de numéro 1*
a round robin	*une poule*
a round	*un tour*
an exhibition match	*un match exhibition*
to wrest the Davis Cup from	*arracher la Coupe Davis à*
to hold the Davis Cup	*détenir la Coupe Davis*
to win the Davis Cup	*remporter la Coupe Davis*
to regain the Davis Cup	*reconquérir la Coupe Davis*
a holder	*un détenteur*
to defend a title	*défendre un titre*
a rubber	*un match de rencontre en Coupe Davis*
a key rubber	*un match décisif*
a grand slam	*un grand chelem*
a grand slam tournament	*un tournoi du grand chelem*
a leg of the grand slam	*une étape du grand chelem*
a split slam	*un grand chelem remporté sur deux ans*
a feat	*un exploit*
a championship	*un tournoi du grand chelem*
to score a grand slam	*remporter un grand chelem*
a lesser tournament	*un tournoi mineur*
a lesser player	*un joueur mineur*
a musketeer	*un mousquetaire*

4.3 A TENNIS GAME — *UN MATCH DE TENNIS*

to play a match	*disputer un match*
footwork	*le placement*
legwork	*le jeu de jambes*
a touch game	*un jeu de toucher*
a set	*une manche*
to drop a set	*perdre une manche*
a game	*un jeu, une partie*
to drop a game	*perdre un jeu*
deuce	*égalité*
warm-up	*échauffement*
to rally	*échanger des balles*
a rally	*un échange de fond de court*
to serve	*servir*
a serve	*un service*
serve and volley	*service-volée*
a server	*un serveur*
to receive service	*recevoir le service*
to serve underarm	*servir à la cuillère*
an impregnable serve	*un service imprenable*
to drop one's serve	*perdre son service*
to break serve	*prendre le service de l'adversaire*
to be broken	*perdre son service*
to hold serve to love	*servir 40-0*
an ace	*un service gagnant*
to deliver an ace	*faire un service gagnant*
a potent weapon	*une arme puissante*

a return of serve	*un retour de service*
an unplayable return	*un retour imparable*
to hit a winner	*décocher un coup gagnant*
to doublefault	*faire une double faute*
to serve a doublefault	" " " "
to strike the ball	*frapper la balle*
to return	*retourner*
a footfault	*une faute de pied*
to net the ball	*envoyer la balle dans le filet*
to play the ball into the net	" " " "
to hit the ball	*frapper la balle*
to trade shots	*échanger des balles*
a ground stroke	*un coup (la balle est frappée après le rebond)*
a forehand drive	*un coup droit*
a backhand drive	*un revers*
a forehand winner	*un coup droit gagnant*
a two-handed shot	*un coup à deux mains*
a left-handed player / a left-hander	*un gaucher*
to slice	*choper*
a slice	*un chop*
to lob	*lober*
a lob	*un lob*
a drop shot	*une amortie*
a passing shot	*un coup gagnant*
to volley	*volleyer*
a volley	*une volée*
a half volley	*une demi-volée*
a bounce	*un rebond*
a smash	*un smash*
to put a spin on a ball	*donner un effet à une balle*
to give topspin to the ball	*lifter une balle*
to cut off a pass	*intercepter un passing shot*
a tie-break	*un jeu décisif*
to hold a break point	*avoir une balle de break*
to square at 5-5	*égaliser à 5 partout*
to be held to 5-6	*être mené 5 jeux à 6*
set point	*balle de set*
match point	*balle de match*
to convert	*convertir*
to take sb. on the wrong foot	*prendre qqn. à contre-pied*
to take the edge off one's game	*émousser son jeu*
to run up to the net	*monter au filet*
to rush to the net	*se précipiter au filet*
to establish oneself at the net	*être au filet*
to anchor oneself to the baseline	*se cantonner sur sa ligne de fond de court*
to end the points quickly	*conclure rapidement les points*
to be left standing	*rester planté*
to take command	*prendre le commandement*
to step into overdrive	*passer la vitesse supérieure*
to do a gear-change	*changer de rythme*
to switch in sb.'s favour	*tourner à l'avantage de*
to win 3 games in a row	*gagner trois jeux de suite*
a straight-sets defeat	*une défaite en 3 sets (sur 5) ou 2 sets (sur 3), une défaite sèche*
to find oneself set point down	*avoir une balle de set contre soi*
with a set under one's belt	*avec un set en poche*
to lose in two straight sets	*perdre en deux sets sec*
to play a steady game	*jouer un jeu régulier*
to play an erratic game	*jouer irrégulièrement*
a flawed game	*un jeu entaché d'erreurs*
a one-sided final	*une finale déséquilibrée*
a supervisor	*un superviseur*
to overrule	*annuler une décision*
a line-call	*une balle faute*
to dispute a line call	*contester une balle faute*
a swearing incident	*un incident verbal*
to hold up play	*arrêter le jeu*
to hurl one's racket	*jeter sa raquette*
to hold one's concentration	*garder sa concentration*
verbal abuse	*injures*
default	*un blâme*
to be issued a default	*écoper d'un blâme*
a warning	*un avertissement*
a point penalty	*un point de pénalité*
a game penalty	*un jeu de pénalité*
to incur a fine	*encourir une amende*
to be dismissed from a tournament	*être exclu d'un tournoi*

5 MOTOR SPORTS — *LES SPORTS MECANIQUES*

automobile racing	*la course automobile*
car racing	" " "
endurance racing	*la course d'endurance*
a rally	*un rallye*
to enter a rally	*participer à un rallye*
to go rallying	*faire des rallyes*
a production-based car	*une voiture de production*
a gravel track	*une piste de gravier*
a backcountry road	*un chemin de campagne*
a race	*une course*
to enter a race	*participer à une course*
formula I	*la formule I*
a Grand Prix (GP)	*un grand prix*
to contest a GP	*disputer un grand prix*
the constructors' championship	*le championnat des constructeurs*
the manufacturers' championship	" " "
the drivers' standings	*le classement*
a round	*une course, une épreuve du championnat*
motorcycle racing	*courses de motos*
motorcycling	*la moto*
ice racing	*courses sur glace*
a racing driver	*un pilote de course*
a team mate	*un compagnon d'écurie*
to be partnered with	*avoir pour compagnon d'écurie*

a dispute for the title	*une lutte pour le titre*
a drive to victory	*une course vers la victoire*
the chequered flag	*le drapeau à damiers*
a speedway	*un circuit de vitesse*
a track	*une piste*
a right-hander	*un virage à droite*
a straight	*une ligne droite*
a chicane	*une chicane*
a starting grid	*une grille de départ*
pole position	*la première ligne*
on the second row of the grid	*en deuxième ligne*
a lap	*un tour*
the final lap	*le dernier tour*
a lap of honor	*un tour d'honneur*
a speed record	*un record de vitesse*
to carry Ferrari's hopes	*porter les espoirs de Ferrari*
a spare car	*un mulet*
a Ferrari one-two	*un doublé Ferrari*
the pits	*les stands*
a paddock	*une enceinte réservée*
a pit stand	*un stand*
the pit crew	*l'équipe de mécaniciens*
a pit lane	*un couloir d'écurie*
a pit stop	*un arrêt aux stands*
a fuel stop	*un arrêt de ravitaillement*
a tire stop	*un arrêt pour changer de pneus*
a tire change	*un changement de pneus*
to change tires	*changer de pneus*
to go in for fresh tires	" " "
to refuel	*faire le plein*
to make a lightning getaway	*prendre un départ en flèche*
to pass / to repass	*dépasser / redépasser*
to overtake	*dépasser*
slipstream	*l'aspiration*
to be bottled up between	*être coincé derrière*
to find a gap	*trouver une ouverture (pour doubler)*
to be on sb.'s tail	*suivre de près*
to hold 7th place	*occuper la septième position*
to pull away from one's pursuers	*semer ses poursuivants*
to go all out for a win	*faire tout pour gagner*
to make up the ground	*rattraper le terrain perdu*
to ease into the lead	*se glisser en tête*
to stage a recovery	*effectuer une remontée*
a flag-to-flag victory	*une domination de bout en bout*
to be classified	*être classé*
engine failure	*ennuis mécaniques*
engine trouble	" "
to suffer engine failure	*connaître des ennuis mécaniques*
a broken gear linkage	*une courroie de transmission cassée*
to retire with gearbox trouble	*abandonner sur ennuis de boîte de vitesse*
engine overheating	*la surchauffe du moteur*
to be sidelined by mechanical problems	*être mis sur la touche par des problèmes mécaniques*
to retire 20 laps from the finish	*abandonner 20 tours avant l'arrivée*
to weave	*zigzaguer*
to run off the road	*quitter la route*
a spin	*un tête-à-queue*
to plough into	*s'encastrer dans*
a pile-up	*un carambolage*
to be thrown off one's motorcycle	*être projeté de sa moto*
to have a near crash	*frôler l'accident*
a safety precaution	*une mesure de sécurité*
a crash helmet	*un casque protecteur*
a harness	*un harnais*
a fire proof fuel tank	*un réservoir ininflammable*
a roll bar	*un arceau de sécurité*
a fairing	*un carénage*
a guardrail	*un rail de sécurité*

6 GYMNASTICS *LA GYMNASTIQUE*

a gymnast	*un gymnaste*
the apparatus	*les appareils*
the horizontal bar	*la barre fixe*
the high bar	*la barre haute*
double bars	*les barres parallèles*
rings	*les anneaux*
the pommelled horse	*le cheval d'arçons*
the vaulting horse	" " "
the balance beam	*la poutre*
uneven parallel bars	*barres asymétriques*
floor exercises	*exercices au sol*
calisthenics	" " "
to perform an exercise	*exécuter un exercice*
a springboard	*un tremplin*
a trampoline	*un trampoline*
to do acrobatics	*faire des acrobaties*
a skipping rope	*une corde à sauter*

7 ATHLETICS *L'ATHLETISME*

track-and-field sports	*l'athlétisme*
a track	*une piste*
a tracksuit	*un survêtement*
a track meet	*une réunion d'athlétisme*
a lap	*un tour*
pole jumping	*le saut à la perche*
pole vaulting	" " " " "
a (jumping) pole	*une perche*
to clear a bar	*franchir une barre*
to toss / throw the hammer	*lancer le marteau*
the discus throw	*le lancement du disque*
a javelin	*un javelot*
the javelin throw	*le lancement du javelot*
a javelin thrower	*un lanceur de javelot*
the shot put	*le lancement du poids*
to throw the shot put	*lancer le poids*
a throw	*un lancer*
long jumping	*le saut en longueur*
a long jump	*un saut en longueur*

the takeoff board	*la planche d'appel*
the triple jump	*le triple saut*
the high jump	*le saut en hauteur*
the straddle style	*le ciseau*
the flop	*le roulé*
to take a run up	*prendre son élan*
a footrace	*une course à pied*
running	*la course à pied*
a runner	*un coureur*
a stride	*une foulée*
sprinting	*le sprint*
a l00-meter dash	*un 100 mètres*
a l0,000-meter run	*un 10 000 mètres*
the 3,000 meters	*le 3000 mètres*
pentathlon	*le pentathlon*
a decathlon	*un décathlon*
a marathon	*un marathon*
a middle-distance runner	*un coureur de demi-fond*
a long distance runner	*un coureur de fond*
a relay	*un relais*
a relay squad	*une équipe de relais*
a hurdle	*une haie*
a hurdle race	*une course de haies*
a ll0-metre hurdles	*le 110 mètres haies*
to take a hurdle	*franchir une haie*
a hurdler	*un coureur de haies*
a steeplechase	*un steeple chase*
a walk	*une marche*
the pace	*l'allure*
a hare	*un lièvre*
heats	*qualifications*
the starting blocks	*les starting-blocks, les cales de départ*
to jump the gun	*faire un faux départ*
to curve off the final bend	*aborder le dernier virage*
the straight	*la ligne droite*
to cross the finishing line	*franchir la ligne d'arrivée*
the tape	*le fil d'arrivée*
to clock under 3'	*être chronométré en-dessous de 3'*
a timer	*un chronomètre*
a stop watch	" "

8 WINTER SPORTS — *LES SPORTS D'HIVER*

8.1 SKIING — *LE SKI*

to ski	*skier*
a skier	*un skieur*
Alpine skiing	*le ski alpin*
cross country skiing	*le ski de fond*
the ski season	*la saison de ski*
ski holidays	*vacances de ski*
ski equipment	*un équipement de ski*
skis	*les skis*
ski sticks	*bâtons de ski*
ski soles	*semelles de skis*
safety bindings	*fixations de sécurité*
to wax a ski	*farter un ski*
wax	*le fart*
a snowsuit	*une tenue de ski*
a ski run	*une piste de ski*
a dry ski slope	*une piste de neige artificielle*
a ski lift / a ski tow / a towline	*un téleski*
a snow grooming tractor	*une chenillette de damage*
to tread down	*damer*
a giant slalom	*un slalom géant*
downhill	*la descente*
a downhill racer / a downhiller	*un descendeur*
a gate	*une porte*
ski jumping	*le tremplin*
a ski jumper	*un sauteur*

8.2 SKATING — *LE PATINAGE*

to skate	*patiner*
ice-skating	*le patinage*
a skating rink	*une patinoire*
an ice rink	" "
skates	*les patins*
a speed-skating race	*une course de patinage*
a speed skater	*un patineur de vitesse*
figure skating	*le patinage artistique*
ice dancing	*la danse sur glace*
a short program	*un programme libre-imposé*
a long program event	*figures imposées*
freestyle skating	*figures libres*
a triple flip	*un triple saut*
a salchow	*un salchow*
a double axel	*un double axel*
a toe loop	*une boucle piquée*
bobsledding	*le bobsleigh*
a bobsledder	*un bobbeur*
luge	*la luge*
tobogganing	" "
to sledge / to sled	*faire de la luge*
ice hockey	*le hockey sur glace*

9 BOXING — *LA BOXE*

boxing	*la boxe*
a boxing match	*un match de boxe*
a bout	*un combat*
a title fight	*un combat pour le titre*
a warm-up fight	*un combat de préparation*
to fix a match	*truquer un match*
a boxer	*un boxeur*
a fighter	" "
the ring	*le ring*
the manager	*le manager*
a featherweight	*un poids plume*
a bantam	*un poids coq*
a middle weight	*un poids moyen*
a heavy weight	*un poids lourd*
a cruiserweight	*un poids mi-lourd*
a glove	*un gant*
a fist	*un poing*
the canvas	*le tapis*
a bathrobe	*un peignoir*
the ropes	*les cordes*
to spar (with)	*s'entraîner (avec)*
an opening round	*un premier round*

to deal blows	*échanger des coups*
to side-step a blow	*éviter un coup*
to jab at	*décocher un direct*
a jab	*un coup droit, un direct*
a punch	*un coup*
a swing	*un crochet*
a straight left	*un direct du gauche*
a left hook	*un crochet du gauche*
to throw a right / to land a right	*envoyer un direct du droit*
to connect with	*cueillir, toucher*
to connnect with sb.'s jaw	*toucher qqn. à la mâchoire*
to be put on the canvas	*être envoyé au tapis*
to be downed	" " " "
to move out of range	*se déplacer hors d'atteinte*
to outpoint	*battre aux points*
to be beaten on points	*être battu aux points*
to throw in the towel	*jeter l'éponge*
to buckle	*plier*
to crumple	*s'effondrer*
a count	*un compte*
to despatch	*envoyer pour le compte*
to meet one's match	*trouver son maître*
to put a title on offer	*mettre un titre en jeu*
to take a title	*remporter un titre*
vacated by	*laissé vacant par*
to retain a crown	*conserver une couronne*
a rematch	*une revanche*
a mismatch	*un combat déséquilibré*

10 WATER SPORTS — *LES SPORTS NAUTIQUES*

10.1 FISHING — *LA PECHE*

to fish	*pêcher*
big game fishing	*la pêche au gros*
fishing grounds	*zones de pêche*
a fishing line	*une ligne de pêche*
angling	*la pêche à la ligne*
casting	*la pêche au lancer*
fly fishing	*la pêche à la mouche*
a cast	*un lancer*
an angler	*un pêcheur à la ligne*
a fisherman	*un pêcheur*
to bait	*appâter*
a bait	*un appât*
a maggot	*un asticot*
a worm	*un ver de terre*
to cast a line	*jeter sa ligne*
to quicken	*s'animer*
fishing tackle	*le matériel de pêche*
hipwaders	*cuissardes de pêche*
a hook	*un hameçon*
a rod	*une gaule*
a reel	*un moulinet*
a cork	*un bouchon*
a spinner	*une cuiller*
a fishing net	*une épuisette*
meshes	*mailles*
to bite	*mordre*
a shoal of fish	*un banc de poissons*
a catch	*une prise*
to hook a trout	*ferrer une truite*
a bit	*une prise*
a lure	*un leurre*
to land a fish	*attraper un poisson*

10.2 SWIMMING — *LA NATATION*

a swimming pool	*une piscine*
a lane	*un couloir*
the deep end	*le grand bassin*
the shallow end	*le petit bain*
a swimming suit	*un maillot de bain*
synchronised swimming	*la natation synchronisée*
freestyle	*le crawl*
butterfly	*le papillon*
backstroke	*le dos crawlé*
a backstroker	*un nageur de dos*
breaststroke	*la brasse*
a medley	*un 4 nages*
a medley relay	*un 4 x 4 nages*
diving	*le plongeon*
a springboard	*un plongeoir*
a platform	" "
to dive	*plonger*
a diver	*un plongeur*
to fluff a dive	*rater un plongeon*
to somersault	*faire un saut périlleux*
a somersault	*un saut périlleux*
a reverse somersault	*un saut périlleux en arrière*
scuba diving	*la plongée sous-marine*
a scuba	*un scaphandre autonome*
skin diving	*la plongée sous marine*
a snorkel	*un tuba*
a fin	*une palme*
a deep-sea diver	*un plongeur sous marin*
water polo	*le water polo*
to surf	*faire du surf*
a wave	*une vague*

10.3 SAILING — *LA VOILE*

to sail	*faire de la voile*
sailing	*la voile*
yachting	" "
a racing yacht	*un bateau de course*
to set sail	*mettre à la voile*
to tack	*louvoyer, tirer des bords*
a regatta	*une régate*
a round-the-world race	*une course autour du monde*
to circumnavigate the globe	*faire le tour du monde en bateau*
a waterline	*une ligne de flottaison*
rigging / rig	*le gréement*
a mast	*un mât*
a bowsprit	*un beaupré*
a sail	*une voile*
the mainsail	*la grand voile*
the mainsheet	*l'écoute de grand voile*
a headsail	*un foc*
a foresail	*une misaine*
a jib	*un foc avant*

a spinnaker	*un spinnaker*
to hoist	*hisser*
to crowd on sail	*mettre toutes voiles dehors*
a buoy	*une bouée*
a cox	*un barreur*
to cox	*barrer*
to steer	*tenir la barre*
a steersman	*un homme de barre*
the wheel	*la barre*
a helmsman	*un barreur*
a monohull	*un monocoque*
a multihull	*un multicoque*
a catamaran	*un catamaran*
water skiing	*le ski nautique*
canoeing	*le canoë kayak*
rowing	*l'aviron*
a coxswain	*un barreur*
to row stroke	*être chef de nage*
a scull	*un aviron*
an oar	*une rame*
a punt	*un bateau à fond plat*
a raft	*un radeau*
rafting	*la descente de rapides en radeau*
windsurfing	*le véliplanchisme*
a windsurfer	*un surfer*
a fun board	*une planche à voile*
a surfboard	" " " "

11 HORSE RACING — *LES COURSES HIPPIQUES*

a horse trainer	*un entraîneur de chevaux*
to train	*entraîner*
to breed	*élever*
an arena	*un manège*
a racing stud	*une écurie*
a groom	*un palefrenier*
a stud farm	*un haras*
a stable	*une écurie*
a stall	*un box*
a stallion	*un étalon*
a studhorse	" "
a studmare	*une poulinière*
a stud fee	*une saillie*
to be at stud	*étalonner*
a mount	*une monture*
a filly	*une pouliche*
a yearling	*un yearling (cheval âgé d'un an)*
a gelding	*un cheval hongre (châtré)*
a colt	*un poulain*
a thoroughbred	*un pur-sang*
a saddle	*une selle*
to saddle	*monter*
a bridle	*une bride*
a spur	*un éperon*
to spur	*éperonner*
a riding whip	*une cravache*
a rein	*une rêne*
a bit	*un mors*
a cap	*une toque*
a stirrup	*un étrier*
the post	*le poteau*
riding	*l'équitation*
a rider	*un cavalier*
to ride a horse	*monter à cheval*
to bolt	*s'emballer*
to buck	*lancer une ruade*
to rear	*se cabrer*
to unseat / to throw	*désarçonner*
to dismount	*mettre pied à terre*
horse racing	*les courses de chevaux*
the flat racing season	*la saison du plat*
a horserace	*une course de chevaux*
a race course	*un champ de course*
a steeplechase	*une course d'obstacles*
a steward	*un organisateur (d'une course)*
a furlong	*un furlong, une longueur (207,17 m)*
a length	*une longueur*
to gallop	*galoper*
to trot	*trotter*
to canter	*aller au petit galop*
a canter	*un petit galop*
to quicken the pace	*accélérer l'allure*
to close a gap	*combler un écart*
a bookmaker	*un parieur*
to bet (on)	*parier (sur)*
a bet	*un pari*
a betting parlour	*une officine de PMU*
a betting shop	*un PMU*
a tip	*un tuyau*
to follow a tip	*suivre un conseil*
a racegoer	*un turfiste*
to be quoted at 25-I	*être à 25 contre 1*
to be pipped at the post	*se faire coiffer au poteau*
to nobble a horse	*doper un cheval (pour l'empêcher de gagner)*
a stumer	*un cheval perdant (à la suite de dopage), un toquard*
a non-starter	*un non-partant*

12 OTHER SPORTS — *AUTRES SPORTS*

archery	*le tir à l'arc*
an archer	*un arbalétrier*
a bow	*un arc*
an arrow	*une flèche*
a target	*une cible*
badminton	*le badminton*
baseball	*le baseball*
a base	*une base*
a bat	*une batte*
to bat	*manier la batte*
a batter (an in)	*un batteur*
an infielder	*un intérieur*
a fielder / an outfielder	*un extérieur*
the outfield	*le champ extérieur*
the infield	*le champ intérieur*
a pitcher	*un lanceur*
to pitch	*lancer*

a catcher	*un attrapeur*
a home plate	*un plateau du logis (base de départ et d'arrivée des batteurs)*
the diamond	*le diamant*
an inning at bat	*un tour de batte*
a home run	*un tour complet*
to score a run	*faire un tour complet*
to capture the ball	*attraper la balle*
bicycle racing	*la course cycliste*
the yellow jersey	*le maillot jaune*
cycling	*le cyclisme*
a racing cyclist	*un coureur cycliste*
a cycling event	*une course cycliste*
a stage	*une étape*
a timed trial	*une épreuve contre la montre*
individual pursuit	*la poursuite individuelle*
a stage	*une étape*
a leg	" "
a group	*un peloton*
to lead the field	*emmener le peloton*
to outsprint an opponent	*battre un adversaire au sprint*
billiards	*le billard*
pool	" "
snooker	" "
a cue	*une queue*
an ivory ball	*une balle d'ivoire*
bowling	*le bowling*
a bowling alley	*une piste de bowling*
a pin	*une quille*
bowls	*la pétanque*
chess	*les échecs*
a chessboard	*un échiquier*
a game of chess	*une partie d'échecs*
to check	*mettre en échec*
to be held in check	*être tenu en échec*
to be checkmated	*être mis échec et mat*
the bishop	*le fou*
the knight	*le cavalier*
the castle	*la tour*
a pawn	*un pion*
a good move	*un bon coup*
a stalemate	*une partie pat, une impasse*
a gambit	*un tour*
cricket	*le cricket*
a bat	*une batte*
a batsman	*un batteur*
a bowler	*un lanceur*
an inning	*un tour de batte*
a century	*une centaine de points*
a wicket	*une porte*
a wicketkeeper	*un gardien de but*
a pitch	*un terrain*
a test match	*une rencontre*
darts	*les fléchettes*
greyhound racing	*les courses de lévriers*

fencing	*l'escrime*
a fencing bout	*un assaut d'escrime*
a fencer	*un escrimeur*
a fencing master	*un maître d'escrime*
a foil	*un fleuret*
a lunge	*une estocade*
a thrust	*une botte*
to parry	*parer*
to parry and thrust	*parer et tirer*
to retreat	*rompre*
to step back	"
a fencing mask	*un masque d'escrime*
golf	*le golf*
a golfer	*un golfeur*
a golf links	*un terrain de golf*
a golf course	" " " "
a round of golf	*un parcours*
a hole	*un trou*
a bunker	*un bunker, une banquette*
the tee	*le tee*
hiking	*la randonnée*
trekking	" "
a hiker	*un randonneur*
hockey	*le hockey*
hunting	*la chasse*
a sportsman	*un chasseur*
a hunter	" "
deer hunting	*la chasse à courre*
to course	*chasser le lièvre*
a cartridge	*une cartouche*
the barrel	*le canon*
the cock	*le chien du fusil*
game	*le gibier*
to load	*charger*
to lift	*épauler*
to raise	*mettre en joue*
to aim	*viser*
to fire	*tirer*
judo	*le judo*
karate	*le karaté*
a karate chop	*une manchette de karaté*
a belt	*une ceinture*
mountaineering	*l'alpinisme*
a climber	*un alpiniste*
rock climbing	*l'escalade*
to climb	*escalader*
to clamber	*escalader avec peine*
to rope up	*s'encorder*
to rope down	*descendre en rappel*
a rope of climbers	*une cordée d'alpinistes*
abseiling	*le rappel*
to abseil	*descendre en rappel*
a rucksack	*un sac à dos*
a sleeping bag	*un sac de couchage*
an ice pick	*un piolet*
to pitch one's tent	*planter sa tente*
a tent peg	*un piquet de tente*

to fall off	*dévisser*
potholing	*la spéléologie*
a pot	*une grotte, un gouffre*
a potholer	*un spéléologue*
to go potholing	*faire de la spéléo*
motorboating	*les sports nautiques*
parachute jumping	*le saut en parachute*
sky diving	" " " "
hang gliding	*le parapente*
a hang glider	*un parapente, un parapenteur*
bungy-jumping	*le saut à l'élastique*
an ultralight	*un ULM*
a motorised hang glider	" "
roller-skating	*le patin à roulettes*
shooting	*le tir*
a shooting range	*un pas de tir, un stand de tir*
trapshooting	*le balle-trap*
a clay pigeon	*un pigeon*
skeet shooting	*le tir aux pigeons*
a target	*une cible*
a skittle	*une quille*
squash	*le squash*
table tennis	*le tennis de table*
volleyball	*le volleyball*
weight lifting	*l'haltérophilie*
a barbell	*une haltère*
a dumbbell	" "
to lift	*soulever*
to heft	"
the snatch	*l'arraché*
the clean and jerk	*l'épaulé-jeté*
wrestling	*la lutte*
all-in wrestling	*le catch, la lutte libre*
a wrestler	*un lutteur*
to wrestle an opponent	*lutter contre un adversaire*
to throw to the ground	*terrasser*

11 THE ART MARKET — *LE MARCHE DE L'ART*

I ART — *L'ART*

1 ART FOR ART'S SAKE — *L'ART POUR L'ART*

the fine arts	*les beaux-arts*
an art school	*une école des beaux-arts*
an art student	*un étudiant des beaux-arts*
an artist	*un artiste*
an art historian	*un historien de l'art*
a work of art	*une œuvre d'art*
an artwork	" " "
a masterpiece	*une toile de maître, un chef-d'œuvre*
a studio	*un atelier*
modern art	*l'art moderne*
abstract art	*l'art abstrait*
figurative art	*l'art figuratif*
representational	*figuratif*
a contemporary work of art	*une œuvre d'art contemporain*
the Impressionists	*les impressionnistes*
impressionism	*l'impressionnisme*
expressionism	*l'expressionnisme*
the Old Masters	*les grands peintres*
to commission a work of art	*commander une œuvre d'art*
an art lover	*un amoureux de la peinture*
an antique	*une antiquité*
an antique dealer	*un antiquaire*
a second hand dealer	*un brocanteur*

2 PAINTING — *LA PEINTURE*

2.1 GENERAL BACKGROUND — *GENERALITES*

to paint	*peindre*
to paint from life	*peindre d'après nature*
a painter	*un peintre*
an abstract painter	*un peintre abstrait / non figuratif*
a painting	*une peinture, un tableau*
a school of painting	*une école de peinture*
a picture	*un tableau, une image, une photo*
to picture	*représenter*
to sketch	*esquisser*
a sketch	*une ébauche*
a rough sketch	*une pochade*
a study	*une étude*
to outline	*tracer les grands traits*

an outline	*un contour*
to draw	*dessiner*
drawing	*le dessin*
pencil drawing	*le dessin au crayon*
charcoal drawing	*le dessin au fusain*
gouache	*la gouache*
to stencil	*passer au pochoir*
a stencil	*un pochoir*
a drawer	*un dessinateur*
a cartoon	*une charge*
engraving	*la gravure*
an engraver	*un graveur*
a steel engraving	*une gravure en taille douce*
a wood engraving	*une gravure sur bois*
to etch	*graver à l'eau-forte*
a print	*une estampe*

2.2 THE PAINTING — *LE TABLEAU*

an oil painting	*une peinture à l'huile*
an oil on canvas	*une huile sur toile*
an oil on panel	*une huile sur bois*
acrylic paint	*l'acrylique*
a water-color	*une aquarelle*
a water-color artist	*un aquarelliste*
a pastel	*un pastel*
a crayon	" "
a style	*un style*
a landscape	*un paysage*
a seascape	*une marine*
a still life	*une nature morte*
a life size picture	*un tableau grandeur nature*
a nude	*un nu*
a fresco / frescoes	*une fresque / fresques*
a mural	*une peinture murale*
a triptych	*un triptyque*
a portrait	*un portrait*
a portrait painter	*un portraitiste*
a self-portrait	*un auto-portrait*
a madonna	*une madone*
untitled	*sans titre*
a lithograph	*une lithographie*
color	*la couleur*
coloring	*le coloris*
light	*la lumière*
shade	*l'ombre*
to shade	*ombrer*
a hue	*une nuance*
a tint	*une teinte*
a tinge	*un ton*
chiaroscuro	*le clair-obscur*
brush work	*la facture*
picturesque	*pittoresque*
the foreground	*le premier plan*
the background	*l'arrière-plan*

2.3 THE PAINT BOX — *LA BOITE DE PEINTURE*

a brush	*un pinceau*
an easel	*un chevalet*
a canvas	*une toile*
a frame	*un cadre*
a palette	*une palette*
to mix colors	*mélanger les couleurs*
to apply	*appliquer*
gouache	*la gouache*
a tube	*un tube*
to tone down	*atténuer*
to soften down	*adoucir*
to shade off	*dégrader*
glowing	*chaud*
vivid	*vif*
brightly colored	*éclatant*
gaudy	*criard*
striking	*impressionnant*
tasteful	*de bon goût*
tasteless	*de mauvais goût*
natural pigments	*pigments naturels*
a drawing board	*une planche à dessin*

3 SCULPTING — *LA SCULPTURE*

a sculptor	*un sculpteur*
to model	*modeler*
a model	*un modèle, un mannequin*
to sit	*poser*
a sitting	*une séance de pose*
to cast	*fondre, couler*
a casting	*un moulage*
moulding	*le moulage*
to carve	*sculpter*
to chisel	*tailler au ciseau*
to shape	*façonner*
wood	*le bois*
clay	*argile*
plaster	*le plâtre*
brass	*le bronze*
stone	*la pierre*
marble	*le marbre*
terracotta	*la terre cuite*
a medal	*une médaille*
a bas-relief	*un bas-relief*
a frieze	*une frise*
a bust	*un buste*
a statue	*une statue*
a pedestal	*un piédestal*
profile	*le profil*
front	*la face*
a likeness	*une ressemblance*
to bear a likeness to	*ressembler à*

4 PHOTOGRAPHY — *LA PHOTOGRAPHIE*

4.1 GENERAL BACKGROUND — *GENERALITES*

the graphic arts	*les arts graphiques*
an art form	*un moyen d'expression artistique*
an art medium	*un mode d'expression artistique*
colour photography	*la couleur*

black-and-white photography	*le noir et blanc*
a photo	*une photo*
a photograph	*une photographie*
a good shot	*une bonne photo*
a snapshot	*un instantané*
a colour slide	*une diapositive couleur*
a daguerreotype	*un daguerréotype*
to photograph	*photographier*
to take a photo	*prendre une photo*
to have one's photo taken	*se faire photographier*
to photograph well	*être photogénique*
a photographer	*un photographe*
an amateur photographer	*un photographe amateur*
photojournalism	*le photojournalisme*
pictorial journalism	" "
a picture magazine	*un magazine-photo*
a photojournalist	*un reporter-photographe*
a landscape photographer	*un photographe paysagiste*
documentary photography	*la photographie documentaire*
aerial photography	*la photographie aérienne*
underwater photography	*la photographie sous-marine*
photomontage	*le photomontage*
macrophotography	*la macrophotographie*
microphotography	*la microphotographie*
photomicrography	" "

4.2 THE CAMERA — *L'APPAREIL PHOTO*

a camera	*un appareil photo*
a movie camera	*une caméra*
an instant camera	*un appareil à développement instantané*
a viewfinder	*un viseur*
a spool	*une bobine*
the shutter	*l'obturateur*
the shutter speed	*la vitesse d'obturation*
a lens	*une lentille*
a wide angle lens	*un grand angle*
a telephoto lens	*un téléobjectif*
a zoom lens	*un zoom*
a flash gun	*un flash*
a delay timer	*un minuteur*
remote control	*une télécommande*
a filter	*un filtre*
a tripod	*un trépied*
a camera case	*une sacoche pour appareil photo*
a viewer	*un projecteur*

4.3 THE FILM — *LA PELLICULE*

a film	*un film*
a roll of film	*une pellicule*
a fast film	*une pellicule rapide*
an infrared film	*un film à infrarouge*
a negative	*un négatif*
a reversal film	*une pellicule inversible*
to load a film	*charger un appareil*
to unload a film	*retirer une pellicule (d'un appareil)*
to process a film	*développer un film*
a processing bath	*un bain de développement*
to fix	*fixer*
a fixing bath	*un bain de fixage*
a fixer	*un fixateur*
a print	*un cliché, une épreuve*
to print a film	*tirer*
a contact print	*un contact*
grain	*le grain*
glossy	*brillant*
to blow up	*agrandir*
to enlarge	"
a blow up	*un agrandissement*
an enlargement	" "
an enlarger	*un agrandisseur*

4.4 PICTURE-TAKING TECHNIQUE — *LA TECHNIQUE PHOTO*

an exposure	*une pose*
an exposure time	*un temps de pose*
to make an exposure	*prendre un cliché*
an exposure meter	*un posemètre*
to bring into focus	*mettre au point*
in focus	*au point*
out of focus	*mal réglé*
the depth of focus	*la profondeur de foyer*
blurred	*flou*
accurate	*net*
to frame	*cadrer*
framing	*le cadrage*
the aperture	*l'ouverture*
lens opening	"
lighting	*éclairage*
backlighting	*le contre-jour*
the depth of field	*la profondeur du champ*
to underexpose	*sous-exposer*
to overexpose	*surexposer*

5 THE MUSEUM — *LE MUSEE*

a fine arts museum	*un musée des beaux-arts*
an art institute	" " " " "
a museum of archaeology	*un musée d'archéologie*
a permanent collection	*une collection permanente*
a collection of fine prints	*une collection de photographies d'art*
a department	*une section*
a department of prints and photographs	*une section de photographie*
to visit a museum	*visiter un musée*
to collect	*collectionner*
a collection	*une collection*
to house a collection	*abriter une collection*
to preserve	*préserver*
conservation	*la conservation*
restoration	*la restauration*
a restorer	*un restaurateur*
to exhibit	*exposer*
to exhibit one's work	*exposer ses œuvres*
an exhibition	*une exposition*

to hold an exhibition	*organiser une exposition*
to sponsor an exhibition	*sponsoriser une exposition*
a travelling exhibition	*une exposition itinérante*
a curator	*un conservateur de musée*
a donator	*un donateur*
a patron (of the arts)	*un protecteur des arts, un mécène*
to bequeath	*léguer*
a bequest	*un legs*
to donate a collection	*faire don d'une collection*
a dation	*une dation*
a loan	*un prêt*
on loan	*prêté*
a museum piece	*une pièce de musée*
an acquisition policy	*une politique d'acquisitions*
an entrance fee	*un droit d'entrée*
an admission charge	" " "
to charge admission (to)	*faire payer l'entrée (de)*
a gift (from)	*un don (de)*
a hamstrung museum	*un musée sans moyens*
a museum's buying power	*la capacité d'achat d'un musée*
to starve museums	*dépouiller les musées*
to be cash strapped	*être à court d'argent*
to prune one's collection	*vendre une partie de sa collection*
a public art collection	*une collection publique*
to endow	*faire une dotation*
endowment	*la dotation*
a museum trustee	*un administrateur de musée*

II THE ART MARKET — *LE MARCHE DE L'ART*

1 GENERAL BACKGROUND — *GENERALITES*

art criticism	*la critique d'art*
an art critic	*un critique d'art*
aesthetics	*l'esthétique*
an art gallery	*une galerie d'art*
an art collector	*un collectionneur*
an art dealer	*un marchand de tableaux*
a purchaser	*un acheteur*
a buyer	" "
a seller	*un vendeur*
a prospective buyer	*un acheteur potentiel*
a bogus painting	*un faux*
a fake	" "
a daub	*une croûte*

2 THE PRICE OF ART — *LE PRIX DE L'ART*

the art boom	*l'explosion de l'art*
the boom in art	" " "
an inflated market	*un marché gonflé*
art auction frenzy	*la frénésie des ventes aux enchères*
a hyperinflationary atmosphere	*une atmosphère hyperinflationniste*
a fevered state	*la fébrilité*
hyped auction	*enchères surévaluées*
to drive out competitors	*écarter la concurrence*
a pre-sale estimate	*une estimation avant-vente*
a price estimate	*une estimation de prix*
an inflation of estimates	*une surenchère d'estimations*
to hype expectations	*gonfler les espoirs*
to pump an estimate higher	*gonfler une estimation*
to run under an estimate	*être sous-estimé*
an offering	*une offre*
to fetch a price of	*chercher dans les*
an inconceivable price	*un prix inconcevable*
dizzy	*vertigineux*
to go through the roof	*crever le plafond*
to pay top dollar	*payer le prix fort*
a freakish price	*un prix fou*
a ceilling	*un plafond*
to drive up a price	*faire monter un prix*
a leap of price	*un bond dans les prix*
to shake the market	*ébranler le marché*
a sale value	*une valeur marchande*
a backlash	*une réaction*
to cause instability	*provoquer l'instabilité*
to unsettle the market	*déséquilibrer le marché*
a slide in the market	*une baisse du marché*
a trough	*un creux*
to manipulate the market	*manipuler le marché*
market manipulation	*la manipulation du marché*
to be taken for a ride	*se faire berner*
to buy heavily	*faire des achats massifs*
a coveted painting	*un tableau convoité*
cultural patrimony	*le patrimoine culturel*
art investment	*l'investissement dans l'art*
an investment value	*un investissement*
a rate of return	*un taux de rentabilité*

3 THE AUCTION — *LA VENTE AUX ENCHERES*

an auction house	*une maison de ventes*
an auction room	*une salle de ventes*
an auction sale	*une vente aux enchères*
a sale by auction	*une adjudication, une vacation*
to sell by auction	*vendre aux enchères*
sold at auction	*vendu aux enchères*
to put sth. up for auction	*mettre qqch. aux enchères*
a purchaser	*un adjudicataire*
to come under the hammer	*être vendu aux enchères*
a catalog	*un catalogue*
an auctioneer	*un commissaire-priseur*
to auctioneer	*mettre aux enchères*
to bid (for)	*faire une enchère (de)*
a bid	*une enchère*

a higher bid	*une surenchère*
to bid . . . up	*enchérir de ...*
to make a higher bid	*couvrir une enchère*
a top bid	*une enchère maximum*
a bidder	*un enchérisseur*
a by-bidder	*un comparse*
to underbid	*faire une soumission moins élevée*
an underbidder	*un sous-enchérisseur*
to bid against	*renchérir sur qqn.*
a gavel	*un marteau (du commissaire)*
"Going, going, gone!"	*"Une fois, deux fois, trois fois, adjugé!"*
the hammer price	*le prix aux enchères*
to go for	*s'élever à, s'enlever pour le prix de, être adjugé pour le prix de*
to knock down sth. to sb.	*adjuger qqch. à qqn.*
to be knocked down for $ I m	*être adjugé pour un million de dollars*
to sell to the highest bidder	*vendre au plus offrant*
to go to the limit	*aller jusqu'au bout de ses possibilités*
a price reserve	*un prix de réserve*
to reach a reserve	*atteindre sa réserve*
to fail to reach a reserve	*ne pas réussir à atteindre sa réserve*
the seller's reserve price	*la réserve du vendeur*
a flop	*un échec*
to pay a record amount	*payer une somme record*
to break a record	*battre un record*
a record price	*un prix record*
to sell at a peak	*vendre au plus haut*
to fork out	*débourser*
a buyer's commission	*la commission du vendeur*

V THE MEDIA — *LES MEDIAS*

1 THE PRESS — *LA PRESSE*

I PRINT JOURNALISM — *LA PRESSE ECRITE*

1 GENERAL BACKGROUND — *GENERALITES*

Fleet Street (UK)	*le quartier des journaux à Londres, les milieux journalistiques*
the fourth estate	*le quatrième pouvoir*
the power of the press	*le pouvoir de la presse*
the national press	*la grande presse*
the gutter press	*la presse à sensation*
the popular press	*la presse à grand tirage*
the yellow press	*la presse à sensation*
a press syndicate	*un syndicat de presse*
a news agency	*une agence de presse*
a flourishing press	*une presse prospère*
a press conference	*une conférence de presse*
a press release	*un communiqué de presse*
a press clipping	*une coupure de presse*
a newspaper cutting	" " "
the press run	*le tirage*

2 JOURNALISM — *LE JOURNALISME*

journalism	*le journalisme*
picture journalism	*le journalisme photographique*
investigative journalism	*le journalisme d'investigation*
enterprise journalism	*le journalisme d'aventures*
participatory journalism	*le journalisme militant*
adversary journalism	*le journalisme de contestation*
yellow journalism	*le journalisme populaire*
popular journalism	" " "
a brand of popular journalism	*une sorte de journalisme populaire*
brash journalism	*le journalisme audacieux*
tough journalism	*le journalisme sans concession*
junk journalism	*le journalisme de bas étage*
journalese	*le jargon journalistique*
journalistic independence	*l'indépendance des journalistes*
journalistic initiative	*l'initiative journalistique*
reporting	*le reportage*
entrepreneurial reporting	*le reportage d'initiative*
hardnosed	*impitoyable*
partisan	*partisan*
political	*politique*
to be in the news	*avoir la vedette*
a newsmaker	*un sujet d'actualité*
to cover an event	*couvrir un événement*
media coverage	*la couverture par les médias*
to broaden a coverage	*élargir une couverture*
a media event	*un événement journalistique*

3 NEWSPAPERS — *LES JOURNAUX*

a medium	*un moyen de communication, un support*
a newspaper / a paper	*un journal*
the national newspapers	*les grands quotidiens*
a morning paper	*un journal du matin*
an afternoon paper	*un journal de l'après-midi*
a right-wing paper	*un journal de droite*
a give-away paper	*un journal gratuit*
a company newspaper	*un journal d'entreprise*
a Sunday paper	*une édition dominicale*
a color supplement	*un supplément couleur*
an official mouthpiece	*un organe officiel*
a Tory-leaning paper (UK)	*un journal de sensibilité conservatrice*
a non-partisan paper	*un journal neutre*
a literary slant	*une tendance littéraire*
sensational news	*nouvelles à sensation*
a news stand	*un kiosque à journaux*
a news stall	" " "
a news vendor	*un vendeur de journaux*
a tabloid	*un tabloïd*
lurid	*à sensation*
a rag	*une feuille de chou*
a broadsheet	*un format de journal de qualité, un journal plein format*
quality press	*les journaux sérieux*
a quality paper	*un journal sérieux*
a political organ	*l'organe d'un parti*
a magazine	*un magazine, une revue*
an illustrated magazine	*un magazine illustré*
a news magazine	*un magazine de presse*
a photo magazine	*un magazine de photos*
a picture magazine	" " " "
a woman's magazine	*un magazine féminin*
a fashion magazine	*une revue de mode*
a literary magazine	*une revue littéraire*

a scientific magazine	*une revue scientifique*
a financial magazine	*un magazine financier*
a religious magazine	*un magazine religieux*
a pulp magazine	*un magazine à sensation, un torchon*
a glossy magazine	*un magazine de luxe*
the glossies	*les magazines de luxe*
a pocket magazine	*un magazine de poche*
a general interest magazine	*un magazine d'intérêt général*
a specialized magazine	*une revue spécialisée*
an adventure magazine	*un magazine d'aventures*
a comics	*un magazine illustré*
a comic strip	*une bande dessinée*
a daily	*un quotidien*
a weekly	*un hebdomadaire*
a monthly	*un mensuel*
a quarterly	*une revue trimestrielle*
a journal	*un journal, une revue*
a scholarly journal	*une revue savante*
a medical journal	*une revue médicale*
trade and technical journals	*revues commerciales et scientifiques*
a periodical	*un périodique*
a newsletter	*une lettre confidentielle*
a dateline	*une date de parution*
a deadline	*une date limite*
a dummy	*une maquette*

II RUNNING A PAPER — *LA DIRECTION D'UN JOURNAL*

1 THE PRESS BARON — *LE MAGNAT DE LA PRESSE*

a press baron	*un magnat de la presse*
a press lord	" " " " "
a press magnate	" " " " "
a newspaper proprietor	*le propriétaire d'un journal*
a newspaper owner	*un propriétaire de journaux*
a president	*un président-directeur général*
a vice president	*un directeur-adjoint*
to found a paper	*fonder un journal*
to start a paper	*lancer un journal*
to own a paper	*être propriétaire d'un journal*
to run a paper	*diriger un journal*
to control 160 dailies	*être propriétaire de 160 quotidiens*
a publishing empire	*un empire de presse*
to take control of a paper	*prendre le contrôle d'un journal*
to seek backers	*rechercher des financements*
a chain of papers	*une chaîne de journaux*
monopolistic control	*le contrôle monopolistique*
a trend toward monopoly	*une tendance au monopole*
an overall policy	*une politique générale*

2 THE PRESS CORPS — *LES JOURNALISTES*

to be in journalism	*faire du journalisme*
to work on a newspaper	*travailler dans un journal*
the editorial staff	*la rédaction*
the newspaper office	*la salle de rédaction*
a desk	*un secrétariat de direction*
the news / city desk	*le service des informations*
an editor-in-chief	*un rédacteur en chef*
an editor	*un rédacteur*
a deputy editor	*un rédacteur-adjoint*
a science editor	*un responsable de la rubrique scientifique*
an editorship	*la fonction d'éditeur*
an editorialist	*un éditorialiste*
a publisher	*un éditeur*
to edit	*être rédacteur en chef*
a pool	*une équipe*
a member of the press	*un journaliste*
a journalist	" "
a newsman / a pressman	" "
a newspaperman	" "
a reporter	*un reporter*
a special reporter	*un envoyé spécial*
a writer reporter	*un grand reporter*
a sporting journalist	*un journaliste sportif*
a freelance	*un pigiste*
to work freelance	*travailler à la pige*
an opinion maker	*un chroniqueur*
a contributor	*un collaborateur, un journaliste*
a correspondent	*un envoyé, un correspondant*
a special correspondent	*un envoyé spécial*
a columnist	*un chroniqueur*
a copy writer	*un rédacteur publicitaire*
a copyreader	*un secrétaire de rédaction*
an art critic	*un critique d'art*
a reviewer	*un critique*
to rewrite	*remanier*
a rewrite man	*un réviseur*
a newspaper photographer	*un photographe de presse*
a still photographer	*un photographe de la presse écrite*
a monkey	*un photographe (fam.)*
a cartoonist	*un dessinateur*
muckraking	*la révélation de scandales*
a muckraker	*un "fouille merde" (fam.)*
to be on the staff of	*travailler pour*
a pressroom	*une salle de presse*
a presscard	*une carte de presse*
a paper boy	*un distributeur de journaux*
a paper route	*la tournée du distributeur*

III PUTTING A PAPER TOGETHER — *LA FABRICATION D'UN JOURNAL*

1 NEWSPAPER CONTENT — *LE CONTENU D'UN JOURNAL*

a section	*une partie*
the sports section	*le cahier des sports*
a sports column	*une rubrique sportive*
a column	*une chronique, une colonne, une rubrique*
a regular	*une chronique de revue*
a correspondence column	*le courrier des lecteurs*
the agony column	*le courrier du cœur*
the lonely heart column	" " " "
tidbits	*ragots*
gossips	"
a leader	*un éditorial*
an editorial	" "
a comment	" "
a leading article	" "
editorial matter	*le texte rédactionnel*
edition	*la publication, le tirage*
to editorialize	*rédiger un éditorial*
syndication	*la vente d'un article par un syndicat de presse*
a syndicated column	*un éditorial vendu à plusieurs journaux*
news in brief	*la rivière, faits divers, nouvelles brèves*
an advertisement / an ad	*une petite annonce*
classified advertisements	*annonces classées*
the wanted ads / small ads (USA)	*les petites annonces*
the vacant situation column	" " "
the weather report	*la météo*
radio programs	*programmes radio*
the readers' mail	*le courrier des lecteurs*
a serial	*un feuilleton*
to serialize	*faire paraître en feuilleton*
the obituary column	*la rubrique nécrologique*
art	*un élément de graphisme*
a comic / comics	*une bande dessinée*
the crosswords	*les mots croisés*
a critic	*un critique*
a review	*une critique*
to get a good critique	*avoir une bonne critique*
to review	*faire la critique de*
to have a good / bad review	*avoir bonne / mauvaise presse*
a rave review / a rare review	*une critique dithyrambique*
to run the gauntlet of criticism	*essuyer le feu des critiques*
to cast aspersions on	*dénigrer*
to make scathing comments	*faire des commentaires cinglants*
to pull to pieces	*éreinter (fam.)*
to slate	*éreinter, démolir*
a slating	*un éreintement*
to savage	*éreinter*
to run down	*dénigrer*
to fail to do justice (to)	*ne pas rendre justice (à)*
a eulogy	*un panégyrique*
to praise a film	*faire l'éloge d'un film*
to lavish praise on	*ne pas tarir d'éloges sur / à propos de*
laudatory	*élogieux*
the layout	*la mise en page, la maquette*
to lay out a paper	*faire la mise en page d'un journal*
a page	*une page*
a front page	*une première page*
a back page	*une dernière page*
to front page	*mettre en première page*
the fashion page	*la page mode*
the sports page	*la page des sports*
a full-page spread	*une page entière (consacrée à un sujet)*
a double spread	*une double page*
the oped (OPposite EDitorial)	*la page de face de l'éditorial (chroniques et commentaires)*
an article	*un article*
a sidebar	*un article consacré à un aspect d'un problème majeur*
a paragraph	*un alinéa*
the lead	*le premier paragraphe*
a story	*un article, un reportage, une nouvelle, une affaire*
a cover story	*un article en couverture*
a sob story	*une histoire mélodramatique*
a story line	*un scénario*
a survey	*une enquête*
a report	*un compte rendu*
to report	*faire un reportage, rendre compte, annoncer, relater*
a dispatch	*une dépêche*
to file a dispatch	*envoyer une dépêche*
a head	*un titre, une manchette*
a subhead	*un sous-titre, un intertitre*
a cross head	*un sous-titre*
a headline	*un grand titre*
the news headlines	*les titres de l'actualité*
a banner headline	*une manchette barrant la première page*
a label headline	*un gros titre sans verbe*
scary headlines	*gros titres à sensation*
pithy headlines	*gros titres piquants*
screaming headlines	*gros titres criards*
to make the headlines	*faire la une, défrayer la chronique*
to hit the headlines	*faire la une*
the front page	*la une*

to be front page news	*être à la une*
a scarehead	*une manchette à sensation*
a heading	*un en-tête, un chapeau*
headlinese	*le jargon des gros titres*
a kicker	*un petit titre accrocheur*
a flag	*un drapeau*
a nameplate	" "
a masthead	" "
a format	*un format*
a by-line	*une signature*
to box in	*encadrer*
a box	*un encadré*
an ear	*une oreille*
a graph	*une courbe, un graphique*
graphic	*graphique*
a picture	*une photo*
a credit line	*un crédit photographique*
a gutter	*une marge de petit fond*
a gutter margin	*une marge*
a caption	*une légende, un sous-titre*
a chart	*un diagramme*
a piechart	*un camembert*
an insert	*un encart*
a feature	*une chronique, un reportage spécial*
to make good copy	*faire bien vendre*
to inflate an event	*grossir un événement*
featurish	*accrocheur*

2 CIRCULATION — *LE TIRAGE*

circulation	*la diffusion, le tirage*
high circulation	*un fort tirage*
low circulation	*un faible tirage*
a mass circulation paper	*un journal à gros tirage*
the high circulation figures	*les gros tirages*
a small circulation journal	*un journal à petit tirage*
a special edition	*une édition spéciale*
to build a circulation from . . . to . . .	*faire passer le tirage de ... à ...*
to restrict circulation to	*restreindre le tirage à*
to raise circulation	*augmenter le tirage*
to achieve circulation	*atteindre un tirage*
a decline in circulation	*une chute des ventes*
a competition for circulation	*la concurrence entre journaux*
the readership	*le nombre de lecteurs, le lectorat*
to appeal to	*plaire à*
appeal	*l'attrait*
to woo readers	*attirer les lecteurs*
to gain ground	*gagner du terrain*
to subscribe to	*s'abonner à*
a subscription	*un abonnement*
to take out a subscription to	*s'abonner à*
to take out a subscription for sb.	*abonner qqn. à*
to enter a subscription for a year	*s'abonner pour un an*
a subscription rate	*un tarif d'abonnement*
a cut-price subscription	*un abonnement à prix réduit*
a subscriber	*un abonné*
to lapse	*prendre fin*
to cancel a subscription	*annuler un abonnement*
to discontinue a subscription	*cesser de s'abonner à un journal*
to sell millions of copies a day	*tirer à plusieurs millions d'exemplaires par jour*
to lose ground	*perdre du terrain*
unsold copies	*exemplaires invendus, le bouillon*
to close	*arrêter la publication*
to shut down a paper	" " "
to fold / to fail	*faire faillite*
to break even	*atteindre un seuil de rentabilité*
to drop the newspaper habit	*perdre l'habitude de lire un journal*
to do without a paper	*se passer d'un journal*
to keep a paper afloat	*maintenir un journal à flot*
newspaper distribution	*la distribution des journaux*
to set up a distribution system	*monter un système de distribution*
to issue	*paraître*
an issue	*un numéro, un exemplaire*
a back issue	*un vieux numéro*
an issue date	*une date de sortie*
a copy	*un exemplaire*
a readership survey	*une enquête sur les habitudes de lecture*

3 PRINTING — *L'IMPRESSION*

to print	*imprimer*
a printer	*un imprimeur*
a printing office	*un imprimeur*
a print	*une gravure*
an offprint	*un tiré à part*
to be out of print	*être épuisé*
a misprint	*une coquille*
a print union	*un syndicat du livre*
to set	*composer*
wood-pulp paper	*la pâte à papier*
a press	*une presse*
a type	*un caractère*
to set sth. in type	*composer qqch.*
a linotype machine	*une linotype*
to run a press	*faire fonctionner une presse*
an offset press	*une presse offset*
offset printing	*l'offset*
to shut down a press	*fermer une presse*
to man a press	*équiper une presse en hommes*
to operate a press	*faire fonctionner une presse*
colour printing	*l'impression en couleur*
photo composition	*la photocomposition*
phototypesetting	" "
filmtyping	" "
a machine compositor	*un claviste*
a rotary printing machine	*une rotative*
typesetting	*la composition*

a typesetter	*un compositeur, une linotype*
to stereotype	*clicher*
stereotyping	*le clichage*
to proofread	*corriger les épreuves*
a punctuation mark	*un signe de ponctuation*
a block letter	*une lettre majuscule*
bold type	*caractères gras*
a full stop	*un point*
a comma	*une virgule*
colon	*deux-points*
a semi-colon	*un point-virgule*
a dash	*un tiret*
dots	*points de suspension*
a dot	*un point*
in brackets	*entre parenthèses*
(in) quotation marks	*(entre) guillemets*
(in) inverted commas	" "
quote / unquote	*ouvrez les guillemets / fermez les guillemets*
to quote	*citer*
to rush an edition	*hâter la publication d'un journal*
to put a paper to bed	*boucler un journal*

IV THE ROLE OF THE PRESS — *LE ROLE DE LA PRESSE*

1 GENERAL BACKGROUND — *GENERALITES*

to inform	*informer*
information	*les informations*
to explore subjects	*explorer des sujets*
to air opinions	*donner un avis*
to spread a message	*diffuser un message*
to sensitize public opinion	*sensibiliser l'opinion publique*
to spring from the needs (of)	*naître des besoins (de)*
to assign a story (to)	*désigner qqn. pour un article*
to investigate	*enquêter*
an investigation	*une enquête*
legwork	*le travail d'enquête sur le terrain*
to be newsworthy	*présenter un intérêt pour le public*
to have news value	" " " "
to publish	*publier*
publication	*la publication*
to edit	*monter*
to scoop	*publier en exclusivité*
a scoop	*une exclusivité*
"stop press"	*dernière heure*
to whet the appetite	*exciter l'appétit*
an item of news / a news item	*une information*
to break the news	*annoncer les nouvelles*
to disclose	*révéler*
to spread news	*diffuser les nouvelles*
hard news	*l'actualité brute*
soft news	*nouvelles récentes et générales*
hot news	*nouvelles brûlantes / sensationnelles*
straight news	*l'information pure*
newsprint	*le papier journal*
a news source	*une source (d'information)*
newsy	*anecdotique, cancanier, plein de nouvelles*

2 A PRESS CONFERENCE — *UNE CONFERENCE DE PRESSE*

to hold a press conference	*tenir une conférence de presse*
to field questions	*poser des questions*
to attend a press conference	*assister à une conférence de presse*
a question-and-answer session	*une interview à bâtons rompus*
to pull punches	*ménager son adversaire*
to antagonize	*se mettre à dos*
to alienate	*s'aliéner*
to give sb. the shaft	*décocher des flèches à qqn.*
off-the-record	*officieux*
on the record	*officiel*
an off-the-cuff answer	*une réponse improvisée*
a backgrounder	*un arrière-plan*
a background story	*un papier d'ambiance*
to grant an interview	*accorder une interview*
to request an interview	*demander une interview*
to dodge a question	*éluder une question*
to be given equal time	*accorder le même temps d'antenne*
to go over the heads of the press to the country	*s'adresser directement au pays*
to send a disclaimer to the press	*envoyer un démenti à la presse*

3 SCANDAL — *LE SCANDALE*

a scandal	*un scandale*
to unearth	*déterrer*
to dig out	"
to poke one's nose into	*mettre son nez dans*
to expose	*révéler*
to hush up	*étouffer*
to cover	"
a source	*une source*
to check a source	*vérifier une source*

to double check	*faire une double vérification*
from reliable sources	*de source sûre*
dependable	*fiable*
reliable	*sûr, fondé*
accurate	*précis*
accuracy	*la précision*
biased / prejudiced	*partial*
unbiased / unprejudiced	*impartial*
to reveal a source	*révéler une source*
to disclose a source	" " "
the right to anonymity	*la droit à l'anonymat*
attribution	*la source*
to claim credit for	*revendiquer*
to be well-informed	*être bien informé*
to be ill-informed	*être mal renseigné*
to pander to	*flatter bassement*
to forfeit the loyalty of readers	*perdre la fidélité des lecteurs*
to check a lead	*vérifier une source*
truthful	*véridique*
truthfulness	*la véracité*
controversial	*controversé*
a circumstancial account	*un récit détaillé*
instructive	*instructif*

4 NEWSPAPER ETHICS — *LA MORALE JOURNALISTIQUE*

a rumour	*une rumeur*
defamation of character	*la diffamation*
to defame	*diffamer*
defamatory	*diffamatoire*
to spread false rumors about	*répandre de faux bruits sur*
to harm the reputation	*nuire à la réputation*
to expose to scorn	*exposer au mépris*
to question the integrity (of)	*mettre en doute l'intégrité (de)*
to libel	*diffamer, calomnier*
a libel	*une diffamation, une calomnie*
seditious libel	*la calomnie séditieuse*
to sue for libel	*poursuivre en diffamation*
a libel suit	*un procès en diffamation*
slander	*la calomnie, la diffamation (verbale)*
slanderous	*calomnieux*
to watch for libel	*veiller à éviter toute calomnie*
to impugn a character	*attaquer la moralité*
to avoid irrelevant references to	*éviter toute référence déplacée à*
to sue a paper	*faire un procès à un journal*
a breach of ethics	*une violation de la déontologie*
to file suit	*porter plainte*
to bring an action (against)	*intenter un procès (à)*
actionable	*donnant lieu à des poursuites*
privilege	*l'immunité*
a breach of privilege	*une rupture d'immunité*
to protect the right to privacy	*protéger le droit à la vie privée*
to protect privacy	" " " "
to provide an opportunity for reply	*offrir un droit de réponse*
to apologize in print	*présenter des excuses écrites*
to correct mistakes	*rectifier les erreurs*
to reform oneself	*s'amender*
the settlement of a dispute	*le règlement d'un litige*
an out-of-the-court settlement	*un règlement à l'amiable*
to boycott a paper	*boycotter un journal*
see : scandal and ethics	*voir : le scandale et la morale*

5 PRESS CENSORSHIP — *LA CENSURE DE LA PRESSE*

to suppress press freedom	*interdire les journaux*
to curtail freedom	*réduire les libertés*
to infringe on liberties	*empiéter sur les libertés*
to be subject to censorship	*être soumis à la censure*
censorship violations	*les infractions à la censure*
to censor	*censurer*
a state censorship agency	*un bureau national de censure*
to avoid unwanted disclosures	*éviter des révélations embarrassantes*
a press law	*une loi sur la presse*
an arm of government	*une arme de gouvernement*
an instrument of government policy	*un instrument de politique gouvernementale*
an instrument of social control	*un moyen de maintenir l'ordre social*
political pressure	*la pression politique*
a press law	*une loi sur la presse*
to serve the ends of a government	*servir à des fins politiques*
police surveillance (of)	*la surveillance policière (de)*
strong arms methods	*méthodes d'intimidation*
arbitrary methods	*méthodes arbitraires*
to apply intimidation	*pratiquer l'intimidation*
rule-of-rummage	*le droit de perquisition*
to expel a correspondant	*expulser un correspondant*
to have one's credentials suspended	*se voir supprimer son accréditation*
restrictions on coverage	*les restrictions à la couverture d'un événement*
an embargo on news	*un black-out sur les informations*
to submit materials to	*soumettre les articles à*
to jam a broadcast	*brouiller une émission*
to impose a ban on news	*imposer un black-out sur les nouvelles*
a blackout on news	*un black-out sur les nouvelles*
to have access to a paper	*avoir la possibilité de lire un journal*

to hold the press at arm's length	*tenir la presse à distance*
to gag the press	*bâillonner la presse*
to suppress a paper	*interdire un journal*
to seize a paper	*saisir un journal*
a seizure	*une saisie*
to mute a paper's bark	*réduire un journal au silence*
to purge	*purger*
to infiltrate	*infiltrer*
to let the media in	*faire participer les médias*
to lift press curbs	*lever les restrictions sur la presse*
a public watchdog	*une agence de contrôle*
an underground press	*une presse clandestine*
clandestine printing	*l'impression clandestine*
to be back on the streets	*être à nouveau autorisé*

2 TELECOMMUNICATIONS — *LES TELECOMMUNICATIONS*

1 INFORMATION TECHNOLOGY — *LES TECHNOLOGIES DE L'INFORMATION*

the information age	*l'ère de l'information*
the global electronic village	*le village électronique global*
the age of the push-button	*l'époque presse-bouton*
to spread information	*répandre l'information*
to share information with	*partager l'information avec*
to process information	*traiter l'information*
information processing	*le traitement de l'information*
information processing equipment	*le matériel de traitement de l'information*
information handling	*le maniement de l'information*
to eliminate the disadvantages of distance	*supprimer les inconvénients de la distance*
the information explosion	*l'explosion de l'information*
to communicate information	*communiquer des informations*
to have access to	*avoir accès à*
to distribute	*distribuer*
to speed the information flow	*accélérer le débit des informations*
to electronicize	*installer des systèmes électroniques*

2 PHONES — *LES TELEPHONES*

the telephone administration	*l'administration des télécommunications*
telephony	*la téléphonie*
a telephone	*un téléphone*
a payphone	*un téléphone public*
a coin-operated payphone	*un téléphone à pièces*
a call box	*une cabine téléphonique*
a phone booth	" " "
a telephone card	*une télécarte*
a prepaid card	*une carte prépayée*
a mobile cellular telephone	*un radiotéléphone, un téléphone mobile*
a cordless telephone	*un téléphone sans fil*
a portable telephone	*un téléphone portable*
a pocket telephone	*un téléphone de poche*
a videophone	*un visiophone*
a picture phone	" "
a viewphone	" "
to display	*afficher*
a car phone	*un téléphone de voiture*
an extension	*un poste*
a receiver	*un combiné*
a handset	" "
an answering machine	*un répondeur téléphonique*
an answer phone	" " "
an answering service	*un service des abonnés absents*
to lift the receiver	*décrocher*
to replace the receiver	*raccrocher*

3 THE PHONE NUMBER — *LE NUMERO DE TELEPHONE*

to be on the phone / to have a phone	*être abonné*
a phone number	*un numéro de téléphone*
an area code	*un indicatif de région*
a time zone	*un fuseau horaire*
an unlisted number	*un numéro rouge*
to be ex-directory (UK)	*être sur la liste rouge*
to be unlisted (USA)	" " " "
a phone directory	*un annuaire téléphonique*
the yellow pages	*les pages jaunes*
to be in the book	*être dans l'annuaire*
a telephone call	*un appel téléphonique*
a dial	*un cadran*
to dial	*composer un numéro*
a dial tone	*une tonalité*
a dialer	*un usager du téléphone*
a ringing tone	*une sonnerie*
a busy signal	*un signal occupé*
a busy tone	" " "
an engaged tone	" " "
the line is busy	*la ligne est occupée*
an unobtainable number	*un numéro en dérangement*
a wrong number	*un faux numéro*

4 MAKING A CALL — *LA COMMUNICATION TELEPHONIQUE*

to phone	*téléphoner*
to ring up	"
to call (up)	"
to give a call	*passer un coup de téléphone*
to place a call	" " "
to make a call	" " "
to give a buzz	*passer un coup de fil*
to dial direct	*appeler par l'automatique*
to call back	*rappeler*
to ring off	*raccrocher*
to hang up (on)	*raccrocher (au nez de)*
"Hold on" / "Hang on"	*"Ne quittez pas"*
to hold the line	*rester en ligne*
to put sb. through	*passer qqn.*
to talk on the phone	*parler au téléphone*
to wiretap	*mettre sur table d'écoute*
wiretapping	*les écoutes téléphoniques*
to tap a telephone	*mettre un téléphone sur écoute*
to bug a phone	" " " "
a bug	*un micro*
to eavesdrop on a call	*espionner un appel*
to listen in	*écouter un appel*
to overhear a conversation	*surprendre une conversation*
to intercept	*intercepter*
to record	*enregistrer*
to tape a phone conversation	*enregistrer une conversation téléphonique*
to disconnect	*couper*
to reconnect	*rétablir la communication*
to be engaged	*être occupé*
to handle a call	*prendre un appel*
to trace a call	*localiser un appel*
on the phone	*au téléphone*
a delay	*une attente*

5 TYPES OF CALLS — *LES COMMUNICATIONS*

a caller	*un demandeur*
a calling party	" "
a called person	*un correspondant*
a called party	" "
a nuisance caller	*un appel importun*
an obscene call	*un appel obscène*
an incoming call	*un appel d'arrivée*
an outgoing call	*un appel de départ*
an emergency call	*un appel d'urgence*
a recorded time message	*l'horloge parlante*
to call collect	*appeler en PCV*
a collect call	*un appel en PCV*
a reverse charge call	" " " "
a local call	*une communication locale*
to call long distance	*faire un appel interurbain*
a trunk call (UK)	*un appel interurbain*
a long-distance call (USA)	" " "
a personal call (UK)	*un appel avec préavis*
a person-to-person call (USA)	" " " "
an 800-number call (USA)	*un numéro d'appel gratuit, un numéro vert*
a toll-free number	*un numéro vert*
an ADC call	*une communication avec indication de durée*

a credit card call	*une communication payable avec carte bancaire*
a wake-up call	*le réveil téléphonique*
call-waiting	*un appel en attente*
to unplug	*décrocher son téléphone*

6 THE NETWORK — *LE RESEAU*

a telecommunication network	*un réseau de télécommunication*
a personal communication network	*un réseau personnel*
to build a network	*construire un réseau*
to operate a network	*exploiter un réseau*
to put together	*construire*
to upgrade a network	*améliorer un réseau*
a fiber optical cable	*un câble à fibre optique*
a broadcast satellite	*un satellite de retransmission*
to install long distance service	*installer un service longue distance*
to connect	*relier*
Subscriber Trunk Dialling (STD)	*l'automatique interurbain*
a telephone line	*une ligne téléphonique*
a trunk line	*une ligne interurbaine*
a party line	*une ligne téléphonique commune*
a leased line	*une ligne en leasing*
a rented line	*la location d'une ligne*
a hot line	*une ligne rouge*
a connection	*une liaison*
to make a connection	*être relié*
to link	*joindre*
to go dead	*être coupé*
to be cut off	" "

7 THE TELECOMMUNICATIONS INDUSTRY — *LES TELECOMS*

telematics	*la télématique*
a communication satellite	*un satellite de communications*
a com-sat	" " "
a telecommunication company	*une compagnie du téléphone*
a phone worker	*un employé du téléphone*
a phone company technician	*un technicien des télécoms*
a subscriber	*un abonné*
a telephone customer	*un abonné du téléphone*
a telephone exchange	*un central téléphonique*
a switchboard	*un standard*
an operator	*une opératrice*
a teleconference	*une téléconférence, une audioconférence*
a videoconference	*une visioconférence*
a call-in (USA)	*une émission avec intervention des auditeurs (radio ou télé)*
a phone-in (UK)	" " " "
a videotex	*un minitel*
to sell services over videotex	*vendre des services par minitel*
audiotex services	*services minitel*
horoscoping	*l'horoscope*
dial-a-porn	*3615 code URSULA (le Minitel rose)*
an electronic noticeboard	*un bulletin électronique*
shopping at home	*achats à domicile*
to bill	*envoyer la facture*
to charge a subscriber	*envoyer la facture à un abonné*
to be billed	*être facturé*
a bill	*une facture*
the duration of a call	*la durée d'un appel*
a call charge	*le montant d'un appel*
a unit charge	*une taxe de base*
slamming	*le piratage de clients*

3 TELEVISION — *LA TELEVISION*

I GENERAL BACKGROUND — *GENERALITES*

television	*la télévision*
the telly	*la télé*
a box	*une téloche (fam.)*
the small screen	*le petit écran*
on TV	*à la télévision*
to watch television	*regarder la télévision*
to appear on TV	*passer à la télévision*
a television set	*un poste de télévision*
a black and white set	*un poste en noir et blanc*
a color TV	*un poste en couleur*
a television system	*un système de télévision*
the PAL system (phase alternation line)	*le système PAL*
the SECAM system	*le système SECAM (système électronique couleur avec mémoire)*
high definition television (HDTV)	*la télévision haute définition*
computer-enhanced image	*image améliorée par ordinateur*
a pocket sized TV	*une télévision miniature*
to televise / to telecast	*téléviser*
a common carrier	*un transporteur*
a broadcaster	*un radiodiffuseur*
to broadcast	*diffuser*
broadcasting	*la diffusion, les émissions*
a broadcast bill	*une loi sur l'audio-visuel*
the tube	*la télé*
to turn on / to shut off TV	*allumer / éteindre la télévision*
to change over to	*passer sur, mettre*
a wavelength	*une fréquence*
a cathode-ray tube (CRT)	*un tube cathodique*
blooming	*la saturation d'un tube TV*
keying	*incrustation électronique*
barrel distortion	*la distorsion des images*
color crosstalk	*interférence des couleurs*
interference	*parasites*
to jam a broadcast	*brouiller une émission*
to implode	*imploser*
the radio	*la radio*
to listen to the radio	*écouter la radio*
a radio set	*un poste de radio*
ear plugs	*écouteurs*

II THE TELEVISION NETWORK — *LE RESEAU DE TELEVISION*

a network	*un réseau*
a commercial network	*un réseau commercial*
a relay satellite	*un satellite de retransmission*
to relay from . . . to . . .	*transmettre de ... à ...*
to be positioned above	*être en position au-dessus*
a stationary satellite	*un satellite stationnaire*
to carry a program by satellite	*diffuser un programme par satellite*
a dish aerial / antenna	*une antenne parabolique*
to compete for advertising revenues	*se faire concurrence pour les recettes publicitaires*
a TV franchise	*une licence d'exploitation TV*
a television transmitter	*un émetteur TV*
cable television	*la télévision par câble*
to cable cast	*diffuser par câble*
a cablecast	*un programme câblé*
basic cable	*le câble de base*
pay cable	*le câble à péage*
a paid subscriber	*un abonné au câble*
remote control	*la télécommande*
a screen	*un écran*
an antenna	*une antenne*
a community antenna	*une antenne commune*
a community network	*un réseau collectif*
CATV (Community Antenna Television Systems)	*la télévision par câble / par antenne collective*
the Satellite-served Master Antenna TV (SMATV)	*la télévision par câble (limitée à un immeuble)*
a Multiple Systems Operator (MSO)	*un réseau de câblovision*
local reception	*la réception locale*
to reach viewers	*être capté*
closed circuit TV	*la télévision en circuit fermé*
a TV guide	*un magazine de télévision*
a camera	*une caméra*
instant replay	*le retour sur image*
slow motion	*le ralenti*
a monitor screen	*un écran de contrôle*

III CHANNELS — *LES CHAINES*

a channel	*une chaîne*
ITV (Independent TV) (UK)	*la chaîne ITV (commerciale)*
ABC (American Broadcasting Corporation) (USA)	*la chaîne ABC*
NBC (National Broadcasting Company) (USA)	*la chaîne NBC*
CBS (Columbia Broadcasting System) (USA)	*la chaîne CBS*
HBO (Home Box Office)	*HBO (télévision câblée payante)*
CNN (Cable News Network)	*la chaîne CNN*
ITV (instructional television) (USA)	*la chaîne ITV (programmes scolaires)*
MTV (Music TV) (USA)	*MTV (chaîne de clips)*
IBA (Independent Broadcasting radio-Authority) (UK)	*organisme britannique de télévision commerciale*
Channel 2	*Antenne 2*
an independent television commission	*une Haute Autorité*
the Federal Communications Commission (FCC) (USA)	*la Commission fédérale de contrôle (équivalent de la Haute Autorité)*
a regulatory body	*un organisme de contrôle*
a broadcasting company	*une société de diffusion*
a monopoly	*un monopole*
a cultural channel	*une chaîne culturelle*
educational TV	*la télévision scolaire*
a pay channel	*une chaîne payante*
to run a channel	*diriger une chaîne*
to pick up a channel	*capter une chaîne*
pay per view	*programmes payants*
a public station	*une station publique*
a regional station	*une station régionale*
state-owned television	*les chaînes publiques*

IV PROGRAMMING — *LES EMISSIONS*

1 GENERAL BACKGROUND — *GENERALITES*

a program	*une émission*
program making	*la fabrication des programmes*
a morning program	*un programme de la matinée*
an evening program	*un programme de la soirée*
a sponsored program	*un programme sponsorisé*
a sustaining program	*une émission non patronnée*
a simultaneous program	*une émission simultanée*
a format	*un type de programme*
an audience participation format	*une émission avec participation du public*
a panel program	*un programme avec invités*
a panel discussion	*une réunion-débat*
a panel game	*un jeu télévisé*
to make a TV program	*faire un programme TV*
to pre-empt a program	*remplacer une émission (en raison de l'actualité)*
narrowcasting	*programmes pour groupes d'intérêt*
to produce a show	*produire un spectacle*
to tape a show	*enregistrer un spectacle*
live from	*en direct de*
a live program	*un programme en direct*
a live conference	*une conférence en direct*
live action	*le direct*
a live broadcast	*une diffusion en direct*
to carry live	*retransmettre en direct*
a pre-recorded broadcast	*une émission en différé*
special effects	*effets spéciaux*

2 THE NEWS — *LES INFO*

the news	*les nouvelles*
a news broadcast	*un programme d'actualités*
a newsflash	*un flash info*
the 6 o'clock news (USA)	*le journal de 20 heures, le 20 heures*
instant news	*nouvelles instantanées*
live news	*nouvelles en direct*
to watch the news	*regarder les nouvelles*
a running commentary	*un reportage*
an investigation in depth	*une enquête approfondie*
a depth interview	*un entretien à bâtons rompus*
a current affairs documentary	*une "Heure de vérité"*
a news magazine	*un magazine d'actualités*
a news show	*un programme d'actualités*
a news summary	*les nouvelles en bref*
a documentary film	*un documentaire*
a documentary of general knowledge	*un magazine grand public*
a sports broadcast	*un reportage sportif*
an infotainment	*un programme d'informations et de distraction*
the weather forecast	*le bulletin météo*

a weatherman	*Mr Météo*
videotex	*le minitel*

3 VARIETY SHOWS — *LES VARIETES*

a variety show	*un programme de variétés*
a play	*une pièce de théâtre*
a quiz	*un jeu-concours*
recorded	*en différé*
a rerun	*une rediffusion*
a show	*un spectacle*
a talk show	*un débat*
a serial	*un feuilleton, une série*
a soap opera	*un mélo*
a musical	*une comédie musicale*
a sitcom (situation comedy)	*une comédie de situation*
a feature film	*un grand film, le film de la soirée*
a regular feature	*un programme régulier*
a teleplay	*un téléfilm*
a man-on-the-street interview	*un micro trottoir*
a phone-in / a call in	*une émission avec participation des téléspectateurs*
a phone-in lead	*un indice téléphoné*
an anonymous caller	*un correspondant anonyme*
the highlights	*émissions vedette*
an awards-winning ceremony	*une cérémonie de remise des récompenses*
an Emmy Award	*un César*
Meet the Press	*le Club de la Presse*
60 Minutes	*7 sur 7*
the Hour of Truth	*l'Heure de vérité*
the Wheel of Fortune	*la Roue de la fortune*
Sesame Street	*le nom d'un programme pour enfants*

V TV RATINGS — *LA MESURE D'AUDIENCE*

a viewer	*un télespectateur*
a viewing audience	*un public de téléspectateurs*
an audience share	*une part d'audience*
a sweep	*un sondage*
prime time / peak viewing time	*heures de grande écoute*
marginal time	*heures de faible écoute*
TV advertising	*la publicité à la TV*
a commercial	*un message publicitaire*
an informercial / a minidocumentary without a product	*un message publicitaire (sur TV câblée)*
a TV spot	*une séquence publicitaire*
a jingle	*un sonal*
an ADI (area of dominant influence)	*une zone de diffusion*
to attract 30 percent of the audience	*faire 30% d'écoute*
ratings	*la cote d'écoute*
audience measurement	*la mesure d'audience*
a telephone sampling method	*une méthode de sondage par téléphone*
to trail	*être derrière*
a top rated show	*un spectacle de grande écoute*
to lose popularity	*perdre en popularité*
to gain popularity	*devenir populaire*
to lose viewers	*perdre des téléspectateurs*
to win back viewers	*reconquérir des télespectateurs*
a mainstay of television	*un pilier de la programmation*

see : advertising — *voir : la publicité*

VI THE TV JOURNALIST — *LE JOURNALISTE DE TELEVISION*

a newsroom	*une salle de la rédaction*
to be on the air	*être à l'antenne*
to cover an event	*couvrir un événement*
TV coverage	*la couverture, le reportage*
to give saturation coverage	*couvrir exhaustivement (un événement)*
to check a source	*vérifier une source*
to follow a lead	*suivre une piste*
an assignment	*une mission*
on an assignment	*en mission*
an investigation	*une enquête*
air time	*le temps d'antenne*
to air	*émettre*
to be on the air	*être à l'antenne, émettre*
to go off the air	*quitter l'antenne*
to provide background to the news	*servir d'arrière-plan aux nouvelles*

footage	*le filmage*
controversial	*sujet à controverse*
to cause controversy	*provoquer une controverse*
to be open to criticism	*être critiquable*
an autocue	*un téléprompteur*
a teleprompter	" "
to sign on	*annoncer les programmes*
to sign off	*prendre congé des téléspectateurs*
to keep the press out of a country	*maintenir la presse à l'écart*
see : the press	*voir : la presse*

VII TV STARS — *LES VEDETTES DU PETIT ECRAN*

a TV studio	*un studio de télévision*
a TV crew	*une équipe de télévision*
an anchorman	*un présentateur du journal télévisé*
a host	*un présentateur vedette*
a commentator	*un commentateur*
a foreign correspondent	*un correspondant à l'étranger*
a broadcaster	*un chroniqueur, un journaliste*
a sportscaster	*un journaliste sportif*
an announcer	*un présentateur, un speaker, une speakerine*
a presenter	*un présentateur*
a compère	" "
to compère	*présenter*
an emcee (MC)	*un animateur de télévision*
a quiz master	*un meneur de jeu*
to be telegenic	*être télégénique*
a televangelist	*un prédicateur de télévision*
a monitor	*un ingénieur du son*
an audience	*un public*
the control room	*la régie*
a film library	*une cinémathèque*

VIII THE ROLE OF TV — *LE ROLE DE LA TV*

to broadcast a program into a home	*diffuser un programme à domicile*
to convey information	*transmettre des informations*
to provide information	*apporter des informations*
to keep in touch with	*rester en contact avec*
to keep sb. informed	*tenir qqn. au courant*
to keep informed	*se tenir au courant*
biased	*partial*
objectivity	*l'objectivité*
objective	*objectif*
neutral	*neutre*
partial	*partial*
unbiased	*impartial*
a slant	*un point de vue*
harmful	*nuisible*
to influence public opinion	*influencer l'opinion publique*
to brainwash	*conditionner*
to condition	"
cultural imperialism	*l'impérialisme culturel*
to distort facts	*déformer les faits*
to maintain an overall impartiality	*maintenir une impartialité totale*
to expose the ills and abuses of	*dénoncer les maux et les abus de*
to get a story to the public	*rendre public une affaire*
an educational role	*un rôle pédagogique*
to make entertainment available	*fournir des distractions*
free entertainment	*distractions gratuites*
to live in isolation	*vivre isolé*
to be cut off from	*être coupé de*
to promote communication (between)	*promouvoir la communication (entre)*
to eradicate communication	*supprimer la communication*

IX A TV DEBATE — *UN DEBAT TELEVISE*

a televised debate	*un débat télévisé*
an electronic debate	" " "
a live debate	*un débat en direct*
a presidential TV debate	*un débat télévisé (pendant une campagne présidentielle)*
to participate in a debate	*participer à un débat*
debating skill	*le talent oratoire*
to tune in to a debate	*suivre un débat*
broadcast campaigning	*une campagne sur les ondes*
a joint appearance	*une émission à deux*

a debate format	*la forme d'un débat*
a head-on meeting	*un face à face*
a face-to-face debate	*un face à face télévisé*
a moderator	*un président de débat*
a debater	*un orateur*
a press panel	*un groupe de journalistes*
a panelist	*un journaliste participant*
the floor plan	*la disposition des lieux*
to shoot a candidate	*filmer un candidat*
a stand-in	*une doublure*
to meet face to face	*se rencontrer face à face*
to pit against each other	*mettre face à face*
to exchange views	*débattre*
to touch on an issue	*aborder un problème*
to air an issue	*expliquer un problème au grand jour*
a great communicator	*un grand communicateur*
a seasoned performer	*un habitué de la télévision*
to give equal time	*accorder le même temps d'antenne*
the fairness doctrine	*la règle d'équité*
to retain the support (of)	*conserver le soutien (de)*
to merchandise a candidate	*commercialiser un candidat*
to sell a candidate	*vendre un candidat*
to pick a site	*choisir un lieu*
a set design	*un décor*
to position a camera	*installer une caméra*
to set up a camera	" " "
a shooting angle	*un angle de vue*
a profile shot	*un plan de côté*
a full-face shot	*un plan de face*
a lectern	*un pupitre*
a rostrum	*une tribune*
lighting	*l'éclairage*
to light a candidate	*éclairer un candidat*
a stage	*une estrade*
to make up	*maquiller*
makeup	*le maquillage*
a make-up job	*un travail de maquillage*
a timer	*un horloge*
the timing	*le minutage*
a cue device / a time-warning device	*un signal d'avertissement (du temps restant à chacun)*
a lavalier microphone	*un micro cravate*
to shoot a question	*lancer une question*
to present a statement	*faire une déclaration*
an opening statement	*une introduction*
to make an opening statement	*faire une déclaration d'introduction*
a closing statement	*une conclusion*
to draw the first position	*parler en premier*
an outright debate	*un débat direct (sans intermédiaire)*
to hold an audience	*captiver le public*
to take a stand	*prendre position*
a follow-up question	*une question complémentaire*

X TV ADDICTION — *L'INTOXICATION PAR LA TV*

the idiot box	*la téloche (fam.)*
the gogglebox	*la télé (fam.)*
TV fare	*la nourriture télévisuelle*
to be glued to	*être collé à*
to be fascinated	*être fasciné*
to be mesmerized	*être hypnotisé*
a craze	*un engouement*
a deterrent to	*un effet dissuasif pour*
to tune in to	*se brancher sur*
to stay attuned	*rester branché*
a small screen devotee	*un fanatique du petit écran*
a couch potato	*un passionné de télévision*
to latch onto a show	*se brancher sur un spectacle*
to switch channels	*changer de chaîne*
a channel jumper	*un zappeur*
an attention span	*un degré de concentration*
to brainwash people	*conditionner les gens*
homogenization of culture	*la standardisation de la culture*
to mould opinions	*façonner les opinions*
depersonalization	*la massification*
to set fashions	*lancer les modes*
to win / lose elections	*faire gagner / perdre les élections*
saturation bombing	*abrutissement*

4 VIDEO — *LA VIDEO*

1 GENERAL BACKGROUND — *GENERALITES*

a video cassette recorder (VCR)	*un magnétoscope*
a videotape recorder	" "
a videoplayer	" "
a home videotaper	" "
a video cassette	*une vidéocassette*
a video cartridge	" "
a videotape	*une bande vidéo*
a videodisc / a videodisk	*un vidéodisque*
a videodisk system	*un système de vidéodisques*
a walkman	*un baladeur*
a camcorder	*une caméra portative*
to broadcast	*diffuser*
broadcasting	*la diffusion*
a compact disc player	*une platine laser*
a compact disc (CD)	*un disque compact*
a cassette	*une cassette*
a cassette player	*un lecteur de cassettes*
a cassette deck	*une platine à cassettes*
a laser disc	*un disque laser*
a laser disc player	*une platine pour disques laser*
a film disc	*un disque vidéo*
a satellite dish	*une antenne parabolique*

2 VIDEO — *LA VIDEO*

an electronic media	*un support électronique*
video equipment	*le matériel vidéo*
a home video boom	*une explosion sur la vidéo*
a home electronics device	*un robot électronique*
home viewing	*le cinéma à domicile*
to videotape / to tape	*enregistrer sur cassette*
to tape a show live	*enregistrer un spectacle en direct*
home taping	*l'enregistrement à domicile*
a taped show	*un spectacle enregistré*
a VCR enthusiast	*un mordu du magnétoscope*
a VCR devotee	*un fervent du magnétoscope*
video mania	*la folie de la vidéo*
video paraphernalia	*équipement vidéo*
a videophile	*un amateur de vidéo*
to give a VCR party	*donner une soirée vidéo*
a video library	*une vidéothèque*
to release a film on video	*mettre un film en vente vidéo*
to distribute one's work on videos	*distribuer son œuvre sur cassettes*
a pre-recorded cassette	*une cassette pré-enregistrée*
a top seller	*un succès de vente*
a box of the office hit	*un succès du box-office*
a video generation	*une génération vidéo*
a screening room	*une salle de projection*
a screen	*un écran*
to screen	*montrer*
to videotape for insurance purpose	*filmer pour les besoins de l'assurance*
to videoize	*adapter pour la télévision*

3 PROGRAMMING — *LES PROGRAMMES*

to pick a program	*choisir un programme*
program options	*le choix de programmes*
to beam programming into homes	*diffuser des programmes dans les foyers*
children's programming	*programmes pour enfants*
home products	*films à caractère familial*
a how-to-cassette	*une cassette pour apprendre*
an educational program	*un documentaire*
an educational use	*une application pédagogique*
a business use	*un usage commercial*
an adjunct (to)	*une aide (pour)*
a tool	*un outil*
footage	*le métrage (d'un film)*
to edit	*monter*
to compile	*compiler*

4 THE VIDEO REVOLUTION — *LA REVOLUTION VIDEOTIQUE*

a promise technology	*une technologie prometteuse*
home entertaining	*loisirs domestiques*
an entertainment revolution	*une révolution dans les loisirs*
to revolutionize home viewing	*révolutionner le spectacle à domicile*
a communal pleasure	*un plaisir en commun*
individual viewing	*une projection privée*
later viewing	*projections tardives*
to consume one's entertainment in private	*occuper ses loisirs chez soi*
to retreat from the public world	*se retirer du monde*
to abandon local movie theaters	*déserter les salles de spectacle*
to record a show	*enregistrer un spectacle*
an instant home movie	*un film personnel instantané*
to rerun a show	*repasser un spectacle*
to play back a program	*repasser un programme*
to open up a world (of)	*(s') ouvrir un univers (de)*
to offer a wide array of programming	*offrir un large éventail de programmes*
to skip over the commercials	*sauter les publicités*
to turn off commercials	*couper la publicité*
loss of commercial viewership	*la perte commerciale de spectateurs*

5 HOME VIEWING — *LE SPECTACLE A DOMICILE*

to expand the viewership	*élargir l'audience*
to tap in to foreign channels	*se brancher sur les programmes étrangers*
to harvest information from	*recueillir des sources d'information à partir de*
to tune in to	*se brancher sur*
to put up a satellite receiver	*installer un récepteur satellite*
to have access to cable	*avoir accès au câble*
to stretch the reach of	*étendre le champ de*
to open windows	*ouvrir des perspectives*
to offer instruction to	*enseigner à*
to improve literacy	*améliorer l'alphabétisation*
a source of information	*une source de renseignements*

6 MARKETING VCRs — *LA COMMERCIA-LISATION DES MAGNETOSCOPES*

a video distributor	*un distributeur de cassettes*
the cassette business	*le commerce des cassettes*
the cassette rental business	*le commerce de location de cassettes*
a video shop	*un magasin de vidéo*
to rent a tape	*louer une cassette*
a rental market	*un marché de la location*
the rental trade	*le commerce de la location*
a rented tape	*une cassette louée*
a membership fee	*un droit d'inscription*
to spawn imitators	*produire des imitateurs*
to pirate a cassette	*pirater une cassette*
video bootlegging	*le trafic de films vidéo*
contraband videos	*vidéos de contrebande*
an illegal video	*une vidéo interdite*
a hot video	*une vidéo pirate*
an underground video market	*un marché noir de la vidéo*
home piracy	*la piraterie de cassettes*
to duplicate a tape	*copier une bande*
to make a duplicate (of)	*faire une copie (de)*
a violation of copyright laws	*une infraction aux droits de reproduction*
to make a copy of	*faire une copie (de)*
to undermine the market	*saper le marché*
the holder of a copyright	*le propriétaire de droits d'auteurs*
copyright protection	*la protection des droits d'auteurs*
infringement of copyrighted works	*infraction à la loi sur les droits d'auteurs*
to bring an infringement suit	*faire un procès pour infraction*

7 THE BANE OF VIDEO — *LA VIDEO : UN POISON*

propaganda	*la propagande*
a propaganda vehicle	*un véhicule de propagande*
propagandist	*propagandiste*
a weapon for subversion	*une arme de subversion*
a dissident video	*une vidéo dissidente*
to have a stranglehold on the news	*tenir les informations en coupe réglée*
a tool for electioneering	*un outil électoraliste*
to circulate a video journal	*faire circuler un journal vidéo*
to document police brutality	*témoigner de violences policières*
to pass around videos	*faire circuler des films vidéo*
to corrupt	*corrompre*
corruption	*la corruption*
to subvert	*subvertir*
to tolerate	*tolérer*
to frown upon	*voir d'un mauvais œil*
to prohibit	*interdire*
to restrict the flow (of)	*réduire le flot (de)*
to lose control (of)	*perdre la maîtrise (de)*
a challenge to the state's monopoly	*un défi au monopole d'Etat*
to be faced with moral decadence	*être confronté à la décadence morale*
to corrupt moral values	*pervertir les valeurs morales*
to introduce values into	*introduire des valeurs dans*
to preserve one's cultural identity	*préserver son identité culturelle*
to lose a sense of identity	*perdre un sentiment d'identité*
a subversion of local culture	*une subversion de la culture locale*
the opiate of the mass	*l'opium du peuple*
video pervasiveness	*l'envahissement par la vidéo*
cultural impurity	*l'impureté culturelle*
declining morality	*la décadence morale*

8 VIDEO CENSORSHIP — *LA CENSURE DE LA VIDEO*

censorship	*la censure*
a censor	*un censeur*
to silence a voice	*faire taire une voix*
an unsanctioned videotape	*une bande vidéo non approuvée par la censure*
to raid a video shop	*faire une descente dans un magasin vidéo*
to step up raids	*multiplier les descentes*
to confiscate tapes	*confisquer des bandes*
to unearth tapes	*découvrir des bandes*
to check for prohibited videos	*faire le contrôle des bandes interdites*
an unauthorized tape	*une bande interdite*
an unlicensed video	*une vidéo illicite*
uncensored	*non censuré*
to impose harsh penalties for possession (of)	*imposer de lourdes sanctions pour la possession (de)*
to halt circulation of tapes	*enrayer la circulation de bandes*
the video black market	*le marché noir de la vidéo*
to screen out a video cassette	*regarder une cassette vidéo*
to circumvent restrictions on	*tourner la loi sur*
to curtail access to foreign channels	*limiter l'accès aux canaux étrangers*
a video broadcasting station	*une station de diffusion vidéo*
to dismantle a station	*démanteler une station*

VI HEALTH — *LA SANTE*

1 SYSTEMS AND ORGANS — *LES APPAREILS ET LES ORGANES*

I THE CARDIOVASCULAR SYSTEM — *LE SYSTEME CARDIO VASCULAIRE*

1 THE HEART — *LE CŒUR*

to beat	*battre*
to throb	*palpiter*
to thump	*battre fort*
a chamber	*une cavité*
a ventricle	*un ventricule*
an auricle / an atrium	*une oreillette*
the vena cava	*la veine cave*
the aorta	*l'aorte*
a valve	*une valve*
the cardiac muscle	*le muscle cardiaque*
the heartbeat	*le battement du cœur*
cardiac pulsations	*les pulsations cardiaques*
an electrocardiogram	*un électrocardiogramme*

2 LUNGS — *LES POUMONS*

to breathe	*respirer*
to breathe in	*inspirer*
to breathe out	*expirer*
a breath	*un souffle*
to be out of breath	*être hors d'haleine*
breathing	*la respiration*
to pant / to gasp	*haleter*
to choke / to stifle	*étouffer*
the chest	*la poitrine*
the breast	*la poitrine (féminine)*

3 BLOOD — *LE SANG*

to bleed	*saigner*
bleeding	*les saignements*
to flow	*couler*
the bloodstream	*la circulation sanguine*
blood pressure	*l'hypertension artérielle*
a blood vessel	*un vaisseau sanguin*
a blood clot	*un caillot de sang*
a blood donor	*un donneur de sang*
the aorta	*l'aorte*
an artery	*une artère*
the pulmonary artery	*l'artère pulmonaire*
the coronary artery	*l'artère coronaire*
the carotid artery	*l'artère carotide*
a vein	*une veine*
the jugular vein	*la veine jugulaire*
the femoral vein	*la veine fémorale*
a capillary	*un capillaire*
a white / red corpuscle	*un globule blanc / rouge*
a platelet	*une plaquette*
an ESR (erythrocite sedimentation rate)	*la VS (vitesse de sédimentation)*
septicemia	*la septicémie*
blood poisoning	" "

II THE DIGESTIVE SYSTEM — *L'APPAREIL DIGESTIF*

1 THE MOUTH — *LA BOUCHE*

the mouth cavity	*la cavité buccale*
the lips	*les lèvres*
the voice box	*le système vocal*
the gums	*les gencives*
the cheeks	*les joues*
the palate	*le palais*
the tongue	*la langue*
vocal cords	*cordes vocales*
a tooth / teeth	*une dent / dents*
a root	*une racine*
the jawbone	*la mâchoire*
a set of teeth	*une dentition*
upper	*du haut*
lower	*du bas*
the milk / deciduous dentition	*les dents de lait*
the permanent dentition	*les dents définitives*
a molar	*une molaire*
a premolar	*une prémolaire*

an incisor	*une incisive*
a cuspid / a canine	*une canine*
a wisdom tooth	*une dent de sagesse*
an impacted tooth	*une dent incluse*
a buck tooth	*une dent proéminente*
a bad tooth	*une carie*
a decayed tooth	*une dent cariée*
a filling	*un plombage*
to stop	*plomber*
to fill	"
a drill	*une fraise*
to extract	*arracher*
to pull out	*extraire*
a denture	*un dentier*
false teeth	*une prothèse dentaire*
saliva	*la salive*
salivary glands	*les glandes salivaires*
the adenoids	*les végétations*
the sinuses	*les sinus*

2 THE DIGESTIVE TRACT — *L'APPAREIL DIGESTIF*

the throat	*la gorge*
the windpipe	*la trachée*
the larynx	*le larynx*
the pharynx	*la pharynx*
the tonsils	*les amygdales*
the esophagus / the gullet	*l'œsophage*
the stomach	*l'estomac*
the liver	*le foie*
the spleen	*la rate*
bile	*la bile*
a bile duct	*une voie biliaire*
the pancreas	*le pancreas*
the bowels	*les intestins*
the intestine	*l'intestin*
the small intestine	*l'intestin grêle*
the large intestine	*le gros intestin*
the appendix	*l'appendice*
the colon	*le côlon*
the rectum	*le rectum*
the anus	*l'anus*
the gallbladder	*la vésicule biliaire*
to chew	*mâcher*
to swallow	*avaler*
to assimilate	*assimiler*
to digest	*digérer*
digestion	*la digestion*
dyspepsia	*la dyspepsie*

III THE URINARY SYSTEM — *LE SYSTEME URINAIRE*

the urinary tract	*le canal urinaire*
a gallstone	*un calcul*
to pass a stone	*éliminer un calcul*
a kidney	*un rein*
kidney stones	*calculs rénaux*
renal	*rénal*
the bladder	*la vessie*
to pass water	*uriner*
the testicles	*les testicules*
the prostate	*la prostate*
the urethra	*l'urètre*
the ureter	*l'uretère*
urine	*l'urine*
to filtrate	*filtrer*
renal failure	*une insuffisance rénale*
uremia	*l'urémie*
cystitis	*la cystite*
dialysis	*la dialyse*

IV THE OPTICAL SYSTEM — *LE SYSTEME OCULAIRE*

an eye	*un œil*
the orbit	*l'orbite*
the eyeball	"
the socket	"
the apple	*la prunelle*
an eyelid	*une paupière*
an eyeball	*un globe oculaire*
the optic nerve	*le nerf optique*
the cornea	*la cornée*
lacrimal glands	*les glandes lacrimales*
the retina	*la rétine*
the cornea	*la cornée*
the pupil	*la pupille*
the iris	*l'iris*
the lens	*le cristallin*
visual acuity	*l'acuité visuelle*
an eyebrow	*un sourcil*
an eyelash	*un cil*

V THE NERVOUS SYSTEM — *LE SYSTEME NERVEUX*

the brain	*le cerveau*
á lobe	*un lobe*
a muscle	*un muscle*
a hamstring	*un adducteur*
quadriceps	*le quadriceps*
a torn muscle	*une déchirure musculaire*
to tear a muscle	*se faire une déchirure musculaire*
to pull a muscle	*se claquer un muscle*
to strain a muscle	" " " "
a strained muscle	*un claquage*
a joint	*une articulation*
a tendon	*un tendon*
Achilles' tendon	*le tendon d'Achille*
a ruptured tendon	*un claquage*
a ligament	*un ligament*
the spinal cord	*la moelle épinière*
a nerve	*un nerf*
a nervous system	*un système nerveux*
to cut a nerve	*sectionner un nerf*
to sever	*couper*
to destroy nerve tissue	*détruire le tissu nerveux*
to kill a nerve	*dévitaliser*
to suffer from nerves	*avoir les nerfs fragiles*
to be all nerves	*être un paquet de nerfs*
to be on edge	*être tendu*
a nerve cell	*une cellule nerveuse*
an impulse	*une impulsion*
a neuron	*un neurone*
a nerve fibre	*une fibre nerveuse*

VI THE SKELETON — *LE SQUELETTE*

a skeleton	*un squelette*
a limb	*un membre*
the upper limbs	*les membres supérieurs*
the lower limbs	*les membres inférieurs*
a bone	*un os*
flesh	*la chair*
the height	*la taille*
the head	*la tête*
the skull	*le crâne*
the scalp	*le cuir chevelu*
the neck	*le cou*
the nape of the neck	*la nuque*
the forehead	*le front*
the temple	*la tempe*
the chin	*le menton*
the nose	*le nez*
a nostril	*une narine*
a dimple	*une fossette*
the trunk	*le tronc*
the backbone	*la colonne vertébrale*
the waist	*la taille*
a rib	*une côte*
a vertebra / vertebrae	*une vertèbre / vertèbres*
a disc	*un disque*
the cervix	*le col de l'utérus*
cervical	*cervical*
lumbar	*lombaire*
the back	*le dos*
a hip	*une hanche*
buttocks	*fesses*
a shoulder blade	*une omoplate*
a collarbone	*une clavicule*
the breastbone	*le sternum*
the pelvic girdle	*le bassin*
the pelvis	" "
the rib cage	*la cage thoracique*
the spine	*la colonne vertébrale*
the bone marrow	*la moelle épinière*
the forearm	*l'avant-bras*
the armpit	*l'aisselle*
an elbow	*un coude*
a wrist	*un poignet*
a hand	*une main*
the thumb	*le pouce*
the forefinger	*l'index*
the middle finger	*le médius*
the ringfinger	*l'annulaire*
the little finger	*l'auriculaire*
a fingernail	*un ongle*
a fist	*un poing*
a knuckle	*une phalange*
a leg	*une jambe*
a thigh	*une cuisse*
a knee	*un genou*
a kneecap	*une rotule*
a shinbone	*un tibia*
a calf	*un mollet*
an ankle	*une cheville*
the instep	*le cou-de-pied*
a foot / feet	*un pied / pieds*
a heel	*un talon*
the sole	*la plante de pied*
a toe	*un orteil*
the size	*la pointure*
a sinew	*un tendon*

2 HEALTH CONDITION — *L'ETAT DE SANTE*

1 GENERAL BACKGROUND — *GENERALITES*

to be in good health	*être en bonne santé*
to enjoy good health	*jouir d'une bonne santé*
healthy	*sain, bien portant*
sound	*sain, robuste*
to be in good physical condition	*être en bonne condition physique*
physical fitness	*la forme physique*
to keep fit	*entretenir sa forme*
to be in fine fettle	*être en forme*
to be bursting with health	*éclater de santé*
to look the picture of health	*respirer la santé*
to be in bad health	*être en mauvaise santé*
to be in poor health	" " " "
health trouble	*ennuis de santé*
unhealthy	*malsain*
wholesome	*sain, salubre (aliments)*
unwholesome	*malsain, insalubre*
stamina	*la résistance*
weakness	*la faiblesse*

2 DISEASE — *LA MALADIE*

a symptom	*un symptôme*
symptomatic	*symptomatique*
a symptom complex	*un syndrome*
a prodrome	*un prodrome, un premier symptôme*
to diagnose	*diagnostiquer*
diagnosed as	*diagnostiqué comme*
a diagnosis	*un diagnostic*
to receive a diagnosis	*informer d'un diagnostic*
a prognosis	*un pronostic*
a disease	*une maladie*
an occupational disease	*une maladie professionnelle*
a vector of disease	*un vecteur de maladie*
an agent of disease	*un agent de la maladie*
to be diseased	*être malade*
to catch a disease	*attraper une maladie*
to flare up	*se déclarer soudainement*
to be stricken with a disease	*être frappé d'une maladie*
to be racked by disease	*être tenaillé par une maladie*
to be locked in a disease's grip	*être en proie à une maladie*
to be laid low with	*être alité avec*
to be bedridden	*être cloué au lit*
to be down with	*être au lit avec*
to take to one's room	*garder la chambre*
the onset	*le début*
the onslaught	*l'assaut*
the outcome	*l'issue*
full blown	*déclaré*
acute	*aigu*
chronic	*chronique*
malignant	*malin*
malignancy	*la malignité*
benign	*bénin*
mild	"
curable	*curable*
incurable	*incurable*
non-communicable	*non contagieux*
communicable	*contagieux*
contagious	"
catching	"
transmissible	*transmissible*
fatal	*fatal*
to be infected with	*être atteint de*
an infection	*une infection*
infectious	*infectieux*
illness	*la maladie*
a mild form of an illness	*une forme atténuée de maladie*
to be ill (with)	*être malade (de)*
to fall ill	*tomber malade*
to fall victim to an illness	*être victime d'une maladie*
to be taken ill	" " " "
the roots of an illness	*les origines d'une maladie*
to succumb to an illness	*succomber à une maladie*
a sickness	*une maladie*
a chronic illness	*une maladie chronique*
the sick	*les malades*
a sick person	*un malade*
to be sick	*vomir*
to feel sick	*avoir la nausée*
to fall sick	*tomber malade*
to be car sick	*être malade en voiture*
to be seasick	*avoir le mal de mer*
to be home sick	*avoir le mal du pays*
sick leave	*le congé de maladie*
to be on sick leave	*être en congé de maladie*

sickly	*maladif, souffreteux*
a bout of	*un accès de*
to be ailing	*être souffrant*
unwell	*indisposé*
to feel poorly	*être souffrant*
to suffer from	*souffrir de*
to slip (into)	*glisser (vers)*
to slide (into)	" "
to decline	*décliner*
to deteriorate	*se dégrader*
a deterioration	*une dégradation*
to worsen	*s'aggraver*
to take a turn for the worse	"
to be in critical condition	*être dans un état critique*
to be listed in serious condition	*être dans un état jugé sérieux*
a treatment	*un traitement*
to treat	*traiter*

3 RECOVERY *LA GUERISON*

to improve	*s'améliorer*
an improvement	*une amélioration*
a change for the better	" "
a turn for the better	" "
to emerge from an illness	*sortir d'une maladie*
to make progress	*faire des progrès*
to gain strength	*prendre des forces*
to regain strength	*reprendre des forces*
to be on the mend	*aller mieux*
to be on the upswing	" "
to get better	*se rétablir*
to rally	*reprendre des forces / le dessus*
to perk up	*se retaper*
to pick up	*se remettre*
to come around	" "
to come along	*faire des progrès*
to come through	*s'en tirer*
to pull through	*s'en sortir*
to make it	" "
to get back on one's feet	*être sur pied*
to cure	*guérir*
a cure	*une guérison, un miracle*
a miracle cure	*un remède miracle*
to be convalescent	*être convalescent*
a chance of full recovery	*une chance de complet rétablissement*
to recover	*être rétabli*
to recover from	*se remettre de*
a recovery	*une guérison*
to heal	*guérir, se cicatriser*
a remission	*une rémission*
a reprieve	*un répit*
to recur	*réapparaître*
a recurrence	*une réapparition*
to relapse	*rechuter*
a relapse	*une rechute*
to save	*sauver*
to rest	*se reposer*
to recuperate	*récupérer*
rest and recuperation (R & R)	*repos et convalescence*

4 AILMENTS *LES MAUX*

to have a headache	*avoir mal à la tête*
an earache	*un mal d'oreille*
a backache	*un mal de dos*
a stomachache	*un mal de ventre*
a toothache	*un mal de dent*
a stiff neck	*un torticolis*
fever	*la fièvre*
to have a fever	*avoir de la fièvre*
a high fever	*une forte fièvre*
to run a high fever	" " "
to have a temperature	*avoir de la fièvre*
sore	*endolori*
a sore	*une plaie*
a running sore	*une plaie qui suppure*
festering	*qui suppure*
a pimple	*un bouton*
a boil	*un furoncle*
a blister	*une ampoule*
a splinter	*une écharde*
a bump	*une bosse*
a hematoma	*un hématome*
a scratch	*une égratignure*
a bruise	*une contusion*
a disorder	*un trouble*
kidney trouble	*troubles rénaux*
mental trouble	*troubles psychiques*
a discomfort	*une gêne*
a cramp	*une crampe*
to be seized with cramps	*être pris de crampes*
indigestion	*une indigestion*
to have an upset stomach	*être dérangé*
diarrhoea	*la diarrhée*
constipation	*la constipation*
a stitch	*un point de côté*
nausea	*une migraine, une nausée*
a bleeding	*une hémorragie*
a nose bleed	*une hémorragie nasale*
a complication	*une complication*
a side effect	*un effet secondaire*
to sniff	*renifler*
to swell	*enfler*
dizziness	*le vertige*

to feel dizzy	*être pris de vertige*
giddiness	*étourdissement*
to feel giddy	*être pris d'étourdissement*
to vomit	*vomir*
to throw up	"
to puke	*dégobiller (fam.)*
to faint	*s'évanouir*
a fainting fit	*un évanouissement*
to pass out	*avoir une syncope*
to go into a coma	*plonger dans le coma*
to be in a coma	*être dans le coma*

5 PAIN — *LA DOULEUR*

agony	*la douleur atroce*
to suffer agonies	*souffrir le martyre*
to be in pain	*souffrir*
painful	*douloureux*
a pain perception center	*un centre de perception de la douleur*
a twinge of pain	*un élancement*
to writhe with pain	*se tordre de douleur*
to cry out with pain	*pousser des cris de douleur*
to shriek with pain	*hurler de douleur*
to groan in pain	*gémir de douleur*
phantom limb pain	*la douleur des amputés*
an amputee	*un amputé*
chronic pain	*la douleur chronique*
persistent	*persistant*
recurrent	*périodique*
excruciating	*atroce*
throbbing	*lancinante*
dull	*sourde*
unbearable	*insupportable*
agonizing	*déchirant*
splitting	*épouvantable*
acute	*vive*
sharp	*aigu*
intractable	*intraitable*
blinding	*fou*
shooting	*violent*
gnawing	*qui tenaille*
suffering	*les souffrances*
to ache	*avoir mal*
to hurt	*faire mal*
to smart	*causer une douleur vive, brûler*
to sting	*piquer*
to burn	*brûler*
to itch	*démanger*
to throb	*avoir des élancements*
to gall	*meurtrir*
to magnify	*exagérer*
to keep pain at bay	*faire échec à la douleur*
to complain	*se plaindre*
a complaint	*une affection*
a liver complaint	*une maladie du foie*
to relieve	*soulager*
a relief	*un soulagement*
to ease	*atténuer*
to soothe	*calmer*
soothing	*calmant*
to allay	*apaiser*
to assuage	"
to end sb.'s suffering	*mettre fin aux souffrances de qqn.*
a painkiller	*un analgésique*
pain-relief pills	*comprimés analgésiques*
to be insensitive to	*être insensible à*

3 HEALTH TROUBLE — *LES TROUBLES DE LA SANTE*

I GENETIC DISEASES — *LES MALADIES GENETIQUES*

1 GENERAL BACKGROUND — *GENERALITES*

genetics	*la génétique*
a geneticist	*un généticien*
a genetic defect	*une anomalie génétique*
a genetic disease	*une maladie génétique*
a genetic message	*un message génétique*
the genetic coding	*le code génétique*
genetic constitution	*la structure génétique*
genetic information	*renseignements génétiques*
genetic misinformation	*mauvais renseignements génétiques*
genetic prognostication	*le pronostic génétique*
a genetic tracer	*un marqueur génétique*

to be genetically unfit	*souffrir d'anomalies génétiques*
a gene	*un gène*
a sequence	*une suite*
a helix	*une hélice*
a base pair	*une base double*
a genome	*un génome*
adenosine deaminase (ADA)	*l'adénosine déaminase*
an oncogene	*un oncogène*
to track down a gene	*rechercher un gène*
to screen genes	*déchiffrer les gènes*
to submit to genetic testing	*se soumettre à un test génétique*
a gene hunt	*la recherche des gènes*
to isolate a gene	*isoler un gène*

2 THE DNA — *L'ADN*

a chromosom	*un chromosome*
to map the chromosoms	*répertorier les chromosomes*
to decipher	*déchiffrer*
the DNA (deoxyribonucleic acid)	*l'ADN (acide désoxyribonucléique)*
a molecule	*une molécule*
molecular medicine	*la médecine moléculaire*
a DNA molecule	*une molécule d'ADN*
the structure of DNA	*la structure de l'ADN*
to chart human DNA	*dresser la carte de l'ADN*
a DNA analysis	*une analyse de l'ADN*
to make a human being	*fabriquer un être humain*
growth	*la croissance*
development	*le développement*
heredity	*l'hérédité*
hereditary	*héréditaire*
a hereditary trait	*un trait héréditaire*
to predict a disease	*prévoir une maladie*
to predetermine the fate	*prédéterminer le sort*
to preordain	*déterminer*
predetermination	*la prédétermination*
a predisposition to disease	*une prédisposition à la maladie*
to have advance knowledge of a disease	*connaître une maladie à l'avance*
recessive	*récessif*
recessiveness	*la récessivité*
to trace	*retrouver*
to be traceable to	*dont on peut retrouver la trace*

3 THE GENETIC LEGACY — *L'HERITAGE GENETIQUE*

a genetic error	*une erreur génétique*
a genetic disorder	*une maladie génétique*
of genetic origin	*d'origine génétique*
a faulty gene	*un gène défectueux*
a defective gene	" " "
a missing gene	*un gène manquant*
to run in a family	*être héréditaire*
to pass on from a generation to another	*(se) transmettre de génération en génération*
to weigh heavily on (the next generation)	*peser lourdement sur (la génération suivante)*
an abnormality	*une malformation*
a malformation	" "
to produce a malformation	*entraîner une malformation*
a mutation	*une mutation*
a defect	*une malformation*
a birth defect	*une malformation congénitale*
congenital	*congénital*
to infect the fetus	*infecter le fœtus*
to injure the fetus	*blesser le fœtus*
a chromosomal abnormality	*une malformation chromosomique*
a chromosomal defect	" " "
a family disease	*une maladie familiale*
ADA deficiency	*un déficit en ADA*
an ADA-deficiency child	*un enfant souffrant de déficit total du système immunitaire*
a bubble child	*un enfant bulle*
mongolism (Down's syndrom)	*le mongolisme*
a mongoloid child	*un enfant mongolien*
a retard	*un handicapé mental*
mental retardation	*le handicap mental*
trisomy	*la trisomie*
a chromosomal disorder	*une maladie chromosomique*
haemophilia / hemophilia	*l'hémophilie*
hemophiliac	*hémophile*
a hemophiliac	*un hémophile*
diabetes	*le diabète*
insulin	*insuline*
Parkinson's disease	*la maladie de Parkinson*
the degeneration of cells	*la dégénération des cellules*

4 GENE THERAPY — *LA THERAPIE GENIQUE*

to use gene therapy	*pratiquer une thérapie génique*
genetic engineering	*le génie génétique*
genetic tinkering	*manipulations génétiques*
to alter an individual's genes	*modifier les gènes d'un individu*
to splice a gene	*restructurer un gène*
gene-splicing	*la restructuration des gènes*
to incorporate a gene	*intégrer un gène*
to insert a gene into	*insérer un gène dans*
to graft a cell onto	*greffer une cellule sur*
bone marrow cells	*cellules de moelle osseuse*
to manufacture blood cells	*fabriquer des globules*
a germ cell	*une cellule germinale*
a soma cell	*une cellule somatique*
a stem cell	*une cellule reproductrice*
a B cell (B lymphocyte)	*un lymphocyte B*
a T cell (T lymphocyte)	*un lymphocyte T*

an antibody	*un anticorps*
a retrovirus	*un rétrovirus*
to eradicate a gene	*supprimer un gène*
to keep a gene from passing to future generations	*empêcher un gène de se transmettre aux générations à venir*
to fight against hereditary diseases	*lutter contre les maladies héréditaires*
an incurable genetic disease	*une maladie génétique incurable*
a fatal genetic disease	*une maladie génétique mortelle*
a replacement gene	*un gène de substitution*
protein synthesis	*la synthèse de la protéine*
to coax the genes to function properly	*amener les gènes à fonctionner correctement*

II VIRAL AND BACTERIOLOGICAL DISEASES — *LES MALADIES VIRALES ET BACTERIENNES*

1 MICRO ORGANISMS — *LES MICRO ORGANISMES*

a bacillus	*un bacille*
a germ	*un microbe*
a microbe	*" "*
a bacterium / bacteria	*une bactérie / bactéries*
a staphylococus / staphylococci	*un staphylocoque / staphylocoques*
a streptococus / streptococci	*un streptocoque / streptocoques*
a fungus / fungi	*un champignon / champignons*
a parasite	*un parasite*
a phagocyte	*un phagocyte*
a macrophage	*un macrophage*
macrophage	*macrophage*
a defender	*une défense*
a monocyte	*un monocyte*
a neutrophil	*un neutrophile*
neutrophil	*neutrophile*
a scavenger	*une cellule nécrophage*
a scavenging cell	*" " "*
a bug	*un virus*
a virus / viruses	*un virus / virus*
pathogen	*pathogène*
dreaded	*redouté*
fatal	*fatal*
a virus disease	*une maladie à virus*
a viral disease	*une maladie virale*
viral transmission	*la transmission virale*
a virologist	*un virologue / virologiste*
a host	*un hôte*

2 THE IMMUNE SYSTEM — *LE SYSTEME IMMUNITAIRE*

the workings of	*le fonctionnement de*
the immunological system	*le système immunitaire*
immunization	*l'immunisation*
to be immune to	*être immunisé contre*
immunodeficiency	*la déficience immunitaire*
to develop immunity	*s'immuniser*
acquired immunity	*immunité acquise*
to protect against	*protéger contre*
microbial invasion	*invasion microbienne*
to be resistant to	*résister à*
to be susceptible to	*craindre, être réceptif à*
to be vulnerable to	*être vulnérable à / réceptif à*
to erode the immune system	*attaquer le système immunitaire*
to go awry	*se dérégler*
to be under siege	*être assailli*
an invading mechanism	*un mécanisme d'envahissement*
to lay waste the immune system	*détruire le système immunitaire*
to destroy	*détruire*
to weaken the body's immune system	*affaiblir les défenses immunitaires*
to cripple the immune system	*paralyser le système immunitaire*
to break the outer defenses	*briser les défenses externes*
to lose one's resistance against	*perdre sa résistance contre*
the defense system	*le système de défense*
to provoke the immune response	*entraîner une réponse immunitaire*
to bring out one's defensive weapons	*produire des armes pour se défendre*
immunologic defense methods	*méthodes de défense immunitaire*
the body's defences against	*les défenses de l'organisme contre*
to mobilize the system	*mobiliser le système*
to activate	*mettre en action*
to set off a chain reaction	*provoquer une réaction en chaîne*
to release chemicals	*libérer des agents chimiques*
an antibody-producing cell	*une cellule productrice d'anticorps*
to produce antibodies	*produire des anticorps*
an antigen	*un antigène*
to neutralize an antigen	*neutraliser un antigène*

3 INFECTION *L'INFECTION*

3.1 EXPOSURE *LE CONTACT*

exposure to	*le contact avec*
to test for exposure to	*déterminer s'il y a eu contact avec*
to prevent exposure to	*empêcher le contact avec*
to avoid exposure to	*éviter d'être en contact avec*
to be exposed to	*être en contact avec*
to detect	*détecter*
detection	*la détection*
to escape detection	*échapper à l'examen*

3.2 INFECTION *L'INFECTION*

to infect	*infecter*
an infective agent	*un agent d'infection*
an infection	*une infection, une contamination, une contagion*
a source of infection	*une source d'infection*
the rate of infection	*le taux de contamination*
to grow	*augmenter*
to rise	*s'élever*
to slow	*ralentir*
to be at risk of infection	*risquer une infection*
to be in danger of being infected	*être exposé à la contagion*
to enter the bloodstream	*pénétrer dans le sang*
to gain a foothold	*s'installer*
to be infected with / by	*être infecté par*
the infected people	*les malades contaminés*
a pattern of infection	*les signes de contamination*
a reservoir of infection	*un réservoir d'infection*
to record	*enregistrer*
an upsurge in infections	*une recrudescence de la contagion*
to slow the rate of infection	*ralentir le rythme de la contagion*
an infectious disease expert	*un spécialiste des maladies infectieuses*
respiratory	*respiratoire*
the respiratory tract	*l'appareil respiratoire*
gastrointestinal	*gastro-intestinal*
the gastrointestinal tract	*l'appareil digestif*
a mucous membrane	*une muqueuse*
the skin	*la peau*
to incubate	*incuber*
an incubation period	*une période d'incubation*
to prey on	*s'attaquer à*
to be the prey to	*être victime de*
to seek out a quarry	*rechercher une proie*
to strike adults	*frapper les adultes*
to harbour a virus	*être porteur d'un virus*
to carry a virus	*" " " "*
a carrier	*un porteur*
an AIDS carrier	*un porteur du sida*

3.3 TRANSMISSION *LA TRANSMISSION*

to pass on a virus	*transmettre un virus*
to transmit a virus	*" " "*
to catch	*attraper*
to spread	*se propager*
to reproduce	*se reproduire*
to multiply	*se multiplier*
to proliferate	*proliférer*
proliferation	*la prolifération*
to contaminate	*contaminer*
contamination	*la contamination*
to progress	*gagner du terrain*
to race across a country	*se propager rapidement à travers un pays*
to contract a disease	*contracter une maladie*
to be weakened by	*être affaibli par*
to devastate	*dévaster*
to wreak havoc	*faire des ravages*
to spare	*épargner*
the ravages of	*les dégâts causés par*
to swarm through the bloodstream	*envahir le système sanguin*
the mischief of a virus	*le mal causé par un virus*

3.4 FIGHTING OFF *LA RESISTANCE*

to repel an infection	*combattre une infection*
to fight off a disease	*lutter contre une maladie*
to ward off a disease	*parer à une maladie*
to develop immunity to	*développer l'immunité contre*
to stem the spread	*enrayer la dissémination*
immunotherapy	*l'immunothérapie*
to inhibit a virus	*neutraliser un virus*
to track	*rechercher*
to contain	*maîtriser*
a strain	*une souche*
to isolate	*isoler*
to mutate	*muter*
a culture dish	*une culture*
to home in on	*se concentrer sur*
to make inroads against	*faire des progrès dans la lutte contre*
viral transmission	*la transmission virale*
a cell	*une cellule*
the cell nucleus	*le noyau de la cellule*
an array of cells	*un ensemble de cellules*
a flu-ridden cell	*une cellule atteinte du virus de la grippe*
to lie dormant in a cell	*être en sommeil dans une cellule*
to activate a cell	*activer une cellule*
to penetrate the cell nucleus	*pénétrer le noyau de la cellule*
to provide clinical improvements	*procurer des améliorations cliniques*
to be free of a virus	*être débarrassé d'un virus*
bacteriology	*la bactériologie*
a vaccine	*un vaccin*
vaccination	*la vaccination*
a vaccination booster	*un rappel de vaccination*

4 EPIDEMICS — *LES EPIDEMIES*

an epidemic	*une épidémie*
an epidemiologist	*un épidémiologiste*
an endemic	*une endémie*
a pandemic	*une pandémie*
a case	*un cas*
to report a new case	*faire état d'un nouveau cas*
wide-ranging	*de grande envergure*
far-reaching	*lourd de conséquences*
rampant	*galopant*
to break out	*se déclarer, éclater*
an outbreak	*une manifestation soudaine*
a scourge	*un fléau*
to handle an epidemic	*faire face à une épidémie*
to come to grips with	*s'attaquer à*
to put at risk	*mettre en danger*
to contract	*contracter*
to be in the grips of a scourge	*être en proie à un fléau*
to creep into a population	*gagner une population*
to work one's way through	*progresser à travers*
to sweep across a continent	*s'abattre sur un continent*
to spill over to	*gagner (un autre pays / continent)*
to sweep into a population	*ravager une population*
to strike down man	*frapper l'homme*
to extend one's reach	*s'étendre*
to gather steam	*prendre de l'ampleur*
to decimate	*décimer*
to interrupt the pattern	*briser le cycle*
to stem the spread	*endiguer la course*
to contain an epidemic	*contenir une épidémie*
to control an epidemic	*juguler une épidémie*
to keep an epidemic under control	*enrayer une épidémie*
to circumscribe the spread	*circonscrire l'épidémie*
a preventable epidemic	*une épidémie évitable*
a vaccine-preventable epidemic	*une épidémie évitable par la vaccination*
to subside	*se calmer*
to abate	*décroître*
to die down	*s'éteindre*
a hard hit country	*un pays fortement touché*
the death toll	*le bilan des victimes*
to climb	*augmenter*

5 VIRAL DISEASES — *LES MALADIES VIRALES*

a chill	*un refroidissement*
to catch a chill	*prendre froid*
a cold	*un rhume*
to catch a cold	*attraper un rhume*
to have a cold in the head	*avoir un rhume de cerveau*
rhinitis	*une rhinite*
a runny nose	*un nez qui coule*
to blow one's nose	*se moucher le nez*
to cough	*tousser*
to sneeze	*éternuer*
to shiver	*grelotter*
to sweat	*suer*
a cough	*une toux*
a sore throat	*un mal de gorge*
croup	*une laryngite (d'origine diphtérique)*
to be hoarse	*être enroué*
sinus trouble	*une sinusite*
the flu / influenza	*la grippe*
an ear infection	*une otite*
otitis	*" "*
conjonctivitis	*la conjonctivite*
tonsilitis	*l'amygdalite*
bronchitis	*la bronchite*
whooping cough	*la coqueluche*
a fit of coughing	*une quinte de toux*
chickenpox	*la varicelle*
smallpox	*la variole*
hepatitis	*l'hépatite*
jaundice	*la jaunisse*
to pass blood	*avoir du sang dans les urines*
rabies	*la rage*
the mumps	*les oreillons*
the measles	*la rougeole*
German measles / rubella	*la rubéole*
a spot	*un tache*
a rash	*une éruption*
mononucleosis	*une mononucléose*
polyomelitis	*la poliomyélite*
multiple sclerosis	*la sclérose en plaques*
arthritis	*l'arthrite*
osteomyelitis	*l'ostéomyélite*
encephalitis	*l'encéphalite*
trachoma	*le trachome*
shingles	*le zona*
tuberculosis (TB)	*la tuberculose*
a TB test	*une cuti*
a venereal disease (V.D.)	*une maladie vénérienne*
herpes	*un herpes*
genital herpes	*un herpes genital*
a genital wart	*un condylome*
gonorrhea	*une blennorhagie*
sexually transmissible diseases (STD)	*maladies sexuellement transmissibles (MST)*
syphilis	*la syphilis*

6 BACTERIAL DISEASES — *LES MALADIES BACTERIENNES*

anthrax	*la maladie du charbon*
botulism	*le botulisme*
brucellosis	*la brucellose (fièvre de Malte)*
cholera	*le choléra*
dengue	*la dengue*
diarrhea	*la diarrhée*
diphteria	*la diphtérie*
dysentery	*la dysenterie*
laryngitis	*une laryngite*
leprosy	*la lèpre*
meningitis	*la méningite*
the plague	*la peste*

pneumonia	*une pneumonie*	septicemy	*la septicémie*
salmonellosis	*la salmonellose*	tetanus	*le tétanos*
salmonella	*les salmonelles*	tuberculosis	*la tuberculose*
food poisoning	*une intoxication alimentaire*	typhoid	*la typhoïde*
scarlet fever	*la scarlatine*	yellow fever	*la fièvre jaune*

III PROTOZOAN DISEASES — *LES MALADIES PARASITAIRES*

a protozoon / protozoa	*un protozoaire / protozoaires*	toxoplasmosis	*la toxoplasmose*
a parasite	*un parasite*	typhus	*le typhus*
parasitic	*parasite*	malaria	*le paludisme*
sporozoa	*sporozoaires*	a disease-carrying blackfly	*une mouche porteuse de maladie*
an amoeba	*une amibe*	a gnat	*un moucheron*

IV NON CONTAGIOUS DISEASES — *LES MALADIES NON CONTAGIEUSES*

cataract	*une cataracte*	a heart murmur	*un souffle au cœur*
glaucoma	*un glaucome*	angina	*l'angine de poitrine*
a squint	*un strabisme*	pain chest	*douleurs angineuses*
the rickets	*le rachitisme*	a heart failure	*une défaillance cardiaque*
scurvy	*le scorbut*	a heart disease	*une maladie du cœur*
a deficiency in vitamins	*une carence en vitamines*	rheumatic heart disease	*le rhumatisme cardiaque*
anemia	*l'anémie*	a heart attack	*une crise cardiaque, un infarctus du myocarde*
cholesterol	*le cholestérol*	myocardial infarct	*une cardiopathie ischémique*
fat	*le tissu adipeux*	fibrillation	*une fibrillation*
diabetes	*le diabète*	tachycardia	*la tachycardie*
a diabetic	*un diabétique*	cardiac arrest	*un arrêt du cœur*
hypoglycemia	*l'hypoglycémie*	a stroke	*un accident vasculaire cérébral (AVC)*
blood sugar level	*le taux de glycémie*	a cerebral hemorrhage	*une hémorragie cérébrale*
glucose	*le glucose*	a polyp	*un polype*
uremia	*l'ürémie*	cot infant death (CID)	*la mort soudaine du nourrisson*
acne	*l'acné*	sudden infant death (SID)	" " "
pimples	*les boutons*		
rheumatism	*le rhumatisme*		
rheumatic fever	*le rhumatisme articulaire*		
a cardiovascular disease	*une maladie cardiovasculaire*		

V MENTAL DISORDERS — *LES TROUBLES MENTAUX*

1 DEPRESSION — *LA DEPRESSION*

psychiatry	*la psychiatrie*	a depressive illness	*une maladie dépressive*
to develop psychiatric problems	*présenter des troubles psychiatriques*	a nervous breakdown	*une dépression nerveuse*
mental well-being	*la santé mentale*	clinical depression	*une dépression clinique*
a mental illness	*une maladie mentale*	to be depressed	*être déprimé*
		a fit of depression	*un accès dépressif*
		a serious depression	*une profonde dépression*
		a manic depression	*une psychose maniaco-dépressive*

to be predisposed to depression	être prédisposé à la dépression
to be prone to depression	être enclin à la dépression
to pave the way for depression	conduire à la dépression
to beat depression	vaincre la dépression
to overcome a depression	surmonter une dépression
a warning sign of depression	un signe avant-coureur de dépression
to feel hopeless	se sentir désespéré
worthless	inutile
loss of interest in activities	la perte d'intérêt pour les activités
sleep disturbances	troubles du sommeil
decreased appetite	la perte d'appétit
to lose weight	perdre du poids
a recurrent thought (of)	une obsession (de)
irritability	irritabilité
excessive crying	crises de larmes répétées
a mood disorder	troubles de l'humeur
a swing in mood	un changement d'humeur
melancholia	la mélancolie
insomnia	l'insomnie
a seasonal affective disorder (SAD)	un trouble affectif saisonnier
dysthemia	une dysthymie
to brood	broyer du noir
an obsessive-compulsive disorder	un trouble obsessif compulsif
stress	le stress
to be triggered by stress	être déclenché par le stress
to appear in response to stress	apparaître en réaction au stress

2 MANIAS — *LES DELIRES*

a mania	un délire
schizophrenia	la schizophrénie
schizophrenic	schizophrène
paranoia	la paranoïa
paranoid	paranoïde
a neurosis	une névrose
a psychosis	une psychose
hypocondria	l'hypocondrie
hypochondriac(al)	hypocondriaque
a cognitiver disorder	un trouble cognitif
dementia	la démence
delirium tremens	le délirium tremens
mad	fou
insane	"
lunatic	"
a lunatic	un fou
a maniac	un fou furieux

3 OTHERS — *AUTRES*

cerebral palsy	la paralysie agitante
epilepsy	l'épilepsie
epileptic	épileptique
an epileptic	un épileptique
a fit of epilepsy	une crise d'épilepsie
a convulsion	une convulsion
to need professional help	être déséquilibré
to land in a mental hospital	se retrouver dans un hôpital psychiatrique
electrical shocks	les électrochocs
electro convulsive therapy (ECT)	un traitement par électrochocs
psychoanalysis	la psychanalyse
a couch	un divan
the subconscious	l'inconscient

VI INFLAMMATIONS — *LES INFLAMMATIONS*

inflammatory	inflammatoire
tissue	le tissu
capillary dilatation	la dilatation capillaire
a skin complaint	une affection cutanée
a nerve	un nerf
a nerve ending	l'extrémité d'un nerf
suppuration	la suppuration
pus	le pus
to drain pus	drainer le pus
heat	la chaleur
redness	la rougeur
swelling	le gonflement
to swell	enfler
a stage of inflammation	un état d'inflammation
an abscess	un abcès
to drain an abscess	vider un abcès
a blister	une ampoule
a boil	un furoncle
to lance a boil	vider un furoncle
a carbuncle	un furoncle
a whitlow	un panaris
a wart	une verrue
a stye	un orgelet
a cyst	un kyste
a sore	une plaie
a burn	une brûlure
a first-degree burn	une brûlure au premier degré
a sunburn	un coup de soleil
a sunstroke	une insolation
a chilblain	une engelure
chapped	gercé
frostbite	une gelure
eczema	l'eczéma
hay fever	le rhume des foins
an allergy to	une allergie à
to be allergic to	être allergique à
asthma	l'asthme
an ulcer	un ulcère
urticaria	l'urticaire
hives	"
nephritis	une néphrite
gastritis	une gastrite
appendicitis	l'appendicite

pancreatitis	*une pancréatite*
colitis	*une colite*
cirrhosis of the liver	*la cirrhose du foie*
piles	*les hémorroïdes*
hemorrhoids	" "
a fistula	*une fistule*
gout	*la goutte*
leprosy	*la lèpre*
a leper	*un lépreux*

VII INJURIES *LES BLESSURES*

to injure	*blesser*
an injury	*une blessure*
an industrial injury	*un accident du travail*
to sustain an injury	*recevoir une blessure*
to wound	*blesser (par armes)*
a wound	*une blessure*
a fracture	*une fracture*
a simple fracture	*une fracture simple*
a compound fracture	*une fracture avec complication*
an open fracture	*une fracture ouverte*
a hairline fracture	*une fêlure*
a greenstick fracture	*une fracture incomplète*
multiple fractures	*fractures multiples*
to break a leg / one's leg	*se casser une jambe / la jambe*
a broken bone	*une fracture*
to crack	*(se) fêler*
a cast	*un plâtre*
to be in a cast	*être plâtré*
to be in traction	*être en traction*
a splint	*une éclisse, une attelle*
to have one's arm in splints	*avoir le bras éclissé*
a sling	*une écharpe*
to carry an arm in a sling	*porter le bras en écharpe*
crutches	*béquilles*
a wheelchair	*un fauteuil roulant*
a concussion	*une commotion*
to sustain concussion	*être commotionné*
a trauma	*un traumatisme*
a gash	*une entaille*
to dislocate a shoulder	*se luxer une épaule*
dislocation of the hip	*la luxation de la hanche*
to rupture oneself	*se faire une hernie*
to rupture a disc	" " " "
a slipped disc	*une hernie discale*
to sprain an ankle	*se fouler une cheville*
to twist	*se tordre*
a scar	*une cicatrice*

VIII HANDICAPS *LES HANDICAPS*

1 MENTAL HANDICAPS *HANDICAPS MENTAUX*

mental retardation	*le handicap mental*
to be handicapped	*être handicapé*
the mentally handicapped	*les handicapés mentaux*
mildly retarded	*débile léger*
to be mentally retarded	*être arriéré mental*
to be mentally deficient	" " "
an IQ	*un QI (un quotient intellectuel)*
to have a low IQ	*avoir un faible QI*
a freak	*un monstre (par l'aspect physique)*
a dwarf	*un nain*
dwarfism	*le nanisme*
to undergo sterilization	*se faire stériliser*
to perform a sterilization	*stériliser*
to force sterilization on people	*obliger les gens à se faire stériliser*
coercive sterilization	*la stérilisation obligatoire*
an abortion policy	*une politique d'avortement*
intermarriage between close kin	*le mariage consanguin*

2 PHYSICAL HANDICAPS *HANDICAPS PHYSIQUES*

the physically handicapped	*les handicapés physiques*
spastic	*handicapé moteur*
malformed	*difforme*
deformed	"
a malformation	*une malformation, une difformité*
normal	*normal*
abnormal	*anormal*
a disability	*un handicap*
a disability pension	*une pension d'invalidité*
to be disabled	*être handicapé*
to be incapacitated	" "
to be crippled	*être infirme*
a cleft palate	*un bec de lièvre*
to be lame	*boiter*
to maim	*estropier*
to be maimed for life	*être estropié à vie*
paralysis	*la paralysie*
paraplegia	*la paraplégie*
to amputate	*amputer*
an amputee	*un amputé*
a wheelchair	*un fauteuil roulant*

3 SENSORY HANDICAPS — *INFIRMITES SENSORIELLES*

the visually impaired	*les malvoyants*
blindness	*la cécité*
the blind	*les non-voyants*
blind	*aveugle, non voyant*
to be color-blind	*être daltonien*
colour blindness	*le daltonisme*
low vision	*la vue basse*
a low vision patient	*un malvoyant*
a visual deficiency	*un défaut de vision*
visual loss	*la perte de vision*
short-sightedness	*la myopie*
to be short-sighted	*être myope*
far-sighted	*presbyte*
long-sighted	*hypermétrope, presbyte*
to squint	*loucher*
a squint	*un strabisme*
squint-eyed	*atteint de strabisme*
cross-eyed	*bigleux (fam.)*
a floater	*un corps flottant*
spectacles	*lunettes*
glasses	"
corrective glasses	*verres correcteurs*
to wear glasses	*porter des lunettes*
a contact lens	*un verre de contact*
contact lenses	*verres de contact*
a print magnifier	*une loupe*
an eye bank	*une banque des yeux*
an ear	*une oreille*
the inner ear	*l'oreille interne*
the eardrum	*le tympan*
the auditory canal	*le canal auditif*
the eustachian tube	*la trompe d'Eustache*
the cochlea	*la cochlée*
hearing	*l'ouïe*
impaired hearing	*l'ouïe abîmée*
to be hard of hearing	*être dur d'oreille*
a hearing aid	*un sonotone*
deafness	*la surdité*
deaf	*malentendant*
mute	*muet*
the deaf and mute	*les sourds-muets*

4 MISCELLANEOUS — *DIVERS*

a speech defect	*un défaut d'élocution*
a speech impediment	" " "
a speech disorder	" " "
a speech therapist	*un orthophoniste, un phoniatre*
speech therapy	*la phoniatrie*
to stutter	*bégayer*
a stutterer	*un bègue*
a learning disability	*un trouble de l'apprentissage*
dyslexia	*la dyslexie*
emotional disturbance	*les troubles affectifs*
to be emotionally disturbed	*souffrir de troubles affectifs*
emotional maladjustment	*le déséquilibre affectif*
a deviant	*un inadapté*
antisocial behaviour	*le comportement antisocial*
psychotic behaviour	*le comportement psychotique*

4 SURGERY — *LA CHIRURGIE*

1 GENERAL BACKGROUND — *GENERALITES*

to operate on sb.	*opérer qqn.*
to be operated on	*être opéré*
to perform an operation	*effectuer une opération*
to undergo an operation	*subir une opération*
to have surgery	" " "
to undergo surgery	" " "
to have extensive surgery	*subir une grosse opération*
an operating theater	*un bloc opératoire*
an operating room	*une salle d'opération*
the operating table	*la table d'opération*
a surgical team	*une équipe chirurgicale*
teamwork	*le travail d'équipe*

2 THE OPERATION — *L'OPERATION*

to sterilize	*stériliser*
a gown	*une blouse*
a cap	*un calot*
a mask	*un masque*
gloves	*gants*
a scalpel	*un scalpel*
forceps	*une pince*
a needle	*une aiguille*

cotton wool	*le coton*
gauze	*la gaze*
sticking plaster	*le pansement adhésif*
a bandage	*une bande*
a bedpan	*un bassin hygiénique*
a curtain	*un rideau*
a temperature chart	*une feuille de température*
a medical chart	" " " "
a gurney	*un chariot*
to open	*ouvrir*
to cut into	*couper dans*
to remove	*enlever*
a removal	*une ablation*
an amputation	*une amputation*
to carry out an amputation	*pratiquer une amputation*
an amputee	*un amputé*
to be under anaesthetic	*être sous anesthésie*
to be sedated	" " "
to maintain the body heat	*conserver la chaleur du corps*
basic life support	*un appareil de respiration artificielle*
advanced life support	*le matériel sophistiqué de survie*
a monitoring device	*un appareil de contrôle*
an electroencephalography	*une électro-encéphalographie*
an electrocardiogram	*un éléctrocardiogramme*
an intraveinous infusion (an IV)	*une intraveineuse*
oxygenation	*l'oxygénation*
a respirator	*un respirateur*
an iron lung	*un poumon d'acier*
blood pressure	*la pression artérielle*
a fall in blood pressure	*une chute de la tension artérielle*
a blood clot	*un caillot de sang*
blood loss	*la perte de sang*
a blood transfusion	*une transfusion sanguine*
blood replacement	" " "
plasma	*le plasma*
the pulse rate	*le nombre de pulsations à la minute*
a wound infection	*une infection de la plaie*
to cauterize	*cautériser*
to sew	*coudre*
catgut	*le catgut*
a suture	*une couture*
stitches	*agrafes, points de suture*
a drip	*une perfusion*
to be on a drip	*être sous perfusion*
to be drip-fed	*être alimenté par perfusion*
surgical shock	*le choc opératoire*
to be in intensive care	*être en réanimation*
an intensive care unit	*une unité de soins intensifs*
to be in a stable condition	*être dans un état stationnaire*
to issue a bulletin	*délivrer un bulletin de santé*
to be in a critical condition	*être dans un état critique*
inoperable	*inopérable*
the post-operative period	*la période post-opératoire*
physiotherapy	*la kinésithérapie, la rééducation*

3 TYPES OF OPERATIONS — *TYPES D'OPERATIONS*

general surgery	*la chirurgie générale*
a specialty	*une spécialité*
neurosurgery	*la neurochirurgie*
a brain tumour	*une tumeur au cerveau*
an aneurysm	*un anévrisme*
physiologic surgery	*la chirurgie réparatrice*
extirpative surgery	*la chirurgie d'exérèse*
pediatric surgery	*la chirurgie infantile*
orthopedic surgery	*la chirurgie orthopédique*
an orthopedic fracture	*une fracture orthopédique*
a clubfoot	*un pied-bot*
scoliosis	*une scoliose*
to set a fracture	*réduire une fracture*
a metal plate	*une plaque de métal*
a screw	*une vis*
a steel rod	*une tige d'acier*
a metallic prothese	*une prothèse métallique*
a hip joint	*une hanche artificielle*
a bone tumour	*une tumeur osseuse*
plastic surgery	*la chirurgie plastique*
to have plastic surgery	*subir une opération de chirurgie plastique*
cosmetic surgery	*la chirurgie esthétique*
reconstructive work	*la chirurgie réparatrice*
to have one's breasts enlarged	*se faire refaire la poitrine*
a breast enlargement	*un élargissement de la poitrine*
to be given a new nose	*se faire faire un nouveau nez*
a facelift	*un lissage, un lifting*
to peel	*peler*
an implant	*un implant*
a liposuction	*une liposuccion*
to suck the fat out of	*aspirer l'excès de tissu adipeux*
a scar	*une cicatrice*
a facial scar	*une cicatrice faciale*
to remove wrinkles	*supprimer des rides*
to disfigure	*défigurer*
a deformity	*une difformité*
a harelip	*un bec de lièvre*
a cleft palate	*une division palatine*
to graft	*greffer*
a graft	*une greffe, un greffon*
a kidney graft	*une greffe de rein*
skin grafting	*la greffe de peau*
a relay graft	*une mise en nourrice*

limb reattachment	*une greffe de membre*
limb-to-limb attachment	" " "
a tendon severance	*une déchirure du tendon*
a burn	*une brûlure*
a third degree burn	*une brûlure du troisième degré*
obstetrics	*l'obstétrique*
sterility	*la stérilité*
a complicated delivery	*un accouchement difficile*
termination of pregnancy	*une IVG*
to deliver a child	*accoucher une femme*
a fetal abnormality	*une malformation fœtale*
a cesarean section	*une césarienne*
ophtalmic surgery	*la chirurgie ophtalmologique*
a detachment of the retina	*un décollement de la rétine*
to reattach	*rattacher*
to restore	*corriger*
cornea graft	*une greffe de cornée*
the restoration of eyesight	*la correction de la vue*
vascular surgery	*la chirurgie vasculaire*
brain damage	*les lésions au cerveau*
a catheter	*un catheter*
an artificial heart	*un cœur artificiel*
a pacemaker	*un stimulateur cardiaque*
open-heart surgery	*une opération à cœur ouvert*
a heart-lung machine	*une machine cœur-poumon*
a coronary bypass	*un pontage coronarien*
a plastic valve	*une valve en plastique*
rectal surgery	*la chirurgie rectale*
a laryngectomy	*une laryngectomie*
microsurgery	*la microchirurgie*
arteriosclerosis	*l'artériosclérose*
a vein graft	*une greffe de veine*

4 TRANSPLANTS — *LES TRANSPLANTATIONS*

an organ	*un organe*
a bank of organs	*une banque d'organes*
an implant	*un implant*
an implanted heart	*un cœur greffé*
to transplant	*greffer*
a transplant	*une transplantation*
a transplantation	" "
to perform a transplant	*effectuer une greffe*
a heart transplant	*une transplantation cardiaque*
a kidney transplant	*une transplantation rénale*
tissue transplant	*la greffe de tissu*
to sew an artificial heart	*poser un cœur artificiel*
an interchangeable part	*une partie interchangeable*
a donor	*un donneur*
a registry of donors	*une liste des donneurs*
a living donor	*un donneur vivant*
a potential donor	*un donneur éventuel*
a suitable donor	*un donneur compatible*
related	*de la même famille*
non-related	*étranger*
a tissue type	*un type de tissu*
tissue typing	*la typologie cellulaire*
fetal tissue	*le tissu fœtal*
to match	*être compatible*
matched bone marrow	*la moelle compatible*
to regenerate	*régénérer*
compatible	*compatible*
incompatibility	*l'incompatibilité*
to receive	*recevoir*
a recipent	*un receveur*
to reject	*rejeter*
rejection	*le rejet*
to prevent rejection	*empêcher le rejet*
a rejection drug	*une drogue antirejet*
an immunosuppressive drug	*un immunosuppresseur*
a defense mechanism	*un mécanisme de défense*
to develop antibodies	*développer des anticorps*
to keep alive	*maintenir en vie*
lifesaving	*vital*
to survive an operation	*survivre à une opération*
the survival rate	*le taux de survie*
a pioneering patient	*un pionnier d'une greffe*
to cheat death	*tromper la mort*
to end in failure and death	*se solder par un échec et la mort*

5 HEALTH SERVICES — *LES SERVICES DE SANTE*

I THE MEDICAL STAFF — *LE PERSONNEL MEDICAL*

a doctor	*un docteur*
a medical practitioner	" "
a practitioner	*un praticien*
a physician	*un médecin*
a house physician	*un médecin hospitalier*
a general practitioner (GP)	*un généraliste*
a Health Service doctor (UK)	*un médecin conventionné*
a consultant	*un consultant*
a specialist	*un spécialiste*
a rheumatologist	*un rhumatologue*
a psychiatrist	*un psychiatre*
a psychoanalyst	*un psychanalyste*
a neurologist	*un neurologue*
a gynaecologist	*un gynécologue*
an obstetrician	*un obstétricien*
an ophtamologist	*un ophtalmologue*
an eye doctor	" "
an eye specialist	" "
an optometrist	*un opticien*
an ear nose and throat specialist	*un otho-rino-laryngologiste*
a heart specialist	*un cardiologue*
a dermatologist	*un dermatologue*
a pediatrician	*un pédiatre*
a urologist	*un urologue*
a radiologist	*un radiologue*
an internist	*un spécialiste de médecine générale*
a physiotherapist	*un physiothérapeute, un kinésithérapeute*
an endoctrinologist	*un endoctrinologue*
a neurophysiologist	*un neurophysiologiste*
a psychologist	*un psychologue*
a chiropractor	*un chiropracteur*
a chemist	*un pharmacien*
a dentist	*un dentiste*
a dental surgeon	*un chirurgien dentiste*
a surgeon	*un chirurgien*
an orthopedic surgeon	*un chirurgien orthopédiste*
a brain surgeon	*un neurochirurgien*
a neurosurgeon	" "
a plastic surgeon	*un chirurgien plasticien*
a forensic surgeon	*un médecin légiste*
a midwife	*une sage-femme*
a witch doctor	*un sorcier*
a quack	*un charlatan*
a bone setter	*un rebouteux*
a team	*une équipe*
a unit	*un service*
a nurse	*une infirmière*
a sister (UK)	*une infirmière en chef*
a matron	" " "
a practical nurse	*une aide soignante*
a male nurse	*un infirmier*
a health visitor	*une infirmière à domicile*
the ancillary staff	*le personnel auxiliaire*
an orderly	*une fille de salle, un garçon de salle*
a paramedic	*un secouriste, un auxiliaire de soins*
an ambulance	*une ambulance*
an ambulanceman	*un ambulancier*
to deliver a patient to a hospital	*conduire un malade à l'hôpital*
a stretcher	*un brancard*

II HOSPITALS — *LES HOPITAUX*

a medical facility	*un centre médical*
hospital facilities	*équipements hospitaliers*
a medical center	*un centre médical*
a hospital	*un hôpital*
a university hospital	*un CHU (centre hospitalier universitaire)*
a community general hospital	*un hôpital général*
a specialized hospital	*un hôpital spécialisé*
a military hospital	*un hôpital militaire*
a mobile field hospital	*un hôpital de campagne*
a portable disaster hospital	*un bloc hospitalier transportable*
a private hospital	*une clinique*
a health spa	*une station thermale*
a watering place	*une ville d'eau*
a health resort	*une station climatique / thermale*
to be affiliated with	*être lié à*
trained staff	*le personnel qualifié*
the medical staff	*le personnel soignant*
the nursing staff	*l'équipe des infirmières*
a ward	*un service*

a department of renal dialysis	*un service de dialyse*
an intensive-care unit (ICU)	*un service de soins intensifs*
a trauma center	*une clinique traumatologique*
a neuroservices ward	*un service de neurologie*
a casualty department	*un service des urgences*
an emergency room	*une salle des urgences*
a coronary-care unit	*une unité de chirurgie coronarienne*
the physical therapy unit	*le service de rééducation*
a maternity ward	*un service de maternité*
a nursery	*une pouponnière*
a dispensary	*un dispensaire*
a pharmacy	*une pharmacie*
a laboratory	*un laboratoire*
a bank of organs	*une banque d'organes*
a convalescent home	*une maison de convalescence*
a rehabilitation center	*un centre de rééducation*
a nursing home	*une clinique, une maison de santé, un hôpital pour enfants (GB)*
a Health Service nursing home	*une clinique conventionnée*
a mental institution	*un centre spécialisé pour troubles psychiques*
a lunatic asylum	*un hôpital psychiatrique*
a padded cell	*une cellule capitonnée*
a straight jacket	*une camisole de force*
an inmate	*un pensionnaire (dans un hôpital psychiatrique)*
to intern	*interner*
an internee	*un interné*
to be hospitalized	*être hospitalisé*
a hospital stay	*un séjour à l'hôpital*
a bed-occupancy rate	*un taux d'occupation des lits*
to keep a patient in	*garder un malade*
to discharge a patient	*donner l'autorisation de sortir à un malade*
to turf a patient out	*mettre un malade dehors*
an outpatient	*un malade ambulatoire*
to be equipped with	*être équipé de*
the operating costs	*les coûts d'exploitation*
an equipement shortage	*un manque d'équipements*

III MEDICAL TRAINING — *LES ETUDES MEDICALES*

medicine	*la médecine*
to study medicine	*faire sa médecine*
a medical student	*un étudiant en médecine*
medical school	*la faculté de médecine*
to go to medical school	*être étudiant en médecine*
a novice	*un débutant*
a trainee	*un stagiaire*
to train a doctor	*former un médecin*
an intern (USA)	*un étudiant en fin d'études*
internship	*le résidanat*
a non-resident	*un stagiaire en médecine*
medical residency	*l'internat*
residentship	"
a resident	*un médecin résident*
speciality training	*la formation de spécialiste*
specialization in surgery	*la spécialisation en chirurgie*
to complete medical training	*terminer ses études de médecine*
surgical	*chirurgical*
a chief resident (US)	*un interne en dernière année*
a registrar (UK)	*un interne*
a senior physician	*un médecin qualifié*
to be qualified	*être qualifié*
a medical degree	*un diplôme de médecine*
a medical certification board	*une commission apte à délivrer les diplômes*
licensing rules	*règles de déontologie*
a certified doctor	*un médecin diplômé*
to hold a license	*avoir son diplôme*
to practice medicine	*exercer la médecine*
medical practice	*la pratique de la médecine*
a practice	*une clientèle*
a large practice	*une nombreuse clientèle*

IV HEALTH CARE — *LES SOINS MEDICAUX*

1 DOCTORS AND PATIENTS — *MEDECINS ET MALADES*

a patient	*un malade, un patient*
an invalid	*un malade*
an in-patient	*un malade hospitalisé*
a panel patient (UK)	*un assuré social*
an uninsured patient	*un malade sans couverture médicale*
to tend	*soigner*
to attend a patient	*s'occuper d'un malade*
to take care of	*prendre soin de*

to look after	" " "
to minister to	*s'occuper de*
to assist	*venir en aide*
to relieve	*soulager*
to soothe	"
to cure	*guérir*
to heal	"
to send for the doctor	*faire venir le médecin*
to call in the doctor	" " " "
to make one's rounds	*faire ses visites*
to visit a patient	*faire une visite*
medical records	*archives médicales*
to be on duty	*être de garde*
to be off duty	*ne pas être de garde*
to be on call	*être en visite*
a doctor's surgery	*la consultation d'un médecin*
an office call	*une visite chez le médecin*
a home visit	*un déplacement à domicile*
a shift	*une garde*
a night on-call	*une garde de nuit*
call schedules	*horaires de garde*
to work in shifts	*travailler en équipe*
to check on patients	*faire le tour des malades*
to put one's life in the hands of	*mettre sa vie entre les mains de*

2 MEDICAL CARE — *LES SOINS*

first aid	*premiers soins*
to be given first aid	*recevoir les premiers soins*
to examine a patient	*examiner un malade*
an examination	*un examen*
to check	*vérifier*
a check-up	*un bilan de santé*
to feel the pulse	*prendre le pouls*
to check the blood pressure	*vérifier la tension artérielle*
to sound the chest	*ausculter*
to have a bloodtest	*subir une prise de sang*
to take a blood sample	*faire une prise de sang*
a biopsy	*une biopsie*
a smear	*un frottis*
to treat	*administrer les soins*
to administer a drug	*administrer un médicament*
to X-ray	*faire passer une radio*
to have an X-ray	*passer une radio*
a scanner	*un scanner*
a laser	*un laser*
a chemical probe	*une sonde chimique*
to dress a wound	*panser une blessure*
to apply a dressing	*mettre un pansement*
to make a diagnosis	*faire un diagnostic*
to reserve one's prognosis	*réserver son pronostic*
to prescribe	*prescrire*
a prescription	*une ordonnance*
to write a prescription	*faire une ordonnance*
to make up a prescription	*préparer une ordonnance*
to fill a prescription	*exécuter une ordonnance*
on prescription	*sur ordonnance*
to renew a prescription	*renouveler une ordonnance*
to claim back the cost of a prescription	*se faire rembourser par la sécurité sociale*
to put sb. on a tranquilizer	*prescrire un tranquillisant à qqn.*
to put under sedation	*mettre sous sédatifs*
to institutionalize	*placer dans un établissement de soins*

6 HEALTH CARE — *LA SANTE PUBLIQUE*

I HEALTH SYSTEMS — *LES SYSTEMES DE SANTE*

the World Health Organisation (WHO)	*l'Organisation Mondiale de la Santé (OMS)*
the Health Department	*le ministère de la Santé*
the Human and Health Services	*les services de la santé*
the Department of Health and Human Services (DHHS) (USA)	*le ministère de la Santé*
the National Health Service (NHS) (UK)	*le service national de santé*
the American Medical Association	*l'ordre des médecins*
the British Medical Association	" " "
Social Security (USA)	*la retraite*
Medicare (USA)	*Medicare (système d'assurance-maladie qui couvre les personnes âgées et les handicapés)*
Medicaid (USA)	*Medicaid (système d'assurance-maladie qui couvre les personnes aux revenus modestes)*

a health care system	*un système de santé*
national health insurance legislation	*la législation de la sécurité sociale*
social insurance	*assurance maladie*
health care cover	*la couverture médicale*
compulsory social insurance	*assurance maladie obligatoire*
sickness insurance	*assurance maladie*
invalidity insurance	*assurance invalidité*
maternity insurance	*assurance maternité*
a maternity leave	*un congé de maternité*
a sick leave	*un congé de maladie*
workman's compensation	*indemnités journalières*
social security	*la sécurité sociale (France), l'aide sociale (Etats-Unis)*
social security benefits	*prestations de sécurité sociale*
health care benefits	" " "
a mutual benefit insurance company	*une mutuelle*
a contributory fund	" "
to be on social security	*recevoir l'aide sociale, toucher la sécurité sociale*
a private health insurance	*une assurance maladie privée*
an insurance agency	*une compagnie d'assurance*
a health benefit package	*un contrat global d'assurance santé*
a health care beneficiary	*un assuré social*
to qualify for	*être habilité à*
to be eligible to	*avoir droit à*
to be ineligible for	*ne pas avoir droit à*
to be covered	*être couvert*
to cover an employee's dependents	*assurer le famille de l'employé*
a cover	*une couverture sociale*
to lose cover	*ne plus être assuré*
to leave people without cover	*laisser les gens sans couverture sociale*
coverage	*la couverture sociale*
to expand public coverage	*généraliser la couverture sociale*
to offload bad risks	*être assuré contre les risques graves*
to be uninsured	*ne pas être assuré*
to lack insurance	*être sans couverture sociale*
the medically indigent	*les malades pauvres*
the elderly	*les personnes âgées*
the disabled	*les handicapés*
to pay for medical treatment	*payer les frais de santé*

II MEDICAL COSTS — *LE COUT DE LA MEDECINE*

to cover costs	*couvrir les frais*
to be financed from taxation	*être financé à partir de l'imposition*
payroll taxes	*charges sociales*
a premium	*un prélèvement*
to be paid on a full time basis	*être rémunéré à plein temps*
a part time basis	*à temps partiel*
a salaried physician	*un médecin salarié*
a public-health physician	" " "
a National Health physician	*un médecin conventionné*
a house physician	*un médecin hospitalier*
a private practice	*une clientèle privée*
a fee-for-service	*une médecine sélective*
a doctor's fees	*les honoraires d'un médecin*
to charge a fee	*demander des honoraires*
a patient's contribution	*un ticket modérateur*
to bill the patient	*envoyer la note au malade*
to claim direct to the insurer	*se faire payer directement par la caisse d'assurance*
to claim from the patient	*se faire payer par le malade*
to be reimbursed by the insurer	*se faire rembourser par sa caisse*
in whole or part	*complètement ou en partie*
a negotiated fee	*un tarif conventionné*
a hospital bill	*une facture de l'hôpital*
to meet hospital bills	*payer les factures hospitalières*
catastrophic health	*les maladies graves*
long-term care	*la maladie longue durée*
to turn away patients from	*refuser les malades*
to be denied care	*se voir refuser les soins*

III HEALTH IN CRISIS — *LA CRISE DE LA SANTE*

1 THE COST OF GETTING SICK — *LE COUT DE LA MALADIE*

high quality care	*soins de haute qualité*
high cost care	*soins coûteux*
low cost care	*soins peu coûteux*
to spend too much on health care	*dépenser trop pour la santé*
to provide for the needs of	*subvenir aux besoins de*
health expenditures	*dépenses de santé*
health spending	" " "
health costs	*le coût de la santé*
health care liabilities	*les obligations en matière de santé*
high cost medical industry	*une industrie médicale très coûteuse*
state-of-the-art treatment	*un traitement sophistiqué*
a costly procedure	*une intervention coûteuse*
high tech treatment	*un traitement de pointe*
a spectacular surgical experiment	*une expérience chirurgicale spectaculaire*
expensively equipped hospitals	*des hôpitaux riches en matériel*
a scanner	*un scanner*
a CAT (coaxial tomography) scan	*une tomographie*
magnetic nuclear resonance	*la résonance nucléaire magnétique*
rocketing medical costs	*coûts astronomiques de santé*
to go through the roof	*exploser*
to shoot up	*grimper en flèche*
to rocket from . . . to . . .	*grimper de ... à ...*
runaway costs	*coûts incontrôlables*
the cost spiral	*la spirale des coûts*
cost-effective	*rentable*
to run over budget	*dépasser les prévisions*
to run up expenses	*accumuler les dépenses*
overspending in health	*l'excès des dépenses de santé*
overmedication	*la surmédication*
staggering prices	*prix époustouflants*
to pick up the bill	*payer la facture*

2 HEALTH RATIONING — *LE RATIONNEMENT DES SOINS*

to restrain costs	*réduire les coûts*
to curtail spending	*diminuer les dépenses*
to cut the cost of health care	*diminuer les dépenses de santé*
to drive down costs	*réduire les coûts*
to stamp down on medical spending	*comprimer les dépenses de santé*
cost containment	*la maîtrise des dépenses*
to ration health care	*rationner les soins*
to limit health benefits	*plafonner les prestations*
managed care	*la gestion des soins*
a managed-care plan	*un programme de gestion des soins*
a health maintenance organization (HMO) (USA)	*un HMO (organisme de maintenance de santé fonctionnant par abonnement)*
a preferred provider organization (PPO) (USA)	*un service de santé à honoraires réduits (en échange d'un prompt versement)*
a pre-paid health-care plan	*un système d'assurance payée d'avance*
fixed medical costs	*soins médicaux fixes*
out-of-pocket health care	*soins non conventionnés*
financial inefficiency	*la gabegie financière*
to eliminate costly operations	*supprimer des interventions coûteuses*
a needless operation	*une intervention inutile*
at government expense	*aux frais du gouvernement*
the effectiveness of treatment	*l'efficacité d'un traitement*
to cap health-care costs	*limiter les dépenses de santé*
to put off treatment	*différer un traitement*
to deny the people free care	*refuser la gratuité des soins à*
to deny medical services on financial grounds	*refuser l'accès aux soins pour raisons financières*
to retreat from high tech medicine	*reculer devant la médecine de pointe*
to practice triage by age / money	*pratiquer la sélection par l'âge / l'argent*
to get preference	*choisir de préférence*
health reform	*la réforme de la santé*
to bring a drastic change	*apporter un changement fondamental*
to feel serious doubts	*avoir de sérieuses réserves*
to have second thoughts	*avoir des réserves*
to be in the balance	*être en jeu*
to be at stake	" " "
a quest for a more efficient system	*la recherche d'un système plus efficace*
to develop preventive care	*développer la médecine préventive*
managed care	*la gestion des soins*
a membership fee	*un droit d'entrée*

3 MALPRACTICE — *LA FAUTE PROFESSIONNELLE*

malpractice	*la faute professionnelle*
a malpractice premium	*une prime d'assurance professionnelle*
to cover the possibility of a court battle	*parer à l'éventualité de une bataille juridique*

to pass along the costs	*faire supporter les coûts*
the performance of duties	*l'accomplissement des devoirs*
a faulty diagnosis	*une erreur de diagnostic*
a mishandled operation	*une intervention ratée*
a malpractice suit	*un procès pour négligence*
negligence	*la négligence*
through negligence	*par négligence*
to be held liable	*être tenu pour responsable*
to award damages	*accorder des dommages-intérêts*

4 MEDICAL GRIDLOCK — *L'EMBOUTEILLAGE HOSPITALIER*

a shock trauma center	*un centre traumatologique*
a trauma patient	*un grand blessé*
an emergency room	*la salle des urgences*
emergency care	*les soins d'urgence*
a delay	*un délai, une attente*
a long wait	*une longue attente*
overload	*la saturation*
to be overburdened	*être surchargé*
a staffing shortage	*un manque de personnel*
a nurse shortage	*un manque d'infirmières*
to burn oneself out	*s'user à la tâche*
to unload an ambulance	*déposer un patient*
to send an ambulance on bypass	*dérouter une ambulance sur un autre hôpital*
to divert a patient	*détourner un malade*
to turn away patients	*refuser les malades*
to stand the strain	*supporter le choc*
to shut down a hospital	*fermer un hôpital*

7 VOLUNTEER MEDICINE — *MEDECINS SANS FRONTIERES*

1 GENERAL BACKGROUND — *GENERALITES*

medicine without borders	*médecins sans frontières*
a volunteer doctor	*un médecin volontaire / bénévole*
a volunteer-medic movement	*une organisation de médecins volontaires*
a pool of volunteer doctors	*un groupe de médecins bénévoles*
to sign as a volunteer	*s'engager comme volontaire*
to make a career of	*faire carrière dans*
a special breed of doctors	*une race spéciale de médecins*
to screen applicants	*sélectionner les candidats*
to field personnel for	*recruter du personnel pour*
trained personnel	*le personnel spécialisé*
tropical medicine	*la médecine tropicale*
an epidemic intelligence specialist	*un spécialiste en épidémiologie*
an intensive care specialist	*un spécialiste en réanimation*
to operate in difficult conditions	*travailler dans des conditions difficiles*
to be fit for	*être apte à*
unfit for	*inapte à*
unlikely to adapt (to)	*peu susceptible de s'adapter (à)*
stench	*la puanteur*
filth	*la saleté*
a bout of diarrhea	*une crise de diarrhée*
to befall medical personnel	*s'abattre sur le personnel de santé*
to go on starvation rations	*se nourrir de rations alimentaires*
to live under pressure	*vivre sous tension*
under the strain	*sous pression*
to crack under the pressures	*flancher*
the faint-of-heart	*les faibles*

2 ON A MISSION — *EN MISSION*

logistics staff	*une équipe de logistique*
a mobile team	*une équipe mobile*
to offer one's services	*offrir ses services*
a medical organization	*une organisation médicale*
to dispatch	*envoyer*
to be sent out (to a country)	*être envoyé (dans un pays)*
to sign on	*s'engager*
a mission	*une mission*
a mission of mercy	*une mission humanitaire*
to go on a mission	*partir en mission*
to undertake a mission	*entreprendre une mission*
to post	*affecter*
a posting	*une affectation*

to assign	*nommer*
an assignment	*une mission*
to accept an assignment	*accepter une mission*
to be on an assignment	*être en mission*
to be dispatched on a mission	*être envoyé en mission*
a stint	*un tour*
to be deployed to	*dépêcher (à / en)*
deployment	*le déploiement*
to bring medical assistance (to)	*porter assistance (à)*
to offer relief (to)	*porter secours (à)*
to provide medical care	*apporter les soins sanitaires*
surgical care	*soins chirurgicaux*
immunization	*la vaccination*
maternal care	*soins maternels*
training (for)	*la formation (à / pour)*
research on	*la recherche en*
medical attention to	*soins médicaux à*
to work in the field	*travailler sur le terrain*
a place in need	*une zone de détresse*
to cope with the needs	*faire face aux besoins*
all-around needs	*besoins globaux*
to assist at the scene of a disaster	*venir en aide aux victimes d'une catastrophe*
to offer training sessions in	*donner des séances de formation*
to instruct people in health care	*enseigner les rudiments sanitaires, faire une campagne d'éducation sanitaire*

3 THE OTHER SIDE OF THE WORLD — *DE L'AUTRE COTE DE LA PLANETE*

a troubled area	*une zone de troubles*
a hot spot	*un point chaud*
to drop into a disaster situation	*débarquer dans une zone dévastée*
a neglected corner of the globe	*un coin oublié de la planète*
hazardous	*dangereux*
remote	*reculé*
off the beaten track	*difficile d'accès*
to risk one's life	*risquer sa vie*
to pose special risks	*présenter des risques particuliers*
a war zone	*une région en guerre*
guerilla-held territory	*une zone tenue par la guérilla*
to be caught in a civil war	*tomber en pleine guerre civile*
a battle-scarred country	*un pays ravagé par la guerre*
a bandit-infested region	*une région infestée par des bandits*
to work behind the lines	*travailler derrière les lignes*
to consort with the enemy	*frayer avec l'ennemi*
to ignore the lines of combat	*ne pas tenir compte des positions armées*
to place medicine above the affairs of state	*mettre la médecine au-dessus des affaires d'Etat*
to put medical needs above	*placer les besoins médicaux au-dessus de*
bureaucratic red tape	*la paperasserie administrative*
to transcend politics	*transcender la politique*
political orientation	*l'orientation politique*
to save lives	*sauver des vies*
the other side of the frontier	*l'autre côté de la frontière*
government approval	*l'approbation du gouvernement*
an area stricken by a natural disaster	*une région frappée par une catastrophe naturelle*
a disaster area	*une région sinistrée*

4 THE SENSE OF DUTY — *LE SENS DU DEVOIR*

to offer one's services	*se mettre au service de*
to put oneself at sb.'s disposal	*se mettre à la disposition de qqn.*
to lend a hand	*donner un coup de main*
to render assistance	*prêter assistance*
to serve	*servir*
out of a sense of mission	*par sentiment du devoir*
out of a commitment to	*par obligation envers*
the duty to interfere	*le devoir d'intervenir*
mankind's suffering	*souffrances de l'humanité*
to alleviate pain	*soulager la douleur*
to seek adventure	*rechercher l'aventure*
to live intensely	*vivre intensément*
to seek challenge	*rechercher les défis*
a sense of achievement	*un sentiment de réussite*
to hone one's skills	*aiguiser ses talents*
a real life laboratory	*un laboratoire authentique*
to cater for the needs of	*pourvoir aux besoins de*
to wage a noble battle	*mener un combat noble*

5 FINANCING — *LE FINANCEMENT*

to obtain one's funds from	*collecter des fonds à partir de*
a shoestring budget	*un budget extrêmement réduit*
to operate on a budget	*fonctionner avec un budget*
to raise a budget (through)	*faire un budget (grâce à)*
to raise money from	*collecter de l'argent à partir de*
public appeals	*appels à l'opinion publique*
public money	*deniers publics*
private sources	*sources privées*
private contributions	*donations privées*
a donation	*un don*
to subsidize	*subventionner*
a subsidy	*une subvention*
a meager salary	*un salaire de misère*
to rely on	*s'appuyer sur*
government backing	*le soutien du gouvernement*
the paucity of resources	*le manque de ressources*
to bypass official channels	*contourner les voies diplomatiques*
the lack of equipment	*le manque de matériel*
the lack of drugs	*le manque de médicaments*
a workload	*une tâche*
a range of problems	*une série de problèmes*
to span the medical books	*couvrir tous les chapitres de la médecine*

6 ON THE FIELD — *SUR LE TERRAIN*

to oversee a health project	*superviser un projet sanitaire*
health education	*l'éducation sanitaire*
preventive medicine	*la médecine préventive*
to build clean water systems	*construire des réseaux d'eau potable*
to check on a water system	*vérifier un réseau d'alimentation en eau*
to administer medical care	*administrer des soins*
to organize medical care	*mettre sur pied un système de soins*
to set up a camp	*établir un camp*
to treat civilians for	*soigner les civils pour*
a spear wound	*une blessure par lance*
a snake bite	*une morsure de serpent*
to handle surgeries	*pratiquer des interventions chirurgicales*
to perform operations	*effectuer des interventions*
to operate through the night	*opérer sans discontinuer*
to perform an amputation	*pratiquer une amputation*
an artificial limb	*un membre artificiel*
to operate a surgical clinic	*faire fonctionner un bloc opératoire*
to staff a hospital	*équiper un hôpital en personnel*
a local health worker	*un secouriste local*
to set up an emergency hospital	*monter un hôpital de campagne*
under primitive conditions	*dans des conditions précaires*

8 THE PROGRESS OF MEDICINE — *LES PROGRES DE LA MEDECINE*

I PREVENTION AND REMEDY — *PROPHYLAXIE ET REMEDES*

1 PREVENTION — *LA PREVENTION*

to vaccinate	*vacciner*
a vaccine	*un vaccin*
a vaccine maker	*un fabricant de vaccin*
to develop a vaccine	*mettre un vaccin au point*
to come up with a vaccine	*trouver un vaccin*
a vaccination	*une vaccination*
to inoculate	*inoculer*
inoculation	*la vaccination*
mass inoculation	*inoculation massive*
a syringe	*une seringue*
a needle	*une aiguille*
an injection	*une piqûre*
to give a shot	*faire une piqûre*

2 REMEDIES — *LES REMEDES*

a remedy	*un remède*
to try a remedy	*essayer un remède*
a therapy	*un traitement*
a cure	*une guérison, un remède*
a miracle cure	*un remède miracle*
a treatment	*un traitement*
to respond to a treatment	*réagir à un traitement*
a pharmacological treatment	*un traitement pharmacologique*
to fail	*échouer*
curable	*guérissable*
a curative treatment	*un traitement curatif*
incurable	*incurable*
to be beyond cure	*être perdu*
to have a curative effect	*avoir un effet curatif*
to counteract	*contrecarrer*
the last resort	*le dernier recours*
the last recourse	*la dernière extrémité*

3 MEDICATION — *LA THERAPEUTIQUE*

to be on drugs	*être sous médicaments*
a placebo / a dummy drug	*un placebo*
drugs taken for comfort	*médicaments de confort*
drugs taken for true medical need	*médicaments indispensables*
an antiviral drug	*un médicament antiviral*
to take medication	*être sous traitement*
a range of drugs	*une gamme de médicaments*
a class of drugs	*une classe de médicaments*
to be available by prescription	*disponible sur ordonnance*
to stay on a drug	*poursuivre un traitement*
to go off a drug	*arrêter un traitement*
to work	*produire des résultats*
to take effect	*produire un effet*
a potent drug	*une drogue forte*
to benefit from a drug	*profiter d'une drogue*
a side effect	*un effet secondaire*
efficient	*efficace*
of little avail	*peu efficace*
of no avail	*sans effet*
to no avail	*inutile*
a therapy	*une thérapie*
analgesics	*un analgésique*
antibiotics	*un antibiotique*
psychotropics	*un médicament psychotrope*
a vitamin	*une vitamine*
a pill	*une pillule*
a tablet	*un comprimé*
a lozenge	*une pastille*
a syrup	*un sirop*
an ointment	*une pommade*
a sleeping pill	*un somnifère*
a tranquilize	*un tranquillisant*
acupuncture	*l'acupuncture*
hypnosis	*l'hypnose*
herbal treatment	*le traitement par les tisanes*
a medicinal plant	*une plante médicinale*
a plant-derived product	*un produit dérivé*
plant extracts	*extraits de plantes*
folk remedy	*remèdes de bonne femme*
a compound	*un composé*
chiropractice	*la chiropraxie*
a psychological factor	*un facteur psychologique*
relaxation techniques	*techniques de relaxation*
a mind-body technique	*une technique alliant le corps et l'esprit*
a mind-enhancing therapy	*une thérapie anti-dépressive*
meditation	*la méditation*
guided imagery	*la représentation suggérée*
a neuropeptide	*un neuropeptide*
an adjunct to conventional care	*un auxiliaire des soins traditionnels*
standard treatment	*les traitements conventionnels*
light therapy	*une thérapie légère*
an unproved therapy	*une thérapie non-reconnue*
cognitive therapy	*la thérapie cognitive*
interpersonal therapy	*la thérapie de groupe*
group-therapy	" " " "
to tailor a therapy to a patient's needs	*adapter une thérapie aux besoins du malade*
faith healing	*la guérison par la foi*
a faith healer	*un guérisseur*
a fringe method	*une méthode marginale*
to provide relief	*soulager*

4 THE PHARMACEUTICAL INDUSTRY — *L'INDUSTRIE PHARMACEUTIQUE*

4.1 DRUG DEVELOPMENT — *LA MISE AU POINT DES MEDICAMENTS*

the drug industry	*l'industrie pharmaceutique*
a drug company	*un laboratoire pharmaceutique*
a drug firm	*une usine pharmaceutique*
a pharmaceutical firm	" " "
the pharmaceutical market	*le marché des produits pharmaceutiques*
pharmaceutical revenues	*le chiffre d'affaires de l'industrie pharmaceutique*
a druggist / a pharmacist (USA)	*un pharmacien*
the US Food and Drug Administration (FDA)	*les instances fédérales du contrôle (FDA) des produits alimentaires et pharmaceutiques*
the British Committee on Safety of Medicines	*le comité de contrôle des produits pharmaceutiques*
to produce a drug	*fabriquer un produit pharmaceutique*
a chemical	*un produit chimique*

drug development	*la mise au point de médicaments*
a research budget	*un budget de recherche*
research and development spending	*les dépenses de recherche et de développement*
a clinical trial	*un essai en laboratoire*
to conduct a trial	*faire une expérience*
a side effect	*un effet secondaire*
to ferret out side effects	*déceler les effets secondaires*
long-term testing	*expériences à long terme*
to approve a drug application	*agréer un produit pharmaceutique*
an approval process	*un processus d'approbation*
to license a drug	*breveter un médicament*
to approve for use	*approuver l'utilisation commerciale*
a patent protection	*la protection d'un brevet*
a drug's costs	*coûts de fabrication d'un produit pharmaceutique*
to enter a market	*être mis sur le marché*

4.2 DRUGS — *LES MEDICAMENTS*

a generic drug	*un médicament sans marque*
to launch a drug	*lancer un médicament*
promotional costs	*coûts promotionnels*
to prescribe a drug	*prescrire un médicament*
a prescription	*une ordonnance*
to make out a prescription	*faire une ordonnance*
to fill a prescription	*exécuter une ordonnance*
to renew a prescription	*renouveler une ordonnance*
prescription charges	*somme fixe à payer lors de l'exécution d'une ordonnace*
a pharmacy bill	*une note de médicaments*
a drug salesman	*un représentant médical*
a pharmacopeia	*un Codex*
to overdose on medication	*prendre trop de médicaments*
drugs taken for comfort	*les médicaments de confort*
to be on drugs	*être sous médicaments*
a wonder cure	*un remède miracle*
a herbal cure	*un traitement par les plantes*
plant brews	*tisanes*
a nostrum	*une panacée, un remède universel*
to follow a cure	*faire une cure*
a cure-all	*une panacée*

II THE PROGRESS OF SCIENCE — *LES PROGRES DE LA SCIENCE*

1 MEDICAL RESEARCH — *LA RECHERCHE MEDICALE*

medical progress	*les progrès de la médecine*
research	*la recherche*
a research team	*une équipe de chercheurs*
a research worker	*un chercheur*
a researcher	*" "*
to do research in	*faire de la recherche en*
the high cost of	*le coût élevé de*
a search for	*une recherche de*
a discovery	*une découverte*
to call into question a discovery	*mettre une découverte en doute*
to duplicate the findings	*corroborer les résultats*
to fall through	*échouer*
a treatment	*un traitement*
a tool for treatment	*un outil de traitement*
to proceed in fits and starts	*procéder par à-coups*
to discover	*découvrir*
to chance upon	*découvrir par hasard*
to stumble upon	*tomber par hasard sur*
to happen upon	*trouver par hasard*
to light on / upon	*" " "*
a breakthrough	*une percée*
to pioneer	*faire œuvre de pionnier*
a new era in medicine	*une nouvelle ère pour la médecine*
animal testing	*expérimentation animale*
to test a vaccine on	*tester un vaccin sur*
a laboratory animal	*un animal de laboratoire*
animal experimentation	*expérimentation animale*
to inject chemicals into	*injecter des produits chimiques dans*
a foolproof test	*un test fiable*
animal suffering	*souffrances des animaux*
to receive approval from	*recevoir l'approbation de*
to win approval from the Food and Drug Administration (USA)	*être approuvé par le ministère de la Santé*
health officials	*les responsables de la santé*

2 MEDICAL PROGRESS — *LES PROGRES DE LA MEDECINE*

an advance	*un progrès*
a technique	*une technique*
to make progress	*faire des progrès*
to make strides	*avancer à grands pas*
pioneering effort	*les efforts de la recherche*
space age techniques	*techniques de l'an 2000*
high technology medicine	*la médecine de pointe*

to usher a revolution in	*marquer une révolution dans*
a revolution in health care	*une révolution dans le traitement de la santé*
pharmaceutical innovation	*innovation pharmaceutique*
to block a virus from reproducing	*empêcher un virus de se reproduire*
to postpone the appearance of a disease	*retarder l'apparition d'une maladie*
to halt the progression of	*stopper l'avance de*
to thwart a virus	*contrecarrer un virus*
to hinder	*faire obstacle à*
to fight a battle against	*lutter contre*
to ward off	*parer*
to synthesize a drug	*synthétiser une drogue*
to produce a drug	*produire un médicament*
to supplant a drug	*supplanter une drogue*
technical abilities	*capacités techniques*
to speed development	*accélérer le développement*
to pave the way for	*ouvrir la voie à*
to enable	*permettre*
to live longer	*vivre plus vieux*
to lead a healthier life	*mener une vie plus saine*
a level of health	*un niveau de santé*
to be attainable for	*être à la portée de*
to eradicate a disease (from)	*faire disparaître une maladie (de)*
to stamp out a disease	*juguler une maladie*
to banish	*supprimer*
to devise un treatment	*mettre au point un traitement*
a promising therapy	*une thérapie prometteuse*
to produce results	*produire des résultats*
to yield results	" " "
a cornerstone of therapy	*une pierre angulaire de la thérapie*
to push back the frontiers	*repousser les frontières*
to conquer diseases	*vaincre les maladies*
to be free of a disease	*être guéri d'une maladie*
to win a battle against	*remporter une victoire contre*
to regenerate dead cells	*régénérer des cellules mortes*
to program	*programmer*
to break the ageing process	*interrompre le processus du vieillissement*
to expand the life span	*allonger la durée de la vie*
to prolong life	*prolonger la vie*
to control one's destiny	*être maître de son destin*

III MEDICAL ETHICS — *L'ETHIQUE MEDICALE*

ethics	*la morale*
a code of ethics	*un code de déontologie*
medical ethics	*l'éthique médicale*
biological ethics	*l'éthique biologique*
an ethics commission	*une commission d'éthique*
ethical	*éthique*
an ethicist	*un membre d'une commission d'éthique médicale*
a bioethicist	*un membre d'une commission d'éthique biologique*

1 A TOPIC OF CONTROVERSY — *UN SUJET DE CONTROVERSE*

to surround	*entourer*
an issue	*un problème*
controversial	*controversé*
long simmering	*qui couve depuis longtemps*
tough	*difficile*
thorny	*épineux*
prickly	*délicat*
emotional	*sensible*
disturbing	*troublant*
contentious	*litigieux*
polemical	*polémique*
burning	*brûlant*
roiling	*troublant*
explosive	*explosif*
ticklish	*périlleux*
touchy	*délicat*
agonizing	*déchirant*
searing	*aigu*
to open up a host of issues	*soulever une série de problèmes*
to face an issue	*regarder un problème en face*
to confuse an issue	*brouiller les cartes*
to evade an issue	*esquiver un problème*
to dodge	*éluder*
to push an issue	*faire avancer un problème*
to force back an issue	*imposer à nouveau un problème*
to wrestle with an issue	*être aux prises avec un problème*
to agonise over an issue	*être travaillé par un problème*
a drawn battle	*une bataille rangée*
a battle over	*une bataille à propos*
to defy an easy answer	*échapper à toute simplification*
to raise a problem	*soulever un problème*
to ignite a fiery debate	*mettre le feu aux poudres*
to provoke widespread debate	*provoquer un débat général*
to fuel a debate	*alimenter un débat*
to boil over into a fierce debate	*exploser en débat virulent*

2 MEDICAL PRINCIPLES — *LA DEONTOLOGIE*

to be technologically possible	*être technologiquement possible*
a principle	*un principe*
to be guided by a principle	*être mû par un principe*
a guideline	*une directive*
to work out guidelines (for)	*mettre au point des directives (pour)*
a dilemma	*un dilemme*
to draw the line	*fixer une limite*
a matter of conscience	*un problème de conscience*
to abuse a power	*abuser d'un pouvoir*
to violate a code of conduct	*bafouer un code de conduite*
a violation of	*un manquement à*
to hit the nerve of society	*toucher le nerf sensible de la société*
to get politicized	*se politiser*
a civil liberties question	*un problème de liberté civile*
to generate political heat	*enflammer les passions politiques*
to upset the political orthodoxy	*bousculer l'orthodoxie politique*
to sow discord	*semer la discorde*
to denounce a practice	*s'élever contre une pratique*
to be opposed to	*s'élever contre*
to be morally inadmissible	*être moralement inacceptable*
to find a middle ground	*trouver un terrain d'entente*
to halt a technique	*mettre fin à une technique*
to grope for adequate policies	*tâtonner à la recherche de règles adéquates*
to legislate	*légiférer*
to legislate morality	*donner un cadre juridique à la morale*
legislation	*la législation*
a legal limbo	*un vide juridique*
to legalise	*légaliser*
to end ambiguity	*mettre un terme à l'ambiguité*
to condone	*fermer les yeux sur*
to ban experiments on	*interdire les expériences sur*
a potential for	*un pouvoir de*
to be wary of	*se méfier de*
to tread carefully (on)	*avancer avec précaution (dans le domaine de)*
a barbaric procedure	*une procédure barbare*
to advance medical knowledge	*faire avancer les connaissances médicales*

3 THE SORCERER'S APPRENTICE — *L'APPRENTI SORCIER*

scientific manipulation	*les manipulations scientifiques*
to misuse a technique	*abuser d'une technique, mal utiliser une technique*
to be aware of the implications	*être conscient des répercussions*
unaware	*inconscient*
adequate safeguards	*garanties suffisantes*
to manipulate the personality	*manipuler la personnalité*
genetic advances	*les progrès de la génétique*
to tamper with	*manipuler*
to play God	*jouer à Dieu*
discrimination (against)	*la discrimination (envers)*
to meet accepted standards	*répondre à des normes admises*
to invade privacy	*envahir la vie privée*
eugenics	*l'eugénisme*
a eugenicist	*un eugéniste*
to purge undesirable traits from	*se débarrasser des traits indésirables*
to purify a species	*purifier une espèce*
selective breeding	*la sélection de la race*
to exterminate	*exterminer*
extermination	*l'extermination*
to influence human destiny	*influencer la destinée de l'homme*
to suit human needs	*convenir aux besoins de l'homme*
to create a master race	*créer une race de surhommes*
to produce a superman	*produire un homme supérieur*
to change the course of heredity	*changer le cours de l'hérédité*
to foster genetic uniformity	*favoriser l'uniformité génétique*
reproductive techniques	*techniques de reproduction*
to threaten the respect for life	*menacer le respect de la vie*
a license to kill	*un permis de tuer*
to uphold the sacred principles of	*défendre les principes sacrés de*
to be unworthy of civilisation	*être indigne de la civilisation*
to go against the grain (of)	*aller à l'encontre (de)*

9 CANCER — *LE CANCER*

1 GENERAL BACKGROUND — *GENERALITES*

to have cancer	*avoir un cancer*
a form of cancer	*une forme de cancer*
cancer mortality	*la mortalité par le cancer*
to induce cancer in	*provoquer un cancer chez*
a deep-seated cancer	*un cancer profond*
cancerous	*cancéreux*
a cancer cell	*une cellule cancéreuse*
an abnormal cell	*une cellule anormale*
a lymph node	*un ganglion lymphatique*
the lymph system	*le système lymphatique*
to infiltrate	*infiltrer*
to spread	*se répandre*
to invade	*envahir*
to destroy	*détruire*
to metastasize	*se disséminer*
a metastasis	*une métastase*
the biggest killer	*le cancer le plus meurtrier*
a high risk group	*un groupe à risque*
the population at large	*la population en général*
to be the cause of	*être dû à*
a death linked to	*un décès dû à*

2 CAUSES OF CANCER — *LES CAUSES DE CANCER*

a carcinogen	*un produit cancérigène*
chemicals	*produits chimiques*
occupational chemicals	*produits chimiques utilisés dans le cadre d'une profession*
environmental chemicals	*les produits chimiques qui nous entourent*
coal tar	*le goudron*
asbestos	*l'amiante*
cigarette smoking	*la tabagie*
alcohol consumption	*la consommation d'alcool*
radiation	*les radiations*
a tumour	*une tumeur*
a growth	*une excroissance, une tumeur*
localized	*localisé*
a malignant growth	*une tumeur maligne*
to turn malignant	*devenir malin*
benign	*bénin*
leukaemia / leukemia	*la leucémie*
AIDS	*le sida*
cancer of the liver	*le cancer du foie*
breast cancer	*le cancer du sein*
a mammography	*une mammographie*
skin cancer	*le cancer de la peau*
dermis	*le derme*
epidermis	*l'épiderme*
pigment	*le pigment*
pigmentation	*la pigmentation*
an epidermal cell	*une cellule épidermique*
a mole	*un point de beauté*
a blotch	*une marbrure*
to redden	*rougir*
to burn	*brûler*
to blister	*(se) boursoufler*
to peel	*peler*
the basal layer	*la couche basale*
a basal cell	*une cellule basale*
a squamous cell	*une cellule squameuse*
a melanocyte	*un mélanocyte*
a keratinocyte	*un kératinocyte*
a melanoma	*un mélanome*
carcinoma	*un carcinome*
sunlight	*les rayons du soleil*
a UV ray	*un rayon ultra-violet*
to expose oneself to the sun	*s'exposer au soleil*
excessive exposure to the sun	*exposition prolongée au soleil*
to don a hat	*mettre un chapeau*
a screen	*une crème protectrice*
to apply a screen	*appliquer de la crème*
a sun-protection factor (SPF)	*un indice de protection solaire*
of 15 ratings	*indice de protection 15*
to ward off reddening of the skin	*empêcher la peau de rougir*
to worship the sun	*adorer le soleil*
to tan	*bronzer*
a tan	*un bronzage*
a tanning parlor	*un salon d'UV*

3 CANCER TREATMENT — *LE TRAITEMENT DES CANCERS*

early detection	*la détection précoce*
an early stage	*un premier stade*
an advanced stage	*un stade avancé*
to have advanced cancer	*être à un stade avancé de cancer*
to be terminally ill	*être en phase terminale*
the treatment of	*le traitement de*
a cancer drug	*un médicament contre le cancer*
anti cancer agents	*agents anticancéreux*
to bolster the immune responses	*renforcer les réponses immunitaires*
to be resistant to drugs	*résister à un traitement*
interferon	*l'interféron*
a therapy	*une thérapie*
curative	*guérissable*
to excise a tumor	*exciser une tumeur*
chemotherapy	*la chimiothérapie*
to undergo chemotherapy	*subir une chimiothérapie*
radiation	*les rayons*
radiation therapy	*la radiothérapie*
to irridiate	*irradier*
cancer surgery	*la chirurgie cancéreuse*
to remove	*faire l'ablation de*
remission	*une rémission*
to be in remission	*être en rémission*
to recur	*réapparaître*
a recurrence	*une rechute*
cancer research	*la recherche sur le cancer*
a cancer research organisation	*un organisme de lutte contre le cancer*
information dissemination	*la dissémination des renseignements*
to share findings	*partager les découvertes*
to cooperate in	*coopérer à*

10 AIDS — *LE SIDA*

1 GENERAL BACKGROUND — *GENERALITES*

AIDS (Acquired Immune Deficiency Syndrome)	*le sida (syndrome d'immuno-déficience acquise)*
HIV (human immunodeficiency virus)	*le virus HIV (virus d'immunodéficience chez l'homme)*
a HIV positive	*un porteur du virus HIV, un séropositif*
an AIDS carrier	*un sidéen*
an AIDS sufferer	*un malade du sida*
an AIDS patient	" " "
an AIDS victim	*une victime du sida*
an AIDS case	*un cas de sida*
to catch AIDS	*contracter le sida*
to pick up the virus	*attraper le virus*
to have AIDS	*avoir le sida*
to be infected with AIDS	*être contaminé par le sida*
uninfected	*non contaminé*
to test sb. for	*soumettre qqn. à des analyses pour*
to test positive for	*subir un contrôle positif*
to screen sb. for AIDS	*faire subir un test de dépistage du sida*
to be diagnosed with AIDS	*diagnostiquer le sida chez qqn.*
to develop AIDS	*contracter le sida*

2 THE CENTURY'S DEVIL — *LE FLEAU DU SIECLE*

a specter	*un spectre*
a killer disease	*une maladie mortelle*
a growing menace	*une menace grandissante*
to pose a threat	*constituer une menace*
to brandish the threat	*brandir la menace*
to cause a scare	*semer la peur*
a global emergency	*une urgence mondiale*
a biological holocaust	*un holocauste biologique*
a deadly disease	*une maladie mortelle*
a lethal virus	*un virus mortel*
to spread	*se répandre*
to be stricken with AIDS	*être atteint du sida*
to be hard hit by AIDS	*être durement touché par le sida*
to be overwhelmed with AIDS	*être envahi par le sida*
to cut a broad swath of death	*semer la mort parmi la population*

to lose a parent to AIDS	*perdre un parent victime du sida*
to be orphaned (by AIDS)	*devenir orphelin (à la suite de la mort des parents, victimes du sida)*
the advent of AIDS	*l'apparition du sida*
the infant years of AIDS	*les premières années de développement du sida*
to have a foothold	*prendre pied*
to be AIDS-free	*ne pas être infecté par le sida*
an AIDS-free country	*un pays épargné par le sida*
a risk-free world	*un monde sans danger*
the homosexual population	*la population homosexuelle*
heterosexual	*hétérosexuel*
to declare global war on AIDS	*déclarer la guerre totale au sida*
to gird for the battle	*se préparer à la bataille*
anxiety	*angoisse*
to spread across a nation	*se répandre dans un pays*
to spread unchecked	*se propager librement*
a toll	*la liste des victimes*
to mount	*s'allonger*
to hide one's condition	*cacher son état*
a preventable disease	*une maladie évitable*
to come up with a vaccine	*trouver un vaccin*
barring a cure	*à moins d'un remède*

3 CAUSES OF AIDS — *LES CAUSES DU SIDA*

a blood transfusion	*une transfusion sanguine*
transfused blood	*le sang transfusé*
contaminated blood	*le sang contaminé*
tainted blood	" " "
to screen blood	*analyser le sang*
to be transmitted through	*se transmettre par*
to enter a partner's bloodstream	*se transmettre chez un partenaire par voie sanguine*
semen	*le sperme*
to spread through casual contact	*se transmettre par simple contact*
to be at risk	*avoir un comportement à risque*
a risk group	*un groupe à risque*
a ripe target for AIDS	*une proie toute désignée du sida*
free sex	*l'amour libre*
the sexual revolution	*la révolution sexuelle*
the liberated 60s / 70s	*l'émancipation des années 60 et 70*
the freewheeling rituals	*la permissivité des rapports*
a singles' bar	*un bar pour célibataires*
a dating bar	*un bar pour rencontres*
a casual affair	*une liaison sans lendemain*
to date	*fréquenter*
bisexual dating	*fréquentations bisexuelles*
to sleep around	*coucher avec n'importe qui*
to be promiscuous	" " " "
a high risk sexual practice	*une pratique sexuelle à haut risque*
to be engaged in high risk behaviour	*se livrer à des pratiques à risque*
sexual exoticism	*exotisme sexuel*
a permissive behaviour	*une attitude permissive*
gonorrhea	*la blennorragie*
syphilis	*la syphilis*
drugs	*drogues*
a drug user	*un toxicomane*
to mess with drugs	*toucher à la drogue*
an incidence among	*une incidence parmi*
an unsterilized needle	*une seringue non stérilisée*
to share contaminated needles	*partager des seringues contaminées*
an intravenous drug abuser	*un toxicomane par voie intraveineuse*
IV drug-abusing people	*toxicomanes par injection intraveineuse*
retribution	*la vengeance*
God's wrath	*la colère divine*
an old-testament-style revenge	*une revanche digne de l'Ancien Testament*
the black death	*la peste*
to liken to	*comparer à*
a scapegoat	*un bouc émissaire*

4 CONSEQUENCES OF AIDS — *LES CONSEQUENCES DU SIDA*

to cast a shadow over	*jeter une ombre sur*
the sexual landscape	*le paysage sexuel*
to re-examine bedroom practices	*remettre en cause les pratiques amoureuses*
to cut down the number of people one sleeps with	*réduire le nombre de ses partenaires*
to advocate sexual restraint	*prôner l'abstinence sexuelle*
to urge caution	*exhorter à la prudence*
to rescind the sexual revolution	*annuler la révolution sexuelle*
safe sex	*l'amour sans danger*
to practice safe sex	*faire l'amour sans danger*
chastity	*la chasteté*
monogamy	*la monogamie*
a summons to monogamous	*une injonction à monogame*
to be on guard	*se tenir sur ses gardes*

to adopt safe sex practices	*adopter des pratiques sexuelles sans danger*
to call for a change in one's lifestyle	*nécessiter un changement dans ses habitudes*
to love carefully	*aimer avec prudence*
to quiz people about their past	*interroger les gens sur leur passé*
a watch word	*un mot d'ordre*
to put a strain on	*mettre à rude épreuve*
to harass	*harceler*
on-the-job harassment	*le harcèlement sur le lieu de travail*
to dismiss	*renvoyer*
to cause a wave of homophobia	*provoquer une vague de phobie des homosexuels*
to overburden	*obérer les charges*
the health care system	*le système de santé*
to increase discrimination	*accroître les discriminations*
to distance oneself from	*prendre ses distances par rapport à*

5 AIDS PREVENTION — *LA PROPHYLAXIE ANTISIDEENNE*

to launch a public-awareness campaign	*lancer une campagne publique de sensibilisation*
the awareness of the dangers	*la prise de conscience des dangers*
to be alerted to the dangers (of)	*être au fait des dangers (de)*
to mute the hysteria	*calmer l'hystérie*
alarmist warnings	*prévisions alarmistes*
to underplay the danger	*sous-estimer le danger*
to decrease one's vigilance	*relâcher sa vigilance*
to alleviate panic	*calmer la panique*
to quiet fears	*apaiser les craintes*
to keep a problem below crisis level	*contenir un problème dans des limites raisonnables*
to be led up the garden path	*se laisser raconter des salades*
to take the embarrassment out of	*dédramatiser la situation*
a condom	*un préservatif*
to protect against	*protéger contre*
to suggest the use of condoms	*suggérer l'utilisation de préservatifs*
to enforce condom use	*imposer l'usage du préservatif*
to devise a pro-condom campaign	*mettre au point une campagne en faveur de l'utilisation du préservatif*
outmoded	*dépassé*
old-fashioned	*vieux jeu*
uncool	*démodé*
to take the romance out of	*tuer le romantisme*
love in a cellophane packet	*l'amour sous cellophane*
to demystify the condom	*démystifier le préservatif*
to bring back into fashion	*remettre à la mode*
an automatic condom vending machine	*un distributeur automatique de préservatifs*
to be made more readily available	*élargir la distribution*
to doubt the efficacy	*douter de l'efficacité*
a prevention program	*un programme de prévention*
an AIDS-control program	*un programme de lutte contre le sida*
an AIDS-education kit	*le matériel éducatif*
an anti-AIDS radio campaign	*une campagne sur les ondes contre le sida*
a TV spot	*un message à la télévision*
safe-sex literature	*brochures d'information sur les pratiques sexuelles sans danger*
to launch an information program	*lancer une campagne d'information*
to balk at behavioral changes	*regimber devant les changements d'habitudes*
to inform the public	*informer le public*
to supply free needles	*fournir des seringues gratuites*
over the counter	*sans ordonnance*
to sterilize needles	*stériliser les seringues*
bleach	*l'eau de javel*

6 THE FIGHT AGAINST AIDS — *LA LUTTE CONTRE LE SIDA*

a retrovirus	*un rétrovirus*
a receptor	*un récepteur*
a host cell	*une cellule récepteur*
a T cell	*une cellule T*
a T lymphocyte	*un lymphocyte T*
to replicate	*se reproduire, se diviser*
replication	*reproduction par division*
an antibody	*un anticorps*

to mutate	*subir une mutation*
Kaposi's sarcoma	*le sarcome de Kaposi*
to inactivate a virus	*inactiver un virus*
latency	*la latence*
AZT (azidothymidine)	*l'AZT*
to provide sb. with AZT	*fournir de l'AZT à qqn.*
an immune system booster	*un renfort des défenses immunitaires*
to protect from infection	*immuniser*
to resist infection	*résister à l'infection*
to slow the course of the disease	*ralentir le cours de la maladie*
to keep the epidemic at bay	*repousser l'épidémie*
to stall the epidemic	*enrayer l'épidémie*
to contain the epidemic	*contenir l'épidémie*
to block the disease	*arrêter la maladie*
to eradicate the virus	*faire disparaître le virus*
to root out the infection	*supprimer l'infection*
a cure on the horizon	*un traitement à l'horizon*
in the offing	*en perspective*
a human trial	*un essai sur l'homme*
to show marked improvement	*faire de nets progrès*
a life-giving drug	*une drogue qui sauve*
an AIDS-researcher	*un chercheur du sida*
the health officials	*les autorités sanitaires*
to implement	*mettre en œuvre*
to institute	*instituer*
to call for	*exiger*
to advocate	*préconiser*
a blood screening program	*un programme de dépistage*
mandatory screening	*le dépistage obligatoire*
screening facilities	*un centre de dépistage*
to pass an AIDS test	*subir un test de dépistage du sida*
to require routine tests	*exiger des tests réguliers*
to request a blood test from	*demander à qqn. de faire un test sanguin*
to press for testing	*pousser au dépistage*
to mandate testing for	*rendre le dépistage obligatoire pour*
to pass legislation	*faire voter des lois*
to enact laws	*promulguer des lois*
to seek a marriage licence	*demander une autorisation de mariage*
to quarantine	*mettre en quarantaine*
to impose quarantine	*imposer une quarantaine*
to be confined to quarantine	*être mis en quarantaine*
to be quarantinable	*être susceptible d'être mis en quarantaine*
to isolate	*isoler*
an AIDS ward	*un pavillon des sidéens*
to lock up AIDS carriers	*enfermer les porteurs du sida*
to hunt down	*traquer*
to be driven out	*chasser*
an AIDS outcast	*un paria du sida*
to earmark money for	*destiner des fonds à*
to allocate resources	*répartir des ressources*
to lobby for federal funds	*faire pression pour obtenir des crédits du gouvernement*
to appropriate funds	*affecter des fonds*
to create group homes for	*créer des logements collectifs pour*
to recruit volunteers	*recruter des volontaires*
to staff	*pourvoir en personnel*
a hot line	*un numéro spécial*
to offer aid	*apporter son aide*
a methadone-treatment center	*un centre de traitement par la méthadone*
to enter treatment	*commencer le traitement*

11 OBESITY — *L'OBESITE*

I WEIGHT — *LE POIDS*

a scale	*une balance*
to step on a scale	*monter sur une balance*
to tip the scale	*faire pencher la balance*
obese	*obèse*
weight	*le poids*
excess weight	*l'excédent de poids*
a weight gain	*un gain de poids*
to put on weight	*prendre du poids*
to gain weight	" " "
to regain weight	*reprendre du poids*
to gain back	*reprendre le poids perdu*
to collect excess weight	*prendre trop de poids*
to be above the ideal weight	*être au-dessus du poids idéal*
to be 20 pounds above desirable weight	*peser 10 kilos de trop*
body weight	*le poids du corps*
the height / weight table	*le rapport taille / poids*
a settling point	*un point d'équilibre de poids*
a set point	" " " " "
height	*la taille*
to be overweight	*être trop gros*
to control weight	*maîtriser son poids*
a weight watcher	*qui surveille sa ligne*

II FAT — LE TISSU ADIPEUX

fat	*gros, le tissu adipeux, la graisse*
a fat cell	*une cellule graisseuse*
an amount of fat	*une quantité de graisse*
fat distribution	*la répartition du tissu adipeux*
reserve fat	*réserves de graisse*
fat storage	*" " "*
a roll of fat	*un bourrelet de graisse*
to process fat	*transformer la graisse*
fatty food	*la nourriture grasse*
fat-laden food	*la nourriture riche en graisse*
high in fat	*riche en graisse*
to settle / to deposit	*se déposer*
to accumulate fat	*accumuler des kilos*
to grow fatter	*engraisser*
adipose tissue	*le tissu adipeux*

III GETTING FAT — LA PRISE DE POIDS

to grow heavier	*s'alourdir*
a pound (lb)	*une livre*
to carry extra pounds	*avoir des kilos en trop*
carbohydrate	*l'hydrate de carbone*
carbohydrates	*féculents*
fattening food	*nourriture qui fait grossir*
to bulge with food	*regorger de nourriture*
to be crazy for food	*être boulimique*
to indulge in food	*aimer la nourriture*
to indulge in eating	*aimer manger*
to be addicted to food	*être un mangeur invétéré*
to crave for food	*avoir un besoin maladif de manger*
to gorge oneself on food	*se bourrer de nourriture*
to have an appetite	*avoir de l'appétit*
to be a big eater	*être un gros mangeur*
a stodgy meal	*un repas bourratif*
substantial	*copieux*
to help oneself to	*se servir de*
to take a second helping (of)	*se resservir (de)*
to eat oneself sick	*manger à se rendre malade*
greedy	*glouton*
ravenous	*vorace*
to gulp down	*engloutir*
to pig out	*se goinfrer*
to hog food	*s'empiffrer (fam.)*
to wolf down	*dévorer*
to overeat	*trop manger*
overeating	*l'excès de nourriture*
overfed	*suralimenté*
to pack pounds on one's frame	*accumuler les kilos*
to consume calories	*consommer des calories*
saturated fats	*graisses saturées*
to be doused in butter	*baigner dans le beurre*
to swell	*gonfler*
to blimp up	*engraisser*
to be overfed	*être trop bien nourri*
to hit 298 lbs	*atteindre les 150 kilos*

IV FATNESS — L'EMBONPOINT

flabby	*flasque*
stout	*corpulent*
stoutness	*la corpulence*
portly	*corpulent*
portliness	*embonpoint*
podgy	*rondelet*
chubby	*potelé*
flesh	*la chair*
fleshy	*charnu*
plump	*grassouillet*
plumpness	*les rondeurs*
well-fed	*bien nourri*
a paunch	*une panse*
a pot	*une brioche*
a potbelly	*une bedaine*
potbellied	*bedonnant*
a hog	*un goinfre*
a fatty	*un gros lard (fam.)*
a tank	*une barrique (fam.)*
an apple (man)	*un gros (fam.)*
a pear (woman)	*une grosse, une baleine (fam.)*
an assault to the eyes	*une insulte pour la vue*
to be ridiculed	*être l'objet de risées*
to be ostracized	*être rejeté*
to face woes	*faire face aux cruautés*
to be passed over for promotions	*être écarté des promotions*
to move up a dress size	*prendre une taille*
to let out the belt a notch	*desserrer sa ceinture d'un cran*
to fit in a seat	*pouvoir s'asseoir*
the right size clothes	*vêtements à la bonne taille*
a "togs for hogs" shop	*un magasin pour h / f forts*

V CAUSES OF OBESITY — *LES CAUSES DE L'OBESITE*

heredity	*l'hérédité*
ancestry	*le passé familial*
to get depressed	*déprimer*
an antidepressant	*un antidépresseur*
a sedative	*un sédatif*
to get sb. past life's bumps and crisis	*aider qqn. à franchir les obstacles dans sa vie*
an emotional problem	*un problème affectif*
loneliness	*la solitude*
to feel lonely	*se sentir seul*
anxiety	*l'angoisse*
sexual conflicts	*conflits d'ordre sexuel*
to ease a problem by food	*se soulager d'un problème en mangeant*
eating habits	*habitudes alimentaires*
bulimia	*la boulimie*
to be a compulsive eater	*faire de la boulimie*
to take one's mind off food	*arrêter de penser à la nourriture*
to go on a binge	*être pris d'une frénésie*
to eat at all times of day	*manger à toute heure du jour et de la nuit*
to eat at the desk	*manger à son bureau*
to snack	*grignoter*
to escape	*s'évader*
to find solace in food	*se consoler en mangeant*

VI DANGERS OF OBESITY — *LES DANGERS DE L'OBESITE*

the balance of hormones	*l'équilibre hormonal*
cholesterol	*le cholestérol*
a level of cholesterol	*un niveau de cholestérol*
to get one's cholesterol checked	*faire vérifier son cholestérol*
a cholesterol-free product	*un produit sans cholestérol*
a health campaign	*une campagne de santé*
to lower cholesterol	*faire baisser son cholestérol*
a cholesterol-lowering drug	*un hypocholestérolémiant*
a health hazard	*un risque pour la santé*
a risk factor	*un facteur de risque*
health risks	*risques pour la santé*
to run risks	*courir des risques*
ill effects	*effets néfastes*
an incidence	*une incidence*
to reduce the risk	*diminuer le risque*
to sound the alarm	*sonner l'alerte*
dangers associated with	*dangers liés à*
heart disease	*maladies cardiaques*
blood pressure	*la tension artérielle*
diabetes	*le diabète*
gallstones	*calculs rénaux*
respiratory disorders	*troubles respiratoires*
degenerative changes in the joints	*lésions articulatoires dégénératives*
to raise the odds of	*augmenter les risques de*
to shorten life	*abréger l'existence*
anorexia	*anorexie*
a medical obesity center	*une clinique pour gens obèses*
an endocrinologist	*un endocrinologue*

VII DIETING — *LE REGIME*

dietetics	*la diététique*
dietetic	*diététique*
a dietetician	*un diététicien*
a diet doctor	*un spécialiste de diététique*
a nutrition guru	*un sorcier de la nutrition*
a diet	*un régime*
a diet therapy	*une cure d'amaigrissement*
to diet	*suivre un régime*
a dieter	*qui suit un régime*
to go on a diet	*se mettre au régime*
to be on a diet	*être au régime*
to balance a diet	*équilibrer un régime*
a balanced diet	*un régime équilibré*
diet foodstuffs	*aliments de régime*
a lean diet	*un régime maigre*
a crash diet	*un régime intensif*
a diet drug	*un médicament de régime*
a diet pill	" " " "
a diet soda	*une boisson de régime*
a low calorie diet	*un régime hypocalorique*
a low cal menu	*un menu faible en calories*
a low fat diet	*un régime pauvre en lipides*
low sugar cereals	*céréales basses calories*
low sodium	*la faible teneur en sel*
low fat milk	*le lait basses calories*
skimmed milk	*le lait écrémé*
whole milk	*le lait entier*
fitness cuisine	*la cuisine minceur*
to eat light	*manger léger*

to be a light eater	" "
health food	*aliments naturels*
healthy eating	*une nourriture saine*
to swear off food	*jurer de ne plus manger*
to eat right	*manger comme il faut*
to eat light	*manger léger*
to change one's eating habits	*changer ses habitudes alimentaires*
to eat sparingly	*manger raisonnablement*
to fast	*jeûner*
a fast	*un jeûne*
to go on a fast	*jeûner*
a medically supervised fast	*un jeûne sous contrôle médical*

VIII LOSING WEIGHT — *MINCIR*

to lose weight	*perdre du poids*
a loss of weight	*une perte de poids*
a figure	*la ligne*
to keep one's figure	*garder la ligne*
a trim figure	*avoir la taille svelte*
the waistline	*la taille*
to thin down	*maigrir*
to shrink	*fondre*
thin	*mince*
thinness	*la minceur*
lean	*maigre*
spare	"
a spare meal	*un repas frugal*
slender	*svelte*
lithe	*agile, souple*
skinny	*maigrelet*
to stay thin	*rester mince*
to lighten up	*s'alléger*
to slim	*maigrir*
to slim down	*perdre du poids*
to go on a slimming diet	*suivre un régime amaigrissant*
to trim pounds	*éliminer des kilos*
to get rid of excess calories	*se débarrasser des calories superflues*
to eliminate calories	*éliminer des calories*
to take off weight	*perdre du poids*
to shed pounds	*perdre des kilos*
to shed fat	" " "
unwanted pounds	*kilos superflus*
to pare off pounds	*se débarrasser des kilos superflus*
to drop off pounds	*perdre les kilos superflus*
to sweat off	*perdre par l'effort*
to work off calories	*éliminer des calories*
unsightly fat	*la graisse disgracieuse*
unneeded fat	*excès de graisse*
unwanted fat	*la graisse superflue*
to offset weight gain	*compenser la prise de poids*
to wage a battle against fat	*lutter contre la prise de poids*
to maintain a low weight	*éviter de prendre du poids*
behaviour modification	*un changement d'attitude*
behaviour therapy	*une thérapie du comportement*
a chemical strategy	*une approche médicalisée*
to block the absorption of	*freiner l'absorption de*
a substitute for fat	*un succédané des lipides*
to make a substitution	*opérer un changement*
to speed up the metabolic rate	*accélérer le métabolisme*
digestion	*la digestion*
to digest	*digérer*
to release fat	*brûler des calories*
to manipulate appetite	*manipuler l'appétit*
to dampen appetite	*couper l'appétit*
an appetite depressant	*un coupe-faim*
surgery	*la chirurgie*
gastric restriction	*le rétrécissement gastrique*
to staple the stomach	*rétrécir l'estomac*
to limit the amount it can hold	*réduire la quantité qu'il peut contenir*
suction lipectomy	*une lipolyse*
to suction off excess fat	*aspirer l'excédent de tissu adipeux*
to remove fat	*enlever la graisse*
a blob of fat	*un lipome*
saddlebag thighs	*culottes de cheval*
a beer belly	*une panse de buveur de bière*
heavy buttocks	*un arrière-train imposant*
blubbery knees	*genoux adipeux*
fatty areas	*le tissu adipeux*

IX EXERCISING — *L'EXERCICE PHYSIQUE*

1 PHYSICAL ACTIVITY — *L'ACTIVITE PHYSIQUE*

an efficient way	*une façon efficace*
to fight one's cravings	*lutter contre ses envies*
an adjunct to	*un complément à*
to use up fuel	*brûler des calories*
to speed up the use of fat for fuel	*accélérer la combustion de graisse utilisée comme source d'énergie*

to enhance a person's self-image	*améliorer l'image de soi*
to provide a psychological boost	*donner un coup de fouet au moral*
to shape up	*se mettre en forme*
fitness	*la forme physique*
a fitness program	*un programme de (re)mise en forme*
to exercise	*faire de l'exercice*
moderate exercise	*s'entraîner modérément*
a lack of exercise	*un manque d'exercice*
to engage in regular exercise	*faire de l'exercice régulièrement*
an exercise buff	*un mordu de la forme physique*
to be active	*être actif*
sedentary	*sédentaire*
physical conditioning	*la (re)mise en forme physique*
to keep fit	*rester en forme*
exertion	*l'effort*
to cut injuries	*réduire les chances de blessure*
to hurt oneself	*se blesser*
a health club	*un centre de remise en forme*
to enroll	*s'inscrire*
a self-help group	*un groupe d'entraide*
the "no pain no gain" ethic	*la politique du "on n'a rien sans rien"*
a health benefit	*un bienfait pour la santé*
to fend off illness	*se protéger de la maladie*
to stave off a heart attack	*éviter une crise cardiaque*
to ward off cancer	*prévenir le cancer*
to reduce mortality	*diminuer la mortalité*

2 TYPES OF ACTIVITY — *LES TYPES D'ACTIVITES*

physical education	*l'éducation physique*
home-gym equipment	*équipement de musculation à domicile*
a treadmill	*un banc d'entraînement*
a stationary bicycle	*une bicyclette fixe*
an exercise bike	*un vélo de santé*
to loosen up	*faire des exercices d'assouplissement*
to warm up	*s'échauffer*
stretching exercises	*exercices d'assouplissement*
a workout	*une séance d'entraînement*
aerobics	*aérobic*
to do aerobics	*faire de l'aérobic*
calisthenics	*la gymnastique (suédoise)*
gymnastics	*la gymnastique*
to jog	*courir*
a morning run	*un footing matinal*
swimming	*la natation*
a swimming-pool	*une piscine*
to do a lap	*faire un tour de bassin*
to marathon	*courir le marathon*
a marathoner	*un marathonien*
weight lifting	*l'haltérophilie*
to pump iron	*soulever des haltères*
cross countrying	*faire du cross country*
hiking	*la randonnée*
to go on a hike	*partir en randonnée*
a hiker	*un randonneur*
rambling	*la randonnée*

see : sports — *voir : les sports*

12 DRINKING — *L'ALCOOLISME*

I DRINKING — *LA BOISSON*

1 GENERAL BACKGROUND — *GENERALITES*

to drink	*boire*
a drink	*un apéritif*
a soft drink	*une boisson non alcoolisée*
a stiff drink	*une boisson forte*
to stand sb. a drink	*offrir à boire à qqn.*
a round of drinks	*une tournée*
to stand a round of drinks	*payer une tournée*
to drink to (sb.'s health)	*boire à la santé de qqn.*
to have a drink	*prendre un verre*
to go for a drink	*aller prendre un verre*
to freshen up a drink	*resservir à boire*
to be partial to	*aimer bien*
to take to drink / drinking	*se mettre à boire*
drinking	*la boisson*
a beverage	*un breuvage*
to sip	*siroter*
to take a sip	*prendre une petite gorgée*
to swill	*boire à grands traits*
to have a drop	*boire une goutte*
to wet one's whistle	*s'humecter le gosier*
to swallow	*avaler*
to toss off	*avaler d'un coup*
to wash down (with)	*arroser (de)*
to take in	*absorber*
to ingest	*ingérer*
to gulp	*engloutir*
to swig	*boire avec avidité*

a swig	*un bon coup*
at one gulp	*d'un seul coup*
to quaff	*vider à longs traits*
to quench one's thirst	*étancher sa soif*

2 DRUNKENNESS — *L'IVRESSE*

alcoholism	*l'alcoolisme, l'éthylisme*
alcoholic	*alcoolique, éthylique*
to hold one's liquor	*tenir l'alcool*
to kill a bottle	*siffler une bouteille (fam.)*
to imbibe	*s'imbiber*
to hit the bottle	*picoler (fam.)*
to go on the booze	"
to hit the sauce	*s'imbiber*
to drink like a fish	*boire comme un trou (fam.)*
to drink heavily	*boire beaucoup*
to get drunk	*se soûler*
to be tipsy	*être éméché*
to be merry	*être gai*
a drinking bout	*une séance de beuverie, un excès de boisson*
prolonged	*prolongé*
to go on a drinking spree	*se livrer à des excès de boisson*
to go on a bender	" " " "
a drinking binge	*une cuite (fam.)*
an intake of alcohol	*une absorption d'alcool*
to have too much to drink	*boire plus que de raison*
to drink oneself under the table	*rouler sous la table*
to be drunk	*être soûl*
dead drunk	*ivre mort*
drunk and disorderly	*en état d'ivresse manifeste*
drunkenness	*ivresse*
to be inebriated	*être ivre*
inebriation	*un état d'ébriété*
to be intoxicated	*être en état d'ivresse*
intoxication	*ivresse*
tight	*gris*
in a drunken stupor	*abruti de boisson*
to get plastered	*se beurrer (fam.)*
to get blitzed	*se cuiter (fam.)*
to get tanked up	*se soûler (fam.)*
to be in liquor	*être gris*
to be the worse for liquor	*être sous l'emprise de la boisson*
to have a drinking problem	*être alcoolique*
to sleep oneself sober	*cuver son vin*

3 DRINKERS — *LES BUVEURS*

a drinker	*un buveur*
a serious drinker	*un gros buveur*
a heavy drinker	" " "
recreational drinking	*l'usage récréatif de la boisson*
drinking habits	*habitudes de buveur*
a drunk	*un ivrogne*
a drunkard	" "
a wino	*un poivrot*
a juicehead	*un soûlard*
a boozer	*un ivrogne*
exhilaration	*allégresse, ivresse*
to teeter	*vaciller*
to stagger	*chanceler*
to reel	*tituber*

4 ALCOHOLIC BEVERAGES — *LES BOISSONS ALCOOLISEES*

alcohol	*l'alcool*
liquor	*l'alcool, les spiritueux*
hard liquor	*alcools forts*
spirits	*spiritueux, liqueurs alcooliques, liqueurs fortes*
the stuff	*l'alcool (fam.)*
rotgut	*le tord-boyaux (fam.)*
the juice	*la gnôle (fam.)*
hooch	" "
booze	*boissons alcoolisées*
black market booze	*alcool de contrebande*
moonshine	*l'alcool de contrebande*
a nonalcoholic beverage	*une boisson non alcoolisée*
a stiff drink	*une boisson fortement alcoolisée*
a cocktail	*un cocktail*
a highball	*un whisky avec de la glace*
a nightcap	*un dernier verre (avant le coucher)*
a chaser	*un rince-gueule*
cider	*le cidre*
hops	*le houblon*
barley	*orge*
beer	*la bière*
root beer	*boissons aux extraits de racines*
a beer	*une bière*
draught beer	*la bière à la pression*
beer on tap	" " " "
bottled beer	*la bière en bouteille*
a keg of beer	*un tonneau de bière*
a barrel	*une barrique*
pale ale	*la bière blonde*
brown ale	*la bière brune*
porter / stout	*la bière brune épaisse*
a lager	*une bière blonde*
flat beer	*la bière éventée*
a pint of beer	*un demi*
a mug	*une chope*
rum	*le rhum*
brandy	*l'eau de vie, le cognac*
gin	*le gin*
vodka	*la vodka*
on the rocks	*sur des glaçons*
whiskey	*le whisky (irlandais)*
Scotch whisky	*le whisky écossais*
Rye	*le whisky canadien*
Bourbon	*le whisky américain*
a liqueur	*une liqueur*
proof of alcohol	*la teneur en alcool*
a 100° proof	*à cent degrés*
low proof	*faiblement alcoolisé*

low alcohol brew	*un mélange faiblement alcoolisé*

5 WINE — *LE VIN*

a bottle of wine	*une bouteille de vin*
bottled wine	*le vin bouché*
a cork	*un bouchon*
to uncork / to open	*déboucher*
a corkscrew	*un tire-bouchon*
table wine	*le vin de table*
local wine	*le vin de pays*
new wine	*le vin nouveau*
mulled wine	*le vin chaud*
sacramental wine	*le vin de messe*
wine in the wood	*le vin en fût*
wine dregs	*la lie de vin*
sweet wine	*le vin doux*
white / red / rosé	*blanc / rouge / rosé*
plonk	*le vin ordinaire, le gros rouge*
sparkling	*mousseux*
dry	*non mousseux, sec*
strong-bodied	*corsé*
burgundy	*le bourgogne*
claret	*le bordeaux*
hock	*le vin du Rhin*
champagne	*le champagne*
fizz	*le champ (fam.)*
a wine cooler	*vin + jus de fruit*
port	*le porto*
sherry	*le Xérès*
fortified wine	*le vin de liqueur (vin + marc de pomme)*
fizzy	*mousseux*
to wine and dine	*faire un dîner bien arrosé*

6 WINE MAKING — *LA FABRICATION DU VIN*

the wine trade	*le commerce du vin*
a vineyard	*un vignoble*
wine growing	*la viticulture*
a winegrower	*un viticulteur*
a wine growing district	*une région viticole*
grapes	*le raisin*
a bunch of grapes	*une grappe de raisin*
raisin	*le raisin sec*
to harvest the grapes	*vendanger*
grape gathering	*vendanges*
a grape-picker	*un vendangeur*
phylloxera	*le phylloxéra*
to crush / to press / to squeeze	*presser, écraser*
a wine press	*un pressoir*
top quality grapes	*le raisin de premier choix*
pulp	*la pulpe*
seeds	*pépins*
a grape stalk	*une rafle*
a vat	*une cuve*
a wine cask	*un fût*
a hogshead	*un foudre*
to ferment	*fermenter*
must	*le moût*
to bottle wine	*mettre le vin en bouteilles*
winebottling	*la mise en bouteilles*
a wine cellar	*une cave à vin*
an oenologist	*un œnologue*
a wine taster	*un dégustateur*
the wine list	*la carte des vins*
a wine merchant / a vintner	*un négociant en vins*
a winery	*une cave d'exploitant viticole*
premium wines	*grands crus*
a vintage	*une récolte, un millésime*
a vintage wine	*un grand cru, un vin millésimé*
a vintage year	*une bonne année*
noble rot	*la pourriture noble*
botrytis	*le botrytis*
tartaric acid	*acide tartrique*
the flavour	*le bouquet*
the after-taste	*l'arrière-goût*
the accent	*la robe*
to sample	*goûter*

7 THE LIQUOR INDUSTRY — *L'INDUSTRIE DES VINS ET SPIRITUEUX*

the liquor lobby	*le lobby des bouilleurs de cru*
a liquor store	*un marchand de vins et spiritueux*
a drinks outlet	*un point de vente d'alcools*
home brewing	*la fabrication d'alcool maison*
a still	*une distillerie, un alambic*
to distil	*distiller*
a distillery	*une distillerie*
a bootlegger	*un trafiquant d'alcool*
bootleg	*alcool de contrebande*
to sell alcohol on the sly	*vendre de l'alcool en cachette*
on the side	*en douce*
a public house	*un débit de boissons*
a publican	*un patron de bistrot*
a bar	*un bar*
to hit the bars / to barhop	*faire la tournée des bars*
a pub-crawl	*une tournée des troquets (fam.)*
a barfly	*un pilier de bistrot*
a watering hole	*un troquet*
a bartender	*un garçon*
a speakeasy	*un bar clandestin*
a joint	*un bistrot*
a brewery	*une brasserie*
a skid row joint	*un bistrot mal famé*
to have a licence	*avoir une licence d'exploitation*
an off-licence shop	*un magasin de vins et spiritueux*
licensed for selling	*autorisé à vendre*
to consume	*consommer*
consumption	*la consommation*

drinking under age	*la consommation de boissons alcoolisées avant l'âge légal*
drinking after hours	*la consommation de boissons alcoolisées après les heures de fermeture*
the drinking age	*l'âge légal pour consommer de l'alcool*
to serve minors	*servir les mineurs*
to be under age	*être mineur*
to be of age	*être majeur*
an i.d.	*une pièce d'identité*
proof of identity	" " "
to assert one's grownupness	*affirmer sa majorité*

II DRINKING AND HEALTH — *LES DANGERS DE LA BOISSON*

1 PICKING THE HABIT — *L'ACCOUTUMANCE*

the demon drink	*le démon de la boisson*
alcohol abuse	*l'acoolisme*
to experiment with alcohol	*toucher à l'alcool*
to touch the stuff	" "
to pick up a habit	*prendre l'habitude*
to take up drinking	*se mettre à boire*
to be pressured by peers into drinking	*être entraîner à boire sous la pression du groupe*
to drink to socialize	*boire entre amis*
to have a social drink	*prendre un verre entre amis*
a drinking buddy	*un copain de boisson*
to moderate one's drinking habits	*modérer ses habitudes de boisson*
to develop into a chronic affliction	*se transformer en maladie chronique*
to have an obsessive desire to drink	*avoir un besoin maladif de boire*
to become addicted to alcohol	*devenir toxico-dépendant*
to be alcohol-dependent	*être toxico-dépendant*
to crave for a drink	*avoir follement envie d'un verre*
a chronic drinker	*un alcoolique chronique*
a persistent drinker	*un buveur chronique*
a problem drinker	*un alcoolique*
to take up a habit	*prendre l'habitude de*
to pick up a habit	" " "
to have a low tolerance for alcohol	*mal supporter l'alcool*
to be in the grip of alcoholism	*être en proie à la boisson*
to be caught in	*être entraîné dans*
the vortex of alcoholism	*le tourbillon de l'alcoolisme*
to black out from drinking	*tourner de l'œil à force de boire*
a blackout	*un évanouissement*
to drink to unconsciousness	*s'abrutir à force de boire*
to poison oneself	*s'empoisonner*
he drank himself to death	*c'est la boisson qui l'a tué*

2 HEALTH IMPAIRMENT — *LES DANGERS POUR LA SANTE*

a case of drunkenness	*un cas d'alcoolisme*
to diagnose	*diagnostiquer*
to define	*définir*
to impair the health	*(s') abîmer la santé*
a property	*une propriété*
destructiveness	*la capacité à (se) détruire*
destructive	*destructeur*
an after-effect	*une répercussion*
unsteady	*instable*
the gait	*la démarche*
to have the shakes	*avoir la tremblote*
drunken symptoms	*symptômes alcooliques*
slurring of words	*paroles indistinctes*
hand tremors	*le tremblement des mains*
to wake up trembling	*se réveiller en tremblant*
anxiety	*l'angoisse*
withdrawal	*le retrait, le manque*
delirium tremens (DTs)	*le delirium tremens*
a seizure	*une crise*
a hallucination	*une hallucination*
a stuporous sleep	*un sommeil hébété*
to dull perceptions	*émousser les perceptions*
to numb one's self awareness	*paralyser la conscience*
to suffer memory loss	*souffrir de pertes de mémoire*
to slow reactions	*diminuer les réflexes*
to impair the ability to	*affecter la capacité à*
to drive a car	*conduire une voiture*
to operate machinery	*faire marcher des machines*
physical pangs of	*les affres de*
a hangover	*une gueule de bois*
to be hung over	*avoir la gueule de bois*
the liver	*le foie*
to take a toll on the liver	*abîmer le foie*
cirrhosis of the liver	*une cirrhose du foie*
to leave scars	*laisser des cicatrices*
to blame alcohol for	*rendre l'alcool responsable de*
a behavioural problem	*un problème de comportement*
to disrupt social life	*perturber la vie sociale*

family life	*la vie de famille*
to account for family troubles	*être responsable de difficultés familiales*
to endure alcoholism	*supporter l'alcoolisme*
the spread of divorce	*l'augmentation des divorces*
to breed absenteeism	*engendrer l'absentéisme*
a drunk driver	*un conducteur ivre*
to drive under the influence	*conduire en état d'ivresse*
driving under the influence (DUI)	*la conduite en état d'ivresse*
to claim lives	*faire des victimes*
to ruin a family	*détruire une famille*
the alcoholism toll	*le bilan de l'alcoolisme*
see : traffic	*voir : la circulation*

3 ABSTINENCE — *L'ABSTINENCE*

sober	*sobre*
to get sober	*devenir sobre, arrêter de boire*
to sober up	*se dessoûler*
soberness / sobriety	*la sobriété*
to refrain from drinking	*s'abstenir de boire*
to abstain from drinking	" " "
to swear off drink	*jurer de ne plus boire*
an abstainer	*qui ne boit pas*
a teetotaler	*qui ne boit jamais d'alcool*
to go on the wagon	*décider de ne plus boire*
to be on the wagon	*ne pas boire*
to stay on the wagon	*rester sobre*
to go wineless	" "
to stay dry	" "
to kick the habit	*se désintoxiquer*
a surrogate	*un substitut*
to regain one's health	*recouvrer la santé*
self-respect	*le respect de soi*
to recover from alcohol abuse	*guérir de l'alcoolisme*
a recovered alcoholic	*un alcoolique converti*
to pull one's life together	*remettre de l'ordre dans sa vie*
a nonalcoholic	*qui ne boit pas*
prevention	*la prévention*
Alcoholic Anonymous (AA)	*les Alcooliques Anonymes*
a chapter of AA	*une branche des AA*
Mothers Against Drunk Driving (MADD)	*Mères en colère contre l'ivresse au volant*
National Council on Alcoholism	*le Conseil national contre l'alcoolisme*
a temperance society	*une ligue anti-alcoolique*
a teetotal league	" " " "
a treatment program for alcoholism	*une cure de désintoxication*
a treatment center	*un centre de désintoxication*
to dry out	*se désintoxiquer*
a drying out regimen	*un régime sec*
a therapy session	*une séance de thérapie*
a temperate meeting	*une réunion anti-alcoolique*
to discourage the consumption of	*décourager la consommation de*
to reverse a drink problem	*guérir un problème d'alcoolisme*
to relapse	*rechuter*
a relapse	*une rechute*
to fall off the wagon	*se remettre à boire*

4 THE ANTI-DRINKING CAMPAIGN — *LA CAMPAGNE ANTI-ALCOOLIQUE*

to turn prohibitionist	*réglementer le commerce et la vente d'alcool*
to discourage drinking	*dissuader de boire*
per capita wine consumption	*la consommation de vin par tête d'habitant*
to wage a campaign	*mener une campagne*
an anti-alcohol drive	*une campagne anti-alcoolique*
anti-drinking measures	*mesures contre l'alcoolisme*
to carry a health warning	*comporter une mise en garde*
a sobriety pitch	*un discours sur la sobriété*
to fight against alcoholism	*lutter contre l'alcoolisme*
to curb alcohol abuse	*réduire l'alcoolisme*
to cut back one's consumption	*diminuer sa consommation*
to carry a warning label	*porter une mention "dangereux"*
to preach the dangers of imbibing	*prêcher les dangers de la boisson*
to ban sales	*interdire les ventes*
to disencourage drinking	*dissuader de boire*
to ban the advertising of alcohol	*interdire la publicité pour l'alcool*
an alcohol ad	*une publicité pour l'alcool*
to keep liquor commercials off TV	*interdire la publicité pour alcools à la TV*
to curtail advertising	*réduire la publicité*
to limit hours of bars / liquor stores	*réduire les heures d'ouverture des bars / des magasins d'alcool*
to reduce the number of alcohol outlets	*réduire le nombre de points de vente de boissons alcoolisées*
to raise the minimum drinking age	*relever l'âge légal de boire*
drunk driving laws	*lois contre l'alcoolisme au volant*
a crackdown (on)	*une répression (de)*
to set up sobriety checkpoints	*établir des contrôles de sobriété*
to destroy vines	*détruire des pieds de vigne*
an illicit still	*un alambic illégal*
to press for prohibition	*inciter à la prohibition*
health conscious	*soucieux d'être en bonne santé*
to drink in moderation	*boire avec modération*
mineral water	*l'eau minérale*
fruit juice	*le jus de fruit*
orange juice	*le jus d'orange*
lemonade	*la limonade*

13 SMOKING — *LE TABAC*

1 GENERAL BACKGROUND — *GENERALITES*

to smoke	*fumer*
to chew	*chiquer*
to snuff	*priser*
to have a smoke	*en griller une*
a smoker	*un fumeur*
a heavy smoker	*un gros fumeur*
a compulsive smoker	*un fumeur invétéré*
a chain smoker	*" " "*
a non smoker	*un non-fumeur*
non smoker	*non fumeur*
a smoking area	*une zone fumeurs*
a smoking room	*un fumoir*
a smoking car	*un compartiment fumeurs*
a smoking section	*un coin fumeurs*
a no-smoking area	*une zone non fumeurs*
no smoking	*interdit de fumer*

2 CIGARETTE SMOKING — *LA CIGARETTE*

a cigarette	*une cigarette*
a pack of cigarettes	*un paquet de cigarettes*
to smoke a cigarette	*fumer une cigarette*
a king sized cigarette	*une cigarette longue*
mild tobacco	*le tabac blond*
a Virginia cigarette	*une blonde*
menthol	*mentholé*
a butt	*un mégot*
a weed	*une sèche (fam.)*
to take a drag	*tirer une bouffée*
a drag	*une bouffée*
to puff	*tirer des bouffées*
a puff	*une bouffée*
to draw	*tirer*
to inhale	*avaler la fumée*
to blow smoke	*souffler de la fumée*
nicotine	*la nicotine*
tar	*le goudron*
low tar	*à faible teneur en goudron*
a filter	*un filtre*
a filtered cigarette	*une cigarette à filtre*
a cigar	*un cigare*
a Havana (cigar)	*un Havane*
a pipe	*une pipe*
to smoke the pipe	*fumer la pipe*
a tobacco stopper	*un bourre-pipe*

3 SMOKING AND HEALTH — *LES DANGERS DE LA TABAGIE*

tobacco	*le tabac*
a drug	*une drogue*
an addiction to	*une accoutumance à*
tobacco-addiction	*la tabacomanie*
a health hazard	*un danger pour la santé*
lung cancer	*le cancer du poumon*
a coronary artery disease	*une maladie coronarienne*
chronic bronchitis	*la bronchite chronique*
emphysema	*un emphysème*
to carry hazards	*comporter des risques*
a health hazard warning label	*une inscription "dangereux pour la santé"*
to impair	*abîmer*
to do harm	*nuire*
harmful to	*nuisible à*
to swear off tobacco	*arrêter de fumer*
to quit smoking	*cesser de fumer*
to give up smoking	*renoncer à fumer*
to kick a habit	*se désintoxiquer*
to issue a warning	*lancer un avertissement*
a cancer stick	*une cigarette*
cancer-causing	*cancérigène*

4 TOBACCO REGULATION — *LA POLITIQUE ANTI-TABAC*

to campaign against	*faire campagne contre*
an anti-smoking campaign	*une campagne anti-tabac*
a crusade	*un croisade*
antismoking activists	*les adversaires de la cigarette*
to take on the tobacco industry	*s'attaquer aux fabricants de cigarettes*
to lambast tobacco companies	*fustiger les fabricants de tabac*
to ban imports	*interdire les importations*
to ban smoking on domestic flights	*interdire de fumer sur les lignes intérieures*
an anti-smoking lobby	*un lobby anti-tabac*
to restrict smoking	*limiter l'usage du tabac*
a public place	*un lieu public*
to prohibit	*interdire*
to bar	*proscrire*
to pass an ordinance (against)	*signer un arrêté (interdisant)*
anti-smoking measures	*mesures anti-tabac*
to post a smoking policy	*afficher un règlement anti-tabac*
to curb smoking in the workplace	*réduire l'usage du tabac sur le lieu de travail*
to reduce consumption	*limiter la consommation*
cigarette advertising	*la publicité pour cigarettes*
a tobacco ad	*une publicité pour le tabac*
smoke-free	*interdit aux fumeurs*
anti-smoking sentiment	*un état d'esprit anti-tabac*

5 THE TOBACCO INDUSTRY — *L'INDUSTRIE DU TABAC*

a tobacco plantation	*une plantation de tabac*
a tobacco leaf	*une feuille de tabac*
to cultivate tobacco	*cultiver le tabac*
tobacco culture	*la culture du tabac*
to cure	*sécher*
to produce tobacco	*produire du tabac*
a tobacconist	*un buraliste*
to make cigarettes	*fabriquer des cigarettes*
a tobacco company	*un fabricant de cigarettes*
a cigarette maker	" " " "
a state-owned tobacco firm	*une société d'exploitation industrielle des tabacs*
a cigarette monopoly	*le monopole des cigarettes*
cigarette marketing	*la commercialisation des cigarettes*
a tobacco lobby	*le lobby des industriels du tabac*
a cigarette brand	*une marque de cigarettes*
a filtered brand	*une marque de cigarettes à filtre*
a brand appeal	*l'attrait d'une marque*
brand loyalty	*la fidélité à une marque*
a source of revenue	*une source de revenus*
a government monopoly	*un monopole gouvernemental*
to exact a tax on tobacco products	*prélever un impôt sur les produits du tabac*

14 EUTHANASIA — *L'EUTHANASIE*

I GENERAL BACKGROUND — *GENERALITES*

mercy killing	*l'euthanasie*
compassionate killing	"
a euthanasist	*qui pratique l'euthanasie*
a mercy killer	" " "
a pro euthanasist	*un partisan de l'euthanasie*
a pro euthanasia lobby	*un groupe de pression en faveur de l'euthanasie*
a voluntary euthanasia society	*une société qui permet l'euthanasie*
rational euthanasia	*l'euthanasie rationnelle*
active euthanasia	*l'euthanasie active*
passive euthanasia	*l'euthanasie passive*
to favor euthanasia	*être partisan de l'euthanasie*

to legalize	*légaliser*
to get legal recognition	*être reconnu en droit*
to practice euthanasia	*pratiquer l'euthanasie*
to carry out euthanasia	" "
a right to die	*le droit de mourir*
a right-to-die question	*le problème du droit à la mort*
in dignity	*dans la dignité*
in peace	*en paix*
to let death proceed	*laisser la mort faire son œuvre*
an assisted suicide	*un suicide aidé*
to commit a suicide	*se suicider*
to aid a suicide	*aider qqn. à se suicider*
a suicide by proxy	*un suicide par procuration*
an executioner	*un bourreau*
to end a life	*mettre un terme à une vie*
to have one's life terminated	*mettre fin à sa vie*
to yearn for death	*aspirer à mourir*
to state a wish to die	*affirmer le souhait de mourir*
self-determination in the matter of death	*la liberté de choix dans la décision de mourir*
the right to have control over the timing of one's death	*le droit de pouvoir décider de la date et de l'heure de sa mort*
a painless death	*une mort sans souffrance*
to shorten a patient's life	*abréger la vie d'un malade*
a living will	*un testament du choix de mourir*
to abide by sb.'s wishes	*respecter les vœux de qqn.*

II REASONS FOR EUTHANASIA — *LES RAISONS DE L'EUTHANASIE*

1 THE VEGETATIVE STATE — *L'ETAT VEGETATIF*

to lie unconscious	*être inconscient*
to regain consciousness	*reprendre conscience*
to recover from	*guérir de*
recovery	*la guérison*
to be in a vegetative state	*être dans un état végétatif*
to linger in a vegetative state	*se maintenir dans un état végétatif*
a lingering death	*une mort lente*
a vegetable	*un légume*
to be kept alive artificially	*être maintenu en vie artificiellement*
heavy mechanical support	*équipements lourds*
life sustaining medical care	*soins médicaux de survie*
life saving equipment	*le matériel de survie*
a life-support system	*un respirateur artificiel*
a respirator	" " "
to be hooked up to a respirator	*être relié à un respirateur*
to turn off a respirator	*débrancher un respirateur*
to remove sb. from a respirator	" " "
to be attached to a machine	*dépendre d'un appareil*
to switch off a machine	*débrancher un appareil*
a means of life prolongation	*un moyen de prolonger la vie*
to prolong life	*prolonger la vie*
state-of-the-art life prolonging procedures	*moyens sophistiqués de prolonger l'existence*
life expectancy	*espérance de vie*
to be fed through a tube	*être alimenté artificiellement*
to be forced fed through a tube	*être alimenté de force*
a feeding tube	*un tube d'alimentation*
forced feeding	*alimentation forcée*
to stop the feeding	*cesser d'alimenter*
to withdraw	*retirer*
a withdrawal	*un retrait*
to withhold nourishment	*refuser d'alimenter*
to withhold food and water	*suspendre l'alimentation*
artificial nutrition	*alimentation artificielle*
artificial hydration	*hydratation artificielle*
to be irreversibly comatose	*être plongé dans un coma irréversible*
to tend a comatose patient	*s'occuper d'un malade plongé dans le coma*
to be clinically dead	*être mort cliniquement*
to be brain dead	" " "
a clinical death	*une mort clinique*
a hopeless cripple	*un infirme à vie*

2 INCURABLE ILLNESS — *LA MALADIE INCURABLE*

to be terminally ill	*être atteint d'une maladie incurable*
a terminal illness	*une maladie en phase terminale*
terminal cancer	*un cancer en phase terminale*
a terminal patient	*un malade en phase terminale*
incurable	*incurable*
the incurably ill	*les malades incurables*
to wage a hopeless battle with	*livrer un combat sans issue contre*
to be beyond hope of recovery	*être dans un état désespéré*
the advanced stage of an illness	*le stade avancé d'une maladie*
to be in the final stage	*être dans la phase terminale*

to be in a coma	*être dans le coma*
to fall into a coma	*sombrer dans le coma*
irreversible	*irréversible*

3 PAIN *LA DOULEUR*

to suffer intolerable pain	*souffrir de douleurs insupportables*
intractable pain	*les douleurs qu'on ne peut soulager*
to put sb. out of misery	*abréger les souffrances de qqn.*
to prolong life needlessly	*prolonger la vie inutilement*
to give deliverance to	*apporter la délivrance à qqn.*
to relieve of	*soulager de*
to be relieved of suffering	*être soulagé de ses souffrances*
relief	*le soulagement*
to cut short the suffering	*abréger les souffrances*
to hasten death	*hâter la mort*
to save a patient from	*épargner à un malade*
to take the horror out of	*ôter son caractère atroce à*
to escape the horrors of	*échapper aux horreurs de*
to be allowed to end one's suffering	*être autorisé à mettre un terme à ses souffrances*
a painful hospitalization	*une hospitalisation douloureuse*
degrading	*dégradant*
therapeutic fury	*acharnement thérapeutique*
aggressive therapy	*la thérapeutique agressive*
overtreatment	" " "
to be a burden to	*être un poids pour*
to be a bother	*être source d'ennuis*
the cost of care	*le coût des soins*
to bear	*supporter*

III A PAINLESS DEATH *UNE MORT DOUCE*

to inject	*injecter*
pain-killing drugs	*analgésiques*
death-inducing drugs	*drogues qui provoquent la mort*
a cyanide pill	*un comprimé de cyanure*
to administer a drug (to)	*administrer une drogue (à)*
a dose of	*une dose de*
an overdose	*une surdose*
a cocktail of	*un mélange de*
morphine	*la morphine*
a curare-type drug	*une drogue curarisante*
a tranquilizer	*un tranquilisant*
a mood enhancer	*un euphorisant*
lethal	*mortel*
to drift off to sleep	*s'endormir doucement*
to die from an intentional overdose	*choisir de mourir d'une surdose*

IV THE RIGHT TO LIFE *LE DROIT A LA VIE*

a criminal offence	*un crime*
punishable	*condamnable*
to condone euthanasia	*fermer les yeux sur l'euthanasie*
a legal limbo	*un vide juridique*
to restrict euthanasia	*limiter l'euthanasie*
a barbaric procedure	*une procédure barbare*
a case of barbarism	*un cas de barbarie*
to violate a code of conduct	*violer une éthique*
to be opposed to a practice	*s'opposer à la pratique*
to uphold a principle	*défendre un principe*
the respect for life	*le respect de la vie*
the sanctity of life	*le caractère sacré de la vie*
to preserve life	*maintenir en vie*
to be unworthy of	*être indigne de*
a humane treatment	*un traitement humain*
the Hippocratic oath	*le serment d'Hippocrate*
a healer	*qui guérit*
a care giver	*qui soigne*
a family decision	*une décision familiale*
family surrogate decision making	*la prise de décision en lieu et place de la famille*

II POLITICS

VII POLITICAL LIFE — *LA VIE POLITIQUE*

1 POLITICS — *LA POLITIQUE*

I GENERAL BACKGROUND — *GENERALITES*

1 POLITICS AND POLICIES — *POLITIQUE ET POLITIQUES*

politics	*la politique (vie, science)*
political science	*la science politique*
dirty politics	*les coups bas*
to play dirty politics	*faire des coups bas*
dirty tricks	*les coups bas*
party politics	*la politique des partis*
local politics	*la politique locale*
partisan politics	*la politique partisane*
a brand of politics	*une sorte de politique*
to go into politics	*embrasser une carrière politique*
a policy	*une politique, une ligne politique*
foreign policy	*la politique étrangère*
big stick policy	*la politique du gros bâton*
high handed policies	*politiques autoritaires*
domestic policy	*la politique intérieure*
economic policy	*la politique économique*
tax policy / fiscal policy	*la politique fiscale*
a policy maker	*un décideur, le responsable d'une politique*
a political man	*un homme politique*
political circles	*milieux politiques*
a political campaign	*une campagne politique*
political liberties	*libertés politiques*
for political reasons	*pour des raisons politiques*
political ambitions	*ambitions politiques*
political asylum	*l'asile politique*
a political party	*un parti politique*
a political speech	*un discours politique*
political support	*un soutien politique*
a political slant	*un point de vue politique*
a political turning-point	*un tournant politique*
political power	*le pouvoir politique*
a political power base	*une base politique*
to build a political power base	*(se) construire une base politique*
a political debacle	*une débâcle politique*
a political comeback	*un retour au pouvoir / à la politique*
to stage a political comeback	*préparer son retour en politique*
political stability	*la stabilité politique*
political ferment	*l'effervescence politique*
to save one's political skin	*sauver sa peau*
to exploit an occasion for political ends	*exploiter une occasion à des fins politiques*
to ensure political supremacy	*s'assurer de la suprématie politique*
to cut political deals	*faire des marchandages politiques*
to leave political scars	*laisser des cicatrices politiques*
political tactics	*tactiques politiques*

2 POLITICAL PERSONNEL — *LE PERSONNEL POLITIQUE*

to politick	*faire de la politique*
politicking	*l'activité politique la politique politicienne*
a politician / a pol	*un homme politique, un politicien, un vieux routier de la politique, un combinard*
politician	*politicien, politicard*
a breed of politicians	*une race de politiciens*
a public servant	*un fonctionnaire*
an office holder	*un élu, le titulaire d'un poste*
an incumbent	*un candidat sortant*
an entrenched incumbent	*un candidat sortant solidement implanté*
a statesman	*un homme d'Etat*
an elder statesman	*un homme politique chevronné, un vétéran de la politique*
a diplomat	*un diplomate*
a head of state	*un chef d'Etat*
a president	*un président*
a vice-president	*un vice-président*
a head of government	*un chef de gouvernement*
a deputy	*un député (autre qu'anglais)*
the Chamber of deputies	*la Chambre des députés*
a congressman	*un membre du Congrès*
a senator	*un sénateur*
a Member of Parliament (an MP)	*un membre du Parlement*
a representative	*un représentant*
a governor	*un gouverneur*
a lieutenant-governor	*un lieutenant-gouverneur*

an attorney-general	*un procureur général*
local authorities	*le Conseil général*
a mayor	*un maire*
an alderman	*un conseiller municipal*
town hall	*la mairie*
a comptroller	*un trésorier-payeur général*
a land commissioner	*un géomètre*
a sheriff	*un shérif*
a placeman	*un protégé*
a political appointee	*une nomination politique*
an atypical politician	*un politicien atypique*
liberal	*libéral*
conservative	*conservateur*
labour	*travailliste*
democrat	*démocrate*
practiced	*expérimenté*
experienced	*chevronné*
of all stripes	*de tous poils*
an extremist	*un extrémiste*
diehard	*extrémiste*
radical (USA)	"
a moderate	*un modéré*
see : government	*voir : le gouvernement*

II THE POLITICAL CAREER — *LA CARRIERE POLITIQUE*

1 POLITICAL STAR RISING — *L'ASCENSION POLITIQUE*

an aspiring career	*une carrière prometteuse*
to emerge from	*sortir de*
to take off	*prendre son essor*
to take on wider responsibilities	*assumer de plus larges responsabilités*
a flourishing reputation	*une réputation florissante*
ambition	*ambition*
ambitious	*ambitieux*
to aim for	*viser*
to scheme toward	*intriguer en vue de devenir*
scheming	*intriguant*
a schemer	*un intriguant*
crafty	*malin*
sly	*rusé*
cunning	"
slick	*mielleux*
tricky	*roublard*
to wheel and deal	*intriguer*
wheeling and dealing	*combines*
an ascending star	*une étoile montante*
to climb the political ladder	*grimper dans la hiérarchie politique*
to move up the ladder	" " " "
to rise in status	*monter en grade*
to move up one rung	*grimper d'un échelon*
to be promoted to a position / post	*être promu à un poste*
to rise to the top	*accéder au sommet*
to be thrust into prominence	*être projeté sur le devant de la scène*
to move to the forefront	*passer au premier plan*
to be catapulted into	*être propulsé*
to be in the public eye	*être très en vue*
to climb to the top	*s'élever au sommet*
to aspire to the top job	*aspirer à la charge suprême*
to maneuver one's way to the top	*se frayer un chemin jusqu'au sommet à coups de combines*
the inner circle	*le cercle des intimes, les proches*
to be power-hungry	*avoir soif de pouvoir*
a leadership race	*une course au pouvoir*
a leadership battle	*une bataille pour le pouvoir*
a change in leadership	*un changement à la direction / tête*
the balance of power	*l'équilibre des pouvoirs, le rapport des forces*
to fight against heavy odds	*avoir affaire à plus fort que soi*
to succeed against heavy odds	*réussir contre toute attente*
to consolidate one's power base	*consolider son pouvoir*
to seize power	*s'emparer du pouvoir*
to emerge victorious	*sortir victorieux*
to assume the leadership	*prendre la tête*
to have the succession wrapped up	*avoir la succession dans la poche*
to fade	*décliner*
to be on the decline	*être sur le déclin*
to be on the wane	" " "
to quash an aspiration	*briser un élan*
to cut short a career	*abréger une carrière*
to lose face	*perdre la face*
a break in a career	*une interruption dans une carrière*
to be back in the public eye	*être de retour sur la scène publique*
to stay out of the political limelight	*se tenir à l'écart de la scène politique*
to leave a void	*laisser un vide*
to fill a void	*combler un vide*

2 PUBLIC OPINION — *L'OPINION PUBLIQUE*

2.1 GENERAL BACKGROUND — *GENERALITES*

reputation	*la réputation*
fame	" "
character building	*la formation de la personnalité*

to cast oneself in the role of	*se donner le rôle de*
to portray oneself as	*se représenter sous les traits de*
a portrayal	*un portrait*
to be seen as	*faire figure de*
to inspire a feeling of	*inspirer un sentiment de*
to give an image of oneself	*donner une image de soi*
to build an image	*façonner une image*
to cultivate a public image	*cultiver une image publique*
to be obsessed with one's image	*être obsédé par son image*

2.2 POPULARITY — *LA POPULARITE*

popular	*populaire*
to wallow in popularity	*jouir de la popularité*
to measure a popularity	*mesurer une popularité*
public approval	*l'approbation générale*
a honeymoon	*un état de grâce*
to be in sync with public opinion	*être en phase avec l'opinion publique*
to bask in one's popularity	*jouir de sa popularité*
to ride a tide of popularity	*jouir d'une vague de popularité*
to provide a rallying-point	*cristalliser les opinions*
to capitalize on a popularity	*tirer profit d'une popularité*
kudos	*la gloire*
to get the kudos	*récolter les lauriers*
to strike a popular cord	*faire vibrer la corde populaire*
to be high in the public's approval	*être très aimé du public*
to lionize	*porter aux nues*
to worship	*adorer*
to be given a hero's welcome	*être accueilli en héros*

2.3 UNPOPULARITY — *L'IMPOPULARITE*

unpopular	*impopulaire*
to damage a popularity	*nuire à une popularité*
a flagging popularity	*une popularité en baisse*
to reverse a loss of popularity	*regagner la popularité perdue*
to make a dent in sb.'s popularity	*entamer la popularité de qqn.*
to smear	*éclabousser, salir*
to hurt sb.'s credibility	*nuir à la crédibilité de qqn.*
to curry popular favour	*chercher à gagner la faveur du public*
to dip	*plonger*
a dive in confidence	*une chute de la confiance*
shallow popularity	*la popularité superficielle*
to evaporate	*s'évanouir*
a depth of unpopularity	*un abîme d'impopularité*
to have an image problem	*avoir un problème d'image*
to burnish one's image	*polir son image*
to tarnish one's image	*ternir son image*
to sully one's image	*entacher, déshonorer son image*
to uphold an image as	*préserver une image de*
to protect an image	*protéger une image*
an elusive image	*une image insaisissable*
to make marked changes to one's image	*recentrer son image*
to sell oneself	*se vendre*
disfavor	*la défaveur*
to fall into disfavor	*tomber en disgrâce*
to incur disfavor	*s'attirer les mécontentements*
loss of public esteem	*le perte de l'estime générale*
to disapprove of	*désapprouver*
to cancel a honeymoon	*mettre un terme à l'état de grâce*
to dispel the magic	*mettre fin à l'état de grâce*
notoriety	*la mauvaise réputation*
notorious	*de mauvaise réputation*
to lack charisma	*manquer de charisme*
to lack ideological fire	*manquer d'ardeur idéologique*
to wipe out an impression	*effacer une impression*
to be stuck with one's past	*le passé (lui) colle à la peau*
mixed feelings	*sentiments partagés*
to hit rock bottom	*toucher le fond*
to shake credibility	*ébranler la crédibilité*

3 POLLS — *LES SONDAGES*

a poll	*un sondage*
an opinion poll	*un sondage d'opinion*
a respondent	*une personne interrogée*
an exit poll	*un sondage à la sortie des urnes*
a rigged poll	*un sondage truqué*
a pollster	*un spécialiste des sondages d'opinion*
a poll taker	*un sondeur*
poll predictions	*estimations*
to trust polls	*faire confiance aux sondages*
to commission a poll	*commander un sondage*
to take a poll	*faire un sondage*
to conduct a poll	*organiser un sondage*
a sample	*un échantillon*
based on telephone interviews	*fondé sur des appels téléphoniques*
to fathom voters	*sonder les électeurs*
to chart voter sentiment	*faire le point sur les intentions de vote*
a rating	*un classement, une cote*
popularity ratings	*cotes de popularité*
an approval rating	*une cote de confiance*
a standing	*une position*
to publish a poll	*publier un sondage*
to survey	*étudier*
a survey	*une enquête*
an opinion survey	*une enquête d'opinion*
to trail / to lag	*être à la traîne*
to show sb. in the lead	*montrer l'avance de qqn.*
to be 14 points ahead	*avoir 14 points d'avance*
to be ahead	*être en tête*
to lead (by)	*mener (de)*

a lead	*une avance*
to outperform sb.'s ratings in the polls	*dépasser (qqn.) dans les sondages*
to soar (by)	*grimper (de)*
to hold up	*se confirmer*
to melt	*fondre*
to sink	*sombrer*
to slump in the polls	*s'effondrer dans les sondages*
to take a dive	*plonger*
to win back ground	*regagner du terrain*
to pull back from opinion poll deficits	*regagner le terrain perdu dans les sondages*

4 QUALITIES OF A STATESMAN — *LES QUALITES D'UN HOMME D'ETAT*

4.1 GENERAL BACKGROUND — *GENERALITES*

to have the requisite qualities	*avoir les qualités nécessaires*
to have the right stuff to become	*avoir les qualités pour devenir*
political instinct	*instinct politique*
personality	*la personnalité*
statesmanship	*habileté politique, diplomatie*
a feature	*un trait de caractère*
an attribute	*un attribut*
a gift for	*un don pour*
an instinct to	*un instinct pour*
a turn for	*des dispositions pour*
endowed with	*pourvu de*
well suited for	*taillé pour*
a man of parts	*un homme aux talents divers*
an asset	*un atout*
a handicap / a liability	*un handicap*
a weakness	*une faiblesse*
a weak spot	*un point faible*
a flaw / a shortcoming / a failing	*un défaut*

4.2 LEADERSHIP — *LES QUALITES DE DIRIGEANT*

qualities of strong leadership	*l'étoffe d'un chef*
to exude confidence	*respirer la confiance*
detached serenity	*la force tranquille*
stately principles	*principes nobles*
a man of principles	*un homme droit*
to stand up for	*défendre*
to set an example	*donner l'exemple*
to come up to the people's expectations	*répondre aux attentes des gens*
to do one's duty	*faire son devoir*
to fulfill one's duty	*remplir son devoir*
to perform one's duty	*accomplir son devoir*
a blameless attitude	*une attitude irréprochable*
to be a bulwark against	*être un rempart contre*
decisive	*décidé*
articulate	*qui s'exprime bien*
responsible	*responsable*
consciencious	*consciencieux*
honest	*honnête*
unbending political morals	*une moralité politique irréprochable*
fair	*juste*
upright	*intègre*
truthful	*honnête*
dependable / reliable / trustworthy	*digne de confiance*
solid-looking	*à l'air robuste*
kindly to	*bienveillant envers*
humane	*bienveillant*
compassionate	*compatissant*
sensitive	*sensible*
heedful of	*à l'écoute de*
to reach out to	*chercher à atteindre*
a good manager	*un bon gestionnaire*
masterly	*expert*
masterful	*dominateur*
impressive	*impressionnant*
combative	*combatif*
pluck	*le courage*
grit	*le cran*
nerve	*l'audace*
dogged	*opiniâtre*
to have a will of one's own	*avoir de la volonté*
conviction	*la conviction*
self confident	*sûr de soi*
daring	*audacieux*
bold	*hardi*
energetic	*énergique*
to handle the challenges of one's office	*faire face aux défis posés par sa charge*
hard-working / industrious	*travailleur*
hard-driving	*ambitieux*
dedicated	*dévoué*

4.3 PRAGMATISM — *LE PRAGMATISME*

political savvy	*le bon sens politique*
tough	*dur*
ruthless	*impitoyable*
soft on	*mou en matière de*
a wimp	*un mou*
to be wet behind the ears	*être né de la dernière pluie*
hard-headed / hard-nosed	*réaliste*
balanced	*équilibré*
patriotic	*patriote*
knowledgeable	*bien informé*
experienced	*expérimenté*
insight	*la perspicacité*
resolute	*résolu*
determined	*déterminé*
stubborn	*obstiné*
forceful	*énergique*
credible	*crédible*
vague	*vague*
hazy	*flou*
haziness	*le vague*
a flexible man	*un homme de compromis*

to be in touch with what's happening around	*être en prise avec la réalité / avoir prise sur la réalité*
to be in the country's interests	*servir les intérêts d'un pays*
to stick one's nose into everything	*toucher à tout*
to adopt a position of non-interference	*observer une attitude de non-ingérence*

4.4 CHARISMA — *LE CHARISME*

to have charisma	*avoir du charisme*
charismatic	*charismatique*
folksy	*populaire*
to have a folksy appeal	*plaire au peuple*
to have an appeal	*avoir du charme*
to appeal to	*plaire, séduire*
the power of popular appeal	*le pouvoir d'agir sur les foules*
a broad appeal	*un grand pouvoir de séduction*
nationwide appeal	*qui fait l'unanimité dans le pays*
to have a vote pulling power	*plaire à l'électorat*
a cold fish	*un pisse-froid*
a hero	*un héro*
a unifier	*un rassembleur*
to reunite a party	*rassembler un parti*
a healer	*un réconciliateur*
a harmonizer	*un conciliateur*
a conciliator	*un arbitre*
a savior	*un sauveur*
to stamp one's mark	*imprimer sa marque*
to leave one's print	*marquer*
to command influence	*disposer d'un prestige*
personal rule	*le pouvoir personnel*
to arouse	*éveiller*
to stir	*susciter*
to move	*émouvoir*
to mobilize people	*mobiliser le peuple*
eloquent	*éloquent*
oratory skill	*dons oratoires*
good on TV	*médiatique*
to come over well on TV	*être télégénique*
creative	*créatif*
imaginative	*imaginatif*
a visionary	*un visionnaire*

III POLITICAL PARTIES — *LES PARTIS POLITIQUES*

1 THE POLITICAL SPECTRUM — *L'EVENTAIL POLITIQUE*

a ruling party	*un parti au pouvoir*
a splinter party	*un parti dissident*
a fringe party	*un parti marginal*
a mainstream party	*un parti principal*
an opposition party	*un parti de l'opposition*
a fractured party	*un parti divisé*
a loosely knit party	*un parti effiloché*
a rump (party)	*un parti croupion*
an ally	*un allié*
an alliance	*une alliance*
a coalition	*une coalition*
a grouping	*un rassemblement*
a faction	*une faction, un courant*
a "current"	*un courant*
a flank	*un flanc*
a political group	*une famille politique*
a grassroots movement	*un mouvement populaire*
political leanings	*couleurs politiques*
to lean (towards)	*pencher (vers)*
to tilt	"
nationalist	*nationaliste*
the center	*le centre*
liberal	*libéral*
religious	*religieux*
reactionary	*réactionnaire*
extremist	*extrémiste*
dyed-in-the-wool	*bon teint, invétéré*
the party line	*la ligne du parti*
leftish-leaning	*gauchisant*
a rightward shift	*un glissement vers la droite*
a nationalist tinge	*teinté de nationalisme*
to veer rightward	*virer à droite*
to lean (toward the) left	*pencher vers la gauche*
to swing to the right	*pencher vers la droite*
a swing to the left	*un revirement en faveur de la gauche*

2 THE PARTY MACHINE — *L'APPAREIL DU PARTI*

2.1 THE LEADERSHIP — *LA DIRECTION*

the party apparatus	*l'appareil du parti*
the party hierarchy	*la hiérarchie du parti*
a party leader	*un chef de file du parti*
a party chieftain	*un chef de parti*
a party congress	*le congrès d'un parti*
a party conference	" " " "
the party bosses	*les membres de l'appareil*
the party grandees	*les caciques*
the party executives	*les états-majors*
a party official	*un responsable du parti*
a party workhorse	*un battant*
the big wheels	*les huiles*
a figurehead leader	*une figure de proue*
a power broker	*une éminence grise*

to rise in the party hierarchy	*s'élever dans la hiérarchie du parti*
the old guard	*la vieille garde*
the custodians of orthodoxy	*les gardiens de l'orthodoxie*
a party ideologist	*un idéologue du parti*
a clique	*une chapelle*
a deviationist	*un déviationniste*
a dissident	*un contestataire, un dissident*
a standard bearer	*un porte-drapeau*

2.2 THE RANK AND FILE — *LA BASE*

the party members	*les membres du parti*
party membership	*l'adhésion à un parti*
the party hacks	*les tâcherons du parti*
the activists	*les militants*
the grassroots	*la base*
a hatchetman	*un homme de main*
a backroom fixer	*un stratège*
to claim 100,000 members	*revendiquer 100 000 membres*
a party man	*un homme d'appareil*
party affiliation	*le rattachement à un parti*
a recruitment drive	*une campagne de recrutement*
the party machine	*la machine du parti*
party spirit	*l'esprit de parti*
a party cell	*une cellule du parti*
a careerist	*un carriériste*
an apparatchik	*un apparatchik, un homme d'appareil*
a loyalist	*un fidèle*
a die-hard	*un dur à cuire*
a crony	*un copain*
a cadre	*un cadre*
a hardliner	*un dur*
an ideologist	*un idéologue*
a revisionist	*un révisionniste*
a reformist	*un réformateur*
a dove	*une colombe*
a hawk	*un faucon*
the official publication	*l'organe d'un parti*

3 THE RISE AND FALL OF PARTIES — *NAISSANCE ET DECLIN DES PARTIS*

to found a party	*fonder un parti*
to set up a party	*créer un parti*
to create a party	*" " "*
to set up competing parties	*créer des partis rivaux*
to inherit a party	*hériter d'un parti*
to join a party	*adhérer à un parti*
to shake up a party	*restructurer un parti*
a shake up	*une restructuration*
to be racked by resignations	*être secoué par des démissions*
a personality clash	*un conflit de personnalités*
to overhaul a party machine	*rénover l'appareil d'un parti*
to strengthen the hand of a party	*renforcer le rôle d'un parti*
the increased power of a party	*la montée d'un parti*
to recover one's strength	*retrouver sa force*
to be in control of a party	*avoir la mainmise sur un parti*
a renewal	*un renouveau*
a rising force	*une force montante*
electoral strength	*la force électorale*
to consolidate	*consolider*
to merge	*fusionner*
to refurbish a party	*rénover un parti*
to rejuvenate a party	*rajeunir un parti*
to revitalize a party	*redonner vigueur à un parti*
to redeem	*sauver*
to discredit	*discréditer*
to downgrade the role of a party	*réduire le rôle d'un parti*
to disband	*dissoudre*
to legalize a party	*légaliser un parti*
to ban a party	*interdire un parti*
to unban	*lever l'interdiction*
to rout	*mettre en déroute*
a defunct party	*un parti défunt*
a fractured party	*un parti divisé*
to collapse	*s'effondrer*
a collapse	*un effondrement*
to deep six a party	*saborder un parti*
to consign one's past to oblivion	*rejeter son passé aux oubliettes*
to bury the movement's father	*liquider son Œdipe*
to rebuild a party	*reconstruire un parti*
to cut a deal with	*faire alliance avec*
to hand out party posts	*distribuer les postes*
to bandy about names	*faire circuler des noms*
to put the kibosh on	*mettre son véto à*

IV POLITICAL LIFE — *LA VIE POLITIQUE*

1 POLITICAL STANDS — *LES POSITIONS POLITIQUES*

to stand	*se situer*
a stand	*une position*
a position	*" "*
to espouse a position	*adopter une position*
a stance	*une position*
to assume a stance	*assumer une position*
to change one's mind	*changer d'avis*
to change tack	*changer de cours*

to reverse a stand	*faire marche arrière*
to be in abeyance	*rester en suspens*
to recant	*rétracter, désavouer*
a recantation	*une rétractation, un désaveu*
to recant one's opinion	*se déjuger*
to disown	*désavouer, renier*
to go back on one's word	*revenir sur sa parole*
to back-pedal	*faire marche-arrière*
to renege	*manquer à sa parole*
to soften a position	*adoucir une position*
to toughen a stand	*durcir une position*
to strengthen a position	*renforcer une position*
to shore up a position	" " "
to consolidate a position	*consolider une position*
to clarify a position	*clarifier une position*
to challenge a position	*contester une position*
to recoup ground	*regagner du terrain*
to gain influence	*gagner en influence*
to wield influence	*exercer de l'influence*
to enhance one's power	*accroître ses pouvoirs*
to make waves	*provoquer des remous*
to swing to	*virer à*
a swing to	*un virage à*
a switch	*un retournement*
to undertake a switch	*opérer un revirement*
a shift	*un changement*
a historic shift	*un changement historique*
a turnaround	*une volte-face*
a turnabout	" " "
a U-turn	*un virage à 180 degrés*
to crumble	*s'effriter*
the crumbling of a position	*l'effritement d'une position*
to collapse	*s'effondrer*
to take sides with	*prendre parti pour*
to switch sides	*changer de parti*
to side with	*se ranger du côté de*
to join with	" " " "
to cast one's lot with	*se mettre du côté de*
to adopt a low profile	*adopter un profil bas*

2 THE POLITICAL PROGRAM — *LE PROGRAMME POLITIQUE*

a manifesto	*un manifeste*
a platform	*un programme*
a program	" "
to carry out a platform	*mettre un programme en œuvre*
an agenda	*un calendrier*
to be on top of the agenda	*venir en tête des préoccupations*
to sell a program	*vendre un programme*
to publicise a program	*faire connaître un programme*
to cobble together a program	*élaborer un programme*
to carry through one's program	*réaliser son programme*
to launch	*inaugurer*
to be committed to	*s'engager à*
to push a program	*faire avancer un programme*
to test	*mettre à l'épreuve*
to set up	*établir*
to suffer a setback	*subir un revers*
to advocate	*préconiser*
to be directed at	*viser*
to withdraw	*retirer*
to destroy	*saborder*
to abolish	*abolir*
to adopt	*adopter*
to endorse	*adhérer à*
to defend	*défendre*
to criticize	*critiquer*
a leap in the dark	*un bond dans l'inconnu*
to promise a cure	*promettre une solution*
to meet the peoples' expectations	*répondre aux attentes des gens*
to mollify opponents	*calmer ses adversaires*
to earn a respite	*obtenir un sursis*
to focus on an issue	*se concentrer sur un problème*
to back a policy	*soutenir une politique*
to be out of favour	*être en disgrâce*
to be exposed to strong attacks	*s'exposer à de violentes attaques*
to bear fruit	*porter ses fruits*
to leave a legacy	*laisser en héritage*
to highlight a record	*souligner les succès*

3 POLITICAL RHETORIC — *LE DISCOURS POLITIQUE*

3.1 FORMS — *LES FORMES*

a speech	*un discours*
a speechwriter	*qui rédige des discours*
to ghostwrite a speech	*écrire un discours (pour un autre que soi)*
a speechmaker	*un orateur*
speech training	*cours de diction*
to give a speech	*faire un discours*
to deliver a speech	*prononcer un discours*
an acceptance speech	*un discours d'acceptation*
a maiden speech	*un premier discours*
to tailor one's speech to	*adapter son discours à*
an address	*un discours*
an inaugural address	*un discours d'inauguration*
a radio address	*un discours à la radio*
a keynote address	*un discours-programme*
a fireside chat	*une causerie au coin du feu*
a TV debate	*un débat télévisé*
to broadcast	*retransmettre*
a pep talk	*un laïus d'encouragement*
a statement	*une déclaration*
an announcement	*une annonce*
comment	*commentaires*
a message	*un message*

3.2 CONTENT — *LE CONTENU*

the core	*l'essentiel*
the gist	*le point central*
a quotation	*une citation*

a guideline	*une ligne directrice*
to lay down the guidelines	*rédiger le vade-mecum*
an argument	*un argument*
to drum up arguments	*rassembler des arguments*
to present an argument	*présenter un argument*
to meet an argument head on	*répondre à un argument sans détour*
a phrase	*une formule*
vague phraseology	*formulations vagues*
an analysis	*une analyse*
a sally	*une boutade*
an untruth	*une contrevérité*
a solemn warning	*une mise en garde solennelle*
a flight of purple prose	*un morceau de bravoure*
polite pap	*politesses lénifiantes*
to cool one's rhetoric	*modérer son discours*
to mute	*mettre une sourdine à*
to dampen speculations	*mettre un frein aux spéculations*

3.3 ISSUES — *LES PROBLEMES*

an issue	*un problème*
a prickly issue	*une question épineuse*
thorny	*épineux*
tricky	*difficile*
ticklish	*délicat*
intricate	*compliqué*
a pending issue	*une question en suspens*
a hotly debated issue	*une question brûlante*
bread and butter issues	*problèmes matériels*
to talk about issues	*parler de problèmes*
to approach an issue	*aborder un problème*
to tackle an issue	*(s') attaquer (à) une question*
to take a stand on an issue	*prendre position sur un problème*
to state issues	*exposer les problèmes*
to back down on an issue	*reculer devant un problème*
to set an issue aside	*mettre un problème de côté*
to dodge an issue	*éviter un sujet*
to avoid an issue	" " "
to evade an issue	" " "

3.4 STYLE — *LE STYLE*

rhetoric	*éloquence persuasive*
oratorical skill	*adresse oratoire*
demagoguery	*la démagogie*
larded with praise	*rempli d'éloges*
inspiring	*inspiré*
uninspiring	*peu inspiré*
subdued	*discret*
genial	*empreint de cordialité*
elaborate	*recherché*
subtle	*subtil*
forcible	*qui porte*
inspired	*inspiré*
straightforward	*direct*
far-fetched	*tiré par les cheveux*
matter of fact	*terre à terre*
homely	*simple*
well balanced	*bien équilibré*
well put	*bien tourné*
badly put	*mal exprimé*
colourful	*pittoresque*
lengthy	*plein de longueurs*
long winded	*interminable*
clumsy	*maladroit*
bombastic	*pompeux*
high flown	*grandiloquent*
stilted	*guindé*
specious	*trompeur*
plain speaking	*le parler-vrai*
no-speak	*la langue de bois*
doublespeak	*le double langage*

3.5 CONVICTION — *LA PERSUASION*

to express	*exprimer*
to take up a subject	*aborder un sujet*
to give an account of	*faire le récit de*
to remark that	*(faire) observer que*
to remark on / upon	*faire une observation sur*
to outline	*tracer les grandes lignes*
to stress	*insister (sur)*
to expound one's views	*exposer ses vues*
to state	*déclarer*
to convey	*communiquer*
to advocate	*prôner*
to admit	*avouer*
to announce	*faire connaître*
to denounce	*dénoncer*
to concede	*concéder*
to wander away from	*s'éloigner de son sujet*
to be devoid of	*être vide de*
to report remarks	*citer les propos de*
to maintain a cautious silence on	*observer un silence prudent sur*
to rush to judgement	*conclure hâtivement*
to peg an announcement (to)	*lier une annonce (à)*
to jump to conclusions	*tirer des conclusions hâtives*
to quote	*citer*
to enlarge upon	*s'étendre sur*
to dwell upon	*insister sur*
to expatiate upon	*développer*
to hold forth (on)	*pérorer (sur)*
to evince	*montrer (une qualité)*
to contrast	*opposer*
to hammer a point home	*revenir sur un point avec insistance*
to drive a point home	*réussir à faire comprendre un argument*
to hit the nail on the head	*faire mouche*
to win recognition for one's views	*imposer son point de vue*
to be tantalized by	*être tourmenté par*
to harp upon	*rabâcher*
to smack of bad taste	*être jugé de mauvais goût*
to water down	*mettre de l'eau dans son vin, diluer, édulcorer*

to be receptive / unreceptive to	*être sensible / insensible à*
to take sb. at his / her word	*prendre qqn. au mot*
entangled in one's contradictions	*empêtré dans ses contradictions*
to fall back to the idea that	*se réfugier dans l'idée que*
to sum up	*résumer*

3.6 CRITICISM — *LA CRITIQUE*

a scathing remark	*un commentaire acerbe*
polemics	*la polémique*
polemical	*polémique*
controversial	*controversé*
to go to the mat	*polémiquer*
to ridicule	*tourner en ridicule*
to mock	*se moquer de*
to quip	*dire avec esprit, railler*
a broadside against	*une descente en flammes de*
a strong attack on	*une diatribe contre*
to center attacks on	*diriger ses attaques contre*
to direct an accusation at	*diriger ses accusations sur*
to lash out at	*s'en prendre vigoureusement à*
to savage	*éreinter*
to lambast	"
to excoriate	*clouer au pilori*
to take to task	*prendre à partie*
to run the gauntlet (of)	*essuyer le feu (de)*
an indictment	*un réquisitoire*
to begin an assault	*ouvrir le feu*
to refrain from polemics	*s'abstenir de polémiquer*
to qualify a statement	*nuancer une déclaration*
qualifications	*restrictions*
reservations	"
to make allowances for	*se montrer indulgent envers*
to exalt the spirit	*exalter l'esprit*
to extol the virtues	*chanter les louanges*
to lavish praise on	*prodiguer des éloges à*
to shower praise on	*couvrir d'éloges*
to sit on the fence	*refuser de se mouiller*
to match words with deeds	*joindre le geste à la parole*
to backbite	*médire de*
backbiting	*médisances*
a slanging match	*un échange d'insultes*
mudslinging	*le dénigrement*
to rubbish	*salir*
to step up one's provocations	*multiplier les provocations*
to escalate the rhetoric	*intensifier les attaques verbales*

4 PARTY CHANGE — *LE CHANGEMENT DANS LES PARTIS*

the forces of change	*les forces du changement*
a ferment	*une agitation*
to oust party veterans	*évincer les anciens du parti*
to edge sb. out	*pousser qqn. dehors*
to boot out	*exclure*
to sweep out of a party	*renvoyer d'un parti*
to sweep away leaders	*écarter la vieille direction*
to shove aside	*écarter*
foot-dragging men	*les opposants au changement*
to clear the deadwood (from)	*se débarrasser du personnel inutile*
to prod into retirement	*pousser à prendre sa retraite*
to nudge into retirement	*inciter à prendre sa retraite*
to press out of office	*forcer à démissionner*
to give the push	*éconduire*
to send to an early retirement	*mettre à la retraite anticipée*
to ditch	*laisser tomber*
to shelve	*placardiser*
to put away	"
to expel from	*expulser de*
an expulsion	*une expulsion*
to force out	*mettre sur la touche*
to betray	*trahir*
a betrayal	*une trahison*
to sell out to	*retourner sa veste*
to be disgraced	*entrer en disgrâce*
to trim the bureaucracy	*réduire le nombre de bureaucrates*
to bring fresh blood into a party	*apporter du sang neuf dans un parti*
to draft in fresh faces	*introduire des visages nouveaux*
to dismantle old legacies	*liquider le passé*
to disturb the status quo	*déranger l'ordre établi*
to revamp a system	*transformer, rénover un système*
to restructure	*restructurer*
a changing of tides	*les mutations, la relève*
to break with the past	*rompre avec le passé*
to break with one's party	*rompre avec son parti*
to back off (from)	*prendre ses distances (avec)*
to lead to a battle inside the party	*conduire à une bataille interne*
to split a party	*diviser un parti*
to split right down the middle	*scinder en deux*
various factions	*courants divergents*
differences of views	*divergences d'opinions*
credibility	*la crédibilité*
to wipe the slate clean	*repartir à zéro*

5 POLITICAL DIVISION — *LA DIVISION POLITIQUE*

5.1 DISAGREEMENT — *LE DESACCORD*

to debate (about)	*discuter (de)*
debatable	*discutable, contestable*
to join issue with	*contester l'opinion de*

to have it out with	*s'expliquer avec*
to be divided	*être divisé*
divisive	*diviseur*
to indulge in divisive tactics	*être un diviseur*
the strategy of divide and rule	*la stratégie du "diviser pour mieux régner"*
partition	*la division*
a disagreement (on)	*un désaccord (à propos de)*
to disagree with	*être en désaccord avec*
to differ with	*ne pas être d'accord avec*
a divergence	*une divergence*
to object to	*s'opposer à*
to raise an objection to	*soulever une objection à*
to challenge the leadership	*se disputer la direction*
dissent	*les dissensions*
rumbles of dissent	*rumeurs sourdes de désaccord*
to suppress dissent	*mettre fin aux dissensions*
to repress	*réprimer*
to hush up	*faire taire*
to cover up	*étouffer*
to put down	*réprimer*
to quell	"
to be at variance with	*être en désaccord avec*
a rivalry (for)	*une rivalité (pour)*
intestine rivalries	*rivalités intestines*
to be caught up in rivalries	*être en proie à des rivalités*
rival ambitions	*ambitions rivales*

5.2 DISPUTE — *LE CONFLIT*

relations	*relations*
to sour	*s'aigrir*
to go sour	*tourner au vinaigre*
to antagonize	*contrarier*
an antagonism (between)	*un antagonisme (entre)*
to intensify antagonism	*accroître l'opposition*
antagonistic	*hostile*
fractious	*hargneux*
a friction	*une friction*
a contest	*une lutte*
disunity	*la désunion*
disunion	" "
discord	*la discorde*
to sow discord	*semer la bisbille*
a bone of contention	*une pomme de discorde*
to up the ante	*faire monter les enchères*
a conflict	*un conflit*
a dispute	" "
to bicker	*se disputer à propos de*
bickering	*chamailleries*
to wrangle (over)	*se disputer (à propos de)*
wrangling	*disputes*
to clash	*entrer en conflit*
a clash	*une algarade, un accrochage*
to quarrel (with)	*se quereller (avec)*
a quarrel	*une querelle*
to pick a quarrel with	*chercher noise à*
to resurrect old quarrels	*ranimer de vieilles querelles*
internal faction quarrelling	*la lutte intestine entre factions*
quarrelling at the top	*une guerre des chefs*
to fall out	*se disputer*
a falling-out	*une brouille*
a feud	*une querelle*
feuding parties	*partis rivaux*
a spat	*une prise de bec*
to stab	*porter un coup à*
backstabbing	*coups de poignard dans le dos*
to squabble (over)	*se quereller (à propos de)*
squabbling	*chamailleries*
the political fray	*le combat politique*
to enter the fray	*descendre dans l'arène*
party warfare	*querelles internes*
internecine war	*la guerre intestine*
intraparty war	*la guerre à l'intérieur des partis*
warring factions	*factions rivales*
political warfare	*la guérilla politique*
a vendetta	*une vendetta*
to put down a revolt	*étouffer une révolte*
to come to a deadlock	*aboutir à une impasse*
a confused situation	*un imbroglio*
a morass	" "

5.3 SCISSION — *LA SCISSION*

a cleavage	*une division*
a schism	*un schisme*
a split	*une scission*
to break up with one's allies	*rompre avec ses alliés*
a break up	*une rupture*
a rift	*une scission, une division*
to widen	*s'élargir*
to split one's opponents	*diviser ses adversaires*
to suffer a split	*subir une scission*
to splinter	*se fractionner*
a splinter group	*un groupe dissident*
to bolt from a party	*quitter un parti*
to be torn apart	*se déchirer*
to have an argument (with)	*se disputer (avec)*
to challenge sb. to do sth.	*mettre qqn. au défi de faire qqch.*
to pick up a challenge	*relever un défi*
to get the better of	*l'emporter sur*
to dissociate oneself from	*se désolidariser*

5.4 THE AFTERMATH — *LES CONSEQUENCES*

to take the political heat	*faire les frais de, subir le contrecoup*
to expose	*discréditer*
to vindicate	*prouver le bien-fondé de*
to bear out	*confirmer*
to thwart	*faire pièce à*
to catch sb. wrongfooted	*prendre qqn. à contre-pied*
to rule out a possibility	*exclure une possibilité*
to be left with one option	*ne pas avoir d'autre choix*

to bring to the public's notice	*rendre public*
to issue a statement	*faire une déclaration*
to make headlines	*défrayer la chronique*
to be in disarray	*être en plein désarroi*
in a shambles	*sens dessus dessous*
to stir a hornet's nest	*mettre le feu aux poudres*
to sabotage	*torpiller*
to launch a counter offensive	*lancer une contre-offensive*
to cut oneself out of the play	*se mettre hors jeu*
to preserve one's unity	*préserver l'unité*
to fight for power	*se disputer le pouvoir*
to keep a party afloat	*maintenir un parti à flot*

6 POLITICAL UNION — *L'UNION POLITIQUE*

to secure a political union	*parvenir à une union politique*
to invoke union	*invoquer l'union*
unity	*l'unité*
a call for unity	*un appel à l'unité*
to support a united opposition	*soutenir une opposition unie*
to dole out one's support	*mesurer son soutien*
to muster support	*rassembler ses forces*
to drum up support	*battre le rappel de ses forces*
to barter one's support	*négocier son soutien*
united France	*la France unie*
to ally with	*s'allier avec*
to form an alliance (with)	*s'allier (avec)*
to forge a new alliance	*nouer une nouvelle alliance*
a tie	*un lien*
to bolster ties between	*renforcer les liens entre*
a coalition	*une coalition*
to be in sight	*sembler s'ébaucher*
a rainbow coalition	*une coalition pluri-ethnique*
to put up a coalition	*former une coalition*
to form a coalition government	*former un gouvernement de coalition*
to cobble together a coalition of motley factions	*fédérer une coalition factions hétérogènes*
coalition politics	*la politique de coalition*
a ruling coalition	*la coalition au pouvoir*
to come to an arrangement	*conclure un pacte*
to be in league with	*pactiser*
to rally	*rassembler*
to strike a non-partisan balance	*adopter une attitude non partisane*
to broaden the political base	*pratiquer l'ouverture élargir sa base*
to enlarge	*élargir*
an enlargement	*un élargissement*
the redrawing of the political landscape	*la recomposition du paysage politique*
to reshape	*refaçonner*
the political climate	*le climat politique*
to cut across the left-right divide	*déborder le clivage gauche-droite*
to cut across party lines	*rassembler au-delà des partis*
to bridge a yawning chasm	*combler un fossé béant*
a conciliator	*un conciliateur*
a middle-of-the-roader	*un modéré*
a middle-of-the-road position	*une position modérée*
to shed idealism for pragmatism	*abandonner l'idéalisme au profit du pragmatisme*
to make a deal on government	*conclure un pacte de gouvernement*
to share power	*cohabiter*
power sharing	*la cohabitation*
to cohabit	*cohabiter*
to cooperate	*coopérer*
cooperation	*la coopération*
a consensus	*un consensus*
to reach a consensus	*parvenir à un consensus*
to obtain a consensus	*arriver à un consensus*
to reinforce a consensus	*renforcer un consensus*
an unspoken consensus	*un consensus tacite*
to bridge divisions	*trouver un terrain d'entente*
to soothe divisions	*aplanir les différences*
to heal divisions	*mettre fin aux divisions*
to heal a rift	*panser les blessures*
to strike a note of reconciliation	*prendre un ton conciliant*
a conciliatory tone	*un ton conciliant*
to make conciliatory moves	*faire des gestes conciliants*
to become reconciled	*se réconcilier*
non-confrontational politics	*la décrispation*
relaxed politics	" "
a concession	*une concession*
a trade-off	*un échange*
to patch up a quarrel	*se raccommoder (provisoirement)*
to propitiate	*se concilier*
to steer a cautious course	*se diriger avec précaution*
to mend	*réparer*
on the mend	*en voie d'amélioration*
to placate	*calmer*
to break the deadlock	*sortir de l'impasse*
to improve relations	*améliorer les relations*
an improvement	*une amélioration*
to smoothe things over	*arranger les choses*
a patch up job	*un replâtrage*
to paper over	*replâtrer*
to make it up with	*se réconcilier*
to compromise with	*faire un compromis avec*
to find room for compromise	*trouver un terrain d'entente*
to find a compromise	*trouver un compromis*
to agree on a compromise	*avaliser un compromis*
to sit on the fence	*ménager la chèvre et le chou*
to walk the fence	" " " "
to make up for	*compenser*
to bear sb. a grudge	*garder rancune à qqn.*
to come to terms with	*arriver à un accord avec*
to meet half-way	*faire un compromis*
to make peace	*faire la paix*

to see relations normalised	*normaliser les relations*
to settle a dispute	*régler un différend*
a settlement	*un règlement*
to agree on / with	*tomber d'accord sur / avec*
an agreement	*un accord*
a basis for agreement	*une base d'accord*
a framework for an agreement	*le cadre d'un accord*
to have a plan up one's sleeve	*avoir un plan en poche*
to fall in line behind	*se ranger aux côtés de*
to meet a condition	*remplir une condition*
to qualify	*apporter des réserves*
a qualification	*une restriction*
unqualified	*sans réserves*
to avert the worst	*éviter le pire*

V POLITICAL SYSTEMS — *LES SYSTEMES POLITIQUES*

1 THE LEFT — *LA GAUCHE*

a socialist	*un socialiste*
socialist	*socialiste*
socialism	*le socialisme*
the social democrats	*les sociaux démocrates*
social democrat	*social-démocrate*
democratic socialism	*le socialisme démocratique*
centre left	*le centre-gauche*
labor	*le monde du travail*
Labor (USA)	*les syndicats*
the Labour Party	*le Parti travailliste*
the Christian Democrats	*les Chrétiens Démocrates*
a socialist-communist alliance	*une union de la gauche*
the Democratic party	*le parti démocrate*
a left flank	*un flanc gauche*
to be left wing	*être de gauche*
leftist	*gauchiste*
radical	*radical, extrémiste (aux Etats-Unis)*
the radical party	*la gauche, les gauches*
progressive	*progressiste*
agrarian	*agraire*
a workers' party	*un parti ouvrier*
the greens	*les verts*
an ecology-minded party	*un parti écologiste*
an umbrella organization	*une organisation collective*
state intervention	*l'interventionnisme d'Etat*
interventionist	*interventionniste*
mixed economy	*l'économie mixte*
state control	*la main-mise du pouvoir*
price and wage control	*le contrôle des prix et des salaires*
to subsidize	*subventionner*
a subsidy	*une subvention*
a featherbed industry	*une industrie subventionnée*
to police monopolies	*contrôler les monopoles*
to curb big business power	*limiter le grand capital*
the welfare state	*l'Etat-providence*
welfare capitalism	*le capitalisme providence*
the social security system	*la sécurité sociale*
a bastion of socialism	*un bastion du socialisme*
the consumer	*le consommateur*
the working class	*la classe ouvrière*
a trade union	*un syndicat*
the blue collar workers	*les cols bleus*

2 COMMUNISM — *LE COMMUNISME*

a communist	*un communiste*
communist	*communiste*
a bloc	*un bloc*
the Eastern bloc	*le bloc de l'Est*
the communist party	*le parti communiste*
a communist card	*une carte du parti*
communist rule	*le pouvoir communiste*
the Central Committee	*le Comité Central*
the Soviet Supreme	*le Soviet Suprême*
the politburo	*le bureau politique*
congress	*le congrès*
a bureaucrat	*un bureaucrate*
red tape	*la bureaucratie*
a cell	*une cellule*
a militia	*une milice*
a dogma	*un dogme*
ingrained dogmatic views	*le dogmatisme tenace*
ideology	*l'idéologie*
orthodoxy	*l'orthodoxie*
rigid	*intransigeant*
the Gospel-according-to-Moscow	*l'Evangile selon Moscou*
a puppet	*une marionnette*
a pawn	*un pion*
a lackey	*un laquais*
Marx	*Marx*
Stalin	*Staline*
Lenin	*Lénine*
marxism	*le marxisme*
the dictatorship of the proletariat	*la dictature du prolétariat*
class warfare / struggle	*la lutte des classes*
democratic centralism	*le centralisme démocratique*
central planning	*le centralisme de la planification*
the monopoly of power (on)	*le monopole du pouvoir (sur)*
multi-party democracy	*le multipartisme*
central authority	*le pouvoir central*
the ideological monopoly	*le monopole idéologique*
new communism	*le communisme new look*

a one-party system	*un système de parti unique*
the party's leading role	*le rôle dominant du parti*
the party's dominance	*la domination du parti*
the vanguard role of a party	*le rôle d'avant-garde d'un parti*
land ownership	*la propriété terrienne*
agrarian reform	*la réforme agraire*
socialist business	*l'entreprise socialiste*
a charter	*un statut*
exploitation	*l'exploitation*
an inequality	*une inégalité*
to purge	*purger*
a purge	*une purge*
a free press	*une presse libre*
a secret ballot	*un vote à bulletins secrets*
an independent union	*un syndicat indépendant*
rabid anticommunism	*anti-communisme primaire*

3 THE RIGHT — *LA DROITE*

the Conservative party	*le parti conservateur*
the Republican party	*le parti républicain*
the Grand Old Party (GOP) (USA)	*les républicains*
Tory	*conservateur*
the Tories	*les conservateurs*
the right wing	*l'aile droite*
rightist	*de droite*
the ultraright	*l'extrême-droite*
ultrarightist	*d'extrême-droite*
a rightward tilt	*une dérive droitière*

4 CONSERVATISM — *LE CONSERVATISME*

to preserve	*conserver, maintenir l'ordre (établi)*
preservation	*la conservation*
the old guard	*la vieille garde*
to defer to the old guard	*s'en remettre à la vieille garde*
a holdover from an era	*un survivant d'une époque*
the old order	*l'ordre ancien*
a gerontocrat	*un vieillard*
gerontocraty	*la gérontocratie*
a revisionist	*un révisionniste*
revisionism	*le révisionnisme*
monolithic	*monolithique*
a watchdog	*un garde-chiourme*
conformity	*le conformisme*
conformist	*conformiste*
a conformist-minded system	*un système conformiste*
disciplined	*discipliné*
locked into an apparatus	*confiné dans un appareil*
an entrenched power structure	*un pouvoir aux structures immuables*
to follow the party line	*suivre la ligne du parti*
to spout the official line	*débiter le discours officiel*
to toe the party line	*suivre la ligne du parti*
to hew to the party line	*se conformer à*
to kowtow to	*suivre aveuglément*
to scotch a challenge from	*réprimer une provocation*
to stagnate	*stagner*
stagnation	*la stagnation*
a hardliner	*un dur*
a hardline faction	*un courant conservateur*
rigid	*inflexible*
stern	*sévère*
faceless	*anonyme*
repressive	*répressif*
stony-faced	*au visage de marbre*
authoritarian	*autoritaire*
unyielding	*intransigeant*
an undying loyalty to	*une loyauté indéfectible envers*
to be alienated from	*être éloigné de*
the hardcore of a party	*les inconditionnels d'un parti*
to keep the party in line	*maintenir la discipline dans le parti*
to follow party discipline	*se plier à la discipline du parti*
to step out of line	*faire cavalier seul*
to be in line with	*être en accord avec*
to shun reforms	*bouder les réformes*
to lock reform out	*exclure les réformes*
to rule out	*écarter*
to numb the desire for liberalization	*paralyser le désir de libéralisation*
to stick to a rigid line	*s'en tenir à une ligne dure*
a strait-jacketed system	*un système rigide*
to maintain a grip on	*maintenir son emprise sur*
to be resistant to change	*être opposé au changement*
to harness a desire for change	*refréner un désir de changement*
to fight rearguard action against innovation	*mener un combat d'arrière-garde contre l'innovation*
an unreformed party	*un parti non réformateur*
to be deaf to the public's demands	*être sourd aux revendications populaires*
to dampen dissidents	*décourager les contestataires*
to turn back	*revenir en arrière*
to curb reform	*mettre un frein aux réformes*
a curb	*un frein*
to curtail	*abréger*
to hinder	*empêcher*
to suppress	*supprimer*
to apply the brakes on	*mettre un frein à*
to suspend	*suspendre*

5 REFORMISM — *LE REFORMISME*

5.1 REFORMS — *LES REFORMES*

a reform	*une réforme*
a brand of reform	*un réformisme*
a whiff of reform	*un parfum de réforme*
a reform program	*un programme de réformes*

a package of reforms	*une série de réformes*
a raft of reforms	*un train de réformes*
a shopping list of reforms	*une liste de réformes*
an all-emcompassing reform	*une réforme globale*
a reform wing	*une aile réformatrice*
a reform spirit	*un esprit réformateur*
to keep alive	*animer*
a reform movement	*un mouvement réformateur*
a reform-driven year	*une année marquée par les réformes*
a reformer	*un réformateur*
a closet reformer	*un réformateur non avoué*
a pathbreaking reformer	*un pionnier des réformes*
a renovator	*un rénovateur*
a reconstructor	*un reconstructeur*
to be reform-minded	*être réformateur*
a reforming spirit	*un esprit réformateur*
a plea for reform	*un appel à la réforme*
a cry for democratic reform	*un appel à la réforme démocratique*
an impulse for reform	*une impulsion aux réformes*
a zeal for reform	*un zèle réformateur*
the pace of reforms	*le rythme des réformes*
an impetus for reform	*un élan réformiste*
reformist	*réformiste*
reformist fervour	*la ferveur réformatrice*
a surge of reformist fervour	*un élan de ferveur réformatrice*
to credit sb. with reformist ideas	*prêter des idées réformatrices à qqn.*
reformist rumblings	*grondements réformateurs*
a reformist inclination	*un penchant réformateur*

5.2 ON THE REFORM PATH — *SUR LA VOIE DES REFORMES*

to produce a blueprint for reform	*présenter un projet de réformes*
a sketch for reform	*un plan de réformes*
to contemplate reforms	*envisager des réformes*
to choose reform over revolution	*préférer la réforme à la révolution*
to opt for reform	*choisir la voie de la réforme*
to start reform	*entreprendre des réformes*
to attempt a reform	*tenter une réforme*
to embark on	*se lancer dans*
to undertake	*entreprendre*
to be on the path to reforms	*être sur le chemin des réformes*
to keep one's reforms on track	*poursuivre dans la voie des réformes*
to be committed to	*s'engager à poursuivre*
to go overboard with / for reforms	*s'enthousiasmer pour les réformes*
to join the reform movement	*adhérer au mouvement réformateur*
to revive a policy of reform	*remettre une politique des réformes au goût du jour*
to put into effect	*mettre en application*
to implement	*mettre en œuvre*
the implementation of	*la mise en œuvre*
to drive for reform	*pousser aux réformes*
to carry out reforms	*appliquer les réformes*
to ease the path of reform	*faciliter le chemin des réformes*
to end the thrust of reform	*mettre fin à la poussée réformiste*
to push through reforms	*faire avancer les réformes*
to follow the path of reform	*suivre le chemin des réformes*
to make the leap to reform	*s'engager sur la voie des réformes*
to pull off reforms	*réussir les réformes*

5.3 RESISTANCE TO CHANGE — *LA RESISTANCE AU CHANGEMENT*

a reform-resistant country	*un pays imperméable aux réformes*
to resist reforms	*résister aux réformes*
to be reform-shy	*craindre les réformes*
to cool the reform fever	*calmer la fièvre des réformes*
to drag one's feet / heels	*traîner les pieds*
to fight tooth and nail	*défendre bec et ongles*
to dig one's heels	*se buter*
to thwart	*contrecarrer*
a stumbling block to change	*un obstacle au changement*
to lag	*se faire attendre*
to take a slow motion	*aborder lentement*
a bend for	*une disposition pour*
to enhance one's reformist image	*rehausser son image de réformateur*
to make a concession to reform	*faire une concession aux réformes*
to make token reforms	*faire des réformes symboliques*
to question reform	*contester les réformes*
to be stymied	*être en panne*
to mishandle	*malmener, mal traiter*
to crush	*réprimer*
to dismantle a reform drive	*démanteler un mouvement réformiste*
to stifle the reform movement	*étouffer le mouvement des réformes*
unreformable	*réfractaire aux réformes*

5.4 CHANGE — *LE CHANGEMENT*

the winds of change	*un courant d'air frais*
to gather force	*se renforcer*
to gain momentum	*prendre de la vitesse*
a call for change	*un appel au changement*
to appeal for change	*appeler au changement*
to opt for change	*choisir le changement*
to avow a change	*admettre le changement*
to press the case for change	*plaider la cause du changement*

to espouse the cause of change	*épouser la cause du changement*
a change of model / system	*un changement de modèle / de système*
to change the course of things	*modifier le cours des choses*
a change-resister	*réfractaire au changement*
the pace of change	*le rythme du changement*
the momentum of change	*l'essor du changement*
to be receptive to new ideas	*être sensible aux idées nouvelles*
a concession	*une concession*
to extract concessions	*arracher des concessions*
to implement a concession	*mettre une concession en œuvre*
to grant	*accorder*
to drop old policies	*renoncer aux pratiques du passé*
to give up	*renoncer à*
to abandon old visions	*abandonner les visions du passé*
to urge self-criticism	*inciter à l'autocritique*
to conduct a policy of renewal	*conduire une politique de renouveau*
to restore confidence	*restaurer la confiance*
to press for democracy	*faire pression pour obtenir la démocratie*

6 DECOMMUNISATION — *LA DECOMMUNISATION*

to decommunize	*mettre fin au communisme*
the collapse of communist rule	*la chute du pouvoir communiste*
destalinisation	*la déstalinisation*
to dismantle the Stalinist system	*abolir le stalinisme*
to question ideology	*remettre en cause l'idéologie*
to bend one's ideology	*infléchir son idéologie*
to give ideology a drubbing	*tordre le cou à l'idéologie*
to erode an ideology	*saper / affaiblir une idéologie*
to backpedal in ideology	*faire une marche arrière idéologique*
to slough off an ideology	*abandonner une idéologie*
ideological escapades	*incartades idéologiques*
a spent ideological force	*une force qui a perdu de sa vigueur idéologique*
to shuffle old dogmas aside	*abandonner les vieux dogmes*
a historic breach	*une rupture historique*
a historic opportunity	*une occasion unique dans l'histoire*
to catch the wave	*saisir la vague*
to wean oneself from	*s'affranchir de*
to put behind	*tirer un trait sur*
to discredit	*discréditer*
to jettison principles	*se débarrasser de ses principes*
to review the past	*réévaluer le passé*
to query the role of	*remettre en cause le rôle de*
a defunct system	*un système qui a fait son temps*
to lose one's sway	*perdre son influence*
to offer an alternative	*offrir une alternative*
to dismantle central planning	*démanteler le centralisme démocratique*
to dismantle a monopoly on power	*abolir le monopole du pouvoir*
to scrap the monopoly on power	*mettre fin au monopole du pouvoir*
to engage in self-criticism	*faire son auto-critique*
to advocate internal pluralism	*prôner le pluralisme interne*
to remove	*supprimer*
the leading role of the party	*le rôle dirigeant du parti*
to drop a claim to omnipotence	*renoncer à une revendication à la toute-puissance*
to diminish a claim to	*modérer une revendication à*
to ditch the party's leading role	*abandonner le rôle dirigeant du parti*
to surrender one's supremacy	*abandonner la suprématie*
to ditch the inheritance	*renoncer à l'héritage*
to reject the ruling party	*rejeter le parti dirigeant*
to end the party's right to rule	*mettre un terme au droit du parti à diriger*
to do away with party supervision	*liquider la tutelle d'un parti*
to drop a rule	*renoncer à un principe*
to allow competition	*permettre la concurrence*
a multi-party system	*un multipartisme*
to hang on to a monopoly	*s'accrocher à un monopole*
to scrap a clause in the constitution	*supprimer une clause dans la constitution*
to challenge the power of the state	*lancer un défi au pouvoir*
to turn in one's card	*renvoyer sa carte de membre*
a turncoat communist	*un communiste repenti*
to take on the old guard	*affronter la vieille garde*
a reform-inspired upswing in	*un changement d'inspiration réformatrice*
to bring about a semblance of change	*provoquer l'illusion d'un changement*
to fail to deliver to one's end of the bargain	*trahir ses promesses*
to rechristen	*rebaptiser*
the democratization process	*le processus de démocratisation*
an outbreak of democracy	*une flambée de démocratie*
to be provided with democratic structures	*être pourvu de structures démocratiques*
pluralism	*le pluralisme*
to push political democratization	*encourager la démocratisation politique*
to give an impetus to	*donner un élan à*

a further impetus	*un élan nouveau*	to let democracy flourish	*permettre à la démocratie de s'épanouir*
a fling at liberalization	*une tentative de libéralisation*		
a Prague spring	*un printemps de Prague*	see : economic systems	*voir : les systèmes économiques*
socialism with a human face	*le socialisme à visage humain*		

2 POWER — *LE POUVOIR*

I GENERAL BACKGROUND — *GENERALITES*

to exercise powers	*exercer des pouvoirs*	clout	*le pouvoir*
to be invested with power	*être investi d'un pouvoir*	to carry clout	*avoir de l'influence*
to wield power	*détenir le pouvoir*	weight	*le poids*
personal power	*le pouvoir personnel*	to carry a lot of weight	*faire autorité*
unlimited power	*le pouvoir total*	influence	*l'influence*
strong power	*le pouvoir fort*	to wield influence	*exercer une influence*
unconditional power	*le pouvoir inconditionnel*	influential	*influent*
absolute power	*le pouvoir absolu*	to rule	*diriger*
power sharing	*le partage du pouvoir*	a ruler	*un dirigeant*
the reins of power	*les leviers du pouvoir*	rule	*le règne*
powerful	*puissant*	to rule over	*diriger*
powerless	*impuissant*	to sway	*avoir une influence déterminante sur*
authority	*l'autorité*	to be swayed	*se laisser influencer*
to exercise authority over	*exercer l'autorité sur*	sway	*l'influence*
command	*le pouvoir, le commandement*	to hold sway over	*avoir de l'influence sur*
to be in command	*être aux commandes*		

II THE STRUGGLE FOR POWER — *LA LUTTE POUR LE POUVOIR*

power politics	*la bataille pour le pouvoir*	political jockeying	*manœuvres politiques*
power play	*manœuvres politiques*	to cling to power	*s'accrocher au pouvoir*
to compete for power	*lutter pour le pouvoir*	to hang on to power	*" " "*
a struggle for power	*une lutte pour le pouvoir*	to hold on power	*se maintenir au pouvoir*
to scuffle for power	*se bagarrer pour le pouvoir*	to hold oneself in power	*" " " "*
to hold the balance of power	*maintenir l'équilibre des pouvoirs*	to maintain a hold on power	*garder une emprise sur le pouvoir*
to be power hungry	*avoir soif de pouvoir*	to stay in office	*rester au pouvoir*
accretion of personal power	*l'accroissement des pouvoirs personnels*	a skirmish	*un accrochage*
to wrest power from	*arracher le pouvoir à*	to be vulnerable to	*être vulnérable à*
a battle	*une bataille*	to defy	*lancer un défi à*
a strife	*un conflit*	to play off would-be successors against one another	*monter les successeurs potentiels les uns contre les autres*
to cross swords with	*engager le fer avec*	to win the edge over	*emporter l'avantage sur*
a tug of war	*une lutte acharnée*	a closed door struggle	*une lutte feutrée*
to be crippled by internal strife	*être paralysé par des luttes internes*	an open struggle	*une lutte ouverte*
a contest of wills	*une épreuve de force*	to confront the leadership	*affronter la direction*
a showdown	*" " " "*	to present sb. with a fait accompli	*mettre qqn. devant un fait accompli*

to resolve a power struggle	*trouver une issue à la lutte pour le pouvoir*
to be made acceptable as a compromise leader	*se faire accepter comme un dirigeant de compromis*

III TAKING POWER — *LA PRISE DU POUVOIR*

to come to power	*accéder au pouvoir*
to win power	*s'emparer du pouvoir*
to seize power	*" " "*
to take the helm	*prendre la direction*
to take the reins	*prendre les rênes*
a power grab	*une prise de pouvoir*
to take over	*prendre la relève de*
to be back in power	*être de retour au pouvoir*
a long run of power	*une longue période au pouvoir*
to be in office	*être en fonction, être au pouvoir, être au gouvernement,*
to be in power	*être au pouvoir*
to run a country	*diriger un pays*
to take office	*entrer en fonctions, arriver au pouvoir*
to fill a public office	*occuper une charge publique*
to hold office	*remplir sa charge*
to go out of office	*perdre le pouvoir*
to remain in . . . hands	*rester aux mains de ...*
to retain power	*garder le pouvoir*
to stay in power	*rester au pouvoir*
on the way of taking over from	*en route pour l'alternance à*
to keep a party in power	*maintenir un parti au pouvoir*
to give a new lease on power	*reconduire pour un nouveau mandat*

IV LOSING POWER — *LA PERTE DU POUVOIR*

1 SETBACKS — *LES REVERS*

to fail	*échouer*
a failure	*un échec*
to go wrong / amiss / awry	*échouer*
a setback	*un revers*
to suffer a setback	*subir un revers*
to come up against	*se heurter à*
a shake up	*une réorganisation*
distrust	*la méfiance*
a hitch	*un accroc*
a snag	*un écueil*
to be overcome with problems	*être noyé sous les problèmes*
to waver	*hésiter*
wavering	*indécis*
to be powerless to	*être impuissant à*
helpless (to)	*impuissant (à)*
to fumble	*commettre des erreurs*
to be up to the circumstances	*être à la hauteur des circonstances*
to be found wanting	*ne pas être à la hauteur*
to be thwarted in one's ambitions	*être frustré dans ses ambitions*
to go to the dogs	*aller à vau-l'eau*
a government vacuum	*un vide du pouvoir*
a protracted absence from power	*une absence prolongée du pouvoir*
to be in opposition with	*être en déphasage avec*
temporarily headed	*dirigé par interim*
a stopgap measure	*un palliatif*
to wait to catch out	*attendre au tournant*
a cornered regime	*un régime aux abois*
to be in a shambles	*être en pleine pagaille*
to be bogged down in	*être enlisé dans*
to be mired in	*être embourbé dans*
to go through a difficult phase	*traverser une passe difficile*
to play small time politics	*suivre une politique à la petite semaine*
to overcome a crisis	*surmonter une crise*
stubborn facts	*faits incontournables*
to rule out a solution	*écarter une solution*
to hold the course	*tenir le cap*
to pitch and toss	*tanguer*
to damage the state's interests	*nuire aux intérêts de l'Etat*

2 WEAKENING POWER — *LA FAIBLESSE DU POUVOIR*

to have a tenuous grip on the helm	*avoir une faible emprise sur le pouvoir*
to be dropped (from)	*être éliminé (de)*
to weaken power	*affaiblir le pouvoir*
to loosen one's grip on	*relâcher son emprise sur*
to relinquish control of	*abandonner le contrôle de*
to relinquish power	*abandonner le pouvoir*
to surrender powers (to)	*abandonner ses / des pouvoirs (à)*
to lose one's sway	*perdre son influence*
to lose ground	*perdre du terrain*
erosion of power	*l'usure du pouvoir*
the wear and tear of power	*" " "*

to face decline	*faire face au déclin*
to slide down	*s'enfoncer*
to sink	*couler*
to collapse	*s'effondrer*
to crumble	*s'effriter*
to slump	*s'écrouler*

3 POWERLESSNESS — *L'IMPUISSANCE*

the lack of power	*l'absence de pouvoir*
powerless / helpless	*impuissant*
ineffectual / ineffective	*inefficace*
inoperative	*inopérant*
weak	*faible*
unsteady	*instable*
precarious	*précaire*
shaky / tottering / fledgling	*chancelant*
to hang by a thread	*tenir à un fil*
disabled	*hors d'état de fonctionner*
paralysis	*la paralysie*
paralyzed	*paralysé*
crippled	*paralysé*
lame	*boîteux*
to be hobbled by age	*être handicapé par l'âge*

4 DEMISE — *LA CHUTE*

to leave power	*quitter le pouvoir*
to step down	*passer la main*
to be out of power	*être écarté du pouvoir*
to be thrown out	*être évincé*
to be voted out of power	*être battu aux élections*
to strip power from sb.	*priver qqn. du pouvoir*
to relieve sb. of a post	*relever qqn. de ses fonctions*
an eviction from power	*une éviction du pouvoir*
to dislodge from the government	*déloger du gouvernement*
to be forced out	*être obligé de quitter*
to fall victim to sb.'s displeasure	*tomber en disgrâce*
to ease out	*écarter en douceur*
to jettison	*se délester de*
to kick out	*mettre à la porte*
to depose	*déposer*
to oust	*évincer*
to ditch / to dump	*laisser tomber*
to get rid of	*se débarrasser de*
to remove from office	*évincer du pouvoir*
to be purged	*être victime d'une purge*
a purge	*une épuration*
a forced departure	*un départ forcé*
an unforced departure	*un départ volontaire*
to prove a liability	*s'avérer être un poids mort*
to expel	*expulser*
to banish	*bannir*
to boot out	*mettre dehors*
to get rid of	*se débarrasser de*
to yank from power	*éjecter du pouvoir*
to distance oneself from	*prendre ses distances avec*
to rout	*mettre en déroute*
to topple / to upend	*renverser*
to sweep away	*chasser, donner un coup de balai*
to overthrow a regime	*renverser un régime*
to topple	*renverser*
a demise	*une chute*
a fall	" "
to take a fall	*chuter*
to cushion a fall	*amortir une chute*
to sink into oblivion	*disparaître dans l'oubli*
a therapeutic spell in the opposition	*une cure d'opposition*
to return to power	*revenir aux affaires*
to wreak a revenge	*ourdir une revanche*

3 ELECTIONS — *LES ELECTIONS*

I ELECTIONS — *LES ELECTIONS*

1 TYPES OF ELECTIONS — *LES TYPES D'ELECTIONS*

1.1 GENERAL BACKGROUND — *GENERALITES*

multi-party elections	*élections pluripartites*
partisan elections	*élections partisanes*
non partisan elections	*élections non partisanes*
a direct election	*une élection au suffrage direct*
a two-stage election	*une élection à deux tours*
a two-tier election	" " " "
a by-election	*une élection partielle*
a re-election	*une réélection*
a recall	*un rappel*
a referendum	*un référendum*
a voter initiative	*un référendum d'initiative populaire*
a plebiscite	*un plébiscite*
a three-cornered election	*une triangulaire*

1.2 GENERAL ELECTIONS — *LES ELECTIONS LEGISLATIVES*

the Parliament (UK)	*le Parlement*
Congress (USA)	*le Congrès*
the House of Representatives (USA)	*la Chambre des Représentants*
a representative	*un représentant*
a congressional election	*une élection au Congrès*
the Senate	*le Sénat*
a Senator	*un sénateur*
a general election	*les élections législatives*
national elections	*élections générales*
parliamentary elections	*élections parlementaires*
a Member of Parliament (an MP) (UK)	*un député*
a deputy MP	*un suppléant*
a parliamentarian	*un parlementaire*
a sitting member	*un député en exercice*
a sitting senator	*un sénateur en exercice*
to disband an electoral assembly	*dissoudre un parlement / une assemblée élue*
an elected assembly	*une assemblée élue*
disbanding	*la dissolution*
to dissolve Parliament	*prononcer la dissolution du Parlement*

1.3 PRESIDENTIAL ELECTIONS — *LES ELECTIONS PRESIDENTIELLES*

the presidency	*la présidence*
the President	*le président*
the Vice-President (the Veep)	*le vice-président*
to lust after the president's job	*convoiter le poste de président*
to have a shot at the presidency	*tenter de s'emparer de la présidence*
the presidential race	*la course à la présidence*
to run for president	*faire campagne pour devenir président*
to put up for president	*poser sa candidature à la présidence*
a presidential campaign	*une campagne présidentielle*
the making of a president	*comment on fabrique un président*
a presidential election	*une élection présidentielle*
a directly elected president	*un président élu au suffrage universel*
an incumbent president	*un président sortant / en exercice*

1.4 LOCAL ELECTIONS — *LES ELECTIONS LOCALES*

a governor	*un gouverneur*
the governorship	*le poste de gouverneur*
a lieutenant-governor	*un lieutenant-gouverneur*
a gubernatorial election	*une élection de gouverneur*
a state-house race (USA)	*une élection locale (au niveau d'un état)*
local elections	*élections municipales*
state elections	*élections locales*
provincial elections	*élections provinciales*
municipal elections	*élections municipales*
a town council	*un conseil municipal*
a city alderman	*un conseiller municipal*
the mayoralty	*le mandat de maire*
a mayor	*un maire*

2 DECISION RULES IN VOTING — *LES SYSTEMES ELECTORAUX*

a voting system	*un système électoral*
the list system	*le scrutin de liste*
the district election system	*le scrutin d'arrondissement*
an election on a majority basis	*un scrutin majoritaire*
the uninominal system	*le scrutin uninominal*

2.1 MAJORITY VOTING — *LE SCRUTIN MAJORITAIRE*

plurality voting	*la majorité*
simple majority voting	*la majorité simple*
extraordinary majority voting	*la majorité des deux-tiers*
unanimity	*l'unanimité*
to take a plurality vote	*remporter une majorité des voix*
to gain a plurality of the vote	*recueillir une majorité des voix*
a majority	*une majorité*
the overall majority	*la majorité absolue*
an absolute majority	*une majorité absolue*
a cross-party majority	*une coalition majoritaire*
the silent majority	*la majorité silencieuse*
to be elected by a majority (of)	*être élu à une majorité (de)*
to achieve a majority	*remporter la majorité*
to obtain a majority	*obtenir une majorité*
to secure a majority	*s'assurer d'une majorité*
to collect a majority of the votes	*recueillir une majorité des voix*
to win over 50 % of the vote	*remporter plus de 50% des voix*
to secure 50 % of the vote	*obtenir 50% des voix*
to stitch together a majority	*réunir une majorité*
a two-thirds majority	*une majorité des deux tiers*
relative majority	*la majorité relative*
to have the majority	*avoir la majorité*
to be in (the) majority	*être dans la majorité*
the party in power	*le parti majoritaire*
a member of the majority party	*un membre de la majorité*

2.2 ROUNDS OF VOTING — *LES TOURS DE SCRUTIN*

a round of voting	*un tour de scrutin*
a round of ballotting	" " " "

a two-round system	*un système à deux tours*
a first round	*un premier tour*
a first ballot	" " "
in the first round	*au premier tour*
an electoral deadlock	*une impasse électorale*
to break a deadlock	*sortir d'une impasse*
to require	*exiger*
a second round of elections	*un second tour*
a second ballot / a run-off	" " "
to hold a run-off	*organiser un second tour*
to meet in a run-off	*être opposé au second tour*
in the run-off	*au second tour*
a face-off	*une confrontation*
preferential voting	*le vote préférentiel*

2.3 PROPORTIONAL REPRESENTATION — *LE SCRUTIN A LA PROPORTIONNELLE*

a one-round proportional scheme	*un système à la proportionnelle à un tour*
proportional to	*proportionnel à*
the distribution of popular vote	*la répartition du scrutin populaire*
to handicap a weak party	*handicaper un petit parti*
to overcome a handicap	*surmonter un handicap*
the distribution imbalances	*les inégalités de la répartition*
to reflect	*refléter*
the distribution of opinions	*la répartition des opinions*
a quota of votes	*un quota de voix*
to rank a candidate	*classer un candidat*
in order of preference	*par ordre de préférence*
a transferable vote formula	*un vote par apparentement*
the largest average formula	*un vote à la plus forte moyenne*
the greatest remainder formula	*un vote au plus fort reste*
the winner-take-all formula	*la formule du tout-au-vainqueur*
to reduce polarisation	*réduire la polarisation*
to win legislative representation	*réussir à être représenté au Parlement*

3 THE CONSTITUENCY — *LA CIRCONSCRIPTION ELECTORALE*

the constituency	*le corps électoral*
a ward / a constituency	*une circonscription électorale*
a fiefdom	*un fief*
a constituent	*un électeur de la circonscription*
my constituents	*mes électeurs*
an electoral district	*une circonscription électorale*
a congressional district (USA)	*une circonscription locale*
a house district / a state district (USA)	*une circonscription législative locale*
a state legislative constituency	*une circonscription électorale de l'état*
a rural district	*une circonscription de campagne*
an urban district	*une circonscription urbaine*
a safe district	*un siège sûr*
a competitive district	*une circonscription disputée*
an outlying district	*une circonscription reculée*
to carve up a district	*morceler, découper*
to represent	*représenter*
overrepresentation	*la sur-représentation*
under-representation	*la sous-représentation*
to draw up an electorate	*établir la liste électorale*
the electorate's composition	*la composition de l'électorat*
to district	*découper en districts*
districting	*le découpage*
redistricting	*le redécoupage*
to apportion	*répartir*
apportionment	*la répartition*
the apportionment process	*le processus de répartition*
malapportionement	*la mauvaise répartition*
reapportionment	*une nouvelle répartition*
to influence the electoral outcome	*influencer le résultat des élections*
gerrymandering	*le charcutage électoral*
the political map	*la carte politique*
to rewrite the political map	*redessiner la carte politique*
the constituency boundaries	*les limites d'une circonscription*
a boundary commission	*une commission de découpage*
to draw the boundaries	*fixer les limites*
to redraw the boundaries	*retracer les limites*
to manipulate boundaries	*trafiquer les limites*
to encompass	*inclure*
population statistics	*les statistiques démographiques*
the Census Bureau	*les services du recensement*
a population shift	*un glissement de population*
to benefit from	*profiter de*
to stand to gain / lose	*avoir tout à gagner / à perdre*

4 THE FUNCTION OF ELECTIONS — *LE ROLE DES ELECTIONS*

to make a political choice	*faire un choix politique*
the selection of leaders	*le choix des dirigeants*
to select a leader	*choisir un dirigeant*
to hold a leader accountable for	*tenir un dirigeant responsable de*
accountability	*la responsabilité*
performance in office	*l'acquittement de la charge / du mandat*
to control a leader	*agir sur un dirigeant*
to be up to par	*être à la hauteur de sa tâche*
to submit oneself to	*se soumettre à*

to expose	*présenter*
a record of accomplishment	*le bilan positif (d'un mandat)*
to expose to popular scrutiny	*exposer aux yeux de tous*
a forum for the discussion of	*une tribune pour s'exprimer*
to legitimize one's power	*légitimer son pouvoir*
legitimacy	*la légitimité*
stability	*la stabilité*
to strengthen	*renforcer*
the body politic	*le corps politique*
to have one's say in	*avoir son mot à dire dans*

II VOTING — *LE VOTE*

1 THE RIGHT TO VOTE — *LE DROIT DE VOTE*

the suffrage	*le droit de vote, le suffrage*
the universal suffrage	*le suffrage universel*
to participate in an election	*participer à une élection*
to be eligible for	*avoir les conditions requises pour*
an eligible voter	*un électeur inscrit*
eligibility	*l'éligibilité*
to grant the right to vote	*accorder le droit de vote*
a voting rights act	*une loi sur le droit de vote*
to register	*s'inscrire sur les listes électorales*
registration	*l'inscription*
registration procedures	*procédures d'inscription*
due date for registration	*la date limite d'inscription*
a voter registration drive	*une campagne d'inscription sur les listes électorales*
the electoral roll	*la liste électorale*
the electoral register	*le registre électoral*
electoral reform	*la réforme électorale*
the voting age	*l'âge de voter*
of voting-age	*en âge de voter*
the age requirement	*l'âge minimum*
to turn of age	*atteindre la majorité*
to lower the voting age	*abaisser l'âge de voter*
to enfranchise	*accorder le droit de vote*
the franchise	*le droit de vote*
extension of the suffrage	*l'extension du droit de vote*
to restrict the franchise	*limiter le droit de vote*
to be excluded from voting	*être interdit de vote*
to be stripped of one's voting right	*être privé de son droit de vote*
a literacy test	*un test d'alphabétisation*
poll tax	*la capitation, l'impôt pour voter*
residence requirements	*conditions de résidence*
female suffrage	*le droit de vote des femmes*

2 TO THE POLLS — *AUX URNES*

2.1 ELECTORAL PARTICIPATION — *LA PARTICIPATION ELECTORALE*

participation in the voting	*la participation électorale*
to abstain	*s'abstenir*
abstention	*l'abstention*
the rate of abstention	*le taux d'abstention*
a stay-away voter	*un abstentionniste*
an absentee voter	*un électeur par correspondance*
to vote by mail	*voter par correspondance*
voter apathy	*l'indifférence des électeurs*
to mobilize voters	*mobiliser l'électorat*
to induce people to vote	*inciter les gens à voter*
the turnout	*la participation*
electoral turnout	*la participation électorale*
to turn out	*participer*
to turn out in lucklustre numbers	*participer faiblement*
light participation	*une faible participation*
to cajole voters	*cajoler les électeurs*
to coax	*amadouer*
to convince voters	*convaincre l'électorat*
to bus voters	*amener les électeurs par car*

2.2 THE ELECTION — *L'ELECTION*

election time	*la période électorale*
balloting	*les élections*
to hold balloting	*organiser des élections*
to take a ballot	*procéder à un scrutin*
to ballot	*voter à bulletin secret*
to go to the polls	*aller aux urnes*
to be elected	*être élu*
to schedule an election	*prévoir une élection*
to call an election	*décider une élection*
a snap election	*une élection décidée à l'improviste*
to call an early election	*organiser des élections anticipées*
to set elections for	*fixer les élections à*
to move up the date for elections to	*avancer la date des élections à*
to bring forward an election	*avancer une élection*
to call for elections	*appeler aux urnes*
the run-up of an election	*la période préélectorale*
three weeks to go before an election	*trois semaines avant les élections*
an election in the offing	*une élection à l'horizon*
an impending election	*une élection imminente*
a forthcoming election	*une élection prochaine*
open elections	*élections ouvertes*
the timing of an election	*l'opportunité d'une élection*
to postpone an election	*remettre une élection à plus tard*

to put off	*différer*
to go to the country	*en appeler aux électeurs*
to go into a crucial election	*s'engager dans une élection décisive*
to boycott the elections	*boycotter les élections*
to steal the election	*détourner une élection à son profit*
an election law	*une loi électorale*
electoral practices	*pratiques électorales*

3 VOTERS — *LES ELECTEURS*

a vote	*une voix, un vote*
a voter	*un électeur*
the voters	*l'électorat*
compulsory voting	*le vote obligatoire*
secret voting	*un vote secret*
the secrecy of the vote	*le secret du vote*
open voting	*élections ouvertes*
a disgruntled voter	*un électeur mécontent*
an uncommitted voter	*un électeur indécis*
a fence-sitter	*un indécis*
a broad spectrum of voters	*un large éventail d'électeurs*
a voter backlash	*une réaction des électeurs*
the electorate	*le corps électoral*
an elector	*un électeur*
an elector (USA)	*un grand électeur (membre du collège électoral)*

4 VOTING — *LE SCRUTIN*

to vote (for)	*voter (pour)*
to elect	*élire*
to vote by proxy	*voter par procuration*
a proxy vote	*un vote par procuration*
a postal vote	*un vote par correspondance*
to vote in	*élire*
to vote out	*rejeter par un vote*
to be called upon to vote	*être appelé aux urnes*
to cast a useful vote	*voter utile*
a casting vote	*une voix prépondérante*
a protest vote	*un vote de protestation*
to tap a protest vote	*exploiter un vote de protestation*
to tap the resentments of voters	*exploiter le mécontentement des électeurs*
to capitalize on resentment	*tirer parti du mécontentement*
to tire of	*se lasser de*
to pick up votes	*grapiller des voix*
to garner	*recueillir*
the popular vote	*le vote populaire*
a sympathy vote	*un vote de sympathie*
the centrist vote	*le vote centriste*
a right-wing voter / a right-winger	*un électeur de droite*
a left-wing voter / a left-winger	*un électeur de gauche*
right-of-center	*centre-droit*
a radical	*un extrémiste*

5 THE POLLING STATION — *LE BUREAU DE VOTE*

polling day / election day	*le jour du scrutin*
the poll	*les suffrages*
to poll	*recueillir*
a polling booth	*un isoloir*
a polling station	*un bureau de vote*
a voting machine	*une machine à voter électronique*
to man a polling station	*être de permanence à un bureau de vote*
to count	*dépouiller*
a count	*un dépouillement*
a vote counting	*un dépouillement des voix*
a ballot	*un bulletin de vote, un scrutin*
a ballot slip	*un bulletin de vote*
a ballot paper	" " " "
to mark a ballot	*voter*
an unmarked ballot	*un bulletin blanc*
a blank vote	" " "
a spoilt ballot paper	*un bulletin nul*
a ballot box	*une urne*
to cast a ballot	*déposer son bulletin*
to slip a ballot paper (into)	*glisser un bulletin (dans)*
to submit oneself to the ballot box	*se soumettre au verdict des urnes*

III THE CANDIDATE — *LE CANDIDAT*

1 THE CANDIDATE FOR OFFICE — *LE CANDIDAT A UNE FONCTION ELECTIVE*

1.1 THE OFFICE — *LA FONCTION*

an officeholder	*le titulaire d'un poste*
an elective office	*une fonction élective*
to be elected to public office	*être élu à une fonction publique*
to run for office	*se présenter aux élections*
to put up for a constituency	*chercher à se faire accepter comme candidat par une circonscription*
to put up for re-election	*être candidat à un nouveau mandat*
a run at	*une campagne (pour)*

to stand for office	*se présenter*
to stand for election	*se présenter à une élection, être candidat*
to stand down	*ne pas se représenter*
to stand for Parliament	*se présenter aux élections législatives*
to make a bid for	*faire une tentative pour*
to seek another term	*se représenter*
to seek a third term	*se présenter pour un troisième mandat*
to win office	*être élu à un poste*
a seat	*un siège*
a safe seat	*un siège sûr*
an unassailable seat	*un siège imprenable*
a marginal seat	*un siège menacé*
to hold a seat	*occuper un siège*
to go after a seat	*se lancer à l'assaut d'un siège*
to be up for grabs	*être disponible*
to allocate seats (by proportional representation)	*répartir les sièges (à la proportionnelle)*
to contest a seat	*(se) disputer un siège*
to contend with sb. for a seat	*disputer un siège à qqn.*
to command . . . seats	*disposer de ... sièges*
to unseat	*faire perdre son siège à*
to change hands	*changer de titulaire*
to gain a seat	*gagner un siège*
to lose a seat	*perdre un siège*
to take one's seat in the Commons	*être validé comme député*

1.2 SELECTION OF A CANDIDATE — *LE CHOIX D'UN CANDIDAT*

a candidate	*un candidat / une candidate*
a candidacy	*une candidature*
a handpicked candidate	*un candidat trié sur le volet*
an out-party candidate	*un candidat sans étiquette*
a presidential candidate	*un candidat à la présidence*
to stand as candidate	*se porter candidat*
to be a candidate	*être candidat*
to slate candidates	*proposer des candidats*
a slate of candidates	*une liste provisoire de candidats*
to vet a candidate	*examiner un candidat*
the official candidate	*le candidat officiel*
an incumbent candidate	*un candidat sortant*
a spoiler	*un diviseur*
to run a candidate	*présenter un candidat*
to present a candidate	" " "
to field candidates in elections	*présenter des candidats aux élections*
to field a single candidate	*présenter un candidat unique*
to field a national list	*présenter une liste nationale*
to screen candidates	*sélectionner les candidatures*
to draw a candidate from a party	*sélectionner un candidat d'un parti*
to be parachuted in (from party headquarters)	*être parachuté (par l'état-major d'un parti)*
a candidates' list	*une liste de candidats*
to top the list	*être tête de liste*
to be granted a spot on a list	*obtenir une place sur une liste*
to declare one's candidacy	*se porter candidat*
to enter a race	*se lancer dans une campagne*
a declaration	*une déclaration*
to hail from	*être issu de*
a party affiliation	*une affiliation à un parti*
a return to the fray	*un retour en lice*
a kingmaker	*qui a la haute main sur les candidatures*
plurality	*le cumul*
to hold more than one office at the same time	*cumuler les mandats*
the lesser of two evils	*le moindre de deux maux*

1.3 FILIATION — *LA REPRESENTATION*

a political label	*une étiquette politique*
to embody	*incarner*
to represent	*représenter*
to claim to represent	*être paré des couleurs de*
a candidate of national identity	*un candidat d'identité nationale*
a candidate of national independence	*un candidat d'indépendance nationale*
an issue-minded candidate	*un candidat soucieux des problèmes*
to carry the Republican banner	*porter les couleurs républicaines*
to represent continuity	*représenter la continuité*
to symbolize a bulwark against	*symboliser un rempart contre*
to endorse a candidate	*soutenir un candidat*
an endorsement	*un soutien*
to stump for a candidate	*faire campagne pour un candidat*
to heed directives from	*obtempérer aux consignes issues de*
party executives	*les états-majors des partis*
to express support for	*exprimer son soutien pour*
to pledge one's support	*promettre son appui*
a standard-bearer	*un porte-drapeau*
a contender	*un adversaire*
a contest	*une lutte*
a contestant	*un concurrent*
rivalry	*la rivalité*
a rival	*un rival*
a dry run	*un coup d'essai*
to fulfill one's ambition	*réaliser son ambition*
to pass up an opportunity	*laisser passer sa chance*
to pass up the presidency	*laisser passer la chance de devenir président*

to put down an attempt to become president to personal ambition	*mettre une tentative de devenir président sur le compte de l'ambition*
to stake a candidacy on	*miser une candidature sur*
to be fielded by the business community	*être imposé par les milieux d'affaires*
to run against the Establishment	*faire campagne contre la classe dirigeante*
a pragmatist	*un pragmatiste*
an activist	*un militant*
an ideologue	*un idéologue*
a zealot	*un fanatique*
a middle of the roader	*un centriste (dans ses positions)*

2 ELECTORAL ALLIANCES — *LES ALLIANCES ELECTORALES*

a coalition	*une coalition*
to form a coalition	*former une coalition*
to put together a coalition	*rassembler une coalition*
to range across a spectrum	*rassembler sur l'échiquier politique*
a grouping	*un rassemblement*
to break a coalition	*rompre une coalition*
to break ranks with	*se séparer de*
to enter into a coalition	*participer à une coalition*
a majority coalition	*une coalition majoritaire*
a marriage of convenience	*un mariage de convenance / de raison*
a pact	*un pacte*
to seek a pact	*chercher à faire alliance*
to form a pact	*former une alliance*
to join forces	*apporter son concours*
to ally oneself with	*s'allier avec*
a center-right alliance	*une alliance de centre-droit*
to lead an alliance	*diriger une alliance*
to rethink an alliance	*reconsidérer une alliance*
an alliance in disarray	*une alliance en désarroi*
to be entangled in an alliance	*être empêtré dans une alliance*
a pillar of an alliance	*le pilier d'une alliance*
a mainstay	*un pivot*
with the backing of	*avec l'appui de*
to rally behind a candidate	*se rallier aux positions d'un candidat*
to have the backing (from)	*avoir l'appui (de)*
to lack a backing	*ne pas être soutenu*

IV THE CAMPAIGN — *LA CAMPAGNE*

1 GENERAL BACKGROUND — *GENERALITES*

to campaign	*faire campagne*
to run a campaign for	*diriger une campagne pour*
to conduct a campaign	*mener une campagne*
to lay the groundwork for	*préparer le terrain pour*
to be involved in a campaign	*être engagé dans une campagne*
to disrupt a campaign	*perturber / interrompre une campagne*
to put a campaign under a cloud	*assombrir une campagne*
to break off campaigning	*interrompre une campagne*
to suspend campaigning	*suspendre une campagne*
a campaign worker	*un collaborateur*
a campaigner	*un militant*
the cronies	*les fidèles*
a stalwart	*un fidèle (d'un parti)*
a bed-rock supporter	*un inconditionnel*
the allies	*les alliés*
a network	*un réseau*
a loyal	*un partisan*
a manifesto	*un manifeste*
to issue a manifesto	*publier un manifeste*
a platform	*un programme électoral*
ideological stock-in-trade	*le fonds de commerce idéologique*
an issue	*un problème*
to cloud the issues	*brouiller les cartes*
to make an issue of	*monter en épingle*
at issue / at stake	*en jeu*
hazy	*flou*
haziness	*le vague*
to campaign on a platform	*faire campagne sur un programme*
to provide sth. for everybody	*satisfaire tout le monde*
to turn off voters	*rebuter les électeurs*
to butter up the voters	*passer de la pommade aux électeurs*
the hustings	*la tribune électorale*
to be short of issues	*être à court d'inspiration*
a campaign manager	*un directeur de campagne*
the campaign headquarters	*le quartier général de la campagne*
a campaign strategist	*un stratège*
campaign tactics	*la stratégie électorale*
a campaign consultant	*un expert en stratégie électorale*
sleek campaign techniques	*techniques électorales éprouvées*
negative campaigning	*une campagne négative*
an ugly campaign	*une campagne vicieuse*
a gaffe-maker	*un gaffeur*
mudslinging	*attaques calomnieuses*
to dig into sb.'s past	*fouiller dans le passé de qqn.*
to tar sb. (as)	*salir qqn. (en le traitant de)*
gamesmanship	*l'art de gagner*
to jerrybuild an organization from scratch	*monter une organisation de toutes pièces*

2 CAMPAIGN FINANCING — *LE FINANCEMENT D'UNE CAMPAGNE*

to raise money	*recueillir des fonds*
to collect money	" " "
to fundraise	" " "
to raise cash	*trouver des fonds*
to inject cash into	*injecter de l'argent dans*
to earmark cash for funds	*destiner des fonds à fonds*
direct mail soliciting	*le démarchage postal*
a Political Action Committee (PAC) (USA)	*un comité d'action politique*
a deposit	*une caution*
to pay a deposit	*verser une caution*
to forfeit a deposit	*perdre une caution*
a fund raiser	*une occasion de rassembler des fonds*
a fund-raising dinner	*un dîner payant*
a $ l,000-a-plate dinner	*un dîner à 1000 dollars le couvert*
a fund-raising campaign	*une campagne d'appel de fonds*
a well-funded organization	*une organisation bien financée*
a poorly-funded organization	*une organisation mal financée*
an under-funded campaign	*une campagne qui manque d'argent*
under-financed	*à court d'argent*
to outspend an opponent	*dépenser plus que son adversaire*
to pour money into an ads campaign	*investir dans une campagne publicitaire*
a slush fund	*une caisse noire*
to offer covert support to	*appuyer en sous-main*
financing	*le financement*
to build up a financial network	*bâtir un réseau financier*
a finance committee	*un comité des finances*
a finance chairman	*un trésorier*
a financial standing	*une situation financière*
a financial statement	*un bilan*
to hold the purse strings	*tenir les cordons de la bourse*
a fat cat	*un bailleur de fonds*
to pledge money	*promettre de l'argent*
to be given access to government funding	*avoir droit à des fonds publics*
to be a financial drain on	*peser lourdement sur*

3 STARTING A CAMPAIGN — *LE DEBUT DE LA CAMPAGNE*

an election campaign	*une campagne électorale*
to electioneer	*mener une campagne, faire de la propagande électorale*
electioneering	*la campagne, la propagande électorale, l'électoralisme*
to go to the country	*se mettre en campagne*
to compete at elections	*s'affronter lors des élections*
a confrontation at the polls	*un affrontement électoral*
to prepare for a battle	*se préparer à la bataille*
to move on to a war footing	*se mettre sur le pied de guerre*
to keep one's powder dry	*être paré*
a record of achievements	*un bilan positif*
to launch a campaign	*lancer une campagne*
to mark a campaign kickoff	*marquer le coup d'envoi d'une campagne*
to brace for a marathon	*se préparer à un marathon*
to maintain party morale	*entretenir le morale des troupes*
to hit the hustings	*se mettre en campagne*
on the hustings	*au cours de la campagne*
to solicit votes	*briguer les suffrages*
to take the stump	*se mettre en campagne*
to go on the stump	" " " "
an election stump through a country	*une tournée électorale à travers un pays*
to stump for votes	*aller à la rencontre des électeurs*
a campaign blitz	*une campagne éclair*
a fast start	*un départ sur les chapeaux de roues*
to get involved in a campaign	*s'engager dans une campagne*
to stay aloof	*rester au-dessus de la mêlée*
to jockey for position	*manœuvrer pour se placer dans la meilleure position possible*
to bank on winning	*compter l'emporter*

4 ON THE CAMPAIGN TRAIL — *EN CAMPAGNE*

a mass mailing	*un envoi massif de lettres*
a direct mail campaign	*une campagne par lettres*
to paste posters on walls	*coller des affiches sur les murs*
to plunge into the crowd	*se mêler à la foule*
to press the flesh	*prendre un bain de foule*
to work crowds	*chauffer les foules*
to stump the election trail	*être en tournée électorale*
to stand above the fray	*rester au-dessus de la mêlée*
to stay out of a campaign	*se tenir à l'écart d'une campagne*
to canvass a district	*faire du porte à porte*
a canvasser	*un agent électoral*
to conduct a neighborhood walking tour	*parcourir un quartier à pied*
to drum up a petition	*rassembler des signatures*
to make an appearance at factory gates	*faire une apparition aux portes des usines*
to seek meeting with young people	*chercher à rencontrer des jeunes*
to make a speech	*faire un discours*
to give a campaign speech	*faire un discours électoral*

to address public meetings	*prendre la parole lors de réunions publiques*
a campaign stop	*une étape électorale*
a campaign rally	*une réunion électorale*
a labour rally	*une réunion de syndicalistes*
to stage a rally	*organiser une réunion électorale*
the national anthem	*l'hymne national*
the strains of	*les accents de*
to draw a crowd	*attirer une foule*
a campaign slogan	*un slogan électoral*
a vote-getter	*une idée sûre de plaire aux électeurs*
an audience	*un public*
a sparse audience	*une audience clairsemée*
a huge audience	*une foule énorme*
enthusiastic	*enthousiaste*
a heavy turnout	*une assistance nombreuse*
a rabble rouser	*un tribun*
a barnstormer	*un orateur électoral*
to listen raptly	*écouter en extase*
to stir up	*exciter*
to generate excitement	*soulever l'émotion*
to excite passions	*soulever les passions*
to fire up a crowd	*enflammer une foule*
to climax	*atteindre le point culminant*
to roar approval	*manifester bruyamment son approbation*
to heckle	*chahuter*
theater effects	*effets théâtraux*
a circus	*un cirque*
ballyhoo	*le battage, le ramdam*
hoopla	*le boucan (fam.)*
pizzaz	*énergie*
showbiz	*le spectacle*
to hawk pamphlets	*vendre des brochures*
a flyer / a handbill	*un prospectus*
a leaflet	*un tract*
to hand out leaflets	*distribuer des tracts*
a souvenir	*un souvenir*
a poster	*une affiche*
a button	*un badge*
a bill sticker	*un colleur d'affiches*
a national billboard campaign	*une campagne d'affichage nationale*
media hype	*le matraquage médiatique*
a TV debate	*un débat télévisé*
a press panel	*un club de la presse*
a press conference	*une conférence de presse*
to field questions	*répondre de façon improvisée à des questions*
to sidestep a banana peel	*éviter les peaux de banane*
a blunder	*une gaffe*
to goof	*faire une gaffe*
to run commercials	*diffuser des publicités*
negative advertising	*la publicité négative*
to pound home a message	*marteler un message*
to hammer a point home	*insister sur un point*
to harp on a theme	*revenir sur un thème*
to blanket a state with radio ads (USA)	*inonder un Etat de messages publicitaires*

see : television — *voir : la télévision*

5 THE FIGHT — *LA LUTTE*

5.1 GENERAL BACKGROUND — *GENERALITES*

to fight a campaign	*être en campagne*
a coast-to-coast campaign (USA)	*une campagne aux quatre coins du pays*
to be in full swing	*battre son plein*
to jump in the fray	*se jeter dans la mêlée*
to mount an unremitting assault	*mener une campagne acharnée*
to go after votes	*aller à la pêche aux voix*
to rouse voters	*enthousiasmer les électeurs*
to compete for votes	*se disputer les voix*
to challenge	*défier*
to draw votes	*attirer les voix*
to pull in votes	*engranger des voix*
to drum up votes	*aller chercher des voix*
in the heat of a campaign	*en pleine campagne*
to run neck and neck with	*être au coude à coude avec*
a dead heat	*une lutte serrée*
to run hard	*se battre avec énergie*
to head toward a showdown	*s'acheminer vers une épreuve de force*
a last-ditch effort	*un coup de collier final*
an appeal	*un appel*
a do-or-die appeal	*un appel de la dernière chance*
to run at full tilt	*se dérouler à une cadence infernale*
to appeal to the country	*en appeler au pays*
to head for the homestretch	*aborder la dernière ligne droite*
to bow out of the race	*se retirer de la course*

5.2 THE BALANCE OF POWER — *LES FORCES EN PRESENCE*

to tilt in favour of	*pencher en faveur de*
to change the equation of power	*changer les données du pouvoir*
to change the course of a campaign	*changer le cours d'une campagne*
to take sides	*prendre parti*
to trim one's sails to the prevailing winds	*adapter son discours aux idées du temps*
to switch sides	*changer de parti*
to switch (over) to	*reporter sa voix sur*
a switch	*un revirement*
to switch allegiance	*retourner sa veste*
to make a U-turn	*opérer un virage à 180 degrés*

a shift in voters' mood	*un glissement l'humeur des électeurs*
a voter swing	*un déplacement parmi les électeurs*
to gain influence	*prendre de l'importance*
to exert influence	*exercer une influence*
to gain power	*gagner en pouvoir*
to distance oneself from	*prendre ses distances avec*
bargaining	*marchandages*
to be swayed by	*être influencé par*
to sway	*avoir une action déterminante sur*
to pop up	*refaire surface*
to get back into business	*se remettre en selle*
a comeback from near eclipse	*revenir de loin*

5.3 LEADING THE PACK — *EN TETE DE LA COURSE*

to move into high gear	*passer la vitesse supérieure*
the front-runner	*le candidat le mieux placé*
to gain momentum	*gagner du terrain*
to gather momentum	" " "
to gain ground	" " "
to win back ground	*reconquérir du terrain*
to woo voters	*récupérer des électeurs*
to be within reach	*être à portée de la main*
a lead	*une avance*
a slim lead over	*une avance ténue sur*
to build a lead	*prendre une avance*
to claim the lead	*revendiquer une avance*
to lead the pack	*être en tête de la meute*
to fend off challenges	*repousser les attaques*
to be ahead	*être en tête*
to race ahead	*faire la course en tête*
an insuperable lead	*une avance insurmontable*
to have an edge on	*avoir une avance infime sur*
to narrow the gap	*combler son retard*
to pay in the long run	*être payant à long terme*
to be boosted by one's performance	*être conforté par ses résultats*
to tout sb. as the next president	*présenter qqn. comme étant le prochain président*
to display unfaltering optimism	*afficher un optimisme sans faille*
to rally behind	*se rallier à*
to close ranks around	*resserrer les rangs autour*
to win consensus	*aboutir à un consensus*
to gather support	*se renforcer*
to garner support from	*recevoir le concours de*
to beat the drum for	*battre le rappel pour*
to root for	*encourager*
to plump for	*se décider pour*
to champion	*prendre fait et cause pour*
to have a large following	*avoir de nombreux partisans*
to build a following	*se faire des partisans*
to regain the initiative	*reprendre l'initiative*
to catch one's foes on the hop	*surprendre ses adversaires*
to upstage	*éclipser*
to gather support	*rassembler ses forces*
a surge of support	*une vague d'encouragement*
a groundswell	*une lame de fond*
a comeback	*un retour*
a godsend	*une aubaine inespérée*
to score points	*marquer des points*
an unassailable position	*une position inattaquable*

5.4 LOSING GROUND — *EN PERTE DE VITESSE*

a lackluster campaign	*une campagne terne*
a lead	*une avance*
to melt	*fondre*
to lose ground	*être en perte de vitesse*
to lose momentum	*perdre du terrain*
to fall behind	*se laisser distancer*
to trail	*avoir un retard*
to lag	*traîner*
a run of bad luck	*une série de malchances*
a narrow margin	*une marge étroite*
to be separated by a 9-point margin	*être séparé de neuf points*
to go against the popular will	*aller à l'encontre de la volonté populaire*
to be well behind	*être loin derrière*
to buy time	*obtenir un sursis*
a false note	*un couac*
a slip up	*une bavure*
to stagnate	*stagner*
to be adrift	*être à la dérive*
to bode ill for the future	*mal augurer de l'avenir*
to be a long way behind	*être loin derrière*
to founder	*faire naufrage*
to write off a state	*passer un état par pertes et profits*
a gallant last stand	*un baroud d'honneur*
last-ditch maneuvering	*manœuvres ultimes*
to smack of political desperation	*relever du suicide politique*
to backfire	*se retourner contre*
to contain the damage	*limiter les dégâts*
to head off the worst	*éviter le pire*

6 WINNING THE ELECTION — *LA VICTOIRE ELECTORALE*

victory at the polls	*la victoire électorale*
to win	*remporter*
to finish first	*terminer en tête*
to come out first	*sortir vainqueur*
to win the elections	*gagner les élections*
to snatch an election	*arracher une élection*
to carry an election	*remporter une élection*
to be elected outright	*être élu au premier tour*
to win a share of the vote	*gagner une partie des voix*
to win back	*reconquérir*
to win handily	*gagner facilement*

hands-down	*les doigts dans le nez (fam.)*
effortlessly	*aisément*
overwhelmingly	*haut la main*
a Pyrrhic victory	*une victoire à la Pyrrhus*
a win	*une victoire*
a triumph	*un triomphe*
overwhelming	*écrasant*
solid	*massif*
overall	*total*
outright	*absolu*
stunning	*stupéfiant*
scanty	*étriqué*
the front runner	*le favori*
the heavy favourite	*le grand favori*
the winner	*le vainqueur*
a winning twosome	*un duo gagnant*
to head for victory	*s'acheminer vers la victoire*
to point to a solid victory	*annoncer une large victoire*
to be catapulted to a 2-year-term in office	*être propulsé au pouvoir pour deux ans*
to sweep an election	*enlever largement une élection*
to conquer	*conquérir*
a landslide	*un raz de marée*
a landslide victory	*une victoire écrasante*
to win by a landslide	*remporter une victoire écrasante*
to score a landslide	" " "
a string of victories	*une série de victoires*
a handsome victory	*une belle victoire*
an outright victory	*une victoire sans appel*
a surprise victory	*une victoire surprise*
a crossover victory	*une victoire qui transcende les partis*
a margin of victory	*une marge victorieuse*
to predict a victory	*prédire la victoire*
to be projected to win	*prévoir la victoire*
to be tipped to win	*être donné vainqueur*
to forestall victory	*anticiper la victoire*
to roll to victory	*voler vers la victoire*
victory is in the bag	*la victoire est dans le sac*
to take a triumph for granted	*tenir une victoire pour acquise*
to score a victory	*remporter une victoire*
to score a resounding success	*remporter un succès retentissant*
to pull off a victory	*remporter une victoire*
to pay a heavy price for a victory	*payer cher une victoire*
to challenge sb.'s victory	*disputer la victoire à qqn.*
to claim victory	*revendiquer la victoire*
to wrap up a re-election	*assurer sa réélection*
to hail the elections a victory	*saluer les élections comme une victoire*
to be declared winner	*être déclaré vainqueur*
to win representation in	*réussir à obtenir des sièges*
to upset	*remporter une victoire surprise sur*
an upset	*une victoire surprise*

to pull off an upset	*remporter une victoire surprise*
to lead a successful campaign	*mener avec succès une campagne*
to seize the high ground at home (USA)	*s'emparer de la majorité dans son état*
to come out on top	*sortir vainqueur*
to squeak through re-election	*être réélu de justesse*
to scrape through / past by	*passer de justesse*
with the narrowest margin	*avec le plus faible écart possible*
to come within a few votes of winning	*frôler la victoire*
to be pipped at the post	*se faire coiffer sur le poteau*
to win control of	*s'emparer du contrôle de*
to broaden one's powers	*étendre ses pouvoirs*
to give a blank check to	*donner un chèque en blanc à*
to be awarded a seat	*remporter un siège*
to increase one's seats	*augmenter le nombre de ses sièges*
to retain office	*garder son siège*
to be returned to power	*être reconduit dans ses fonctions*
to succeed oneself in office	*se succéder à soi-même*
to hold on to one's majority	*conserver sa majorité*
to maintain one's hold on power	*maintenir son emprise sur le pouvoir*
to gain a mandate	*remporter un mandat*
to take a city	*enlever une ville*
to unseat	*faire perdre son siège à*
to bring down	*faire tomber*
to defeat sb.	*battre qqn.*
to deal sb. a harsh blow	*porter un coup sévère à qqn.*
a bitter blow	*un coup sévère*
to bring off a masterstroke	*réussir un coup de maître*
to swamp one's opponent	*balayer son adversaire*
to come to power	*arriver au pouvoir*
to get one's man into the presidency	*faire élire son candidat à la présidence*
to be returned for a second term	*se voir octroyer un second mandat*
to embark on another term in power	*entamer un second mandat*
to win a two-thirds parliamentary majority	*remporter une majorité des deux tiers au parlement*
a razor-thin majority	*une majorité étriquée*
a grace period	*un état de grâce*
to congratulate	*féliciter*
congratulations	*félicitations*
flush with success	*fier du succès*
to bask in the glory	*jouir de la gloire*
to pop champagne corks	*faire sauter les bouchons de champagne*
revelry	*les festivités*
to party into the night	*faire la fête tard dans la nuit*
an inauguration ball (USA)	*un bal d'inauguration*

7 LOSING THE ELECTION — *LA DEFAITE ELECTORALE*

to be shown trailing in the polls	*être donné pour battu dans les sondages*
to expect an overnight miracle	*s'attendre à un miracle de dernière minute*
to be set for an electoral disaster	*s'attendre à un désastre électoral*
a chance of winning	*une chance de gagner*
to be nil	*être nul*
to face a setback	*essuyer un revers*
to lose an election	*perdre une élection*
the runner-up	*le second*
a loser	*un perdant, un vaincu*
a born loser	*un éternel second*
a voter loser	*une idée impopulaire auprès des électeurs*
defeat	*la défaite*
a crushing defeat	*une défaite cuisante*
to stave off defeat	*éviter la défaite*
to recover from a defeat	*se remettre d'une défaite*
to be shattered by defeat	*être accablé par la défaite*
to suffer a knife-edge defeat	*être battu d'un fil*
to draw the conclusion from a defeat	*tirer les conclusions d'une défaite*
to claim credit for a defeat	*assumer l'entière responsabilité de la défaite*
to be defeated	*être battu*
to do poorly	*obtenir un piètre résultat*
to fall to . . . by a margin of . . . votes	*échouer face à ... de ... voix*
to suffer a rout	*subir une déroute*
an upset	*une défaite surprise*
a stunning blow	*un coup dur*
a cruel reverse	*un cruel désaveu*
to suffer a reverse	*subir un revers*
to be trounced at the polls	*être battu à plates coutures*
a notable trouncing	*un revers mémorable*
dismay	*la consternation*
to lose by a margin of	*perdre avec une marge de*
to fall short of obtaining ...	*ne pas atteindre la barre des ...*
to finish last	*finir dernier*
to be out of the race	*être hors course*
to take a licking	*se prendre une veste (fam.)*
to take a stumble	*trébucher*
to be chastised	*être battu*
to be given a drubbing	*recevoir une belle raclée*
to reel from defeat	*être ébranlé par la défaite*
a political debacle	*une débâcle politique*
an electoral debacle	*un naufrage électoral*
to cash in on voters' disenchantment	*tirer profit du désenchantement des électeurs*
to turn against the government	*se retourner contre le gouvernement*
to deny a convincing majority to	*refuser d'accorder une nette majorité à*
to give neither party a clear edge over the other	*renvoyer les deux partis dos à dos*
to bring an MP down	*provoquer la défaite d'un député*
to fall two seats short for a majority	*manquer la majorité de deux sièges*
to result in a hung parliament	*aboutir à un parlement sans majorité*
a slender parliamentary mandate	*un mandat parlementaire étriqué*
to be consigned to an opposition role	*être relégué dans l'opposition*
to be toppled by	*être renversé par*
a demise / a downfall	*une chute*
to withstand the political earthquake unscathed	*sortir indemne du choc politique*
to be eclipsed at the polls	*être surpassé aux élections*
to be voted out of power	*être battu aux élections*
to go into opposition	*entrer dans l'opposition*
to concede (the elections)	*reconnaître sa défaite*
concession of defeat	*l'aveu de la défaite*
to acknowledge defeat	*reconnaître la défaite*
to throw one's cap into the ring	*admettre la défaite*
to fold a campaign	*mettre un terme à une campagne*
to drop out of a campaign	*abandonner une campagne*
to fall by the wayside	*être laissé pour compte*
to bear scars from a campaign	*porter les traces d'une campagne*
to have far-reaching consequences	*être lourd de conséquences*
to repair the damage	*réparer les dégâts*
to be in decline	*être en recul*
to lose face	*perdre la face*
to be on the sidelines	*être sur la touche*
to be sidelined	*être mis sur la touche*
to survive an election	*survivre à une élection*
to ostracize	*mettre en quarantaine*
to cut short a career	*abréger sa carrière*
to stand down	*ne pas se représenter*
to relinquish power	*abandonner le pouvoir*
to relinquish leadership (of)	*abandonner la direction (de)*
to dethrone	*détrôner*
to step down	*passer la main*
a succession crisis	*une crise de succession*
to divide the spoils	*se partager les dépouilles*
to claim the spoils	*réclamer les dépouilles*
a political pariah	*un pestiféré*
to drop out of sight	*disparaître de la circulation*
to retire from politics	*se retirer de la politique*
to outlive one's political usefulness	*avoir fait son temps en politique*
to wear out one's welcome	*avoir fait son temps*
the passing of the old order	*la transmission de flambeau*
to be ready for fresh leadership	*être mûr pour faire place aux jeunes*
to fall from grace	*entrer en disgrâce*

to pass through the wilderness — *faire sa traversée du désert*
to take a back seat — *retomber dans l'anonymat*
to rise again — *renaître de ses cendres*
a political comeback — *un retour en politique*
to stage a political comeback — *effectuer un retour en politique*

8 ELECTION RETURNS — *LES RESULTATS DU SCRUTIN*

psephology — *l'étude des élections*
a psephologist — *un spécialiste des élections*
voting patterns — *tendances de vote*
early projections — *les premières tendances*
early returns — *les premiers résultats*
election results — *les résultats d'une élection*
to trickle in — *parvenir au compte-gouttes*
an election verdict — *le verdict des urnes*
the overall standing of the parties — *la situation générale des partis*
the outcome — *l'issue*
valid — *valide*
reliable — *fiable*
undecided — *incertain*
indecisive — *indécis*
to record a vote — *enregistrer un vote*
to tally the votes — *compter les voix*
to tabulate the results — *comptabiliser les résultats*
a tally — *un comptage*
to watch over the tally — *surveiller les résultats*
to tote up — *totaliser*
electoral gains — *gains électoraux*
to zero in on — *se concentrer sur*
to reach beyond — *s'étendre au-delà*
to seize the center ground — *s'emparer du centre*
to muster five per cent of the votes — *rassembler 5% des voix*
to collect five per cent of the votes — *atteindre la barre des 5%*
to go beyond ten per cent of — *dépasser la barre des 10%*
to pull in 18% of the vote nationally — *recueillir 18% des voix du pays*
to be tied at 30 per cent each — *recueillir 30% des voix chacun*
to hover around 20 per cent — *tourner autour des 20%*
to grab 60 per cent of the vote — *emporter 60% des voix*
to score less than 2 per cent — *faire moins de 2%*
to translate into an overall majority — *se traduire par une majorité absolue*
election crumbs — *miettes électorales*
a strong showing — *une performance impressionnante*
a poor showing — *une performance décevante*
a second-place showing — *finir second*
a third place finish — *terminer troisième*
to end up with . . . seats — *se retrouver avec ... sièges*
a critical level — *un seuil critique*
uncertainty surrounding a vote — *l'incertitude d'un scrutin*
a cliff-hanging vote — *un vote à suspense*
a cliff-hanger — *une situation indécise*
to have a majority — *avoir la majorité*
to fall short of — *manquer de*
to bow to the choice of the people — *s'incliner devant le choix du peuple*
to accept the verdict of the polls — *accepter le verdict des urnes*
to accept the people's verdict — *accepter le verdict populaire*
to obey the popular mandate — *s'incliner devant le mandat populaire*
to bow to the majority — *s'incliner devant la majorité*
to bring a party below — *faire tomber un parti au-dessous de*
to sink below — *tomber sous la barre des*

9 TRANSITION — *LA PASSATION DES POUVOIRS*

to resign — *démissionner*
a resignation — *une démission*
to turn over power to — *remettre le pouvoir à*
to hand over power to — *transmettre le pouvoir à*
a handover of power — *une passation des pouvoirs*
the transfer of power — *la passation des pouvoirs*
a handover ceremony — *une cérémonie de passation des pouvoirs*
to devolve power on — *passer le pouvoir à*
to hand over the reins of power — *transmettre les rênes du pouvoir*
to take hold of the reins of power — *s'emparer des rênes du pouvoir*
to vacate one's post — *démissionner*
to leave a vacancy — *laisser un poste vacant*
to create a leadership vacuum — *créer un vide du pouvoir*
to fill a vacancy — *occuper un poste laissé vacant*
to step down from — *se retirer de, passer la main*
to complete one's term — *aller au bout de son mandat*
to succeed sb. — *succéder à qqn.*
a succession — *une succession*
to take over — *succéder*
to take charge — *prendre en charge*
to change hands — *changer de mains*
a time of transition — *une période de transition*
to set a transition process in action / in motion — *mettre en branle le processus de transition*
to go through a transition — *traverser une période de transition*
to weather a change in leadership — *subir sans encombres un changement à la tête de*
a tenure — *un bail*
to pursue a policy — *poursuivre une politique*

a continuity in policies	*une continuité politique*
political discontinuity	*une rupture en politique*
a carryover	*un survivant*
a holdover	*un rescapé*
to lengthen a tour of duty	*maintenir dans ses fonctions*
a new era	*une nouvelle ère*
a previous era	*une période antérieure*
a heir	*un héritier*
a heir apparent	*un héritier présomptif*
a rightful heir	*un héritier naturel*
an aspirant	*un prétendant*
a hopeful	*un jeune loup*
to groom sb. for a post	*préparer qqn. à un poste*
to be groomed as heir	*être le poulain de*
to be singled as	*être choisi comme*
to emerge as	*paraître comme*
a successor	*un successeur*
an anointed successor	*un dauphin désigné*
to swing the balance in favour of	*faire pencher la balance en faveur de*
a swing role	*un rôle de balancier*
to choose as a successor	*choisir comme successeur*
to opt for ... over ...	*choisir ... de préférence à ...*
to pick	*choisir*
to handpick	*choisir avec soin*
a handpicked heir	*un héritier trié sur le volet*
a likely successor	*un successeur probable*
a claimant to sb.'s succession	*un prétendant à la succession de qqn.*
a competitor for	*un rival pour*
to size up	*jauger*
to assess	*juger la valeur de*
to speculate (on, about)	*s'interroger pour savoir*
speculation	*conjectures*
to fuel speculation	*alimenter les rumeurs*
to pour forth speculation	*donner libre cours aux spéculations*
to knock down speculation	*couper court à toutes conjectures*
a rumor	*une rumeur*
to circulate a rumour	*faire courir un bruit*
to quash a rumour	*balayer une rumeur*
to dispel	*dissiper*
to float a notion	*faire courir un bruit*
to be passed over for	*donner la préférence à un autre (pour un poste)*
to take a candidate out of contention	*retirer un candidat de la course*
experienced	*expérimenté*
unseasoned	*novice*
untried	*débutant*

10 ELECTORAL FRAUD — *LA FRAUDE ELECTORALE*

murky politics	*la politique trouble*
to flout electoral rules	*mépriser les lois électorales*
a flawed campaign	*une campagne entachée d'irrégularités*
to rig elections	*truquer des élections*
election rigging	*la fraude électorale*
ballot rigging / ballot fraud	" " "
electoral abuses	*abus électoraux*
to prevent abuses	*prévenir les abus*
to remedy abuses	*réprimer les abus*
false campaign propaganda	*la propagande électorale abusive*
scurrilous rumours	*rumeurs calomnieuses*
defamatory	*diffamatoire*
dirty tricks	*les magouilles*
to buy votes	*acheter des voix*
vote buying	*la corruption d'électeurs*
to intimidate voters	*intimider les électeurs*
coercion of voters	*pressions sur les électeurs*
to cast the first stone	*jeter la première pierre*
to gag the opposition	*bâillonner l'opposition*
to get one's point of view across	*faire passer ses idées*
to be given scant access to TV	*avoir un temps d'antenne limité*
to bury opposition candidates	*enterrer l'opposition*
to rob sb. of votes	*voler des voix à qqn.*
graft	*la corruption*
political bribery	*la corruption électorale*
a pay-off	*un pot-de-vin*
to stuff ballot boxes	*bourrer les urnes*
to fry the fat	*obtenir des fonds par la pression*
to tamper with	*falsifier*
dishonest counting	*les calculs malhonnêtes*
an irregularity	*une irrégularité*
to be marred by irregularities	*être entaché d'irrégularités*
to challenge an irregularity	*contester une irrégularité*
to infringe election legislation	*violer la loi électorale*
to supervise an election	*superviser une élection*
an election commission	*une commission électorale*
to probe into corruption	*se pencher sur la corruption*
to monitor elections	*surveiller les élections*
a monitoring system	*un système de surveillance*
to observe the polling process	*vérifier le déroulement de l'élection*
an election watcher	*un observateur aux élections*
an observer	*un observateur*
an overseer	" "
to invalidate an election	*annuler une élection*
a recount	*un second décompte des voix*
a clean election	*une élection propre*
free elections	*élections libres*
fair elections	*élections justes*

11 THE AMERICAN PRESIDENTIAL ELECTIONS — *LES ELECTIONS PRESIDENTIELLES AUX ETATS-UNIS*

the president-elect	*le président élu*
a four-year term	*un mandat de quatre ans*

to complete a term	*aller au bout de son mandat*
a mid-term election	*une élection intermédiaire (non présidentielle)*
the nominating process	*le processus de nomination*
a primary	*une primaire*
to hold a primary	*organiser une primaire*
primary battle season	*la bataille des primaires*
to move to a war footing	*intensifier (une campagne)*
a war chest	*un trésor de guerre*
a front-loaded primary	*une primaire dont les candidats sont désignés tôt*
back-loaded	*dont les candidats sont désignés tard*
an open primary	*une primaire ouverte*
a closed primary	*une primaire fermée*
a delegate	*un délégué*
delegate selection rules	*les règles de désignation des délégués*
a slate of delegates	*une liste de délégués*
a would-be delegate	*un délégué potentiel*
a pledged delegate	*un délégué engagé*
to be uncommitted	*être non inscrit*
to win delegates	*gagner des délégués*
a delegate-rich state	*un état riche en délégués*
a share of delegates	*une partie des délégués*
delegate strength	*une force en délégués*
a precinct	*une circonscription électorale, un arrondissement*
a caucus	*une réunion de dirigeants partisans, un comité de primaire*
to caucus	*se réunir*
to win a caucus	*remporter la majorité dans un comité*
a straw vote	*un vote indicatif*
a ticket	*une liste des candidats d'un parti, un programme (de parti politique), l'investiture (d'un candidat par un parti), les candidats à la présidence et à la vice-présidence*
the Republican ticket	*le ticket républicain*
Democrat	*démocrate*
a straight ticket	*une liste sans modification*
a split ticket	*un panachage*
to make the ticket	*parvenir à être sur une liste*
to be on the ticket	*faire partie de la liste*
to run a ticket	*diriger une liste*
to run on a Republican ticket	*se présenter sur la liste républicaine*
to vote a straight ticket	*voter le programme du parti sans modification*
to be dropped from the ticket	*être rayé de la liste*
an elector	*un grand électeur*
the electoral college	*le collège des grands électeurs*

an interest group	*un groupe d'intérêt*
to be beholden to	*être redevable à*
a running mate	*un colistier*
a mugwump	*un non-inscrit, un indépendant*
a party hack	*un tâcheron*
the rank and file	*la base*
the underdog	*le perdant*
a dark horse	*un candidat inattendu, un outsider*
the odds-on favourite	*le grand favori*
the favourite son	*l'enfant du pays*
a maverick candidate	*un candidat indépendant*
dyed-in-the-wool	*inconditionnel*
a home-state supporter	*un soutien dans son propre état*
a staunch supporter	*un fervent partisan*
Labor Day	*la Fête du Travail (1er dimanche de septembre et ouverture de la campagne officielle)*
a steamroller campaign	*un rouleau compresseur*
the bandwagon	*le train qu'on prend en marche*
to climb on the bandwagon	*prendre le train en marche*
to jump on the bandwagon	" " " " "
to be swept aboard a candidate's bandwagon	*être entraîné dans la campagne d'un candidat*
to take the stump	*battre la campagne*
a whistle-stop	*un arrêt bref dans une petite ville au cours d'une campagne*
a whistle-stop campaign	*faire campagne à bord d'un train*
to make a whistle-stop tour of	*faire à toute allure le tour de*
to barnstorm	*faire une tournée électorale*
to deliver the goods	*apporter les voix sur un plateau*
a power broker	*un homme-clé*
a convention	*une convention, un congrès du parti*
to hold a convention	*organiser une convention*
the Rules Committee	*la Commission des règles*
the Credentials Committee	*la Commission de la vérification des pouvoirs*
the Platform Committee	*la Commission du programme*
the platform	*le programme*
a plank	*un point*
a keynote speech	*un discours programme*
to corral votes	*rassembler des voix*
to nominate	*accorder l'investiture*
to be nominated	*recevoir l'investiture du parti*
nomination	*la nomination*
to run for the nomination	*être en course pour la nomination*

the nominee	*le candidat officiel désigné par la convention du parti*
to lock up the nomination	*être assuré de la nomination*
the inauguration	*l'inauguration*
to be inaugurated	*être inauguré*
the swearing-in ceremony	*la cérémonie d'investiture*
to be sworn in	*prêter serment*
to recite the presidential oath	" "
to take the presidential oath	" "
to administer the oath to	*faire prêter serment à*
to take the oath of office	*prêter serment*
the Chief Justice	*le président de la Cour Suprême*
the spoils system	*le système des dépouilles*
a pork barrel	*un projet gouvernemental bénéfique pour l'état d'un candidat (ex: grands travaux)*
pork barreling	*une politique de grands travaux suceptible de se concilier les électeurs, forme d'électoralisme*
to fry the fat	*obtenir des fonds par pression*
to pass the buck	*se défiler de ses responsabilités*
to pussyfoot	*se défiler*
to sit on the fence	*refuser de s'engager*
to back and fill	*faire une valse-hésitation*
to straddle an issue	*ménager la chèvre et le chou*
logrolling	*le renvoi de l'ascenseur*
a junket	*un voyage aux frais de la princesse*
peanut politics	*politicailleries mesquines*
a two-bit politician	*un politicien de quatre sous*
to mend fences	*entretenir son image*
horse trading	*manigances*

4 GOVERNMENT — *LE GOUVERNEMENT*

I POLITICAL SYSTEMS — *LES SYSTEMES POLITIQUES*

1 GENERAL BACKGROUND — *GENERALITES*

a system of government	*un régime*
an empire	*un empire*
imperial rule	*le pouvoir impérial*
imperialism	*l'impérialisme*
imperialist	*impérialiste*
an emperor	*un empereur*
an empress	*une impératrice*
a colonial empire	*un empire colonial*
a colony	*une colonie*
a commonwealth	*un commonwealth*
a dominion	*un dominion*
a confederation	*une confédération*
a federation	*une fédération*
a regime	*un régime*
a republic	*une république*
republican	*républicain*
a national entity	*une entité nationale*
a power	*une puissance*
a great power	*une grande puissance*
a super power	*une superpuissance*
a sovereign nation	*une nation souveraine*
a dictatorship	*une dictature*
a military junta	*une junte militaire*

see : dictatorship — *voir : la dictature*

2 MONARCHY — *LA MONARCHIE*

the Crown	*la Couronne*
a sovereign	*un souverain*
sovereignty	*la souveraineté*
a crowned head	*une tête couronnée*
the Court of St James	*la Cour d'Angleterre*
a kingdom	*un royaume*
the realm	*le royaume*
a monarchy	*une monarchie*
imperial	*impérial*
monarchism	*le monarchisme*
monarchical	*monarchique*
monarchical powers	*pouvoirs monarchiques*
a monarch	*un monarque*
a monarchist	*un monarchiste*
absolute monarchy	*la monarchie absolue*
a king	*un roi*
a queen	*une reine*
a prince	*un prince*
a princess	*une princesse*
a duke	*un duc*
a duchess	*une duchesse*

a marquis	*un marquis*
a marquess / a marchioness	*une marquise*
an earl	*un comte*
a count	*un comte (autre qu'anglais)*
a countess	*une comtesse*
a viscount	*un vicomte*
a baron	*un baron*
a baroness	*une baronne*
royalty	*un membre de la famille royale, la royauté*
a claimant to the throne	*un prétendant au trône*
the heir apparent	*l'héritier présomptif*
hereditary	*héréditaire*
to succeed	*succéder à*
a successor	*un successeur*
the accession	*l'avènement*
coronation	*le couronnement*
to reign	*régner*
Her / His Majesty	*Sa Majesté*
to abdicate	*abdiquer*
abdication	*l'abdication*
a peer	*un pair*
a peeress	*une pairesse*
a life peer	*un pair à vie*
peerage	*la pairie*
nobility	*la noblesse*
the gentry	*la petite noblesse*
aristocracy	*l'aristocratie*
an aristocrat	*un aristocrate*
aristocratic	*aristocratique*

3 DEMOCRACY — *LA DEMOCRATIE*

a democracy	*une démocratie*
democratic	*démocratique*
a democrat	*un démocrate*
popular sovereignty	*la souveraineté populaire*
the opposition	*l'opposition*
a constitution	*une constitution*
a written constitution	*une constitution écrite*
a framework	*un cadre*
individual rights	*les droits des personnes*
human rights	*les droits de l'homme*
a bill of rights	*une déclaration des droits*
to guarantee a right	*garantir un droit*
an article	*un article*
to pass an article	*voter un article*
an amendment	*un amendement*
the founding fathers	*les pères fondateurs*
to ratify	*ratifier*
ratification	*la ratification*
constitutional	*constitutionnel*
a constitutional government	*un gouvernement constitutionnel*
a constitutional framework	*un cadre constitutionnel*
a constitutional monarchy	*une monarchie constitutionnelle*
a parliamentary democracy	*une démocratie parlementaire*

see : human rights — *voir : les droits de l'homme*

II GOVERNMENT — *LE GOUVERNEMENT*

1 GENERAL BACKGROUND — *GENERALITES*

a government system	*un régime*
a representative government	*un gouvernement représentatif*
self-government	*l'autonomie*
self-governing	*autonome*
a democratic government	*un régime démocratique*
local government	*l'administration locale*
a minority government	*un gouvernement minoritaire*
a shadow government	*un gouvernement fantôme, un contre-gouvernement*
a caretaker government	*un gouvernement de transition qui expédie les affaires courantes*
a provisional government	*un gouvernement provisoire*
a breakaway government	*un gouvernement dissident*
a national unity government	*un gouvernement d'unité nationale*
a coalition government	*un gouvernement de coalition*
decentralisation of power	*la décentralisation du pouvoir*
the breakdown of a political system	*la chute d'un système politique*
a government in exile	*un gouvernement en exil*
governmental stability	*la stabilité gouvernementale*
stable	*stable*
instability	*l'instabilité*
unstable	*instable*
legitimacy	*la légitimité*
legitimate	*légitime*

2 THE CABINET — *LE GOUVERNEMENT*

2.1 GENERAL BACKGROUND — *GENERALITES*

the Cabinet	*le cabinet (ensemble des secrétaires d'Etat aux Etats-Unis)*
to select a cabinet	*choisir ses ministres*
a member of the Cabinet	*un membre du gouvernement*
a Cabinet minister	*un ministre*
a shadow cabinet	*un cabinet fantôme*

an inner cabinet	*un cabinet restreint*
a cabinet meeting	*un conseil des ministres*
a full Cabinet	*une séance pleinière du conseil*
a kitchen cabinet	*les conseillers privés (du premier ministre / du président)*
a Cabinet appointment	*une nomination à un ministère*
the head of government	*le chef de gouvernement*
the premiership	*le rôle de premier ministre*
the prime minister	*le premier ministre*
(a) premier	*(un) premier ministre*
to draw a premier from the majority	*choisir un premier ministre dans la majorité*
to hold executive office	*faire partie de l'exécutif*
public office	*fonctions officielles*
a stint as	*une période (comme)*
a department / a ministry	*un ministère*
a portfolio	*un maroquin*
ministerial	*ministériel*
a minister of state	*un ministre d'Etat*
a minister	*un ministre*
a junior minister	*un secrétaire d'Etat*
a secretary (USA)	*un ministre / un secrétaire*

2.2 FORMING A GOVERNMENT — *LA FORMATION DU GOUVERNEMENT*

to preside over a government	*présider un gouvernement*
to name a government	*nommer les membres d'un gouvernement*
to put together a government	*former un gouvernement*
to set up a government	" " "
to form a government	" " "
to assemble a team	*former une équipe*
to enter the government	*entrer au gouvernement*
to appoint a minister	*nommer un ministre*
to take part in a government	*participer à un gouvernement*
a narrow government	*un gouvernement restreint*
to join the government	*entrer au gouvernement*
to form a government	*former un gouvernement*
credentials	*références*
to allocate ministries	*répartir les ministères*
the allocation of ministries	*la répartition des ministères*
to head a department	*diriger un ministère*
to be appointed to a Cabinet position	*être nommé à un poste de ministre*
to be made a minister	*obtenir un maroquin*
to be promoted to full ministerial rank	*être promu au rang de ministre à part entière*
to serve one's country	*servir son pays*
to take office	*entrer en fonction*
to take office as prime minister	*prendre ses fonctions de premier ministre*
to run a government with a firm hand	*diriger un gouvernement d'une main de fer*
a cabinet committee	*un comité ministériel*
to sit on a committee	*faire partie d'un comité*
a brief	*un dossier*
the minutes	*le compte rendu*
to minute	*être rapporteur*
a spokesman / a spokesperson	*un porte-parole*
a mandate	*un mandat*
a clear mandate	*un mandat sans équivoque*
to enjoy a popular mandate	*jouir d'un mandat populaire*
a honeymoon	*un état de grâce*
to run until	*aller jusqu'à*
to expire	*expirer*

2.3 CABINET CRISIS — *LA CRISE GOUVERNEMENTALE*

the collapse of a government	*l'effondrement d'un gouvernement*
to fall	*tomber*
a Cabinet crisis	*une crise ministérielle*
a Cabinet shake up	*un réaménagement ministériel*
a Cabinet shuffle / reshuffle	*un remaniement ministériel*
to glue together a government	*recoller un gouvernement*
to hold a government together	*maintenir l'union gouvernementale*
to stay at one's post	*rester à son poste*
to retain office	*rester au pouvoir*
to wear oneself out in one's post	*s'user à l'épreuve du pouvoir*
to let a minister go	*accepter la démission d'un ministre*
to go out of office	*mettre fin à ses fonctions, perdre son portefeuille*
a walkout from a Cabinet	*un départ du gouvernement (en signe de protestation)*
to be out of office	*ne plus être en fonction / au pouvoir*
to sack a minister	*remercier un ministre*
to send to Coventry	*limoger*
to ditch	*laisser tomber*
to dismiss	*écarter*
to resign	*démissionner*
a resignation	*une démission*
to hand in one's resignation	*remettre sa démission*
to remove (from office)	*révoquer*
to step down	*passer la main*
to stand down	*se désister*
to end a spell in a government	*mettre fin à ses fonctions gouvernementales*

3 THE BRITISH SYSTEM — ***LE SYSTEME BRITANNIQUE***

3.1 THE EXECUTIVE BODY — *L'EXECUTIF*

the Prime Minister	*le premier ministre*
the Chancellor of the Exchequer	*le chancelier de l'Echiquier, le ministre des Finances*
the Ministry of Finance	*le ministère des Finances*

the Treasury	*le Trésor*
the Lord Chancellor	*le président de la Chambre des Lords, le ministre de la Justice*
the Keeper of the Seal	*le ministre de la Justice*
the Minister of Justice	" " " " "
the Home secretary	*le ministre de l'Intérieur*
the Home Office	*le ministère de l'Intérieur*
the Foreign Secretary	*le ministre des Affaires étrangères*
the Foreign Office	*le ministère des Affaires étrangères*
the Defence Secretary	*le ministre de la Défense*
the Trade and Industry Secretary	*le ministre du Commerce et de l'Industrie*
the Board of Trade	*le ministère du Commerce*
the Transport Secretary	*le ministre des Transports*
the Education Secretary	*le ministre de l'Education*
the Health Secretary	*le ministre de la Santé*
the Environment Secretary	*le ministre de l'Environnement*
the Energy Secretary	*le ministre de l'Energie*
the Employment Secretary	*le ministre de l'Emploi*
the Agriculture Minister	*le ministre de l'Agriculture*
the Northern Ireland Secretary	*le ministre chargé des Affaires d'Irlande du Nord*
a junior minister	*un secrétaire d'Etat*
an ombudsman	*un médiateur*
the Parliamentary Commission	*le médiateur*
10, Downing Street	*la résidence du premier ministre*
Whitehall	*le siège du gouvernement, les milieux gouvernementaux*
Westminster	*le Parlement, les Chambres*

3.2 THE LEGISLATIVE BODY — *LE LEGISLATIF*

Parliament	*le Parlement*
the Houses of Parliament	*le Palais de Westminster*
the upper house	*la chambre haute*
the lower house	*la chambre basse*
bicameral	*bicaméral*
the House of Lords	*la Chambre des Lords*
the House of Parliament	*le Parlement*
the House of Commons	*la Chambre des députés*
the Commons	*les Communes*
a Member of Parliament (an MP)	*un membre du Parlement*
a peer of the realm	*un pair du royaume*
the backbench	*le banc des députés sans portefeuille*
a backbencher	*un député de la base*
the backbenchers	*le gros des députés*
the front bench	*le banc des ministres et des membres du cabinet fantôme*
a frontbencher	*un député siégeant au banc des ministres ou à celui des membres du cabinet fantôme*
the Speaker	*le Président de la Chambre des Communes*
the Deputy Speaker	*le Vice-Président*
the chairmanship (of)	*la présidence (de)*
the Leader of the Opposition	*le chef de l'opposition*
a party whip	*un président de groupe*
a hawk	*un faucon*
hawkish	*belliqueux*
a dove	*une colombe*
dovish	*pacifique*
the state opening of Parliament	*l'ouverture solennelle du Parlement*
to summon a session	*convoquer le Parlement*
a session	*une session, une séance*
a parliamentary session	*une session parlementaire*
a parliamentary majority	*une majorité parlementaire*
to sit	*siéger*
to be sitting	*être en session*
to sit in camera	*siéger à huis clos*
to assemble	*se réunir*
to adjourn	*ajourner*
an adjournment	*une suspension*
to recess	*suspendre la séance, être en vacances (parlementaires)*
a recess	*vacances parlementaires*
the Queen's speech (UK)	*le discours du trône*
a maiden speech	*un premier discours*
to dissolve Parliament	*dissoudre le Parlement*
a dissolution	*une dissolution*
to break up	*se séparer*
the breaking up	*la fin de session*
a hung parliament	*une chambre introuvable*
a rubber stamp parliament	*un parlement à la botte de*
an outgoing parliament	*une chambre sortante*

4 THE US GOVERNMENT — *LE GOUVERNEMENT AMERICAIN*

4.1 THE EXECUTIVE BODY — *L'EXECUTIF*

The White House	*la Maison Blanche*
the Oval office	*le bureau du président*
the administration	*le gouvernement*
the Bush administration	*l'administration Bush*
the civil service	*l'administration*
bureaucracy	"
the State Department	*le département d'Etat (ministère des Affaires étrangères)*
the State Secretary	*le secrétaire d'Etat*
the Treasury Department	*le ministère du Trésor*
the Department of Defense	*le ministère de la Défense*
the Defense Secretary	*le ministre de la Défense*
the Pentagon	*le Pentagone*
the Interior Department	*le ministère de l'Intérieur*
the Agriculture Department	*le ministère de l'Agriculture*

the Justice Department	*le ministère de la Justice*
the Attorney General	*le ministre de la Justice*
the Commerce Department	*le ministère du Commerce*
the Labor Department	*le ministère du Travail*
the Health and Human Services (HHS)	*le ministère de la Santé et des services sociaux*
Housing and Urban Development (HUD)	*le ministère du Logement et de l'urbanisme*
the Transportation Department	*le ministère des Transports*
the Energy Department	*le ministère de l'Energie*
the Education Department	*le ministère de l'Education*
the Postmaster General	*le ministre des P et T*
the Office of the President	*les services de la présidence*
the White House Office	*le secrétariat de la présidence*
the Executive Office	*le bureau de l'exécutif*
the Office of Management and Budget (OMB)	*les services du budget*
the Office of Personnel Management	*les services de gestion du personnel*
the Council of Economic Advisers	*le conseil économique*
the National Security Council	*le conseil national de sécurité*
a National Security Adviser	*un conseiller spécial pour la sécurité*
a presidential aide	*un conseiller de la présidence*
counsel to the President	*conseiller du président*
a counsellor	*un conseiller*
an assistant to the President	*un assistant du président*
a special advisor	*un conseiller spécial*
a special consultant	*un expert-conseil*
a special assistant	*un assistant spécial*
an independent regulatory commission	*une commission indépendante à caractère réglementaire*
an agency	*une agence*
a board	*un conseil*
a bureau	*un service, un office*
a commission	*une commission*
an office	*un bureau*
a federal corporation	*un établissement public*
a state authority	" " "
an advisory committee	*une commission consultative*
the Federal Reserve Board (Fed)	*la Banque fédérale de réserve (banque centrale américaine)*
the Securies and Exchange Commission (SEC)	*la Commission des opérations en bourse (COB)*
the Federal Trade Commission	*l'Agence pour le commerce intérieur*
the Food and Drug Administration	*services chargés du contrôle de la qualité des produits et médicaments*
the Small Business Administration	*l'agence pour les petites et moyennes entreprises*
the Consumer Product Safety Commission	*l'agence sur la sécurité des produits*
the National Labor Relations Board	*la commission de médiation dans les conflits sociaux*
the Equal Employment Opportunity Commission	*la commission chargée de la lutte contre la discrimination dans l'emploi*
the Veterans Administration	*le ministère des anciens Combattants*
the Federal Power Commission	*la commission fédérale de l'énergie*
the Nuclear Regulatory Commission	*la commission sur le contrôle de l'énergie nucléaire*
the Environmental Protection Agency (EPA)	*l'agence de l'environnement*
the Federal Bureau of Investigation (FBI)	*le FBI (le Bureau Fédéral d'Investigation)*
the Central Intelligence Agency (CIA)	*la CIA (Agence Centrale de Renseignements)*
the National Science Foundation	*la fondation scientifique nationale*
the NASA (National Aeronautics and Space Agency)	*la N.A.S.A.*
the Arms Control and Disarmament Agency	*l'agence sur le désarmement*
the National Endowement for the Arts and the Humanities	*la commission nationale des arts et de la culture*
a lobby	*un groupe de pression*
the civil service	*la fonction publique*
the civil service system	" " "
a civil servant	*un fonctionnaire*
a top-ranking civil servant	*un haut fonctionnaire*
a senior civil servant	" " "
the seniority system	*le système de l'ancienneté*
the spoils system	*le système des dépouilles, le patronage*
an officer	*un fonctionnaire (nommé hors concours, selon le système des dépouilles)*
the merit system	*le système de recrutement et de promotion par voie de concours*
excepted service	*le service par exception*
the Senior Executive Service	*le corps de hauts fonctionnaires*
a school of public administration	*une école d'administration*

4.2 THE LEGISLATIVE BODY — *LE LEGISLATIF*

Capitol Hill	*la colline du Capitole, le Capitole*
Congress	*le Congrès*
the vice-president	*le vice-président (aussi président du Sénat)*
a member of Congress	*un membre du Congrès*
a term	*un mandat*
a qualification	*une condition d'éligibilité*
a congressman / a congresswoman	*un membre de la Chambre des représentants*
the Senate	*le Sénat*
a senator	*un sénateur*
the Leader	*le chef de la majorité (au Sénat)*
the House of Representatives	*la Chambre des représentants*
a representative	*un représentant*
a Speaker	*un Speaker (de la Chambre)*
a whip	*un chef de file (chargé d'assurer la liaison entre les membres d'un parti)*
a caucus	*une réunion pleinière d'un parti*
the Speech on the Union	*le discours sur l'état de l'union*
a standing committee	*une commission permanente (restreinte mais non spécialisée)*
a conference committee	*une commission de conférence*
a select / special committee	*une commission spéciale et temporaire (en vue de l'examen d'un projet de loi ou à des fins d'enquête)*
a select committee on ethics	*une commission spéciale d'éthique*
a joint committee	*une commission mixte (formée par la réunion de deux commissions spéciales, pour étudier un problème déterminé)*
a Policy and Steering committee (dem.)	*comité directeur chargé des nominations en commission (démocrate)*
a Committee on Committee (rep.)	*un comité directeur (républicain)*
a policy committee	*une commission politique*
the Foreign Relations committee	*la commission des affaires étrangères*
the Rules committee	*la commission des règles*
the Ways and Means committee	*la commission du budget*
the Education and Labor committee	*la commission de l'éducation et du travail*
a Scrutiny committee	*une commission d'examen et de contrôle (des lois)*
to go into committee	*renvoyer devant la commission*
a session	*une session*
a special session	*une session extraordinaire*
the General Accounting Office (GAO)	*la Cour des comptes (législative)*
the Congressional Budget Office	*l'office budgétaire du Congrès*
the Congressional Record	*le Journal officiel*
enumerated powers	*pouvoirs explicites*
implied powers	*pouvoirs implicites*

III POWERS — *LES POUVOIRS*

the legislature	*le corps législatif*
the judiciary system	*le pouvoir judiciaire*
checks and balances	*poids et contrepoids*
the separation of powers	*la séparation des pouvoirs*
to vest a power in	*investir d'un pouvoir*
the executive branch	*l'exécutif*
the chief executive	*le chef de l'exécutif*
the President	*le président*

1 THE EXECUTIVE POWER — *LE POUVOIR EXECUTIF*

to run a country	*diriger un pays*
to run the day-to-day affairs	*gérer les affaires quotidiennes*
to craft a policy	*forger une politique*
to make government policy	*faire la politique du gouvernement*
the power to make decisions	*le pouvoir de prendre des décisions*
political clout	*le poids politique*
political authority	*l'autorité politique*
to maintain authority	*maintenir l'ordre*
to regulate	*contrôler*
to protect individual rights	*protéger les droits individuels*
national defense	*la défense nationale*
public education	*l'éducation nationale*
postal services	*les P et T*
health care	*la santé*
public works	*les travaux publics*
to nationalize	*nationaliser*
state-owned	*nationalisé*
state-ownership	*les nationalisations*
to centralize	*centraliser*
to decentralize	*décentraliser*
devolution	*la décentralisation*

to put forward priorities	*avancer des priorités*
to take steps to	*prendre des mesures afin de*
to implement	*mettre en œuvre*
a decision-making body	*un corps exécutif*
to rule	*diriger*
to govern	*gouverner*
to exercise control over	*exercer le contrôle sur*
to wield the power	*détenir le pouvoir*
to be in charge of	*être responsable de*
to preside over the destiny of	*présider aux destinées de*
to be at the helm	*être à la barre*
to make a choice	*faire un choix*
a prime objective	*un objectif prioritaire*
a move	*une mesure*
to plan	*projeter*
a plan	*un projet*
a blueprint	*un schéma directeur*
to scheme	*combiner*
a scheme	*un plan*
a review	*une étude*
to review	*étudier*
a task	*une tâche*
a pressing task	*une tâche urgente*
to buckle down to a task	*s'attaquer à une tâche*
to tackle	*s'attaquer à*
to grapple with	" "
to deal with	*aborder*
to cope with	*affronter*
to face	*faire face à*
to devise	*concevoir*
to take a course of action	*adopter une ligne de conduite*
to adopt	*adopter*
to set about to	*se mettre à*
to proceed to	*se mettre en devoir de*
to see (to it) that	*veiller à ce que*
to resort to	*avoir recours à*
to work out a solution	*trouver une solution*
to overcome difficulties	*surmonter les difficultés*
to swing into action	*passer à l'action*
to carry out	*mener à bien, exécuter*
to implement	*mettre en œuvre*
implementation	*la mise en œuvre*
to perform	*accomplir*
performance	*l'exécution*
to achieve	*mener à bien*
achievement	*un exploit*
to work wonders	*faire des miracles*
to solve	*résoudre*
to settle a problem	*régler un problème*
to meet wishes half way	*aller au-devant des désirs*
to give sth. to chew on	*donner du grain à moudre*
to pass up a chance	*manquer une occasion*
to scrap a project	*mettre un projet au rebut*
to phase in	*introduire*
to phase out	*abandonner*
to keep pressing ahead	*aller de l'avant*
to prepare for the future	*préparer l'avenir*
to spell out a program	*présenter un programme*
to hail innovations	*saluer les innovations*
to take the flak for	*être critiqué pour*
to draw up a budget	*faire le budget*
a procedure	*une procédure*
to set in motion	*déclencher*
an arbitration procedure	*une procédure d'arbitrage*
to end a dispute	*régler un contentieux*
a guillotine procedure	*l'article 49-3*
to suspend financial aid	*supprimer une aide financière*

2 THE LEGISLATIVE POWER — *LE POUVOIR LEGISLATIF*

the Privy Council (UK)	*le Conseil privé (le conseil des ministres élargi)*
a Parliamentary Agent	*un avocat participant à l'élaboration d'une loi (non élu)*
a working paper	*un document de travail*
a green paper	*un rapport préliminaire*
a white paper	*un livre blanc, un rapport définitif*
a pressure group	*un groupe de pression*
a lobby	" " " "
a lobbyist	*un membre d'un groupe de pression*
Royal Assent	*la promulgation*

2.1 FUNCTIONS — *LES FONCTIONS*

a law-making body	*un corps chargé de l'élaboration des lois*
legislation	*la législation*
to draft legislation	*rédiger des lois*
to draft a law	*rédiger une loi*
to pass legislation	*voter des lois*
to pass a law	*voter une loi*
to push through legislation	*réussir à faire voter des lois*
Parliamentary control	*le contrôle parlementaire*
to lay legislation before Parliament	*soumettre une législation au contrôle du parlement*
an affirmative resolution	*une résolution d'approbation expresse*
a negative resolution	*une résolution d'approbation tacite*
the appropriation of funds	*la répartition des fonds*
the ratification of treaties	*la ratification des traités*
to hold ministers to account	*réclamer des comptes aux ministres*
to vote the budget	*voter le budget*
to draft a treaty	*rédiger un traité*
to collect taxes	*lever l'impôt*
to regulate commerce	*contrôler le commerce*
to coin money	*frapper la monnaie*
to declare war	*déclarer la guerre*

2.2 LEGISLATION — *LA LEGISLATION*

statute legislation	*la législation de source parlementaire*
a statute	*une loi*
a statute book	*un code*

an act (of parliament)	*une loi*
a bill	*un projet de loi*
to sponsor a bill	*introduire un projet de loi*
a public bill	*un projet de loi (d'intérêt général)*
a private bill	*un projet de loi, une proposition de loi de caractère privé*
a private members' bill	*une proposition de loi d'origine parlementaire*
an omnibus bill	*un projet de loi fourre-tout*
a local bill	*un projet / une proposition de loi d'intérêt local*
an unopposed bill	*un projet de loi ne rencontrant pas d'opposition*
a short title	*un intitulé abrégé*
a long title	*un intitulé intégral*
a preamble	*un préambule*
a clause	*un article*
a schedule	*une annexe*
a memorandum	*une annexe additionnelle*
a section	*une section*
a subsection	*un article*
a paragraph	*un alinéa*
a chapter number	*un numéro d'enregistrement*
a provision	*une disposition*
provisions relating to	*dispositions relatives à*
to strike a provision from the final version	*retirer une disposition de la version finale*
a decree	*un décret*
an ordinance	*une ordonnance*
a motion	*une proposition*
an amendment	*un amendement*
to move an amendment	*déposer un amendement*
to consider an amendment	*examiner un amendement*
to ratify an amendment	*ratifier un amendement*
to send back for further amendments	*renvoyer pour amendements supplémentaires*
a petition	*une demande*
to present a petition	*soumettre une demande*
delegated legislation	*la législation subordonnée*
a statutory instrument	*un instrument législatif*
a rule	*un règlement*
an order	*une ordonnance*
an order in Council	*une ordonnance en conseil privé*
a Government order	*un décret ministériel*
a bye-law	*un arrêté municipal*

2.3 ENACTEMENT *LA PROMULGATION*

to enact	*promulguer, donner force de loi*
enactment	*la loi*
to originate in	*prendre naissance dans*
to draft	*rédiger*
to present a bill	*déposer un projet de loi*
a first reading	*un dépôt et enregistrement*
a second reading	*une discussion générale du texte*
a third reading	*un examen et vote final*
to adopt a motion	*adopter une motion*
a third reading	*une troisième lecture*
to table a bill	*présenter un projet de loi*
to introduce	*introduire*
to sponsor	"
to bring in a bill	*introduire un projet de loi*
a sponsor	*un auteur (d'un projet de loi)*
a promoter	*un instigateur*
to second	*appuyer*
the committee stage	*le passage en commission*
a division	*un vote*
to call a division	*passer au vote*
to call for a division	*demander la mise aux voix*
to carry a division	*avoir la majorité des voix*
without a division	*sans procéder au vote*
on division	*lors du vote*
the report stage	*l'étude du texte article par article*
to report back (to)	*soumettre à nouveau le texte (à)*
to carry . . . to	*transmettre à ...*
to carry back and forth (between)	*faire la navette (entre)*
to bring in experts	*consulter des experts*
to sign a bill into law	*signer une loi*

2.4 FILIBUSTERING *L'OBSTRUCTIONNISME*

to oppose a bill	*s'opposer à un projet de loi*
to hold up a bill "for review"	*retarder une loi pour examen*
to slow down the passage of a bill	*retarder le passage d'une loi*
to speed up	*accélérer*
a timetable	*un calendrier*
a Closure Motion	*une motion de clôture*
to put a motion	*mettre fin au débat et passer au vote*
guillotine	*une limite de temps*
to impose a guillotine on a bill	*imposer une limite de temps à un débat sur un projet de loi*
the Kangaroo	*le système de tri parmi les amendements (à la discrétion du Speaker)*
to jawbone sb. (into)	*faire pression (sur qqn.)*
to talk out	*prolonger les débats*
to filibuster	*faire de l'obstruction*
to sidetrack	*enterrer*
to clog the parliament	*encombrer le parlement*
a showdown on a bill	*une épreuve de force sur un projet de loi*

2.5 EXAMINATION *L'EXAMEN DE PROCEDURE*

the order of the day	*l'ordre du jour*
standing orders	*règlements des débats*

question time	*le temps réservé aux questions orales*
to allot time	*attribuer un temps de parole*
to call for the previous question	*poser la question préalable*
an issue	*un problème*
to join / take issue with	*discuter l'opinion de / contester*
to publicize a problem	*faire connaître un problème*
to discuss	*discuter de*
to come under discussion	*venir en discussion*
to make one's objections heard	*présenter ses objections*
to put a bill under the ten minute rule	*présenter une proposition de loi avec un temps de parole de 10' maximum (par député)*
to debate about	*débattre de*
a debate	*un débat*
debatable	*contestable*
to make one's point	*présenter ses arguments*
to come to the point	*en venir au fait*
to miss the point	*ne pas voir où on veut en venir*
to make a point of	*se faire un devoir de*
to propose	*proposer*
a proposal	*une proposition*
to back	*soutenir*
to support	*apporter son soutien à*
to advocate	*préconiser*
to stress	*souligner*
to emphasize	*insister sur le fait que*
to approve of	*approuver*
to disapprove of	*désapprouver*
approval	*approbation*
disapproval	*la désapprobation*
to urge	*inciter*
to lobby	*faire pression*
a lobby	*un groupe de pression*
to dispute	*contester*
to question	*mettre en doute*
questionable	*douteux*
to contradict	*contredire*
a contradiction	*une contradiction*

2.6 PROCEEDINGS — *LES DEBATS*

to complain	*se plaindre de*
a complaint	*une doléance*
to protest	*protester*
to lodge a protest	*protester solennellement*
to raise a protest	*élever une protestation*
to raise an outcry	*soulever un tollé*
a brush with Congress	*avoir maille à partir avec le Congrès*
an uproar	*un tapage*
a shouting match	*un échange verbal*
to interrupt	*interrompre*
an interruption	*une interruption*
a controversy	*une controverse*
controversial	*contesté*
to oppose	*s'opposer à*
an opponent	*un adversaire*
opposition to	*l'opposition à*
furor	*la fureur*
to placate	*calmer*
to abate	*s'apaiser*
to blow over	*se calmer*
censure	*la censure*

2.7 VETOS — *LES VETOS*

a loophole	*une faille, un vide juridique*
a veto	*un véto*
a pocket veto (USA)	*un véto "poche restante" (qui permet au président d'éviter un projet de loi en le laissant forclore)*
to veto	*opposer son véto à*
to be vetoed	*être l'objet d'un véto*
to wield a veto	*brandir un véto*
to use one's veto	*exercer son droit de véto*
to put a veto on	*mettre son véto à*
to override a veto	*passer outre à un véto*
to overrule a veto	*rejeter un véto*
to kill a veto	*casser un véto*
to break a tie	*faire pencher la majorité*

2.8 THE OUTCOME — *L'ISSUE*

to put a motion	*mettre une motion aux voix*
to present for	*soumettre à*
to take a vote	*mettre aux voix*
a straw vote	*un vote blanc*
to vote on	*voter*
to abstain from voting	*s'abstenir de voter*
an abstention	*une abstention*
to pass	*adopter*
to carry	"
to adopt	"
to pass an act	*adopter une loi*
a unanimous decision	*une décision unanime*
unanimity	*l'unanimité*
to railroad a bill	*faire voter un projet de loi (après un débat sommaire)*
to reject	*rejeter*
to throw out	"
to vote down	*rejeter par vote*
to repeal	*abroger*
to rescind	"
to defeat a bill	*rejeter une proposition de loi, mettre en minorité*
to withdraw a bill	*retirer un projet de loi*
to burke	*enterrer un projet*
a vote of no-confidence	*une motion de censure*
to pass a vote of confidence	*voter la confiance*
to put a no-confidence motion before	*déposer une motion de censure devant*
to state	*déclarer*
a statement	*une déclaration*

2.9 CONSTITUTIONALITY — *LA CONSTITUTIONNALITE*

court control	*le contrôle juridique*
to submit to scrutiny	*soumettre à l'examen et au contrôle*
an enabling act	*une loi d'habilitation*
to prevail	*l'emporter*
to repeal	*abroger*
to come into force	*entrer en vigueur*
to revive an act	*remettre une loi en vigueur*
case law	*la jurisprudence*
consolidation	*la mise en ordre du droit*
codification	*la codification*
to administer an act	*mettre en œuvre une loi*
to be ultra vires	*constituer un excès de pouvoir*
to declare void	*déclarer nul et non avenu*
to contravene	*enfreindre*
to impeach	*mettre en accusation*
impeachment	*la mise en accusation*
live coverage of	*la retransmission en direct de*

5 A COUP — *UN COUP D'ETAT*

1 GENERAL BACKGROUND — *GENERALITES*

a putsch	*un putsch*
a mutiny	*une mutinerie*
coup planners	*les organisateurs d'un coup d'Etat*
a coup leader	*un meneur*
a coupster	*un participant au coup d'Etat*
a plot	*un complot*
a plotter	*un comploteur*
a coup-plotter	*le fomenteur d'un coup d'Etat*
an assassination plot	*un complot d'assassinat*
a coup-plot	*un complot de coup d'Etat*
a batch of plotters	*un groupe de comploteurs*
an insurgent	*un insurgé*
a conspirator	*un conspirateur*
a co-conspirator	*un complice d'une conspiration*
to attempt a coup	*faire une tentative de coup d'Etat*
an attempted coup	*une tentative de coup d'Etat*
to launch a coup attempt	*faire une tentative de coup d'Etat*
to plan a coup	*projeter un coup d'Etat*
to time	*calculer*
timing	*opportunité*
to engineer	*manigancer*
to be on the brink (of)	*être au bord (de)*
to be in the making	*être en préparation*
to be coup-shy	*craindre un coup d'Etat*
to foment a coup	*fomenter un coup d'Etat*
to stage	*organiser*
to mount	*monter*
a coup scheme	*un complot de coup d'Etat*
to scheme	*comploter*
a coup palace	*une révolution de palais*
a colony	*une colonie*
a satrap	*un satrape*
a satrapy	*une satrapie*
a banana republic	*une république bananière*
to keep an operation secret	*garder une opération secrète*
to be involved in	*être impliqué dans*
to unfold	*se dérouler*
to be under way	" "
to gain impetus	*prendre de l'ampleur*
to take part in	*participer à*
to support	*soutenir*
to help the coup succeed	*contribuer au succès du coup d'Etat*

2 THE OVERTHROW — *LE RENVERSEMENT*

to demand for sb.'s ouster	*exiger le départ de*
to call for sb.'s resignation	*demander la démission de qqn.*
to oust	*évincer*
to wait in the wings	*attendre en coulisse*
to grab power	*s'emparer du pouvoir*
a power grab	*une prise de pouvoir*
to seize power	*s'emparer du pouvoir*
to take power	*prendre le pouvoir*
a catalyst for a revolt	*le catalyseur d'une révolte*
to favour the overthrow (of)	*encourager le renversement (de)*

to overthrow a government	*renverser un gouvernement*
a dictatorship	*une dictature*
to dislodge the president	*déloger le président*
to topple a regime	*renverser un régime*
to give the boot	*mettre à la porte*
to be forced out of power	*être contraint de quitter le pouvoir*
to sweep sb. from power	*écarter qqn. du pouvoir*
a grip on power	*une mainmise sur le pouvoir*
to shatter a grip on power	*détruire la mainmise sur le pouvoir*
a strongman	*un homme fort*
to return to a dictatorship	*revenir à une dictature*
the collapse of a government	*l'effondrement d'un gouvernement*
to depose a leader	*déposer un dirigeant*
to step down	*se démettre*
to bow out	*s'incliner, démissionner*
to cling to power	*s'accrocher au pouvoir*
to stand firm	*refuser de céder*
to retain office	*garder le pouvoir*
to hold on	*se maintenir*
to rule out resignation	*exclure de démissionner*
to hang on power	*être suspendu au pouvoir*
to clutch at straws	*se raccrocher désespérément*
to grasp at straws	" " "
a last-ditch effort	*un effort désespéré*
to submit one's resignation	*remettre sa démission*
to tender one's resignation	" " "
to leave office	*quitter le pouvoir*
to go into exile	*partir en exil*
self-imposed exile	*un exil volontaire*
to exile	*envoyer en exil*
to live in exile	*vivre en exil*

3 FAILURE *L'ECHEC*

to fail	*échouer*
to totter	*vaciller*
on the brink of collapse	*au bord de l'effondrement*
to collapse	*s'effondrer*
to defeat a coup	*faire échec à un coup d'Etat*
to put down a coup	*réprimer un coup d'Etat*
to botch a coup	*faire échouer un coup d'Etat*
to quash	*réprimer*
to squelch	*écraser*
to quell	*réprimer*
to thwart	*contrecarrer*
to abort a coup	*faire avorter un coup d'Etat*
an abortive coup	*un coup d'Etat avorté*
a failed coup	*un coup d'Etat manqué*
to fumble an opportunity	*gâcher une occasion*
fuzzy	*hasardeux*
ill-conceived	*mal conçu*
ill-prepared	*mal préparé*
ill-executed	*mal exécuté*
amateurishness	*l'amateurisme*
an amateur	*un amateur*
a falling-out	*une dispute*
to fall out with	*se disputer avec*
a turncoat	*un traître*
a renegade	*un renégat*
to owe fealty to	*être inféodé à*
to collude with the mutineers	*être de connivence avec les mutins*
to be in cahoots with	*être de mèche avec*
a nest of vipers	*un repaire de vipères*
to face down the plotters	*intimider les comploteurs*
to bring to heel	*faire rentrer dans le rang*
to turn over (to)	*livrer à la justice*
to commit troops	*faire intervenir l'armée*
to respond to a crisis	*réagir à la crise*
to put on a battle-alert status	*être mis en état d'alerte maximum*
to intervene	*intervenir*
an intervention	*une intervention*
a display of toughness	*une démonstration de force*
to storm a lair	*prendre un repère d'assaut*
to clamp down on conspiracy	*étouffer la conspiration*
to contain a situation	*contenir la situation*
to secure the skies	*s'assurer la maîtrise du ciel*
to put out of action	*mettre hors d'état de nuire*
to deal the rebels a final blow	*asséner le coup final aux rebelles*
to force victory over the rebels	*imposer la victoire aux rebelles*
to owe one's survival to	*devoir la vie sauve à*
to escape unscathed	*s'en sortir sans une égratignure*
to remain loyal to	*rester fidèle à*
a savor	*un sauveur*
to stay one	*rester uni*
to expose the plotters	*dénoncer les comploteurs*
a state of siege	*un état de siège*
to impose a state of siege	*imposer un état de siège*
to lift a state of siege	*lever l'état de siège*
an arbitrary arrest	*une arrestation arbitraire*
to suspend habeas corpus	*suspendre les libertés*
to give safeguards	*accorder des garanties*
to go on the air	*parler sur les ondes*
to address one's people	*s'adresser au peuple*
a televised address	*une allocution télévisée*
to prop up a regime	*consolider un régime*

6 DICTATORSHIP — *LA DICTATURE*

1 GENERAL BACKGROUND — *GENERALITES*

a dictatorship	*une dictature*
a dictator	*un dictateur*
a tin-pot dictator	*un tyranneau, un dictateur de pacotille*
dictatorial	*dictatorial*
arbitrary	*arbitraire*
absolute	*absolu*
a despot	*un despote*
an enlightened despot	*un despote éclairé*
despotism	*le despotisme*
a tyrant	*un tyran*
tyranny	*la tyrannie*
tyrannical	*tyrannique*
a puppet	*une marionnette*
a lackey	*un laquais*
a pawn	*un pion*
a President-for-life	*un président à vie*
a military junta	*une junte militaire*
a regime	*un régime*
an autocrat	*un autocrate*
autocracy	*une autocratie*
autocratic	*autocratique*
despotic	*despotique*
totalitarian	*totalitaire*
totalitarianism	*le totalitarisme*
a one-man rule	*un pouvoir autoritaire*
absolute power	*le pouvoir absolu*
a ruling elite	*une élite dirigeante*
a strongman	*un homme fort*
an entrenched regime	*un régime inébranlable*

2 OPPRESSION — *L'OPPRESSION*

to oppress	*opprimer*
oppression	*l'oppression*
oppressive	*tyrannique*
to keep down	*opprimer*
to reduce people to	*réduire les gens à*
to be downtrodden	*être opprimé*
to impose one's will on a country	*imposer sa volonté à un pays*
to build a dictatorship	*construire une dictature*
state control	*la mainmise de l'Etat*
the state apparatus	*l'appareil d'Etat*
a police state	*un Etat policier*
monolithic authority	*l'autorité monolithique*
to be under the sway of	*être sous le joug de*
to increase one's sway	*accroître ses pouvoirs*
to hold a country in one's grip	*tenir un pays sous sa botte*
to degenerate (into)	*dégénérer (en)*
to come under the yoke of	*tomber sous le joug de*
the rule of terror	*le règne de la terreur*
to rule by decree	*diriger par décrets*
to rule by force	*diriger par la force*
to rule by thuggery	*gouverner par la violence*
to be saddled with a nasty regime	*être gratifié d'un régime violent*
coercive methods	*méthodes cœrcitives*
to keep a tyrant in power	*maintenir un dictateur en place*
to exclude a democratic process	*exclure un processus démocratique*
brute force	*la force brutale*
the hard way	*la manière forte*
iron rule	*la loi d'airain*
iron-heeled / iron-handed	*de fer*
iron-fisted	" "
to rule with an iron hand	*diriger d'une main de fer*
to have a grip of power	*avoir le pouvoir bien en main*
inflexible / unyielding	*inflexible*
obdurate	"
hard-hearted	*endurci*
heartless	*cruel*
inhuman	*inhumain*
insensitive	*insensible*
merciless	*sans pitié*
ruthless	*impitoyable*
ironclad	*insensible*
bloodthirsty	*sanguinaire*
blood soaked	*taché de sang*
all-powerful	*tout-puissant*
bloody	*sanglant*
cruel	*cruel*
vicious	*haineux*
unsparing	*sans pitié*
forcible	*obtenu par la force*
fanaticism	*le fanatisme*
fanatic	*fanatique*
bigotry	*le fanatisme*
bigot	*fanatique*
intolerance	*l'intolérance*
intolerant	*intolérant*
zealotry	*le zèle, le fanatisme*
zealous	*zélé*
megalomaniacal	*mégalomane*
paranoid	*paranoïde*

to abridge a man of his rights — *priver un homme de ses droits*
an abridgement of liberty — *emprisonnement*
to suppress rights — *supprimer les droits*
suppression — *la suppression*
to snuff out — *réprimer*
to persecute — *persécuter*
persecution — *la persécution*
to hound — *pourchasser*
to track down — *traquer*
to smother — *étouffer*
to clamp down on — *réprimer*
to stamp down — *écraser, étouffer*
to ride roughshod over — *passer sur le corps de*
heavy-handed tactics — *tactiques répressives*

a yearning for political change — *une aspiration au changement politique*
to suspend a yearning for — *briser une aspiration à*
to reject the demands for change — *rejeter les appels au changement*
to ignore — *feindre d'ignorer*
to shun a problem — *tourner le dos à un problème*

to fall on deaf ears — *faire la sourde oreille*
to shatter a movement — *briser un mouvement*
to cow into submission — *soumettre par l'intimidation*

lawlessness — *anarchie*

see : human rights — *voir : les droits de l'homme*

3 CENSORSHIP — *LA CENSURE*

to censor — *censurer*
to close down a newspaper — *fermer un journal*
to muzzle the press — *museler la presse*
to keep a tight grip on broadcasting — *avoir la haute main sur l'audiovisuel*
to jail intellectuals — *mettre les intellectuels en prison*

to wall off a country from — *enfermer son pays*
to scare off prying foreigners — *intimider les étrangers trop curieux*
to drive out every foreign eye — *renvoyer les étrangers indiscrets*
to order the suppression — *ordonner la suppression*
to shut down a radio station — *fermer une station de radio*

to muzzle the press — *museler la presse*
to close a paper — *fermer un journal*
to seize copies — *confisquer des exemplaires*

propaganda — *la propagande*
to indoctrinate — *endoctriner*
indoctrination — *endoctrinement*
to brainwash — *conditionner*
brainwashing — *le lavage de cerveau*
to manufacture facts — *fabriquer des faits*
to buttress lies — *étayer des mensonges*
doublespeak — *la langue de bois*
to mislead the country — *tromper le pays*

see : the media — *voir : les médias*

4 A DICTATOR'S LIFESTYLE — *LE STYLE DE VIE D'UN DICTATEUR*

to flaunt an opulent life-style — *étaler un style de vie opulent*
to be drunk with vanity — *être ivre de vanité*
to be drunk with power — *être grisé par le pouvoir*
to salt away money — *mettre de l'argent à gauche*

to squirrel away money — *amasser une fortune*
to squander money — *jeter l'argent par les fenêtres*

to spirit a fortune out of the country — *faire disparaître une fortune à l'étranger*

the trappings of power — *les fastes du pouvoir*
corruption — *la corruption*
rampant — *qui sévit*
flourishing — *florissant*
corrupt — *corrompu*
to be riddled with corruption — *être rongé par la corruption*
a henchman — *un suppôt*

5 A DICTATOR'S POWERS — *LES POUVOIRS D'UN DICTATEUR*

to rule a country — *diriger un pays*
abuse of power — *abus de pouvoir*

to concentrate authority in one's hands — *concentrer tous les pouvoirs*

	dans ses mains
to maintain tyranny	*préserver la tyrannie*
to rewrite a constitution	*réécrire la constitution*
to revise	*réviser*
to tailor a constitution to one's needs	*tailler une constitution à sa mesure*
to win special powers	*obtenir des pouvoirs spéciaux*
to be granted broad decree-making powers	*s'arroger de larges pouvoirs de décision*
to create secret police forces	*créer une police secrète*
to centralize authority	*centraliser l'autorité*
a Big Brother regime	*un régime à la Big Brother (tiré du roman de G. Orwell "1984" décrivant un Etat totalitaire)*
the ever-present security apparatus	*l'appareil de sécurité omniprésent*
to monitor mail	*surveiller le courrier*
telephone conversations	*conversations téléphoniques*
to analyze handwriting samples	*analyser des échantillons graphologiques*
to tail foreigners	*faire suivre les étrangers*
to spy on citizens	*espionner les citoyens*
ubiquitous presence	*omniprésence*
suspicion	*le soupçon*
to pervade a country	*envahir un pays*
a country thick with informers	*un pays qui grouille d'indicateurs*
an undercover policeman	*un policier en civil*
to subvert a system	*pervertir un système*
to repress civil liberties	*réprimer les libertés civiques*
to risk arrest for	*risquer d'être arrêté pour*
to mute opponents	*réduire les opposants au silence*
to base one's authority	*asseoir son autorité*
to deter one's opponents	*décourager ses adversaires*
to fill key positions (with)	*nommer à des postes clés*
to put members of one's family into high positions	*nommer des membres de sa famille à des postes élevés*
nepotism	*le népotisme*
nepotistic	*népotiste*
an outfit	*une organisation*
a Praetorian guard	*une garde prétorienne*
to do one's bidding	*exécuter les ordres de*
to cosy up to a dictator	*chercher à s'attirer les faveurs d'un dictateur*
to toady to	*flatter bassement*
to fawn to	*flatter servilement*
fawning	*obséquieux, servile*
cultism	*l'idôlatrie*

6 DOWNFALL *LA CHUTE*

to chafe under the yoke of tyranny	*ronger son frein*
to hang to power at all costs	*s'accrocher désespérément au pouvoir*
to contest an election	*contester une élection*
to pull down a government	*renverser un gouvernement*
to throw off a regime	*rejeter un régime*
to throw off the shackles (of)	*briser les chaînes (de)*
to reject a system	*rejeter un système*
to depose a dictator	*déposer un dictateur*
to overthrow dictatorship	*renverser la dictature*
to rid the world of a dictator	*débarrasser le monde d'un dictateur*
to throw off the yoke	*briser le joug*
to cast off the yoke	*s'affranchir du joug*
the fall of a tyrant	*la chute d'un tyran*
a demise	*la chute*
a downfall	" "
to fall	*tomber*
a fallen tyrant	*un tyran déchu*
a dethroned dictator	*un dictateur déchu*
to go into exile	*partir en exil*
to be on the run	*être en fuite*
to flee prosecution	*échapper aux poursuites*
to harbour a dictator	*abriter un dictateur*
to free a country from tyranny	*libérer un pays de la tyrannie*

see : political violence — *voir : la violence politique*

7 FREEDOM *LA LIBERTE*

to raise hopes	*faire naître des espoirs*
to be released from oppression	*être libéré de l'oppression*
to speak up	*élever la voix*
to cast off a history of violence	*se débarrasser d'un passé de violence*
to lay a doctrine to rest	*enterrer une doctrine*
the democratisation process	*le processus de démocratisation*
to hold up a process	*bloquer un processus*
to hamper a process	*entraver un processus*
to speed up	*accélérer*
democracy	*la démocratie*
to build a democracy	*construire une démocratie*

to flourish	*s'épanouir*
to consolidate	*consolider*
the democratic process	*le processus démocratique*
to open up to the democratic process	*s'ouvrir au processus démocratique*
the democracy movement	*le mouvement démocratique*
to come into the electoral process	*s'engager dans le processus électoral*
a smooth transition (to)	*un passage en douceur (à)*
people's power	*le pouvoir populaire*
to take into account the popular will	*tenir compte de la volonté populaire*
to construct a free political system	*bâtir un système politique libre*
a nascent political party	*un parti politique naissant*
to strengthen democratic institutions	*renforcer les institutions démocratiques*
to push for changes	*demander le changement*
to win the confidence of	*gagner la confiance de*
to be emboldened to	*s'enhardir à*
to pledge to help	*promettre son aide*
to give a measure of	*accorder une certaine mesure de*
self-government	*l'autonomie*
self-determination	*autodétermination*
a list of demands	*une liste de revendications*
to meet the demands of the people	*satisfaire les revendications populaires*
to give in to	*céder à*
to bow to the people's demands	*s'incliner devant les revendications populaires*
to satisfy the demands	*satisfaire aux revendications*
emancipation	*l'émancipation*
to take root	*s'installer*
to repeal the constitution	*abroger la constitution*
to abolish	*abolir*
abolition	*l'abolition*
to declare null and void	*déclarer nul et sans effet*
to legalize	*légaliser*
to make it legal to	*rendre légal*
to recover one's rights	*retrouver ses droits*
to recover one's liberties	*retrouver ses libertés*
freedom of speech	*la liberté d'expression*
to call for the right of assembly	*réclamer le droit de se rassembler*
the right of association	*le droit d'association*
the right to religious worship	*la liberté de culte*
human rights	*les droits de l'homme*
to return to civilian rule	*retrouver un régime civil*
to loosen party strictures on	*alléger la censure imposée par le parti sur*
to disband the secret police	*démanteler la police secrète*
to disarm the secret police	*désarmer la police secrète*
to release political prisoners	*libérer les prisonniers politiques*
a prisoner of conscience	*un prisonnier politique*
to benefit from	*profiter de*
a gesture of statesmanship	*un geste politique*
to eradicate corruption	*extirper la corruption*
to root out corruption	*éliminer la corruption*
a drive against corruption	*une campagne contre la corruption*
to call for a crackdown on	*appeler à la répression contre*
a corrupt official	*un responsable corrompu*
to call for the people to unite	*appeler à l'unité du pays*
demand for a free press	*réclamer la liberté de la presse*
to demand access to the press	*demander l'accès aux journaux*
to relax censorship on news media	*lever la censure sur la presse*
the triumph of revolution	*le triomphe de la révolution*
to triumph	*triompher*
to throw out odious laws	*se débarrasser de lois iniques*
a provisional government	*un gouvernement provisoire*
a fledgling government	*un gouvernement fragile*
a caretaker government	*un gouvernement intérimaire*
a national salvation front	*un front de salut national*

7 HUMAN RIGHTS — *LES DROITS DE L'HOMME*

1 RIGHTS — *LES DROITS*

a right	*un droit*
the rights of man	*les droits de l'homme*
civil rights	*les droits civiques*
equality of rights	*l'égalité des droits*
the Universal Declaration of Human Rights	*la Déclaration universelle des droits de l'homme*
the Declaration of the Rights of Man and of the Citizen	*la Déclaration des droits de l'homme et du citoyen*

a bill of rights	*une déclaration des droits*
a catalog of rights	*un catalogue de droits*
to guarantee a right	*garantir un droit*
to fight for one's rights	*se battre pour ses droits*
observance of human rights	*le respect des droits de l'homme*
to promote human rights	*promouvoir les droits de l'homme*
a human rights activist	*un militant des droits de l'homme*
the right to a fair trial	*le droit à un procès équitable*
the right to own property	*le droit de posséder des biens*
political rights	*droits politiques*
social	*social*
economic	*économique*
cultural	*culturel*
the right to work	*le droit au travail*
the right to choose one's work freely	*le droit de choisir librement son métier*
the right to earn equal pay for equal work	*le droit au salaire égal à travail égal*
the right to education	*le droit à l'éducation*
the right to asylum	*le droit d'asile*
the right to self-determination	*le droit à l'auto-détermination*
the right to enjoy one's own culture	*le droit à sa propre culture*
the right to practise one's religion	*le droit de pratiquer sa religion*
inalienable	*inaliénable*
fundamental	*fondamental*

2 FREEDOM — *LA LIBERTE*

freedom	*la liberté*
freedom of speech	*la liberté de parole*
freedom of worship	*la liberté de culte*
freedom of the press	*la liberté de la presse*
freedom of expression	*la liberté d'expression*
freedom of assembly	*la liberté de réunion*
freedom of religion	*la liberté de religion*
freedom of thought	*la liberté de pensée*
freedom of conscience	*la liberté de conscience*
freedom of peaceful assembly	*le droit de réunion pacifique*
freedom of opinion	*la liberté de jugement*
freedom of association	*le droit de réunion, la liberté d'association*
free exercise of religion	*la libre pratique de la religion*
individual liberties	*les libertés individuelles*

3 HUMAN RIGHTS ABUSES — *LES VIOLATIONS DES DROITS DE L'HOMME*

to abuse	*attenter à*
an abuse	*une atteinte à*
to commit rights abuses	*commettre des atteintes aux droits*
a breach	*un manquement*
to oppress	*opprimer*
oppression	*oppression*
the oppressed	*les opprimés*
the downtrodden	" "
to suppress rights	*supprimer des droits*
to trample on rights	*bafouer les droits*
to deny a right	*refuser un droit*
to abridge a freedom	*restreindre une liberté*
to abridge a man of his liberty	*priver un homme de sa liberté*
to ride roughshod over	*passer outre à*
to persecute	*persécuter*
persecution	*la persécution*
to be persecuted	*être persécuté*
to violate human rights	*violer les droits de l'homme*
a violation	*une violation*
to harass	*harceler*
harassment	*le harcèlement*
to intimidate	*intimider*
intimidation	*intimidation*
to browbeat	*intimider*
browbeating	*intimidations*
to terrorize	*terroriser*
terror	*la terreur*
terror by the state	*la terreur d'Etat*
to live under a repressive regime	*vivre sous un régime répressif*
to outlaw	*interdire*
to ban	"
a ban	*une interdiction*
censorship	*la censure*

see : dictatorship — *voir : la dictature*

4 INJUSTICE — *L'INJUSTICE*

to be locked away for	*être arrêté pour*
to be arrested on charges of	*être arrêté pour (des motifs d'accusation)*
to deny sb. the right to a fair trial	*refuser à qqn. le droit à un procès équitable*
arbitrary	*arbitraire*
to mete justice	*rendre la justice*
summary	*sommaire*
a kangoroo court	*un tribunal irrégulier*
a sham trial	*une parodie de procès*
a secret trial	*un procès secret*
a televised confession	*une confession télévisée*
to imprison	*emprisonner*
imprisonment	*l'emprisonnement*
to isolate	*isoler*
to silence	*réduire au silence*
to flaunt	*passer outre à*
to flout	*se moquer de*
to expel	*expulser*
an expulsion	*une expulsion*
to exile	*exiler*
exile	*l'exil*
to send into exile	*envoyer en exil*
an exile	*un exilé*
to banish	*bannir*
banishment	*le bannissement*
a prisoner of conscience	*un prisonnier politique*
a concentration camp	*un camp de concentration*
a gulag	*un goulag*
a labour camp	*un camp de travail*
a psychiatric hospital	*un asile d'aliénés*
see : justice	*voir : la justice*

5 MISSING — *PORTE DISPARU*

to be missing	*être porté disparu*
to vanish	*disparaître*
to disappear	"
a disappearance	*une disparition*
to abduct	*enlever*
an abduction	*un enlèvement*
an abductor	*un kidnappeur*
to seize	*s'emparer de*
to snatch	*enlever*
to carry off	"
to kidnap	*kidnapper*
a kidnaping	*un enlèvement*
to carry out a kidnaping	*exécuter un enlèvement*
a kidnaper	*un kidnappeur*
a death squad	*un escadron de la mort*
to run a death squad	*diriger un escadron de la mort*

6 TORTURE — *LA TORTURE*

an accusation	*allégations*
to surface	*se faire jour*
an interrogation	*un interrogatoire*
an interrogator	*un interrogateur*
to confess	*avouer*
to torture	*torturer*
to practice torture	*pratiquer la torture*
a torturer	*un tortionnaire*
a torture victim	*un martyr*
to bear a mark of torture	*porter la trace de tortures*
to be unbowed by torture	*ne pas céder sous la torture*
an executioner	*un bourreau*
to torment	*tourmenter*
a tormentor	*un bourreau*
a martyr	*un martyr*
martyrdom	*le martyre*
an atrocity	*une atrocité*
to commit atrocities	*commettre des atrocités*
barbarity	*le barbarisme*
barbaric	*barbare*
a barbarous regime	*un régime barbare*
a barbarian	*un barbare*
an act of barbarism	*un acte de barbarie*
cruel	*cruel*
cruelty	*la cruauté*
inhuman	*inhumain*
degrading	*dégradant*
to abuse	*maltraiter*
physical abuse	*violences physiques*
to inflict pain	*faire souffrir*
to ill-treat	*maltraiter*
to suffer from ill-treatment	*souffrir de mauvais traitements*
to mutilate	*mutiler*
to maim	*estropier*
to cripple	*rendre infirme*
to give sb. the works	*avoir droit à un interrogatoire en règle*
to beat up	*tabasser*
flagellation	*le fouet*
lashing	"
to lash	*fouetter*

to whip	"
whipping	*le fouet*
to disfigure	*défigurer*
acid	*l'acide*
to treat with electric shocks	*soumettre à des électrochocs*
agony	*la douleur atroce*
misery	*le malheur*
suffering	*la douleur*
pain	"
psychological conditions	*conditions psychologiques*
to make sb. feel worthless	*faire sentir son inutilité à qqn.*
to develop psychiatric problems	*présenter des troubles psychiatriques*
to bring a victim out of her / his hell	*tirer une victime de l'enfer où elle se trouve*
depression	*la dépression*
aimlessness	*le sentiment de futilité*
disorientation	*la désorientation*
sleeplessness	*l'insomnie*
a recurrent nightmare	*un cauchemar fréquent*
therapy	*une thérapie*
an ordeal	*une épreuve*

7 SLAVERY *L'ESCLAVAGE*

bondage	*l'esclavage*
debt bondage	*le péonage*
a bondsman	*un esclave*
to hold in bondage	*tenir en esclavage*
a slave	*un esclave*
an indentured servant	*un esclave lié par contrat*
child slavery	*l'esclavage des enfants*
to be enslaved by	*être asservi par*
to reduce to slavery	*réduire en esclavage*
enslavement	*l'asservissement*
to traffic in slaves	*faire la traite des esclaves*
slave traffic	*le trafic d'esclaves*
a slave-trader	*un trafiquant d'esclaves*
to be in shackles	*être enchaîné*
in fetters	*dans les fers*
to be manacled	*avoir les chaînes aux poignets*
chattel slavery	*l'esclavage*
a bonded labourer	*un ouvrier agricole lié par contrat*
a serf	*un serf*
to work for a pittance	*travailler pour une bouchée de pain*
to be subservient	*être asservi*
subservience	*l'asservissement*
a child worker	*un enfant exploité*
a child slave	*un enfant esclave*
to sell off one's children	*vendre ses enfants*
to be exploited	*être exploité*
exploitable	*exploitable*
expendable	*dont on peut se passer*
an abject condition	*une condition abjecte*
to suffer malnutrition	*souffrir de malnutrition*
a poor eyesight	*une mauvaise vue*
bone deformation	*la déformation du squelette*
a respiratory disease	*une maladie respiratoire*
to combat slavery	*combattre l'esclavage*
to suppress slavery	*mettre un terme à l'escalavage*
to abolish	*abolir*
abolition	*l'abolition*
an abolitionist	*un abolitionniste*

8 GENOCIDE *LE GENOCIDE*

a genocide	*un génocide*
to commit a genocide	*exterminer*
a gas chamber	*une chambre à gaz*
to eradicate	*éliminer*
to liquidate	*liquider*
liquidation	*la liquidation*
to annihilate	*annihiler*
annihilation	*l'annihilation*
to blot out	*exterminer, rayer de la carte*
to wipe out	*liquider*
eradication	*l'extermination*
mass killing	"
a pogrom	*un progrom*
to erupt	*se produire*
to hunt down	*pourchasser*
to deport	*déporter*
deportation	*la déportation*
mass deportation	*déportations massives*
a mass grave	*un charnier*
to exterminate	*exterminer*
extermination	*extermination*
to massacre	*massacrer*
a massacre	*un massacre*
butchery	*une boucherie*
to slaughter	*massacrer*
a slaughter	*un massacre*
to slay	*massacrer*
a mass slaying	*un carnage*
an execution	*une exécution*
to delay execution	*retarder l'exécution*
mass execution	*exécutions massives*
to assassinate	*assassiner*
assassination	*l'assassinat*

a death squad	*un escadron de la mort*
to put to death	*mettre à mort*
to execute	*exécuter*
an execution	*une exécution*
to perpetrate	*perpétrer*
a perpetrator	*un auteur*
to ignore appeals for clemency	*être sourd aux appels à la clémence*
to rival a country (in)	*rivaliser avec un pays (en matière de)*

9 REDRESS *LA REPARATION*

to express horror	*exprimer son horreur*
to freeze in horror	*être saisi d'horreur*
a horrifying memory	*un souvenir effroyable*
to oppose torture	*être contre la torture*
to be repugnant to	*trouver répugnant*
to end abuses	*mettre un terme aux violations*
to take effective measures	*prendre des mesures efficaces*
to enforce human rights	*faire respecter les droits de l'homme*
a human rights record	*un bilan en matière de droits de l'homme*
the European Court of Human Rights	*la Cour européenne des droits de l'homme*
a charter	*une charte*
a convention	*une convention*
to be a victim of violations	*être la victime d'abus*
an application	*un recours*
a complainant	*un requérant*
a complaint	*un recours*
to be judged inadmissible	*être jugé irrecevable*
to exhaust all possible remedies	*épuiser toutes les voies de recours possibles*
to refer a case to the court	*soumettre un cas à la cour*
to petition the court	*faire une requête devant le tribunal*
to hear a case	*avoir à connaître d'une affaire*
to be equal before the law	*être égal devant la loi*
to protect the rights	*protéger les droits*
the right of petition	*le droit de pétition*
a binding resolution	*une résolution obligatoire*
an offending state	*un Etat incriminé*
to uphold	*faire droit à*
to conform to	*se conformer à*
to comply with	*observer*
in compliance with	*en conformité avec*
amnesty	*l'amnistie*
to grant an amnesty	*accorder une amnistie*
to safeguard the rights	*sauvegarder les droits*
to monitor the fate	*s'enquérir du sort*
to get reliable information	*obtenir des renseignements fiables*
a safeguard	*une garantie*
a crime against humanity	*un crime contre l'humanité*
to demand tough sanctions	*exiger des sanctions sévères*
to scale down relations to the absolute minimum	*réduire les relations diplomatiques au strict minimum*
to press for economic sanctions	*exiger des sanctions économiques*
to ban trade relations	*interdire les relations commerciales*
to cancel trade credits	*annuler les crédits commerciaux*
to recall an ambassador	*rappeler un ambassadeur*
a diplomatic break	*une rupture diplomatique*
to break ties with	*rompre les liens avec*
to seek support from	*demander l'appui de*
to blacklist	*mettre à l'index*
a diplomatic blacklist	*une liste noire diplomatique*
to be on the blacklist	*être sur la liste noire*
to put pressure on	*faire pression sur*
to stand up for one's rights	*défendre ses droits*
to seek release of	*tenter d'obtenir la libération de*
to secure the release of	*obtenir la libération de*
to gain the release of	" " "
to shower a government with letters	*inonder un gouvernement de lettres*
worldwide support	*le soutien international*
to denounce	*dénoncer*
a denunciation	*une dénonciation*
to campaign for	*faire campagne en faveur de*
to put a country in the spotlight	*diriger les projecteurs sur un pays*
to monitor a country for abuses	*surveiller le comportement d'un pays en matière de violations des droits*
to keep up with repression	*se tenir au courant de la répression*

8 POLITICAL VIOLENCE — *LA VIOLENCE POLITIQUE*

I ANARCHY — *L'ANARCHIE*

1 VIOLENCE — *LA VIOLENCE*

an act of violence	*un acte de violence*
to stir violence	*susciter la violence*
to arouse	*exciter*
to provoke	*provoquer*
a provocation (from)	*une provocation (de)*
to anger	*mettre en colère*
to spark	*provoquer*
to trigger off	*déclencher*
to set off	"
to touch off	*soulever, provoquer*
to initiate	*être à l'origine de*
to ignite	*mettre le feu aux poudres*
a drift toward violence	*une tendance à la violence*
fringe violence	*la violence marginale*
tribal violence	*la violence tribale*
a volatile situation	*une situation explosive*
to be overwhelmed by	*être dépassé par*
the scale of violence	*l'ampleur des violences*
an outbreak of violence	*un accès de violence*
an upsurge of violence	*une vague de violence, une recrudescence de la violence*
an outburst of violence	*une explosion de violence*
a wave of violence	*une vague de violence*
to flare up	*s'embraser*
to flare up in violence	*dégénérer en violence*
to erupt in violence	" " "
to get out of hand / to degenerate	*dégénérer*
a flare-up	*une explosion soudaine*
an eruption	*un accès*
to stem from	*avoir pour origine*
to reach breaking point	*atteindre le point de rupture*
to turn into	*se transformer*
to explode in rage	*exploser de fureur*
to grow in scope	*prendre de l'ampleur*
to spin out of control	*échapper au contrôle*
an orgy of violence	*une débauche de violence*
to condone violence	*fermer les yeux sur la violence*
to check violence	*contenir la violence*
a powder keg	*une poudrière*
to go up	*s'embraser*

2 TROUBLE — *LES CONFLITS*

the ferment	*l'agitation*
in a state of ferment	*dans un état d'effervescence*
to disturb the peace	*troubler l'ordre*
a disturbance	*les troubles, une émeute*
the roots of disturbance	*les origines des troubles*
to cause a disturbance	*provoquer des troubles*
public disorder	*désordres sur la voie publique*
a breach of peace	*un trouble de l'ordre public*
unrest	*l'agitation, troubles, remous*
a spasm of unrest	*une agitation spasmodique*
to spread to	*s'étendre à*
to inflame the unrest	*mettre le feu aux poudres*
to fuel the unrest	*jeter de l'huile sur le feu*
to take hold of a country	*s'emparer d'un pays*
to take hold across a country	*s'installer à travers un pays*
to head off unrest	*éviter les troubles*
trouble	*incidents*
to look for trouble	*chercher à créer des incidents*
to brew	*couver*
agitation	*l'agitation*
to agitate	*faire de l'agitation*
turmoil	*agitation, trouble*
to be plunged into a turmoil	*être en pleine agitation*
to be in a turmoil	*être la proie de l'agitation*
to worsen a situation	*aggraver la situation*
to fan worries	*accroître les inquiétudes*
a protest	*un mouvement de protestation*
a hotbed of protest	*un foyer de protestation*
to set off protests	*provoquer des mouvements de protestation*
an incident	*un incident*
a spate of incidents	*une série d'incidents*
to immolate oneself	*s'immoler par le feu*
an immolation	*une immolation*
to douse oneself with	*s'asperger de*
to be engulfed in flames	*être la proie des flammes*
to sustain burns	*subir des brûlures*
to riot	*se révolter*
a riot	*une émeute*
a rioter	*un émeutier*
rioting	*les émeutes*
to spark rioting	*déclencher des émeutes*
to instigate a riot	*être l'instigateur d'une émeute*
to spearhead a riot	*être le meneur d'une émeute*
to turn into a riot	*dégénérer en émeute*
to break out	*éclater*
an upheaval / an uprising	*un soulèvement*

3 A DEMONSTRATION — *UNE MANIFESTATION*

3.1 GENERAL BACKGROUND — *GENERALITES*

a demonstration / a protest	*une manifestation*
a demo	*une manif (fam.)*
a sit-in	*une occupation passive*
a counter demonstration	*une contre-manifestation*
a civilian demonstration	*une manifestation civile*
to demonstrate	*manifester*
an anti-government demonstration	*une manifestation anti-gouvernementale*
a demonstrator	*un manifestant*
a protester	*un contestataire*
to start a demonstration	*commencer une manifestation*
to join a demonstration	*rejoindre une manifestation*
to stage a demonstration	*organiser une manifestation*
to hold a demonstration	" " "
to call a demonstration	*appeler à manifester*
to demonstrate in support of	*manifester en faveur de*
a call for	*un appel à*
the scale of a demonstration	*l'ampleur d'une manifestation*
to suspend a demonstration	*interrompre une manifestation*
to break up a demonstration	*dissoudre une manifestation*
to break up	*se disperser*
to put an end to	*mettre fin à*

3.2 RALLYING — *LE RASSEMBLEMENT*

to gather	*se rassembler*
a gathering	*un rassemblement*
to cluster	*se rassembler*
a cluster	*un groupe*
a rally	*un rassemblement*
to stage a rally	*organiser un rassemblement*
to break up a rally	*disperser un rassemblement*
a meeting	*une réunion*
to hold a meeting	*organiser une réunion*
to drown talks in	*noyer les discours sous*
to whistle down	*siffler (pour couvrir les paroles)*
whistles / catcalls	*sifflets*
to shout down	*huer*
to boo	*conspuer*
to be booed off stage	*quitter la scène sous les huées*
to heckle	*chahuter, interrompre bruyamment*
a heckler	*un chahuteur*
to hector	*haranguer*
to exhort	*exhorter*
a rabble-rousing speech	*un discours provocateur*
to warm to sb.'s speech	*s'enthousiasmer pour le discours de qqn.*

3.3 MARCHING — *LE DEFILE*

to march	*défiler*
a march	*un défilé*
a march for liberty	*une marche pour la liberté*
a protest march	*un défilé de protestation*
a good-natured march	*un défilé bon enfant*
a marcher	*un participant (à un défilé)*
a crowd	*une foule (pacifique)*
a mob	*une foule*
disorderly	*désordonné*
unmanageable	*incontrôlable*
riotous	*bruyant*
to vote with one's feet	*manifester son désaccord en défilant*
to take to the streets	*descendre dans la rue*
the voice of the streets	*la clameur de la rue*
to number in the hundreds	*se compter par centaines*
to range into	*être au nombre de*
the unofficial figure	*le chiffre officieux*
to give advance approval to a demo	*autoriser une manif*
a challenge to	*un défi à*
unlawful	*illégal*
peaceful	*pacifique*
an organiser	*un organisateur*
the route	*l'itinéraire*
a public address system	*les hauts-parleurs*
a loudspeaker	*un haut-parleur*
to hand out leaflets	*distribuer des tracts*
to parade through streets	*défiler dans les rues*
to burst forth	*surgir*
to pour out / to spill out	*se déverser*
to stream into the streets	*se déverser dans les rues*
to surge on to the streets	*déferler dans les rues*
to throng the streets	*se presser dans les rues*
to pack the streets	" " " " "
to jam a square	*se presser dans un parc*
to flood the streets	*envahir les rues*
to swarm	*envahir*
to swell	*grossir*
jammed with people	*noir de monde*
to be filled to overflowing	*être plein à craquer*
to pull out large numbers of	*attirer un grand nombre de*
a groundswell of support	*un élan de solidarité en faveur de*
a supporter	*un partisan*
to block traffic	*paralyser la circulation*
to bring traffic to a standstill	" " "
to carry posters	*brandir des affiches*
to bear placards	*porter des pancartes*
to deploy banners	*agiter des banderoles*
banner carrying	*portant des banderoles*
to unfurl banners	*déployer des banderoles*
to wave banners	*agiter des banderoles*
to brandish flags	*brandir des drapeaux*

to wave fists	*brandir le poing*
to shout slogans	*crier des slogans*
to chant slogans	*scander des slogans*
to rip down portraits	*déchirer les portraits*
to keep the pressure on	*maintenir la pression sur*

4 MOB VIOLENCE — *LA VIOLENCE POPULAIRE*

4.1 ACTORS — *LES ACTEURS*

mob rule / mobocracy	*la loi de la rue*
mob oratory	*discours démagogiques*
a troublemaker	*un fauteur de troubles*
an agitator	*un boutefeu*
a hothead	*une tête brûlée*
hotheaded	*tête brûlée*
a provocateur	*un provocateur*
a provocative act	*un acte provocateur*
a lager lout	*un voyou ivre*
a hooligan	*un voyou*
a rowdy	" "
a yob / a ruffian	" "
a roving band	*une bande de maraudeurs*
hooliganism	*le vandalisme*
rowdiness	*les bagarres*
a balaclava	*un passe-montagne*
armed with a crowbar	*muni d'une barre de fer*
a stick	*un bâton*
a stabbing spear	*une lance affûtée*
a panga / a machete	*une machette*
a cutlass	*un coutelas*
a bayonet	*une baïonnette*
a steel pipe	*un tuyau d'acier*
a rubber hose truncheon	*une matraque en caoutchouc*
a battering ram	*un bélier*
gun toting	*armé de fusils*

4.2 MAYHEM — *LA VIOLENCE*

to mob	*assiéger*
the mob's wrath	*la colère de la foule*
to commit acts of defiance	*commettre des actes de provocation*
lawlessness	*l'anarchie*
to indulge in an orgy of violence	*se livrer à une débauche de violence*
the target of the protesters' wrath	*la cible de la colère des manifestants*
to loot	*piller*
looting	*le pillage*
a looter	*un pillard*
the loot	*le butin*
to plunder	*piller*
to ransack	*saccager, mettre à sac*
to make off with	*s'enfuir avec*
to carry off / to cart off	*emporter*
to wreck / to vandalize	*saccager*
to trash	"
to vandalize	"
to sack	*mettre à sac*
a trashed store	*un magasin saccagé*
stolen goods	*marchandises volées*
to brick up one's store	*murer son magasin*
to topple telephone poles	*renverser les poteaux télégraphiques*
to tear up	*arracher*
to tear down	*démolir*
to go on a rampage	*se déchaîner*
to run amuck / amok	" "
to overturn cars	*renverser les voitures*
a bonfire	*un feu de joie*
to set on fire	*mettre le feu à*
to set fire to	" " " "
to set ablaze	" " " "
to ignite	*allumer*
to torch	*incendier*
to burn down	*détruire par le feu*
to ignite a pile of tires	*mettre le feu à un tas de pneus*
to be enveloped in smoke	*être envahi par les flammes*
scorched	*roussi*
burnt-out	*brûlé*
a carcass	*une carcasse*
smouldering vehicles	*véhicules calcinés*
charred remains	*les restes calcinés*
a firebomb	*un cocktail Molotov*
a petrol bomb / a gasoline bomb	" " "
to set up barricades	*construire des barricades*
to erect a blockade	*ériger une barricade*
to tear down a barricade	*démolir une barricade*
to block a road	*barrer une route*
to pelt	*bombarder*
to hurl missiles	*envoyer des projectiles*
a hail of stones	*une pluie de pierres*
to throw stones at	*lancer des pierres contre*
a volley of rocks	*une pluie de pierres*
a hailstorm of rocks	*une grêle de pierres*
stone-throwing youths	*jeunes lanceurs de pierres*
to smash windows	*briser des vitrines*
to disfigure a monument	*défigurer un monument*
to storm	*envahir*
to take by storm	*prendre d'assaut*
to raid headquarters	*envahir le quartier général*
to rifle through files	*saccager les dossiers*
to wreak destruction in a city	*provoquer des dégâts dans une ville*
to wreak havoc / to lay waste	*dévaster*
to bring chaos	*provoquer le chaos*
to run to chaos	*conduire au chaos*
to take potshots at	*tirer au hasard sur*
a sniper	*un tireur isolé, un franc-tireur*
to be struck down by a sniper	*être abattu par un tireur isolé*
to be felled by a bullet	*être abattu par une balle*
a building	*un bâtiment*
to stand battered	*être meurtri*
to take a battering	*être rudement éprouvé*
scarred	*porter les cicatrices de*
pock-marked	*criblé de balles*
to set light to	*mettre le feu à*

5 THE CIVIL WAR — *LA GUERRE CIVILE*

a civil war	*une guerre civile*
civil warfare	*la guerre civile*
to head for civil war	*se diriger droit vers la guerre civile*
to plunge a country into civil war	*plonger un pays dans une guerre civile*
an incipient civil war	*une guerre civile naissante*
factional fighting	*luttes entre factions*
intertribal warfare	*luttes entre tribus*
strife-ridden / strife torn	*déchiré par des luttes*
chaos	*le chaos*
to convulse a country	*secouer un pays*
a convulsion	*une violente agitation*
to unleash anarchy	*déchaîner l'anarchie*
to slide into anarchy	*basculer dans l'anarchie*
an insurrection	*une insurrection*
to spark an insurrection	*provoquer une insurrection*
to rebel (against)	*se rebeller (contre)*
a rebellion	*une rébellion*
a revolt	*une révolte*
a student revolt	*une révolte estudiantine*
to bring a country close to	*amener un pays à deux doigts de*
to push a protest as far as full scale revolt	*transformer un mouvement de protestation en véritable révolte*
open revolt	*la révolte ouverte*
armed rebellion	*la rébellion armée*
an armed struggle	*un conflit armé*
to stage a revolt	*organiser une révolte*
to be in revolt against	*être en révolte contre*
to start a rebellion	*déclencher une rébellion*
to join the revolt	*rejoindre la rébellion*
to squelch a revolt	*étouffer une révolte*
to shake a power	*ébranler un pouvoir*
to rock a power to its foundation	*secouer un pouvoir jusque dans ses fondations*
to splinter a regime	*faire voler un régime en éclats*
an open breach	*une brèche ouverte*
to split a country	*diviser un pays*
an open breach with	*une brèche ouverte avec*
to tear apart a country	*déchirer un pays*

6 REVOLUTION — *LA REVOLUTION*

a revolution	*une révolution*
an insurgency	*une insurrection*
an insurgent	*un insurgé*
insurgent / insurrectionary	*insurrectionnel*
a scaffold	*un échafaud*
a full scale revolution	*une révolution à part entière*
a bloodless revolution	*une révolution sans effusion de sang*
a velvet revolution	*une révolution de velours*
to trigger a revolution	*déclencher une révolution*
to precipitate a revolution	*précipiter une révolution*
to mount a revolution	*organiser une révolution*
to break out	*éclater*
to experience a revolution	*connaître une révolution*
to rise up against	*se soulever contre*
to take up arms	*prendre les armes*
to reach a climax	*atteindre son apogée*
a political quake	*un séisme politique*
to be in full swing	*battre son plein*
to be in the throes of	*être en proie à*
to put down a revolution	*réprimer une révolution*
to thwart a revolution	*contrecarrer une révolution*
to subside	*se calmer*
to liquidate the traitors	*liquider les traîtres*
to crush monarchy	*écraser la monarchie*
to behead	*guillotiner*
a revolutionary figure	*une figure révolutionnaire*
to rescue a revolution from	*sauver une révolution de*

II LAW AND ORDER — *LA LOI ET L'ORDRE*

1 SECURITY FORCES — *LES FORCES DE SECURITE*

police forces	*les forces de l'ordre*
security police	*la police d'Etat*
secret police	*la police secrète*
internal security	*la sécurité intérieure*
a police detachment	*un détachement de police*
a police squad	*un escadron de police*
the state troopers	*les CRS*
the riot police	*la police anti-émeute, les CRS*
the national guard	*la garde nationale*
a police setup	*un dispositif policier*
to call in	*faire appel à*
a truckload of police	*un camion rempli de policiers*
see : police	*voir : la police*

2 STANDING BY — *PRET A INTERVENIR*

antiriot duty	*le service anti-émeute*
antiriot equipment	*le matériel anti-émeute*
to be poised on the city outskirts	*être à la périphérie de la ville, prêt à intervenir*
to maintain a low profile	*se faire discret*
to muster troops	*rassembler les troupes*
to deploy forces	*déployer les forces*
to beef up the police	*renforcer les effectifs de police*
to tighten security	*renforcer la sécurité*

tight security	*la fermeté*
lax security	*le relâchement*
laxity	*le laxisme*
to send for reinforcement	*faire venir des renforts*
to rush reinforcements	*envoyer des renforts d'urgence*
to fly in troops	*envoyer des troupes par avion*
to draw forces (from)	*faire venir du renfort (de)*
nearby provinces	*provinces avoisinantes*
to comply with orders	*obéir aux ordres*
to be on patrol	*être en patrouille*
to patrol the crowds	*surveiller la foule*
to mingle with the crowd	*se mêler à la foule*
oppressive police presence	*la présence policière pesante*
to maintain an uneasy stand-off	*maintenir un équilibre précaire*
to be on the brink of	*être à deux doigts de*
brinkmanship	*l'art de la provocation poussée à l'extrême*
to intimidate	*intimider*
intimidation	*l'intimidation*
to harass	*harceler*
harassment	*le harcèlement*
to trade insults	*échanger des insultes*
to keep demonstrators at bay	*maintenir les manifestants à distance*
to taunt the police (with)	*provoquer les policiers (en / par)*

3 CLASH — *LA CONFRONTATION*

3.1 STEPPING-IN — *L'INTERVENTION*

to clash with	*se heurter à*
a clash with police and troops	*un heurt avec la police et l'armée*
to ignore an appeal for calm	*rester sourd aux appels au calme*
a baton charge	*une charge à la matraque*
to charge on horseback	*charger à cheval*
a scuffle	*une échauffourée*
a skirmish	*un accrochage*
to use force against	*faire usage de la force contre*
a show of force	*une démonstration de force*
to block the marchers' way	*barrer la route aux manifestants*
four deep	*sur quatre rangées*
to use strong armed methods	*utiliser la méthode forte*
the fighting	*les combats*
to become embroiled in fighting	*être entraîné dans la bagarre*
a pitched battle	*une bataille rangée*
to fight a pitched battle	*livrer une bataille rangée*
to battle with police	*se battre contre les forces de l'ordre*
to fight a hand-to-hand battle	*se battre corps à corps*
barehanded	*à mains nues*

3.2 GUNPLAY — *LES ECHANGES DE COUPS DE FEU*

a gunfight	*un échange de coups de feu*
to aim one's guns at	*pointer ses fusils sur*
a warning shot	*un coup de semonce*
to level one's assault rifle	*pointer son fusil d'assaut*
to unleash the firepower / to open fire (on)	*ouvrir le feu (sur)*
to fire (on) / to shoot at	*tirer sur*
to fire away at the crowd	*tirer sur la foule*
to fire into the crowd	*tirer dans la foule*
to shoot to kill	*tirer dans l'intention de tuer*
a shoot-to-kill order	*un ordre de tirer sans discrimination*
to shoot on sight	*tirer à vue*
to spray with bullets	*arroser de balles*
a barrage of bullets	*un tir nourri*
a volley	*une salve*
to fire	*ouvrir le feu*
at close quarters	*à bout portant*
point blank / at point range	" " "
to hold at gunpoint	*tenir au bout de son fusil*
to engage in sporadic gunfire	*échanger des coups de feu sporadiques*
to draw gunfire (from)	*essuyer le feu (de)*
to cut down	*faucher*
to brave police gunfire	*défier les tirs de la police*

3.3 MILITARY INTERVENTION — *L'INTERVENTION MILITAIRE*

military force	*la puissance militaire*
to attempt an armed intervention	*tenter une intervention armée*
to have no options left	*avoir épuisé toutes les solutions*
to take the measure of last resort	*recourir à une mesure extrême*
to resort to	*avoir recours à*
to carry out intimidation operations	*effectuer des opérations d'intimidation*
to mount a ruthless drive	*ordonner une opération de répression*
to launch a brutal assault	*lancer un assaut brutal*
to send helicopters	*envoyer des hélicoptères*
to buzz overhead	*passer en rase-mottes*
to swoop down	*piquer sur*
to give the military a free hand	*donner carte blanche aux soldats*
to wrest a city from	*arracher une ville des mains de*
to secure a city	*reprendre le contrôle d'une ville*
to mount a vicious attack	*déclencher une attaque féroce*

3.4 FACE OFF — *LA CONFRONTATION*

to spill out of	*déborder de*
to hold one's ground	*tenir bon, résister*
to back away from	*reculer*
to yield ground	*céder du terrain*
to lose ground	*perdre du terrain*
to push back / to drive back	*repousser*
to charge	*charger*
a charge	*une charge*
to hold back	*retenir*
to hold fast	*tenir bon*
to hold off	*maintenir à distance*
to control	*avoir la situation en main*
to restrain	*maîtriser*
to bring under control	"
to contain	*contenir*
to cordon off an area	*boucler une zone*
to breach a cordon	*briser un cordon*
to seal off	*encercler*
to break up	*disperser*
to be outnumbered	*être dépassé en nombre*
to be outequipped	*être sous équipé*
to be outmaneuvered	*être encerclé*
to win another round	*gagner une nouvelle manche*

3.5 RETREAT — *LA RETRAITE*

to dismantle a barricade	*démanteler une barricade*
to chase demonstrators	*pourchasser les manifestants*
to oust demonstrators	*déloger les manifestants*
to flush out	*forcer à sortir*
to disperse the crowd	*disperser la foule*
to clear the streets	*dégager les rues*
to comb through an area	*passer une zone au peigne fin*
to retreat	*faire retraite*
to fall back	*battre en retraite*
to withdraw	*se retirer*
to get the better of	*l'emporter sur*
to beat a hasty retreat	*décamper*
to rout	*mettre en déroute*
a rout	*une déroute*
panic stricken	*pris de panique*
to flee for one's life	*sauver sa peau*
to flee for cover	*courir se mettre à l'abri*
to scurry for cover	" " "
to scramble into alleys	*s'enfuir dans des ruelles*
to slip away	*prendre la fuite*
to duck into	*s'engouffrer dans*
to cower behind monuments	*se coucher derrière les monuments*
to seek sanctuary	*chercher refuge*
a stampede	*une débandade*
to surrender	*se rendre*
to turn oneself in	" "
to set off a mass panic	*déclencher une panique monstre*

4 POLICE CRACKDOWN — *LA REPRESSION POLICIERE*

to deal toughly with demonstrators	*traiter sans ménagement les manifestants*
to manhandle / to brutalize	*brutaliser*
to bully	*malmener*
to club	*matraquer*
to lash out at	*taper à coups de poing sur*
to beat up	*tabasser*
to rough up	*passer à tabac*
a roughing up	*un passage à tabac*
to pounce on	*attaquer*
to assault	*agresser*
to round up	*effectuer une rafle*
a round up	*une rafle*
to arrest	*arrêter*
an arrest	*une arrestation*
to put under arrest	*mettre en état d'arrestation*
on the flimsiest grounds	*sous des prétextes les plus futiles*
to be hauled in	*être arrêté*
to handcuff	*passer les menottes*
to march sb. off	*embarquer qqn.*
to be bundled into police posts	*être emmené au commissariat*
to be herded	*être conduit*
to be hustled away	*être emmené sans ménagement*
to detain	*placer en garde à vue*
to be held by the police	*être placé en garde à vue*
a slip up	*une bavure*
a black bag job	*une perquisition sans mandat*
over zealous police officials	*fontionnaires de police zélés*
to stamp out agitation	*juguler l'agitation*
to clamp down on	*réprimer*
a clampdown	*une répression*
to crack down on	*réprimer*
a crackdown (on)	*une répression (de)*
to squash	*réprimer*
to quell an uprising	*réprimer un soulèvement*
to suppress a demonstration	*réprimer une manifestation*
to crush a demonstration	" " "
to crush the protests	" " "
suppression	*la répression*
to put down attempts to	*réprimer toute tentative de*
to put down the unrest	*réprimer les troubles*
to quell a protest with violence	*réprimer des troubles par la violence*
to resort to a crackdown	*recourir à la répression*
to carry out repression	*réprimer*
to order further repression	*intensifier les mesures de répression*
repressive measures	*mesures répressives*
a state of emergency	*un état d'urgence*
to declare a state of emergency	*imposer l'état d'urgence*
to win special powers	*obtenir des pouvoirs spéciaux*

a backlash	*une réaction*
an abortive uprising	*un soulèvement manqué*
to ban public gatherings	*interdire les réunions publiques*
a blackout	*un blackout*
to shut off people from the rest of the world	*couper le pays du reste du monde*
to turn a country inward	*fermer les frontières*
a curfew	*un couvre-feu*
to impose a curfew	*imposer un couvre-feu*
to slap a curfew on	*infliger un couvre-feu à*
to enforce a curfew	*appliquer un couvre-feu*
to suspend	*suspendre*
a state of siege	*un état de siège*
martial law	*la loi martiale*
to impose martial law	*imposer la loi martiale*
the imposition of martial law	*le recours à la loi martiale*
to impose a state of siege	*imposer l'état de siège*
to be under house arrest	*être en résidence surveillée*
to dispense law and order	*imposer la loi et l'ordre*
to cool rioting	*apaiser les émeutes*
to call for calm	*appeler au calme*
to exercise restraint	*faire preuve de modération*
to nip in the bud	*étouffer dans l'œuf*
to end civil strife	*mettre fin à la guerre civile*
to cease from strife	*déposer les armes*
to cool the unrest	*apaiser les troubles*
to restore order	*ramener l'ordre*
to restore calm	*ramener le calme*
to lift martial law	*lever la loi martiale*
to end martial law	*mettre fin à la loi martiale*
to restore a façade of normality	*retrouver une apparence de normalité*
to normalize the situation	*normaliser la situation*
to call off the troops	*rappeler l'armée*
to appease demonstrators	*calmer les manifestants*
to show one's grip on power	*se montrer maître du pouvoir*
to be in control	*avoir la situation en main*
to salvage the situation	*sauver la situation*
to save face	*sauver la face*
to leave oneself isolated	*se retrouver isolé*
to condemn	*condamner*

III THE HUMAN FACTOR — *LE FACTEUR HUMAIN*

1 PEOPLE'S DISSATISFACTION — *LE MECONTENTEMENT POPULAIRE*

to disapprove of	*désapprouver*
a disapproval	*une désapprobation*
to show disapproval	*exprimer sa désapprobation*
disgruntlement	*le mécontentement*
disgruntled	*mécontent*
frustration	*la frustration*
mounting frustrations	*frustrations croissantes*
frustrated (with)	*frustré (de)*
to express frustrations	*exprimer des frustrations*
to give voice to	*laisser libre cours à*
to dissent	*être en désaccord*
dissent	*divergences*
a dissenter	*un dissident*
a grievance	*un grief*
to examine a grievance	*examiner un grief*
to air one's grievances	*manifester ses griefs*
to assume an urgency	*revêtir un caractère d'urgence*
to voice one's dissatisfaction with	*exprimer son mécontentement envers*
to deepen dissatisfaction	*aggraver le mécontentement*
to channel dissatisfaction	*canaliser le mécontentement*
to grow impatient with	*s'impatienter de*
to blunt patience	*entamer la patience*
discontent	*le mécontentement*
an outpouring of discontent	*un flot de mécontentement*
resentment	*le ressentiment*
to direct one's resentment	*prendre pour cible de son ressentiment*
to seethe with anger	*bouillir de rage*
to blossom into	*se transformer en*
to let off steam	*se défouler*
accumulated despair	*l'accumulation de désespoir*
seething with discontent	*où le mécontentement fermente*
a safety valve	*une soupape de sécurité*
an expectation	*une attente*
rising expectations	*espoirs grandissants*
to set back expectations	*décevoir les espoirs*
to demand	*exiger*
a demand	*une revendication*
people's demands	*exigences populaires*
to press for a demand	*exiger instamment*
to back demands	*appuyer des revendications*
to study a demand	*étudier une revendication*
a pressing demand	*une revendication prioritaire*
to meet one's demands	*répondre aux revendications*
to thrust an issue upon sb.	*se trouver confronté à un problème*
civil disobedience	*la désobéissance civile*
a hunger strike	*une grève de la faim*
to go on a hunger strike	*faire la grève de la faim*
a hunger striker	*un gréviste de la faim*
to swear off water	*s'abstenir de boire*

to court death	*jouer avec la mort*
to wilt	*s'affaiblir*
to be prepared to die for	*être prêt à mourir pour*
a concession	*une concession*
to grant a concession (to)	*faire une concession (à)*
to wring concessions (from)	*arracher des concessions (à)*
to win a month's breathing space	*gagner un répit d'un mois*
to dash hopes	*anéantir les espoirs*

2 CASUALTIES — *LES VICTIMES*

mindless violence	*la violence aveugle*
police brutality	*les brutalités policières*
a massacre / a slaughter	*un massacre*
to commit a massacre (against)	*commettre un massacre (contre)*
a government-inflicted massacre	*un massacre commis par les autorités*
to inflict heavy losses on	*infliger de lourdes pertes à*
to inflict serious damage	*infliger des dégâts sérieux*
to claim . . . victims	*faire ... victimes*
the death toll stands at . . .	*le nombre des morts s'élève à ...*
to slay	*massacrer*
brutal slaying	*violents massacres*
to be crippled	*être infirme*
to maim	*mutiler*
to be injured	*être blessé*
to be wounded	*être blessé (par une arme)*
a gunshot wound	*une blessure par balle*
to be shot in the leg	*être blessé à la jambe*
to be hit	*être touché*
to be missing	*être porté disparu*
to be hacked to death	*être tué à coups de couteau / hache*
to be trampled to death	*mourir piétiné*
to be gunned down	*être abattu*
to be shot down	*être liquidé*
to be shot dead	*être abattu*
a mass grave	*une fosse commune*
safe and sound	*sain et sauf*
to escape unhurt	*s'en tirer sans une égratignure*
the death toll	*le bilan des victimes*
the casualty list	*la liste des victimes*
to put casualties at	*estimer le nombre des victimes à*
to ferry the sick to the hospital	*transporter les blessés à l'hôpital*
the morgue	*la morgue*
bloodshed	*une effusion de sang*
to avert bloodshed	*éviter une effusion de sang*
a bloodbath	*un bain de sang*
to touch off a bloodbath	*provoquer un bain de sang*
to turn into a bloodbath	*se transformer en bain de sang*
to spill blood	*verser le sang*
to drown freedom in blood	*étouffer la liberté dans le sang*
bloodstained streets	*rues ensanglantées*
to be spattered with blood	*être éclaboussé de sang*
to butcher	*massacrer, égorger*
butchery	*le carnage*
atrocities	*atrocités*
to commit atrocities (against)	*commettre des atrocités (envers)*
barbarity	*atrocités*
barbarous / barbaric	*barbare*
hideous	*atroce*
savagery	*la sauvagerie*
ruthlessness	*la brutalité*
monstrous	*monstrueux*
monstrosity	*la monstruosité*
inhuman	*inhumain*
bloodthirsty	*assoiffé de sang*
to mourn for	*pleurer la disparition de*
to go into mourning	*prendre le deuil*
to lay a wreath on	*déposer une gerbe sur*
festooned with black flags	*tendu de drapeaux noirs*
to half mast	*mettre en berne*
at half mast	*en berne*

3 HEALING WOUNDS — *LA RECONCILIATION*

moral outrage	*la réprobation*
a swell of indignation (about)	*une vague d'indignation (à propos de)*
to leave a legacy of brutality	*laisser un héritage de brutalités*
to be outraged over the brutality	*être choqué devant les brutalités*
a government at odds with its people	*un gouvernement en déphasage avec son peuple*
to widen the chasm between	*élargir le fossé entre*
to make compromise unthinkable	*écarter tout compromis*
to rule out compromise	*exclure tout compromis*
to discuss under the barrel of a gun	*négocier le couteau sur la gorge*
a compromise solution	*une solution de compromis*
to bridge a gap	*combler un fossé*
to come to a compromise	*trouver un compromis*
to right an evil	*redresser un tort*
to endear oneself to the population	*se concilier les bonnes grâces de la population*
to accept the olive branch held out to	*accepter le rameau d'olivier tendu à*
to take token sanctions	*prendre des sanctions symboliques*
to drop charges	*abandonner les poursuites*
to issue a public plea for restraint	*appeler publiquement à la modération*
to strive for a peaceful solution	*s'efforcer de trouver une solution pacifique*
to exercise restraint	*jouer la prudence*
to see the writing on the wall	*sentir le vent du boulet*
to go easy on	*lâcher du lest*
to take the heat out of	*désamorcer*
to veer away from open revolt	*tourner le dos à la révolte ouverte*

to demonstrate one's goodwill	*montrer sa bonne volonté*
to choose compromise	*opter pour le compromis*
to mend one's wounds	*panser ses blessures*
to heal wounds	*panser les blessures*
to brand a leader a murderer	*traiter un dirigeant d'assassin*
to fix responsibility for . . . on . . .	*rejeter la responsabilité de ... sur ...*
to face vengeance	*affronter la vengeance*
to head off vengeance	*éviter la vengeance*
to direct vengeance against	*exercer sa vengeance contre*
retribution	*le châtiment*
the day of retribution	*le jour du jugement*
a thirst for retribution	*une soif de vengeance*
to switch allegiance	*retourner sa veste*
to lay down one's arms	*déposer les armes*
to lift the state of emergency	*lever l'état d'urgence*
to surrender power	*abdiquer, abandonner le pouvoir*
to disavow violence	*condamner la violence*
to plunge back into turmoil	*replonger dans l'agitation*
a conflict	*un conflit*
rife with conflict	*fertile en conflits*
to look set to flare up again	*être prêt à rebondir*
revulsion	*la révulsion*

9 ETHICS AND SCANDAL — *MORALE ET SCANDALE*

I MONEY AND POLITICS — *L'ARGENT ET LA POLITIQUE*

the roots of evil	*les racines du mal*
campaign money	*l'argent de la campagne électorale*
campaign giving	*dons en espèces (pour une campagne électorale)*
a slush fund	*une caisse noire*
a sum of money	*une somme d'argent*
a gift of money	*un cadeau en espèces*
to pass out gifts of money	*distribuer des cadeaux en espèces*
a cash gift	*un cadeau en espèces*
speech-giving money	*l'argent provenant de discours*
a honorarium / honoraria	*un honoraire / honoraires*
to take in cash directly	*accepter de l'argent de la main à la main*
a money substitute	*un cadeau en nature*
to treat sb. to a vacation	*offrir des vacances à qqn.*
a free vacation	*vacances gratuites*
courtesy of	*offert par*
to distribute	*distribuer*
to be the recipient of	*être le destinataire de*
a largesse	*largesses*
a plum	*un fromage*
to line one's pockets	*s'en mettre plein les poches*
to profiteer	*faire des bénéfices excessifs*
to cash in on public service	*tirer profit du service public*
influence peddling	*le trafic d'influence*
influence seeking	*le marchandage d'influence*
an influence seeker	*qui est en quête d'influence*
jiggery-pokery	*manigances, micmacs*
skulduggery	*combines louches*
fiddling	*combines*
to grease sb.'s palms	*graisser la patte à qqn.*
to be on the take	*accepter des pots-de-vin*
to rip off the government	*escroquer le gouvernement*
a rip off	*une escroquerie*
to enrich oneself	*s'enrichir*
self-enrichment	*enrichissement personnel*
the state coffers	*les coffres de l'Etat*
at the public's expense	*aux dépens du public*
to defraud the taxpayers	*escroquer les contribuables*
to amass a fortune for personal gain	*amasser une fortune pour s'enrichir personnellement*
a backroom deal	*une affaire en coulisses*
a phony deal	*une affaire véreuse*
to cut sb. in on	*mettre qqn. dans le coup*
a lucrative investment	*un investissement lucratif*
to clinch a deal	*boucler une affaire*
to be in the pay of	*être à la solde de*
to be in the pocket of	*" " "*
special interests	*intérêts spéciaux*
a font of funds	*une source de fonds*
to divert (into)	*détourner (vers)*
to funnel	*détourner*
a financial sleight of hand	*un tour de passe-passe financier*
cronyism	*le copinage*
a crony	*un copain*
an inside trading violation	*un délit d'initié*
a conflict-of-interest	*un conflit d'intérêts*

to be paid a pittance	*gagner moins que rien*
the lure of easy money	*l'attrait de l'argent facile*
to lavish money on	*dépenser sans compter pour*
to bestow	*accorder en guise de faveur*
a Swiss bank account	*un compte bancaire en Suisse*
a numbered account	*un compte numéroté*

II WRONGDOING — *LA MALHONNETETE*

1 RUMOR — *LA RUMEUR*

a rumour / rumor	*une rumeur*
a raft of rumors	*une série de rumeurs*
to plant a rumor	*introduire une rumeur*
rumor has it that	*le bruit court que*
to be rumored	*faire courir le bruit*
to abound	*abonder*
a rumor target	*la cible de rumeurs*
to spark rumors	*déclencher des rumeurs*
to spread a rumor	*faire circuler une rumeur*
to circulate a rumor	*faire courir un bruit*
to go round	*circuler*
to chase a rumor	*poursuivre une rumeur*
to be awash with rumors	*bruire de rumeurs*
to get a rumor into print	*publier une rumeur*
founded	*fondé*
unfounded	*non fondé*
a rumor monger	*qui répand des rumeurs*
the rumor mill	*les potins*
to scotch a rumor	*faire taire une rumeur*
to lay a rumor to rest	*enterrer une rumeur*
to dispel a rumor	*dissiper une rumeur*
innuendo	*insinuation*
to make innuendoes against	*faire des insinuations à l'égard de*
the grapevine	*le téléphone arabe*
to hear on the grapevine	*apprendre indirectement*
hearsay	*rumeurs*
from / by hearsay	*par ouï-dire*
to cut short speculation	*couper court aux spéculations*

2 SCANDAL — *LE SCANDALE*

a scandal	*un scandale*
a drawn-out scandal	*un scandale qui tire en longueur*
at the core of the scandal	*au cœur du scandale*
a series of scandals	*une série de scandales*
a string of scandals	" " " "
a spate of scandals	*un flot de scandales*
rife with scandal	*riche en scandales*
to smack of scandal	*avoir des relents de scandale*
the fallout of a scandal	*les retombées d'un scandale*
scandalous	*scandaleux*

3 DISHONESTY — *LA MALHONNETETE*

dishonest	*malhonnête*
venality	*la vénalité*
venal	*vénal*
greedy	*rapace, cupide*
unscrupulous	*indélicat*
crooked	*malhonnête*
amoral	*amoral*
dubious	*équivoque, douteux*
shady	*louche, véreux*
disreputable	*peu honorable*
bent	*malhonnête, véreux*
to do sb. credit	*faire honneur à*
undignified	*indigne*
untrustworthy	*indigne de confiance*
underhand / underhanded	*sournois*
stealthy	*en douce*
to fail in one's honour	*manquer à son honneur*
hypocritical	*hypocrite*
a hypocrite	*un hypocrite*
double dealing	*fourbe / la duplicité*
a trick	*une ruse*
tricky	*roublard*
by trickery	*par ruse*
by hook or by crook	*par tous les moyens possibles*
to deceive	*tromper*
deceitful	*trompeur*
shifty	*sournois*
sly	*rusé*
cunning	*malin / la ruse*
crafty	*rusé*
to dissemble	*dissimuler*
artful	*trompeur*

III PROBING SCANDALS — *L'ENQUETE SUR LES SCANDALES*

1 INVESTIGATING — *L'ENQUETE*

an investigation committee	*un comité d'enquête*
to be guilty of violations	*être coupable de violations*
to pry into	*fouiller dans*
to explore sb.'s background	*explorer le passé de qqn.*
to delve into a character	*enquêter sur un caractère*
to make an inquiry into	*faire une enquête sur*
to dig into a scandal	*creuser un scandale*
to turn into a scandal	*se transformer en scandale*
to pin a scandal on sb.	*attribuer un scandale à qqn.*
to dig out the truth	*faire toute la lumière sur*
to blow the lid off	*faire éclater un scandale*
to bring out into the open	*révéler au grand jour*
to bring to light	*éclairer*
to shed light on	*faire la lumière sur*
to release	*publier*
to leak	*transpirer, divulguer*
a leak	*une fuite*
to make it known	*faire savoir*
to be splattered with	*être éclaboussé par*
to reveal	*révéler*
a revelation	*une révélation*
staggering	*époustouflante*
to blow the whistle on	*vendre la mèche, mettre un terme à*
to spill the beans	*manger le morceau (fam.)*
a daily revelation of scandals	*un déballage quotidien de scandales*
an allegation	*une allégation*
a string of allegations about	*une série d'allégations au sujet de*
to answer allegations	*répondre des allégations*
a sham	*un imposteur*
a media trial	*un procès de la presse*
to evade the truth	*se dérober à la vérité*
to stonewall	*donner des réponses évasives*
to plead the fifth	*invoquer le 5ème amendement*
to damage one's case	*nuire à*
to confront the truth	*être confronté à la vérité*
to bargain for immunity	*marchander son immunité*
to be prosecuted	*être poursuivi en justice*
to offer clemency	*pardonner*
to pardon	"

2 COVER UP — *LES TENTATIVES D'ETOUFFEMENT*

to cover up the facts	*étouffer les faits*
to conceal facts	*dissimuler les faits*
to hide the truth from	*cacher la vérité à*
to keep secret	*garder secret*
to obfuscate	*dérouter*
a covert scheme	*un plan secret*
to mislead	*induire en erreur*
misleading	*trompeur*
to fall for	*se laisser prendre à*
to fool	*berner, mystifier*
to deceive	*tromper*
deception	*la duperie*
to lie	*mentir*
to tell lies	*raconter des mensonges*
to lie through one's teeth	*mentir comme on respire*
a liar	*un menteur*
to lie one's way out of	*s'en sortir par des mensonges*
a lie detector	*un détecteur de mensonges*
to tell the truth	*dire la vérité*
trust	*la confiance*
to trust	*avoir confiance en*
a falsehood	*un mensonge*
an untruth	*une contre-vérité*
a trumped-up story	*une histoire inventée de toutes pièces*
to cook up	*fabriquer*
to twist the facts	*déformer les faits*
a cock-and-bull story	*une histoire à dormir debout*
to pull the wool over sb.'s eyes	*jeter de la poudre aux yeux de qqn.*
untrue	*faux*
to evade	*répondre évasivement*
evasive	*évasif*
to collude in	*être complice de*
in collusion with	*de mèche avec*
to turn a blind eye on	*fermer les yeux sur*
to condone	*se faire complice de*
to deny	*nier*
a denial	*un démenti*
a spate of denials	*une cascade de démentis*
to obstruct an investigation	*faire obstruction à une enquête*

3 INNOCENCE — *L'INNOCENCE*

innocent	*innocent*
guiltless	*non coupable*
honest	*honnête*
candid	*sincère*
frank	*franc*
plain	*direct*
straightforward	"
sincere	*sincère*
plain-spoken	*franc, direct*
to give one's word	*donner sa parole d'honneur*
to pledge one's word	" " " "
to make it a point of honour (to)	*se faire un point d'honneur (de)*
to be honour-bound	*être tenu par l'honneur*

to have a clear conscience	*avoir la conscience tranquille*
to speak one's mind	*dire à qqn. sa façon de penser*
bluntly	*carrément*
to be blunt	*ne pas mâcher ses mots*
to silence claims of scandal	*faire taire les accusations de scandale*
to clear up allegations	*tirer des allégations au clair*
to deny any wrongdoing	*démentir tout méfait*
to dispel assumptions	*dissiper les doutes*
unproven innuendo	*insinuations non fondées*
unfounded accusations	*accusations non fondées*
to show one's good faith	*faire preuve de sa bonne foi*
a holier-than-you attitude	*une attitude pharisienne*
to disprove a charge	*réfuter une accusation*
to refute	*réfuter*
a distortion	*une déformation*
to distort facts	*déformer les faits*
a smoke screen of false charges	*un écran de fausses accusations*
to misjudge	*se tromper sur le compte de*
to sneer at	*se gausser de*
to have a clear conscience	*avoir la conscience tranquille*
to know right from wrong	*distinguer le bien du mal*
a stainless reputation	*une réputation sans tache*
spotless	*sans tache*
respectable	*honorable*
upright	*intègre*
a man of merit	*un homme de valeur*
praiseworhty	*digne d'éloges*
esteem	*l'estime*
to hold in high esteem	*tenir en haute estime*

4 DEFAMATION — *LA DIFFAMATION*

to defame	*diffamer*
defamatory	*diffamatoire*
defamatory statement	*propos diffamatoires*
to sue for defamation	*poursuivre en diffamation*
spurious	*fallacieux*
libel	*la diffamation (avec support de caractère permanent)*
public libel	*propos contraires à l'ordre public*
libellous	*qui a un caractère de diffamation permanente*
to bring criminal libel proceedings	*engager des poursuites en diffamation*
to slander	*calomnier*
slander	*la calomnie, la diffamation verbale*
a slanderer	*un calomniateur*
slanderous	*calomnieux*
scurrilous	"
malicious falsehood	*mensonge dans le but de nuire*
a morality trial	*un procès de moralité*
character assassination	*la diffamation*
to impugn sb.'s character	*attaquer le caractère de qqn.*
to rubbish one's opponents	*traîner ses adversaires dans la boue*
mudslinging	*attaques calomnieuses*
a mudslinger	*un calomniateur*
to smear	*porter atteinte à la personnalité de*
to smear sb.'s reputation	*salir la réputation de qqn.*
a smear	*une calomnie*
a smear campaign	*une campagne de calomnie*
to destroy a reputation	*détruire une réputation*
to slur sb.'s reputation	*porter atteinte à la réputation de qqn.*
a slur on sb.'s reputation	*une atteinte à la réputation*
to defile	*souiller*
to sully	*tacher*
to smirch	"
to besmirch	*salir*
to tarnish	*ternir*
to cut up	*tailler en pièces*
to do a hatchet job on	*faire tomber une tête*
to drag through the mud	*traîner dans la boue*
to heap dirt upon	*couvrir de boue*
to spread the dirt about sb.	*calomnier qqn.*
a blot on one's character	*une tache à sa réputation*
a stain	*une tache*
privilege	*immunité parlementaire*
to be privileged	*jouir de l'immunité*
to be privileged from judicial proceedings	*être à l'abri de poursuites judiciaires*
to make an offer of amends	*proposer une rectification*
to publish a correction	*publier un rectificatif*
to drop a case	*clore une affaire*
contemptuous damages	*un franc symbolique (de dommages-intérêts)*

5 INDIGNATION — *L'INDIGNATION*

to arouse public opposition	*soulever l'opposition générale*
to create a public furor	*provoquer la colère générale*
an outcry	*un tollé*
to raise an outcry	*provoquer un tollé*
an uproar	*un vacarme*
to raise an uproar	*provoquer une tempête*
to cause an uproar	*déclencher une tempête de protestations*
a hubbub	*un vacarme*
a hullabaloo	*un foin (fam.)*
a to-do	*une affaire*
a big stink	*un esclandre*
to kick up a stink	*faire du grabuge*
to cause a stir	*faire du bruit*
to air a protest	*émettre une protestation*
to denounce	*dénoncer*
a denunciation	*une dénonciation*
to find fault with	*trouver à redire*
to disapprove of	*désapprouver*
disapproval	*la désapprobation*

to express disapproval	*exprimer sa désapprobation*
to cry foul	*crier à l'injustice*
to face a barrage of criticism	*faire face à une avalanche de critiques*
to unleash a torrent of indignation	*déchaîner l'indignation*
an outrage	*un affront*
to be outraged	*être outré*
outrageous	*scandaleux, monstrueux*
a slap in the face	*une gifle*
to strain	*mettre à l'épreuve*
to retaliate (against)	*prendre des mesures de représailles (à l'encontre de)*
retaliation	*représailles*
to backfire (on)	*retomber (sur)*
to raise worries	*soulever l'inquiétude*
to express one's indignation	*exprimer son indignation*
a furor	*un scandale*
public ire	*la colère publique*
to blow over	*s'apaiser*
dismay	*le désarroi*
dismaying	*consternant*
to erode people's faith	*saper la confiance populaire*
to grow weaker	*s'émousser*
to think ill of	*penser du mal de*
to think much of	*avoir bonne opinion de*

6 POLITICAL CONSEQUENCES — *LES CONSEQUENCES POLITIQUES*

the ripples of a scandal	*les retombées d'un scandale*
to lap at sb.'s feet	*éclabousser (qqn.)*
to spell trouble	*signifier des ennuis*
a political career	*une carrière politique*
to dog a government	*s'acharner sur un gouvernement*
to bedevil a government	*harceler un gouvernement*
to challenge sb.'s hold on power	*contester la légitimité de qqn.*
to shatter an aura of invincibility	*ébranler une réputation d'invincibilité*
to jeopardize sb.'s reputation	*mettre en danger la réputation de qqn.*
to inflict political damage	*causer un tort politique*
to dent the moral credibility	*entamer la crédibilité morale*
dishonorable	*déshonorant*
a head on the block	*une tête à trancher*
to start to roll	*se mettre à tomber*
to undercut the ability to govern	*entamer la capacité à gouverner*
to bring down	*provoquer la chute*
to taint a government	*salir un gouvernement*
to dissociate oneself from	*se désolidariser de*
to be hardened by scandal	*être blasé par les scandales*
to take the political heat	*assumer les responsabilités politiques*
to weather the onslaught	*tenir le coup*
to defuse the crisis	*désamorcer la crise*
to buy time	*gagner du temps*
to salvage a career	*sauver sa carrière*
a plunge in popularity ratings	*une chute dans les sondages*
to minimize the political damage	*minimiser les dégâts politiques*
the destruction of a public man	*la destruction d'un homme public*
to highlight a flaw	*mettre un défaut en lumière*
disgrace	*la honte, le déshonneur*
disgraceful	*déshonorant, scandaleux*
shame	*la honte*
to be found wanting	*ne pas être à la hauteur, être défaillant*
to find fault with	*critiquer*
to be in political death throes	*être à l'agonie politique*
to bring on sb.'s downfall	*provoquer la chute de qqn.*
to come under attack	*être attaqué*
to be under the glare of publicity	*être sous le feu de l'actualité*
to die down	*se calmer*
to shake public opinion	*secouer l'opinion publique*
to face a difficult year ahead	*faire face à une année difficile*
to cast a shadow on	*jeter une ombre sur*
to give a further lease of life to	*prolonger*
to hit a raw nerve in the public	*toucher une corde sensible dans le public*
to lose the trust / confidence of	*perdre la confiance de*
to undermine public confidence in	*saper la confiance publique*
a letter of reproval	*une lettre de réprobation*
a reprimand	*un blâme*
expulsion	*l'expulsion*
to unseat a government	*renverser un gouvernement*
to topple	*renverser*
to be removed from parliament	*être exclu du parlement*
to be forced out of office	*être contraint de quitter son poste*
to drive sb. from government	*chasser qqn. du gouvernement*
to resign	*démissionner*
a resignation	*une démission*
to tender one's resignation	*remettre sa démission*
to step down	*démissionner*
to own up to	*avouer*
to impeach	*mettre en accusation*
impeachment	*la mise en accusation*
a breach of faith	*une forfaiture*
a breach of trust	*un abus de confiance*
to act in bad faith	*agir de mauvaise foi*
to apologize to sb. for sth.	*s'excuser auprès de qqn. pour qqch.*
a public apology	*excuses publiques*
to offer one's apologies	*faire ses excuses*
to be apologetic	*se confondre en excuses*

to make a plea for forgiveness	*demander pardon*
to get the past off one's back	*se débarrasser de son passé*
a disgraced president	*un président en disgrâce*
to pass through the wilderness	*faire une traversée du désert*

IV ETHICS AND POLITICS — *LA MORALE ET LA POLITIQUE*

1 ETHICS — *L'ETHIQUE*

morals	*la morale, mœurs*
morality	*les principes moraux, le sens moral*
moral	*conforme à la morale*
a standard	*un principe, un critère*
moral standards	*critères moraux*
loose morals	*une morale relâchée*
to have no morals	*être sans moralité*
a guiding principle	*un principe directeur*
on principle	*par principe*
to stand up for one's principles	*défendre ses principes*
a moral custodian	*un gardien de la morale*
righteous	*vertueux*
an ethics code	*un code d'éthique*
an ethics committee	*un comité d'éthique*
an ethical lapse	*une faute morale*
a code of conduct	*un code de conduite*
an ethics case	*un problème d'éthique*
an ethics reform package	*une série de réformes morales*
ethical standards	*critères moraux*
ethics rules	*règles d'éthique*
to pass on ethics legislation	*faire voter des lois pour moraliser*
to propose a code of conduct	*proposer un code de conduite*
to enforce standards	*faire respecter des principes*
a tough standard	*un critère rigoureux*
an ethical violation	*la violation du code d'éthique*
to bend the rules	*déformer les lois*
misdoing	*méfaits*
unethical conduct	*la conduite immorale*
an ethics reign of terror	*un terrorisme moral*
a scruple	*un scrupule*
scrupulous	*scrupuleux*
an oversight	*un oubli*
an indiscretion	*un faux pas*
an impropriety	*une impropriété*
a misdeed	*un méfait*
misrule	*la mauvaise administration*
misconduct	*la mauvaise gestion*
a lapse of judgement	*un écart de jugement*
an error in judgement	*une erreur de jugement*
a sleaze factor	*un facteur sordide*
a transgression	*une faute*
a misdemeanour	*un écart de conduite*
to admonish	*réprimander*
to reprove	*réprouver*

2 CLEANING UP POLITICS — *POUR UNE POLITIQUE PROPRE*

to attack corruption head on	*s'attaquer de front à la corruption*
to clamor for	*réclamer à cor et à cri*
to ride roughshod over rules and regulations	*passer outre aux lois et règlements*
to circumvent the law	*tourner la loi*
to be vigilant (in)	*être vigilant (dans)*
to be above the law	*être au-dessus des lois*
openness	*la transparence*
incorruptible	*incorruptible*
to put a ceiling on	*mettre un plafond à*
a spending limit	*une limite aux dépenses*
to limit	*limiter*
a contribution	*une contribution*
a donation	*un don*
disclosure requirements	*conditions de transparence*
financial disclosure	*la transparence financière*
to disclose a transaction	*déclarer une transaction financière*
to list the names of	*faire la liste de*
to make public	*divulguer*
an income	*un revenu*
an investment	*un investissement*
to give up all outside income	*renoncer à tout salaire extérieur*
to stall legislation	*retarder la législation*
to clean up politics	*purifier la politique*
to cleanse	*purifier*
a watchdog agency	*un organisme de surveillance*
to be money-honest	*être intègre*

VIII INTERNATIONAL RELATIONS — *LES RELATIONS INTERNATIONALES*

1 DIPLOMACY — *LA DIPLOMATIE*

I THE DIPLOMATIC CORPS — *LE CORPS DIPLOMATIQUE*

diplomacy	*la diplomatie*
a diplomat	*un diplomate*
diplomatic	*diplomatique*
a diplomatic move	*un geste diplomatique*
diplomatic circles	*les milieux diplomatiques*
diplomatic recognition	*la reconnaissance diplomatique*
a diplomatic breakthrough	*une avancée diplomatique*
a diplomatic feat	*un exploit de la diplomatie*
diplomatic immunity	*immunité diplomatique*
the international stage	*la scène internationale*
diplospeak	*le langage diplomatique*
foreign affairs	*les affaires étrangères*
the Foreign Office (UK)	*le ministère des Affaires étrangères*
the State Department (USA)	*le département d'Etat*
Foggy Bottom	*le département d'Etat (fam.)*
the minister of Foreign Affairs	*le ministre des Affaires étrangères*
the Foreign Secretary	*" " " "*
the State Secretary (USA)	*" " " "*
the Community (USA)	*les diplomates haut placés*
the foreign service	*les affaires étrangères*
foreign policy	*la politique étrangère*
a foreign policy adviser	*un conseiller en politique étrangère*
highly-placed sources	*sources haut placées*
unnamed sources	*sources bien informées*
a diplomatic pouch	*une valise diplomatique*
a diplomatic bag	*" " "*
an ambassador	*un ambassadeur*
an ambassador-at-large	*un ambassadeur extraordinaire*
a roving ambassador	*un ambassadeur itinérant*
an ambassador plenipotentiary	*un ambassadeur plénipotentiaire*
a goodwill ambassador	*un ambassadeur chargé d'une mission de bons offices*
an ambassadorship	*la fonction d'ambassadeur*
an embassy	*une ambassade*
an embassy staffer	*un membre de l'ambassade*
the embassy compound	*l'enceinte d'une ambassade*
a residency	*une résidence*
a consul	*a consul*
a consul general	*un consul général*
a consular agent	*un agent consulaire*
a consulate	*un consulat*
a chancery (UK)	*une chancellerie*
a chancellery (USA)	*" "*
an emissary	*un émissaire*
an attaché	*un attaché*
a commercial attaché	*un attaché commercial*
an envoy	*un émissaire*
a legate	*un légat*
a legation	*une légation*
a nuncio	*un nonce*
a spokesman	*un porte-parole*
a counterpart	*un homologue*
a delegate	*un délégué*
a delegation	*une délégation*
a mission	*une mission*
to be sent on a mission	*être envoyé en mission*
a goodwill mission	*une mission de bons offices*
to exchange ambassadors	*échanger des ambassadeurs*
to be appointed ambassador	*obtenir une ambassade*
to be called home	*être rappelé dans son pays*
to recall one's ambassador	*rappeler son ambassadeur*
a recall	*un rappel*
to summon an ambassador	*convoquer un ambassadeur*
to accredit sb. to / at	*accréditer qqn. auprès de*
to present one's credentials	*présenter ses lettres de créance*
a superpower	*une superpuissance*
a bloc	*un bloc*
an international body	*un organisme international*
the United Nations Organisation (UNO)	*l'Organisation des Nations Unies (ONU)*
the Security Council	*le Conseil de sécurité*
a permanent member of the Security Council	*un membre permanent du Conseil de sécurité*
to chair a council	*présider un conseil*

II DIPLOMATIC RELATIONS — *LES RELATIONS DIPLOMATIQUES*

a relationship	*une relation*
to entertain relationships	*entretenir des relations*
a complete review of relations	*une redéfinition totale des relations*
to keep relations cordial	*poursuivre des relations cordiales*
to enhance relations	*améliorer les relations*
a bond	*un lien*
a tie	" "
to establish ties with	*établir des liens avec*
to form a close tie	*établir un lien étroit*
to sever ties	*rompre les relations*
a rapprochement	*un rapprochement*
an alignment	*un alignement*
a realignment	*un réalignement*
an axis	*un axe*
a strategy	*une stratégie*
to push a strategy	*promouvoir une stratégie*
to be beholden (to)	*être inféodé (à)*
a treaty	*un traité*
bilateral	*bilatéral*
multilateral	*multilatéral*
a pact	*un pacte*
an accord	*un accord*
a provision	*une disposition*
a disposition	*un arrangement*
a broadline	*une grande ligne*
to lay down the broadlines	*établir les grandes lignes*
to conclude a treaty	*conclure un traité*
to sign a treaty	*signer un traité*
to ratify a treaty	*ratifier un traité*
to join a treaty	*se joindre à un traité*
ratification	*la ratification*
peaceful coexistence	*la coexistence pacifique*
under the aegis of	*sous les auspices de*
under the auspices of	" " " "
to exchange representatives	*échanger des représentants*
an alliance	*une alliance*
an ally	*un allié*
to bind one's allies	*engager ses alliés*
to strike an alliance	*s'allier*

III A SUMMIT — *UN SOMMET*

1 SUMMITS — *LES SOMMETS*

a summit conference	*une conférence au sommet, un sommet*
an economic summit	*un sommet économique*
a drug summit	*un sommet de la drogue*
a snap summit	*un sommet décidé à l'improviste*
a seaborne summit	*un sommet en mer*
a saltwater summit	*un sommet marin*
a one off summit	*un sommet exceptionnel*
a distaff summit	*un sommet (côté dames)*
an empty summit	*un sommet pour rien*
to schedule a summit	*prévoir un sommet*
to arrange a summit	*préparer un sommet*
to be instrumental in	*être l'instigateur de*
to safeguard a summit	*préserver un sommet*
to announce a summit	*annoncer un sommet*
to be in the offing	*se profiler à l'horizon*
to bill a summit as	*annoncer un sommet comme étant*
to attend a summit	*participer à un sommet*
to cancel a summit	*annuler un sommet*
a summit signing	*une signature au sommet*
a sumiteer	*un participant à un sommet*
to hold a summit	*organiser un sommet*
to convene	*se réunir*
to play host to	*accueillir*
a host country	*un pays d'accueil*
protocol	*le protocole*

2 POMP AND CIRCUMSTANCE — *LES FASTES*

an advance man	*un membre d'une délégation chargé de préparer un sommet*
the summit extravaganza	*les fastes d'un sommet*
to welcome the sumiteers	*accueillir les participants*
in great pomp	*en grande pompe*
a First Lady	*une première dame*
to set off on a tour (of)	*partir pour une tournée (de)*
to tour	*faire une tournée*
a state visit	*une visite officielle*
a historic visit	*une visite historique*
to pay sb. a visit	*rendre visite à qqn.*
a reciprocal visit	*une visite réciproque*
to set foot (in)	*mettre le pied (dans)*
a stopover	*une escale*
a stay	*un séjour*
to unroll the welcome mat	*dérouler le tapis rouge*
to review an honour guard	*passer en revue la garde d'honneur*
a motorcade	*un cortège officiel*
to be lined with	*être bordé de*
cheering crowds	*foules enthousiastes*
escort duty	*escorte officielle*
to spruce up a city	*décorer une ville*
to paint over graffiti	*passer une couche de peinture sur les graffitis*

a sidetrip	*une escapade*
a sideshow	*une attraction*
a walkabout	*un bain de foule*
to plunge into a crowd	*se mêler à la foule*
to press the flesh	*serrer des mains*
a photo opportunity / a photo op	*une séance de photos*
an official reception	*un gala*
a bash	*une grande fête*
a presidential levee	*une réception présidentielle*
to be formally invited	*recevoir une invitation officielle*
to keep up a hectic pace	*soutenir un rythme infernal*
to spend a week end ensconced (in)	*passer un week end retiré (à)*
to huddle with	*se réunir en petit comité*
to upstage	*voler la vedette à*
to steal the show from	*" " " "*
a visit marred by	*une visite gâchée par*
to pare down a tour	*abréger un voyage*
to cut a stay short	*abréger un séjour*
to fly home	*regagner son pays*
a televised address	*un discours télévisé*

3 GETTING TOGETHER — *LA RENCONTRE*

a rapport	*un rapport (personnel)*
to probe each other	*chercher à se connaître*
to deepen understanding	*mieux se connaître*
to test the stamina (of)	*tester le courage (de)*
to be on the same wavelength	*être sur la même longueur d'ondes*
to see eye to eye on	*partager les mêmes vues sur*
to overcome mutual suspicion	*surmonter les appréhensions réciproques*
mutual understanding	*la compréhension réciproque*
to warm to	*se prendre de sympathie pour*
the right chemistry	*atomes crochus*
to hit it off (with)	*s'entendre bien (avec)*
to get along well (with)	*" " "*
a kindred spirit	*les mêmes dispositions d'esprit*
to have a kindred feeling for	*avoir de la sympathie pour*
trust	*la confiance*
to blossom	*s'installer, se développer*
to cement relations with	*consolider les liens*
to forge a bond with	*forger des liens avec*
to bond with	*établir des liens avec*
to make the relationship work	*contribuer au succès de la relation*
to set differences aside	*éviter les frictions*
to stake one's reputation on	*jouer sa réputation sur*
a political gamble	*un pari politique*
a litmus test	*une épreuve décisive*
to go empty handed	*aller les mains vides*
businesslike	*sérieux*
to get down to business	*se mettre au travail*
an upbeat meeting	*une réunion optimiste*
to bear fruit	*porter ses fruits*
to yield	*déboucher sur*
to produce a political breakthrough	*faire un pas décisif*

4 FORMAT — *LE CADRE*

a gathering	*une réunion*
a get-together	*une rencontre*
top level	*au sommet*
a get-acquainted session	*une séance de prise de contact*
a one on one meeting	*une réunion en tête-à-tête*
a formal meeting	*une rencontre protocolaire*
an informal meeting	*une réunion informelle*
informality	*l'absence de formalité, la simplicité*
a brainstorming session	*une réunion de travail*
a full fledged meeting	*une rencontre à part entière*
a roundtable	*une table ronde*
a conference table	*une table de conférence*
a round of talks	*un tour de table*
the opening of talks	*l'ouverture des pourparlers*
the warmth of the talks	*la cordialité des entretiens*
a working session	*une réunion de travail*
the long-awaited negotiation	*la négociation attendue*
to consult	*faire des consultations*
the negotiating table	*la table des négociations*
the bargaining table	*" " " "*
a step by step process	*un processus échelonné*
across the board exchanges	*un échange de vues*
to keep one's powder dry	*être paré*
a wait-and-see policy	*une politique d'attentisme*

5 TALKS — *LES ENTRETIENS*

to prepare the ground	*préparer le terrain*
preparatory work	*le travail préparatoire*
to work behind the scenes	*travailler en coulisse*
exploratory talks	*discussions préliminaires*
to dispatch for consultation	*envoyer pour consultations*
an emergency consultation	*une consultation de dernière minute*
to be due to meet	*prévoir de se rencontrer*
to lay the groundwork	*préparer le terrain*
to test the waters	*tâter le terrain*
to prepare for	*se préparer à*
to spell conditions	*définir les conditions*
to settle the terms	*mettre les termes au point*
to set the stage for	*préparer le décor pour*
to line up partners	*trouver des partenaires*
to talk about	*s'entretenir*
talks	*discussions, entretiens*
low level talks	*discussions entre collaborateurs subalternes*
to confer	*s'entretenir*

a setting	*un lieu*
a backdrop	*une toile de fond*
on neutral ground	*en terrain neutre*
an unstructured discussion	*une discussion à bâtons rompus*
a perfunctory discussion	*une discussion pour la forme*
to come face to face	*se rencontrer face à face*
to press one's message	*faire passer son message*
the transcripts from meetings	*le compte-rendu des réunions*
to draft a response	*mettre au point une réponse*
to hammer out a communiqué	*mettre un communiqué au point*

IV NEGOTIATION — *LES NEGOCIATIONS*

to negotiate (over)	*négocier (à propos de)*
a negotiator	*un négociateur*
a retinue of aides	*une suite de conseillers*
a key player	*un rôle clé*
a requirement for	*une condition à*
preconditions for negotiations	*conditions préalables aux négociations*
a blueprint for negotiations	*un plan de négociations*
a negotiating process	*un processus de négociations*
to give a free hand	*donner carte blanche*
to instruct negotiators (to)	*donner l'ordre aux négociateurs (de)*
to get under way	*entamer*
to wrestle with problems	*se débattre avec les problèmes*
to make good progress	*aller bon train*
to discuss	*discuter de*
discussions	*discussions*
arrangements	*dispositions*
to arrange	*organiser, prévoir*
a step	*une mesure*
to take steps	*prendre des mesures*
a stage	*une étape*
a scheme	*un projet*
to be in a position to	*être en mesure de*
to call the tune	*donner le ton*
the agenda	*l'ordre du jour*
a set agenda	*un ordre du jour fixe*
an item on the agenda	*un point à l'ordre du jour*
a no agenda session	*une session sans ordre du jour*
to put together an agenda	*mettre au point un ordre du jour*
to carry out an agenda	*épuiser un ordre du jour*
to top the agenda	*venir en tête des préoccupations*
to float an idea	*lancer une idée*
to present a list	*présenter une liste*
to hand a list	*remettre une liste*
to run down an inventory of offers	*parcourir une liste de propositions*
to set off on a course	*s'engager dans une direction*
to put a plan to	*présenter un plan à*
a bargaining chip	*un point de discussion*
a talking point	*un point du débat*
an offer	*une proposition*
to dangle an offer	*faire miroiter une proposition*
the terms of an offer	*les termes d'une proposition*
a proposal	*une proposition*
an option	*une option*
to keep-one's option open	*refuser de s'engager irrévocablement*
to put forward a proposal	*avancer une proposition*
to initiate	*amorcer*
an initiative	*une initiative*
to take part in	*participer à*
participation in	*la participation à*
a participant in	*un participant à*
to join	*se joindre à*

V POSITIONS — *LES POSITIONS*

a position	*une position*
a stand / a stance	" "
a posture	" "
a bargaining position	*une position de négociation*
a negotiating position	" " " "
a fallback position	*une position de repli*
bargaining power	*une position de force*
to commit a position to paper	*rédiger une position*
to stake out a position	*adopter une position*
to take a stance	" " "
to strike a posture	" " "
tough bargaining	*négotiations difficiles*
to deal bluntly with	*traiter sans prendre de gants*

1 SHIFTS IN POSITIONS — *LES CHANGEMENTS DE POSITIONS*

give and take	*concessions mutuelles*
a course of action	*une ligne de conduite*
to adjust a position	*adapter sa position*
to adjust a stance	*régler sa position*

to clarify one's views	*clarifier son attitude*
to lobby for a position	*faire pression pour*
to soften one's stance	*adoucir sa position*
to toughen one's stance	*durcir sa position*
to harden a position	*durcir une position*
to undermine a position	*saper une position*
to take a tough line on	*adopter une ligne dure*
to strengthen a position	*renforcer une position*
to shore up a position	" " "
to forge a united position	*mettre au point une position commune*
to stiffen a position	*raidir une position*
to be backed into a corner	*être acculé*
to throw one's weight behind	*peser de tout son poids pour*
to carry weight	*porter, avoir de l'influence*
to increase one's weight	*accroître son influence*
to peg an approach to	*faire dépendre son approche de*
to ponder an option	*réfléchir à une option*
to rehash a position	*modifier une position*
to make a position amenable	*assouplir une position*
to weaken a position	*affaiblir une position*
to switch course / to change course	*changer de cap*
a shift in policy	*un changement de politique*
a turnaround in policy	*un renversement de politique*
a turnaround	*une volte-face*
to back down	*battre en retraite*
to backtrack / to backpedal	*faire machine arrière*
to softpedal one's support	*tiédir dans son soutien*
to back away from	*faire marche arrière*

2 HAGGLING — *LE MARCHANDAGE*

to bicker about	*se disputer*
to haggle (over)	*chicaner (sur)*
to blow hot and cold over	*souffler le chaud et le froid sur*
to fathom	*sonder*
to probe a possibility	*explorer une possibilité*
to proceed toward	*se diriger vers*
to forestall	*anticiper*
to opt for	*choisir*
to dictate one's terms	*dicter ses conditions*
to set conditions	*imposer des conditions*
a claim / a demand	*une revendication*
to list one's demands	*dresser une liste de ses revendications*
to meet one's demands half-way	*couper la poire en deux*
to defuse a controversy	*désamorcer une controverse*
to up the ante / to raise up the ante	*faire monter les enchères*
to raise the stakes	*faire monter les enjeux*
a gambit	*une ruse, une manœuvre*
to dissemble	*masquer sa pensée*
to call sb.'s bluff	*dénoncer le bluff de qqn.*
to drop one's guard	*se découvrir*
to test sb.'s mettle	*mettre à l'épreuve le courage de qqn.*
to play a faction against the other	*monter une faction contre une autre*
to pit one's wits against	*se mesurer avec, jouer au plus fin avec*
to be ranged against	*être opposé à*
to goad into action	*pousser à l'action*
to lose the initiative	*perdre l'initiative*
flexibility	*la flexibilité*
flexible	*flexible*
amenable to argument	*prêt à se laisser convaincre*
resilience	*la souplesse*
resilient	*souple*
to settle on the ground	*se régler sur le terrain*
to settle through diplomatic means	*régler par la voie diplomatique*
to submit to an arbitration court	*soumettre à un tribunal arbitral*

VI DISAGREEMENT — *LE DESACCORD*

1 OPPOSITIONS — *LES DIFFERENDS*

a diplomatic wrangle	*un différend diplomatique*
an obstacle (to)	*un obstacle (à)*
a snag	*un obstacle imprévisible*
to stumble over	*achopper*
a stumbling block	*une pierre d'achoppement*
a snafu (situation normal all fucked-up)	*la pagaïe (fam.)*
a bone of contention	*une pomme de discorde*
a difference of opinion	*un différend*
parochial views	*un point de vue étriqué*
to hold up negotiations	*entraver les négociations*
to disagree with / to / on	*être en désaccord avec / sur*
to carp at	*trouver à redire*
to differ with	*être en désaccord avec*
to be at loggerheads with	" " " "
to be at daggers' points	*être à couteaux tirés*
to be at daggers drawn (with)	" " " " *(avec)*
to feud (with)	" " "
a feud	*une querelle*
to spar with sb. over sth.	*argumenter contre qqn. au sujet de qqch.*
to pooh-pooh a proposal	*dédaigner une proposition, faire la fine bouche*
to object to	*désapprouver*
an objection to	*un désaccord*
to raise an objection (to)	*soulever une objection (à)*
objectionable	*inacceptable*
to violate the spirit if not the letter (of)	*violer l'esprit, sinon la lettre (de)*

a cleavage	*une division*
to split one's loyalties between several countries	*assurer plusieurs pays de sa fidélité*

2 DEADLOCK — *L'IMPASSE*

to exhaust all diplomatic options	*épuiser les options diplomatiques*
to forswear an option	*renoncer à une option*
a deadlock	*une impasse*
to reach (a) deadlock	*atteindre une impasse*
to come to a deadlock	" " "
to deadlock	*se trouver dans l'impasse*
a stalemate	*un point mort*
to reach stalemate	*aboutir à une impasse*
to reach an impasse	" " " "
to bog down	*s'enliser*
to stand pat	*être dans l'impasse*
to make no headway	*être en panne*
to stonewall	*faire de l'obstruction à*
stalled	*en panne*
to have few options left	*être au pied du mur*

3 CONFLICT — *LE CONFLIT*

to buttonhole sb.	*prendre à parti qqn.*
to clash	*entrer en conflit*
a dispute	*un conflit*
disputable	*contestable*
a rift	*une fissure*
a split	*une cassure*
a crack	*une lézarde*
a chasm	*un gouffre*
a schism	*une scission*
to deepen a schism	*aggraver une scission*
unbridgeable views	*points de vue irréconciliables*
to drive a wedge between	*brouiller (deux pays / personnes)*
to shatter unity	*briser l'unité*
to breach unity	*entamer l'unité*
to splinter an alliance	*faire éclater une alliance*
to earn the enmity of	*s'attirer l'hostilité de*
a showdown	*une épreuve de force*
to brace for a showdown	*se préparer à une épreuve de force*
to force a showdown	*provoquer une épreuve de force*
a deadline	*une date limite*
to race a deadline	*faire une course contre la montre*
an ultimatum	*un ultimatum*
to set an ultimatum	*poser un ultimatum*
to draw the line (at)	*se fixer une limite (à)*
to refuse to budge	*être intraitable*
tough	*intransigeant*
uncompromising	*inébranlable*
a bottom line	*une position ultime*
maneuvering room	*la marge de manœuvre*
to win a respite	*obtenir un répit*
a lukewarm reaction	*une réaction mitigée*
to balk (at)	*hésiter (devant)*
unstinting support	*un soutien sans réserve*
to counsel restraint	*conseiller la modération*
to exercise restraint	*appliquer la modération*
to offer lukewarm support	*apporter un soutien peu enthousiaste*
to put a damper on	*jeter un froid sur*
to sound retreat	*battre en retraite*
to play into the hands of	*faire le jeu de*
to go sour	*se gâter*
to deteriorate	*se dégrader*
deterioration	*la dégradation*
to go from bad to worse	*s'aggraver*
to worsen	"
the worsening of the situation	*le pourrissement de la situation*
to be dogged by problems	*être poursuivi par les problèmes*
to dog the negotiations	*s'acharner sur les négociations*
a sticking point	*un point délicat*
to strain relations	*tendre les relations*
to put a strain on	*mettre à rude épreuve*
to set a confrontational tone	*prendre une tournure agressive*
to crank up the threats	*aggraver les menaces*
to doom hopes	*anéantir les espoirs*
to fall out	*se brouiller*
to set off a spat	*provoquer une querelle*
to break off talks	*rompre les discussions*
to derail talks / a meeting	*faire échouer les discussions / une réunion*
to derail attempts at	*faire échouer les tentatives pour / de*
to walk out (of the talks)	*quitter les négociations*
to march out of a meeting	*quitter une réunion en bon ordre*
to adjourn	*ajourner*
an adjournment	*un ajournement*
to suspend one's participation in	*suspendre sa participation à*
to withdraw	*se retirer*
a withdrawal	*un retrait*
to pull out	*se retirer*
a pullout	*un retrait*

VII RESUMPTION — *LA REPRISE*

1 APPEASEMENT — *L'APAISEMENT*

to appease / to placate	*apaiser*
to resume negotiations	*reprendre les négociations*
from a position of strength	*en position de force*
to reactivate	*relancer*
reactivation	*la relance*
accommodating	*accommodant*

conciliatory	*conciliant*
to keep a low profile	*maintenir un profil bas*
to keep channels open	*garder le contact*
to build bridges	*établir des contacts*
to mend a rift	*arranger les choses*
to strike a conciliatory tone	*adopter un ton conciliant*
a conciliatory move	*un geste de conciliation*
conciliation / fence mending	*la conciliation*
a constructive attitude	*une attitude constructive*
a resolve	*une résolution*
to make a resolve to	*prendre la résolution de*
to override objections	*écarter des objections*
to overrule objections	" " "
to tone down the rhetoric	*mettre une sourdine à ses discours*
to soften one's rhetoric	*modérer son discours*
low key rhetoric	*la modération du discours*
to temper a resolve with restraint	*tempérer son ardeur*
goodwill	*la bonne volonté*
to show goodwill	*montrer de la bonne volonté*
good faith	*la bonne volonté*
to heal wounds	*panser les blessures*
to reach out to	*tendre la main à*
to downplay the crisis	*minimiser la crise*
to create a climate conducive to	*créer une atmosphère propice à*

2 CONCESSIONS — *LES CONCESSIONS*

to break a deadlock	*sortir d'une impasse*
to break a logjam	" " "
a prerequisite / a precondition	*une condition préalable*
to spell conditions	*formuler des conditions*
to set conditions	*fixer des conditions*
to make concessions	*faire des concessions*
to secure concessions	*obtenir des concessions*
to extract concessions (from)	*arracher des concessions (à)*
to wring out concessions	*extorquer des concessions*
to make a substantial concession	*faire une concession de taille*
to dangle a possibility	*agiter une possibilité*
to talk sb. round	*amener qqn. à changer d'avis*
to bring sb. to his / her point of view	*convaincre qqn. de changer d'avis*
to talk sb. into	*convaincre qqn. de*
to clear the hurdles	*déblayer les obstacles*
to propitiate (sb.)	*se concilier les bonnes grâces (de qqn.)*
propitious	*favorable*
to sweeten relations	*assainir les rapports*

3 CONSENSUS — *LE CONSENSUS*

to drag one's feet	*faire traîner les choses en longueur*
to iron out obstacles	*aplanir les obstacles*
to unblock relations	*réactiver les relations*
to make overtures to	*faire des ouvertures à*
to spur negotiators (to)	*inciter les négociateurs (à)*
to patch up	*se raccommoder*
to reconvene a conference	*reprendre une conférence*
to settle a crucial issue	*régler un problème crucial*
to get back together	*se retrouver*
to settle one's differences	*trouver un compromis*
to resolve differences	*se réconcilier*
to make up (with)	*se réconcilier avec*
to improve ties with	*améliorer ses relations avec*
to rally unanimous support	*faire l'unanimité parmi*
to work out a solution	*élaborer une solution*
to thrash out	*démêler*
to hammer out difficulties	*aplanir les difficultés*
to give in / to yield	*céder*
a trade-off	*une contrepartie*
to acquire bargaining power	*être dans une position de force*
to reconvene	*se réunir à nouveau*
to ill afford	*ne guère pouvoir se permettre de*
to achieve consensus	*parvenir à un consensus*
to form a consensus	*trouver un consensus*
to craft a consensus	*façonner un consensus*
to forge global consensus	*élaborer un consensus global*
to achieve unity	*parvenir à une position commune*
to revive hope	*réveiller les espoirs*
the worst is over	*le pire est derrière*
a façade of harmony	*une harmonie de façade*

VIII AGREEMENT — *L'ACCORD*

an accord	*un accord*
a settlement	*un règlement*
to outline a settlement	*exposer les grands traits d'un règlement*
to promote a settlement	*favoriser un règlement*
a framework for an agreement	*le cadre d'un accord*
to devise a framework (for)	*concevoir le cadre (de)*
bipartisan agreement	*un accord bi-partisan*
to work toward an agreement	*s'acheminer vers un accord*
to broker an agreement	*négocier un accord*
to lobby for	*faire pression pour*
to produce an agreement	*parvenir à un accord*
to fashion an accord	*élaborer un accord*
to secure an agreement	*obtenir un accord*
to reach an agreement	*aboutir à un accord*
to wrestle an agreement from	*arracher un accord à*

to initial an agreement	*parapher un accord*
a hard won agreement	*un accord obtenu de haute lutte*
to seal an agreement	*sceller un accord*
to implement an agreement	*mettre un accord en œuvre*
implementation	*la mise en œuvre*
to carry out	*exécuter*
to comply with an agreement	*respecter un accord*
compliance with	*le respect de*
to stand by	*respecter*
to delay	*retarder*
to put off	*remettre à plus tard*
to seek a settlement	*rechercher un accord*
to work out a settlement	*mettre au point un règlement*
to achieve a settlement	*parvenir à un règlement*
to secure a settlement	*obtenir un règlement*
to hatch a deal	*produire un accord*
to broker a deal	*négocier un accord*
an internationally brokered deal	*un accord élaboré par plusieurs pays*
to hammer out a deal	*élaborer un accord avec difficulté*
to strike a deal / to close a deal	*conclure un accord*
to clinch a deal	" " "
to duck the issue of	*esquiver le problème de*
to side-step an issue	*éviter un problème*
to settle an issue	*régler un problème*
a statement	*une déclaration*
a joint statement	*un communiqué commun*
to issue a statement	*faire une déclaration*
to deliver a statement	" " "
confused	*embarrassé*
contradictory	*contradictoire*
a declaration	*une déclaration*
to draw up a declaration	*rédiger une déclaration*
an 8-point proposal	*une proposition en huit points*
concrete	*concret*
overall	*global*
detailed	*détaillé*
specific	*particulier*
a measure	*une mesure*
a half-measure	*une demi-mesure*
a stopgap measure	*une mesure intérimaire*
a compromise	*un compromis*
a half-a-loaf compromise	*un compromis à moitié satisfaisant*
to head toward compromise	*se diriger vers un compromis*
to bend towards compromise	*pencher pour le compromis*
to be unbending	*être inflexible*
to strike a compromise	*parvenir à un compromis*
to reach a compromise	" " " "
to work out a compromise	*élaborer un compromis*
to find a compromise settlement	*trouver un compromis*
to settle for a compromise	*se contenter d'un compromis*
to extract a promise	*arracher une promesse*
to abandon a principle	*renoncer à un principe*
to force a country's hand	*forcer la main d'un pays*
a vaguely worded commitment	*un engagement rédigé en termes vagues*
a signed commitment	*un engagement ferme*
to commit one's country to	*engager son pays à*
a commitment to	*un engagement à*
to seal a deal	*sceller un accord*
a signing ceremony	*la signature officielle*
to exchange signatures	*échanger les signatures*
to ink a pact	*apposer sa signature à un pacte*

IX DIPLOMATIC SUCCESS — *LE SUCCES DIPLOMATIQUE*

a milestone	*une date historique*
to shape history	*écrire l'histoire*
to turn over a new leaf	*tourner une nouvelle page*
to chart the future	*décider de l'avenir*
to dictate events	*dicter les événements*
to speed up the process of history	*accélérer le cours de l'histoire*
to augur well for the future	*bien augurer de l'avenir*
to bode well for the future	*être de bon augure pour l'avenir*
to predict success	*prédire le succès*
to preen oneself of an accord	*se féliciter d'un accord*
a strategy	*une stratégie*
to pay off	*être payant*
a bold stroke	*un coup d'audace*
a masterstroke	*un coup de maître*
a diplomatic achievement	*un tour de force diplomatique*
to bring off a master coup	*réussir un coup de maître*
to express satisfaction	*exprimer sa satisfaction*
to reek of euphoria	*refléter l'euphorie*
to reap the rewards	*récolter les fruits*
to reap the fruits	" " "
to cash in on	*tirer profit de*
a spin-off	*une retombée*
to pave the way / to open the way	*ouvrir la voie*

X DIPLOMATIC FAILURE — *L'ECHEC DIPLOMATIQUE*

the collapse of diplomacy	*l'effondrement de la diplomatie*
to cut off relations with	*rompre les relations avec*
to break off with	*rompre avec*
to denounce an agreement	*dénoncer un accord*
a denunciation	*une dénonciation*
to fall through	*échouer*
to sabotage an agreement	*saboter un accord*
to sacrifice an agreement	*sacrifier un accord*
to rescind an agreement	*annuler un accord*
to jettison an agreement	*renoncer à un accord*
to dissociate oneself from	*se désolidariser de*
to reject	*rejeter*
a rejection	*un rejet*
to balk at	*rechigner devant*
to abrogate	*abroger*
to scrap	*mettre au rebut*
to come up for review	*réviser*
to come under review	"
to scupper	*saboter*
to fall apart / to collapse	*s'effondrer*
to unravel	*se défaire*
an agreement's demise	*l'extinction d'un accord*
to expire	*expirer*
to retreat from an accord	*se retirer d'un accord*
to walk away from an accord	" " " "
to fail	*échouer*
to fall through	"
to break down	"
the failure of the accords	*l'échec des accords*
to break up a deal	*rompre un accord*
a deal breaker	*un saboteur*
to welsh on a deal	*faire faux bond*
to want out of a deal	*souhaiter se retirer d'un accord*
to shatter tenuous links	*briser des liens ténus*
to come as a disappointment	*provoquer la déception*
to heighten tensions	*accroître les tensions*
to alienate a country	*s'aliéner un pays*
to cut oneself off	*se couper de*
to block diplomatic overtures	*bloquer les ouvertures diplomatiques*
to send relations into a nosedive	*mettre les relations au plus bas*
to scotch overtures	*faire échouer les ouvertures*
to save face	*sauver la face*
face saving	*qui sauve la face*
to dash expectations	*ruiner les espoirs*
to muff an opportunity	*rater une occasion*
to withhold recognition of a country	*différer la reconnaissance diplomatique d'un pays*
to hedge recognition of	*éviter de reconnaître*
a sellout	*une trahison*
a misstep	*un faux pas*
a giveaway	*une trahison*
to oversell	*perdre au change*
to weaken a country's hand	*affaiblir la position d'un pays*
to bode ill for the future	*être de mauvais augure pour l'avenir*
to pay a political price	*payer un prix politique*
to be chastened by an experience	*être échaudé par l'expérience*
to be back to square one	*être de retour à la case départ*
a return to square one	*un retour à la case départ*
to draw criticism	*s'attirer les foudres*

XI DETENTE — *LA DETENTE*

tension	*la tension*
tense	*tendu*
strained relations	*relations tendues*
a chill (in)	*un refroidissement (dans)*
estrangement (between)	*la brouille (entre)*
a freeze	*un gel*
a sanction	*une sanction*
the cold war	*la guerre froide*
the Iron Curtain	*le Rideau de fer*
to break the ice	*casser la glace*
to breach the international isolation	*rompre l'isolement international*
to normalize diplomatic ties	*normaliser les relations diplomatiques*
normalization of relations	*la normalisation des relations*
to tone down a rivalry	*tempérer une rivalité*
to return to speaking terms	*reprendre les contacts*
to break a diplomatic quarantine	*rompre un isolement diplomatique*
to restore relations with a country	*restaurer les relations avec un pays*
a relaxation of tensions	*une détente*
a thaw	*le dégel*
to thaw	*se détendre*
to bring about a thaw	*provoquer un dégel*
a hot line	*un téléphone rouge*
a new world order	*un nouvel ordre mondial*

2 SPYING — *L'ESPIONNAGE*

I SPIES — *LES ESPIONS*

a spy	*un espion*
a secret agent	*un agent secret*
a double agent	*un agent double*
a dangle	*" " " (fam.)*
an operative	*un espion*
an undercover agent	*un agent secret*
a mole	*une taupe*
a spook	*un espion (fam.)*
a defector	*un transfuge*
a traitor	*un traître*
a turncoat	*un vendu*
a swallow	*un appât (féminin)*
a contact	*un contact*
a double dealer	*un fourbe*
double dealing	*la duplicité*
the cloak and dagger	*les membres des services secrets*
cloak and dagger	*clandestin*
a spy scandal	*un scandal d'espionnage*
to recruit a spy	*recruter un espion*
a network	*un réseau*
an espionage ring	*un réseau d'espionnage*
an espionage apparatus	*un matériel d'espionnage*
a spying outfit	*un matériel d'espionnage*
to run a spying operation	*diriger une opération d'espionnage*
to defect	*passer dans l'autre camp*
to defect to the West	*passer à l'Ouest*
to go to the other side	*passer à l'ennemi*
to switch sides	*changer de camp*
ideological motivations	*raisons idéologiques*

II GOVERNMENT INTELLIGENCE — *LES SERVICES DE RENSEIGNEMENTS*

1 INTELLIGENCE — *LES RENSEIGNEMENTS*

the CIA (Central Intelligence Agency) / the company	*la CIA*
the National Security Agency (NSA)	*l'Agence nationale pour la sécurité*
a secret agency	*les services secrets*
Military Intelligence	*les services de renseignement de l'armée*
counterintelligence	*le contre-renseignement*
an intelligence agency	*les services de renseignement*
to gather intelligence	*recueillir des renseignements*
to pick up	*recueillir*
to supply	*fournir*
to turn over information	*livrer des renseignements*
intelligence gathering	*la collecte des renseignements*
information	*renseignements*
confidential information	*renseignements confidentiels*
to be privy (to)	*être dans le secret*
to be privy to information	*avoir accès à des renseignements*
to deal in government secrets	*s'occuper de secrets gouvernementaux*
inside information	*renseignements à la source*
key information	*renseignements vitaux*
valuable	*précieux*
disinformation	*la désinformation*

2 INTELLIGENCE ACTIVITIES — *LES OPERATIONS D'ESPIONNAGE*

a covert operation	*une opération clandestine*
to spy on	*espionner*
to spy on each other	*s'espionner mutuellement*
a covert assignment	*une mission secrète*
a spy flight	*un vol espion*
to keep the lid on an operation	*garder une opération secrète*
a dirty trick	*un coup bas*
to play a dirty trick	*faire un coup bas*
to be debriefed	*faire un rapport*
a debriefing session	*une séance de rapport*
the diplomatic pouch	*la valise diplomatique*
coded advertisements	*petites annonces codées*
invisible ink	*encre invisible*
a safe house	*un relais*
a cover-up	*une couverture*
to be in deep cover	*avoir une excellente couverture*

3 ELECTRONIC EAVESDROPPING — *LES ECOUTES ELECTRONIQUES*

to eavesdrop on	*écouter*
a listening device	*une écoute*
a monitoring station	*un poste de surveillance*

a listening post	*un poste d'écoute*
to bug	*planter un micro*
a bug	*un micro*
to wiretap	*mettre sur écoutes téléphoniques*
a wiretapping set	*une table d'écoute*
a burn bag	*un sac sensible*
an intercept device	*un intercepteur*
to tap a phone	*mettre sur table d'écoute*

4 CLASSIFIED DOCUMENTS — *LES DOCUMENTS SECRETS*

to have access to	*avoir accès à*
to gain access to	*obtenir l'accès à*
to secure	*se procurer*
classified documents	*documents secrets*
classified material	" "
top secret papers	*documents sensibles*
sensitive	*sensible*
"for eyes only"	*top secret*
to lay one's hand on	*mettre la main sur*
to snoop	*fureter*
to ferret out secrets	*dénicher des secrets*
to unearth	*déterrer*
to uncover	*découvrir*
to crack a lock	*forcer une serrure*
to slip documents out of the office	*faire sortir des documents du bureau*
to take home	*emporter chez soi*
to pass along	*faire passer (de la main à la main)*
to hand over	*transmettre*
to pass	"
to turn over	*remettre*
to peddle secrets to	*vendre des secrets*
to sell off one's soul for	*vendre son âme pour*
to leak information (to)	*divulguer des renseignements*
to feed secrets (to)	*transmettre des secrets (à)*
to betray one's country	*trahir son pays*
a clearance	*un accréditif*
to vet	*examiner le dossier*
to clear sb.	*accréditer qqn.*

5 CIPHERS — *LES CODES*

a cipher	*un chiffre, un code secret*
in cipher	*en code*
to cipher	*déchiffrer*
a cipherer	*un chiffreur*
a codebreaker	" "
a cryptographer	*un cryptographe*
cryptographic information	*renseignements codés*
encrypted	*encodé*
to put in code	*encoder*
to break a code	*déchiffrer un code*
to interpret data	*interpréter les données*
to decrypt	*décrypter*
a cryptosystem	*un système de décodage*
the vault	*la salle du chiffre*
a fail-safe system	*un système infaillible*
bugproof	*à l'épreuve des micros*
a secure area	*une zone sensible*
to scramble	*brouiller*
a scrambler	*un brouilleur*
to shred	*broyer*
a shredder	*une broyeuse (pour documents)*

III INDUSTRIAL ESPIONAGE — *L'ESPIONNAGE INDUSTRIEL*

to learn the state of technology	*connaître l'état de la technologie*
technological transfer	*transferts de technologie*
high-tech heist	*le vol de technologie de pointe*
a technology mole	*un espion industriel*
to capture technological wizardry	*mettre la main sur des secrets technologiques*
to transfer illegal wares	*transférer des marchandises interdites*
to let vital products slip through	*laisser sortir des produits sensibles*
to pilfer	*piller*
a threat to national security	*une menace pour la sécurité du pays*
to compromise the security	*compromettre la sécurité*
to change the balance of terror	*modifier l'équilibre de la terreur*
military applications	*applications militaires*
to be ahead	*être en avance*
to heighten worries	*accroître les inquiétudes*
to cause harm to	*faire du tort à*
to cast a pall over	*jeter une ombre sur*
to plug leaks	*arrêter les fuites*
to review export licences	*remettre en question des licences d'exportation*
to block sales	*bloquer les ventes*
to tighten export restrictions	*renforcer les restrictions d'exportation*
to clamp down on trade	*freiner les échanges commerciaux*
transfer of industrial secrets	*transferts de secrets industriels*
to export illegally	*exporter illégalement*
high tech banditry	*la piraterie de technologie de pointe*
a high tech bandit	*un pirate de technologie de pointe*
to violate regulations	*enfreindre les règlements*

to circumvent the rules	*contourner les lois*
an embargo list	*une liste des produits interdits*

IV CATCHING A SPY — *LA CAPTURE D'UN ESPION*

a catch	*une prise*
to be detected	*être repéré*
to come under suspicion	*semer le doute*
to place under surveillance	*surveiller*
a 24-hour surveillance	*une surveillance permanente*
to tail	*suivre*
to put a tail on	*faire suivre*
to keep track of	*surveiller les faits et gestes de*
to place under surveillance	*placer sous surveillance*
to shake a surveillance	*échapper à une surveillance*
to tap	*mettre sur écoutes*
to tap a conversation	*enregistrer une conversation*
to penetrate a ring	*infiltrer un réseau*
to infiltrate	*(s')infiltrer*
to be trapped by blackmail	*se faire prendre à la suite de chantage*
to be greedy for cash	*avoir soif d'argent*
to be addicted to the fast life	*aimer mener grande vie*
an easy prey	*une proie facile*
a cover	*une identité*
to unmask	*démasquer*
to blow a cover	*révéler l'identité*
to be snared	*tomber dans un piège*
to unravel a ring	*démanteler un réseau*
to turn in a spy	*livrer un espion*
to confront a spy	*confronter un espion*
to expose a spy	*démasquer un espion*
to confound a spy	*confondre un espion*
to confess to spying	*avouer faire de l'espionnage*
to admit to	*avouer*
to fess up	"
to be arrested on spy charges	*être arrêté pour délit d'espionnage*
to be prosecuted	*être poursuivi*
to seek political asylum	*chercher l'asile politique*
to eliminate	*faire disparaître*
to off	*éliminer (physiquement)*

3 TERRORISM — *LE TERRORISME*

I GENERAL BACKGROUND — *GENERALITES*

the threat of terrorism	*la menace terroriste*
a round of terrorism	*une flambée de terrorisme*
an epidemic of terrorism	*une épidémie d'actes terroristes*
a spate of terrorism	*une vague de terrorisme*
the underworld of terrorism	*la pègre terroriste*
to be vulnerable to terrorism	*être vulnérable au terrorisme*
to be faced with terrorism	*être confronté au terrorisme*
to wield terrorism as a weapon	*se servir du terrorisme comme d'une arme*
to export terrorism	*exporter le terrorisme*
imported terrorism (from)	*le terrorisme importé (de)*
homegrown terrorism	*le terrorisme national*
to encourage	*encourager*
to foment	*fomenter*
to resort to	*avoir recours à*
in the face of terrorism	*face au terrorisme*
to be spared terrorism	*être épargné par le terrorisme*
to combat terrorism	*lutter contre le terrorisme*
a battle against terrorism	*une lutte contre le terrorisme*
counter-terrorism	*le contre-terrorisme*
to cave in to terrorism	*céder devant le terrorisme*
to give in to terrorism	*céder au terrorisme*
subversion	*la subversion*
to instill terror	*inspirer la terreur*
leprosy of modern times	*la plaie des temps modernes*

II THE TERRORIST ORGANIZATION — *L'ORGANISATION TERRORISTE*

the Red Army Faction (R.A.F.)	*la Faction Armée Rouge*
the Baader Gang	*la bande à Baader*
the Red Brigades	*les Brigades Rouges*
the Irish Republican Army (I.R.A.)	*l'Armée républicaine irlandaise (IRA)*
the Provisionals	*les Provisionals (branche militante de l'I.R.A.)*
the separatists	*les séparatistes*
Basque terrorists	*terroristes basques*
a terrorist	*un terroriste*
an operative	" "
a suspected terrorist	*un terroriste présumé*
a convicted terrorist	*un terroriste confirmé*
an alleged sympathizer	*un sympathisant supposé*
a team	*une équipe*
a commando	*un commando*
a conspirator	*un conspirateur*
a gunman	*un homme armé*
a sympathizer	*un sympathisant*
a hit man	*un homme de main*
an anarchist	*un anarchiste*
a hijacker	*un pirate de l'air*
to recruit	*recruter*
to sponsor a terrorist group	*soutenir un groupe terroriste*
to train terrorists	*entraîner des terroristes*
to arm terrorists	*armer des terroristes*
to be trained in handling explosives	*être entraîné au maniement des explosifs*
a terrorist movement	*une organisation terroriste*
a fringe movement	*un mouvement marginal*
a terrorist group	*un groupe terroriste*
a break away group	*un groupe dissident*
a splinter group	" " "
the nucleus of an organisation	*le noyau d'une organisation*
a network	*un réseau*
a sleeper network	*un réseau dormant*
to put in place	*mettre en place*
a ring leader	*un chef de réseau*
to supply guns	*fournir des armes*
a gun supplier	*un fournisseur d'armes*

III TERRORIST OPERATIONS — *LES OPERATIONS TERRORISTES*

1 GENERAL BACKGROUND — *GENERALITES*

a terrorist murder	*un meurtre terroriste*
a terrorist attempt	*un attentat terroriste*
to plan a terrorist attack	*projeter une action terroriste*
a provocation	*une provocation*
a mission	*une mission*
to prepare a terrorist action	*préparer une action terroriste*
to carry out a terrorist act	*exécuter un attentat terroriste*
to launch a terrorist act	*déclencher un attentat terroriste*
to mount a terrorist attack	*organiser un attentat terroriste*
an aborted attack	*un attentat manqué*
to perpetrate an act of terrorism	*perpétrer un attentat terroriste*
a wave of violence	*une vague de violence*
a target	*une cible*
a civilian target	*une cible civile*
to strike at targets	*frapper des cibles*
to hit a target	*toucher une cible*
to aim at	*viser*
to be aimed at	*être l'objet de*
a strategy	*une stratégie*
a deadly operation	*une opération mortelle*
to coordinate operations	*coordonner les opérations*
to commission a crime	*commanditer un meurtre*
to gun down	*abattre*
at gunpoint	*sous la menace d'une arme*

2 CREDIT — *LA RESPONSABILITE*

in the name of	*au nom de*
on behalf of	" "
to blame the attack on	*rejeter la responsabilité de l'attentat sur*
to credit the attack to	*imputer l'attentat à*
unconfirmed rumour	*rumeur non fondées*
poor evidence	*preuves insuffisantes*
to be involved (in)	*être impliqué (dans)*
to be the work of	*être l'œuvre de*
to claim the credit for	*revendiquer la responsabilité de*
to claim responsibility for	" " "
to take credit for	" " "
to attribute a killing to	*attribuer un meurtre à*
to disclaim responsibility for	*nier toute responsabilité dans*
to be behind the shooting of	*être à l'origine des coups de feu*

to be guided from behind the scenes	*être manipulé*
to mastermind a slaughter	*organiser un massacre*
to address a letter to the press	*envoyer une lettre aux journaux*

3 COMPLICITY	*LES COMPLICITES*
to incite to terrorism	*inciter au terrorisme*
to support terrorism	*soutenir le terrorisme*
secretly	*en sous-main*
a terrorist base	*une base terroriste*
to shelter terrorists	*abriter des terroristes*
to grant haven to terrorists	*accorder l'asile aux terroristes*
to provide a sanctuary for	*fournir un abri à*
to furnish a hideout	*offrir une cachette*
to harbour	*receler*
to give protection to	*protéger*
to abet activists	*soutenir les militants*
a terrorist hunting ground	*un terrain de prédilection des terroristes*

IV BOMBINGS — *LES ATTENTATS A LA BOMBE*

1 EXPLOSIVES	*LES EXPLOSIFS*
an outrage	*un attentat*
a bomb	*une bombe*
the bomb maker	*l'auteur de la bombe*
bomb-making paraphernalia	*le matériel de fabrication d'une bombe*
a bomb scare	*une alerte à la bombe*
to check out a bomb scare	*vérifier une alerte à la bombe*
a hoax	*un canular*
a hoax bomb alarm	*une fausse alerte à la bombe*
a bogus message	*un faux appel*
a bombing attempt	*un attentat à la bombe*
a time bomb	*une bombe à retardement*
a bombing spree	*une vague d'attentats*
an explosion	*une explosion*
the blast of an explosion	*la déflagration d'une explosion*
an explosive	*un explosif*
a plastic explosive	*un engin au plastic*
radio-detonated explosives	*explosifs télécommandés*
a land-mine	*une mine terrestre*
a rocket launcher	*un lance-roquettes*
a device	*un engin explosif*
an incendiary device	*un engin incendiaire*
a letter bomb	*une lettre piégée*
a parcel bomb	*un paquet piégé*
a car bombing	*une voiture piégée*
to explode a car bomb	*faire exploser une voiture*
to attach a Semtex charge (to)	*attacher une charge de Semtex (à)*
remote control	*téléguidé*

2 THE BOMBER	*LE POSEUR DE BOMBES*
to make oneself a live bomb	*se transformer en bombe vivante*
a kamikaze	*un kamikaze*
a suicide bomb attack	*une attaque-suicide à la bombe*
to blow oneself up with the target	*se faire sauter avec la cible*
random bombings	*attentats aveugles*
indiscriminate bombings	" "
to plant a bomb	*poser une bombe*
to stage a bomb attack	*organiser un attentat à la bombe*
to carry out a bomb attack	*exécuter un attentat à la bombe*
a campaign of bombings	*une campagne d'attentats à la bombe*
to step up a campaign	*intensifier une campagne*
to time	*régler*
to go off	*exploser*
to be timed to go off	*être réglé pour exploser*
an electric detonator	*un détonateur électrique*
a timer	*un minuteur*
the timing	*le réglage*
to detonate a bomb	*faire sauter une bombe*
to explode a bomb	" " " "
to set off a bomb	" " " "
to defuse	*désamorcer*
to disarm	"
to strike	*frapper*
to be at the mercy of bombs	*être à la merci des bombes*

3 DESTRUCTION	*LES DEGATS*
to subject a city to wanton destruction	*soumettre une ville à destruction gratuite*
to rock a street / a neighborhood	*secouer une rue / ébranler un quartier*
to shatter windows	*faire voler les vitres en éclats*
to tear trees out by the roots	*déraciner les arbres*
to rip through a crowd / a building	*déchiqueter une foule / détruire un bâtiment*
mangled	*déchiqueté, mutilé*
the rubble	*les décombres*
to cordon off an area	*interdire l'accès à une zone*
a terrorist victim	*une victime du terrorisme*

to evacuate victims	*évacuer les victimes*
a victim of choice	*une victime de choix*
to risk civilian casualties	*risquer de faire des victimes civiles*
an innocent bystander	*un passant innocent*
atrocities	*atrocités*
a bloodbath	*un bain de sang*
a slaughter	*un massacre*
to be dismembered	*être déchiqueté*
to feel helpless	*se sentir impuissant*
to have emotions under control	*maîtriser ses émotions*
to advise restraint	*conseiller la modération*

4 TERROR IN THE AIR — *L'ATTENTAT EN VOL*

to blow up an airliner	*faire sauter un avion*
to target an air carrier	*viser une compagnie d'aviation*
to place a bomb on a flight	*placer une bombe à bord d'un vol*
an in-flight explosion	*une explosion en vol*
explosive-packed	*bourré d'explosifs*
to be brought down by a bomb	*être abattu par une bombe*
to suspect a bomb	*soupçonner une bombe*
to have an imprint on the bombing	*signer un attentat*
to gain access to a runway	*avoir accès à une piste*
a hold	*une soute à bagages*
a forward luggage hold	*une soute à bagages avant*
a luggage pallet	*une palette à bagages*
hold luggage	*bagages en soute*
to be timed to go off over water	*être programmé pour exploser au-dessus de la mer*
to destroy a jet	*détruire un avion*
a fateful flight	*un vol fatidique*
a flight recorder / a black box	*une boîte noire*

see : air traffic — *voir : le trafic aérien*

V HOSTAGE TAKING — *LA PRISE D'OTAGES*

1 THE PARTIES — *LES ACTEURS*

hostaging	*la prise d'otages*
the hostage problem	*le problème des otages*
a hostage scenario	*un scénario de prise d'otages*
the hostage crisis	*la crise des otages*
a hostage dilemma	*le dilemme des otages*
a hostage policy	*une politique des otages*
to keep the hostages in the public mind	*rappeler l'existence des otages au public*
to take a hostage	*prendre en otage*
to take sb. hostage	*prendre qqn. en otage*
to set up a hostage task force	*installer une cellule de crise sur le problème des otages*
to confront	*être confronté à*
to settle	*résoudre*
a kidnap gang	*une bande de kidnappeurs*
to abduct	*enlever*
an abduction	*un enlèvement*
to seize sb.	*s'emparer de qqn.*
to seize an embassy	*prendre une ambassade*
a seizure	*une prise*
the seizure of hostages	*la prise d'otages*
a hostage holder	*un ravisseur*
a hostage taker	*un preneur d'otages*
a captor	*un ravisseur*
to hold	*détenir*
to be held against one's will	*être détenu contre son gré*
hostage families	*les familles des otages*
a videotape	*une cassette vidéo*
a captive	*un prisonnier*
the fate of a prisoner	*le sort d'un prisonnier*
to be blindfolded	*avoir les yeux bandés*
a windowless room	*une pièce sans fenêtre*
a cellar	*un cachot*
a threat of execution	*une menace d'exécution*
to hang over	*planer sur la tête de*
an ultimatum	*un ultimatum*
to issue an ultimatum	*fixer un ultimatum*
to extend a deadline for an execution	*reporter la date / l'heure d'une exécution*
to negotiate a stay of execution	*négocier un délai d'exécution*
a last-minute reprieve	*un sursis de dernière minute*
to appeal to	*implorer*
an appeal	*un appel*

2 THE RESCUE EFFORT — *LES EFFORTS DE LIBERATION*

to rescue hostages from terrorists	*délivrer les otages*
a rescue operation	*une opération de sauvetage*
to launch a rescue effort	*organiser une tentative de sauvetage*
to carry out a rescue mission	*exécuter une opération de sauvetage*
to discover the whereabouts	*découvrir le lieu de détention*
to go in for the hostages	*intervenir pour libérer les otages*
to go after the hostages	*aller chercher*
a response to hostage taking	*une riposte à la prise d'otages*
an option	*une option, un choix*

an array of options	*une gamme de possibilités*
to ponder options	*réfléchir aux options*
to consider options	*examiner les options*
to limit options	*limiter les choix*
to exhaust options	*épuiser les options*
to reject an option	*rejeter une option*
to take into account a possible outcome	*prendre en compte une issue possible*
to work in a crisis mode	*opérer en période de crise*
to head off any resort to force	*éviter tout recours à la force*
to adopt a waiting posture	*adopter une position d'attente*
a situation fraught with danger	*une situation périlleuse*
to block freedom for the hostages	*s'opposer à la libération des otages*
to vow action (against)	*promettre d'agir (contre)*
to take effective action	*prendre des mesures*
a show of strength	*une démonstration de force*
a strike	*un coup de main*
to counsel against	*déconseiller*
to counsel caution	*conseiller la prudence*
to forestall a wave of bloodshed	*anticiper une vague de violence*
to result in casualties	*faire des victimes*
to trigger a cycle of vengeful terrorist assaults	*déclencher un cycle d'attentats vengeurs*
to go unanswered	*rester sans réponse*
to doom hopes	*ruiner les espoirs*
to dash hopes	*anéantir les espoirs*

3 RELEASE — *LA LIBERATION*

to wait out the kidnappers	*user la patience des ravisseurs*
to hold out some hope of freedom	*avoir quelque espoir de libération*
to rescue a hostage	*libérer un otage*
to fail to rescue	*ne pas réussir à libérer*
to retrieve a hostage	*récupérer un otage*
to recover	*récupérer*
to bring out hostages	*faire sortir les otages*
to free hostages	*libérer les otages*
to swap	*échanger*
a hostage trade	*un échange d'otages*
in return for	*en échange de*
a demand	*une exigence*
to come into an accommodation with	*arriver à un compromis avec*
to waver from a demand	*s'écarter d'une revendication*
to meet the demands (of)	*satisfaire aux exigences (de)*
a bargaining chip	*une monnaie d'échange*
to give up a captive	*livrer un prisonnier*
to let a hostage go	*libérer un otage*
to deliver a hostage (to)	*remettre un otage (à)*
to release a hostage	*relâcher un otage*
to facilitate the release (of)	*faciliter la libération (de)*
to win the release of	*obtenir la libération de*
to raise the price of release	*faire monter les enchères pour la libération*
to advocate the release	*prôner la libération*
to seek hostage release	*chercher à faire libérer les otages*
to call for the release of	*appeler à la libération de*
the hostages' release	*la libération des otages*
to turn loose	*libérer*
to use one's influence	*user de son influence*
to put pressure (on)	*exercer une pression (sur)*
to be instrumental in the release of	*contribuer à la libération de*
to result from arm twisting	*être le résultat de pressions*
leverage	*la pression*
to exert leverage (on)	*exercer une pression (sur)*
internal pressures	*pressions internes*
a gesture of goodwill	*un geste de bonne volonté*
to keep hostages on the back burner	*faire passer les otages au second plan*
a vicious foe	*un ennemi implacable*
to pass warnings on to	*transmettre des avertissements à*
to fail to take precautions	*négliger de prendre des précautions*
a special alert	*une alerte spéciale*
to be in force	*appliquer*
to retaliate	*user de représailles*

VI DEALING WITH TERRORISM — *LES MESURES ANTI-TERRORISTES*

1 SECURITY — *LA SECURITE*

to demand stricter security	*exiger une plus grande sécurité*
to tighten security	*renforcer la sécurité*
to beef up security	" " "
to step up security	*accroître la sécurité*
lax security	*négligences dans la sécurité*
a security hazard	*un risque pour la sécurité*
to be security conscious	*être soucieux de sécurité*
a lack of basic security measures	*un manque de précaution élémentaire*
to apply proper procedures	*appliquer les mesures adéquates*
to overhaul procedures	*réviser les procédures*
a security guard	*un agent de la sécurité*
an armored car	*une voiture blindée*

to be under constant guard	*être sous surveillance permanente*
a precaution	*une précaution*
to take precautions	*prendre des précautions*
to go into effect	*entrer en application*
draconian restrictions	*restrictions draconiennes*
to strengthen anti-terrorist units	*renforcer les unités anti-terroristes*

2 AT THE BORDER — *A LA FRONTIERE*

to enter a country	*arriver dans un pays*
visa requirements	*obligations de visa*
to institute a visa	*exiger un visa*
to tighten entry requirements	*renforcer les conditions d'entrée*
to wave through	*laisser passer d'un geste de la main*
to carry a fake passport	*être porteur d'un faux passeport*
to patrol unguarded frontiers	*patrouiller les frontières non surveillées*
to bolster border controls	*accroître les contrôles aux frontières*
to scrutinize cars	*fouiller les véhicules*
to hinder terrorists (from)	*empêcher les terroristes de*
to deter from	*dissuader de*

3 AT THE AIRPORT — *A L'AEROPORT*

to draw up a warning	*lancer un avertissement*
an air-safety expert	*un spécialiste de la sécurité aérienne*
to screen passengers	*inspecter avec soin les passagers*
a screening procedure	*un examen minutieux*
to inspect	*inspecter*
piece-by-piece luggage inspection	*inspection individuelle des bagages*
intensive parcel searches	*fouilles méthodiques des paquets*
unguarded / unattended luggage	*bagages sans surveillance*
unaccompanied luggage	*bagages non accompagnés*
to match up with a passenger	*correspondre à un passager*
to fob sb. off with sth.	*refiler qqch. à qqn.*
to check	*vérifier*
a check	*une vérification*
to undergo a check	*être soumis à une vérification*
to search hand luggage	*fouiller les bagages à main*
luggage-sensing equipment	*le matériel d'analyse des bagages*
to step through a metal detector	*franchir un portique détecteur de métaux*
to X-ray luggage	*passer les bagages aux rayons X*
a thermal neutron analysis system	*un système à neutrons de détection d'explosifs*
a TNA machine	*une machine de détection à neutrons*
to spot plastic explosives	*déceler les explosifs au plastic*
to elude an inspection	*échapper à l'inspection*
to undergo questioning	*être interrogé*
airtight security	*mesures de sécurité draconiennes*
time-consuming precautions	*précautions interminables*
to put up with delays	*s'accommoder des retards*
a sniffer dog	*un chien renifleur*
to make an airport safer	*rendre un aéroport plus sûr*

VII FANATICISM — *LE FANATISME*

fanatic / fanatical	*fanatique*
a fanatic	*un fanatique*
an extremist	*un extrémiste*
extremist	*extrémiste*
a zealot	*un fanatique*
zealotry	*le fanatisme*
a heretic	*un hérétique*
heretical	*hérétique*
fury	*la fureur*
rage	*la rage*
fierceness	*la virulence*
fierce	*virulent*
fiery	*ardent*
seething	*bouillonnant*
hatred	*la haine*
revenge	*la vengeance*
to deliver revolutionary message	*lancer un message révolutionnaire*
to mesmerize a country	*hypnotiser un pays*
to declare one's hatred	*afficher sa haine*
to revive one's hatred	*raviver sa haine*
to lash out at	*s'en prendre violemment à*
a target of sb's wrath	*une cible de la colère de qqn.*
to export a brand of revolution	*exporter une forme de révolution*
to be angered by	*être outré par*
to vow vengeance	*jurer de se venger*
to avenge the blood of	*laver le sang de*
to expose to terrorist vengeance	*exposer à la vengeance de terroristes*
to take on a country	*s'en prendre à un pays*
to demonstrate one's hatred	*manifester sa haine*
to unleash an explosion of violence	*déchaîner une explosion de violence*
to sacrifice oneself	*se sacrifier*
to be viewed as a martyr	*être considéré comme un martyr*
in the cause of freedom	*au nom de la liberté*

to talk tough	*tenir un langage de fermeté*
to act tough	*jouer les durs*
to raise one's fist	*lever le poing*
"Death to . . . "	*"A mort ..."*
"Down with . . . "	*"A bas ..."*
a twisted mind	*un esprit tordu*
to put the heat on	*faire pression sur*
to blackmail a government into	*exercer un chantage par la force sur un gouvernement afin de / qu'il*
to give in to terrorist blackmail	*céder au chantage des terroristes*
to stir concern	*donner du souci*

VIII INVESTIGATION AND ARREST — *ENQUETE ET ARRESTATION*

to draw up a list of terrorists	*dresser une liste des terroristes*
a manhunt	*une chasse à l'homme*
to cast a net	*tendre un filet*
to net	*prendre dans ses filets*
to begin a search for	*commencer les recherches pour retrouver*
to print wanted posters	*imprimer des avis de recherche*
to put up posters	*afficher des portraits*
to bear the picture (of)	*porter la photo (de)*
to give a reward	*offrir une récompense*
to track down terrorists	*traquer les terroristes*
to seek a warrant out for	*lancer un mandat d'arrêt contre*
an international warrant	*un mandat d'amener international*
to cover one's tracks	*brouiller les pistes*
a lucky break	*un coup de chance*
to uncover an arms cache	*découvrir une cache d'armes*
to penetrate a terrorist group	*infiltrer un groupe terroriste*
to uncover a network	*démasquer un réseau*
to be caught in a terrorist act	*être pris en train de commettre un acte terroriste*
to interrogate	*interroger*
to own up to	*avouer*
to dismantle a network	*démanteler un réseau*
to trace explosives	*retrouver la provenance des explosifs*
the findings of an inquiry	*les éléments de l'enquête*
to grant amnesty (to)	*amnistier*
to spring terrorists from jail	*libérer des terroristes*
to counter the terrorist tide	*endiguer la vague terroriste*
to outlaw terrorism	*mettre le terrorisme hors-la-loi*
to eradicate terrorism	*éliminer le terrorisme*
to wipe out terrorism	*" " "*
to root out terrorism	*éradiquer le terrorisme*
to crush a terrorist group	*éliminer un groupe terroriste*
to remove the threat of terrorism	*supprimer la menace du terrorisme*
an antiterrorist campaign	*une campagne anti-terroriste*

4 THE ARMY — *L'ARMEE*

I PERSONNEL — *LES PERSONNELS*

1 ARMY FORCES — *LES FORCES ARMEES*

the Defense Department (US)	*le ministère de la Défense*
the Defense Secretary	*le ministre de la Défense*
the army	*l'armée de terre*
the Navy	*la marine*
the Air Force	*l'armée de l'air*
the Cavalry	*la Cavalerie*
the Artillery	*l'Artillerie*
the Engineers	*le Génie*
the Infantry	*l'Infanterie*
the Armoured Corps	*les Blindés*
the intelligence service	*les services de renseignements*
the medical corps	*le service de santé*
a Rapid Deployment Force	*une Force rapide de déploiement*
the Territorial Army	*la territoriale*
the Red Army	*l'Armée rouge*
a standing army	*une armée régulière*

a regular army	*une armée d'active*
the active list	*l'armée d'active*
to see active service	*faire campagne, servir*
a citizen army	*une armée de citoyens (volontaires)*
a peacetime army	*une armée en temps de paix*
a wartime army	*une armée de guerre*
an army of occupation	*une armée d'occupation*
a mass conscript army	*une armée de conscrits*
an all-volunteer army	*une armée de volontaires*
a professional army	*une armée de métier*
the Reserve	*l'armée de réserve*
the ground forces	*l'armée de terre*
the land forces	*les forces terrestres*
the naval forces	*les forces navales*
the air forces	*les forces aériennes*
the US forces	*l'armée américaine*
the marines (US)	*l'infanterie de marine*
the ordnance survey	*le service cartographique*
the commissariat	*l'intendance*
the army signal corps / the sigs	*le service des transmissions*
the allied forces	*les troupes alliées*
an expeditionary force	*un corps expéditionnaire*
a task force	" " "
sea, air and land capability (SEAL)	*forces maritimes, aériennes et terrestres*
a seal	*un soldat (appartenant à une de ces trois armes)*
a Seabee	*un militaire du Génie maritime*
troops	*les troupes*
shock troops	*troupes de choc*
crack troops	*troupes d'élite*
elite troops	" "
combat troops	*troupes de combat*
a commando unit	*une unité de commandos*
a commandoman	*un membre d'un commando*
mechanized troops	*troupes motorisées*
to raise an army	*lever une armée*
to man an army	*équiper une armée en hommes*
to man a fleet	*équiper une flotte*
a fledgling army	*une armée inexpérimentée*
inexperienced	*inexpérimenté*
ill trained	*mal entraîné*
poorly trained	" "
untrained	*non entraîné*
well trained	*bien entraîné*
disciplined	*discipliné*
an untested force	*troupes non éprouvées*
a battle hardened force	*troupes aguerries*
seasoned troops	*troupes chevronnées*

2 DIVISIONS OF AN ARMY — *LES DIVISIONS D'UNE ARMEE*

the backbone of the army	*l'épine dorsale de l'armée*
the main body of the army	*le gros des troupes*
the bulk	" " "
an army corps	*un corps d'armée*
a division	*une division*
a parachute division	*une division de parachutistes*
a mechanized division	*une division motorisée*
a regiment	*un régiment*
a crack regiment	*un régiment d'élite*
a squadron	*un escadron*
a battalion	*un bataillon*
a brigade	*une brigade*
a company	*une compagnie*
a squad	*un peloton*
a platoon	*un peloton, une section*
a party	*un détachement*
a patrol	*une patrouille*
a column	*une colonne*
a supply column	*une colonne de ravitaillement*
the vanguard	*l'avant-garde*
the rear guard	*l'arrière-garde*
backup	*le renfort*

3 ARMY PERSONNEL — *LE PERSONNEL MILITAIRE*

3.1 GENERAL BACKGROUND — *GENERALITES*

a military career	*une carrière dans l'armée*
to move to the top spot	*atteindre le haut de la hiérarchie*
to be promoted	*être promu*
a promotion	*une promotion*
to reach the rank of	*atteindre le grade de*
a ranker	*un officier sorti du rang*
to be marked for leadership	*être désigné pour diriger*
to command	*commander*
uniformed personnel	*le personnel en uniforme*
a military college / academy	*une école militaire*
a staff college	*une école de guerre*
to serve in the ranks	*servir dans les rangs*
to break ranks	*rompre les rangs*
to leave the ranks of the army	*quitter les rangs de l'armée*

3.2 OFFICERS — *LES OFFICIERS*

the commissioned officers	*les officiers*
the field officers	*les officiers supérieurs*
the general officers	*les officiers généraux*
a staff officer	*un officier d'état-major*
a high ranking officer	*un officier haut placé*
a general commanding officer (GOC)	*un général commandant en chef*
a commander-in-chief	*un commandant en chef*
a naval officer	*un officier de marine*
seniority	*l'ancienneté dans le grade*
the senior officer	*l'officier le plus ancien en grade*
a junior officer	*un officier moins gradé*
a liaison officer	*un officier de liaison*
an orderly officer	*un officier de service*

a reserve officer	*un officier de réserve*
a non-commissioned officer (NCO)	*un sous-officier*
a noncom	*un sous off*
a commission	*un brevet d'officier*
to be gazetted	*recevoir une nomination officielle*

3.3 THE CHAIN OF COMMAND — *LA HIERARCHIE*

the High Command	*le Haut-Commandement*
the rank and file	*les hommes de troupe*
to be under the command of	*être sous le commandement de*
the headquarters	*le quartier général*
the staff	*l'état-major*
the chief-of-staff	*le chef d'état-major*
a subordinate	*un subordonné*
one's betters	*ses supérieurs*
a foot soldier	*un soldat de l'infanterie*
an infantryman	" " " "
a cavalry man / a trooper	*un soldat de cavalerie*
a state trooper (USA)	*un gendarme*
a ranger	*un gendarme à cheval*
a gunner	*un artilleur*
an engineer	*un soldat du génie*
a marine	*un fusilier marin*
an orderly	*un planton, une ordonnance*
a sentry	*une sentinelle*
a Tommy (UK)	*un simple soldat*
a G.I. (USA)	*un soldat*
a strategist	*un stratège*
an expert (on)	*un spécialiste (de)*
a career soldier	*un militaire de carrière*
a chaplain	*un aumônier*
a military surgeon	*un médecin militaire*
a medic	*un toubib*
a commissary	*un officier d'intendance*
a signal man	*un télégraphiste*

4 RANKS — *LES GRADES*

4.1 THE GROUND FORCES — *L'ARMEE DE TERRE*

field marshal	*maréchal*
general of the army	*général d'armée*
general	*général de corps d'armée*
lieutenant general	*général de division*
major general	*général de brigade*
brigadier general	" " "
colonel	*colonel*
lieutenant colonel	*lieutenant-colonel*
major	*commandant, chef d'escadron, chef de bataillon*
captain	*capitaine*
first lieutenant	*lieutenant*
second lieutenant	*sous-lieutenant*
chief warrant officer	*adjudant-chef*
warrant officer (WO)	*adjudant*
sergeant major	*sergent-major, maréchal des logis-chef*
command sergeant major	*sergent-chef*
platoon sergeant	*sergent de première classe*
sergeant first class	*caporal-chef, brigadier-chef*
sergeant	*sergeant*
corporal	*caporal*
private first class	*soldat de première classe*
private	*simple soldat*

4.2 THE NAVY / THE MARINES — *LA MARINE / LES MARINES*

the Senior Service	*la marine de guerre*
Admiralty	*l'Amirauté*
the Naval College	*l'Ecole Navale*
the Marines (USA)	*l'infanterie de marine*
the Marines (UK)	*les fusiliers marins*
the coastguards (USA)	*les garde-côtes*
fleet admiral	*amiral de la flotte*
a squadron	*une escadre*
a squadron commander	*un chef d'escadre*
admiral	*amiral*
vice admiral	*vice-amiral*
rear admiral	*contre-amiral*
commodore	*capitaine de vaisseau*
captain	*capitaine*
commander	*capitaine de frégate*
lieutenant commander	*capitaine de corvette*
lieutenant	*lieutenant de vaisseau*
ensign	*enseigne de vaisseau*
chief warrant officer	*adjudant-chef*
warrant officer	*adjudant, sous-officier (breveté)*
master chief	*capitaine, commandant*
petty officer (of the navy)	*second maître*
chief petty officer	*premier maître, maître principal*
petty officer first class	*second maître de 1ère classe*
petty officer second class	*second maître de 2e classe*
seaman	*quartier-maître*
seaman apprentice	*élève-matelot*
seaman recruit	*simple matelot*
a midshipman	*un aspirant*
an able seaman	*un matelot de 2e classe*
an ordinary seaman	*un matelot de 3e classe*
the crew	*l'équipage*
the hands	*les hommes*
a sailor	*un marin*
a cadet	*un élève officier de la marine*
a fleet	*une flotte*

4.3 THE AIR FORCE — *L'ARMEE DE L'AIR*

general of the air force	*général d'aviation*
wing commander	*chef d'escadre*
group captain	*colonel*

a captain	*un capitaine*
a flying officer	*lieutenant*
warrant officer	*adjudant*
chief master sergeant	*sergeant-chef, adjudant-chef*
staff sergeant	*sergent-chef*
sergeant	*sergent*
airman first class	*première classe*
airman	*deuxième classe*
airman basic	*aspirant*
a paratrooper	*un parachutiste*
paratroops	*une unité de parachutistes*
a parachute	*un parachute*
a parachutist	*un parachutiste sportif*

5 THE UNIFORM — *L'UNIFORME*

the kit / the outfit	*l'équipement*
to be in full dress	*être en grand uniforme*
to be in field dress	*être en tenue de campagne*
to be in battle dress	*être en tenue de combat*
a fatigue dress	*un treillis*
to be in civilian clothes	*être en civil*
a cap	*un képi*
a helmet	*un casque*
a chinstrap	*une jugulaire*
a stripe / a braid	*un galon*
a shoulder braid	*une fourragère*
an epaulet	*une épaulette*
a badge of rank	*un insigne de grade*
a star	*une étoile, un galon*
an order	*une décoration*
a medal	*une médaille*
a two-star general	*un général à deux étoiles*
a shoulder-strap	*une épaulette*
gaiters	*guêtres*
puttees	*bandes molletières*
a cartridge belt	*une cartouchière*
a haversack	*une musette*
a canteen	*un bidon, une gamelle*
a knapsack	*un sac à dos*
a kitbag	*un sac*
a mess tin	*une gamelle*
a ration	*une ration*
field glasses	*jumelles*

II SERVING — *LE SERVICE ARME*

1 THE MILITARY SERVICE — *LE SERVICE MILITAIRE*

to join the army / to join up	*s'enrôler*
to enter the army	*entrer dans l'armée*
to be in the army	*être militaire*
to go into the army	*devenir militaire de carrière / partir au service*
to be under arms	*être sous les drapeaux*
army service	*le service militaire*
mandatory military service	*le service militaire obligatoire*
to register for military service	*se faire recenser*
to do one's military service	*faire son service militaire*
to perform one's military service	*accomplir son service militaire*
a term of service	*une période militaire*
a stint	*un tour, une période*
a three-year stint in the army	*un service militaire de trois ans*
induction	*l'incorporation*
an induction notice	*un avis d'incorporation*
to appear for induction	*se présenter à l'incorporation*
to be fit for service	*être apte*
to be unfit for service	*être exempté*
to invalid sb. out of the army	*réformer qqn. (pour raisons médicales)*
to enlist	*s'engager*
enlistment	*l'enrôlement, l'engagement*
an enlistee	*un engagé volontaire*
an enlisted man	*un simple soldat*
to enrol	*enrôler*
compulsory enrolment	*l'enrôlement forcé*
voluntary enrolment	*l'enrôlement volontaire*
to conscript	*appeler sous les drapeaux*
a conscript	*un conscrit*
conscription	*la conscription*
to be conscripted into the army	*être enrôlé dans l'armée*
a conscription system	*le service militaire obligatoire*
to enforce conscription	*appliquer la conscription*
a conscript intake (USA)	*un contingent*
to draft	*incorporer*
to draft from active reserve	*détacher de l'armée de réserve*
the draft	*la conscription*
a draft board	*un conseil de révision*
a draft card	*un livret militaire*
a draft (UK)	*un contingent*
to answer a draft notice	*répondre à l'appel sous les drapeaux*
to introduce a draft	*instaurer la conscription*
to drop the draft	*abandonner la conscription*
a draftage boy	*un jeune homme en âge d'être incorporé*
draftable	*incorporable*
a draftee	*un appelé du contingent*
to exempt from the draft	*exempter du service militaire*
a volunteer	*un volontaire*
to recruit	*recruter*
a recruit	*une recrue*
a recruiting station / office	*un bureau de recrutement*
a recruiting officer	*un officier recruteur*

a regular	*un soldat d'active*
a serviceman	*un militaire*
a civilian	*un civil*
to adopt a professional army	*choisir une armée de métier*
the active list	*l'armée active*
to be on active service	*être en campagne*
a pay	*une solde*
a paymaster	*un officier payeur*

2 DRAFT DODGING — *L'INSOUMISSION*

draft evasion	*insoumission*
to dodge the draft	*se dérober au service militaire*
a draft dodger / a draft evader	*un insoumis*
to shirk one's duty	*se dérober à son devoir*
a conscientious objector	*un objecteur de conscience*
anti-military sentiment	*sentiments anti-militaristes*
to refuse to serve	*refuser de faire son service*
to opt out of military service	*choisir de ne pas faire de service militaire*
to abolish the military	*supprimer l'armée*
an abolition campaign	*une campagne d'abolition*
to dismantle an army	*démanteler une armée*
to create a sense of citizenship	*créer un sentiment de citoyenneté*
to use soldiers for non military uses	*utiliser les soldats à des tâches civiles*
army reform	*la réforme de l'armée*
a necessary evil	*un mal nécessaire*
alternative service	*une autre forme de service*

3 THE MERCENARY — *LE MERCENAIRE*

a mercenary soldier	*un mercenaire*
a soldier of fortune	" "
a mercenary force	*une troupe de mercenaires*
a hired soldier	*un soldat à la solde de*
a hireling	*un laquais*
to bear arms for hire	*se faire payer pour porter les armes*
to serve for pay	*monnayer ses services*
a colonial war	*une guerre coloniale*
to recruit from	*se recruter parmi*
the Foreign Legion	*la Légion étrangère*

4 A SOLDIER'S LIFE — *LA VIE DE SOLDAT*

4.1 ASSIGNMENT — *L'AFFECTATION*

military duty	*le devoir militaire*
to soldier	*servir dans l'armée*
soldiering	*la vie de soldat*
to serve one's country	*servir son pays*
to assign	*affecter*
an assignment	*une affectation*
to be assigned a mission	*être affecté pour une mission*
to leave an assignment	*quitter une affectation*
to station	*stationner*
to billet	*cantonner*
a base	*une base*
an army depot	*un dépôt militaire*
to be garrisoned	*être en garnison*
a garrison town	*une ville de garnison*
garrison troops	*troupes de garnison*
a barracks	*une caserne*
barrack life	*la vie de caserne*
an orderly room	*une salle de rapport*
a barrack room	*une chambrée*
a barrack square	*une cour de caserne*
a bunk	*un lit de camp*
a bunkbed	*un lit superposé*
to bunk with	*partager la chambrée avec*

4.2 TRAINING — *L'INSTRUCTION*

to train (in)	*(s')entraîner (à)*
recruit training	*l'instruction des recrues*
to go through training	*subir une instruction*
a training course	*une formation*
a training camp	*un camp d'entraînement*
a boot camp	*un camp d'entraînement pour marines*
an annual refresher course	*une période de formation militaire*
rigorous training	*une instruction sévère*
to soften training	*adoucir l'instruction*
to drill	*être à l'exercice*
drill / drilling	*exercices, manœuvres*
well-drilled	*bien entraîné*
a drill sergeant	*un sergent instructeur*
a trench fighting exercise	*un exercice de combat de tranchée*
a dirt pit	*un trou d'obus*
a detail	*une corvée, un détachement de corvée*
a fatigue duty	*une corvée*
to be on duty	*être de garde*
to be off duty	*ne pas être de garde*
to be on fatigue duty	*être de corvée*
an order	*un ordre*
to yell orders	*hurler des ordres*
"Attention"	*"Garde à vous"*
to stand at attention	*être au garde-à-vous*
to present arms	*présenter les armes*
"Stand at ease"	*"Repos"*
"Dismiss"	*"Rompez"*
to obey orders	*obéir aux ordres*
to order a regiment (to)	*envoyer un régiment (à)*
corporal discipline	*la discipline corporelle*
hazing	*brimades*
to muster	*se rassembler*
to review	*passer en revue*
a review	*une revue*

to hold a review	*passer en revue*
to parade	*défiler*
a parade	*un défilé*
to keep step	*marcher au pas*
goose step	*le pas de l'oie*
to goose step	*faire le pas de l'oie*
to be on parade	*être à l'exercice*
a parade ground	*un champ de manœuvres*
to parade troops	*faire défiler des troupes*
to march	*marcher au pas*
to march past	*passer en revue*
to march troops	*faire marcher des troupes au pas*
marching orders	*une feuille de route*
a march	*une marche*
to fall in	*former les rangs*
to fall out	*rompre les rangs*
to present arms	*présenter les armes*
weapon training	*le maniement des armes*
to do rifle practice	*s'entraîner au maniement des armes*
to load	*charger*
to cock	*armer*
to aim at	*viser*
to point at	*pointer*
to level one's gun	*mettre en joue*
to discharge one's gun	*tirer*
to jam	*s'enrayer*
to take a gun apart	*démonter un fusil*
to strip apart a gun	" " "
a flag	*un drapeau*
to hoist a flag	*hisser les couleurs*
to lower a flag	*descendre les couleurs*
the Stars and Stripes	*la Bannière étoilée*
the Union Jack	*le drapeau anglais*
a bugle	*un clairon*
the national anthem	*l'hymne national*
to salute the flag	*saluer le drapeau*
to stand sentry	*monter la garde*
a sentry box	*une guérite*
to mount guard	*monter la garde*
an operation	*une manœuvre*
military operations in urban terrain	*manœuvres militaires en zone urbaine*
a leave / a furlough	*une permission*
to be on leave / on furlough	*être en permission*

4.3 DESERTIONS — *LES DESERTIONS*

to desert	*déserter*
to flee the ranks	*déserter les rangs*
to be beset by desertions	*être assailli par des désertions*
a deserter	*un déserteur*
a defection	*une défection*
mutiny	*la mutinerie*
insubordination	*l'insoumission*
to go AWOL (Absent Without Leave)	*partir sans permission*
to turn oneself in	*se livrer*
a Court-Martial	*un tribunal permanent des forces armées (en temps de guerre)* *une cour de sûreté de l'Etat (en temps de paix)*
courts martial	*cours martiales*
court martial proceedings (against)	*poursuites devant une cour martiale*
to be court-martialled	*passer en cour martiale*
to be tried by court martial	*être traduit devant une cour martiale*
a military tribunal	*un tribunal militaire*
to be made up (of)	*être constitué (de)*
a Judge-Advocate	*un juge conseil*
to stand trial	*passer en procès*
to place / put under open arrest	*mettre aux arrêts simples*
close arrest	*arrêts de rigueur*
confinement	*arrêts de forteresse*
to strip sb. of his stripes	*dégrader*
to demote	*rétrograder*
to cashier	*casser*
treason	*la trahison*
a traitor	*un traître*
to discharge	*rendre à la vie civile*
to get a discharge	*être libéré*
to be given honorable discharge	*être libéré après bons et loyaux services*
to retire from service	*prendre sa retraite de l'armée*
a veteran	*un ancien combattant*
an ex-soldier / an ex-serviceman	" " "

III MILITARY HARDWARE — *LE MATERIEL MILITAIRE*

1 WEAPONRY — *L'ARMEMENT*

equipment	*le matériel*
an arsenal	*un arsenal*
ammunition	*munitions*
a round of ammunition	*un tir de munitions*
a slug	*une balle*
armor-piercing	*antichar, perforant*
a flare	*une fusée éclairante*
light arms	*armes légères*
heavy	*lourd*
a firearm	*une arme à feu*
a rifle	*un fusil*
a machine gun	*une mitrailleuse* *un fusil-mitrailleur*
a spear gun	*un fusil sous-marin*
a submachine gun / a tommy gun	*une mitraillette*
a Bren gun	*un fusil mitrailleur*

a grenade	*une grenade*
a pin	*une goupille*
to pull the pin	*dégoupiller*
a grenade launcher	*un lance-grenades*
a flame thrower	*un lance-flammes*
a howitzer	*un obusier*
a mortar	*un mortier*
a mortar round	*un tir de mortier*
to shell	*bombarder, pilonner*
a shell	*un obus*
a rocket	*une roquette*
a rocket launcher	*un lance-roquettes*
a multiple rocket launcher	*les orgues de Staline*
a battery	*une batterie*
a missile battery	*une batterie de missiles*
a missile launcher	*un lance-missiles*
a bayonet	*une baïonnette*
a sword	*une épée, un sabre*
a blade	*une lame*
a sheath	*un fourreau*
to draw sword	*tirer l'épée*
a jeep (GP: general purpose)	*une Jeep*
an armoured car	*un blindé*
an armoured vehicle	*un véhicule blindé*
an armoured personnel carrier	*un véhicule blindé pour le transport de troupes*
a Bren-gun carrier	*une chenillette*
a tank	*un tank*
a half-track	*une véhicule à chenilles*
a hospital train	*un train sanitaire*

see : nuclear war — *voir : la guerre nucléaire*

2 THE FLEET — *LA FLOTTE*

a navy	*une flotte*
sea-keeping ability	*la navigabilité*
a convoy	*un convoi*
a shipping route	*une voie maritime*
a vessel	*un vaisseau*
to commission	*armer*
to put in commission	"
to have under construction	*avoir en cours de construction*
a shipyard	*un chantier naval*
to fit out	*armer un navire*
a battle group	*une escadre de combat*
a surface ship	*un navire de surface*
a man-of-war	*un bateau de guerre*
a merchantman	*un navire marchand*
a war vessel	*un bateau de guerre*
a fighting ship	*un navire de combat*
a warship	*un navire de guerre*
a training ship	*un bateau école*
a flagship	*un vaisseau amiral*
a dreadnought	*un cuirassé (d'escadre)*
a battleship	*un cuirassé*
a cruiser	*un croiseur*
a battle cruiser	*un croiseur cuirassé*
a light cruiser	*un croiseur léger*
a torpedo boat	*un torpilleur*
a destroyer	*un contre-torpilleur*
a frigate	*une frégate*
a coastguard vessel	*un garde-côte*
an escort vessel	*un navire escorte*
a launch	*une vedette*
a corvette	*une corvette*
a patrol ship	*un patrouilleur*
a hydrofoil	*un hydrofoil*
a seaplane	*un hydravion*
an amphibious tank	*un tank amphibie*
a landing craft	*une péniche de débarquement*
an aircraft carrier	*un porte-avions*
a helicopter carrier	*un porte-hélicoptères*
sonar gear	*le matériel d'écoute*
underwater detection	*la détection sous-marine*
a minelayer	*un poseur de mines*
a minesweeper	*un dragueur de mines*
a gunboat	*une canonnière*
a submarine	*un sous-marin*
a U-boat	*un sous-marin allemand*
a nuclear submarine	*un sous-marin nucléaire*
an attack submarine	*un sous-marin d'attaque*
diesel-powered	*de type conventionnel*
nuclear powered	*de type nucléaire*
a gun turret	*une tourelle*
a torpedo	*une torpille*
a sunken torpedo	*une torpille mouillée*
a gun	*un canon*
to bristle with	*être hérissé de*
a life boat	*un canot de sauvetage*
a life preserver	*une ceinture de sauvetage*
a deck	*un pont*
a bridge	*une passerelle*
a hull	*une coquille*
the bulwark	*le bastingage*
the funnel	*la cheminée*
the waterline	*la ligne de flottaison*
a hatch	*une écoutille*
an airlock	*un sas*
an anchor	*une ancre*
to anchor	*jeter l'ancre*
a propeller	*une hélice*
a cabin	*une cabine*
a berth	*une couchette*
galley	*la cuisine*
the engine room	*la chambre des machines*
the wheelhouse	*la timonerie*
a boiler	*une chaudière*
the hold	*la cale*
ballast	*le lest*
the helm	*la barre*
the bow	*l'avant*
the stern	*l'arrière*
starboard	*tribord*
port	*bâbord*

see : war — *voir : la guerre*

3 THE AIR FORCE — *LES FORCES AERIENNES*

air space	*l'espace aérien*
airborne forces	*forces aéroportées*
an air base	*une base aérienne*

air tactics	*tactiques aériennes*
to secure airspace	*garantir l'espace aérien*
aerial reconnaissance	*reconnaissances aériennes*
to identify military activities	*identifier les activités militaires*
to be fitted with	*être équipé de*
photographic sensing apparatus	*appareils de reconnaissance photographique*
infrared	*(à) infrarouge*
surveillance	*la surveillance*
the range	*le rayon d'action*
a radar system	*un système radar*
a flight / a squadron	*une escadrille*
a wing	*une escadre aérienne*
an aircraft	*un avion*
a patrol plane	*un avion de patrouille*
an enemy aircraft	*un avion ennemi*
an air station	*une base aérienne*
an air field	*un terrain d'aviation*
an attack airplane	*un avion d'attaque*
a jet	*un avion à réaction*
a jet fighter	*un chasseur à réaction*
a fighter	*un chasseur*
an interceptor jet	*un intercepteur à réaction*
a reconnaissance flight	*un vol de reconnaissance*
a transport plane	*un avion de transport*
a flying tanker / an airborne tanker	*un avion de ravitaillement*
to refuel	*se ravitailler*
a refuelling hose	*un tuyau de ravitaillement*
in-flight refuelling	*le ravitaillement en vol*
a refuelling stop	*une escale technique*
a spy plane	*un avion espion*
an AWACS plane	*un avion radar*
airborne warning and control system (AWACS)	*un système de détection radar*
a bomber	*un bombardier*
a heavy bomber	*un bombardier lourd*
a long range bomber	*un bombardier à grand rayon d'action*
a Stealth bomber	*un bombardier invisible*
a bomb	*une bombe*
a laser-guided bomb	*une bombe téléguidée par laser*
a flying fortress	*une forteresse volante*
a troop carrier	*un transport de troupes*
a maritime patrol aircraft	*un avion de patrouille maritime*
a flying ambulance	*un avion sanitaire*
a helicopter	*un hélicoptère*
to helicopter	*transporter par hélicoptère*
a chopper	*un hélico*
a blade	*une pale*
a rotor	*un rotor*
a drone	*un avion téléguidé*
a decoy	*un leurre*
antiaircraft	*la défense aérienne*
an antiaircraft tracer	*un obus traçant*
a transmitter	*un émetteur*
an automatic ejection seat	*un siège éjectable*
an ejector seat	" " "
a pilot	*un pilote*
a navigator	*un navigateur*
a bomb bay	*une soute à bombes*
the cargo compartment	*le compartiment cargo*
to jettison	*larguer*
a drop	*un parachutage*
a drop zone	*une zone de largage*

5 WAR — *LA GUERRE*

I TYPES OF WAR — *LES TYPES DE GUERRE*

the Secession War (USA)	*la guerre de Sécession*
the American Civil War	" " " "
World War I	*la Première Guerre mondiale*
the First World War	" " " "
the Great War	*la Grande Guerre*
World War II	*la Seconde Guerre mondiale*
the Second World War	" " " "
the phony war	*la drôle de guerre*
the cold war	*la guerre froide*
the Vietnam War	*la guerre du Viêt-nam*
the Middle East conflicts	*les conflits au Moyen Orient*
a civil war	*une guerre civile*
an independence war	*une guerre d'indépendance*
a conventional war	*une guerre conventionnelle*
a war of movement	*une guerre de mouvement*
a border war	*une guerre des frontières*
a war of attrition	*une guerre d'usure*
a war of nerves	*une guerre des nerfs*
a war of aggression	*une guerre d'agression*
a jihad	*une djihad*
a holy war	*une guerre sainte*
a warring country	*un pays en guerre*
a nuclear war	*une guerre atomique*
star wars	*la guerre des étoiles, l'IDS (initiative de défense stratégique)*
an all-out war	*une guerre totale*

a permanent war	*une guerre permanente*
a protracted war / a prolonged war	*une guerre prolongée*
war games	*jeux de stratégie militaire*
warfare	*la guerre*
psychological warfare	*la guerre psychologique*
trench warfare	*la guerre des tranchées*
position warfare	*la guerre de position*
guerilla warfare	*la guerre de guérilla*
biological warfare	*la guerre biologique*
chemical warfare	*la guerre chimique*

II ASPECTS OF FIGHTING — *ASPECTS DU COMBAT*

the scope of a war	*l'étendue d'une guerre*
the course of the war	*le cours de la guerre*
the intensity of a war	*l'intensité d'une guerre*
hostilities	*les hostilités*
an insurgency	*une révolution*
to wage insurgency	*faire une révolution*
an insurgent	*un révolutionnaire*
a rebellion	*une révolte*
a rebel	*un rebelle*
a riot	*une émeute*
a rioter	*un émeutier*
a conflict	*un conflit*
strife	*le conflit*
a religious strife	*un conflit religieux*
to struggle	*lutter*
a struggle	*une lutte*
armed struggle	*la lutte armée*
a military conflict	*un conflit militaire*
a military campaign	*une campagne militaire*
to be under way	*être en cours*
a military operation	*une opération militaire*
a full scale operation	*une opération d'envergure*
to conduct an operation	*mener une opération*
to combat	*combattre*
a combat	*un combat*
heavy combat	*dures combats*
to battle	*batailler*
a battle	*une bataille*
a pitched battle	*une bataille rangée*
a drawn battle	*une bataille indécise*
a decisive battle	*une bataille décisive*
a hand to hand battle	*une bataille au corps à corps*
to fight a battle	*livrer bataille*
to attack	*attaquer*
an attack	*une attaque*
an armed attack	*une attaque armée*
a nuclear attack	*une attaque nucléaire*
a surprise attack	*une attaque surprise*
a desperate attack	*une attaque de la dernière chance*
a bloody attack	*une attaque sanglante*
a shelling attack	*une attaque à la roquette*
a sabotage attack	*un acte de sabotage*
to counterattack	*contre-attaquer*
a counterattack	*une contre-attaque*
an offensive	*une offensive*
a full scale offensive	*une offensive de grande envergure*
a skirmish	*une escarmouche*
a clash	*un accrochage, une échauffourée*
a shoot-out	*une fusillade*
to ambush	*attirer / faire tomber dans une embuscade*
an ambush	*une embuscade*
to set an ambush	*tendre une embuscade*
to carry out an ambush	*prendre en embuscade*
to lay an ambush	*dresser une embuscade*
to lie in ambush	*se tenir en embuscade*
a raid	*un coup de main*
a hit and run raid	*un coup de main éclair*
to raid	*exécuter un coup de main*
a strike	*un coup de main*
an air strike	*une attaque aérienne*
a pre-emptive strike	*une attaque préventive*
a surgical strike	*un bombardement chirurgical*
to launch a strike	*déclencher une attaque*
to blunt a strike	*amortir une attaque*
a sweep	*un ratissage*
to round up	*effectuer une rafle*
a round-up	*une descente, une rafle*
to crack down (on)	*réprimer*
a crackdown / a clampdown	*une opération de répression*
an incursion	*une incursion*

III THE THREAT OF WAR — *LA MENACE DE GUERRE*

1 THE THREAT — LA MENACE

the clouds of war	*les nuages de la guerre*
war clouds	*nuages avant-coureurs de la guerre*
a warmonger	*un belliciste*
a war machine	*une machine de guerre*
military might	*la puissance militaire*
to brandish the threat of war	*brandir la menace de la guerre*

to pose a threat to	*représenter une menace pour*
to live under threat	*vivre sous la menace*
a chilling threat	*une menace qui donne le frisson*
to blunt a threat	*détourner une menace*
to parry a threat	*parer une menace*
to make good a threat	*mettre une menace à exécution*
to lash out at	*s'en prendre vigoureusement à*
tongue-lashing	*invectives*
to harbour a personal animus	*en vouloir personnellement*
bully tactics	*tactiques d'intimidation*
to settle a score	*régler un compte*
a flammable situation	*une situation explosive*
a dicey situation	*une situation délicate*
to resort to intimidation	*recourir à l'intimidation*
to knuckle under	*céder devant*
bellicism	*le bellicisme*
belligerence	*la belligérance*
bellicosity	*le caractère belliqueux*
bellicose	*belliqueux*
an isolationist	*un isolationniste*
isolationism	*isolationnisme*
to balk at the prospect of a war	*hésiter devant la perspective d'une guerre*
to pursue the diplomatic track	*poursuivre la voie diplomatique*
a diplomatic outcome to a crisis	*une issue diplomatique à une crise*
to fashion a compromise	*élaborer un compromis*
to hold open a possibility (of)	*laisser la porte ouverte (à)*
a face saving way out	*une porte de sortie honorable*
to talk tough	*tenir le langage de la fermeté*
a will to act	*une volonté d'intervenir*
a test of resolve	*une preuve de détermination*
to advise restraint	*conseiller la modération*
to show restraint	*se montrer mesuré*
to carry out a threat	*mettre une menace à exécution*
to take away a threat	*supprimer la menace*
to stop short of a war	*être à deux doigts de la guerre*
to be poised on the brink of war	*être au bord de la guerre*
to avert war	*éviter la guerre*
to eschew the use of firearms	*éviter le recours aux armes*
to defuse a crisis	*désamorcer une crise*
to up the ante	*faire monter les enchères*
to give diplomacy short shrift	*faire fi de la diplomatie*
saber rattling	*bruits de sabre*
to be at stake / to be at issue	*être en jeu*
the odds are stacked against . . .	*les chances sont contre ...*
to fight against heavy odds	*avoir affaire à plus fort que soi*
a worst-case scenario	*le pire des scénarios*
to go on alert	*passer à l'état d'alerte*
on the alert	*sur le qui-vive*
on red alert	*en alerte maximum*
to order a red alert	*ordonner l'alerte maximum*
to put troops on the alert	*mettre les troupes en état d'alerte*
a tense situation	*une situation tendue*
at the height of the tension	*au plus fort de la tension*
to court a risk	*courir un risque*
to make light of	*prendre à la légère*
to dull the enemy's wariness	*endormir la prudence de l'ennemi*
to stand ready	*se tenir prêt*
to steel oneself for	*se préparer à*
to brace oneself for	" " "
to strain peace	*mettre la paix à rude épreuve*
to spoil for a fight	*brûler de se battre*
a military response	*une réponse militaire*
to initiate a military conflict	*prendre l'initiative d'un conflit militaire*
to slip into war	*glisser vers la guerre*
to light the powder keg	*mettre le feu aux poudres*
to spark a conflict	" " "
to provide a trigger for a conflict	*tenir lieu de détonateur d'un conflit*
to lead to international conflict	*déboucher sur un conflit international*
to be on the war-footing	*être sur le pied de guerre*
to have an advance intimation of	*avoir un pressentiment de*
a drawn-out crisis	*une crise qui traîne en longueur*
to survey an area	*examiner une zone*
to be drawn into a war	*être entraîné dans la guerre*
to take on an army	*accepter de se battre contre une armée*

2 MOBILISATION — *LA MOBILISATION*

to raise an army	*lever une armée*
the fighting strength	*les effectifs mobilisables*
I million fighting men	*un million d'hommes en armes*
to have I million men under arms	*avoir un million de soldats mobilisés*
to mobilise	*mobiliser*
mobilisation	*la mobilisation*
mass mobilisation	*la mobilisation massive*
to call up	*mobiliser*
a call up	*une mobilisation*
call up papers	*ordres de mobilisation*
to answer the call	*répondre à l'appel*
a reservist	*un réserviste*
to stand by	*se tenir prêt, être en état d'alerte*
to galvanize an army	*galvaniser les troupes*
to rouse troops	*stimuler les troupes*
to mobilize energies	*mobiliser les énergies*
to show one's muscle	*montrer sa force*

to show spine	*montrer de la détermination*
to use one's muscle	*utiliser sa force*
to flex one's muscle	*jouer des muscles*
to throw one's weight around	*faire l'important*
a prelude (to)	*un prélude (à)*
to build up	*accumuler*
a build-up	*les préparatifs*
to ship out	*s'embarquer (pour)*
to concentrate	*concentrer*
a concentration	*une concentration*
to shuttle troops	*acheminer des troupes*
to maneuvre	*manœuvrer*
a maneuvre	*une manœuvre*
to maneuvre into position	*manœuvrer pour se mettre en position*
to despatch troops	*envoyer des troupes*
a battle-ready soldier	*un soldat prêt au combat*
to mass on the border	*se masser à la frontière*
to mass troops	*masser des troupes*
to complete a build-up of troops	*achever la concentration de troupes*
in battle array	*en ordre de bataille*
a task force	*une force d'intervention*
a buffer force	*une force d'interposition*
a face off	*un engagement*

3 PLANNING — *LES PLANS*

logistics	*la logistique*
to draw up contingency plans	*élaborer des plans d'urgence*
a policy of defense	*une politique de défense*
to mastermind	*organiser*
to devise a plan	*mettre un plan au point*
a line of attack	*un plan d'attaque*
to plan an attack	*prévoir une offensive*
to polish an attack	*mettre une offensive au point*
a ploy	*un stratagème*
a counter ploy	*une riposte à un stratagème*
to ponder options	*considérer les options*
a military gamble	*une entreprise militaire risquée*
a strategy	*une stratégie*
a two-pronged strategy	*une double stratégie*
the linchpin in a strategy	*le pivot central d'une stratégie*
to apply a strategy	*appliquer une stratégie*
strategic	*stratégique*
a tactic	*une tactique*
a hit-and-run tactic	*une tactique éclair*
a briefing	*un briefing*

4 THE ALLIES — *LES ALLIES*

the Allied	*les Alliés*
an alliance	*une alliance*
a longtime ally	*un allié de longue date*
a wartime alliance	*une alliance militaire*
a joint-allied operation	*une opération conjointe*
a joint military action	*une opération militaire conjointe*
to ally oneself to	*s'allier à*
to align oneself (with)	*s'aligner (sur)*
to sound out allies	*sonder les alliés*
to stand by one's allies	*être aux côtés de ses alliés*
to back one's natural allies	*soutenir ses alliés naturels*
to rally to the US cause	*se rallier à la cause américaine*
to muster the international effort	*mobiliser les forces internationales*
to defray the cost of a military operation	*couvrir les frais d'une opération militaire*
a coalition	*une coalition*
to weld together a coalition	*cimenter une coalition*
to support	*soutenir*
to seek support	*chercher des alliés*
to enlist the support (of)	*s'assurer le concours (de)*
to line up support	*obtenir des appuis*
to line up behind	*se ranger derrière*
to drum up support	*battre le rappel*
to close ranks	*resserrer les rangs*
to hold a united front together	*maintenir un front uni*
to bind a coalition	*souder une coalition*
to contribute forces to the defense of a country	*envoyer des troupes pour appuyer la défense d'un pays*
to grant access to one's bases	*permettre l'utilisation de ses bases*
to take sides	*prendre parti*
neutral	*neutre*
neutrality	*la neutralité*
to remain neutral / to stay neutral	*rester neutre*
non belligerent	*neutre*
to commit oneself	*s'engager*
a commitment	*un engagement*
to tilt into a camp	*pencher pour un camp*
to come to the rescue	*venir en aide*
to gang up against	*se liguer contre*
overt aid	*aide ouverte*
covert aid	*aide déguisée*
to drag one's heels	*rechigner*
to dither over a decision	*se tâter pour prendre une décision*
to disavow a decision	*désavouer une décision*
hemming and hawing	*hésitations*
to be reluctant to	*être hésitant à*
to withhold support (from)	*refuser son soutien (à)*
to sow disunity in a coalition	*semer la discorde dans une coalition*
to stray from the pack	*faire cavalier seul*
to fracture an alliance	*rompre une alliance*
to break open an alliance	*faire éclater une alliance*
to break ranks (with)	*se désolidariser (de)*
to sever ties with	*rompre les relations avec*
to recast relations	*reconsidérer ses relations*
to leave in a lurch	*laisser en plan*
to bow to political pressure	*s'incliner devant les considérations politiques*
to exert pressure	*exercer une pression*

to craft a condemnation	*mettre au point une condamnation*
to shore up one's support	*renforcer son appui*
to prop up one's support	*étayer son appui*
to draw the line	*fixer une limite*
to play off one country against another	*monter un pays contre l'autre*

IV STARTING A WAR — *LE DEBUT DES HOSTILITES*

the belligerents	*les belligérants*
to engage in hostilities	*engager les hostilités*
to declare war (on)	*déclarer la guerre (à)*
to take up arms	*prendre les armes*
to make war (on)	*faire la guerre (à)*
to wage war	*faire la guerre*
to be at war (with)	*être en guerre (avec)*
to go to war	*partir à la guerre*
a military intervention	*une intervention militaire*
to precipitate a conflict	*précipiter un conflit*
to conquer	*conquérir*
a conquest	*une conquête*
to get the go-ahead	*obtenir l'ordre de passer à l'action*
to flare up	*s'embraser*
to intervene in a war	*intervenir dans un conflit*
an intervention	*une intervention*
to be engulfed by war	*sombrer dans la guerre*
to spread (to)	*s'étendre (à)*
to exert military power (against)	*exercer la force militaire (contre)*
to break out	*éclater*
an outbreak of a war	*le déclenchement d'une guerre*
a state of war	*un état de guerre*
to deploy an army	*déployer une armée*
to deploy several thousand troops	*déployer plusieurs milliers de soldats*
a deployment	*un déploiement*
a military deployment	*un dispositif militaire*
to array one's troops	*déployer ses troupes*
to ease	*alléger*
the easing (of)	*l'allégement (de)*
to position troops	*placer ses troupes*
to place a platoon	*placer un peloton*

V THE LINES — *LES LIGNES*

the Maginot Line	*la ligne Maginot*
the front	*le front*
a bunker	*un blockhaus*
the back lines	*les lignes arrières*
a base	*une base*
a rear base	*une base arrière*
a network of bases	*un réseau de bases*
to set up a base	*installer une base*
to build a base	*implanter une base*
a headquarters	*un quartier général*
makeshift	*de fortune*
a roadblock	*un barrage routier*
a checkpoint	*un contrôle*
a trench	*une tranchée*
to be entrenched	*être retranché*
to entrench oneself	*se retrancher*
to dig in	*se retrancher, tenir bon*
to dig in army lines	*se retrancher*
to be dug in	*être retranché*
a dugout	*un abri*
a foxhole	*un gourbi, une cagna*
a sandbag	*un sac de sable*
to sandbag	*disposer des sacs de sable*
barbed wire	*le fil de fer barbelé*
bare wire	*le fil électrisé*
to camouflage	*camoufler*
an outpost	*un avant-poste*
to establish an outpost	*établir un avant-poste*
to man the guns	*servir les canons*
to train one's guns on	*diriger ses canons sur*
to post	*poster*
a post	*une position, troupes occupant un poste*
to be on post	*être en sentinelle*
a forward post	*un poste avancé*
a commanding post	*un poste de commande*
a listening post	*un poste d'écoute*
a drive on a post	*un mouvement vers un poste*
to capture a post	*capturer un poste*
to abandon a post	*abandonner un poste*
to keep watch	*monter la garde*
to stand watch	" " "
to take turns watching for movements	*observer les mouvements par rotation*
to patrol	*patrouiller*
a patrol	*une patrouille*
to monitor a border	*surveiller une frontière*
to seal a border	*fermer une frontière hermétiquement*

VI INVASION *L'INVASION*

to invade	*envahir*
an invader	*un envahisseur*
an aggressor state	*un Etat agresseur*
to throw one's resources into	*jeter toutes ses forces dans*
an invasion	*une invasion*
a military thrust	*une percée militaire*
to rein in one's soldiers	*retenir ses soldats*
to infiltrate into a territory	*s'infiltrer dans un territoire*
to infiltrate the enemy lines	*s'infiltrer à travers les lignes ennemies*
an infiltrator	*un infiltré*
to hold strategic importance	*avoir une importance stratégique*
to cross a border	*franchir une frontière*
to penetrate inland	*s'avancer à l'intérieur des terres*
to move into	*faire mouvement pour pénétrer*
to order an army forward	*donner l'ordre à une armée d'avancer*
to seize territory	*s'emparer d'un territoire*
to spill	*se répandre*
to swarm into	*envahir*
to open a front	*ouvrir un front*
to seize a flank	*s'emparer d'un flanc*
to guard a flank	*préserver un flanc*
to come ashore	*débarquer*
to secure beaches	*s'emparer des plages*
to land	*débarquer*
to land forces	*faire débarquer des troupes*
a landing	*un débarquement*
a landing craft	*un navire de débarquement*
a beachhead	*une tête de pont*
to postpone a landing	*différer un débarquement*
a postponement	*un ajournement*
to ferry troops	*transporter des troupes*
to enter a region	*envahir une région*
to have an area under control	*être maître d'une région*
to be under control	*être sous la coupe de*
to cut through enemy lines	*couper à travers les lignes ennemies*
to make a breach in the lines	*faire une percée dans les lignes*
an intruder	*un intrus*
to contain an invasion	*contenir une invasion*
to repel an invasion	*repousser une invasion*
to mount a counterattack on	*organiser une contre-attaque contre*
to harry back (to)	*repousser en harcelant*
to beat back attackers	*repousser les attaquants*
to push back an invasion	*repousser une invasion*
to throw back an invasion	" " "
to quell hegemonic aims	*enrayer des visées hégémoniques*
to dull an appetite for conquest	*émousser un appétit de conquête*

VII RESISTANCE *LA RESISTANCE*

to resist	*résister à*
a resistance fighter	*un résistant*
the Resistance movement	*la Résistance*
to offer resistance (to)	*résister (à)*
to encounter resistance (from)	*se heurter à la résistance (de)*
to put up a pocket of resistance	*offrir une poche de résistance*
to hunt down resistance bands	*pourchasser des bandes de résistants*
to overwhelm resistance	*venir à bout de la résistance*
to flag	*fléchir*
to put up a street-to-street fight	*se battre rue par rue*
house to house combat	*le combat maison par maison*
to hold one's own	*résister*
to dislodge the enemy	*déloger l'ennemi*
to force out the enemy	" "
to elude the troops	*échapper aux soldats*
an elusive enemy	*un ennemi insaisissable*
to outwit	*être plus malin que*
to bog down	*s'enliser*
to stun the enemy	*déconcerter l'ennemi*
to disorient	*désorienter*
to confuse	*troubler*
to knock out hopes	*anéantir les espoirs*
to reap the credit	*récolter les lauriers*
an arms cache	*une cache d'armes*
to scuttle a fleet	*saborder une flotte*

VIII FIGHTING *LE COMBAT*

1 THE BATTLEGROUND *LE CHAMP DE BATAILLE*

the killing fields	*les champs de la mort*
a field of honor	*un champ d'honneur*
the area of combat	*la zone des combats*
a conflict zone / a trouble zone	*une zone de conflit*
a war zone	*une zone de guerre*
a strife-torn country	*un pays déchiré par les conflits*
a war-torn country	*un pays déchiré par la guerre*
to be in the grip of war	*être en proie à la guerre*
to be mired in a war	*être embourbé dans une guerre*
to unleash terror	*déclencher la terreur*
to wage a reign of terror	*exercer le règne de la terreur*
a round of terror	*une vague de terreur*
to rage	*faire rage*
a hot sector	*un secteur chaud*
a safe haven	*un lieu sûr*
a remote area	*une zone reculée*

2 THE OFFENSIVE *L'OFFENSIVE*

to carry the war into the enemy's camp	*porter la guerre chez l'ennemi*
to be on the offensive	*être en position offensive*
to take the offensive	*passer à l'offensive*
to go up to the front	*monter au front*
to go into action	*aller au front*
to make headway	*progresser*
to fan out through	*se déployer à travers*
the timing of an offensive	*l'opportunité d'une offensive*
a sink-or-swim offensive	*une offensive de la dernière chance*
a lightning strike across the border	*un raid éclair de l'autre côté de la frontière*
a counteroffensive	*une contre-offensive*
to stage a counteroffensive	*organiser une contre-offensive*
to engage in combat	*engager le combat*
to strike the enemy	*frapper l'ennemi*
to go into action (against)	*passer à l'action (contre)*
to go full tilt	*jeter toutes ses forces*
to launch an attack (on)	*lancer une attaque (sur)*
to deliver an attack	*lancer une attaque*
to mount an attack	*organiser une attaque*
to launch an offensive (against)	*lancer une offensive (contre)*
to covet	*convoiter*
to assault	*prendre d'assaut*
an assault	*un assaut*
to beat back an assault	*repousser un assaut*
to repel an assault	" " "
boldness	*l'audace*
to advance	*avancer*
the advance	*l'avance, la progression*
to resist the advance	*résister à l'avance*
a drive	*une poussée*
a forward march	*une marche en avant*
to have the advantage of sanctuaries	*disposer de sanctuaires*
to punch through enemy lines	*enfoncer les lignes ennemies*
to push an army back (to)	*repousser une armée (jusqu'à)*
to push through (to)	*s'ouvrir un chemin (jusqu'à)*
to break through a defense line	*percer une ligne défensive*
to harass	*harceler*
harassment	*le harcèlement*
to harry	*harceler*
to pummel troops	*malmener les troupes*
to defy	*braver*
to seize	*s'emparer de, prendre pied*
to outflank	*déborder*
to overlap	*envelopper*
to take a city	*conquérir une ville*
to storm	*donner l'assaut*
to take by storm	*prendre d'assaut*
a storming	*un assaut*
to encircle	*encercler*
an encircling movement	*un mouvement d'encerclement*
to overrun a country	*envahir un pays*
to invest	*investir*
to capture	*capturer*
to prise out of one's grip	*arracher à*
to loosen one's hold on	*relâcher son emprise sur*
to overrun a position	*se rendre maître d'une position, occuper une position*
to capture a position	*s'emparer d'une position*
an exposed position	*une position à découvert*
to close in	*cerner*
to overwhelm	*écraser*
to hold a town	*tenir une ville*
to hold territory	*tenir un territoire*
to have a hold on	*être maître de*
to hold on to	*s'accrocher à*
to control an area	*être maître d'une zone*
to secure a position	*s'assurer d'une position*
to secure a commanding position	*être maître d'une position dominante*
a position of force	*une position de force*
a stronghold	*une place forte*
a strategic gain	*une percée stratégique*
to break through the lines	*percer les lignes*
to penetrate a defense	*percer les défenses*
a bridgehead	*une tête de pont*
to establish a fixed position	*établir une position fixe*
to mount an attack on	*lancer une attaque sur*
a small scale attack	*une attaque limitée*

a large scale attack	*une attaque de grande envergure*
to inflict damage (on)	*infliger des dégâts (à)*
to seize territory	*s'emparer d'un territoire*
to hold territory	*tenir un territoire*
to catch the enemy unprepared	*prendre l'ennemi par surprise*
to drive a wedge (between)	*enfoncer un coin (entre)*
to edge one's way into an area	*se glisser, se faufiler à travers une zone*
to take from the rear	*prendre à revers*
to gain ground	*gagner du terrain*
to regain ground	*regagner du terrain*
to gather strength	*reprendre des forces*
to brace for an onslaught	*se préparer à un assaut*

3 RETALIATIONS — *LES REPRESAILLES*

to retaliate	*user de représailles*
retaliatory	*de représailles*
an act of retaliation	*un acte de représailles*
a retaliatory raid (on)	*un raid de représailles (sur)*
to lead to massive retaliation	*déclencher de sévères représailles*
a reprisal attack	*une attaque de représailles*
punitive measures	*mesures punitives*
to put a country under a quarantine	*mettre un pays en quarantaine*
an embargo	*un embargo*
to interdict a country	*frapper un pays d'interdit*
an interdiction force	*troupes chargées de surveiller l'application de l'embargo*
to exact vengeance (from)	*réclamer la vengeance (pour)*
to deflect retaliation	*prévenir les représailles*
to intensify the chain of violence	*aggraver le cycle de la violence*
to play devil's advocate	*se faire l'avocat du diable*
a fallout	*une retombée*
to call off an attack	*annuler une attaque*
to head off a resort to force	*éviter un recours aux armes*
to abort a mission	*abandonner une mission*
a drawback to military attack	*un désavantage à l'attaque militaire*

4 DEFENSE — *LA DEFENSE*

to defend	*défendre, protéger*
to defend oneself	*se protéger*
a defense	*une défense*
the defense forces	*les forces défensives*
defenses	*ouvrages défensifs*
a line of defense	*une ligne de défense*
a defensive line	" " " "
a defense position	*une position de défense*
a forward defense	*défenses avant*
mobile defense	*défenses mobiles*
to put up a defense (against)	*opposer une défense (à)*
to muster the will (to)	*trouver la volonté (de)*
a defense flaw	*une faille dans la défense*
to reinforce one's position	*renforcer sa position*
reinforcement	*renforts*
to send reinforcements	*envoyer des renforts*
to strengthen one's position	*renforcer sa position*
to shore up one's defenses	*renforcer ses défenses*
to stand up to the enemy	*résister à l'ennemi*
to fend off an onslaught	*repousser un assaut*
to preempt a move	*prévenir une attaque / un mouvement*
to give an inch	*céder un pouce*
to check an advance	*enrayer une avance*
to hamper an advance	*entraver une avance*
to hold steady / to hold fast	*tenir bon*
to stand up to	*résister à*
to stand / to hold one's ground	*tenir bon, ne pas lâcher prise*
to hold out	*tenir*
to hold back	*contenir*
to check	*enrayer*
to maintain one's positions	*maintenir ses positions*
to sally out	*faire une sortie*
to push back / to drive back	*repousser*
to repel	"
to turn the tables	*retourner la situation*

5 THE FIGHT — *LE COMBAT*

the rules of engagement	*les règles du combat*
fighting in progress	*les combats en cours*
fierce fighting	*durs combats*
to fight right up to the very last moment	*se battre jusqu'à la dernière extrémité*
to fight it out	*lutter jusqu'au bout*
to fight to the bitter end	" " "
to fight to death	" " "
at close range	*de près*
to be locked in combat	*être aux prises*
to give no quarter	*ne pas faire de quartier*
to spare	*épargner*
in the thick of the battle	*au plus fort du combat*
a lull in the fighting	*une accalmie dans les combats*
to be battered by days of fighting	*être marqué par des jours de combat*

6 FIREPOWER — *LA PUISSANCE DE FEU*

to open fire (on)	*ouvrir le feu (sur)*
to hold fire	*attendre l'ordre de tirer*
an exchange of fire	*un duel d'artillerie*
heavy fire	*le feu nourri*
to cease fire	*cesser le feu*
sporadic fire	*tirs sporadiques*
a deadly fire	*un tir meurtrier*
a grazing fire	*un tir rasant*
a raging fire	*un tir furieux*
covering fire	*le feu de couverture*

defensive firepower	*tirs défensifs*
crossfire	*feux croisés*
to be exposed to crossfire	*être pris entre deux feux*
heavy firepower	*une puissance de feu intense*
to have firepower	*disposer d'une puissance de feu*
the cross hairs	*le réticule*
to be in the cross hairs	*tenir dans son viseur*
a gun position	*la position d'un canon*
to fire one's guns	*faire donner du canon*
an artillery duel	*un duel d'artillerie*
to go to the firing line	*aller au feu*
to fire a shot	*tirer un coup de feu*
to exchange artillery fire	*échanger des tirs d'artillerie*
within shooting range	*à portée de fusil*
to be in the line of fire	*être dans la ligne de feu*
to be out of the line of fire	*être hors de la ligne de feu*
to be within firing range	*être à portée de tir*
to be out of range	*être hors de portée*
to seek cover	*chercher à se protéger*
covering fire	*le feu de couverture*
to take cover	*s'embusquer*
to root out	*débusquer*
to take cover from enemy fire	*se mettre à l'abri du feu de l'ennemi*
under cover	*sous couvert*
under cover of darkness	*à la faveur de la nuit*
to encounter enemy fire	*essuyer le feu de l'ennemi*
to pin down an enemy	*clouer un enemi au sol*
a rocket attack	*une attaque à la roquette*
to gun down	*abattre*
to shoot	*tirer*
to shoot back	*riposter*
to shoot on sight	*tirer à vue*
to shoot to kill	*tirer pour tuer*
a shoot-to-kill order	*un ordre de ne pas faire de quartier*
a shoot-out	*une fusillade*
a shooting	*un échange de coups de feu*
to be mowed down	*être fauché*
to be cut down	*être abattu*
to dodge bullets	*éviter les balles*
to boom	*tonner*
to comb	*passer au peigne fin*
to mop up	*nettoyer*

7 AIR WARFARE — *LA BATAILLE AERIENNE*

air warfare	*la guerre aérienne*
airspace	*l'espace aérien*
a dogfight	*un combat aérien*
a flying ace	*un as de l'aviation*
to have command of the air	*être maître des airs*
air support	*le soutien de l'aviation*
air supremacy	*la suprématie des airs*
air superiority	*la supériorité des airs*
an air raid	*un raid aérien*
an air raid shelter	*un abri*
an airhead	*une tête de pont aérien*
an airbridge	*un pont aérien*
to pickle	*bombarder (fam.)*
a bogey	*un avion inconnu (fam.)*
a bandit	*un avion ennemi (fam.)*
to fly a reconnaissance flight	*effectuer un vol de reconnaissance*
to fly over	*survoler*
an overflight	*un survol*
to ground an aircraft	*recevoir l'ordre de ne pas décoller*
to bomb	*bombarder*
a bomber	*un bombardier*
to bomb out	*détruire par bombardement*
a bombing / a bombardment	*un bombardement*
a night bombing attack	*un bombardement nocturne*
an area bombing	*une zone de bombardement*
an aerial blitzkrieg	*une guerre éclair aérienne*
a dive bombing attack	*un bombardement en piqué*
a dawn attack	*une attaque à l'aube*
an interdictory strike	*un bombardement derrière les lignes ennemies*
to undertake a bombing offensive	*entreprendre un bombardement offensif*
to bristle with bombs	*être hérissé de bombes*
a rocket	*une fusée*
to drop a bomb	*larguer une bombe*
the dropping of bombs	*le largage de bombes*
to drop napalm	*larguer des bombes au napalm*
civilian bombing	*les bombardements civils*
a payload of bombs	*une charge de bombes*
a bombload	*un chargement de bombes*
a bomb crater	*un entonnoir*
a bombshelter	*un abri anti-aérien*
to dive-bomb	*bombarder en piqué*
a target	*une cible*
a ground target	*une cible au sol*
a target area	*une cible large*
a precision target	*une cible étroite*
to search for a target	*rechercher une cible*
to swoop (down) low	*descendre en piqué*
to pinpoint a target	*localiser une cible avec précision*
to lock onto one's target	*avoir la cible dans son objectif*
to strike a target	*frapper une cible*
to be on target	*suivre la trajectoire prévue*
to locate	*localiser*
to spot	*repérer*
to hit	*frapper*
to hit the mark	*faire mouche*
a hit	*un tir réussi*
a direct hit	*un coup direct*
a lucky hit	*un coup de chance*
dead on target	*en plein dans le mille*
to put out of operation	*mettre hors d'état de nuire*
to miss one's mark	*rater sa cible*

to shell	*bombarder*
shellfire	*le pilonnage d'artillerie*
shellproof	*blindé*
to nose dive	*piquer du nez*
to strafe	*bombarder, mitrailler*
to pound	*marteler, pilonner*
to burst	*éclater*
to explode	*exploser, faire exploser*
to blow up	*faire sauter*
to defuse	*désamorcer*
AA fire / the flak	*la DCA*
anti aircraft guns	*une batterie antiaérienne (DCA)*
air cover	*la couverture aérienne*
to foil radar	*échapper aux radars*
radar detection	*la détection radar*
to black out a radar system	*brouiller un système radar*
a guidance system	*un système de guidage*
a warning system	*un système d'alerte*
to jam enemy search	*brouiller les recherches de l'ennemi*
to check six	*regarder derrière soi*
a six o'clock position	*une position à six heures*
to cover one's six	*couvrir ses arrières*
to ground (a plane)	*clouer (un avion) au sol*
to shoot down	*abattre*
to down a plane	*abattre un avion*
to crash	*s'écraser*
to crash land	*atterrir en catastrophe*
a crash landing	*un atterrissage en catastrophe*
touch and go	*en catastrophe*
a belly landing	*un atterrissage sur le ventre*
to bail out / to bale out	*sauter en parachute*
a paratrooper	*un parachutiste*
a wave of paratroopers	*une vague de parachutes*
a jump	*un saut*
to grease it on	*faire un atterrissage parfait (fam.)*

8 MINING — *LE MINAGE*

to mine	*miner*
a mine	*une mine*
a depth charge	*une grenade sous-marine*
a minefield	*un champ de mines*
a booby trap	*une mine antipersonnel*
a claymore mine	*une mine télécommandée*
a homing mine	*une mine à tête chercheuse*
a mine layer	*un poseur de mines*
a mining campaign	*une campagne de minage*
to identify a mine	*reconnaître une mine*
to be disguised as	*revêtir l'aspect de*
to drop a mine	*lâcher une mine*
to deploy a mine	*mouiller une mine*
to lay a mine	*poser une mine*
to detonate a mine	*faire sauter une mine*
to hit a mine / to strike a mine	*heurter une mine*
to damage ships	*endommager les navires*
to do damage (to)	*causer des dommages (à)*
to disable a ship	*avarier un bâtiment, mettre un bâtiment hors de combat*
to maneuver around the mines	*manœuvrer entre les mines*
to degauss / to demagnetize	*démagnétiser*
mine disposal	*le déminage*
mine spotting	*le repérage des mines*
mine-clearance training	*l'entraînement au déminage*
to clear a waterway of mines	*déminer une voie navigable*
to remove mines	*relever les mines*
to destroy a mine	*détruire une mine*
sea waters	*les eaux maritimes*
a sea lane	*un couloir maritime*
a sea way	*une route maritime*
to bob in / on the water	*danser à la surface de l'eau*
to bob up	*remonter à la surface*
minesweeping	*le dragage de mines*
a minesweeper	*un dragueur de mines*
a minesweeping chopper	*un hélicoptère de déminage*
to hunt for mines	*rechercher des mines*
to preserve freedom of navigation	*maintenir la liberté de navigation*

9 THE BLOCKADE — *LE BLOCUS*

a blockade	*un blocus*
an air blockade	*un blocus aérien*
to blockade	*faire le blocus*
to mount a blockade	*organiser un blocus*
to steam toward	*faire route vers*
under blockade	*en état de blocus*
to block the communications routes	*bloquer les axes de communication*
to strangle a country	*asphyxier un pays*
to draw the circle tight around	*resserrer l'étau autour de*
to tighten one's hold on	*renforcer son emprise sur*
to break a blockade	*forcer un blocus*
to raise a blockade	*lever un blocus*
a stranglehold	*un étau*
to have a stranglehold on	*tenir à la gorge*
to break a stranglehold	*briser un étau*
an airlift	*un pont aérien*
a siege	*un siège*
a state of siege	*un état de siège*
to besiege / to lay siege to	*assiéger*
to barricade oneself	*se barricader*
to seal off country	*encercler un pays*
to wait out a siege	*résister à un siège jusqu'au bout*
to starve out	*réduire par la famine*
to raise a siege / to lift a siege	*lever un siège*
to break a siege	*briser un siège*
the besiegers	*les assaillants*
the assaillants	*les agresseurs*
to open a breach	*ouvrir une brèche*

to suffer from the effects of starvation	*souffrir des conséquences de la faim*
to surrender from the effects of hunger and thirst	*se rendre par suite du manque de nourriture et d'eau*
to surrender to pressure	*céder devant la pression*
see : trade	*voir : le commerce*

10 CHEMICAL WARFARE — *LA GUERRE CHIMIQUE*

to resort to chemical warfare	*avoir recours à la guerre chimique*
a chemical weapon	*une arme chimique*
a poison-gas weapon	" " "
a biological weapon	*une arme d'origine biologique*
a chemical stockpile	*un stock d'armes chimiques*
a chemical arsenal	*un arsenal chimique*
to manufacture chemical weapons	*fabriquer des armes chimiques*
to use gas against	*se servir de gaz contre*
to fire gas (at) / to gas	*gazer*
the capability to produce	*la capacité à produire*
fuel air explosive	*un explosif gazeux*
mustard gas	*le gaz moutarde, l'ypérite*
poison gas	*le gaz toxique, asphyxiant*
nerve gas / sarin / tabun	*le gaz paralysant*
the Orange agent	*l'agent Orange*
a defoliant	*un défoliant*
bacteriological warfare	*la guerre bactériologique*
an antichemical suit / a chemical warfare suit	*une combinaison NBC (nucléaire, biologique et chimique)*
a gas mask	*un masque à gaz*
airtight	*étanche*
protective clothing	*une tenue protectrice*
a synthetic fiber suit	*une tenue synthétique*
toxic	*toxique*
mustard gas burns	*brûlures provoquées par l'ypérite*
to incapacitate	*paralyser*

11 SUPPLYING — *LE RAVITAILLEMENT*

to supply	*ravitailler*
supplies	*réserves*
a supply convoy	*un convoi de ravitaillement*
a supply truck	*un camion de ravitaillement*
a supply ship	*un navire de ravitaillement*
a supply camp	*un camp de ravitaillement*
to equip	*équiper*
military equipment	*le matériel militaire*
a helicopter sortie	*une sortie d'hélicoptère*
a helicopter pad	*une piste d'hélicoptère*
to resupply	*réapprovisionner*
a resupply column	*une colonne de ravitaillement*
the supply effort	*l'effort d'approvisionnement*
to provide access	*permettre l'accès*
to cut supply lines	*couper les voies d'approvisionnement*
arms deliveries	*livraisons d'armes*
to interrupt a supply effort	*suspendre les efforts de ravitaillement*
to cut off military aid	*interrompre l'aide militaire*
to make help conditional (on)	*aider sous condition (de)*

12 ESCALATION — *L'ESCALADE*

to escalate a conflict	*intensifier un conflit*
to step up attacks (on)	*intensifier les attaques (contre)*
to intensify	*intensifier*
an intensification	*une intensification*
to go all out against	*jeter toutes ses forces contre*
a flare up	*une intensification soudaine*
to flare anew	*s'embraser à nouveau*
to expand a conflict	*étendre un conflit*
to deepen a military commitment	*aller plus loin dans l'engagement*
to stiffen a resolve	*renforcer une détermination*
to beef up one's forces	*renforcer ses troupes*
to introduce air power	*faire intervenir l'armée de l'air*
to call up reservists	*rappeler les réservistes*
to reinforce	*renforcer*
to send reinforcements	*envoyer des renforts*
to send extra troops	" " "
a resurgence of a war	*une reprise de la guerre*
a resumption	*une reprise*
to resume	*reprendre*
to prolong the war	*prolonger la guerre*
to drag on	*traîner en longueur*
to sink into war	*s'enfoncer dans la guerre*
a quagmire	*un bourbier*
to wait for the showdown	*attendre l'épreuve de force*
a build-down	*une désescalade, un désengagement*
to de-escalate	*(se) désengager*

13 STALEMATE — *L'IMPASSE*

to stalemate	*neutraliser*
to reach a stalemate	*être dans une impasse*
to be locked in a stalemate	*être bloqué*
to break a stalemate	*sortir de l'impasse*
to stand off	*camper sur ses positions*
a standoff	*une situation au point mort*

IX OCCUPATION *L'OCCUPATION*

the Occupation	*l'Occupation*
an army of occupation	*une armée d'occupation*
under military occupation	*pendant l'occupation*
an occupied territory	*un territoire occupé*
a territorial claim	*une revendication territoriale*
to give up land	*renoncer à des territoires*
to annex	*annexer*
an annexation	*une annexion*
continued occupation	*l'occupation prolongée*
an occupier	*un occupant*
to suspect sb. of	*soupçonner qqn. de*
to collaborate with the occupation	*collaborer avec les occupants*
a collaborator	*un collaborateur*
a quisling	*un collabo (fam.)*
a traitor	*un traître*
a defector	*un transfuge*
to go to the other side	*passer à l'ennemi*
to switch sides	*changer de camp*
an armed revolt	*une révolte armée*
to stone	*lancer des pierres*
an uprising	*un soulèvement*
mass arrests	*arrestations massives*
a beating	*un passage à tabac*
to smash a revolt	*écraser une révolte*
to deport	*déporter*
to impose a curfew	*décréter un couvre-feu*
a dusk-to-dawn curfew	*un couvre-feu nocturne*

X DEFEAT *LA DEFAITE*

to defeat an army / a country	*vaincre une armée / un pays*
to be defeated	*être vaincu*
a defeat	*une défaite*
a string of defeats	*une série de défaites*
to suffer a defeat	*subir une défaite*
a setback	*un revers*
a check	*un échec*
to hold in check	*tenir en échec*
to conquer	*vaincre, conquérir*
a conquest	*une conquête*
to vanquish	*vaincre*
the vanquished	*les vaincus*
to subdue	*subjuguer*
to gain the upper hand	*avoir le dessus*
to roll back an army	*repousser une armée*
to be no match for	*ne pas être de taille à lutter contre*
to rout	*mettre en déroute*
a rout	*une déroute*
to knock out an army	*mettre une armée hors d'état de nuire*
to crush forces	*écraser les forces armées*
to take a beating	*prendre une raclée*
to deal a sharp blow to	*infliger un coup sévère à*
an army in ruins	*une armée en miettes*
in tatters	*en morceaux*
to collapse	*s'effondrer*
to lose ground	*perdre du terrain*
to yield territory	*céder du terrain*
to be pushed off	*quitter précipitamment*
to drop back (to)	*se replier (sur)*
to fall back	*se replier*
to abandon one's position	*abandonner sa position*
to give up a position	*renoncer à une position*
to wipe out	*balayer*
to put to flight	*mettre en fuite*
to pursue	*pourchasser*
to scatter in panic	*se disperser sous le coup de la panique*
to scurry for cover	*se précipiter pour se mettre à l'abri*
a scurry	*une débandade*
in disarray	*en déroute*
to disperse	*se disperser*
a dispersal	*une dispersion*
a desperate situation	*une situation désespérée*
a no-win situation	" " "
to reek of desperation	*relever du désespoir*
an unwinnable war	*une guerre perdue d'avance*
a miscalculation	*une erreur d'appréciation*
to cut one's losses	*sauver les meubles*
to pack up	*plier bagages*
to pack up one's kitbags	*faire ses paquets*
to prepare to pull out	*préparer son repli*
to evacuate one's positions	*évacuer ses positions*
to evacuate a defeated army	*évacuer une armée vaincue*
evacuation	*l'évacuation*
to retreat	*battre en retraite*
a retreat	*un repli*
to sound the retreat	*battre la retraite*
to beat a hasty retreat	*lever le camp en vitesse*
to pull one's forces back	*retirer ses troupes*
to be demoralized	*être démoralisé*
to checkmate	*faire échec à*
a checkmate	*un échec*
to fall	*tomber*
a fall / a downfall	*une chute*
to corner	*acculer*
to strangle	*étrangler*
to quell	*étouffer*
to wave a white flag	*agiter un drapeau blanc*
to surrender	*se rendre*
a surrender	*une reddition, une capitulation*

unconditional surrender	*une capitulation sans condition*
to give oneself up	*se rendre*
to capitulate	*capituler*
a capitulation	*une capitulation*
to lay down one's weapons	*déposer les armes*
to put down one's weapons	*" " "*
to disarm	*désarmer*
to withdraw	*se retirer*
to withdraw in stages	*se retirer progressivement*
a withdrawal	*une retraite / un retrait*
unconditional withdrawal	*le retrait inconditionnel*
to stage a withdrawal	*organiser un retrait*
to suspend a withdrawal	*interrompre un retrait*
to pull out	*se retirer*
a pull out	*un retrait*
to lose face	*perdre la face*
loss of face / loss of prestige	*la perte de prestige*
to cancel an annexation	*annuler une annexion*
to write off a country	*considérer un pays comme perdu*

XI VICTORY — *LA VICTOIRE*

to win the war	*gagner la guerre*
to win a battle	*remporter une bataille*
the winning side	*le camp des vainqueurs*
to prevail over	*l'emporter sur*
to claim the victory	*revendiquer la victoire*
a stunning victory	*une victoire stupéfiante*
a surprise victory	*une victoire surprise*
to celebrate a victory	*célébrer une victoire*
a victor	*un vainqueur*
victorious	*victorieux*
victory didn't come cheap	*la victoire a été chèrement acquise*
to claim responsibility for	*revendiquer la responsabilité de*
to redeem land (from)	*récupérer un territoire (de)*
to release a country from sb.'s grip	*libérer un pays de l'emprise de qqn.*
to capitalize on a weakness	*tirer profit d'une faiblesse*

XII THE AFTERMATH — *LES CONSEQUENCES*

1 THE HUMAN TOLL — *LE BILAN DES VICTIMES*

a war victim	*une victime de la guerre*
human losses	*pertes en vies humaines*
cannon fodder	*la chair à canon*
to be fair game	*être une proie idéale*
a pawn	*un pion*
heavy losses	*lourdes pertes*
to suffer heavy losses	*subir des pertes importantes*
to sustain losses	*subir des pertes*
to inflict losses	*infliger des pertes*
a war casualty	*une victime de guerre*
to inflict casualties	*faire des victimes*
to sustain casualties	*subir des pertes*
to suffer casualties	*éprouver des pertes*
to claim lives	*faire de nombreuses victimes*
to cause mass loss of life	*provoquer de lourdes pertes en vies humaines*
to take the lives of	*causer la mort de*
to cost dozens of lives	*faire des dizaines de victimes*
to wipe out a population	*décimer une population*
to decimate	*décimer*
to pay a heavy price (for)	*payer chèrement*
to release a casualty figure	*publier le nombre des victimes*
to increase the toll	*alourdir le bilan des victimes*
the body count	*le nombre des tués*
a body bag	*un cercueil*
to ship home	*rapatrier*
a flag-draped coffin	*un cercueil recouvert d'un drapeau*
to be missing	*être porté disparu*
missing in action (MIA)	*porté disparu*
bloodletting	*le carnage*
bloodshed	*le sang versé*
a bloodbath	*un bain de sang*
a slaughter	*un massacre*
to perpetrate a massacre	*perpétrer un massacre*
to slay	*massacrer*
the handiwork of	*l'œuvre de*
to die in action	*mourir au combat*
to be killed in action	*être tué au front / au combat*
a war bride	*une veuve de guerre*
to be war weary	*être las de la guerre*
war weariness	*la lassitude de la guerre*
the war-disabled	*les infirmes de guerre*
the war-wounded	*les blessés de guerre*
to be crippled	*être infirme*
the crippled	*les infirmes*
a cripple	*un invalide*

a stump	*un moignon*
a shard of shrapnel	*un éclat d'obus*
to writhe in agony	*se tordre de douleur*
to inflict untold pain	*infliger des douleurs sans nom*
the Red Cross	*la Croix-Rouge*
the Red Crescent	*le Croissant Rouge*
to haunt memories	*hanter les mémoires*
to be obsessed (with)	*être hanté par*
a veteran hospital	*un hôpital militaire*
to be pensioned	*toucher une pension*
a disability pension	*une pension d'invalidité*
to escape unhurt	*s'en tirer sans une égratignure*
to return unharmed	*rentrer sain et sauf*
to survive the war	*réchapper de la guerre*
to be cashiered from the army	*être démobilisé*
to disband troops	*démobiliser*
the war dead	*les victimes de guerre*
a war grave	*un cimetière militaire*
a plaque	*une plaque commémorative*
a war memorial / a cenotaph	*un monument aux morts*
a prisoner of war (POW)	*un prisonnier de guerre*
to be taken prisoner	*être fait prisonnier*
a concentration camp	*un camp de concentration*
a prison camp	*un camp de prisonniers*
captivity	*la captivité*
to release	*relâcher*
to set free	*libérer*
to exchange	*échanger*
to be given humane treatment	*être traité humainement*
a war criminal	*un criminel de guerre*
a war crime	*un crime de guerre*
a crime against peace	*un crime contre la paix*
a crime against humanity	*un crime contre l'humanité*
a trial	*un procès*
a military tribunal	*un tribunal militaire*

2 MATERIAL DAMAGE — *LES DESTRUCTIONS*

collateral damage	*victimes et dégâts civils*
a bombed-out city	*une ville bombardée*
to leave a country in a shambles	*dévaster un pays*
to leave a country in tatters	*laisser un pays en ruines*
to lay waste a country	*ravager un pays*
to unhinge the economy	*déséquilibrer l'économie*
a wasteland	*un pays dévasté*
to devastate	*dévaster*
devastation	*la dévastation*
a defoliant	*un défoliant*
defoliation	*la défoliation*
to play havoc	*désorganiser complètement*
to wreak havoc (to / in)	*causer des ravages (à / dans)*
to rain destruction on a city	*détruire une ville par bombardement*
to destroy	*détruire*
to be in ruins	*être en ruines*
a scorched earth policy	*une politique de la terre brûlée*
an appalling state	*un état effroyable*
to be begarred (by)	*être appauvri (par)*
to drain the economy	*mettre l'économie à sec*
to set back economic progress	*retarder le progrès économique*
the black market	*le marché noir*
rationing	*le rationnement*
to rebuild	*reconstruire*
to emerge from the ruins	*sortir des ruines*
the spoils of war	*le butin de guerre*

3 PEACE AGREEMENT — *L'ACCORD DE PAIX*

peace	*la paix*
a glimmer of peace	*une lueur de paix*
to ask for peace	*demander la paix*
suspension of hostilities	*l'arrêt des combats*
to put an end to fighting	*mettre un terme aux combats*
to get the fighting over	*en finir avec les combats*
an attempt at peacemaking	*une tentative de paix*
to extract oneself from a conflict	*se sortir d'un conflit*
to reconcile	*(se) réconciler*
reconciliation	*la réconciliation*
to pacify	*pacifier*
pacification	*la pacification*
to negotiate	*négocier*
to play a mediation role	*jouer un rôle de médiateur*
to float a trial balloon	*lancer un ballon d'essai*
a back-door intermediary	*un intermédiaire officieux*
to throw out / to put out a feeler	*tâter le terrain*
a truce	*une armistice*
to sign an armistice	*signer une armistice*
a cease fire	*un cessez-le-feu*
a UN sponsored cease fire	*un cessez-le-feu garanti par les Nations unies*
to achieve a cease-fire	*parvenir à un cessez-le-feu*
a truce-observation team	*une équipe chargée de surveiller l'application de l'armistice*
a peace-keeping force	*une force de maintien de la paix*
the UN peace-keeping force	*les casques bleus*
to draw a cease fire line	*établir une ligne de cessez-le-feu*
to arrange a cease fire	*négocier un cessez-le-feu*
to work out a cease fire	*élaborer un cessez-le-feu*
to supervise a cease fire	*superviser un cessez-le-feu*
to suspend a cease fire	*suspendre un cessez-le-feu*
to take effect	*prendre effet*
to monitor	*surveiller*
to police an agreement	*veiller à l'application d'un accord*
to make peace	*faire la paix*
to make peace with	*conclure la paix (avec)*

to conclude peace	" " " "
a peacemaker	*un artisan de la paix*
hair trigger peace	*une paix fragile*
a peace process	*un processus de paix*
a peace plan	*un plan de paix*
a peace attempt	*une tentative de paix*
a peace treaty	*un traité de paix*
to sign a treaty	*signer un traité*
to set a timetable	*établir un calendrier*
to send an envoy	*envoyer un représentant*
the road to peace	*le chemin vers la paix*
to talk peace	*parler de paix*
to enter negotiations	*entamer des négociations*
to improve the odds for peace	*accroître les chances de paix*
a peace shuttle	*une navette en vue d'établir la paix*
a round of peace talks	*une série de pourparlers sur la paix*
to sound out the different factions	*sonder les différentes factions*
to come to terms with	*conclure une convention*
to dictate one's terms	*imposer ses conditions*
the provisions of a treaty	*les clauses d'un traité*
the conditions of a treaty	*les conditions d'un traité*
to mediate the release of	*servir d'intermédiaire pour la libération de*
peace is at hand	*la paix est à portée de main*
a stalled peace process	*un processus de paix en panne*
in the offing	*en vue*
to conclude peace	*conclure la paix*
peace broke out	*la paix a été déclarée*
to endorse a peace settlement	*approuver un règlement de paix*
to find a peaceful resolution	*trouver une issue pacifique*
to superintend the ending of a war	*surveiller la fin des hostilités*
the Geneva Convention	*la Convention de Genève*
to annex a country	*annexer un pays*
to establish one's hegemony	*établir son hégémonie*
to subdue one's enemies	*assujettir ses ennemis*
to cow a country into submission	*soumettre un pays par l'intimidation*
war reparations	*réparations de guerre*
war damages	*dommages de guerre*

6 GUERILLA WARFARE — *LA GUERILLA*

1 GENERAL BACKGROUND — *GENERALITES*

a guerilla	*un guérillero*
to infiltrate the guerilla	*infiltrer la guérilla*
guerilla infiltration	*l'infiltration des guérilleros*
a guerilla challenge	*une provocation de la guérilla*
a guerilla attack	*une attaque de la guérilla*
a guerilla strike	*un coup de main de la guérilla*
to launch a guerilla campaign	*lancer une campagne de guérilla*
to conduct guerilla warfare	*mener une guerre de guérilla*
a bushwhacker	*un guérillero*
bushwhacking	*la guérilla*
bushfighting	" "
rebellion	*la rébellion*
to lead a rebellion	*mener une rébellion*
a rebel	*un rebelle*
a rebel offensive	*une offensive rebelle*
a rebel-held town	*une ville tenue par les rebelles*
an insurrrection	*une insurrection*
insurgency	*la révolution*
insurgency warfare	*la guerre de libération*
an insurgent	*un insurgé*
a revolution	*une révolution*
revolutionary	*révolutionnaire*
an uprising	*un soulèvement*
an upheaval	" "
an armed struggle	*une lutte armée*
to rise up in arms	*prendre les armes*
to take up arms	" " "
to be up in arms against	*se soulever contre*
a war of survival	*une guerre de survie*

2 GUERILLA OPERATIONS — *LES OPERATIONS DE LA GUERILLA*

a cell	*une cellule*
a guerilla squad	*un commando de guérilleros*
irregular forces	*troupes irrégulières*
to fight a small-scale action	*conduire une action limitée*
covert action	*action clandestine*
to be engaged in	*se livrer à*
to operate	*opérer*
to break off an operation	*interrompre une opération*
to be lightly equipped	*être équipé légèrement*
to stake out territory	*reconnaître son territoire*
to ambush	*tendre une ambuscade*
to arm the guerillas	*armer les guérilleros*
to ferry weapons to	*faire parvenir des armes à*
to single out for attack	*choisir comme cible*
to consider a campaign of terror	*envisager une campagne de terreur*
to intimidate	*intimider*
intimidation	*l'intimidation*
to terrorize	*terroriser*
to pursue a terror campaign	*poursuivre une campagne de terreur*
indiscriminate bombing	*attentats à la bombe aveugles*
to be on the prowl	*rôder*
to roam	*parcourir*
to hunt down	*traquer*
to go into hiding	*se cacher*
a hideout	*une cachette*
to snipe at government troops	*canarder les forces gouvernementales*
a sniper	*un franc-tireur*
a sniping position	*une position embusquée*
to harass	*harceler*
harassment	*le harcèlement*
protracted harassment	*le harcèlement continu*
to wear down the enemy	*user l'ennemi*
psychological warfare	*la guerre psychologique*
to weaken the enemy	*affaiblir l'ennemi*
to deliver a lightning blow	*déclencher une attaque surprise*
to sabotage	*saboter*
a sabotage operation	*une opération de sabotage*
to be trained in terrorist-sabotage tactics	*être entraîné aux tactiques de sabotage terroristes*
to blow up a train	*faire sauter un train*
to blow up	*exploser*
to engage in disruption	*semer le trouble*
to melt away	*se fondre pour disparaître*
a sanctuary	*un sanctuaire*
to provide a sanctuary	*fournir un sanctuaire*
to retreat (into)	*faire retraite (dans / en)*
to drive from	*chasser de*
a foreign invader	*un envahisseur étranger*
a hit list	*une liste noire*
to make a hit	*abattre, descendre*
a death squad	*un escadron de la mort*
to avenge	*(se) venger (de)*
to execute	*exécuter*
to carry out an execution	*procéder à une exécution*
a small band	*un petit groupe*
to control the streets	*être maître de la rue*
to strike terror into the population	*terroriser la population*
to seize control of	*s'emparer de*
to paralyze government activity	*paralyser l'action gouvernementale*
to destabilise	*destabiliser*
destabilisation	*la destabilisation*
to disorganize government	*désorganiser le gouvernement*
to consolidate one's hold on a country	*renforcer sa mainmise sur un pays*
to bring to one's knees	*mettre à genou*
to overthrow a regime	*renverser un régime*
to force a political breakthrough	*forcer une issue politique*
to lay down arms	*déposer les armes*

3 THE GUERILLA CAUSE — *LA CAUSE DE LA GUERILLA*

to be indoctrinated	*être endoctriné*
political indoctrination	*endoctrinement politique*
to be committed to a cause	*être dévoué à une cause*
ideological commitment	*engagement idéologique*
to export a revolution	*exporter une révolution*
to pull the strings	*tirer les ficelles*
to funnel money to	*financer*
to liberate a country (from)	*libérer un pays (de)*
the colonial yoke	*le joug colonial*
freedom from serfdom	*l'affranchissement de l'esclavage*
to win the cooperation of the population	*obtenir le concours de la population*
popular support	*le soutien populaire*
to win support from the peasantry	*obtenir le soutien des paysans*
to be sympathetic to the guerilla cause	*adhérer à la cause de la guérilla*
aiding and abetting the rebels	*être complice des rebelles*
to spring from the people	*être originaire du peuple*
ideological overtones	*colorations idéologiques*

a people's war	*une guerre populaire*
a war of liberation	*une guerre de libération*
to die for the ideal of freedom	*mourir pour un idéal de liberté*

4 COUNTER-GUERILLA WARFARE — *CONTRE LA GUERILLA*

an anti-guerilla operation	*une opération anti-guérilla*
to seek out the guerilla	*rechercher les guérilleros*
to strike at guerilla	*frapper la guérilla*
to wipe out guerillas	*éliminer les guérilleros*
to keep the guerilla off balance	*déstabiliser la guérilla*
to put down an insurrection	*réprimer une insurrection*
a wholesale bombing	*un bombardement intensif*
to parachute a unit into a sanctuary	*parachuter une unité dans un sanctuaire*
a sweeping operation	*une opération de nettoyage*
a clearing operation	" " "
mass arrests	*arrestations massives*
a tug-of-war	*une épreuve de force*
to quell an insurgency	*étouffer une révolution*
to overcome a rebellion	*réprimer une rébellion*
to crush a rebellion	*écraser une rébellion*
to end a revolt	*mettre fin à une révolte*
to suppress the insurgency	*étouffer la révolution*
to break up guerilla bands	*dissoudre des troupes de guérilleros*
to contain an insurgency	*contenir une révolution*
to ferret out the guerillas	*dénicher les guérilleros*
to neutralize guerillas	*neutraliser la guérilla*
compulsory census	*le recensement obligatoire*
to search private property	*perquisitionner chez l'habitant*
without a warrant	*sans mandat*
to be caught with unauthorized weapons	*se faire prendre avec des armes interdites*
to resettle a village	*déplacer un village*
to win over the people	*gagner la confiance de la population*
to bring to the negotiating table	*amener à la table des négociations*

7 NUCLEAR WAR — *LA GUERRE ATOMIQUE*

1 THE NUCLEAR ARSENAL — *L'ARSENAL NUCLEAIRE*

a conventional weapon	*une arme classique*
a nuclear weapon	*une arme nucléaire*
a tactical nuclear weapon	*une arme atomique tactique*
a nuclear device	*un engin nucléaire*
a nuclear warhead	*une tête nucléaire (sur un missile)*
a nuclear missile	*un missile nucléaire*
a nuclear-propelled aircraft carrier	*un porte-avion nucléaire*
a nuclear-powered submarine	*un sous-marin nucléaire*
a nuclear reactor	*un réacteur nucléaire*
a nuclear bomb	*une bombe atomique*
an A-bomb	*une bombe A*
an H-bomb	*une bombe H*
a neutron bomb	*une bombe à neutrons*
a thermonuclear weapon	*une bombe thermonucléaire*
a nuclear stockpile	*un stock d'armes nucléaires*
nuclear arms buildup	*la constitution de stocks d'armements nucléaires*
a nuclear weapon carrier	*porteur d'une arme atomique*
fissionable material	*le matériau fissible*
a doomsday weapon	*une arme cataclysmique*
to test nuclear weapons	*expérimenter des armes nucléaires*
to wield nuclear weapons	*disposer d'armes atomiques*
the nuclear arms race	*la course aux armements nucléaires*
a strike force	*une force de frappe*
a nuclear power	*une puissance nucléaire*

II THE A-BOMB — *LA BOMBE ATOMIQUE*

the weapon of last resort	*l'arme ultime*
to stay unused	*rester inactif*
nuclear firepower	*la puissance nucléaire*
to design a nuclear weapon	*concevoir une arme nucléaire*
to produce a nuclear weapon	*fabriquer une arme atomique*
to test a nuclear device	*procéder à un essai nucléaire*
a peaceful nuclear device	*un engin nucléaire pacifique*
a test site	*un centre d'expérimentation*
a nuclear test program	*un programme d'essais nucléaires*
an underground test	*un essai souterrain*
atmospheric testing	*un essai en atmosphère*
to explode a bomb	*faire exploser une bombe*
to detonate	*faire sauter*
to pull the nuclear trigger	*appuyer sur le bouton atomique*
a nuclear explosion	*une explosion atomique*
to drop a bomb	*larguer une bombe*
the spread of nuclear weapons	*la prolifération des armes nucléaires*
to deploy nuclear weapons	*déployer des armes atomiques*
an atomic bombing	*un bombardement atomique*
a megaton	*une mégatonne*
the nuclear yield	*la charge nucléaire*
to release energy	*libérer de l'énergie*
a blinding flash	*un éclair aveuglant*
a mushroom cloud	*un champignon atomique*
a ball of fire	*une boule de feu*
the fallout	*les retombées*
a thermal pulse	*un flux thermique*
a blast wave	*une onde de choc*
a blast effect	*un effet de souffle*

III NUCLEAR MISSILES — *LES MISSILES NUCLEAIRES*

a missile battery	*une batterie de missiles*
a missile launcher	*un lance-missiles*
a rocket launcher	*une rampe de lancement*
a guided missile	*un missile guidé*
a homing missile	*un missile à tête chercheuse*
a heat-seeking missile	*un missile à tête thermique*
a cruise missile	*un missile de croisière*
a missile range	*la portée d'un missile*
a long range missile	*un missile longue portée*
medium range	*de portée intermédiaire*
intermediate range	*" " "*
a land based missile	*un missile de terre*
a seaborne missile	*un missile marin*
a ballistic missile	*un missile balistique*
intercontinental	*intercontinental*
anti-ballistic	*antimissile*
an Intercontinental Ballistic Missile (ICBM)	*un missile balistique intercontinental*
a Multiple Independently Target Reentry Vehicle (MIRV)	*un missile MIRV (à ogives multiples dirigées sur plusieurs objectifs)*
an Intermediate Range Ballistic Missile (IRBM)	*un missile de portée intermédiaire (2400 à 6400 km de portée)*
a Long Range Ballistic Missile	*un missile de longue portée*
an Undersea Long Range Missile System (ULRMS)	*un missile balistique stratégique installé à bord d'un sous-marin*
a missile decoy	*un leurre*
a warhead	*une ogive*
to be operational	*être opérationnel*
to render a missile offensive	*rendre un missile offensif*
to render impotent	*rendre inoffensif*
obsolete	*démodé*
to deactivate a warhead	*désamorcer une tête de missile*
to be equipped with	*être équipé de*
to be armed with	*être armé de*
to launch a missile	*lancer un missile*
to fire a missile	*tirer un missile*
the boost	*la poussée, la propulsion*
mid-course	*la mi-course*
re-entry phase	*la phase de rentrée*
to target	*avoir pour cible*
to target a site	*avoir une base pour cible*
to strike a target	*frapper une cible*
nuclear targeting	*cibles nucléaires*
to lob	*lancer*
to hit home	*faire mouche*
to aim at	*pointer sur*
to be pointed at	*être pointé sur*
to train on	*diriger sur*
to home in	*se diriger sur*
to develop a missile	*mettre au point un missile*
development	*la mise au point*
to deploy	*déployer*
to site	*installer*
a site	*une base*

a missile-carrying submarine	*un sous-marin équipé de missiles*
deployment	*le déploiement*
a silo	*un silo*
underground	*souterrain*
to station a missile	*installer un missile*
to conceal	*dissimuler*
to intercept	*intercepter*
an interceptor	*un intercepteur*
an incoming missile	*un missile assaillant*
a sensor	*un capteur*

IV NUCLEAR STRATEGY — *LA STRATEGIE NUCLEAIRE*

to conquer the technology	*maîtriser la technologie*
to master the skills to produce	*maîtriser la technique pour produire*
to seek the bomb	*chercher à se procurer la bombe*
to make a bid for nuclear power	*tenter de s'emparer de l'énergie nucléaire*
to channel resources	*canaliser les ressources*
to obtain a nuclear weapon	*posséder une arme atomique*
to harness an energy	*maîtriser une énergie*
to develop the capacity (to)	*mettre au point la possibilité (de)*
a bomb-making capacity	*la capacité de fabriquer une bombe*
nuclear capability	*la force de frappe*
the Nuclear Club	*pays possédant l'arme nucléaire*
an nth country	*un nouveau pays à acquérir la force de frappe*
to acquire a nuclear capability	*acquérir la force de frappe*
nuclear bomb making	*la fabrication de la bombe A*
a nuclear armed country	*un pays qui possède la force de frappe*
proliferation	*la prolifération*
a supplier nation	*un pays fournisseur*
to divert nuclear material	*détourner du matériel nucléaire*
the spread of atomic weaponry	*la prolifération des armes nucléaires*
to use an atomic bomb in warfare	*se servir d'une bombe A à des fins militaires*
nuclear superiority	*la supériorité nucléaire*
to enjoy a nuclear monopoly	*jouir d'un monopole nucléaire*
to maintain nuclear supremacy	*conserver la suprématie nucléaire*
to control a destructive power	*être maître d'une puissance destructrice*
the nuclear threat	*la menace atomique*
to go nuclear	*adopter le nucléaire*
a nuclear power	*une puissance nucléaire*
a non-nuclear power	*une puissance classique*
to avert nuclear war	*éviter la guerre atomique*
a nuclear-free world	*un monde dénucléarisé*
to banish the terror of nuclear war	*écarter la peur d'un conflit atomique*
nuclear deterrence	*la dissuasion nucléaire*
a deterrent	*une force de dissuasion*
to impose a deterrent strategy	*imposer une stratégie de dissuasion*
mutual deterrence	*la dissuasion réciproque*
a doctrine of deterrence	*une doctrine de dissuasion*
to deter a nuclear attack (on)	*dissuader une attaque nucléaire (sur)*
to preserve a nuclear capability	*conserver sa force de frappe*
to step up a deterrent capability	*augmenter sa force de frappe*
a flexible response	*une riposte graduée*
a first-strike capability	*une capacité de première frappe*
a second-strike capability	*une capacité de deuxième frappe*
to deliver a second strike	*riposter*
a pre-emptive strike	*une attaque préventive*
a survival capability	*la capacité à résister et à riposter*
the threat of retaliation	*la menace de représailles*

V NUCLEAR WARFARE — *LA GUERRE ATOMIQUE*

1 THE NUCLEAR PERIL — *LE DANGER NUCLEAIRE*

the prospects of a nuclear war	*les perspectives de guerre nucléaire*
to trigger a war	*déclencher une guerre*
to unleash a war	" " "
to push the nuclear button	*appuyer sur le bouton rouge*
conventional warfare	*la guerre classique*
an all-out nuclear war	*une guerre atomique totale*
a limited war	*une guerre limitée*

a peripheral conflict	*un conflit périphérique*
to mount a nuclear strike	*lancer une attaque nucléaire*
a nuclear exchange	*un engagement nucléaire*
a surprise attack	*une attaque surprise*
to resort to	*avoir recours à*
a backlash	*un effet boomerang*
to be at stake	*être en jeu*
to incur risks	*courir des risques*
to pose a peril (to)	*présenter un danger (pour)*
a nuclear onslaught (on)	*une attaque nucléaire (sur)*
a nuclear shield	*un bouclier nucléaire*
ground zero	*le point zéro (le point le plus proche d'une explosion nucléaire)*
a sword	*une épée*
to hang over	*être suspendu*
a holocaust	*un holocauste*
to touch off a holocaust	*provoquer un holocauste*
a grim legacy	*un sinistre héritage*
Doomsday	*le Jour du Jugement dernier*
Armageddon	*Armageddon*
the day after	*le lendemain*
the fate of the earth	*le destin du monde*
to bring about the end of the world	*provoquer la fin du monde*
a universal disaster	*une catastrophe planétaire*
the unthinkable	*l'impensable*

2 THE NUCLEAR HOLOCAUST — *L'HOLOCAUSTE NUCLEAIRE*

to destroy ten times over	*décupler la capacité de destruction*
destructiveness	*la capacité à détruire*
to overkill	*sur-détruire*
overkilling capacity	*la capacité de surextermination*
to rain warheads (on)	*bombarder de missiles*
to survive a nuclear war	*réchapper à une guerre atomique*
to withstand a blast	*résister à une onde de choc*
a slim chance	*une faible chance*
to obliterate	*effacer*
to wipe out	*décimer*
to eliminate	*éliminer*
elimination	*élimination*
to annihilate	*anéantir*
annihilation	*anéantissement*
massive annihilation	*la destruction massive*
to flatten a town	*anéantir une ville*
to level	*raser*
to be pulverized out of existence	*anéantir*
to produce appalling destruction	*provoquer des destructions effroyables*
to inflict widespread destruction	*infliger des destructions considérables*

3 THE NUCLEAR WINTER — *L'HIVER NUCLEAIRE*

ecological collapse	*la destruction de l'environnement*
to poison a land	*empoisonner un pays*
to deplete the ozone shield	*détruire le bouclier d'ozone*
to break down man made and natural systems	*détruire les systèmes artificiels et naturels*
the impairment of the earth	*la détérioration de la planète*
to burn a country down	*détruire un pays par le feu*
to scorch	*rôtir*
to devastate whole sectors	*détruire des zones entières*
to lay waste	*dévaster*
humankind	*l'humanité*
the human species	*l'espèce humaine*
radioactivity	*la radioactivité*
radioactive	*radioactif*
radioactive debris	*débris radioactifs*
to contaminate	*contaminer*
to decontaminate	*décontaminer*
contamination	*la contamination*
radiation	*les radiations*
to release radiations	*dégager des radiations*
a radiation counter	*un compteur Geiger*
a Geiger counter	*" " "*
an acceptable level	*un niveau acceptable*
to be irradiated	*être irradié*
lingering radiation	*radiations persistantes*
to be exposed (to)	*être exposé (à)*
a lethal dose	*une dose mortelle*
a fall-out shelter	*un abri anti-atomique*
to take shelter	*s'abriter*
to shield from radiation	*(se) protéger des radiations*
an air filter	*un filtre à air*
to screen radioactive particles	*filtrer les particules radioactives*
to be radiation-proof	*être à l'épreuve des radiations*
to be burnt to death	*mourir de brûlures*
to escape alive	*s'en sortir vivant*
to evacuate	*évacuer*
evacuation	*l'évacuation*
to clear out	*évacuer*
evacuated areas	*régions évacuées*
a vain hope	*un espoir vain*
to be subjected to lethal doses	*être soumis à des doses mortelles*
injuries	*blessures*
an epidemic	*une épidémie*
the spread of epidemics	*la contamination épidémique*
a thyroid disease	*une maladie thyroïdienne*
anemia	*l'anémie*
leukemia	*la leucémie*
radiation sickness	*la maladie des rayons*
birth defects	*malformations congénitales*

to starve to death	*mourir de faim*	to freeze to death	*mourir de froid*
to cut off the supply of food	*supprimer l'approvisionnement des vivres*	genetic abnormalities	*anomalies génétiques*
		deformed generations	*générations handicapées*

VI STAR WARS — *LA GUERRE DES ETOILES*

Strategic Defense Initiative (SDI)	*Initiative de Défense Stratégique, l'IDS (dite "guerre des étoiles")*	the skin of a missile	*l'enveloppe d'un missile*
a Ballistic Missile Defense (BMD)	*une défense contre les missiles balistiques*	a guidance mechanism	*un système de radio-commande*
a beam of light	*un rayon de lumière*	laser jamming	*le brouillage laser*
a laser beam	*un rayon laser*	to deploy a star wars system	*mettre en place un système de défense IDS*
to lase	*émettre des rayons laser*	a space defense plan	*un plan de défense spatiale*
a laser guidance unit	*un système de guidage laser*	a space weapon	*une arme spatiale*
a laser-guided bomb	*une bombe au laser*	a space-based defense system	*un système de défense spatiale*
a laser-generated bomb	" " " "	to fend off a missile onslaught	*parer une attaque de missiles*
an X-ray laser	*un laser X*	to destroy incoming warheads	*détruire des ogives assaillantes*
an excimer laser	*un laser à molécules doubles*	a radar-guided interceptor	*un intercepteur guidé par radar*
a laser target designating system	*un système de cibles pour laser*	to track down a missile	*traquer un missile*
a laser designator	*un miroir de pointage*	to knock down a warhead	*détruire une ogive*
a laser target marker	" " " "	to shoot down a warhead	*abattre une ogive*
high energy particles	*particules de forte densité*	to strengthen deterrence	*renforcer la dissuasion*
kinetic energy	*l'énergie cinétique*	to upset deterrence	*bouleverser les données de la dissuasion*
high powered	*à forte puissance*	to spark a new arms race	*déclencher une nouvelle course aux armements*
to travel at the speed of light	*se déplacer à la vitesse de la lumière*		
to focus (on)	*converger (sur)*		
to burn a hole (into)	*percer un trou par échauffement*		

8 DISARMAMENT — *LE DESARMEMENT*

I THE ARMS BAZAAR — *LE MARCHE AUX ARMES*

military power	*la puissance militaire*	to supply weapons	*fournir des armes*
a military power	*une puissance militaire*	arms supplies	*fournitures en armes*
a nuclear-weapons power	*une puissance nucléaire*	a supplier	*un fournisseur*
the arms market	*le marché de l'armement*	a provision of arms	*une fourniture d'armes*
the arms trade	*le marché des armes*	to reach record levels	*atteindre des niveaux inégalés*
arms deliveries	*livraisons d'armes*	an arms client	*un acheteur d'armes*
arms exports	*exportations d'armes*	an arms dealer	*un marchand d'armes*
arms sales	*les ventes d'armes*	gunrunning	*le trafic d'armes*
to deliver	*livrer*	a gun runner	*un trafiquant d'armes*
to foster	*encourager*	a purveyor of arms	*un fournisseur d'armes*
to give a boost (to)	*développer*	to hawk weapons	*colporter des armes*
to provide	*fournir*		

to arm the world	*armer le monde*
to wield weapons	*manier des armes*
to be flooded with arms	*être inondé d'armes*
to expand the number (of)	*accroître le nombre (de)*
to smuggle weapons (into / out of)	*faire entrer / sortir des armes en contrebande*
a booming weapons market	*un marché d'armes en expansion*
to devote one's resources to	*consacrer ses ressources à*
to lean on nuclear weapons use	*s'appuyer sur la force de frappe nucléaire*
a lucrative contract	*un contrat lucratif*
a military buildup	*un renforcement militaire*
to strengthen forces	*renforcer ses effectifs*
growing military might	*la puissance militaire croissante*
a merchant of death	*un marchand de la mort*
defense spending	*dépenses militaires*
defense expenditures	" "
the defense sector	*le secteur de la défense*
to expand defense spending	*accroître les dépenses militaires*
a military industrial complex	*un complexe militaro-industriel*
to gain influence	*accroître son influence*
gun boat diplomacy	*la diplomatie de la canonnière*
to try out one's new playthings	*essayer ses nouveaux jouets*
to have no qualms	*être sans scrupules*
to be beset by qualms	*être pris de scrupules*
the armament race	*la course aux armements*
the accumulation of armaments	*l'accumulation des armes*
an armament buildup	*une accumulation d'armes*
to ban the arms trade	*interdire le commerce des armes*
to curb	*freiner*
to reduce	*réduire*
to restrain the arms trade	*limiter le marché des armes*

II NATIONAL SECURITY — *LA SECURITE NATIONALE*

a strike force	*une force de frappe*
security concerns	*problèmes de sécurité*
a security system	*un système de sécurité*
to build a security system	*mettre sur pied un système de sécurité*
a security guarantee	*une garantie de sécurité*
to undermine national security	*menacer la sécurité nationale*
to be security conscious	*être soucieux de sécurité*
to buy security	*acheter la sécurité*
to feel secure	*se sentir en sécurité*
to enhance safety	*accroître la sécurité*
vulnerable	*vulnérable*
vulnerability	*la vulnérabilité*
a defense doctrine	*une doctrine de défense*
to reassess a defense doctrine	*réévaluer une doctrine de défense*
a defense system	*un système de défense*
a defense shield	*un bouclier de défense*
defenseless	*sans défense*
unprotected	*sans protection*
to defend oneself	*se défendre*
to protect oneself (from)	*se protéger (de)*
to provide protection	*assurer la protection*
military assistance	*aide militaire*
security assistance	" "
to build political support	*s'assurer le soutien politique*
a recipient of aid	*un bénéficiaire de l'aide*
numerical parity	*la parité numérique*
to give away the store	*sacrifier le pays*
to ward off an attack	*parer à une attaque*
to stave off	*éviter*
a tool of diplomacy	*un outil de diplomatie*
a leverage	*un levier*
to police the world	*contrôler la paix dans le monde*
the balance of terror	*l'équilibre de la terreur*
Mutual Assistance destruction (MAD)	" " " "
the balance of power	*l'équilibre des forces*
the world balance of power	*l'équilibre mondial*
a military advantage	*un avantage militaire*
an imbalance	*un déséquilibre*
to be at a disadvantage	*être en position de faiblesse*
to deter	*dissuader*
a deterrent power	*une force de dissuasion*
a deterrent to aggression	*une dissuasion à l'agression*
minimal deterrence	*la dissuasion minimum*
to destabilize	*déstabiliser*
a warlike purpose	*une intention belliqueuse*
to make war unlikely	*rendre la guerre improbable*
to prevent war's outbreak	*empêcher que la guerre éclate*

III THE POLITICS OF DISARMAMENT — *LA POLITIQUE DE DESARMEMENT*

1 GENERAL BACKGROUND — *GENERALITES*

disarmament	*le désarmement*
progressive disarmament	*le désarmement progressif*
mutual	*réciproque*
unilateral	*unilatéral*
to halt the arms race	*arrêter la course aux armements*
to rearm	*réarmer*
rearmament	*le réarmement*
a farewell to arms	*un adieu aux armes*
a peace war	*une guerre de la paix*
to wage peace	*se battre pour la paix*
to ensure peace	*assurer la paix*
arms control	*la limitation des armements*
arms limitation	" " "
an arms cutting deal	*un accord sur la diminution des armements*
disarmament talks	*pourparlers sur le désarmement*
a disarmament treaty	*un traité sur le désarmement*
a non-proliferation treaty	*un traité de non-prolifération*
to work toward nuclear disarmament	*œuvrer pour le désarmement nucléaire*
to apply non-proliferation measures	*appliquer des mesures de non-prolifération*
a proliferator	*un pays partisan du développement des armes nucléaires*
to adhere to	*adhérer à*
adherence to	*l'adhésion à*
to legislate the nuclear industry	*réglementer l'industrie nucléaire*
to achieve disarmament	*parvenir au désarmement*

2 TREATIES — *LES TRAITES*

the International Atomic Energy Agency (IAEA)	*l'Agence internationale de l'énergie nucléaire*
a test ban treaty	*un traité international d'interdictions des essais atomiques dans l'espace*
the Nuclear Non-Proliferation Treaty (NVPT)	*le Traité de non-prolifération nucléaire*
Strategic Arms Limitation Talks (SALT)	*le Traité sur la limitation des armes stratégiques*
Strategic Arms Reduction Talks (START)	*le Traité sur la réduction des armes stratégiques*
the Intermediate range Nuclear force Treaty (INF)	*le traité sur les forces nucléaires de moyenne portée*
a mutual defense treaty	*un traité d'assistance mutuelle*
to join a treaty	*se joindre à un traité*
to flout a treaty	*se moquer d'un traité*
to implement a treaty	*faire appliquer un traité*
the Warsaw Pact	*le Pacte de Varsovie*
a pact's force	*les forces armées d'un pacte*
NATO	*l'OTAN*

3 THE LESSENING OF TENSIONS — *LA DIMINUTION DES TENSIONS*

to lessen the arms race	*réduire la course aux armements*
a lessening of tension	*une détente*
to place on the agenda	*fixer à l'ordre du jour*
to fold up a doctrine	*abandonner une doctrine*
to redraw the security map	*redessiner la carte de la sécurité*
to scale back military pressure	*réduire les pressions militaires*
to reduce one's military strength	*réduire sa force militaire*
a budget crunch	*une compression de budget*
to slice the defense budget	*amputer le budget militaire*
to trim defense spending	*comprimer les dépenses militaires*
to hold down arms spending	*limiter les dépenses d'armement*
self-restraint	*la modération*
to impose restraints on	*imposer des restrictions à*
voluntary restraint	*la modération volontaire*
to assess defensive needs	*évaluer les besoins de défense*
assessment	*évaluation*
to rethink military needs	*repenser les besoins militaires*
a priority	*une priorité*
the unraveling of an alliance	*la dissolution d'une alliance*
to establish a demilitarized zone	*établir une zone démilitarisée*
to pursue a policy of neutrality	*poursuivre une politique neutraliste*
neutralist sentiment	*une atmosphère neutraliste*
to push for a policy of	*œuvrer en faveur de*
to renew the specter of war	*agiter à nouveau le spectre de la guerre*
a diminished threat perception	*une atténuation de la menace*
to defuse a confrontation	*désamorcer un conflit*
to pose a threat	*représenter une menace*

to wane	*décroître*
to reap a peace dividend	*récolter les dividendes de la paix*

IV MILITARY REDUCTION — *LES REDUCTIONS MILITAIRES*

1 GENERAL BACKGROUND — *GENERALITES*

a reduction proposal	*une proposition de réduction*
a reduction in forces	*une réduction des troupes*
a negotiated reduction	*une réduction négociée*
to table a reduction	*envisager une réduction*
to put a ceiling (on)	*fixer un plafond (à)*
to reach equal ceilings	*parvenir à des plafonds égaux*
a nuclear freeze	*un gel nucléaire*
a zero option	*une option zéro*
to deploy	*déployer*
a deployment	*un déploiement*
an entanglement	*un engagement*
disentanglement	*le désengagement*
to scale back entanglements	*se désengager*
escalation	*l'escalade*
desescalation	*la désescalade*
disengagement	*le désengagement*
to scale down	*réduire*
to build down	"
a build down	*une réduction*
to disarm	*désarmer*
to renounce the use of	*renoncer à l'usage de*
renunciation	*abandon*
to ban weapons	*interdire les armes*
a ban	*une interdiction*
to advocate a ban	*préconiser une interdiction*
to ban the development (of)	*interdire le développement (de)*
to outlaw	*proscrire*
to manufacture	*fabriquer*
the manufacture	*la fabrication*
to rule out the use (to)	*écarter l'usage (de)*
to demilitarize	*démilitariser*
to denuclearize	*dénucléariser*
a nuclear free zone	*une zone dénucléarisée*
to guarantee peace	*garantir la paix*
to cut	*faire des coupes dans*
to cut defense	*opérer des réductions militaires*
a cut	*une réduction*
defense cuts	*coupes dans les progammes militaires*
to plan cuts	*prévoir des réductions*
to take effect	*entrer en application*
to achieve cuts	*parvenir à des réductions*
to make cuts (in)	*faire des coupes (dans)*
to resist defense cuts	*s'opposer à des réductions militaires*
to halve the number	*diviser par deux*
a level	*un niveau*

2 MILITARY PROGRAMS — *LES PROGRAMMES MILITAIRES*

to dismantle systems	*démanteler des programmes*
a weapons-acquisition program	*un programme d'achat d'armes*
a priority program	*un programme prioritaire*
to slash a program	*supprimer un programme*
to cancel a program	*annuler un programme*
to put a program on hold	*suspendre un programme*
a beleaguered program	*un programme menacé*
to kill a program	*supprimer un programme*
to scratch a program	*annuler un programme*
to defer production	*différer la production*
to suspend a contract	*suspendre un contrat*
cancellation fees	*frais d'annulation*
a procurement	*un service des fournitures*
a procurement scheme	*un contrat de fournitures*
to end procurement (of)	*mettre fin à la fourniture (de)*
to cancel procurement	*annuler la fourniture*

3 BASES — *LES BASES*

to close bases	*fermer des bases*
to pare bases	*diminuer le nombre de bases*
base closures	*fermetures de bases*
a reserve airfield	*un terrain d'aviation de réserve*
an army depot	*un dépôt militaire*
to renew a lease	*renouveler un bail*
to expire	*venir à expiration*
expiration	*expiration, échéance*
to operate a base	*exploiter une base*

4 MILITARY HARDWARE — *LE MATERIEL MILITAIRE*

a missile	*un missile*
a warhead	*une tête nucléaire*
a missile warhead	*un missile à tête nucléaire*
to destroy missiles	*détruire des missiles*
to dispose of	*se débarrasser de*
to get rid of	" " "
to crunch	*réduire en poussière*
to dismantle missiles	*démanteler des missiles*
to retire missiles	*retirer des missiles de la circulation*

to terminate a missile program	*mettre un terme à un programme de missiles*
to cancel modernization (of)	*annuler la modernisation (de)*
to cancel research (on)	*annuler les recherches (sur)*
to decommission a battleship	*désarmer un navire de guerre*
to take out of commission	*désarmer*
to retire	*mettre à la retraite*
to slate for retirement	*prévoir de retirer*
to remove from service	*retirer de la circulation*
to phase out aircraft	*supprimer / retirer graduellement des avions*
to cut one's stocks	*réduire ses stocks*
to destroy stocks	*détruire les stocks*
to scrap a stockpile	*détruire un stock*
to stop production of	*arrêter de produire*

5 TROOP REDUCTION — *LA REDUCTION DES TROUPES*

conventional armed forces	*forces conventionnelles*
to pull out	*se retirer*
a pull out	*un retrait*
to withdraw	*se retirer*
a withdrawal	*un retrait*
a troop withdrawal	*un retrait des troupes*
to complete a withdrawal	*achever un retrait*
in the wake of the withdrawal	*dans la foulée du retrait*
to remove troops	*supprimer des troupes*
the removal of troops	*le retrait des troupes*
a troop cut	*une réduction des forces*
a troop-cut treaty	*un traité de réduction des forces*
force cutting	*la réduction des forces armées*
to run down one's armed forces	*réduire ses forces armées*
to reduce the number of forces	*réduire le nombre de soldats*
to reduce one's army (by)	*réduire ses effectifs (de)*
a draw down in the number of	*une baisse dans le nombre de*
a draw down of soldiers	*une réduction du nombre des soldats*
to fold an army	*rapatrier une armée*
to cap the size of the armed forces	*limiter la taille des armées*
to station troops	*stationner des troupes*
to keep troops stationed	*conserver des troupes en stationnement*
to billet troops	*cantonner des troupes*
to demobilise	*démobiliser*
to be demobbed	*être démobilisé*
demobilisation	*la démobilisation*
to disband an army	*disperser une armée*
to head home	*prendre le chemin du retour*
to bring soldiers home	*ramener les soldats au bercail*
to accomplish a mission	*accomplir une mission*
to end the occupation	*mettre un terme à l'occupation*
to be free of occupiers	*se libérer des occupants*
to create a vacuum	*créer un vide*
to fill the vacuum	*combler le vide*
to cut active duty personnel	*réduire le personnel d'active*
to eliminate army divisions	*éliminer des divisions armées*
to streamline armed forces	*rénover les forces armées*
to shed a division	*supprimer une division*
to deactivate an army division	*retirer une division*
to discharge	*rendre à la vie civile*
to reassign	*réaffecter*
a reassignation	*une réaffectation*
to modernize	*moderniser*
to thin out	*réduire*
a thinning out	*une réduction*
a token force	*une force d'appoint symbolique*

V VERIFICATION — *LA VERIFICATION*

a nuclear facility	*équipements nucléaires*
to check	*contrôler*
a check	*un contrôle*
to spot check	*contrôler de façon intermittente*
a spot check	*un contrôle intermittent*
a random check	*une vérification fortuite*
uncheckable	*incontrôlable*
to count	*compter*
to verify	*vérifier*
to trust	*faire confiance à*
to inspect	*inspecter*
inspection	*inspection*
on-site inspection	*inspection de visu*
to refrain from	*s'abstenir de*
to comply with	*se conformer à*
compliance	*la conformité*
to verify compliance	*contrôler la conformité*
in compliance with	*conformément à*
arms treaty compliance	*la conformité au traité sur les armements*
to police a site	*inspecter un site*
to overfly	*survoler*
to monitor a ban	*contrôler le respect de l'interdiction*
to build confidence	*établir la confiance*

VI CONVERSION — *LA CONVERSION*

an army contractor — *un fournisseur de l'armée*
the defense industry — *l'industrie militaire*
to go toward the defense industry — *être consacré à l'industrie de défense*
export-intensive — *tourné vers l'exportation*
an arms exporter — *un exportateur d'armes*
to convert — *convertir*
civilian industry — *l'industrie civile*
to produce civilian goods — *produire des biens à usage civil*
to farm out — *confier en sous-traitance*
to redirect resources — *réorienter les ressources*
to be stuck with stockpiles — *se retrouver avec des stocks inutiles*
defense funding — *le financement de la défense*
a defense contract — *un contrat de défense*
a defense plant — *une usine de défense*
a defense-related business — *un sous-traitant pour le ministère de la Défense*
to bear the brunt (of) — *faire les frais (de)*
to retool — *se rééquiper*
to seek civilian applications for — *chercher des applications civiles à*

9 REUNIFICATION — *LA REUNIFICATION*

I UNION — *L'UNION*

1 TIES — *LES LIENS*

a tie / a link — *un lien*
a close tie — *un lien étroit*
loose ties — *liens lâches*
common ties — *liens communs*
economic ties — *liens économiques*
cultural ties — *liens culturels*
ties of kinship — *liens de parenté*
a kinsman — *un parent, un compatriote*
to form ties with — *forger des liens avec*
to cultivate ties — *cultiver des liens*
to intensify ties — *intensifier les relations*
to weaken ties — *affaiblir les liens*
to forge links — *forger des liens*

2 UNION — *L'UNION*

union — *l'union*
tight — *étroit*
to unite with — *s'unir à*
to be unified — *être unifié*
a unified homeland — *une patrie unifiée*
to form a union — *former une union*
to stay in the union — *rester dans l'union*
to uphold the union — *défendre l'union*
to maintain — *préserver*
to strengthen — *renforcer*
to save — *sauver*
to quit — *quitter*
to urge — *inciter*
to favour — *approuver*
to push — *promouvoir, faire avancer*
to call for — *appeler à*
to endorse — *appuyer*
an endorsement of — *une adhésion à*
to embark on the road toward union — *s'engager dans un processus d'union*
to embrace the cause of union — *épouser la cause de l'union*
to inch toward — *s'approcher progressivement de*
to force the pace of — *accélérer le processus de*
to stay in the fold — *rester dans le sein*

3 UNIFICATION — *L'UNIFICATION*

unification — *l'unification*
reunification — *la réunification*
the reunification issue — *le problème de la réunification*
to draw up a unification program — *établir un programme d'unification*
an approach to unification — *une façon d'aborder l'unification*
a step-by-step approach (toward) — *une approche progressive (vers)*
a move toward — *un pas vers*
the urge to unify — *l'incitation à l'unification*
the reunification process — *le processus de réunification*
the price for reunification — *le prix à payer pour la réunification*

a prospect of reunification	*une perspective de réunification*
a drive for reunification	*une campagne en faveur de la réunification*
a quickstep unification	*une unification au rythme saccadé*
the goal of reunification	*le but de la réunification*
to go full tilt for	*mettre les bouchées doubles pour*
to delay	*retarder*
to slow	*ralentir*
to hold out against	*résister à*
to proclaim	*proclamer*
to achieve	*accomplir*
a unitary state	*un Etat unitaire*
to commingle in territories	*mélanger les territoires*
to weld the Germanies together	*souder les deux Allemagnes ensemble*
to work out a joint constitution	*élaborer une constitution commune*

4 MERGING — *LA FUSION*

to merge	*fusionner*
a merger	*une fusion*
the merging of two states	*l'union de deux Etats*
a currency merger	*une union monétaire*
to engineer a merger	*promouvoir une union*
to broker a merger	*être l'artisan d'une union*
to enlarge	*élargir*
enlargement	*l'élargissement*
to encompass	*contenir, inclure*
to lay out four stages	*préparer quatre étapes*
to join with	*s'unir à*
a joint heritage	*un héritage commun*
a common house	*une maison commune*
a common history	*une histoire commune*
to overcome division	*surmonter les divisions*
to build bridges	*se rapprocher*
bridge building	*efforts de rapprochement*
to shape a new relationship	*former une nouvelle relation*
a sense of identity	*un sentiment d'identité*
to lose a sense of identity	*perdre un sentiment d'identité*
to gain a sense of identity	*acquérir un sentiment d'identité*
to shift the center of gravity	*déplacer le centre de gravité*
to counterbalance	*contrebalancer*
a weight	*un poids*
stability	*la stabilité*
to keep a continent stable	*préserver la stabilité d'un continent*
to tether a country to	*ancrer un pays à*
to anchor a country to	*amarrer un pays à*
to be embedded in the West	*être enraciné à l'Ouest*

5 UNITY — *L'UNITE*

unity	*l'unité*
united	*uni*
a sense of unity	*un sentiment d'unité*
a timetable for unity	*un calendrier pour l'unité*
pro-unity feelings	*les sentiments en faveur de l'unité*
to bring unity	*contribuer à l'unité*
to block unity	*entraver l'unité*
to appeal for unity	*lancer un appel à l'unité*
to strengthen unity	*renforcer l'unité*
to further unity	*encourager, faciliter l'unité*
to reap the unity dividend	*récolter les fruits de l'unité*
to realize unity	*réaliser l'unité*
to be hot for	*être un chaud partisan de*
to back	*soutenir*
to dictate the pace for	*imposer le rythme vers*
to brake the drive to	*freiner le mouvement en faveur de*
to mark time (on)	*marquer le pas (de)*
to drag one's feet	*manquer d'enthousiasme*
a rush for unity	*une course vers l'unité*
an alliance	*une alliance*
a break-away alliance	*une alliance séparée*
to form an alliance	*former une alliance*
an ally	*un allié*
a satellite	*un satellite*
a community	*une communauté*
a contractual community	*une communauté contractuelle*
a confederation	*une confédération*
confederate structures	*structures confédérales*
integration (into)	*l'intégration (dans)*
to weave a web	*tisser une toile*

6 SOVEREIGNTY — *LA SOUVERAINETE*

a boundary	*une limite, une frontière*
to bind two peoples	*unir deux peuples*
to be bound together with	*être lié à*
suzerainty	*la souveraineté*
to claim suzerainty over	*affirmer sa souveraineté sur*
to relinquish sovereignty	*renoncer à exercer sa souveraineté*
to yield sovereignty	*renoncer à la souveraineté*
to cede sovereignty	*abandonner sa souveraineté*
to dilute one's hold on power	*affaiblir son emprise sur le pouvoir*
hegemony	*l'hégémonie*
to lose territory to	*perdre une partie de territoire au profit de*
to gain territory from	*acquérir une partie de territoire de*
to lop off a territory	*amputer un territoire*
to grab a chunk of territory	*s'emparer d'un morceau de territoire*
to seize a slice of a country	*s'emparer d'une partie d'un pays*
to demand land access	*exiger l'accès terrestre à*
a claim on a territory	*une revendication territoriale*
to lay claim (to)	*avoir des prétentions à*
to drop a claim	*abandonner une revendication*

to renounce a claim	*renoncer à exiger*
to reclaim	*réclamer*
to hand back	*restituer*

7 BORDERS — *LES FRONTIERES*

to break down barriers	*faire tomber les barrières*
to break down the Berlin Wall	*abattre le mur de Berlin*
to breach a wall	*faire une brèche dans un mur*
to redraw the boundaries	*redessiner les frontières*
a redrawing of borders	*un redécoupage des frontières*
a frontier	*une frontière*
a frontier barrier	*une barrière frontalière*
a borderline	*une frontière, une ligne de démarcation*
to border (up)on	*être limitrophe*
to establish	*fixer*
to formalize	*consacrer légalement, officialiser*
to restore	*restaurer*
to share a border with	*avoir une frontière commune avec*
to recognize	*reconnaître*
recognition	*la reconnaissance*
to guarantee	*garantir*
to respect	*respecter*
recognition of	*la reconnaissance de*
to quibble about	*ergoter au sujet de*
a border dispute	*un différend en matière de frontière*
a border incident	*un incident de frontière*
border safety	*la sécurité des frontières*
to strenghten border safety	*renforcer la sécurité aux frontières*
to violate	*violer*
to dismantle	*démanteler*
the dismantling of	*le démantèlement de*
to remove borders	*supprimer les frontières*
to tear up border markers	*détruire les bornes frontalières*
to pull down border posts	*démolir les postes frontières*
a watchtower	*un mirador*
to blur borders	*estomper les frontières*
to evade the border issue	*esquiver le problème des frontières*
a border state	*un pays limitrophe*
a buffer	*un tampon*
a buffer state	*un Etat tampon*
a buffer zone	*une zone tampon*
a neighbour state	*un Etat voisin*
an enclave	*une enclave*
sanctity	*l'inviolabilité*

II DISUNITY — *LA DESUNION*

1 NATIONALISM — *LE NATIONALISME*

a nationality	*une nationalité*
restive	*agité*
a nationalist	*un nationaliste*
ardent	*ardent*
nationalist	*nationaliste*
a nationalist upsurge	*une poussée nationaliste*
nationalist sentiment	*sentiments nationalistes*
nationalist passions	*passions nationalistes*
nationalist ravings	*délires nationalistes*
to feed nationalist hunger	*exciter l'appétit nationaliste*
to whip up nationalist resentments	*attiser les ressentiments nationalistes*
to contain the fire of nationalism	*contenir les ardeurs nationalistes*
to treat with kid gloves	*traiter avec beaucoup de doigté*
to unleash the free expression of national aspirations	*laisser libre cours à l'expression des aspirations nationales*
a surge in	*une poussée de*
an outburst of nationalism	*une explosion nationaliste*
to feed the forces of nationalism	*attiser les forces nationalistes*
to fuel the rise of nationalism	*alimenter la montée du nationalisme*
irredentism	*l'irrédentisme*
to smother nationalism	*étouffer le nationalisme*
to nip in the bud	*étouffer dans l'œuf*

2 ETHNIC PROBLEMS — *LES PROBLEMES ETHNIQUES*

2.1 ETHNIC UNREST — *LES TROUBLES ETHNIQUES*

a multi-ethnic empire	*un empire pluriethnique*
inter-ethnic violence	*la violence entre ethnies*
ethnic fighting	*luttes ethniques*
ehtnic disorder	*troubles ethniques*
a grievance	*une revendication*
a provocation	*une provocation*
unrest	*agitation*
to be shaken by unrest	*être ébranlé par les troubles*
strife	*dissensions*
an antagonism	*un antagonisme*
a rivalry	*une rivalité*
to suppress rivalries	*mettre un terme aux rivalités*
to embed rivalries	*lier les rivalités*
to exacerbate	*exacerber*
ethnic bretherns	*frères d'une même ethnie*
a flare-up of ethnic hatred	*une flambée de haine ethnique*

ethnic kin	*la parenté ethnique*
ethnic hatred	*haines ethniques*
to lord it over	*traiter avec arrogance*
to set about each other	*en venir aux coups*
to rise up against	*se soulever contre*
to clash	*entrer en conflit*
enmity	*l'hostilité*
communal violence	*la violence des communautés*
warring groups	*factions rivales*
a faction	*une faction*
a blood feud	*une querelle de famille*
a bloodbrother	*un frère de sang*
a pogrom (against)	*un pogrom (contre)*
to hunt down	*pourchasser*
to settle old scores	*régler de vieux comptes*
a martyr	*un martyr*
martyrdom	*le martyre*
to be martyred	*être martyrisé*
festering tensions	*tensions latentes*
smouldering	*latent*
to defuse tensions	*désamorcer les tensions*
appeasement	*l'apaisement*

see : political violence, racism — *voir : la violence politique, le racisme*

2.2 HOT SPOTS — *LES POINTS CHAUDS*

Armenia	*l'Arménie*
the Armenians	*les Arméniens*
Azerbaijan	*l'Azerbaïdjan*
the Azerbaijanis	*les Azerbaïdjanais*
the Azeris	*les Azéris*
Belorussia	*la Biélorussie*
the Belorussians	*les Biélorusses*
Georgia	*la Géorgie*
the Georgians	*les Géorgiens*
Kazakhstan	*le Kazakhstan*
the Kazakhs	*les Kazaks*
Kirghizia	*le Kirghizistan / Kirghizie*
the Kurds	*les Kurdes*
Moldavia	*la Moldavie*
the Moldavians	*les Moldaves*
Tadzhikistan	*le Tadjikistan*
the Tadzhiks	*les Tadjiks*
Turkmenistan	*le Turkménistan*
the Turcomans	*les Turcomans / Turkmènes*
the Tatars	*les Tatars*
Ukraine	*l'Ukraine*
the Ukranians	*les Ukrainiens*
Uzbekistan	*l'Ouzbékistan*
the Uzbeks	*les Ouzbeks*
a Baltic Republic	*une république balte*
the Balts	*les Baltes*
Lithuania	*la Lituanie*
the Lithuanians	*les Lituaniens*
Latvia	*la Lettonie*
the Latvians	*les Lettons*
Estonia	*l'Estonie*
the Estonians	*les Estoniens*
Biafra	*le Biafra*
Bangladesh	*le Bangladesh*
Eritrea	*l'Erythrée*
Sri Lanka	*le Sri Lanka*
the Sri Lankans	*les Sri Lankais*
Quebec	*le Québec*
a Quebecker	*un Québécois*
a Quebecer	" "
the Basque country	*le pays basque*
a Basque	*un Basque*
Ulster	*l'Ulster*
Northern Ireland	*l'Irlande du Nord*
Irish	*irlandais*

see : countries of the world — *voir : les pays du monde*

3 SECESSION — *LA SECESSION*

division	*la division*
to divide	*diviser*
separation	*la séparation*
to chafe at	*ronger son frein*
a separate state	*un Etat distinct*
separateness	*le séparatisme (l'état)*
separatism	*le séparatisme (la doctrine)*
separatist	*séparatiste*
separatist urges	*pressions séparatistes*
a flare-up of separatism	*une flambée séparatiste*
nascent separatism	*prémices du séparatisme*
to stem a separatist tide	*endiguer une vague séparatiste*
to secede from	*faire sécession avec*
the right to secede	*le droit de faire sécession*
a move to secede	*une manœuvre pour faire sécession*
secession	*la sécession*
the secession fever	*la fièvre sécessionniste*
a secession war	*une guerre de sécession*
an alternative to	*une autre solution à*
to threaten secession	*menacer de faire sécession*
to grant the right of secession	*accorder le droit à la sécession*
a secessionist	*un partisan de la sécession*
a secessionist claim	*une revendication sécessionniste*
a secessionist cause	*une cause sécessionniste*
secessionist fervour	*la ferveur sécessionniste*
secessionist fever	*la fièvre sécessionniste*
to simmer	*couver*
to curb one's demands for	*modérer ses revendications*
to defuse the threat of secession	*désamorcer la menace de sécession*
to sunder	*séparer, scinder*
asunder	*écarté, en morceaux*
to pry apart	*séparer de force*
to sever one's ties with	*rompre les relations avec*
to break away from	*rompre avec*
to break loose from a country's rule	*se libérer de la tutelle d'un pays*
to slip out of one's grip	*échapper à l'emprise de*
a fissure	*une fissure*
a crack	*une fente*

a split	*une séparation*
a rift	*une faille, une division*
a breach	*une brèche*
a friction	*une friction*
to halt the secessionist trend	*endiguer une tendance sécessionniste*
a brake	*un frein*
to apply the brakes (to)	*mettre un frein (à)*
to act as a brake	*agir comme frein*
to sit on the sideline	*observer de loin*
to opt out of an alliance	*sortir d'une alliance*
to risk a split in an alliance	*risquer une rupture au sein d'une alliance*
to want out	*vouloir la fin d'une participation à*
to break up	*se désagréger*

4 DISSOLUTION — *LA DISSOLUTION*

to forge an empire	*forger un empire*
a strained confederation	*une confédération mise à l'épreuve*
a dependency	*une colonie*
to have a tenuous hold on a country	*avoir une emprise fragile sur un pays*
to dismantle an empire	*démanteler un empire*
the dissolution of an empire	*la dissolution d'un empire*
to unmake an empire	*défaire un empire*
to hive off an empire	*liquider un empire*
to deimperialise	*diviser un empire*
fragmentation	*la fragmentation*
fragmented	*fragmenté*
to hold a country together	*maintenir la cohésion d'un pays*
to pull a country apart	*défaire un pays*
to unravel	*s'effilocher*
the unravelling of an empire	*la désagrégation d'un empire*
a breakdown in authority	*une désintégration de l'autorité*
a rump state	*un Etat croupion*
to depopulate	*dépeupler*
to bring closer	*rapprocher*
to disentangle a country from a union	*sortir un pays d'une union*
to cleave a province from	*arracher une province à*
to break into two nations	*se scinder en deux pays*

5 AUTONOMY — *L'AUTONOMIE*

a breakaway state	*un Etat dissident*
a nation	*une nation*
nationhood	*la nationalité (existence en tant que nation)*
to build a nation	*bâtir une nation*
a motherland	*une mère patrie*
a homeland	*une patrie*
full autonomy	*l'autonomie complète*
autonomous	*autonome*
semi-autonomous	*à moitié autonome*
a move toward autonomy	*un pas vers l'autonomie*
to accede to a demand	*accepter une revendication*
to press for concessions	*faire pression pour obtenir des concessions*
to upgrade a region to the status of	*accorder à une région le statut de*
to cut one's loss	*faire la part du feu*
to extricate oneself from	*se sortir de*
to cut loose a colony	*perdre une colonie*
self-determination	*l'auto-détermination*
self-rule	" "
the right to self-determination	*le droit à l'auto-détermination*
to call for self-determination	*appeler à l'auto-détermination*
devolution	*la dévolution*
to devolve power from . . . to . . .	*transférer les pouvoirs de ... à ...*
to delegate rights	*déléguer les droits*
to partition	*partager*
partition	*le partage*
to annex	*annexer*
annexation	*une annexion*
to redraw the map	*redessiner la carte*
to strip away a country's holdings	*dépouiller un pays de ses possessions*
to win de facto recognition	*se faire reconnaître de fait*
to mount a challenge for	*lancer un défi en vue d'obtenir*

6 INDEPENDENCE — *L'INDEPENDANCE*

independent	*indépendant*
to go independent	*choisir l'indépendance*
to mount an independence movement	*lancer un mouvement indépendantiste*
a pressure for independence	*une pression en vue d'obtenir l'indépendance*
a drive for independence	*un mouvement pour l'indépendance*
to edge towards independence	*glisser vers l'indépendance*
to push for independence	*promouvoir l'indépendance*
to demand independence	*exiger l'indépendance*
to attain independence	*acquérir l'indépendance*
a declaration of independence	*une déclaration d'indépendance*
to throw the gauntlet	*jeter le gant*
to declare independence from	*proclamer l'indépendance, se proclamer indépendant de*
to regain independence	*reconquérir son indépendance*
territorial integrity	*intégrité territoriale*
a geographical entity	*une entité géographique*
an order to cease and desist	*une mise en demeure*
to revoke a declaration of independence	*annuler une déclaration d'indépendance*
to abide by the constitution	*respecter la constitution*
to keep secessionist in line	*mettre les partisans de la sécession au pas*

7 ECONOMIC CONSEQUENCES / *LES CONSEQUENCES ECONOMIQUES*

resource transfers	*transferts de ressources*
to ease the transition	*faciliter la transition*
to turn the screw on	*faire pression sur*
to exert an economic stranglehold on	*exercer une pression économique sur*
to reduce one's economic dependence (on)	*réduire sa dépendance économique (vis à vis de)*
to organise barter arrangements	*organiser des système de trocs*
to establish a local currency	*établir une monnaie locale*
a nationhood test	*un test de nationalité*
to defy	*défier*
to hold one's own	*ne pas s'en laisser conter*
to survive sanctions	*survivre aux sanctions*
to break a blockade	*rompre un embargo*
to be better off	*être mieux loti*
to be worse off	*être plus mal loti*

see : trade — *voir : le commerce*

III ECONOMY

IX FACTORS OF PRODUCTION — *LES FACTEURS DE PRODUCTION*

1 AGRICULTURE — *L'AGRICULTURE*

I THE RURAL BELT — *LA ZONE RURALE*

1 IN COUNTRY — *LA CAMPAGNE*

a cotton belt	*une région de culture du coton*
a corn belt	*une région de culture du maïs*
a breadbasket	*un grenier à blé (d'un pays)*
the heartland	*le terroir*
the country	*la campagne*
country life	*la vie à la campagne*
a countryman / a countrywoman	*un paysan / une paysanne*
country people	*les gens de la campagne*
country folks	*les campagnards*
a country road	*une route de campagne*
a by-road	*une petite route*
a lane / a path	*un chemin / un sentier*
a village	*un village*
a villager	*un villageois*
a weekend cottage	*une résidence secondaire*
a weekender	*qui vient en weekend*
a hamlet	*un hameau*
a market town	*un bourg*
rural culture	*la culture paysanne*
a caring society	*une société de solidarité*
a sense of belonging	*un sentiment de communauté*
devotion	*le dévouement*
a closeness (to)	*un contact (avec)*
rural depopulation	*exode rural*

2 AGRICULTURISTS — *LES AGRICULTEURS*

a farmer / an agriculturist (USA)	*un agriculteur*
a landholder / a landowner	*un propriétaire terrien*
an agri-business operator	*un gros exploitant agricole*
a peasant farmer / a small farmer	*un petit exploitant agricole*
a smallholder	*un petit cultivateur*
a yeoman	*un propriétaire exploitant*
a farm manager / a land agent	*un régisseur*
a farmhand	*un employé agricole*
a day labourer	*un journalier*
a farm worker / a farm labourer	*un ouvrier agricole*
an agricultural labourer	" " "
a land worker	" " "
a peasant	*un paysan*
a tenant / a sharecropper	*un métayer*
a ploughman (UK)	*un laboureur*
a plowman (USA)	" "

3 THE FARMSTEAD — *L'EXPLOITATION AGRICOLE*

a farm / a farmhouse	*une ferme*
a pilot farm	*une ferme expérimentale*
a truck farm	*une exploitation maraîchère*
a pig farmer	*un éleveur de porcs*
a medium-sized farm	*une exploitation agricole moyenne*
to farm	*être agriculteur*
to run / keep a farm	*diriger une ferme*
to work on a farm	*travailler dans une ferme*
a cotton grower	*un planteur de coton*
a vegetable grower	*un maraîcher*
a rice grower	*un riziculteur*
a plantation	*une plantation*
a planter	*un planteur*
a tea planter	*un planteur de thé*
farmland	*terres cultivées*
a tract of farmland	*une surface agricole*
land ownership	*la propriété terrienne*
a holding	*une ferme*
a fragmented holding	*une exploitation dispersée*
holdings	*avoirs fonciers*
a farming concern	*une exploitation agricole*
a smallholding	*une petite ferme (2 ha maximum)*
a country estate	*un domaine*
a ranch (USA)	*une exploitation d'élevage*
an agricultural cooperative	*une coopérative agricole*

4 THE FARMHOUSE — *LES BATIMENTS DE FERME*

the outbuildings	*les dépendances*
the farmyard	*la cour de la ferme*
a silo / an elevator (USA)	*un silo (à grains)*
a clamp	*un silo (à pommes de terre)*
a shed	*un hangar*

a hangar	*un hangar (métallique)*
a granary	*un grenier à grains*
a hayloft	*un fenil*
a mill	*un moulin*
a flour mill	*une minoterie*
a woodhouse	*un bûcher*
a stable	*une écurie*
a pigsty / a piggery	*une porcherie*
a cow shed	*une étable*
a sheep pen / a sheepfold	*un parc à moutons*
a henhouse / a roost	*un poulailler*
a rabbit-hutch	*un clapier*
a pigeon-house	*un pigeonnier*
the poultry yard	*la basse-cour*
a barnyard	*une écurie, une étable*
a beehive	*une ruche*
a dairy	*une coopérative laitière*
a dairy man	*un laitier*
cold storage equipment	*le matériel de réfrigération*

II WORKING THE LAND — *LE TRAVAIL DE LA TERRE*

1 FARMING — *L'EXPLOITATION AGRICOLE*

farming	*l'affermage, exploitation des terres*
to farm land	*cultiver la terre*
farming communities	*collectivités rurales*
farming methods	*méthodes d'agriculture*
cereal growing	*cultures céréalières*
organic farming	*cultures biologiques*
poultry farming	*aviculture*
stock farming	*l'élevage de bétail*
dairy farming	*l'industrie laitière*
seafarming / mariculture	*l'aquiculture*
factory farming	*l'élevage industriel*
a staple product	*un produit principal*
a by-product	*un dérivé*
dairy produce	*produits laitiers*
a dairy product	*un produit laitier*
market gardening / truck gardening	*cultures maraîchères*
farm output	*la production agricole*

2 FARM EQUIPMENT — *LE MATERIEL AGRICOLE*

an agricultural show	*un salon de l'agriculture*
farm machinery	*le matériel agricole*
a dealer	*un concessionnaire*
an agricultural implement	*un outil agricole*
a tractor	*un tracteur*
a trailer	*une remorque*
a tipcart	*un tombereau*
a sowing machine	*un semoir*
a roller	*un rouleau*
a combine	*une moissonneuse-batteuse*
a harvester / a reaper	*une moissonneuse*
a reaper and binder	*une moissonneuse-lieuse*
a rotary mowing machine	*une faucheuse rotative*
a mower	*une faucheuse*
a thresher	*une batteuse*
a rotary harrow	*une herse rotative*
a crusher	*une broyeuse*
a grinder	*un concasseur*
a grubber	*une arracheuse*
a tedder / a tedding machine	*une faneuse*
a cream separator	*une écrémeuse*
a sprinkler	*une arroseuse*
a power press	*une presse à foin*
a grain elevator	*un élevateur à grains*
a high-low machine	*un plateau élévateur*
a hydraulic elevator	*un élévateur hydraulique*
a chain saw	*une tronçonneuse*

3 FIELDWORK — *LES TRAVAUX DES CHAMPS*

to clear the land	*défricher la terre*
to reclaim land	" " "
to plough / plow the land	*labourer la terre*
a plow / a plough	*une charrue*
a share	*un soc*
multishare	*multisoc*
to cut furrows	*tracer des sillons*
to cultivate	*cultiver*
to manure a field	*fumer un champ*
to sow	*emblaver*
sowed land	*une emblavure*
sowing	*emblavage*
a seed	*une graine*
a seedbed	*les semis*
to plant	*planter*
to harrow	*herser*
harrowing	*le hersage*
to till	*labourer*
tillage	*les labours*
mulch tillage	*les paillis*
a tiller	*un laboureur*
haymaking	*la fenaison*
hay	*le foin*
swath	*andain*
a truss	*une botte de foin*
a sheaf	*une gerbe*
a rick / a haystack	*une meule*
straw	*la paille*
chaff	*la menue paille*
stubble	*le chaume*
to mow	*faucher*
to reap	*moissonner*

a reaper	*un moissonneur*
to harvest	*moissonner, vendanger, récolter*
the harvest	*la moisson*
potato grubbing	*arrachage des pommes de terre*
hoppicking	*la cueillette de houblon*
fruit picking / fruit gathering	*le ramassage des fruits*
to gather in	*rentrer (les récoltes)*

III CROPS — *LES CULTURES*

1 THE LAND — *LA TERRE*

an acre	*une acre (0,4 ha) (un arpent)*
acreage	*la superficie (en acres)*
to buy additional acreage	*s'agrandir*
the soil	*la terre*
a difficult soil	*un terrain difficile*
fertile / fat land	*terres fertiles*
to live off the land	*vivre du produit de la terre*
balk	*la terre non labourée*
arable	*cultivable*
scrubland	*la terre broussailleuse*
arid land	*la terre aride*
barren land	*la terre inculte*
friable	*meuble, friable*
chalky	*calcaire, crayeux*
clayey	*argileux*
idle land	*terres inutilisées*
under-used	*sous-exploité*
to overuse	*surexploiter*
to discourage overuse	*décourager l'exploitation intensive*
to take acres out of production	*laisser en friches*
available	*disponible*
land reform	*la réforme agraire*
to collectivise	*collectiviser*
land redistribution	*la redistribution agraire*
to redistribute land	*redistribuer la terre*
to reshape / to regroup	*remembrer*
to reallocate	"
regrouping / land-reshaping	*le remembrement*
reallocation of land	" "
to be self-sufficient	*assurer la couverture en besoins alimentaires*
self-sufficiency	*l'autarcie*

2 CROPPING SYSTEMS — *LES SYSTEMES D'ASSOLEMENT*

topsoil	*la terre végétale*
cropland	*terres de cultures*
monoculture	*la monoculture*
a crop	*une récolte*
a standing crop	*une récolte sur pied*
a bumper crop	*une récolte exceptionnelle*
a fodder crop / a feedcrop	*une culture fourragère*
a food crop	*une culture vivrière*
a staple crop / a subsistence crop	*une culture de rente*
a cash crop	" " " "
diversified crops	*cultures diversifiées*
to rotate a crop	*alterner les cultures*
to switch to another crop	*passer à une autre culture*
to grow in rotation	*(faire) pousser par alternance*
rotation of crops	*assolement*
rotated fields	*la rotation des cultures*
to stick to one crop	*s'en tenir à une seule culture*
to raise crops	*faire pousser des cultures*

3 CROP CONTROL — *LA MAITRISE DES CULTURES*

to spray crops	*pulvériser les cultures*
crop dusting / crop spraying	*la pulvérisation des cultures*
to get the crop in	*rentrer la récolte*
to deplete	*épuiser*
crop protection	*la protection des récoltes*
plant disease	*la maladie de plantes*
a rodent	*un rongeur*
a nematode	*un ver de terre*
weeds	*mauvaises herbes*
cockle	*la nielle du blé*
to reduce crop yields	*diminuer le rendement des cultures*
pest control	*la lutte antiparasitaire*
a pupa / pupae	*une chrysalide / chrysalides*
to pupate	*devenir chrysalide*
a pupal stage	*un état de chrysalide*
pupation	*la chrysalidation*
a caterpillar	*une chenille*
to offset an advantage	*compenser un avantage*
to build up resistance (to)	*devenir résistant (à)*
to do harm (to)	*causer du tort (à)*
agricultural contaminants	*produits toxiques pour l'agriculture*
a pesticide	*un pesticide*
an insecticide	*un insecticide*
a herbicide / a weed killer	*un herbicide*
a fungicide	*un fongicide*
a grasshopper	*une sauterelle*
boll weevil	*l'anthonome*
a beetle	*un coléoptère*
a fruit fly	*une drosophile*
a parasite	*un parasite*
tumbleweed	*l'amarante*

agricultural pollution	*la pollution agricole*

4 WATER MANAGEMENT — *L'IRRIGATION*

water management	*l'arrosage*
water distribution	*la distribution de l'eau*
a well	*un puits*
to water	*arroser*
watering	*irrigation*
to store water	*stocker l'eau*
to distribute water	*distribuer l'eau*
to supply water	*approvisionner en eau*
supplies of water	*approvisionnements en eau*
a qanat	*un tunnel d'irrigation*
drainage	*irrigation, assèchement*
irrigation / flooding	*irrigation*
an irrigation scheme	*un projet d'irrigation*
to divert	*détourner*
a dam	*un barrage*
runoff	*eaux d'écoulement*
see : drought	*voir : la sécheresse*

5 FERTILIZATION — *LA FERTILISATION*

to yield	*produire*
yield	*le rendement*
yield per acre	*le rendement à l'hectare*
a pest-resistant plant	*une plante réfractaire aux pesticides*
to lie uncultivated	*laisser en jachère*
to lie fallow	*être en jachère*
to leave one's land fallow	*laisser ses terres en jachère*
to treat with	*traiter à l'aide de*
to condition the soil	*préparer la terre*
fertile	*fertile*
fertility	*la fertilité*
a nutrient	*un élément nutritif*
soil amendment	*amendement des sols*
to lime	*chauler*
slag	*scories*
sludge	*eaux de vidange*
lime	*la chaux*
liming	*le chaulage*
to apply chemicals	*déverser des produits chimiques*
manure	*engrais naturel, le lisier*
a heap of manure / a dunghill	*un tas de fumier*
fertilizer	*engrais*
a fertilizer grade	*une qualité d'engrais*
compost	*le compost*
nitrogen	*azote*

6 CROPS — *LES RECOLTES*

to grow	*faire pousser*
alfalfa	*la luzerne*
barley	*orge*
buckwheat	*le sarrasin*
clover	*le trèfle*
corn	*le blé (UK), le maïs (USA)*
cotton	*le coton*
a cotton bale	*une balle de coton*
flax	*le lin*
grain	*les céréales, le blé (USA)*
hops	*le houblon*
maize / Indian corn	*le maïs*
a corn cob	*un épi de maïs*
hemp	*le chanvre*
millet	*le millet*
oats	*avoine*
rape	*le colza*
rapeseed	*graines de colza*
rice	*le riz*
a paddy field	*une rizière*
rye	*le seigle*
soybean	*le soja*
soyabean oil	*l'huile de soja*
sugar-beet	*la betterave sucrière*
sugar cane	*la canne à sucre*
sunflower	*le tournesol*
tobacco	*le tabac*
wheat	*le blé, le froment*

7 FARM PRODUCE — *LES PRODUITS FERMIERS*

7.1 EARLIES — *LES PRIMEURS*

a market gardener	*un maraîcher*
a costermonger	*un marchand des quatre-saisons*
early produce	*primeurs*
a greenhouse	*une serre*
a hothouse	*une serre chaude*
an artichoke	*un artichaut*
an avocado pear	*un avocat*
an asparagus	*une asperge*
a bean	*un haricot*
green beans / French beans	*haricots verts*
beanshoots / beansprouts	*germes de soja*
a beetroot	*une betterave*
brocoli	*le brocoli*
Brussels sprouts	*choux de Bruxelles*
a cabbage	*un chou*
a carrot	*une carotte*
a cauliflower	*un chou-fleur*
celery	*le céleri*
a chestnut	*une châtaigne*
chicory	*endive / la chicorée (USA)*
curled endive	*la chicorée (UK) / endive (USA)*
a clove	*un clou de girofle*
a cucumber	*un concombre*
dandelion	*le pissenlit*
dill	*l'aneth, le fenouil*
an eggplant	*une aubergine*
fennel	*le fenouil*
a gherkin	*un cornichon*
a kale	*un chou frisé*

a leek	*un poireau*
a lentil	*une lentille*
a lettuce	*une laitue*
linseed	*graines de lin*
a nut	*une noix*
edible nuts	*noix comestibles*
onion	*oignon*
a potato	*une pomme de terre*
a pea	*un pois*
a pumpkin	*une citrouille, un potiron, une courge*
a radish	*un radis*
horseradish	*le raifort*
rape	*le colza*
rhubarb	*la rhubarbe*
a salad	*une salade*
sauerkraut	*la choucroute*
spinach	*épinard*
sugar	*le sucre*
sugarcane	*la canne à sucre*
a tomato	*une tomate*
a turnip	*un navet*
a walnut	*une noisette*
zucchini	*la courgette*

7.2 POTHERBS — *LES HERBES POTAGERES*

chervil	*le cerfeuil*
chive	*la ciboulette, la civette*
garlic	*ail*
a clove of garlic	*une gousse d'ail*
oregano	*origan*
parsley	*le persil*
shallot	*échalotte*
sorrel	*oseille*
thyme	*le thym*
watercress	*le cresson*

7.3 MUSHROOMS — *LES CHAMPIGNONS*

to go mushrooming	*aller aux champignons*
to gather mushrooms	*ramasser des champignons*
mushroom poisoning	*empoisonnement par les champignons*
a toadstool	*un champignon vénéneux*
an amanite	*une amanite*
a chanterelle	*une girolle*
a death cap	*une amanite phalloïde*
a fungus / fungi	*un champignon vénéneux*
a morel	*une morille*
mushrooms	*cèpes*
a parasol mushroom	*une coulemelle*
a puffball	*une vesse de loup*
a truffle	*une truffe*

8 FRUITS — *LES FRUITS*

an orchard	*un verger*
a fruit tree	*un arbre fruitier*
to graft	*greffer*
an almond	*une amande*
an apple	*une pomme*
an apricot	*un abricot*
a blackberry	*une mûre (ronce)*
a blackcurrant	*un cassis*
a blueberry	*une myrtille, une airelle*
a cantaloup	*un cantaloup*
a cherry	*une cerise*
citrus fruits	*agrumes*
a cranberry	*une airelle*
a currant	*une groseille*
a gooseberry	*une groseille à maquereau*
grapes	*le raisin*
a greengage	*une reine-claude*
a hazelnut	*une noisette*
a melon	*un melon*
a mulberry	*une mûre (arbre)*
a peach	*une pêche*
a pear	*une poire*
a pippin	*une reinette*
a plum	*une prune*
a quince	*un coing*
a raspberry	*une framboise*
a redcurrant	*une groseille*
a strawberry	*une fraise*
a watermelon	*une pastèque*
a whortleberry	*une myrtille*
a wild strawberry	*une fraise des bois*

9 TROPICAL CROPS — *LES CULTURES TROPICALES*

a banana	*une banane*
cassava	*le tapioca*
cocoa	*le cacao*
a coconut	*une noix de coco*
coffee	*le café*
a date	*une datte*
fibre plants	*textiles*
a fig	*une figue*
a grapefruit	*un pamplemousse*
a kiwi	*un kiwi*
a lemon	*un citron*
a mango	*une mangue*
manioc	*le manioc*
mustard seeds	*graines de moutarde*
oilseeds	*oléagineux*
palm oil	*huile de palmier*
peanut	*arachide*
pepper	*le poivre*
a pineapple	*un ananas*
a plantain	*une banane (des Antilles)*
a pomegranate	*une grenade*
rubber	*le caoutchouc*
sisal	*le sisal*
sorghum	*le sorgho*
a tangerine	*une mandarine*
tea	*le thé*

IV THE LIVESTOCK — *LE CHEPTEL*

1 GENERAL BACKGROUND — *GENERALITES*

animal husbandry	*l'élevage*
stock	*le cheptel*
livestock	*le cheptel vif*
grazing stock	*le bétail sur pied*
cattle	*le gros bétail*
to raise cattle / to rear cattle	*élever du bétail*
a head of cattle / 20 head of cattle	*une tête de bétail / 20 têtes de bétail*
cattle breeding / cattle raising	*l'élevage du bétail*
a cattle market	*une foire à bestiaux*
a cattle show	*un concours agricole*
a cattle truck	*un fourgon à bestiaux*
a cattlerancher / a cattle breeder	*un éleveur*
a stock breeder	" "
a feedlot operator	*un gros éleveur*
a shepherd / a sheepman	*un berger*
a cowherd	*un vacher*
a herd	*un troupeau (bovin)*
a flock	*un troupeau (ovin, caprin)*
a mammal	*un mammifère*
a ruminant	*un ruminant*
to breed / to rear / to raise	*élever*
to brand	*marquer au fer rouge*
to feed	*nourrir*
to fatten / to feed up	*engraisser*
silage	*le fourrage ensilé, l'ensilage*
feedstuffs	*aliments pour animaux*
fodder	*le fourrage*
a feeder / a crib	*une mangeoire, un nourrisseur*
a trough / a manger	*un abreuvoir, une auge*
the pasture	*le pâturage*
a meadow	*un pré*
open range (USA)	*grands pâturages*
an enclosure	*une clôture*
to fence	*clôturer*
to graze	*paître*
to crop	*brouter*

2 BOVINES AND OVINES — *BOVINS ET OVINS*

a boar	*un verrat*
a litter of pigs	*une portée de cochons*
a bull	*un taureau*
a bullock	*un bouvillon*
a calf / calves	*un veau / veaux*
a cow	*une vache*
an udder	*un pis*
a ewe	*une brebis*
a goat	*une chèvre, un bouc*
a she-goat / a billy goat	*une chèvre (femelle)*
a heifer	*une génisse*
a kid	*un chevreau*
a lamb	*un agneau*
an ox / oxen	*un bœuf / bœufs*
to milk a cow	*traire une vache*
a milking machine	*une trayeuse électrique*
skimming	*écrémage*
skimmed milk	*le lait écrémé*
curdled milk	*le lait caillé*
whey	*le petit lait*
to churn	*baratter*
a pig / a hog (USA)	*un porc*
a piglet	*un porcelet*
a ram	*un bélier*
a sheep / sheep	*un mouton / moutons*
to shear	*tondre*
a sow	*une truie*
a steer	*un jeune bœuf*
a beast of burden	*une bête de somme*
a yoke	*un joug*
a donkey / an ass	*un âne*
a colt / a foal	*un poulain*
a filly	*une pouliche*
a hinny	*un bardot*
a mare	*une jument*
a mule	*une mule*
a thoroughbred	*un pur-sang*

3 THE POULTRY — *LA VOLAILLE*

a poultry farm	*une ferme pour l'élevage de volailles*
a poultry farmer	*un volailleur*
a chick	*un poussin*
a chicken	*un poulet*
a battery-reared chicken	*un poulet d'élevage*
a cock	*un coq*
a cockerel	*un jeune coq*
a drake	*une cane*
a duck	*un canard*
a duckling	*un caneton*
a guinea-fowl	*une pintade*
a hen	*une poule*
to hatch	*couver*
a hatchery	*un couvoir*
to lay an egg	*pondre un œuf*
a brooder	*une couveuse*
a gander	*un jars*
to force-feed	*gaver*
a peacock	*un paon*
a goose / geese	*une oie / oies*
a turkey cock	*un dindon*
a turkey hen	*une dinde*
a breed	*une race, une espèce*
crossbreeding	*le croisement*
a crossbreed	*un hybride*

4 THE VET — *LE VETERINAIRE*

a veterinarian	*un vétérinaire*
a veterinary surgeon	" "
a domesticated animal	*un animal domestique*
a wild animal	*un animal sauvage*
an infected animal	*un animal contagieux*
to be susceptible to a disease	*être exposé à une maladie*
health risks to humans	*risques pour la santé de l'homme*
to banish	*interdire (la consommation de)*
to slaughter	*abattre*
a slaughterhouse	*un abattoir*
to debone	*désosser*
an outbreak / an epidemic	*une épidémie*
an epidemic disease	*une maladie infectieuse*
mad cow disease	*la maladie de la vache folle*
rabies	*la rage*
scabies / mange	*la gale*
foot-and-mouth disease	*la fièvre aphteuse*
swine pest	*la peste porcine*
toxoplasmosis	*la toxoplasmose*
brucellosis	*la brucellose*
a tapeworm	*un ténia*
hookworms	*ankylostomiase*
lockjaw	*le tétanos*
a zoonosis / zoonoses	*une zoonose / zoonoses*
a carrier of a disease	*un porteur de maladie*
to transmit a virus	*transmettre un virus*

V AGRICULTURAL POLICY — *LA POLITIQUE AGRICOLE*

the Department of Agriculture	*le ministère de l'Agriculture*
the Secretary of Agriculture	*le ministre de l'Agriculture*

1 FOOD PRODUCTION — *LA PRODUCTION ALIMENTAIRE*

a producer	*un producteur*
farm products / produce	*produits fermiers*
crop yield	*le rendement des cultures*
a dairy state (USA)	*un état laitier*
a sugar state (USA)	*un état sucrier*
farm exports	*exportations fermières*
agricultural exports	*exportations agricoles*
agribusiness / agrobusiness	*l'agro-alimentaire*
agro-industry	*l'agro-industrie*
agribusiness excesses	*surplus agro-alimentaires*
the food industry	*l'industrie alimentaire*
food-processing industries	*industries alimentaires*
the sugar industry	*l'industrie sucrière*
a sugar refinery	*une raffinerie de sucre*
an oil-mill	*une huilerie*
a cannery	*une conserverie*
a curing factory	*une usine de salaison*
agricultural food products	*produits agro-alimentaires*
sustainable agriculture	*autarcie agricole*
subsistence agriculture	" "
sustenance	*moyens de subsistance*

2 BIORESEARCH — *LA RECHERCHE BIOLOGIQUE*

an agricultural college	*un lycée agricole*
food and science nutrition	*études agro-alimentaires*
an agronomist	*un agronome*
an agricultural expert / engineer	*un ingénieur agricole*
biological engineering	*les manipulations biologiques*
to create a greater crop yield	*améliorer le rendement des cultures*
bioethics	*la bio-éthique*
bioengineering	*la recherche et le développement en biologie*
a bioengineer	*un chercheur en biologie*
biogenetics	*la biogénétique*
biotechnology	*la biotechnologie*
bioastronautics	*la biologie appliquée à l'exploration spatiale*
a biosatellite	*un satellite emportant des organismes vivants*
a hormone	*une hormone*
a growth-promoter gene	*un gène de croissance*
crossbreeding	*le croisement de races*
a crossbreed	*un animal hybride*
a biological product	*un produit biologique*
test-tube food	*la nourriture expérimentale*
hydroponics	*la culture hydroponique*
soilless culture	*la culture sans sol*

3 THE FARMER'S PLIGHT — *LA CRISE AGRICOLE*

to be land-poor	*exploiter des terres non rentables*
to farm out	*épuiser les sols (par surexploitation)*
farm income	*le revenu agricole*
to drop	*chuter*
a farm slump	*une crise agricole*
farming subsidies	*subventions agricoles*
a farm gate price	*un prix à la production*
to keep prices firm	*maintenir les prix fermes*
food prices	*les prix alimentaires*

farm exports	*les exportations agro-alimentaires*
to hold down the supply of crops	*limiter les récoltes*
a soil bank / land retirement	*un programme de subventions à la mise en jachère*
to stockpile	*stocker*
a stockpile	*une réserve*
a glut	*une surabondance, un surplus*
to be mired in a farm slump	*être enlisé dans une crise agricole*
to be caught in a cashflow crunch	*être à court de liquidités*
to be squeezed between	*être coincé entre*
a financial squeeze	*un resserrement du crédit*
to be hit by a recession	*être frappé par une récession*
land value	*la valeur des terres*
rising prices	*l'augmentation des prix*
falling costs	*la chute des prix de revient*
slim returns	*faibles revenus*
to operate at losses	*fonctionner à perte*
to be pushed toward bankruptcy	*être poussé à la faillite*
to fight banks	*se battre contre les banques*
to borrow heavily	*s'endetter lourdement*
to extend credit	*accorder un crédit supplémentaire*
to refuse credit	*refuser des crédits*
to grant credit	*accorder des crédits*
to stay in business	*poursuivre l'exploitation*
a crop failure	*la faillite d'une récolte*
to sell out	*liquider*
to be left destitute	*rester sur la paille*
a farm foreclosure	*une saisie de ferme*
to lose a farm through a foreclosure	*se faire saisir sa ferme*
to auction off	*vendre aux enchères*
an auction	*une vente aux enchères*
a public auction	*une vente publique*
to go on the auction block	*être vendu aux enchères*
to be evicted	*être expulsé*
an eviction	*une expulsion*
to confiscate property	*confisquer les biens*
to be driven from the land	*être chassé de ses terres*
to adopt militant tactics	*adopter une tactique militante*
a tractorcade	*un défilé de tracteurs*

see : debt, bankruptcy — *voir : la dette, la faillite*

2 ENERGY — *L'ENERGIE*

I ENERGY — *L'ENERGIE*

1 GENERAL BACKGROUND — *GENERALITES*

power	*l'énergie*
to power	*fournir de l'énergie*
to yield power	*produire de l'énergie*
to convert energy	*convertir l'énergie*
to capture energy	*capturer l'énergie*
to harness energy	*exploiter / domestiquer l'énergie*
to harness a river	*aménager un fleuve*
to extract energy (from)	*tirer l'énergie (de)*
to recover energy	*récupérer l'énergie*
to import	*importer*
recoverable	*récupérable*
to provide energy	*fournir de l'énergie*
to consume energy	*utiliser de l'énergie*
energy consumption	*la consommation d'énergie*
to store energy	*stocker l'énergie*
energy storage	*le stockage de l'énergie*
an energy source	*une source d'énergie*
a soft energy source	*une source d'énergie douce*
to tap a source	*exploiter une source*
an indigeneous source	*une source nationale*
an unlimited source	*une source illimitée*
a primary source	*une source primaire*
renewable	*renouvelable*
cheap	*bon marché*
plentiful	*abondant*
in surplus	*excédentaire*
efficient	*efficace*
low cost	*peu coûteux*
attractive	*attirant*
inexhaustible	*inépuisable*
to fuel	*alimenter / ravitailler en combustible*
fuel	*le carburant*
fossil fuels	*carburants fossiles*

2 ENERGY STRATEGY — *LA STRATEGIE ENERGETIQUE*

the Energy Department	*le ministère de l'Energie*
the International Energy Agency (IEA)	*l'Agence internationale pour l'énergie*
an energy strategy	*une stratégie énergétique*
energy planners	*les stratèges de l'énergie*
to supply	*approvisionner*

energy supplies	*approvisionnements en énergie*
the demand for energy	*la demande d'énergie*
to flatten out / to level off	*s'équilibrer*
to pick up	*reprendre*
to underestimate	*sous-estimer*
to peak	*atteindre un maximum*
to increase	*augmenter*
to decrease	*diminuer*
forecasts	*prévisions*
to foresee	*prévoir*
a shortfall	*un déficit, un manque*
alarmist	*alarmiste*

II SOURCES OF ENERGY — *LES SOURCES D'ENERGIE*

1 HYDROELECTRIC POWER — *LA HOUILLE BLANCHE*

to electrify	*électrifier*
electric current / charge	*le courant électrique*
an electric vehicle	*un véhicule électrique*
an electric wire	*un fil électrique*
a plug	*une prise mâle*
a socket	*une prise femelle*
a switch	*un interrupteur*
a bulb	*une ampoule*
an electrician	*un électricien*
electrification	*l'électrification*
rural electrification	*l'électrification des campagnes*
a hydroelectric plant	*une centrale hydroélectrique*
water power	*l'énergie électrique*
a utility company	*une société de service public*
a power station	*une centrale électrique*
a thermal power station	*une centrale thermique*
a hydroelectric scheme	*un projet hydroélectrique*
to dam a river	*construire des barrages sur un fleuve*
a dam	*un barrage*
a turbine	*une turbine*
a sluice	*un canal de décharge, une vanne*
a nuclear power plant	*une centrale nucléaire*
a generating station	*une centrale de production*
a generator	*un générateur*
a transformer	*un transformateur*
voltage	*le voltage*
a pylon	*un pylône*
a pole	*un poteau*
to generate electricity	*produire de l'électricité*
a mega-watt	*un mégawatt*
to be coal-fired	*être alimenté en charbon*
coal burning	*qui est alimenté en charbon*
oil-fired	*alimenté en pétrole*
a power grid	*un réseau de distribution*
to be connected to a grid	*être branché sur un réseau*
the mains	*le secteur*
to send power	*envoyer du courant*
to cut off the power	*couper le courant*
a power failure	*une panne de courant*
to be overloaded	*être en surtension*
to black out	*plonger dans un black-out partiel, faire une coupure partielle*
a dimout	*un black-out partiel*
a brownout	*une baisse de tension*
a blackout	*une panne de secteur*
a shutdown	*un arrêt, une coupure*
to blow a fuse	*faire sauter un plomb*
a shortcircuit	*un court-circuit*
peak hours	*heures de pointe*
off-peak hours	*heures creuses*

2 NATURAL GAS — *LE GAZ NATUREL*

natural gas	*le gaz naturel*
an underground reservoir	*une réserve souterraine*
a gas-works	*une usine à gaz*
a gas worker	*un gazier*
a gas pipe	*une conduite de gaz*
a gas main	*une canalisation de gaz*
a gas pipeline	*un gazoduc*
a gas bill	*une note de gaz*
a gas meter	*un compteur à gaz*
meter rate	*la facturation sur les consommations*
gas fired central heating	*le chauffage central au gaz*
a meter-reader / a gas man	*un releveur de compteurs*

3 SOLAR ENERGY — *L'ENERGIE SOLAIRE*

solar power	*l'énergie solaire*
sunlight	*la lumière solaire*
to exploit solar energy	*exploiter l'énergie solaire*
to tap the sun's energy	" " "
to collect sunlight	" " "
to generate electricity from sunlight	*produire de l'électricité à partir de la lumière du soleil*
to harness the sun	*exploiter le soleil*
the photovoltaic (PV) industry	*l'industrie photovoltaïque*
a photovoltaic power station	*une centrale solaire*
a PV plant	*une usine photovoltaïque*

a photovoltaic cell	*une cellule photovoltaïque*
to eke out electricity of solar cells	*tirer l'électricité de cellules solaires*
a photovoltaic collector	*un capteur photovoltaïque*
a solar panel	*un panneau solaire*
an array of panels	*une rangée de panneaux*
to transmit over long distances	*transporter sur de longues distances*
to capture heat	*capturer la chaleur*
to focus sunlight on to	*concentrer les rayons solaires sur*
a solar concentrator	*un concentrateur de rayons*
a reflector	*un réfléchisseur*
a parabolic mirror	*un miroir parabolique*
a parabolic trough	*une rangée de miroirs paraboliques*
line focus collectors	" " " "
a parabolic dish	*une antenne parabolique*
to be oriented toward the sun	*être tourné vers le soleil*
solar radiation	*radiations solaires*
a solar thermal plant	*une centrale thermique solaire*
a solar generator	*un générateur solaire*
a low cost storage system	*un système de stockage économe*
a solar oven / a solar furnace	*un four solaire*
to provide heating	*fournir de la chaleur*
solar heating	*chauffage à l'énergie solaire*

4 OTHER SOURCES OF ENERGY — *AUTRES SOURCES D'ENERGIE*

wind power	*l'énergie éolienne*
energy from the wind	*l'énergie dérivée du vent*
a windmill	*une éolienne*
biomass	*la biomasse*
wastes	*déchets*
synfuel / synthetic fuel	*le combustible de synthèse*
tidal energy	*l'énergie des marées*
a tidal power project	*un projet d'usine marémotrice*
a tidal power station	*une usine marémotrice*
a water mill	*un moulin à eau*
a waterwheel / a paddlewheel	*une roue à aubes*
geothermal energy	*l'énergie géothermique*
natural steam	*la vapeur naturelle*
hot water	*eau chaude*
a hot spring	*une source thermale chaude*
a gusher	*une source jaillissante*
a geyser	*un geyser*
a geothermal well	*un puits géothermique*
to pipe to	*canaliser vers*
to heat	*chauffer*
to tap hot water	*exploiter l'eau chaude*
oceanothermic energy	*l'énergie océanothermique*
a thermal gradient	*une échelle des températures*

III THE ENERGY CRISIS — *LA CRISE DE L'ENERGIE*

1 GENERAL BACKGROUND — *GENERALITES*

the energy crunch	*la crise de l'énergie*
a squeeze	*une crise*
to loom ahead	*se dessiner*
energy costs	*coûts énergétiques*
to meet energy costs	*payer la facture énergétique*
energy dependency	*la dépendance énergétique*
energy consumption	*la consommation d'énergie*
a limited source	*une source limitée*
to deplete	*diminuer, (se) réduire*
a depletion	*un épuisement*
a depletion rate	*un taux d'épuisement*
scarce	*rare*
scarcity	*la rareté*
a shortage	*une pénurie*
a glut	*une surabondance*
to exhaust / to deplete	*épuiser*
depletion	*l'épuisement (des ressources)*
depletable	*non renouvelable*
to run out of	*manquer de*
to run out	*s'épuiser*
to run short of	*commencer à manquer de*
alternative energy	*une énergie de rechange*
to explore alternative	*étudier une énergie de rechange*
to meet requirements	*satisfaire les besoins*
to meet an emergency	*faire face à une urgence*
to meet energy needs	*faire face aux besoins énergétiques*
to be dependent on	*dépendre de*
dependence on	*la dépendance en*
overdependence	*la surdépendance*
to be self-sufficient	*être autonome*
self-dependence	*autosuffisance*
to build stockpiles	*constituer des réserves*

2 ENERGY CONSERVATION — *LES ECONOMIES D'ENERGIE*

to conserve energy	*économiser l'énergie*
to conserve fuel	*économiser le carburant*
to save	*économiser*
to waste energy	*gaspiller l'énergie*
energy conservation	*ies économies d'énergie*

wastage	*le gaspillage*
to reduce one's energy consumption	*freiner sa consommation d'énergie*
central heating	*le chauffage central*
a water heater / a boiler	*un chauffe-eau*
a radiator	*un radiateur*
to winterize a house	*préparer une maison pour l'hiver*
to insulate a house	*isoler une maison du froid*
insulation	*isolation*
fibre glass	*la laine de verre*
double glazing	*le double vitrage*
to switch on / to switch off the light	*allumer / éteindre l'électricité*
to turn on / to turn off the gas	*allumer / éteindre le gaz*
to light / to make a fire	*allumer un feu*
firewood	*le bois de chauffage*
a wood pile	*une réserve de bois*
a wood stove	*un poêle à bois*
a fireplace	*un âtre, une cheminée*
a wood fire	*un feu de bois*
see : the oil industry	*voir : l'industrie pétrolière*

3 THE OIL INDUSTRY — *L'INDUSTRIE PETROLIERE*

1 OIL PRODUCTS — *LES PRODUITS PETROLIERS*

the petroleum industry	*l'industrie pétrolière*
the petrochemical industry	*l'industrie pétrochimique*
an oil company / an energy company	*une compagnie pétrolière*
an oil firm	" " "
the seven sisters	*les sept sœurs (les 7 plus grosses sociétés pétrolières mondiales)*
an oil major	*une grande compagnie pétrolière*
an oil man	*un pétrolier*
to refine	*raffiner*
to refine into petrol	*raffiner pour obtenir de l'essence*
to refine downstream	" " "
a refining capacity	*une capacité de raffinage*
a refinery	*une raffinerie*
a flare	*une torchère*
the oil market	*le marché pétrolier*
hydrocarbons	*hydrocarbures*
oil	*le pétrole*
shale oil	*huiles de schiste*
oil shale	*schistes bitumineux*
a by-product	*un dérivé*
tar	*le goudron*
bitumen	*le bitume*
tar sand	*sables asphaltiques*
naphtha	*le naphte*
crude oil / petroleum	*le pétrole brut*
light sweet	*le brut léger*
lighting-oil / kerosene	*le pétrole lampant*
paraffin oil	*le kérosène*
kerosene / jet fuel	*le kérosène (avion)*
fuel oil / heating oil	*le mazout, le fioule domestique*
diesel oil / gas-oil	*le gazole (pour camions)*
petrol / gas / gasoline (USA)	*l'essence*
four-star / premium	*le super*
regular	*l'ordinaire*
unleaded / lead-free gas	*l'essence sans plomb*
a tank of gas	*un plein de carburant*
lubrication oil	*huile de graissage*
to fill up / to gas up	*faire le plein d'essence*
a filling-station	*une station service*
fuel-thirsty	*gourmand en carburant*
a gas guzzler	*une voiture vorace en carburant*

2 OIL PRODUCING COUNTRIES — *LES PAYS PRODUCTEURS DE PETROLE*

an oil-producing country	*un pays producteur de pétrole*
a petroleum producer	*un producteur de pétrole*
oil resources	*ressources en pétrole*

an oil-rich country	*un pays riche en pétrole*
oil riches	*richesses pétrolières*
the North Sea fields	*les gisements de la Mer du Nord*
the Persian Gulf	*le Golfe persique*
the Middle East	*le Moyen-Orient*
the Westerners	*les Occidentaux*
a sultanate	*un sultanat*
an emirate	*un émirat*
an oil emir	*un émir du pétrole*
a sheik(h)	*un cheik*
an oil sheik	*un émir du pétrole*
an oildom	*un royaume du pétrole*
a sheik(h)dom	*un pays contrôlé par un cheik*
the Organization of Petroleum Exporting Countries (OPEC)	*l'Organisation des pays exportateurs de pétrole (OPEP)*
an oil cartel	*un cartel pétrolier*
proven reserves	*réserves confirmées / assurées*

3 OIL DRILLING — *L'EXPLORATION PETROLIERE*

to wildcat	*prospecter*
a wildcatter	*un prospecteur*
a wildcatting site	*un site de forage*
to explore for oil	*chercher du pétrole*
exploration	*la prospection*
extraction	*l'extraction*
oil extraction	*le forage*
offshore drilling	*le forage en mer*
an oil field	*un gisement de pétrole*
to strike oil	*découvrir du pétrole, atteindre une nappe de pétrole*
to hit pay dirt	*trouver un gisement*
a bonanza	*une manne*
to develop an oil field	*exploiter un gisement*
to tap out an oil field	*épuiser un gisement*
an oil well	*un puits de pétrole*
a stripper	*un puits désaffecté*
a spud in date	*le début de démarrage d'un forage*
a rig / a derrick	*un derrick*
an oil-rig	*une plate-forme de forage en mer*
to drill	*forer*
an oil drill	*un trépan*
a drill bit	*un foret*
a bore hole	*un trou de forage*
a wellhead	*une source*
onshore exploration	*exploration intérieure*
offshore exploitation	*exploitation en mer*
an offshore exploitation lease	*une concession d'exploration en mer*
offshore drilling	*le forage en mer*
an oil reservoir / an oil layer	*une nappe de pétrole*
to coax oil to the surface	*amener le pétrole à la surface*
to recover oil (from)	*récupérer le pétrole (de)*
oil recovery	*la récupération du pétrole*
to come into production	*commencer à produire*

4 OIL PRODUCTION — *LA PRODUCTION PETROLIERE*

self-sufficiency in oil	*la couverture des besoins pétroliers*
to depend on	*dépendre de*
a shortage of oil	*une pénurie de pétrole*
an excess of oil	*un excédent de pétrole*
an oil glut	*une surabondance de pétrole*
a glutted market	*un marché saturé*
plentiful energy	*abondance de pétrole*
a world awash in oil	*un monde qui regorge de pétrole*
to create excess supply	*produire des réserves excédentaires*
sliding sales of oil	*la baisse des ventes de pétrole*
price discounting	*la pratique de rabais*
to curb production	*réduire sa production*
to level off	*se stabiliser*
to depress oil prices	*déprimer les prix du pétrole*
a cut in output	*une baisse de la production*
to cap one's output	*limiter sa production*
a production cap	*une limitation de production*
a spare capacity	*une capacité de production disponible*
a falloff in demand	*une baisse de la demande*
sluggish demand	*une demande molle*
to balk at boosting prices	*hésiter à augmenter les prix*
to lessen a dependence on oil	*réduire sa dépendance en besoins pétroliers*
to expand production	*développer la production*
a production hike	*une augmentation de la production*

to boost / to increase production	*augmenter la production*
to be oil-hungry	*être gros consommateur de pétrole*
oil earnings	*revenus tirés du pétrole*

5 OIL TRANSPORTATION — *L'ACHEMINEMENT DU PETROLE*

oil installation	*installations pétrolières*
to pump oil (out of the ground)	*pomper du pétrole (de la terre)*
a pumping station	*une station de pompage*
an oil terminal	*un terminal pétrolier*
an oil pipeline	*un oléoduc*
pipeline fees	*droits d'oléoduc*
a throughput agreement	*un accord sur le financement d'un projet de construction d'oléoduc*
a can	*un bidon*
an oil drum	*un fût de pétrole*
a barrel	*un baril (récipient)*
a barrel (bbl)	*un baril (unité = 159 l)*
2.8. m b/d (barrels a day)	*2,8 millions de barils par jour*
a tanker / an oiler	*un pétrolier*
a tank	*une citerne*
an oil lorry	*un camion-citerne*
an oil storage tank	*un réservoir de stockage de pétrole*
an oil shipment	*une livraison de pétrole*

6 THE OIL CRISIS — *LA CRISE DU PETROLE*

an oil shock	*un choc pétrolier*
to withstand an oil shock	*résister à un choc pétrolier*
to rile the world	*agacer le monde*
to rock the world	*ébranler le monde*
to hit the world	*frapper la planète*
to cripple a market	*paralyser un marché*
a petropanic	*une panique pétrolière*
a petro-pinch	*une crise pétrolière*
an oil embargo	*un embargo sur le pétrole*
to cut off oil shipments	*interrompre les livraisons de pétrole*
to make up the shortfall (of)	*compenser la pénurie (de)*
an oil importer	*un importateur de pétrole*
oil needs	*besoins énergétiques*
to rely on oil for 40 per cent of one's energy needs	*dépendre du pétrole pour 40% de ses besoins énergétiques*
a disruption in energy supplies	*une interruption des approvisionnements en pétrole*
the strategic petroleum reserves (SPR)	*la Réserve stratégique de pétrole*
to draw on the SPR	*puiser dans la Réserve*
to tap the SPR	*exploiter la Réserve*
an SPR drawdown	*une diminution de la Réserve*
to hold reserves	*détenir des réserves*
oil prices	*les prix du pétrole*
a spot price	*un prix du disponible*
a spot market	*un marché du disponible*
the market crude	*le prix de référence du brut*
a benchmark	*un prix de référence*
volatility in oil prices	*l'instabilité des prix du pétrole*
to put pressure on prices	*créer une tension sur les prix*
a price run-up	*une augmentation des prix*
an oil-price rise	*une augmentation des prix du pétrole*
rising oil prices	*l'augmentation des prix du pétrole*
an oil price increase	*une augmentation des produits pétroliers*
the tripling / quadrupling of oil prices	*le triplement / quadruplement des prix du pétrole*
ballooning petroleum prices	*l'augmentation rapide des prix du pétrole*
to push prices up	*faire grimper les prix*
a price spike	*une hausse inhabituelle des prix*
a jump in gas prices	*un bond des prix des carburants*
to go sky high	*crever un plafond*
high cost fuel	*un carburant cher*
to stay up	*se maintenir*
to benefit from a price hike	*profiter d'un hausse des prix*
to profit from	*tirer avantage de*
to pocket / to collect	*empocher*
to sweep in	*ramasser*
to increase one's take	*augmenter ses revenus*
to line one's pockets	*s'en mettre plein les poches (fam.)*
the oil-import bill	*la facture pétrolière*
an energy bill	*une facture énergétique*
to cap petrol prices	*limiter les prix à la pompe*

a disgruntled motorist	*un automobiliste mécontent*
a cash drain (on)	*un épuisement des liquidités (pour)*
to roll back a rise	*imposer une baisse*
a rollback	*une baisse des prix imposée*
to force a rollback	*imposer une baisse des prix*
a price cut	*une baisse des prix*
to drop	*baisser*
to cut energy consumption	*réduire sa consommation d'énergie*
to put the brakes on oil consumption	*ralentir sa consommation de pétrole*
to spawn conservation efforts	*inciter aux économies d'énergie*
to reduce a reliance on oil	*réduire une dépendance en pétrole*
to cut a country's dependence on	*réduire la dépendance d'un pays vis à vis de*
energy dependence	*la dépendance énergétique*
to boost one's fuel economy efficiency	*améliorer sa capacité à économiser le carburant*
fuel economy standards	*normes de consommation de carburant*
to hoard oil	*constituer des stocks de pétrole*
oil stocks	*réserves de pétrole*
to be gouged by the oil companies	*être victime des prix exhorbitants pratiqués par les companies pétrolières*
a petrol tax	*une taxe sur les carburants*
a fuel cost surcharge (to a ticket price)	*un surcoût (au prix d'un billet)*

see : economic crisis — *voir : la crise économique*

4 NUCLEAR ENERGY — *L'ENERGIE NUCLEAIRE*

I NUCLEAR POWER — *L'ENERGIE NUCLEAIRE*

1 GENERAL BACKGROUND — *GENERALITES*

nuclear physics	*la physique nucléaire*
nuclear research	*la recherche nucléaire*
a nuclear physicist	*un physicien nucléaire*
a nuclear scientist	*un atomiste*
nuclear reaction	*une réaction atomique*
nuclear testing	*essais nucléaires*
a nuclear test	*un essai nucléaire*
a nuclear explosion	*une explosion atomique*
a nuclear column	*un entonnoir*
a camouflet / a crater	" "
nuclear fusion	*la fusion nucléaire*
nuclear fission / splitting	*la fission nucléaire*
fissionable materials	*matières fissiles*
a thermonuclear reaction	*une réaction thermonucléaire*
a chain reaction	*une réaction en chaîne*
a particle	*une particule*
an atom	*un atome*
a nucleus / nuclei	*un noyau / noyaux*
a nucleon	*un nucléon*
a neutron	*un neutron*
a neutrino	*un neutrino*
a quark	*un quark*
to bombard with neutrons	*bombarder de neutrons*
a proton	*un proton*
gamma rays	*rayons gamma*
a beta particle	*une particule bêta*
a particle detector	*un détecteur de particules*
an atomic-particle accelerator	*un accélérateur de particules*
an atom smasher	*un collisionneur*
an electron collider	" "
a ring accelerator	*un accélérateur circulaire*
a superconducting collider	*un synchrotron*
a betatron	*un bêtatron*
a cyclotron	*un cyclotron*
a magnetic field	*un champ magnétique*
to split the atom	*fissurer l'atome*
to fuse	*fusionner, fondre*
kinetic energy	*l'énergie kinétique*
to release energy	*libérer de l'énergie*
heat energy	*énergie calorifique*
nuclear yield	*la puissance nucléaire*
to make power	*fabriquer de l'énergie*
to produce power	*produire de l'énergie*
to draw power from the atom	*tirer sa puissance de l'atome*
to supplement fossil fuels	*suppléer les carburants fossiles*
power production	*la production d'énergie*

an electrical power capacity	*une capacité à produire de l'électricité*
to generate electricity	*produire de l'électricité*
electricity generation	*la production d'électricité*

2 THE NUCLEAR PROGRAM — *LE PROGRAMME NUCLEAIRE*

to go nuclear	*se convertir au nucléaire*
a cornerstone of an energy strategy	*une pierre angulaire de la stratégie énergétique*
a balanced energy policy	*une politique énergétique équilibrée*
to press ahead with a program	*faire avancer un programme*
to push nuclear power	*militer pour la cause du nucléaire*
to spur demand for nuclear energy	*stimuler la demande pour le nucléaire*
a nuclear-fuelled country	*un pays qui a adopté l'énergie nucléaire*
a peaceful application	*une application pacifique*
the power of the atom	*la puissance de l'atome*
to lag in developing atomic energy	*être à la traîne dans le développement de l'énergie nucléaire*
to fail to deliver on a promise	*ne pas tenir ses promesses*
to write off the nuclear option	*renoncer à la possibilité du nucléaire*
an alternative (to)	*une solution de rechange (à)*
a fuel problem	*un problème de combustible*
to look for a quick technological fix	*chercher une solution technologique rapide*
to rely on atomic energy	*dépendre de l'énergie atomique*
a renewable source of energy	*une source d'énergie renouvelable*
cheap electricity	*électricité bon marché*
to lower the cost of energy	*faire baisser le coût de l'énergie*
to provide low cost energy	*fournir une énergie bon marché*
to nudge upward the demand for	*accroître la demande en*
to meet needs	*satisfaire les besoins*
to match needs	*" " "*
to be bound to increase	*être sûr d'augmenter*
to meet unusual emergencies	*faire face à des situations critiques*
to meet future power demands	*satisfaire les demandes en énergie futures*
to drive the economy into the future	*conduire l'économie vers l'avenir*
to be energy hungry	*avoir soif d'énergie*
a fail-safe technology	*une technologie éprouvée*
safe	*sans danger*
to eliminate the danger (of)	*éliminer le danger (de)*
a clean source of energy	*une source d'énergie propre*
to be pollution-free	*être sans danger pour l'environnement*
to deface the environment	*abîmer l'environnement*
to show great promise	*se montrer très prometteur*

3 NUCLEAR FUEL — *LE COMBUSTIBLE NUCLEAIRE*

fissionable nuclear fuels	*carburants nucléaires fissibles*
uranium	*uranium*
plutonium	*le plutonium*
thorium	*le thorium*
a high grade uranium	*un uranium de haute teneur*
medium grade	*de teneur moyenne*
low grade	*de faible teneur*
a deposit	*un gisement*
a burnup time	*un temps de combustion*
a fuel cycle	*un cycle de combustion*
an ore	*un minerai*
a uranium ore	*un minerai d'uranium*
to mine the ore	*extraire un minerai*
purification	*la purification*
to convert	*convertir*
to enrich	*enrichir*
enrichment	*l'enrichissement*
an enrichment process	*un procédé d'enrichissement*
spent fuel	*le combustible irradié*

4 THE NUCLEAR INDUSTRY — *L'INDUSTRIE NUCLEAIRE*

the nuclear age	*l'ère atomique*
to leap into the nuclear age	*sauter à pieds joints dans l'ère du nucléaire*
nuclear facilities	*installations atomiques*
atomic technology	*la technologie nucléaire*
a nuclear power plant	*une usine atomique*
a power station	*une centrale nucléaire*
to operate a plant	*faire fonctionner une usine*
a "nuke"	*une centrale nucléaire*
a nuplex	*un complexe d'usines utilisant l'énergie nucléaire*
a nuclear reactor	*un réacteur nucléaire, une pile atomique*
a breeder	*un générateur*
a fastbreeder reactor / a fastbreeder	*un réacteur surgénérateur, un surrégénérateur*
to have a reactor in operation	*faire fonctionner un réacteur*
a thermal / fast reactor	*un réacteur thermique*
a pressurized water reactor (PWR)	*un réacteur à eau pressurisée*
a boiling water reactor (BWR)	*un réacteur à eau bouillante*
a heavy water reactor	*un réacteur d'eau lourde*
a cooling tower	*une tour de refroidissement*

a nuclear reprocessing plant	*une usine de retraitement*
a cooling system	*un système de refroidissement*
the core of a reactor	*le cœur d'un réacteur*
to pressurize	*pressuriser*
pressurization	*la pressurisation*
a rod	*une barre*
the shielding of a reactor	*le bouclier d'un réacteur*
a thermal shield	*un bouclier thermique*
a containment wall	*un mur de protection*
a steel shell	*une gangue d'acier*
to surround the reactor	*envelopper le réacteur*
concrete	*le béton*
a concrete shell	*une coquille de béton*
lead	*le plomb*

II NUCLEAR HAZARDS — *LES DANGERS DU NUCLEAIRE*

1 SAFETY PROBLEMS — *LES PROBLEMES DE SECURITE*

nuclear safeguards	*garanties de sécurité nucléaire*
the International Atomic Energy Agency (IAEA)	*l'Agence internationale de l'énergie atomique*
the Nuclear Power Board	*le Commissariat à l'énergie atomique (CEA)*
a safety standard	*une norme de sécurité*
a safety record	*une tradition de sécurité*
a breakdown	*une panne*
a mechanical failure	*une panne mécanique*
to guard against mechanical failure	*se protéger contre une panne mécanique*
a nuclear excursion	*un accident de surcriticité*
a fault	*un défaut*
faulty	*défectueux*
to malfunction	*mal fonctionner*
a malfunction	*un mauvais fonctionnement*
an increase in temperature	*une augmentation de la température*
a valve	*une valve*
a pipe	*un tuyau*
to jam	*se coincer*
a crack	*une fissure*
a stricken power station	*une centrale endommagée*
to shut down a reactor	*fermer un réacteur*
to release radioactivity	*libérer de la radioactivité*
to breach containment walls	*s'échapper de l'enceinte radioactive*
to overheat	*surchauffer*
to melt	*fondre*
a meltdown	*une fusion du cœur du réacteur*
to release a radioactive cloud	*libérer un nuage radioactif*
to spread	*se répandre*
to spew radioactive debris	*libérer des débris radioactifs*
nuclear fallout	*retombées radioactives*
fall out from an accident	*suites d'un accident*
to prevent the spread of radiation	*empêcher la diffusion des radiations*
to contain fallout	*limiter les retombées*

2 NUCLEAR ACCIDENTS — *LES ACCIDENTS NUCLEAIRES*

the nuclear issue	*le nucléaire*
the nuclear peril	*le péril nucléaire*
to fester	*empoisonner*
the dark side of technology	*l'envers du décor technologique*
a mishap	*un accident*
human error	*l'erreur humaine*
the human factor	*le facteur humain*
likelihood	*éventualité*
a remote possibility	*une possibilité éloignée*
to anticipate events	*prévenir les événements*
unanticipated events	*événements non prévus*
the unthinkable	*l'impensable*
dire predictions	*sinistres prévisions*
to play down the effects (of)	*minimiser les effets (de)*
to downplay the extent (of)	*minimiser l'étendue (de)*
to minimize the danger (of)	*minimiser le danger (de)*
a failed technology	*l'échec d'une technologie*
to keep the dimensions of a problem secret	*dissimuler la gravité d'un problème*
to cover up	*étouffer*
to hush up	*taire*
to put out information	*annoncer les nouvelles*
to give out news	*donner des nouvelles*
panic	*la panique*
to seize a population	*s'emparer de la population*
to evacuate an area	*évacuer une zone*
to warn the population	*avertir la population*
hysteria	*l'hystérie*
a specter	*un spectre*
the aftermath	*les conséquences*
an emergency safeguard	*une garantie de sécurité*
a back-up device	*un système de secours*
to reduce the risks	*limiter les risques*
to serve as a warning	*servir d'avertissement*
to leave lasting marks	*laisser des traces durables*
to be warned off vegetables and milk	*éviter de consommer des légumes et du lait*
to be displaced by an accident	*être relogé à la suite d'un accident*
a radioactive zone	*une zone radioactive*

a downwinder	*un habitant d'une zone contaminée*
to question the future	*(re)mettre l'avenir en question*
to write the obituary of an industry	*signer l'acte de décès d'une industrie*
to dismiss a catastrophe	*exclure une catastrophe*
to rule out	*exclure*
to learn from a disaster	*tirer les leçons d'une catastrophe*

3 RADIATIONS — *LES RADIATIONS*

to irradiate	*irradier*
irradiation	*irradiation*
radioactivity	*la radioactivité*
atmospheric radioactivity	*la radioactivité atmosphérique*
a radiation	*une radiation*
a dose of radiation	*une dose de radiation*
a level of radiation	*une teneur en radioactivité*
an acceptable / inacceptable level	*un niveau acceptable / inacceptable*
to measure a radiation level	*mesure la teneur en radioactivité*
to raise radiation levels	*élever les niveaux de radiation*
a Geiger counter	*un compteur Geiger*
radiation sickness	*la maladie des rayons*
to send radiation	*irradier*
to spew deadly radiation	*libérer des rayons mortels*
to receive a dose of radiation	*recevoir une dose de radiation*
to be exposed to a dose (of)	*être soumis à une dose (de)*
exposure to radiation	*l'exposition aux radiations*
radiation exposure	" " "
prolonged exposure	*exposition prolongée*
radiation limits	*le maximum acceptable d'irradiation*
an exposed person	*une personne exposée*
a millisievert (MSV) of radiation	*une dose infime de radiation*
a roentgen	*un Roentgen / Röntgen*
to survive 1000 roentgens	*survivre à une dose de 1000 Roentgens*
an erg	*un erg*
a rad	*une unité de radiation (100 ergs par gramme de matériau irradié)*
a rem (roentgen equivalent man)	*un rem (unité de mesure de l'effet biologique des radiations)*
an isotope	*un isotope*
unstable	*instable*
to contaminate	*contaminer*
contamination	*la contamination*
to suffer contamination	*être contaminé*
to inflict biological damage	*provoquer des dégâts biologiques*
radiation-related disorders	*troubles causés par les radiations*
abnormal radiation levels	*niveaux de radiation anormaux*
to keep a close watch on	*surveiller de près*
swollen thyroid glands	*le gonflement des glandes thyroïdiennes*
cataract	*la cataracte*
sluggishness	*apathie*
an anomaly	*une anomalie*
a chromosome abnormality	*une déformation congénitale*
radiation induced malformations	*malformations provoquées par les radiations*
to be born with a deformity	*naître avec une malformation*
a reduction in fertility	*une baisse de la fertilité*
to impair fertility	*faire diminuer la fertilité*
a genetic hazard	*un risque génétique*
leukemia	*la leucémie*
a cell count	*un nombre de globules*
a white blood cell	*un globule blanc*
radiation injury	*irradiations*
to develop cancer	*attraper un cancer*
to produce cancer	*provoquer le cancer*
to increase the incidence of cancer	*accroître les chances de cancer*
cancer of the skin	*le cancer de la peau*
a bone marrow transplant	*une transplantation de moelle épinière*
to urge abortions	*inciter à avorter*
a stillbirth	*un enfant mort-né*
neonatal death	*une mort néonatale*
gene mutations	*transformations génétiques*
to distort the pattern of development	*déformer le système de croissance*
the food chain	*la chaîne alimentaire*
to induce sterility	*provoquer la stérilité*
a shortening of the life span	*une diminution de la durée de vie*
long term effects	*effets à long terme*
to die from radiation exposure	*mourir des suites d'irradiation*
to lose friends from radiation poisoning	*perdre des amis à la suite d'irradiations*
to maim generation to come	*handicaper des générations futures*
to bequeath cancer to	*léguer le cancer à*
see : health	*voir : la santé*

4 NUCLEAR WASTE DISPOSAL — *LE TRAITEMENT DES DECHETS*

waste materials	*déchets*
atomic waste	*déchets nucléaires*
radioactive wastes	*déchets radioactifs*
lethal waste	*déchets mortels*
to generate waste	*produire des déchets*
to produce waste	" " "
low level wastes	*déchets peu radioactifs*
radioactive contaminants	*déchets radioactifs*

to remove	*retirer*
to dispose of	*se débarrasser de*
to transport	*transporter*
a radiation-resistant container	*un conteneur étanche*
radioactive waste disposal	*l'élimination des déchets radioactifs*
radioactive decay	*la diminution de la radioactivité*
to be long-lived	*avoir une durée de vie longue*
to deactivate nuclear waste	*décontaminer les déchets nucléaires*
to set up a nuclear waste dump	*installer une décharge de produits radioactifs*
to search for a site	*rechercher un site*
a permanent repository	*une zone de stockage permanent*
to store	*stocker*
storage	*le stockage*
to vitrify	*vitrifier*
vitrification	*la vitrification*
a vitrification plant	*une usine de vitrification*
to seal	*sceller*
tightly-sealed	*hermétiquement fermé*
to bury underground	*enterrer*
to escape into the ground	*s'infiltrer dans le sol*
to leak	*s'infiltrer*
leakage	*fuites*
a hazard	*un danger, un risque*
a policy of deep burial	*une politique d'enfouissement profond*
an underground tank	*un réservoir souterrain*
a swimming pool	*un réservoir*
to dump	*rejeter*
dumping at sea	*le rejet en mer*
a sea pit	*une fosse marine*
a salt mine	*une mine de sel*
ground water	*la nappe phréatique*
fuel reprocessing	*le retraitement des combustibles*
to process	*traiter*
to reprocess	*retraiter*
a processing plant	*une usine de traitement*
to recycle	*recycler*
an unanswered issue	*un problème non réglé*

5 ANTINUCLEAR SENTIMENTS — *NON AU NUCLEAIRE*

an antinuclear movement	*un mouvement antinucléaire*
antinuclear activism	*le militantisme antinucléaire*
an antinuclear activist	*un militant antinucléaire*
an opponent	*un adversaire*
a critic (of)	*un critique (de)*
to be antinuke	*être contre le nucléaire*
anti nuclear sentiments	*sentiments antinucléaires*
to battle nuclear power	*combattre le nucléaire*
to protest atomic power	*protester contre le nucléaire*
to demonstrate at plant gates	*manifester aux portes des centrales*
an antinuclear rally	*un rassemblement antinucléaire*
a protest march	*un défilé de protestation*
to storm a nuclear construction site	*prendre d'assaut le site de construction d'une centrale*
to fuel sentiments	*alimenter les sentiments*
to surface	*apparaître*
an upsurge of sentiment	*une vague de sentiment*
a die-in	*une manifestation contre la construction d'une centrale nucléaire*
to challenge nuclear strategy	*mettre en question la stratégie nucléaire*
to call for a shutdown	*demander une fermeture*
to shut down a plant	*fermer une centrale*
to ban nuclear plants	*interdire les centrales nucléaires*
a climbdown	*une réduction*
a moratorium	*un moratoire*
a standstill agreement	" "
to remain undeterred (by)	*rester imperturbable (devant)*
to slow down a program	*ralentir un programme*
to stop a program	*mettre fin à un programme*
to stall a construction plant	*ajourner un projet de construction*
a freeze on new reactors	*un gel dans la construction de nouveaux réacteurs*
to pull the nuclear plug	*interrompre un programme nucléaire*

see : nuclear war / disarmament — *voir : la guerre nucléaire / le désarmement*

X MEANS OF PRODUCTION — *LES MOYENS DE PRODUCTION*

1 INDUSTRY — *L'INDUSTRIE*

I THE INDUSTRIAL LANDSCAPE — *LE PAYSAGE INDUSTRIEL*

1 GENERAL BACKGROUND — *GENERALITES*

the Department of Industry	*le ministère de l'Industrie*
basic / heavy industry	*l'industrie lourde*
the primary / secondary / tertiary sector	*le secteur primaire / secondaire / tertiaire*
an industry giant	*un géant de l'industrie*
the light industry	*les industries légères*
the engineering industry	*la construction mécanique*
the steel industry	*les aciéries*
the chemical industries	*les industries chimiques*
electrical industries	*les industries électriques*
the textile industry	*l'industrie textile*
the chemical industry	*l'industrie chimique*
the manufacturing industries	*les industries de transformation*
the service industries	*les sociétés de service*
a plant / a works	*une usine*
a runaway plant	*une usine se transportant là où la main d'œuvre est meilleur marché*
a power plant	*une centrale électrique*
a nuclear power plant	*une centrale nucléaire*
a turn key plant	*une usine clés en main*
public works	*les travaux publics*
an iron works	*une usine sidérurgique*
a gas works	*une usine à gaz*
a sodaworks	*une soudière*
a saltworks	*une saline*
a glassworks	*une verrerie*
a crystal glassworks	*une cristallerie*
a brickworks	*une briqueterie*
a steel works / a steel mill	*une aciérie*
a mill	*une usine (utilisant la force de l'eau, du vent)*
a spinning mill / a weaving mill	*une usine de tissage*
a silk factory	*une soierie*
a paper mill	*une usine de cellulose*
a saw mill	*une scierie*
a mill town	*une ville ouvrière*
to manufacture	*fabriquer*
manufacturing	*la fabrication*
a manufactory	*une fabrique, une manufacture*
manufactured goods	*produits manufacturés*
a manufacturer	*un fabricant*
a manufacturing town	*une ville ouvrière*
a factory	*une usine, une fabrique*
a transplant factory	*une usine transplantée*
a car factory	*une usine automobile*
a textile factory	*une usine de textile*
an arms factory	*une usine d'armement*
a foundry	*une fonderie*
to be fueled by	*être alimenté par*
steam power	*la vapeur*
a microchip	*un microprocesseur*
a turnkey project	*un projet clés en main*
a turnkey job	*une opération clés en main*

2 THE WORKFORCE — *LA MAIN D'ŒUVRE*

the working class	*la classe ouvrière*
labour / manpower	*la main d'œuvre*
the labour force	" " "
skilled labour	*la main d'œuvre qualifiée*
unskilled labour	*la main d'œuvre non qualifiée*
casual labour	*la main d'œuvre temporaire*
the blue collars	*les cols bleus*
a blue collar worker	*un travailleur manuel*
the white collars	*les cols blancs, les employés*
a white collar worker	*un employé*
a factory worker	*un ouvrier d'usine*
the shop floor	*la base*
a shopsteward	*un délégué d'atelier*
a foreman	*un contremaître*
a supervisor	*un agent de maîtrise*
a worker / a workman	*un ouvrier*
a machine fitter	*un ajusteur*
a metal turner	*un tourneur*
a skilled worker	*un ouvrier qualifié*
an unskilled worker / a factory hand	*un ouvrier non qualifié, un manœuvre*
a semi-skilled worker	*un ouvrier spécialisé (OS)*
a piece worker	*un ouvrier à la pièce*
a machine supervisor	*un contremaître*

a machine operator	*un opérateur sur machine*
a keypunch operator	*un opérateur de clavier*
a tabulating machine operator	*un opérateur sur machine à clavier*
an apprentice	*un apprenti*
worker participation	*la cogestion*
a shift / a gang	*une équipe*
the night shift	*l'équipe de nuit*
to work in shifts	*travailler par équipes*
the three shifts	*les trois huit*

3 THE WORKSHOP — *L'ATELIER*

plant	*installations, outillage (d'une usine)*
heavy plant	*grosses machines*
machinery	*les machines, la mécanique*
a machine tool	*une machine-outil*
a work station	*un poste de travail*
to operate a machine	*faire fonctionner une machine*
operations	*activités*
a sander	*une ponceuse*
a drill	*une perceuse*
a milling machine	*une fraiseuse*
a lathe	*un tour*
a press	*une presse*
a hoist	*un monte-charge*
a crane	*une grue*
a turbine	*une turbine*
a windlass	*un treuil*
a sledgehammer	*un marteau piqueur*
a steam-hammer	*un marteau-pilon*
a tool	*un outil*
a bench	*un établi*
a vice	*un étau*
a bit	*un foret*
a screw	*une vis*
a nut	*un écrou*
a bolt	*un boulon*
a rivet	*un rivet*
a bar	*une barre*
bearings	*roulements à bille*
a chisel	*un burin / un ciseau*
tongs	*pinces / tenailles*
a spanner	*une clé anglaise*
a screwdriver	*un tournevis*
a gear	*un pignon*
a key	*une clé*
a file	*une lime*
a plane	*un rabot*
to chisel	*ciseler*
to sharpen	*affûter*
to nail	*clouer*
to trim	*ajuster*
to rivet	*river*
to screw	*visser*
to unscrew	*dévisser*
to file	*limer*
to plane	*raboter*
to weld	*souder*
arc welding	*la soudure à l'arc*

II THE PLIGHT OF INDUSTRY — *LES DIFFICULTES DE L'INDUSTRIE*

1 GENERAL BACKGROUND — *GENERALITES*

the heydays of industry	*les beaux jours de l'industrie*
halcyon days	*la période faste*
the ups and downs	*les hauts et les bas, les vicissitudes*
to face obstacles	*rencontrer des difficultés*
to be plagued by problems	*être assailli de problèmes*
to be beset by problems	" " " "
to be besieged by problems	*être accablé de problèmes*
to be beleaguered by problems	*être aux abois*
a problem-plagued development	*un développement en proie à des difficultés*
a struggling industry	*une industrie en difficulté*
a highly cyclical industry	*une industrie particulièrement sensible à la conjoncture*
a setback / a reversal	*un revers*
to suffer a setback	*subir un revers*
a series of reversals	*une série de contre-performances*
a string of	*une suite de*
a chain reaction	*une réaction en chaîne*
the myriad troubles (of)	*les mille et un maux (de)*
to hit the industry	*frapper l'industrie*
to rock the industry	*ébranler une industrie*
the woes of an industry	*les malheurs d'une industrie*
to be unwell	*être en mauvaise santé*
the chronic disease of an industry	*la maladie chronique d'une industrie*
a congenital illness	*une maladie congénitale*
a sick industry	*une industrie malade*
to ail	*être mal en point*
an ailing industry	*une industrie mal en point, en déclin*
an industry's ailments	*les maux d'une industrie*
a gasping industry	*une industrie à bout de souffle*
a long-troubled plant	*une usine malade depuis longtemps*
a dying industry	*une industrie à l'agonie*
to worsen a condition	*aggraver l'état*

a second-rate company	*une entreprise de deuxième ordre*
a fourth-rank company	*une entreprise de dernière catégorie*
a lame duck	*un canard boîteux, une affaire non rentable*
a behemoth	*un mastodonte (une usine non rentable)*

2 INDUSTRIES ON THE WANE — *LES INDUSTRIES SUR LE DECLIN*

a sunset industry	*une industrie en déclin*
a twilight industry	" " " "
a declining industry	" " " "
an old-line industry	*une industrie dépassée*
smokestack industries	*industries lourdes / traditionnelles*
whole sectors	*des pans entiers*
to decline	*décliner*
to be on the way out	*péricliter*
a crumbling order	*la fin d'une ère industrielle*
to shrink	*se contracter*
to go belly up	*mordre la poussière*
to collapse	*s'effondrer*
wrenching conditions	*conditions déchirantes*
state intervention	*l'intervention de l'Etat*
to be state-supported	*être subventionné*
to lose power	*perdre de son influence*
to have a weak presence on the market	*être médiocrement positionné sur le marché*
to fall into the doldrums	*tomber dans le marasme*
to deepen	*s'aggraver*
to be tossed out of the ring	*perdre le combat*
aging	*vieillissant*
obsolete	*obsolète*
archaic	*archaïque*
out of date	*dépassé*
obsolescent	*désuet*
faltering	*défaillant*
to go to rack and ruin	*aller à vau l'eau*
to number the days	*compter les jours*

3 PLANT CLOSINGS — *LES FERMETURES D'USINES*

to be in operation	*fonctionner*
to operate at . . . per cent capacity	*fonctionner à ... % de capacité*
plant construction	*la construction d'usines*
to keep a project going	*poursuivre un projet*
to plunge into building plants	*se lancer dans la construction d'usines*
on a grand scale	*à grande échelle*
to postpone	*différer*
to cancel	*annuler*
cancellation	*annulation*
to call off	*annuler*
to delay programs	*différer des programmes*
to put a program on hold	*suspendre un programme*
to slow the expansion (of)	*ralentir le développement (de)*
to be behind schedule	*avoir du retard*
to revise a construction schedule	*revoir un programme de construction*
to halt further construction	*arrêter les travaux*
to shelve plans to build	*enterrer des plans de construction*
to run idle	*tourner à vide*
to lie idle	*être à l'arrêt*
an idle plant	*une usine à l'arrêt*
to shut down a plant	*fermer une usine*
to shut down / to close down	*fermer ses portes*
a plant closing	*une fermeture d'usine*
a plant closure	" " "
a shutdown	*une fermeture*
to be hit by closings	*être touché par les fermetures*
to abandon a plant	*abandonner une usine*
to decommission	*mettre hors service*
to dismantle	*démanteler*
dismantlement	*le démantèlement*
to take out of service	*cesser de faire fonctionner*
to mothball	*mettre en sommeil*
mothballing	*la mise en sommeil*
to be left to rust and ruin	*laisser à l'abandon*
to be left to rot	" " "
to tear down	*démolir*
to level	*raser*
to raze a facility	*raser les installations*
to put up a facility	*construire une installation*
to bulldoze a plant	*détruire une usine à coups de bouteur*

4 THE TECHNOLOGICAL GAP — *LE RETARD TECHNOLOGIQUE*

the state of the art	*l'état de la technique*
the industrial revolution	*la révolution industrielle*
the technological revolution	*la révolution technologique*
to switch from the old industries to the new	*passer des anciennes industries aux nouvelles*
a shift from . . . to . . .	*un passage de ... à ...*
a painful transition from . . . to . . .	*une douloureuse transition de ... à ...*
to be unable to cope with the technological revolution	*être incapable de faire face à la révolution technologique*
to widen the gap (between)	*élargir le fossé (entre)*
to be denied access to technology	*ne pas avoir accès à la technologie*
to fall behind technologically	*prendre un retard technologique*
to lag in electronics and computers	*être en retard dans le domaine de l'électronique et de l'informatique*
to lag behind	*être à la traîne*

a laggard	*une lanterne rouge*
to be left behind	*être distancé*
to balk at	*rechigner à*
to be reluctant to take risks	*hésiter à prendre des risques*
a lack of innovative ideas	*un manque d'idées novatrices*
a sluggish economic performance	*un bilan économique bien terne*
sluggishness	*la morosité*
sagging	*atone*
to take advantage of available opportunities	*prendre le train en marche*
to miss the opportunity	*manquer l'occasion*
to miss out on	*laisser passer l'occasion*
to miss the boat / bus	*rater le coche*
to go the way of the horse	*disparaître*
to let an industrial revolution slip by	*laisser filer une révolution industrielle*
to bypass the technological revolution	*éviter la révolution technologique*
to fall behind in the technology revolution	*se laisser distancer par la révolution technologique*
to compete on even terms with	*faire décemment concurrence à*
to close a gap	*combler un retard*
to catch up with	*rattraper*
to keep up with technology	*se maintenir au courant des technologies*
to keep pace with technological progress	*suivre le rythme du progrès technologique*
to keep up with the pace of technological transfer	*suivre le rythme des transferts technologiques*
to gain access to technology	*avoir accès à la technologie*
the loss of industrial supremacy	*la perte de la suprématie industrielle*
industrial primacy	*la primauté industrielle*
to stall / to hinder future growth	*entraver la croissance future*
to stimy / stymie growth	*freiner la croissance*
to hamper	*gêner*
to block	*arrêter*
to stifle	*étouffer*
to slow down	*ralentir*
to inflict damage (on)	*causer du tort (à)*
to sour on a start-up	*connaître un démarrage qui tourne mal*

5 THE TURNAROUND — *LE REDRESSEMENT*

to turn things around	*redresser la situation*
to turn around an ailing company	*redresser une société en difficulté*
a turnaround	*un redressement*
a turnaround expert	*un spécialiste des sauvetages d'entreprise*
a sweeping management change	*un changement radical de direction*
to replace poor managers	*remplacer les directeurs médiocres*
to reverse a slide	*inverser une tendance*
to reverse a company's decline	*arrêter le déclin d'une entreprise*
to put problems right	*remettre de l'ordre*
an outside rescuer	*un repreneur étranger*
to revive / to rev up a company	*faire redémarrer une entreprise*
to come out of intensive care	*sortir d'une période difficile*
to increase sales	*accroître les ventes*
to rise (by)	*augmenter (de)*
to leap (by)	*faire un bond (de)*
to jump fourfold	*être multiplié par quatre*
to move a division into the black	*rentabiliser à nouveau une division*
to put a company back on the market	*remettre une société en selle*
to get back into the lead	*reprendre la tête*
to stay in the black	*maintenir un solde créditeur*
to take risks	*prendre des risques*
to handle a challenge	*faire face à un défi*
a daring policy	*une politique audacieuse*
to mute competition's ill-effects	*atténuer les mauvais effets de la concurrence*
to make a company competitive	*rendre une société concurrentielle*
to deter poor investment	*décourager les investissements médiocres*
to restrain wage increases	*limiter les augmentations de salaires*
to result in productivity gains	*aboutir à des gains de productivité*
to be export-oriented	*être tourné vers les exportations*
to invest in the home base	*investir dans son pays*
co-operative research activity	*la coopération dans la recherche*
to create a competitive advantage	*prendre un avantage sur ses concurrents*
to narrow a range of businesses	*rétrécir son champ d'activités*
to build a focused market position	*recentrer sa position sur un marché*
to innovate	*innover*
to upgrade	*améliorer*
a cash-rich company	*une entreprise riche*
to be flush with cash	*avoir les caisses pleines*
to score a commercial triumph	*remporter une victoire commerciale*
to rank among the world's leaders	*compter parmi l'élite mondiale*
a standout success	*un succès éclatant*
well managed	*bien géré*
efficient	*efficace*
to operate more efficiently	*être géré plus efficacement*
far sighted	*clairvoyant, lucide*

6 SUNRISE INDUSTRIES — *LES INDUSTRIES DE DEMAIN*

the factory of the future	*l'usine de demain*
the techtonic age	*l'ère techtonique*
the high tech industries	*les industries de pointe*
advanced industrialization	*industrialisation poussée*
fast-paced industrialization	*industrialisation rapide*
industrial know-how	*le savoir-faire industriel*
industrial take-off	*le décollage industriel*
industrial growth	*la croissance industrielle*
industrial boom	*l'expansion industrielle*
to enjoy a leading position (in)	*être à la pointe (de)*
a technological leader	*une position dominante en technologie*
a front-runner	*être en tête*
to race ahead	*faire la course en tête*
to be well positioned	*être bien placé*
a technological climb	*un progrès technologique*

6.1 MODERNIZING — *LES MODERNISATIONS*

to rebuild	*reconstruire*
to modernize	*moderniser*
to revamp / to streamline	*moderniser, rénover*
revamping / streamlining	*la modernisation*
to update / to bring up to date	*moderniser*
up to date	*moderne*
updated	*modernisé*
to overtake	*dépasser*
to rationalize	*rationaliser*
to rationalize working methods	*rationaliser les méthodes de travail*
rationalizing	*la rationalisation*
to resist change	*s'opposer au changement*
to face a problem head on	*aborder de front un problème*
to adjust to changing times	*évoluer avec son temps*
to adjust to tougher competitive conditions	*s'adapter aux conditions plus rudes de la concurrence*

6.2 EQUIPMENTS — *LES EQUIPEMENTS*

to phase out old equipment	*remplacer progressivement le matériel vieilli*
to replace the old equipment	*remplacer les équipements obsolètes*
to junk the old equipment	*mettre au rebut le matériel vieilli*
to re-equip / to retool	*rééquiper*
to acquire advanced technology	*acquérir des technologies de pointe*
to feed space age technology into	*introduire des technologies de pointe dans*
to computerize	*informatiser*
computerization	*informatisation*
the computerization of records	*l'informatisation des archives*
a computerization drive	*une campagne d'informatisation*
to use advanced manufacturing	*utiliser des fabrications de pointe*

III PRODUCTION — *LA PRODUCTION*

1 MASS PRODUCTION — *LA FABRICATION EN SERIE*

to assemble	*assembler*
assembly	*le montage*
an assembly line	*une chaîne de montage*
to work on an assembly line	*travailler sur une chaîne de montage*
the pace of the assembly line	*la cadence de la chaîne*
a conveyor	*une chaîne*
to assemble on the spot	*monter sur place*
a process	*un processus*
job enrichment	*l'enrichissement des tâches*
to supersede the assembly line	*remplacer la chaîne*
to mass produce	*produire en grandes quantités*
to produce in large quantities	" " "
mass-produced goods	*biens fabriqués en masse*
mechanization	*la mécanisation*
minute division of labour	*la division minutieuse du travail*
to slice the work into thousands of tasks	*diviser le travail en une kyrielle de tâches*
a part	*une pièce détachée*
an interchangeable part	*une pièce interchangeable*
to subdivide tasks	*diviser les tâches*
division of labour	*la division du travail*
to time a workman	*chronométrer un ouvrier*
a machine-like routine	*une routine mécanique*
to standardize	*standardiser*
standardization	*la standardisation*
to ignore motivations	*négliger les motivations*
to leave a worker dissatisfied (with)	*rendre un ouvrier mécontent (de)*
to speed up the production line	*accélérer les cadences*
a job environment	*un environnement professionnel*

2 AUTOMATION *L'AUTOMATISATION*

to automate	*automatiser*
automated machinery	*équipements automatisés*
industrial automation	*la productique*
robotics	*la robotique*
robotisation	*la robotisation*
to insure uniformity	*assurer l'uniformité*
accuracy	*la précision*
product reliability	*la fiabilité d'un produit*
quality control	*la garantie de qualité*
reduction of waste	*la réduction des déchets*
the rejection rate	*le taux de rebut*
to improve efficiency	*améliorer le rendement*
improved safety	*l'amélioration de la sécurité*
to eliminate physical drudgery	*supprimer les efforts physiques*
repetitive work	*le travail répétitif*
boredom	*ennui*
to relieve the burden (of)	*soulager le labeur (de)*
to render a skill obsolete	*rendre une compétence désuète*
time consuming	*qui prend du temps*
time wasting	*qui fait perdre du temps*
time saving	*qui fait gagner du temps*
to upgrade the education	*relever le niveau des études*
a production worker	*un ouvrier de fabrication*
a knowledge worker	*un ouvrier qualifié*
to shorten the week	*raccourcir la semaine*
reorganization of the work week	*la réorganisation de la semaine de travail*
flexible work practices	*la flexibilité dans les méthodes de travail*
see : robotics	*voir : la robotique*

3 PRODUCTIVITY *LA PRODUCTIVITE*

a production line	*une chaîne de production*
the input	*l'apport*
the output	*la production*
output per hour worked	*le rendement à l'heure*
the turnover	*le roulement*
a ratio	*un rapport*
labour productivity	*la productivité du travail*
capital productivity	*la productivité du capital*
productivity gains	*gains de productivité*
growth of productivity	*la croissance de productivité*
to achieve a level of productivity	*parvenir à un niveau de productivité*
to boost productivity	*stimuler la productivité*
to step up production	*accroître la production*
to enhance productivity	*améliorer la productivité*
to slow down	*ralentir*
to hinder productivity	*entraver la productivité*
to scale down production	*réduire la production*
to scale up production	*augmenter la production*
to close the efficiency gap	*combler son retard de productivité*
to streamline operations	*rationaliser les opérations*
material requirement planning (MRP)	*la prévision de matériel requis*
to unload inventory	*se débarrasser des stocks*
just-in-time production (JITP)	*le flux tendu, le "juste à temps" (sans accumulation de stocks)*
total quality control	*le contrôle permanent de la qualité*
economic order quantity (EOQ)	*la commande en quantité économique (la commande précise du nombre de pièces)*
manufacturing costs	*les coûts de fabrication*
a carrying cost	*un coût de transport*
to run a plant at full capacity	*faire tourner une usine à pleine capacité*
a lead	*une avance*
an incentive	*un stimulant*
to induce	*pousser*
an inducement	*une incitation*
a reward	*une récompense*
to award	*décerner*
a bonus	*une prime*
recognition	*la reconnaissance*
to divide the economic pie	*partager le gâteau économique*

4 PLANT SAFETY *LA SECURITE DES USINES*

concerns over plant safety	*les inquiétudes au sujet de la sécurité des usines*
protests from environmental groups	*protestations des groupes écologiques*
public jitters about safety	*inquiétudes du public à propos de la sécurité*
waste disposal problems	*problèmes de traitement des déchets*
occupational hazards	*risques professionnels*
an occupational disease	*une maladie professionnelle*
to voice concerns	*exprimer des inquiétudes*
to intensify concerns	*accroître les inquiétudes*
to air one's concerns	*faire connaître ses inquiétudes*
to raise fears about a plant's safety	*susciter des craintes sur la sécurité d'une usine*
ill-founded fears	*craintes injustifiées*
to disprove fears	*réfuter les craintes*
to dispel fears	*dissiper les craintes*
a quest for safety	*une recherche de la sécurité*
to start with plant construction	*démarrer avec la construction de l'usine*
to build with an eye to safety	*construire avec un souci de sécurité*
quality control procedures	*procédés de contrôle de la qualité*

safety regulations	*consignes de sécurité*	to devise an escape plan	*prévoir un plan de secours*
safety equipment	*équipements de sécurité*	to build plants away from	*construire les usines loin de*
safety features	*mesures de sécurité*	a construction site	*un lieu de construction*
to take safety measures	*prendre des mesures de sécurité*	a population center	*un centre urbain*
to meet safety standards	*répondre aux normes de sécurité*	a glitch / a misfunction	*un mauvais fonctionnement*
to enforce safety rules	*faire appliquer les règlements de sécurité*	defective	*défectueux*
to educate workers on safety procedures	*initier les ouvriers aux procédures de sécurité*	a fault / a flaw	*un défaut, une paille*
elaborate safety precautions	*précautions de sécurité sophistiquées*	faulty	*défectueux*
to be attentive to safety precautions	*être soucieux de la sécurité*	at fault	*responsable*
attentiveness to	*le soin porté à*	an oversight	*une inadvertance*
safety training	*exercices de sécurité*	laxness	*la négligence*
to pay off	*être payant*	shoddy work	*le travail bâclé*
a safety record	*antécédents en matière de sécurité*	poorly designed	*mal conçu*
an impressive record	*un bilan impressionnant*	inadequately controlled	*mal vérifié*
to praise a plant (for)	*faire l'éloge d'une usine (pour)*	poorly supervised	*mal surveillé*
to follow regulations	*appliquer le règlement*	to suspend production (of)	*suspendre la production (de)*
a warning system	*un système de sécurité*	to halt shipments	*arrêter les envois*
a practice evacuation	*un exercice d'évacuation*	hazardous materials	*matériaux dangereux*
an evacuation plan	*un plan d'évacuation*	a licence to operate	*un permis d'exploitation*
		to deny	*refuser*
		to hand out fines	*distribuer des amendes*
		to levy fines	*percevoir des amendes*
		a regulatory commission	*une commission de contrôle*
		a regulator	*un organisme de contrôle*

2 SUNSET INDUSTRIES — *LES INDUSTRIES EN DECLIN*

1 MINING — *L'INDUSTRIE DU CHARBON*

the coal industry	*les charbonnages*	strip mining	*l'exploitation à ciel ouvert*
the National Coal Board (UK)	*la Direction des Charbonnages*	an opencast mine	*une mine à ciel ouvert*
peat	*la tourbe*	to work a mine	*exploiter une mine*
coke	*le coke*	a colliery	*une mine de houille*
lean coal	*la houille maigre*	a coal mine	*une mine de charbon*
brown coal	*la houille brune*	a colliery cutback	*une fermeture de mines*
white coal	*la houille blanche*	a coal field	*un bassin houiller*
charcoal	*le charbon de bois*	a coalbed	*un gisement*
lignite	*la lignite*	a coalmeasure / a coal deposit	*un gisement houiller*
potash	*la potasse*	a layer	*une couche*
a potash mine	*une mine de potasse*	a pit / a shaft	*un puits*
a salt mine	*une mine de sel*	the pit head	*le carreau de la mine*
bituminous coals	*schistes bitumineux*	a pitprop	*un étai*
anthracite	*anthracite*	a head frame	*un chevalement*
a miner / a collier	*un mineur*	a gallery / a drift	*une galerie*
a foreman	*un porion*	to timber a gallery	*boiser une galerie*
a blaster	*un boute-feu*	a skip / a bucket / a tub	*une benne*
a mining village	*un coron*	an excavator	*un excavateur*
to prospect	*prospecter*	a fan	*un ventilateur*
a quarry	*une carrière*	a ventilation stack	*un puits de ventilation*

fire damp	*le grisou*
to blast	*faire sauter*
a blast	*une explosion*
blasting	*le minage*
a blasting agent	*un explosif*
a flood	*une inondation*
a landslip / landslide	*un éboulement*
to mine coal	*extraire du charbon*
to dig out	*extraire*
to extract coal from	*extraire du charbon de*
to win coal	*extraire du charbon*
a lode	*un filon*
to strike a lode	*découvrir un filon*
a seam	*une veine, une couche*
to work a seam	*exploiter un filon*
to hew	*tailler*
a coalcutter	*un haveur / une haveuse*
ore	*le minerai*
a grade	*une teneur*
the yield	*le rendement*
coal hauling	*le transport du charbon*
coal processing	*le traitement du charbon*
a slagheap	*un terril, un crassier*
to deplete	*s'épuiser*
depletion	*l'épuisement des ressources*
a pit closure	*une fermeture de mine*

2 METALLURGY — *LA METALLURGIE*

a steel worker	*un ouvrier sidérurgiste*
a blast furnace / a smelting furnace	*un haut fourneau*
a rolling mill	*un laminoir*
a boiler	*une chaudière*
a plate	*une plaque*
a sheet	*une lame, une tôle*
a crucible	*un creuset*
an open heart process	*un convertisseur Thomas*
a Bessemer converter	*un convertisseur Bessemer*
brass	*le laiton*
bronze	*le bronze*
copper	*le cuivre*
zinc	*le zinc*
lead	*le plomb*
tin	*étain*
nickel	*le nickel*
steel	*acier*
stainless steel	*acier inoxydable*
refined steel	*acier raffiné*
iron	*le fer*
cast iron	*la fonte*
wrought iron	*le fer forgé*
pig iron	*le fer en gueuses*
dross	*scories*
slag	*mâchefer*
smelting	*la fonte*
to forge	*forger*
to melt	*fondre*
molten	*fondu*
to alloy	*faire un alliage*
an alloy	*un alliage*
to cast	*couler*
to roll	*laminer*
to air	*ventiler*
to tin	*étamer*
to emboss	*emboutir*
to drill	*forer*
to smelt	*fondre, extraire par fusion*
electrowinning	*l'électrolyse*
to electroplate	*galvaniser*

3 INNOVATION — *L'INNOVATION*

1 INNOVATION — *L'INNOVATION*

to innovate	*innover*
innovation	*innovation*
to be turned on by innovation	*être stimulé par l'innovation*
an innovator	*un novateur*
innovative	*novateur*
an innovative spirit	*un esprit d'innovation*
to maintain an innovative spirit	*préserver un esprit d'innovation*
to extol the virtue of innovation	*vanter les vertus de l'innovation*
to foster innovation	*encourager l'innovation*
to let fresh ideas come forward	*laisser les idées nouvelles s'exprimer*
to break ground	*innover*
newness	*la nouveauté*
a love for the new	*une passion pour la nouveauté*
to have an instinct for innovation	*avoir un instinct pour l'innovation*
to build an innovation to fruition	*amener une innovation à maturité*
to stimulate innovation	*stimuler l'innovation*
to modernize	*moderniser*
modernization	*la modernisation*

to revolutionize	*révolutionner*
to transform	*transformer*
to undergo a transformation	*subir une transformation*
to miss the wave	*rater le coche*
to catch the wave	*saisir l'occasion*
to jump on the bandwagon	*prendre le train en marche*
to thrive on challenges	*se nourrir de défis*
to dry up	*s'essouffler*

2 CREATION — *LA CREATION*

to dream up	*imaginer*
to create	*créer*
creativity	*la créativité*
a creator	*un créateur*
a spark of creativity	*une étincelle de créativité*
a creative drive	*un mouvement créateur, une énergie créatrice*
a creative streak	*une tendance créatrice*
imagination	*imagination*
imaginative	*imaginatif*
an imaginative approach (to)	*une approche originale (de)*
an imaginative program	*un programme original*
a driving force behind	*une force dynamique à l'origine de*
to capture the public imagination	*s'emparer de l'imagination du public*

3 INVENTION — *L'INVENTION*

to invent	*inventer*
invention	*l'invention*
an inventor	*un inventeur*
the spirit of invention	*le génie inventif*
to rekindle	*raviver*
inventive	*inventif*
inventiveness	*l'esprit d'invention*
to devise	*inventer*
to discover	*découvrir*
a discovery	*une découverte*
genius	*le génie*
a genius	*un génie*

4 CONCEPTION — *LA CONCEPTION*

to design	*concevoir*
design	*la conception*
to develop	*mettre au point*
development	*la mise au point*
exploratory research	*recherches exploratoires*
to carry out research	*faire de la recherche*
to toy with ideas	*remuer des idées*
a researcher	*un chercheur*
a scientist	*un savant*
to test	*essayer*
a test	*un essai*
to tinker	*bricoler*
tinkering	*le bricolage*
a tinkerer	*un bricoleur*
to pioneer a technique	*explorer une technique*
to do pioneer work (in)	*faire œuvre de pionnier (en)*
to perfect	*perfectionner*
to refine	"
refinement	*le perfectionnement*
gradual refinement	*l'amélioration progressive*
incremental refinement	*un perfectionnement supplémentaire*
to improve	*améliorer*
an improvement	*une amélioration*
to meet changing tastes	*répondre aux changements de goût*
an engineering marvel	*une pure merveille de technologie*
a technological tour de force	*un tour de force technologique*
to yield up new materials	*produire de nouveaux matériaux*

5 PROGRESS — *LE PROGRES*

to make progress	*faire des progrès*
progress	*le / les progrès*
technical progress	*les progrès techniques, le progrès de la technique*
to evolve	*évoluer*
to be in the vanguard of change	*être à la pointe du progrès*
an advance	*un progrès*
a technical advance	*un progrès technique*
a breakthrough	*une percée*
an inroad into	*une avancée dans*

to make an inroad into	*faire une avancée dans*
a blockbuster breakthrough	*une percée sensationnelle*
to make a breakthrough	*faire une percée*
to promise	*promettre*
promising	*prometteur*
to be at the forefront of innovation	*être aux avant-postes de l'innovation*
to lead the way in innovation	*montrer la voie de l'innovation*
to lead the world in innovation	*être en tête des pays novateurs*
to have an edge (in)	*avoir une longueur d'avance (en)*
to have a headstart (on)	*avoir une longueur d'avance (sur)*
to achieve a lead	*prendre la tête*
to be ahead of	*être en avance sur*
to build a lead	*prendre de l'avance*
to stay ahead	*rester en tête*
to catch up with	*rattraper son retard*
to fill / close the gap	*combler le retard*
to be in the vanguard	*être en tête*
to spearhead	*être le fer de lance de*
to light the way to the future	*montrer la voie de l'avenir*
to pave the way for	*ouvrir la voie à*
to build towards the 90s and beyond	*construire pour les années 90 et au-delà*
to look toward the future	*se tourner vers l'avenir*
to look to the future	*regarder vers l'avenir*
a bridge into the future	*un pont jeté vers l'avenir*
to take off	*décoller*
to get off the ground	*opérer un décollage*
a technological take off	*un décollage technologique*
a leadership	*une position dominante*
a quantum leap	*un bond prodigieux*
a landmark	*une date historique, un événement marquant*
to reap the rewards	*récolter les fruits*

6 PATENTS — *LES BREVETS*

a patent	*un brevet*
a licence	*une licence*
patentable	*brevetable*
a patent application	*une demande de brevet*
technical features	*caractéristiques techniques*
a patent system	*un système de brevet*
a patent law	*une loi sur les brevets*
a patent office	*un bureau des brevets*
to fill a patent claim	*remplir une demande de brevet*
the date of filling	*la date de dépôt*
to process a patent application	*traiter une demande de brevet*
patent pending	*modèle déposé*
to take out a patent	*prendre un brevet*
to secure a patent	*obtenir un brevet*
to grant a patent	*décerner un brevet*
a request for grant	*une requête en délivrance*
to licence a technology	*breveter une technologie*
a patent infringement	*une contrefaçon*
a competitor	*un concurrent*
patent protection	*la protection d'un brevet*
to counterfeit	*contrefaire*
a counterfeit	*une contrefaçon*
dispute	*la contestation*
a deficiency	*une irrégularité*
an irregularity	*un vice*
a claim	*un droit*
to allow a claim	*donner suite à un droit*
to disallow a claim	*rejeter un droit*
a patent search	*une recherche de brevet*
to be entitled to a patent	*avoir droit à un brevet*
an arbitration court	*un tribunal d'arbitrage*

4 HIGH TECHNOLOGY — *LES TECHNOLOGIES DE POINTE*

I A WORLD OF TECHNOLOGY — *UN MONDE TECHNOLOGIQUE*

1 GENERAL BACKGROUND — *GENERALITES*

technique	*la technique*
a technique	*une technique, une méthode*
technicality	*la technicité*
a technicality	*un détail technique*
technical	*technique*
technical data	*renseignements techniques*
a technician	*un technicien*
technics (USA)	*la technique, la technologie*
high tech	*les technologies nouvelles*
advanced technology	*les technologies de pointe*
leading edge technology	" " " "
front edge technology	" " " "

a high technology industry	*une industrie de pointe*
an advanced technology industry	" " " "
the new technology	*la novotique*
technological	*technologique*
technological apparatus	*équipements technologiques*
a technostructure	*une technostructure*
a technopolis	*une technopole*
a science park	*un pôle technologique, une technopole*
to technologize	*transformer par l'introduction de nouvelles technologies*
a technologist	*un technologue*
the electronic brain	*le cerveau électronique*
a technology buff	*un mordu de technologie*
a technology wizard	*un génie de la technologie*
a technology whizz kid	*un petit génie de la technologie*
a technology expert	*un expert en technologie*
a technophile	*un passionné de technologie*

2 TECHNOLOGICAL DEVELOPMENT — *LE DEVELOPPEMENT TECHNOLOGIQUE*

the birth of technology	*la naissance de la technologie*
the seeds of technology	*les germes de la technologie*
the advent of technology	*l'avènement de la technologie*
technological growth	*la croissance technologique*
the pace of technology	*le rythme de la technologie*
technological innovation	*innovation technologique*
a technological base	*une base technologique*
a trend toward technology	*une tendance vers la technologie*
to be behind a product	*sous-tendre un produit*
to advocate new technology	*prôner de nouvelles technologies*
to launch a new technology	*lancer une nouvelle technologie*
to expand new technology	*développer les nouvelles technologies*
technology development	*le développement de la technologie*
technology transfer	*le transfert de technologie*
the achievements of technology	*les réalisations technologiques*
a strength in technology	*une force technologique*
technological capacity	*le potentiel technologique*
technological leadership	*le leadership technologique*
technological vitality	*la vitalité technologique*
a technology-driven society	*une société mue par la technologie*
to change the environment	*modifier l'environnement*
to adapt with	*s'adapter à*
to acquire technologies	*acquérir des technologies*
to sell technology	*vendre de la technologie*
to import technology (from)	*importer des technologies (de)*
to export technology (to)	*exporter des technologies (à / en)*
to be self-sufficient in technology	*assurer la couverture de ses besoins technologiques*
a technology grab	*une ruée sur les technologies*
to overtechnologize	*dépendre excessivement de la technologie*

3 TECHNOLOGY USES — *LES APPLICATIONS DE LA TECHNOLOGIE*

the wedding / the union of science and technology	*le mariage de la science et de la technologie*
optical technology	*la technologie optique*
computer technology	*la technologie informatique*
banking technology	*la technologie bancaire*
medical technology	*la technologie médicale*
military technology	*la technologie militaire*
space age technology	*la technologie de l'espace*
information processing technology	*le traitement technologique de l'information*
robotics	*la robotique*
satellite communications technology	*la technologie des communications par satellite*
biotechnology	*la biotechnologie*
biogenetics	*la biogénétique*
electronics	*l'électronique*
electron gun technology (EGT)	*la technologie du canon à électrons*
microelectronics	*la microélectronique*
fibre optics	*les fibres optiques*
office automation (OA)	*la bureautique*
desktop revolution	" "
avionics	*l'avionique*
genetic engineering	*le génie génétique*
mechatronics	*la mécatronique (mécanique + electronique)*

4 HIGH TECH MATERIALS — *LES MATERIAUX DE POINTE*

high performance materials	*les matériaux de haute performance*
lightness	*la légèreté*
light	*léger*
lightweight materials	*matériaux légers*
strong	*résistant*
resistant to	*résistant à*
corrosion	*la corrosion*
all-plastic	*tout en plastique*
composite materials	*matériaux composites*
resin	*la résine*
ceramic	*la céramique*
plastics	*les plastiques*

synthetic fibres	*fibres synthétiques*
synthetic rubber	*le caoutchouc synthétique*
pharmaceuticals	*produits pharmaceutiques*
a wonder product	*un produit miracle*
an artificial limb	*un membre artificiel*
a joint	*une articulation*

II RESEARCH — *LA RECHERCHE*

1 TECHNOLOGICAL KNOW-HOW — *LE SAVOIR-FAIRE TECHNOLOGIQUE*

the drawing board	*la planche à dessin*
to brim with ideas	*déborder d'idées*
to excel at know-how	*se distinguer par son savoir-faire*
to design	*concevoir*
to develop	*mettre au point*
a team	*une équipe*
teamwork	*le travail d'équipe*
a project team	*une équipe de réalisation*
an assault team	*une équipe de choc*
to back a team	*soutenir une équipe*
to dovetail together into know-how	*faire concorder ses connaissances techniques*
to pool know-how	*mettre son savoir-faire en commun*
to turn know-how into a product	*mettre son savoir-faire au service de la fabrication d'un produit*
to harness know-how	*exploiter les connaissances techniques*
a working prototype	*un prototype en état de marche*
to give the go-ahead	*donner le feu vert*

2 RESEARCH — *LA RECHERCHE*

research	*la recherche*
a researcher / a research worker	*un chercheur*
university-based researchers	*chercheurs universitaires*
a scientist	*un savant*
to discover	*découvrir*
a discovery / discovery	*une découverte / les découvertes*
basic research	*la recherche fondamentale*
applied research	*la recherche appliquée*
a research institution	*un institut de recherche*
a research facility	*un laboratoire de recherches*
a research lab	*" " "*
research and development (R & D)	*recherche et développement*
to do research	*faire de la recherche*
a field of research	*un secteur de la recherche*
the research domain	*le domaine de la recherche*
expenditures in research	*dépenses consacrées à la recherche*
to earmark money for research	*consacrer de l'argent à la recherche*
research money	*fonds pour la recherche*
a R & D agency	*une agence de recherche et de développement*
to depend on research (for)	*dépendre de la recherche (pour)*
to hasten the development (of)	*hâter le développement (de)*
to speed the transformation (of)	*accélérer la transformation (de)*
a knowledge intensive industry	*industries de recherche*
to be based on research	*être fondé sur la recherche*
a range of experimental technology	*une gamme de technologies expérimentales*
a futuristic system	*un système futuriste*
artificial intelligence	*intelligence artificielle*
miniaturization (of)	*la miniaturisation (de)*
graphics and colour image processing	*le traitement des graphiques et images couleur*
graphic design	*le dessin industriel*
voice recognition	*l'identification vocale*
to intensify development efforts	*intensifier les efforts de développement*
the frontier of technology	*la frontière de la technologie*
to push back a frontier	*repousser une frontière*
to pioneer a technology	*mettre une technologie au point*
to come into being	*voir le jour*
to develop technology	*mettre une technologie au point*
to undergo development	*subir une évolution*
a technological breakthrough	*une percée technologique*
to make a breakthrough	*réaliser une percée*
a stroke of technological genius	*un coup de génie technologique*
ESPRIT (European Strategic Program for Research in Information Technology)	*ESPRIT (programme stratégique européen pour la recherche dans les technologies de l'information)*
RACE (Research and Development in Advanced Communications Technology)	*RACE (recherche et développement dans les technologies de communication de pointe)*
EUREKA (European Research	*EUREKA (Agence européenne de*

Coordination Agency)	*coordination pour la recherche)*

3 THE TECHNOLOGY REVOLUTION — *LA REVOLUTION TECHNOLOGIQUE*

technological changes	*mutations technologiques*
technological advances	*progrès technologiques*
to be committed to technological advance	*être engagé dans le progrès technologique*
a commitment to	*un engagement (à)*
to be pledged to	*s'engager à*
a technological gap	*un fossé technologique*
to close a gap	*combler un fossé*
to lag behind (in)	*être à la traîne (de)*
to catch the wave	*saisir sa chance*
a technological challenge	*un défi technologique*
a technological barrier	*une barrière technologique*
to burst through a barrier	*pulvériser une barrière*
to broaden a technological base	*élargir une base technologique*
technological supremacy	*la suprématie technologique*
to usher in an age (of)	*inaugurer une ère (de)*
to usher in a revolution	*inaugurer une révolution*
to propel an industry into the 2lst century	*propulser une industrie dans le 21ème siècle*
to move a country into high technology	*mettre le pays sur la voie de la technologie de pointe*
to carry out a revolution	*effectuer une révolution*
to spearhead	*être le fer de lance, être à l'avant-garde*
a sweeping transformation	*une vaste transformation*
stunning	*fantastique*
revolutionary	*révolutionnaire*
far reaching	*d'une portée considérable*
beyond man's wildest dreams	*qui dépasse les rêves les plus fous*
a step forward	*un pas en avant*
a giant step forward	*un pas gigantesque en avant*
to pave the way (for)	*ouvrir la voie (à)*
to spawn boundless opportunities	*offrir des occasions illimitées*
the benefits of technology	*les bienfaits de la technologie*
to produce benefits for	*profiter à*
to have faith in	*avoir confiance en*
to free man from	*libérer l'homme de*
to bring paradise	*apporter le bonheur*
to have an impact on	*avoir un impact sur*
to enhance competitivity	*accroître la compétitivité*
to get off the ground	*décoller*
to update equipment	*rénover le matériel*
to be in the vanguard	*être à la pointe*
to make one's influence felt (on)	*faire sentir son influence (sur)*
to mushroom	*prendre son essor*
the mushrooming (of)	*l'essor (de)*
to be on the rise	*être en plein essor*
the rise of high tech companies	*le développement des sociétés de haute technologie*
a booming growth	*une croissance explosive*
a major fact in the economic growth	*un facteur décisif dans la croissance économique*
to portend a growth	*bien augurer de la croissance*
to give a boost to development	*stimuler le développement*
to have a snowball effect	*faire tache d'huile*
a drive at scientific know-how	*un effort dans la connaissance scientifique*
to concentrate one's effort on	*concentrer ses efforts sur*
to bank on	*miser sur*
to step up efforts	*intensifier les efforts*
a key to economic success	*une clé du succès économique*
innovative effort	*l'effort d'innovation*
to be keen on innovation	*être passionné d'innovation*

III EMPLOYMENT AND THE HIGH TECH REVOLUTION — *L'EMPLOI ET LA REVOLUTION TECHNOLOGIQUE*

1 ADJUSTMENT TO TECHNOLOGY — *L'ADAPTATION A LA TECHNOLOGIE*

to heed the cry (of)	*tenir compte (de)*
to answer the call of revolution	*répondre à l'appel de la révolution*
to cope with the revolution	*faire face à la révolution*
to struggle with	*être aux prises avec*
the onrush of new technologies	*l'invasion de nouvelles technologies*
to keep up with the new technologies	*se tenir au courant des nouvelles technologies*
to upgrade a level of technology	*améliorer le niveau technologique*
a high tech firm	*une firme de haute technologie*
a technology intensive mode of production	*un mode de production technologique*

a job creator — *un créateur d'emplois*
a job destroyer — *qui supprime les emplois*
to generate greater employment — *produire davantage d'emplois*
to open new fields — *ouvrir de nouveaux champs*
to open new prospects — *ouvrir de nouvelles perspectives*
a fast-growing sector — *un secteur en pleine croissance*
to be highly trained (in) — *être hautement qualifié (pour)*
to require higher levels of qualification — *exiger de plus hauts niveaux de qualification*
to channel workers into new fields — *diriger les travailleurs vers de nouveaux secteurs*
to learn new skills — *apprendre de nouvelles compétences*
a technically-oriented education — *une éducation à dominante technique*
the composition of the workforce — *la composition de la main d'œuvre*
a decrease in blue collar workers — *une diminution du nombre des ouvriers*
an increase in white collar workers — *une augmentation du nombre des employés*
to shift from . . . to . . . — *passer de ... à ...*
a shift — *une transformation*
a mobile workforce — *une main d'œuvre mobile*
mobility — *la mobilité*
to displace — *muter, affecter*
to adjust to new jobs — *s'adapter à des emplois nouveaux*
to have one's pick of high paying jobs — *disposer d'un large éventail d'emplois bien rémunérés*

2 RESISTANCE TO TECHNOLOGY — *L'OPPOSITION A LA TECHNOLOGIE*

to bode ill for — *mal augurer de*
to bode well for — *bien augurer de*
to live with — *s'accommoder de*
to resist technology — *être réfractaire à la technologie*
to wield cautiously — *manier avec précaution*
to hit a snag — *achopper*
a fairy grandmother — *une fée protectrice*
a sorcerer's apprentice — *un apprenti sorcier*
to play the sorcerer's apprentice — *jouer les apprentis sorciers*
to meet with resistance — *se heurter à des résistances*
an anti technology trend — *un mouvement anti-technologie*
a technophobe — *un technophobe*
an insignificant transformation — *une transformation insignifiante*
negligible — *négligeable*
inconsequential — *sans conséquence*
marginal — *marginal*
disruptive — *perturbateur*
a step backwards — *un pas en arrière*
to recoil (from) — *reculer (devant)*
to be divorced from technology — *être brouillé avec la technologie*
to repudiate — *refuser*
repudiation — *le refus*
to deprive man of his job — *priver l'homme de son travail*
to take man's job away — *enlever le pain de la bouche*
to be displaced — *perdre son emploi*
to become alienated — *s'aliéner*
alienation from work — *l'aliénation au travail*
to become the slave (of) — *devenir esclave (de)*
to be enslaved (by) — *être réduit en esclavage (par)*
to be deprived of social life — *être privé de contact social*
to miss social contacts — *regretter les rapports humains*
a feeling of "no belongingness" — *un sentiment d'aliénation*
to retain the material aspect of work — *conserver l'aspect matériel du travail*
to feel antagonistic toward work — *avoir une aversion pour le travail*
to become adverse to work — *devenir réfractaire au travail*
to feel useless — *se sentir inutile*
to outlive one's usefulness — *avoir fait son temps, devenir inutile*
disenchantment with — *la désillusion de*
to depersonalize — *dépersonnaliser*
a depersonalizing effect — *un effet dépersonnalisateur*
to manipulate the environment — *manipuler l'environnement*
technological tyranny over — *la tyrannie technologique exercée sur*
artificial — *artificiel*
nihilistic — *nihiliste*
to be dominated by — *être dominé par*
man's servant — *l'esclave de l'homme*
self-destruction — *autodestruction*
to be used destructively — *être utilisé à des fins destructrices*
a scapegoat — *un bouc émissaire*
to control technology — *maîtriser la technologie*
to control the development (of) — *surveiller le développement (de)*
to exercise control over — *avoir la haute main sur*
to regulate the applications (of) — *réglementer les applications (de)*
to police technology — *réglementer la technologie*
to impose constraints — *imposer des contraintes*
to rebel against — *se révolter contre*
to sabotage — *saboter*

5 THE COMPUTER *L'ORDINATEUR*

I THE ADVENT OF THE COMPUTER *L'AVENEMENT DE L'ORDINATEUR*

1 GENERAL BACKGROUND *GENERALITES*

a computer	*un ordinateur*
computer science	*l'informatique*
data processing (DP)	*le traitement des données*
computer research	*la recherche en informatique*
computer speak	*le jargon informatique*
computerese	*" " "*
computery	*l'utilisation des ordinateurs*
a computer analysis	*une analyse par ordinateur*
a computer scientist	*un informaticien*
a computer center	*un centre de calculs*
a user-oriented computer	*un ordinateur grand public*
to computerize	*informatiser*
computerization	*l'informatisation*
the computerization of a country	*l'informatisation d'un pays*
to be computer literate	*savoir se servir d'un ordinateur*
to be computer smart	*s'y connaître en ordinateurs*

2 COMPUTER MANUFACTURING *LA FABRICATION DES ORDINATEURS*

a computer industry	*une industrie d'ordinateurs*
a computer manufacturer	*un constructeur d'ordinateurs*
a computer maker	*" " "*
a make of computer	*une marque d'ordinateur*
a computer designer	*un concepteur d'ordinateurs*
a computer market	*un marché des ordinateurs*
a computer company	*une société d'ordinateurs*
computing equipment	*le matériel informatique*
to supply	*fournir*
a supplier	*un fournisseur*
a computer dealership	*un représentant en ordinateurs*
a distributor	*un distributeur*
a software firm	*une société de logiciels*
the software market	*le marché des logiciels*
a software house	*une société de conseils en informatique*
a computer store	*un magasin d'ordinateurs*
the computer field	*le domaine des ordinateurs*
the computer boom	*l'explosion de l'informatique*
to unveil	*dévoiler*
to introduce a product	*présenter un produit*
to jump into the PC field	*se lancer sur le marché des PC*
to get a computer on the market	*lancer un ordinateur sur le marché*
to enter the computer race	*entrer dans la course aux ordinateurs*
to hit the market	*être sur le marché*
to organize a seminar	*organiser un séminaire*
to demonstrate equipment	*faire une démonstration de matériel*
a computer magazine	*une revue d'informatique*
a computer brochure	*une brochure d'informatique*
a chip / a die	*une puce, un circuit intégré*
to make a chip	*fabriquer une puce*
silicon	*le silicium*
a wafer of silicon	*une tranche de silicium*
gallium arsenide	*le gallium d'arsenic*
a semi conductor	*un semi-conducteur*
a semi conductor firm	*une firme de semi-conducteurs*
a chipmaker	*un fabricant de puces*
a memory chip assembly plant	*une usine de montage de puces*

3 TYPES OF COMPUTERS *LES DIFFERENTS ORDINATEURS*

a small business computer	*un ordinateur de gestion*
an analogue computer	*un ordinateur analogique*
a digital computer	*un ordinateur numérique*
a personal computer (PC)	*un ordinateur individuel*
a home computer	*un ordinateur familial*
a desktop computer	*un ordinateur de bureau*
an art restoration computer	*un ordinateur pour la restauration de tableaux*
a mainframe	*un gros système*
a mainframe computer	*un gros ordinateur*
a minicomputer	*un ordinateur miniature*
a pocket size computer	*un ordinateur de poche*
a portable	*un portable*
a laptop	*un ordinateur compact*
a lap portable	*un compact*
to fit into a briefcase	*tenir dans une mallette*
a spreadsheet	*un tableur*
a built-in spreadsheet	*un tableur incorporé*
to be battery operated	*fonctionner sur piles*
to recharge	*recharger*
to power	*alimenter*
lightness	*la légèreté*

light	*léger*
compatible	*compatible*

4 THE COMPUTER REVOLUTION — *LA REVOLUTION INFORMATIQUE*

the computer revolution	*la révolution informatique*
the advent of the computer	*l'avènement de l'ordinateur*
computerland	*le pays de l'informatique*
the computer moves in	*l'ordinateur fait son entrée*
to hit home	*faire son entrée*
to pervade an industry	*envahir une industrie*
to be crazy about computers	*être fou d'ordinateurs*
a high performance machine	*une machine haute performance*
a second wave technology	*une technologie de la deuxième génération*
to spawn a new phase of a revolution	*passer à une nouvelle phase dans une révolution*
to ease users into the information age	*faire passer les utilisateurs en douceur dans l'ère de l'information*
to capitalize (on)	*tirer profit (de), exploiter*
see : high technology	*voir : les technologies de pointe*

5 COMPUTER EXPERTS — *LES SPECIALISTES EN INFORMATIQUE*

a computer buff	*un mordu de l'informatique*
a computer addict	*un passionné d'ordinateurs*
a computer scientist	*un informaticien*
a computer operator	*un programmeur*
a junior programmer	*un programmeur débutant*
a senior programmer	*un programmeur confirmé*
a job scheduler	*un programmateur de travaux*
a computer technician	*un technicien en informatique*
a key punch operator	*un opérateur sur cartes perforées*
a keyboard operator	*un claviste*
a console operator	*un pupitreur*
a computer engineer	*un ingénieur en informatique*
a system analyst	*un spécialiste en système*
a supervisor	*un superviseur en programme*
a software expert	*un spécialiste en logiciel*

II HARD AND SOFT — *LOGICIEL ET MATERIEL*

1 SOFTWARE — *LE SOFTWARE (LE LOGICIEL)*

1.1 COMPUTING — *LES CALCULS*

computing power	*la puissance de calcul*
access time	*le temps d'accès*
a byte	*un octet*
a bit (b) (binary digit)	*un chiffre binaire (1 ou 0)*
a kilobyte (KB)	*un kilo octet (Ko)*
an eight-bit byte	*un octet*
a nanosecond	*une nanoseconde (un 10 milliardième de seconde)*
a line length	*une longueur de ligne*
an integer	*un nombre entier*
an algorithm	*un algorithme*
mega	*1 million*
FLOPs (floating point operations per second)	*le nombre d'opérations par seconde*
giga FLOPs (billions of op/sec)	*milliards d'opérations / seconde*
tera FLOPS (trillions of op/sec)	*trilliards d'opérations / seconde*
a diagram	*un diagramme*
a chart	*un diagramme, un graphique*
to flowchart	*tracer l'ordinogramme*
a flowchart	*un ordinogramme*
a block diagram	" "
an object module	*un module*
a load module	*un module de programme chargeable*
an integrated circuit (IC)	*un circuit intégré*
a machine instruction	*un ordre machine*
multiprocessing	*le multitraitement*
nested	*imbriqué*
numerical	*numérique*
a layout	*un schéma*
a level	*un niveau*
a listing	*un listage*
a linkage	*un couplage*
a linkage editor	*un éditeur de liens*
a shift	*un décalage*
to init	*initialiser*
to log	*enregistrer*
logging	*l'enregistrement*
a program	*un programme*
alphanumeric	*alphanumérique*
analysis	*l'analyse*
bi processor	*biprocesseur*
tri processor	*triprocesseur*
multi processor	*multiprocesseur*
firmware	*la microprogrammation*
specifications	*les consignes*

1.2 LANGUAGES — *LES LANGAGES*

a programming language (PL)	*un langage de programmation*
an assembly language	*un langage d'assemblage*
a basic language	*un langage de base*
a language machine	*un langage machine*
a compiler	*un compilateur, un programme de compilation*
a higher language	*un langage évolué*
a simulated language	*un langage de simulation*
an assembler language	*un langage machine*
an algorithmic language	*un langage algorithmique*
a time sharing language	*un langage en temps partagé*
a list processing language	*un langage de traitement de liste*
a simulation language	*un langage de simulation*
FORTRAN (formula transition)	*le FORTRAN (langage à orientation scientifique)*
BASIC (Beginners All-purpose Symbolic instruction Code)	*le BASIC (langage polyvalent)*
COBOL (Common Business Oriented Language)	*le COBOL (langage à orientation commerciale)*
ALGOL (Algorithm Oriented Language)	*l'ALGOL (à orientation mathématique) langage de programmation destiné à l'écriture des algorithmes*
AUTOPSY (Automatic Operating System)	*l'AUTOPSY*
CAL (Conversational Algebraic Language)	*langage algébrique*
fifo (first in, first out)	*système du 1er entré, 1er sorti (PEPS)*
gigo (garbage in, garbage out)	*déchet à l'entrée, déchet à la sortie*
lifo (last in, first out)	*dernier entré, premier sorti*
siro (sequential in, random out)	*entrée séquentielle, sortie aléatoire*
OLTP (On Line Transaction Processing)	*le traitement de la transaction en ligne*

1.3 DATA — *LES DONNEES*

raw data	*données brutes*
data processing	*le traitement des données*
Electronic Data Processing (EDP)	*l'informatique*
a data bank	*une banque de données*
a memory bank	" " " "
a data processing card	*une carte perforée*
a data base	*un fichier central*
a data transfer rate	*un débit de transmission des données*
to provide data	*fournir des données*
to collect / gather data	*rassembler des données*
to log data	*enregistrer des données*
data logging	*l'enregistrement chronologique des données*
garbage	*données incohérentes*
data manipulation	*la manipulation des données*
data generation	*la production de données*
verification	*la vérification*
digital information	*données numériques*
information retrieval	*la recherche d'informations*
linguistic analysis	*analyse linguistique*
simulation of human-problem solving	*la simulation de résolution de problèmes humains*
pattern recognition	*la reconnaissance de structures*
a pattern	*un modèle-type*
algebraic manipulation	*la manipulation algébrique*
a digit	*un chiffre, un caractère*
a loader	*un chargeur*
a card	*une carte*
a card file	*un fichier de cartes*
card jam	*le bourrage de cartes*
a card punch	*un perforateur de cartes*
a card reader	*un lecteur de cartes*
a card sorter	*une trieuse de cartes*

1.4 PROGRAMS — *LES PROGRAMMES*

monoprogramming	*la monoprogrammation*
multiprogramming	*la multiprogrammation*
a systems program	*un programme système*
a source program	*un programme source*
an object program	*un programme objet*
a programming system	*un système de programmation*
a programming language	*un langage de programmation*
a stored program	*un programme en mémoire*
a coded program	*un programme codé*
a monitor program	*un programme moniteur*
a utility	*un programme utilitaire*
a compiler	*un programme de compilation*
a handler	*un programme de commande périphérique*
a subroutine	*un sous-programme*
an editor	*un programme destiné à éditer*
a package	*un progiciel*
an outdated program	*un programme périmé*
a program error	*une erreur de programme*
an operating system	*un système d'exploitation*
a subsystem	*un sous-système*
an assembler	*un programme machine*
an interpreter	*un interprète*

1.5 RUNNING A PROGRAM — *LE FONCTIONNEMENT D'UN PROGRAMME*

to design a program	*concevoir un programme*
to edit a program	*corriger et monter un programme*

to run a program	*faire tourner un programme*
a run	*un passage en machine*
to start a program	*lancer un programme*
to bootstrap	*lancer un système*
to read a program	*lire un programme*
to write a program	*écrire un programme*
to load a program	*charger un programme*
to unload	*décharger*
to download	*transférer*
an operation	*une opération*
to perform an operation	*exécuter une opération*
basic	*de base*
a function	*une fonction*
processing	*le traitement*
a process	*une marche à suivre*
the outset	*le début*
to overflow	*dépasser la capacité*
an overflow	*un dépassement de capacité*
the paper feed	*l'alimentation en papier*
to instruct	*donner l'ordre de*
a cue	*un message de départ*
to set	*positionner*
to reset	*remettre à zéro*
to clear	*mettre à zéro*
to rerun	*reprendre*
a rerun	*une reprise*
to resume	*reprendre*
to store	*mettre en mémoire*
to transmit	*transmettre*
transmission capability	*la capacité de transmission*
to compute	*calculer*
to implement	*exécuter*
to interrupt	*interrompre*
to itemize	*spécifier*
to retrieve	*rechercher*
information retrieval	*la recherche d'informations*
retrieval speed	*la vitesse de recherche*
to save	*sauver*
to delete	*effacer*
to zap	*détruire*
to scratch	*détruire des données (involontairement)*
to display	*afficher*
to format	*formater, arranger, mettre en page*
to focus	*se concentrer*
to dump	*vider*
to update	*mettre à jour*
teleprocessing	*le télétraitement*
a move instruction	*une instruction de transfert*
input	*l'entrée, l'émetteur*
output	*la sortie, le récepteur*
an input device	*un dispositif d'entrée, l'introduction*
an output device	*un dispositif de sortie, l'extraction*
to handle an input function	*manier une fonction d'entrée*
sysin (ingoing system)	*opération d'entrée*
sysout (outgoing system)	*opération de sortie*
batch mode	*un traitement par lots*
batch processing	*" " " "*
interface	*l'interface, la jonction*
to enter . . .	*enregistrer ... sur un ordinateur*
duplication	*la duplication*
to translate	*traduire*
translation	*la traduction*
a translator	*un traducteur*
to backspace	*reculer d'un espace*
back space	*l'espace arrière*
to concatenate	*concaténer*
a check point	*un point de repère*
to unblock	*décomposer*
to unpack	*décomprimer*
to debug	*corriger, mettre au point*
debugging	*la correction, la mise au point*
undebugged	*non corrigé*
unavailable	*non disponible*
to back up	*effectuer une copie de sécurité*
a backup	*une copie de rechange d'un programme*

2 HARDWARE — *LE HARDWARE (LE MATERIEL)*

2.1 GENERAL BACKGROUND — *GENERALITES*

equipment	*le matériel*
a piece of equipment	*une partie de matériel*
a component	*un composant*
a network of computers	*un réseau d'ordinateurs*
peripherals	*les périphériques*
a peripheral unit	*une unité périphérique*
a terminal	*un terminal*
a cathode ray tube (CRT)	*un tube cathodique*
a video display unit (VDU)	*un écran de visualisation*
a teleprinter	*un téléimprimeur*
a teletype	*un télétype*
a word processor	*un traitement de texte*
a printer	*une imprimante*
a line printer	*une imprimante (ligne par ligne)*
WYSIWYG (what you see is what you get)	*l'imprimante imprime ce qui apparaît à l'écran (ce que vous voyez = ce que vous demandez)*
a minitel videotex terminal	*un minitel*
a multiprocessor	*une machine à plusieurs unités de traitement*
a device	*un périphérique d'ordinateurs*
a console	*un pupitre de commande*
a control unit	*une unité de contrôle*
a central processing unit (CPU)	*une unité de traitement centrale*
a central processor	*" " " "*
a keyboard	*un clavier*

a keyboard console	*un pupitre à clavier*
a slash	*une barre de fraction*
a screen	*un écran*
a monitor	*un écran de contrôle*
a joystick	*une manette de jeu, une souris*
a cartridge	*un chargeur, une cartouche*
a modem	*un modulateur, un démodulateur*
a sensor	*un capteur*
a template	*un normographe*
a built-in accumulator	*un accumulateur incorporé*
a vacuum tube	*un tube à vide*
a tape	*une bande*
a ribbon	*un ruban*
a plug	*une fiche*
a jones plug	*une prise à broches multiples*
a jack	*une fiche de connection*
to plug in a computer	*brancher un ordinateur*
to plug into	*se brancher à*
a conditional jump	*un branchement conditionnel*
to wire	*connecter*
power	*la tension*
to be on power	*mettre sous tension*
to be off power	*mettre hors tension*
a voltage surge	*une surtension*
a fuse	*un fusible*
a mouse	*une souris*
an electronic pointer	*un indicateur électronique*
magnetic ink	*encre magnétique*
Magnetic Ink Character Recognition (MICR)	*reconnaissance magnétique de caractères*
a light pen	*un crayon lumineux*
Optical Character Recognition (OCR)	*reconnaissance optique de caractères (ROC)*
circuitry	*les circuits*
a circuit line	*une ligne de circuit*

2.2 STORAGE AND MEMORY — *LE STOCKAGE ET LA MEMOIRE*

a memory	*une mémoire*
memory technology	*les technologies de la mémoire*
a memory cell	*une cellule mémoire*
computer memory access speed	*vitesse d'accès à la mémoire*
a core memory	*une mémoire centrale*
a central memory	" " "
the main memory	*la mémoire centrale*
the memory size	*la taille de la mémoire*
a memory unit	*une unité de mémoire*
mass memory	*la mémoire de masse*
RAM (Random Access Memory)	*la mémoire vive*
ROM (Read Only Memory)	*la mémoire morte*
an erasable programmable memory (EPROM)	*une mémoire effaçable (Eprom)*
a scratch pad memory	*un bloc-notes, une mémoire annexe*
a virtual memory	*une mémoire virtuelle*
secondary storage	*mémoire auxiliaire*
a buffer unit	*un tampon*
a read only memory	*une mémoire fixe*
a read only store	*une mémoire morte*
a backing store	*une mémoire auxiliaire*
a storage device	*une mémoire, un stockage*
random access from	*accès direct / aléatoire à*
a disk drive	*un lecteur de disquettes, un tourne-disque*
a disc storage unit	*une unité de mémoire à disques*
a disk / a disc	*une disquette*
a floppy disk	*une disquette souple*
a magnetic disk	*un disque magnétique*
a magnetic disk store	*une mémoire à disques magnétiques*
a drum	*un tambour*
a reel	*une bande*
a tape	*une bande magnétique*
a plastic card	*une carte en plastique*
to display	*visualiser*
a display	*une console de visualisation*
a display unit	*une unité d'affichage visuel*
to feed	*alimenter*
to dump	*vider*
an organization sequence	*une séquence*
sequential indexed	*organisation indexée*
to tally	*étiqueter*

2.3 COMPUTER MAINTENANCE — *L'ENTRETIEN DES ORDINATEURS*

a maintenance agreement	*un contrat d'entretien*
a troubleshooter	*un expert en détection de pannes*
troubleshooting	*la détection des pannes*
a tool kit	*une boîte à outils*
a malfunction	*une défaillance*
a computer failure	*une panne d'ordinateur*
a glitch	*une panne*
a bug	*une panne, un défaut*
a flaw	*un défaut*
a breakdown	*une panne*
to overload	*saturer*
overloading	*la saturation*
to monitor	*surveiller*
to seize	*se gripper*
to crash	*tomber en panne*
to fall	" " "
to be up	*marcher*
to be down	*être en panne*
a backup unit	*une unité de secours*
idle	*arrêté*
to flicker	*clignoter*
downtime	*le temps perdu causé par des pannes*
MTBF (Mean Time Between Failures)	*le temps moyen entre deux pannes*
MTTR (Mean Time To Repair)	*le temps moyen de réparation*
to track a mishap	*rechercher la panne*

to overhaul	*réviser*
an overhaul	*une révision*
junk	*le rebut*
to junk	*mettre au rebut*
to upgrade	*améliorer la qualité, le rendement*
to service a machine	*entretenir un ordinateur*
dependable quality	*la fiabilité*

III COMPUTER FRIENDLINESS — *L'ORDINATEUR CONVIVIAL*

1 APPLICATIONS — *LES APPLICATIONS*

computer monitoring technology	*la technologie assistée par ordinateur*
to enlist a computer	*enrôler un ordinateur*
robotics	*la robotique*
information technology	*la technologie de l'information*
a satellite work station	*une station de satellites*
a guided missile defense system	*un système de défense par missile téléguidé*
to help the physically disabled	*aider les handicapés*
a thinking machine	*une machine à penser*
banking operations	*opérations bancaires*
office automation	*la bureautique*
an electronic library	*une bibliothèque électronique*
electronic mail	*le courrier électronique*
computer dating	*agence matrimoniale par ordinateur interposé*
computer music	*la musique électronique*
computer shopping	*achats par ordinateur*
computerized art restoration	*la restauration de tableaux par ordinateurs*
computer-aided manufacturing (CAM)	*la fabrication assistée par ordinateur*
computer-integrated manufacturing (CIM)	*la productique, la production informatisée*
computer-aided design (CAD)	*la conception assistée par ordinateur*
desk top publishing (DTP)	*l'édition assistée par ordinateur*
computerized management	*la gestion informatisée*
computer control	*la gestion par ordinateur*
to control inventory levels	*maîtriser les niveaux de stock*
a computer department	*un service informatique*
imaging systems	*systèmes d'images*
to analyse muscle structure	*analyser la structure musculaire*
to gauge speed	*évaluer la vitesse*
to ferret out oil deposits	*déceler les gisements de pétrole*
to design cars	*concevoir les voitures*
to design jet engines	*concevoir les moteurs d'avion*
a light bulb	*une ampoule électrique*
to give access to hidden worlds	*accéder à des univers cachés*
Artificial Intelligence (AI)	*l'intelligence artificielle*
an executive toy	*le jouet des cadres supérieurs*
a smartcard	*une carte intelligente*
an electronic telephone card	*une télécarte*
to be encoded with prepaid amounts	*être prépayé*
a cash dispenser	*un distributeur de billets*
an automated teller machine	*un distributeur automatique de billets*
a query terminal	*un terminal de renseignements*

2 THE COMPUTER AND WORK — *L'ORDINATEUR ET LE TRAVAIL*

to be user friendly	*être d'utilisation facile*
user friendliness	*la facilité d'utilisation*
versatile	*à usages multiples*
versatility	*la faculté d'adaptation*
computer-aided manufacturing tasks	*la fabrication assistée par ordinateur*
computer graphics	*le graphisme par ordinateur*
to alter working habits	*modifier les habitudes de travail*
to rationalize one's work	*rationaliser son travail*
rationalization	*la rationalisation*
to upgrade the quality of work	*améliorer la qualité du travail*
to boost profitability	*améliorer la rentabilité*
to improve productivity	*améliorer la productivité*
to increase job satisfaction	*améliorer la satisfaction dans l'emploi*
to benefit the workforce	*profiter à la main d'œuvre*
storage capabilities	*capacités de stockage*
manipulation capacities	*capacités de maniement*
communication capabilities	*capacités de communication*
to make tasks easier	*faciliter les tâches*
to analyze	*analyser*
to process	*traiter*
image processing	*le traitement de l'image*
to record	*archiver*
to file	*classer*
a file	*un fichier*
a file label	*une étiquette de fichier*
an inverse file	*un fichier inversé*
to label	*référencer*
to sort	*trier*
to select	*choisir*

to list	*faire une liste de*
to catalogue	*cataloguer*
to centralize	*centraliser*
to standardize	*homogénéiser*
to keep track of	*rechercher*
to calculate	*calculer*
to plan	*organiser*
to contribute to	*contribuer à*
to be indispensable	*être indispensable*
to do without	*se passer de*
to hook into another computer	*se brancher sur un autre ordinateur*

3 THE COMPUTER AT HOME — *L'ORDINATEUR A DOMICILE*

the electronic cottage	*la chaumière électronique*
a cottage industry	*une industrie à domicile*
to run a business from home	*diriger une affaire depuis son domicile*
a home run business	*une affaire dirigée depuis son domicile*
home-based accounting	*la comptabilité à distance*
flexibility	*la souplesse d'utilisation*
flexible working hours	*horaires à la carte*
to improve working life	*améliorer le travail*
working conditions	*conditions de travail*
to eliminate routine drudgery	*supprimer le labeur quotidien*
to reduce stress	*réduire les tensions*
household applications	*applications familiales*
home budget management	*la gestion du budget familial*
to manage the family budget	*gérer le budget familial*

4 THE COMPUTER AND EDUCATION — *L'ORDINATEUR ET L'ENSEIGNEMENT*

computer-aided teaching	*l'enseignement assisté par ordinateur*
Computer Aided Instruction (CAI)	*enseignement assisté par ordinateur (EAO)*
Computer-Aided Language Learning (CALL)	*enseignement des langues assisté par ordinateur*
to help the student's homework	*faciliter le travail de l'étudiant*
a word processor	*un traitement de texte*
text editing	*le traitement de texte*
to write a manuscript	*rédiger un manuscrit*
to correct	*corriger*
to avoid needless typing	*éviter une dactylographie inutile*
to learn a language	*apprendre une langue*
to train minds	*former les esprits*
to motivate people to think	*stimuler les gens à réfléchir*
to be logical	*être logique*
to substitute for a teacher	*remplacer un professeur*
to be housebound	*être cloué à la maison*
to be bed-ridden	*être alité*
to be an invalid	*être handicapé*

5 THE COMPUTER AND GAMES — *L'ORDINATEUR ET LES JEUX*

to play a computer game	*faire un jeu d'ordinateur*
a joystick	*une manette de jeux*
video games	*les jeux vidéo*
a game addict	*un passionné de jeu*
the electronic hearthside	*l'âtre électronique*

IV COMPUTER CRIME — *LES DELITS INFORMATIQUES*

1 HACKING — *LE PIRATAGE*

pirating	*le piratage*
a hacker	*un pirate de disquettes*
a prankster	*un farceur*
a snoop	*un espion*
to hack into a computer	*pénétrer un système par effraction*
to gain access to a computer system	*obtenir l'accès à un système informatisé*
social engineering	*l'abus de confiance*
a con job	*un abus de confiance*
to crack a code	*trouver la clé d'un code*
to crack a password	*découvrir un mot de passe*
a token	*un mot-clé*
to break in	*entrer par effraction*
a break in	*une intrusion*
unauthorized entry	*une effraction*
an unwanted intruder	*un intrus indésirable*
computer theft	*le vol à l'ordinateur*
copyright theft	*le vol de droits de reproduction*
duplication	*la reproduction*
to copy	*copier*
copying	*le copiage*
fraudulent	*frauduleux*
to bootleg software	*faire du trafic de programmes*
to tamper with information	*trafiquer les informations*
to get confidential information	*obtenir des renseignements confidentiels*
to tamper with bank accounts	*jouer avec les comptes en banque*
hacker bashing	*la chasse aux pirates*
a back door	*une porte de sécurité secrète*

a bomb	*une bombe (un programme destructeur)*
to activate a bomb	*amorcer une bombe*
a software pirate	*un pirate de logiciel*
a cracker	*" " " "*
a phone phreak	*un pirate du téléphone*
a worm	*un programme de destruction*
to clog a system	*encombrer un système*
to slow operations	*ralentir les opérations*

2 COMPUTER VIRUSES — *LES VIRUS INFORMATIQUES*

a virus	*un virus*
a Trojan Horse	*" "*
a clone	*une copie*
a strain of computer virus	*une variété de virus informatique*
to lie dormant	*être en sommeil*
to multiply	*se multiplier*
an electronic disease	*une maladie électronique*
an act of sabotage	*un acte de sabotage*
computer mischief	*la malveillance informatique*
to be stricken by a virus	*être atteint d'un virus*
to lurk in the recess of a computer	*se tapir au plus profond d'un ordinateur*
to hide in the memory	*se cacher dans la mémoire*
to unleash an intruder	*libérer un intrus*
an infectious program	*un programme contagieux*
a rogue program	*un programme clandestin*
to spread (to)	*se répandre (à)*
to descend on	*s'abattre sur*
to be hit with	*être frappé de*
to harbor a virus	*abriter un virus*
to infect a computer	*infecter un ordinateur*
to activate a virus	*activer un virus*
a contagion	*une contagion*
a nuisance	*un fléau*
an intruder	*un intrus*

3 EFFECTS OF A VIRUS — *LES CONSEQUENCES D'UN VIRUS*

to be in for a nasty surprise	*se préparer à une mauvaise surprise*
to be bent on destroying	*être résolu à détruire*
to be vulnerable to	*être exposé à*
self destruction	*autodestruction*
to damage	*nuire à*
to destroy	*détruire*
to devastate	*dévaster*
to wreak havoc	*causer des ravages*
to erase	*effacer*
to delete	*"*
to strike	*frapper*
elusive	*insaisissable*
insidious	*insidieux*
pernicious	*pernicieux*
a self-replicating mechanism	*un mécanisme d'auto-reproduction*
to scramble the contents of a disc	*brouiller le contenu d'un disque*
to scramble records	*brouiller les archives*
to tamper with computer data	*toucher aux données informatiques*
to interfere with data	*s'immiscer dans les données*
data destroying impact	*un impact destructeur sur les données*
to cause malfunctions	*provoquer des disfonctionnements*
to shut off a program	*fermer un programme*
to get out of control	*se dérégler*
to be at a standstill	*s'immobiliser*
to grind to a halt	*s'arrêter progressivement*
to cancel out a program	*annuler un programme*

4 PREVENTION — *LA PREVENTION*

Safe Hex	*la sécurité informatique*
to raise disturbing questions	*soulever des questions troublantes*
a preventive measure	*une mesure de prévention*
to protect oneself from	*se protéger contre*
a reliable system	*un système sûr*
to escape detection	*échapper à la sagacité*
a virus-ridden version	*une version bourrée de virus*
protection from a virus	*la protection contre un virus*
safe computing practices	*pratiques informatisées sûres*
a fool-proof program	*un programme à toute épreuve*
to screen a disk for the presence (of)	*examiner un disque pour vérifier la présence (de)*
an antiviral program	*un programme anti-virus*
to stock up on anti-viral programs	*faire provision de programmes anti-virus*
to evade an anti-viral program	*prendre un programme anti-virus en défaut*
to neutralize a virus	*neutraliser un virus*
to wall off a program	*protéger un programme*
to insulate a system	*protéger un système*
to purge the memory	*purger la mémoire*
to isolate a viral strain	*isoler une souche de virus*
to eradicate a virus	*extirper un virus*
to erase the killer program from	*supprimer le programme mortel de*
to rebuild files from scratch	*reconstituer les dossiers à partir de zéro*
a vaccine program	*un vaccin*
to bring back to health	*guérir d'un virus*
to curb computer hacking	*réduire le piratage informatique*

6 ROBOTICS — *LA ROBOTIQUE*

I GENERAL BACKGROUND — *GENERALITES*

a robot	*un robot*
an automaton	*un automate*
a home robot	*un robot domestique*
an industrial robot	*un robot industriel*
an experimental robot	*un robot expérimental*
a robot maker	*un fabricant de robots*
to run robots	*exploiter des robots*
to robotize	*robotiser*
to resort to robots	*avoir recours à des robots*
a robot-run industry	*une industrie robotisée*
a robot controlled industry	" " "
to have robots in operation	*avoir des robots en service*
to use robots	*se servir de robots*
programmable	*programmable*
reprogrammable	*reprogrammable*
multifunctional	*à usages multiples*
multipurpose	" " "
a robotic device	*un engin robotisé*
a decision making robot	*un robot intelligent*
the robot revolution	*la révolution robotique*

II ROBOT APPLICATIONS — *LES APPLICATIONS DES ROBOTS*

1 INDUSTRIAL APPLICATIONS — *LES APPLICATIONS INDUSTRIELLES*

to automate a factory	*automatiser une usine*
to perform a task	*exécuter une tâche*
to carry out a task	" " "
by remote control	*télécommandé*
industrial applications	*applications industrielles*
a robot assembly line	*une chaîne de montage robotisée*
car making activities	*la fabrication des voitures*
to man an assembly line	*équiper une chaîne de montage*
car painting activities	*la peinture des voitures*
to assemble a car	*monter une voiture*
car assembling robots	*le montage par les robots*
to trim parts	*mettre les pièces détachées en ordre*
parts assembly	*l'assemblage des pièces détachées*
car welding	*la soudure automobile*
to control welding	*vérifier les soudures*
precision welding	*soudures de précision*
to perform spot welding on cars	*exécuter des soudures ponctuelles sur les voitures*
material handling	*le maniement des matériaux*
nuclear plant activities	*opérations dans les centrales nucléaires*
well drilling activities	*opérations de forage*
space exploration	*l'exploration spatiale*
to program a robot	*programmer un robot*
to give instructions (to)	*donner des instructions (à)*
to repeat a process	*répéter une opération*
to carry out a function	*exécuter un ordre*
to cut costs	*réduire les coûts*
to load / to unload	*charger / décharger*
heavy lifting	*le levage lourd*
to spray paint	*pulvériser de la peinture*
to grasp a part	*saisir une pièce détachée*
to hold	*tenir*
to release	*lâcher*
to twist	*tourner*
to rotate	*faire une rotation*
to push	*pousser*
to pull	*tirer*
to raise	*monter*
to lower	*abaisser*
to sort out	*trier*
to substitute a machine for man	*remplacer l'homme par une machine*
to work at peak efficiency	*fonctionner avec un maximum d'efficacité*

2 HOUSEHOLD APPLICATIONS — *LES APPLICATIONS DOMESTIQUES*

a household use	*un emploi domestique*
a household chore	*une corvée domestique*
to lay the table	*mettre la table*
to clear the table	*débarrasser la table*
to make beds	*faire les lits*

III ADVANTAGES OF THE ROBOTS — *LES AVANTAGES DES ROBOTS*

1 SAFETY — *LA SECURITE*

to be hazard-free	*être sans danger*
to be risk-free	*" " "*
a victim of	*une victime de*
an occupational hazard	*un risque professionnel*
an occupational disease	*une maladie professionnelle*
to perform dangerous tasks	*accomplir des tâches dangereuses*
a zero-risk factor	*un facteur de risque nul*

2 WORK — *LE TRAVAIL*

time saving	*économe en temps*
to waste time	*perdre du temps*
to give man more leisure	*laisser plus de loisir à l'homme*
to eliminate unprofitable jobs	*éliminer les emplois improductifs*
labour saving	*qui économise la main d'œuvre*
to relieve man of	*soulager l'homme de*
to lighten man's toil	*alléger la tâche de l'homme*
to release man (for)	*libérer l'homme (pour)*
recreational activities	*activités de loisir*
an unwanted chore	*une corvée ingrate*
to set man free	*affranchir l'homme*
a stultifying chore	*une corvée abrutissante*
besotting	*abêtissant*
menial	*subalterne*
thankless	*ingrat*
dull	*monotone*
unexciting	*"*
repetitive	*répétitif*
boring	*ennuyeux*
unremitting	*infatigable*
heavy work	*le travail pénible*

3 COST SAVING — *L'ECONOMIE DE COUT*

energy saving	*économe en énergie*
economical / cost-saving / cost-cutting	*économe*
wage saving	*économe en salaire*
to reduce maintenance costs	*réduire les frais d'entretien*
to reduce overheads	*réduire les frais généraux*
to work 7 days a week	*travailler 7 jours sur 7*
to work around the clock	*travailler 24 heures sur 24*
to work week in week out	*travailler qu'il pleuve ou qu'il neige*
to halve costs	*diviser les coûts par deux*
to fall sick	*tomber malade*
to call in sick	*se faire porter malade*
to go on strike	*se mettre en grève*
to lay off a robot	*licencier un robot*
to be late	*être en retard*
to go on holiday	*prendre des vacances*
to take paid holidays	*prendre des congés payés*
to earn a salary	*toucher un salaire*
to belong to a trade union	*être syndicalisé*
to retire	*prendre sa retraite*
to retire a robot	*mettre un robot à la retraite*
to replace a robot	*remplacer un robot*
to improve output	*améliorer la production*
to increase output	*augmenter la production*
reliable / dependable	*fiable*
infallible	*infaillible*
subservient	*soumis*
submissive	*docile*
obedient	*obéissant*
resilient	*élastique*

7 OFFICE AUTOMATION — *LA BUREAUTIQUE*

1 FROM PAST. . . — *DU PASSE…*

office work	*le travail de bureau*
an office	*un bureau*
a desk	*un bureau (meuble)*
red tape	*la paperasserie*
stationery	*fournitures de bureau, papeterie*
a carbon sheet	*une feuille de papier carbone*
a stencil	*un stencil*
to stencil	*tirer au stencil*
a typewriter	*une machine à écrire*
a key	*une touche*

a keyboard	*un clavier*
to type	*taper à la machine*
a typist	*une dactylo*
shorthand	*la sténographie*
a shorthand typist	*une sténo-dactylo*
a writing pad	*un bloc-notes*
a ribbon	*un ruban*
an eraser	*un effaceur*
to record	*enregistrer*
a filing cabinet	*un fichier*
a box-file	*une boîte classeur*
a stamping machine	*une machine à timbrer*
a dater	*un timbre dateur*
a letter balance	*un pèse-lettres*
postage	*l'affranchissement*
to frank	*affranchir*

a franking machine	*une machine à affranchir*
a paper weight	*un presse-papiers*
a directory	*un répertoire*
a diary	*un agenda*
an inking pad	*un tampon encreur*
a blotter	*un buvard*
a folder	*une chemise*
a stapler press	*une agrafeuse*
an entry	*une passation d'écriture*
to enter an item	*inscrire un article*
a date of receipt	*une date de réception*
to card	*mettre sur fiche*
to initial	*parapher*
to docket	*étiqueter*
to dictate	*dicter*
to seal	*cacheter*

2 . . .TO PRESENT — *. . .AU PRESENT*

office equipment	*le matériel de bureau*
to assess one's equipment needs	*évaluer ses besoins en matériel*
to grasp technology	*comprendre la technologie*
the key to the future	*la clé de l'avenir*
to evaluate technology	*déterminer le coût des technologies*
to purchase technology	*acheter de la technologie*
to buy the late technology	*acheter le dernier cri de la technologie*
to exploit a potential	*exploiter un potentiel*
to install a computer	*installer un ordinateur*
to equip an office with computers	*informatiser un bureau*
to be outfitted with	*être équipé de*
to be computer equipped	*être équipé en ordinateurs*
to purchase a computer	*acheter un ordinateur*
to rent	*louer*
to lease	*prendre en location-bail*
leasing	*la location-bail*
to meet needs	*répondre aux besoins*
to add on equipment	*ajouter du matériel*
to substitute equipment	*remplacer le matériel*
to replace equipment	*changer le matériel*
to supply equipment	*fournir du matériel*
a supplier	*un fournisseur*
to amortize equipment	*amortir l'équipement*
to meet equipment vendors	*rencontrer des représentants en matériel*
to bridge the information gap	*combler le fossé de l'information*
to design a system	*concevoir un système*

to purchase a system	*acheter un système*
to install a system	*installer un système*
to test a system	*essayer un système*
a systems analyst	*un analyste de systèmes*
an array of products	*une gamme de produits*
a plethora of products	*une abondance de produits*
an electronical product	*une machine électronique*
a multifunctional product	*un produit multifonctionnel*
an interconnected product	*un produit interconnecté*
a communicative product	*un produit de communication*
an integrated system	*un système intégré*
simple-to-install-and-use technology	*une technologie de maniement facile*
a workstation	*un poste de travail*
a human-oriented office environment	*un environnement humain au bureau*
altered work habits	*habitudes de travail différentes*
technofear	*la peur des nouvelles technologies*
a backlash	*une réaction*
ample desk place	*un large espace pour travailler*
good lighting	*un éclairage satisfaisant*
a partition	*une cloison*
an adjustable chair	*une chaise réglable*
to create the optimum work environment	*créer les meilleures conditions de travail possibles*
ergonomics	*l'ergonomie*
an ergonomist	*un ergonome*

3 OFFICE AUTOMATION — *LA BUREAUTIQUE*

teleconferencing	*la téléconférence*
a teleconference	*une téléconférence*
teletex	*le télétexte*

telex (teleprinter and exchange)	*le télex*
a telex	*un message télex*

to telex	*envoyer des messages par télex*
to teleprint	*télexer*
a teleprinter	*un téléscripteur*
videotex	*le minitel*
electronic mail	*le courrier électronique*
an electronic message	*un message électronique*
a copier / a photocopier	*une photocopieuse*
a xerox machine	" "
to photocopy / to xerox	*photocopier*
to duplicate	"
a laser beam printer	*une imprimante à laser*
an intelligent printer	" " " "
typesetting	*la composition*
filmsetting	*la photocomposition*
a compact optical disk	*un disque compact optique*
a facsimile machine	*une machine FAX*
a fax line	*une ligne FAX*
a facsimile transmitter	*un téléfax*
a facsimile terminal	*un terminal FAX*
a dictaphone	*un dictaphone*
an intercom	*un interphone*
a picturephone	*un visiophone*
an electronic phone directory	*un annuaire électronique informatisé*
an electronic typesetter	*une machine à écrire électronique*
a word processor	*une machine à traitement de texte*
word processing	*le traitement de texte*
data transfer	*la transmission des données*

8 THE SPACE ODYSSEY — *L'ODYSSEE DE L'ESPACE*

I SPACE — *L'ESPACE*

1 GENERAL BACKGROUND — *GENERALITES*

the void of space	*le vide de l'espace*
a space agency	*une agence spatiale*
interplanetary space	*l'espace interplanétaire*
vast reaches	*vastes étendues*
a boundary	*une frontière*
the magnetic field	*le champ magnétique*
cosmic radiations	*radiations cosmiques*
cosmic rays	*rayons cosmiques*
energetic particles	*particules d'énergie*
atmospheric composition	*la composition atmosphérique*
an extraterrestrial	*un extraterrestre*
the depths of space	*le fin fond de l'espace*
a celestial body	*un corps céleste*

2 THE SOLAR SYSTEM — *LE SYSTEME SOLAIRE*

the cosmos	*le cosmos*
the outer space	" "
the universe	*l'univers*
expanding	*en expansion*
boundless	*infini*
a planet	*une planète*
an outer planet	*une planète intersidérale*
a gaseous planet	*une planète gazeuse*
a layer of gas	*une couche gazeuse*
a ring	*un anneau*
a tilt	*une inclinaison*
to tilt	*s'incliner*
the earth	*la terre*
on earth	*sur terre*
gravity	*la pesanteur*
the sun	*le soleil*
to rise	*se lever*
sunrise	*le lever du soleil*
to set	*se coucher*
sunset	*le coucher du soleil*
sunlight	*la lumière du soleil*
an axis	*un axe*
to rotate	*tourner (sur soi)*
a rotation	*une rotation*
to revolve on an axis	*tourner sur un axe*
an orbit	*une orbite*
to yield energy	*produire de l'énergie*
a sun spot	*une tache solaire*
a solar flare	*une éruption solaire*
solar radiations	*radiations solaires*
to flare up	*entrer en éruption*
to shine	*briller*
to brighten	*s'éclairer*
to light	*éclairer*
the moon	*la lune*
the moonlight	*le clair de lune*
a full moon	*la pleine lune*
a new moon	*une nouvelle lune*
a crescent	*un croissant*
the far side of the moon / the dark side of the moon	*la face cachée de la lune*
the near side	*la face visible*
the moons (of a planet)	*les lunes (d'une planète)*
a satellite of the Earth	*un satellite de la Terre*
the crust	*la croûte*

the moonscape	*le paysage lunaire*
the lunarscape	*" " "*
a crater	*un cratère*
a moonquake	*un tremblement de terre lunaire*
a moon eclipse	*une éclipse de lune*
gravitational attraction	*l'attraction terrestre*
to revolve	*tourner (autour de qqch.)*
a solar eclipse	*une éclipse de soleil*
the solar system	*le système solaire*
heliopause	*l'extrémité du système solaire*

3 STARS — *LES ETOILES*

a star	*une étoile*
the pole star	*l'étoile polaire*
the north star	*" "*
the evening star	*l'étoile du berger*
a shooting star	*une étoile filante*
starry	*étoilé*
star-spangled	*"*
starlit	*"*
star-studded	*parsemé d'étoiles*
stellar	*sidéral*
interstellar space	*l'espace intersidéral*
the core of a star	*le noyau d'une étoile*
a progenitor star	*l'ancêtre d'une étoile*
a bright star	*une étoile brillante*
the brightness of stars	*l'éclat des étoiles*
a distant star	*une étoile lointaine*
an exploding star	*une explosion stellaire*
a stellar explosion	*" " "*
a cluster of stars	*un amas d'étoiles*
to blaze across the night skies	*briller dans le ciel nocturne*
to die	*s'éteindre*

4 GALAXIES — *LES GALAXIES*

a galaxy	*une galaxie*
a galactic cluster	*un groupe de galaxies*
a galactic neighbour	*un voisin dans la galaxie*
the Milky Way galaxy	*la voie lactée*
a meteoroid	*une météorite*
a meteorite	*" "*
to collide with	*entrer en collision avec*
an asteroid	*un astéroïde*
an aurora borealis	*une aurore boréale*
dust particles	*particules de poussière*
a comet	*une comète*
the nucleus of a comet	*le noyau d'une comète*
the coma of a comet	*la chevelure d'une comète*
the head of a comet	*la tête d'une comète*
the path of a comet	*la trajectoire d'une comète*
to encounter a comet	*rencontrer une comète*
to plot the path of a comet	*déterminer la trajectoire d'une comète*
to herald	*annoncer*
a harbinger of disasters	*un présage de catastrophes*
an omen of death	*un présage de mort*
to dispel a myth	*dissiper une croyance*
to travel in a celestial region	*voyager dans une région céleste*
a foray into	*une incursion dans*
interplanetary exploration	*l'exploration interplanétaire*
an orbital path	*une trajectoire orbitale*
a quasar	*un quasar*
a pulsar	*un pulsar*
a black hole	*un trou noir*
a collapsor	*" " "*
a big bang	*un big bang*
a shock wave	*une onde de choc*
a supernova	*une supernova*
the speed of light	*la vitesse de la lumière*
a light year	*une année-lumière*
interstellar distances	*distances intersidérales*
an astronomical unit (AU)	*une unité astronomique (150 millions de km)*
a blackbody	*un corps noir*

5 ASTRONOMY — *L'ASTRONOMIE*

astronomy	*l'astronomie*
a stargazer	*un observateur des étoiles*
a skywatcher	*un observateur du ciel*
an astronomer	*un astronome*
a cosmologist	*un spécialiste du cosmos*
an astrophysicist	*un astrophysicien*
an observatory	*un observatoire*
a ground-based observatory	*un observatoire terrestre*
an earthbound observatory	*" " "*
a space-based observatory	*un observatoire spatial*
a star chart	*une carte du ciel*
to peer through a telescope	*regarder à travers un téléscope*
to scan the heavens	*scruter les cieux*
to catch a glimpse of	*apercevoir*
to spot a star	*apercevoir une étoile*
to record a star	*enregistrer une étoile*
I million light years away	*distant de 1 million d'années-lumière*
visible to the naked eye	*visible à l'œil nu*
to follow the progress (of)	*suivre la progression (de)*
to keep track of	*suivre la trace de*
to scrutinize	*scruter*
to peer deep into space	*fouiller l'espace*
to monitor a comet	*surveiller une comète*
to search a patch of sky	*fouiller un coin de ciel*
stellar evolution	*l'évolution des étoiles*
the formation of planets	*la formation des planètes*
to chronicle a star	*suivre l'évolution d'une étoile*
a celestial phenomenon	*un phénomène céleste*

II THE SPACE PROGRAM — *LE PROGRAMME SPATIAL*

1 GENERAL BACKGROUND — *GENERALITES*

space age	*l'ère spatiale*
a new frontier	*une nouvelle frontière*
the European Space Agency (ESA)	*l'Agence Spatiale Européenne (ASE)*
the NASA (National Aeronautics and Space Administration) (USA)	*la NASA (l'Administration Nationale de l'Aéronautique et de l'Espace)*
a space program	*un programme spatial*
a shuttle program	*un programme de navette*
to carry out a program	*exécuter un programme*
to conduct a program	*mener un programme*
to join the space program	*participer à un programme spatial*
to clothe a program in secrecy	*garder un programme secret*
to conquer space	*conquérir l'espace*
to shoot for the moon	*chercher à atteindre la lune*
space probing	*l'exploration spatiale*
a space consultant	*un conseiller spatial*
a partner in space	*un partenaire spatial*
to make a commitment to space	*s'engager dans la course spatiale*
to initiate a space program	*lancer un programme spatial*
to start a space program	*se lancer dans un programme spatial*
to expand a space program	*développer un programme spatial*
to cease a program	*mettre fin à un programme*

2 FLYING INTO SPACE — *LES VOLS SPATIAUX*

to feel the urge to travel	*ressentir l'envie de voyager*
to yearn to explore	*chercher à explorer*
to visit a celestial neighbour	*rendre visite à un voisin dans l'espace*
a journey into space	*un voyage dans l'espace*
a journey upward	" " " "
a flight into space	*un vol spatial*
a space venture	*une aventure spatiale*
to fly into space	*voler dans l'espace*
to journey into space	*voyager dans l'espace*
to travel immense distances	*parcourir des distances infinies*
a leap upward	*un bond dans l'espace*
a space exploration program	*un programme d'exploration spatiale*
space conquest	*la conquête de l'espace*
the high frontier	*la frontière de l'espace*
to explore space	*explorer l'espace*
to rove the high frontier	*parcourir la frontière de l'espace*
to roam the high frontier	" " " "
to probe space	*sonder l'espace*
to challenge the cosmos	*entreprendre de découvrir le cosmos*
to be on a space flight	*faire partie d'un vol spatial*
an interplanetary flight	*un vol interplanétaire*
to bring aspirations to fulfilment	*réaliser ses rêves*
to fulfill a dream	*réaliser un rêve*
derring-do	*prouesses*

3 SPACECRAFT — *LES VAISSEAUX SPATIAUX*

a spaceship	*un vaisseau spatial*
a rocket	*une fusée*
a carrier rocket	*une fusée porteuse*
a multi-stage rocket	*une fusée gigogne, une fusée à étages*
a rocket-powered flight	*un vol propulsé par une fusée*
rocket propulsion	*la propulsion par fusée*
a space probe	*une sonde spatiale*
a planetary probe	*une sonde lancée vers une autre planète*
a lunar probe	*une sonde lunaire*
a capsule	*une capsule*
a launch vehicle	*un lanceur spatial*
a heavy lift launch vehicle	*un lanceur lourd*
a satellite	*un satellite*
a booster	*un propulseur auxiliaire, un pousseur, un booster*
a supplementary booster	*un propulseur d'appoint*
an artificial satellite	*un satellite artificiel*
an applications satellite	*un satellite utilitaire*
an application technology satellite	*un satellite d'applications technologiques*
a geostationary satellite	*un satellite géostationnaire*
to be in geostationary orbit	*être en orbite géostationnaire*
a geosynchronous satellite	*un satellite géosynchrone*
a spy satellite	*un satellite espion*
a military reconnaissance satellite	*un satellite de reconnaissance militaire*
a communications satellite	*un satellite-relais / de télécommunications*
an earth survey satellite	*un satellite d'observation de la terre*
a scientific satellite	*un satellite scientifique*
a geodetic satellite	*un satellite géodésique*
a weather satellite	*un satellite météorologique*

a meteorological satellite (meteosat)	" " "
an earth resource satellite	*un satellite d'observation des ressources terrestres (landsat)*
a biosatellite	*un biosatellite*
a recoverable satellite	*un satellite récupérable*
to develop a satellite	*mettre un satellite au point*
an apogee	*un apogée*
a perigee	*un périgée*
a space shuttle	*une navette spatiale*
a space plane	" " "
a shuttle fleet	*une flotte de navettes*
to service a satellite	*réparer un satellite*
a mother ship	*un satellite-mère*
a space station	*une station orbitale*
a space platform	" " "
a space factory	*une usine spatiale*
an assembly station	*une station d'assemblage*
a research facility	*un laboratoire de recherches*
a manned station	*une station habitée*
unmanned	*automatisé*
a space laboratory	*un laboratoire spatial*
a skylab	" " "
a manned orbiting laboratory (MOL)	*un laboratoire habité en orbite*
an orbiting solar observatory	*un observatoire solaire en orbite*
a space telescope	*un télescope spatial*
a multi-purpose space lab	*un laboratoire spatial multi-usages*
a space telescope	*un téléscope spatial*

4 INSIDE A SATELLITE — *A L'INTERIEUR D'UN SATELLITE*

a transmitter	*un poste émetteur*
infra-red sensors	*capteurs à infrarouge*
an antenna	*une antenne*
a communications antenna	*une antenne de communications*
a radiometer	*un radiomètre*
a wavelength	*une longueur d'onde*
cargo	*la cargaison*
a compartment	*un compartiment*
a cargo bay	*une soute*
a tank	*un réservoir*
a hatch	*une écoutille*
the landing gear	*le train d'atterrissage*
a payload	*une charge utile*
a device	*un dispositif*
power	*la puissance*
to power	*alimenter*
thrust	*la poussée*
pounds of thrust	*kilos de poussée*
a stage	*un étage*
a first stage motor	*un moteur du premier étage*
the upper stage	*l'étage supérieur*
propellant	*le propergol*
storable propellant	*le propergol de réserve*
solid propellant	*le propergolsolide*
oxygen	*oxygène*
hydrogen	*hydrogène*
exhaust	*échappement*
a nozzle	*une tuyère*
a guidance system	*un système de guidage*
a propulsion engine	*un moteur à propulsion*
a thruster rocket	*une fusée de poussée*
a rocket engine	*un moteur de fusée*
a steel skin	*un revêtement d'acier*
a panel	*un panneau*
a solar panel	*un panneau solaire*
a tile	*une tuile*
the flight desk	*cabine de pilotage*
a tail	*une queue*
an abort system	*un système de sécurité*
a battery	*une batterie*

5 SPACE MISSIONS — *LES MISSIONS SPATIALES*

a cooperative space mission	*une mission spatiale en coopération*
a joint experiment	*une expérience commune*
to pioneer explorations	*ouvrir la voie aux explorations*
to contribute to	*contribuer à*
to operate in space	*fonctionner dans l'espace*
satellite observations	*les observations par satellite*
space exploitation	*l'exploitation de l'espace*

5.1 SPACE RESEARCH — *LA RECHERCHE SPATIALE*

a scientific mission	*une mission scientifique*
research purposes	*les buts de la recherche*
to feature an agenda of experiments	*comporter une série d'expériences*
to be loaded with scientific instruments	*être bourré d'instruments scientifiques*
a lab for experiments	*un laboratoire d'expériences*
an annex to plants	*une annexe d'usines*
to carry out pure research	*faire de la recherche pure*
applied research	*la recherche appliquée*
an experiment	*une expérience*
an experiment specimen	*un spécimen destiné à une expérience*
a measurement	*une mesure*
to make measurements	*effectuer des mesures*
to conduct a scientific experiment	*effectuer une expérience scientifique*
to carry out an experiment	*effectuer une expérience*
a testing ground for new technologies	*un banc d'essais pour de nouvelles technologies*
to conduct observations	*faire des observations*
to verify a theory	*vérifier une théorie*
to vindicate a theory	*défendre une théorie*
to affect Earth and people	*avoir des conséquences pour la Terre et ses habitants*
an uncontaminated void	*un vide stérile*

a germ-free environment	*une atmosphère stérile*
materials research	*la recherche sur les matériaux*
materials physics	*la physique des matériaux*
to perform experiments in materials	*réaliser des expériences sur les matériaux*
production of alloys	*la production d'alliages*
to carry out a manufacturing process	*effectuer un processus de fabrication*
production of drugs	*la production de médicaments*
a pharmaceutical	*un produit pharmaceutique*
a made-in-space product	*un produit fabriqué dans l'espace*
to improve a product	*améliorer un produit*
to train one's instruments on	*diriger ses instruments sur*
a wealth of data	*une mine de renseignements*
to scour data	*passer des données au crible*
to secure scientific data	*obtenir des données scientifiques*
to record data	*enregistrer des données*
to store data	" " "
to supply data	*fournir des données*
to transmit data	*transmettre des données*
to relay data	" " "
to collect data	*rassembler des données*
extensive data	*données approfondies*
inconclusive data	*données peu concluantes*
satellite photography	*la photo satellite*
to be detectable by infra-red color photography	*être décelable par la photographie à l'infrarouge*
satellite imagery	*les images satellite*
to glean images (of)	*recueillir des images (de)*
to radio images	*envoyer des images par radio*
a close-up look at	*un gros plan sur*
to gain a close-up view	*obtenir un gros plan sur*
to draw an accurate picture of	*photographier avec précision*
to snap a photograph	*prendre un instantané*
a snapshot	*un instantané*
to disclose	*révéler*
to sight	*apercevoir*
to detect objects	*déceler des objets*
to carry instrumentation (for)	*transporter des instruments (pour)*
to test the effects (of)	*mesurer les effets (de)*
weightlessness	*l'apesanteur*
an orbited animal	*un animal en orbite*
the arena for the next industrial revolution	*le théâtre de la prochaine révolution industrielle*

5.2 EARTH WATCH — *L'OBSERVATION DE LA TERRE*

to watch over large areas	*surveiller des zones étendues*
to provide global coverage	*offrir une vue d'ensemble*
to improve the world's maps	*améliorer les cartes terrestres*
to map stars	*dresser la carte des étoiles*
to map weather patterns	*dresser la carte météorologique*
to map ocean currents	*dresser la carte des courants océaniques*
a weather station	*un observatoire météorologique*
to update maps	*mettre les cartes à jour*
a weather chart	*une carte météorologique*
a navigational chart	*une carte marine*
to obtain close photos (of)	*photographier de près*
a flyby	*un survol*
to track a storm	*suivre la trajectoire d'une tempête*
to track hurricane formation	*suivre la formation des ouragans*
to study flood hazards	*étudier les dangers d'inondation*
to manage water resources	*gérer les ressources en eau*
to process cloud pictures	*traiter les photos de nuages*
to record earth movements	*enregistrer les mouvements terrestres*
to locate air and water pollution	*localiser la pollution de l'air et de l'eau*
to locate geological formations	*localiser les formations géologiques*
to locate mineral deposits	*localiser les gisements de minerais*
to map forest-fire scars	*dresser la carte des forêts incendiées*
the elimination rate of forests	*le degré de déforestation*
the rate of advance or retreat of glaciers	*la vitesse de l'avance ou du recul des glaciers*
to forecast	*prévoir*
to analyze the composition (of)	*analyser la composition (de)*
to measure the magnetic field	*mesurer le champ magnétique*
to head off ecological disasters	*prévenir les catastrophes écologiques*

5.3 STAR WARS — *LA GUERRE DES ETOILES*

a military purpose	*un but militaire*
national security	*la sécurité du pays*
to go on orbital patrol	*patrouiller autour de la terre*
to gather intelligence material	*recueillir des renseignements secrets*
to verify an arms-control treaty	*vérifier un traité de désarmement*
to search for enemy targets	*rechercher les cibles ennemies*

to spot missile launches	*repérer les bases de lancement de missiles*
to zap enemy missiles with	*détruire les missiles ennemis à l'aide de*
a laser beam	*un rayon laser*
a particle beam	*un rayon à particules*
a satellite killer system	*un système de destruction de satellites*
to detect nuclear fission	*déceler les explosions nucléaires*
a fusion explosion	*une explosion nucléaire*

5.4 COMMERCIAL PAYLOADS — *LES CHARGES COMMERCIALES*

to provide a launching service	*offrir un service de lancement*
to market a satellite	*commercialiser un satellite*
to fight for a market	*se battre pour remporter un marché*
to steal a market	*s'emparer d'un marché*
to capture a share of the market	*s'emparer d'une part de marché*
to book a flight	*réserver sa place sur un vol*
to sign up a client	*décrocher un contrat*
to win customers in space	*trouver de nouveaux clients pour l'espace*
to carry a commercial payload	*transporter une charge commerciale*
to haul a commercial payload	" " " "
to solicit launching business	*rechercher des clients intéressés par les lancements*
to let an opportunity slip by	*laisser passer une occasion*
to pour money into	*consacrer de larges sommes à*

5.5 BENEFITS FROM SPACE EXPLORATION — *LES AVANTAGES DE L'EXPLORATION SPATIALE*

a potential	*un potentiel*
a much touted potential	*un potentiel largement vanté*
a pay-off	*une retombée*
a spin off	*une récompense*
military benefits	*avantages militaires*
commercial benefits	*avantages commerciaux*
economic benefits	*avantages économiques*
civilian uses	*usages civils*
to derive benefits (from)	*tirer des avantages (de)*
to yield countless benefits	*apporter d'innombrables avantages*
to provide for the needs of scientists	*pourvoir aux besoins des savants*
to be well worth the cost	*en valoir le coût*
a spirit-lifting achievement	*une réalisation exaltante*
a fruitful source of scientific knowledge	*une source féconde de connaissances scientifiques*
to revitalize science and technology	*donner un nouveau souffle à la science et à la technologie*
to revive public interest in science	*raviver l'intérêt du public pour la science*
to stimulate innovation (in)	*encourager l'innovation (dans)*
to stir national pride	*susciter la fierté nationale*
to pave the way for	*ouvrir la voie à*

6 THE SPACE FLIGHT — *LE VOL SPATIAL*

6.1 PREPARATIONS TO A FLIGHT — *LES PREPARATIONS DE VOL*

a preparation center	*un centre de préparation*
a training center	*un centre d'entraînement*
to schedule a mission	*prévoir une mission*
to prepare for a launch	*se préparer pour un lancement*
to train for	*s'entraîner en vue de*
to conduct a flight test	*effectuer un vol d'essai*
to flight test	*faire des essais en vol*
a flight simulator	*un simulateur de vol*
near total vacuum	*la quasi-apesanteur*
near zero gravity	" " "
to live in near weightlessness	*vivre en état de quasi-apesanteur*
a weightless environment	*l'apesanteur*
to rehearse	*répéter*
a rehearsal	*une répétition*
to simulate	*simuler*
simulation	*la simulation*
a mock shuttle	*une reproduction de la navette*
a pull	*une attraction*
a crew	*un équipage*
space crewmen	*membres de l'équipage spatial*
a spacewoman / a spaceman	*une spationaute / un spationaute*
an astronaut	*un astronaute*
a cosmonaut	*un cosmonaute*
a lunarnaut / a lunanaut	*un astronaute d'un vol lunaire*
a spacesuit	*un scaphandre*
a G-suit	*une combinaison spatiale antigravité*
a pressure suit	*un costume pressurisé*
to don a spacesuit	*enfiler un scaphandre*
a maiden voyage	*un premier voyage*
to fly a mission	*faire partie d'une mission*
to pilot a shuttle	*diriger une navette*
to ride a shuttle mission	*faire partie d'une mission de la navette*
to log . . . flying hours	*avoir ... heures de vol à son actif*

6.2 THE LAUNCH SITE	LA BASE DE LANCEMENT

a space base	*une base spatiale*
a space port	*une base de lancement*
a launch site	*un site de lancement*
a launch pad	*un pas de tir*
a launch complex	*une installation de lancement*
a space platform	*une plateforme spatiale*
an assembly building	*un bâtiment de montage*
to mate satellite to rocket	*assembler le satellite à la fusée*
a service tower	*une tour de service*
an access tower	*une tour d'accès*
a fueling pipe	*un tuyau d'alimentation*
a gantry (crane)	*une grue à portique*
a travelling gantry	*un portique roulant*
a storage tank	*une citerne*
a landing strip	*une piste d'atterrissage*
a flight center	*un centre de vol*
mission control	*le centre de contrôle*
a mission controller	*un contrôleur de mission*
a flight controller	" " " "

6.3 LAUNCHING	LE LANCEMENT

to ready a shuttle for a launch attempt	*préparer une navette pour une tentative de lancement*
an attempt to launch	" " "
to launch into space	*lancer dans l'espace*
a launch	*un lancement*
a space shot	*un lancement spatial*
a launch capability	*une capacité de lancement*
a commercial launch	*un lancement commercial*
a launcher	*un lanceur*
to stage a launch	*organiser un lancement*
to perfect a launch technique	*mettre au point une technique de lancement*
to abort a launch	*interrompre un lancement*
to go ahead with a launch	*donner le signal d'un lancement*
to position for launch	*préparer pour un lancement*
to pressurize	*pressuriser*
pressurization	*la pressurisation*
to check	*vérifier*
a checklist	*une liste de vérifications*
a countdown	*un compte à rebours*
to abort a countdown	*interrompre un compte à rebours*
to go as planned	*se dérouler comme prévu*
on schedule	*comme prévu*
to put off a launch	*reporter un lancement*
to resume on schedule	*reprendre à l'heure prévue*
a delay	*un retard*
unfavourable weather conditions	*conditions météo défavorables*
to throw a schedule into disarray	*semer la pagaïe dans les prévisions*
to postpone	*ajourner*
to fire a satellite	*mettre un satellite à feu*
to ignite	*allumer*
ignition	*la mise à feu*
to blast off	*être mis à feu*
a blast off	*une mise à feu*
to propel	*propulser*
to boost	*pousser, impulser*
boost	*la poussée*
to take-off	*décoller*
to lift off	"
a lift-off	*un décollage*
to monitor a lift-off	*suivre le déroulement du décollage*
to thunder into space	*s'élever dans l'espace dans un bruit de tonnerre*
to lift into space	*(se) propulser dans l'espace*
lift-off thrust	*la poussée au décollage*
to send aloft	*envoyer dans l'espace*
to send a satellite aloft	*envoyer un satellite dans l'espace*
to loft a payload	*lancer une charge utile*
to ferry a satellite into space	*emmener un satellite dans l'espace*
to fly men in space	*faire voler des hommes dans l'espace*
to soar into space	*s'élever dans l'espace*
to fall off	*se détacher*
to drop off	" "
to exhaust one's propellant	*épuiser son carburant*
to jettison	*se séparer de*
staging	*la séparation du premier étage*
to cast off	*rejeter*
the gravitational pull	*la force d'attraction*
the gravity pull	" " "
the acceleration force	*la force d'accélération*
velocity	*la vitesse*
to pick up speed	*prendre de la vitesse*
to reach a speed of	*atteindre une vitesse de*
to hurtle away at a speed of	*s'éloigner à la vitesse de*
the trajectory of a satellite	*la trajectoire d'un satellite*
a flightpath	*la trajectoire de vol*
a planetary flight	*un vol planétaire*
8 hours into the flight	*après 8 heures de vol*
to uncork the champagne	*sabler le champagne*

6.4 ORBITING	LA MISE EN ORBITE

to go into orbit	*se mettre en orbite*
to enter orbit	" " " "
to orbit a satellite	*placer un satellite en orbite*
to get a satellite into orbit	" " "
to place in orbit	*mettre en orbite*
to project a satellite into orbit	*mettre un satellite en orbite*
to climb into orbit	*s'élever pour se mettre en orbite*
to put into a higher orbit	*placer dans une orbite supérieure*

to achieve earth orbital flight	*accomplir un vol orbital autour de la terre*
to make one pass around the earth	*faire un tour de la terre*
to make a complete revolution	*faire un tour complet*
to circle	*faire le tour de*
to sail	*voler dans l'espace*
to ply earth orbits	*accomplir des révolutions autour de la terre*
to set back in orbit	*remettre en orbite*
to assemble in orbit	*assembler en orbite*
to orbit the earth	*faire le tour de la terre*
to lap the earth	*tourner autour de la terre*
to monitor a satellite	*suivre un satellite*
a tracker	*un radar*
a tracking ship	*un navire-radar*
to track a satellite	*suivre la trajectoire d'un satellite*
to keep track of a satellite	*" " "*

6.5 IN-FLIGHT OPERATIONS — *LES OPERATIONS EN VOL*

navigation	*la navigation*
to navigate	*se diriger, être aux commandes de*
to correct a trajectory	*corriger une trajectoire*
a correction	*une correction*
to deviate	*dévier*
a deviation	*une déviation*
the launch phase	*la phase de lancement*
a thrust motor	*un moteur de poussée*
to maneuver	*manœuvrer*
a midcourse maneuver	*une manœuvre à mi-course*
to check on a position	*faire le point*
to approach another spacecraft	*s'approcher d'un autre vaisseau*
to slow down	*ralentir*
to rendezvous	*rencontrer*
to achieve rendezvous	*réussir un rendez-vous*
to dock (with)	*s'arrimer (à)*
docking	*arrimage*
to orchestrate a successful docking	*réussir une manœuvre d'arrimage*
a docking port	*un port d'arrimage*
rotation of space crews	*la rotation des équipages*
an emergency rescue mission	*une mission de secours*
to link up	*s'arrimer*
a link up	*un arrimage*
an access arm	*un bras d'accès*
an airlock	*un sas*

6.6 A SPACEWALK — *UNE SORTIE DANS L'ESPACE*

a sky walker	*un piéton du ciel*
to go for a walk	*aller se promener*
extravehicular activity	*l'activité à l'extérieur d'un vaisseau*
to venture outside a spacecraft	*s'aventurer à l'extérieur d'un vaisseau*
to be secured to a spacecraft	*être attaché à un vaisseau*
to be hooked to	*être relié à*
a lifeline	*un filin vital*
a tether line	*un filin de rattachement*
an umbilical line	*un cordon ombilical*
a grappling pin	*un grappin*
an untethered space walk	*une sortie autonome*
an unleashed spaceman	*un spationaute autonome*
a seatless chair	*un propulseur autonome*
to fly a seatless chair	*voler avec un propulseur*
a remote-controlled arm	*un bras télécommandé*
to be strapped into a flying chair	*être attaché à un fauteuil volant*

6.7 LIVING IN SPACE — *LA VIE DANS L'ESPACE*

a space station	*une station spatiale*
inhabited	*habité*
a moon base	*une base lunaire*
a free-floating laboratory	*un laboratoire autonome*
an observation platform	*une plate-forme d'observation*
a man-tended space lab	*un laboratoire habité*
to house	*abriter, loger*
to supply a station	*approvisionner une station*
habitable facilities	*équipements pour un séjour*
a space station livability	*la capacité à vivre dans une station spatiale*
to undertake large-scale construction (of)	*entreprendre la construction géante (de)*
a space colony	*une colonie spatiale*
to establish a permanent colony	*installer une colonie permanente*
to establish an outpost (on)	*installer un avant-poste (sur)*
a supply camp	*un camp de ravitaillement*
to stay in space	*séjourner dans l'espace*
a space stay	*un séjour dans l'espace*
long-term space habitation	*l'installation de longue durée dans l'espace*
a space endurance record	*un record de durée dans l'espace*
to ferry cosmonauts	*amener des cosmonautes*
to deliver passengers to a station	*amener des passagers à une station*
a resident cosmonaut	*un hôte de l'espace*
a long-duration crew	*un équipage permanent*
a visiting crew	*un équipage de passage*
a tour of duty	*un séjour*

6.8 AT BAY IN SPACE — *EN DANGER DANS L'ESPACE*

a stranded astronaut	*un astronaute perdu*
marooned	*en perdition*
a stray satellite	*un satellite en perdition*

an errant satellite	" " " "
a disabled satellite	*un satellite désemparé*
a malfunctioning satellite	*un satellite avarié*
an ailing satellite	*un satellite en difficulté*
to misfire	*avoir des ratés*
a foul-up	*un raté*
a mishap	*un contretemps*
a failure	*une panne*
a breakdown	" "
to be out of order	*être en panne*
to expend one's propellant	*épuiser son progergol*
to rescue	*secourir*
a rescue effort	*une tentative de sauvetage*
to complete a rescue	*achever un sauvetage*
to salvage	*sauver*
a salvage	*un sauvetage*
to recover / to retrieve	*récupérer*
a recovery / a retrieval	*une récupération*
to repair	*réparer*
a repair	*une réparation*
a repair mission	*une mission de réparation*
to service / to maintain	*entretenir*
a backup system	*un système de secours*
to bring a satellite back to life	*remettre un satellite en marche*

6.9 RE-ENTRY AND RECOVERY — *LA RENTREE ET LA RECUPERATION*

to return into the Earth's atmosphere	*rentrer dans l'atmosphère terrestre*
a braking force	*une force de freinage*
to be subject to temperatures (of)	*être soumis à des températures (de)*
to be under atmospheric drag	*être soumis à la résistance atmosphérique*
frictional heating	*le réchauffement dû au frottement*
a heat shield	*un bouclier thermique*
a thermal protective shield	" " "
thermal insulation	*isolation thermique*
a protective coating	*une couche de protection*
the final stages of descent	*les étapes finales de la descente*
an air-snatch technique	*une technique de récupération en vol*
to deploy a parachute	*déployer un parachute*
to strike the ocean	*toucher l'océan*
to splash down	*amerrir*
a splash down	*un amerrissage*
a search and discovery mission	*une mission de récupération*
a recovery helicopter	*un hélicoptère de sauvetage*
a surface ship	*un navire de surface*
to land	*atterrir*
to glide to a landing	*atterrir en douceur*
a touchdown	*un atterrissage*
to piggyback	*transporter en vol captif (sur le "dos")*

7 THE MOON PROGRAM — *LE PROGRAMME APOLLO*

a moon race	*une course à la lune*
a moonshot	*un voyage vers la lune*
a quest to reach the moon	*une course pour atteindre la lune*
an early target	*un premier objectif*
to send a scientific probe	*envoyer une sonde scientifique*
a lunar mission	*une expédition sur la lune*
to soft-land	*atterrir en douceur*
a soft landing	*un atterrissage en douceur*
the command module (CM)	*le module de commande*
to separate from the mother ship	*se séparer du vaisseau-mère*
to circle the moon	*tourner autour de la lune*
circumnavigation of the moon	*une révolution autour de la lune*
a circumlunar flight	*un vol autour de la lune*
to drop a lander to the surface	*envoyer un véhicule à la surface*
a lunar module vehicle ("lem") (LMV)	*un module lunaire*
a lunar excursion	" " "
a lunar rover / a moon rover	*un véhicule lunaire*
a moon car / a moon crawler	" " "
a moon buggy	*une jeep lunaire*
a lunokhod	*un véhicule lunaire autonome (soviétique)*
to land astronauts on the moon	*débarquer des astronautes sur la lune*
to put astronauts on the moon	" " " "
a moon walk	*une sortie sur la lune*
to make a moon walk	*marcher sur la lune*
a roving robot	*un robot autonome*
to set up an observatory	*installer un laboratoire*
a lunar stay	*un séjour sur la lune*
the lunar soil	*le sol lunaire*
to bore into lunar surface	*creuser le sol lunaire*
to sample the soil	*prélever des échantillons du sol*
to obtain a sample of soil	*se procurer un échantillon du sol*
lunar rocks	*roches lunaires*
to collect geological samples	*rassembler des échantillons géologiques*
a lunar explorer	*un explorateur lunaire*
to inhabit a lunar colony	*habiter une colonie lunaire*
to reland on earth	*revenir sur terre*

8 THE SPACE RACE — *LA COURSE A L'ESPACE*

to take a step into space	*faire un pas dans l'espace*
to give a country an edge in space	*donner à un pays une avance dans la course spatiale*

to be in the forefront of space exploration	*être aux avant-postes de l'exploration spatiale*
to set a new goal in space	*se fixer un nouvel objectif spatial*
to take the lead in space	*prendre la tête dans la course spatiale*
to regain the lead	*reprendre la tête*
to exploit space	*exploiter l'espace*
a revival of the space race	*une reprise de la course à l'espace*

9 CRISIS AT THE NASA — *LA CRISE A LA NASA*

a space policy	*une politique spatiale*
space strategy	*la stratégie spatiale*
to review a space program	*réviser un programme spatial*
a lack of a coherent long-term policy	*le manque d'une politique cohérente à long terme*
to reduce a project's scope	*réduire la portée d'un projet*
to gut a space program	*vider un programme spatial de son contenu*
to stay in space	*rester dans la course à l'espace*
to take a backseat (to)	*se retirer (de)*
to close down a program	*mettre fin à un programme*
to nail a program to the ground	*suspendre un programme*
to ground a program	" " "
to put on hold	*interrompre*
to put the future on hold	*hypothéquer l'avenir*
to ponder the future of a program	*s'interroger sur l'avenir d'un programme*
a setback	*un revers*
to jeopardize a program	*mettre un programme en danger*
to scrap a program	*abandonner un programme*
to cancel a program	*annuler un programme*
to cast a shadow over a mission	*jeter une ombre sur un programme*
to cast a pall over	*jeter un voile sur*
to exploit an absence from space	*exploiter une absence de l'espace*
to drop out of the commercial launching business	*se retirer du marché des lancements commerciaux*
to nurse the NASA through a crisis	*aider la NASA à surmonter la crise*
a revival of the space race	*une réactivation de la course à l'espace*
to revive America's space presence	*réactiver la présence américaine dans l'espace*
to keep a program alive	*maintenir un programme*
to get ready to fly	*se préparer à voler*

XI INDUSTRIAL RELATIONS — *LES RELATIONS INDUSTRIELLES*

1 WORK — *LE TRAVAIL*

I MAN AND WORK — *L'HOMME ET LE TRAVAIL*

1 GENERAL BACKGROUND — *GENERALITES*

to work	*travailler*
to work for	*travailler pour*
to work with	*être employé chez*
to employ	*employer*
to be employed in	*travailler chez / pour*
to work full time	*travailler à plein temps*
to work part time	*travailler à temps partiel*
the working conditions	*les conditions de travail*
a work day	*un jour ouvrable*
the working week	*la semaine de travail*
a 39-hour week	*une semaine de 39 heures*
a shift / a gang	*une équipe*
the three shifts	*les trois huit*
to work in shifts	*travailler par équipes*
shift work	*le travail posté*
working hours	*horaires de travail*
office hours	*heures de bureau*
to work shorter hours	*avoir un horaire réduit*
a short week	*une semaine écourtée*
to be at work	*être au travail*
work in progress / in process	*le travail en cours*
work in hand	" " "
work discipline	*la discipline du travail*
a work ethic	*une éthique du travail*
absenteeism	*absentéisme*

2 MANPOWER — *LA MAIN D'ŒUVRE*

the labour force	*la main d'œuvre (hommes et femmes)*
the workforce	*la main d'œuvre (les ressources)*
to get into the labour force	*arriver sur le marché du travail*
an entrant into the labour force	*un nouvel arrivé sur le marché du travail*
to be integrated back into the labour force	*retrouver sa place sur le marché du travail*
the payroll	*les salariés*
the turnover	*le renouvellement de personnel*
a team	*une équipe*
to form a team	*former une équipe*
to work as a team	*travailler en équipe*
a mate / a colleague	*un collègue*
a workmate	*un collègue de travail*
a working party	*un groupe de travail*
the working class	*la classe laborieuse / ouvrière*
a career	*une carrière*
an occupation	*une profession*
workers' control	*le pouvoir ouvrier*
workers' participation	*la cogestion*
co-management	" "
industrial democracy	*la démocratie dans l'entreprise*
restrictive practices	*la discrimination à l'embauche*
a worker	*un ouvrier, un travailleur*
a working man	*un membre de la classe ouvrière*
a manual worker	*un travailleur manuel*
a blue-collar worker	" " "
a white-collar worker	*un employé (de bureau)*
a white-collar job	*un travail d'employé de bureau*
a full time worker	*un travailleur à plein temps*
a part time worker	*un travailleur à temps partiel*
a seasonal worker	*un travailleur saisonnier*
a temporary worker	*un travailleur intérimaire*
a contract worker	*un travailleur au forfait*
the "temp"	*les intérimaires*
to temp	*faire un travail intérimaire (fam.)*
an unskilled worker	*un ouvrier non qualifié*
a semi skilled worker	*un ouvrier spécialisé (OS)*
skilled	*qualifié*
a professional	*un membre d'une profession libérale*
an employer	*un employeur*
an employee	*un employé*
a veteran employee	*un ancien employé*
the self-employed	*les travailleurs indépendants*

free lance	*indépendant*
a factory worker	*un ouvrier d'usine*
a technician	*un technicien*
a shopkeeper	*un commerçant*
an executive	*un cadre*
a top executive	*un cadre supérieur*
a workman	*un travailleur (à l'extérieur)*
a craftsman	*un ouvrier professionnel, un artisan*
an operative	*un ouvrier sur machine*
a factory hand	*un ouvrier d'usine*
a labourer	*un manœuvre*
a day labourer / a journeyman	*un journalier*
a clerk	*un employé de bureau*
a civil servant / an official	*un fonctionnaire*
a public employee / a public officer	" "
a public servant	" "
a senior civil servant	*un haut fonctionnaire*
a high ranking civil servant	" " "

3 JOBS — *LES EMPLOIS*

to have a job / to be in a job	*avoir un emploi*
a job holder	*un titulaire d'un emploi*
a position / a post	*un poste*
job definition	*le profil de poste*
a job description	*un profil d'emploi*
by trade / by profession	*de profession*
contract work	*le travail à forfait*
clerical work	*le travail de bureau*
job work	*le travail à la pièce*
a temporary job	*un emploi temporaire*
a seasonal job	*un emploi saisonnier*
a menial job	*un emploi subalterne*
an odd job	*un petit boulot*
full time work	*le travail à temps plein*
part time work	*le travail à temps partiel*
a steady job	*un emploi stable*
a rat race	*une course à l'argent*
jobs galore	*emplois à gogo*

4 THE JOB MARKET — *LE MARCHE DE L'EMPLOI*

the labour market / the job market	*le marché de l'emploi*
the primary sector	*le secteur primaire*
the secondary sector	*le secteur secondaire*
the tertiary /ˈthird sector	*le secteur tertiaire*
the working population	*la population active*
job creation	*la création d'emplois*
a labour surplus	*un excédent de main d'œuvre*
a labour shortage	*une pénurie de main d'œuvre*
a labour pinch	*une pénurie de main d'œuvre*
a shrinkage of employment	*une diminution de l'emploi*
to relieve a labour shortage	*faire face à la pénurie de main d'œuvre*
a labour pool	*un réservoir de main d'œuvre*
a labour exchange	*une bourse du travail*
employment	*l'emploi*
unemployment	*le chômage*
underemployment	*le sous-emploi*
the employment agency	*l'Agence nationale pour l'emploi (ANPE)*
a public employment office	*une agence de l'ANPE*
an expansion	*un développement*
to reach a peak	*culminer*
an employment scheme	*un plan pour l'emploi*
to create job opportunities	*créer des débouchés*
to generate jobs / to create jobs	*créer des emplois*
an outpouring of jobs	*une avalanche d'emplois*
job growth / job surge	*la croissance de l'emploi*
a source of jobs	*une source d'emplois*
an outlet	*un débouché*
overcrowded	*bouché*
gloomy	*sombre, sans débouché*

see : unemployment — *voir : le chômage*

II MAN AT WORK — *L'HOMME AU TRAVAIL*

1 WORK ORGANIZATION — *L'ORGANISATION DU TRAVAIL*

to organize one's work	*organiser son travail*
to work at home	*travailler à domicile*
to work long hours	*avoir une longue journée de travail*
to work after hours	*faire des heures supplémentaires*
to work overtime / to do overtime	" " "
to work unsocial hours	*travailler aux heures où les autres se reposent*
to clock in / to check in	*pointer à l'entrée*
to clock out / to check out	*pointer à la sortie*
to clock in . . . hours' work	*faire ... heures de travail*
piecework	*le travail à la pièce*
a piece of work	*un travail*

a good job	*du bon travail*
workload	*la charge de travail*
a timesheet / a time card	*une feuille de présence*
a time clerk	*un pointeur*
a time machine	*une horloge pointeuse*
to take a break	*faire une pause*
a tea break / a coffee break (USA)	*une pause café*
to take five	*faire une petite pause*
to knock off work	*cesser le travail*
to call it a day	" " "
to take a day off	*prendre un jour de congé*
flextime	*horaires flexibles*
flexible working hours	*horaires à la carte*

2 RECRUITING — *LE RECRUTEMENT*

to recruit	*recruter, embaucher*
recruitment subsidies	*subventions à l'embauche*
manpower policies	*politiques de main d'œuvre*
to hire / to engage	*engager*
to take on	*embaucher*
to turn down	*refuser*
a referee	*un garant*
to apply for a job	*postuler un emploi*
an application	*une candidature*
to fill in an application form	*remplir un dossier de candidature*
an applicant	*un postulant*
to screen applicants	*sélectionner les candidats*
to drum up job applicants	*recueillir des candidatures*
a vacancy / a vacant position	*un poste vacant*
a job opening	" " "
to fill a vacancy	*occuper un poste laissé vacant*
to have an interview	*passer un entretien*
a depth interview	*un entretien en profondeur*
a depth prober	*un psychologue, spécialiste de la recherche de motivation*
a recruiter	*un recruteur*
a corporate recruiter	*un chasseur de têtes*
a search firm	*un cabinet de recrutement*
a headhunter	*un chasseur de têtes*
a headhunting firm	*un cabinet de chasseurs de têtes*
to bid for the services (of)	*rivaliser pour s'assurer les services (de)*
to prise sb. out of his / her firm	*arracher qqn. à sa société*
to scour for talent	*rechercher un personnel de qualité*
to attract	*attirer*
to lure	*allécher*
a bait	*un appât*
an inducement	*une tentation, un attrait*
to offer a child care scheme	*offrir la possibilité de faire garder les enfants*
a generous maternity leave	*un congé de maternité intéressant*
a day-care center / a creche	*une crèche*
to establish a creche	*organiser une crèche*
to allow career breaks	*permettre des interruptions de carrière*
to offer early retirement plans	*offrir des plans de préretraite*
job sharing	*le partage des tâches*
job-hopping	*le changement d'emploi*
to be on trial / to be on probation	*être à l'essai*
a probationary period	*une période d'essai*
to transfer	*muter*
a transfer	*une mutation*
to move to a new job / to change jobs	*changer d'emploi*
to switch jobs	" "
to swap jobs	" "

3 TRAINING — *LA FORMATION*

employment training	*la formation professionnelle*
vocational training	" " "
to train a worker	*former un ouvrier*
to receive training	*recevoir une formation*
a training session	*un stage de formation*
a training period	" " " "
a training scheme	*un stage de recyclage*
further training	*la formation permanente*
a trainee	*un stagiaire*
to retrain	*(se) reconvertir*
to retrain workers for new jobs	*reconvertir les travailleurs à de nouveaux emplois*
a traineeship	*un stage*
a training program	*un programme de formation*
to provide training programs	*offrir des stages de formation*
to subsidize	*subventionner*
to join a training scheme	*s'inscrire à un programme de formation*
to benefit from a training program	*profiter d'un stage de formation*
to attend a crash course	*suivre un stage intensif*
intensified training policies	*politiques de formation intensive*
a training officer	*un responsable de formation*
on-the-job training	*la formation permanente*
a youth training scheme	*un programme de formation des jeunes*
a job training scheme (JTS)	*un programme de formation professionnelle*
training opportunities (TOPS)	*programmes de formation / recyclage patronnés par le gouvernement*
a training and enterprise council (TEC) (UK)	*un organisme de formation en entreprise*
the National Council for Vocational	*le Conseil national pour la formation*

Qualifications (NCVQ)	*professionnelle*
training accreditation	*la formation validée pour l'obtention d'un diplôme*
a training college	*une école professionnelle*
open university	*le système d'enseignement à distance*
adult classes	*cours pour adultes*
night classes	*cours du soir*
an apprentice	*un apprenti*
a trade	*un métier*
to learn a trade	*apprendre un métier*
mobility	*la mobilité*
mobile	*mobile*
to redeploy	*réaffecter*
redeployment	*la formation, le redéploiement*

4 WAGES — *LES SALAIRES*

4.1 GENERAL BACKGROUND — *GENERALITES*

livelihood	*moyens d'existence*
to make a living	*gagner sa vie*
to earn one's living	" " "
to earn money / to make money	*gagner de l'argent*
to win money	*gagner de l'argent (aux courses, au loto etc.)*
salary	*le salaire, le traitement*
wages / wage	*le salaire, la paye (d'un ouvrier)*
a salaried worker	*un salarié*
a wage earner	" "
the wage-and-salary earners	*l'ensemble des salariés*
to draw a salary / to earn a salary	*toucher un salaire*
the gross income	*le revenu brut*
the net income	*le revenu net*
the disposable income	*le revenu disponible*
a breadwinner	*un soutien de famille*
the best paid manager	*le patron le mieux payé*
the worst paid worker	*le travailleur le moins bien payé*
to be well paid	*être bien payé*
to be ill paid	*être mal payé*
to be underpaid	*être sous-payé*
to moonlight	*travailler au noir*
moonlighting	*le travail au noir*
to be paid off the books	*être payé au noir*
to live beyond one's means	*vivre au-dessus de ses moyens*

4.2 PAY — *LA PAYE*

pay	*la paye, le salaire, le traitement*
a paymaster	*un trésorier-payeur-général (TPG)*
public-sector pay	*salaires dans le secteur public*
private-sector pay	*salaires dans le secteur privé*
pay norms	*normes salariales*
a two-tier pay system	*une double échelle des salaires*
backpay	*un rappel de salaire*
take home pay	*le salaire net*
a premium pay	*un salaire supplémentaire*
a pay packet	*l'enveloppe des salaires*
a pay sheet	*une feuille de salaire*
a payslip	*un bulletin de salaire*
a pay envelope	*une paie*
a paycheck	*un salaire*
pay day	*le jour de paie*
payroll	*la masse salariale*
to be on the payroll of	*être employé par*

4.3 THE CONTRACT — *LE CONTRAT*

a contract of employment	*un contrat de travail*
to expire	*expirer*
bargaining	*négociations*
collective bargaining	*négociations salariales*
contract bargaining	" "
wage bargaining	" "
the bargaining table	*la table des négociations*
bargaining power / bargaining clout	*la position de force dans la négociation*
a wage round	*une négociation salariale*
a two-figure demand	*une revendication à deux chiffres (égale ou supérieure à 10%)*
to stall	*être en panne*
to bind two parties	*lier les deux parties*
indexation	*l'indexation*
cost-of-living adjustments (COLA)	*l'indexation des salaires*
a cost of living escalator	*une échelle mobile des salaires*
an escalator clause	*une clause de sauvegarde*
a pay-review body	*un organisme chargé de fixer les salaires*
a collective agreement	*une convention collective*
collective pay agreements	*accords collectifs sur les salaires*

4.4 A PAY FIGHT — *UN CONFLIT SALARIAL*

a pay dispute	*un conflit salarial*
a pay scale	*une échelle des salaires*
a pay claim	*une revendication salariale*
a pay offer	*une offre salariale*
a pay deal	*un accord sur les salaires*
a pay rise / a pay hike	*une augmentation de salaire*
a pay push / a pay boost	" " "

a wage increase / a wage hike	*" " "*
a wage rise / a wage increase	*un relèvement des salaires*
an unanticipated pay rise	*une hausse de salaire imprévue*
catch up wages	*le salaire de rattrapage*
to win pay hikes	*obtenir des augmentations de salaires*
a skimpy hike	*une augmentation chiche*
a retention on wages	*une retenue sur salaire*
a stoppage on pay	*" " " "*
wage pressures	*pressions sur les salaires*
a wage differential / a wage gap	*un écart des salaires*
a wage adjustment	*un ajustement des salaires*
a wage agreement	*un accord salarial*
a bonus	*une prime*
a one off bonus	*une prime exceptionnelle*
a lump sum bonus	*une prime forfaitaire*
to scale back bonuses	*réduire les primes*
incentive wages (USA)	*primes de rendement*

4.5 WAGE POLICY — *LA POLITIQUE DES SALAIRES*

wage guidelines	*directives salariales*
basic wages	*le salaire de base*
minimum wages	*le SMIC*
minimum living wages	*le salaire minimum vital*
a low wage worker	*un bas salaire*
to be paid decent wages	*gagner convenablement sa vie*
to prop up wages	*soutenir les salaires*
to limit wage rises	*limiter les hausses de salaires*
to rein in wage demands	*freiner les revendications salariales*
wage and price restrictions	*le blocage des salaires et des prix*
wage and price controls	*" " " "*
to impose controls	*imposer un blocage*
to lift controls	*mettre fin au blocage*
a wage freeze / a pay freeze	*un blocage des salaires*
a wages standstill / a wage stop	*" " " "*
wage inflation	*l'inflation des salaires*
a wage-price spiral	*une spirale des prix et des salaires*
a downward pressure on wages	*une pression tendant à faire baisser les salaires*
to freeze wages	*geler les salaires*
to hold down wages	*limiter les salaires*
a growth pact	*un pacte de croissance*
to scale down	*réduire l'échelle des salaires*
to scale up	*augmenter l'échelle*
to bid up employers	*pousser les employeurs à augmenter leurs offres*

5 PROMOTIONS — *LES PROMOTIONS*

to promote	*promouvoir*
to be promoted to a post	*être promu à un poste*
to be promoted	*recevoir de l'avancement*
a promotion program	*un plan d'avancement de carrière*
a career track	*un plan de carrière*
promotion by seniority	*la promotion à l'ancienneté*
promotion by selection	*la promotion au mérite*
a job opportunity	*un débouché professionnel*
an opportunity for promotion	*une occasion de promotion*
to be passed over for promotion	*donner la préférence à qqn. d'autre*
to scale / climb the ladder	*grimper dans la hiérarchie*
the bottom rung	*l'échelon inférieur*
to further one's career	*faire avancer sa carrière*
to advance one's career	*" " " "*
to be groomed for the top	*être préparé à de hautes responsabilités*
a rapid rise	*une promotion rapide*
a prospect	*une perspective*
credentials	*titres, états de service*
to delay retirement	*retarder le départ à la retraite*
to retain old hands	*garder les anciens ouvriers*
seniority	*ancienneté*
to pay by seniority	*payer à l'ancienneté*
merit	*le mérite*
the merit system	*le système au mérite*
a competition	*un concours*
a notice of competition	*un avis de concours*
to pass / to be successful	*réussir*
to appoint	*nommer*
to appoint sb. to a position	*nommer qqn. à un poste*
an appointment	*une nomination*
an appointee	*un nouveau promu / nommé*
to assign	*affecter*
an assignment	*une affectation*
secondment	*le détachement*
on secondment	*en détachement*
a ladder position	*un poste tremplin*
to demote	*rétrograder*
a demotion	*une rétrogradation*
a demerit	*un blâme*
employee appraisal	*l'appréciation des employés*
to rate	*noter*
rating	*la notation, le classement*
a point scale	*une échelle de notation*
to rise to	*parvenir jusqu'à*
managerial ranks	*emplois de direction*
to price oneself out of a job	*demander un salaire trop élevé*

6 BENEFITS — *LES AVANTAGES SOCIAUX*

a benefit	*un avantage*
a fringe benefit	*un avantage divers*

a perk / a perquisite	*un avantage en nature*
sick pay	*prestations maladie*
sickness benefit	*une prestation maladie*
sickness insurance	*assurance maladie*
health insurance	" "
industrial accident insurance	*une assurance contre les accidents professionnels*
a pension system	*un système de retraite*
workers' compensation	*une assurance professionnelle*
an occupational disease	*une maladie professionnelle*
to be incapacitated for work	*être dans l'incapacité de travailler*
incapacitation for work	*une incapacité de travail*
a health care program	*un système d'assurance maladie*
cover	*la couverture*
a travelling allowance	*une indemnité de déplacement*
to be eligible for / to be entitled to	*avoir droit à*

7 LEAVES — *LES CONGES*

a holiday	*un jour férié / chômé, un jour de vacance*
a bank holiday	*un jour de congé légal*
a working day	*un jour ouvrable*
a day off	*une journée de congé*
to take a day off	*prendre une journée de congé*
a leave	*un congé*
to be on leave	*être en congé*
a leave of absence	*une absence autorisée*
compassionate leave	*une absence pour convenances personnelles*
a leave on personal grounds	" " " "
maternity leave	*un congé de maternité*
paternity leave	*un congé de paternité*
a sick leave	*un congé de maladie*
a paid leave / holidays with pay	*un congé payé*
a paid vacation	" " "
a full pay leave	*un congé avec plein salaire*
a leave without pay	*un congé sans solde*
time off	*le congé*

8 A WORKER'S PORTRAIT — *PORTRAIT D'UN TRAVAILLEUR*

a loafer	*un paresseux*
to be lazy	*être paresseux*
to laze about	*traîner*
to loaf on the job / to shirk	*tirer au flanc*
a shirker	*un tire-au-flanc*
workshy	*paresseux*
unfit (for)	*incapable de*
to shy away from work	*être peu courageux à la tâche*
a scrounger	*un parasite*
to be dedicated to / to be devoted to	*être dévoué à*
to have a taste for	*avoir le goût de*
to be fit (for)	*avoir le profil (pour), convenir (pour)*
a disposition	*une inclination*
ability	*aptitude*
qualifications	*qualifications*
qualified	*qualifié*
able	*capable*
skillfull	*adroit*
competent	*compétent*
hard working	*travailleur*
a taskmaster	*un bourreau de travail*
a workaholic	" " " "
to have a gift for	*avoir des dispositions pour*
knowledgeable	*bien informé*
the know-how	*le savoir-faire*
well trained	*bien formé*
efficient	*efficace*
efficiency	*efficacité*
expertise (in)	*la compétence, l'expérience technique (dans)*
experienced	*expérimenté*
an expert	*un spécialiste*
to be an expert at	*s'y connaître bien en*
to know one's job	*connaître son affaire*

9 AT WORK — *AU TRAVAIL*

the job environment	*l'atmosphère de travail*
relaxed	*détendu*
tense	*tendu*
employer-employee relations	*les rapports humains dans l'entreprise*
industrial relations	" " "
a task	*une tâche*
a chore	*une corvée*
drudgery	*le travail pénible*
worker motivation	*la stimulation du travail*
to offer a wage incentive	*offrir un stimulant / une prime*
an incentive bonus scheme	*un système de prime d'encouragement*
to offer prospects	*offrir des débouchés*
job enrichment	*l'enrichissement des tâches*
job satisfaction	*la satisfaction professionnelle*
job security	*la sécurité de l'emploi*
security of employment	" " " "
to motivate	*motiver*
the pace of work	*le rythme de travail*
engrossing	*captivant*
exciting	*passionnant*
attractive	*attirant*
rewarding	*enrichissant*
stress	*la tension, la pression*
tedious / boring	*ennuyeux*
tedium / boredom	*ennui*

repetitive	*répétitif*	unrewarding	*ingrat*
dull	*monotone*	exhausting / strenuous	*épuisant*
unexciting	*ennuyeux*		

2 UNIONS — *LES SYNDICATS*

I GENERAL BACKGROUND — *GENERALITES*

a trade union (UK)	*un syndicat*
a labour union (USA)	" "
a national union	*un syndicat national*
an international union	*un syndicat international (USA + Canada)*
organized labor	*la main d'œuvre syndiquée, les syndicats*
the union movement	*le mouvement syndical*
a labor movement	*un mouvement syndical*
unionism	*le syndicalisme*
unionization	*la syndicalisation*
to unionize	*syndiquer, affilier à un syndicat*
labour power	*la puissance syndicale*
labour clout	*la force syndicale*
labour force	*la main d'œuvre*
anti labour moves	*manœuvres antisyndicales*
the Trades Union Congress (TUC)	*la direction confédérale des syndicats britanniques*
the American Federation of Labor / the Congress of Industrial Organizations (AFL-CIO)	*la principale centrale syndicale américaine*
the Teamsters (USA)	*le syndicats des transporteurs et manutentionnaires*
the United Automobile Workers (UAW)	*le syndicat de l'automobile*
the United Farm Workers	*le syndicat agricole*
a communist-led union	*un syndicat communiste*
an employers' association	*un syndicat patronal*
a trade association	*un syndicat professionnel*
an ideologically-oriented union	*un syndicat idéologique*
to have close ties with	*avoir des liens étroits avec*
to be under the sway of	*être sous la coupe de*
to stand up for the working man	*prendre fait et cause pour l'ouvrier*

II UNION STRUCTURE — *LA STRUCTURE D'UN SYNDICAT*

to join a union	*se syndiquer*
to organize a union	*organiser un syndicat*
to form a union	*former un syndicat*
on a company by-company basis	*branche par branche*
a union federation	*une fédération syndicale*
a union shop	*le monopole de l'embauche*
a closed shop	*qui n'embauche que du personnel syndiqué*
an open shop	*qui embauche du personnel, syndiqué ou non syndiqué*
the rank and file	*la base*
the shop floor	*la base (dans une usine)*
a bargaining unit	*une unité de négociation*
a union branch / a local (USA)	*une section locale*
union policy	*la politique syndicale*
union practices	*pratiques syndicales*
a union member	*un syndiqué*
a trade unionist	" "
a unionized worker	" "
a non-union man	*un ouvrier non syndiqué*
ununionized workers	*la main d'œuvre non syndiquée*
a unionist	*un syndicaliste*
a union official	*un responsable syndical*
a union representative	*un délégué syndical*
a shop steward	*un délégué d'atelier / du personnel*
a union leader	*un chef syndicaliste*
an executive committee	*une commission exécutive*
a branch	*une section*
a spokesman	*un porte-parole*
union fees	*cotisations syndicales*
union dues	" "

union contribution	" "
checkoff	*le prélèvement de la cotisation syndicale sur le salaire par l'employeur (ensuite reversée au syndicat)*
membership rolls	*la liste des syndiqués*
to claim . . . adherents	*revendiquer ... adhérents*

III UNION DECLINE — *LE DECLIN DES SYNDICATS*

1 GENERAL BACKGROUND — *GENERALITES*

the plight of the unions	*les difficultés des syndicats*
the taming of the unions	*la domestication des syndicats*
a beleaguered union	*un syndicat aux abois*
a sharp decline (in)	*une chute brutale (de)*
to be on the defensive	*être sur la défensive*
to be thrown on the defensive	*être mis sur la défensive*
to be plagued by problems	*être assailli de problèmes*
internal strife	*luttes internes*
an internal cleavage	*une scission interne*
to be crippled (by)	*être paralysé (par)*
to secede	*se séparer*
to splinter	*faire scission*
to be under fire	*être très critiqué*
to run into fierce resistance	*rencontrer de farouches résistances*
to excoriate the union movement	*clouer le mouvement syndical au pilori*
to banish the union movement	*proscrire le mouvement syndical*
to maintain an aggressive stance	*maintenir une attitude agressive*
to drive the union movement to the wall / into a corner	*mettre le mouvement syndical au pied du mur*
a union buster	*un casseur de syndicats*
to be a long way from extinction	*être loin de disparaître*

2 DECLINE IN MEMBERSHIP — *LA BAISSE DES ADHESIONS*

to suffer from a decline in membership	*accuser une baisse dans le nombre des adhésions*
to wane	*diminuer*
to be on the wane	*être sur le déclin*
to shrink	*se réduire*
to dwindle	*diminuer*
dwindling membership	*la diminution des membres*
thinning ranks	*la raréfaction des membres*
to fall from the rolls	*quitter les rangs*
the drain of membership	*la chute des adhésions*
to recruit	*recruter*
lack of interest in joining	*le manque d'intérêt à adhérer*
to be cut off from the concerns (of)	*être étranger aux préoccupations (de)*
to slash the numerical strength	*réduire la force numérique*
a faltering labour union	*un syndicat chancelant*
to sap morale	*saper le moral*

3 LOSING CLOUT — *LA PERTE D'INFLUENCE*

political clout	*la force politique*
to show one's might	*prouver sa force*
a weakening clout	*une force sur le déclin*
to have one's powers curtailed	*voir ses pouvoirs diminués*
to curb the power (of)	*réduire le pouvoir (de)*
to chip away at power union	*rogner sur les pouvoirs des syndicats*
to sap union strength	*miner la force syndicale*
to cripple unions	*paralyser les syndicats*
union solidarity	*la solidarité syndicale*
union militancy	*le militantisme syndical*
waning public support	*la baisse du soutien populaire*
to demonstrate one's displeasure at	*manifester son mécontentement envers*
to lose one's appeal among the young	*perdre de son attrait auprès des jeunes*
to have weak public backing	*avoir peu de soutien dans l'opinion publique*
shifting nature of work	*changements dans la nature de l'emploi*
to be sapped by record levels of unemployment	*être miné par des niveaux de chômage record*
to feed anti-union sentiment	*alimenter les sentiments anti-syndicalistes*
to grope for new strategies	*chercher un second souffle*
to redefine one's role	*redéfinir son rôle*
to reform oneself	*se réformer*
to lose the allegiance (of)	*cesser d'être inféodé à*
to approve of unions	*approuver les syndicats*
to regain public support	*retrouver le soutien du public*
to retain rank and file support	*conserver l'appui de la base*
to broaden one's appeal	*élargir sa base*

to regain influence	*regagner de l'influence*
to use the strike weapon sparingly	*user de l'arme de la grève avec parcimonie*

3 STRIKE — *LA GREVE*

I PORTENTS — *LES PRESAGES*

1 LABOUR UNREST — *LES TROUBLES SOCIAUX*

labour unrest	*le malaise social*
labour troubles	*troubles sociaux*
labour battle	*la lutte ouvrière*
labour strife	*conflits du travail*
an outbreak of labour strife	*un conflit du travail*
a labour dispute	" " " "
an industrial dispute	" " " "
to break out	*éclater*
social discontent	*le mécontentement social*
industrial upheavals	*conflits sociaux*
a grievance	*une doléance*
a host of grievances	*une série de doléances*
to be dissatisfied	*être mécontent*
dissatisfaction / discontent	*le mécontentement*
a winter of discontent	*un hiver de mécontentements*
to grow restive	*s'impatienter*

2 CLAIMS — *LES REVENDICATIONS*

to demand	*exiger*
to claim	*revendiquer*
a demand / a claim	*une revendication*
a wage claim / a wage demand	*une revendication salariale*
a set of demands	*une liste de revendications*
to back up a claim	*soutenir une revendication*
to press demands	*faire pression pour obtenir des revendications*
to meet a demand	*satisfaire une revendication*
to ask for a rise / raise	*demander une augmentation*
a wage increase	*une augmentation de salaire*
an increase in salary	*une augmentation de salaire*
an increase of 5 per cent	*une augmentation de 5%*
to hold out for more pay	*tenir bon pour obtenir une augmentation*
improved pay	*améliorations de salaire*
better working conditions	*meilleures conditions de travail*
safety regulations	*règlements de sécurité*
working hours	*horaires de travail*
a shorter working week	*la réduction de la durée hebdomadaire de travail*
a grievance	*une revendication, un litige*
a grievance committee	*une commission d'arbitrage*
a working party	*un groupe de travail*
a works council	*un comité d'entreprise*
a joint consultative committee	" " "
a joint committee	*une commission paritaire*
a labour law	*la législation du travail, le droit du travail*
the right to strike	*le droit de grève*
to limit	*limiter*
to restore	*rétablir*
to repress	*réprimer*
to suspend	*suspendre*
to control	*réglementer*

II ON STRIKE — *EN GREVE*

1 GENERAL BACKGROUND — *GENERALITES*

industrial action	*action syndicale*
to take industrial action	*entamer une action revendicative*
to be faced with the prospect of a strike	*être devant la perspective d'une grève*
to loom ahead	*se dessiner*
a strike-torn autumn	*un automne chaud*
a rash of strikes	*une série de grèves*
a wave of strikes	*une vague de grèves*
a strike target	*la cible d'une grève*

a strike-prone industry	*une industrie sujette aux grèves à répétition*
to strike	*faire grève*
to go on strike	*se mettre en grève*
to come out on strike	" " " "
to be (out) on strike	*être en grève*
a striker	*un gréviste*
a striking worker	*un ouvrier en grève*

2 TYPES OF STRIKES — *LES FORMES DE GREVES*

a wildcat strike	*une grève sauvage*
a work-to-rule strike	*une grève du zèle*
a ca'canny strike / a go-slow strike	*une grève perlée*
a slow down strike	" " "
a whipsaw strike	*une grève sélective, une grève test (dans une usine mais qui vise toute une branche industrielle)*
a general strike	*une grève générale*
a widespread strike	*une grève largement suivie*
an industry-wide strike	*une grève généralisée à tout un secteur*
a rolling strike	*une grève tournante*
an all-out strike	*une grève totale*
a token strike	*une grève d'avertissement*
a lightning strike	*une grève surprise*
an unofficial strike	*une grève spontanée*
an official strike	*une grève officielle*
a sympathy strike	*une grève de solidarité*
an indefinite strike	*une grève illimitée*
a protest strike	*une grève de protestation*
a hunger strike	*une grève de la faim*
a sit-down strike	*une grève sur le tas*
a stay-in strike / a sit-in	*une grève avec occupation des locaux*
a work-in	*une grève active*
to lock out	*fermer une usine pour en interdire l'accès aux ouvriers*
a lock out	*une fermeture d'usine (par mesure de rétorsion patronale)*
to walk out	*débrayer*
a walk-out	*un débrayage*
to declare a walk-out	*décider de débrayer*
a work stoppage	*un arrêt de travail*
to walk off one's job	*cesser le travail*
a sickout	*un mouvement de revendication marqué par l'absentéisme volontaire pour cause de maladie (là où la grève n'est pas autorisée)*
to call in sick	*se faire porter pâle*

3 CALLING A STRIKE — *L'APPEL A LA GREVE*

to call a strike	*lancer un mot d'ordre de grève, décréter une grève*
to call out a strike	*appeler à la grève*
a strike call	*un mot d'ordre de grève*
to call off a strike	*annuler un mot d'ordre de grève*
to launch a strike against	*lancer un mot d'ordre de grève contre*
to organize a strike	*organiser une grève*
to stage a strike	" " "
to mobilize a general strike	*se mobiliser massivement pour une grève*
to handle a strike	*mener une grève*
to down tools	*déposer ses outils, cesser le travail*
to be strikebound	*être immobilisé par la grève*
to support a strike	*être solidaire d'une grève*
to carry on a strike	*mener une grève*
an advance notice	*un préavis de grève*
to give advance notice of strike action	*déposer un préavis de grève*
without advance warning	*sans préavis*
a strike comittee	*un comité de grève*
a mass meeting	*une assemblée générale*
to refrain from striking	*éviter de faire grève*
to ward off a strike	*éviter une grève*
to vote	*voter*
a strike vote	*un vote pour décider d'une grève*
to take a strike vote	*voter sur la grève*
to put to a vote	*soumettre à un vote*
a solid vote	*un vote massif*
to show	*lever la main*
by show of hands	*à main levée*
a postal ballot	*un vote par correspondance*
to ballot	*consulter*
a ballot	*une consultation*

4 STRIKE ACTION — *LE MOUVEMENT DE GREVE*

a non striker	*un non-gréviste*
to oppose a strike	*être contre la grève*
a scab / a blackleg	*un jaune*
a strike breaker	*un briseur de grève*
to disrupt	*perturber*
a disruption	*une perturbation*
to come to a halt	*s'arrêter*
to come to a standstill	*être paralysé*
to stand idle	*être en chômage*
to idle a plant	*mettre une usine en chômage*
to black containers	*refuser de décharger des conteneurs*
a picket	*un piquet de grève*
a flying picket	*un piquet mobile*

to picket	*organiser un piquet de grève*
picket lines	*les piquets de grève*
to cross picket lines	*traverser les piquets de grève*
secondary picketing	*piquets de grève de solidarité*
a strike fund	*une caisse syndicale de grève*
strike pay	*une allocation de grève*
strike benefits	*indemnités de grève*
to be on picket duty	*faire partie d'un piquet de grève*
to evict / to expell	*expulser*
an eviction	*une expulsion*
to wear on	*se prolonger*
to drag on	*traîner en longueur*
to resume a strike	*reprendre une grève*
to outlast a strike	*survivre à une grève*
to collapse	*s'effondrer*
to victimize	*exercer des représailles sur*
victim reaction	*représailles*

5 ECONOMIC CONSEQUENCES — *LES CONSEQUENCES ECONOMIQUES*

to cripple the economy	*paralyser l'économie*
to bring chaos and hardship	*provoquer le chaos et la pénurie*
to wreak economic damage	*faire du tort à l'économie*
danger of social upheaval	*le danger de soulèvement social*
a power shortage	*une coupure de courant*
a shortage (of)	*une pénurie (de)*
an acute shortage	*une grave pénurie*
empty shelves	*rayons vides*
loss in output	*pertes de production*
to jeopardize jobs	*mettre des emplois en danger*
to paralyze / to cripple	*paralyser*
to lay off	*mettre au chômage technique*

III NEGOTIATING — *LES NEGOCIATIONS*

1 GENERAL BACKGROUND — *GENERALITES*

a union-management dispute	*un affrontement patron-syndicats*
a union representative	*un délégué syndical*
a union contract	*un contrat syndical*
a yellow dog contract	*une convention non conforme aux règlements syndicaux*
to work out a contract	*élaborer un contrat*
a negotiating partner	*un partenaire dans les discussions*
to negotiate	*négocier*
to enter a negotiation	*participer à une négociation*
to carry out a negotiation	*mener une négociation*
to conduct a negotiation	" " "
preparatory talks	*pourparlers préalables*
to work behind the scenes	*travailler en coulisse*
to open talks	*ouvrir les négociations*
to start the talks	*engager les négociations*
a round of talks	*une série de négociations*
round table discussion	*une table ronde*
an agenda	*un ordre du jour*
to hold the aces	*tenir les cartes en main*
an offer / a proposal	*une proposition*
a counter-offer	*une contre-proposition*
a delegate	*un délégué*
a delegation	*une délégation*
to consult	*consulter*
a consultation	*une consultation*
to bargain	*négocier*
contract bargaining	*négociations salariales*
an industry-wide contract	*un contrat affectant toute une industrie / un secteur*
collective bargaining	*négociations collectives, la concertation*
bargaining power	*le pouvoir de négociation*
a draft	*un projet*
to draw up a draft	*élaborer un projet*
a draft agreement	*un protocole d'accord*
a collective agreement	*une convention collective*
a wage agreement	*un accord salarial*
to support a claim	*appuyer une revendication*
to press for	*insister sur*
to moderate a claim	*modérer une revendication*
to drop a claim	*renoncer à une revendication*
to make concessions	*faire des concessions*
to make up for / to offset	*compenser*
to compromise	*transiger*
a compromise	*un compromis*
satisfactory	*satisfaisant*
to issue a statement	*publier un communiqué*
to make a statement	*faire une déclaration*
to come to terms	*finir par accepter*

2 SHOWDOWN — *L'EPREUVE DE FORCE*

a test of strength	*une épreuve de force*
a show of strength	*une démonstration de force*
a showdown	*une épreuve de force*
to throw down the gauntlet	*jeter le gant*
a breakdown of negotiations	*une rupture des négociations*
to break off	*se rompre*

a stalemate / a deadlock	*une impasse*
a standoff	*" "*
the situation is a standoff	*la situation est au point mort*
to head toward deadlock	*s'acheminer vers une impasse*
to come to a deadlock	*aboutir à une impasse*
to seek confrontation	*rechercher le conflit*
to be unwilling to compromise	*refuser le compromis*
to reject	*rejeter*
a rejection	*un rejet*
to object to	*s'opposer à, protester contre*
an objectionable offer	*une offre inacceptable*
to raise a protest	*élever une protestation*
to dispute	*contester*
disputable	*contestable*
to question	*mettre en doute*
questionable	*douteux*
to challenge	*contester*
to be reluctant (to)	*être réticent (à)*
reluctance	*la réticence*
to walk out	*quitter la table des négociations*
a walkout	*un départ*
to break down	*(se) rompre*
a breakdown	*une rupture*
to break off	*rompre (les négociations)*
to resort to force	*avoir recours à la force*
to play for time	*temporiser*
to bank on growing weariness	*compter sur la fatigue accumulée*
frayed tempers	*les esprits à vif*
to blow off steam	*dire ce qu'on a sur le cœur*
to ignore pleas for moderation	*rester sourd aux appels à la modération*
to be intoxicated on one's power	*être enivré par son pouvoir*
a siege mentality	*une mentalité d'assiégé*
to clash	*entrer en conflit*
to fuel the flames	*souffler sur les braises*
a turning-point	*un tournant*
a war of attrition	*une guerre d'usure*

3 FAILURE — *L'ECHEC*

support is ebbing	*le soutien se tarit*
to let things degenerate	*laisser pourrir la situation*
to let the situation get worse	*" " " "*
a resolve	*une détermination*
to crumble	*s'effondrer*
to fail to achieve anything	*échouer dans sa tentative de*
to budge on an issue	*avancer sur un problème*
to be unyielding	*être intransigeant*
a setback (for)	*un revers (pour)*
to backfire	*avoir un effet contraire*
to cling to a lost cause	*s'accrocher à une cause perdue*
to back down	*faire marche arrière*
to give up	*renoncer*
to give way	*céder*
to yield (to)	*céder (à)*
to cave in	*céder*
to outface (the miners)	*faire perdre la face (aux mineurs)*
to surrender	*se rendre*
to suspend	*mettre à pied*
to fire	*virer (fam.)*
to put the blame on	*rendre responsable*
to leave scars	*laisser des cicatrices*
the collapse of a strike	*l'effondrement d'une grève*
to collapse	*s'effondrer*
to crumble	*s'effriter*
to break a strike	*briser une grève*
to crush a strike	*réprimer une grève*
to shatter union power	*ébranler la force syndicale*
to crack down hard on labour	*réprimer le mouvement syndical*
open season on the unions	*la chasse aux syndicats*
a non-union trainee	*un stagiaire non syndiqué*
a replacement worker	*un travailleur remplaçant*
to drift back to work	*reprendre progressivement le travail*
a drift back	*un retour progressif*
to resume work	*reprendre le travail*
an injunction	*une injonction*
to return to normal	*revenir à la normale*

4 ARBITRATION — *L'ARBITRAGE*

to go to arbitration	*recourir à l'arbitrage*
conciliation	*l'arbitrage*
a conciliation board	*une commission d'arbitrage*
an arbitration panel	*" " "*
a labor inspector	*un inspecteur du travail*
to refer (to)	*soumettre, s'en remettre (à)*
to submit (to)	*se soumettre (à)*
an arbitration committee	*un conseil de prud'hommes*
an industrial tribunal	*" " " "*
in court	*devant la justice*
out of court	*à l'amiable*
a court ruling	*une décision de justice*
to mediate	*servir de médiateur*
a mediator	*un médiateur*
to blackmail	*exercer un chantage*
to bow to blackmail	*céder au chantage*

5 SETTLING A STRIKE — *LE REGLEMENT D'UN CONFLIT*

to regain the initiative	*reprendre l'initiative*
to resume the talks	*reprendre les négociations*
a pre-condition	*une condition préalable*
a pre-requisite	*" " "*
to work out a compromise	*élaborer un compromis*
to thrash out a compromise	*aplanir les difficultés*
to reach a compromise	*parvenir à un compromis*
to come to a compromise	*parvenir à un accord*
to work out a deal	*élaborer un accord*
to meet the terms	*satisfaire aux demandes*
to come to terms with	*transiger*

to urge acceptance	*presser d'accepter*
a nine-point set of concessions	*un ensemble de neuf concessions*
to give in	*céder*
to grant	*accorder*
to solve	*résoudre*
to find a solution to	*trouver une solution à*
a settlement	*un règlement*
a double-digit settlement	*une augmentation égale ou supérieure à 10%*
to meet a list of demands	*satisfaire une liste de revendications*
to bow to one's demands	*plier devant les revendications*
to accept the olive branch held out	*accepter le rameau d'olivier tendu*
to come to an agreement	*parvenir à un accord*
to settle a dispute	*régler un conflit*
to expect compensation for	*s'attendre à être indemnisé pour*
to win pay hikes	*obtenir des augmentations de salaire*
to impose pay cuts	*imposer des réductions de salaire*
to scale back benefits	*réduire les avantages sociaux*
to lengthen the workday	*allonger la durée du travail*
to shorten the workday	*raccourcir la journée de travail*
to reinstate	*réintégrer*
a reinstatement	*une réintégration*
to retain laid off workers	*réintégrer les travailleurs licenciés*
to strike a deal	*conclure un accord*
to sign	*signer*
a signature	*une signature*
a watershed	*une date historique*

4 UNEMPLOYMENT *LE CHOMAGE*

1 GENERAL BACKGROUND *GENERALITES*

the unemployment rate	*le taux de chômage*
unemployment figures	*les chiffres du chômage*
a scourge / a bane / a plague	*un fléau*
a specter	*un spectre*
a waste of human resources	*un gaspillage de potentiel humain*
to call attention to	*interpeller*
a worsening social problem	*un problème social qui va en s'aggravant*
a pressing issue	*un problème urgent*
a rising tide of unemployment	*une montée du chômage*
to grow by the thousands	*augmenter par milliers*
the swelling ranks of unemployed people	*l'accroissement du nombre des chômeurs*
to join the employment register	*grossir les listes du chômage*
job security	*la sécurité de l'emploi*
joblessness	*le chômage*
idleness	" "
cyclical unemployment	*le chômage conjoncturel*
structural unemployment	*le chômage structurel*
chronic unemployment	*le chômage chronique*
youth unemployment	*le chômage des jeunes*
short-time working	*le chômage partiel*
short time	" " "
redundancy	*le chômage*
redundancies	*les licenciements*
a layoff	*un licenciement (pour raisons économiques)*
lay-offs	*le chômage technique*
massive lay-offs	*licenciements massifs*
sweeping lay-offs	" "
a dismissal	*un licenciement, un renvoi*
a discharge	*un renvoi*
the unemployed	*les chômeurs*
the jobless	*les sans emplois*
the short-term unemployed	*les chômeurs de courte durée*
the long-term jobless	*les chômeurs de longue durée*
to be unemployed	*être au chômage*
to be jobless / to be out of work	*être sans emploi*
to be out of a job	" " "
to be workless	" " "
to be on temporary layoff	*être au chômage technique*
to be temporarily laid off	" " "
to be on indefinite layoff	*être au chômage pour une durée indéterminée*
to be idle / inactive	*être en chômage*
to stay unemployed	*rester au chômage*
to stand off	*mettre temporairement au chômage*

2 LOSING ONE'S JOB — *LE LICENCIEMENT*

to be threatened with the loss of work	*être menacé de perdre son emploi*
a job squeeze / a job crunch	*une crise de l'emploi*
job cuts / job cutbacks	*suppressions d'emplois*
a job loss	*une suppression d'emploi*
to lose one's job	*perdre son emploi*
to be displaced	*perdre son emploi (par suite de modernisation)*
a redundancy letter / a pink slip	*une lettre de licenciement*
a notice of dismissal	*un préavis de licenciement*
the notice period	*la période de préavis*
to be redundant	*être licencié*
to make a worker redundant	*licencier un ouvrier*
to be made redundant	*être mis en chômage*
to take jobs away (from)	*occuper (injustement) les emplois réservés à*
to idle	*mettre au chômage*
to lay off	*licencier, mettre au chômage technique*
to be laid off	*être licencié*
to fire	*mettre à la porte*
to dismiss	*licencier*
to let go 5,000 employees	*licencier 5 000 employés*
to dismiss without notice	*licencier sans préavis*
to be put out of work	*être mis en chômage*
to discharge	*licencier, renvoyer*
to give sb. the sack	*renvoyer qqn.*
to get the sack / to get the boot	*se faire renvoyer*
to boot	*mettre à la porte*
to be thrown out of work	*être mis au chômage*
to be let go	" " " "
to slash one's payroll	*réduire (considérablement) ses effectifs*
see : restructuring	*voir : les restructurations*

3 RELIEF — *L'ASSISTANCE*

to be on the dole	*toucher le chômage*
to go on the dole	*s'inscrire au chômage*
to rot on the dole	*se languir au chômage*
dole money	*indemnités de chômage*
to hand out dole money	*distribuer des indemnités*
to seek unemployment relief	*demander des indemnités de chômage*
unemployment insurance	*assurance chômage*
an unemployment fund	*une caisse d'assurance contre le chômage*
to be entitled to / to be eligible for	*avoir droit à / de*
entitlement rules	*règles de prestations*
a claimant / a claimer	*un ayant-droit*
a benefit-claimant	" " "
unemployment dole	*allocation chômage*
unemployment benefit	" "
to collect unemployment benefits	*toucher le chômage*
the duration of benefits	*la durée de versement des indemnités*
a redundancy compensation	*une indemnité de chômage*
a redundancy payment	*une prime de licenciement*
severance pay	*une indemnité de licenciement*
supplementary benefit	*une allocation de solidarité*
a relief check	*un chèque d'assistance*
a mobility allowance	*une prime de mobilité*
to offer a severance package	*offrir une prime de licenciement*
to compensate workers	*indemniser les travailleurs*
unemployment compensation	*une indemnité de licenciement*
to file for compensation	*réclamer des indemnités*
to be left unemployed	*se retrouver sans emploi*
a factory inspector	*un inspecteur du travail*
an industrial tribunal	*un conseil des prud'hommes*
a conciliation board	*une commission d'arbitrage*
unfair dismissal	*le licenciement illicite*
wrongful dismissal	*le licenciement abusif*

4 JOB HUNTING — *A LA RECHERCHE D'UN EMPLOI*

situations wanted	*annonces classées*
to look for a job	*chercher un emploi*
to hunt for a job	*être à la recherche d'un emploi*
to be hard pressed to find a job	*avoir toutes les peines à trouver un emploi*
a job seeker	*un demandeur d'emploi*
to apply for a job	*postuler un emploi*

to send a résumé	*envoyer un curriculum vitae (cv)*
a job applicant	*un postulant*
placement services	*bureaux de l'Agence nationale pour l'emploi (ANPE)*
counselling services	*bureaux d'orientation*
the unemployment agency	*l'ANPE*
to check in at the unemployment agency	*pointer à l'ANPE*
a placement office	*un bureau de placement*
an outplacement firm	*un cabinet de placement*
a placement officer	*un responsable de l'orientation*
a placement test	*un test d'orientation*
a headhunter	*un chasseur de tête*
to find a job / to land a job	*trouver un emploi*
a window job	*un emploi de figuration*
to price oneself out of a job	*demander un salaire trop élevé*
to turn sb. down	*refuser qqn.*

5 JOB GENERATION — *LA CREATION D'EMPLOIS*

to generate jobs	*générer des emplois*
full employment	*le plein emploi*
to provide full employment	*fournir du travail à tous*
to cut unemployment (by)	*réduire le chômage (de)*
to level off / out	*se stabiliser*
to bring down unemployment	*faire baisser le chômage*
to stem the tide of unemployment	*endiguer la vague de chômage*
to shorten the dole queues	*diminuer les rangs des chômeurs*
job creative investments	*investissements productifs d'emplois*
a development area	*une zone de reconversion*
work sharing	*le partage du travail*
a tax incentive	*une incitation fiscale*
an employment miracle	*un miracle de l'emploi*

6 UNEMPLOYMENT AND SOCIETY — *CHOMAGE ET SOCIETE*

to take a heavy social toll	*causer de graves torts à la société*
to be hard hit (by)	*être durement touché (par)*
a depressed city	*une ville touchée par la crise*
a depressed area	*une région touchée par la crise*
to cause mass migrations	*provoquer des exodes massifs*
resettlement	*réaffectations, le reclassement du personnel*
to resettle	*se réinstaller*
a sundered nation	*une nation divisée*
a fractured country	*un pays coupé en deux*
to strain the social fabric	*mettre à rude épreuve le tissu social*
a troubled society	*une société inquiète*
to create social tensions	*provoquer des tensions sociales*
social dislocation	*le bouleversement social*
to erode the unity of a nation	*saper l'unité d'un pays*
social cohesiveness	*la cohésion sociale*
a nation split between the haves and have-nots	*une nation divisée entre les riches et les pauvres*
to sharpen class divisions	*aggraver les divisions sociales*
to heighten class tensions	*accroître les tensions sociales*
to erode the work ethic	*miner l'éthique du travail*
to alienate young people	*aliéner les jeunes*
a rise in alcoholism	*une montée de l'alcoolisme*
extremist politics	*extrémisme politique*
a blighted industrial heartland	*un paysage industriel ravagé*
a wasteland	*un pays dévasté*

7 LIFE ON THE DOLE — *LE CHOMAGE AU QUOTIDIEN*

the unemployment culture	*la culture du chômage*
to stretch vacations	*allonger ses vacances*
to shorten work hours	*alléger la semaine de travail*

to drift into	*sombrer dans*
to wipe out one's savings	*vider ses économies*
to see one's savings dwindle	*voir ses économies fondre*
to exist on handouts	*vivre d'aumônes*
to mitigate unemployment	*rendre le chômage plus supportable*
to soften the impact (of)	*atténuer le choc (de)*
to force an intolerable choice upon	*ne laisser aucun choix à*
to experience	*subir*
a wrenching experience	*une expérience traumatisante*
a trauma	*un traumatisme*
traumatic	*traumatisant*
to go through months of suffering	*traverser des mois de souffrance*
to wreak damage on morale	*porter un coup au moral*
to leave a stigma attached to	*laisser une cicatrice durable chez / à*
to feel frustrated	*se sentir frustré*
pent-up frustration	*la frustration profonde*
to take out one's frustration (in)	*exprimer sa frustration (en)*
to be under pressure	*être tendu*
strain	*la tension*
to be under strain	*être sous tension*
a loser	*un perdant*
uselessness	*inutilité*
to feel useless	*se sentir inutile*
to feel dispensable	" " "
worthless	*sans valeur*
inadequate	*déphasé*
to be of little value	*être peu utile*
to feel an object of society's avoidance	*se sentir exclu de la société*
society's contempt	*le mépris de la société*
to undergo indignities	*subir des affronts*
humiliation	*humiliation*
to be humbled	*être humilié*
shame	*la honte*
shamefaced	*honteux*
a disgrace	*une honte*
to be ashamed	*avoir honte*
degrading	*avilissant*
to be broken in spirit	*être brisé moralement*
to shatter one's sense of identity	*détruire son sentiment d'identité*
disbelief	*incrédulité*
resignation	*la résignation*
to resign oneself to	*se résigner à*
to stifle hope	*ne laisser aucun espoir*
a choking sensation	*une sensation d'étouffement*
hopelessness	*le désespoir*
a sense of helplessness	*un sentiment d'impuissance*
to feel trapped	*se sentir pris au piège*
to erode one's self-confidence	*saper sa confiance*
to sap one's morale	*saper le moral*
self esteem	*l'estime de soi*
to destroy individual self esteem	*détruire l'estime qu'on a de soi*
self respect	*le respect de soi*
pride	*la fierté*
to give way to despair	*céder au désespoir*
to be drained of one's desperation	*toucher le fond du désespoir*
to be at rock bottom	*être au fond du trou*
to be worn down by	*être épuisé par*
to be at a loss	*être désemparé*
dismay	*le désarroi*
dejection	*abattement*
dejected	*abattu*
to fight off depression	*lutter contre la dépression*
depressed	*déprimé*
despondent	*découragé*
to go through despondency	*traverser une période de découragement*
psychiatric care	*un traitement psychiatrique*
emotional damage	*troubles émotionnels*
to blame oneself	*s'en prendre à soi-même*
self-blame	*auto-accusation*
numbness	*la torpeur*
to be eroded by fear	*être miné par la peur*
anxiety	*angoisse*
to run high	*être fort*
to be laden with anxiety	*être rempli d'angoisse*
to be ridden with anxiety	*être rongé par l'angoisse*
anger	*la colère*
resentment	*le ressentiment*
to feel resentful of	*être envieux de*
to feel resentful about	*éprouver du ressentiment vis-à-vis de*
to vent one's rage on	*passer sa colère sur*
an intense hostility	*une forte hostilité*
alienation	*aliénation*
alienated	*aliéné*
to feel let down	*se sentir abandonné*
to feel cut off from	*se sentir coupé de*
disruptive behaviour	*troubles du comportement*
destructive behaviour	*une attitude destructrice*
to turn to alcohol	*se mettre à boire*
to take to drinking	" " " "
pent-up violence	*la violence refoulée*
inner rage	*la colère contenue*
aimless brutality	*la brutalité gratuite*
a broken down home	*un foyer brisé*
a battered spouse	*une femme battue*
to fall (a) victim to	*être la victime de*

8 THE WORKING POOR — *LES EMPLOIS DE MISERE*

economic decline	*le déclin économique*
a declining profession	*une profession sur le déclin*
workfare programs (USA)	*travaux d'utilité publique pour personnes touchant l'assistance*
a sweatshop	*un atelier où les ouvriers sont exploités*
to sweat	*exploiter*
to pay poverty level wages	*verser un salaire de misère*
to work for a pittance	*travailler pour une bouchée de pain*
a disadvantaged worker	*un travailleur défavorisé*
to skid from job to job	*errer d'un emploi à un autre*
to take a cut in wages	*accepter une réduction de salaire*
a dislocated worker	*un travailleur déplacé*
to get the lesser roles	*obtenir les emplois subalternes*
a low paying job	*un emploi mal rémunéré*
a dead-end job	*un emploi sans avenir*
to hold an unskilled job	*occuper un emploi non qualifié*
to do menial labour	*remplir des tâches subalternes*
a disposable workforce	*une main d'œuvre malléable et corvéable*
to coddle the poor into laziness	*encourager les pauvres à la paresse*
to be rejected by the labour market	*être rejeté sur le marché du travail*
to get into the labour force	*entrer sur le marché de l'emploi*
to provide a minimum income	*fournir un salaire minimum*
to provide minimum necessities (for)	*apporter le minimum vital (à)*
community work	*travaux d'utilité collective (TUC)*

XII THE BUSINESS WORLD — *LE MONDE DES AFFAIRES*

1 COMPANIES — *LES SOCIETES*

I BUSINESS ORGANIZATIONS — *LES MODELES DE SOCIETES*

1 GENERAL BACKGROUND — *GENERALITES*

the public sector	*le secteur public*
state-owned	*nationalisé*
the private sector	*le secteur privé*
to be privatised	*être privatisé*
to take a company private	*privatiser une entreprise*
to go private (through)	*se privatiser (par)*
to go to the market	*être introduit en bourse*
company law	*le droit des affaires*
to go public	*être coté en bourse*
an enterprise	*une entreprise commerciale*
a society	*une association (à but non lucratif)*
a co-operative society	*une coopérative*
non-profit	*à but non lucratif*
an outfit	*une entreprise*

2 COMPANIES — *LES SOCIETES*

a partnership	*une société de personnes une association (à but lucratif), un partenariat, une commandite*
a company	*une compagnie, une société de capitaux*
an insurance company	*une compagnie d'assurances*
an airline company	*une compagnie aérienne*
a building company	*une entreprise de construction*
a real estate company	*une société civile immobilière*
a shipping company	*une compagnie de navigation*
a one-man company	*une entreprise individuelle*
a joint-stock company	*une société par actions*
a private limited company	*une société à responsabilité limitée (SARL)*
a limited liability company	*une SARL*
a public limited company	*une société anonyme (SA)*
a statutory company	*une société concessionnaire*
a parent company	*une société-mère*
a sister company	*une société-sœur*
an affiliated company	*une société affiliée*
a holding company	*une société de holding, un holding*
a public utility (company)	*une société de service public*
a single-owner limited liability company	*une entreprise unipersonnelle à responsabilité limitée (EURL)*

3 PARTNERSHIP — *L'ASSOCIATION*

a partnership agreement	*un contrat d'association*
a general partnership	*une société en nom collectif*
a co-partnership	" " " "
a limited partnership	*une société en commandite simple*
a partnership limited by shares	*une société en commandite par actions*
a particular partnership	*une société en participation*
a partner	*un associé, un partenaire*
a co-partner	*un coassocié*
an active partner	*un associé gérant, un commandité*
a sleeping partner	*un bailleur de fonds, un commanditaire*
a nominal partner	*un associé fictif*
a senior partner	*un associé principal*
part-owner	*copropriétaire*
part-ownership	*la copropriété*
jointly and severally	*conjointement et solidairement*

4 FIRMS — *LES FIRMES*

a firm	*une entreprise, une firme, une maison, une société*
a mail-order firm	*une société de vente par correspondance*

a law firm	*un cabinet d'avocat*
a middling firm	*une entreprise moyenne*
a mid-sized firm	*une entreprise de taille moyenne*

5 CORPORATIONS *LES ORGANISMES*

a corporation	*une corporation, un organisme, une société par actions, une SA*
a public corporation	*un organisme public*
corporate	*d'entreprise*
a corporate body	*une personne morale*
corporate culture	*la culture d'entreprise*
corporate image	*l'image de marque d'une société*
corporate profit	*le bénéfice des entreprises*
corporate earnings	*profits des sociétés*
a corporate raider	*un repreneur de sociétés, un raider*
a corporate lawyer	*un avocat d'entreprise*

6 BIGGIES *LES GRANDS*

a multinational	*une multinationale*
a transnational	*une société transnationale*
a consortium / a syndicate	*un consortium*
a combine	*une concentration*
a conglomerate	*un conglomérat*
a concern	*une affaire, une entreprise*
a trust	*un trust, un cartel*
a trust company	*une société de gestion*
a monopoly	*un monopole*
a branch	*une succursale*
a subsidiary	*une filiale*
a joint venture	*une association, une co-entreprise*
the majors	*les plus grandes sociétés pétrolières mondiales*
the Big Eight	*les huit plus grands cabinets d'audit*

7 BUSINESSES *LES AFFAIRES*

a business	*une affaire*
a business concern	*une entreprise commerciale*
a business firm / house	*une maison de commerce*
a business trade name	*une raison commerciale*
a middle sized business	*une PME*
a family business	*une affaire de famille*
a business school	*une école de commerce*
business management	*la gestion des entreprises*
business activity	*activité industrielle*
a business center	*un centre des affaires*

II THE ORGANIZATION CHART *L'ORGANIGRAMME*

1 PERSONNEL *LE PERSONNEL*

the payroll	*l'ensemble des salariés*
to be on the payroll	*être salarié d'une entreprise*
the staff	*le personnel*
to be on the staff	*faire partie du personnel*
the senior staff	*les cadres supérieurs*
the rank and file	*la base*

1.1 MANAGEMENT *LE PATRONAT*

management	*l'encadrement*
the managers	*les cadres*
managerial	*directorial*
the managerial class	*les cadres*
the American Management Association (AMA)	*le Conseil National du Patronat*
the Confederation of British Industry (CBI)	" " "
a company man	*un employé dévoué*
the top management	*les cadres supérieurs*
middle management	*cadres moyens*
lower management	*cadres subalternes*
the chairman	*le président*
top executives	*cadres supérieurs*
the chief-executive officer (CEO)	*le président-directeur général (PDG)*
the chairman and general director	*le PDG*
the managing director	*l'administrateur délégué*
the general manager	*le directeur général, le gérant (SARL)*
a manager	*un directeur, un gérant, un administrateur*
an assistant-manager	*un directeur adjoint*
a deputy-manager	" " "
a regional manager	*un directeur régional*
a district manager	" " "
a department manager	*un chef de service*
a managing director	*un directeur général*
a managing partner	*un associé gérant*
upper management	*cadres supérieurs*
a helmsman	*un patron*
a general secretary	*un secrétaire général*
a company secretary	" " "
an executive secretary	*une secrétaire de direction*
a public relations officer (PRO)	*un chargé des relations publiques*

an assistant	*un adjoint*
an executive	*un cadre*
a senior executive	*un cadre supérieur*
a junior executive	*un cadre moyen*
the employers	*le patronat*
an employer	*un employeur*
a company union	*un syndicat-maison*
the head office	*le siège principal*
the headquarters	*le siège*
to headquarter a company	*établir le siège social d'une société*
a London-based company	*une société sise à Londres, une société dont le siège social est à Londres*

1.2 DEPARTMENTS	*LES SERVICES*
a department	*un service*
a head of department	*un chef de service*
personnel	*le service du personnel*
a personnel manager / officer	*un directeur du personnel*
a staff manager	*un chef du personnel*
an accounts department	*un service de la comptabilité*
an advertising department	*un service de la publicité*
an advertising manager	*un chef de la publicité*
a buying department	*un service des achats*
an invoice department	*un service de la facturation*
a sales-department	*un service des ventes*
a sales manager	*un directeur des ventes*
a product manager	*un chef de produit*
a production manager	*un chef de la production*
a market and product manager	*un directeur de marketing et des produits*
an after-sales department	*un service après-vente*
a claims department	*un service des réclamations*

1.3 THE OFFICE	*LE BUREAU*
an employee	*un employé*
a chief clerk	*un chef de bureau*
a head-clerk	*un commis principal*
a junior clerk	*un petit employé*
a clerk	*un employé de bureau*
clerical work	*le travail de bureau*
a superintendent	*un directeur, un responsable, un chef de département*
a maintenance superintendent	*un responsable de l'entretien*
a supervisor	*un contrôleur*
an engineer	*un ingénieur*
a design engineer	*un ingénieur d'études*
a methods engineer	*un ingénieur des méthodes*
a draughtsman	*un dessinateur*
a store-keeper	*un magasinier*
a trainee	*un stagiaire*
an errand boy	*un garçon de course*
an office boy	*un garçon de bureau*
a team	*une équipe*
team spirit	*l'esprit d'équipe*
a team leader	*un chef d'équipe*

2 THE ACCOUNTING DEPARTMENT	***LE SERVICE COMPTABLE***

2.1 GENERAL BACKGROUND	*GENERALITES*
the accounts department	*le service comptable*
accounts / books	*écritures comptables*
accountancy	*la comptabilité*
book-keeping	*la tenue des livres*
the accounting period	*l'exercice comptable*
cost accounting	*la comptabilité analytique / industrielle*
first-half profits	*bénéfices du premier semestre*
post-tax profits	*bénéfices nets*
cash flow accounting	*la comptabilité de trésorerie*
the chief accounting officer	*le chef comptable*
a chartered accountant (CA) (UK)	*un expert-comptable*
a certified public accountant (CPA) (USA)	" " "
an accountant	*un comptable*
a book-keeper / an accounting clerk	*un aide-comptable*
a statutory auditor	*un commissaire aux comptes*
to audit	*vérifier (les comptes)*
a full audit	*une vérification exhaustive*
auditing	*la vérification*
a fiscal year / a financial year	*un exercice fiscal*
a trading year	" " "

2.2 ACCOUNTING INSTRUMENTS	*LES INSTRUMENTS DE LA COMPTABILITE*
the account book	*le livre de comptabilité*
a statement of account	*un relevé de compte*
a waste book	*une main courante*
an invoice book	*un facturier*
the general ledger	*le grand livre*
a ledger	*un journal auxiliaire*
a balance	*un solde*
a balance sheet book	*un livre d'inventaire*
a cash book	*un journal de caisse*
a cash account	*un compte de caisse*
petty cash	*la petite caisse*
a petty cash book	*un livre de caisse*
a voucher / a receipt	*une pièce comptable*
a supporting document	*une pièce justificative*

an entry	*une écriture, une passation d'écriture*
to keep the books / the accounts	*tenir la comptabilité*
to check / to tally	*vérifier*
to debit	*débiter*
to credit	*créditer*
to enter in the books / to record	*comptabiliser*
to write back	*extourner*
to write off	*passer en perte, solder*
to transfer	*virer*

2.3 THE BALANCE SHEET — *LE BILAN*

assets	*l'avoir, l'actif*
start-up costs	*frais d'établissement*
fixed assets	*immobilisations*
intangible assets	*immobilisations incorporelles*
goodwill	*le fonds de commerce, la clientèle, le pas de porte, le bail*
securities	*titres de participation*
inventory, stock	*le stock*
to take stock	*faire l'inventaire*
the beginning inventory	*le stock initial*
the closing inventory	*le stock final*
current assets	*valeurs réalisables*
liquid assets	*valeurs disponibles*
liabilities	*le passif*
stockholders' equity	*capitaux propres*
the legal reserve	*la réserve légale*
the statutory reserve	*la réserve statutaire*
long-term liabilities	*emprunts à long terme*
current liabilities	*dettes à court terme et exigibles*
short-term liabilities	*emprunts à court terme*

2.4 THE OPERATING ACCOUNT — *LE COMPTE D'EXPLOITATION*

a trading account (UK)	*un compte d'exploitation*
an operating account (USA)	" " "
opening stock / inventory (USA)	*le stock en début d'exercice*
closing stock / inventory	*le stock en fin d'exercice*
purchases	*achats (de matières et de marchandises)*
operating costs / running costs	*frais de fonctionnement*
operating costs	*coûts d'exploitation*
operating expenses	*charges d'exploitation*
salaries and wages	*frais de personnel*
the turnover / the gross (USA)	*le chiffre d'affaires (CA)*
overheads	*frais généraux*
personnel expenses	*frais de personnel*
taxes	*impôts et taxes*
outside supplies and services	*travaux, fournitures et services extérieurs*
transport	*transports et déplacements*
management expenses	*frais divers de gestion*
sundry expenses / sundries	*frais divers*
financial expenses / finance charges	*frais financiers*
financial revenues	*produits financiers*
depreciation	*frais d'amortissement*
accounts for the financial year	*comptes de l'exercice*
an earnings report (USA)	*un compte de résultats*
operating income / profits	*bénéfices d'exploitation*
operating loss	*pertes d'exploitation*
an operating surplus	*un excédent net d'exploitation*
a profit and loss account (UK)	*un compte de pertes et profits*
exceptional losses / profits	*pertes / profits exceptionnels*
a realization account	*un compte de liquidation*
certified accounts	*comptes approuvés*

3 THE LEGAL DEPARTMENT — *LE CONTENTIEUX*

3.1 THE CONTRACT — *LE CONTRAT*

to contract with sb. to	*passer un contrat avec qqn. pour*
to carry out an agreement	*réaliser un accord*
a contract price	*un prix forfaitaire*
a covenant	*une obligation contractuelle*
the parties to a contract	*les cocontractants*
a contracting party	*une partie contractante*
to draw up a contract	*rédiger un contrat*
the terms of a contract	*les termes d'un contrat*
an offer	*une offre*
a rider	*une annexe*
a proviso	*une clause, une condition*
to firm up a contract	*signer définitivement un contrat*
warranty	*la garantie*
to perform a contract	*exécuter un contrat*
to discharge a contract	" " "

3.2 THE BREACH OF CONTRACT — *LA RUPTURE DU CONTRAT*

a complaint	*une plainte*
to complain / to lodge a complaint (with)	*déposer une réclamation (auprès de)*
a claim	*une réclamation*
to break a contract	*rompre un contract*
a breach of contract	*une inexécution de contrat*
to sue on a contract	*porter plainte en se prévalant d'un contrat*
an injured party	*une partie lésée*
to suffer a loss	*subir une perte*

to suffer a detriment	*subir un préjudice*
to claim damages	*réclamer des dommages-intérêts*
to enforce rights	*faire valoir des droits*
to be at cross purposes over	*être en désaccord à propos*
to avoid a contract	*annuler un contrat*
to rescind a contract	" " "
to incapacitate	*frapper d'illégalité*
void	*nul*
voidable	*annulable*
to misrepresent	*faire une publicité mensongère*
misrepresentation	*la fausse déclaration*
misleading trade descriptions	*la publicité mensongère*

III MANAGING A COMPANY — *LA GESTION D'UNE SOCIETE*

1 STARTING A COMPANY — *LE DEMARRAGE D'UNE ENTREPRISE*

an entrepreneur	*un entrepreneur*
entrepreneurship	*l'esprit d'entreprise*
an enterprising spirit	*un esprit d'entreprise*
the spirit of enterprise	*l'esprit d'entreprise*
the entrepreneurial spirit	" "
to catch the entrepreneurial fever	*attraper le virus de l'entreprise*
the innovative spirit	*l'esprit d'innovation*
to be business-minded	*avoir l'esprit d'entreprise*
to attempt the impossible	*tenter l'impossible*
to play the odds	*tenter sa chance*
to establish a company	*établir une société*
to promote a company	*fonder une société*
a promoter	*un fondateur*
to found	*fonder*
a foundation	*une fondation*
a founder	*un fondateur*
to launch	*lancer*
to form	*former*
to float	*démarrer*
to set up	*établir*
to start	*démarrer*
a start-up	*un démarrage, une création*
a business starter	*un démarrage d'entreprise*
to start business on a shoestring	*se lancer dans les affaires avec peu de capitaux*
to create	*créer*
to incorporate	*constituer*
an incorporation	*une constitution en société*
a certificate of registration	*un certificat d'enregistrement*
to register a company	*immatriculer une société*
registration	*l'inscription*
the Registrar	*le Greffier du Tribunal de commerce*
a registered company	*une société autorisée / enregistrée*
an incorporated company	" " "
a company's name	*la raison sociale*
a logo	*un logotype*
to set up in business	*s'établir en affaires*
to start from scratch	*commencer à zéro*
to organize a company	*monter une société*
a fledgling company	*une société fragile*
to staff a company	*pourvoir en personnel*
to operate a company	*exploiter une société*
in operation	*en exploitation*
to be self-employed	*être travailleur indépendant*
self-employment	*le travail indépendant*
to prosper / to thrive	*prospérer*
to dissolve a company	*dissoudre une société*
dissolution	*la dissolution*

2 STATUTES — *LES STATUTS*

an association	*une association, une société*
articles of association	*statuts de société*
a memorandum of association	*un acte constitutif de société*
provisions	*prescriptions (statutaires)*
statutory	*statutaire*
ultra vires	*anti-statutaire, illégal*
an action ultra vires	*un excès de pouvoir*
a prospectus	*un prospectus d'émission*
a call	*un appel de fonds*
an application	*une souscription*
a letter of application	*un bulletin de souscription*
to subscribe	*souscrire*
a subscription	*une souscription*
subscribed capital	*le capital souscrit*
a subscriber / an allottee	*un souscripteur*
to allot	*répartir*
allotment	*la répartition*
property	*biens, immobilisations*

3 COMPANY FINANCING — *LE FINANCEMENT DE L'ENTREPRISE*

capital	*le capital*
a capital intensive industry	*une industrie de capitaux*
capital base	*la base de capital*
a stake	*un enjeu*
equity capital	*fonds propres*
a reserve fund	*un fond de réserve*
fixed capital / locked up capital	*le capital fixe / immobilisé*

working capital / trading capital	*le fonds de roulement*
floating capital	*le capital circulant*
idle capital	*le capital improductif*
nominal capital / registered capital	*le capital nominal / social*
authorized capital	*" " "*
issued capital	*le capital appelé*
paid up / paid in / called up	*versé*
unpaid / uncalled up capital	*le capital souscrit non versé*
capital expenditures	*dépenses d'investissement / d'équipement*
capital funds	*capitaux propres*
a reserve capital	*une réserve de capital*
a reserve fund	*un fonds de réserve*
capital inflow	*l'afflux de capitaux*
a capital increase	*une augmentation de capital*
net worth	*fonds / capitaux propres*
assets brought in kind	*apports en nature*
the dwindling of assets	*le dépérissement du capital*
equity	*la participation*
equity financing	*le financement par augmentation de capital*
an equity issue	*une augmentation de capital par émission d'actions*
a debenture loan	*un emprunt obligataire*
debt capacity	*la capacité d'endettement*
cash flow	*la capacité d'autofinancement*
a profit	*un bénéfice*
a loss	*une perte*
a dead loss	*une perte sèche*
a venture	*une entreprise à risque*
venture capital	*le capital risque*
to raise capital	*rassembler des capitaux*
to raise . . . in venture capital	*trouver ... en capital à risque*
outlay	*la mise de fonds*
first outlay	*coûts d'établissement*
cash management	*la gestion de trésorerie*
cash expenses	*sorties de fonds*
a cash hoard	*une réserve de liquidités*
hidden reserves	*réserves secrètes*
circulating assets	*actifs circulants*
cash in hand	*liquidités*
cash inflow	*recettes*
cash outflow	*le décaissement*
to run short of cash	*être à court de liquidités*
to face a tough squeeze	*faire face à un encadrement sévère du crédit*
a deficit	*un déficit*
a cash deficit	*un déficit de trésorerie*
to show a deficit	*être déficitaire*
to make up a deficit	*combler un déficit*

4 COMPANY MANAGEMENT — *LA GESTION D'ENTREPRISE*

to manage	*gérer*
to manage a firm	*gérer une entreprise*
to run a company	*faire marcher une société*
to be at the head of a company	*être à la tête d'une entreprise*
to be at the helm	*être à la barre*
to steer a course	*diriger*
to make decisions	*prendre les décisions*
a decision-maker	*un décideur*
decision-making	*la prise de décision*
self management	*l'autogestion*
joint management	*la cogestion*
industrial democracy	*la démocratie dans l'entreprise*
worker participation	*la participation des travailleurs*
management stock	*titres possédés par les directeurs*
management by objectives (MBO)	*la direction participative par objectifs (DPO)*
to plan	*organiser, prévoir*
to plan ahead	*prévoir à l'avance*
to draw a plan	*élaborer un projet*
to look ahead	*regarder l'avenir en face*
to mark out a course	*tracer une voie*
to shape a course	*influencer la marche*
to chart corporate strategy	*tracer les grandes orientations de la stratégie de l'entreprise*
planning	*la planification*
to ponder options	*réfléchir aux choix*
to display managerial skill	*montrer des qualités de gestion*
marketing skills	*qualités de marketing*
imaginative management	*gestion originale*
to implement a policy	*mettre une politique en œuvre*
research and development (R & D)	*la recherche et le développement*
to motivate	*motiver*
motivation	*la motivation*
a quality circle	*un cercle de qualité*
to recruit	*recruter*
recruitment	*le recrutement*
a work style	*un style de travail*
a single-minded pursuit (of)	*une recherche résolue (de)*
a capacity for work	*une capacité de travail*
to be dedicated to	*se dévouer à*
to clock . . . hours of work	*faire ... heures de travail*
a strenuous schedule	*un horaire épuisant*
a paid holiday	*les congés payés*
to stake a career	*mettre sa carrière en jeu*
authoritarian	*autoritaire*
paternalistic	*paternaliste*
benevolent	*bienveillant*
ruthless	*impitoyable*
hard driving	*travailleur*

5 THE BOARD OF DIRECTORS — *LE CONSEIL D'ADMINISTRATION*

the board of directors	*le conseil d'administration (CA)*
to chair a meeting	*présider un conseil*
to sit on a board	*être membre du CA*
a board meeting	*une réunion du CA*
a meeting	*une assemblée*
a statutory meeting	*une assemblée statutaire*
an annual general meeting	*une assemblée générale annuelle*
an ordinary general meeting	*une assemblée générale ordinaire*
an extraordinary general meeting	*une assemblée générale extraordinaire*
a special meeting	*une assemblée extraordinaire*
to hold a meeting	*tenir une réunion*
the proceedings of a meeting	*les délibérations d'une assemblée*
a point of order	*un rappel au règlement intérieur*
to raise a point	*soulever un point*
transactions	*les délibérations*
a resolution	*une résolution*
a motion	*une motion*
to second a motion	*appuyer une motion*
to pass a motion	*adopter une motion*
to turn down / to reject a motion	*rejeter une motion*
to notify	*informer*
the board minutes	*le procès verbal des délibérations*
a minute book	*un registre des délibérations*
to close the books	*clôturer les livres*
an agenda	*un ordre du jour*
to put down on an agenda	*mettre à l'ordre du jour*
an item on the agenda	*un point à l'ordre du jour*
any other business (AOB)	*questions diverses*
the chairman of the board	*le président du conseil d'administration*
a remuneration committee	*un comité des rémunérations*
a director	*un administrateur*
an officer	*un gérant, un fondé de pouvoir*
directors' fees	*jetons de présence*
a percentage	*un tantième, un pourcentage*
a director's percentage of profits	*un tantième des administrateurs*
shareholding	*la participation*
a share	*une action*
a qualification share	*une action statutaire*
a founder's share	*une part de fondateur*
to hold shares	*détenir des actions*
a shareholder / a stockholder	*un actionnaire*
a majority owner	*un actionnaire majoritaire*
a minority interest	*une participation minoritaire*
a statutory report	*un rapport statutaire*
voting	*le vote*
a voting right / a right of vote	*un droit de vote*
by proxy	*par procuration*
a split vote	*un vote indécis (voix partagées entre plusieurs candidats)*
a casting vote	*un vote prépondérant*
a quorum	*un quorum*
to form a quorum	*constituer un quorum*
a quantum	*un quantum*
scrutiny	*le dépouillement du scrutin*
to scrutinize votes	*vérifier les suffrages*
a scrutineer	*un scrutateur*
a show of hands	*un vote à mains levées*
a balance sheet	*un bilan*
a consolidated balance sheet	*un bilan consolidé*
a dividend on shares	*un dividende d'actions*
to pay a dividend	*verser un dividende*
an annual return	*un état annuel et résumé*
an alteration of constitution	*une modification des statuts*
an appropriation account	*un compte de répartition des bénéfices*
to incur a loss	*enregistrer une perte*
to sustain a loss / to suffer a loss	*subir une perte*
to make a profit	*réaliser un bénéfice*
to disclose	*révéler, divulguer*
a disclosure	*une divulgation*
undisclosed	*non divulgué*

6 PERKS — *LES AVANTAGES EN NATURE*

to live it up on the firm	*mener grande vie sur le dos de l'entreprise*
a perk / a perquisite	*un avantage en nature*
an expense account	*une note de frais*
a business expense	*les frais*
a padded expense account	*une note de frais gonflée*
to pad the bill	*gonfler la note*
tax deductible	*déductible des impôts*
travelling expenses	*frais de déplacement*
gift giving	*l'attribution de cadeaux*
to entertain	*recevoir*
an entertaining allowance	*les frais de représentation*
an entertainment allowance	*une indemnité de fonction*
entertaining	*réceptions*
a free lunch	*un repas gratuit*
a beano	*un gueuleton*
a three-martini lunch	*un repas bien arrosé*
a cultural event	*un événement culturel*
a sporting event	*un événement sportif*
a box at the opera	*une loge à l'opéra*
to binge	*faire la bombe (fam.)*
a party	*une soirée*
to organize a party	*organiser une soirée*
to hold a party	*donner une soirée*
to attend a party	*participer à une soirée*
to gatecrash a party	*s'inviter à une soirée*
a bash	*une fête*

to stage a bash	*organiser une fête*
a splurger	*une réception brillante*
an extravaganza	*une folie, un caprice*
to throw a bash	*donner une fête*
to splash out	*dépenser son argent sans compter*
to accommodate guests	*recevoir des invités*
to fly in guests	*faire venir ses invités en avion*
to cement business friendship	*consolider ses relations d'affaires*
to promote a company's image	*promouvoir l'image de marque de l'entreprise*
corporate image building	*le renforcement de l'image de marque de l'entreprise*
influence peddling	*le trafic d'influences*
to generate business	*encourager les affaires*

7 RESIGNING — *LA DEMISSION*

to relinquish control	*passer la main*
to hand over control (to)	*passer le contrôle (à)*
to take over from	*prendre la succession de*
to step down	*démissionner*
to slot in a candidate	*présenter un candidat*
to handpick a successor	*choisir un successeur*
a management pawn	*un pion de la direction*
to wind up parts of one's empire	*liquider des parts de son empire*
to be in hot water	*connaître des difficultés*
to suffer a setback	*subir un revers*
to be hit by a reversal	*être victime d'un revers de fortune*
to get one's comeuppance	*avoir ce que l'on mérite*
a shaky empire	*un empire chancelant*
a golden parachute	*une compensation financière garantie à un cadre ou dirigeant licencié en cas d'OPA*
a golden handshake	*une prime de départ*
severance pay	*une indemnité de licenciement*
to be voted off the board	*être démissionné de ses fonctions au CA par un vote*
to force out a chairman	*obliger un président à s'en aller*
to be deprived of one's clout	*perdre toute influence*
to be undone by ambition	*être victime de son ambition*
to face disgrace	*entrer en disgrâce*
to suffer a crisis of confidence	*subir une crise de confiance*
to demand tangible results	*exiger des résultats concrets*
a money loser	*infructueux, qui fait perdre de l'argent*
a demise	*une chute*

2 ACQUISITIONS AND MERGERS — *ACQUISITIONS ET FUSIONS*

I EXPANSION — *L'EXPANSION*

1 GENERAL BACKGROUND — *GENERALITES*

to expand	*(se) développer, essaimer*
to be expansion-minded	*être expansionniste*
to go on an expansion binge	*être pris d'une frénésie de développement*
to expand one's operations	*étendre ses activités*
to dive into	*se lancer dans*
to move into	*s'engager dans*
a buying spree	*une frénésie d'achats*
a spending spree	*une frénésie de dépenses*
to be the target of	*être la cible de*
to acquire muscle	*se renforcer*
a growth drive	*une campagne de développement*
to acquire marketing strength	*acquérir une force de vente*
a fast-rising business	*une affaire en pleine croissance*
to become the beachhead (for)	*devenir une tête de pont (pour)*
to stay competitive	*rester concurrentiel*

2 ACQUISITIONS — *LES ACQUISITIONS*

to acquire	*acquérir*
an acquisition	*une acquisition*
a foreign acquisition	*une acquisition étrangère*
a cross border acquisition	*une acquisition internationale*
acquisitive	*acquéreur*
an acquisitor	*un acquéreur*

to undertake an acquisition	*entreprendre d'acquérir*
to spend money (on)	*dépenser de l'argent (pour acheter)*
to put up for sale	*mettre en vente*
to have one's eye on	*convoiter*
to pay top dollar	*payer le prix fort*
to buy a company on the cheap	*acheter une société bon marché*
a bargain basement	*une bonne affaire*
to be shortchanged	*perdre au change*
to take control (of)	*prendre le contrôle (de)*
to wield control over	*exercer le contrôle sur*
to hand over control of a company to	*transmettre les rênes du pouvoir à*
to surrender one's independence	*renoncer à son indépendance*
to buy a company lock, stock and barrel	*acheter une société en bloc*

3 BUYING INTO A COMPANY — *LA PRISE DE PARTICIPATION*

to buy into a company	*acquérir une partie du capital d'une société*
a stake	*une participation*
a majority stake	*une participation majoritaire*
a minority stake	*une participation minoritaire*
a stakeholder	*une partie prenante*
a web of minority stakes	*un ensemble de parts minoritaires*
to hold a stake in	*détenir des participations dans*
to own shares in	" " "
to have an interest in	" " "
to own equity in / to have an equity in	*avoir des intérêts dans*
a sizable chunk of equity	*une importante participation*
to have a 40 per cent stake (in)	*avoir une participation de 40% (dans)*
to have a vesting interest in	*être intéressé dans, avoir des capitaux dans*
to buy a controlling interest	*prendre une participation majoritaire*
to buy an interest in	*acheter une participation dans*
to acquire an interest in	*acquérir une participation dans*
to build stakes (in)	*s'implanter (chez)*
to buy a stake / shares in a company	*acquérir une participation dans une société*
to win a controlling stake	*acquérir une majorité de contrôle*
cross-held stakes	*une participation croisée*
intercorporate stockholding	" " "
a hard core of shareholders	*un noyau dur d'actionnaires*
to gain control	*prendre le contrôle (de)*
to bring in fresh shareholders	*amener de nouveaux actionnaires*
to move into	*intervenir sur*
foreign ownership	*la propriété étrangère*
a foreign buyer	*un acheteur étranger*
to encourage foreign investors	*encourager les investisseurs étrangers*
to tolerate foreign investors	*tolérer les investisseurs étrangers*
to deny access to	*refuser l'accès à*
foreign direct investment (FDI)	*l'investissement étranger direct*
foreign owned assets	*actifs possédés par des étrangers*

4 ALLIANCES — *LES ALLIANCES*

an agreement	*un accord*
a cooperative agreement	*un accord de coopération*
an umbrella agreement	*un accord cadre*
to enter an agreement	*conclure un accord*
to reach an agreement with	*parvenir à un accord avec*
to implement an agreement	*mettre un accord en œuvre*
a deal	*un marché, une affaire*
to hunt out deals	*rechercher de (bonnes) affaires*
to work out a deal	*élaborer un accord*
to sew up a deal	*conclure un accord*
to associate (with)	*s'associer (avec)*
to team up / to link up with	" "
to tie up with / to branch with	" "
a tie-up between	*une fusion entre*
to form a tie-up	*former une association*
to have ties (with)	*avoir des liens (avec)*
to band together	*former un groupe*
to forge links	*établir des liens*
to link up with	*se lier à*
to deepen the links (with)	*renforcer ses liens (avec)*
to establish contacts (with)	*établir des contacts (avec)*
to be in talks with	*être en pourparlers avec*
to strengthen one's bonds	*renforcer ses liens*
to be riveted together	*avoir des liens communs*
to develop a product jointly	*s'allier pour mettre au point un produit*
a network	*un réseau*
a hub-and-spoke network	*un réseau d'entreprises modulaire*
a web of business links	*un réseau de relations d'affaires*
a Euroconglomerate	*un conglomérat européen*
overconcentration	*la surconcentration*
a counterpart	*un homologue*
cross border organizations	*organisations inter-Etats*
an ally	*un allié*
to have one's eyes set on	*avoir l'œil fixé sur*
to seek out allies	*rechercher des alliés*
to set up alliances (with)	*fonder des alliances (avec)*
a strategic alliance	*une alliance stratégique*

an outbreak of alliances	*une vague d'alliances*
to seek alliance with	*chercher à s'allier avec*
to cast around for alliances	*chercher le moyen de s'allier*
to search out local partners	*rechercher des partenaires locaux*
to go into an alliance with	*s'allier avec*
to stay in the alliance	*rester dans l'alliance*
to pull out of the alliance	*sortir de l'alliance*
to seek out an alliance	*rechercher une alliance*
to embrace a range of alliances	*s'engager dans une série d'alliances*
to form alliances	*forger des alliances*
to combine forces / to join forces	*unir ses forces*
to join with	*rejoindre, s'associer à*
to throw in one's lot with	*s'allier avec*
to piece together a conglomerate	*constituer un conglomérat*
to fizzle (out)	*échouer*
a preferred relationship	*une relation privilégiée*
to give a window on	*ouvrir une fenêtre sur*
to provide access to	*donner accès à*
to benefit from	*profiter de*
a joint-owner	*un copropriétaire*
joint-ownership	*la copropriété*
a joint development	*une exploitation commune*
a joint venture	*une entreprise commune*
to form a joint venture	*former une entreprise commune, unir deux entreprises*
to work hand-in-glove with	*travailler main dans la main avec*
to complement each other	*se compléter*
to forge cohesion / homogeneity	*assurer la cohésion / l'homogénéité*

5 CONTRACTING OUT — *LA SOUS-TRAITANCE*

to contract out to	*faire sous-traiter*
a contractor	*un entrepreneur, un adjudicataire*
contract work	*le travail à forfait*
to subcontract	*sous-traiter*
a subcontract	*un contrat de sous-traitance*
subcontracting	*essaimage, la sous-traitance*
to hive off	*essaimer, décentraliser*
to farm out activities	*sous-traiter*
farming-out	*la sous-traitance*
to use outside contractors	*utiliser des sous-traitants de l'extérieur*
to parcel out work (to)	*répartir le travail entre*
to plough back money (into)	*réinjecter de l'argent (dans)*

6 MERGERS — *LES FUSIONS*

mergers and acquisitions (M & A)	*fusions et (r)achats*
a merger and acquisition team	*une équipe chargée des fusions et acquisitions*
to set up a team	*monter une équipe*
to build up a team	*bâtir une équipe*
a M & A professional	*un spécialiste des fusions et acquisitions*
to merge	*fusionner*
a merger	*une fusion d'entreprises, une concentration*
a horizontal merger	*une concentration horizontale*
a vertical merger	*une concentration verticale*
amalgamation	*la fusion, le fusionnement*
to amalgamate	*fusionner*
to pool	*mettre en commun*
the pooling of interests	*la mise en commun des intérêts*
mergermaking	*fusions*
a megamerger	*une fusion géante*
merger mania	*la manie des fusions*
a spate of mergers	*une vague de fusions*
a round of mergers	*une série de fusions*
a merger monger	*un partisan acharné des fusions*
merger frenzy	*la frénésie de fusions*
to advocate a merger	*recommander une fusion*
to be intent on mergers	*être un ferme partisan des fusions*
a cross frontier / border merger	*une fusion transnationale*
a cross shareholding	*un multi-actionnariat*
mergers talks	*pourparlers en vue d'une fusion*
to complete a merger	*achever une fusion*
to take apart a merger	*démanteler une fusion*
merger policy	*la politique des fusions*
to vet a merger	*vérifier une fusion*
merger control / merger regulation	*la réglementation sur les fusions*
to veto a merger	*mettre son véto à une fusion*
to unwind a merger	*démanteler une fusion*

7 GOING GLOBAL — *LA MONDIALISATION*

a home turf	*un marché national*
to go international	*s'internationaliser*
to go global	*se mondialiser*
globalism	*la mondialisation*
globalising operations	*opérations de mondialisation*
to be internationalist in approach	*avoir une approche globale*
to spread across frontiers	*s'étendre au-delà des frontières*
a global firm	*une entreprise mondiale*
a multinational	*une multinationale*
an international firm	*une entreprise internationale*
a transnational firm	*une entreprise transnationale*

to set up a firm	*créer une entreprise*
an outpost	*un avant-poste*
to establish an outpost	*établir un avant-poste*
overseas offices	*bureaux à l'étranger*
the head office	*le siège social*
regional headquarters	*le siège régional*
to sell all around the world	*vendre aux quatre coins du monde*
to hold a regional edge	*avoir un avantage régional*
to run out of room at home	*être à l'étroit sur le marché national*
to expand a global reach	*s'étendre dans le monde entier*
to outgrow one's home market	*se trouver à l'étroit sur le marché national*
to burst one's old bounds	*être trop à l'étroit sur un marché*
to expand one's sway	*étendre son influence*
to enlarge an operation	*élargir une opération*
a beachhead	*une tête de pont, un fer de lance*
to expand a beachhead	*poursuivre une implantation*
a backbone	*un pivot*
to form the backbone of a presence	*former le pivot d'une implantation*
to complete one's presence	*achever son implantation*
to cement one's position	*consolider sa position*
a comprehensive presence	*une présence complète*

II TAKEOVERS — *LES PRISES DE CONTROLE*

1 BUYOUTS — *LES RACHATS D'ENTREPRISES*

a leveraged buyout (LBO)	*une prise de contrôle par recours à l'emprunt*
a leveraged management buyout (LMBO)	*un rachat d'entreprise par les cadres avec effet de levier (RECEL)*
a management buyout (MBO)	*un rachat de l'entreprise par les cadres*
an employee buy-out	*un rachat de l'entreprise par les salariés (RES)*
a buy-in	*une prise de contrôle par repreneur extérieur*
leveraged	*à fort degré d'endettement*
leveraging	*endettement*
highly leveraged	*fortement endetté*
to pioneer the LBO	*être l'initiateur des rachats d'entreprises*
to organize an LBO	*organiser un rachat*
to put an LBO together	" " "
to mount an LBO	*organiser une opération de rachat*
to initiate a raid on a company	*partir à l'assaut d'une entreprise*
to finance an LBO	*financer un rachat*
to carry out a LBO	*réaliser un rachat*
a buyout offer	*une offre de rachat*
a buyout firm	*un cabinet spécialisé dans le rachat d'entreprises*
a buyout binge	*une frénésie de rachats*
a buyout specialist	*un expert en rachat d'entreprises*
to be bought out	*être racheté*
to buy up stock	*acheter des actions en bloc*

2 TAKEOVERS — *LES PRISES DE CONTROLE*

a takeover	*une prise de contrôle / de pouvoir*
a takeover bid	*une offre publique d'achat (OPA)*
a take-over bid for shares	*une offre publique d'échange (OPE)*
to take over a company	*prendre le contrôle d'une société*
a takeover target	*la cible d'une OPA*
a sleeping beauty	*une cible potentielle*
the crown jewels	*"les joyaux de la couronne" (actifs attrayants dans une opération d'OPA)*
a target company	*une opéable, une société-cible*
a takeover battle	*une bataille pour le rachat (de)*
a spate of takeovers	*une vague de reprises*
a hostile takeover	*une reprise inamicale*
a friendly takeover	*une reprise à l'amiable*
a hostile suitor	*une tentative d'OPA sur une société qui refuse de se laisser racheter*
a contested takeover	*une prise de contrôle contestée*
a busted takeover	*une reprise ratée*
a productive takeover	*une reprise fructueuse*
a proxy fight / a proxy contest	*une bataille de procurations*
scorched earth	*techniques de découragement d'OPA (ex: la vente des actifs attrayants)*

a white knight	*une société qui vole au secours d'une autre, menacée d'une OPA*
a white squire	*un acquéreur qui prend une participation minoritaire*
a bear hug takeover bid	*une offre de rachat irrésistible (que la direction ne peut refuser)*
greenmail (greenback + blackmail)	*le rachat par la société-cible au-dessus du cours de ses actions détenues par un repreneur potentiel*
a standstill agreement	*un moratoire (le repreneur s'engage à ne pas racheter d'actions pendant une période déterminée)*
takeover-related stocks	*actions liées à la reprise*
to buy out the stockholders	*racheter les parts des actionnaires*
to boost stock prices	*faire monter le prix des actions*
to sell at a 30 per cent markup	*vendre avec une majoration de 30%*
to pocket the gain	*empocher les bénéfices*
to succumb to a takeover	*être victime d'une reprise*
to gobble a company	*absorber une société*
to swallow a company	" " "
a mismarriage	*une mésalliance*

3 TAKEOVER BIDS — *LES OFFRES PUBLIQUES D'ACHAT*

3.1 GENERAL BACKGROUND — *GENERALITES*

a tender offer	*une offre de soumission*
to put in / to send a tender for	*soumissionner pour*
to tender for	" "
a tenderer	*un soumissionnaire*
to lodge a tender with	*adresser une soumission à*
a Saturday Night Special	*une offre surprise*
a bid (for)	*une offre (pour)*
a high bid	*une forte enchère*
a two-tier bid	*une offre à deux niveaux*
a firm bid	*une offre ferme*
a last-minute bid	*une offre de dernière minute*
to bid	*faire une offre, enchérir*
to bid up	*faire monter les enchères*
to bid down	*faire baisser les enchères*
to outbid	*surenchérir*
a final bid	*une dernière offre*
a bidding system	*un système d'offres*
a bid strategy	*une stratégie d'enchérissement*
bid speculation	*la conjecture sur les offres*
a gambit	*une manœuvre, une ruse*
the bid price	*le cours acheteur, le prix acheteur*
to wave through a bid	*approuver une offre*
to clear a bid	" " "

3.2 THE BIDDING BATTLE — *LA BATAILLE DES OFFRES*

a bidder	*un offrant, un enchérisseur*
a rival bidder	*un offrant concurrent*
a contender	*un concurrent*
an arch rival	*un grand rival*
to open the bidding for all comers	*ouvrir publiquement les offres*
to submit a bid	*faire une offre*
to trigger a bid	*déclencher une offre*
to launch a bid	*lancer une offre*
to initiate the bidding	*lancer les offres*
to engage in a bidding battle (with)	*s'engager dans une bataille des enchères (avec)*
to be in progress	*être en cours*
to win the bidding war	*remporter la lutte des offres*
to beat off a bid	*repousser une offre*
to get into the act	*se lancer dans la bataille*
to come into the bidding	*participer aux enchères*
to be involved in a bidding	*s'engager dans les enchères*
to push up the bid price	*faire monter l'enchère*
to raise an offer	*enchérir*
to hike up an offer	"
to up the ante / to raise the ante	*faire monter les enchères*
the outcome of a bid	*l'issue d'une offre*
to sweeten one's offer	*rendre une offre plus attrayante*
to come away with a consolation prize	*repartir avec un lot de consolation*
to block a bid	*empêcher une offre*
to fend off a takeover bid	*parer une offre de rachat*
to withdraw a bid	*retirer une offre*
to counter a proposal	*contrer une offre*
a collapsed bid	*un échec de l'offre*

4 THE CORPORATE RAIDER — *LE REPRENEUR DE SOCIETES*

a raid	*un raid*
to launch a raid on	*lancer un raid sur*
a raider	*un prédateur, un repreneur, un raider*
a raiding career	*une carrière de repreneur*
a wheeler dealer	*un brasseur d'affaires*
wheeling and dealing	*l'affairisme*
the scourge of boardrooms	*le fléau des conseils d'administration*
to make boardrooms tremble	*faire trembler les salles de CA*

to make the stock market dance	*faire la pluie et le beau temps sur les marchés financiers*
to stalk a company	*être à l'affût d'une société*
to be on the acquisition trail	*être à la recherche d'acquisitions*
to make a run at a company	*se précipiter sur une société*
a promoter	*un lanceur d'entreprises*
a self-promoter	*un créateur d'entreprises*
a marauder	*un fricoteur*
a prey	*une proie*
an industrial buccaneer	*un pirate de l'industrie*
a maverick	*un franc-tireur*
a tycoon	*un magnat*
a high flier	*un ambitieux*
a high flying entrepreneur industriel	*un chef d'entreprise ambitieux*
to take a flier	*se lancer dans un investissement risqué*
risk-taking	*audacieux*
dare devil	*intrépide*
arrogant	*arrogant*
smug	*suffisant*
brash	*impétueux*
hyperconfident	*très sûr de soi*
swagger	*la hâblerie*
swaggering	*hâbleur*
bravado	*la bravade*
greediness	*la cupidité*
greedy	*cupide*
a killer instinct	*un gagneur*
a scramble for riches	*une lutte pour l'argent*
to jump into businesses	*se jeter dans des affaires*
to crave action	*avoir soif d'action*
to have a knack for	*avoir le don de*
to make profit on	*faire des bénéfices sur*
to go for broke	*risquer le tout pour le tout*
to go to excess	*en faire trop*
to go it alone	*agir seul*
to catch sb. unawares	*prendre qqn. à l'improviste*
to work by one's own rules	*faire fi des règlements*
to flaunt one's contempt for	*afficher son mépris pour*
to outpace all other considerations	*l'emporter sur toutes les autres considérations*
an empire	*un empire*
to spread	*s'étendre*
an empire builder	*un bâtisseur d'empires*
to build an empire	*bâtir un empire*
to capture an empire of properties	*bâtir un empire en propriétés*
to go bargain hunting	*être à l'affût des bonnes affaires*
to indulge in a shopping spree	*se livrer à une frénésie d'achats*
deal mania	*la manie des affaires*
to snatch a company	*faire main basse sur une société*
to rush into a profitable business	*se ruer sur une affaire rentable*
to enrich oneself	*s'enrichir*
to amass a fortune	*amasser une fortune*
to fatten one's wallet	*s'en mettre plein les poches*
to earn fat fees from	*empocher de jolies commissions sur*
the get-quick-rich mentality	*la mentalité de l'argent vite gagné*
to earn six-figure sums	*gagner plusieurs centaines de milliers de dollars*
to reap millions in instant profits	*faire des bénéfices immédiats de plusieurs millions*
to rake billions in revenues	*faire des milliards de profits*
to be worth . . . million	*peser ... millions*
a billionaire	*un milliardaire*
a centimillionaire	*un multi-milliardaire*
to have a magic touch	*transformer en or ce que l'on touche*
to have a Midas touch	" " " "
to display flashy wealth	*étaler une richesse tape-à-l'œil*
to profit from the buyout binge	*profiter de la frénésie de rachats*
to maximise the proceeds from	*tirer un bénéfice maximum de la vente de*
to cash in on	*tirer profit de*
to cash in one's shares with a profit	*réaliser ses actions avec un bénéfice*
to produce handsome returns	*procurer de jolis bénéfices*
to sell for huge profits	*revendre avec d'énormes bénéfices*
to be in the limelight	*être sous le feu des projecteurs*

5 POLICING TAKEOVERS — *LA REGLEMENTATION DES REPRISES DE SOCIETES*

to be stymied in a drive (to)	*faire échouer une tentative (de)*
a radar alert	*la surveillance étroite de toute tentative d'OPA*
a shark watcher	*une firme spécialisée dans la détection des tentatives d'OPA*
a shark repellent / a porcupine provision	*une mesure visant à décourager une tentative d'OPA*
a defensive merger	*une fusion de défense*
killer bees	*"abeilles tueuses" (banques d'affaires qui viennent au secours d'une entreprise pour faire échec à une OPA)*
a Pac-Man strategy	*une "stratégie Pac-Man" (menaces de rachat des actions de l'acquéreur par la société-cible)*
a safe harbour	*un port sûr (la société-cible acquiert une*

	société à la gestion lourde, ce qui décourage l'acquéreur éventuel)
a supermajority provision	*une clause de majorité renforcée*
a poison pill	*une "pillule empoisonnée" (mesure qui rend une OPA si coûteuse qu'elle décourage l'acquéreur éventuel)*
to fortify antitakeover defenses	*renforcer les défenses contre les OPA*
the Monopolies and Mergers Commission	*la Commission d'enquête sur les monopoles et les fusions*
a regulatory agency	*une agence chargée de la réglementation*
a trustbuster	*un briseur de trust (fonctionnaire fédéral chargé de l'application des lois anti-trusts)*
to regulate	*contrôler*
to limit takeovers	*limiter les OPA*
to curb excesses	*réduire les excès*
to slow the pace of buyouts	*ralentir le rythme des rachats*
to revise tax laws	*revoir les lois fiscales*
to be a bias toward debt	*favoriser l'endettement*
to reduce tax loopholes (for)	*limiter les failles dans la législation fiscale*
to tax dividend payments	*imposer les dividendes*
to bar rampant speculation	*interdire la spéculation effrénée*
to curb borrowing	*limiter les emprunts*
to create a monopoly	*créer un monopole*
corporate behaviour	*l'attitude du patronat*
corporate cannibalism	*le pillage d'entreprises*
to be open to question	*être contestable*
to expose the greed	*dévoiler la cupidité*
to cease and desist	*cesser de*
a cease and desist order	*une mise en demeure de mettre fin à des pratiques illégales*
to issue an order	*publier une mise en demeure*
to jump out	*quitter le bateau*
to pay too high a price	*payer trop cher*
to rescind a dividend	*annuler un dividende*
to accept overly rosy predictions	*accepter des prédictions trop optimistes*
to go under	*boire la tasse*
to go heavily into debt	*s'endetter lourdement*
to step down	*démissionner*
a demise / a downfall	*une chute*
to have a rude comeuppance	*avoir le châtiment qu'on mérite*
to escape a corporate raider	*échapper aux griffes d'un repreneur d'entreprises*

3 RE-STRUCTURING — *LES RESTRUCTURATIONS*

I GENERAL BACKGROUND — *GENERALITES*

to restructure	*restructurer*
to retool	*moderniser la production*
a restructuring program	*un programme de restructuration*
to undergo restructuring	*subir une restructuration*
to launch into a restructuring program	*se lancer dans un programme de restructuration*
to go through drastic reorganization	*subir une réorganisation radicale*
to reshape	*restructurer*
to overhaul	*"*
an overhaul	*une restructuration*
a shake-out	*un bouleversement (avec licenciements et fermetures d'usines)*
to shake up	*restructurer*
a shakeup	*une restructuration*
a patchup	*un replâtrage*
to beef up	*renforcer les effectifs*
to shape up	*s'adapter*
to reshuffle	*réorganiser*
to reorganize	*"*
a reorganization	*une réorganisation*
to decentralise	*(se) décentraliser*
to split (into)	*diviser (en)*
to splinter	*scinder*

to break up	*démanteler*
a break-up	*un démantèlement*
to split up a conglomerate	*diviser un conglomérat*
to dismember	*démanteler*
to ensure the survival of a company	*assurer la survie d'une société*
an austerity move	*une mesure d'austérité*

see : economic crisis — *voir : la crise économique*

II PLAN — *LE PROJET*

1 GENERAL BACKGROUND — *GENERALITES*

a plan	*un projet, un plan*
contingency plans	*plans d'urgence*
a project	*un projet*
a scheme	*un projet, un système*
a design	*un projet, un avant-projet*
an option	*une option*
a strategy	*une stratégie*
a cornerstone	*une pierre angulaire*
a blueprint	*un plan, un projet*
a competing project	*un projet en compétition*
a second best alternative	*un deuxième meilleur choix*
a job-producing project	*un projet générateur d'emplois*
a daring project	*un projet audacieux*
costly	*coûteux*
elaborate	*sophistiqué*
imaginative	*original*
coherent	*cohérent*
emerging	*qui se dessine*
comprehensive	*complet*
ill-timed	*inopportun*
a bonus scheme	*un système de primes*
a pension scheme	*un système de retraite*
to scheme	*dresser des plans*
a draft	*un avant-projet*
a draft agreement	*un projet d'accord / de convention*
an issue	*un problème*
thorny	*épineux*
nettlesome	*irritant*

2 STARTING A PROJECT — *LE DEMARRAGE D'UN PROJET*

2.1 GENERAL BACKGROUND — *GENERALITES*

to pioneer a project	*être à l'origine d'un projet*
to start a project	*démarrer un projet*
to undertake a project	*entreprendre un projet*
to ponder options	*réfléchir aux options*
to consider an option	*envisager une option*
to outline	*tracer les grandes lignes*
to devise a plan	*imaginer un projet*
to have a plan up one's sleeve	*avoir un plan en poche*
to unveil a plan	*dévoiler un projet*
to formulate a project	*élaborer un projet*
to design a plan	*élaborer un plan*
to design	*concevoir*
to devise	*imaginer, concevoir*

2.2 DRAWING UP A PLAN — *LA FORMULATION D'UN PLAN*

to draw up	*formuler, établir, dresser*
to set forth	*exposer*
to map up a strategy	*établir une stratégie dans les détails*
to map out a plan	*dresser un plan*
to draw up a plan	*établir un projet*
to work out a plan	*mettre un plan au point*
to act on a scheme	*agir suivant un projet*
to draft a protocol	*rédiger un protocole*
to propose a scheme	*proposer un projet*
to study a plan	*étudier un plan*
to weigh the pros and the cons	*peser le pour et le contre*
to debate a project	*débattre d'un projet*
to evolve	*se développer*
to dither over an issue	*hésiter sur un problème*
to initiate a project	*mettre un projet en place*
to hash out a plan	*passer un plan en revue*

2.3 JUMPING ON THE BANDWAGON — *LE RALLIEMENT AU PROJET*

to climb on the bandwagon	*prendre le train en marche*
to be delighted with	*être ravi de*
to generate interest	*susciter l'intérêt*
to arouse interest	*éveiller l'intérêt*
to favour a project	*favoriser un projet*
to give a boost to	*encourager*
to carry out	*exécuter*
to push a project	*(faire) avancer un projet*
to stand behind a project	*soutenir un projet*
to swing behind a project	*s'aligner derrière un projet*
to join a project	*s'associer à un projet*
to stand firm (on)	*tenir bon (sur)*
to be out to defend	*avoir pour but de*
to endorse	*approuver*
to support	*soutenir*
to include	*inclure*
to gain from	*tirer avantage de*
to benefit from	*profiter de*
to outweigh the negative impact	*compenser l'impact négatif*
to pursue a project	*poursuivre un projet*
to press on	*persévérer*

to speed up	*accélérer*
to enter a second stage	*entrer dans une deuxième phase*
to settle a question	*régler une question*
to complete	*achever*
to ride shotgun over a project	*s'assurer de la réussite d'un projet (en le surveillant de près)*
to lobby against	*faire pression contre*
to set up a lobbying group	*organiser un lobby*
to intensify lobby effort	*redoubler d'effort pour faire pression sur*
to forestall a possibility	*anticiper une difficulté*
to overcome an obstacle	*surmonter un obstacle*
to force a project into a legal battle	*combattre un projet en justice*
to prove successful	*s'avérer être une réussite*

3 OBSTACLES — *LES OBSTACLES*

an opponent (to)	*un adversaire (de)*
a barrier (to)	*un obstacle (à)*
a physical barrier	*une barrière physique*
psychological	*psychologique*
to have weaknesses	*présenter des faiblesses*
to criticize	*critiquer*
to find fault with	*trouver à redire à*
to cut to pieces	*éreinter*
to reconsider a project	*reconsidérer un projet*
to rethink one's position	*reconsidérer sa position*
to reassess	*réexaminer*
to have second thoughts about	*avoir des doutes à propos de, se raviser*
to amend	*modifier*
to review a plan	*réexaminer un plan*
to mar a project	*nuire à un projet*
to run into opposition	*se heurter à des oppositions*
to run into trouble	*rencontrer des difficultés*
to raise an objection (to)	*soulever une objection (à)*
to compound an objection	*trouver une solution à une objection*
to object to	*critiquer*
to jeopardize	*mettre en danger*
to be divided over	*être partagé à propos de*
to oppose	*s'opposer à*
opposition (to)	*l'opposition (à)*
strident opposition	*une opposition farouche*
fierce	*vive*
substantial	*important*
vocal	*bruyant*
to weaken a plan's impact	*affaiblir la portée d'un projet*
to resist a plan	*résister à un projet*
to stymie / to stimy	*bloquer, faire échouer*

4 FAILURE — *L'ECHEC*

an ill-fated project	*un projet néfaste, malheureux*
a high risk undertaking	*une entreprise très risquée*
to unhinge a plan	*désorganiser un projet*
to go wrong	*mal se passer*
to go awry	*mal tourner*
to derail a plan	*faire échouer un plan*
to defeat a plan	" " " "
to meet with defeat	*échouer*
to turn down a plan	*refuser un projet*
to scuttle a venture	*faire échouer une entreprise*
to disown a plan	*désavouer un projet*
to stall a project	*faire échec à un projet, être en panne*
to halt a project	*mettre fin à un projet*
to give up a project	*renoncer à un projet*
to cancel participation in	*annuler sa participation à*
to renege	*renoncer*
to shelve a plan	*classer / enterrer un projet*
to torpedo	*torpiller*
to sink	*couler*
to wreck	*faire échouer*
to scupper a plan	*saboter un projet*
to scrap a project	*abandonner un projet*
to bottle up a project	*entraver un projet*
to put off a project	*différer un projet*
to postpone	*remettre à plus tard*
to junk a plan	*mettre un projet au rebut*
to run into the sand	*échouer*
to bury	*enterrer*
to go unfinished	*rester inachevé*
to abandon an idea	*abandonner une idée*

III JOB RESTRUCTURING — *LA REORGANISATION DE PERSONNEL*

1 CUTS IN PERSONNEL — *LES REDUCTIONS DE PERSONNEL*

overmanning	*sureffectifs*
overcapacity	*la surcapacité*
a swollen payroll	*un sureffectif*
a bloated company	*une entreprise en sureffectif*
to be overstaffed	*être en sureffectif*
to be overmanned	" " "
to call for the elimination of jobs	*demander la suppression d'emplois*
a redundancy plan of jobs	*un plan de réduction du personnel*

a slimming down program	*un programme de compressions de personnel*
to meet slimming goals	*atteindre des objectifs de compression de personnel*
to eliminate jobs	*supprimer des emplois*
to axe jobs	" " "
to eliminate a position	*supprimer un poste*
to axe plants and workers	*supprimer des usines et des emplois*
to phase out jobs	*éliminer progressivement des emplois*
to shed workers	*éliminer des emplois*
to slash staff	*réduire du personnel*
to downsize staff	" " "
to cut back	*réduire*
to cut the number of employees	*diminuer le nombre d'employés*
to reduce the workforce	*réduire la main d'œuvre*
to streamline	*dégraisser*
to slim down a company	"
to slim the bureaucracy	*réduire la bureaucratie*
to cut management levels	*réduire l'encadrement*
to pare down the payroll	*réduire les effectifs*
to cut the payroll	*opérer une compression de personnel*
to unburden payrolls (of)	*alléger les effectifs (de)*
to strip away levels of management	*supprimer des catégories de cadres*
to eliminate levels of management	" " "
to undergo staff reductions	*subir des compressions de personnel*
to undergo shifts in employment	*subir des modifications d'emplois*
a cutback (in)	*une réduction (de)*
a cut in the workforce	*une compression de personnel*
a staff reduction	" " "
downsizing	*la compression de personnel*
termination of employment	*le licenciement*
a layer of staff	*un niveau de personnel*
to cut back on overtime	*réduire les heures supplémentaires*
to undertake a reorganization of management	*entreprendre une réorganisation de l'encadrement*
to look lean	*faire une cure d'amaigrissement*
the leanness of an industry	*une entreprise dégraissée*
the fitness of an industry	*la bonne santé d'une industrie*
to inculcate a new corporate credo	*inculquer un nouvel esprit de maison*
to make workers feel like part of a team	*donner aux travailleurs un esprit d'équipe*
to inspire a new commitment	*insuffler un esprit nouveau*
company loyalty	*la fidélité envers une société*

2 JOB LEAVERS — *LES DEPARTS*

attrition	*les départs à la retraite, la réduction naturelle du personnel*
early retirement	*la retraite anticipée, la préretraite*
an early retirement scheme	*un plan de préretraite*
to entice voluntary resignations	*encourager les départs volontaires*
to retire	*prendre sa retraite*
to be retired	*être mis à la retraite*
retirement	*la retraite*
to outlive one's usefulness	*cesser d'être utile*
to bear the brunt	*subir le contrecoup*
obsolete skills	*qualifications désuètes*
my number is up	*mon tour est venu*
an outgoing employee	*un employé qui quitte l'entreprise*
to trim senior workers	*se séparer des travailleurs qui ont plus d'ancienneté*
job satisfaction	*la satisfaction professionnelle*
job-hopping	*le changement d'emploi*
a job with a future	*un métier d'avenir*
to quit	*démissionner*
to resign (from one's position)	*démissionner (de son poste)*
a resignation	*une démission*
to tender one's resignation	*remettre sa démission*
to give up one's job	*quitter son emploi*
natural wastage	*départs volontaires, départs en retraite*
career adjustment	*un changement de carrière*

IV COST TRIMMING — *LA REDUCTION DES COUTS*

to be cost conscious	*être économe*
cost saving	*économique*
to lower costs	*abaisser les coûts*
to trim expenditures	*réduire les dépenses*
to trim costs	*réduire les coûts*
to whittle down a cost price	*comprimer un prix de revient*
to slash costs	*réduire les coûts*
to slash labour costs	*réduire les coûts de main d'œuvre*
to cut overheads	*réduire les frais généraux*
to cut back on	*réduire*
a cutback on costs	*une réduction des coûts*
to reform / to restore	*assainir (les finances)*

reformation	*assainissement*
to carry out drastic	*effectuer des coupes*
cost-cutting	*sombres dans les charges*

V PRODUCTION ENHANCEMENT — *L'ACCROISSEMENT DE LA PRODUCTION*

to make a company more efficient	*rendre une entreprise plus rentable*
more competitive	*plus concurrentiel*
more flexible	*plus souple*
to up efficiency	*accroître l'efficacité*
to improve efficiency	*améliorer la rentabilité*
to spur an industry	*stimuler une industrie*
to restore competitiveness	*retrouver la compétitivité*
to enhance productivity	*améliorer la productivité*
to achieve higher levels of productivity	*parvenir à des meilleurs niveaux de productivité*
to raise productivity	*augmenter la productivité*
to boost productivity	*encourager la productivité*
to hinder productivity	*entraver la productivité*
to keep prices low	*maintenir des prix bas*
to survive competition	*faire face à la concurrence*
to undercut jobs	*travailler pour un salaire inférieur*
to save labour costs	*économiser les coûts de main d'œuvre*
an unsatisfactory product	*un produit non satisfaisant*
unproductive	*non rentable*
unprofitable	" "
uneconomic	" "
to sell off a product line	*liquider une gamme de produits*
to dump an unproductive sideline	*abandonner une activité secondaire non rentable*
to lop off I5 per cent of one's production	*amputer 15% de sa production*
to prune one's plans	*réviser ses projets à la baisse*

VI DISINVESTMENT — *LE DESINVESTISSEMENT*

to unbundle	*se séparer d'une entreprise*
unbundling	*la cession d'entreprises*
to shed a company	*vendre une usine pour s'en débarrasser*
to get rid of stakes in a company	*se séparer de ses parts dans une société*
to disinvest	*désinvestir*
to divest oneself of an asset	*se défaire d'un actif*
divestiture	*la cession d'actifs*
divestment	" " "
to sell one's stakes	*vendre ses parts*
to be on the skids	*être en perte de vitesse (pour une entreprise)*
to close down an unproductive plant	*fermer une usine non rentable*
to discard unprofitable businesses	*éliminer des affaires non rentables*
to shut down an uneconomic factory	*fermer une usine non rentable*
to weed out inefficient companies	*éliminer les entreprises non rentables*
to cut off the dead wood	*se débarrasser des industries non rentables*
to strip down an empire	*se défaire d'un empire*
to sell off a branch	*se défaire d'une filiale*
to jettison a branch	*se débarrasser d'une filiale*
to strip a company of its assets	*cannibaliser une compagnie*
an asset stripper	*un récupérateur d'entreprises*
asset stripping	*élimination d'actifs non rentables, récupération d'entreprises en faillite*
a loss maker	*une entreprise déficitaire*
a lame duck	*un canard boiteux*
to bail out	*renflouer*

VII DIVERSIFICATION — *LA DIVERSIFICATION*

to diversify (into)	*(se) diversifier*
to branch out (into)	*se diversifier*
to branch out into new activities	*se lancer dans de nouvelles activités*
a diversification strategy	*une stratégie de diversification*
a diversification of activity	*une diversification des activités*

a diversifier	*qui opère une diversification*
a bout of diversification	*un accès de diversification*
vertical integration	*la concentration verticale*
verticalisation	" " "
horizontal integration	*la concentration horizontale*
to keep a majority shareholding	*garder une majorité d'actions*

4 BANKRUPTCY — *LA FAILLITE*

I FINANCIAL STRAITS — *LES DIFFICULTES FINANCIERES*

1 LOSSES — *LES PERTES*

a loss	*une perte*
a dead loss	*une perte sèche*
to take a loss	*subir une perte*
to incur losses	*subir des pertes*
to operate at severe loss	*fonctionner à perte*
to plunge an operation into loss	*rendre une opération déficitaire*
to run up losses	*accumuler des pertes*
a round of losses	*une série de pertes*
to be saddled with a loss	*endosser une perte*
to cut one's losses	*limiter ses pertes*
to recoup one's losses	*se rattraper de ses pertes, se refaire*
to recover	*recouvrer, récupérer*
to sell at a loss	*vendre à perte*
to close at a loss	*clôturer à perte*
to report a net loss	*enregistrer une perte sèche*
to lose one's alchemist touch	*perdre de sa magie*
loss-making	*déficitaire*
to halve the profits	*diviser les bénéfices par deux*
to be cleaned out	*boire le bouillon*
to sell at cost price	*vendre à prix coûtant*
to bail an industry out of its losses	*subventionner les pertes d'une industrie*
an indebted firm	*une entreprise endettée*
corporate indebtedness	*l'endettement des entreprises*
leveraging	*l'endettement*
leveraged	*endetté*
highly leveraged	*fortement endetté*
a debt-laden acquisition	*l'acquisition d'une entreprise endettée*

2 INSOLVENCY — *L'INSOLVABILITE*

insolvency	*insolvabilité*
insolvent	*insolvable*
solvency	*la solvabilité*
solvent	*solvable*
to stay solvent	*rester solvable*
a problem debtor	*un mauvais payeur*
an overburdened borrower	*un emprunteur surendetté*
a black list	*une liste des insolvables*
a leverage ratio	*un ratio de solvabilité-passif*
underleveraged	*sous-endetté*
to stay in business	*poursuivre les affaires*
to keep in business	*poursuivre l'affaire*
to stay even	*rester solvable*
to break even	*rentrer dans ses frais*
a break even point	*un seuil de rentabilité*
a profit margin	*une marge de rentabilité*

3 FINANCIAL TROUBLE — *LES DIFFICULTES FINANCIERES*

an ailing industry	*une industrie en difficulté*
to be hit by a reversal	*subir un revers*
to suffer a setback	" " "
to place strains on a company	*mettre une société à rude épreuve*
financial woes	*difficultés financières*
sliding revenues	*l'effondrement du chiffre d'affaires*
to halt a slide in earnings	*enrayer une chute des revenus*
a profits collapse	*un effondrement des bénéfices*
surging costs	*une augmentation brutale des coûts*
to hack away at costs	*faire des coupes sombres dans les coûts*
to falter	*trébucher*
to flounder	*s'enliser*
a floundering company	*une entreprise défaillante*
to fold	*faire faillite, fermer boutique*
to battle for survival	*lutter pour sa survie*
to run out of luck	*traverser une période de malchance*
to run a company into the ground	*laisser péricliter une entreprise*
to send a company into a skid	*faire déraper une entreprise*
to spell trouble	*présager des difficultés*

to spell ruin	*signifier la ruine*
to stave off bankruptcy	*éviter la faillite*

4 CASH STARVED — *A COURT DE LIQUIDITES*

cash difficulties	*difficultés de trésorerie*
a cash crunch	*une crise de liquidités*
to meet a cash crunch	*faire face à une crise de liquidités*
to be hit by a cash crunch	*être victime d'une crise de liquidités*
to feel the pinch	*subir une crise*
to be cash-strapped / cash-starved	*être à court de liquidités*
to be strapped for cash	" " " " "
to be in need of cash	*avoir besoin de liquidités*
to make the rounds of banks	*faire le tour des banques*
to scrounge for funds	*essayer de trouver des fonds*
to raise badly needed cash	*trouver des capitaux d'urgence*
to scrape together	*rassembler tant bien que mal*
to sell off interests	*liquider ses intérêts*
to put the future in hock	*hypothéquer l'avenir*
to escape government interference	*échapper à l'intervention de l'Etat*
to exhaust one's reserves	*épuiser ses réserves*
to raise cash	*rassembler des capitaux*
a shortage of capital	*une pénurie de capitaux*
to borrow against a company's assets	*gager un emprunt sur les actifs d'une société*
to generate cashflow to repay a debt	*produire des liquidités pour rembourser une dette*
to pay down the leverages	*rembourser les dettes*

5 STRANGLEHOLD — *L'ETAU*

to have a stranglehold on	*tenir à la gorge*
tight credit	*le resserrement du crédit*
to be put on credit watch	*être sous surveillance budgétaire*
to rollover	*renouveler automatiquement (un crédit)*
to withdraw financing	*retirer son appui financier*
to be short of liquidity	*être à court de liquidités*
to dry up	*s'assécher*
the drying up of finance	*assèchement des finances*
a drought of liquidities	*un épuisement des liquidités*
to meet a deadline for paying	*faire face à une échéance*
to default	*ne pas honorer ses engagements*
to be in default	*être en état de non-paiement*
to default on a loan	*être incapable d'honorer un emprunt*
a faulty payment	*un impayé*
a non performing loan	*un emprunt non exécuté*
a non performer	" " " "
a defaulter	*un créancier défaillant, un failli*
to bail out of	*retirer sa participation de*
to be spurned by one's banker	*être éconduit par son banquier*
to be deprived of one's clout	*perdre son influence*
to cut off credit	*couper les crédits*
to bring a company to the brink of collapse	*amener une entreprise au bord de la faillite*
to send a company to the brink (of)	*mettre une société au bord (de)*
to totter near bankruptcy	*chanceler au bord de la faillite*
to be near bankruptcy	*être à deux doigts de la faillite*
a near bankrupt firm	*une entreprise à deux doigts de la faillite*
to sink toward bankruptcy	*sombrer dans la faillite*
to stare at bankruptcy	*faire face à une faillite*
to capsize	*chavirer*
to go under	*boire la tasse*
to take a tumble	*faire la culbute*
to go out of business	*cesser toute activité*
going out of business	*en liquidation*
to get out of the business	*se retirer des affaires*
to put out of business	*mettre une affaire en faillite*
to be driven out of business	*être forcé de cesser son activité*
to go broke	*faire faillite*
to jolt a company into bankruptcy	*pousser d'un coup une société à la faillite*
a rude awakening	*un réveil douloureux*

II BANKRUPTCY — *LA FAILLITE*

1 GOING BANKRUPT — *LA MISE EN FAILLITE*

a bankruptcy	*une faillite*
a bankrupt company / a bust firm	*une société en faillite*
to become bankrupt	*faire faillite*
to go bankrupt / to go bust	" "
to fail	" "
a failure	*une faillite*
a spate of failures	*une série de faillites*
a failure rate	*un taux de faillite*

to fight bankruptcy	*se défendre contre la faillite*
to bankrupt a firm	*mettre une société en faillite*
a bankrupt	*un failli, un banqueroutier*
to put a company into bankruptcy	*mettre une société en faillite*
to declare bankruptcy	*se déclarer en faillite*
to be bankrupt	*être en faillite*
to be saddled with bankrupt companies	*avoir des sociétés en faillite sur les bras*
to close down / to shut down	*fermer ses portes*
a closure	*une fermeture*

2 CREDITORS — *LES CREANCIERS*

a creditor	*un créancier*
to close in on	*assiéger*
to stave off creditors	*échapper aux créanciers*
to repel creditors	*repousser les créditeurs*
to file for court protection from one's creditors	*demander à être mis à l'abri de ses créanciers par la justice*
to seek protection from one's creditors	*chercher à se protéger de ses créanciers*
a meeting of creditors	*une réunion des créanciers*
a schedule	*une liste des créanciers et des avoirs*
a committee of inspection	*un conseil de surveillance*
to recover creditors' money	*récupérer l'argent des créanciers*
to pay back one's creditors	*rembourser ses créanciers*
to pay off one's creditors	*rembourser ses créanciers (intégralement)*
a preferred / preferential creditor	*un créancier privilégié*
preferential transfer	*une cession prioritaire*
a secured creditor	*un créancier garanti / nanti*
an unsecured creditor	*un créancier chirographaire*
a prior claim	*un droit de priorité*
a lien on property	*un droit de rétention sur les biens*
a debt holder	*un détenteur de dettes*
a subordinated-debt holder	*un détenteur de dettes de second rang*
a holder of preference shares	*un possesseur d'actions de priorité*
an equity owner	*un détenteur d'actions*
bankruptcy costs	*les frais de faillite*
a regulator	*un régulateur*
an assignment for the benefit of creditors	*une cession / un transfert au bénéfice des créanciers*
a deed of assignment	*un acte de désaisissement*
an assignee	*un cessionnaire d'une créance, un syndic de faillite*
a letter of licence	*un moratoire*

3 BANKRUPT PROCEEDINGS — *LA PROCEDURE DE FAILLITE*

a bankruptcy law	*une loi sur les faillites*
to enter bankruptcy court	*se déclarer légalement en faillite*
to seek bankruptcy court protection	*se mettre sous la protection de la loi sur les faillites*
to be mired in bankrupt proceedings	*être enlisé dans une procédure de faillite*
to sort out a bankruptcy	*démêler une faillite*
estate / assets	*la masse de la faillite*
a bankruptcy petition	*une requête en déclaration de faillite*
to issue an administration order	*rendre une ordonnance instituant l'administration judiciaire*
to file bankruptcy papers	*remplir une déclaration de faillite*
to file one's petition	*se déclarer en faillite*
to file for bankruptcy	*mettre en faillite*
to file a petition in bankruptcy	*déposer son bilan*
to seek protection under chapter II	*chercher à se protéger par la faillite*
to take refuge in bankruptcy proceedings	*se réfugier derrière une demande de faillite*
to put a company into bankruptcy proceedings	*mettre une entreprise en faillite*
a bankruptcy filing	*un dépôt de bilan*
a proof in bankruptcy	*un constat de faillite*
a statement of affairs	*un bilan de faillite*
a voluntary bankruptcy	*une faillite volontaire (par le débiteur)*
an involuntary bankruptcy	*une faillite involontaire (par le créancier)*
to adjudge / to adjudicate bankrupt	*déclarer en faillite*
an adjudication of bankruptcy	*un jugement déclaratif de faillite*
a trustee (in bankruptcy)	*un syndic (de faillite)*
to suspend payments	*suspendre les paiements*
to arbitrate	*arbitrer*
arbitration	*arbitrage*
an arbitrator	*un arbitre*
an arrangement	*un compromis*
a discontinuance of action	*une cessation des poursuites*

4 REORGANIZATION — *LE REDRESSEMENT*

a bankruptcy court	*un tribunal de commerce*
to operate under bankruptcy protection	*fonctionner sous le régime de la faillite*

to put a firm into administration	*mettre une société sous administration judiciaire*
an administrator	*un administrateur judiciaire*
rehabilitation (chapter II) (USA)	*le redressement judiciaire, le règlement à l'amiable*
rehabilitation (UK)	*l'administration judiciaire*
to file for reorganisation under chapter II	*faire une demande de redressement judiciaire*
to go into chapter II	*se mettre en redressement judiciaire*
to be forced into chapter II	*être contraint de se mettre en redressement judiciaire*
a reorganisation plan	*un plan d'assainissement*
a funds statement	*un plan de financement*
a statement of source and application of funds	" " " "
a scheme of composition	*un concordat de faillite*
a scheme of arrangement	" " " "
a bankrupt's certificate	" " " "
to break up a company	*démanteler une entreprise*
to put the livelihood of employees at risk	*mettre en danger le gagne-pain des travailleurs*
to bear the brunt (of)	*supporter le contrecoup (de)*

5 LIQUIDATION — *LA MISE EN LIQUIDATION*

to wind up	*liquider*
a winding up	*une liquidation*
liquidation (chapter 7) (USA)	*la liquidation*
a voluntary liquidation	*une liquidation volontaire*
a compulsory liquidation	*une liquidation forcée*
to liquidate	*mettre en liquidation*
to go into liquidation	*se mettre en liquidation*
to opt for liquidation	*choisir la liquidation*
a liquidator	*un liquidateur*
a receiver in bankruptcy	*un administrateur judiciaire, un syndic de faillite*
an official receiver	*un administrateur judiciaire*
court-appointed	*désigné par le tribunal*
receivership	*un syndicat de faillite*
in receivership	*en faillite*
a receiver order	*une ordonnance de mise sous séquestre*
to go into receivership	*entrer en liquidation*
to fall into receivership	*faire faillite*
to put into receivership	*mettre en liquidation*

6 AUCTION — *LA VENTE AUX ENCHERES*

to apply for a charging order	*demander une ordonnance de saisie*
to garnish	*saisir, opérer une saisie-arrêt*
to garnishee (US)	*opérer une saisie-arrêt*
a garnisher	*un tiers saisissant*
garnishment	*la saisie*
to sell up / to sell out	*faire saisir*
to forfeit	*perdre par confiscation*
a bankruptcy sale	*une adjudication après faillite*
a winding up sale	*une vente pour cessation de commerce / pour cause de liquidation*
to sell off the assets	*liquider les avoirs*
an auction	*une vente aux enchères*
to sell by auction	*vendre aux enchères*
to go on the block	*être vendu aux enchères*
an asking price	*un prix demandé*
to sell for cash	*vendre au comptant*
to sell poorly	*se vendre mal*
the proceeds of the auction	*le produit de la vente*
harsh realities	*les dures réalités*
a vise	*un étau*
to be caught between	*être coincé entre*

7 TURNING AROUND — *LE SAUVETAGE*

to nurse back to health	*redresser*
to recover	*se redresser*
to bail out a company / to refloat	*renflouer une entreprise*
a bailout	*un renflouage*
to salvage a firm	*sauver une entreprise*
to work out a rescue package	*élaborer un plan de sauvetage*
to emerge successfully from chapter II	*réussir le redressement*
to take the control (of)	*prendre le contrôle (de)*
a taker	*un repreneur*
a grace period	*une période de grâce*
to put a company on a sound financial basis	*assainir les comptes d'une entreprise*
to guide a company out of bankruptcy	*remettre une société sur pied*
a turnaround	*un redressement*
a turnaround expert	*un spécialiste des sauvetages d'entreprises*
a refloater	*un redresseur de sociétés*
to reopen	*rouvrir*
to discharge	*réhabiliter*
a discharged bankrupt	*un failli réhabilité*
an undischarged bankrupt	*un failli non réhabilité*
discharge	*la réhabilitation*

5 INSURANCE — *LES ASSURANCES*

I THE INSURANCE INDUSTRY — *LES ASSURANCES*

1 GENERAL BACKGROUND — *GENERALITES*

an insurance	*une assurance*
the life insurance industry	*l'assurance-vie*
a mutual company	*une mutuelle*
an insurance company	*une compagnie d'assurance*
a life insurance subsidiary	*une filiale de l'assurance-vie*
a state guarantee fund	*un fonds de réassurance garanti*
a reinsurance syndicate	*un consortium de réassurance*
an insurance product	*un produit d'assurance*
to insure	*assurer*
to insure oneself (for)	*s'assurer (pour)*
to insure a car	*assurer une voiture*
to be insured	*être assuré*
to get insurance	*s'assurer*
to sell insurance	*vendre des assurances*
to hustle insurance	*placer des assurances*
to canvass	*démarcher*
to make house calls	"
direct selling (by telephone)	*le démarchage (par téléphone)*

2 INSURERS — *LES ASSUREURS*

an outlet	*un bureau, un point de vente*
a network	*un réseau*
a sales force	*une force de ventes*
an insurer	*un assureur*
a state-owned insurer	*un assureur nationalisé*
an underwriter	*un assureur*
a life insurer	*un assureur sur la vie*
an insurance agent	*un agent d'assurances*
a tied agent	*un agent exclusif*
an insurance broker	*un courtier en assurances*
a canvasser	*un placier*
an intermediary	*un intermédiaire*
to sell through an intermediary	*vendre par un intermédiaire*
a policy bonus	*une prime sur une police placée*
a sales commission	*une commission sur ventes*
to work on commission	*travailler à la commission*
to collect a commission	*toucher une commission*
an insurance consultant	*un conseil en assurances*
an insurance expert	*un expert en assurances*

3 INSURANCE PRODUCTS — *LES PRODUITS DE L'ASSURANCE*

3.1 LIFE INSURANCE — *L'ASSURANCE-VIE*

health insurance	*assurance santé*
sickness and disablement insurance	*assurance maladie-invalidité*
old age insurance	*assurance vieillesse*
a certain event	*un événement certain*
to provide for one's retirement	*se mettre à l'abri de la retraite*
a linked policy	*une police mixte*
an annuity	*une annuité*
a deferred annuity	*une rente différée*

3.2 GENERAL INSURANCE — *LES ASSURANCES GENERALES*

non-life insurance	*assurances générales*
property / casualty (US)	*biens et personnes*
an uncertain event	*un risque*
a car smash	*un accident de voiture*
a factory explosion	*une explosion d'usine*
catastrophic damage	*dommages catastrophe*
hail insurance	*assurance contre la grêle*
glass breakage	*le bris de glace*
weather insurance	*une assurance contre les intempéries*
earthquake cover	*assurance contre les tremblements de terre*
professional risk indemnity insurance	*assurance contre le risque professionnel*
industrial injuries insurance	*assurance contre les accidents du travail*
insurance against trading loss	*assurance contre la perte d'exploitation*
car insurance	*assurance automobile*
mandatory motor insurance	*assurance obligatoire pour les véhicules à moteur*
freight insurance	*assurance fret*
fire and theft insurance	*assurance contre le vol et l'incendie*
burglary insurance	*assurance contre le cambriolage*
crop insurance	*assurance agricole*
livestock insurance	*assurance sur le bétail*
credit insurance	*assurance-crédit*
unemployment insurance	*assurance chômage*
marine insurance / underwriting	*assurance maritime*

Lloyd's	*la Lloyd's*
a voyage policy	*une police au voyage*
a time policy	*une police au temps*
a floating policy	*une police flottante*

II TAKING OUT AN INSURANCE POLICY — *LA SOUSCRIPTION A UNE POLICE D'ASSURANCE*

1 UNDERWRITING — *LA SOUSCRIPTION*

to underwrite	*souscrire, assurer, garantir*
to underwrite a risk	*garantir un risque*
an underwriting fee	*une commission de placement*
an underwriting pool / syndicate	*un syndicat de prise ferme*
an underwriter	*un assureur*
to underwrite a policy	*souscrire une police*
to be insured with a company	*être assuré auprès d'une compagnie*
an insurance premium	*une prime d'assurance*
an insurance certificate	*un certificat d'assurance*
an insurance taker	*un contractant*
to reinsure	*(se) réassurer*
reinsurance	*la réassurance*
to overinsure	*(se) surassurer*
to write insurance	*souscrire une assurance*
to take out an insurance against	*s'assurer contre*
to effect an insurance (on)	*passer une assurance (sur)*
to draw up an insurance policy	*établir un contrat d'assurance*
to pay for the insurance (of)	*payer les primes (de)*
to target a professional group	*viser un groupe professionnel*
to design a range of products	*élaborer une gamme de produits*
a premium	*une prime*
to charge a premium	*calculer une prime*
void	*sans effet*
a franchise	*une franchise*
a warranty	*une garantie*
a provision	*une clause, une stipulation*
a clause	*un avenant*
a saving clause	*une clause de sauvegarde*
an act of God	*un cas de force majeure*
insurance fraud	*escroquerie à l'assurance*

2 THE INSURANCE POLICY — *LA POLICE D'ASSURANCE*

an insurance policy	*une police d'assurance*
a policy holder	*un assuré*
the beneficiary of a policy	*le bénéficiaire d'une police*
a blanket policy	*une police globale*
a multi-risk policy	*une police multirisques*
a supplementary policy	*une police complémentaire*
to spread the risks	*répartir les risques*
to issue a policy	*établir une police*
to write a policy	*souscrire une police*
to formalise a policy	*définir une police*
to take out a policy	*prendre une police*
to renew a policy	*renouveler une police d'assurance*
to cancel / to surrender a policy	*résilier une police*
a policy period	*la durée de validité d'une police*
the valuation of a policy	*la fixation de la valeur à assurer*
a floater	*une police ajustable*
a paid-up policy	*une police libérée*

3 THE CONTRACT — *LE CONTRAT*

to state	*stipuler*
to terminate a contract	*résilier un contrat*
to draw up a contract	*établir un contrat*
the due date	*la date d'échéance*
an endorsement	*un avenant*
a strike clause	*une clause de grève*
a riot clause	*une clause d'émeute*
a rider	*un avenant*
to charge a rate	*calculer un taux*
to gouge the consumer	*escroquer le consommateur*

4 RISK — *LE RISQUE*

an odd risk	*un risque imprévisible*
a disaster-packed period	*une période marquée par de nombreuses catastrophes*
an accidental event	*un sinistre*
bodily injury	*le préjudice corporel*
a casualty	*une victime*
to assess the damage	*évaluer les dommages*
consequential damage	*dommages indirects*
property damage	*dégâts matériels*
malicious damage	*un acte de malveillance*
damage survey	*expertise des dégâts*
a surveyor	*un expert*
a survey-report	*un constat d'expert*
total loss	*la perte totale*
a notification	*une déclaration*
a notice of accident	*une déclaration d'accident*
a notice of loss or damage	*une déclaration de sinistre*
the other party	*la partie adverse*
to provide cover	*fournir la couverture*

coverage	*la couverture, les garanties*
the extent of cover	*l'étendue de la couverture*
to provide protection (against)	*fournir une protection (contre)*
to guarantee against loss	*garantir les pertes*
a risk / a hazard	*un risque*
to expose oneself to a risk	*s'exposer à un risque*
to cover a risk	*couvrir un risque*
to face a risk	*faire face à un risque*
to spread risks	*répartir les risques*
to balance risks	*équilibrer les risques*
a collision risk	*un risque de collision*
a wreck risk	*un risque de naufrage*
pollution risks	*risques de pollution*
salvage costs	*frais de sauvetage*
a high risk driver	*un conducteur à haut risque*
a high risk area	*une zone à haut risque*
risk profile	*un profil de risque(s)*
a genuine risk	*un risque réel*
a fire hazard	*un risque d'incendie*
benefits	*les garanties*
to indemnify	*indemniser*
to meet damages from an event	*couvrir les dégâts après un sinistre*

5 LIABILITY *LA RESPONSABILITE*

fully comprehensive insurance	*assurance tous risques*
all-risk insurance	" " "
all-in insurance	" " "
third-party insurance	*assurance au tiers*
comprehensive insurance	*assurance multirisques*
combination policy insurance (US)	" "
total liability	*la responsabilité civile*
unlimited liability	*la responsabilité illimitée*
third party liability	*la responsabilité civile (dommage aux tiers)*
no-fault insurance	*indemnisation automatique de l'assuré*
additional insurance	*assurance complémentaire*
whole liability insurance	*assurance décès*
a term insurance	*une assurance temporaire*
to incur liability	*encourir une responsabilité*
product liability	*un défaut de fabrication*
professional liability	*la faute professionnelle*
to be at fault	*être en tort*
the law of tort	*la responsabilité civile*
a tortfeasor	*l'auteur d'un délit*
to commit a tort	*commettre un acte dommageable*
liability in tort	*la responsabilité délictuelle*
a wrong	*un tort*
a civil wrong	*un délit civil*
an alleged wrong	*un tort allégué*
wrongful intent	*la faute intentionnelle*
negligence	*une faute par négligence ou imprudence*
contributory negligence	*la faute partagée*
to disprove negligence	*réfuter sa responsabilité*
to be sued for negligence	*être poursuivi pour faute*
a breach of duty	*un manquement à une obligation*
to comply with regulations	*se conformer aux règlements*
to allocate responsibility for	*attribuer la responsabilité de*
to be vicariously responsible for	*être responsable du fait d'autrui pour*
to be held liable for	*être tenu pour responsable de*
to sustain an injury	*subir un dommage corporel*
to harm an individual	*être préjudiciable à une personne*
to cause damage	*entraîner un dommage*
to suffer damage	*subir un dommage*

6 CLAIMS *LES DEMANDES DE DOMMAGES-INTERETS*

a casualty	*un sinistre*
to substantiate a loss	*justifier une perte*
to ask damages of	*exiger des dommages-intérêts d'un montant de*
exemplary damages	*dommages-intérêts très élevés (à titre de réparation exemplaire)*
punitive damages	*dommages-intérêts dissuasifs*
nominal damages	*dommages-intérêts symboliques*
contemptuous damages	*le franc symbolique*
farthing damages	" " "
retributory damages	*dommages-intérêts pour préjudice moral*
unliquidated damages	*dommages-intérêts à définir par décision de justice*
to seek damages from	*réclamer des dommages-intérêts*
to sue for damages	*poursuivre en dommages-intérêts*
to claim millions in damage	*demander des millions en dommages-intérêts*
a claim for damages	*une demande en dommages-intérêts*
a claims department	*un service des réclamations*
a claimant	*un assuré sinistré*
to handle a claim	*traiter une réclamation*
to settle / to adjust a claim	*régler un sinistre*
a notice of claims	*une déclaration de sinistre*
to process a claim	*traiter une réclamation*
a proof of claims	*une justification des prétentions*
to meet a claim	*rembourser un sinistre*
an ascertainment of damage	*une constatation de sinistre*

abandonment	*l'abandon (des revendications)*
a misrepresentation	*une fausse déclaration*
liability awards	*indemnités accordées*
to award damages	*accorder des dommages-intérêts*
recoverable sums	*le montant récupérable*
a lump sum settlement	*un règlement forfaitaire*
a life annuity	*une rente à vie*
to award an indemnity	*accorder une indemnité*
a limit of indemnity	*un plafond d'indemnité*
to obtain compensation	*obtenir un dédommagement*
to pay compensation	*verser des dommages-intérêts*

XIII FINANCE — *LES FINANCES*

1 CURRENCY — *LA MONNAIE*

I MONEY — *L'ARGENT*

1 GENERAL BACKGROUND — *GENERALITES*

money	*l'argent, la monnaie*
moneys / monies	*l'argent, les fonds*
public monies	*deniers publics*
standard money	*un étalon*
bank money	*la monnaie scripturale*
credit money	*la monnaie fiduciaire*
idle money	*capitaux inactifs*
money assets	*avoirs monétaires*
counterfeit money	*la fausse monnaie*
a money bill	*une loi de finance*
a money payment	*un paiement en numéraire*
money of account	*une monnaie de compte*
the moneyed classes	*les classes possédantes*
a money-maker	*qui rapporte de l'argent*
a money spinner	*qui rapporte gros*
a money trader	*un cambiste*
a moneyman	*un financier*
a money lender	*un bailleur de fonds*
a monetary area	*une zone monétaire*
the sterling area	*la zone sterling*
the scheduled territories	*les pays de la zone sterling*
a monetary system	*un système monétaire*
monetary reserves	*réserves monétaires*
a monetary standard	*un étalon monétaire*
a monetary unit	*une unité monétaire*
a medium of exchange	*un moyen d'échange*
a means of payment	*un moyen de paiement*
to barter (for)	*troquer (contre)*
barter	*le troc*

2 CASH — *L'ARGENT LIQUIDE*

cash	*argent liquide*
hard cash	*espèces sonnantes*
to pay cash	*payer comptant*
to pay in cash	*payer en espèces*
to buy cash	*acheter comptant*
a cash payment	*un paiement au comptant*
cash with order	*le paiement à la commande*
cash on delivery	*le paiement contre remboursement*
a coin	*une pièce*
heads	*face*
tail	*pile*
a bill	*un billet*
a banknote	*" "*
a watermark	*un filigrane*
a greenback	*un dollar*
a denomination	*une coupure*
to change	*faire la monnaie*
change	*la monnaie*
small change	*la menue monnaie*
petty change	*la petite monnaie*
a money-changer	*un changeur de monnaie*
to issue	*émettre*
an issue	*une émission*
to circulate	*mettre en circulation*
to call in	*retirer de la circulation*
to withdraw banknotes from circulation	*démonétiser des billets*

3 MINTING — *LA FRAPPE*

the Mint	*l'Hôtel des Monnaies*
to mint	*frapper de la monnaie*
minting	*la frappe*
to coin	*frapper monnaie*
coinage	*la frappe*
an alloy	*un alliage*
a bullion	*l'or / l'argent en barre*
bullion reserves	*réserves métalliques*
a lingot	*un lingot*
troy (weight)	*poids de Troy (pour la pesée de l'or et de l'argent)*
a troy ounce / oz	*une once troy (31,1 g)*
a carat	*un carat*
to melt	*fondre*

4 CURRENCY — *LA MONNAIE*

a currency	*une monnaie, une devise*
a hard currency	*une monnaie forte*
a soft currency	*une monnaie faible*
the value of a currency	*la valeur d'une monnaie*
fiduciary currency / paper money	*la monnaie fiduciaire*
a common currency	*une monnaie commune*
to swap a currency	*échanger une monnaie*
a king currency	*une monnaie reine*
a key currency	*une monnaie clé*
a currency of choice	*une monnaie de choix*
an almighty currency	*une monnaie toute-puissante*

legal tender	*la monnaie légale, le pouvoir libératoire*
to be legal tender	*avoir cours légal*
to be worth	*valoir*

5 REMITTANCES — *LES ENVOIS DE FONDS*

to remit	*envoyer des fonds*
a remitter	*un envoyeur*
a remittee	*le destinataire (d'un envoi de fonds)*
a registered letter	*une lettre recommandée*
a money order (MO)	*un mandat postal*
to transfer	*virer*
a transfer	*un virement*
a banker's draft	*un chèque de banque à banque*
a draft	*une lettre de change*
a promissory note	*un billet à ordre*
a maker	*un tireur*

II FINANCIAL MARKETS — *LES MARCHES FINANCIERS*

1 THE MONEY MARKET — *LE MARCHE DE L'ARGENT*

a financial market	*un marché financier*
the capital market	*le marché des capitaux*
the cash market	*le marché au comptant*
a clearing house	*une chambre de compensation*
the bank rate	*le taux d'escompte officiel*
the prime rate	*le taux de base*
a money market	*un marché financier / monétaire*
a currency market	*un marché des devises*
a market analyst	*un analyste des marchés, un financier*
credit money	*argent fiduciaire*
ready money	*argent disponible*
call money	*argent à vue*
money on call	*argent au jour le jour*
day-to-day money	" " " " "
daily money	" " " " "
month money	*l'argent au mois*
hot money	*capitaux flottants*
petrodollars	*les pétrodollars*
narcodollars	*les narcodollars*
to raise the discount rate	*relever le taux d'escompte*
the money rate	*le taux de l'argent*

2 THE FOREIGN EXCHANGE MARKET — *LE MARCHE DES CHANGES*

foreign exchange	*le change, le marché du change*
a foreign currency	*une devise étrangère*
a rate	*un cours*
the dollar rate	*le cours du dollar*
the rate of exchange	*le taux de change*
an exchange broker	*un courtier de change*
the buying rate	*le cours*
the forward rate	*le cours à terme*
the spot rate	*le cours au comptant*
parity	*la parité*
par of exchange	*la parité officielle de change*
a two tier system	*un double marché des changes*
movements	*fluctuations*
to quote a currency at . . . against	*fixer une monnaie à ... contre*
to trade currencies	*échanger des monnaies*
to peg a currency to	*indexer une monnaie sur*
pegging	*indexation*
to set a currency (at)	*fixer une monnaie (à)*
the balance of payments	*la balance des paiements*
invisible exports / tradings	*exportations invisibles*
an exchange stabilization fund	*un fond de stabilisation des changes*
to convert money	*changer de l'argent*
an exchange dealer	*un changeur*
exchange control	*le contrôle des changes*
exchange restrictions	*restrictions de change*
exchange control regulations	*la réglementation des changes*

3 FOREIGN CURRENCIES — *LES DEVISES ETRANGERES*

a dollar	*un dollar*
a US dollar ($ / USD)	*un dollar américain*
a buck	*un dollar (fam.)*
a greenback	*un billet vert*
a cent / a penny	*un cent*
a nickel	*5 cents*
a dime	*10 cents*
a quarter	*25 cents*
a half-dollar	*50 cents*
a 20-dollar bill	*un billet de 20 dollars*
a pound sterling (£)	*une livre sterling*
a sterling pound	" " "
a pound	*une livre*
a quid	*une livre (fam.)*
a penny	*un penny*
2 pence	*2 pennies*
exchange	*devise*
an austral	*un austral*
a cruzado (cruz.)	*un cruzado*
a dinar	*un dinar*
a Canadian dollar (C.$)	*un dollar canadien*
a Hong Kong dollar (H.K.$)	*un dollar de Hong Kong*

a drachma (Dr.)	*une drachme*
an ecu (European Currency Unit)	*un écu (monnaie de compte commune de la CEE)*
an escudo (Port. Esc.)	*un escudo*
a French franc (FF)	*un franc*
a Swiss franc (S.F.)	*un franc suisse*
a Belgian franc (B.Fr.)	*un franc belge*
a Dutch guilder (Gldr.)	*un florin hollandais*
a kröne (D.kr.)	*une couronne (danoise)*
a krone (N.kr.)	*une couronne (norvégienne)*
a krona (S.kr.)	*une couronne (suédoise)*
an Italian lira (It.L.)	*une lire italienne*
a Turkish lira (£T)	*une livre turque*
a D-mark (D.M.)	*un mark allemand*
a peseta (PTA, Ptas.)	*une peseta (espagnole)*
a peso (Mex.peso)	*un peso*
an Irish punt (IR£)	*une livre irlandaise*
a rand (S.Afr.rand)	*un rand*
a ruble / a rouble (R, rub)	*un rouble*
a rupee (R, Re)	*une roupie*
a schelling (A.Sch.)	*un schilling*
a yen / 10 yen	*un yen / 10 yen*
a currency snake	*un serpent monétaire*

III THE HEALTH OF A CURRENCY — *LA SANTE DE LA MONNAIE*

1 A HARD CURRENCY — *UNE MONNAIE FORTE*

a hard currency	*une monnaie / devise forte*
to be firm	*être ferme*
to hold firm	*rester ferme*
to firm up	*se raffermir*
to hold a currency stable	*maintenir la stabilité d'une monnaie*
a strong currency	*une monnaie forte*
steady	*stable*
sturdy	*robuste*
robust	"
hefty	"
buoyant	*ferme*
to buoy	*soutenir*
roaring	*en pleine santé*
might	*la force*
a movement upward	*un mouvement à la hausse*
to go up	*augmenter*
to rise	"
a climb	*une augmentation*
a rise	" "
to surge	*s'envoler*
to bolster	*soutenir*
to rebound	*se reprendre*
to stabilize	*se stabiliser*
to spin upward	*grimper*
to ride high	*être sur des sommets*
to peak	*culminer*
to be pegged at a high level	*être coté à un haut niveau*
to increase in value	*augmenter de valeur*
to gain in value against	*prendre de la valeur par rapport à*
an upward surge	*un accès de fièvre*
to push the dollar	*exercer une pression sur le dollar*
to fetch a high price	*valoir très cher*
a record-breaking rise	*une hausse record*
to pass a milestone	*franchir un taux historique*
to go through the ceiling	*crever le plafond*
to reach an unthinkable level	*atteindre un niveau impensable*
to bet on a currency	*parier sur une monnaie*
to revalue	*réévaluer*
a revaluation	*une réévaluation*
to appreciate	*prendre de la valeur, monter*
appreciation	*une valorisation*
to make an upward revaluation	*réévaluer à la hausse*
to be overvalued	*être surévalué*
to keep a currency's value down	*empêcher une monnaie de grimper*
to get the dollar down	*faire descendre le dollar*
to stay stable	*rester stable*
to reflect the economic predominance	*être le reflet de la puissance économique*
financial dominance	*la supériorité financière*
political stability	*la stabilité politique*
economic strength	*la force économique*
to make imports cheaper	*rendre les importations meilleur marché*
to hamper exports	*entraver les exportations*
to sell abroad	*vendre à l'étranger*
to sell overseas	" " "
to destroy an edge in production	*détruire un avantage dans la production*
to put a surcharge on goods	*imposer une taxe supplémentaire sur les marchandises*
to boost domestic consumption	*stimuler la consommation intérieure*
to make a currency attractive	*rendre une monnaie attrayante*
to entice people to invest	*attirer les investissements*
to draw in foreign capital	*attirer les capitaux étrangers*
a safe haven	*un hâvre sûr*

2 A SOFT CURRENCY — *UNE MONNAIE FAIBLE*

the weakening of a currency	*le fléchissement d'une monnaie*
a wobbly currency	*une monnaie chancelante*
a bout of weakness	*un accès de faiblesse*
to be in trouble	*être mal en point*
a yoyo ride	*un mouvement de yoyo*
a gyration	*une fluctuation importante*
a turnabout	*un retournement de tendance*
to faulter	*défaillir*
faltering	*défaillant*
to drop	*baisser*
to decline	*décliner*
a decline (in)	*un déclin (de)*
to slip	*reculer*
to slip back	*baisser*
a slippage	*un tassement*
to depreciate	*se déprécier, dévaloriser*
a currency depreciation	*une dévalorisation de la monnaie*
to give way	*céder du terrain*
to drift	*baisser*
a drift	*une baisse*
to slide	*glisser, baisser, s'effondrer*
to let sterling slide	*laisser la livre baisser*
to halt a slide	*enrayer une baisse*
to fall	*chuter*
a fall	*une chute*
a free fall	*une chute libre*
to slump	*s'effondrer*
a slump of a currency	*un effondrement d'une monnaie*
to dip	*baisser subitement*
to plunge	*plonger*
a plunge	*un plongeon*
to take a plunge	*faire un plongeon*
to plummet	*s'effondrer*
to intensify	*s'accélérer*
to trail behind	*être à la traîne de*
to collapse	*s'effondrer*
a collapse	*un effondrement*
to send into a spin	*faire tournoyer*
a rout	*une déroute*
to fall to its lowest level (against)	*tomber à son cours le plus bas (par rapport à)*
to touch bottom	*toucher le fond*
to halve the value of a currency	*diviser par deux la valeur d'une monnaie*
to foster exports	*stimuler les exportations*
to make exports attractive	*rendre les exportations attirantes*
to push up import prices	*augmenter les prix à l'importation*
to boost tourism	*encourager le tourisme*
to bring benefits to	*bénéficier à*
a buyers' paradise for tourists	*un paradis pour touristes*
to bring in revenue	*rapporter*
a mixed blessing	*un avantage mitigé*

3 MONETARY UPHEAVAL — *LA TEMPETE MONETAIRE*

a currency crisis	*une crise monétaire*
a sterling crisis	*la crise de la livre*
financial turmoil	*le désordre financier*
a foreign exchange crisis	*une crise des changes*
a surge against a currency	*un assaut contre une monnaie*
an onslaught against	*une attaque contre*
to disrupt a market	*perturber un marché*
to defend a currency	*défendre une monnaie*
to float a currency	*faire flotter une monnaie, flotter*
a float	*un flottement*
to fluctuate	*osciller*
a fluctuation	*une variation*
volatile	*en effervescence, instable*
volatility	*l'effervescence, l'instabilité*
to salvage	*sauver*
wholesale selling	*ventes en gros*
to keep a currency above	*maintenir une monnaie au-dessus de*
contingency reserves	*fonds de réserve*
to run out of cash	*être à court de liquidités*
to put up more money	*réunir davantage d'argent*
a monetary crisis	*une crise monétaire*
to loom	*se dessiner*
to warn of consequences	*avertir des conséquences*
to stir fears	*faire naître des craintes*
to take steps	*prendre des mesures*
to need urgent attention	*exiger une attention immédiate*
to be in deep water(s)	*être dans une situation difficile*
to get into deeper water	*s'aggraver*
to plunge a country (in)	*plonger un pays (dans)*
a financial collapse	*un effondrement financier*
a liquidity crisis	*une crise des liquidités*
a liquidity drought	*un assèchement des liquidités*

4 SPECULATION — *LA SPECULATION*

to cause a run on the banks	*provoquer une panique bancaire*
a money panic	*une panique monétaire*
panic selling	*ventes dues à la panique*
panic buying	*achats de précaution*
to sell the dollar short	*vendre le dollar à perte*
to stem a panic	*enrayer une panique*
to subside	*se calmer*
a run on a currency	*une ruée spéculative sur une monnaie*
a flight of capital (from)	*une fuite de capitaux (de)*
a flight of liquidity	*une fuite de capitaux*
to flee abroad	*fuir à l'étranger*
to scare away the capital	*faire fuir les capitaux*
to drain funds	*épuiser les fonds*
a drain on funds	*une ponction de capitaux*
a drain of money	*un drainage de capitaux*
gold drain	*pertes en or*
to flow out	*sortir (d'un pays)*

capital outflow	*la fuite de capitaux*
inflow of capital	*l'afflux de capitaux*
to get rid of local currency	*se débarrasser de la monnaie locale*

5 DEVALUATION — *LA DEVALUATION*

to devaluate / to devalue	*dévaluer*
to devaluate a currency	*dévaluer une monnaie*
a devaluation	*une dévaluation*
to intervene	*intervenir*
to soothe the market	*calmer le marché*
to resist devaluation	*résister à la dévaluation*
to devalue against	*dévaluer par rapport*
to lock parities	*bloquer les parités*
an alignment	*un alignement, un rapprochement*
a currency alignment	*un aménagement monétaire*
to realign	*réaligner, réajuster, réaménager*
realignment of parities	*un réalignement des parités, un réaménagement des parités*
a mini realignment	*un mini réajustement*
a currency adjustment	*un aménagement monétaire*
a soft landing	*un atterrissage en douceur*
to soften a blow	*amortir un coup*
to cushion a fall	*amortir une chute*
to intervene on a market	*intervenir sur un marché*
an intervention limit	*un seuil d'intervention*
to settle	*s'apaiser, rentrer dans l'ordre*
to prop up a currency	*soutenir une monnaie*
to shore up	*étayer*
to rally	*se redresser*
a rally	*un redressement*
to bounce back	*reprendre, remonter*
to stabilize	*se stabiliser*
to stabilize the value	*stabiliser la valeur*

6 MONETARY POLICY — *LA POLITIQUE MONETAIRE*

a money policy	*une politique monétaire*
a monetary system	*un système monétaire*
the money stock / supply	*la masse monétaire*
the money aggregates	*les agrégats monétaires*
M- I (USA)	*la masse monétaire*
M-2 (USA)	*la masse monétaire au sens de M-2*
M-3 (USA)	*l'ensemble des liquidités au sens de M-3*
M- I (UK)	*M-1 (disponibilités monétaires)*
a money supply target	*un objectif de croissance de la masse monétaire*
money supply growth	*la croissance de la masse monétaire*
a monetary base	*une base monétaire*
monetary reserves	*réserves monétaires*
a monetary standard	*un étalon monétaire*
the gold standard	*l'étalon-or*
the gold exchange standard	*l'étalon de change-or*
the gold free market	*le marché libre de l'or*
to be on the gold standard	*adopter l'étalon-or*
to be off the gold standard	*abandonner l'étalon-or*
to loosen the money supply	*assouplir un marché financier*
easy money	*argent facile à trouver*
a monetary squeeze	*un resserrement monétaire*
to tighten	*resserrer*
tight money policy	*une politique d'encadrement du crédit*
tight / scarce money	*argent rare*
money growth	*la croissance de l'argent*
to hold down money growth	*limiter la croissance de l'argent*
to hoard	*thésauriser*
hoarding	*la thésaurisation*
a reserve currency	*une monnaie de réserve*
special drawing rights (SDR)	*droits de tirages spéciaux sur le FMI*
a basket of currencies	*un panier de devises*

2 BANKING — *LA BANQUE*

I BANKING INSTITUTIONS — *LES INSTITUTIONS BANCAIRES*

1 TYPES OF BANKS — *LES TYPES DE BANQUES*

banking	*la profession de banquier*
a banking establishment	*un établissement bancaire*
a banking house	*une banque*
a central bank	*une banque centrale*
a commercial bank	*une banque commerciale*
a business bank	" " "
a trade bank	" " "

a merchant bank / a trading bank	*une banque d'affaires*
an investment company	*une société d'investissement*
an investment bank	*une banque de placement, une banque d'affaires (USA)*
an investment house / fund	*une banque de placement*
a deposit bank / a retail bank	*une banque de dépôts*
a wholesale bank	*une banque spécialisée dans les grosses opérations*
a depository institution	*un établissement de dépôts (publics)*
a closed-end investment trust	*une société de placement à capital fixe*
an open-end investment trust	*une société de placement à capital variable (SICAV)*
a unit trust (UK)	*une SICAV*
a mutual fund (USA)	" "
a mutual fund company	*une société d'investissement*
a mortgage finance company	*une banque de crédit hypothécaire*
an offshore bank / an offshore banking unit (OBU)	*une banque hors-lieu (établie sur un territoire insulaire ou portuaire, avec privilèges particuliers)*
a bank of issue	*une banque d'émission*
a clearing house / a clearer	*une chambre de compensation des banques*
a clearing bank	*une banque compensatrice, une banque de dépôts (UK)*
a high street bank (UK)	*une banque de dépôts*
a trustee savings bank (UK)	*une caisse mutuelle de dépôts et de prêts*
a savings bank	*une caisse d'épargne*
a postal savings system	*la caisse d'épargne de la poste*
the GIRO (UK)	*les chèques postaux*
a savings and loan association	*un organisme d'épargne-logement*
a thrift (USA)	" " " "
a mutual savings bank	*une institution d'épargne*
a credit union	*un établissement d'épargne pour les prêts à la consommation*
a banking syndicate	*un consortium de banques*
a collection agency	*une agence de recouvrement*
an issuing bank	*une banque d'émission*
a nonbank bank	*une institution financière fonctionnant comme une banque mais sans en offrir tous les services*
a credit-rating agency	*une agence d'évaluation des crédits*
a midsize bank	*une banque moyenne*
a country bank	*une banque régionale*
a chartered bank	*une banque privilégiée*
a branch	*une succursale*
a drive-in bank	*une banque accessible aux voitures*
a bank outlet	*une succursale de banque*
a banking network	*un réseau bancaire*
a money center	*un centre financier*
a financial center	" " "
a bank regulator	*un organisme de contrôle bancaire*
a comptroller	*un contrôleur financier*
the Federal Deposit Insurance Corporation (FDIC) (USA)	*le Fonds de garantie des dépôts bancaires*
the Federal and Loan Insurance Corporation (USA)	*organisme d'assurance des prêts bancaires*
the Federal National Mortgage Association (Fannie Mae) (USA)	*l'organisme privé de réescompte de créances hypothécaires*
a Fannie Mae	*une créance hypothécaire*
Federal Home Loan Mortgage Corporation (Freddie Mac)	*organisme public chargé de promouvoir le marché secondaire de créances hypothécaires*
a Freddie Mac	*une créance hypothécaire*

2 INTERNATIONAL BANKS — *BANQUES INTERNATIONALES*

the International Monetary Fund	*le Fonds Monétaire International*
the IMF	*le FMI*
the World Bank (International Bank for Reconstruction and Development (IBRD)	*la Banque mondiale (la Banque Internationale pour la Reconstruction et le Développement) (BIRD)*
the European Bank for Reconstruction and Development (EBRD)	*la banque européenne pour la reconstruction et le développement (BERD)*
the EXIMBANK (Export Import Bank) (USA)	*la Banque de financement de l'assurance du commerce extérieur*
the Clearing House Interbank Payment System (CHIPS) (USA)	*la Caisse de compensation interbanques*
the Federal Reserve / the Fed (USA)	*la banque fédérale de réserve*
the Federal Reserve Board	*le Conseil de la banque fédérale*
the Bank for International Settlements (BIS)	*la Banque des Règlements Internationaux (BRI)*
the Bank of England	*la Banque d'Angleterre*
a governor	*un gouverneur*

3 THE WORKINGS OF A BANK — *LE FONCTIONNEMENT D'UNE BANQUE*

a bank charter	*une charte bancaire*
a head office	*un siège social*
bank assets	*actifs d'une banque*
banking circles	*les milieux bancaires*
a banking analyst	*un analyste financier*
a banker	*un banquier*
a bank manager	" "
a bank officer	*un directeur de banque*
an authorized clerk	*un fondé de pouvoir*
a bank clerk	*un employé de banque*
a teller (US) / a cashier (UK)	*un caissier*
an underwriting department	*un service des souscriptions*
a securities department	*un service des titres*
a savings department	*un service de l'épargne*
a safe deposit department	*un service des coffres*
portfolio management	*la gestion de portefeuilles*
a mortgage finance department	*un service des hypothèques*
a credit department	*un service des prêts*
a strong room	*une chambre forte*
a vault / a strong room	*une salle des coffres*
a safe	*un coffre*
valuables	*objets de valeur*
deeds	*actes notariés*
a night safe	*un coffre de nuit*
a window (US) / a wicket (UK)	*un guichet*
a till	*un tiroir-caisse*
till-money	*encaisse*
bank money	*la monnaie scripturale*
deposit currency	" " "
a weekly return / account	*un rapport hebdomadaire*
public deposits	*comptes de dépôts du gouvernement*
reserves	*les provisions*
gold reserves	*réserves en or*
cash reserves	*réserves en numéraire*
a bank rate / a discount rate	*un taux d'escompte*
the Bank Rate	*le taux national de l'escompte*
re-discount	*le réescompte*
a bank holiday	*un jour férié*

II THE MEANS OF PAYMENT — *LES INSTRUMENTS DE PAIEMENT*

1 GENERAL BACKGROUND — *GENERALITES*

a payment	*un paiement*
to pay / to repay	*payer / rembourser*
to pay in	*verser*
to pay out	*débourser*
to pay in advance	*payer d'avance*
to pay over the counter	*payer au guichet*
payable	*payable*
a payee	*un bénéficiaire*
a deferred payment	*un paiement différé*
a means of payment	*un moyen de paiement*
a debtor	*un débiteur*
a payee	*un bénéficiaire*

2 CHEQUES / CHECKS — *LES CHEQUES*

a cheque / a check (US)	*un chèque*
a check for $ 100	*un chèque de 100 dollars*
a check book	*un carnet de chèques*
a check account / a checking account	*un compte en banque*
a giro account	*un compte chèques postal (CCP)*
to pay by check	*payer par chèque*
to make out a check	*libeller un chèque*
to cash a check	*encaisser un chèque*
payable at sight / at call	*payable à vue*
payable to order	*payable à l'ordre de*
to issue a check	*émettre un chèque*
to write a check	*faire un chèque*
to cross a check	*barrer un chèque*
to initial a check	*viser / parafer un chèque*
to endorse a check	*endosser un chèque*
to stop payment of a check	*faire opposition à un chèque*
to balance a checkbook	*équilibrer un compte*
a drawer	*un tireur*
a drawee	*un tiré*
a bearer check	*un chèque au porteur*
a blank check	*un chèque en blanc*
a crossed check	*un chèque barré*
an open / uncrossed check	*un chèque non barré*
a certified check	*un chèque certifié*
a rubber check	*un chèque sans provision*
a dud check / a stumer (UK)	" " " "
a dishonored check	*un chèque impayé*
a stale check	*un chèque périmé*
a forged signature	*une signature falsifiée*
a stub / a counterfoil	*un talon, une souche*
a traveller's check	*un chèque de voyage*

3 CREDIT CARDS — *LES CARTES DE CREDIT*

a credit card	*une carte de crédit (émise par une banque)*
a money card	*une carte de crédit*

a charge card	*une carte de crédit (émise par un organisme)*
a Personal Identification Number (PIN)	*un code secret*
a credit card holder	*un possesseur de carte de crédit*
a credit card company	*une société de cartes de crédit*
a credit card issue	*un organisme émetteur de cartes*
to charge interest to	*demander des intérêts à*
to take a percentage from retailers	*prendre un pourcentage sur les détaillants*
a general purpose card	*une carte multi-fonctions*
to issue a card	*délivrer une carte*
plastic money	*la monnaie électronique*
a cashless society	*une société sans argent liquide*
a cash dispensing machine	*un distributeur automatique de billets (DAB)*
an automated teller machine (ATM)	*un DAB*
a cash point	*un point argent*
a touch-tone screen	*un écran à touches*

4 BILLS OF EXCHANGE — *LES LETTRES DE CHANGE*

a bill of exchange	*une traite*
a banker's draft	*une traite bancaire*
a promissory note	*un billet à ordre*
an IOU (I Owe You)	*une reconnaissance de dette*
a letter of credit	*une lettre de crédit*
a due date	*une échéance*
a guarantee	*une caution*
a bill of exchange	*une lettre de change*
an order bill	*un effet à ordre*
a foreign bill	*un effet sur l'étranger*
a bill payable	*un effet à payer*
a bill receivable	*un effet à recevoir*
a bill in suspense	*un effet en souffrance*
a bill for discount	*un effet à l'escompte*
a bill for collection	*un effet à l'encaissement*
an interest bill	*un effet à intérêt*
a cash order	*un billet à vue*
a consideration	*une provision*
for a money consideration	*moyennant finances*
an absence of consideration	*un défaut de provision*
a sight bill	*une traite à vue*
a sighting	*un visa*
at maturity	*à vue*
due / overdue	*exigible / échu*
transferable	*cessible*
to draw a bill (on)	*tirer une traite (sur)*
to honour a bill / to meet	*honorer une traite, accepter un effet*
to dishonor	*refuser d'accepter*
a dishonored draft	*une traite refusée*
to present for acceptance	*présenter à l'acceptation*
to back	*avaliser*
to sight	*viser*
to mature / to fall due	*échoir*
to protest	*protester*
to renew	*proroger*

III BANKING OPERATIONS — *LES OPERATIONS BANCAIRES*

1 ACCOUNTS — *LES COMPTES*

banking activities	*activités bancaires*
bank transactions	*opérations bancaires*
electronic home banking	*services bancaires à domicile*
to serve	*servir*
to cater	*satisfaire*
to bankroll	*financer*

1.1 TYPES OF ACCOUNTS — *LES TYPES DE COMPTES*

a joint account	*un compte joint*
a current account / an account current	*un compte courant*
a savings account	*un compte d'épargne (UK), un compte de dépôt (USA)*
a NOW account (negociated order of withdrawal)	*un dépôt à vue rémunérée*
a drawing account	*un compte dépôt*
an account holder	*le détenteur d'un compte*
a deposit	*un dépôt*
a depositor	*un déposant*
a savings deposit	*un dépôt d'épargne*
a term deposit / a time deposit	*un dépôt à terme*
a deposit account	*un compte de dépôt*
a bank statement	*un relevé bancaire*
the balance	*le solde*
a deposit slip	*un bordereau de versement*
a paying-in slip	" " "

1.2 OPERATIONS — *LES OPERATIONS*

to bank with / at	*avoir / ouvrir un compte chez*
to apply for an account	*faire une demande d'ouverture de compte*
to open an account with	*ouvrir un compte auprès de*
to close an account	*fermer un compte*

to have an account with a bank	*avoir un compte en banque*
to run a deposit with a bank	*avoir un compte en banque*
to balance an account	*solder un compte*
to audit an account	*vérifier un compte*
to appropriate an account	*approvisionner un compte*
to replenish an account	" " "
to garnishee an account	*geler un compte*
a garnisher	*un créancier saisissant*
a garnishment	*une saisie-arrêt*
to pay money into an account	*alimenter un compte*
to deposit money with a bank	*déposer de l'argent en banque*
to transfer	*virer*
a transfer	*un virement*
electronic funds transfer (EFT)	*le transfert électronique de fonds (TEF)*
to draw money	*tirer de l'argent*
to withdraw money	*retirer de l'argent*
to draw money out of an account	*retirer de l'argent d'un compte*
a withdrawal	*un retrait*
a notice of withdrawal	*un avis de retrait*
to overdraw (an account)	*mettre un compte à découvert*
an overdraft	*un découvert*
to grant an overdraft	*accorder un découvert*
to lend on overdraft	*prêter sur découvert*
a loan on overdraft	*un prêt à découvert*
an overdrawn account	*un compte à découvert*
to be in the red	*être dans le rouge*
a reminder	*une lettre de rappel*
to discount a bill	*escompter un effet*
a standing order	*un ordre permanent*
to operate upon an account	*faire travailler un compte*
to bear interest	*produire un intérêt*
to carry interest	*rapporter un intérêt*
to charge interest	*percevoir des intérêts*
bank charges	*frais bancaires, agios*
to invest	*placer*
to deal in stock exchange securities	*faire des opérations sur valeurs boursières*
to make investments	*faire des placements*
to lay out money	*placer de l'argent*
to give advice on investments	*conseiller des placements*

2 CREDIT — *LE CREDIT*

2.1 GENERAL BACKGROUND — *GENERALITES*

credit	*le crédit, la solvabilité*
credit terms	*conditions de crédit*
duration	*la durée*
to credit a sum to an account	*verser une somme sur un compte*
to credit an account	*créditer un compte*
to credit money to an account	*verser de l'argent sur un compte*
to purchase on credit	*acheter à crédit*
hire purchase	*l'achat à crédit*
to allocate a credit (for)	*affecter un crédit (à)*
to open a credit account (with)	*ouvrir un compte (chez)*
a creditor	*un créditeur*
a Building Society	*le crédit foncier*
banker's fees	*une commission bancaire*

2.2 TYPES OF CREDITS — *LES TYPES DE CREDITS*

a roll over credit	*un crédit à taux révisable, un crédit à taux renouvelable*
roll over credit facility	*le crédit à taux variable*
consumer credit	*le crédit à la consommation*
export credit	*le crédit à l'exportation*
a frozen credit	*un crédit bloqué*
a blank / clean credit	*un crédit en blanc*
a short credit	*un crédit à court terme*
a revolving credit	*un crédit renouvelable / revolving*
a documentary credit	*un crédit documentaire*
stand-by credit	*un crédit relais*
a short term credit	*un crédit à court terme*
credit side	*l'avoir, le crédit d'un compte*
a discount credit	*un crédit d'escompte*
a cash credit	*un crédit de caisse*
an open credit	*un crédit à découvert, un crédit en blanc*
a personal property credit	*un crédit mobilier*

2.3 RATINGS — *LES COTES DE CREDIT*

an account in credit	*un compte créditeur*
a rating	*une cote de crédit*
a status / a standing	*une position sociale*
a status inquiry	*une demande de renseignements (sur la situation sociale)*
a financial status	*une situation financière*
to be credit worthy	*avoir une bonne capacité d'endettement*
credit rating	*la solvabilité*
credit standing	" "
credit status	" "
credit worthiness	" "
a secured creditor	*un créancier nanti*
an unsecured creditor	*un créancier chirographaire*
a credit-worthy customer	*un client solvable*
credit balance	*solde créditeur*
a line of credit	*une ligne de crédit*
to extend a line of credit	*accorder une ligne de crédit*
to be in credit	*être créditeur*
to give credit	*faire crédit*
to grant credit	*accorder un crédit*
to grant credit facilities	*accorder des facilités de crédit*
to extend credit	*accorder un crédit*

to pay a credit	*honorer un crédit*
to be in the black	*avoir une position créditrice*
to return to the black	*redevenir créditeur*
to roll over / to renew	*renouveler*
Moody's / Standard and Poor's	*société américaine dont les statistiques financières font autorité*

2.4 CREDIT CRISIS — *LA CRISE DU CREDIT*

a credit crisis	*une crise du crédit*
a credit crunch	" " " "
a credit squeeze	*un encadrement du crédit*
to run into a credit squeeze	*se heurter à un encadrement du crédit*
tight credit	*un resserrement du crédit*
to dry up	*se tarir*
credit rationing	*la limitation des crédits*
credit contraction	*la réduction du crédit*
a scarcity of credit	*la rareté du crédit*
a credit spree	*une abondance de crédit*
credit controls	*l'encadrement du crédit*
to tighten credit standards	*resserrer les normes de crédit*
credit reins	*contrôles du crédit (progression de la masse monétaire)*
to relax credit	*assouplir le crédit*

3 LOANS — *LES PRETS*

3.1 TYPES OF LOANS — *LES TYPES DE PRETS*

a loan	*un prêt, un emprunt*
an advance	*une avance de fonds*
a medium term loan	*un prêt à moyen terme*
a short-dated loan	*un emprunt à court terme*
a long-dated loan	*un emprunt à long terme*
a forced loan	*un emprunt forcé*
a debenture loan	*un emprunt obligataire*
a jumbo loan	*un prêt géant*
an index-linked loan	*un prêt indexé*
a loan on collateral	*une avance sur garanties*
an advance on securities	*un prêt sur titres*
a loan on personal property	*un crédit mobilier*
a loan on real property	*un crédit immobilier*
a standby loan	*un prêt relais*
a bridging loan	" " "
a dud loan	*un prêt bidon*
a home loan plan	*un prêt d'épargne logement*
a private home ownership plan	" " "
a home improvement loan	*un prêt à l'amélioration de l'habitat*
a bad loan	*un prêt à risque*
a mortgage	*une hypothèque*
to mortgage	*hypothéquer*
a mortgage deed	*un acte hypothécaire*
a mortgage finance department	*un service des hypothèques*
a mortgage loan	*un prêt hypothécaire*
a loan on mortgage	*un emprunt hypothécaire*
a mortgage on property	*une hypothèque sur biens*
a mortgage debt	*une créance hypothécaire*
a first mortgage	*une hypothèque de premier rang*
a second mortgage	*une hypothèque de second rang*
a mortgagor	*un débiteur hypothécaire*
a mortgagee	*un créancier hypothécaire*
to clear off	*purger (une hypothèque)*
to disencumber	*déshypothéquer*
a lien	*un gage*
a lienee	*un gageur*
a lienor	*un créancier gagiste*
leasing	*le crédit-bail*
lend-lease aid	*le prêt-bail*

3.2 TAKING OUT A LOAN — *L'EMPRUNT*

a loan	*un prêt / un emprunt*
the terms of a loan	*les conditions d'un prêt*
a loan agreement	*une convention, un contrat de prêt*
a loan department	*un service de prêts*
a loan store	*une officine de prêts*
to loan	*faire un prêt, prêter*
to lend	*prêter*
a lender	*un prêteur*
lending	*les prêts*
to borrow (from sb.)	*emprunter (à qqn.)*
to borrow at interest	*emprunter à intérêt*
a borrower	*un emprunteur*
a borrowing	*un emprunt*
to take up a loan	*contracter un emprunt*
to request a loan / to apply for a loan	*faire une demande de prêt*
to make a loan	*faire un prêt / emprunt*
to loan at interest	*prêter à intérêt*
to secure a loan	*contracter un emprunt, obtenir un prêt*
to raise a loan	*contracter un emprunt*
to aim one's loans at	*consacrer ses emprunts à*
to chase a loan	*chercher désespérément à obtenir des prêts*
to float a loan	*émettre un emprunt*
to issue / to launch a loan	*lancer un emprunt*
to grant a loan	*accorder un emprunt*

3.3 SECURITY — *LE CAUTIONNEMENT*

a secured loan	*un prêt garanti*
an unsecured loan	*un prêt à découvert*
a dead loan	*un prêt irrécouvrable*
cover	*le cautionnement, la garantie, la couverture*
security	*la garantie, la caution, le cautionnement*
to stand security for sb.	*se porter garant de qqn.*

to stand security for a debt	*avaliser une créance*
a collateral	*une garantie, un nantissement*
a collateral security	*un cautionnement réel*
to serve as a collateral	*servir de gage*
to collaterize	*garantir*

3.4 REPAYMENT — *LE REMBOURSEMENT*

to service a loan	*payer les intérêts d'un emprunt*
to repay / to reimburse a loan	*rembourser un emprunt*
to refund	" " "
to redeem a loan	*amortir un emprunt*
repayable	*remboursable*
a delinquent loan	*un emprunt impayé*
to take a loan over	*reprendre un emprunt à sa charge*
to refinance a loan	*refinancer un emprunt*
a moratorium	*un moratoire*
loan-sharking	*la pratique de prêts à des taux usuraires*
a hastily made loan	*un prêt accordé hâtivement*
to be saddled with loans	*avoir des prêts sur les bras*
to cut back one's lending	*réduire ses prêts*
to throttle one's lending	*limiter ses prêts*

4 RATES — *LES TAUX*

4.1 TYPES OF RATES — *LES TYPES DE TAUX*

an interest rate	*un taux d'intérêt*
an actuarial rate, a current yield	*un taux actuariel*
a yield rate / a rate of return	*un taux de rendement*
an output ratio	" " " "
a usurious rate / an extortionate rate	*un taux usuraire*
the bank rate	*le taux officiel d'escompte*
the prime rate	*le taux préférentiel de l'escompte*
a base lending rate / a prime rate	*un taux de base bancaire*
a discount rate	*un taux d'escompte*
an overdraft rate	*un taux de découvert*
the rate of exchange / exchange rate	*le taux de change*
a spot exchange rate	*un taux de change au comptant*
a forward exchange rate	*un taux de change à terme*
a lending rate	*un taux des prêts*
a mortgage rate	*un taux hypothécaire*
a depreciation rate	*un taux d'amortissement*
a net profit rate	*un taux de bénéfice net*
a rate of pay	*un taux de rémunération*

4.2 RATE FLUCTUATIONS — *LES VARIATIONS DE TAUX*

the going rate	*le taux en vigueur*
a fixed rate	*un taux constant*
high / low	*élevé / bas*
crippling	*écrasant*
to lower a rate	*abaisser un taux*
to ease a rate	*assouplir un taux*
to push up / to raise rates	*augmenter les taux*
to drive up rates	" " "
to drop	*baisser*
to hold down rates	*maintenir des taux bas*
to cut rates	*diminuer les taux*
to shave / to pare rates	*réduire les taux*
to double rates	*doubler les taux*
a hike in rates	*une augmentation des taux*

5 INTEREST — *L'INTERET*

a rate of interest	*un taux d'intérêt*
an interest rate	" " "
an interest on	*un intérêt de/du*
interest bearing	*qui rapporte des intérêts*
capital and interest	*capital et intérêt*
bank interest	*intérêts bancaires*
credit interest	*intérêts créditeurs*
debit interest	*intérêts débiteurs*
deferred interest	*intérêts différés*
fixed interest	*intérêts fixes*
an interest charge	*les frais d'un intérêt*
capitalized interest	*intérêts capitalisés*
compound interest	*intérêts composés*
interest on arrears	*intérêts moratoires / de retard*
accruing interest	*intérêts à échoir*
accrued interest	*intérêts courus*
outstanding interest	*intérêts échus*
to pay interest	*payer des intérêts*
to bear interest	*rapporter des intérêts*
interest bearing	*productif d'intérêts*
to allow an interest	*verser un intérêt*
to carry interest	*produire des intérêts*
to charge interest	*percevoir des intérêts*
to yield interest of ... per cent	*rapporter des intérêts de ... %*
to increase the interest rate	*relever le taux d'intérêt*
an interest rate cut	*une baisse du taux d'intérêt*
a relaxation of rates	*un assouplissement des taux*
to reduce interest rates	*baisser les taux d'intérêts*
to curb interest rates	*modérer les taux d'intérêt*
usury	*l'usure, intérêt exorbitant*

6 SAVING — *LES ECONOMIES*

to save money	*économiser de l'argent*
to lay money aside	" " "
to save up	*faire des économies*

to put by	*mettre de côté*
savings	*économies*
a savings certificate	*un certificat d'épargne*
a savings plan	*un plan d'épargne*
a savings rate	*un taux d'épargne*
a saver	*un épargnant*
a small saver	*un petit épargnant*
a big saver	*un gros épargnant*
a depositor's book	*un livret d'épargne*
a savings bank book	" " "
the saving ethic	*l'éthique de l'épargne*
a dedication to saving	*une inclination à l'épargne*
thrift	*l'économie*
thrifty	*économe*
sparing	"
penny wise	"
careful with one's money	*prudent avec son argent*
mean	*chiche*
niggardly	*pingre*
to reduce spending	*réduire les dépenses*
to tighten one's belt	*se serrer la ceinture*
to scrimp and scrape	*économiser sur tout*
to cut expenses	*réduire les dépenses*
to cut costs	*réduire les coûts*
to cut down on	*réduire, restreindre*
to cut back on	*réduire (par rapport aux provisions)*
to restrict one's spending	*réduire ses dépenses*
to curb one's spending	*diminuer ses dépenses*
to lower one's spending	*réduire ses dépenses*
rainy day reserves	*les économies (en cas d'imprévu)*
to put away for a rainy day	*mettre de l'argent de côté*
to salt away money	*mettre de l'argent à gauche*
to save for retirement	*épargner pour sa retraite*
to save out of one's income	*épargner sur son revenu*
to spur savings	*stimuler l'épargne*
to boost savings	*encourager l'épargne*
to cajole people into saving	*inciter les gens à épargner*
to provide a stimulus for saving	*fournir une incitation à l'épargne*
an incentive to save	*une incitation à l'épargne*
to raise one's savings	*augmenter son épargne*
to save for tomorrow	*épargner pour l'avenir*

7 SPENDING — *LES DEPENSES*

a spendthrift	*un panier percé*
extravagant	*dépensier*
dissaving	*qui vit au-dessus de ses moyens*
a dissaver	*un gros dépensier*
to reform one's spendthrift ways	*changer ses habitudes dépensières*
to splurge	*dépenser follement*
profligacy	*folles dépenses*
profligate	*dépensier*
freewheeling spending	*dépenses incontrôlées*
to go on a shopping spree	*faire de folles dépenses*
a shopping binge	*une frénésie d'achats*
to shop beyond one's means	*dépenser au-dessus de ses moyens*
to give in to	*céder à*
impulse buying	*achats impulsifs*
to live for today	*vivre au jour le jour*
to buy on credit	*acheter à crédit*
to go into debt	*s'endetter*
to pay by instalments	*payer en plusieurs versements*
a monthly instalment	*une mensualité*
easy terms	*facilités de paiement*
to pay cash	*payer comptant*
to fall behind one's payments	*payer avec retard*
pay as you go	*ne pas dépenser au-dessus de ses moyens*

3 INVESTMENT AND FINANCING — *INVESTISSEMENT ET FINANCEMENT*

1 INVESTMENTS — *LES INVESTISSEMENTS*

to invest	*investir, placer, faire des investissements*
an investment	*un investissement*
to overinvest	*surinvestir*
an overinvestment	*un surinvestissement*
to invest abroad	*investir à l'étranger*
to invest in a market	*investir dans un marché*
to invest capital in a company	*investir des capitaux dans une entreprise*
an investor	*un investisseur, un épargnant, un capitaliste*
a small investor	*un petit épargnant*
an institutional investor	*un investisseur institutionnel*
an investment company / house	*une société d'investissement, une société de placement*

an investment bank	*une banque de placement une banque d'affaires (USA)*
an investment trust	*une société d'investissement*
a closed-end investment company	*une société d'investissement à capital fixe (SICAF)*
a closed-end investment trust	*une société de gestion de portefeuille à capital fixe*
an open end investment trust	*une société de placement à capital variable (SICAV)*
an investment incentive	*un encouragement à l'investissement*
an investment plan	*un plan d'investissement*
investment income	*les revenus du capital*
traditional investment	*investissement traditionnel*
initial investment	*investissement initial*
seed money	*la mise de fond de départ*
to glean one's seed money	*récupérer sa mise de départ*
social investment	*investissement social*
productive investment	*investissement productif*
a sound investment	*un investissement sûr*
a promising investment	*un investissement prometteur*
an investment-grade rating	*l'évaluation de la surface d'investissement*
to plan an investment	*prévoir un investissement*
to make an investment	*faire un investissement*
to seek out investment opportunities	*rechercher des possibilités d'investissement*
to halve one's investments	*diviser ses investissements par deux*
to funnel investment into	*diriger les investissements vers*
modernization expenses	*investissements pour modernisation*
capital goods	*biens d'investissement*
capital expenditure	*dépenses d'investissement*

2 FINANCING *LE FINANCEMENT*

to finance	*financer*
a financier / a moneyman	*un financier*
to refinance	*refinancer*
to be privately financed	*être financé par des moyens privés*
financial	*financier*
financial standing	*la solvabilité*
financial assistance	*aide financière*
financial backing	*le soutien financier*
financial circles	*milieux financiers*
a financial operation	*une opération financière*
a financial scheme	*un projet financier*
a financial plan	*un plan de financement*
sound	*solide*
sketchy	*incomplet*
the soundness of a financial scheme	*la solidité d'un projet financier*
to head a group	*être à la tête d'un groupe*
financial know-how	*expertise financière*
to come up with guidelines	*proposer les grandes lignes*
to nail down financing	*régler les modalités de financement*
an estimate	*une estimation*
to raise finance	*trouver des fonds*
to raise money	" " "
to raise cash	*se procurer de l'argent liquide*
to raise funds	*se procurer des fonds*
to put up the money	*avancer l'argent*
to provide finance	*apporter le financement*
to seek money in loans	*chercher à emprunter*
to tap a source of finance	*exploiter une source de financement*
to draw money	*attirer de l'argent*
to provide funds (for)	*apporter des fonds (pour)*
a fund provider	*un bailleur de fonds*
a dormant / sleeping / silent partner	" " " "
to bankroll	*financer*
to put money into	*mettre de l'argent dans*
to sink money into	*investir massivement dans*
to pony up money	*ajouter de l'argent*
to put one's own shirt on an idea	*soutenir une idée*
to back an idea / a project /	*soutenir une idée / un projet*
to back a venture	*soutenir une entreprise*
to pledge to back	*s'engager à soutenir*
a pledge	*un engagement*
a financial backer	*un commanditaire*
to put up a stake in a company	*apporter une participation dans une société*
to inject fresh capital (into)	*injecter de l'argent frais (dans)*
to obtain a crucial infusion	*obtenir une infusion cruciale*
a surge of funds	*une augmentation de capital*
an infusion of new capital	*un apport d'argent frais*
a stake	*un enjeu, une mise*
to borrow (from)	*emprunter (à)*
to plough back	*réinvestir*
to shift one's money	*transférer ses investissements*
to buy a participation (in)	*acheter une part (dans)*
to put in one's share	*apporter sa part*
to target funds	*destiner des fonds*

3 FINANCIAL EXPOSURE — *LE RISQUE FINANCIER*

exposure	*le risque*
to venture / to risk capital	*risquer des capitaux*
to evaluate the risk	*juger du risque*
the odds of success	*les chances de succès*
to evaluate a potential investment	*juger les possibilités d'investissement*
to know the odds	*connaître les risques*
risk evaluation	*évaluation des risques*
to take risks	*prendre des risques*
to reduce risks	*réduire les risques*
to underscore a risk	*souligner un risque*
riskiness	*le caractère risqué*
a risk interest	*un intérêt à risque*
exposure to risk	*la possibilité de risque*
venture capital	*le capital risque / le capital à risque*
venturesome	*hasardeux, risqué*
a venture capital organization	*une société de capital risque*
venture capital financing	*le financement par le capital risque*
a risk laden adventure	*une initiative pleine de risques*
a risky venture	*une entreprise risquée*
to be fraught with risk	*être rempli de risque*
adventurous lending	*prêts risqués*
to be a sure risk	*marcher à coup sûr*
risk-free	*sans risque*
a safe bet	*une affaire sûre*
a bad bet	*une affaire à risque*
to provide negative returns	*fournir un rendement négatif*
to flop	*faire chou blanc*
to pay back one's initial investment	*rembourser sa mise de départ*
to guarantee	*garantir*
a guarantee	*une garantie*
an iron-clad guarantee	*une garantie "en béton"*
a government-backed guarantee	*une garantie de l'Etat*
to withhold one's funds	*différer un financement*

4 COST OVERRUN — *LE DEPASSEMENT DES COUTS*

a price tag	*un coût*
the initial cost	*le coût initial*
a projected cost	*une projection du coût*
the actual cost	*le coût réel*
to carry a price tag	*coûter*
to be slated to cost	*anticiper le coût*
a rosy prediction	*une prévision optimiste*
to be optimistic in one's projections	*être optimiste dans ses prévisions*
to meet the initial cost	*respecter le coût initial*
to be off the mark	*être loin du compte*
to adjust costs	*réviser les coûts*
to cover cost overruns	*couvrir les dépassements de coûts*
to revise cost projections	*revoir les projections de coûts*
to put a strain on the finances	*mettre les finances à rude épreuve*
to add millions to the cost	*ajouter des millions au coût*
to cost an additional . . . million(s)	*coûter ... million(s) supplémentaire(s)*
to balloon from . . . to . . .	*augmenter rapidement de ... à ...*
to be over budget	*dépasser le budget*
to prove expensive	*s'avérer être coûteux*
to push the price higher	*augmenter les coûts*
to drive up the price	*augmenter le prix*
costly	*coûteux*
to overrun the price	*dépasser le prix*
to cost twice as much as initially projected	*coûter deux fois plus cher que prévu intialement*
to strain the economy	*mettre l'économie à rude épreuve*
a white elephant	*une réalisation coûteuse et peu rentable*
to pick up the bill	*payer la facture*
to be stuck with the tab	*être obligé de payer l'addition*
to subject oneself to financial risk	*être soumis à un risque financier*
to see the value of an investment shrink	*voir se rétrécir la valeur d'un investissement*
to cover the cost	*couvrir le coût*
to expense a cost on the public	*imposer un coût au public*
to recover one's investment	*récupérer sa mise*
to be spared from paying (for)	*ne pas avoir à payer (pour)*
to pass part of a loss on to customers	*répercuter une partie des pertes sur les consommateurs*
to hit the stockholders	*affecter les actionnaires*

5 PROFITS — *LES BENEFICES*

to profit	*réaliser des bénéfices*
a profit	*un profit, un gain*
profitability	*la rentabilité*
profitable	*rentable*
gross profits	*bénéfices bruts*
net profits	*bénéfices nets*
net operating profits	*bénéfices nets d'exploitation*
surplus company profits	*bénéfices excédentaires de l'entreprise*
operating surplus	*bénéfices d'exploitation*
a profit margin	*une marge bénéficiaire*
a profit balance	*un solde bénéficiaire*
capital profits	*la plus-value en capital*
corporate profits	*bénéfices des sociétés*
to turn a profit	*faire des bénéfices*
to make a profit (on)	*faure des bénéfices (sur)"*
to bring in a profit	*produire un bénéfice*
to yield a profit	" " "
to show a profit	" " "
to nudge up profits	*augmenter légèrement les bénéfices*
to nose dive	*piquer du nez*
to reap a profit	*faire un bénéfice*
to rake in profits	*ramasser des bénéfices*
profitability	*le rendement*
a return	*un rendement, un bénéfice*
return on capital	*la rémunération du capital*
to produce a return	*rapporter un bénéfice*
to make an investment pay off	*rentabiliser un investissement*
to see the value of an investment jump	*voir la valeur d'un investissement faire un bond*
a profit sharing scheme	*un système d'intéressement des travailleurs aux bénéfices*
to earn	*gagner, rapporter*
a quick earner	*un rendement rapide*
earnings	*bénéfices, profits*
windfall earnings	*bénéfices exceptionnels*
excess profits	*super-bénéfices*
earning capacity	*la rentabilité (d'une entreprise)*
earning power	*la rentabilité*
to pull in	*rapporter*
to produce earnings	"
to provide a monetary return on	"
return on investment (ROI)	*la rentabilité d'un investissement*
to promise quick returns	*promettre des rendements rapides*
to return double the initial investment	*rapporter deux fois sa mise de départ*
an investment return	*un rendement d'investissement*
to increase revenues	*augmenter les recettes*
to boost the value (of)	*augmenter la valeur (de)*
a loss of profit	*un manque à gagner*
to pare profits	*diminuer les bénéfices*
a profit squeeze	*une compression des bénéfices*
an earnings debacle	*une catastrophe financière*

4 THE STOCK EXCHANGE — *LA BOURSE DES VALEURS*

I BOURSES — *LES BOURSES*

a stock exchange	*une place boursière un marché des valeurs*
the Stock Exchange	*la bourse de Londres*
Wall Street	*le quartier des affaires à New York*
the City	*le quartier des affaires à Londres*
the New York Stock Exchange (NYSE)	*la bourse de New York*
the Big Board	" " " " "
the American Stock Exchange (AMEX)	*la deuxième bourse de New York*
the CURB	" " " "
the New York commodity exchange (Comex)	*la bourse des marchandises de New York*
the New York Futures Exchange (NYFE)	*le marché des contrats à terme de New York*
the Chicago Board of Trade (CBOT)	*une des bourses de commerce de Chicago*
the Chicago Mercantile Exchange	" " " "
the International Monetary Market	*le marché financier à terme en devises*

(IMM)	*de Chicago*
NASDAQ (National Association of Securities Dealers Automated Quotations)	*le système de cotation pour les valeurs hors cote*
Stock Exchange Automated Quotations (SEAQ)	*cotations automatiques à la bourse*
London International Financial Futures Exchange (LIFFE)	*le marché à terme des instruments financiers (MATIF)*
London Metal Exchange	*une des bourses de commerce de Londres*
the International Petroleum Exchange	*la bourse des valeurs pétrolières*
the Tokyo Stock Exchange (TSE)	*la bourse de Tokyo*
the Paris bourse	*la bourse de Paris*
the Lombard rate	*le taux Lombard des avances sur titres de la banque centrale d'Allemagne*
the Stock Exchange Committee	*la Chambre syndicale des agents de change*
an exchange seat	*un siège à la Bourse*
a market price-list	*une mercuriale*
the investment community	*les milieux de la bourse*
financial power	*la puissance financière*

II MARKETS — *LES MARCHES*

a commodity exchange	*une bourse des marchandises*
a mercantile exchange	" " " "
a commodity futures market	*un marché à terme des marchandises*
the futures market	*le marché de contrats à terme*
an equity market	*une bourse des actions*
a foreign exchange market	*un marché des changes*
a money market	*un marché monétaire*
the interbank market	*le marché interbancaire*
a mortgage market	*un marché hypothécaire*
a spot market	*un marché libre / au comptant*
a free market	*un marché libre*
an over-the-counter market (OTC)	*un marché hors cote*
a curb market	" " " "
a kerb-stone market	*une coulisse (marché des valeurs non cotées)*
a secondary market	*un second marché*
an unlisted stock market	" " "
a junior market	" " "
a settlement market	*un marché à terme*
dealings for the account	" " " "
futures	*le marché à terme / une bourse de commerce*
softs	*les marchandises agricoles*
a buffer pool	*un fonds régulateur*
a parallel market	*un marché parallèle*
a forward market	*un marché à terme*
a gold free market	*un marché libre de l'or*
a cash market	*un marché au comptant*
a capital market	*un marché des capitaux*
the Unlisted Securities Market (UK)	*le marché hors cote*
to shunt	*faire l'arbitrage entre plusieurs bourses*
shunting	*arbitrage*

III THE CAPITAL MARKET — *LE MARCHE FINANCIER*

1 GENERAL BACKGROUND — *GENERALITES*

drawing	*le tirage*
prize-drawing	*le tirage à lot*
paper	*titres, papier*
commercial paper(s)	*effets de commerce*
a note	*une obligation, un emprunt*
an option	*une option de vente / d'achat*
high quality paper	*titres de première qualité*
a coupon	*un coupon*
a premium	*une prime, une surcote*
at a premium	*au-dessus du pair*
a dividend	*un dividende*
cum dividend	*coupon attaché*
ex dividend	*coupon détaché*
quarterly	*trimestriel*
annual	*annuel*
IPD (interest, profits and dividends)	*intérêts, profits et dividendes*
maturity	*une échéance*
maturity date	*une date d'échéance*
maturity value	*une valeur à l'échéance*
cats and dogs	*actions et obligations douteuses*
glamours	*actions de prestige*
inscriptions	*actions nominatives*

a warrant	*un titre, un droit de souscription*
a bearer warrant	*un titre au porteur*
a dividend warrant	*un coupon de dividende*
a commodity	*une marchandise, une matière première*

2 GOVERNMENT FUNDS — *LES FONDS D'ETAT*

a Treasury bill (T-bill) (USA, UK)	*un bon du Trésor à court terme*
a Treasury bond (USA)	*un bon du Trésor à long terme*
a Treasury note (USA)	*un bon du Trésor à court / moyen terme*
a tap (UK)	*un emprunt d'Etat*
a tap stock (UK)	" " "
a mutual fund	*une SICAV*
go-go funds	*fonds hautement spéculatifs*
performance funds	" " "
shorts	*fonds d'Etat à court terme*
long / long-dated (UK)	*fonds d'Etat à long terme*
the long end of the market	*le marché des fonds d'Etat à long terme*
a bill auction	*une adjudication des Bons du Trésor*
tender	*bons du Trésor vendus en adjudication*

3 SHARES — *LES ACTIONS*

a share	*une action*
a share value	*la valeur d'une action*
a shareholder	*un actionnaire*
a bearer share / a share warrant	*une action au porteur un titre au porteur*
a bonus share	*une action gratuite*
a common share / an equity share	*une action ordinaire*
an issued share	*une action émise*
an unissued share	*une action à la souche*
an outstanding share	*une action en circulation*
a preference share	*une action privilégiée*
a registered share	*une action nominative*
a transferable share	*une action au porteur*
a paid up share	*une action libérée*
a partly-paid share	*une action non libérée*
a management share	*une part de fondateur*
share capital	*le capital actions*
a share certificate	*un certificat d'action / un titre d'action*
a scrip certificate	*un certificat provisoire d'action*
a block of shares	*un bloc d'actions (10 000 ou plus)*
to apply for shares	*souscrire des actions*
to push shares	*placer des actions douteuses*
volatile shares	*actions spéculatives*

4 STOCKS — *LES ACTIONS*

stock	*valeur(s) titre(s), valeurs mobilières, une action en bourse (USA)*
a preference stock	*une valeur privilégiée*
an ordinary stock	*une valeur ordinaire*
registered stocks	*titres nominatifs*
stock on the market	*titres flottants*
government stock	*titres d'Etat*
a company's stock	*le portefeuille d'une société, l'ensemble du capital d'une société*
fully-paid stock	*titres libérés*
industrials	*actions des grandes sociétés industrielles*
golds	*valeurs aurifères*
coppers	*valeurs cuprifères*
mining stocks	*valeurs minières*
stocks and shares	*valeurs mobilières*
common stock (USA)	*actions ordinaires*
preferred stock	*actions privilégiées*
a dud stock	*un rossignol*
listed stock	*une valeur cotée*
watered stocks	*actions en baisse (suite à une émission d'actions gratuites)*
an index-linked stock	*un emprunt indexé*
stock outstanding	*actions en circulation*
a stock option	*une option de souscription*
a stock purchase warrant	*un droit préférentiel d'achat d'actions, un certificat de droit de souscription*
a yield on stocks	*un revenu d'actions*
a stock split	*une division des actions*
a stockholder	*un actionnaire*

5 EQUITIES — *LES ACTIONS ORDINAIRES*

equities	*actions*
common stocks	*actions ordinaires*
equity	*une participation (dans une société)*
an equity market	*une bourse des actions*
an equity warrant	*un droit de souscription d'actions*
an equity fund	*un fonds commun de placement en actions*
equity capital	*fonds / capitaux propres*
equity financing	*le financement par augmentation du capital*
an equity issue	*une augmentation du capital par émission d'actions*

6 SECURITIES — *LES VALEURS*

a security	*une valeur, un titre*
paper	*papier, titres*

paper asset	*actifs titres*
paper loss	*la moins-value sur titres*
paper profit	*la plus-value sur titres*
securities	*valeurs boursières, titres*
bearer securities	*titres au porteur*
fixed income securities	*valeurs à revenu fixe*
a bellwether security	*un titre précurseur*
gilt-edged securities / gilts (UK)	*placements de père de famille (obligations et titres d'Etat)*
government securities	*fonds d'Etat*
transferable securities	*valeurs mobilières*
marketable securities	*titres transférables*
an inscribed security	*une valeur inscrite*
a registered security	*un titre nominatif*
quoted securities	*valeurs de corbeille*
unlisted securities	*valeurs de coulisse (non inscrites)*

7 BONDS — *LES OBLIGATIONS*

a bond	*une obligation (avec garantie), une obligation émise par l'Etat*
to grade a bond	*classer une obligation*
an active bond	*un titre au porteur*
an A bond	*une obligation de bonne qualité*
AA / Aa	*de haute qualité*
AAA / Aaa	*de premier ordre*
B	*spéculatif*
BB / Ba	*peu sûr*
BBB / Baa	*moyen*
a straight bond	*une obligation à taux fixe*
a callable bond	*une obligation remboursable par anticipation*
a revenue bond	*une obligation à long terme (émise en vue de financer un projet par une collectivité publique)*
a lottery bond / a prize bond	*une obligation à lots*
a premium bond	*une obligation à prime*
a redeemable bond	*une obligation amortissable*
a bullet issue	*une obligation sans amortissement*
to redeem	*racheter*
redemption	*le remboursement, l'amortissement*
redeemable	*remboursable*
a mortgage bond	*une obligation hypothécaire*
a registered bond	*une obligation nominative*
a municipal bond	*une obligation municipale*
a yearling (UK)	*un emprunt d'une collectivité locale*
municipal notes	*emprunts des collectivités locales*
a bondholder	*un obligataire*
a eurobond	*une euro-obligation*
a bulldog	*une obligation émise par des étrangers sur le marché de Londres (en sterling)*
a Yankee bond	*un emprunt de débiteurs étrangers émis à New York*
a samurai bond	*une obligation émise par des emprunteurs étrangers sur le marché de Tokyo (en yens)*
a debenture	*une obligation (sans garantie)*
a debenture-bond	*une obligation non gagée*
a convertible debenture	*une obligation convertible en actions*
a debenture-holder	*un obligataire*
a debenture-stock	*un titre obligataire, actions de priorité (USA), obligations non garanties (UK)*

8 JUNK BONDS — *LES OBLIGATIONS POURRIES*

a junk bond	*une obligation pourrie*
junk securities	*titres d'obligations pourries*
high-yield	*à haut rendement*
high-yielding paper	*titres à haut rendement*
high risk	*à haut risque*
the junk bond market	*le marché des obligations pourries*
a junk bond offering	*une offre d'obligations pourries*
top notch junk	*obligations pourries de 1er ordre*
a junk holding	*une société de portefeuille sous forme d'obligations pourries*
a junk issuer	*un émetteur d'obligations pourries*
a junk pusher	*un vendeur d'obligations pourries*
a junk bond investor	*un investisseur d'obligations pourries*
a junk-bond-holder	*un détenteur d'obligations pourries*
a junkster / a junkman	" " " "
junk bond financing	*le financement par des obligations pourries*
to put money into junk bonds	*placer son argent dans des obligations pourries*
to invest in	*investir dans, placer dans*
to hold	*détenir*
to be recession-proof	*être à l'abri de la récession*
to pay off	*rapporter*
to finance take-over bids	*financer les OPA*
to run into junk bond trouble	*rencontrer des difficultés portant sur des obligations pourries*

to default on one's junk bonds	*ne pas honorer ses obligations pourries*
junk bond defaults	*la déconfiture des obligations pourries*
a junk bond slump	*le marasme des obligations pourries*
a junk bond collapse	*un effondrement des obligations pourries*
to be decimated by junk bond losses	*être décimé par les pertes sur les obligations pourries*

IV ACTORS ON THE MARKET — *LES ACTEURS DU MARCHE*

the business circles / quarters	*les milieux d'affaires*
a bearer	*un porteur*
an annuitant	*un rentier*
an operator	*un boursier, un spéculateur*
a moneyman	*un financier*
a money manager	" "
a trader	*un opérateur en bourse*
a market maker	*un contrepartiste*
market-making	*la contrepartie*
to run stock	*faire de la contrepartie*
a stock analyst	*un analyste boursier*
a chartist / a trend-spotter	*un chartiste*
a chart	*un graphique*
stockbroking	*le commerce des valeurs en bourse*
brokerage	*le courtage*
broking	" "
a stockbroker	*un agent de change, un courtier, un porteur (de titres), un actionnaire (USA)*
a broker	*un courtier*
a certified broker	*un courtier attitré*
a kerb-stone broker	*un coulissier*
a brokerage executive	*un courtier*
a brokerage house / firm	*une firme de courtage, un agent de change, une charge d'agent de change*
a broking house	*une société de courtage, une charge d'agent de change*
an authorized clerk	*un fondé de pouvoir*
jobbery	*agiotage*
a stock jobber	*un négociant en valeurs, un agioteur, un teneur de marché*
a stock analyst	*un analyste financier*
an arbitrager (an "arb")	*un arbitragiste*
a hedger	" "
a jobber	*un "jobber" (achète et vend des valeurs en bourse), un grossiste, un demi-grossiste*
a jobber's turn	*la marge bénéficiaire d'un marchand de titres*
jobbing	*la vente en gros / demi-gros*
a dealer / a middleman	*un intermédiaire financier*
a principal	*un donneur d'ordre*
a portfolio strategist	*un spécialiste de gestion de portefeuille*
a floor trader	*un boursier*
a value trader	*un acheteur qui juge les affaires selon les tendances fondamentales du marché*
a fundamentalist	*qui s'efforce de prévoir l'évolution d'un marché en fonction de la conjoncture*
a market watcher	*un observateur du marché*
a punter	*un joueur*
a stag	*un spéculateur mixte, un "loup"*
to short	*vendre à découvert*
a short seller	*un vendeur à découvert*
to sell short	*vendre à découvert*
to squeeze the bears / the shorts	*étrangler les vendeurs à découvert*
a squeeze	*un étranglement des vendeurs à découvert*
a wildcatter	*un spéculateur*
a sound investment	*un placement sûr*
an investor	*un investisseur, un capitaliste*
a small investor	*un petit rentier*
unearned income	*revenus du capital*
a traditional investor	*un investisseur traditionnel*
an institutional investor	*un investisseur institutionnel, un zinzin*
an institution	*un investisseur institutionnel*
a metals analyst	*un spécialiste en métaux*
a half commission man	*un remisier*
to invest in the market	*investir sur le marché*
a speculator	*un spéculateur*
to speculate	*spéculer*
speculation	*la spéculation*
a lame duck	*un spéculateur insolvable*
a short seller	*un spéculateur à la baisse*
to corner a market	*accaparer le marché*
a cornerer	*un accapareur*
to rig the market	*manipuler le marché*

to dabble on the Stock Exchange	*boursicoter*
a dabbler	*un boursicotier*
to play the market	*jouer en bourse*
to have a taste of financial fear	*avoir le goût du risque financier*
to be money conscious	*investir prudemment*
to pump money into the market	*engloutir de l'argent dans le marché*
to split one's investments among	*répartir ses investissements entre*
portfolio switching	*une recomposition de portefeuille*
a stock market player	*un boursicoteur*

V THE OPERATIONS — *LES OPERATIONS*

1 INDEXES — *LES INDICES*

an average	*un indice*
an index	" "
the Dow Jones industrial average (DOW)	*l'indice Dow Jones (USA)*
the NASDAQ index	*l'indice des valeurs du hors cote*
the FT Industrial Ordinary index	*l'indice boursier de "Financial Times"*
Tokyo Stock Price Index (TOPIX)	*l'indice de la bourse de Tokyo*
the stock average	*l'indice des valeurs boursières*
the commodity research bureau index (USA)	*l'indice des marchés des matières premières*
index-linked	*indexé*
a point	*un point d'indice*
a ticker	*un téléscripteur*
a ticker-tape	*le "ticker", la bande de téléscripteur*
an economic indicator	*un indice de la conjoncture*
a pointer	*un indicateur*
an exchange stock portfolio	*un panier d'actions entrant dans la composition de l'indice boursier*

2 TRADING — *LES ECHANGES*

to trade	*échanger*
to trade issues	*échanger des émissions*
trading	*le marché, l'échange, transactions, le volume des transactions*
a heavily traded market	*un marché actif*
fund-trading volume	*un volume de transactions*
institutional trading	*transactions des institutionnels*
the trading pit	*la corbeille*
the dealing pitch	" "
the trading floor	*l'enceinte des transactions, le plancher*
stock trading	*opérations en bourse*
traded options	*le volume d'options échangées ou traitées*
the trading volume	*le volume des transactions*
the turnover	" " "
to handle trading volume	*gérer un volume de transactions*
to computerize an exchange	*informatiser une bourse*
computerized trading	*transactions informatisées*
automated exchanges	*échanges automatisés*
program trading	*ordre de bourse sur ordinateur*
light trading	*un marché étroit (au volume de transactions réduit)*
a transaction	*une opération*
a transaction on change	*une opération en bourse*
a spot transaction	*une opération au comptant*
to execute a transaction	*opérer une transaction*
kerb	*opérations traitées en "Kerb" / hors bourse*
a kicker / a sweetener	*une condition rendant une opération plus attrayante*

3 PRICES — *LES COURS*

the price of a share	*la valeur d'une action*
a house price	*un cours en bourse*
a top price	*un cours le plus haut*
the price of the day	*le cours du jour*
a price for cash	*un cours au comptant*
a price for the settlement	*un cours à terme*
a make-up price	*un cours de compensation*
the striking price	*le cours de base*
a price bid	*un cours demandé*
a price / earnings ratio (PER)	*un rapport capitalisation / bénéfices*
a rate	*un cours (sur le marché des changes)*
a spot rate	*un taux du disponible*
the opening price	*le cours d'ouverture*
the closing price	*le cours de clôture*
the closing quotation	" " " "
to open	*ouvrir, coter à l'ouverture*
the opening bell	*la cloche à l'ouverture*
to end / to finish	*clôturer*
to close at	*clôturer à*
at the close	*à la fermeture*

after hours	*hors bourse, hors séance*
after hours dealing	*le marché après bourse*
before hours	*avant bourse*
annual closing	*le jour de clôture*
at the final bell	*à la clôture*
the turn of the market	*l'écart entre le prix d'achat et le prix de vente*
a floor price	*un prix plancher*
floor haggling	*le marchandage autour de la corbeille*
a redemption price	*un prix de rachat*
a benchmark / a marker	*un prix de référence*
to peg a price	*fixer un cours*
to make a price	" " "

4 QUOTATIONS — *LES COTATIONS*

the Official List	*la Cote officielle de la Bourse*
the Unofficial List	*la Cote officieuse*
to quote	*coter*
quotation	*la cotation*
quoted on the stock exchange	*coté en bourse*
over the counter	*hors cote*
to list	*coter en bourse*
listing	*admission à la cote officielle*
a listing	*une cote*
listed stock	*actions cotées en bourse*
advertising of listings	*la publication des cours*
an issue	*une émission, un titre émis*
to issue	*émettre*
to offer	*offrir*
to promote	*lancer*
to launch an issue	*lancer une émission*
to float	*lancer (un emprunt), émettre*
a floating rate	*un taux variable*
a floatation	*un lancement*
a floater	*une émission*
to underwrite	*garantir une émission*
a right	*un droit de souscription*
a subscriber	*un souscripteur par le pair*
at par	*au pair*
no par value	*sans valeur nominale*
capitalization	*une capitalisation boursière*
a portfolio	*un portefeuille d'investissements*
a portfolio insurer	*un assureur de portefeuille*
a holding	*un portefeuille d'actions*
a holding company	*une société de portefeuille*
arbitrage	*l'arbitrage*
a marker price	*un prix de référence*
a price differential	*un écart de prix*
to carry over	*opérer un report*
a backwardation	*un déport*
a carryforward	*un montant reporté à nouveau*
to contango	*reporter*
contango / penalty	*un report*
a light contango	*un report bon marché*
a heavy contango	*un report coûteux*
forwardation	*un report*

5 POSITIONS — *LES COMPTES*

account day	*le jour de liquidation, de règlement*
dealings for the account	*transactions à terme*
a bear account	*un compte à découvert*
a bull account	*un compte à la hausse*
a discretionary account	*un compte discrétionnaire*
settlement	*la liquidation*
next account / next settlement	*la liquidation prochaine*
pay / settlement / account day	*le jour de la liquidation*
ticket day	*le deuxième jour de la liquidation*
margin	*la marge, la couverture, la provision, acompte, le dépôt de garantie*
margin dealing	*transactions sur provision*
a margin account	*un compte à la marge*
a margin deposit / an initial margin	*un dépôt à la marge, un dépôt de garantie*
a long position	*une position longue (achat sans contrat de revente)*
a short position	*une position courte (vente sans contrat de rachat)*
unwinding	*le dégagement, le débouclement*
to close a position	*déboucler une position*
to unwind a position	*liquider une position*

6 ORDERS — *LES ORDRES*

a call	*une option d'achat*
to call on 10 shares	*prendre une option d'achat de 10 actions*
to call the shares	*se déclarer acheteur*
a call of more	*une option du double*
a call option	*une option de vente*
a put option	*une option d'achat*
a put of more	*opération inverse du "call of more"*
to put the shares	*se déclarer vendeur d'actions*
put and call	*le stellage*
a double option	*un stellage*
to write a stock option	*vendre une option*
a privilege (USA)	*une option*
a bull purchase	*un achat à découvert*
a spread	*une opération à cheval*
a straddle	*une opération mixte*
buying and selling	*achats et ventes*
to bid	*faire une offre d'achat*
a takeover bid	*une offre publique d'échange (d'actions)*
to hit the bid	*accepter le prix le plus élevé pour une action*
to place an order	*passer un ordre*

a stop order	*un ordre stop*
a stop-loss order	*un ordre de vente prédéterminé pour éviter des pertes*
to enter an order	*placer un ordre électroniquement*
to carry out an order	*exécuter un ordre*
a price-earning(s) ratio (p/e)	*un rapport cours-bénéfice / bénéfice-prix*
a purchase	*un achat*
to buy / sell at the market	*acheter / vendre au mieux*
to sell off	*liquider*
a selloff	*un dégagement*
to sell short	*vendre à découvert*
to sell forward	*vendre à terme*
to sell back	*revendre*
to sell at a loss / to undersell	*vendre à perte*
to realize at a loss / at a profit	*réaliser à perte / à profit*
a sell order	*un ordre de vente*
to buy back	*racheter*
a buyback	*un rachat*
to tender	*faire une offre de vente*
a tender offer	*une offre publique d'achat*
a short	*une vente à découvert, un baissier*
short covering	*le rachat (pour couvrir un découvert)*
shorting	*une vente à découvert*
to hedge	*faire la contrepartie, faire un arbitrage, acheter ou vendre à terme pour compenser les fluctuations des cours*
hedging	*l'arbitrage*
to hunt for bargains	*rechercher les bonnes affaires*
to sell at a profit	*vendre avec bénéfice*
to sell at a premium	*vendre au-dessus du pair*
to transfer	*céder*
a transfer	*une cession*
a gain	*un bénéfice*
margin call	*une demande de couverture, un appel de marge*
negotiable	*négociable*
a round turn	*un achat équilibré entre les ventes et les achats d'un même client, un aller-retour*
to close a deal	*liquider une opération boursière*

VI MARKET FLUCTUATIONS — *LES MOUVEMENTS DU MARCHE*

1 GENERAL BACKGROUND — *GENERALITES*

price movements	*mouvements des cours*
fundamentals	*tendances générales*
the tone of a market	*la tenue du marché*
the ups and downs of a market	*les hauts et les bas d'un marché*
a roller coaster ride	*des hauts et des bas*
erratic behaviour	*le comportement irrégulier*
swings and roundabouts	*fluctuations des cours alternativement profitables ou dommageables*
a technical reaction	*une correction technique*
an overvalued market	*un marché surévalué*
a wash(ed) sale	*une vente fictive de titres pour influencer les cours*
a tick	*un écart minimum (de cours)*
a turn	*un changement de tendance, un revirement*
to move adversely	*changer de tendance*
to ratchet	*être en hausse / baisse inexorable*
to post	*enregistrer*
to record	"
to rack up	"
to notch up	"
a notch	*un point*
a hedge	*une valeur refuge*
a leader	*une valeur vedette*
blue chips	*valeurs vedettes*
to gyrate	*fluctuer sensiblement*
a gyration	*une fluctuation importante*
a gyrating market	*un marché fluctuant*
a swing	*une fluctuation*
to seesaw	*être en dents de scie*
to yoyo	*fluctuer sensiblement*
to lurch up and down	*osciller entre la hausse et la baisse*

2 GOING DOWN — *LA BAISSE*

to open down . . . points	*ouvrir en baisse de ... points*
to close down . . . points	*clôturer en baisse de ... points*
to clip . . . points	*perdre ... points*
to fall by . . . points	*chuter de ... points*
to shed . . . points	*abandonner ... points*
to give up . . . points	*céder ... points*
a downward trend	*une tendance à la baisse*

to play for a fall	*jouer à la baisse*
a falling market	*un marché à la baisse*
a bear market	*un marché baissier*
to bear	*spéculer à la baisse, vendre à découvert, faire baisser le marché*
a bear	*un baissier, un spéculateur à la baisse*
bearish	*à la baisse (tendance)*
a bearish market	*un marché à la baisse*
a bear position	*une position à la baisse*
a ho-hum market	*un marché peu actif*
a dull market	*un marché terne*
dullness	*le tassement, le fléchissement*
a sluggish market	*un marché peu actif / anémié*
a thin market	*un marché étroit*
a moribund market	*un marché moribond*
a shakeout	*un tassement, une chute*
a setback	*un revers*
an ailing market	*un marché mal en point*
a sagging market	*un marché atone*
a depressed market	*un marché déprimé*
a loser	*une valeur en baisse*
to fall into the doldrums	*tomber dans le marasme*
to be at a discount	*être en perte*
to edge down	*fléchir légèrement*
a downtick	*une baisse légère*
a downturn	*un repli*
a downward movement	*un mouvement de baisse*
a downward spiral	*une spirale descendante*
to send the market into a downward spiral	*provoquer une baisse importante des cours*
to drag the market down	*entraîner le marché vers le bas*
to ease	*fléchir légèrement, s'effriter*
easy	*en légère baisse*
light	" " "
to drift	*s'effriter, fléchir légèrement*
a drift	*un effritement*
to droop	*s'effriter*
to notch down	*baisser*
to slip	"
to fall off	"
to sag	*fléchir*
a decline (in)	*une baisse (de)*
a fall-off	*une baisse*
a slide	*une baisse, un glissement, une débâcle*
the steepness of a glide	*la brutalité d'un glissement*
to lunge	*opérer un mouvement brusque*
to hammer the market	*faire baisser les cours en vendant à découvert*
weak	*en baisse*

3 GOING UP — *LA HAUSSE*

an active market	*un marché animé*
a buoyant market	*un marché soutenu, un marché porteur*
a brisk market	*un marché actif*
to be up . . . points	*être en hausse de ... points*
to close up . . . points	*clôturer en hausse de ... points*
to finish up . . . points	" " " "
to bull	*spéculer à la hausse*
a bull	*un haussier*
a bull market	*un marché haussier*
to bull the market	*chercher à faire hausser les cours*
bullish	*à la hausse (tendance)*
a bullish market	*un marché à la hausse*
a bull run	*une longue période de hausse des cours*
an advance	*une valeur en hausse*
strong	*en hausse*
to run up the price (of)	*faire monter le prix (de)*
a fillip	*une légère fluctuation vers le haut*
an uptick	*une petite hausse*
to spurt	*monter soudainement*
a spurt	*une hausse soudaine*
to chalk up	*enregistrer (une hausse)*
to add a fraction	*gagner quelques centimes, enregistrer de légers gains*
to add	*enregistrer des points*
to edge up	*monter légèrement*

VII CRASH — *LE KRACH*

1 WARNINGS — *LES PREMICES*

a hot market	*un marché fébrile*
an overheated market	*un marché surchauffé*
an onslaught	*un assaut*
to shake a market	*ébranler un marché*
volatility	*l'effervescence*
a spasm of volatility	*une effervescence*
volatile	*en effervescence*
turbulence	*l'agitation*
jittery	*nerveux*
to suffer jitters	*être pris d'accès de nervosité*
skittish	*nerveux*
jumpy	"
restive	"
to show signs of strain	*montrer des signes de tension*
a warning signal	*un signe avant-coureur*
a downdraft of pessimism	*un courant de pessimisme*

to send the market into a funk	*déprimer le marché*
an omen of disaster	*un signe avant-coureur de désastre*
a swing of mood	*un changement d'humeur*
trouble ahead	*précurseur d'ennuis*
glum symptoms	*les signes de morosité*
to heighten fears	*accroître les craintes*
falling prices	*la baisse des prix*
a crashette	*un mini-krach*
a hiccup	*un soubresaut*
a ripple	*une vague*
to ripple through the public	*faire des vagues dans le public*
to send ripples (through)	*faire frémir*

2 COLLAPSE — *L'EFFONDREMENT*

a drop	*une chute*
a sharp drop	*une chute brutale*
a smash	*un krach*
a free fall	*une chute libre*
a shakeout	*une chute*
to nose dive	*faire un plongeon*
a nose dive	*un plongeon*
to take a nose dive	*faire le plongeon*
to get out of hand	*se dérégler*
a rout	*une déroute*
a debacle	*une débâcle*
to crash	*s'effondrer*
to collapse	"
to tumble down	"
to plummet	"
to plunge	*plonger*
unchecked	*incontrôlé*
out of control	*non maîtrisé*
to spin out of control	*perdre le contrôle*
to take a turn for the worse	*s'aggraver*
to take the wind out of	*couper l'herbe sous les pieds*
to get bogged down	*s'enliser*
to take a beating	*prendre une raclée (fam.)*

3 PANIC — *LA PANIQUE*

the day of reckoning	*le jour du jugement dernier*
a stampede	*une panique*
a panic	" "
to detect panic	*déceler une panique*
to incite panic	*inciter à la panique*
to start the panic	*déclencher la panique*
to talk down any sense of panic	*minimiser tout sentiment de panique*
to play down the crisis atmosphere	*minimiser l'atmosphère de crise*
to seize the market	*s'emparer du marché*
to engulf the market	*envahir le marché*
to sweep the market	*s'emparer du marché*
to feed panic	*entretenir la panique*
panic selling	*les ventes dues à la panique*
a panic liquidation	*une vente due à la panique*
to dump stocks	*se débarrasser d'actions*
to bail out of the market	*se retirer du marché (en vendant tout)*
to pull one's money out	*liquider ses avoirs*
to dispose of one's portfolio	*se débarrasser de son portefeuille*
a knockdown price	*un prix réduit*
to sell at knockdown prices	*vendre à perte*
to touch off a panic	*déclencher une panique*
to trigger a crash	*provoquer un effondrement*
to lose one's shirt	*y laisser sa chemise*
to strain the computer network to the limit	*mettre à rude épreuve le réseau informatisé*
to halt trading	*interrompre les transactions*
to knock off trading	" " "
to suspend trading	*suspendre les transactions*
to shut down	*fermer*
to deny access to a market	*interdire l'accès à un marché*
to limit risk	*limiter les risques*
an all-time low	*un niveau le plus bas jamais enregistré*
to suffer heavy losses	*subir de lourdes pertes*
to post a loss	*afficher une perte*
to lose a bundle	*perdre une fortune*
to be wiped out	*être ruiné*
to ambush the market	*faire chuter le marché*
black Monday	*un lundi noir*
a market disaster	*une catastrophe boursière*
an all-out crash	*un effondrement total*
to hedge one's losses	*couvrir ses pertes*

4 THE AFTERMATH — *LES CONSEQUENCES*

to shatter a sense of financial security	*ébranler un sentiment de sécurité financière*
to face a crisis of confidence	*affronter une crise de confiance*
a snowball effect	*un effet boule de neige*
a blow to the market	*un coup dur pour le marché*
to skid into a recession	*glisser vers une récession*
to stay depressed	*rester déprimé*
to overborrow	*emprunter à l'excès*
to overspend	*dépenser plus que de raison*
to have damaging effects	*avoir des effets dévastateurs*
to leave a policy in tatters	*laisser une politique en ruines*
to create instability	*créer l'instabilité*
to undermine the stability	*déstabiliser*
economic / financial instability	*l'instabilité économique / financière*
a foreign exchange shortage	*une pénurie de devises*
to face a chronic shortage (of)	*se trouver confronté à une pénurie chronique (de)*

VIII RECOVERY *LE RETABLISSEMENT*

to stabilize	*se stabiliser*
to flatten	*" "*
to calm the market	*apaiser le marché*
to soothe the market	*" " "*
to calm fears	*apaiser les craintes*
to play it cool	*garder la tête froide*
a return to calm	*un retour au calme*
to quell the financial turmoil	*apaiser la tempête financière*
to wait out the market	*attendre la fin de la crise*
to ride out the crisis	*survivre à la crise*
to straighten oneself out	*mettre de l'ordre dans ses affaires*
to turn the market round	*redresser le marché*
to edge ahead	*afficher une tendance à la hausse*
to recover one's balance	*retrouver son équilibre*
to shore up a market	*consolider un marché*
to buttress	*étayer*
to prop up	*raffermir*
to rebound	*repartir*
a run-up	*une flambée*
to shoot up	*monter en flèche*
to regain lost ground	*regagner le terrain perdu*
to recoup losses	*se rattraper de ses pertes*
to bring back would-be buyers	*ramener les acheteurs potentiels*
to get back into the market	*réinvestir sur le marché*
to stick with the market	*faire confiance au marché*
to pick up	*enregistrer une hausse*
to pick up steam	*reprendre du poil de la bête*
to turn	*changer de tendance*
a turn	*un revirement*
a resumption	*une reprise*
to rally	*se reprendre*
a rally (in)	*une reprise (de)*
an upward move	*un mouvement à la hausse*
an upswing / an uptrend	*" " "*
easing	*la détente*
to firm	*se raffermir*
firm	*ferme, haussier*
to harden	*se raffermir*
hard	*en hausse*
a gainer / a winner	*une valeur en hausse*
to send stocks higher	*faire grimper les actions*
to bid up the Dow by . . . points	*faire monter l'indice Dow Jones de ... points*
to hold well	*bien se défendre*
to move up to	*se relever de*
to eclipse a record	*éclipser un record*
to soar	*grimper en flèche*
to peak	*atteindre un sommet*
to kite upward	*monter en flèche*
to reach dizzy heights	*atteindre des sommets stupéfiants*
a run of luck	*une série de coups de chance*
an all-time high	*un record absolu*
to reach a new high	*atteindre un nouveau record*
to breach the 3,000 mark on the DJ industrial average	*franchir la barre des 3000 points de l'indice Dow Jones*
to avert further disaster	*éviter d'autres catastrophes*
to stave off a recession	*prévenir une récession*
to correct the imbalances	*corriger les déséquilibres*
to shore up market stability	*renforcer la stabilité du marché*
to guard against market meltdowns	*se protéger de l'effondrement du marché*
to avoid stock dives	*éviter les chutes des cours*

IX MARKET REGULATIONS *LE CONTROLE DES MARCHES*

the Securities and Exchange Commission (SEC) (USA)	*la Commission des Opérations en Bourse (COB)*
the Securities and Investments Board (SIB) (UK)	*la COB*
a regulator	*un organisme de contrôle*
a watchdog agency	*" " " "*
securities laws	*les règlements sur les titres*
to police the market	*faire de l'ordre dans les marchés*
to monitor the market	*contrôler le marché*
to tighten policy	*renforcer les règles d'action*
to relax policy	*assouplir les règles*
to develop safeguards	*mettre des garde-fous en place*
to nab crooks	*pincer les escrocs*
to grab profits	*accumuler des profits*
fraud	*l'escroquerie*
a fraudster	*un fraudeur*
a fraud specialist	*un spécialiste de la fraude*
to combat fraud	*lutter contre la fraude*
a sting operation	*une tentative de fraude*
a scam	*un coup*

to run a scam	*faire un coup*
to perpetrate a scam	*monter un coup*
shenanigans	*combines, manœuvres*
to share information	*partager des informations*
to tip off	*passer un tuyau*
to tamper with a book	*falsifier les écritures*
inside information	*information privilégiée*
an insider	*un initié*
insider trading	*le délit d'initié*
illicit profiting (from)	*gains illicites (de)*
to disclose	*révéler*
a disclosure	*une révélation*
to hammer (UK)	*exclure un membre pour non-respect des règlements*
a defaulter	*un contrevenant*
to expel	*expulser*
expulsion	*expulsion*

5 BUDGET — *LE BUDGET*

I THE NATIONAL BUDGET — *LE BUDGET DE LA NATION*

a budget package	*un train de mesures budgétaires*
budget making	*l'élaboration du budget*
a fiscal year	*une année budgétaire*
a draft budget	*un avant-projet de budget*
a forecast budget	*un budget prévisionnel*
budget projections	*prévisions budgétaires*
a finance bill	*une loi de finances*
an appropriation bill	*" " " "*
a cast iron budget	*un budget inattaquable*
budget day	*le jour de présentation du budget (au Parlement)*
to present a budget	*présenter un budget*
budgetary control	*le contrôle budgétaire*
to shut down the government	*fermer le gouvernement*
a government shutdown	*une fermeture du gouvernement*
to keep the government running	*continuer à faire fonctionner le gouvernement*
a fiscal sleight of hand	*un tour de passe-passe budgétaire*

II BUDGETING — *LA COMPTABILITE BUDGETAIRE*

an operational budget	*un budget de fonctionnement*
a sales budget	*un budget commercial*
a standard budget	*un budget-type*
an annual budget	*un budget annuel*
a budget account	*un compte-crédit*
under budget	*sans dépassement de budget*
to budget (for sth.)	*inscrire au budget, établir un budget, budgéter, budgétiser*
a budgeteer	*l'auteur d'un budget*
budgetary	*budgétaire*
budgetary management	*la gestion budgétaire*
to frame a budget strategy	*élaborer une stratégie budgétaire*
to work out a budget	*définir un budget*
to establish a budget	*établir un budget*
see : companies	*voir : les entreprises*

III BALANCING THE BUDGET — *L'EQUILIBRE DU BUDGET*

1 SURPLUS AND DEFICIT — *L'EXCEDENT ET LE DEFICIT*

to balance a budget	*équilibrer un budget*
to balance the books	*dresser le bilan*
a balancer	*qui équilibre le budget*
a budget imbalance	*un déséquilibre budgétaire*
a surplus	*un excédent*
to run a surplus	*avoir un excédent*
a current-account deficit	*un déficit du compte courant*
a budget shortfall / a budget gap	*un déficit budgétaire*
an external deficit	*un déficit extérieur*
a record high deficit	*un déficit record*
deficit intractability	*le déficit chronique*
a trade deficit	*un déficit du commerce*
a cash deficit	*un déficit de trésorerie*
to show a deficit	*être déficitaire*
to run into a deficit	*avoir un déficit*
to run a deficit	*faire du déficit*
to run up a deficit	*accumuler un déficit*

2 DEFICIT REDUCTION — *LA REDUCTION DU DEFICIT*

a reduction	*une réduction*
to make up a deficit	*combler un déficit*
to reduce a budget deficit	*réduire le déficit du budget*
to top	*franchir*
to get a deficit down	*réduire un déficit*
to pare / to cut / to reduce a deficit	" " "
to rein in a deficit	*maîtriser un déficit*
to cover a deficit	*combler un déficit*
to close a budget gap	" " "
deficit cutting measures	*mesures de réduction du déficit*
to slash a deficit	*réduire considérablement le déficit*
to cut expenditures	*réduire les dépenses*
to cut entitlements	*réduire les dotations*
to limit spending	*limiter les dépenses*
to overrun	*dépasser*
an overrun	*un dépassement de coût budgeté*
to contain overruns within limits	*ne pas dépasser les coûts projetés*
to rise above the initial estimates	*dépasser les prévisions*
to keep a budget on a tight leash	*tenir fermement un budget*
to wrangle over	*se quereller à propos de*
a deficit-cutting agreement	*un accord sur la réduction du déficit*

6 TAXES — *LES IMPOTS*

I GENERAL BACKGROUND — *GENERALITES*

a tax / a rate	*un impôt*
a charge	*une redevance*
a fee	*un droit*
a levy	*une contribution, un prélèvement*
excise	*contributions indirectes*
revenue	*recettes fiscales*
a fiscal year	*un exercice*
a tax payer	*un contribuable (impôts locaux)*
a non-taxpayer	*une personne non assujettie*
tax payable	*l'impôt à payer*
a rate payer	*un contribuable*
to pay taxes	*payer des impôts*
a tax and price index	*un indice des prix prenant en compte la pression fiscale*
to tax	*taxer*
to lay a tax	*imposer*
to levy a tax (on)	*prélever un impôt (sur)*
to be liable for tax	*être imposable*
to collect a tax	*percevoir un impôt*
tax collection	*le prélèvement de l'impôt*
collectable	*recouvrable*
taxation	*l'imposition, impôts, la fiscalité*
to be subject to taxation	*être soumis à l'impôt*
tax progressivity	*la progression de l'impôt*
progressive taxation	*l'impôt progressif*
excessive taxation	*la fiscalité excessive*
taxable	*imposable*
a taxable year	*un exercice fiscal*
taxability	*ressources imposables*

II TAX AUTHORITIES — *LES SERVICES FISCAUX*

the Exchequer (UK)	*le ministère des Finances*
the Chancellor of the Exchequer	*le ministre des Finances*
the Finance Minister	*le ministre des Finances*
the Treasury Department (USA)	*le ministère du Trésor*
the Treasury Secretary	*le secrétaire aux Finances*
the Audit Department	*la Cour des Comptes*
the tax administration	*l'administration fiscale*
the Internal Revenue Service (IRS) (USA)	*la recette des finances , les services du fisc*
the Inland Revenue (UK)	*" " " "*
the Inland Revenue commissioner	*le Directeur des contributions directes*
a tax inspector	*un inspecteur des contributions directes*
the revenue office	*le bureau de perception*
the collector's office	*la recette de perception*
the Excise (UK)	*la Régie*
an exciseman	*un employé de la Régie*
Volunteer Income Tax Assistance	*services de renseignements administratifs pour les impôts*
Tax Counseling	*le bureau d'aide fiscale*
taxman	*un inspecteur des impôts*
a tax collector	*un percepteur des impôts*
a tax accountant	*un conseiller fiscal*
a tax code	*un code des impôts*
fiscal policy	*la politique fiscale*
a tax system	*un système fiscal*

III TYPES OF TAXES — *TYPES D'IMPOTS*

an income tax	*un impôt sur le revenu*
a personal income tax	*un impôt sur le revenu des personnes physiques (IRPP)*
a taxed income	*un revenu imposable*
a withholding tax	*un impôt retenu à la source*
indirect taxes	*impôts indirects*
a value added tax (VAT)	*une taxe à la valeur ajoutée (TVA)*
a capital gains tax (CGT)	*un impôt sur les plus-values*
a poll tax	*un impôt local*
a surtax	*une surtaxe, un impôt supplémentaire (sur les revenus les plus élevés)*
a supertax	*un impôt supplémentaire sur le revenu (pour les tranches les plus élevées)*
a head tax	*un impôt par habitant*
a fortune tax	*un impôt sur la fortune*
to take a whack at the rich	*faire payer les riches*
a community charge	*un impôt communautaire*
a land tax	*un impôt foncier*
a corporation tax	*un impôt sur les sociétés*
a profits tax	*un impôt sur les bénéfices*
a net profits tax	*un impôt sur les bénéfices nets*
pre-tax profits	*bénéfices avant impôts / bruts*
a turnover tax	*une taxe sur le chiffre d'affaires*
a sales tax	*un impôt sur le chiffre d'affaires*
a tax on capital	*un impôt sur le capital*
a taxable surplus	*un revenu imposable (d'une société)*
a windfall profits tax	*un impôt sur les bénéfices exceptionnels*
a payroll tax / an employee tax	*une taxe sur les salaires*
an expenditure tax	*une taxe à la consommation*
an energy tax	*un impôt sur les carburants*
a luxury tax	*un impôt sur les produits de luxe*
a sin tax	*une taxe sur les alcools et le tabac*
an excise duty	*droits de régie, accise (sur le tabac, l'alcool etc.)*
excise duties	*impôts indirects*
customs and excise duties	*droits de douane*
stamp duty	*droits de timbre*
extra duty	*droits de douane supplémentaires*

IV TAX RELIEF — *LES ABATTEMENTS FISCAUX*

tax relief	*le dégrèvement*
relief for donations	*déductions pour dons*
to claim tax relief	*prétendre à un abattement fiscal*
an exemption	*une exonération*
to claim an exemption	*prétendre à une exonération*
tax deductible	*déductible des impôts*
a tax write-off	*une déduction fiscale*
tax free	*exonéré d'impôts*
a tax credit	*un crédit d'impôt*
a tax cut	*une réduction d'impôt*
tax deductibility	*la déduction fiscale*
a tax deduction	*une réduction d'impôts*
a standard deduction	*un prélèvement libératoire / forfaitaire*
a tax allowance	*une exonération fiscale, un abattement fiscal*
a tax rebate	*une réduction fiscale, un allègement fiscal*
to exempt from tax	*exonérer de l'impôt*
tax exempt	*exempté d'impôt*
a tax break	*une réduction d'impôts*
a tax reduction	*un allègement fiscal, un avantage fiscal*
a tax incentive	*une incitation fiscale*
a tax exempt special savings account (TESSA)	*un compte d'épargne exonéré d'impôts*

V FILING IN ONE'S TAX RETURN — *LA DECLARATION D'IMPOTS*

a tax return	*une déclaration d'impôts*
to process a return	*remplir une déclaration d'impôts*
a tax form	*une feuille d'impôt*
to fill out one's income tax return	*remplir sa déclaration d'impôts*
to file one's tax return	" " "
to ask for an extension	*demander un délai*
a tax table	*un barème de l'impôt*
tax schedules	*barèmes fiscaux*
to assess	*évaluer*
to compute / to figure	*calculer*
to report	*déclarer*
a spouse	*un / une conjoint(e)*
a dependent	*une personne à charge*
a marital status	*une situation maritale*
a filing status	*un mode de déclaration*
single / married	*célibataire / marié*
widowed	*veuf / veuve*
the head of household	*le chef de famille*
a separate return	*une déclaration séparée*
a joint return	*une déclaration conjointe*
a statement of earnings	*une déclaration de revenus*
income	*le revenu*
gross income	*le revenu brut*
earned income	*traitements et salaires*
unearned income	*pensions et rentes*
tip income	*pourboires*
an employer-provided vehicle	*une voiture de fonction*
an individual retirement plan (IRA)	*un plan de retraite individuel*
to itemize	*détailler*
to round off to whole dollars	*arrondir en dollars*
to round off cents to the next whole dollar	*arrondir au dollar le plus proche*
to be due	*être échu*
date as postmark	*le cachet de la poste faisant foi*
to charge interest and penalties	*être majorable*
collection at source	*la retenue à la source*
pay-as-you-earn (PAYE)	*le prélèvement direct*
to pay by the month	*être mensualisé*
collection costs	*les frais d'imposition*
federal tax take	*les recettes de l'impôt*
a tax rate	*un taux d'imposition*
a tax base	*une assiette de l'impôt*
a tax bracket / a tax band	*une tranche d'imposition*
a threshold	*un seuil*
to equalize	*faire une péréquation*
a resource-equalization	*une péréquation des revenus*
to refund / to issue a refund	*rembourser*
a refund	*un remboursement*
a paid preparer	*un conseiller fiscal*
a taxable amount	*une base d'imposition*

VI TAX POLICY — *LA POLITIQUE FISCALE*

tax bite	*la ponction fiscale*
a tax pledge	*une promesse fiscale*
a no-new-tax pledge	*une promesse de ne pas augmenter les impôts*
to break a tax pledge	*augmenter les impôts malgré une promesse contraire*
a tax agenda	*un ordre du jour fiscal*
a tax burden (on)	*une charge fiscale (sur)*
to increase the yield from tax	*augmenter la recette des impôts*
to raise revenues	*lever des impôts*
to push rates higher	*augmenter les impôts*
to hike taxes	" " "
tax liability	*assujettissement à l'impôt*
a tax hike	*une augmentation d'impôts*
a tax rise / a tax increase	*une augmentation des impôts*
a tax boost	" " "
to cap a tax	*limiter un impôt*
to put a cap on	*imposer une limite maximum à*
to band a tax	*répartir par tranches*
to amend a tax	*modifier un impôt*
to sweeten a tax	*adoucir un impôt*
to tinker with a tax	*bricoler un impôt*
to reduce taxes	*diminuer les impôts*
to slash taxes	" " "
to cut back on taxation	*réduire les impôts*
a cut in tax	*une diminution d'impôts*
to reverse a tax-cut	*annuler une diminution d'impôts*
a tax rebellion / a tax revolt	*une révolte des contribuables*
to fleece the taxpayer	*voler le contribuable*
a revolt over	*une révolte au sujet de*
to trigger a revolt	*déclencher une révolte*
to withdraw a tax	*retirer un impôt*
to scrap a tax (on)	*supprimer un impôt (sur)*
tax reform	*la réforme fiscale*
to abolish a tax	*supprimer un impôt*
to be let off taxes	*être dégagé de l'impôt*
fiscal drag	*la fiscalisation excessive entraînant un ralentissement de l'économie*

VII TAX EVASION — *LA FRAUDE FISCALE*

1 GENERAL BACKGROUND — *GENERALITES*

tax avoidance / tax evasion	*la fraude fiscale*
tax fraud	" " "
to evade taxation	*frauder le fisc*
to skim	" " "
to evade taxes	*se soustraire à l'imposition*
a tax evader / a tax dodger	*un fraudeur du fisc*
law-dodging	*qui cherche à échapper à la loi*
to dodge taxes	*frauder le fisc*
tax-dodging	*l'évasion fiscale*
a tax exile	*qui s'expatrie pour raisons fiscales*
for tax purposes	*pour des raisons fiscales*
a loophole	*une faille dans la législation*
to exploit a tax loophole	*exploiter une faille dans la législation fiscale*
to close a loophole	*combler une faille*
to fiddle one's income tax return	*truquer sa déclaration d'impôts*
an understatement of tax	*une sous-évaluation*
to make a false statement	*faire une fausse déclaration*
a frivolous return	*une déclaration fantaisiste*
to underreport	*sous-déclarer*
unreported	*non déclaré*

2 UNTAXED MONEY — *L'ARGENT NOIR*

a tax thicket	*un maquis fiscal*
to devise ways to	*se débrouiller pour*
to keep billions out of government coffers	*provoquer un manque à gagner de plusieurs milliards pour le fisc*
to slip money out of the country	*faire sortir de l'argent en douce*
to stash away money	*mettre de l'argent à l'ombre*
to haul cash out of the country	*faire sortir de l'argent du pays*
capital flight	*l'évasion de capitaux*
black money / grey money	*argent non déclaré*
untaxed money	*argent qui échappe à l'imposition*
untraceable	*indétectable*
of dubious origin	*d'origine douteuse*

to handle criminal money	*manipuler l'argent de source criminelle*
to trace	*retrouver*
to track	*rechercher*
to launder money	*blanchir l'argent*
money laundering	*le blanchiment de l'argent*
a wash cycle	*un recyclage*
to skim cash from a business	*prélever de l'argent sur la caisse*
a depositor	*un déposant*
to deposit	*déposer*
a cash deposit	*un dépôt en espèces*
to make a cash deposit	*faire un dépôt en espèces*
to stash one's money in	*planquer son argent sur*
a numbered account	*un compte numéroté*
a nominee account	*un compte anonyme*
bank secrecy	*le secret bancaire*
a bank secrecy law	*une loi sur le secret bancaire*
to lift banking secrecy	*lever le secret bancaire*
to conceal one's assets	*dissimuler ses avoirs*
electronic money	*argent électronique*
an electronic funds network	*un réseau électronique de fonds*
a transfer of funds	*un virement de fonds*
a wire transfer	*un transfert par télégramme*
an electronic funds transfer	*un transfert électronique de fonds*
a computerized money transfer	*un transfert de fonds informatisé*
to escape scrutiny	*échapper à tout contrôle*

3 TAX SHELTERS — *LES PARADIS FISCAUX*

a tax shelter / a tax haven	*un paradis fiscal*
to shelter savings from tax	*mettre ses économies à l'ombre*
a conduit	*une filière*
to set up a conduit	*monter une filière*
a corporation	*une société anonyme*
a tax-dodging corporation	*une société anonyme pour échapper à l'impôt*
a tax-avoiding corporation	" " " "
a tax-exempt company	*une société exonérée d'impôt*
a blind corporation	*une société bidon*
a dummy	*un prête-nom*
a dummy company / a straw company	*une société fictive*
a sham company	" " "
a brass plate company	*une boîte aux lettres*
a shell corporation	*une société écran*
a nominee company	" " "
a front company	" " "
a bogus company	*une société fantôme*
a tax-free zone	*une zone franche*

VIII TAX INVESTIGATION — *LES CONTROLES FISCAUX*

to investigate	*enquêter*
auditing	*le contrôle, la vérification*
to audit an account	*vérifier un compte*
an auditor	*un commissaire aux comptes*
to check / to tally	*vérifier*
to scrutinize	*examiner minutieusement*
a checkpoint	*un contrôle*
a check list	*une liste de contrôle*
an income statement	*un compte de résultat*
a balance sheet	*un bilan*
to draw up a balance sheet	*dresser un bilan*
an accounts book	*un livre de comptabilité*
a ledger	*un grand livre*
a cash book	*un journal de caisse*
a balance book	*un livre de balance générale*
a cash account	*un compte de caisse*
a trading year	*un exercice financier*
an accounting period	*un exercice fiscal*
to make one's books transparent	*exiger la transparence des comptes*
to cooperate	*coopérer*
lavish expenses	*dépenses somptuaires*
a status car	*une voiture de prestige*
the cooking of the books	*le trucage de bilan*
window dressing	*habillage du bilan*
overevaluation	*la surévaluation*
undervaluation	*la sous-évaluation*
to misappropriate / to divert funds	*détourner des fonds*
misappropriation of corporate assets	*l'abus de biens sociaux*
to tighten controls	*renforcer la réglementation*
to spot suspicious movements	*repérer des mouvements suspects*
a slush fund	*une caisse noire*
to file a currency transaction report	*déclarer une transaction de devises*
to freeze an account	*geler un compte*
to blockade drug loot	*bloquer les avoirs de la drogue*
to monitor the traffic	*contrôler les mouvements*
to require disclosure of	*exiger la divulgation de*
currency control laws	*lois sur la réglementation des devises*
to be charged penalties	*être coupable de délits*
to be subject to criminal prosecution	*être passible de poursuites judiciaires*
to send to court	*déférer devant les tribunaux*

an adjustment	*un redressement*
an order to pay tax arrears	*subir un redressement fiscal*
a settlement of tax arrears	*un redressement fiscal*
to confiscate	*confisquer*
to seize	*saisir*
an unpaid tax	*un impôt non acquitté*
a statute of limitations	*une prescription légale*
statute-barred	*prescrit*

XIV TRADE — *LE COMMERCE*

1 THE PRODUCT — *LE PRODUIT*

1 GENERAL BACKGROUND — *GENERALITES*

a product	*un produit*
a range of products / a product line	*une gamme de produits*
to produce	*produire*
produce	*produits, denrées (d'origine agricole)*
farm produce	*produits agricoles*
a producer	*un producteur*
a producer buyer	*un acheteur industriel*
producer goods	*biens de production*
a finished product	*un produit fini*
product benefits	*les bienfaits d'un produit pour le consommateur*
a foreign product	*un produit étranger*
a no-brand product	*un produit libre*
an own-label product	*le produit d'un distributeur*
a generic product	*un produit générique*
an imitation product	*une contrefaçon*
a top-of-the-line product	*un produit haut de gamme*
a bottom of the range product	*un produit bas de gamme*
a pricey item	*un article cher*
an end product	*un produit fini*

2 LAUNCHING A PRODUCT — *LE LANCEMENT D'UN PRODUIT*

a product manager	*un chef de produits*
a product executive	*un responsable de produits*
product capabilities	*performances d'un produit*
a product life span	*la durée de vie d'un produit*
the product life cycle concept (PLC concept)	" " " " " "
a product changeover	*la mutation d'un produit*
to develop a product	*mettre au point un produit*
to launch a product	*lancer un produit*
a launch	*un lancement*
to flop	*faire un bide (fam.)*
a flop	*un échec*
to distribute a product	*distribuer un produit*
to reach the consumer	*atteindre le consommateur*
to range from . . . to . . .	*aller de ... à ...*
to span a product line	*couvrir une gamme de produits*
a downscale market	*un marché bas de gamme*
to brand a product	*donner un nom à un produit*
to test a product	*essayer un produit*
to undergo tests	*subir des tests*
a trial market	*un marché-test*
a stage	*une étape*
to taste	*goûter*
the final product	*le produit fini*
to promote a product	*promouvoir un produit*
to market a product	*mettre un produit sur un marché*

3 PRODUCT PERFORMANCE — *LE RENDEMENT D'UN PRODUIT*

fashion	*la mode*
fashionable	*à la mode*
a hit product	*un produit à succès*
to gamble on a product	*parier sur un produit*
to splash out on a product	*faire une folie pour un produit*
to alter the image of a product	*modifier l'image d'un produit*
to sell a product line in a country	*vendre une gamme de produits sur un marché*
to run a line of products	*vendre une ligne de produits*
to off-load one's products	*déverser ses produits*
to expand a range of products	*élargir une gamme de produits*

to rank with	*être égal à*
to rank high among	*se classer en tête parmi*
own-label marketing	*la promotion de sa propre marque*
to cater to the needs (of)	*satisfaire les besoins (de)*
to sell well	*bien se vendre*
to sell poorly	*mal se vendre*

4 QUALITY *LA QUALITE*

a quality product	*un produit de qualité*
quality standards	*normes de qualité*
to set tough standards	*établir des normes sévères*
to meet quality standards	*répondre aux normes de qualité*
to hew to rigorous quality standards	*se conformer à de strictes normes de qualité*
to take a hard-eyed look at quality control	*regarder de très près le contrôle de la qualité*
total quality control (TQC)	*le contrôle permanent de la qualité*
quality consciousness	*une sensibilisation à la qualité*
a quality inspector	*un inspecteur de la qualité*
to monitor quality	*surveiller la qualité*
after-sales service and support	*services après-vente*
a key component of quality	*un élément essentiel de qualité*
to be devoted to quality	*être soucieux de qualité*
to pursue quality with a vengeance	*rechercher la qualité à tout prix*
the pursuit (of)	*la recherche (de)*
manufacturing excellence	*la qualité de fabrication*
to build with an eye to customers	*concevoir dans le but de satisfaire le client*
to instill a passion for quality (into)	*transmettre une passion de la qualité (à)*
to embark in a pursuit of excellence	*se lancer dans la recherche de la qualité*
to launch a campaign for quality	*lancer une campagne pour la qualité*
a quality enhancement program	*un programme d'amélioration de la qualité*
to restore quality	*restaurer la qualité*
to preach the quality gospel	*prêcher l'évangile de la qualité*
a quality gain	*un gain de qualité*
to cut manufacturing errors	*réduire les défauts de fabrication*
workmanship	*la qualité dans le travail*
manufacturing excellence	*la qualité de fabrication*
to do the job well	*faire du bon travail*
quality engineering	*la fabrication de qualité*
to build quality into a product	*introduire la qualité dans un produit*
to design quality into a product	*concevoir un produit de qualité*
to build to last	*construire pour durer*
a reputation for quality	*une réputation de qualité*
to assess a product	*évaluer un produit*
to design	*concevoir*
to redesign	*redessiner*
to scrutinize work	*inspecter minutieusement le travail*
to contain defects	*limiter les défauts*
a spot check	*une vérification par sondage*
to run diagnostic checks on products	*faire subir des tests de vérification sur des produits*
to earn top ratings for quality	*obtenir une très bonne note pour la qualité*
to stand for excellence	*symboliser la qualité*
a brand image	*une image de marque*
to discontinue a product	*arrêter un produit*

5 SHODDINESS *LA CAMELOTE*

a product fault / a product defect	*un défaut de fabrication, une défectuosité*
faulty	*défectueux*
a weakness	*une faiblesse*
a flaw	*une paille, un défaut, une faille*
flawless	*sans défaut*
to neglect quality	*négliger la qualité*
to do it on the cheap	*fabriquer à l'économie*
to spot defects	*déceler des défauts*
to correct defects	*corriger des défauts*
the wear and tear	*l'usure*
messy work	*le travail bâclé*
sloppiness	*le manque de soin*
sloppy	*bâclé*
shoddy	*de mauvaise qualité*
a second-rate product	*un produit de qualité médiocre*
to throw away	*jeter*
a throw away product	*un produit jetable*
to discard	*jeter*
a throw away society	*une société de gaspillage*
throw away consumption	*un gaspillage de consommation*
to dispose of	*se défaire de*
disposable	*jetable*
planned obsolescence	*obsolescence planifiée*
to waste	*gaspiller*
a waste maker	*un gaspilleur*

2 MARKETING — *LE MARKETING*

1 MARKETS — *LES MARCHES*

a marketplace	*un marché*
the world market	*le marché mondial*
a domestic market / a home market	*un marché intérieur*
an internal market	*un marché interne*
a foreign market	*un marché extérieur*
an overseas market	*un marché étranger*
a common market	*un marché commun*
the European market	*le marché européen*
the Single European Market	*le marché unique européen*
an integrated commercial market	*un marché commercial intégré*
a mass market	*un marché gigantesque*
a micro market	*un micro marché*
a trial market	*un marché test*
a customer	*un client*
a market leader	*une firme / un produit qui détient la majorité d'un marché*
a price sensitive market	*un marché sensible aux prix*
a fast-growing market	*un marché en pleine expansion*
an official market	*un marché officiel*
an unofficial market	*un marché parallèle*
a black market	*un marché noir*
a spot market	*un marché du disponible*
a one-man market	*un marché fermé / contrôlé*
a monopolistic market	*un marché monopolistique*
an open market	*un marché libre, ouvert*
a free market	*un marché libre*
a limited market	*un marché étroit*
a cornered market	*un marché étranglé*
a growth market	*un marché porteur*
a wool market	*un marché lainier*
a cotton market	*un marché cottonier*
a corn market	*un marché des grains*
a grain broker	*un courtier en grains*
a copper market	*un marché du cuivre*
a rubber market	*un marché du caoutchouc*
a freight market	*un marché du fret*
a cattle market	*un marché aux bestiaux*

2 COMMERCIAL STRATEGY — *LA STRATEGIE COMMERCIALE*

a commercial strategy	*une stratégie commerciale*
a marketing policy	*une politique commerciale*
marketing appropriations	*dotations budgétaires affectées au marketing*
marketing budget	*le budget de marketing*
a marketing manager	*un directeur commercial*
a marketing director	*un directeur de marketing*
to market a product	*commercialiser un produit*
to court customers	*rechercher les clients*
to woo customers	" " "
global marketing	*la vente globale*
to merchandise	*commercialiser*
merchandising	*le marchandisage*
marketing mix	*le marchéage*
to segment a market (along)	*segmenter un marché (en)*
an ethnic line	*un profil de race*
a geographical line	*une région géographique*
a segment	*un segment, une strate*
segmentation	*la segmentation*

3 MARKET ANALYSIS — *L'ANALYSE DE MARCHE*

a market analysis	*une analyse de marché*
a market survey	*une étude de marché*
to conduct a survey	*mener une enquête*
to carry out a survey	" " "
a market appraisal	*une évaluation du marché*
market research	*une recherche de marché*
to conduct market research	*procéder à une analyse du marché*
a follow-up survey / study	*une étude complémentaire*
a market exploration	*une exploration des marchés*
market forecast	*prévisions de marché*

market prospects	*perspectives commerciales*
market trends	*conjonctures du marché*
market forces	*tendances du marché*
market intelligence	*informations commerciales*
market demand	*besoins du marché*
a market profile	*un profil de marché*
a target	*un objectif*
to target a market	*cibler un marché*
a target consumer	*un consommateur cible*
a marketing target	*une cible de marché*
market focus	*la cible de marché*
to aim at a market	*viser un marché*
to hit a market	*atteindre un marché*
to research a market (for a product)	*sonder un marché (pour un produit)*
to find a niche	*trouver un créneau*
a market opportunity	*un créneau*
to go after the top (of the market)	*viser le haut de gamme (sur un marché)*
to specialise in the upper end of the market	*se spécialiser dans les articles haut de gamme*
the luxury end of a market	*le produit de luxe d'un marché*
to energize a market	*dynamiser un marché*
to be on the prowl	*être à l'affût*
to shortlist a market	*sélectionner un marché*
to eye a potential market	*convoiter un marché potentiel*
a buoyant market	*un marché demandeur*
to covet a market	*convoiter un marché*
to scout for	*reconnaître le terrain*
to probe a market	*sonder un marché*
to tap a market	*exploiter un marché*
to tap a potential	*exploiter un potentiel*
to test the water	*prendre la température*
to understand a market	*comprendre un marché*
to match a product to a market	*assortir un produit à un marché*
to suit a market	*convenir à un marché*
to appeal to a market	*séduire un marché*
to tailor a product to local tastes	*adapter un produit aux goûts du pays*
to force a product down the throat of foreigners	*imposer un produit à des étrangers*
to nab a market opportunity	*profiter d'une occasion de marché*
a decentralized approach (to)	*une approche décentralisée (de)*
a compartimentalized approach	*une approche compartimentée*

4 THE CAMPAIGN — *LA CAMPAGNE*

a market test	*un test de vente*
a test area	*un secteur témoin*
a specific area	*un secteur déterminé*
promotion	*la promotion*
to promote a product	*faire la promotion d'un produit*
to promote an image	*promouvoir une image*
to launch a drive	*lancer une campagne*
an export drive	*une campagne de promotion des exportations*
to launch a product on a market	*lancer un produit sur un marché*
to invest abroad	*investir à l'étranger*
a marketing campaign	*une campagne de marketing*
to foist a marketing campaign on	*imposer une campagne de marketing à*
an unpopular campaign	*une campagne impopulaire*
market activities	*activités de commercialisation*
a marketer	*un distributeur*
a marketeer	*un vendeur sur un marché*
market organization	*organisation commerciale*
marketability	*la possibilité de commercialisation*

5 MARKET PENETRATION — *L'IMPLANTATION SUR UN MARCHE*

to make one's presence felt	*faire sentir sa présence*
a market opportunity	*un créneau commercial*
to market a product	*commercialiser, lancer un produit*
to put on the market	*lancer sur le marché*
to find a market (for)	*trouver un débouché (pour)*
to be on the market	*être sur le marché*
to come into the market	*être mis sur le marché*
to find a place on a market	*se faire une place sur le marché*
to find a ready market	*se placer facilement*
to be in the market (for)	*être acheteur (de)*
to open up the market (to)	*ouvrir le marché (à)*
an opening / an outlet	*un débouché*

6 THE MARKET SHARE — *LA PART DE MARCHE*

to compete in a market	*faire concurrence sur un marché*
a market share	*une part de marché*
the lion's share	*la part du lion*
a share of the pie	*une part du gâteau*
to gain a market share	*gagner une part du marché*
to win a slice of the pie	" " "
a chunk of a market	*une part de marché*
to capture a share of the market	*s'emparer d'une part du marché*
to double one's share of the market	*doubler sa part de marché*
to claim a stake (in)	*être engagé (sur)*
to slip behind	*se laisser distancer*

7 THE MARKET THRUST — *LA PERCEE COMMERCIALE*

to penetrate a market	*pénétrer un marché*
to break into a market	" " "
a breakthrough	*une percée*
a step by step approach	*une approche progressive*
to establish a presence	*s'installer sur un marché*
to introduce a product to / on a market	*introduire un produit sur un marché*
to spearhead a campaign	*mener une campagne*
a spearhead	*un fer de lance*
to make a foray (into)	*faire une incursion (dans)*
to make an inroad into a market	*pénétrer un marché*
to make a move (in) / to move (into)	*faire son entrée (sur)*
to make a push into	*faire une poussée sur*
to have access to a market	*avoir accès à un marché*
to make a market available (to)	*permettre l'accès à un marché*
to make a market accessible (to)	*rendre un marché accessible (à)*
to demand better access to a market	*exiger un meilleur accès à un marché*
to grab a market	*s'emparer d'un marché*
to enter a niche market	*occuper un créneau*
to start in a market	*se lancer sur un marché*
to crack a market	*faire une percée sur un marché*
to pry open a market / to prise open a market	*pénétrer de force sur un marché*
to storm a market	*prendre un marché d'assaut*
to storm a continent	*s'attaquer à un continent*

8 MARKET DOMINATION — *LA DOMINATION D'UN MARCHE*

to dominate a market	*dominer un marché*
to stay dominant	*conserver une supériorité*
to expand a market	*développer un marché*
to capture a market	*conquérir un marché*
to conquer a market	" " "
to have a lock on a market	*avoir une mainmise sur un marché*
to sweep a market	*rafler un marché*
to gobble a market	*avaler un marché*
to engulf a market	*engloutir un marché*
to corner a market	*monopoliser un marché*
a fast-growing market	*un marché en rapide expansion*
to bulldoze one's way in	*s'imposer de force sur*
to overcome a market	*conquérir un marché*
to build up an impressive presence	*s'imposer de façon remarquable*
to beat the market	*triompher d'un marché*
to flood a market	*inonder un marché*
to overwhelm / to swamp	*inonder*
to cover a market with aggressive push	*inonder un marché de une poussée agressive*

9 FAILURE OF MARKET PENETRATION — *L'ECHEC DE L'IMPLANTATION*

a pitfall	*un piège*
a newcomer	*un nouveau venu*
to bar sb. from owning	*interdire à qqn. de posséder*
to place limits on	*restreindre*
an undesirable presence	*une présence indésirable*
to prove luckless	*manquer de chance*
a culture shock	*un choc culturel*
a system of values	*un système de valeurs*
a work ethics	*une éthique de travail*
a colonial attitude	*une attitude colonialiste*
a superiority complex	*un sentiment de supériorité*
to underestimate	*sous-estimer*
to put down people	*humilier les gens*
a communication breakdown	*un manque de communication*
the lack of fair play	*le manque d'honnêteté*
an outmoded attitude	*une attitude vieux jeu*
a stereotyped attitude	*une attitude stéréotypée*
to stir up feelings of hurt	*susciter des sentiments de méfiance*
distrust	*la méfiance*
a xenophobic backlash	*une réaction xénophobe*
to pay above book value for a firm	*payer trop cher une entreprise*
to pay over the odds for	" " "
to recoup one's outlay	*récupérer son investissement*
to lose an edge	*perdre un avantage*
to lose one's competitive edge	*perdre un avantage concurrentiel*
to undermine a market	*saper un marché*
to keep a company out	*empêcher une entreprise de s'installer*
to write off a market	*sacrifier un marché*

3 ADVERTISING — *LA PUBLICITE*

I GENERAL BACKGROUND — *GENERALITES*

1 ADS — *LES ANNONCES*

an advertisement	*une annonce, une réclame, une publicité*
an ad	*une annonce publicitaire*
an advert	*une pub*
the ads / the small ads	*les petites annonces*
the classified ads	*les annonces classées*
a spread	*une annonce double page*
an insert	*un encart*
to insert an ad	*insérer une annonce*
to place an ad	*mettre une annonce*
to run an ad	*faire passer une annonce*
to carry an ad	*contenir un message publicitaire*
a follow-up advertisement	*une publicité de rappel*
a commercial	*un message publicitaire à la TV ou à la radio*
a service advertisement	*une publicité pour un service (public)*
fire prevention	*la prévention des incendies*
traffic safety	*la sécurité routière*
crime prevention	*la prévention de la criminalité*
know-better advertising	*la publicité de mise en garde*
an opportunity to see (OTS)	*une "occasion de voir"*
exposure	*le contact*

2 ADVERTISING — *LA PUBLICITE*

to advertise	*faire de la réclame*
publicity	*la publicité (donnée à un événement)*
a publicity stunt	*une astuce publicitaire*
to publicize	*rendre public*
to create advertisements	*créer des publicités de service*
to distribute advertisements	*distribuer des publicités*
an advertising message	*un message publicitaire*
to deliver a message	*transmettte un message*
to broadcast a message	*diffuser un message*
broadcast advertising	*la publicité sur les ondes*
co-operative advertising	*la publicité collective*
direct advertising	*la publicité directe*
institutional advertising	*la publicité institutionnelle*
introductory advertising	*la publicité de lancement*

line advertising	*la publicité pour un produit*

3 THE ADVERTISING AGENCY — *L'AGENCE DE PUBLICITE*

Madison Avenue (USA)	*Madison Avenue (avenue de New York qui abrite les grandes firmes de publicité), le monde de la publicité*
an advertising agency	*une agence de publicité*
a publicist	*un publicitaire*
a publicity agent	*un agent de publicité*
an advertiser	*un annonceur, un publicitaire*
an adman	*un publicitaire*
a huckster	*un publicitaire qui travaille pour la radio et la TV*
an advertising department	*un service de publicité*
an account	*un client, un compte, un budget d'annonceur (géré par agence)*
an account executive	*un responsable de publicité*
advertising space	*emplacement réservé à la publicité*
an advertising message	*un message publicitaire*
advertising rates	*tarifs publicitaires*
advertising charges	*dépenses publicitaires*
an advertising technique	*une technique de publicité*
to sponsor	*sponsoriser, commanditer*
sponsoring	*le parrainage*
a sponsor	*un annonceur*
a sponsoring organization	*une organisation de parrainage*
sponsorship	*le parrainage*

II ADVERTISING MEDIA — *LES SUPPORTS PUBLICITAIRES*

1 THE MESSAGE — *LE MESSAGE*

a medium	*un support*
the message content	*le contenu du message*
the effectiveness of a message	*l'efficacité d'un message*
the brevity of a message	*la brièveté d'un message*
a subliminal message	*un message subliminal*
to see / read at a glance	*voir / lire d'un coup d'œil*
the wording	*le libellé*
a catch line	*une formule choc*
a catch phrase	*un slogan*
catchy	*facile à retenir*
a bland advert	*une réclame mielleuse*
a memorable advert	*une publicité accrocheuse*
media space	*l'espace publicitaire*
a media seller	*un vendeur d'espace publicitaire*
a time buyer	*un acheteur de temps publicitaire*
time buying	*achat de temps*
to devote space	*réserver de l'espace pour, consacrer de la place à*
to buy space	*acheter des espaces (publicitaires)*
to buy media space in bulk	*acheter de l'espace en gros*
a space buyer	*un acheteur d'espace*
to achieve wide coverage	*faire une large couverture*

2 OUTDOORS ADVERTISING — *LES SUPPORTS EXTERIEURS*

a visual device	*un procédé visuel*
transit advertising	*la publicité sur les moyens de transport*
a sign	*une enseigne*
an electric sign	*une enseigne lumineuse*
a neon sign	*une enseigne au néon*
a spectacular	*une enseigne animée*
poster advertising	*la publicité par voie d'affiche*
a poster	*une affiche*
a caption	*une légende*
a poster designer	*un affichiste*
to post up	*afficher*
a billboard	*un panneau d'affichage publicitaire*
a hoarding	*un panneau publicitaire*
an advertising pillar	*une colonne Morris*
an electric display	*un affichage électrique*
theater screen advertising	*la publicité sur les écrans des cinémas*
an eye-stopper	*qui attire le regard*

3 PRINTED MEDIA — *LES SUPPORTS IMPRIMES*

a mailing	*un envoi par la poste, un démarchage par correspondance*
direct mail advertising	*la publicité par envoi direct*
a mailing list	*une liste d'adresses*
to compile a list (from)	*dresser une liste (à partir de)*
a telephone directory	*un annuaire de téléphone*
a club membership list	*une liste d'adhésions à un club*
direct advertising	*la publicité directe*
a leaflet	*un prospectus*
a handbill	" "
a flyer	" "

a throwaway	*un prospectus distribué dans la rue*
a folder	*un dépliant*
a brochure	*une brochure*
a booklet	" "
a catalog	*un catalogue*
a reply card	*une carte-réponse*

4 COUPONS — *LES BONS*

a coupon	*un bon de réduction*
a money-off coupon	" " " "
a reply coupon	*un bon à découper*
couponing / a coupon scheme	*l'offre de réduction par coupons*
a box top offer	*une offre (sur l'emballage)*
a contest	*un concours*
an entry form	*un formulaire d'inscription*
a winning entry	*un bulletin gagnant*
a free offer	*une offre gratuite*
advertising specialties	*articles de publicité*
a sticker	*un autocollant*
a calendar	*un calendrier*
an ash tray	*un cendrier*
a key chain	*un porte-clés*
a reminder	*un souvenir*
to personalize a message	*personnaliser un message*

5 BROADCAST MEDIA — *LES SUPPORTS RADIOTELEVISES*

radio advertising	*la publicité à la radio*
a verbal device	*un procédé oral*
a TV spot	*un spot publicitaire*
an advertising spot	" " "
voice over	*une voix off*
a jingle	*un indicatif sonore*
an advertising film	*un film de publicité*
the viewing audience	*le public des téléspectateurs*
prime time	*heures de grande écoute*
to buy a unit of time	*acheter une unité de temps d'antenne*
to place between programs	*insérer entre les émissions*
a program interruption	*l'interruption d'une émission*
a program's sponsor	*le commanditaire d'un programme*
a ratings system	*un système d'évaluation*
an audimeter	*un audimat*
an audience measurement method	*une méthode de mesure d'audience*
to measure TV audiences	*mesurer le taux d'écoute des télespectateurs*
a sample of households	*un échantillon de foyers*
to survey homes	*faire des recherches sur des foyers*
program rating	*la cote d'une émission*
Nielsen ratings (USA)	*le panel SECODIP (France)*
a share of the audience	*une part d'audience*
audience composition	*la composition de l'audience*
an estimated number of	*une estimation du nombre de*
to pick up / to lose rating points	*gagner / perdre des points d'audience*
the Brand Rating Index (BRI) (USA)	*le système d'évaluation des supports*

III ADVERTISING STRATEGY — *LA STRATEGIE PUBLICITAIRE*

1 TARGETING — *LE CIBLAGE*

consumer advertising	*la publicité aux consommateurs*
to use advertising	*se servir de la publicité*
consumer-catching techniques	*techniques pour attirer les clients*
advertising effectiveness	*efficacité publicitaire*
an advertising budget	*un budget de publicité*
advertising expenditures	*dépenses de publicité*
the scheduling of advertising	*l'ordonnancement de la publicité*
an advertising blitz	*un matraquage publicitaire*
to bombard a consumer with ads	*assommer un consommateur de réclames*
to bludgeon the consumer	*matraquer le consommateur*
an advertising claim	*un argument publicitaire*
an advertising campaign	*une campagne de publicité*
an advertising drive	" " " "
an advertising plan	*un plan de campagne*
an advertising theme	*un thème publicitaire*
market research	*une étude de marché*
a market survey	" " " "
a market trend	*une conjoncture du marché*
consumer habits	*les habitudes des consommateurs*
to aim at consumers	*viser les consommateurs*
to reach consumers	*atteindre les consommateurs*
a cross section	*un échantillon représentatif*
to reach a broad cross section (of)	*atteindre un large segment (de)*
demographic characteristics	*les particularités démographiques*
to break down a public (into)	*décomposer un public (par)*
an age group	*une tranche d'âge*

sex	*le sexe*
occupation	*le métier*
family size	*la taille de la famille*
income	*le revenu*
buying power	*le pouvoir d'achat*
to sell a need	*vendre un besoin*
a lifestyle	*un style de vie*
to research the consumer	*faire des recherches sur le consommateur*
to single out	*déterminer*
to select an audience	*choisir un public*
a segment of the population	*un segment de population*
a target audience	*une audience utile*
targeting	*le ciblage*
a market segment	*un segment de marché*
to identify a prospect	*identifier un futur client*
a prospective customer	*un client éventuel*
psychological make-up	*le profil psychologique*
motivation research	*la recherche de motivation*
to appeal to consumers	*plaire aux consommateurs*
to appeal to consumers (through)	*attirer les consommateurs (à travers)*
to select the appeal	*choisir l'effet d'attirance*
consumer appeal	*l'attrait pour le consommateur*
to gain the support (of)	*obtenir le soutien (de)*
to promote the sale (of)	*promouvoir la vente (de)*
to motivate a market toward a response	*pousser un marché à réagir*
to build store traffic	*amener des clients, se constituer une clientèle*
store patronage	*la constitution de clientèle*
copy-testing	*le test d'annonce*

2 ADVERTISING AND THE CONSUMER — *LA PUBLICITE ET LE CONSOMMATEUR*

to influence the consumer	*influencer le consommateur*
to spur	*inciter*
to alter buying habits	*changer les habitudes d'achat*
to play on consumers' tastes	*jouer sur les goûts des consommateurs*
to manipulate consumer behaviour	*manipuler le comportement du consommateur*
to induce people to consume	*pousser les gens à consommer*
to coax people into / to wheedle people into consuming	*choyer le consommateur (pour l'encourager à acheter)*
to entice people into buying	*pousser les gens à acheter*
to stimulate consumption	*stimuler la consommation*
to increase the effectiveness (of)	*améliorer l'efficacité (de)*
to influence public opinion	*influencer l'opinion publique*
to awaken the public	*réveiller le public*
to activate the public	*mobiliser le public*
to advance a cause	*promouvoir une cause*
to keep people informed (about)	*tenir les gens au courant (de)*
to brainwash consumers into buying	*conditionner les consommateurs afin qu'ils achètent*
to condition	*conditionner*

3 ADVERTISING A PRODUCT — *LA PUBLICITE D'UN PRODUIT*

to enter a market	*pénétrer un marché*
to push a product	*faire vendre un produit*
a blind test	*un test en aveugle*
a blindfold test	" " " "
to test the introduction of a product	*tester l'introduction d'un produit*
to influence a buying trend	*influencer une tendance d'achat*
to get sb to use a product	*pousser les gens à se servir d'un produit*
to build a brand preference	*fidéliser un client à une marque*
to build a corporate identity	*bâtir une image de marque*
to make a name well known	*faire connaître un nom*
to build an identity for the product	*faire connaître un produit*
to enhance a product	*mettre un produit en valeur*
to add value (to)	" " " "
to gain a share of the public mind	*s'emparer d'une partie de l'esprit du public*
to counter competition	*se défendre contre la concurrence*
to expand a competitive capability	*développer une capacité de concurrence*
to give a brand an edge over competitors	*donner l'avantage à un produit sur ses concurrents*
to outspend a competitor	*dépenser davantage que son concurrent*
to decry advertising	*dénigrer la publicité*
Advertising Standards Authority	*le Bureau de vérification de la publicité*

4 ADVERTISING AND THE RACES — *LA PUBLICITE ET LES RACES*

multiracial advertising	*la publicité multiraciale*
to brighten an ad	*égayer une publicité*
to populate ads with	*peupler les réclames de*
to pioneer the polyethnic look	*lancer le look multiracial*
to enhance the rainbow look	*mettre en valeur le look multiracial*
to appeal to ethnic customers	*plaire aux minorités ethniques*
to throw a black into an ad	*introduire un homme noir dans une réclame*
a fair-skinned model	*un mannequin à la peau claire*
to employ black women as models	*utiliser des femmes noires comme mannequins*

to be sensitive to minorities	être sensible aux minorités
an integrated ad	une réclame d'où la ségrégation est absente
diversity	la diversité
an alluring sentiment of brotherhood	une impression séduisante de fraternité
to be in the height of hipness	être à la mode le comble de la mode
a new cast of faces	une nouvelle série de visages
to meet the demand for fresher faces	répondre à la demande de nouveaux visages
to be aimed at ethnic groups	viser des groupes ethniques

4 SALE — *LA VENTE*

I THE DISTRIBUTION NETWORK — *LE RESEAU DE DISTRIBUTION*

1 STORES — *LES MAGASINS*

1.1 BIG STORES — *LES GRANDES SURFACES*

a shopping district	un quartier commerçant
a shopping area	une zone commerciale
a shopping center / a mart	un centre commercial
a shopping mall	un centre commercial, une galerie marchande
a department store	un grand magasin
a department-store group	une chaîne de grands magasins
an old-line department store	un grand magasin traditionnel
an emporium	un grand magasin
multi-storeyed	à plusieurs étages
a gargantuan store	un magasin géant
a hypermarket	un hypermarché
a chain store	un magasin à succursales multiples
a retail chain	une chaîne de détaillants
a fashion chain	une chaîne de magasins de mode
a self-service store	un magasin en libre-service
a storehouse	un entrepôt, un magasin, un dépôt
a co-op	une coopérative
a mail order house	une maison de vente par correspondance
a factory outlet	un magasin d'usine

1.2 SMALL BUSINESSES — *LES PETITS COMMERCES*

a general store	un magasin d'alimentation générale (dans une petite commune)
a country store	un magasin général
a corner store	une boutique de quartier
a mom-and-pop store	un commerce familial
a convenience store	un magasin de proximité
a dry goods store	un magasin de nouveautés
a specialty store	un magasin spécialisé
a thrift shop	une boutique gérée au profit d'œuvres charitables
a five-and-ten	un bazar
a dime store	un prisunic
a branch	une succursale
an upmarket outlet	un magasin de luxe
a discount store	un soldeur
a discount outlet	un magasin de discount
a discount house	un magasin mini-marge
a discounter	un centre distributeur
a mid-priced store	un magasin à prix moyens
a pricebasher	un commerçant qui casse les prix
a wholesaler / a jobber (USA)	un grossiste
a market	un marché
a flea market	un marché aux puces
a stall	un étal, un éventaire
an open air stall	une boutique en extérieur
a stallholder	un marchand forain
an antique(s) dealer	un antiquaire
an antique(s) shop	un magasin d'antiquités
a baker's shop	un boulanger
a bakery	une boulangerie industrielle
a bookstore / a bookshop	une librairie
a bookseller	un libraire
a butcher's shop	un boucher
a cleaner	un blanchisseur
a clothing store	un magasin de vêtements
a cobbler's	une cordonnerie
a confectioner's	une pâtisserie
a confectioner	un confiseur
a confectionery	une confiserie
a costermonger	un marchand des quatre saisons
a delicatessen	une épicerie fine, une charcuterie

a drugstore	*un drugstore, une pharmacie*
a fashion boutique	*une boutique de mode*
a fishmonger's shop	*une poissonnerie*
a flower shop / a florist	*un fleuriste*
a fruiterer	*un fruitier*
a furniture dealer	*un marchand de meubles*
a furrier	*un fourreur*
a garage owner / a garage keeper	*un garagiste*
a greengrocer	*un marchand de légumes*
the grocer's / the grocery store	*l'épicier*
groceries	*articles d'épicerie*
a haberdashery	*une mercerie*
a hairdresser / a barber	*un coiffeur*
a hardware store	*un quincailler*
a jeweller	*un bijoutier*
a junk shop	*une brocante*
a laundrymat	*une laverie*
a meat counter	*un rayon de boucherie*
a milkman	*un laitier*
a newsagent	*un marchand de journaux*
a newspaper stall	*un kiosque à journaux*
a pastry shop / a cake shop	*une pâtisserie*
a pharmacist	*un pharmacien*
a poulterer	*un marchand de volailles*
a printer	*un imprimeur*
rental car reservation	*la location de voitures*
a second-hand dealer	*un brocanteur*
a stationer's	*une papeterie*
a tailor	*un tailleur*
a tobacconist	*un buraliste*
a wine merchant	*un marchand de vin*

2 RETAIL AND WHOLESALE — *LE DETAIL ET LE GROS*

retail sales	*les ventes de détail*
retail trade	*le commerce de détail*
to retail	*vendre au détail*
a retailer / a retail dealer	*un détaillant*
a retail price	*un prix de détail*
a retail price index	*un indice des prix de détail*
to sell by retail	*vendre au détail*
a niche retailer	*un détaillant spécialisé*
to sell wholesale / to sell in bulk	*vendre en gros*
to wholesale	" " "
a wholesaler	*un commerçant en gros*
a direct seller / trader	*un grossiste*
a wholesale trader / dealer	" "
wholesale trade	*le commerce de gros*
a wholesale cooperative	*une coopérative d'achats*

3 FRANCHISING — *LE FRANCHISAGE*

to franchise	*accorder un droit de distribution*
a franchise	*une franchise*
to buy a franchise	*acheter une franchise*
to run a franchise	*gérer une franchise*
a franchise operation	*l'exploitation d'une franchise*
a franchised firm	*un établissement sous franchise*
a franchisee	*un distributeur*
a franchiser	*qui accorde un droit de distribution*
to pay an up-front fee	*payer une redevance de départ*
to become part of a chain	*faire partie d'une chaîne*
a parent company	*une maison-mère*
to pay a percentage of gross revenues	*verser un pourcentage sur les bénéfices nets*
to share advertising costs	*partager les coûts de publicité*
promotion costs	*les coûts de promotion*
to pay a royalty	*verser une redevance*
to contribute . . . per cent towards	*verser un pourcentage de ... pour*
to buy a product / name / image	*acheter un produit / un nom / une image*
to offer name recognition	*offrir une notoriété*
to benefit from	*profiter de*
to carry a name into a city	*s'implanter dans une ville*

4 EXHIBITIONS — *LES EXPOSITIONS*

a fair	*une foire*
a trade fair	*une foire commerciale*
a food fair	*un salon de l'alimentation*
a fairgoer	*un visiteur d'une foire*
a show	*un salon*
a motor show	*un salon de l'automobile*
a household appliances show	*un salon des arts ménagers*
to exhibit	*exposer*
a permanent exhibition	*une exposition permanente*
a travelling exhibition	*une exposition itinérante*
to hold an exhibition	*organiser une exposition*
an exhibition site	*un terrain d'exposition*
exhibition space	*l'emplacement d'exposition*
to participe in an exhibition	*participer à un salon*
admission	*l'entrée*
a day ticket	*une carte d'entrée*
season ticket	*une carte permanente*
attendance	*l'affluence*
peak attendance	*une affluence record*
to put up a stand	*monter un stand*
to remove a stand	*démonter un stand*

5 SETTING UP SHOP — *L'INSTALLATION D'UN MAGASIN*

5.1 THE STORE — *LE COMMERCE*

a merchant / a trader	*un négociant en gros*
a storekeeper / a shopkeeper	*un commerçant*
a location	*un emplacement*
snazzy	*chouette*
to open a store	*ouvrir un magasin*

to set up in business	*s'établir*
to get started in business	*se lancer dans les affaires*
to be in business	*être dans les affaires*
business hours	*heures d'ouverture*
the outlay	*la mise de fonds*
expenditures	*frais*
to enter into partnership	*s'associer*
to dissolve a partnership	*dissoudre une association*
goods / wares	*marchandises*
an article / an item	*un article*
a shopping bag	*un sac*
a catalog	*un catalogue*
a sign	*une enseigne*
to dress a window	*faire une vitrine*
a window display	*un étalage*
a rackjobber	*un spécialiste de la présentation des marchandises dans les magasins*
a window display artist	*un étalagiste*
a window dresser	" "
a showcase	*une vitrine*
store presentation	*l'agencement d'un magasin*
a shelf / shelves	*un rayon / rayons*
to be attentive (to)	*faire attention (à)*
attentiveness to	*l'attention portée à*
a showroom	*une salle d'exposition*
a counter	*un comptoir*
a till	*un tiroir-caisse*
to refurbish a store	*rénover un magasin*
a receipt	*un reçu*
a sample	*un échantillon*
a trolley	*un chariot*
the cash desk	*la caisse*
a cashier	*un caissier, une caissière*
a scanning machine	*un lecteur électronique*
a bar code	*un code barres*
a receipt	*un reçu*
a label	*une étiquette*
a price tag	*le prix*
to check a bag	*déposer son sac (à la réception)*
a check-out counter	*une caisse de supermarché*

5.2 ORDERS AND DELIVERIES — *COMMANDES ET LIVRAISONS*

to invoice	*facturer*
an invoice	*une facture*
invoicing	*la facturation*
to make out an invoice	*établir une facture*
an invoice book	*un facturier*
to receipt an invoice	*s'acquitter d'une facture*
to pack	*emballer*
to wrap	*envelopper*
gift wrapping	*un emballage cadeau*
brown paper	*le papier d'emballage*
string	*la ficelle*
tape	*le ruban adhésif*
to tie	*attacher*
to order	*commander*
a firm order	*une commande ferme*
an order form	*un bon de commande*
an order book	*un carnet de commandes*
to place an order (with)	*passer commande de (auprès de)*
to book an order	*enregistrer une commande*
cash with order	*payable à la commande*
to carry out an order	*traiter une commande*
to cancel an order	*annuler une commande*
an indent	*un bon de commande (de l'étranger)*
a backlog of orders	*une accumulation de commandes*
to deliver	*livrer*
delivery	*la livraison*
cash with order	*payable à la commande*
cash on delivery (COD)	*payable à la livraison (contre)*
a delivery deadline	*un délai de livraison*
a lead time	" " " "
a time of delivery	" " " "
a delivery date	" " " "
to keep a delivery deadline	*respecter un délai de livraison*
to meet delivery dates	*respecter les délais de livraison*
home delivery	*livraison à domicile*
to take delivery (of)	*prendre livraison (de)*
to offer free delivery	*offrir la livraison gratuite*
a delivery man	*un livreur*
a shipping department	*un service des expéditions*
a delivery truck driver	*un chauffeur d'un camion de livraison*
returns	*rendus, consignes*
empties	*emballages vides*

6 SHOPPING — *LES COURSES*

to shop	*faire ses courses*
to go shopping / to run errands	*faire les courses*
to shop around	*faire les magasins*
window shopping	*le lèche-vitrine*
to go window shopping	*faire du lèche-vitrine*
to browse	*flâner*
a shopper	*un acheteur*
a shopping list	*une liste de courses*
a shop lifter	*un voleur à l'étalage*
shoplifting	*le vol à l'étalage*
late shopping	*une nocturne*
an impulsive buy	*un achat impulsif*
to go on a buying spree	*se lancer dans une frénésie d'achats*
a buying binge	*une frénésie d'achats*

7 THE SALES FORCE — *LA FORCE DE VENTE*

the staff	*le personnel*
salespeople	*employés du service commercial*
a sales person	*un vendeur, une vendeuse*
a shop assistant	*un(e) employé(e) de magasin*

a salesman	*un vendeur*
a salesclerk	*un vendeur*
a sales wizard	*un sorcier de la vente*
a shopwalker	*un inspecteur*
a travelling salesman	*un représentant de commerce*
a commercial traveller	*un commis voyageur, un VRP*
a trade representative	*un représentant de commerce*
a door-to-door salesman	*un démarcheur à domicile*
a mileage allowance	*une indemnité kilométrique*
a sales manager	*un responsable des ventes*
a middleman	*un intermédiaire, un revendeur*
a merchant middleman	*un entrepositaire*
an agent middleman	*un dépositaire*
a dealer / a distributor	*un distributeur*
an authorized dealer	*un distributeur agréé*
a representative / a rep	*un représentant*
a broker	*un courtier*
a factor	*un consignataire, un commissionnaire en gros*
an agent	*un agent*
an agent's territory	*le secteur d'un agent*
to delineate a territory	*définir un secteur*
a general agent	*un agent général*
to appoint	*nommer*
an agency	*une agence, une représentation*
a sole agency / an exclusive agency	*une agence exclusive*
a selling commission	*une commission sur vente*
a commission on sale	" " " "
to sell on a commission	*vendre à la commission*
a call	*une visite*
to canvass an area	*parcourir un secteur*
a canvasser	*un démarcheur*
canvassing	*le démarchage*
a hawker / a peddler / a pedlar	*un camelot, un colporteur*
to peddle one's wares	*colporter sa camelote (fam.)*
sales talk	*le baratin (fam.)*
a spiel	*un boniment*
to make a sales pitch	*bonimenter*
a mail order taker	*un employé d'une maison de vente par correspondance*

II SHOPKEEPING — *LA TENUE DE BOUTIQUE*

1 STOCKS — *LES STOCKS*

inventory	*le stock, l'inventaire*
to inventory	*faire l'inventaire*
inventory control	*le contrôle des stocks*
stock management	*la gestion des stocks*
just-in-time stock management	*la gestion des stocks "juste à temps"*
to stock up	*faire provision*
to have in stock	*avoir en magasin*
to carry a large stock	*avoir de gros stocks*
to stock with / to lay in a stock of	*s'approvisionner en*
to take stock	*faire l'inventaire*
to be well stocked with	*être bien achalandé en*
to overstock	*surstocker*
stock building	*la constitution des stocks*
stock control	*le contrôle des stocks*
to work down inventories	*écouler les stocks*
stock-in-trade	*un fonds de commerce*
stock-in-hand	*le stock en magasin*
stock on hand	*le stock net*
to buy wholesale	*acheter en gros*
in bulk	*en gros*
a batch	*un lot*
to dip into the stocks	*puiser dans les réserves*
to draw from the stocks	" " " "
to be out of stock	*être en rupture de stock*
to be out of	*être à court de, manquer de*
to run low	*s'épuiser*
excess stock	*le surplus de stocks*
to scale back a holding of stocks	*réduire ses stocks*
to clear the stock	*liquider, solder*
to cut the amount of stock	*réduire la quantité des stocks*
a stock book	*un livre d'inventaire*
turnover	*la rotation des stocks*
to be exhausted	*être épuisé*
exhaustion	*épuisement*
to be out of stock	*être en rupture de stock*

2 STORAGE — *LE MAGASINAGE*

storage facilities	*installations d'entrepôt*
storage warehousing	*emmagasinage*
to store	*stocker*
to warehouse	*entreposer*
a warehouse	*un entrepôt*
a warehouse man	*un magasinier*
a supplier	*un fournisseur*
to bypass a supplier	*court-circuiter un fournisseur*
to supply	*fournir, approvisionner*
supplies	*les stocks, les fournitures*
to supply from stock	*fournir à partir des stocks*
to lay in a supply	*faire des stocks*
to be in short supply	*être difficile à trouver*
to glut	*saturer, engorger*
a glut	*une saturation*

3 SALE — *LA VENTE*

to sell	*vendre*
a sale contract	*un acte de vente*
a sale figure	*un chiffre de vente*
a sale on approval / a sale on trial	*une vente à l'essai*
a sale on sample	*une vente sur échantillon*
a selling price	*un prix de vente*
to offer for sale / to put up for sale	*mettre en vente*
sales promotion	*la promotion des ventes*
soft sell	*la promotion de vente douce / feutrée*
hard sell	*la promotion de vente agressive*
an after-sales service	*un service après-vente*
a sales department	*un service des ventes*
a cash sale	*une vente au comptant*
an auction sale	*une vente aux enchères*
to bulk	*vendre en gros*
bulk sales	*ventes massives, ventes en gros*
mail-order selling	*la vente par correspondance*
door-to-door selling	*le porte-à-porte, la vente à domicile*
to sell by private contract	*vendre à l'amiable*
to sell on credit	*vendre à crédit*
an instalment	*un versement*
a right of sale	*un droit de vente*

4 PRICES — *LES PRIX*

a price	*un prix*
consumer prices	*prix à la consommation*
a consumer price index (CPI)	*un indice des prix à la consommation*
a current price	*un prix actuel*
a cash price	*un prix au comptant*
a cost price / a prime cost	*un prix coûtant, un prix de revient*
a selling price / a sale price	*un prix de vente*
a purchase price / a buying price	*un prix d'achat*
a price bracket	*une catégorie de prix*
a price differential	*un écart de prix*
a price list	*une liste de prix*
a price index	*un indice des prix*
a price range	*un éventail de prix*
inclusive price	*prix tout compris*
price inclusive of tax	*prix TTC*
all-inclusive price	*" "*
an official price	*un cours officiel*
a retail price	*un prix de détail*
a wholesale price	*un prix de gros*
a gross price	*un prix brut*
a posted price	*un prix affiché*
a target price	*un prix de référence*
an invoice price	*un prix de facture*
a market price / a trade price	*un prix du marché*
a subsidized price	*un prix subventionné*
a support price	*un prix de soutien*
a standard price	*un prix standard*
a firm price	*un prix ferme*
a contract price	*un prix forfaitaire*
a fixed price	*un prix fixe*
an average price	*un prix moyen*
a net price	*un prix net*
an actual price	*un prix réel*
a pegged price	*un prix de soutien*
a floor price	*un prix plancher*
a competitive price	*un prix concurrentiel*
a price war	*une guerre des prix*
a high price	*un prix élevé*
full price	*le prix fort*
updated	*actualisé*
a rise in prices	*une hausse des prix*
expensive	*cher*
costly	*coûteux*
stiff	*raide*
excessive	*trop élevé*
prohibitive	*inabordable*
price gouging	*la pratique de prix exorbitants*
priceless	*hors de prix*
in the upper price brackets	*dans les catégories de prix supérieures*
beyond one's means	*au-dessus de ses moyens*
price controls	*le contrôle des prix*
price regulation / price fixing	*la réglementation des prix*
prices guidelines	*directives de prix*
a price freeze	*un blocage des prix, un gel des prix*
a fixed price	*un prix fixe*
a ceiling	*un plafond*

5 COSTS — *LES COUTS*

a cost	*un coût*
to cost	*coûter*
the cost	*le prix de revient*
to sell at cost	*vendre au prix coûtant*
costless	*gratuit*
at all costs	*coûte que coûte*
cost analysis	*l'analyse des prix*
manufacturing labour costs	*coûts de main-d'œuvre industrielle*
the cost price	*le prix de revient*
cost variance	*l'écart de prix*
a flat cost	*un coût direct*
a cost overrun	*un surcoût*
the cost of living	*le coût de la vie*
a cost of living allowance	*une indemnité de vie chère*
the cost of living adjustment (COLA)	*l'indexation des salaires*
a cost estimate	*une estimation des coûts*
the cost of entry	*le coût de pénétration*
cost control	*la maîtrise des coûts*
a jump (in)	*un bond (de)*
to boost the cost (of)	*augmenter les coûts (de)*
to transfer costs	*transférer les coûts*
cost-conscious	*économe*

a cost-cutter	*une mesure qui réduit les coûts*
cost cutting	*la réduction des coûts*
cost-effective	*rentable*
cost saving	*économique*
cost awareness	*la perception des coûts*
cost inflation / cost push inflation	*l'inflation par les coûts*

6 SALES POLICY — *LA POLITIQUE DES VENTES*

to sell	*vendre*
to buy / to purchase	*acheter*
to price	*établir un prix*
pricing	*la fixation des prix*
to agree on a price	*s'entendre sur un prix*
to name a price / to set a price	*fixer un prix*
freedom to set prices	*la liberté des prix*
to charge a price	*demander un prix*
to maintain prices	*maintenir les prix*
to keep prices down	*maintenir des prix bas*
to hold down prices	*tenir les prix*
to peg prices	*bloquer / contrôler les prix*
to fix prices	*s'entendre sur les prix*
to fall	*chuter*
a fall in prices	*une chute des prix*
to drop	*baisser*
to collapse	*s'effondrer*
a collapse	*un effondrement*
a slump	*une dégringolade*
a decline	*une baisse*
to show a downward trend	*afficher une tendance à la baisse*
to rise	*augmenter*
to raise prices	*augmenter les prix*
to soar / to skyrocket	*monter en flèche*
to kite upward	*s'envoler*
a sales book	*un livre des ventes*
sales returns	*le produit des ventes*
a sales tax	*une taxe à l'achat*
value added tax (VAT)	*Taxe à la valeur ajoutée (TVA)*
a sales chart	*une courbe des ventes*
salesmanship	*l'art de vendre, le sens du commerce*
to be on sale	*être en vente*
sales tactics	*tactiques de vente*
a sales specialist	*un expert de la vente*
a sales drive	*une campagne de vente*
sales expectations	*prévisions de vente*
sales forecasts	*" " "*

7 SALES — *LES SOLDES*

sale time	*l'époque des soldes*
bargain sales	*soldes*
sales are on	*c'est la saison des soldes*
odd lot	*articles soldés*
a clearance sale	*une liquidation*
a red tag sale	*une vente promotionnelle*
a closing-down sale	*une liquidation totale*
a winding-up sale	*une vente pour cessation de commerce / pour cause de liquidation*
to sell off / to clear off	*solder*
to sell at a discount	*"*
to push sales	*pousser les ventes*
to level off	*se stabiliser*
to move merchandise	*écouler la marchandise*
to generate sales	*générer des ventes*
a promotional give-away	*un cadeau promotionnel*
the off-peak season	*la saison morte*
low priced	*à bas prix*
cheap / inexpensive	*bon marché*
moderate	*modique*
dirt cheap	*à vil prix*
a drop in prices	*une baisse des prix*
to shrink below	*tomber en-dessous de*
a margin	*une marge*
to mark up	*majorer*
a mark up	*une majoration*
to cut prices	*réduire les prix*
to reduce prices	*diminuer les prix*
to slash prices	*sacrifier les prix*
to undercut prices	*brader les prix*
a discount / a rebate / a price cut	*un escompte, un rabais*
a price mark-down	*un démarquage des prix*
marked down	*démarqué*
discounted	*réduit*
off-label	*dégriffé*
a knock out price	*un vil prix*
a break-up price	*un prix de liquidation*
to refund	*rembourser*
a refund	*un remboursement*
no refund	*non remboursable*
to bargain	*marchander*
a bargain	*une affaire*
a good bargain	*une bonne affaire*
a bargain sale / a promotional sale	*une vente promotionnelle*
a bargain price	*un prix d'occasion*
a bargain hunter	*qui est à la recherche des bonnes affaires*
to hunt for bargains	*rechercher les bonnes affaires*
to haggle about the price (of)	*discuter le prix (de)*
bargain prices	*prix sacrifiés*
to have good value for one's money	*en avoir pour son argent*
to get sth. for a mere song	*se procurer qqch. pour une bouchée de pain*

8 BRANDS — *LES MARQUES*

a brand	*une marque*
branding	*l'invention d'une marque*
branded goods	*produits de marque*
a brand name	*une marque, un nom de marque*
a brand image	*une image de marque*
a global brand	*une marque mondiale*
a megabrand	*une super marque*

a grocery brand	*une marque d'épicerie*
a consumer goods brand	*une marque de produit de consommation*
a weak brand	*une marque médiocre*
a sub-brand	*une sous-marque*
a brand owner	*le propriétaire d'une marque*
a brand manager	*un gérant d'une marque*
a brand consultant	*un conseiller en marque*
a label	*une étiquette*
an own brand	*une marque de distributeur*
no-name goods	*produits sans marque*
to own label	*distribuer ses propres produits*
an own label product	*un produit du distributeur*
an own labeller	*un distributeur de ses propres produits*
to advertise one's own label	*vanter sa propre marque*
to sell under a store's name	*vendre sous le nom d'un magasin*
to sharpen a store identity	*affiner l'identité d'un magasin*
a branded equivalent	*une marque équivalente*
to tell apart	*faire la différence entre*
brand recognition	*l'identification de la marque*
brand awareness	*la notoriété de marque*
to establish a name (as)	*se faire un nom (comme)*
to shift consumers' loyalty	*modifier les habitudes des consommateurs*
to wedge one's way into consumers' minds	*s'installer dans l'esprit des consommateurs*
a leading brand / a top brand	*une grande marque*
brand loyalty	*la fidélité à une marque*
a catchy brand	*une marque accrocheuse*
a flagship brand	*une marque pilote*
a brand leader	*une marque qui détient la plus grosse part d'un marché*
a best selling brand / a top selling brand	*une marque qui se vend bien*
an established brand	*une marque reconnue*
an upmarket label	*une marque de luxe*
to invent a brand	*inventer une marque*
to create a brand	*créer une marque*
to build a new brand	*trouver une nouvelle marque*
to extend a brand into a product	*transformer une marque en produit*
to stretch a brand name to cover another product	*étendre une marque à un autre produit*
brand stretching	*l'extension de la marque*
to stamp character on a product	*donner une personnalité à un produit*
to buy in brands	*acquérir une marque*
to expand a brand	*développer une marque*
to market a brand	*commercialiser une marque*
to promote a brand	*promouvoir une marque*
to taste	*goûter*
a taster	*un dégustateur*
a blind testing test / a blindfold test	*un test en aveugle*
to test public reaction	*tester les réactions du public*
to kill a brand	*supprimer une marque*
to weed out a brand	*retirer une marque*
to switch brands	*changer de marque*
brand switching	*le changement de marque*

III THE CUSTOMER — *LE CLIENT*

1 THE CUSTOMER IS KING — *LE CLIENT-ROI*

a client	*un client*
a clientele / a custom	*une clientèle*
a patron	*un client fidèle*
a buyer	*un acheteur*
a shopper	*un client de magasin*
a purchaser	*un acheteur*
to patronize	*être un client fidèle (de / chez)*
a customer's sweetener	*un cadeau de bienvenue*
customers' tastes	*les goûts des clients*
customers' needs	*les besoins des clients*
to monitor	*surveiller*
a foible	*une marotte, une manie*
to cater to customers' needs	*satisfaire aux besoins des clients*
to pander to the tastes (of)	*flatter les goûts (de)*
to please	*faire plaisir à*
to appeal to customers	*plaire aux clients*
to adapt to	*s'adapter à*
a one-sale customer	*un petit client*
customer profile	*le profil de la clientèle*
customer response	*les réactions de la clientèle*
purchasing power	*le pouvoir d'achat*
a customer-client relationship	*une relation de client à client*
to develop a relationship (with)	*forger une relation (avec)*
to build a long-term relationship	*établir une relation fidèle*
to have a customer-driven approach	*être au service de la clientèle*
a service-intensive approach	*le dévouement à la clientèle*
to meet customers' needs	*répondre aux besoins des clients*
to be receptive to the customer's needs	*être à l'écoute des besoins de la clientèle*
to lure customers into a store	*attirer les clients dans un magasin*
to retain customers	*fidéliser la clientèle*
an account	*un compte*

2 CUSTOMER SERVICE — *LE SERVICE DE LA CLIENTELE*

service economy	*le tertiaire*
service industries	*les industries du tertiaire*
a service business	*une entreprise de services*
a public utility	*une entreprise de service public*
a service job	*un emploi dans le tertiaire*
a service worker	*un employé du tertiaire*
to service	*entretenir*
to service customers	*être au service des clients*
servicing	*l'entretien, le service après-vente*
to provide service	*offrir un service*
a level of service	*un niveau de service*
service life	*la durée d'utilisation*
a no-frill service	*un service sans fioriture*
efficient	*efficace*
state-of-the-art service	*un service sophistiqué*
after-sales service	*le service après-vente (SAV)*
to handle a customer's request	*répondre à une demande d'un consommateur*
to expect a quick after-sales response	*espérer une rapide intervention du SAV*
to fine-tune services (to)	*affiner les services (pour répondre à)*
to identify the difficulty	*trouver l'origine de la panne*
to give attention (to)	*se consacrer (à)*
to lavish attention (to)	*être aux petits soins avec*

3 CUSTOMER DISSATISFACTION — *LE MECONTENTEMENT DU CLIENT*

a decline in service	*une baisse du service*
to miss service	*regretter l'absence de service*
to streamline services	*moderniser les services*
to raise service charges	*augmenter les frais de gestion*
to give up service	*renoncer au service*
to slash services	*réduire les services*
to encounter poor service	*rencontrer un service médiocre*
sloppy service	*le service négligé*
lax	*relâché*
shoddy / sloppy	*de mauvaise qualité*
to take shoddy service in stride	*accepter sans broncher le service négligé*
slipping standards	*la baisse de qualité*
an erosion of quality	*une baisse de la qualité*
quality workmanship	*le travail soigné*
inattention to quality	*le laisser-aller dans la qualité*
a no-can-do society	*une société incapable*
scarcity of labour	*la rareté de la main d'œuvre*
to be underpaid	*être sous-payé*
untrained	*sans qualification*
unmotivated	*sans motivation*
harried	*surchargé de travail*
a complaint	*une réclamation*
to complain	*se plaindre*
a request	*une demande*
to be disgruntled	*être mécontent*
disgruntlement (with)	*le mécontentement (envers)*
outraged	*en colère*
to find fault with	*trouver à redire à*
to blame	*critiquer*
to discontinue a service	*interrompre un service*
a fault	*un vice, un défaut*
faulty	*défectueux*
unreliable	*peu fiable*
outmoded	*démodé*
overpriced	*surestimé*
misleading	*trompeur*
to impair	*endommager*
consumer grief	*les doléances des consommateurs*
domestic annoyance	*tracas domestiques*
to feel abused	*avoir l'impression d'être trompé*
to be demanding of services	*exiger beaucoup des services*
to make services more efficient	*améliorer l'efficacité des services*
a personable service	*un service personnalisé*
to put up with customers	*supporter les clients*
to smudge one's image	*salir son image*
to rehumanise	*humaniser à nouveau*

IV CONSUMERISM — *LE CONSUMERISME*

1 THE CONSUMER — *LE CONSOMMATEUR*

to consume	*consommer*
a consumer	*un consommateur*
a consumer society	*une société de consommation*
a consumer country	*un pays consommateur*
consumption	*la consommation*
consumption per head	*la consommation par tête*
conspicuous consumption	*la consommation mesurable*
consumption per head	*la consommation par tête*
a consumption pattern	*un modèle de consommation*
household consumption	*la consommation des ménages*
consumerist	*consumériste*
consumer consciousness	*la prise de conscience du consommateur*
a consuming class	*une classe*

	de consommateurs
consumer spending	*dépenses des consommateurs*
consumer demand	*la demande des consommateurs*
consumer habits	*les habitudes de consommation*
consumer needs / consumer wants	*les besoins des consommateurs*
consumer requirements	*les exigences des consommateurs*
consumer goods / consumer durables	*les biens de consommation*
a consumer-goods firm	*une entreprise de biens de consommation*
convenience goods	*les produits de grande consommation*
a consumer panel	*un panel de consommateurs*
consumer reluctance	*la réticence des consommateurs*
a consumer survey	*une étude de marché*
consumer research	*études de marché*
a consumer trend	*une tendance des consommateurs*

2 CONSUMER PROTEST — *LA REVOLTE DU CONSOMMATEUR*

the Minister of Consumer Protection	*le Secrétariat d'Etat à la Consommation*
consumers' rights	*les droits des consommateurs*
a consumer organization	*une association de consommateurs*
a consumer union	*un mouvement de consommateurs*
a consumer boycott	*un boycott des consommateurs*
consumer backlash	*une réaction des consommateurs*
consumer protection	*la protection du consommateur*
an activist	*un militant*
the consumer's wrath	*l'ire du consommateur*
to spark the outrage	*déclencher la colère*
to voice concerns	*exprimer des inquiétudes*
testing on animals	*les expériences sur animaux*
animal rights	*les droits des animaux*
an animal rights advocate	*un défenseur des animaux*
an animal lobby	*un groupe de défense des animaux*
fur	*la fourrure*
mink	*le vison*
a mink coat	*un manteau de vison*
a fur clad woman	*une femme couverte de fourrure*
environmental pollution	*la pollution de l'environnement*
a hazardous product	*un produit dangereux*
to air a spot	*diffuser un message publicitaire*
offensive TV programming	*programmes de télévision agressifs*
to take a corporation to task	*prendre à partie une société commerciale*
to zero in on	*prendre pour cible*
to campaign for / against	*faire campagne pour / contre*
misbehaviour	*inconduite*
irresponsibility	*irresponsabilité*
to depress sales	*faire baisser les ventes*
to shatter a trade	*ébranler un marché*
to put the heat on	*mettre la pression sur*
to put pressure on	*faire pression sur*
to feel the heat	*subir la pression*
business accountability	*la responsabilité des entreprises*
a corporate priority	*une priorité des entreprises*
to defy a boycott	*passer outre à un boycott*
to take a product off the market	*retirer un produit du marché*
to yank an advertising from a station	*retirer un message publicitaire d'une station de radio / T V*
to get a message across	*faire passer un message*

5 COMMERCE — *LE COMMERCE*

I TRADE — *LES ECHANGES COMMERCIAUX*

1 GENERAL BACKGROUND — *GENERALITES*

the Board of Trade	*le ministère du Commerce (UK), la Chambre de Commerce (USA)*
a Chamber of Commerce	*une Chambre de Commerce*
the British Overseas Trade Board (BOTB)	*l'Agence pour le commerce extérieur*
the Department of Trade and Industry (DTI)	*le ministère du Commerce et de l'Industrie*

interstate commerce (USA)	*le commerce entre états*
a Trade Act	*une loi sur le commerce*
the foreign trade agency	*l'office du commerce extérieur*
mercantilism	*le mercantilisme*
commerce	*le commerce (en gros)*
to trade	*faire le commerce, commercer*
to do trade (with)	*commercer (avec)*
to trade (in sth.)	*faire le commerce (de qqch.)*
to do business (with)	*faire des affaires (avec), entretenir des relations commerciales (avec)*
trade	*le commerce*
countertrade	*le commerce compensé*
barter	*le troc*
to barter	*faire du troc*
a barter agreement	*un accord de troc*
truck	*le troc*
to truck	*troquer*
the truck system	*le paiement des ouvriers en nature*
to swap goods	*faire le troc de marchandises*
switch	*opération de courtage impliquant un négoce de marchandises et un arbitrage de devises*
counterpurchase	*la contrepartie (achats réciproques entre deux pays)*
offset	*le parcontre, la compensation*
buyback	*le rachat (l'exportateur s'engage à être payé en produits fabriqués par les machines qu'il vend)*
to dump (in a market)	*écouler à perte (sur un marché)*
dumping	*le dumping (vente à perte)*
an antidumping suit	*un procès pour pratiques de dumping*
to expand / to grow	*se développer*
trading	*le commerce, le négoce*
trading methods	*méthodes commerciales*
a trading partner	*un partenaire commercial*
a trading firm	*une entreprise commerciale*
a trading post	*un comptoir commercial*
a trading nation	*une nation commerçante*
a trading block	*un bloc commercial*
a trade name	*une raison commerciale*
a trade mark	*une marque de fabrication*
a trade price	*un prix marchand*
the trade register	*le registre du commerce*
a trade policy	*une politique commerciale*
the world trade / worldwide trade	*le commerce mondial*
home trade / domestic trade	*le commerce intérieur*
internal trade	" " "
combined trade	*le commerce intégré*
foreign trade / external trade	*le commerce extérieur*
overseas trade	*le commerce d'outre-mer*
export trade	*le commerce d'exportation*
import trade	*le commerce d'importation*
transit trade / reexport trade	*le commerce de transit*
sea trade	*le commerce maritime*
wholesale trade / direct trade	*le commerce de gros*
retail trade	*le commerce de détail*
the amount of trade	*la montant des échanges*
a trader	*un négociant*
a tradesman	*un marchand, un fournisseur*
a travelling salesman	*un représentant de commerce*
a business school	*une école de commerce*
a trade exhibition / center	*un salon de commerce*
a trade fair	*une foire commerciale*
carriage (by land / air / sea)	*le transport (par terre / avion / bateau)*
to consign	*expédier*
a consignee	*un destinataire*
a consigner	*un expéditeur*
a consignment	*un envoi*
to despatch / to dispatch	*expédier*
to ship	*expédier par bateau*

2 THE TRADE BALANCE — *LA BALANCE COMMERCIALE*

a trade balance / a balance of trade	*une balance commerciale*
a trade balance	*un équilibre commercial*
balanced trade	*l'équilibre du commerce*
an adverse balance	*une balance déficitaire*
a favourable balance	*une balance excédentaire*
an imbalance	*un déséquilibre commercial*
to correct a trade imbalance	*corriger un déséquilibre commercial*
to widen an imbalance	*accentuer un déséquilibre*
a trade gap	*un déséquilibre commercial*
to widen	*s'élargir*
to reduce a trade gap	*réduire un déséquilibre commercial*
to bridge a gap / to close a gap	*combler un écart*
the terms of trade	*les termes de l'échange*
a trade deficit	*un déficit commercial*
to bring down a trade deficit	*réduire un déficit commercial*
to trim the deficit	*réduire un déficit*
a trade surplus	*un excédent commercial*
to run a trade surplus	*avoir un excédent commercial*
to reduce a surplus	*réduire un excédent*
trade development	*le développement des échanges*
trade relationships / relations	*relations commerciales*
trade ties	*liens commerciaux*

to engage in trade (with)	*se livrer au commerce (avec)*
to open up to trade	*s'ouvrir au commerce*
a trade opportunity	*un créneau commercial*
trade exchanges	*échanges commerciaux*

3 EXPORTS — *LES EXPORTATIONS*

to export	*exporter*
exportation	*exportation, le fait d'exporter*
export trade	*le commerce d'exportation*
an export house	*une firme d'exportation*
an exporting country	*un pays exportateur*
export promotion	*la promotion des exportations*
export duty	*droits de sortie*
to put a tax on exports	*taxer les exportations*
export earnings	*revenus de l'exportation*
export documents	*documents d'exportation*
an export bounty	*une prime à l'exportation*
an exporter	*un exportateur*
an export manager	*un directeur à l'exportation*
an export-import company	*une société d'import-export*
visibles	*exportations visibles*
invisibles	*exportations invisibles*
the Export Credits Guarantee Department (ECGD)	*la Compagnie d'assurance pour le commerce extérieur (COFACE)*
a drawback	*une ristourne des droits de douane, une prime d'exportation*

4 IMPORTS — *LES IMPORTATIONS*

to import	*importer*
an importer	*un importateur*
an importing country	*un pays importateur*
import trade	*le commerce d'importation*
importation	*l'importation, le fait d'importer*
the import market	*le marché à l'importation*
to offset the effects of imports	*compenser les effets des importations*
import licensing rules	*autorisations d'importation*
an import license	*une licence d'importation*
to apply for a license	*faire une demande de licence*
to issue a license	*délivrer une licence*
an import agent	*un agent importateur*
an import quota	*un contingent d'importation*
to discourage imports	*décourager les importations*
the import volume	*le volume des importations*
duty free imports	*importations en franchise*
to depress the price of one's imports	*faire baisser le prix de ses importations*

II TRADE RELATIONS — *LES RELATIONS COMMERCIALES*

1 COMPETITION — *LA CONCURRENCE*

to compete (with)	*faire concurrence (à)*
to compete for a market	*lutter pour un marché*
to compete across Europe	*se faire concurrence à travers l'Europe*
a competitor	*un concurrent*
competitive	*compétitif, concurrentiel*
a competitive environment	*un environnement compétitif*
competitive pressures	*le poids de la concurrence*
a competitive price	*un prix concurrentiel*
competitiveness	*la compétitivité*
competition	*la concurrence*
fierce competition	*la concurrence acharnée*
stiff	*rude*
tough	*serré*
keen	*vif*
unfair	*déloyal*
cutthroat competition / bareknuckle competition	*la concurrence acharnée*
foreign competition	*la concurrence étrangère*
intramarket competition	*la concurrence sur le marché national*
to brace for	*se préparer à*
to put up a stiff challenge	*offrir un défi difficile*
to set off a competitive battle	*déclencher une bataille pour la concurrence*
an edge	*un léger avantage*
to have an edge	*avoir un avantage*
a competitive edge	*un (léger) avantage concurrentiel*
a dominant edge	*un avantage décisif*
to carve out an edge	*se tailler un avantage*
to enjoy an edge in a race	*jouir d'une avance dans une lutte*
to meet the challenge	*relever le défi*
to be neck in neck with	*être au coude à coude avec*
a market position	*une position sur le marché*
to position oneself	*se placer*
to jockey for position	*manœuvrer pour se placer*
to joust for advantage	*se battre pour prendre l'avantage*
to rev up for the race	*se préparer à la lutte*
to get a jump on the competition	*prendre une longueur d'avance sur ses concurrents*

a market-oriented company	*une entreprise tournée vers le marché*
an entrenched market position	*une solide implantation sur un marché*
to capture . . . per cent of sales	*s'emparer de ... % des ventes*
an export-or-die mentality	*un esprit d'exportation forcenée*
to be absorbed by competitors	*se faire absorber par la concurrence*
to get clobbered by competitors	*être démoli par la concurrence*
a free-for-all	*une lutte générale*
to enter the fray	*descendre dans l'arène*
no holds barred	*où tous les coups sont permis*
to remain number one	*rester numéro un*
to hold the top spot	*occuper la première place*
to stay competitive	*rester compétitif*
to knock out competition	*éliminer la concurrence*
the elimination of competition	*l'élimination de la concurrence*
to buy out some of the competition	*racheter certains de ses concurrents*

2 PROTECTIONISM — *LE PROTECTIONNISME*

2.1 GENERAL BACKGROUND — *GENERALITES*

free trade	*le libre-échange*
unreciprocated	*unilatéral*
managed trade	*le protectionnisme*
trade jingoism	*le chauvinisme commercial*
trade discrimination	*la discrimination commerciale*
non discrimination in trade	*la non discrimination commerciale*
restrictive practices	*atteintes à la libre concurrence, entraves à la liberté du commerce*
protectionist	*protectionniste*
disguised protectionism	*le protectionnisme déguisé*
a protectionist wall	*un mur protectionniste*
fortress Europe	*la forteresse européenne*
a protectionist argument	*un argument protectionniste*
protectionist overtones	*accents protectionnistes*
a protectionist feeling	*un sentiment protectionniste*
protectionist fever	*la fièvre protectionniste*
a protectionist mood	*un état d'esprit protectionniste*
a revival of protectionist feeling	*une recrudescence de sentiments protectionnistes*
protectionist symptoms	*manifestations protectionnistes*
a tide of protectionism	*une vague protectionniste*
a rise of protectionism	*une montée du protectionnisme*
a rush of protectionism	*une poussée de protectionnisme*
to flare up	*s'embraser*
to fight off protectionist urges	*résister à la tentation protectionniste*
to turn protectionist	*devenir protectionniste*
to pursue a protectionist policy	*poursuivre une politique protectionniste*
to smack of protectionism	*avoir des relents de protectionnisme*
to push protectionism	*encourager le protectionnisme*
a push for protectionism	*une campagne en faveur du protectionnisme*
to dodge protectionism	*éviter le protectionnisme*
a drive for	*une campagne en faveur de*
a one-way trading mentality	*un esprit commercial sectaire*

2.2 PROTECTING THE MARKET — *LA PROTECTION DU MARCHE*

to coddle an industry by protectionism	*protéger une industrie par le protectionnisme*
infant-industry protection	*la protection des jeunes industries*
to brand a country as protectionist	*taxer un pays de protectionniste*
protective	*protectionniste*
inward-looking trade policy	*une politique commerciale de repli sur soi*
access to a market	*accès à un marché*
to protect a market	*protéger un marché*
a rate of protection	*un taux de sauvegarde*
to shelter a market (from)	*abriter un marché (de)*
to shelter national production	*protéger la production nationale*
a sheltered market	*un marché protégé*
to defend a market	*défendre un marché*
to block trade	*empêcher le commerce*

3 CUSTOMS — *LA DOUANE*

3.1 GENERAL BACKGROUND — *GENERALITES*

customs authorities	*autorités douanières*
a customs officer / official	*un douanier*
a customs agent	*un commissionnaire en douane*
customs procedures	*formalités douanières*
a customs union	*une union douanière*
to report	*déclarer*
a customs declaration	*une déclaration en douane*
customs value	*la valeur en douane*
the declared value	*la valeur déclarée*
unentered	*non déclaré*
to rummage	*fouiller un navire*
a rummage	*une fouille à bord*

to spit	*sonder (les marchandises pour en vérifier le contenu)*

3.2 CUSTOMS DUTIES — *LES DROITS DE DOUANE*

a tariff	*un tarif*
variable tariffs	*tarifs variables*
a customs tariff	*un tarif douanier*
under a tariff	*selon les tarifs*
to slash a tariff	*réduire un tarif*
a levy / a fee	*un droit*
to charge a fee on imports	*prélever un droit sur les importations*
to be burdened with levies	*être accablé de droits*
to scrap a levy	*supprimer un droit*
a stamp duty	*un droit de timbre*
a countervailing duty	*un droit compensatoire*
to charge with duties	*tarifer*
to slap a duty on	*frapper d'un droit de douane*
to be subjected to duties	*être soumis à des droits*
to raise duties	*augmenter les droits*
to go up	*augmenter*
to reduce duties	*baisser les droits*
to allow reduced duty access to	*faciliter l'accès à un marché par une réduction des droits*
zero duty access	*l'accès libre*
a free port	*un port franc*
a free zone	*une zone franche*
to lower	*abaisser*
to abolish	*supprimer*
duty free	*en franchise*
duty paid	*dédouané*
dutiable	*passible de droits*

3.3 CUSTOMS DOCUMENTS — *LES DOCUMENTS DOUANIERS*

shipping documents	*documents d'expéditeur*
documents of title	*titres de propriété*
a customs-entry form	*une formule de déclaration en douane*
to produce a document	*fournir un document*
a certificate of origin	*un certificat d'origine*
the country of origin	*le pays d'origine*
a consular's invoice	*une facture consulaire*
a certificate of origin	*un certificat d'origine*
a warrant	*un warrant, un récépissé-warrant*
a produce warrant	*un warrant en marchandises*
a warehouse warrant	*un certificat d'entrepôt*
to issue a warrant for goods	*warranter des marchandises*
to clear goods through customs	*dédouaner des marchandises*
clearance	*une déclaration en douane*
a clearance inwards	*une déclaration d'entrée*
a clearance outwards	*un manifeste de sortie*
clearing	*le dédouanement*
to allow goods in	*faire entrer des marchandises*
bonded	*sous douane*
a bonded lorry	*un camion sous douane*
a bonded warehouse	*un entrepôt en douane*
bonded goods	*marchandises en douane*

4 BARRIERS — *LES BARRIERES*

4.1 ERECTING BARRIERS — *L'ETABLISSEMENT DE BARRIERES*

a barrier	*une barrière*
a tariff barrier / a tariff wall	*une barrière douanière*
a trade wall	" " "
a customs barrier / wall	" " "
market entry barriers	*barrières douanières*
a trade barrier	*une barrière commerciale*
a quota	*un contingentement, un quota*
export quotas	*quotas à l'exportation*
a transitional quota	*un quota provisoire*
to adopt a trade posture	*adopter une position commerciale*
to respond (to)	*réagir (à)*
an escape clause	*une clause de sauvegarde*
a safeguard	" " " "
to erect trade barriers	*ériger des barrières douanières*
to bring up trade barriers	" " "
to duck under trade barriers	*se retrancher derrière des barrières commerciales*
to build protectionist barriers	*ériger des barrières protectionnistes*
to raise	*relever*
to impose controls (on)	*imposer des contrôles (sur)*
to restrict	*restreindre*
a restriction	*une restriction*
a trade restriction	*une atteinte au libre commerce*
to tighten trade restrictions	*renforcer les restrictions commerciales*
to impose quotas	*imposer des quotas*
to deter trade	*empêcher le commerce*
to make a market impenetrable (to)	*rendre un marché inaccessible (à)*
to close one's market (to)	*fermer son marché (à)*
import controls	*le contrôle des importations*

4.2 LIFTING BARRIERS — *LA LEVEE DES BARRIERES*

tariff cutting	*la réduction des tarifs douaniers*
to bring down trade barriers	*démanteler des barrières douanières*
to lower	*abaisser*

to cut	*réduire*
to remove	*supprimer*
to rip down	*abattre*
removal	*la suppression*
to lift controls (on)	*lever les restrictions (sur)*
to relax quotas	*assouplir les quotas*
to head off protectionist sentiment	*parer à un climat protectionniste*
a trade off	*un compromis*
to lower import barriers	*abaisser les barrières douanières*
to remove trade barriers	*supprimer les barrières commerciales*
to benefit from the destruction of internal barriers	*bénéficier de la suppression des barrières internes*

5 THE TRADE WAR — *LA GUERRE COMMERCIALE*

5.1 GENERAL BACKGROUND — *GENERALITES*

a trade dispute	*un conflit commercial*
trade frictions	*frictions commerciales*
trade tensions	*tensions commerciales*
a trade confrontation	*une confrontation commerciale*
a trade row / a trade squabble	*une dispute commerciale*
a trade conflict	*un conflit commercial*
a trade crisis	*une crise commerciale*
a beggar-thy-neighbour war	*une guerre fratricide*
a feud	*une querelle*
open trade warfare	*la guerre économique déclarée*
to ignite	*mettre le feu à*
to spark off	*déclencher*
to trigger	*provoquer*
a protectionist backlash	*une réaction protectionniste*
to retaliate (against)	*prendre des mesures de rétorsion (à l'encontre de)*
trade retaliation	*représailles commerciales*
a retaliating tariff (against)	*un tarif de rétorsion (contre)*
retaliating measures	*mesures de représailles*
to provoke retaliating measures (from)	*provoquer des mesures de représailles (de la part de)*
reprisals	*représailles*
to counterpunch	*rendre les coups*
to avenge a trade challenge	*exercer une vengeance commerciale*
to take arms against	*se soulever contre*
to charge a country with restricting the import (of)	*accuser un pays de limiter les importations (de)*
to quash an agreement (with)	*annuler un accord (avec)*
to lash out (at)	*s'en prendre vigoureusement (à)*
to block access to a market	*empêcher l'accès à un marché*
adversorial trade	*une guerre commerciale*
a trade violation	*une infraction commerciale*
fair trade	*le respect d'accords de réciprocité des transactions commerciales*
to deflect a trade collision	*éviter une guerre commerciale*

5.2 TRADE SANCTIONS — *LES SANCTIONS COMMERCIALES*

United Nations-sponsored sanctions	*sanctions approuvées par les Nations unies*
a foolproof system of sanctions	*un système de sanctions à toute épreuve*
to level sanctions	*infliger des sanctions*
to apply sanctions	*appliquer des sanctions*
to impose trade sanctions (against)	*imposer des sanctions commerciales (à l'encontre de)*
to be under threat of sanctions	*être sous la menace de sanctions*
to join in a sanction campaign	*s'associer à une campagne de sanctions*
to extend sanctions (to)	*étendre les sanctions (à)*
a sanctioner	*le responsable de sanctions*
a sanctioneer	*la victime de sanctions*
to mandate sanctions	*ordonner des sanctions*
to enforce full scale sanctions (against)	*faire appliquer des sanctions rigoureuses (contre)*
to make sanctions stick	*faire respecter les sanctions*
to uphold sanctions	*faire respecter / soutenir les sanctions*
to abide by the sanctions	*respecter les sanctions*
to adhere to the sanctions	*souscrire aux sanctions*
to back up economic sanctions	*appuyer les sanctions économiques*
to eschew sanctions	*s'abstenir de prendre des sanctions*
anti-sanction arguments	*arguments contre les sanctions*
to loosen / to relax the sanctions	*assouplir les sanctions*
to lift sanctions	*lever les sanctions*
to erase sanctions	*supprimer les sanctions*
a step-by-step lifting of sanctions	*une levée progressive des sanctions*
a progressive easing of sanctions	*un assouplissement progressif des sanctions*
disinvestment	*le désinvestissement*
a freeze on assets	*un gel des avoirs*
to have an impact (on)	*avoir un impact (sur)*
to put pressure (on)	*faire pression (sur)*
to exert pressure (on)	*exercer une pression (sur)*
to tighten a pressure	*accentuer la pression*
to bite	*affecter*

to hurt a country	*affecter un pays*
economic strangulation	*asphyxie économique*
to put the squeeze on a country	*mettre la pression sur un pays*
to strangle a country	*prendre un pays à la gorge*
to force a country to relent	*obliger un pays à revenir sur une décision*
to humble a recalcitrant state	*humilier un pays récalcitrant*
to starve a country into submission	*affamer un pays jusqu'à la capitulation*
an empty larder	*un garde-manger vide*
to lose direct access to technology	*perdre l'accès direct à la technologie*
to undermine the relations	*empoisonner les relations*

5.3 EMBARGO — *L'EMBARGO*

to get tough with	*durcir son attitude envers*
to restrict one's economic ties	*réduire ses relations économiques*
to embargo	*mettre l'embargo sur*
a trade embargo	*un embargo commercial*
an arms embargo	*un embargo sur les armes*
to put an embargo in place	*mettre un embargo en place*
to implement an embargo	" " "
to put an embargo (on)	*décréter un embargo (sur)*
to lift an embargo	*lever un embargo*
to go into effect	*prendre effet*
to honour an embargo	*respecter un embargo*
to join an embargo	*se joindre à un embargo*
to choke off exports	*étouffer les exportations*
a ban on trade with	*une interdiction de commercer avec*
to ban all dealings with	*interdire tout commerce avec*
to be exempted from an embargo	*échapper à l'embargo*
a blacklisted product	*un produit interdit*
embargo-busting	*infractions à un embargo*
an embargo buster	*un contrevenant à un embargo*
to sneak through an embargo	*contourner un embargo*
to breach an embargo	*violer un embargo*
the violator of a ban	*un contrevenant*
a blockade	*un blocus*
to blockade	*faire le blocus de, bloquer*
to make a dent in a blockade	*faire une brèche dans un blocus*

6 TRADE AGREEMENTS — *LES ACCORDS COMMERCIAUX*

6.1 GENERAL BACKGROUND — *GENERALITES*

the group of 5	*le groupe des 5 (les 5 plus grandes puissances économiques non communistes : Etats-Unis, Allemagne, Royaume-Uni, Japon, France)*
an economic power	*une puissance économique*
the Group of 7 (G7)	*le groupe des 7 (les 7 plus grandes puissances industrielles)*
an industrial country	*un pays industriel*
the OECD (Organization for Economic Cooperation and Development)	*l'OCDE (l'Organisation pour la coopération et le développement économique)*
GATT (General Agreement on Tariffs and Trade)	*l'AGETAC (accord général sur les tarifs douaniers et le commerce), le GATT*
a GATT-watcher	*un observateur du GATT*
GATS (General Agreement on Trade Services)	*l'accord général sur le commerce des services*
a fair trade agreement	*un accord entre distributeur et vendeur / fabricant portant sur le respect d'un prix minimum de vente*
voluntary export restraint (VER)	*la modération volontaire des exportations*
a voluntary restraint agreement (on) (VAT)	*un accord de modération volontaire (sur)*
voluntary import expansion (VIE)	*expansion volontaire des importations*
the United States trade representative (USTR)	*le délégué américain au commerce*
a signatory	*un signataire*
a trade round	*une négociation commerciale*
trade terms	*termes de l'échange*
a list of products	*une liste de produits*
a commercial agreement	*un accord commercial*
a distribution agreement	*un accord de distribution*
to increase trade	*développer le commerce*
to negotiate a rate of duty	*négocier un taux de droits*
to negotiate a trade agreement	*négocier un accord commercial*
to grant advantages	*accorder des avantages*
to forge trading links	*établir des liens commerciaux*
to strengthen relations	*renforcer les relations*
bilateral	*bilatéral*
multilateral	*multilatéral*
the most-favoured nation treatment	*le traitement de la nation la plus favorisée*
to benefit from most favoured nation treatment	*profiter du traitement de la nation la plus favorisée*
the most-favoured nation clause (MFN)	*la clause de la nation la plus favorisée*
to deprive a nation of its MFN classification	*retirer à un pays son statut de nation la plus favorisée*

6.2 FREE TRADE — *LE LIBRE-ECHANGE*

a free trade grouping	*une association de libre-échange*
to broaden free trade	*étendre le libre-échange*
to foster free trade	*encourager le libre-échange*
to promote free trade	*promouvoir le libre-échange*
a free trade zone / a free trade area	*une zone de libre-échange*
a unified market	*un marché unifié*
a free trader	*un libre-échangiste*
to adhere to the principles of free trade	*adhérer aux principes du libre-échangisme*
liberalization of trade	*la libéralisation du commerce*
to deregulate	*déréglementer, libérer*
deregulation	*la déréglementation*
an outward-looking trade policy	*une politique commerciale tournée vers l'extérieur*
to free the resources	*libérer les ressources*
technological exchanges	*échanges de technologie*
a windfall	*une aubaine*
to make the most of a market	*profiter au maximum d'un marché*
to adopt an open policy	*adopter une politique d'ouverture*
a quota-free market	*un marché sans quota*
reciprocity in trade relations	*la réciprocité des échanges commerciaux*
two-way trade / mutual trade	*le commerce réciproque*
to keep open the channels of commerce	*continuer à entretenir des relations commerciales avec un pays*

XV MEANS OF TRANSPORTATION — *LES MOYENS DE TRANSPORT*

1 THE CAR — *LA VOITURE*

I VEHICLES — *LES VEHICULES*

1 CARS — *LES VOITURES*

a motor-car	*une automobile*
a motor-vehicle	*un véhicule à moteur*
a passenger car	*une voiture particulière*
a commercial vehicle	*un véhicule commercial*
a sportscar	*une voiture de sport*
a pony car	*une voiture de sport (qui porte le nom d'un animal ex : une Mustang)*
a four-wheel drive	*un quatre x quatre*
an off road vehicle	*un véhicule tous terrains*
a racing car	*une voiture de course*
a veteran car	*une voiture d'époque (avant 1916)*
a vintage car	*une voiture d'époque (construite entre 1917 et 1930)*
a convertible	*une voiture décapotable*
a station wagon (US)	*un break*
an estate car (UK)	" "
a hatchback	*un coupé / une berline avec hayon*
a sedan	*une berline*
a roadster	*une décapotable*
a coupé	*un coupé*
a two-seater	*une deux places*
a limousine / a limo	*une limousine*
a saloon car	*une berline*
a four-door sedan	" "
a hotrod	*une voiture gonflée*
a car driver / a motorist	*un automobiliste*

2 BIKES — *LES DEUX ROUES*

a motorcycle / a motorbike / a bike	*une motocyclette, une moto*
a trail bike	*une moto cross*
a scooter	*un scooter*
a moped	*un vélomoteur*
a pillion	*un tansad*
a change pedal	*un sélecteur*
a drum brake	*un frein à tambours*
a footrest	*un cale-pied*
a throttle grip	*une poignée d'accélérateur*
a drive chain	*une chaîne*
a biker	*un motard*
to ride a bike	*monter en croupe*
to straddle a bike	*enfourcher une moto*
to be pillion riding	" " "
a bicycle	*une bicyclette*
a tandem	*un tandem*
a cyclist	*un cycliste*
to climb a bicycle	*monter à bicyclette*
to mount a bicycle	" " "
to do cycling	*se promener à vélo*
a frame	*un cadre*
a handlebar	*un guidon*
a frame	*un cadre*
a fork	*une fourche*
a saddle	*une selle*
the front / back wheel	*la roue avant / arrière*
an inner tube	*une chambre à air*
a valve	*une valve*
a chain	*une chaîne*
a sprocket wheel	*un pignon d'engrenage*
a hub	*un moyeu*
a spoke	*un rayon*
a rim	*une jante*
a crank gear	*un pédalier*
a mud guard	*un garde-boue*
a luggage carrier	*un porte-bagages*
to buckle a wheel	*voiler une roue*

3 THE AUTOMOBILE MARKET — *LE MARCHE DE L'AUTOMOBILE*

3.1 THE PRODUCT LINE — *LA GAMME DE MODELES*

a make of car	*une marque de voiture*
a car make	" " " "
a marque	*une marque (de voiture de sport)*
the market in used cars	*le marché de la voiture d'occasion*
Glass's directory	*l'argus*
a quoted value	*la cote*
the market value	*la valeur vénale*

the new car market	*le marché de la voiture neuve*
a share of the market	*une part de marché*
to expand a share	*étendre sa part de marché*
a line-up of cars	*une rangée de voitures*
a range of cars	*une gamme de modèles*
to broaden a model range	*élargir une gamme de modèles*
to build under license	*construire sous licence*
to compete on price with	*avoir un prix concurrentiel avec*
to be overshadowed by	*être éclipsé par*
an import model	*un modèle d'importation*
a sporty model	*un modèle sport*
a recreational vehicle (RV)	*un minibus, un camping-car etc.*
a specialty car	*un modèle exceptionnel*
a brand new car	*une voiture neuve*
a luxurious car / a luxury car	*une voiture de luxe*
a high luxury car	*une voiture de grand luxe*
a mid luxury car	*une voiture comfortable*
a top of the range car	*un modèle haut de gamme*
a top-of-the-line car	" " " " "
a best-selling model	*un succès commercial*
a medium-sized car	*un milieu de gamme*
an intermediate car	" " " "
a compact	*une petite cylindrée, une voiture de faible encombrement*
a subcompact car / a small car	*une voiture de faible cylindrée*
a mass produced car	*une voiture produite en grande série*
a prototype	*un prototype*
a limited edition car	*une série limitée*
a used car / a second-hand car	*une voiture d'occasion*
a junker / a jalopy / a rattletrap / a clunker	*une guimbarde*
a lemon	*une voiture de mauvaise qualité*

3.2 CAR SALESMANSHIP — *L'ART DE VENDRE UNE VOITURE*

a car buyer	*un acheteur de voiture*
a prospective buyer	*un acheteur potentiel*
a car dealer	*un concessionnaire*
a dealership	*une concession*
a franchise dealership	*une concession sous franchise*
a dealer network	*un réseau de concessionnaires*
a distribution system	*un réseau de distribution*
a sales network	*un réseau de ventes*
a showroom	*une salle d'exposition*
to meet the customer's satisfaction	*satisfaire le client*
to develop the customer's confidence	*mettre le client en confiance*
to keep consumers loyal	*fidéliser les clients*
a sales pitch	*un boniment de vente*
a sale on trial	*une vente à l'essai*
to go for a test drive	*faire un essai sur route*
to take a car for a test drive	*faire essayer une voiture*
to trade in	*échanger*
to order a car	*commander une voiture*
a sticker price	*un prix affiché*
a markup	*une augmentation, une majoration*
a markdown	*une baisse*
to offer a rebate	*faire une remise*
the average price	*le prix moyen*
to start at	*démarrer à*
to be a sure hit	*être assuré du succès*
intramarket competition	*la concurrence à l'intérieur d'un marché*
a competitive environment	*un climat de concurrence*
to provide after-purchase service	*fournir un service après-vente*
after-sales service	*le service après-vente*
to cater to choosy customers	*satisfaire des clients exigeants*
to be available	*être disponible*
to deliver a car	*livrer une voiture*
to create customer loyalty	*fidéliser le client*
to woo back the disenchanted	*attirer à nouveau les déçus*
to ignore the client	*mépriser le client*
to shun a dealer	*bouder un concessionnaire*
a flop	*un échec*

3.3 DRIVING — *LA CONDUITE*

a warranty	*une garantie*
to register a car	*immatriculer une voiture*
car registration	*l'immatriculation*
a number plate	*une plaque minéralogique*
a license plate (USA)	" " "
a car license	*une carte grise*
a mandatory inspection	*une inspection obligatoire*
a sticker	*un papillon*
a tax disc (UK)	*une vignette fiscale*
a tax sticker (USA)	" " "
fiscal rating	*la puissance fiscale*
a road tax	*une vignette (d'autoroute)*
an insurance rate	*un taux d'assurance*
to drive a car	*conduire une voiture*
a driving school	*une auto-école*
a driving instructor	*un moniteur d'auto-école*
L-plates	*plaques de jeune conducteur*
a driving test	*un examen du permis de conduire*
to take a driving test	*passer son permis*
a driving license	*un permis de conduire*
a driver's license (USA)	" " " "

II CAR MANUFACTURING — *LA FABRICATION AUTOMOBILE*

1 CAR PRODUCTION — *LA PRODUCTION AUTOMOBILE*

the auto industry	*l'industrie automobile*
the motor industry	*" "*
the automotive industry	*" "*
a carmaker / an automaker	*un fabricant automobile*
a car manufacturer	*" " "*
to manufacture cars	*fabriquer des voitures*
car manufacturing / carmaking	*la fabrication automobile*
a carmaking image	*une image de marque*
the nuts and bolts of car making	*les secrets de la fabrication automobile*
a car plant	*une usine automobile*
an automotive firm	*une firme automobile*
to produce cars	*produire des voitures*
a motoring legend	*une légende de l'automobile*
to squeeze cars out of a plant	*sortir des voitures d'une usine*
to churn out / to turn out cars	*produire des voitures*
to put together . . . cars an hour	*monter ... voitures à l'heure*
to roll off assembly lines	*sortir des chaînes de montage*
to launch a car / to release a car	*lancer un modèle*
to unveil a new model	*présenter un nouveau modèle*
to put out a line of cars	*sortir une gamme de modèles*
to put a new car on the market	*sortir une nouvelle voiture*
a color scheme	*une gamme de couleurs*
an auto show / a motor show	*un salon de l'automobile*
an auto display	*" " " "*
to sell well	*se vendre bien*
to be a hot seller	*se vendre comme des petits pains*
to renew a product line	*renouveler une gamme*
to develop a new model	*mettre un nouveau modèle au point*
to study the trends	*étudier les tendances*
to look ahead	*voir loin*
to trail behind technological progress	*être à la traîne du progrès technologique*
a customer survey	*une étude de marché*
to recall a car	*rappeler un modèle*
a recall	*un rappel*
a rash of recalls	*une vague de rappels*
to replace a faulty part	*remplacer une pièce défectueuse*
a glitch in the manufacturing process	*un vice de fabrication*

2 THE CAR — *LA VOITURE*

2.1 DESIGN — *LA LIGNE*

a car designer	*un dessinateur de voitures*
to plan a car	*projeter un modèle*
to test a car	*essayer une voiture*
a wind tunnel test	*un essai en soufflerie*
a mockup	*une maquette, un modèle*
to codename a car	*donner un nom de code à un modèle*
a test track	*une piste d'essais*
to go into production	*commencer à produire*
to streamline	*caréner, rendre aérodynamique*
streamlined	*aérodynamique*
an aerodynamic design	*une ligne aérodynamique*
aerodynamic efficiency	*l'efficacité aérodynamique*
resistance and drag	*la pénétration dans l'air*
a coefficient of drag (cd)	*un coefficient de pénétration dans l'air (cx)*
a sleek model	*une voiture aérodynamique*
design innovation	*la nouveauté dans la conception*
epoch making car design	*une conception révolutionnaire pour l'époque*
to style	*dessiner une voiture*
styling	*la conception*
to customize a car	*personnaliser une voiture, fabriquer une voiture sur mesure*
a shape	*une forme*
the steel structure	*la structure d'acier*
to optimise	*optimiser*
lightweight / low weight	*léger*
a ride height	*l'assiette d'un véhicule*
a horn	*un klaxon*
a hooter	*" "*
to blow the horn / to hoot	*klaxonner*

2.2 THE BODY — *LA CARROSSERIE*

a coachbuilder	*un carrossier*
coachbuilding	*la carrosserie*
the coachwork	*la caisse de la carrosserie*
a fibre glass body	*une coque en fibre de verre*
a carbon fibre body	*une carrosserie en fibres de carbone*
a chassis / a framework	*un châssis*
a body shell	*un ensemble carrosserie*
the body work	*l'ensemble carrosserie*
to corrode	*(se) corroder*
corrosion	*la corrosion*

to coat	*enduire*
a coating	*une couche*
undercoating	*la couche antirouille du châssis*
to underseal	*traiter contre la rouille*
an underseal	*une couche antirouille*
lacquer	*la laque*
a roll bar	*un arceau de sécurité*
an anti roll bar	*une barre anti-roulis*
a subframe	*un berceau de carrosserie*
a wheelbase	*un empattement*
clearance	*la garde*
ground clearance	*la garde au sol*
a roof	*un toit*
a cloth top	*une capote en tissu*
a sunroof / a sliding top	*un toit ouvrant*
a roof rack / a grid	*une galerie*
a bonnet (UK) / a hood (USA)	*un capot*
a boot (UK) / a trunk (USA)	*un coffre*
a lid	*une porte de coffre*
a grill	*une calandre*
a wing	*une aile*
a fender / a bumper	*un pare-chocs*
a bump-proof bumper	*un pare-chocs rétractable*
to soak up bumps	*absorber les chocs*
a front / back door	*une porte avant / arrière*
a rain channel	*une gouttière de portière*
a front / back seat	*un siège avant / arrière*
a drop seat	*un strapontin*
a reclining seat	*un siège inclinable*
a split-folding seat	*un siège rabattable*
gull-wing doors	*portes papillon*
a door handle	*une poignée de porte*
a door latch mechanism	*le verrouillage des portes*

2.3 WINDOWS — *LES VITRES*

a window	*une vitre*
a rear window	*une lunette arrière*
a side window	*une vitre latérale*
electrically operated windows	*vitres commandées électriquement*
a windshield (USA)	*un pare-brise*
a windscreen (UK)	*" " "*
splinterproof glass	*le verre sécurit*
laminated	*en verre feuilleté*
tinted windows	*vitres teintées*
a windshield washer	*un lave-glace*
windscreen wipers	*essuie-glace*
multispeed windshield wipers	*essuie-glace à plusieurs vitesses*
rear window heating	*le désembuage de la lunette arrière*
to demist	*dégivrer*
a day / night rearview mirror	*un rétroviseur à deux positions*
a side mirror	*un rétroviseur latéral*
a window winder	*une poignée de fenêtre*
a hatchback / a tailgate	*un hayon*
a back window shelf	*une plage arrière*
all round visibility	*la visibilité totale*

2.4 STEERING — *LA DIRECTION*

the steering column	*la colonne de direction*
power steering	*la direction assistée*
a steering lock	*un antivol*
the wheel	*le volant*
to take the wheel	*prendre le volant*
left-hand steering	*la conduite à gauche*
a wheel	*une roue*
the wheel alignment	*le parallélisme des roues*
front-wheel drive	*la traction avant*
a spare wheel	*une roue de secours*
a hubcap	*un enjoliveur*
a locking screw	*un boulon de blocage*
rubber	*caoutchouc*
a tyre / tire	*un pneu*
a tyre tread	*une bande de roulement*
a retread (tyre)	*un pneu rechapé*
a remould	*" " "*
a lock	*un braquage*
an axle	*un essieu*
a front / rear axle	*un essieu avant / arrière*
a floating axle	*un pont arrière*
surface adhesion	*la tenue de route*
roadholding	*" " " "*
road-grip	*" " " "*
to hold the road	*tenir la route*
the wheel offset	*le déport au sol*

2.5 LIGHTS — *L'ECLAIRAGE*

headlamps	*phares*
low beam	*phares / en phare*
high beam	*codes / en code*
dimming	*veilleuses*
parking lights / side-lights	*feux de position, lanternes*
warning lights	*feux de détresse*
to switch on one's lights	*allumer ses phares*
to dip one's headlights	*se mettre en code*
dipped lights	*codes, feux de croisement, en codes*
to dim one's lights	*réduire ses feux*
to douse one's lights	*éteindre ses lumières*
to flick one's lights	*faire des appels de phare*
rear lamps / tail lights	*feux arrières*
a brake light	*un témoin de frein*
a blinker / an indicator	*un clignotant*
a turn indicator	*" "*
a front indicator light	*un clignotant avant*
a fog headlamp	*un feu anti-brouillard*
a bulb	*une ampoule*

2.6 THE DASHBOARD — *LE TABLEAU DE BORD*

an instrument panel	*un tableau de bord*
a dashboard vent	*un aérateur*
a courtesy light	*un plafonnier*
a glove compartment	*une boîte à gants*
a cruise control system	*un régulateur de vitesse*
a speedometer	*un compteur de vitesse*
a rev counter	*un compte-tours*

a revolution indicator	" " "
a fuel gauge	*une jauge à essence*
a dipstick	*une jauge de niveau d'huile*
a diprod (USA)	" " " " "
the ignition switch	*le démarreur*
an ignition key	*une clé de contact*
to turn on the ignition	*mettre le moteur en marche*
a hazard flasher switch	*un bouton de warning*
a warning light	*une lampe témoin*

2.7 THE EQUIPMENT RANGE — *LA GAMME D'EQUIPEMENTS*

standard equipment	*monté en série*
the interior	*l'intérieur*
space	*espace*
roomy	*spacieux*
leg room	*la place pour les jambes*
a headrest / a head restraint	*un appui-tête*
an adjustable headrest	*un appui-tête réglable*
carpeting	*la moquette*
upholstery	*les garnitures*
an all-leather interior	*un habillage intérieur tout cuir*
a seat cover	*une housse*
leather	*le cuir*
soundproofing	*insonorisation*
a sound system	*la sono*
a high quality stereo system	*un système hifi de haute qualité*
an in-car stereo system	*un équipement stéréo incorporé*
an in-car CD unit	*une platine laser incorporée*
a car phone	*un téléphone intérieur*
an in-car fax	*un fax incorporé*
a voice computer	*un ordinateur vocal*
air conditioning	*la climatisation*
air conditioned	*climatisé*
heating	*le chauffage*

3 THE ENGINE — *LE MOTEUR*

3.1 GENERAL BACKGROUND — *GENERALITES*

the car engine	*le moteur d'une voiture*
a diesel engine	*un diesel*
a gasoline engine	*un moteur à essence*
a naturally aspirated engine	*un moteur atmosphérique*
a two-stroke engine	*un moteur à deux temps*
a four-stroke engine	*un moteur à quatre temps*
a computer-controlled system	*un système électronique*
to idle an engine	*faire tourner un moteur (à l'arrêt)*
to start an engine	*mettre un moteur en marche*
to restart an engine	*faire redémarrer un moteur*
to idle	*tourner au ralenti*
to gun an engine	*faire ronfler un moteur*
to floor	*appuyer à fond*
to soup up	*gonfler*
hotted up	*gonflé*
a souped-up engine	*un moteur gonflé*
to give an engine full throttle	*accélérer à fond*
at full throttle	*à pleins gaz*
to throttle down	*mettre au ralenti*
to seize	*se gripper*
to stall	*caler*
a drive shaft	*un arbre moteur*
a cylinder	*un cylindre*
a cylinder head	*une culasse*
a cylinder head gasket	*un joint de culasse*
a rocker	*un culbuteur*
a hydraulic piston	*un piston hydraulique*
a valve	*un piston*
valve timing	*la distribution*
an inlet valve	*une soupape d'admission*
an outlet valve	*une soupape d'échappement*
a l6-valve engine	*un moteur à 16 soupapes*
revolution per minute (RPM)	*tours/minute*
a carburettor	*un carburateur*
an oil inlet	*une arrivée d'huile*
an oil gauge	*une jauge d'huile*
a fuel supply line	*une arrivée d'essence*
an oil sump	*un carter*
an oilcase (USA)	" "
sump oil	*huile de carter*
a pressure oil feed	*une arrivée d'huile sous pression*
a connecting rod	*une bielle*
to run a big end	*couler une bielle*
a fan	*un ventilateur*
a fan belt	*une courroie de ventilateur*
bearings	*roulements à billes*
a cooling system	*un système de refroidissement*
coolant	*le liquide de refroidissement*
anti freeze	*antigel*
a radiator	*un radiateur*
a water pump	*une pompe à eau*
a thermostat	*un thermostat*
a water pipe	*une durit*

3.2 ENGINE POWER — *LA PUISSANCE DU MOTEUR*

power	*la puissance*
a horsepower	*un cheval (fiscal)*
a few horses under the bonnet	*quelques chevaux sous le capot*
a high powered car / a big-engined car	*une grosse cylindrée*
a small-engined car	*une petite cylindrée*
engine efficiency	*le rendement du moteur*
a 2-liter engine	*un 2 litres*

a fuel injection engine	*un moteur à injection*
electronically-injected	*à injection électronique*
to average 130 km/h	*faire une moyenne de 130 km/h*
engine behaviour	*la tenue du moteur*

3.3 GAS CONSUMPTION — *LA CONSOMMATION D'ESSENCE*

mileage per gallon	*la consommation de carburant*
a fuel pump	*une pompe d'alimentation*
a distributor	*un Delco*
a distributor head	*une tête de Delco*
a choke	*un starter*
to pull the choke out	*mettre le starter*
to run with the choke out	*rouler au starter*
to flood	*noyer*
a torque	*un couple (machine / moteur)*
a torque converter	*un convertisseur de couple*
combustion	*la combustion*
an internal combustion engine	*un moteur à explosion*
petrol (UK) / gasoline / gas (USA)	*l'essence*
a grade of petrol	*une qualité d'essence*
the octane number	*le numéro d'octane*
2-star (UK) / regular (USA)	*l'ordinaire*
4-star (UK) / premium (USA)	*le super*
a petrol station / a gas station	*une station d'essence*
a service station / a filling station	*une station service*
a pump attendant	*un pompiste*
to gas up / to tank up	*faire le plein*
a tank	*un réservoir*
a gauge	*une jauge*
a gas cap	*un bouchon de réservoir*
a nozzle	*un ajutage*
to be good on gas	*être économe en carburant*
an economic car	*une voiture économe en carburant*
to get / to do . . . miles a gallon	*consommer ... litres au cent*
a gallon	*un gallon (4,54 litres UK) (3,78 litres USA)*
miles per gallon (mpg)	*le nombre de km au gallon, le nombre de litres au cent*
fuel consumption / gas mileage	*la consommation de carburant*
low gas consumption	*la faible consommation d'essence*
to be low on gas	*consommer peu de carburant*
to guzzle	*consommer en grande quantité*
a gas guzzler	*une voiture vorace en carburant*
to be heavy on petrol	*consommer beaucoup de carburant*
an exhaust pipe	*un tuyau d'échappement*
an exhaust valve	*un clapet de refoulement*
exhaust fumes	*gaz d'échappement*
a muffler / a silencer	*un silencieux*

3.4 BRAKING — *LE FREINAGE*

disk brakes	*freins à disques*
a dual circuit braking system	*un double circuit de freinage*
an antilock-braking system (ABS)	*un système anti-blocage des roues (ABR)*
the hand brake	*le frein à main*
the brake pedal	*la pédale de frein*
to apply the brakes	*freiner*
a parking brake	*un frein à main*
a brake control valve	*un doseur de freinage*
a brake shoe	*la garniture des freins*
brake fluid	*le liquide de frein*
the accelerator pedal	*la pédale de l'accélérateur*
a suspension system	*un système de suspension*
the springs	*la suspension*
a shock absorber	*un amortisseur*
a spring	*un ressort*

3.5 GEARS — *LES VITESSES*

a gear	*une vitesse*
neutral (gear)	*le point mort*
reverse gear	*la marche arrière*
a gear box	*une boîte de vitesse*
a cam shaft	*un arbre à cames*
a double overhead camshaft (DOC)	*un double arbre à cames en tête*
a crankshaft	*un vilebrequin*
the internal ratio	*le rapport de boîte de vitesse*
clutch	*embrayage*
a clutch (lever) / a gear lever	*un levier de vitesse*
a clutch pedal	*une pédale d'embrayage*
the accelerator	*l'accélérateur*
neutral	*le point mort*
transmission	*la transmission*
automatic transmission	*une boîte automatique*
a standard shift car	*une voiture à boîte manuelle*
to put in neutral	*mettre au point mort*
to shift gears	*changer de vitesse*
to shift into second	*passer en seconde*
to start	*démarrer*
to declutch	*débrayer*
to let in the clutch	*embrayer*
to press the clutch	*embrayer / débrayer*
reverse	*la marche arrière*
to back up / to reverse	*faire marche arrière*
to accelerate	*accélérer*
to throw into gear	*embrayer*

3.6 THE ELECTRICAL SYSTEM — *LE CIRCUIT ELECTRIQUE*

wiring	*le câblage*
a fuse	*un fusible*
a distributor	*un distributeur*
an alternator	*un alternateur*
a coil	*une bobine*
ignition	*allumage*
electronic ignition	*allumage électronique*
transistorized ignition	*allumage transistorisé*
advanced ignition	*avance à l'allumage*
retarded ignition	*le retard à l'allumage*
an automatic cutout	*un disjoncteur automatique*
a spark plug	*une bougie*
a heater plug	*une bougie de réchauffage*
a (contact) point	*une vis platinée*
a battery	*une batterie*

3.7 CAR PERFORMANCES — *LES PERFORMANCES AUTOMOBILES*

versatility	*la souplesse d'utilisation*
dependable	*fiable*
to make automotive history	*faire date dans l'histoire de l'automobile*
to inspire confidence	*inspirer confiance*
to create a feeling of security	*créer un sentiment de sécurité*
a safe car	*une voiture sûre*
to be crashworthy	*résister aux chocs*
unsafe	*dangereux*
to rank first in safety	*être numéro un en matière de sécurité*
the elite in motoring	*ce qui se fait de mieux en automobile*
to use advanced technology	*utiliser la technologie de pointe*
to be stuffed with the highest technology	*être bourré des technologies les plus sophistiquées*
automotive engineering	*la mécanique automobile*
durability	*la solidité*
easy handling	*la maniabilité*
craftmanship	*la qualité de fabrication*

4 THE GREEN CAR — *LA VOITURE ECOLOGIQUE*

4.1 FUEL CONSUMPTION — *LA CONSOMMATION DE CARBURANT*

the environmentally friendly auto	*la voiture non polluante, l'éco-voiture*
fossil fuel	*carburants fossiles*
automobile-caused air-pollution	*la pollution de l'air provoquée par les automobiles*
lead free gas	*essence sans plomb*
unleaded	*sans plomb*
to run on unleaded gasoline	*marcher à l'essence sans plomb*
a lean burn engine	*un moteur qui consomme peu*
a catalytic converter	*un pot catalytique*
exhaust emissions / exhaust gases	*gaz d'échappement*
carbon dioxide	*le dyoxide de carbone*
emission control	*le contrôle de l'échappement*
to reduce the emission of fumes	*réduire les émanations de gaz*
to cut fuel consumption	*réduire la consommation de carburant*
fuel efficiency	*l'économie de carburant*
to improve combustion efficiency	*améliorer l'efficacité de la combustion*
a methanol-powered car	*une voiture qui roule au méthane*
to minimize air pollution	*atténuer la pollution atmosphérique*
the greenhouse effect	*l'effet de serre*
a flexible fuel car	*une voiture multi-carburants*
an electric car / a plug-in car	*une voiture électrique*
to store energy in a battery	*stocker l'énergie dans une batterie*
to recharge	*recharger*
a solar-powered car	*une voiture qui fonctionne à l'énergie solaire*

4.2 AUTOMOTIVE WASTE — *LES DECHETS AUTOMOBILES*

a part	*une pièce détachée*
a spare part / a replacement part	*une pièce de rechange*
engine displacement	*un échange standard (du moteur)*
to cannibalize a car	*démonter une voiture (pour en récupérer les pièces)*
a disassembly plant	*une usine de démontage*
to disassemble cars	*démonter les voitures*
to classify waste	*trier les déchets*
to separate out the materials	*trier les matériaux*
vehicle recycling	*le recyclage des véhicules*
to recondition parts	*remettre en état les pièces*
a non-wearing part	*une pièce inusable*
to remelt aluminium parts	*refondre les pièces en aluminium*
to reclaim the acid (from batteries)	*récupérer l'acide (des batteries)*
to reprocess brake fluid	*retraiter le liquide de frein*
to make solvents	*fabriquer des dissolvants*
a solvent-free underseal	*une couche antirouille sans dissolvant*
a solvent-based paint	*une peinture à base de dissolvant*
a water-based paint	*une peinture à base d'eau*

polyester seat covering	*housses de siège en polyester*
PVC sealants	*résines glycérophtaliques*
to search for new materials	*chercher de nouveaux matériaux*
to replace steel	*remplacer l'acier*
see : pollution	*voir : la pollution*

5 CAR MAINTENANCE — *L'ENTRETIEN DE SA VOITURE*

to be in good mechanical condition	*être en bon état de marche*
to pass state inspection	*être soumis à une vérification*
maintenance costs	*les coûts d'entretien*
maintenance expenses	*les dépenses d'entretien*
to service a car	*faire réviser une voiture*
a 50,000 km service	*une révision des 50 000 km*
to put one's car in for service	*mettre sa voiture à la révision*
to overhaul	*réviser*
to tune up an engine	*régler un moteur*
to carry out repairs	*effectuer les réparations*
an oil can	*un bidon d'huile*
to check the oil	*vérifier le niveau d'huile*
to check the pressure	*vérifier la pression*
to lubricate	*lubrifier*
lubrication	*le graissage*
a lubricant	*un lubrifiant*
to change the oil	*vidanger*
an oil change	*une vidange*
an engine oil	*une huile de moteur*
carbon deposit	*la calamine*
to decarbonise	*décalaminer*
grease	*la graisse*
an oil ring	*une bague de graissage*
a gasket ring	*un joint d'étanchéité*
an o-ring	*un joint torique*
to grease	*lubrifier, graisser*
a grease gun	*un pistolet graisseur*
clogged	*encrassé*
a flat battery	*une batterie à plat*
to wear down a battery	*vider les accus*
to charge a battery	*recharger une batterie*
a battery charger	*un chargeur de batterie*
a flat tire / a flat / a puncture	*une crevaison*
an inner tube	*une chambre à air*
a jack	*un cric*
to jack up	*soulever au cric*
to inflate	*gonfler*
the air pressure	*la pression des pneus*
a tire-inflating station	*un poste d'air*
a garage	*un garage*
a garage owner / keeper	*un garagiste*
a mechanic	*un mécanicien*
a repair shop	*un atelier de réparation*
an adjusting device	*un dispositif de réglage*
speed control	*le réglage de vitesse*
shears	*cisailles*
pincers	*tenailles*
pliers	"
combination pliers	*une pince universelle*
a cutting toll	*un outil de tournage*
a spanner	*une clé*
a monkey wrench	*une clé anglaise / à molette*
a lug wrench	*une clé à ouvertures variables*
a screw wrench	*une clé anglaise*
a box spanner	*une clé à tube*
a socket wrench (USA)	*une clé à pipe*
a spanner wrench	*une clé à ergots*
a car wash	*une station de lavage*
to wax / to polish	*lustrer*
a ramp	*un pont de graissage*
a testing bench	*un banc*
a checking device	*un appareil de contrôle*
to dampen vibrations	*atténuer les vibrations*
to break down	*tomber en panne*
a breakdown	*une panne*
to run out of gas	*tomber en panne sèche*
a warning triangle	*un triangle de présignalisation*
to flag down	*faire signe à, héler*
to get a ride (US)	*se faire emmener (en voiture)*
to get a lift (UK)	" " "
to repair / to fix	*réparer*
on the spot repairs	*réparations immédiates*
an appointment	*un rendez-vous*
to tow a car for service	*remorquer une voiture à un garage*
on tow	*en dépannage*
a breakdown truck / a tow truck	*une dépanneuse*
a wrecker	" "

III ROAD TRANSPORT — *LES TRANSPORTS ROUTIERS*

1 GENERAL BACKGROUND — *GENERALITES*

the Department of Transport	*le ministère des Transports*
to carry / to convey	*transporter*
a means of conveyance	*un moyen de transport*
a means of transport	" " " "
a means of transportation (USA)	" " " "
to forward	*expédier*

a forwarder	*un expéditeur*
carriage	*le port, le transport*
road transport	*le transport par route*
by road	*par route*
to freight	*affréter, transporter des marchandises*
freight	*le fret, les marchandises transportées*
express freight	*le transport rapide*
freight rates	*les prix de transport*
a freight forwarder	*un transitaire*
a freighter	*un transporteur, un affréteur*

2 TRUCKS — *LES CAMIONS*

a van	*une camionnette*
a minivan	*un van*
a delivery van	*une camionnette de livraison*
a removal van	*un camion de déménagement*
to van	*transporter (en camionnette)*
a caravan	*une caravane*
a truck / a lorry	*un poids lourd, un camion*
a fleet of lorries	*un parc de camions*
a pick up truck / a pickup	*une camionnette*
a tow / a trailer	*une remorque*
an articulated lorry / a l6-wheels	*un semi-remorque*
a semi-trailer	" " "
a juggernaut	*un mastodonte*
a tanker	*un camion-citerne*
a fire engine	*une voiture de pompiers*
an ambulance	*une ambulance*
a hearse	*un fourgon mortuaire*
a bus	*un autobus*
a coach	*un autocar*
a van driver	*un chauffeur livreur*
a trucker / a teamster	*un routier*
a truck driver	*un chauffeur poids lourd*
a bus driver	*un chauffeur de bus*
the Teamsters' union (USA)	*le syndicat des conducteurs de poids lourds*

3 THE TRUCKING INDUSTRY — *L'INDUSTRIE DES TRANSPORTS ROUTIERS*

road haulage	*le transport routier*
to haul	*transporter*
haulage	*le transport*
haulage costs	*coûts de transport*
the road haulage market	*le marché de transport routier*
a haulage company / a haulage firm	*une société de transport*
a short haul	*un transport sur courte distance*
a long haul	*un transport longue distance*
to carry over long distances	*transporter sur longue distance*
to truck	*camionner*
truckage / trucking	*le camionnage*
a trucking firm	*une entreprise de transports routiers*
a trucking bill of lading	*une lettre de transport routier*
a trucker	*un camionneur*
a carrier	*un transporteur*
a hauler / a haulier	*un entrepreneur de transports, un camionneur*
a road haulage contractor	*un entrepreneur de transports routiers*
an independent carrier	*un transporteur indépendant*
a one-man-a-cab operator	" " "
lorry leasing	*la location de camions*
to load / unload a lorry	*charger / décharger un camion*
to have good transport facilities	*être bien desservi*
a road network	*un réseau routier*
interstate trucking (USA)	*le transport inter-états*
a distribution company	*une société de distribution*
road passenger transport	*le transport routier de voyageurs*
a road passenger vehicle	*un véhicule routier pour le transport de voyageurs*

2 ROAD TRAFFIC — *LA CIRCULATION ROUTIERE*

I THE HIGHWAY SYSTEM — *LE RESEAU ROUTIER*

1 LOCAL TRAFFIC — *LA CIRCULATION LOCALE*

1.1 DOWNTOWN — *EN VILLE*

a thoroughfare / an artery	*une artère*
a main thoroughfare	*une artère principale*
an arterial road	*une voie à grande circulation*
an urban roadway	*une voie rapide*
a ringroad	*un boulevard périphérique*
a beltway	*un boulevard de ceinture*
a main street	*une rue principale*
a side street	*une rue secondaire*
a back street	*une rue écartée*
a dead end street	*un cul-de-sac*
a one-way street	*une rue à sens unique, un sens interdit*
no entry	*sens interdit*
a lane	*une ruelle*
an alley	*une ruelle, un passage*
a blind alley	*une impasse*
a bus lane	*un couloir d'autobus*
a bicycle path	*une piste cyclable*
a waterfront	*un front de mer / de lac*
a waterfront promenade	*une promenade de front de mer*
a seafront	*un front de mer*
a lakefront	*un bord de lac*
a river bank	*une rive (d'un fleuve)*
a river walk	*une promenade de bord de fleuve*
a parkway / an avenue	*une avenue (présidentielle)*
the roadway	*la chaussée*
a solid line	*une ligne continue*
a dotted line	*une ligne discontinue*
a cat's eye	*un clou à catadioptre*
the pavement / the sidewalk (USA)	*le trottoir*
the kerb / the curb (USA)	*le bord du trottoir*
a gutter	*un caniveau*
a crash barrier / a safety rail	*une glissière de sécurité*
a milestone	*une borne*
a platform	*un terre-plein*
an entrance ramp	*une rampe d'accès*
a sliproad	*une bretelle d'accès*
a pedestrian / a passer-by	*un passant*
a pedestrian crossing	*un passage pour piétons*
a zebra crossing	*un passage protégé pour piétons*
a refuge	*un refuge*
a crosswalk / a walkway	*un passage pour piétons*
a pedestrian area	*une zone piétonnière*
a bystander	*un badaud*
a fork	*un embranchement*
to fork / to branch off	*bifurquer*
a crossroads / a crossing	*un croisement*
an intersection	*" "*
a level crossing	*un passage à niveau*
a roundabout	*un rond-point / un sens giratoire*

1.2 PARKING — *LE STATIONNEMENT*

to park	*se garer*
to double-park	*stationner en double file*
to park one's car	*garer sa voiture*
a parking slot / a parking place	*une place de stationnement*
a parking lot / a car park	*un parking*
a parking meter	*un parcmètre*
a loading zone	*un stationnement réservé aux livraisons*
no loading or unloading	*interdit de charger et de décharger*
to take deliveries	*faire des livraisons*
a restricted area	*une zone bleue*
a tow-away zone	*une zone de mise en fourrière*
a meter maid	*une contractuelle*
a lay-by	*une petite aire de stationnement*
disorderly parking	*le parking anarchique*
illegal parking	*le stationnement interdit*
no parking	*stationnement interdit*
a parking ticket	*une contravention*
to write a ticket	*verbaliser*
a boot / a clamp	*un sabot de Denver*
to hoist an illegally parked car	*enlever une voiture en stationnement interdit*
to tow away	*mettre en fourrière*
to impound a car	*mettre une voiture à la fourrière*
the pound	*la fourrière*
to immobilize a vehicle	*immobiliser un véhicule*
an illegally parked car	*une voiture ventouse*

1.3 TRAFFIC LIGHTS — *LES FEUX DE SIGNALISATION*

a sign	*un poteau de signalisation*
a traffic sign	*un panneau de signalisation*
the sequence of lights	*la synchronisation des feux*
red / amber / green	*rouge / orange / vert*
a red light	*un feu rouge*
walk	*vert (pour les piétons)*
don't walk	*rouge (pour les piétons)*
to change from green to amber	*passer à l'orange*
to jump lights	*démarrer à l'orange*
to go through a red light	*brûler un feu*
to ignore a stop sign	*brûler un stop*

2 THE NATIONAL NETWORK — *LE RESEAU NATIONAL*

2.1 NATIONWIDE — *A TRAVERS LE PAYS*

a road network	*un réseau routier*
a highway	*une route à grande circulation*
a superhighway	*une autoroute*
a freeway	*une autoroute sans péage*
an interstate highway system	*un réseau national d'autoroutes*
a primary road	*un grand itinéraire*
a trunk road	*une route à grande circulation*
a motorway (UK)	*une autoroute*
the M6 (UK)	*l'autoroute A6*
a turnpike (USA)	*une autoroute à péage*
toll	*le péage*
a toll booth	*une cabine de péage*
an expressway / a thruway	*une voie rapide*
a parkway	*une route à paysage aménagé*
a scenic road	*une route panoramique*
a dual carriage road	*une route à quatre voies*
a switchback road	*une route en épingles à cheveu*
a stretch	*un trajet*
a bend	*un virage*
a curve	*une courbe*
a hairpin bend	*un virage en épingle à cheveu*
a bend to the right	*un virage à droite*
road narrows	*un rétrécissement*
a hump	*un dos d'âne*
two-way traffic	*la circulation à double sens*
to link / to connect	*relier*
to criss cross	*s'entrecroiser*
a lane	*une voie, une file*
a multilane road	*une route à plusieurs voies*
a crawl lane	*une voie pour véhicules lents*
an emergency lane	*une voie réservée aux véhicules d'urgence*
a breakdown lane	*une bande d'arrêt d'urgence*
a contraflow lane	*une voie à contresens*
to merge	*se rabattre*
the hard shoulder	*la bande d'arrêt d'urgence*
a verge	*un bas côté*
a rest area	*une aire de repos*
a service area	*une aire de services*
an emergency telephone	*une borne d'appel d'urgence*
a junction	*une bretelle*
a bypass	*une bretelle de contournement*
an underpass	*un passage souterrain*
an overpass / a flyover	*un toboggan*
an interchange / a cloverleaf	*un échangeur / un trèfle*

2.2 BRIDGES — *LES PONTS*

a bridge	*un pont*
a footbridge	*une passerelle*
an arch bridge	*un pont en arche*
a cantilever bridge	*un pont cantilever*
a trestle bridge	*un pont sur chevalets*
a suspension bridge	*un pont suspendu*
a draw-bridge	*un pont basculant*
a box girder bridge	*un pont métallique*
a swing bridge	*un pont mobile / tournant*
a cable-stayed bridge	*un pont suspendu*
a viaduct	*un viaduc*
a span	*une travée, une portée*
a single-span bridge	*un pont à travée unique*
to be supported by cables	*être supporté par des câbles*
to span	*enjamber*
to cross a bridge	*traverser un pont*
a tunnel	*un tunnel*
an arterial tunnel	*un tunnel à grande circulation*

2.3 ROAD SIGNS — *LA SIGNALISATION ROUTIERE*

the road signs	*la signalisation routière*
a stop sign	*un stop*
yield	*priorité à droite / gauche*
to yield	*céder la priorité*
the right-of-way	*la priorité à droite*
no U-turn	*demi-tour interdit*
no left / right turn	*interdit de tourner à gauche / à droite*
to keep to the right	*tenir sa droite*
to keep to the left	*rester à gauche*
low headroom	*hauteur limitée*
steep hill l0% and more	*montée 10% et plus*
lane markings	*la signalisation horizontale*

2.4 THE INFRASTRUCTURE — *L'INFRASTRUCTURE*

the Highways Department	*les Ponts et Chaussées*
to overhaul the road system	*rénover le réseau routier*
viability	*la viabilité*
the road surface	*le revêtement*
a tarred street	*une rue goudronnée*
a cobbled street	*une rue pavée*
a dirt road	*une route non goudronnée*
a pothole	*un nid de poule*
a carriageable road	*une route carrossable*
bumpy	*défoncé*
decaying	*en mauvais état*
collapsing bridges	*l'effondrement des ponts*
to modernise	*moderniser*
road works	*travaux*
work ahead	*danger travaux*
a section	*un tronçon*
a diversion / a detour (USA)	*une déviation*
a blocked road	*une route barrée*
a public works project	*un projet de travaux publics*
to improve roads	*améliorer les routes*
road improvement	*amélioration du système routier*
a black spot	*un point noir*
to double in width to 8 lanes	*dédoubler les voies*
a steamroller	*un rouleau compresseur*

II CAR TRAFFIC — *LA CIRCULATION AUTOMOBILE*

1 TRAFFIC CONGESTION — *LES EMBOUTEILLAGES*

traffic	*la circulation*
the flow of traffic	*le flot de la circulation*
the volume of traffic	*le volume de la circulation*
traffic density	*la densité de la circulation*
light / dense	*fluide / dense*
heavy traffic	*la circulation chargée*
a busy street	*une rue passante*
a busy road	*une route fréquentée*
crowded	*noir de monde*
teeming	*grouillant de monde*
bustling	*animé*
congested	*encombré, embouteillé*
packed	*bondé*
jammed	*bouché*
easy-running	*roulant*
a traffic jam	*un embouteillage*
a chorus of klaxons	*un concert de klaxons*
peak hour / rush hour	*une heure de pointe*
to expand	*se développer*
the expansion of traffic	*le développement de la circulation*
to jockey for a parking space	*se battre pour une place de stationnement*
to carry 20 per cent of the nation's traffic	*supporter 20% du trafic national*
traffic congestion	*les embarras de la circulation*
to trigger a jam	*provoquer un embouteillage*
to be caught in a traffic jam	*être pris dans un embouteillage*
to jam the roads	*encombrer les routes*
a bottleneck	*un goulot d'étranglement*
to alleviate bottlenecks	*réduire les goulots d'étranglement*
a hold-up	*une retenue*
to be held up	*être retenu (dans un bouchon)*
a tie	*un embouteillage*
to tie up	*entraver*
to get tied up	*se bloquer*
a tailback	*un bouchon*
a snarl up	*un embouteillage, un enchevêtrement*
to tail back to	*un bouchon qui remonte jusqu'à*
a slow down	*un ralentissement*
to slow down	*ralentir*
to crawl	*avancer au pas*
at a snail's pace	*à une vitesse d'escargot*
to inch along	*avancer cm par cm*
to slow to walking pace	*ralentir au pas*
in first gear	*en première*
to go dead slow	*rouler au pas*
bumper to bumper traffic	*la circulation pare-chocs contre pare-chocs*
to obstruct / to clog	*obstruer*
choked with traffic	*engorgé*
to block	*bloquer*
to be at a halt	*être à l'arrêt*
to be at a standstill	*être immobilisé*
immobilisation	*la paralysie*
to close a road to traffic	*fermer une route à la circulation*
a lane closing	*une fermeture de voie*
a no through road	*une voie sans issue*
to divert	*dévier*
to clear the roads	*dégager les routes*
to unblock the roads	*débloquer les routes*
chaos	*la confusion*
chaotic	*chaotique*
a gridlock	*une paralysie totale*
to die of asphyxia	*mourir d'asphyxie*
an alternative road	*un itinéraire de délestage*
a red route	*un axe rouge*

2 EASING CONGESTION — *LES REMEDES AUX EMBOUTEILLAGES*

a remedy for congestion	*un remède aux embouteillages*
traffic control	*la régulation de la circulation*
to ease the traffic problem	*soulager le problème de la circulation*
to help traffic flow	*faciliter l'écoulement de la circulation*
to reduce traffic	*diminuer la circulation*
to reduce car use	*limiter l'usage de la voiture*
to give up one's car	*renoncer à son véhicule*
to unjam streets	*désembouteiller les routes*
to keep traffic going	*laisser la circulation s'écouler*
to relieve congestion	*décongestionner*
to warn of saturation	*mettre en garde contre la saturation*
to free cities from traffic	*libérer les villes de la circulation*
to restrict entry to a city	*limiter l'accès à une ville*
to bar cars from the city center	*interdire la circulation dans le centre des villes*
to cut the number of cars entering a city	*réduire le nombre de voitures entrant dans une ville*
to shut off the center	*fermer l'accès au centre-ville*
unbreathable air	*l'air irrespirable*
an even / odd number plate	*une plaque minéralogique qui se termine par un chiffre pair / impair*
to close to traffic	*fermer à la circulation*
to pedestrianize	*rendre la ville aux piétons*
to improve traffic	*améliorer la circulation*
to widen roads	*élargir les routes*
to bulldoze roads through	*percer des routes à coups de bouteur*
to use public transportation	*utiliser les transports en commun*
a park and ride scheme	*un système voiture et métro*
to car pool	*voyager à plusieurs dans une voiture*
car sharing	*la voiture à plusieurs*
a shuttle bus	*une navette*
a road user	*un usager de la route*
to charge road users	*faire payer les usagers de la route*
to make car users pay	*faire payer les automobilistes*
to wage war on	*faire la guerre à*
to have a love affair with the car	*être amoureux de sa voiture*
a car lover	*un amoureux de la voiture*

III CAR ACCIDENTS — *LES ACCIDENTS DE LA ROUTE*

1 COLLISIONS — *LES COLLISIONS*

a near miss	*une quasi collision*
to have a near miss	*frôler l'accident*
a crash	*un accident*
a frontal crash	*un choc frontal*
to crash	*avoir un accident*
to crash head-on into	*rentrer de plein fouet dans*
to total a car	*démolir une voiture*
to wreck a car	*détruire une voiture*
a car wreck	*un accident de voiture*
a wreck	*une épave*
a wrecker	*une dépanneuse*
to hit	*heurter*
to run into / to crash into	*percuter*
to bump into	"
to knock down	*renverser*
to run into a pedestrian	*renverser un piéton*
to run over	*écraser*
to collide	*entrer en collision*
a collision	*une collision*
a head-on collision	*une collision frontale*
a side-impact collision	*une collision de flanc*
a rear-impact collision	*une collision de l'arrière*
a pile-up	*un carambolage*
to plough through	*s'encastrer*
to smash (into)	*s'écraser (sur)*
to overturn	*se retourner*
a roll over	*un tonneau*
to be involved in an accident	*être impliqué dans un accident*
a hit and run	*un délit de fuite*
a hit-and-run driver	*un chauffard responsable d'un délit de fuite*
to avoid	*éviter*

2 WEATHER CONDITIONS — *LES CONDITIONS METEO*

visibility	*la visibilité*
visibility down to . . . yards	*visibilité réduite à ... mètres*
poor visibility	*la mauvaise visibilité*
to be fogbound	*être noyé dans le brouillard*
icy	*verglacé*
an icy patch	*une plaque de verglas*
a snowdrift	*une congère*

snowbound	*enneigé*
impassable	*impratiquable*
to grit	*sabler*
to be marooned	*être bloqué*
stranded	*bloqué*
to skid	*déraper, faire un tête-à-queue*
to swerve	*faire un écart*
to swerve into	*rentrer dans*
to spin round	*faire un tête-à-queue*
a spin	*un tête-à-queue*
to fishtail	*chasser*
hydroplaning	*aquaplanage*

3 DRUNKEN DRIVING — *LA CONDUITE EN ETAT D'IVRESSE*

a blood alcohol level	*un taux d'alcoolémie*
a breath test / a breathaliser	*un alcootest*
an intoxemeter	*un ethylomètre*
to be intoxicated	*être en état d'ivresse*
a drunk / drunken driver	*un conducteur ivre*
drunkenness	*l'ébriété*
to drive under the influence	*conduire en état d'ivresse*
driving under influence (DUI)	*la conduite en état d'ivresse*
to dull perceptions	*diminuer les perceptions*
to slow reactions	*émousser les réflexes*
drunk driving laws	*les lois sur l'alcool au volant*
to revoke a driving licence	*retirer / annuler un permis de conduire*
a revocation	*un retrait, une annulation*
to cancel	*annuler*
to take away a driver's licence	*retirer un permis de conduire*
an endorsement	*une contravention (sur le permis)*
to endorse a driving license	*porter une contravention au permis de conduire*
to have two endorsements	*avoir deux contraventions portées à son permis de consuire*
a disqualification from driving	*un retrait de permis*
to take a driving test	*repasser l'examen du permis*

4 ROAD SAFETY — *LA SECURITE ROUTIERE*

the Agency for the Prevention of Road Accidents	*la Prévention routière*
a violation of statute	*une infraction au code de la route*
the highway police	*la police de la route*
to jaywalk	*marcher sur la chaussée*
to walk on the wrong side of the road	*marcher sur le mauvais côté de la route*
to look for approaching vehicles	*faire attention à l'approche de véhicules*
a traffic violation	*une contravention*
the rules of the road	*le code de la route*
to violate the laws	*enfreindre les règlements*
to break the rules	*contrevenir aux règlements*
disregard for traffic laws	*le mépris des règles du code de la route*
an air safety bag	*un coussin à air*
to be equipped with	*être équipé de*
a seat belt	*une ceinture de sécurité*
a three-point seat belt	*une ceinture avec trois points d'ancrage*
a lap / shoulder belt	*une ceinture pour la poitrine et les épaules*
an inertia seat belt	*une ceinture à enrouleurs*
to buckle up	*attacher sa ceinture*
to fasten one's seat belt	" " "
to wear a seat belt	*être attaché*
to use a safety belt	*mettre une ceinture*
to disconnect a belt	*débrancher un avertisseur sonore de ceinture*
a passive restraint system	*un système d'attache automatique*
scorn for seat belts	*le mépris pour les ceintures de sécurité*
to pass seat belt laws	*faire voter des lois sur le port de la ceinture de sécurité*
mandatory	*obligatoire*
a dare devil	*un fou*
a hog / a road warrior	*un chauffard*
a negligent driver	*un conducteur imprudent*
an inexperienced driver	*un conducteur inexpérimenté*
short-tempered	*coléreux*
frustrated	*frustré*
reckless	*imprudent*
recklessness	*l'imprudence*
careful	*prudent*
speed	*la vitesse*
the speed limit	*la limitation de vitesse*
to exceed the speed limit	*dépasser la limite de vitesse*
an excessive speed limit	*une vitesse excessive*
to accelerate	*accélérer*
to pass	*doubler*
to overtake	*dépasser*
to slow down	*ralentir*
to pull out	*déboîter*
to change lanes	*changer de file*
lane hopping	*le changement de file*
to pull up by the roadside	*s'arrêter sur le bas-côté*
to pull over to one side	*se rabattre sur le côté*
to fall back / to cut back	*se rabattre*
to apply / to put on the brakes	*freiner*
to jam one's foot on the brake	*freiner à mort*
to slam on the brakes	*freiner brutalement*

to go like hell / to burn up the road	*foncer*
to speed	*faire de la vitesse*
a radar	*un radar*
a radar trap	*un contrôle radar*
to get caught in a radar trap	*se faire piéger par un radar*
radar enforced	*contrôle radar*
to go for a spin	*aller faire un tour*
threadbare tires	*pneus lisses*
worn to a thread	*usé à la corde*
to wear a helmet	*porter un casque*

5 CASUALTIES — *LES VICTIMES*

the heavy toll of highway accidents	*le lourd tribut des accidents de la route*
the transportation death rate	*le taux de mortalité des accidents de la route*
the accident rate	*le taux d'accidents*
a fatality	*une victime*
disabling injuries	*invalidités à la suite de blessures*
to be left paralyzed	*rester paralysé*
road mayhem	*le massacre sur les routes*
a carnage	*un massacre*
to be burnt alive	*être brûlé vif*
to be burnt to death	*mourir brûlé vif*
to be killed outright	*être tué sur le coup*

6 CAR INSURANCE — *L'ASSURANCE AUTOMOBILE*

to be at fault	*être fautif*
no-fault insurance	*l'indemnisation automatique de l'assuré*
an automobile negligence action	*l'inobservation des règles de conduite*
an action for negligence	*une demande de dommages-intérêts*
to sue a car owner	*faire un procès à un automobiliste*
a personal injury claim	*une demande de dommages pour blessures*
hospital fees	*frais d'hospitalisation*
lost earnings	*le manque à gagner*
a loss of income	*une perte de revenus*
punitive damages	*une somme élevée versée au titre des dommages-intérêts*
property damage claims	*demandes de dommages-intérêts pour destruction de véhicule*
the auto repair bill	*la note du garagiste*
a wrecking yard	*un cimetière d'automobiles*
scrap metal	*la ferraille*
to salvage usable parts	*sauver les pièces réutilisables*
the market value of an automobile	*la valeur vénale d'un véhicule*
automobile liability insurance	*assurance automobile obligatoire*
a liability policy	*une police d'accident*
to collect from the insurance company	*être dédommagé par la compagnie d'assurances*
the family purpose doctrine	*la responsabilité du chef de famille*
to collect a claim	*toucher des dommages-intérêts*

see : insurance — *voir : les assurances*

3 RAILWAYS — *LES CHEMINS DE FER*

I RAIL — *LE CHEMIN DE FER*

1 GENERAL BACKGROUND — *GENERALITES*

by rail	*par chemin de fer*
Railroads (USA) / Railways (UK)	*les chemins de fer*
to travel by train	*voyager en train*
a railroad	*une ligne de chemin de fer*
a railway	*un chemin de fer, une ligne, une voie ferrée*
a railroad system	*un système de chemin de fer*
British Rail (BR)	*la Compagnie des chemins de fer britanniques*
passenger railway	*le transport des voyageurs*
freight railway	*le transport des marchandises*

railway traffic	*le trafic ferroviaire*
rail transport	*le transport par rail*
to run a railway	*diriger une compagnie de chemin de fer*
a state-owned company	*une compagnie nationalisée*
nationalized railroads	*chemins de fer nationalisés*
to be privately run	*être privatisé*
to make a profit from a link	*faire des bénéfices sur une ligne*

2 TRAINS — *LES TRAINS*

a commuter train	*un train de banlieue*
a commuter service	*une ligne de banlieue*
a mass transit system	*un réseau de transport en commun*
a bullet train / a superfast train	*un TGV*
a high speed train	" "
a shinkansen	*un train rapide (japonais)*
the metroliner (USA)	*le train rapide (Côte est)*
an express train / a fast train	*un express*
a superexpress / a nonstop train	*un rapide*
a fast railway	*un train rapide*
a through train	*un train direct*
a slow train	*un omnibus*
a railcar	*un autorail*
a shuttle	*une navette*
a car-sleeper train	*un train auto-couchettes*
an extra train	*un train supplémentaire*
a hospital train	*un train sanitaire*
a mail train	*un train-poste*
a freight train / a goods train	*un train de marchandises*
an aerial railway	*un téléphérique*
a scenic railway	*un petit train panoramique*
a cable-railway	*un funiculaire*
an underground railway	*un métro*
a rail ferry	*un ferry boat*
rolling stock	*le matériel roulant*

2.1 THE PASSENGER TRAIN — *LE TRAIN DE VOYAGEURS*

a railway engine / a locomotive	*une locomotive*
a diesel electric locomotive	*une locomotive au diesel*
a rack engine	*une locomotive à crémaillère*
electric traction	*la traction électrique*
a steam engine	*une locomotive à vapeur*
a caboose (USA)	*un fourgon de queue*
a boiler	*une chaudière*
a furnace	*un foyer*
a funnel	*une cheminée*
a tender	*un tender*
a pantograph	*un pantographe*
a bogie / a bogey	*un bogie*
a connecting rod	*une bielle*
coupling buffers	*tampons (de wagon)*
a carriage / a coach / a car (USA)	*un wagon*
a passenger car	*un wagon de voyageurs*
a commuter-service car	*un wagon de banlieue*
a coach	*un wagon de voyageurs, une voiture*
a two-level coach	*un wagon à deux étages*
a double-decker car	" " " " "
a sleeping car	*une voiture-couchette*
a Pullman sleeper	*un wagon lit*
a sleeping-coach	" " "
a slumber coach	" " "
a dining car / a diner (USA)	*un wagon-restaurant*
a food service car / a buffet car	*une voiture-buffet*
to serve dinner	*servir à dîner*
a lounge car	*un wagon détente*
an observation car	*un wagon d'observation*
a dome car	*un wagon panoramique*
to offer a wide range view of the countryside	*offrir une vue panoramique du paysage*
a sleeping berth	*une couchette*
a compartment	*un compartiment*
a smoking compartment	*un compartiment fumeurs*
a non-smoking compartment	*un compartiment non-fumeurs*
the nonsmokers	*les non fumeurs*
a seat	*une place*
a corner seat	*une place de coin*
a rack	*un filet*
a corridor	*un couloir*
a concertina vestibule	*un soufflet*

2.2 THE GOODS TRAIN — *LE TRAIN DE MARCHANDISES*

a freight car	*un wagon de marchandises*
a van	*un fourgon*
a mail van	*un fourgon postal*
a tank car	*un wagon-citerne*
an insulated van	*un wagon isotherme*
a refrigerated van	*un wagon frigorifique*
a tip truck	*un wagonnet*
a flat truck	*un wagon plate-forme*
transit	*le transport de marchandises, le transit*
to move freight	*transporter des marchandises*
by fast freight (USA) / by passenger train (UK)	*en grande vitesse*
by slow freight (USA) by goods train	*en petite vitesse*
dead	*la marchandise*
dead freight	*fret lourd et non périssable*
a truck load	*un wagon complet*
piggy-back	*le fer-routage*
to piggyback	*ferrouter*

a parcels delivery company	*une compagnie de messageries*
railway rates	*les tarifs des chemins de fer*
porterage	*frais de transport*
a railway bill	*une lettre d'expédition*
a consignment note	*un bordereau d'expédition*
a dispatch note	" " "
bulk	*le volume, l'ensemble*
in bulk	*en vrac*

3 THE STATION — *LA GARE*

a railway station	*une gare de chemin de fer*
a switching yard / a marshalling yard	*une gare de triage*
a sorting station	*une gare de triage*
an exchange station	*une gare de transbordement*
a commuter station	*une gare de RER*
a terminus	*un terminus*
a ticket office	*un guichet*
an information office	*un bureau des renseignements*
a left luggage room	*une consigne*
a locker	*une consigne automatique*
a waiting room	*une salle d'attente*
a platform	*un quai*
a coupling	*un attelage*
a railway guide	*un indicateur des chemins de fer*
a railway timetable	*un Chaix*
a telescreen	*un écran de visualisation*
a railway man	*un cheminot*
a railway strike	*une grève des cheminots*
the railway employees	*les agents des chemins de fer*
a station master	*un chef de gare*
a ticket collector	*un contrôleur*
to punch / to clip a ticket	*poinçonner un billet*
a porter	*un porteur*
to see sb. off	*accompagner qqn. à la gare*
to meet sb. at the station	*aller chercher qqn. à la gare*
to get in	*monter à bord*
to get off	*descendre*
to leave the station	*quitter la gare*
to whistle	*siffler*
to miss a train	*manquer un train*
to catch a train	*attraper un train*
crowded	*plein*
packed	*bondé*
to jostle for a seat	*se battre pour une place*
an engine driver	*un mécanicien*
an engineer (USA)	*un conducteur*
a switchman / a pointsman	*un aiguilleur*
a gatekeeper	*un garde-barrière*
a conductor (USA) / a guard (UK)	*un chef de train*
an inspector	*un contrôleur*
a coach attendant (USA)	*un agent commercial*
to check tickets	*vérifier les billets*

4 TICKETS — *LES BILLETS*

a train ticket	*un billet de train*
a one-way ticket (USA) / a single ticket (UK)	*un aller-simple*
a round trip ticket (USA) / a return ticket (UK)	*un aller-retour*
a railcard	*une carte SNCF*
a season ticket	*une carte d'abonnement*
a commuter ticket	*une carte d'abonnement*
a reduced ticket	*un billet à prix réduit*
to pay half fare	*payer demi-tarif*
to travel first class	*voyager en première*
to travel tourist	*voyager en seconde*
excess fare / a supplement	*un supplément*
to book a seat	*réserver une place*
to punch	*poinçonner*
the fare	*le prix du billet*
a fare increase	*une augmentation des tarifs*
a cancellation	*une annulation*
to cancel	*annuler*
to check in / to register one's luggage	*faire enregistrer ses bagages*

II RAIL TRAFFIC — *LE TRAFIC FERROVIAIRE*

1 RAIL SERVICE — *LE SERVICE FERROVIAIRE*

to run a service	*assurer un service*
to serve a city	*desservir une ville*
to link	*relier*
inter city express service	*liaisons rapides inter-urbaines*
to have a line in operation	*exploiter une ligne*
passenger traffic	*le trafic voyageurs*
to carry passengers	*transporter des voyageurs*
to haul passengers	" " "
to ply	*assurer la liaison*
a well run service	*un service bien huilé*
a train journey	*un voyage en train*
the leg of a trip	*l'étape d'un voyage*
to change trains	*changer de train*
to transfer	" " "

a connection	*une correspondance*
to miss a connection	*manquer une correspondance*
to travel a route	*faire un trajet, assurer un service*
a westbound run	*le service vers l'ouest*
to keep services up to scratch	*maintenir les services au niveau voulu*
to run on time	*être à l'heure*
departure time	*l'heure de départ*
arrival time	*l'heure d'arrivée*
to feature amenities	*offrir des agréments*
remiss services	*le laisser-aller dans les services*
a delay	*un retard*
to fume over delays	*s'impatienter devant les retards*
to be delayed	*avoir du retard*
to be due	*être attendu*
to be overdue	*être en retard*
to be behind schedule	" " "
to be in time	*arriver à temps*
to be on time	*arriver à l'heure*
to run at high speed	*rouler à grande vitesse*
comfort	*le comfort*
convenience	*la commodité*
to pull into a station	*entrer en gare*
to pull in	" " "
to pull out	*partir (train)*
to be off	*partir (voyageur)*
to board a train	*monter à bord d'un train, embarquer*
"All aboard !"	*"En voiture !"*
a stop	*un arrêt*
to make a stop	*faire un arrêt*
to run nonstop	*être direct*
to step off	*descendre*
to alight (from)	*descendre (de)*

2 THE NETWORK — *LE RESEAU*

a system	*un réseau*
a route	*un itinéraire*
a junction	*une gare d'embranchement*
a railway network	*un réseau de chemin de fer*
a transcontinental link	*un réseau européen*
an inter-city network	*un réseau national*
an intercity run	*une liaison entre deux villes*
a provincial service	*un réseau régional*
a high speed rail network / a fast link	*un réseau de TGV*
a high speed rail link	*une liaison TGV*
a railway line	*une ligne de chemin de fer*
a main line	*une grande ligne*
a trunk line	*une ligne principale*
a secondary line / a branch-line	*une ligne secondaire*
a suburban line	*une ligne de banlieue*
a feeder line	*une ligne d'intérêt local*
an infrastructure project	*un projet d'infrastructure*
to extend a line	*prolonger une ligne*
to commission a link	*ordonner la construction d'une ligne*
to come into service	*entrer en service*
to upgrade a link	*améliorer une ligne*
to replace a link	*remplacer une ligne*
to lay new track	*construire de nouvelles lignes*
to mow down villages	*raser des villages*
to double track a line	*dédoubler une ligne*
an alternative route	*un itinéraire de délestage*
to electrify	*électrifier*
electrification	*l'électrification*
to run a line overground	*exploiter une ligne en surface*
to shelve a rail link	*renoncer à construire une ligne*

3 THE TRACK — *LA VOIE*

a single track line	*une ligne à voie unique*
a double track line	*une ligne à double voie*
a siding / a side track	*une voie de garage*
a buffer	*un tampon*
a railhead	*une tête de ligne*
a switching (USA)	*un aiguillage*
a switch	" "
a shunting (UK)	" "
to shunt	*manœuvrer*
to shunt into a track	*mettre sur une voie*
shunting	*manœuvres de triage*
a track	*une voie*
track maintenance	*l'entretien des voies*
ballast	*le ballast*
to ballast	*ballaster*
a gauge	*un écartement des voies*
narrow-gauge	*à voie étroite*
a crosstie (USA) / a sleeper (UK)	*une traverse de voie ferrée*
a bolt	*un boulon*
an embankment	*un remblai*
a gradient	*une pente, une rampe*
a curve	*une courbe*
a junction	*une bifurcation*
a level crossing	*un passage à niveau*
a signal box	*une cabine d'aiguillage*
a switch / a siding point	*une aiguille*
a turntable	*une plaque tournante*

4 THE CHUNNEL — *LE TUNNEL SOUS LA MANCHE*

the channel tunnel	*le tunnel sous la Manche*
a tunnel	*un tunnel*
a viaduct	*un viaduc*
to dig a tunnel	*creuser un tunnel*
to bore a tunnel	*forer un tunnel*
to tunnel	*creuser un tunnel*
tunnelling	*le forage du tunnel*
an underwater tunnel	*un tunnel sous-marin*
a twin tunnel	*un tunnel double*
a service tunnel	*un tunnel de service*

to connect	*relier*
to separate	*séparer*
to build a fixed link (across)	*bâtir une voie fixe (à travers)*
a permanent link	*une liaison permanente*
Eurotunnel	*Eurotunnel*
a Channel link	*une liaison trans-Manche*
the urge to cross	*l'envie de traverser*
a technical challenge	*un défi technique*
a high risk undertaking	*une entreprise périlleuse*
to be technically feasible	*être réalisable techniquement*
to be hampered (by)	*être entravé (par)*
an operator	*un dirigeant*
a contractor	*un entrepreneur*
a digger	*un excavateur*
construction time	*la durée de la construction*
a construction area	*une zone de travaux*
to be scheduled for completion	*dont l'inauguration est prévue*
to provide jobs	*apporter du travail*
to stimulate the creation (of)	*stimuler la création (de)*
to revive an industry	*revitaliser une industrie*
to have an environment impact	*avoir des conséquences sur l'environnement*
a threat to local jobs	*une menace pour l'emploi local*
cost overruns	*dépassements de coûts*

5 A TRAIN CRASH — *UN ACCIDENT FERROVIAIRE*

centralized traffic control	*le contrôle centralisé du trafic*
automatic traffic control	*le contrôle automatique du trafic*
a cruising speed	*une vitesse de croisière*
to achieve a speed (of)	*atteindre une vitesse (de)*
to derail	*dérailler*
a derailment	*un déraillement*
a faulty shunting	*une erreur d'aiguillage*
to run off the rails	*dérailler*
to leave the metals	"
to collide	*entrer en collision*
the alarm signal	*le signal d'alarme*
a signal failure	*une panne de signaux*
to be at danger	*être à l'arrêt*
to ignore a signal	*brûler un signal*
a block	*un tronçon de ligne*
a block system	*un système de sécurité*
the wreckage	*les débris*
to face disciplinary action	*faire face à une action disciplinaire*
working practices	*méthodes de travail*
to slip to unacceptable levels	*atteindre des niveaux inacceptables*
slipshod	*négligent*
to be charged with manslaughter	*être accusé d'homicide involontaire*
a black box	*une boîte noire*
a reprimand	*un blâme*
a suspension	*une suspension*
dismissal	*le renvoi*
to resign	*démissionner*
to take early retirement	*prendre une retraite anticipée*
to win new customers	*attirer de nouveaux clients*

4 AIR TRAFFIC — *LE TRAFIC AERIEN*

I PLANES — *LES AVIONS*

1 TYPES OF PLANES — *TYPES D'AVIONS*

a plane	*un avion*
an airplane	" "
an aircraft	" "
a flyer	" "
a jet plane	*un avion à réaction*
a jet	" " " "
a twin engined plane	*un biréacteur*
a twin jet	" "
a four-engined plane	*un quadriréacteur*
an oil burner (USA)	*un avion à réaction militaire*
a maritime patrol aircraft	*un avion de patrouille maritime*
an all-weather aircraft	*un avion tout-temps*
a monoplane	*un monoréacteur*
a biplane	*un biplan*
a long-haul jet	*un avion long courrier*
a jumbo jet	*un avion gros porteur*
a freight plane	*un avion cargo*
a flying tanker	*un avion ravitailleur*
a wide-bodied jet	*un gros porteur*
a commercial airliner / a jetliner	*un avion de ligne*
a STOL (Short Take-Off Landing)	*un avion à décollage et atterrissage court*

a VTOL (Vertical Take-Off Landing)	*un avion à décollage et atterrissage vertical*
a vertical takeoff airplane	*un avion à décollage vertical*
the Concord	*le Concorde*
a supersonic	*un avion supersonique*
a supersonic transport airplane (SST)	" " "
a hypersonic aircraft	*un avion hypersonique*
a fleet	*une flotte*
a corporate jet	*un avion d'affaires*
a helicopter	*un hélicoptère*
an airship	*un dirigeable*
a balloon	*un ballon*
a hot-air balloon	*une montgolfière*
a glider	*un planeur*
a hang-glider	*un deltaplane*
hang-gliding	*le deltaplane*
a seaplane	*un hydravion*
a hovercraft	*un aéroglisseur*
a chartered plane	*un avion affrété, un avion charter*
a taxiplane	*un avion-taxi*
an Unidentified Flying Object (UFO)	*un objet volant non identifié (OVNI)*
a flying saucer	*une soucoupe volante*

2 A PLANE *UN AVION*

2.1 THE OUTSIDE *L'EXTERIEUR*

the body	*le fuselage*
the fuselage	" "
a forward fuselage	*un fuselage avant*
an airframe	*une cellule*
a two-spar mainframe structure	*une structure principale bipoutre*
an aerofoil	*une surface portante*
a window	*un hublot*
a porthole	" "
a canopy	*une verrière*
an armoured windscreen	*un pare-brise blindé*
a wing	*une aile*
a straight wing	*une aile droite*
a wing with variable camber	*une aile à cambrure variable*
a swept wing	*une aile à géométrie variable*
the wingspan / the wingspread	*l'envergure*
a wing flap	*un aileron*
an aileron	*un élévateur, un aileron*
a flap	*un volet*
a trim tab	*un compensateur de direction*
to trim	*compenser*
a wing tip	*un aileron*
a wing spar	*un bras d'aile*
the tail	*la queue*
a tail fin	*une dérive arrière*
a tailwheel	*une roulette de queue*
a fin / a stabilizer	*un empennage*
a tailplane	" "
a leading edge	*un bord d'attaque*
a trailing edge	*un bord de fuite*
the wheels	*les roues*
a tyre / tire	*un pneu*
a nose	*un nez*
a spar	*un longeron*
a fuel tank	*un réservoir de carburant*
inflight refuelling	*le ravitaillement en vol*
a refuelling probe	*une perche de ravitaillement en vol*
coating	*le revêtement*
titanium alloy	*un alliage de titanium*
stainless steel	*acier inoxydable*
corrosion	*la corrosion*
the lift	*la portance*
a weapon load	*une charge offensive*
a pay load	*une charge utile*

2.2 THE INSIDE *L'INTERIEUR*

the cabin	*la carlingue*
the cockpit	*le poste de pilotage*
a two-man cockpit	*un pilotage à deux*
the flight deck	*la cabine de pilotage*
the galley	*la cuisine*
a bulkhead	*une cloison*
earphones	*écouteurs*
refreshments	*une collation*
a hold	*une soute*
hold luggage	*bagages en soute*
a luggage compartment	*un compartiment à bagages*
hand luggage	*bagages à main*
unaccompanied luggage	*bagages non accompagnés*

2.3 THE ENGINE *LE MOTEUR*

an engine	*un moteur*
a jet engine	*un moteur à réaction*
a ramjet	*un statoréacteur*
a pulsejet	*un pulsoréacteur*
jet propulsion	*la propulsion à réaction*
jet fuel / kerosene	*le kérosène*
jet fuelled / jet powered	*à réaction*
jet intake	*une tuyère*
a reactor	*un réacteur*
a combustion chamber	*une chambre de combustion*
a thrust	*une poussée*
a thrust chamber	*une chambre de poussée*
a throttle lever	*une manette des gaz*
a thrust inverser	*un inverseur de poussée*
to open the throttle	*ouvrir les gaz*
to close the throttle	*fermer les gaz*
a propeller	*une hélice*
a propeller plane	*un avion à hélices*
jet propelled	*à réaction*
flight capability	*la capacité de vol*
the range	*le rayon d'action*
a rotor	*un rotor*
a tail rotor	*un rotor de queue*

a blade	*une pale*
a hub	*un moyeu*
a tail rotor blade	*une pale arrière*
to hover	*planer*

2.4 THE CONTROLS — *LES COMMANDES*

the rudder	*le gouvernail*
a vertical rudder	*un gouvernail de direction*
rudder pedals	*le palonnier*
a stick	*un manche à balai*
a joystick	" " " "
to steer	*gouverner*
to be at the helm	"
automated flight	*le pilotage automatique*
the instrument panel	*le tableau de bord*
a reading	*une indication de cadran*
engine control instruments	*instruments de contrôle*
a navigation system	*un système de navigation*
navigational instruments	*instruments de navigation*
Automatic Direction Finder (ADF)	*un indicateur de direction*
Distance Measuring Equipment (DME)	*un appareil de mesure des distances*
a Course Deviation Indicator (CDI)	*un indicateur de déviation de cap (IDC)*
an Omni Bearing Indicator (OBI)	*un indicateur toutes directions*
a fuel tank gauge	*une jauge de carburant*
an engine speed indicator	*un compte-tours*
an airspeed indicator	*un anémomètre, un badin*
oil pressure	*la pression d'huile*
a temperature gauge	*un indicateur de température*
a pressure gauge	*un manomètre*
an altimeter	*un altimètre*
a noise level	*un niveau de bruit*
a stabilizer	*un stabilisateur*
a landing light	*un feu d'atterrissage*
the landing gear	*le train d'atterrissage*
the undercarriage	" " "
a retractable gear	*un train escamotable*
air brakes	*aérofreins*
emergency gear	*équipement de secours*

3 THE AIRCRAFT INDUSTRY — *L'INDUSTRIE AERONAUTIQUE*

aerospace industry	*l'industrie aérospatiale*
an aircraft maker	*un avionneur*
a plane maker	" "
avionics	*l'avionique*
the airline business	*l'industrie aéronautique*
the passenger-liner market	*le marché des avions de ligne*
the commercial aircraft business	*l'industrie des avions commerciaux*
the civil aircraft business	*l'industrie des avions de ligne*
aeronautics	*l'aéronautique*
the domestic market	*le marché interne*
to deliver an airplane	*livrer un avion*
a delivery	*une livraison*
to export	*exporter*
to go solo	*faire cavalier seul*
joint development	*l'élaboration en commun*
to have a project on the drawing board	*avoir un projet dans ses cartons*
aircraft manufacturing	*la construction d'avions*
to build aircraft	*construire des avions*
for civil use	*à usage commercial*
for military use	*à usage militaire*
to make under license	*fabriquer sous licence*
a license agreement	*un accord de fabrication sous licence*
to build under license (from)	*construire sous licence (de)*
to subcontract work	*sous-traiter*
subcontract work for	*le sous-traitement*
to place an order for . . . aircraft	*passer une commande pour ... avions*
an order book	*un carnet de commandes*
a backlog of orders	*une accumulation de commandes en retard*
a back order	*une commande en retard*
to roll out of a factory	*sortir d'une usine*
to be in production	*être monté*
to rivet up	*monter les rivets*
rivet joint	*assemblage par rivets*
a wind tunnel	*une soufflerie aérodynamique*
fatigue limit	*la limite d'endurance*
a fatigue tank	*un laboratoire destiné aux tests d'endurance*
a test bed	*un banc d'essai*
a testing bench	*un banc d'épreuve*
to test the material for resistance (to)	*soumettre le matériau à des essais destinés à vérifier sa résistance (à)*
an improved version	*une version améliorée*
a prototype	*un prototype*
a flight simulator	*un simulateur de vol*
to fly a prototype	*faire voler un prototype*
to flight-test	*essayer en vol*
a trial flight	*un essai en vol*
to register an airplane	*faire immatriculer un avion*
registration	*immatriculation*
a certificate of airworthiness	*un certificat de navigabilité*
to enter commercial service	*entrer en service*
to be in commercial service	*être en service commercial*
a production model	*un modèle en production*

II FLIGHTS — *LES VOLS*

1 GENERAL BACKGROUND — *GENERALITES*

to fly	*voler*
to fly a plane	*piloter un avion*
business flying	*vols d'affaires*
commercial flying	*vols commerciaux*
military flying	*vols militaires*
stunt flying	*acrobaties aériennes*
a flight	*un vol*
a night flight	*un vol de nuit*
a direct flight	*un vol direct*
a long-haul flight	*un vol long courrier*
a long distance flight	" " " "
a medium-distance flight	*un vol moyen courrier*
a transatlantic run	*un vol transatlantique*
an intra-Europe flight	*un vol européen*
a flight number	*un numéro de vol*
a charter(ed) flight	*un vol charter*
a preponed flight	*un vol dont l'heure a été avancée sans en prévenir les passagers*
to move a flight forward	*avancer un vol*
to delay a flight	*retarder un vol*

2 BOARDING — *L'EMBARQUEMENT*

to board a plane	*embarquer*
to hop onto a plane / to hop a flight	*attraper un vol*
to check in	*enregistrer*
checking-in	*l'enregistrement*
an Immigration officer	*un officier des services de l'Immigration*
a boarding pass	*une carte d'embarquement*
to be on board	*être à bord*
immediate boarding	*embarquement immédiat*
a gate	*une porte*
a ticket	*un billet*
a frequent flier bonus scheme	*un système de primes pour passagers fidèles*
to dish out free tickets	*distribuer des billets gratuits*
a schedule	*un horaire*
an arrival	*une arrivée*
a departure	*un départ*
departure time	*l'heure de vol*
a horrendous delay	*un retard insupportable*
a peak-hour delay	*un retard aux heures de pointe*
to miss a connection	*rater une correspondance*
to arrive on schedule	*arriver à l'heure prévue*
to be on time	*être à l'heure*
on schedule	*à l'heure prévue*
on-time performance	*la ponctualité*
to cancel	*annuler*
a cancellation	*une annulation*
a plane utilization rate	*un cœfficient de remplissage d'un avion*
to be on standby	*être en attente (d'un siège)*
to win back public confidence	*regagner la confiance du public*
a life jacket	*un gilet de sauvetage*
jet-lag	*le décalage horaire*
to suffer from jet-lag	*souffrir du décalage horaire*

3 THE AIR CREW — *L'EQUIPAGE*

the flight crew	*l'équipage de vol*
a crack pilot	*un as de l'aviation*
a top-rated pilot	*un pilote chevronné*
a license	*une licence*
a rating	*une qualification*
a co-pilot	*un copilote*
a flier	*un aviateur*
a flight engineer	*un ingénieur de vol*
a ground engineer	*un ingénieur au sol*
an aeronautical engineer	*un ingénieur en aéronautique*
to design planes	*concevoir des avions*
a wireless operator	*un radio*
a navigator	*un navigateur*
a captain	*un capitaine*
a mechanic	*un mécanicien*
a flight attendant	*un membre d'équipage*
a cabin attendant	" " "
a stewardess	*une hôtesse de l'air*
to pilot a plane	*piloter un avion*
to handle a plane	*diriger un avion*
to log . . . flying hours	*avoir à son actif ... heures de vol*
well-trained	*bien entraîné*
competent	*compétent*
dedicated	*dévoué*

4 FLIGHT OPERATIONS — *LES OPERATIONS DE VOL*

4.1 GENERAL BACKGROUND — *GENERALITES*

a flight maneuver	*une manœuvre de vol*
a flight plan / a flight pattern	*un plan de vol*
to file a flight plan	*déposer un plan de vol*
the adherence to procedures	*le respect des procédures*
a flight recorder	*une boîte noire*
a stage of flight	*une étape d'un vol*
a flight log / a log book	*un suivi de vol*

Instrument Flight Rules (IFR)	*le vol aux instruments*
Visual Flight Rules (VFR)	*le vol à vue (VV)*
a flight altitude	*une altitude en vol*
a cruising altitude	*une altitude de croisière*
a ceiling	*un plafond*
a heading	*un cap*
"fly heading 992"	*"volez cap 992"*
a CAVOK (ceiling and visibility OK)	*CAVOK (un plafond et visibilité OK)*
an altimeter setting	*un calage altimétrique*
to read	*recevoir*

4.2 TAKING OFF — *LE DECOLLAGE*

icing	*le gel*
de-icing / defrosting	*le dégivrage*
a windsock / a wind cone	*une manche à air*
to take off	*décoller*
a take-off	*un décollage*
to queue up	*attendre son tour (avant de décoller)*
a pre-take off check list	*une liste pré-vol*
stand-by for take-off	*paré pour le décollage*
to clear a plane for take-off	*donner le feu vert pour le décollage*
a clearance	*une autorisation*
all clear for	*autorisé à*
to taxi	*rouler*
to taxi along the water	*hydroplaner*
to fasten one's seat belt	*attacher sa ceinture*
to extinguish one's cigarette	*éteindre sa cigarette*
to step on the gas	*mettre les gaz*
to get a plane aloft	*faire décoller un avion*
the ascent rate	*la vitesse au décollage*
a climb rate	*une vitesse ascensionnelle*
to climb	*grimper*
the climbout	*la montée (après le décollage)*
the climbing speed	*la vitesse ascensionnelle*
the thrust force	*la force propulsive*
to fly off	*s'envoler*

4.3 AIRBORNE — *EN VOL*

to fly over	*survoler*
a flight level	*une altitude de vol*
an in-flight position	*une position en vol*
an airway / a skyway	*un couloir aérien*
an air corridor	" " "
to transmit instructions	*transmettre des instructions*
"Five by five"	*"Cinq sur cinq"*
"Roger"	*"Compris"*
collision avoidance	*le risque de collision*
radar	*le radar*
a radar beacon	*une balise radar*
a non directional radio beacon (NDB)	*une balise non directionnelle*
a radar screen	*un écran radar*
the radar range	*la portée radar*
to track an aircraft on radar	*suivre un avion au radar*
flight progress	*l'évolution d'un vol*
to cruise	*naviguer*
a cruise speed	*une vitesse de croisière*
a ground controller	*un contrôleur au sol*
an airpocket	*une poche d'air*
to hit an air pocket	*rencontrer une poche d'air*
a downdraft	*un courant descendant*
an updraft	*un courant ascendant*
a turbulence	*une turbulence*
visibility conditions	*conditions de visibilité*
poor visibility	*la mauvaise visibilité*
a flight path	*une trajectoire de vol*
to stray from one's flight path	*sortir de son couloir*
to yaw	*faire un mouvement de lacet*
a yaw	*un lacet*
to bank	*virer*

4.4 THE SONIC BOOM — *LE MUR DU SON*

a high speed flight	*un vol à grande vitesse*
a sonic boom	*un passage du mur du son*
to produce a sonic boom	*franchir le mur du son*
to be in supersonic flight	*voler à la vitesse supersonique*
the sound barrier	*le mur du son*
the speed of sound	*la vitesse du son*
2·5 times the speed of sound	*Mach 2,5*
at Mach 2·5	*à Mach 2,5*
to reach Mach 4	*atteindre Mach 4*
droning	*vrombissant*
deafening	*assourdissant*

4.5 LANDING — *L'ATTERRISSAGE*

a straight-in approach	*une approche directe*
an Instrument Landing System (ILS)	*un atterissage aux instruments (ATS)*
a Ground-Controlled Approach (GCA)	*une approche contrôlée par le sol*
the Runway Visual Range (RVR)	*la portée visuelle de piste (PVP)*
to vector	*radioguider*
vectoring	*le radioguidage*
a glide path	*un plan de descente*
a sink rate	*une vitesse de descente*
to bleed the speed	*réduire la vitesse à zéro*
to land	*atterrir*
to touch down	"
to land at destination	*arriver à destination*
a landing	*un atterrissage*
a touch-down	" "
to abort a landing	*interrompre une manœuvre d'atterrissage*
the descent	*la descente*
the descent rate	*la vitesse à l'atterrissage*
to deplane	*descendre d'avion*

III SERVICES — *LES SERVICES*

1 THE AIRPORT — *L'AEROPORT*

an international airport	*un aéroport international*
a regional airport	*un aéroport régional*
a city airport	*un aéroport local*
a busy airport	*un aéroport fréquenté*
J.F.K. Airport	*l'aéroport Kennedy (New York)*
La Guardia Airport	*La Guardia (New York)*
Logan Airport	*l'aéroport de Boston*
O'Hare Airport	*l'aéroport de Chicago*
Dulles International Airport	*l'aéroport de Washington*
LAX	*l'aéroport de Los Angeles*
Heathrow	*l'aéroport de Heathrow (Londres)*
Gatwick	*l'aéroport de Gatwick (Londres)*
airspace	*espace aérien*
to serve an area	*desservir une région*
to handle an airspace	*s'occuper d'un espace aérien*
an air terminal	*une aérogare*
airport facilities	*équipements des aéroports*
an airfield	*un terrain d'aviation*
a refuelling facility	*une installation de ravitaillement*
a control tower	*une tour de contrôle*
air traffic control	*le contrôle du trafic aérien*
fire fighting services	*les pompiers*
fuel supply services	*le ravitaillement*
a hub	*un module central*
a hub airport	*un aéroport modulaire*
a hub and spoke system	*un système modulaire*
a runway	*une piste*
an active runway	*une piste en service*
a grass runway	*une piste en herbe*
an airstrip	*une piste sommaire*
an airshed	*un hangar d'avion*
a tarmac	*une aire d'envol*
an apron	*une aire de stationnement*
a helicopter pad	*un héliport*
a travellator	*un tapis roulant*
a shuttle bus	*une navette d'autobus*
an airport ramp / a jet bridge	*une passerelle*
ancillary services	*services auxiliaires*
customer services	*services de la clientèle*
a lounge	*un salon*
a transit lounge	*un salon de transit*
a duty free shop	*un magasin d'articles détaxés*
a shortage of ground facilities	*une pénurie d'équipements au sol*
a complaint	*une plainte*
to lodge a complaint	*déposer une plainte*
to gripe about	*se plaindre de*
to be overworked	*être débordé de travail*
to be overburdened	*être surchargé*
to put in overtime	*faire des heures supplémentaires*
a heavy workload	*une lourde charge de travail*
to be understaffed	*manquer de personnel*
to improve service	*améliorer le service*
lost baggage	*bagages perdus*
a harried traveller	*un voyageur harassé*
to placate the public	*calmer la clientèle*

2 AIRLINES — *LES LIGNES AERIENNES*

an airline	*une ligne aérienne, une compagnie aérienne*
a transcontinental airline	*une compagnie transcontinentale*
an intercontinental airline	*une compagnie intercontinentale*
to operate an airline	*diriger une compagnie d'aviation*
to run an airline	" " "
a carrier	*un transporteur*
a domestic carrier	*une ligne intérieure*
to fly TWA	*voler avec TWA*
to serve a city	*desservir une ville*
a stopover	*une escale*
to fly non-stop	*effectuer un vol direct*
to stop over	*faire escale*
an airliner route	*l'itinéraire d'un avion de ligne*
a trunk route	*un itinéraire principal*
a pre-planned route	*un itinéraire pré-établi*
a route right	*un droit d'exploitation*
to develop a route	*ouvrir une destination*
in-flight services	*services en vol*
a short haul service	*un service court*
a medium haul air carrier	*un transporteur moyen courrier*
a long haul air carrier	*un transporteur long courrier*

3 PASSENGER SERVICES — *LES SERVICES PASSAGERS*

the air travel market	*le marché aérien*
a passenger	*un passager*
a passenger list	*une liste des passagers*
the flight passenger	*le manifeste de vol*
a passenger seat	*un siège passager*
to seat . . . passengers	*contenir ... passagers*
to be a good flier	*bien supporter l'avion*
to be a bad flier	*mal supporter l'avion*
to be airsick	*avoir le mal de l'air*
airsickness	*le mal de l'air*
economy class	*la classe économique*
business class	*la classe affaires*
first class	*la première classe*

a full fare passenger	*un passager plein tarif*
a premium fare	*un billet à tarif plein*
a tourist fare	*un vol vacances*
to travel at tourist fares	*voyager sur un vol vacances*
to transport	*transporter*
passenger transport	*le transport des passagers*
to shuttle	*faire la navette*
a shuttle	*une navette*
to interconnect	*relier*
to whisk passengers	*transporter prestement les voyageurs*
charter service	*le service des vols à la demande*
a charter operator	*un organisateur de vols charter*
a charter airline	*une compagnie charter*

4 CARGO SERVICE — *LE SERVICE DU FRET*

freight	*le fret*
a cargo flight	*un vol cargo*
a cargo bay	*une soute à fret*
a cargo hold	" " " "
a pallet	*une palette*
a pallet truck	*un chariot à bagages, un "Tracma"*
a container	*un conteneur*
a warehouse	*un hangar*
storage facilities	*les équipements de stockage*
to load	*charger*
to unload	*décharger*
air-parcel service	*messageries aériennes*
air-freight service	*le service du fret aérien*
express mail service	*le service du courrier*
to airmail	*envoyer par avion*
airmail	*le courrier par avion*
an airfee	*une surtaxe aérienne*
to lend oneself to	*se prêter à*
aerial survey	*la photographie aérienne*
skywriting	*la publicité dans le ciel*
an aerial camera	*un appareil photo pour prises de vue aériennes*
crop dusting	*la pulvérisation des cultures*
insect control	*la lutte contre les insectes*
fire control	*la lutte contre l'incendie*
an aerial tanker	*un Canadair*
disaster relief	*l'aide aux catastrophes*
a sky crane	*une grue aérienne*
to lift	*soulever*

IV AIR TRAFFIC — *LE TRAFIC AERIEN*

1 GENERAL BACKGROUND — *GENERALITES*

to handle air traffic	*gérer le trafic aérien*
the flow of traffic	*le flot aérien*
navar (navigation and ranging)	*un système de navigation et de contrôle du trafic aérien*
a navascreen	*un écran-radar*
navaglide	*instruments d'approche radar*
to smooth the flow of traffic	*régler le trafic*
to manage the traffic flow	*gérer le trafic aérien*
a shortage of airport capacity	*une pénurie d'aéroports*
to keep pace with demand	*suivre la demande*
to ease the worries of pilots	*soulager les inquiétudes des pilotes*
a take-off slot	*un créneau de décollage*
a landing slot	*un créneau d'atterrissage*
a spare slot	*un créneau supplémentaire*
to obtain a slot	*obtenir un créneau*
to slot an aircraft into the sky	*trouver un créneau de décollage*
to restrict air traffic	*limiter le trafic aérien*
troubled skies	*problèmes aériens*
congested skies	*l'encombrement du ciel*
to be in disarray	*être en plein désarroi*
airport congestion	*l'embouteillage des aéroports*
to ease the strain	*soulager les tensions*
to be crowded	*être saturé*
to ease the crowding	*faciliter le trafic*
to ease congestion	*améliorer le trafic*
to relieve overcrowding in the skies	*décongestionner le ciel*
to rejig route systems	*réorganiser le réseau*
to reroute a flight	*dérouter un vol*
to ground a plane	*immobiliser un avion*
to overstretch an airport	*utiliser un aéroport à la limite de sa capacité*
to plan a new airport	*prévoir un nouvel aéroport*
to expand	*s'agrandir*
to add a runway	*ajouter une piste*
to extend a runway	*agrandir une piste*
to choke off the tourist industry	*asphyxier le tourisme*

2 AIRFARE DEREGULATION — *LA DEREGLEMENTATION DES TARIFS AERIENS*

airfare	*les tarifs*
the airline business	*les compagnies aériennes*
cutthroat competition	*la concurrence acharnée*
freewheeling competition	*la concurrence débridée*
a fare war	*une guerre des tarifs*

to embark on a fare war	*se lancer dans une guerre des tarifs*
to curb a fare war	*apaiser la guerre des tarifs*
to hang on to one's market share	*s'accrocher à sa part de marché*
to have a monopolistic share of the business	*avoir un monopole sur un marché*
to funnel passengers into one's route systems	*canaliser les passagers vers son réseau*
to jack up the fare	*augmenter le tarif*
to roll back fares	*imposer une baisse des tarifs*
a rollback	*une baisse imposée des tarifs*
a cut rate fare	*un billet à prix réduit*
a service battle	*une bataille du service*
to foster better service	*favoriser un meilleur service*
to eliminate carriers	*éliminer des transporteurs*
to shed a company	*se débarrasser d'une compagnie*
to be swallowed up	*être absorbé*
to be dismantled	*être démantelé*

3 AIR DISASTER — *LA CATASTROPHE AERIENNE*

3.1 EMERGENCY — *EN DETRESSE*

a plane disaster	*une catastrophe aérienne*
an emergency condition	*une situation d'urgence*
to run out of fuel	*être à court de carburant*
mayday	*au secours*
a mayday	*un SOS*
to be prepared for an emergency	*être paré à toute éventualité*
an emergency exit	*une issue de secours*
to evacuate a plane	*évacuer un avion*
an emergency landing	*un atterrissage d'urgence*
a crash landing	*un atterrissage forcé*
a forced landing	" " "
a ditching	" " "
to depressurize	*dépressuriser*
depressurization	*la dépressurisation*
emergency oxygen	*oxygène de secours*
an oxygen mask	*un masque à oxygène*
a warning device	*un système d'alerte*
a warning system	" " "
to radio a distress signal	*envoyer un signal de détresse*
to radio for help	*demander de l'aide par radio*

3.2 MIDAIR EXPLOSION — *L'EXPLOSION EN PLEIN VOL*

to explode in midair	*exploser en plein vol*
to disappear	*disparaître*
in midair	*en plein vol*
at high altitude	*à haute altitude*
a lack of radio warning	*un défaut de signal radio*
a collision	*une collision*
to be on a collision course	*être sur une route de collision*
to head for collision	*se diriger droit vers la collision*
to collide	*entrer en collision*
to come into collision (with)	*entrer en collision (avec)*
a mid-air collision	*une collision en plein vol*
to have a mid-air near collision	*échapper de peu à une collision en vol*
a high speed collision	*une collision à pleine vitesse*
to result in a collision	*provoquer une collision*
a close call	*une chaude alerte*
a navigational error	*une erreur de navigation*
misjudgement	*une erreur de jugement*
to stray off course	*s'égarer de sa route*
an airline fatality	*une victime d'accident d'avion*
to tarnish a company	*ternir le nom d'une compagnie*
to plague a company	*empoisonner une compagnie*

3.3 CRASH — *L'ACCIDENT*

a stricken aircraft	*un avion en difficulté*
doomed passengers	*passagers d'un vol fatidique*
a fateful flight	*un vol fatidique*
to fail to signal one's position	*omettre de signaler sa position*
to stall	*perdre de la vitesse*
to nose dive	*piquer du nez*
to spin	*partir en vrille*
to tail spin	*descendre en vrille*
to spiral down	" " "
to spin down	" " "
a spin	*une vrille*
to skim the ground	*faire du rase-mottes*
to side slip	*glisser sur une aile*
to overturn	*capoter*
to be missing	*être porté disparu*
to disintegrate	*se désintégrer*
to break up into pieces	" "
to break apart	*se briser*
to catch fire	*prendre feu*
to burst into flames	*s'embraser*
a plane crash	*un accident d'avion*
to crash	*s'écraser*
to crash a plane	"

3.4 THE WRECKAGE — *L'EPAVE*

the fragmented wreckage	*les débris de l'épave*
to spread debris	*répandre les débris*
debris strewn (over)	*les débris éparpillés (sur)*
to scatter	*éparpiller*
a crash site	*le lieu d'un accident*
an emergency exit	*une évacuation d'urgence*
a criminal inquiry	*une enquête criminelle*

a crash detective	*un enquêteur*
a crash investigator	" "
to discover clues to the fate (of)	*découvrir des indices sur le sort (de)*
to uncover evidence	*découvrir des preuves*
a mechanical failure	*une panne mécanique*
metal fatigue	*l'usure du métal*
a crack	*une fente*
a stress crack	*une fente provoquée par l'usure*
a system under strain	*un système à rude épreuve*
soundness	*le bon état*

4 PLANE SAFETY — *LA SECURITE AERIENNE*

airworthy	*navigable*
airworthiness	*la navigabilité*
a margin of safety	*une marge de sécurité*
flying practices	*entraînement en vol*
to be vulnerable to disaster	*être vulnérable aux accidents*
to court disaster	*jouer avec le feu*
air safety	*la sécurité aérienne*
in-flight safety	*la sécurité en vol*
a record for safety	*un bilan en matière de sécurité*
safety rules	*règlements de sécurité*
to hamper safety	*entraver la sécurité*
to meet stiff standards	*répondre à des normes strictes*
safety second to none	*une sécurité à nulle autre pareille*
reliability	*la fiabilité*
reliable	*fiable*
a safety board	*une commission de sécurité*
to improve safety performance	*améliorer les conditions de sécurité*
to violate safety standards	*violer les normes de sécurité*
to follow proper procedures	*suivre les procédures régulières*
to be failsafe	*être sans danger*
to be dedicated to safety	*se consacrer à la sécurité*
to run an airline safely	*faire fonctionner une compagnie avec toutes les garanties de sécurité*
to be immune to safety problems	*être à l'abri des problèmes de sécurité*
to suffer safety setbacks	*subir des échecs en matière de sécurité*

5 AIR PIRACY — *LA PIRATERIE AERIENNE*

a hijacking	*un détournement*
a hijacker	*un pirate de l'air*
to hijack	*détourner un avion*
to skyjack	*détourner en plein vol*
a skyjacking	*un détournement en vol*
a skyjacker	*un pirate de l'air*
to seize an airplane	*s'emparer d'un avion*
a seizure	*une prise*
to commandeer a plane	*s'emparer d'un avion*
to overpower a hijacker	*maîtriser un pirate de l'air*
a wave of hijackings	*une vague de détournements*
a metal detector	*un détecteur de métaux*
to step through a metal detector	*passer par un détecteur de métaux*
to tighten up security	*renforcer la sécurité*
to enhance security procedures	*améliorer les procédures de sécurité*
to screen	*examiner aux rayons*
a screening	*un examen aux rayons*
to undergo a tight screening	*fouiller méticuleusement*
to X-ray	*passer aux rayons X*
to postpone take-off	*retarder le décollage*
to put up with a delay	*supporter un retard*
to undergo questioning	*être interrogé*
a sensitive flight	*un vol sensible*

see : terrorism — *voir : le terrorisme*

6 MAINTENANCE — *L'ENTRETIEN*

a maintenance program	*un programme d'entretien*
a maintenance record	*un bilan en matière d'entretien*
to make necessary repairs	*effectuer les réparations nécessaires*
to service a plane	*réviser un avion*
to perform a major overhaul	*faire une révision générale*
to conduct an inspection (for)	*effectuer une inspection (pour vérifier)*
faulty maintenance	*un entretien bâclé*
maintenance costs	*coûts d'entretien*
maintenance laxity	*négligences dans l'entretien*
to cut back on maintenance	*réduire l'entretien*
to skimp on maintenance	*économiser sur l'entretien*
to scrimp on the upkeep	*lésiner sur l'entretien*
a mechanical snafu	*une erreur mécanique*
a drop off in maintenance	*une diminution de l'entretien*
to defer repairs	*différer les réparations*
to cut corners on maintenance	*rogner sur les frais d'entretien*
to operate on a shoestring	*fonctionner avec très peu de marge*
to slash costs	*réduire les coûts*
declining workmanship	*une baisse de la qualité du travail*
to compromise safety	*compromettre la sécurité*
slipshod work	*négligences dans le travail*
shoddy work	*le travail bâclé*
a deficient plane	*un avion défectueux*
to be fit to fly	*être en état de voler*
lax enforcement of regulations	*application molle des réglementations*
to tighten control over	*renforcer la réglementation sur*

to police shoddy practices	*sanctionner les négligences*
to be slapped with a fine	*se voir infliger une amende*
a maintenance violation	*une infraction à l'entretien*
to punish violators	*punir les auteurs d'infractions*
to scare the corner cutters	*intimider ceux qui cherchent à faire des économies*
to raise the consciousness of air carriers	*responsabiliser les transporteurs aériens*

5 WATER TRANSPORT — *LE TRANSPORT MARITIME*

I SHIPS — *LES NAVIRES*

1 SHIPBUILDING — *LA CONSTRUCTION NAVALE*

a shipyard / a shipbuilding yard	*un chantier naval*
a shipbuilder	*un constructeur de navires*
a fleet operator / a shipowner	*un armateur*
the shipping business	*les armateurs*
to order a ship	*passer commande d'un navire*
a spate of orders	*une vague de commandes*
to commission a ship	*mettre en service, armer*
to close a yard	*fermer un chantier naval*
to fit out	*armer*
fitting out	*l'armement*
general average	*avarie grosse*
to refit	*remettre en état*
to undergo refitting	*subir une remise en état*
to register	*immatriculer*
a certificate of registration	*un certificat d'immatriculation*
a ship's register	" " "
a ship's passport	*un permis de navigation*
to fly the flag	*battre pavillon*
a flag of convenience	*un pavillon de complaisance*
to hoist a flag	*hisser un pavillon*
to hold down	*amener*
to strike one's colors	*baisser son pavillon*
the shipping office	*l'inscription maritime*
seaworthy	*capable de tenir la mer*
seaworthiness	*la navigabilité*
to launch a ship	*lancer un navire*
a maiden voyage	*un voyage inaugural*
a dock	*un bassin*
a dry dock	*un bassin à sec*
a wet dock	*un bassin à flot*
a floating dock	*un bassin flottant*
a repairing dock / a graving dock	*un bassin de radoub*
the tanker business	*la construction de pétroliers*
a shipbuilding cartel	*un consortium d'armateurs*

2 THE FLEET — *LA FLOTTE*

shipping	*le tonnage (flotte)*
idle shipping	*le tonnage désarmé*
the merchant service	*la marine de commerce*
the merchant navy	*la marine marchande*
a vessel	*un bâtiment*
a craft	*une embarcation*
a merchant man	*un navire marchand*
a merchant ship	*un navire de commerce*
a warship	*un navire de guerre*
a merchant fleet	*une marine marchande*
a tanker fleet	*une flotte de pétroliers*
an aging fleet	*une flotte vieillissante*
a liner / a packet boat	*un navire de ligne, un paquebot*
a ferry boat	*un ferry, un bac*
a steamer	*un vapeur*
a tramp ship	*un navire cargo (sans ligne régulière)*
a tramp steamer	*un vapeur en cueillette*
a coaster	*un caboteur*
an icebreaker	*un brise-glace*
a raft	*un canot*
a life raft	*un canot de sauvetage*
a cargo boat / a freighter	*un cargo*
a cargo vessel	" "
a light vessel	*un navire marchand à vide*
a cargo liner	*un cargo mixte*
a trader	*un navire marchand*
a collier	*un charbonnier*
a lighter	*une péniche de déchargement, une allège*
lighterage	*le déchargement par allèges*

an ore carrier	*un transporteur de minerais*
a combination carrier	*un pétrolier minéralier*
a tanker / an oil tanker	*un pétrolier*
a supertanker	*un pétrolier géant*
a very large crude carrier (VLCC)	" " "
a container ship	*un porte-conteneurs*
a bulk carrier	*un vraquier*
a roll-on, roll-off ship	*un navire roulier*
a refrigerated vessel	*un navire frigorifique*
a fruit carrier	*un bananier*
containerized shipping	*le transport par conteneurs*
tanker replacement	*le remplacement des pétroliers*
a tug / a tow-boat / a towling	*un remorqueur*
to haul	*remorquer*
a barge	*une péniche, un chaland*
a towing-barge	*un chaland*
a tow rope / a towline	*une corde de halage*
a tow path	*un chemin de halage*
a tow of barges	*un train de péniches remorquées*
towage	*le remorquage*
to tug / to tow	*remorquer*
towing / hauling	*le halage*

3 A SHIP — *UN NAVIRE*

portside	*(à) bâbord*
starboard	*(à) tribord*
the stern	*la poupe*
the stem	*l'étrave*
astern	*à l'arrière*
ahead	*à l'avant*
a wheelhouse	*une timonerie*
a hull / a double hull	*une coque / une double coque*
a hold	*une cale, une soute*
watertight	*étanche*
a double bottom	*un double fond*
a bunker	*une soute à charbon*
a keel	*une quille*
the engine room	*la chambre des machines*
a bulkhead	*une cloison*
a boiler	*une chaudière*
a galley	*une cuisine*
the bulwark / the taffrail	*le bastingage*
a gangway	*une passerelle*
a catwalk	" "
a funnel	*une cheminée*
an air shaft	*une manche à air*
amidships	*au milieu du navire*
a lifeboat	*un canot de sauvetage*
the helm / the tiller	*la barre*
a rudder	*un gouvernail*
automatic steering	*le pilotage automatique*
steerage	*l'entrepont*
a cabin	*une cabine*
a berth / a bunk	*une couchette*
a porthole	*un hublot*
the beam	*la largeur*
the gauge	*la jauge*
a deck	*un pont*
a quarterdeck	*un gaillard d'arrière*
a forecastle	*un gaillard d'avant*
a bridge	*une passerelle de commandement*
navigation lights	*feux de navigation*
the draught (US)	*le tirant d'eau*
the draft (UK)	" " "
a hatch	*une écoutille*
a waterline	*une ligne de flottaison*
a log book	*un livre de bord*
the ship's papers	*les documents de bord*

4 THE CREW — *L'EQUIPAGE*

a sailor / a seaman	*un marin*
the crew	*l'équipage*
a shipmaster	*un capitaine de navire*
a skipper / a first mate / a master	*un capitaine*
a second mate	*un commandant en second*
a purser	*un commissaire*
a quartermaster / a leading seaman	*un quartier-maître*
a pilot / a helmsman / a steersman	*un pilote*
a stoker	*un chauffeur*
a bargeman / a boatman	*un batelier*
a lighterman	*un gabarier*
the hands	*les marins*
a ship's boy	*un mousse*
a stowaway	*un passager clandestin*
a chart	*une carte marine*
to steer a boat	*piloter un navire*
a watch	*un quart*

5 SAILING — *LA NAVIGATION*

to sail	*naviguer*
the sails	*les voiles*
to be bound for	*partir à destination de, être en partance pour*
to embark	*embarquer*
to step on board / to go on board	*monter à bord*
to take a boat	*prendre un bateau*
to put to sea	*prendre la mer*
to ship out / to set sail	" " "
to leave port	" " "
to sail the seas	*parcourir les mers*
to make for	*se diriger vers*
to head for the open waters	*gagner la haute mer*
to put off to sea	*gagner le large*
to stand out to sea	*mettre le cap sur le large*
to be under way	*faire route*
to ply the seas	*parcourir les mers*
to come alongside a boat	*aborder (pour inspecter)*
to detain	*arraisonner*
a detainment	*un arraisonnement*
to stop and examine / to visit	*arraisonner*

to disembark / to go ashore	*débarquer*
to land	*toucher terre*
to cast off	*larguer les amarres, appareiller*
to pitch	*tanguer*
to roll	*rouler*
the wake	*le sillage*
a knot	*un nœud (1,852 km)*
to do 30 knots	*filer à 30 nœuds*

6 THE PORT — *LE PORT*

the port authority	*les autorités maritimes*
a harbour	*un port*
a natural port	*un port naturel*
a home port / a port of registry	*un port d'attache*
an artificial port	*un port artificiel*
a port of call	*un port d'escale, un port de relâche*
a port of distress	*un port de relâche forcée*
a shipping port	*un port de départ*
a port of loading / a forwarding port	" " " "
a landing port / a receiving port	*un port d'arrivée*
a port of clearance	*un port d'expédition*
a port of discharge	*un port de déchargement*
a commercial harbour	*un port de commerce*
a sea port	*un port de mer*
a river port	*un port fluvial*
a naval base	*un port de guerre*
port facilities	*installations portuaires*
to come into port	*entrer dans le port*
to put into port	*faire relâche*
to leave port	*appareiller*
to call at a port	*faire escale*
to base	*avoir pour port d'attache*
port dues / port charges	*droits de port*
a pilot	*un pilote*
a pilot boat	*un bateau-pilote*
a buoy	*une bouée*
to secure a berth	*obtenir un mouillage*
to shelter a ship	*abriter un navire*
to accomodate a ship	*recevoir un navire*
to dredge a port	*draguer un port*
to give a wide berth to	*passer au large de*
to berth	*mouiller, accoster*
to berth a ship	*faire accoster un navire*
on berth	*mouillé*
to moor	*accoster*
a mooring	*un amarrage, un mouillage*
to anchor	*mouiller*
an anchor	*une ancre*
an anchorage	*un mouillage*
to lie at anchor	*être à l'ancre*
to weigh anchor	*lever l'ancre*
a sluice	*une écluse*
a sluice gate	*une vanne*
a quay / a wharf	*un quai*
to wharf	*débarquer*
wharfage	*le débarquement / l'embarquement*
a pier	*une jetée*
a landing pier / a landing stage	*un débarcadère / un embarcadère*
a crane	*une grue*
a travelling crane	*un pont roulant*
a jetty	*une jetée*
an oil terminal	*un terminal pétrolier*
a hoist	*un monte-charge*
to hoist	*faire monter*
to crane	*lever, hisser*
a suction pipe	*un tuyau d'aspiration*
a conveyor belt	*un tapis roulant*
a dyke / dike / a breakwater	*une digue*
a boulder	*un rocher*
ancillary services	*services annexes*
to scour a channel	*creuser un chenal*
silt	*la vase*
to silt	*envaser*
siltation	*envasement*
a suction dredge	*une drague*
a dredger	" "

II THE SHIPPING TRADE — *LE COMMERCE MARITIME*

1 SEA ROUTES — *LES ROUTES MARITIMES*

a shipping route	*une route maritime*
a trade route	*une route commerciale*
a sea route	*une voie de mer*
the ocean	*l'océan*
the sea	*la mer*
a channel	*un chenal*
a shipping lane	*une voie de navigation*
a ship canal	*un canal maritime*
a waterway	*une voie navigable*
by water	*par voie d'eau*
a lock	*une écluse*
a lock keeper	*un éclusier*
a floodgate	*une vanne*
a weir	*un barrage*
river dues	*droits fluviaux*
a lighthouse	*un phare*
a light boat	*un navire phare*
light dues	*droits de phare*
a beacon	*une balise*
a lock	*une écluse*
a dam	*un barrage*

2 THE SHIPPING BUSINESS — *LE COMMERCE MARITIME*

seaborne trade	*le commerce maritime*
sea carriage	*le transport maritime*
a ship broker	*un courtier maritime*
a shipchandler	*un fournisseur de la marine*
a shipper	*un affréteur*
a sea carrier	*un transporteur maritime*
a shipping house	*une agence maritime*
a shipping agent	*un agent maritime*
a shipping company	*une compagnie maritime*
a shipping line	*une compagnie de navigation*
the shipping office	*l'inscription maritime, le bureau maritime*
shipping documents	*documents d'expédition*
the shipping exchange	*la bourse des frets*
a shipping note	*un permis d'embarquement*
shipping terms	*termes du contrat d'expédition*
shipping charges	*frais d'expédition*
a forwarding agent	*un transitaire*
a shipping law	*une loi maritime*
to charter	*affréter*
charterage / chartering	*l'affrètement*
a charterer	*un affréteur*
a chartered vessel	*un navire frété / affrété*
bareboat charter	*affrètement coque nue*
a charter party	*une charte-partie*
laydays	*temps d'escale, jours de planche*
the conference line	*l'association d'armateurs, l'accord international d'armement*

3 CARGO — *LA CARGAISON*

freight	*la cargaison*
freightage	*affrètement*
a freighter	*un affréteur*
the ballast	*le lest*
tonnage	*le tonnage*
the shipping weight	*le poids embarqué*
cargo capacity	*la capacité de chargement*
a deck cargo	*une pontée*
bulk cargo	*cargaison en gros*
tonnage	*le tonnage*
a thousand-tonner	*un navire de 1000 tonneaux*
a container	*un conteneur*
a shipping ton	*un tonneau d'affrètement*
a ship's manifest	*un manifeste*
the ship's papers	*les papiers de bord*
to ship	*expédier, embarquer*
shipment	*l'expédition, l'envoi*
to tranship	*transborder*
transhipment	*le transbordement*
to unship	*débarquer, décharger*
unshipment	*le débarquement, le déchargement*
a shipload	*une cargaison*
to trim the cargo	*arrimer la cargaison*
trimmed	*bien arrimé*
to stow	*arrimer*
stowage / stowing	*arrimage*
cargo shifting	*le désarrimage*
to containerize	*mettre en conteneur*
containerized shipping	*expédition en conteneurs*
to carry cargo	*transporter une cargaison*
handling costs	*frais de manutention*
to dock	*s'amarrer*
to load cargoes	*charger des cargaisons*
to unload	*décharger*
to discharge / to offload	″
a docker / a longshoreman	*un docker*
a stevedore	″ ″
a roustabout	*un débardeur*
a deckload	*le chargement sur le pont*
to warehouse	*entreposer*
a bonded warehouse	*un entrepôt en douane*
a mate's receipt	*un reçu de bord*
an indent	*une commande internationale*
free alongside ship (FAS)	*franco à quai*
free on board (FOB)	*franco à bord*
duty paid price	*prix douane comprise*
duty free	*exonéré de droits*
a bill of lading (B/L)	*un connaissement*
a shipped bill of lading	*un connaissement à bord*

III THE FISHING INDUSTRY — *L'INDUSTRIE DE LA PECHE*

1 FISHING THE OCEANS — *LA PECHE EN MER*

to fish	*pêcher*
a fisherman	*un pêcheur*
a fishing net	*un filet*
a fishing fleet	*une flotte de bateaux de pêche*
a factory ship	*un navire usine, un bateau usine*
a trawler	*un chalutier*
a whaler	*un baleinier*
a fishing port	*un port de pêche*
fish resources	*ressources en poissons*
to fish off the coast	*pêcher au large des côtes*
to exploit the seas	*exploiter les mers*
commercial groundfish	*zones de pêche commerciale*
to be swarming with fish	*être poissonneux*
a yield of fish	*une pêche*

a fishing capacity	*un volume de pêche*
a shoal	*un banc de poissons*
a catch	*une prise*
to harvest	*pêcher*
to haul in fish	*ramener du poisson*
to trap tons of fish	*prendre des tonnes de poissons*
a fishery	*une pêcherie*
fish farming	*la pisciculture*
a fish farm	*un centre de pisciculture*
a hatchery	*un appareil à éclosion*
a salmon hatchery	*un appareil à éclosion pour saumons*
to spawn	*frayer*
spawning	*le frai*
a spawning stock	*une réserve de frai*
a fish ladder	*un barrage à saumons*

2 OVERFISHING — *L'EPUISEMENT DES RESERVES DE POISSONS*

a fish shortage	*un manque de poissons*
to overfish	*épuiser par une pêche excessive*
excessive water use	*la pêche excessive*
to maintain the stock	*renouveler le stock*
to dry up	*se tarir*
to slash quotas	*réduire les quotas*
to roll back quotas	*baisser les quotas*
to disregard quotas	*ignorer les quotas*
to damage spawning grounds	*nuire aux frayères*
a drift-net	*un filet dérivant*
drift netting	*pêcher au filet*
to flout a conservation scheme	*mépriser les projets de défense de l'environnement*
an ocean boundary	*une limite de pêche*
a disputed boundary	*une zone contestée*
to stray over the line	*s'aventurer au-delà d'une limite*
to intercept a vessel	*intercepter un bâtiment*
to confiscate a catch	*confisquer une prise*
to run down a fishing vessel	*aborder un bâtiment*
to keep a trawler in repression	*immobiliser un chalutier*
to fine sb. for illicit fishing	*dresser un procès verbal pour pêche interdite*
to outrun a Coast Guard cutter	*distancer une vedette des garde-côtes*
to smuggle fish	*faire passer du poisson en contrebande*

XVI ECONOMIC TENSIONS — *LES TENSIONS ECONOMIQUES*

1 ECONOMIC SYSTEMS — *LES SYSTEMES ECONOMIQUES*

I ECONOMY — *L'ECONOMIE*

1 GENERAL BACKGROUND — *GENERALITES*

economy	*l'économie*
the American economy	*l'économie américaine*
economics	*l'économie (comme science)*
keynesian economics	*l'économie keynésienne*
economic	*économique (qui relève de l'économie)*
economical	*économique, économe, rentable*
an economical car	*une voiture économique*
an economist	*un économiste*
economic policy	*la politique économique*
an economic crisis	*une crise économique*
macroeconomics	*la macroéconomie*
microeconomics	*la microéconomie*
economies of scale	*économies d'échelle*
an economic theory	*une théorie économique*
economic policy making	*l'élaboration de la politique économique*
free market economy	*l'économie libérale, l'économie de marché*
mixed economy	*l'économie mixte*
planned economy	*l'économie planifiée, le dirigisme*
controlled economy / command economy	*l'économie dirigée*
state-controlled economy	" "
a state-directed economy	*une économie étatisée*
a market directed economy	*une économie de marché*
a barter economy	*une économie de troc*
to operate an economy	*faire fonctionner une économie*
an economic program	*un programme économique*
an economic trend	*une tendance économique*
an economic adviser	*un conseiller économique*
an economic consultant	" " "
the council of economic advisers	*le conseil économique*
an economic guru	*un gourou de l'économie*
an economic gospel	*une bible économique*
an economic mistake	*une erreur économique*
statistics	*statistiques*
the Central Statistical Office (UK)	*l'INSEE*
a chart / a graph	*un tableau*
econometrics	*l'économétrie*
forecastings	*prévisions*
rosy forecasts	*prévisions optimistes*
economic strength	*la puissance économique*
a leverage	*une force de levier, un effet de levier*
a response	*une réaction*
an economic scheme	*un plan économique*
economic warfare	*la guerre économique*
economic disarray	*le désordre économique*
economic collapse	*effondrement économique*
an economic landscape	*un paysage économique*
to command the economic future	*maîtriser l'avenir de l'économie*
strain	*la tension*
to be under strain	*être sous tension*

2 ECONOMIC MARKERS — *LES REPERES ECONOMIQUES*

a warning indicator	*un signal d'alarme*
a danger point	*une cote d'alerte*
a market indicator	*un indicateur de marché*
the private sector	*le secteur privé*
the public sector	*le secteur public*
a surplus	*un excédent*
a record surplus	*un excédent record*
an external deficit	*un déficit extérieur*
the Gross National Product (GNP)	*le produit national brut (PNB)*
Gross Domestic Product (GDP)	*le produit intérieur brut (PIB)*
Gross National Income per capita / per inhabitant	*le revenu national brut (RNB) par habitant*
national accounting	*la comptabilité nationale*
national accounts	*comptes de la nation*
the national debt	*la dette nationale*
the national income	*le revenu national*
a rate	*un taux*
an annual rate	*un taux annuel*
an average rate	*un taux moyen*

seasonally adjusted	*corrigé en fonction des variations saisonnières, désaisonnalisé*
a deflator	*un déflateur, un indice d'ajustement*
a consumer	*un consommateur*
consumption	*la consommation*
consumption per head	*la consommation par tête*
private consumption	*la consommation des ménages*
public consumption	*la consommation publique*
income	*le revenu*
government spending	*les dépenses du gouvernement*
a trade balance	*une balance commerciale*
a current account balance	*une balance des comptes courants*
a balance of payments	*une balance des paiements*
exports	*exportations*
net exports	*exportations nettes*
imports	*importations*
a profit	*un bénéfice*
a net profit	*un bénéfice net*
an output	*un rendement*
output	*la production*
yield	*le rendement*
a cost of living index	*un indice du coût de la vie*
inflation	*inflation*
the rate of inflation	*le taux d'inflation*
the law of supply and demand	*la loi de l'offre et de la demande*
a demand for products	*une demande de produits*
a consumer price index (CPI)	*un indice des prix à la consommation*
demand	*la demande*
aggregate demand	*la demande globale*
total domestic demand	*la demande domestique globale*
wages	*salaires*
earnings	*salaires, gains, profits*
growth	*la croissance*
the growth rate	*le taux de croissance*
economic growth	*la croissance économique*
job growth	*la croissance de l'emploi*
productivity growth	*la croissance de la productivité*
production	*la production*
the factors of production	*les facteurs de production*
the means of production	*les moyens de production*
industrial production	*la production industrielle*
a product	*un produit*
retail sales	*les ventes au détail*
an unemployment rate	*un taux de chômage*
an income	*un revenu*
an income distribution	*une répartition des revenus*
market mechanisms	*mécanismes de marché*
a forecast / an estimate	*une prévision*

II ECONOMIC SYSTEMS — *LES SYSTEMES ECONOMIQUES*

1 CAPITALISM — *LE CAPITALISME*

1.1 GENERAL BACKGROUND — *GENERALITES*

laissez-faire economy	*le libéralisme*
economic liberalism	" "
the private enterprise system	*le système capitaliste / libéral*
to embrace capitalism	*adopter le capitalisme*
to endorse capitalism	*approuver le capitalisme*
to go capitalist	*se convertir au capitalisme*
to be the rage	*être à la mode*
creeping capitalism	*le capitalisme rampant*
capitalistic	*capitaliste*
capital goods	*moyens de production, biens d'équipement*
a capitalist	*un capitaliste*
a budding capitalist	*un capitaliste en herbe*
a capitalist system	*un système capitaliste*
private property / ownership	*la propriété privée*
to be privately owned	*être aux mains du privé*

1.2 FREE MARKET ECONOMY — *L'ECONOMIE DE MARCHE*

a capitalist market place	*un marché capitaliste*
to bring market forces into play	*faire jouer les forces du marché*
free competition	*la libre concurrence*
to rest on competition	*reposer sur la compétition*
free play	*le libre jeu*
free trade	*la liberté de commerce*
freedom to set prices	*la liberté des prix*
freedom to invest	*la liberté d'investir*
freedom to make a fortune	*la liberté de s'enrichir*
a free enterprise system	*un système de libre entreprise / libéral*
the interplay of supply and demand	*le jeu de l'offre et de la demande*
self-regulating market forces	*les forces libres du marché*
private enterprise economy	*l'économie libérale*
private initiative	*initiative privée*
minimum interference	*intervention minimum*
to monopolize	*monopoliser*
a monopoly	*un monopole*

monopolist	*monopoliste*
monopolistic	*monopolistique*
to dominate	*dominer*
to absorb	*absorber*

1.3 ENTREPRENEURSHIP — *L'ESPRIT D'ENTREPRISE*

to take risks	*prendre des risques*
risk taking	*la prise de risques*
to risk money	*risquer de l'argent*
to invest capital	*investir des capitaux*
a shortage of capital	*une pénurie de capitaux*
an input of capital	*une injection de capitaux*
to raise capital	*rassembler des capitaux*
risk capital	*le capital à risques, le capital-risques, capitaux à risques*
an entrepreneur	*un entrepreneur*
entrepreneurial spirit	*l'esprit d'entreprise*
to instill a spirit	*insuffler un esprit*
managerial efficiency	*l'efficacité technocratique*
a punter capitalist	*un investisseur à risques*
a venture	*un risque, une entreprise hasardeuse*
to organize a venture	*organiser une entreprise*
venture capital	*le capital spéculatif, le capital risques*
to pursue a business venture	*poursuivre une entreprise commerciale*
to make a profit	*faire un bénéfice*
to speculate	*spéculer*
speculation	*la spéculation*
to catch the fever of speculation	*attraper la fièvre de la spéculation*
a speculator	*un spéculateur*
a free wheeling business climate	*un climat d'affairisme débridé*
a transaction mentality	*une mentalité affairiste*
a frenzy of getting and spending	*une frénésie d'acquisitions et de dépenses*
cut-throat competition	*une concurrence acharnée / sans merci*

1.4 THE GOSPEL OF WEALTH — *L'EVANGILE DE LA RICHESSE*

to start from scratch	*partir de rien*
to grow rich	*s'enrichir*
to end up rich	*finir riche*
to accumulate capital	*amasser des capitaux*
to accumulate wealth	*accumuler des richesses*
to amass a fortune	*amasser une fortune*
to build a fortune	*bâtir une fortune*
to make a fortune	*faire fortune*
acquisitive	*âpre au gain*
acquisitiveness	*le goût de la propriété*
individualism	*individualisme*
rugged individualism	*individualisme farouche*
to pull oneself up by the bootstraps	*s'élever à la force du poignet*
to go from rags to riches	*passer de la misère à la richesse*
to act in one's self-interest	*ne penser qu'à son propre intérêt*
a spiv	*un chevalier d'industrie*
an industrialist	*un industriel*
an industrial baron	*un magnat de l'industrie, un gros industriel*
a baronial life style	*un style de vie seigneurial*
power hungry	*assoiffé de puissance*
the leisure class	*la classe oisive*
the affluent / the well-to-do	*les riches*
the moneyed classes	*les classes argentées*
the highest income group	*la classe des hauts revenus*
to live in luxury	*vivre dans le luxe*
to spend lavishly	*dépenser sans compter*
to live on a grand scale	*vivre sur un grand pied*
to keep up a large establishment	*avoir un grand train de maison*
prosperity	*la prospérité*
material progress	*le progrès matériel*
to lift a country's population out of poverty	*sortir un pays de la misère*

1.5 THE OTHER SIDE OF THE COIN — *L'ENVERS DU DECOR*

a blessing	*une bénédiction*
the seamy side	*l'envers du décor*
unfettered capitalism	*le capitalisme débridé*
a dog-eat-dog system	*un système impitoyable*
to rig prices	*fausser les prix, manipuler les prix*
to profit from	*profiter de*
a robber baron	*un requin de l'industrie / de la finance*
to take advantage of / to exploit	*exploiter*
an exploiter	*un exploiteur*
exploitation	*l'exploitation*
exploitation of labour	*l'exploitation de la main d'œuvre*
to acquire	*acquérir*
a menial job	*un emploi subalterne*
a sweater worker	*un travailleur exploité*
an unskilled worker	*un ouvrier non qualifié*
child labor	*la main d'œuvre enfantine*
a sweatshop	*un atelier / une usine où les ouvriers sont exploités*
to sweat	*exploiter*
inhumane conditions	*conditions inhumaines*
to work under deplorable conditions	*travailler dans des conditions déplorables*

2 PLANNED ECONOMY — *LE DIRIGISME*

2.1 GENERAL BACKGROUND — *GENERALITES*

central planning	*la planification centralisée*
a planner	*un planificateur*

a centrally planned economy	*le centralisme de l'économie planifiée*
the High Planning Council	*le Commissariat au plan*
agricultural planning	*la planification agricole*
a planning commission	*une commission du plan*
long-term planning	*la planification à long terme*
the National Economic Development Council (NEDC) (UK)	*le Conseil national supérieur pour le développement économique, le Plan*
a skeleton law	*une loi cadre*

2.2 THE PLAN — *LE PLAN*

a five-year-plan	*un plan quinquennal*
a multiyear plan	*un plan pluriannuel*
an overall plan	*un plan d'ensemble*
a production plan	*un plan de production*
to plan	*planifier*
a development plan	*un plan de développement*
the outline of a plan	*les grandes lignes d'un plan*
to initiate a plan	*lancer un plan*
to adopt a plan	*adopter un plan*
to draft a plan	*élaborer un plan*
to revise a plan	*revoir un plan*
to draw up a plan	*mettre un plan au point*
to implement a plan	*mettre un plan en œuvre*
to fulfill a plan	*remplir les objectifs d'un plan*

2.3 OBJECTIVES — *LES OBJECTIFS*

the planning horizon	*l'avenir planifiable, l'horizon économique*
a target	*une cible, un objectif*
to aim at	*viser à*
the objective of a plan	*le but d'un plan*
a set of objectives	*une série d'objectifs*
to set objectives	*fixer des objectifs*
a planning objective	*un objectif planifié*
a projection	*une projection*
to set out projections	*établir des projections*
a planned target	*un objectif de planification*
an obligatory target	*un objectif obligatoire*
to set targets	*fixer des objectifs*
to work toward a target	*travailler en vue d'un objectif*
to revise a target	*revoir un objectif*
a review of a plan target	*le réexamen d'un objectif du plan*
to postulate a target	*poser un objectif comme principe*
to spell out targets in detail	*formuler des objectifs avec précision*
to achieve a target	*atteindre un objectif*
to meet a target	*satisfaire un objectif*
to promote economic development	*promouvoir le développement économique*
to set investment priorities	*établir des priorités pour l'investissement*
to increase the rate of investment	*augmenter le taux de l'investissement*
to create the conditions for growth	*créer les conditions de la croissance*
to remove barriers to development	*supprimer les obstacles au développement*
to embark on an industrial project	*se lancer dans un projet industriel*
an employment-creating project	*un projet créateur d'emplois*
to allocate resources	*répartir les ressources*
to allocate rates of increase	*répartir les taux d'augmentation*
allocation	*la répartition*
government spending	*dépenses de l'Etat*
to improve transport facilities	*améliorer les moyens de transports*
to maintain competition	*maintenir la concurrence*
protection against competition	*la protection contre la concurrence*
social reform	*réformes sociales*
social equality	*égalité sociale*
regional policy	*la politique régionale*
a regional disparity	*une disparité régionale*
manpower questions	*problèmes de main d'œuvre*
to take fiscal measures	*prendre des mesures fiscales*
monetary measures	*mesures monétaires*

3 GOVERNMENT INTERFERENCE — *L'INTERVENTION GOUVERNEMENTALE*

3.1 NATIONALIZATIONS — *LES NATIONALISATIONS*

to nationalise	*nationaliser*
to denationalise	*dénationaliser*
to renationalise	*renationaliser*
state ownership	*la propriété publique*
a state enterprise	*une entreprise étatisée*
state owned / state controlled	*nationalisé*
a nation state	*un Etat-nation*

3.2 STATE AID — *L'AIDE DE L'ETAT*

government aid / state support	*l'aide de l'Etat*
state-aided	*subventionné par l'Etat*
state largesse	*les largesses de l'Etat*
to benefit from government payments	*profiter des largesses du gouvernement*
to intervene / to step in	*intervenir*
government meddling	*intervention gouvernementale*
tutelage	*la tutelle*
to appeal to the government (to)	*faire appel au gouvernement (pour)*
to protect	*protéger*
government-protected	*protégé par l'Etat*
a recipient of aid	*un bénéficiaire de l'aide*

a bloated recipient	*un bénéfiaire avantagé*
a support price	*un prix de soutien*
government set prices	*prix fixés par l'Etat*
a sweetener	*une incitation*
a handout	*une aumône*
a grant	*une aide*
a direct grant	*une aide directe*
grant aid	*aide aux investissements*
capital investment grant	*une subvention d'équipement*
an incentive	*une incitation*
to subsidize	*subventionner*
government subsidized	*subventionné par l'Etat*
a subsidy	*une subvention*
a subsidy level	*un niveau de subventions*
subsidy figures	*les montants des subventions*
a subsidy war	*une guerre des subventions*
a consumer subsidy	*une subvention à la consommation*
industrial subsidies	*subventions à l'industrie*
an operating subsidy	*une subvention d'exploitation*
an export subsidy	*une subvention à l'exportation*
covert subsidies	*subventions déguisées*
to slip a subsidy	*verser une subvention subrepticement*
to pump in subsidies	*injecter des subventions*
to give away millions in subsidies	*verser des millions en subventions*
to shell out	*débourser*
to fork out	*casquer (fam.)*
to funnel	*diriger*
to marshal productive resources	*canaliser les forces de production*
to allocate	*allouer, répartir*
an allocation	*une affectation, une ventilation*
to apportion	*ventiler, affecter*
apportionment	*la ventilation, la répartition*

3.3 REGULATION — *LA REGLEMENTATION*

a regulation	*une réglementation*
controls	*la réglementation*
market mechanisms	*mécanismes du marché*
to regulate the market	*réglementer le marché*
regulation of economic activity	*la réglementation de l'activité économique*
to follow the regulations	*suivre les réglements*
to comply with regulations	*se conformer aux réglements*
regulated	*réglementé*
overregulated	*réglementé à l'excès*
a regulatory agency	*un organisme de contrôle*
to stick to the rules	*respecter les règlements*
to infringe on the rights (of)	*transgresser*
to contravene	*enfreindre*
to get round the law	*contourner la loi*
to evade the law	*se soustraire à la loi*
to infringe	*enfreindre*
an infringement	*une infraction*
to distort competition	*fausser la concurrence*
to shelter from competition	*mettre à l'abri de la concurrence*
a privileged status	*un statut privilégié*
to protect a favoured firm	*protéger une entreprise privilégiée*
to prop up	*soutenir*
to cover one's losses (with)	*couvrir ses pertes (par)*
featherbedding	*la protection contre le licenciement (pratique qui consiste à maintenir des emplois improductifs)*
to featherbed	*protéger*

3.4 PRIVATISATION — *LES PRIVATISATIONS*

to privatize	*privatiser*
to privatize industry	*privatiser l'industrie*
a privatized company	*une société privatisée*
privatisation	*la privatisation*
a privatisation program	*un programme de privatisations*
to be owned privately	*être privatisé*
to sell state-owned companies	*vendre des sociétés nationalisées*
a sell off	*une liquidation*
to sell off the national patrimony	*liquider le patrimoine national*
to sell off the family silver	*vendre l'argenterie de famille*
to sell off state property	*vendre les biens de l'Etat*
destatisation	*la désétatisation*
to put out to competitive tendering	*soumissionner*
to net . . . for	*rapporter ... pour la vente de*
to return to government coffers	*tomber dans l'escarcelle de l'Etat*
to return control of . . . to	*rendre le contrôle de ... à*
to put assets in the hands of owners	*privatiser les actifs*
an employee stock ownership plan (ESOP) / a stock purchase plan	*l'actionnariat ouvrier / du personnel*
an employee share scheme	" " " "
an ownership voucher	*un titre de propriété*
to dismantle the government apparatus	*démanteler l'appareil d'Etat*

3.5 DEREGULATION — *LA DEREGLEMENTATION*

to liberalise	*libéraliser*
to deregulate	*libérer, déréglementer*
deregulation	*la déréglementation*
price deregulation	*la déréglementation des prix*
to remove regulations	*supprimer les contrôles*

removal	*la suppression*
to end price controls	*lever le contrôle des prix*
price liberalization	*la libéralisation des prix*
to liberalize prices	*libérer les prix*
to decontrol	*libérer (les prix), lever (des mesures de contrôle)*
price decontrols	*la fin du contrôle des prix*
to sweep away controls	*balayer les contrôles*
decontrolled prices	*prix libérés*
to abolish	*abolir*
to cut bureaucracy	*réduire la paperasserie*
to speed decision-making	*accélérer la prise de décision*
to chop back the state role	*réduire le rôle de l'Etat*
to encourage private initiative	*encourager l'initiative privée*
to provide incentives	*fournir des incitations*
a tax incentive	*une incitation fiscale*
a tax exemption / a tax break	*une exemption fiscale*
a tax concession	" " "
to open up to competition	*(s') ouvrir à la concurrence*
to loosen state controls	*relâcher / assouplir le contrôle de l'Etat*
to reduce subsidies / to chop subsidies	*réduire les subventions*
to pare subsidies	*rogner les subsides*
to phase out	*supprimer graduellement*
to carry out a phasing out of	*supprimer progressivement*
to eliminate	*supprimer*
to slash	*supprimer radicalement*
a subsidy payback	*un remboursement de subventions*
to phase out payments	*supprimer graduellement les versements*
to cut federal outlays	*réduire les dépenses publiques*
to cut grants / to cut cash	*supprimer les aides*
to turn off the tap	*fermer le robinet*
a cutoff of largesse	*une suppression des largesses*
to cut off the subsidy flow	*arrêter le flot des subventions*
to encourage the start-up (of)	*encourager le lancement (de)*
to foster competition	*encourager la concurrence*
to improve competitiveness	*améliorer la compétitivité*
to boost labour mobility	*encourager la mobilité de la main d'œuvre*

4 THE COMMUNIST SYSTEM — *LE SYSTEME COMMUNISTE*

4.1 GENERAL BACKGROUND — *GENERALITES*

a state-run economy	*l'étatisation de l'économie*
an interventionist state	*un Etat interventionniste*
to establish state control over	*établir la mainmise de l'Etat sur*
the state sector	*le secteur nationalisé*
to control the means of industry	*avoir la haute main sur l'industrie*
state-owned means of production	*la nationalisation des moyens de production*
to confiscate	*confisquer*
to outlaw free enterprise	*interdire la libre entreprise*
to distrust capitalism	*se méfier du capitalisme*
a controlled society	*une société bloquée*
to centralize	*centraliser*
centralization / centralism	*le centralisme*
to collectivise	*nationaliser*
collectivism	*le collectivisme*
collectivist	*collectiviste*
collective farming	*l'agriculture collectivisée*
a state farm	*une ferme d'Etat*
a state-run farm	" " "
a collective farm	*une ferme collective*
a cooperative	*une coopérative*
to redistribute income	*redistribuer les revenus*
redistribution	*la redistribution*
to erase inequalities	*effacer les inégalités*
to set prices	*fixer les prix*
arbitrary prices	*prix fixés arbitrairement*
a distortion	*une distorsion*
to experience a price distortion	*subir une distorsion des prix*
to fix quotas	*fixer des quotas*
to fulfill production quotas	*respecter des quotas de production*
to meet output quotas	*satisfaire les quotas de production*
central management of the economy	*la gestion centralisée de l'économie*
Council for Mutual Economic Aid (Comecon)	*le COMECON*

4.2 ECONOMIC FAILURE — *L'ECHEC DU SYSTEME*

to ruin the national economy	*ruiner l'économie d'un pays*
inoperative	*inopérant*
to go off course	*faire fausse route*
to mismanage	*mal gérer*
mismanagement	*la mauvaise gestion*
poor management	*la gestion médiocre*
a shortage of managers	*une pénurie de dirigeants*
a lack of skilled labour	*un manque de main d'œuvre qualifiée*
bad planning	*la mauvaise planification*
inefficiency	*l'incompétence*
inefficient	*incompétent*
a low stage of economic development	*un faible niveau de développement économique*
an antiquated industrial base	*une base industrielle démodée*
outmoded equipment	*le matériel obsolète*

shoddy products	*produits de mauvaise qualité*
low quality production	*la production de mauvaise qualité*
undercapitalized equipment	*le matériel sous-exploité*
obsolete skills	*qualifications désuètes*
authoritarian socialism	*le socialisme autoritaire*
autocratic	*autocratique*
a theoretical model	*un modèle théorique*
a stifling system	*un système étouffant*
to lull into complacency	*bercer d'illusions*
a slave-oriented economy	*une économie esclavagiste*
to carry out the enslavement of	*réduire à l'esclavage*

4.3 BUREAUCRACY — *LA BUREAUCRATIE*

bureaucracy	*la bureaucratie*
red tape	*les tracasseries administratives*
paper work / bumf	*la paperasserie*
wording	*la formulation*
to stoke up industrial inefficiency	*alimenter l'incompétence industrielle*
to dampen enthusiasm	*refroidir l'enthousiasme*
to destroy initiative	*étouffer l'initiative*
to quash enthusiasm	*casser l'enthousiasme*
to curtail individual effort	*réduire l'effort individuel*
to kill off incentives	*décourager toute initiative*
to undermine incentives	*décourager les incitations*
an incentive to produce	*une incitation à produire*
to skive off	*se défiler*
a skiver	*un tire-au-flanc*
to restrict freedom	*limiter les libertés*
bureaucratic infighting	*luttes bureaucratiques intestines*
to level	*niveler*
to level down	*niveler par le bas*
levelling	*le nivellement*
a drive for conformity	*un conformisme de rigueur*

4.4 CONSUMPTION — *LA CONSOMMATION*

to neglect the elementary needs (of)	*ignorer les besoins élémentaires (de)*
to fulfill needs and desires	*satisfaire les besoins et désirs*
a thirst for goods	*une soif de biens de consommation*
to taste the fruits of consumption	*goûter les fruits de la consommation*
low consumption	*la faible consommation*
consumer sovereignty	*le consommateur-roi*
to stash away money in mattresses	*cacher son argent dans les matelas*
to salt away money	*mettre de l'argent à gauche*
to hoard	*amasser*
worthless cash	*argent inutile*
unspent savings	*économies intactes*
involuntary savings	*économies forcées*
pent-up demand	*une demande refoulée*
to barter one's output	*troquer sa production*
to run on barter	*fonctionner grâce au troc*
concealed inflation	*inflation cachée*
a nascent free market	*un marché libre à l'état naissant*

4.5 INFRASTRUCTURE — *LES INFRASTRUCTURES*

poor transportation	*moyens de transports en mauvais état*
decrepit	*en piteux état*
transportation paralysis	*la paralysie des transports*
to move foodstuffs	*transporter les denrées alimentaires*
a shaky distribution system	*un système de distribution mal en point*
a rail problem	*difficultés ferroviaires*
to break down	*tomber en panne*
a breakdown	*une panne*
storage	*le stockage*
a lack of maintenance	*un défaut d'entretien*
to scrimp on investment (in)	*lésiner sur les investissements (pour)*
to render crops unusable	*rendre les récoltes inutilisables*
to rot	*pourrir*

4.6 ECONOMIC REFORM — *LA REFORME ECONOMIQUE*

4.6.1 GENERAL BACKGROUND — *GENERALITES*

economic restructuring	*la restructuration de l'économie*
to go back to square one	*revenir à la case départ*
to start from square one	*repartir à zéro*
to pick up the pieces	*recoller les morceaux*
to adapt a system	*adapter un système*
to reverse a reform	*annuler une réforme*
to abandon an experiment	*abandonner une expérience*
to lambaste a record	*attaquer un bilan*
to shed bad habits	*se débarrasser des mauvaises habitudes*
to give a new lease of life to	*redonner un second souffle à*
to introduce a market economy	*introduire une économie de marché*
to permit a free market to blossom	*permettre le développement d'un marché libre*
to embrace a shift to freemarket measures	*adopter un changement en faveur de mesures libérales*
to decommunize an economy	*décommuniser une économie*
to seek outside assistance	*demander l'aide de l'étranger*

to be desperate for	*réclamer désespérément*
managerial savvy	*le savoir-faire technocratique*
technological know-how	*le savoir-faire technologique*
to attract western know-how	*attirer le savoir-faire occidental*
western investment	*investissements occidentaux*
to embrace	*adopter*

4.6.2 REFORMS — *LES REFORMES*

a market-oriented reform	*une réforme de marché*
to undertake a program of reforms	*entreprendre un programme de réformes*
to be in urgent need of reform	*avoir un besoin urgent de réformes*
a timetable of reforms	*un calendrier des réformes*
to put forth a timetable	*avancer un calendrier*
a shock program	*un programme choc*
a shock treatment	*un traitement de choc*
resistance to change	*la passivité*
to jump start an economy	*faire démarrer l'économie*
to promulgate economic reform	*promulguer une réforme économique*
to manage economic reform	*faire une réforme économique*
to battle for economic reforms	*lutter pour les réformes économiques*
to require reforms	*exiger des réformes*
a reform process	*un processus de réformes*
price reform	*la réforme des prix*
marketing nous	*le bon sens commercial*

4.6.3 MEASURES — *LES MESURES*

to salvage the economy	*sauver l'économie*
to save a regime	*sauver le régime*
a gamble	*un pari*
to pay off	*être payant*
to unburden the economy	*désengorger l'économie*
a transition (to)	*une transition (vers)*
transition pains	*difficultés de la transition*
transitional economics	*une politique économique de transition*
a sleeker economy	*une économie plus performante*
to move toward a free market economy	*évoluer vers une économie libérale*
to be pulled into the realities of the market place	*être ramené aux réalités du marché*
to set up market institutions	*instaurer des institutions de marché*
a leap to private ownership	*un bond vers la propriété privée*
to stimulate productive investment	*stimuler l'investissement productif*
to overcome an inertia	*vaincre l'inertie*
to set the private sector free	*rendre sa liberté au secteur privé*
to strengthen the private sector	*renforcer le secteur privé*
to remove bureaucratic restrictions	*lever les restrictions bureaucratiques*
to eliminate restrictions (on)	*supprimer les restrictions (sur)*
to prepare new commercial laws	*établir de nouvelles lois commerciales*
to dust off commercial laws	*dépoussiérer les lois commerciales*
to update commercial codes	*réactualiser un code du commerce*
to allow for the establishment (of)	*permettre l'instauration (de)*
to open wide the economy	*ouvrir grand les portes de l'économie*
trade liberalisation	*la libéralisation du commerce*
to open trade	*libérer le commerce*
to restrain the coop system	*limiter le système des coopératives*
to weed out unprofitable firms	*éliminer les entreprises non rentables*
to close money-losing state industries	*fermer les industries nationalisées non rentables*
to break up industrial giants	*démanteler un géant de l'industrie*
to force loss markets to close	*obliger la fermeture de marchés déficitaires*
to let loss making firms go under	*laisser les entreprises déficitaires boire la tasse*
to establish price stability	*instaurer la stabilité des prix*
to devalue	*dévaluer*
to allow for convertibility	*permettre la convertibilité*
a trading bloc	*une association commerciale*
to reform / to disband Comecon	*réformer / supprimer le COMECON*
to scale back	*réduire*
to abandon	*abandonner*
to adapt oneself to competition	*s'adapter à la concurrence*
to be sheltered from competition	*être à l'abri de la concurrence*
to cut economic ties (with)	*rompre les liens économiques (avec)*
to cushion a country from	*protéger un pays de*
to meet export goals	*réaliser des objectifs à l'exportation*
to cut a bloated payroll	*réduire les effectifs pléthoriques*
unneeded workers	*travailleurs inutiles*
a retraining scheme	*un projet de recyclage*
to unleash the energies of business	*libérer les forces commerciales*
debt cancellation	*l'annulation de la dette*

2 THE EUROPEAN COMMUNITY — *LA COMMUNAUTE EUROPEENNE*

I INSTITUTIONS — *LES INSTITUTIONS*

an institutional framework	*un cadre institutionnel*
the European Economic Community (EEC)	*la Communauté économique européenne (CEE)*
the European Community	*la Communauté européenne*
the Common Market	*le Marché commun*
the Twelve	*les Douze*
the European Coal and Steel Community (ECSC)	*la Communauté du charbon et de l'acier (CECA)*
Euratom	*l'Euratom*
the European Free Trade Association (EFTA)	*l'Association européenne de libre-échange (AELE)*
the Council of Europe	*le Conseil de l'Europe*
the Court of Justice of the European Community	*la Cour de justice des communautés européennes*
community law	*le droit communautaire*
the European Court of Human Rights	*la Cour européenne des droits de l'homme*
the European Communities Act (UK)	*la loi sur l'adhésion à la CE*
the Single European Act	*l'Acte unique européen*
a free trade area	*une zone de libre-échange*
a trading association	*une association commerciale*
an association agreement	*un accord d'association*
a Europe of nations	*une Europe des nations*
a member state	*un Etat membre*
an EC member	*un membre de la CE*
European Union	*l'union européenne*
supranational	*supranational*
an associate member	*un membre associé*
a non-member state	*un Etat non membre*
the single market	*le marché unique*
a social charter	*une charte sociale*
the Council of Ministers	*le Conseil des ministres*
the presidency of the community	*la présidence de la communauté*
the European Commission	*la Commission européenne*
a commissioner	*un commissaire*
the agricultural commissioner	*le commissaire à l'agriculture*
a secretariat	*un secrétariat*
the Community budget	*le budget communautaire*
the Common Agricultural Policy (CAP)	*la politique agricole commune (PAC)*
monetary compensatory units (MCUs)	*montants compensatoires monétaires (MCM)*
the Treaty of Rome	*le Traité de Rome*
a founding treaty	*un traité fondateur*
a clause	*une clause*
a provision	*une disposition*
to provide for	*prendre des dispositions en vue de*
the Assembly	*l'Assemblée*
the European Parliament	*le Parlement européen*
a representative	*un député*
an MEP / a Euro MP	*un député européen*
a session	*une session*
to hold a session	*siéger*
a full session	*une session pleinière*
a plenary session	" " "
a week-long session	*une session d'une semaine*
a committee	*un comité*
debating time	*débats*
a Eurocrat	*un eurotechnocrate*
a summit meeting	*une réunion au sommet*
sovereignty	*la souveraineté*
joint-decision taking	*la prise de décision communautaire*
to reach a consensus (on)	*parvenir à un consensus (sur)*
a staff move	*un transfert de personnel*
to move the Parliament	*déménager le Parlement*

II EUROPEAN POLICY — *LA POLITIQUE EUROPEENNE*

the shaping of Europe's single market	*la formation du marché unique européen*
to prepare for the post-1992 environment	*préparer l'Europe d'après 1992*
an agenda	*un ordre du jour*
to be on the agenda	*être à l'ordre du jour*
to be on top of the agenda	*être en tête des priorités*
to set objectives	*fixer des objectifs*
to establish priorities	*établir des priorités*
fiscal policy	*la politique fiscale*

monetary policy	*la politique monétaire*
to conduct a policy	*conduire une politique*
to hamstring a policy	*faire obstacle à une politique*
to make policy recommendations	*faire des recommandations politiques*
to propose legislation	*proposer des lois*
to decide (on)	*prendre une décision (à propos de)*
to issue directives	*donner des directives*
to come into force	*entrer en vigueur*
a Euro-ruling	*une décision européenne*
to hand down a ruling	*rendre une décision*
an application	*un recours*
a complainant	*un requérant*
an offending state	*un Etat incriminé*
to be ruled inadmissible	*être jugé irrecevable*
to implement	*mettre en œuvre*
implementation	*la mise en œuvre*
to review	*examiner*
a review	*un examen*
to comply with rules	*se conformer aux règlements*
to comply with EEC legislation	*se plier à la législation européenne*
binding rules	*règlements exécutoires*
to impose rules (on)	*imposer des règlements (à)*
compliance	*la conformité*
binding (on)	*exécutoire (pour)*
a deadline	*une date limite*
to provide that	*stipuler que*
to draft treaty changes	*rédiger des changements de traité*
to veto a treaty change	*opposer un véto à un changement de traité*
majority voting	*le vote majoritaire*
simple majority	*la majorité simple*
qualified majority	*la majorité qualifiée*
to muster a majority	*rassembler une majorité*
a convention (on)	*une convention (de)*
human rights	*les droits de l'homme*
culture	*la culture*
education	*l'éducation*
the environment	*l'environnement*
to grant	*accorder*
a grant	*une aide financière*
a levy	*un prélèvement*
a joint action	*une action commune*

III ENTRY *L'ADHESION*

an aspirant member	*un candidat à l'adhésion*
pre-entry talks	*les pourparlers préliminaires à l'adhésion*
pre-entry terms	*les conditions de pré-adhésion*
to prepare for entry	*se préparer à entrer dans*
to aspire to membership	*ambitionner de devenir membre*
to put a country on the track to entry	*proposer l'adhésion d'un pays*
to apply for community membership	*déposer une demande d'adhésion*
to hand in an application to join	*soumettre une demande d'adhésion*
to reject an application	*rejeter une demande*
to extend a deadline for application	*repousser la date d'adhésion*
to turn down	*rejeter*
to postpone	*retarder*
to put off	*différer*
to take on new members	*accepter de nouveaux membres*
to reapply	*renouveler une demande d'adhésion*
imminent entry	*l'entrée imminente*
pending membership application	*en attendant la demande d'adhésion*
to join the EC	*adhérer à la CE*
to enter the EC	*entrer dans la CE*
to become a member of	*devenir membre de*
entry to / into the EC	*l'entrée dans la CE*
membership	*l'appartenance*
to fulfill the obligations of membership	*remplir les obligations d'Etat membre*
to enlarge the community	*élargir la communauté*
to widen the community	" " "
to open a market	*ouvrir un marché*
to achieve economic openness	*réaliser l'ouverture économique*
to bring in new members	*faire venir de nouveaux membres*
to sign the accession treaty	*signer le traité d'adhésion*
a patchwork of countries	*un ensemble de pays*
to pool one's resources	*mettre ses ressources en commun*
to bind a country (into)	*lier un pays (à)*
to be bound together	*être lié*
to dilute one's membership	*se fondre par l'appartenance*
to achieve Europe	*faire l'Europe*
to complete the internal market	*réaliser le marché interne*
completion	*achèvement*
to rewrite national laws	*modifier les lois nationales*
to amend a national law	*réformer une loi nationale*
to change administrative rules	*modifier les règlements administratifs*
to follow up rules	*veiller à l'application des règlements*

IV INTEGRATION *L'INTEGRATION*

European-ness	*l'européanisme, l'européisme*
an integrationist	*un partisan de l'intégration*
to push for integration	*encourager l'intégration*
to slow down	*ralentir*
the pace of integration	*le rythme de l'intégration*
an integrated market-place	*un marché intégré*
a forward movement	*un pas en avant*
a drive toward	*une campagne en faveur de*
to move a step forward toward	*faire un pas en avant vers*
to take giant strides toward	*avancer à pas de géant vers*
to get on with a goal of integration	*faire avancer un objectif d'intégration*
to chivvy the community forward	*faire progresser la communauté*
to bully a government into acting	*pousser le gouvernement à agir*
to speed up a calendar	*accélérer un calendrier*
to be in the forefront (of)	*être à l'avant-garde (de)*
to forge ahead	*aller de l'avant*
to speed the community's development	*accélérer le développement de la communauté*
to energize	*activer*
to reinforce	*renforcer*
to be fitted into the community	*être intégré dans la communauté*
in two stages	*en deux étapes*
a federation	*une fédération*
a federalist consensus	*un consensus fédéraliste*
a political commitment	*un engagement politique*
to live up to a EC commitment	*respecter un engagement communautaire*
to quicken federalist sentiment	*redoubler de sentiments fédéralistes*
a whole-hearted support (for)	*un soutien enthousiaste (de)*
a pro-Europe surge	*un mouvement en faveur de l'Europe*
to catch the European fever	*attraper la fièvre européenne*
to jump on the notion of Europe	*se raccrocher à l'idée de l'Europe*
to set common rules	*établir des règles communes*
cohesion	*la cohésion*
an aim of unity	*un objectif unitaire*
to attain unity	*réaliser l'unité*
to defer unity	*différer l'unité*
to clear the obstacles to union	*écarter les obstacles à l'union*
to head toward	*se diriger vers*
to hold up unity	*soutenir l'unité*
to bring unity closer	*resserrer l'unité*
to strengthen unity	*renforcer l'unité*
a step toward unity	*un pas vers l'unité*
a grand scheme for unity	*un grand projet d'unité*
to extend beyond	*s'étendre au-delà*
to embrace	*englober*
to encompass	*inclure*
to speak with a single voice in world affairs	*parler d'une seule et même voix sur la scène internationale*
to expand powers	*étendre les pouvoirs*
a European superstate	*un Etat supra-européen*
to exert hegemony over	*exercer son hégémonie sur*
to exercise a dominance	*exercer une prédominance*
to be committed to the union	*s'engager dans l'union*
to canvass support for	*chercher des soutiens en faveur de*
an enhanced role	*un rôle accru*
a shift of power away from . . . toward . . .	*un transfert de compétences de ... vers ...*
to have a say (in)	*avoir son mot à dire (dans)*
to have more say (in)	*avoir plus d'influence (au sein de)*
pro-reform forces	*forces réformatrices*
to miss out on 1992	*laisser passer 1992*
to anchor a country inside the community	*ancrer un pays dans la communauté*

V A BORDER-FREE EUROPE *UNE EUROPE SANS FRONTIERES*

free movement	*la libre circulation*
unbridled movement	" " "
free circulation	" " "
free flow (of)	" " "
goods / capital / people	*marchandises / capitaux / personnes*
services	*services*
across Europe	*à travers l'Europe*
an EEC passport holder	*le porteur d'un passeport européen*
a foreigner	*un étranger*
a national	*un ressortissant*
a border post	*un poste-frontière*
a point of entry	*un port d'entrée*
an unobtrusive frontier	*une frontière discrète*
an identity check	*une vérification d'identité*

to wave through	*laisser passer d'un signe de la main*
to get through an airport check	*passer un contrôle sans encombres*
to remove frontier controls	*supprimer les contrôles douaniers*
to remove controls at frontiers	" " "
to lift controls	*lever les contrôles*
to sweep away controls	*supprimer les contrôles*
to ease border controls	*assouplir les contrôles douaniers*
to ease frontier formalities	*alléger les formalités douanières*
to abolish	*abolir*
to scrap borders	*supprimer les frontières*
to roll back the frontiers	*abolir les frontières*
planned removal of checks	*la suppression prévue des contrôles*
a spot check	*un contrôle épisodique*
to be relaxed about passports	*être souple en matière de passeports*
to do away with frontier controls	*se passer des contrôles douaniers*
a frontier-free community	*une communauté sans frontières*
to harmonize visa policies	*harmoniser les politiques en matière de visas*
to stop the movement (of)	*arrêter le mouvement (de)*
to stream in through	*se déverser à travers*
to flow across a frontier	*s'engouffrer à travers une frontière*
a common drug policy	*une politique communautaire de lutte contre la drogue*
a common gun law	*une loi communautaire contre les armes à feu*
to toughen one's controls (on)	*renforcer les contrôles (sur)*
to enforce immigration laws	*appliquer les lois sur l'immigration*
residence papers	*un permis de séjour*
to get tough on	*réprimer*
the right of hot pursuit	*le droit de poursuivre un criminel*
to be pursuable across frontiers	*être poursuivi à travers les frontières*
the right of extradition	*le droit d'extradition*
an information system	*un système de renseignements*
to exchange information	*échanger des renseignements*

VI EUROPEAN ECONOMIC UNITY — *L'UNITE ECONOMIQUE EUROPEENNE*

1 GENERAL BACKGROUND — GENERALITES

economic space	*l'espace économique*
economic integration	*l'intégration économique*
the single market	*le marché unique*
the advent of the single market	*l'avènement du marché unique*
a transnational market	*un marché transnational*
cross border markets	*marchés internationaux*
to leap national fences	*franchir les barrières nationales*
to define rights	*définir les droits*
to grant the right (to)	*accorder le droit (de)*
to gear up to take advantage of	*s'apprêter à profiter de*
to ring big changes for	*signifier de grands changements pour*
a decentralized economy	*une économie décentralisée*

2 SUBSIDIES — *LES SUBVENTIONS*

to subsidize	*subventionner*
a subsidy	*une subvention*
farm subsidies	*subventions à l'agriculture*
a relaxation of price subsidies	*un assouplissement des prix subventionnés*
state aid	*subventions de l'Etat*
price support mechanisms	*mécanismes de soutien des prix*
to prop a company	*soutenir une entreprise*
to distort competition	*fausser la concurrence*
competition distorting policies	*politiques qui faussent la concurrence*
to tackle subsidy schemes	*s'attaquer aux plans de subvention*
to withhold a contribution	*différer le versement d'une contribution*
to have access to funds	*avoir accès à des fonds*
to tighten aid policy	*réduire la politique de subventions*
to vet aid	*vérifier les aides*
to dispense aid	*distribuer des subventions*
to reduce aid	*réduire les subventions*
to phase out MCUs	*éliminer progressivement les MCM*
to dismantle MCUs	*démanteler les MCM*
to unpeg farm prices	*désindexer les prix agricoles*

3 STANDARDIZATION — *L'HOMOGENEISATION*

to standardize	*homogénéiser*
a standard	*une norme*
to be up to standard	*être conforme à la norme*

to be up to specification	" " " " "
to harmonize policies	*harmoniser les politiques*
harmonization	*l'harmonisation*
to reduce regulations	*éliminer des règlements*
to scrap	*supprimer*
a relaxation of restraints	*un assouplissement des restrictions*
to open to competition	*ouvrir à la concurrence*
to ease	*assouplir, alléger*
the easing of	*l'assouplissement, l'allègement (de)*
a patent law	*une loi sur les brevets*
patent registering	*le dépôt de brevets*

4 COMPETITION — *LA CONCURRENCE*

competitiveness	*la compétitivité*
to encourage free trade	*encourager le libre-échange*
to deregulate	*déréglementer*
deregulation	*la déréglementation*
a deregulating Europe	*une Europe de la déréglementation*
to compete across frontiers	*se faire concurrence au-delà des frontières*
to fight for dominance	*lutter pour la suprématie*
to overhaul regulations	*refondre les réglementations*
to undergo modernization	*moderniser*
to restructure	*restructurer*
to undergo restructuring	*subir des restructurations*
to face restructuring	*affronter des restructurations*
merger pressures	*pressions de fusionnement*
to slice a workforce (by)	*réduire le personnel (de)*
to streamline	*dégraisser*
to plan a reduction	*prévoir une diminution*
to eliminate overcapacity	*éliminer les emplois superflus*
to shut down plants	*fermer des usines*
to face up to cutting jobs	*admettre la suppression d'emplois*
to survive in stiff competition	*survivre à la rude concurrence*

to reinvigorate a depressed economy	*redonner du tonus à une économie déprimée*
to spur growth	*stimuler la croissance*
to test the vitality (of)	*éprouver la vigueur (de)*
a flexible labor market	*un marché de l'emploi flexible*
to increase the mobility of workers	*accroître la mobilité des travailleurs*
to bring a windfall	*offrir des avantages inattendus*

see : commerce — *voir : le commerce*

5 CAPITAL MARKETS — *LES MARCHES DES CAPITAUX*

to free capital flow within the EC	*libérer les mouvements de capitaux à l'intérieur de la CE*
free flow of capital	*la libre circulation des capitaux*
financial products	*produits financiers*
financial services	*services financiers*
financial integration	*l'intégration financière*
to forge a financial market	*construire un marché financier*
to attract foreign investment (from)	*attirer les investisseurs étrangers (de)*
the euromarket	*le marché des eurodollars*
a eurobond	*une euro-obligation*
a euroequity	*une euro-action*
a eurocurrency	*une eurodevise*
a euroloan	*un crédit en eurodevises*
eurocommercial paper	*effets de commerce en eurodevises*
eurolending	*prêts en eurodevises*
the interlinking (of)	*les relations (entre)*
outflow of tax evading money	*la sortie frauduleuse de capitaux*

see : currency — *voir : la monnaie*

VII MONETARY UNION — *L'UNION MONETAIRE*

monetary integration	*l'intégration monétaire*
Economic and Monetary Union (EMU)	*l'union économique et monétaire*
the European Monetary System (EMS)	*le système monétaire européen*
the Exchange Rate Mechanism (ERM)	*le mécanisme des taux de change*
to join ERM	*adopter le mécanisme des taux de change*
a common central bank	*une banque centrale commune*
a currency union	*une union monétaire*
a monetary union	*une union monétaire*
a common currency	*une monnaie commune*
a currency unit	*une unité monétaire*
the European currency unit (ECU)	*l'unité de compte européenne (ECU)*
to go all the way to monetary union	*réaliser l'union monétaire totale*
to design a monetary system	*élaborer un système monétaire*
a drive toward a common currency	*une tentative de monnaie commune*

to create a common currency	*créer une monnaie commune*
to move the EC towards a single currency	*faire avancer l'Europe vers une monnaie unique*
to tie currencies together	*lier les monnaies*
to tether currencies	*attacher les monnaies*
to stabilize currencies	*stabiliser les monnaies*
to peg currencies	*indexer les monnaies*
to deepen monetary links	*renforcer les liens monétaires*
a merger of all currencies	*une fusion des monnaies*
the clout of a currency	*la force d'une monnaie*
to hedge against exchange rate risk	*se protéger des risques de change*
exchange rate volatility	*taux de change flottants*
a fixed exchange rate	*un taux de change fixe*
to set exchange rates	*fixer les taux de change*
to relax foreign exchange controls	*assouplir le contrôle des changes*
to remove foreign exchange controls	*supprimer les contrôles de change*
to lift controls	*lever les contrôles*
to establish common ground	*établir une zone commune*
ecu payments	*paiements en écus*
to deal in a currency	*commercer dans une monnaie*
to be denominated in ecus	*être libellé en écus*
a denomination	*une unité*
to trade in the ecu	*commercer en écus*
to invoice in ecus	*facturer en écus*
to settle a transaction (in)	*conclure une transaction (en)*
a trading currency	*une unité d'échange*
to harmonize taxes	*harmoniser la fiscalité*
fiscal harmonization	*harmonisation fiscale*
a tax advantage	*un avantage fiscal*
a lifting on capital controls	*une libération des mouvements de capitaux*

VIII SECOND THOUGHTS ON EUROPE — *TOUTE REFLEXION FAITE*

Europhobia	*la phobie de l'Europe*
Europessimism	*le pessimisme sur l'Europe*
to have second thoughts on 1992	*avoir des doutes sur 1992*
misgivings	*appréhensions*
undisguised misgivings	*sérieuses appréhensions*
a sober review	*un examen lucide*
a cool assessment	*un examen rationnel*
to take 1992 for granted	*considérer 1992 comme allant de soi*
to be wary of project Europe	*se méfier du projet Europe*
to harbour fears	*entretenir des craintes*
to balk at measures	*renâcler devant les mesures*
to warn of	*mettre en garde contre*
to get cold feet	*avoir des craintes*
to be in flat opposition to	*être carrément opposé à*
to drag one's feet	*traîner les pieds*
foot-dragging	*réticences*
to wreck progress toward unity	*ruiner les progrès vers l'unité*
national sovereignty	*la souveraineté nationale*
a blurred sovereignty	*une souveraineté diluée*
to chip away at the concept (of)	*dénaturer le concept (de)*
to infringe on sovereignty	*empiéter sur la souveraineté*
to sell out sovereignty	*sacrifier sa souveraineté*
to surrender sovereignty (over)	*renoncer à la souveraineté (en faveur de)*
to lose one's identity	*perdre son identité*
to blunt national will	*émousser la volonté nationale*
to fit a nation into a European personality	*couler une nation dans un moule européen*
to remain under national control	*rester sous contrôle national*
overcentralisation	*la centralisation excessive*
to bow to centralism	*se plier au centralisme*
to stress central control over	*insister sur le centralisme par rapport à*
to be empowered to	*être habilité à*
to stay separate	*faire cavalier seul*
to shake a union apart	*ébranler l'unité*
to lose one's cohesion	*perdre sa cohésion*
to shape Europe in one's self-interest	*construire l'Europe selon son propre intérêt*
to widen the gap between regional disparities	*élargir le fossé des disparités régionales*
to paralyze the community's decision-making process	*paralyser le processus de prise de décision communautaire*
to complicate efforts	*compliquer la tâche*
antismuggling efforts	*la lutte contre la fraude*
antiterrorist efforts	*la lutte contre le terrorisme*
to sharpen the problem (of)	*aggraver le problème (de)*
to increase tension	*accroître les tensions*
to dodge an EC law	*esquiver une loi communautaire*
to conflict with a goal	*être en contradiction avec un objectif*

3 THE THIRD WORLD — *LE TIERS MONDE*

1 GENERAL BACKGROUND — *GENERALITES*

a developing country	*un pays en voie de développement (PVD)*
the third world countries	*les pays du Tiers Monde*
the ACP countries (African, Caribbean and Pacific countries)	*l'ACP (l'Afrique, les Caraïbes et le Pacifique)*
a less developed country (LDC)	*un pays en voie de développement*
the less advanced countries	*les pays les moins avancés*
the least developed countries	*les pays moins développés*
to be underdeveloped	*être sous-développé*
underdevelopment	*le sous-développement*
a continent	*un continent*
a subcontinent	*un sous-continent*
development	*le développement*
a stage of development	*une étape du développement*
a development agency	*une agence de développement*
a development area	*une région à mettre en valeur*
to tackle obstacles to development	*s'attaquer aux obstacles du développement*
archaic	*archaïque*
a backward region	*une région primitive*
backwardness	*le retard*
to impoverish	*appauvrir*
a gap	*un fossé*
to widen	*s'élargir*

2 AGRICULTURE — *L'AGRICULTURE*

rural blight	*la misère des campagnes*
an agronomist	*un agronome*
an agriculturalist	" "
agricultural output	*la production agricole*
to raise the yield per acre	*augmenter la production par acre*
an implement	*un outil*
staple food	*la nourriture de base*
farm exports	*exportations agricoles*
drought	*la sécheresse*
a pump	*une pompe*
to pump up	*pomper*
to be displaced	*être chassé*
to lose fertility	*perdre de sa fertilité*
to desertify	*désertifier*
desertification	*la désertification*
to encroach upon	*gagner du terrain sur*
encroachment	*empiètement*
an encroaching desert	*l'empiètement du désert*
rainfall	*chutes de pluie*
a water catchment area	*une zone de captage de l'eau*
deforestation	*le déboisement*
to strip forests	*abattre les forêts*
to fell trees	*abattre des arbres*
fuelwood	*le bois de chauffage*
soil fertility	*la fertilité agricole*
an unproductive soil	*un sol ingrat*
low productivity	*la faible productivité*
to be land hungry	*avoir besoin de terre*
to over-use the land	*surexploiter la terre*
to resettle	*se réinstaller*
to liberalize farming	*libéraliser l'agriculture*
agricultural reforms	*réformes agricoles*
to live off the land	*vivre du produit de la terre*
to produce for exports	*produire pour l'exportation*
a camel	*un chameau*
a locust	*une sauterelle*
a mosquito	*un moustique*

see : drought, agriculture — *voir : la sécheresse, l'agriculture*

3 MINERAL RESOURCES — *LES RESSOURCES MINERALES*

a resource-rich country	*un pays riche en ressources*
non renewable resources	*ressources non renouvelables*
renewable	*renouvelable*
mineral production	*la production de minerais*
new found wealth	*nouvelles richesses*
to generate export earnings	*créer des revenus à l'exportation*
a bumper profit	*un bénéfice exceptionnel*
to finance development	*financer le développement*
to channel revenues into	*consacrer les revenus à*
to give royalties (to)	*accorder des redevances (à)*
to translate into productive investments	*se traduire par des investissements productifs*
investment prospects	*perspectives d'investissement*
to raise the productivity of resources	*augmenter la productivité des ressources*
to sustain growth	*soutenir la croissance*

4 ECONOMIC DEVELOPMENT — *LE DEVELOPPEMENT ECONOMIQUE*

the International Bank for Reconstruction and Development (IBRD / IBRAD)	*la Banque internationale pour la reconstruction et le développement (BIRD)*
economic activity	*l'activité économique*
a fossilized economy	*une économie antédiluvienne*
growth	*la croissance*
progress	*le progrès*
to lag behind	*être à la traîne*
to fall behind	*prendre du retard*
to be behind	*avoir un retard*
to be handicapped by	*être handicapé par*
a low income country	*un pays à faible revenu*
scarcity of products	*la pénurie de produits*
a shortage in	*une pénurie de*
a chronic lack (of)	*une pénurie chronique (de)*
a lack of transport	*un manque de moyens de transport*
a lack of communications	*un manque de moyens de communication*
misguided investment projects	*projets d'investissements peu judicieux*
brittle economic organization	*une organisation économique fragile*
an underdeveloped market system	*un système de marché sous-développé*
loss making state-owned enterprises	*entreprises nationalisées déficitaires*
a lack of efficient investment	*un manque d'investissements efficaces*
swollen public sector payroll	*effectifs pléthoriques de fonctionnaires*
an overstaffed bureaucracy	*une bureaucratie pléthorique*
disguised unemployment	*le chômage déguisé*
a lack of entrepreneurs	*un manque d'entrepreneurs*
entrepreneurial tradition	*la tradition d'entreprise*
entrepreneurial drive	*l'énergie d'entreprendre*
entrepreneurship	*l'esprit d'entreprise*
to stay poor	*rester pauvre*
a former colony	*une ancienne colonie*
to shed a colonial past	*se débarrasser d'un passé colonial*
population explosion	*l'explosion démographique*
population control policies	*politiques de maîtrise de la démographie*
to control population growth	*maîtriser la croissance démographique*
to retard population growth	*freiner la croissance démographique*
a development strategy	*une stratégie de développement*
to industrialize in a hurry	*s'industrialiser à la hâte*
to modernize	*(se) moderniser*
modernization	*la modernisation*
to carry out the allocation of resources	*répartir les ressources*
to promote economic development	*promouvoir le développement économique*
to give priority (to)	*accorder la priorité (à)*
a crash investment program	*un programme d'investissement d'urgence*
to improve the standard of living	*améliorer le niveau de vie*
to attain a reasonable standard of living	*parvenir à un niveau de vie convenable*
to achieve an increase in the living standard	*augmenter le niveau de vie*
to catch up with the rich countries	*rattraper les pays riches*
to close a gap	*combler un fossé*
to bridge a gap	*combler un écart*
to erase hunger / illness / poverty	*faire disparaître la faim / la maladie / la pauvreté*

to remedy ills	*guérir les maux*
to make a big leap forward	*faire un grand bond en avant*
self-reliance	*autonomie*
see : economic systems	*voir : les systèmes économiques*

5 TRADE — *LE COMMERCE*

a commodity	*une marchandise*
a gap trade	*un fossé commercial*
falling world prices	*la baisse des cours mondiaux*
a decline in the terms of trade	*un déclin des termes de l'échange*
the collapse in export revenues	*l'effondrement des revenus à l'exportation*
an overvalued currency	*une monnaie surévaluée*
overvaluation	*la surévaluation*
to ration foreign exchange	*limiter le contrôle des changes*
a black market for currency	*un marché noir des changes*
a black marketeer	*un vendeur au marché noir, un profiteur*
a money changer	*un changeur*
see : commerce	*voir : le commerce*

6 GOVERNMENT — *LE GOUVERNEMENT*

corrupt	*corrompu*
corruption	*la corruption*
to be wracked by corruption	*être rongé par la corruption*
to lack managerial skills	*manquer de gestionnaires capables*
to undermine enterprise	*saper l'esprit d'entreprise*
to foster a pro-business culture	*favoriser un climat propice aux affaires*
political instability	*instabilité politique*
stable	*stable*
unstable	*instable*
an upheaval	*un bouleversement*
an uprising	*un soulèvement*
a riot	*une émeute*
guerilla warfare	*la guérilla*
a coup	*un coup d'Etat*
ethnic strife	*luttes ethniques*
destabilisation	*la déstabilisation*
incompetent	*incompétent*
mismanagement	*la mauvaise gestion*
a bribe	*un pot-de-vin*
a kickback	" " " "
to exercise power	*exercer le pouvoir*
to use power	*se servir du pouvoir*
to abuse power	*abuser du pouvoir*
arbitrary	*arbitraire*
see : dictatorship political violence	*voir : la dictature* *la violence politique*

7 THE STANDARD OF LIVING — *LE NIVEAU DE VIE*

dirt-poor	*déshérité*
bone poor	"
to neglect the poor	*négliger les pauvres*
to make a decent living	*vivre convenablement*
to scrape together a living	*vivre difficilement*
child labour	*la main d'œuvre enfantine*
child exploitation	*l'exploitation des enfants*
a child worker	*un travailleur enfant*
the under-fives	*les moins de cinq ans*
to supplement an income	*arrondir un revenu*
a wretched region	*une région misérable*
a megacity	*une ville géante*
the spread of city	*l'étalement urbain*
urban sprawl	" "
a swollen city	*une explosion démographique urbaine*
a magnet	*un aimant*
to attract	*attirer*
a squatter settlement	*un camp de squatters*
informal settlements	*taudis*
squalid housing	*le logement sordide*
to be served by a sewage system	*avoir le tout-à-l'égoût*
non-existent sewage	*l'absence de système d'assainissement*
an urban cesspit	*un cloaque urbain*
a shantytown	*un bidonville*
a cardboard shack	*une cabane en carton*
malnutrition	*la malnutrition*

malnourishment	*la sous-alimentation*	poor hygiene	*le manque d'hygiène*
a standard of nutrition	*une norme alimentaire*	unhealthy	*insalubre*
to lack access to	*ne pas avoir accès à*	unwholesome	"
to gain access to	*avoir accès à*	diarrhea	*la diarrhée*
primary education	*l'enseignement primaire*	tetanus	*le tétanos*
makeshift classrooms	*une école de fortune*	neonatal tetanus	*le tétanos du nourrisson*
to cut short an education	*interrompre ses études*	measles	*la rougeole*
outlays on education	*les dépenses pour l'éducation*	diphteria	*la diphtérie*
literacy	*alphabétisation*	iodine-deficiency disordres	*troubles dus au manque d'iode*
illiteracy	*analphabétisation*	a diarrhea-control program	*un programme de lutte contre la diarrhée*
literate	*alphabétisé*	dehydration	*la déshydratation*
illiterate	*analphabète*	rehydration	*hydratation*
to grow up illiterate	*grandir analphabète*	an antibiotic	*un antibiotique*
numeracy	*la capacité à calculer, la compétence dans le domaine des chiffres*	to vaccinate	*vacciner*
numerate	*qui sait compter*	a vaccine	*un vaccin*
the coverage of a social security system	*la couverture sociale*	vaccination	*la vaccination*
to be covered by social security	*être couvert par la sécurité sociale*	oral polio vaccine	*un vaccin anti-polio par voie buccale*
low per capita income	*le faible revenu par tête d'habitant*	a free clinic	*un dispensaire*
to have unequal income distribution	*avoir une répartition inégale des revenus*	a government clinic	*un dispensaire public*
health conditions	*conditions sanitaires*	immunization (against / for)	*l'immunisation (contre)*
the infant death rate	*le taux de mortalité infantile*	a preventable disease	*une maladie évitable*
life expectancy	*l'espérance de vie*	a treatable disease	*une maladie curable*
infant mortality	*la mortalité infantile*	to curb deaths	*faire baisser la mortalité*
sanitation	*installations sanitaires*	to eradicate an epidemic	*faire disparaître une épidémie*
		see : poverty	*voir : la pauvreté*

8 INTERNATIONAL AID *L'AIDE INTERNATIONALE*

intervention	*intervention*	to be strapped for money	*être à court d'argent*
to undertake intervention	*décider d'intervenir*	domestic needs	*les besoins du pays*
to intervene	*intervenir, s'immiscer*	to be oversubscribed by needs	*être débordé par les besoins*
interventionist	*interventionniste*	to be swamped by requests	*être inondé de demandes*
to embroil a government in intervention	*pousser un gouvernement à intervenir*	to contribute to funds	*verser une contribution*
to meddle in	*s'ingérer dans*	to commit to a dollar amount	*s'engager à verser une somme en dollars*
meddling	*ingérence*	to bring a huge infusion of aid	*apporter une aide massive*
to intervene extensively	*intervenir massivement*	to shoulder the burden of aid	*partager le poids de l'aide*
to temper a form of intervention	*moduler une forme d'intervention*	to chip in	*verser son obole*
to bungle an intervention	*rater l'intervention*	a dollop of aid	*un volume d'aide*
aid	*aide, assistance*	to see the aid through	*veiller à faire parvenir l'aide*
to assist	*venir en aide à*	an aid bill	*le montant de l'aide*
to cooperate	*coopérer*	a handout	*une aumône*
cooperation	*la coopération*	to rely on handouts	*dépendre d'aumônes*
an emergency aid organization	*une organisation d'aide d'urgence*	to misuse aid	*détourner l'aide*
to beg for aid	*mendier l'aide*	a misuse of funds	*un détournement de fonds*
to increase assistance	*accroître son aide*	niggardly	*chiche*
to retain economic support	*conserver le soutien économique*	niggardliness	*l'avarice*
to court foreign investors	*chercher à attirer les investisseurs étrangers*	to have a change of heart	*changer d'avis*
		to turn one's back on	*tourner le dos à*

to lift a finger	*lever le petit doigt*
to lift a hand	*" " " "*
to withdraw assistance	*interrompre son aide*
a cutback in economic aid	*une réduction de l'aide économique*
to reduce funding	*diminuer les aides*
to suspend aid	*suspendre les aides*
a suspension	*une suspension*
to reverse a suspension	*revenir sur sa décision de suspendre*
to grow disenchanted with	*se lasser de*
disenchantment	*le désenchantement*
to see one's interests knocked down	*voir ses intérêts s'écrouler*
a pullback	*un retrait*
a drying-up of funds	*un tarissement des fonds*
to dry up	*se tarir*
to turn off a spigot	*fermer un robinet*
to cut an assistance program	*réduire un programme d'assistance*
an assistance package	*un programme d'aide*
to wither	*s'assécher*
to find a new source of help	*trouver une nouvelle source d'aide*

4 THE ECONOMIC CRISIS — *LA CRISE ECONOMIQUE*

I CRISIS — *LA CRISE*

1 FORE-WARNINGS — *LES INDICES PRECURSEURS*

the economic outlook	*la conjoncture économique*
rosy / bleak	*optimiste / pessimiste*
go-go years	*années de croissance*
slow mo years	*années de décroissance*
an unsettling prospect	*une perspective inquiétante*
to look grim	*paraître sombre*
a bleak future	*un avenir sombre*
a harbinger of hard times ahead	*un présage des difficultés à venir*
to cast gloom on	*jeter un froid sur*
to face the prospect (of)	*être devant la perspective (de)*
an indicator	*un indicateur, un clignotant*
leading economic indicators	*principaux indicateurs économiques*
economic indicators	*les indices de la conjoncture*
worrisome indicators	*indices inquiétants*
to flash amber	*être à l'orange*
to flash alarm	*être au rouge*
to ring alarms / to sound the alarm	*tirer la sonnette d'alarme*
to pursue a misguided policy	*poursuivre une politique malencontreuse*
a feckless economic policy	*une politique économique inepte*
to sow seeds of economic collapse	*préparer la voie à un effondrement de l'économie*
the failings of a policy	*les défaillances d'une politique*
to go wrong / to go awry	*se dérégler*
to falter	*chanceler, défaillir*
to overheat	*être en surchauffe*
overheating	*la surchauffe*
to herald a crisis	*annoncer une crise*
to be on the skids	*courir à sa perte*
a recipe for disaster	*un échec assuré*
to ward off	*parer (à)*
to be in a bad way	*être dans une mauvaise passe*
an unstable state	*une fragilité*
instability	*l'instabilité*
a poor performance	*une piètre tenue*
to encounter a setback	*subir un revers*
to be shaken by a crisis	*être ébranlé par une crise*
to be drawn into the heart of a crisis	*être entraîné au cœur d'une crise*
a threnody of economic ills	*une litanie de maux économiques*
a forecaster	*un prévisionniste*
a recession forecaster	*qui prévoit une récession*
a doomsayer	*un prophète de malheur*

2 ASPECTS OF THE CRISIS — *LES ASPECTS DE LA CRISE*

2.1 THE ECONOMY — *L'ECONOMIE*

an exhausted economy	*une économie à bout de souffle*
a lame economy	*une économie malade*
a lagging economy	*une économie à la traîne*
a stuttering economy	*une économie hésitante*
a stagnating economy	*une économie en stagnation*
a contracting economy	*une économie crispée*
a sick economy	*une économie malade*
an ailing economy	*une économie mal en point*

an unraveling economy	*l'effritement de l'économie*
a battered economy	*une économie mal en point*
a sluggish economy	*une économie en stagnation*
sluggishness	*la récession*
a flaccid economy	*une économie en récession*
a faltering economy	*une économie chancelante*
economic ills	*maux économiques*
to set back the economy	*ralentir l'économie*
to mismanage the economy	*mal gérer l'économie*
mismanagement	*la mauvaise gestion*
to neglect the economy	*négliger l'économie*
to strangle the economy	*asphyxier l'économie*
to push the economy into a trough	*entraîner l'économie vers la dépression*
to bring the economy to the brink of collapse	*amener l'économie au bord de la faillite*
to push an economy toward disaster	*entraîner une économie à la faillite*
to fare worse	*se porter plus mal*
to be in a parlous state	*être dans un état alarmant*
to be in shreds	*être en lambeaux*
economic growth	*la croissance économique*
to make a dent in economic growth	*porter un coup à la croissance économique*
economic ruin	*la ruine économique*
economic strains	*tensions économiques*
an economic squeeze	*une crise économique*
an economic mess	*un gâchis économique*
to inherit an economic mess	*hériter d'un gâchis économique*
an economic storm	*une tempête économique*
economic paralysis	*la paralysie économique*
an economic failure	*un échec économique*
an economic setback	" " "
economic troubles	*difficultés économiques*
to mount	*augmenter*
to be in desperate economic shape	*être dans une situation économique déplorable*
to be in dire economic straits	*être dans une situation économique désespérée*
to be in bad economic trouble	*traverser des difficultés économiques*
an economic slide	*une baisse de l'activité économique*
an economic breakdown	*une dépression*
to bring the economy to its knees	*mettre l'économie à genoux*
economic slack	*la stagnation économique*
economic decline	*le déclin économique*
to be condemned to economic decline	*être condamné au déclin économique*

2.2 RECESSION — *LA RECESSION*

a recession	*une récession*
recessionary forces	*les facteurs de récession*
a looming recession	*une récession en vue*
a bona fide recession	*une sérieuse récession*
a full-blown recession	*une récession à part entière*
the pit of a recession	*le creux de la récession*
to herald a recession	*annoncer une récession*
to loom ahead	*se dessiner*
to cause a recession	*provoquer une récession*
to spark a recession	*déclencher une récession*
to steer (into a recession)	*conduire (à une récession)*
to edge close to a recession	*s'approcher insensiblement d'une récession*
to head into recession	*aller droit à la récession*
to teeter at the precipice / at the edge of recession	*être prêt à plonger dans la récession*
to be on the brink of recession	*être à deux doigts de la récession*
to be poised on the edge (of)	*être au bord (de)*
to tip a country into recession	*faire basculer un pays dans la récession*
to dip into a recession	*basculer dans la récession*
to tip the economy into recession	*faire basculer l'économie dans la récession*
to enter a recession	*entrer dans une récession*
to dive into a recession	*plonger dans la récession*
to deepen	*s'aggraver*
to strike a country	*frapper un pays*
to be in recession	*connaître une récession*
to suffer a deep recession	*traverser une grave récession*
to be in the grip of a recession	*être en proie à la récession*
a recession-gripped country	*un pays en proie à la récession*
to preside over a recession	*gérer une dépression*
under the pressure of a recession	*sous la contrainte d'une récession*
to steer out of a recession	*se sortir d'une récession*
to push back a country into recession	*replonger un pays dans la récession*
to drive back into a recession	*replonger dans une récession*
to switch back into recession	*retomber dans la récession*

2.3 DEPRESSION — *LA DEPRESSION*

a depression	*une dépression*
global depression	*une crise économique mondiale*
the onset of a depression	*les symptômes d'une dépression*
a depression-torn country	*un pays victime de la dépression*
to risk a depression	*risquer une dépression*
to go through a depression	*traverser une dépression*
to be hit by a depression	*être frappé par une dépression*
to suffer from a depression	*pâtir d'une dépression*
to suffer through a depression	*souffrir pendant une dépression*
to usher in a depression	*provoquer une dépression*
to bring about a depression	" " "
to precipitate a depression	*précipiter une dépression*
to feel the impact of a depression	*ressentir l'impact d'une dépression*
to bear the brunt of a depression	*subir le contrecoup d'une dépression*

2.4 THE CRISIS — *LA CRISE*

a crisis / crises	*une crise / crises*
the depth of a crisis	*la gravité d'une crise*
the scope of a crisis	*l'ampleur d'une crise*
a crisis-filled century	*un siècle rempli de crises*
to lurch from crisis to crisis	*aller de crise en crise*
the Great Depression	*la Grande Dépression, la Crise de 1929*
to crash	*s'effondrer*
a crash	*un krach*
a bust	*une baisse brutale de l'activité économique, une crise*
to slump	*s'effondrer, être en crise*
to slump badly	*traverser une crise grave*
a slump	*un marasme*
a deep slump	*un grave marasme*
a full-blown slump	*une véritable dépression*
to shake off one's slump	*sortir d'un marasme*
a crunch	*une crise*
crunch time	*une période de crise*

3 ECONOMIC ACTIVITY — *L'ACTIVITE ECONOMIQUE*

3.1 SLOGGING ALONG — *LA STAGNATION*

to lag	*être à la traîne*
laggard	*à la traîne*
to stagnate	*stagner*
to foster stagnation	*pousser à la stagnation*
stagnation	*la stagnation*
a stagnation	*une stagnation*
prolonged stagnation	*la stagnation prolongée*
a shake-out	*un tassement de l'économie*
to slog along	*se traîner*
to hobble along	*boîter*
to languish	*s'étioler*
to depress	*déprimer*

3.2 CONTRACTING ALONG — *LA CRISPATION*

to contract	*se crisper*
a contraction	*une contraction, une crispation*
to seize up	*se gripper*
to shrink	*se contracter*
a shrinkage	*une contraction, une diminution*
to be in a skid	*déraper*
to run into a snag	*rencontrer un obstacle*
to run out of steam	*s'essouffler*
to flounder	*s'embourber*

3.3 REGRESSING — *LA REGRESSION*

to regress	*régresser, décliner*
a regression	*un recul, une baisse*
a decline	*un déclin, une baisse*
a slowdown / a slack	*un ralentissement*
a downturn / a downswing	*une baisse d'activité*
a downward spiral	*une spirale descendante*
a downtrend	*une tendance à la baisse*
to slacken	*ralentir*
to dwindle	*s'affaiblir*
to crumble	*s'effriter*

3.4 TUMBLING — *LA CHUTE*

a price drop	*une chute des prix*
a tumble	*une chute, une culbute*
a plunge	*un plongeon*
to tumble	*dégringoler, faire la culbute*
to take a tumble	*faire une chute*
to plummet	*dégringoler*
to curtail / to decrease	*réduire, diminuer*
to slacken	*ralentir, diminuer*
to shrink	*diminuer*
to head downward	*plonger*
a drop	*une baisse*
to trigger a drop	*provoquer une baisse*
to collapse	*s'effondrer*
a collapse	*un effondrement*
to fall	*chuter*
to take a fall	*subir une chute*
to slump	*baisser brusquement*
to plunge	*plonger*
to take a plunge	*faire le plongeon*
sharply / slightly	*brutalement / faiblement*

3.5 AT A STANDSTILL — *LA PARALYSIE*

to worsen	*s'aggraver*
to paralyze / to cripple	*paralyser*
to throttle	*serrer à la gorge*
to halt	*cesser, se terminer*
to come to a halt	*s'immobiliser*
to come to a standstill	"
to grind to a standstill / to a halt	*s'arrêter progressivement*
to cut back on	*réduire*
to cut down (on)	*économiser (sur), réduire*
to get out of hand	*devenir impossible à gérer*
out of control	*impossible à maîtriser*
to strike bottom	*toucher le fond*
to hit rock bottom	*toucher le fond de l'abîme*

II COPING WITH THE CRISIS / *FACE A LA CRISE*

1 AUSTERITY MEASURES / *LES MESURES D'AUSTERITE*

to call for austerity	*exiger des mesures d'austérité*
to impose austerity measures	*imposer des mesures d'austérité*
to start an austerity program	*démarrer un programme d'austérité*
to pursue a policy with single mindedness	*poursuivre une politique avec détermination*
to review austerity measures	*examiner les mesures d'austérité*
austerity-struck citizens	*populations victimes de l'austérité*
an economic package	*un train de mesures économiques*
to cobble a package	*bricoler une série de mesures*
to apply a cold shower treatment	*appliquer un traitement draconien*
shock therapy	*un traitement de choc*
to administer economic shock treatment	*administrer un traitement de choc à l'économie*
to rule out the shock therapy	*exclure le traitement de choc*
to stanch the haemorrhaging economy	*arrêter l'hémorragie économique*
to impose a painful solution (to)	*imposer une solution douloureuse (à)*
to impose restrictions	*imposer des restrictions*
to take strict measures	*prendre des mesures sévères*
drastic / draconian measures	*mesures draconiennes*
disruptive	*gênant*
stringent	*rigoureux*
to curb	*freiner*
a curb	*un frein*
to slash	*réduire radicalement*
a slash	*une diminution radicale*
bitter medicine	*une pillule amère à avaler*
unpopular	*impopulaire*
a presidential decree	*un décret présidentiel*
lean years	*années de vache maigre*
to bring hardships	*apporter des privations*
to struggle through	*venir à bout de ses peines, s'en sortir*
to suffer hard times	*traverser des jours difficiles*
the bad days	*les jours noirs*
the good old days	*le bon vieux temps*
to soften austerity measures	*adoucir les mesures d'austérité*
to mitigate the severity of a recession	*atténuer la sévérité d'une récession*

2 MONETARY POLICY / *LA POLITIQUE MONETAIRE*

to halt hyperinflation	*mettre un terme à l'hyperinflation*
to devaluate	*dévaluer*
devaluation	*la dévaluation*
to freeze wages	*bloquer les salaires*
to curtail programs	*réduire les programmes*
to be banned from borrowing	*être interdit d'emprunt*
to dampen demand	*freiner la demande*
to impose financial strains (on)	*imposer des sacrifices financiers (à)*
to slam on the monetary brakes	*mettre un frein aux dépenses*
to check consumer spending	*enrayer les dépenses des consommateurs*
to stash money abroad	*passer son argent à l'étranger*
a balance of payments crisis	*une crise de la balance des paiements*

3 PRODUCTION AND GROWTH / *PRODUCTION ET CROISSANCE*

production / output	*la production*
declining production / productivity	*le déclin de la production / de la productivité*
a cutback	*une réduction*
a drop in production	*une baisse de production*
a drop of 5 per cent	*une baisse de 5%*
flat	*terne*
to flatten	*s'aplatir*
a shrinkage in output	*une diminution de la production*
to cramp productivity	*entraver la productivité*
to exacerbate labour shortages	*aggraver les pénuries de main d'œuvre*
a key industry	*une industrie vitale*
a ban on strikes	*une interdiction de la grève*
a crippling work stoppage	*un arrêt de travail paralysant*
a lame duck	*un canard boîteux*
to squeeze earnings	*comprimer les revenus*
to squeeze profits	*comprimer les bénéfices*
to report a fall in orders	*enregistrer une baisse des commandes*
to scale down production	*réduire la production*
to run below target	*être en deçà des objectifs fixés*
to dampen down consumer spending	*mettre une sourdine aux dépenses de consommation*
sagging demand	*la baisse de la demande*
to trim back one's buying	*réduire ses dépenses*

plummeting real estate prices	*la chute des prix de l'immobilier*
zero growth	*la croissance zéro*
growth is nil	*la croissance est nulle*
to slow growth	*ralentir la croissance*
to hinder growth	*gêner la croissance*
to stunt economic growth	*retarder la croissance économique*
to hold down growth	*limiter la croissance*
a brake on growth	*un frein à la croissance*
to hanker after growth	*aspirer à retrouver la croissance*

4 WORK — *L'EMPLOI*

to put out of work	*licencier*
to slice the purchasing power	*entamer le pouvoir d'achat*
to slash wages	*réduire les salaires*
a depressed standard of living	*un niveau de vie bas*
to moonlight	*travailler au noir*
moonlighting	*le travail au noir*
to supplement one's income	*arrondir ses fins de mois*
to eke out (one's income)	*augmenter (son revenu)*
see : unemployment	*voir : le chômage*

5 RATIONING — *LE RATIONNEMENT*

to tighten one's belt	*se serrer la ceinture*
belt-tightening measures	*mesures d'austérité*
deprivations	*les privations*
grinding deprivations	*privations écrasantes*
to tighten the screw	*serrer la vis*
to loosen the screw	*desserrer la vis*
to ration	*rationner*
to ration out food	*rationner la nourriture*
rationing of goods	*le rationnement des biens*
a rationing coupon	*un bon de rationnement*
a ration card / book	*une carte de rationnement*
to allocate goods by coupons	*distribuer la nourriture en échange de bons*
to keep out wasteful luxuries	*refuser d'importer des produits de luxe inutiles*
to squander on inessentials	*gaspiller de l'argent pour l'achat de produits superflus*
to live under a wartime economy	*vivre en économie de guerre*
energy woes	*problèmes énergétiques*
energy shortfalls	*pénuries d'énergie*
to cut fuel and water subsidies	*réduire les subventions de chauffage et d'eau*
a shortage of fuel	*une pénurie de carburants*
to freeze	*geler*
to jeopardize the health (of)	*mettre en danger la santé (de)*

6 SCARCITY — *LA PENURIE*

a food shortage	*une pénurie alimentaire*
consumer goods	*biens de consommation*
a household item	*un article ménager*
a basic consumer product	*un produit de consommation courante*
to have the basics provided	*disposer de l'essentiel*
a necessity	*un produit de nécessité*
the bare necessities of life	*les choses essentielles de la vie*
staple diet	*la nourriture de base*
a staple commodity	*une denrée de base*
panic buying	*une ruée sur les magasins*
to besiege shops	*assiéger les magasins*
tripling of prices	*le triplement des prix*
to be short of	*être à court de*
to be in short supply	*être rare*
to be in regular supply	*avoir régulièrement en stock*
to be spared the breadlines	*se voir épargner les soupes populaires*
to lack	*manquer de*
a lack (of)	*un manque de, une pénurie (de)*
paucity	*la pénurie, la disette*
a shortfall	*un manque*
dearth	*la disette*
scantiness / scantness	*la pénurie*
scanty	*peu abondant, maigre*
scarce	*rare*
a scarce item	*un article rare*
a hard-to-get item	*une denrée rare*
to join the list (of)	*s'ajouter à la liste (de)*
to wait in queues (for)	*faire la queue (pour)*
to stand in line	*faire la queue*
a lack of quality / variety (in)	*un manque de qualité / de variété (dans)*

7 UNREST — *LE MECONTENTEMENT*

consumer grumblings	*les plaintes des consommateurs*
mounting frustrations	*la montée du mécontentement*
growing unrest	*" " "*
to blame woes on sb.	*rendre qqn. responsable des malheurs*
to rail against	*s'en prendre à*
to revile	*injurier*
a scapegoat / a whipping boy	*un bouc émissaire*
to provide a focus for anger	*focaliser la colère*
to level a charge against	*accuser de*
to bear the blame for	*être accusé de*
to deflect responsibility for . . . on	*rejeter la responsabilité de ... sur*
social instability	*le désordre social*
social insensitivity	*l'indifférence aux problèmes sociaux*
to neglect social needs	*être indifférent aux besoins sociaux*
a consumer revolt	*une révolte des consommateurs*

a food riot	*une émeute provoquée par la faim*
to head off a riot	*éviter une émeute*
to endure	*subir*
to lose patience	*perdre patience*
to gouge	*extorquer*
price gouging	*prix prohibitifs*
to fill shelves with goods	*remplir les rayons de marchandises*
to hold back merchandise	*faire de la rétention de marchandises*
a well-stocked shop	*un magasin bien achalandé*
an ill-stocked shop	*un magasin aux rayons vides*
to raid the stocks (of)	*faire main basse sur les stocks (de)*
an empty belly	*un ventre creux*
an empty shelf	*un rayon vide*
a deficiency diet	*un régime déficient*
malnutrition	*la malnutrition*
starvation	*la famine*
see : political violence, economic systems	*voir : la violence politique, les systèmes économiques*

III ECONOMIC RECOVERY — *LA REPRISE ECONOMIQUE*

1 REMEDIES — *LES REMEDES*

to devise remedies	*trouver des remèdes*
to bring an antidote	*trouver un antidote*
to shrink from a measure	*répugner à prendre une mesure*
to address the basic problems (of)	*s'attaquer aux problèmes (de)*
to reorder priorities	*réorganiser les priorités*
to get one's policies right	*rectifier le tir*
to undertake economic adjustment programs	*réajuster les programmes économiques*
to map out a rescue scenario	*mettre sur pied un plan de sauvetage*
to carry through (with)	*mener à bonne fin*
to be faced with a challenge	*être devant un défi*
to survive a challenge	*surmonter les difficultés*
to solve a crisis	*résoudre une crise*
to pin high hopes (on)	*placer de grands espoirs (en)*
to restart the economic engine	*relancer la machine économique*
to prime the economy's pump	*amorcer la pompe, renflouer*
to rev up the economy	*emballer l'économie*
to avert economic chaos	*éviter le chaos économique*
to offer economic expertise	*proposer ses compétences économiques*
to cool the overheating economy	*calmer la surchauffe de l'économie*
to issue an emergency plan	*établir un plan d'urgence*
to revive a moribund economy	*ressusciter une économie agonisante*
to shore up a shaky economy	*soutenir une économie chancelante*
a sticking plaster to a man bleeding to death	*un emplâtre sur une jambe de bois*
to rescue the economy	*venir à la rescousse de l'économie*
to raze the economy	*repartir à zéro*
to bring a miracle	*produire un miracle*
to call for	*exiger, réclamer*
to stabilize the economy	*stabiliser l'économie*
to set an economic course for stability	*se fixer une ligne économique stable*
a stabilization plan	*un plan de stabilisation*
to restructure	*restructurer*
a restructuration	*une restructuration*
public sector sackings	*licenciements dans le secteur public*
spending cuts	*réductions de dépenses*
a public sector wage freeze	*un gel des salaires du secteur public*
to reflate an economy	*relancer une économie*
a reflation	*une relance, une reflation*
a reflationary policy	*une politique de relance*
to overhaul	*restructurer*
a thorough overhaul	*une restructuration complète*

2 RECOVERING — *LA CONVALESCENCE*

a recovery plan	*un plan de relance*
to launch a policy of recovery	*lancer une politique de reprise*
to recover from a debacle	*se remettre d'un désastre*
to cure the economy	*guérir l'économie*
to lean toward recovery	*être orienté vers la reprise*
a tilt toward a recovery	*un mouvement de reprise*
to expect a recovery	*s'attendre à une reprise*
to abort a recovery	*interrompre une reprise*
to stop a recovery cold	*briser net une reprise*
to fuel a recovery	*nourrir une reprise*
a prescription for recovery	*un remède pour la reprise*
to bail out an economy	*venir à la rescousse d'une économie*
to come out of intensive care	*sortir de la période critique*
to weather the storm	*surmonter la crise*
to nurse an economy along	*essayer de maintenir l'économie à flot*
to nurse through	*accompagner jusqu'à la guérison*

to recover	*se rétablir*
to notice the signs of a recovery	*observer les signes d'une reprise*
to be in the works	*se préparer*
to be under way	*être en cours*
to go up	*s'améliorer*
to rally	*se redresser*
to look up / to pick up / to perk up	" "
an upturn / a pick up	*une reprise*
a business pick up	*une reprise des affaires*
an upswing	*une amélioration notable*
an uptrend	*une tendance à la hausse*
to revive	*reprendre*
to boost	*relancer*
a boost	*une relance*
to buoy up economic activity	*soutenir l'activité économique*
to rebound	*repartir*
a rebound (in)	*une reprise (de), un réveil de*

3 OUT OF THE DOLDRUMS — *LA FIN DU MARASME*

an outlook	*une prévision*
to brighten	*s'éclaircir*
to fare better	*se porter mieux*
to pull through	*s'en sortir*
to emerge through the struggle	*sortir de l'épreuve*
to get the better of	*venir à bout de*
encouraging economic statistics	*statistiques économiques encourageantes*
to detect a shift in the mood (of)	*percevoir un changement dans l'état d'esprit (de)*
to improve	*s'améliorer*
an improvement	*une amélioration*
to find one's feet again	*se rétablir*
to advance in quantum leaps	*progresser à bonds de géant*
to catch up	*rattraper (son retard)*
to make up for	*compenser*
to offset	*contrebalancer*
to bolster	*soutenir*
to buttress	*étayer*
to put hard times to an end	*mettre fin à la crise*
to let the economy grow	*ne pas entraver le développement de l'économie*
to thrive	*prospérer*
to gather pace	*prendre de la vitesse*
to gather momentum	" " " "
to revivify	*redonner du tonus*
a revival	*une relance, un redémarrage*
to turn a country around	*remettre sur rail*
to turn the economy around	*remettre l'économie sur pied*
a turnaround	*un changement de 180°*
to engineer a turnaround	*être l'architecte d'un changement*
an economic U-turn	*un changement économique radical*
to make an economic U-turn	*changer radicalement de cap*
to bring a reprieve	*apporter un répit*
a temporary reprieve	*un répit passager*
to stall	*avoir du mal à démarrer*
to create stability	*restaurer la stabilité*
to be better off	*être plus riche*
to restore superiority	*rétablir la supériorité*
to spur investment	*encourager l'investissement*
to stimulate manufacturing	*stimuler l'industrie*
to recover a competitive edge in	*redevenir concurrentiel*
to lift the living standards	*élever le niveau de vie*
to bring down unemployment	*faire baisser le chômage*
a surging of sales and profits	*une augmentation des ventes et des profits*
to rack up a balance of payments surplus	*enregistrer un excédent de la balance des paiements*
to modernize antiquated policies	*moderniser des politiques surannées*
to promise the growth (of)	*promettre la croissance (de)*
the fruits of the sacrifice	*les fruits du sacrifice*
to pay off	*être payant*
to ride out a depression	*surmonter une dépression*
to fine-tune	*régler, ajuster*
fine-tuning	*le réglage minutieux*

4 ECONOMIC BOOM — *L'EXPANSION ECONOMIQUE*

a boom	*une période d'expansion*
a consumer-spending boom	*un essor des dépenses de consommation*
an unstoppable boom	*une expansion que rien n'arrête*
to create a boom	*créer les conditions de l'expansion*
to fuel a boom	*nourrir l'expansion*
prosperity	*la prospérité*
to be round the corner	*être à portée de la main*
a wave of prosperity	*une vague de prospérité*
to create prosperity	*installer la prospérité*
to spread prosperity	*répartir les fruits de la prospérité*
abundance / affluence	*l'abondance*
unlimited plenty	*l'abondance illimitée*
flush times	*une période de prospérité*
economic health	*la santé économique*
a shock-proof economy	*une économie à l'épreuve des crises*
expansive economy	*une économie en expansion*
buoyancy	*l'optimisme, la fermeté*
buoyant	*optimiste, soutenu*
a buoyant market	*un marché actif*
to take off	*décoller*
a take-off	*un décollage*
to increase sharply	*augmenter fortement*
to jump	*faire un bond*
to soar / to rocket	*s'envoler*

to top	*dépasser*
to balloon	*prendre de l'ampleur*
to keep the expansion rolling	*poursuivre l'expansion*
industrial activity	*l'activité industrielle*
to hum along at 98 per cent of capacity	*tourner à 98% de sa capacité*
to run at more than . . . % capacity	*fonctionner à plus de ... % de capacité*
to squeeze out more capacity	*augmenter la capacité*
a swollen trade surplus	*un gonflement des excédents commerciaux*
a real incomes jump	*un bond des revenus bruts*
an external surplus soar	*une hausse des excédents de la balance extérieure*
an import boom	*un boom des importations*
an import binge	*une frénésie d'importations*
brisk business	*affaires actives, animées*
brisk demand	*une demande soutenue*
windfall profit	*bénéfices exceptionnels*
to boost spending power	*stimuler le pouvoir d'achat*
to spark a demand for	*susciter une demande de*
to raise living standards	*élever le niveau de vie*
to spur business investment	*encourager l'investissement*
to create jobs	*créer des emplois*
to offset inflation	*compenser l'inflation*
to stay strong	*être ferme*
to expand	*se développer*
expansion	*l'expansion*
upward bound economy	*une économie en expansion*
the motor of economic growth	*le moteur de la croissance économique*
to revive a company	*remettre une société sur pied*
to acquire marketing strength	*acquérir une force sur le marché*
an economic surge	*une expansion économique*
an economic miracle	*un miracle économique*
heady dynamism of a recovery	*le dynamisme étourdissant d'une reprise*

5 GROWTH — *LA CROISSANCE*

a strong growth	*une croissance forte*
lasting	*durable*
to encourage growth	*encourager la croissance*
a drive for growth	*une campagne en faveur de la croissance*
to stimulate growth	*stimuler la croissance*
to spur growth	*encourager la croissance*
a spurt of growth	*un démarrage de la croissance*
a surge of growth	*une vague de croissance*
to set a country back on the road to growth	*remettre un pays sur le chemin de la croissance*
to sustain growth	*soutenir la croissance*
to profit from growth	*profiter de la croissance*
to nurture growth	*nourrir la croissance*
to achieve growth	*réaliser la croissance*
to distribute growth	*répartir les fruits de la croissance*

5 DEBT — *LA DETTE*

I GENERAL BACKGROUND — *GENERALITES*

a debt	*une dette*
a debt ratio	*un coefficient d'endettement*
a debt-equity ratio	*le ratio d'endettement (d'une entreprise)*
to loan	*prêter*
a loan	*un prêt, un emprunt*
a bank loan	*un prêt bancaire*
to buy on credit	*acheter à crédit*
to borrow (from)	*emprunter (à)*
to borrow hand over fist	*emprunter démesurément*
a borrower	*un emprunteur*
a dissolute borrower	*qui dépense sans compter*
borrowing	*l'emprunt*
long-term borrowing	*l'emprunt à long terme*
to lend	*prêter*
a lender	*un prêteur*
to owe money	*devoir de l'argent*
an IOU (I Owe You)	*une reconnaissance de dette*
amount owing	*reste à devoir*
a debtor	*un débiteur*
a creditor	*un créancier*
a credit rating	*une cote de crédit, une évaluation des capacités d'endettement*
to lower a credit rating	*abaisser une cote de crédit*
to downgrade a debt	*déclasser une dette*

downgrading	*le déclassement*
a downgrade	*un déclassement*
a credit rating agency	*une agence d'évaluation des crédits*
Moody's	*société américaine d'évaluation des capacités d'endettement*
an export credit agency	*une agence d'évaluation des crédits à l'exportation*
the Export Credit Guarantee Department	*la Compagnie française d'Assurances pour le Commerce Extérieur (COFACE)*
a leveraged company	*une société endettée*
highly leveraged	*lourdement endetté*
underleveraged	*sous-endetté*
leveraging	*endettement*
overleveraging	*le surendettement*
see : banking	*voir : la banque*

II TYPES OF DEBTS *TYPES DE DETTES*

debts due by the trader	*une dette passive*
debts due to the trader	*une dette active*
a retractable debt	*une dette rétractable (avec option de remboursement avant l'échéance)*
a consolidated debt	*une dette consolidée*
a debt scheme	*un plan d'endettement*
a foreign debt	*une dette extérieure*
a debt level	*un niveau d'endettement*
a debt capacity	*une capacité d'endettement*
a debt ceiling	*le plafond d'une dette*
a bad debt	*une créance douteuse*
debt securities	*le nantissement d'une dette*
to service a debt	*verser un intérêt d'une dette*
debt service	*le service de la dette*
a secured debt	*une dette garantie*
an outstanding debt	*une dette à recouvrer*
a due debt	*une dette exigible*
overdue	*échu, arriéré*
public debt	*la dette publique*
a debt mountain	*une dette gigantesque*
a corporate debt mountain	*la dette gigantesque des entreprises*
the amount of a debt	*le montant d'une dette*

III INDEBTEDNESS *L'ENDETTEMENT*

to be in debt	*être endetté*
indebted	*endetté*
overindebtedness	*le sur-endettement*
to make debts	*faire des dettes*
to incur debt	*contracter des dettes*
to issue debt	*émettre une dette*
to go into debt	*s'endetter*
to go into hock	"
to go heavily into debt	*s'endetter lourdement*
to contract a debt	*contracter une dette*
to run into debt	*s'endetter*
to acknowledge a debt	*reconnaître une dette*
to increase a debt	*augmenter une dette*
to be answerable (for)	*être responsable (de)*
to be accountable (to sb. for sth.)	*être redevable (de qqch. envers qqn.)*
to be liable (for)	*être responsable (de)*
to run up billions in debt	*s'endetter de plusieurs milliards*
to be over one's head in debt	*être criblé de dettes*
to be up to one's ears in debt	" " "
to overextend oneself	*s'endetter exagérément*
to be overextended	*être surendetté*
to be left overextended	*se retrouver surendetté*
arrears	*arriérés, arrérages*
to be in arrears (in)	*être en retard (dans)*
to go in arrears	*prendre du retard dans les paiements*
to fall I billion in arrears	*avoir un arriéré de 1 milliard*
to build up debts	*accumuler des dettes*
a debt buildup	*une accumulation de dettes*
to pile up debts	*accumuler des dettes*
to pile debt upon debt	*accumuler dette sur dette*
to accumulate	*accumuler*
the accumulation of debt	*l'accumulation des dettes*
to saddle a company with debt	*charger une société de dettes*
to shoulder a debt	*endosser une dette*

IV THE DEBT CRISIS — *LA CRISE DE LA DETTE*

debt troubles	*problèmes d'endettement*
debt load / a debt burden	*le poids de la dette*
a towering debt load	*le poids imposant d'une dette*
a crushing debt load	*le poids écrasant d'une dette*
debt heavy	*lourdement endetté*
mounting debt	*l'accumulation de la dette*
burgeoning debt	*l'accroissement de la dette*
a ballooning debt	*le gonflement de la dette*
to take on a debt burden	*se charger du poids d'une dette*
to overburden a company with debt	*accabler une société de dettes*
a debt debacle	*un endettement catastrophique*
a debt quagmire	*l'enlisement de la dette*
to be burdened with debts	*être criblé de dettes*
to be debt ridden	" " " "
to be debt-burdened	" " " "
to stagger under debt	*crouler sous les dettes*
to be hobbled by debt	*être empêtré dans les dettes*
to be bogged down by debt	*être enlisé dans les dettes*
to be mired in debt	" " " " "
a debt-strapped country	*un pays entravé par les dettes*
to be over-indebted	*être surendetté*
to be overburdened with debt	" "
an overburdened borrower	*un emprunteur surendetté*
a highly-indebted country	*un pays fortement endetté*
to be saddled with debt	*être couvert de dettes*
to take on a load of debt	*se charger de lourdes dettes*
to take on I billion in debt	*s'endetter d'un milliard*
to move further into debt	*s'endetter davantage*
to suffocate under the weight (of)	*étouffer sous le poids (de)*
to sink under the weight of debt	*crouler sous le poids de la dette*
to load up on debt	*accumuler les dettes*
a debt binge	*une frénésie d'endettement*

V INSOLVENCY — *L'INSOLVABILITE*

1 BORROWING — *LES EMPRUNTS*

insolvent	*insolvable*
financial woes	*malheurs financiers*
to gird oneself with	*s'entourer de*
bad debt provisions	*créances à risque*
to invest unwisely	*investir imprudemment*
a payment imbalance	*un déséquilibre des paiements*
to get out of kilter	*se détraquer*
to suffer from steep interest rates	*souffrir de forts taux d'intérêt*
a delinquency	*un non-remboursement, une créance douteuse*
to borrow heavily	*sur-emprunter*
to overborrow	" "
to borrow at a high interest rate	*emprunter à un fort taux d'intérêt*
to overborrow	*emprunter à l'excès*
to go on a borrowing binge	*se lancer dans un endettement frénétique*
runaway borrowing	*emprunts non-maîtrisables*
to renege on	*manquer à ses engagements*
to postpone	*remettre*
to lay off debt	*suspendre la dette*

2 PAYMENTS — *LES REGLEMENTS*

a payment	*un paiement, un versement, un règlement*
payment terms	*délais / conditions de paiement*
to extend a term	*proroger un délai*
to keep a term	*observer un délai*
payment in full	*le règlement intégral*
payment on account	*acompte à valoir*
interest payment	*le versement des intérêts*
to be faced with interest payments	*être confronté à des paiements d'intérêts*
a debt interest burden	*le poids de l'intérêt de la dette*
to keep up with one's payment	*respecter le rythme des versements*
a delay in payment	*un délai de paiement*
to miss an interest payment	*être incapable d'honorer le paiement d'intérêts*
to be behind one's payments (to)	*être en retard dans ses versements*
to suspend payments	*interrompre les versements*
a demand for credit	*une demande de crédit*
a line of credit	*une limite de crédit*
to have access to credit	*avoir accès au crédit*
to curtail credit	*réduire le crédit*

to restrict one's lending	*réduire ses prêts*
curtailment	*la réduction*
to go unmet	*rester sans résultat*
a defaulter	*un créancier défaillant*
to be on the brink of default	*être au bord du non-paiement*
to default on a debt	*ne pas honorer ses échéances*

VI DEBT POLICING — *LE CONTROLE DE LA DETTE*

1 THE IMF — *LE FMI*

the International Monetary Fund (IMF)	*le Fonds Monétaire International (FMI)*
to police a debt	*contrôler une dette*
to curb a debt build-up	*freiner l'accumulation de la dette*
a government-backed guarantee	*une garantie de l'Etat*
an austerity package	*un plan d'austérité*
to monitor	*surveiller*
the fiscal / monetary health	*la santé fiscale / financière*
to follow IMF strictures	*suivre les restrictions du FMI*
to agree to the IMF goals	*approuver les objectifs du FMI*
to grant IMF approval	*avoir l'aval du FMI*
a lender of last resort	*un prêteur de dernier recours*
the enforcer of financial order	*le gendarme financier*
to draw clout from one's role as	*tirer son influence de son rôle de*
stringent recovery measures	*mesures draconiennes de redressement*
to defuse a payment crisis	*désamorcer une crise des paiements*
to get a country's accounts in order	*mettre de l'ordre dans les comptes d'un pays*
to mend one's way	*s'amender*
to restructure one's finances	*mettre de l'ordre dans ses finances*
to qualify for loans	*remplir les conditions de prêt*
to qualify for assistance	*remplir les conditions d'aide*
to provide funding	*apporter un financement*
to gauge the prospects (of)	*mesurer les perspectives (de)*
to push a debtor country toward reform	*pousser un pays endetté à se réformer*
to steer a country back onto a course (of)	*remettre un pays sur le chemin (de)*
to follow a program approved by	*suivre un programme approuvé par*

2 THE CARROT — *LA CAROTTE*

to propose a debt-relief policy	*proposer une politique d'allègement de la dette*
a debt-relief plan	*un plan d'allègement de la dette*
debt-reduction	*la réduction de la dette*
to support debt-reduction policies	*soutenir des politiques de réduction de la dette*
to reduce foreign debt	*réduire la dette extérieure*
to ease a debt burden	*alléger un fardeau de la dette*
to reschedule a debt	*rééchelonner une dette*
debt-rescheduling	*le réaménagement d'une dette*
to set a rescheduling	*établir un rééchelonnement*
to restructure a debt	*réaménager une dette*
a debt deferral	*un moratoire*
debt detente	*un allègement de l'endettement*
to catch up with payments	*combler son retard dans les paiements*
to meet a payment	*honorer une traite*
a rights-accumulation program	*un programme d'accumulation des droits*

3 THE STICK — *LE BATON*

to call in a debt	*rendre une dette exigible sur le champ*
to recover a debt	*recouvrer une dette*
to collect a debt	" " "
debt collection	*le recouvrement de créances*
a debt collector	*un agent de recouvrement*
a debt collection agency	*une agence de recouvrement*
to browbeat bankers	*intimider les banquiers*
to extract concessions (from)	*arracher des concessions (à)*
to wring concessions (from)	" " "
to lay out the terms	*dicter les conditions*
crippling terms	*conditions écrasantes*
manageable terms	*conditions faciles à gérer*
to take a hard line	*adopter une attitude ferme*
arm twisting	*la coercition*
to have leverage	*avoir de l'influence*

4 REMEDIES — *LES REMEDES*

to overburden the economy	*grever l'économie*
to suck resources out of	*absorber les ressources de*
to rein in hyperinflation	*maîtriser l'hyperinflation*

to rein in a big borrower	*maîtriser les dépenses d'un gros emprunteur*
to raise taxes	*lever des impôts*
to end expensive subsidies	*mettre fin aux subventions coûteuses*
to sell off state-owned companies	*vendre des entreprises nationalisées*
to increase reserves	*augmenter les réserves*
to reduce government expenditures	*réduire les dépenses de l'Etat*
to encourage investments	*encourager les investissements*
to channel borrowed funds into	*destiner l'argent emprunté vers*
to save the country from ruin	*sauver le pays de la ruine*
to win praise as	*être montré comme exemple*
a model debtor	*un débiteur modèle*
solvent	*solvable*
solvency	*la solvabilité*

VII PAYING OFF — *LE REMBOURSEMENT*

1 PAYING IN FULL — *LE REMBOURSEMENT TOTAL*

to pay a debt	*régler une dette*
to pay back	*rembourser*
to pay off	*liquider*
to pay off a debt	*rembourser une dette*
to pay off borrowings	*rembourser des emprunts*
to repay one's borrowings	" " "
to repay a debt	*rembourser une dette*
the payment of a debt	*le règlement d'une dette*
repayment	*le remboursement*
a repayment timetable	*un calendrier de remboursement*
to meet the repayment	*honorer les remboursements*
to compound a debt	*régler une dette à l'amiable*
to meet debt interest payments	*honorer le paiement des intérêts*
to refund	*rembourser*
a refund	*un remboursement*
to work off a debt	*travailler à rembourser une dette*
to retire a debt	*rembourser une dette*
retirement	*le remboursement*
to honour a debt	*honorer une dette*
to amortize a debt	*amortir une dette*
to redeem a debt	*s'acquitter d'une dette*
to liquidate a debt	*rembourser une dette*
to be out of debt	*être dégagé de toute dette*

2 DEBT RELIEF — *L'ALLEGEMENT DE LA DETTE*

to service a debt	*assurer le service de la dette*
debt charges	*frais de la dette*
to halve a debt	*réduire une dette de moitié*
to cancel a debt	*remettre une dette*
to forgive a debt	*éponger une dette*
to lighten a debt	*alléger une dette*
to reduce a debt burden	*réduire le poids de la dette*
to pare one's debt	*réduire sa dette*
to offer in settlement	*offrir en règlement*
to settle a debt	*régler une dette*
to write off a debt	*annuler une dette*
the remission of a debt	*la remise d'une dette*
the assignment of a debt	*la reprise d'une dette*
a discharge of debt	*un amortissement de dette*
the extinction of a debt	*l'extinction d'une dette*

6 INFLATION — *L'INFLATION*

1 GENERAL BACKGROUND — *GENERALITES*

inflationary	*inflationniste*
core / structural inflation	*l'inflation structurelle*
demand-pull inflation	*l'inflation par la demande*
cost-push inflation	*l'inflation par les coûts*
wage-push inflation	*l'inflation par les salaires*
hyperinflation	*l'hyperinflation*
stagflation	*la stagflation (l'inflation dans la stagnation)*
slumpflation	*une période d'inflation et de récession*
an inflation rate	*un taux d'inflation*
an annualised inflation rate	*un taux d'inflation annuel*

year-on-year / year-over-year	*en glissement annuel*
discounted for inflation	*en monnaie constante*
inflation-adjusted terms	*l'ajustement des termes de l'inflation*
an inflation level	*un niveau d'inflation*
an inflation differential	*un différentiel d'inflation*
an inflation rise / increase	*une augmentation de l'inflation*
zero inflation	*l'inflation nulle*
price inflation	*l'inflation des prix*
wage inflation	*l'inflation des salaires*
rampant inflation	*l'inflation galopante*
creeping inflation	*l'inflation rampante*
pent-up inflation	*l'inflation contenue*
a double-digit inflation	*une inflation à deux chiffres*
inflation accounting	*la réévaluation de bilan en fonction de l'inflation*
seasonally adjusted	*corrigé des variations saisonnières*

2 THE INFLATIONARY SPIRAL — *LA SPIRALE INFLATIONNISTE*

a signal of inflation	*un signe d'inflation*
to flash	*clignoter*
a bout of inflation	*un accès d'inflation*
a burst of inflation	*une poussée inflationniste*
a surge in inflation	" " "
an outbreak of inflation	" " "
an inflationary spurt	" " "
a propensity for inflation	*une tendance à l'inflation*
a high inflation country	*un pays à forte inflation*
inflation fears	*les craintes d'inflation*
to contribute to inflation	*contribuer à l'inflation*
to create inflation	*provoquer l'inflation*
to fuel inflation	*alimenter l'inflation*
to feed inflation	" "
to refuel inflation	*relancer l'inflation*
to be inflation-prone	*être enclin à l'inflation*
to grow more inflation-prone	*aggraver une tendance à l'inflation*
to be inflation-ridden	*être en proie à l'inflation*
to suffer from repressed inflation	*souffrir d'inflation latente*
the inflationary process	*le processus inflationniste*
a non-inflationary monetary policy	*une politique monétaire non inflationniste*
inflationary pressures	*pressions inflationnistes*
accelerating inflation	*l'accélération de l'inflation*
runaway inflation	*l'inflation galopante*
spiralling inflation	" "
a stop and go cycle of inflation	*un cycle d'inflation caractérisé par une alternance entre la flambée des prix et la stabilité*
a built-in inflation	*une inflation inhérente*
to precipitate a surge in inflation	*entraîner une poussée d'inflation*
to topple into hyperinflation	*verser dans l'hyperinflation*
to come down	*baisser*
to abate	*s'apaiser*
to pick up	*redémarrer*
a pick-up	*un redémarrage*
to gather momentum	*accélérer*
to peak	*culminer, atteindre des sommets*
to reach an eight-year high	*atteindre son plus haut niveau depuis huit ans*
to peak out	*diminuer*
to level off	*se stabiliser*
to top 10 percent	*franchir la barre des 10%*
to continue unabated	*se poursuivre sans répit*
a hedge against inflation	*un refuge contre l'inflation*

3 FACTORS OF INFLATION — *LES FACTEURS D'INFLATION*

a wage-price spiral	*une spirale des prix et des salaires*
a price	*un prix*
consumer-price inflation	*l'inflation des prix à la consommation*
the consumer price index	*l'indice des prix à la consommation*
a price	*un prix*
to go up	*augmenter*
to rise (by)	*augmenter (de)*
a rise (in / of)	*une augmentation (de)*
to raise a price	*augmenter un prix*
to be down to	*redescendre à*
to drop	*baisser*
a drop	*une baisse*
to fall	*chuter*
a fall	*une chute*
to kite upward	*monter en flèche*
to soar	*s'envoler*
out of control	*incontrôlé*
to collapse	*s'effondrer*
a roller coaster	*une montagne russe (variations des prix)*

to show an upward tendency	*être à la hausse*
to tend upwards	" " " "
to push up prices	*faire monter les prix*
price gouging	*la pratique de prix exorbitants*
a pay award	*une augmentation de salaire*
to concede inflationary pay awards	*accorder des augmentations de salaires inflationnistes*
a wage-hike / a wage increase	*une hausse des salaires*
to inflate the currency	*augmenter la masse monétaire en circulation*
to print money	*faire marcher la planche à billets*
a printing press	*une planche à billets*
to inflate the currency	*augmenter la masse monétaire*
the creation of money	*la création d'argent*

4 THE WAR ON INFLATION — *LA GUERRE CONTRE L'INFLATION*

a battle against inflation	*une lutte contre l'inflation*
the fight against inflation	*la lutte contre l'inflation*
to wrestle inflation	*s'attaquer à l'inflation*
to fight inflation	*combattre l'inflation*
to keep inflation at bay	*faire échec à l'inflation*
an inflation-beating plan	*un plan pour combattre l'inflation*
an anti-inflation plan	" " " "
an anti-inflation strategy	*une stratégie anti-inflationniste*
an anti-inflation resolve	*une détermination à lutter contre l'inflation*
a quick fix	*un remède miracle*
an official target	*un objectif officiel*
to rein in	*maîtriser*
to contain inflation	*contenir l'inflation*
to beat inflation	*faire baisser l'inflation*
to check inflation	*juguler l'inflation*
to control inflation	*enrayer l'inflation*
to bring inflation under control	*maîtriser l'inflation*
to conquer inflation	*vaincre l'inflation*
to bring down the inflation level	*diminuer le niveau d'inflation*
to force inflation down	*faire baisser l'inflation de force*
to slow inflation from . . . to . . .	*ramener le niveau de l'inflation de ... à ...*
to curb inflation	*réduire l'inflation*
to put the squeeze on inflation	*étrangler l'inflation*
to squelch inflation	*enrayer l'inflation*
to starve the inflation	*étouffer l'inflation*
to break the cycle of inflation	*briser le cycle de l'inflation*
inflation-proof	*à l'abri de l'inflation*
to step on the brakes	*mettre un frein*
to apply the brakes	*freiner*
to banish inflation	*chasser l'inflation*
a drop in inflation	*une baisse de l'inflation*
disinflation	*la déflation, la désinflation*
deflationary / deflationist	*déflationniste*
deflation	*la déflation*
a deflationary policy	*une politique de déflation*
to deflate	*provoquer la déflation de la monnaie*
a deflator	*un indice d'ajustement*
ill-effects	*effets néfastes*
a side effect	*un effet secondaire*
to undermine financial credibility	*saper la crédibilité financière*
a stabilization program	*un programme de stabilisation*
to bring prices down	*faire baisser les prix*
to secure price stability	*parvenir à la stabilité des prix*
to attack the price rise	*s'attaquer à l'augmentation des prix*
price controls	*le contrôle des prix*
a price-freeze	*un blocage des prix*
to force prices down	*faire baisser les prix*
to depress prices	" " " "
to roll back prices	*imposer une baisse des prix*
a rollback	*une baisse des prix imposée*
to protect one's pocketbook	*protéger son portefeuille*
to freeze wages	*bloquer les salaires*
a wage-freeze	*un blocage des salaires*
a wage stop / a wage standstill	" " " "
to reduce the budget	*réduire le budget*
a currency reform	*une réforme de la monnaie*
a tight control on public finance	*un contrôle sévère des finances publiques*
to raise taxes	*lever des impôts*
to raise revenue	*trouver des recettes*
to cut spending	*réduire les dépenses*
a cut in public spending	*une baisse des dépenses publiques*
to ration the use of foreign currency	*limiter l'emploi des devises étrangères*
to let the exchange rate float	*laisser flotter le taux de change*
to reignite inflation	*raviver l'inflation*
a resurgence	*une reprise*

IV THE ENVIRONMENT

1 COUNTRIES OF THE WORLD — *LES PAYS DU MONDE*

I GEOGRAPHY — *LA GEOGRAPHIE*

1 GENERAL BACKGROUND — *GENERALITES*

a climate	*un climat*
climatic	*climatique*
relief	*le relief*
the globe	*le globe terrestre*
a map	*une carte*
a scale	*une échelle*
a hemisphere	*un hémisphère*
the northern hemisphere	*l'hémisphère nord*
the southern hemisphere	*l'hémisphère sud*
the equator	*l'équateur*
a time zone	*un fuseau horaire*
a meridian	*un méridien*
the tropics	*les tropiques*
to lie north / south	*être au nord / au sud*
east / west	*l'est / l'ouest*
a desert	*un désert*
the wilderness	*la jungle*
a savanna	*une savane*
the bush	*la brousse*

2 MOUNTAINS — *LES MONTAGNES*

a mountain	*une montagne*
mountainous	*montagneux*
a range of mountains	*une chaîne de montagnes*
snow capped	*enneigé*
everlasting snow	*neiges éternelles*
a peak	*un sommet*
the top	*le sommet*
a point	*une aiguille*
an arete	*une arête*
a ridge	*une crête*
a rock face	*une paroi*
a ledge	*une corniche*
a chimney	*une cheminée*
a glacier	*un glacier*
a moraine	*une moraine*
a spur	*un contrefort*
a pass / a saddle	*un col*
a chasm	*un gouffre*
a gorge	*un défilé*
a scree	*un éboulis*
a crag	*un rocher escarpé*
craggy	*escarpé*
a mud slide	*une coulée de boue*
a crevasse	*une crevasse*
a crack	*une fissure*
a canyon	*un canyon*
to overhang	*surplomber*
a slope	*une pente*
steep	*raide (vu d'en bas)*
sheer	*raide (vu d'en haut)*
a precipice	*une paroi à pic*
precipitous	*à pic*
a bluff	*un à-pic*
a ravine	*un ravin*
a winding road	*une route en lacets*
rugged	*accidenté*
a volcano	*un volcan*
a plateau	*un plateau*
a hill	*une colline*
hilly	*vallonné*
a valley	*une vallée*
a dell	*un vallon boisé*
a glen	*un vallon encaissé*
a hillock	*une butte*
pasture lands	*pâturages*

3 SEAS AND OCEANS — *MERS ET OCEANS*

the mainland	*la terre ferme*
landlocked	*sans accès à la mer, enfermé dans les terres*
a landlocked country	*un pays enclavé*
a peninsula	*une péninsule*
the coast	*la côte*
the shore	*le rivage*
the sea-side	*le bord de mer*
a cliff	*une falaise*
an island	*une île*
an islet	*un îlot*
an archipelago	*un archipel*
a gulf	*un golfe*
a bay	*une baie*
an inlet	*une crique, un bras de mer, un bras de rivière*
a cove	*une anse*
a creek	*une crique*
a headland	*un promontoire*
an isthmus	*un isthme*
a strait	*un détroit*
a firth / an estuary	*un estuaire*
a peninsula	*une péninsule*
the sea	*la mer*
saltwater	*eau de mer*
the open sea	*le large*
the high seas	*la haute mer*
off at sea	*au large*
the sea-bed	*le fond marin*
an ocean	*un océan*
a shoal	*un haut fond*

a strand	*une grève*
a sand bank	*un banc de sable*
a sandhill / a dune	*une dune*
the hinterland	*l'arrière-pays*
a ripple	*une ondulation, une ride*
a wave	*une vague*
a billow	*une lame*
a curler / a breaker	*une déferlante*
a roller	*un rouleau*
a groundswell / a tidal wave	*une lame de fond*
a smooth sea	*une mer belle*
a rough sea	*une mer agitée*
an undertow	*un courant de fond*
the surf	*le ressac*
a swell	*une houle*
white horses	*moutons*
choppy / poppling	*agité*
the dead calm	*le calme plat*
the tide	*la marée*
high tide	*marée haute*
low tide	*marée basse*
the flood tide / the flow	*le flux*
the ebb tide / the ebb	*le reflux*
to be on the ebb	*descendre*
slack tide	*la marée étale*
a current	*un courant*
to go out	*descendre*
to go up	*monter*
a watermark	*une laisse (de haute / basse mer)*
ice floe	*la banquise*
an iceberg	*un iceberg*
the tip of an iceberg	*l'extrémité d'un iceberg*

4 STREAMS — *LES COURS D'EAU*

a river system	*un réseau fluvial*
fresh water	*eau douce*
a source / a spring	*une source*
to spring	*prendre sa source*
a brook	*un ruisseau*
a creek (USA)	*" "*
a brooklet / a rivulet	*un ruisselet*
a stream / a torrent	*un torrent*
a river	*un fleuve, une rivière*
a tributary	*un affluent*
a confluent / a confluence	*un confluent*
a cascade	*une cascade*
a waterfall	*une chute d'eau*
rapids	*les rapides*
an eddy / a whirlpool	*un tourbillon*
to eddy	*tourbillonner*
a course	*un cours*
banks	*rives*
the mouth	*l'embouchure*
a delta	*un delta*
a pool	*une mare*
a pond	*un étang*
a lake	*un lac*
a spate	*une crue*
a wadi	*un oued*

II COUNTRIES AND NATIONALITIES — *PAYS ET NATIONALITES*

a continent	*un continent*
the East	*l'Orient*
the West	*l'Occident*
a country	*un pays*
a homeland / a fatherland	*une patrie*
a mother country	*" "*
a region	*une région*
a district	*un district, un arrondissement*
the Commonwealth	*le Commonwealth*
a dominion	*un dominion*
a protectorate	*un protectorat*
a colony / a dependency	*une colonie*
an occupied territory	*un territoire occupé*
a mandate	*un mandat*
under mandate	*sous mandat*
a mandated territory	*un territoire sous mandat*
self-governing	*autonome*

1 EUROPE — *L'EUROPE*

European	*européen*
the Economic Commmunity (EC)	*la Communauté économique*
the Economic European Community	*la Communauté économique européenne*
the EEC	*la CEE*
the Western European Union (WEU)	*l'Union de l'Europe occidentale (UEO)*
continental	*européen (pour un Britannique)*

1.1 WESTERN EUROPE — *L'EUROPE DE L'OUEST*

the British Isles	*les îles Britanniques*
Britain / Great Britain	*la Grande-Bretagne*
the United Kingdom	*le Royaume-Uni*
England	*l'Angleterre*
English	*anglais*
an Englishman	*un Anglais*
British	*britannique*
a Briton	*un Britannique (plus rare que Englishman) (NB : les termes Britisher et Brit sont péjoratifs)*

Scotland	*l'Ecosse*
Scottish	*écossais (nationalité et géographie)*
the Scottish universities	*les universités écossaises*
a Scottish accent	*un accent écossais*
Scotch / Scot / Scots	*écossais*
a Scot / a Scotsman	*un Ecossais (NB : les Ecossais préfèrent les termes de Scots et Scottish à Scotch pourtant employé dans des expressions comme Scotch whisky ou Scotch terrier)*
Cornwall	*la Cornouailles*
Cornish	*de Cornouailles*
Wales	*le Pays de Galles*
Welsh	*gallois*
a Welshman	*un Gallois*
Ulster / Northern Ireland	*l'Ulster / l'Irlande du Nord*
Ireland	*l'Irlande*
Irish	*irlandais*
Eire	*la République d'Irlande*
the (English) Channel	*la Manche*
the North Sea	*la Mer du Nord*
the Straits of Dover	*le Pas de Calais*
the Channel Islands	*les îles anglo-normandes*
the Orkney Islands	*les Orcades*
the Scilly Isles / Scillies	*les Sorlingues*
the Thames	*la Tamise*
France	*la France*
French	*français*
a Frenchman	*un Français*
Paris	*Paris*
Parisian	*parisien*
Alsace	*l'Alsace*
Alsatian	*alsacien*
the Alps	*les Alpes*
Alpine	*alpestre*
a Basque	*un Basque*
Brittany	*la Bretagne*
Burgundy	*la Bourgogne*
Russillon	*le Roussillon*
Corsica	*la Corse*
a Corsican	*un Corse*
Mount Blanc	*le Mont Blanc*
the Rhine (River)	*le Rhin*
Savoy	*la Savoie*
Lyons	*Lyon*
Marseilles	*Marseille*
Dunkirk	*Dunkerque*
Monaco	*Monaco*
Monacan	*monégasque*
Scandinavia	*la Scandinavie*
Scandinavian	*scandinave*
Nordic	*nordique*
Denmark	*le Danemark*
Danish	*danois*
a Dane	*un Danois*
Finland	*la Finlande*
Finnish	*finlandais*

a Finn	*un Finlandais*
Iceland	*l'Islande*
Icelandic	*islandais*
an Icelander	*un Islandais*
Norway	*la Norvège*
Norwegian	*norvégien*
Sweden	*la Suède*
Swedish	*suédois*
a Swede	*un Suédois*
Greenland	*le Groënland*
Lapland	*la Laponie*
a Lapp / a Laplander	*un Lapon*
the Arctic Circle	*le Cercle polaire arctique*
Andorra	*Andorre*
Austria	*l'Autriche*
Austrian	*autrichien*
Belgium	*la Belgique*
Belgian	*belge*
the Walloons	*les Wallons*
a Fleming	*un Flamand*
the Flemish	*les Flamands*
Germany	*l'Allemagne*
German	*allemand*
East Germany	*l'Allemagne de l'Est*
the German Democratic Republic (the GDR)	*la République démocratique allemande (la RDA)*
West Germany	*l'Allemagne de l'Ouest*
the Federal Republic of Germany (the FRG)	*le République fédérale d'Allemagne (la RFA)*
Bavaria	*la Bavière*
Liechtenstein	*le Liechtenstein*
Liechtensteiner	*liechtensteinois*
Luxemburg	*le Luxembourg*
Luxemburger	*luxembourgeois*
the Netherlands	*les Pays-Bas*
the Low Countries	" " "
Holland	*la Hollande*
Dutch	*hollandais, néerlandais*
a Dutchman	*un Hollandais*
Switzerland	*la Suisse*
Swiss	*suisse*
a Swiss	*un Suisse*
Greece	*la Grèce*
the mainland Greece	*la Grèce continentale*
Greek	*grec*
Italy	*l'Italie*
Italian	*italien*
Sardinia	*la Sardaigne*
Sicily	*la Sicile*
the Iberian Peninsula	*la Péninsule ibérique*
Portugual	*le Portugal*
Portuguese	*portugais*
the Canary Islands	*les îles Canaries*
Madeira	*Madère*
the Azores	*les Açores*
Spain	*l'Espagne*
Spanish	*espagnol*
a Spaniard	*un Espagnol*

1.2 EASTERN EUROPE — *L'EUROPE DE L'EST*

the Eastern bloc	*les pays de l'Est*
Albania	*l'Albanie*
Albanian	*albanais*
Bulgaria	*la Bulgarie*
Bulgarian	*bulgare*
a Bulgar	*un Bulgare*
Czechoslovakia	*la Tchécoslovaquie*
Czech	*tchèque*
a Czechoslovakian	*un Tchèque*
Hungary	*la Hongrie*
Hungarian	*hongrois*
Poland	*la Pologne*
the Poles	*les Polonais*
a Pole	*un Polonais*
Polish	*polonais*
Romania	*la Roumanie*
Romanian	*roumain*
Russia	*la Russie*
Russian	*russe*
the USSR	*l'URSS*
the Soviet Union	*l'Union soviétique*
Soviet	*soviétique*
the Baltic Sea	*la mer Baltique*
the Balkans	*les Balkans*
the Ukraine	*l'Ukraine*
the Ural mountains	*les montagnes de l'Oural*
Yugoslavia	*la Yougoslavie*
Yugoslavian	*yougoslave*
a Yougoslav	*un Yougoslave*

2 ASIA — *L'ASIE*

the Near East	*le Proche-Orient*
the Middle East	*le Moyen-Orient*
the Far East	*l'Extrême-Orient*
Asian / Asiatic	*asiatique*

2.1 THE MIDDLE EAST — *LE MOYEN-ORIENT*

Barhain	*Bahreïn*
Bahraini	*bahreinite*
Iran	*l'Iran*
Iranian	*iranien*
Iraq	*l'Irak*
Iraqi	*irakien*
Israel	*Israël*
Israeli	*israélien*
Jordan	*la Jordanie*
Jordanian	*jordanien*
Kuwait	*le Koweït*
Kuwaiti	*koweïtien*
Lebanon	*le Liban*
Lebanese	*libanais*
Oman	*Oman*
Omani	*omanais*
Qatar	*le Qatar / le Katar*
Qatari / Qatar	*Qatarien*
Saudi Arabia	*l'Arabie Saoudite*
Saudi	*saoudien*
Arab	*arabe (terme politique et racial)*
the Arab nations	*les pays arabes*
Arabic	*arabe (pour la langue et la littérature ainsi que dans Arabic numerals : les chiffres arabes)*
Arabian	*arabe (terme géographique)*
Syrian	*la Syrie*
Syrian	*syrien*
the United Arab Emirates (UAE)	*les Emirats arabes unis (EAU)*
the Arabian Peninsula	*la Péninsule arabe*
the Red Sea	*la mer Rouge*
Palestine	*la Palestine*
the West Bank	*la Cisjordanie (occupée)*
the Gaza Strip	*la Bande de Gaza*

2.2 THE FAR EAST — *L'EXTREME-ORIENT*

Afghanistan	*l'Afghanistan*
Afghan	*afghan*
an Afghanistani	*un Afghan*
Bangladesh	*le Bangladesh*
Bangladeshi	*du Bengladesh*
Bengal	*le Bengal*
Bengali / Bengalese	*bengalais*
Brunei	*le Brunei*
Burma	*la Birmanie*
Burmese	*birman*
Ceylon	*Ceylan*
Ceylonese	*cingalais*
China	*la Chine*
Chinese	*chinois*
a Chinaman (rare)	*un Chinois*
India	*l'Inde*
Indian	*indien*
Hindu	*hindou*
the Hindous	*les Hindous*
Indonesia	*l'Indonésie*
Indonesian	*indonésien*
Japan	*le Japon*
Japanese	*japonais*
Kampuchea	*le Kampuchéa*
Kampuchean	*kampuchéen*
(Cambodia	*le Cambodge*
Cambodian	*cambodgien)*
Khmer	*Khmer*
Kashmir	*le Cachemire*
Kashmiri	*Cachemirien*
North Korea	*la Corée du Nord*
North Korean	*nord coréen*
South Korea	*la Corée du Sud*
South Korean	*sud coréen*
Laos	*le Laos*
Laotian	*laotien*
Malaysia	*la Malaisie*
a Malay	*un Malais*
Malaysian	*malaisien*
Mauritius	*l'île Maurice*
Mauritian	*mauricien*
Nepal	*le Népal*

Nepanese	*népalais*
the Himalayas	*l'Himalaya*
Pakistan	*le Pakistan*
Pakistanese	*pakistanais*
Sri Lanka	*le Sri Lanka*
Sri Lankan	*sri-lankais*
Taiwan	*Taïwan*
Taiwanese	*taïwanais*
(Formosa	*Formose*
Formosan	*formosan)*
Thailand	*la Thaïlande*
Thai	*thaïlandais*
Tibet	*le Tibet*
Tibetan	*tibétain*
Vietnam	*le Viêt-nam*
Vietnamese	*vietnamien*

3 AFRICA *L'AFRIQUE*

Africa	*l'Afrique*
African	*africain*
the Africans	*les Africains*

3.1 THE MEDITERRANEAN *LA MEDITERRANEE*

the Mediterranean Sea	*la Mer Méditérranée*
North Africa	*l'Afrique du Nord*
the Maghreb	*le Maghreb*
Algeria	*l'Algérie*
Algerian	*algérien*
Crete	*la Crète*
Cyprus	*Chypre*
Cyprian	*chypriote*
a Cypriot	*un Chypriote*
Egypt	*l'Egypte*
Egyptian	*égyptien*
Libya	*la Libye*
Libyan	*libyen*
Malta	*Malte*
Maltese	*maltais*
Morocco	*le Maroc*
Moroccan	*marocain*
Tunisia	*la Tunisie*
Tunisian	*tunisien*
Turkey	*la Turquie*
Turkish	*turc*
a Turk	*un Turc*

3.2 BLACK AFRICA *L'AFRIQUE NOIRE*

Angola	*l'Angola*
Angolan	*angolais*
Benin	*le Bénin*
Beninese	*béninois*
Bhutan	*le Bhoutan / Bhutan*
Botswana	*le Botswana*
Burundi	*le Burundi*
Cameroon	*le Cameroun*
Cameroonian	*camerounais*
Chad	*le Tchad*
Chadian	*tchadien*
Comoros	*les Comores*
the Congo	*le Congo*
Congolese	*congolais*
Equatorial Guinea	*la Guinée équatoriale*
Ethiopia	*l'Ethiopie*
Ethiopian	*éthiopien*
Gabon	*le Gabon*
Gabonese	*gabonais*
the Gambia	*la Gambie*
Gambian	*gambien*
Ghana	*le Ghana*
Ghanaian	*ghanéen*
Guinea	*la Guinée*
the Ivory Coast	*la Côte d'Ivoire*
Kenya	*le Kenya*
Kenyan	*kényen*
Lesotho	*le Lesotho*
Liberia	*le Libéria*
Liberian	*libérien*
Madagascar	*Madagascar*
the Malagasy Republic	*la République malgache*
Malawi	*le Malawi*
Mali	*le Mali*
Malian	*malien*
Mauritania	*la Mauritanie*
Mauritanian	*mauritanien*
Namibia	*la Namibie*
Namibian	*namibien*
Niger	*le Niger*
Nigeria	*le Nigéria*
Nigerian	*nigérien*
Senegal	*le Sénégal*
Senegalese	*sénégalais*
Somalia	*la Somalie*
Somalian	*somalien*
a Somali	*un Somalien*
South Africa	*l'Afrique du Sud*
South African	*sud-africain*
(the) Sudan	*le Soudan*
Sudanese	*soudanais*
Tanzania	*la Tanzanie*
Tanzanian	*tanzanien*
Togo	*le Togo*
Togolese	*togolais*
Uganda	*l'Ouganda*
Ugandan	*ougandais*
Yemen	*le Yémen*
Yemeni / Yemenite	*yéménite*
Zaire	*le Zaïre*
Zairean	*zaïrois*
Zambia	*la Zambie*
Zambian	*zambien*
Zimbabwe	*le Zimbabwe*
Zimbabwean	*zimbabwéen*
the Cape of Good Hope	*le Cap de Bonne-Espérance*
the Nile	*le Nil*

4 AMERICA — L'AMERIQUE

4.1 NORTH AMERICA — L'AMERIQUE DU NORD

Canada	*le Canada*
a Canadian	*un Canadien*
Canadian	*canadien*
French Canadian	*canadien français*
Alberta	*l'Alberta*
British Columbia	*la Colombie britannique*
Newfoundland	*Terre-Neuve*
Ontario	*l'Ontario*
Quebec	*le Québec*
a Quebecer / a Quebecker	*un Québecois*
the Saint Lawrence River	*le Saint-Laurent*
the United States of America	*les Etats-Unis d'Amérique*
the USA	*les E.U.*
American	*américain*
the Americans	*les Américains*
the native Americans	*les Indiens*
the Afro-Americans	*les Afro-Américains*
the Blacks	*les Noirs*
the Hispanics	*les Latino-Américains*
the Chicanos	*les Mexicains-Américains*
the East coast	*la Côte est*
the Eastern seaboard	" " "
the Continental Divide	*la ligne de partage des eaux*
the West Coast	*la Côte ouest*
the Middle West	*le Midwest*
New England	*La Nouvelle-Angleterre*
the Deep South	*le Sud profond*
the sun belt	*les états du soleil, les états méridionaux*
the West	*l'Ouest*
the Far West	*le Far West*
the Wild West	" " "
the Behring Strait	*le Détroit de Béring*
Boston	*Boston*
the Bostonians	*les habitants de Boston*
Chicago	*Chicago*
the Chicagoans	*les habitants de Chicago*
Los Angeles (LA)	*Los Angeles*
the Angelinos	*les habitants de Los Angeles*
New Orleans	*la Nouvelle-Orléans*
New York City	*New York (la ville)*
New York (state)	*l'état de New York*
the New Yorkers	*les New Yorkais*
Philadelphia	*Philadelphie*
Washington D.C. (District of Columbia)	*Washington (la ville)*
Washington	*l'état de Washington*
Niagara Falls	*les chutes du Niagara*
the Mississippi River	*le Mississippi*
Missouri	*le Missouri*
the Great Lakes	*les Grands Lacs*
the Great Plains	*les Grandes Plaines*
New Mexico	*le Nouveau-Mexique*
Death Valley	*la vallée de la Mort*
the Rocky Mountains	*les (montagnes) Rocheuses*
the Rockies	*les Rocheuses*
the Appalachian Mountains	*les Appalaches*
the Allegheny Mountains	*les Allegheny*

4.2 CENTRAL AMERICA — L'AMERIQUE CENTRALE

the Gulf of Mexico	*le golfe du Mexique*
the Panama Canal	*le canal de Panama*
Costa Rica	*le Costa Rica*
Costa Rican	*costaricien*
Cuba	*Cuba*
Cuban	*cubain*
El Salvador	*le Salvador*
Salvadorian	*salvadorien*
Guatemala	*le Guatemala*
Guatemalan	*guatémaltèque*
Haiti	*Haïti*
Haitian	*haïtien*
Honduras	*le Honduras*
Honduran	*hondurien*
Mexico	*le Mexique*
Mexican	*mexicain*
Mexico City	*Mexico*
Nicaragua	*le Nicaragua*
Nicaraguan	*nicaraguayen*
Panama	*le Panama*
Puerto Rico	*Porto Rico*
Puerto Rican	*portoricain*
Trinidad and Tobago	*Trinité-et-Tobago*
Trinidadian	*de Trinidad*

4.3 THE WEST INDIES — LES ANTILLES

West Indian	*antillais*
the Caribbean (Sea)	*les Caraïbes*
the Bahamas	*les Bahamas*
Bahamian	*bahamien*
Barbados	*la Barbade*
Barbadian	*barbadien*
Bermuda	*les Bermudes*
Grenada	*la Grenade*
Grenadian	*grenadien*
Jamaica	*la Jamaïque*
Jamaican	*jamaïcain*

4.4 SOUTH AMERICA — L'AMERIQUE DU SUD

Argentina	*l'Argentine*
Argentinian	*argentin*
an Argentine	*un Argentin*
the Falkland Islands	*les îles Malouines*
Bolivia	*la Bolivie*
Bolivian	*bolivien*
Brazil	*le Brésil*
Brazilian	*brésilien*
Chile	*le Chili*
Chilean	*chilien*
Colombia	*la Colombie*

Colombian	*colombien*
Ecuador	*l'Equateur*
Ecuadorian	*équatorien*
Guyana	*la Guyane*
Guyanese	*guyanais*
Paraguay	*le Paraguay*
Paraguayan	*paraguayen*
Peru	*le Pérou*
Peruvian	*péruvien*
Uruguay	*l'Uruguay*
Uruguayan	*uruguayen*
Venezuela	*le Venezuela*
Venezuelan	*vénézuélien*
Amazonia	*l'Amazonie*
the Amazon	*l'Amazone*
the Andes	*les Andes*
Cape Horn	*le cap Horn*
Antarctica	*l'Antarctique*
the Antarctic Circle	*le cercle polaire austral*

5 THE PACIFIC OCEAN — *L'OCEAN PACIFIQUE*

Oceania	*l'Océanie*
the South Sea Islands	" "
Australia	*l'Australie*
Australian	*australien*
the Aborigenes	*les Aborigènes*
New Caledonia	*la Nouvelle Calédonie*
New Zealand	*la Nouvelle-Zélande*
New Zelander	*néo-zélandais*
the Philippines	*les Philippines*
Philippine	*philippin*
a Filipino	*un Philippin*
the Great Barrier Reef	*la Grande Barrière de corail*
the Solomon Islands	*les îles Salomon*
the Galapagos Islands	*les îles Galapagos*
Easter Island	*l'île de Pâques*

6 CITIES — *LES VILLES*

Addis Ababa	*Addis Abeba*
Algiers	*Alger*
Antwerp	*Anvers*
Athens	*Athènes*
Baghdad	*Bagdad*
Barcelona	*Barcelone*
Beijing / Peking	*Pékin*
Beirut	*Beyrouth*
Bern	*Berne*
Brussels	*Bruxelles*
Bucharest	*Bucarest*
Cairo	*Le Caire*
Copenhagen	*Copenhague*
Cracaw	*Cracovie*
Dhaka	*Dacca*
Damascus	*Damas*
Dover	*Douvres*
Edinburgh	*Edimbourg*
Frankfurt	*Francfort*
Geneva	*Genève*
Genoa	*Gênes*
Granada	*Grenade*
Jakarta	*Djakarta*
the Hague	*La Haye*
Havana	*La Havane*
Lisbon	*Lisbonne*
London	*Londres*
Manila	*Manille*
Mecca	*la Mecque*
Moscow	*Moscou*
Kabul	*Kaboul*
Prague	*Prague*
Riyadh	*Riyad*
Rome	*Rome*
Santo Domingo	*Saint Domingue*
Singapore	*Singapour*
Tangiers	*Tanger*
Tehran	*Téhéran*
Tiranë	*Tirana*
Venice	*Venise*
Vienna	*Vienne*
Warsaw	*Varsovie*

2 THE CLIMATE — *LE CLIMAT*

I GENERAL BACKGROUND — *GENERALITES*

climatology	*la climatologie*
a climatologist	*un climatologue*
a dry climate	*un climat sec*
a moist climate	*un climat humide*
to generate a climate	*produire un climat*
a climatic variation	*une variation climatique*
a climatic forecast	*une prévision climatique*
to shape the climate	*déterminer le climat*
a climatic change	*un changement climatique*

a forecasting method	*une méthode de prévision*
a latitude	*une latitude*
maritime	*maritime*
temperate	*tempéré*
continental	*continental*
an equatorial climate	*un climat équatorial*
a tropical rain climate	*un climat tropical*
a polar climate	*un climat polaire*

II FACTORS THAT GENERATE CLIMATE — *LES FACTEURS DU CLIMAT*

1 SOLAR RADIATION — *LES RADIATIONS SOLAIRES*

the heating of the earth	*le réchauffement de la terre*
an ocean current	*un courant océanique*
a sun spot	*une tache solaire*
the sun's output	*l'énergie du soleil*
a solar beam	*un rayon solaire*
incoming radiation	*radiations en provenance du soleil*
an orbit	*une orbite*
circular	*circulaire*
elliptical	*elliptique*
a solstice	*un solstice*
an equinox	*un équinoxe*
precession (of the equinoxes)	*la précession (des équinoxes)*
the poles	*les pôles*
the equator	*l'équateur*
a seasonal variation	*une variation saisonnière*
to rotate	*pivoter*
the axis of rotation	*l'axe de rotation*
to tilt	*(s') incliner*
a tilt	*une inclinaison*
the earth's orbit	*l'orbite de la terre*
the polar circle	*le cercle polaire*
an ice age	*une période glaciaire*
an interglacial period	*une période interglaciaire*
a deglaciation	*une déglaciation*
the albedo	*l'albédo*

2 TEMPERATURES — *LES TEMPERATURES*

a temperature	*une température*
Celsius	*Celsius*
Fahrenheit	*Fahrenheit*
a range of temperature	*un écart de température*
a temperature (of minus . . .)	*une température (de moins ...)*
the mean temperature	*la température moyenne*
to exceed	*dépasser*
a magnitude	*une amplitude*
a thermometer	*un thermomètre*
to register a temperature	*enregistrer une température*
to dip	*fléchir*
to drop	*tomber*
to plunge	*plonger*
to plummet	*dégringoler*
to rise	*monter*
a record high	*un record de chaleur*
a record low	*un record de froid*

3 ATMOSPHERIC PRESSURE — *LA PRESSION ATMOSPHERIQUE*

a barometer	*un baromètre*
to be set at fair	*être au beau fixe*
change	*variable*
air density	*la densité de l'air*
moisture content	*humidité de l'air*
a cyclone	*un cyclone*
an anticyclone	*un anticyclone*
a windstream	*un courant venteux*
a front	*un front*
to extend	*s'étendre*
to wear off	*disparaître*
to weaken	*s'affaiblir*
overnight	*pendant la nuit*
pressure	*la pression*
barometric pressure	*la pression barométrique*
high pressure	*hautes pressions*
low pressure	*basses pressions*
a depression	*une dépression*
humidity	*l'humidité*
rainfall	*précipitations*
a milibar	*un millibar*
to blow clockwise	*souffler dans le sens des aiguilles d'une montre*
to blow anticlockwise	*souffler dans le sens inverse des aiguilles d'une montre*

III ATMOSPHERIC CONDITIONS — *LES CONDITIONS ATMOSPHERIQUES*

1 GENERAL BACKGROUND — *GENERALITES*

meteorology	*la météorologie*
a belt	*une zone*
a forecast	*un bulletin*
the weather forecast	*les prévisions météorologiques*
the weather report	*le bulletin météorologique*
a weather chart	*une carte météo*
the weatherman	*Mr. météo*
to predict the weather	*prédire le temps*
a weather satellite	*un satellite météo*
a seasonable weather	*un temps de saison*
a bout of	*un accès de*
reliable	*sûr*
accurate	*précis*
inaccurate	*inexact*
to foil predictions	*déjouer les prédictions*
a wrong prediction	*une prédiction erronée*
to go awry	*se tromper*
a mixture / a mixed bag (of)	*un mélange (de)*
freakish weather	*un temps capricieux*
unsettled	*incertain*
changeable	*variable*
a spell	*une période*
a sunny period	*une période ensoleillée*
a cold period	*une période de froid*
a prospect	*une perspective*
an outlook	*une prévision*
to reach	*atteindre*
to stay / to remain	*rester*

2 FAIR WEATHER — *LE BEAU TEMPS*

fine	*beau*
clear	*clair*
to break through	*percer*
to clear up	*se dégager*
a (bright) interval	*une éclaircie*
to shine	*briller*
to glare	*éblouir*
sunny	*ensoleillé*
bright	*clair, brillant, éclatant*
sunshine	*le soleil (clarté)*
glorious	*radieux*

3 HOT WEATHER — *LA CHALEUR*

mild	*doux*
warm	*chaud, tiède*
hot	*très chaud*
dogdays	*la canicule*
a scorcher	*une journée de canicule*
scorching	*torride*
stifling	*accablant*
oppressive	*étouffant*
sultry	*suffocant*
sweltering	*accablant*
close	*lourd*
dry	*sec*
drought	*la sécheresse*
to wilt	*se faner, se dessécher*
wilted	*fané*
to parch	*dessécher, brûler*
parched	*desséché*
to bake the soil	*dessécher la terre*
to drive temperatures above 100°F	*faire monter les températures au-dessus de 100°F*
the lack of rain	*le manque de pluie*
to go up in flames	*s'embraser*
heat	*la chaleur*
a heat wave	*une vague de chaleur*

4 WIND — *LE VENT*

a wind gauge	*un anémomètre*
windy	*venteux*
a high wind / a heavy wind	*un grand vent*
a baffling wind	*un vent fou*
a gentle wind	*un vent doux*
a shift of wind	*une saute de vent*
a gust of wind	*un coup de vent*
a fair wind	*un vent favorable*
a headwind	*un vent debout*
a trade wind	*un alizé*
a whirlwind	*un tourbillon*
a blustery wind	*un vent de tempête*
a zephyr	*un zéphyr*
a blast	*un coup de vent*
a gale	*un grand vent, un coup de vent*
a gale warning	*un avis de coup de vent*
a force 6 gale	*un vent de force 6*
to arise	*se lever*
to blow	*souffler*
to whirl	*tourbillonner*
to abate	*diminuer*
to die away	*se calmer*
a breeze	*une brise*
breezy	*avec de la brise*
southerly	*du sud*
southwards	*vers le sud*
westerly	*de l'ouest*
south-westerly	*du sud-ouest*
settled	*stable*
brisk	*vif*
to pick up	*se renforcer*
to whip up	*activer*
to veer	*virer*
to turn round	*se renverser*
to turn	*tourner*
to back	*virer*
to ease off	*s'atténuer*
to die down	*tomber*

a lull	*une accalmie*
a let-up	*un répit*
the doldrums	*la zone des calmes, le pot-au-noir*
see : catastrophes	*voir : les catastrophes*

5 THE STORM — *LA TEMPETE*

a thunderstorm	*un orage*
thundery	*orageux*
thunder-struck	*frappé par la foudre*
stormy	*orageux*
to brew	*se préparer, couver*
to break out	*éclater*
lightning	*la foudre*
to be struck by lightning	*être foudroyé*
to strike	*tomber*
a flash of lightning	*un éclair*
a bolt of lightning	" "
a lightning rod / a lightning conductor	*un paratonnerre*
a clap of thunder	*un coup de tonnerre*
a thunderclap / a thunderpeal (USA)	" " " "
a thunderbolt	*un coup de foudre*
rumbling	*les grondements*
to ride out a storm	*étaler la tempête*
to weather a storm	" " "

6 FOG — *LE BROUILLARD*

foggy	*brumeux*
smog	*le smog*
misty	*brumeux*
mist	*la brume*
a haze	*une brume légère*
thick	*dense*
slight	*léger*
dense	*dense*
to form	*se former*
a ceiling	*un plafond*
visibility	*la visibilité*
to descend upon a city	*s'abattre sur une ville*
to thicken	*s'épaissir*
to hang over	*planer sur*
to linger	*traîner*
to persist	*persister*
to lift / to dissipate	*se dissiper*
a patch	*une nappe*
patchy	*en nappes*
to clear up	*se dégager*
to seed a cloud	*ensemencer un nuage*

7 RAIN — *LA PLUIE*

a rain	*une pluie*
a rainfall	*une précipitation*
light rain	*la pluie fine, le crachin*
an outbreak of rain	*une averse*
a pelting rain / a driving rain	*une pluie battante*
occasional	*intermittent*
persistent	*persistant*
chances of rain	*risques de pluie*
rainy	*pluvieux*
a raindrop	*une goutte de pluie*
to let up	*cesser*
to die away	*s'affaiblir*
a cloud	*un nuage*
cloudless	*dégagé*
to scatter	*se disperser*
to clear away	*se dégager*
to cloud over	*se couvrir*
to head for	*se diriger*
to be in for	*être bon pour*
to break up	*se disperser*
a break	*une éclaircie*
to peter out	*s'effilocher*
cloudy	*nuageux*
overcast	*couvert*
damp	*humide*
dampness	*l'humidité*
wet	*mouillé*
to be wet through	*être trempé*
to be drenched to the skin	*être trempé jusqu'aux os*
dripping	*ruisselant*
soaked	*trempé*
a shower	*une averse*
a downpour / an April shower	*une giboulée*
a deluge	*un déluge*
a belt	*une frange*
to pour	*pleuvoir à verse*
to drizzle	*bruiner*
a drizzle	*une bruine*
a squall	*une rafale, une bourrasque, un grain (en mer)*
squally	*en rafales*
to lash	*cingler*
a rainbow	*un arc-en-ciel*
to hail	*grêler*
a hailstone	*un grelon*
to dry up	*(se) sécher*

8 COLD WEATHER — *LE FROID*

snow	*la neige*
a snow report	*un bulletin d'enneigement*
a snowfall	*une chute de neige*
new snow	*la neige fraîche*
hard-packed snow	*la neige tassée*
a flurry	*une rafale de neige*
an inch of snow	*un pouce de neige (environ 2,5 cm)*
a layer of snow	*une couche de neige*
to reel from snow	*crouler sous la neige*
a snowflake	*un flocon de neige*
a snowball	*une boule de neige*
to throw snowballs	*lancer des boules de neige*
a snowdrift	*une congère*
to be snowbound	*être bloqué par les neiges*
to be snowed in / up	" " " " "
snow covered	*couvert de neige*

snow capped	*couvert de neige (pour des sommets de montagnes)*
severe	*rigoureux*
icy	*verglacé, glacé*
nasty / foul	*mauvais*
a chill	*un refroidissement*
chilly	*frais*
to freeze	*geler*
to freeze over / to freeze up	*se prendre en glace*
to freeze solid	*geler fort*
freezing point	*zéro degré centigrade*
sub-zero temperatures	*températures inférieures à zéro*
Siberian-style weather	*un froid sibérien*
a cold snap	*un coup de froid*
a nip	*une morsure*
to feel the grip (of)	*sentir l'étreinte (de)*
frost	*la gelée*
frosty	*glacial*
ice	*la glace*
an icicle	*un glaçon*
a blizzard	*une tempête de neige*
an avalanche	*une avalanche*
a mudflow / a mudslide	*une coulée de boue*
sleet	*le grésil*
to thaw	*dégeler*
a thaw	*un dégel*
to melt	*fondre*
slush	*la neige fondante*
to slosh	*patauger*
wintry	*hivernal*
raw	*rigoureux*
dull	*morne*
bleak	*triste*
appalling	*épouvantable*
a polar region	*une région polaire*
the ice sheet	*la couverture glaciaire*
an iceberg	*un iceberg*
to calve	*se détacher*
a glacier	*un glacier*
to destroy crops	*détruire les récoltes*
to suffer from	*souffrir de*
to suffer a cold	*prendre froid*
to die of exposure	*mourir de froid*
to freeze to death	" " "
a weather-related accident	*un accident lié au mauvais temps*
to skid	*déraper*
to jam hospitals with	*remplir les hôpitaux de*
a fracture	*une fracture*
a sprain	*une foulure*
to X-ray	*radiographer*
first aid	*les premiers secours*
the emergency ward	*le service des urgences*
the absentee rate	*le taux d'absentéisme*
to be cut off (from)	*être coupé (de)*
to be isolated by snow	*être isolé par la neige*
a snowplow	*un chasse-neige*
an ice breaker	*un brise-glace*
to mount a rescue operation	*organiser une opération de sauvetage*
to be stranded	*être isolé*
to clear a passage	*dégager un passage*
to shelter	*abriter*
to lose one's bearings	*se perdre*
to lose one's way	" "
to cause delays	*provoquer des retards*
to be delayed	*être retardé*
to trap ships	*immobiliser les bateaux*
an ice-bound harbour	*un port pris par les glaces*
to block a waterway	*interdire une voie de navigation*
to halt traffic	*empêcher toute circulation*
to cause pipelines to burst	*provoquer l'éclatement des pipelines*
a water pipe	*une conduite d'eau*
demand for electric power	*besoins en éléctricité*
a dimout	*une baisse de tension*
a brownout	*une panne d'électricité partielle*
a blackout	*une panne d'électricité*
an electrical failure	*une panne d'électricité*
to saturate	*saturer*
overload	*la saturation*
to generate	*produire*
to turn up one's thermostat	*monter le thermostat*

3 POLLUTION — *LA POLLUTION*

I ENVIRONMENT AND POLLUTION — ENVIRONNEMENT ET POLLUTION

1 GENERAL BACKGROUND — *GENERALITES*

nature	*la nature*
the wilderness	*la nature sauvage*
to tame nature	*dompter la nature*
natural resources	*ressources naturelles*
a nature lover	*un amoureux de la nature*
natural equilibrium	*l'équilibre naturel*
balance	*équilibre*
to upset nature's balance	*rompre l'équilibre naturel*

an ecosystem	*un écosystème*
the fauna	*la faune*
the flora	*la flore*
wildlife	*la faune*
marine life	*la vie marine*
bird life	*la vie des oiseaux*
a species	*une espèce*
a human habitat	*un biotope humain*
to be threatened with extinction	*être menacé de disparition*
a repository of all life	*une source de vie*
to inherit the earth	*hériter de la terre*
proxemics	*la proxémique*
the environment	*l'environnement*
environmental	*qui concerne l'environnement, écologique*
environmental science	*la science de l'écologie*
environmental studies	*étude du milieu*
an environmental policy	*une politique écologique*
an environmental menace	*une menace qui pèse sur l'environnement*
environmental damages	*dégâts causés à l'environnement*
an environmental mess	*un gâchis écologique*
environmental protection	*la protection de l'environnement*
environmental rhetoric	*le discours écologique*
to be engaged in	*être engagé dans*
to be dedicated to	*se consacrer à*
dedication to	*le dévouement à la cause de*
the environmental impact	*l'impact sur l'environnement*
an environmentalist	*un défenseur de l'environnement*
an environmental organization	*une fédération écologique*
the "enviros"	*les "écolos" (fam.)*
ecology	*l'écologie*
an ecologist	*un écologiste*
ecological	*écologique*
to face an ecological crisis	*faire face à une crise écologique*
to take preventive action	*adopter des mesures préventives*
an ecological disaster	*une catastrophe écologique*
an ecological nightmare	*un cauchemar écologique*
ecology-minded	*écologique*
ecology-oriented	*qui se soucie de l'écologie*
the ecological balance	*l'équilibre écologique*
Friends of the Earth	*les Amis de la Terre*
pollution	*la pollution*
the ravages of pollution	*les ravages de la pollution*
to pollute	*polluer*
a polluting activity	*une activité polluante*
a non-polluting product	*un produit non polluant*
a polluter	*un pollueur*
a pollutant	*un polluant*
a source of pollution	*une source de pollution*
pollution control	*la maîtrise de la pollution*
conservation	*la défense de l'environnement*
the conservation ethic	*l'éthique de la protection de la nature*
a conservationist	*un défenseur de l'environnement, un écologiste*
to preserve	*protéger*
preservation	*la sauvegarde*
a preservationist	*un protecteur*

2 NATURE ABUSE — *LA NATURE MALTRAITEE*

the global environment	*l'environnement planétaire*
only one earth	*une seule et unique terre*
the planetary host	*l'hôte de la planète*
mankind	*le genre humain*
man's demands	*les exigences de l'homme*
to yield new largesse without limit	*se montrer généreux sans compter*
to be subordinate to nature	*être soumis à la nature*
to guard natural resources	*préserver les ressources naturelles*
the vulnerability of nature	*la fragilité de la nature*
wanton exploitation of nature	*l'exploitation éhontée de la nature*
unregulated exploitation	*exploitation débridée*
to accompany technical progress	*accompagner le progrès technique*
to go unchecked	*être non maîtrisé*
uncontrolled	*effréné*
irreversible	*irréversible*
to inflict untold damage (on)	*infliger des dégâts incalculables (à)*
the ravages of time	*les ravages du temps*
to be impotent to protect	*être impuissant à protéger*
wasteful ways	*habitudes de gaspillage*
to use as a convenience	*utiliser pour son confort*
a despoiler	*un spoliateur*
to bend space to one's will	*soumettre l'espace à sa volonté*
a setting for an ideological debate	*un cadre pour une lutte idéologique*
to affect	*affecter*
to doom	*condamner*
to injure	*abîmer*
to damage	*endommager*
to put a strain on	*mettre à rude épreuve*
to pose a danger	*poser un danger*
to despoil	*spolier*
to threaten	*menacer*
to perturb	*perturber*
to wreak damage (on)	*provoquer des ravages*
to loot	*piller*
to plunder	"
to hold in store	*réserver*
in an imperiled state	*en danger*
alarmist	*alarmiste*
ill-founded	*non fondé*
recklessness	*imprudence*
reckless ways	*habitudes imprudentes*
reckless exploitation	*exploitation imprudente*
carelessness	*imprudence*
careless	*imprudent*
predatory	*prédateur*

a harmful project	*un projet néfaste*
to warn of possible consequences	*avertir des conséquences éventuelles*
to have a far reaching impact (on)	*avoir un impact considérable (sur)*
unpredictable	*imprévisible*
incalculable	*incalculable*
dire predictions	*prédictions terribles*
a foreboding of a disaster	*un pressentiment de désastre*
to carry the seeds	*porter les germes*
to heed the message	*tenir compte du message*
to address the crisis	*faire face à la crise*
to avert a catastrophe	*éviter une catastrophe*
to dispute forecasts	*contester les prévisions*
a naysayer	*un esprit contradictoire*
a doomsayer	*un prophète de malheur*
a gloomster	" " " "
a skeptic	*un sceptique*
a debunker of fears	*un esprit rassurant*
to shrug off forebodings	*se gausser des pressentiments*
to play with fire	*jouer avec le feu*
to make a risky wager	*faire un pari risqué*

3 SOURCES OF POLLUTION — *LES SOURCES DE POLLUTION*

chemical industries	*les industries chimiques*
a power plant	*une centrale électrique*
a power station	" " "
an oil refinery	*une raffinerie (de pétrole)*
a nuclear power plant	*une centrale nucléaire*
a nuke	" " "
a mill	*une usine*
a steel mill	*une aciérie*
a pulp and paper mill	*une usine de cellulose*
a coal-fired plant	*une centrale thermique à charbon*
a thermal power station	*une centrale thermique*
a gas works	*une usine à gaz*
a steel works	*une aciérie*
a blast furnace	*un haut fourneau*
a reprocessing plant	*une usine de retraitement*
a power station chimney	*une cheminée de centrale nucléaire*
a smokestack	*une cheminée d'usine*
a hydroelectric dam	*un barrage hydroélectrique*
the coal industry	*l'industrie houillère*
a coalfield	*un bassin houiller*
a colliery	*une houillère*
a coal mine	*une mine de charbon*
a slag heap	*un terril*
soot	*la suie*
a scrap heap	*un tas de ferraille*
heating	*le chauffage*
central heating	*le chauffage central*
a steam engine	*un moteur à vapeur*
an internal combustion engine	*un moteur à explosion*
an exhaust pipe	*un pot d'échappement*
an auto tail pipe	" " "

4 POLLUTANTS — *LES POLLUANTS*

a contaminant	*un polluant*
toxicity	*la toxicité*
toxic	*toxique*
non toxic	*non toxique*
acid	*l'acide*
acidic damage	*les dégâts causés par l'acide*
a corrosive	*un corrosif*
corrosive laden	*chargé de corrosifs*
a fuel	*un combustible, un carburant*
coal	*le charbon*
lignite coal	*le lignite*
brown coal	*la houille brune, le lignite*
lignite burning	*qui fonctionne au lignite*
soft coal	*la houille grasse*
coal burning	*qui marche au charbon*
gas / gases	*le gaz / les gaz*
inert	*inerte*
natural gas	*le gaz naturel*
methane	*le méthane*
gas (USA) / petrol (UK)	*essence*
petroleum	*le pétrole*
crude oil	*le pétrole brut*
a chemical	*un produit chimique*
a fossil fuel	*un combustible fossile*
heating oil	*le fioule domestique*
a hydrocarbon	*un hydrocarbure*
sulphur	*le soufre*
sulphuric acid	*acide sulfurique*
sulphur oxide	*l'oxyde de soufre*
sulphur dioxide	*l'anhydre sulfureux (SO_2)*
phosphoric chloride	*le pentachlorure de phosphore*
carbonic chloride	*le phosgène*
carbon monoxide (CO)	*le gaz carbonique (CO)*
carbon dioxide (CO_2)	*le dioxyde de carbone (CO_2)*
nitrogen oxide ("nox")	*l'oxyde d'azote*
CFC	*le CFC (chlorofluorocarbone)*
tar	*le goudron*
plastics	*le plastic*
polyvinylchloride (PVC)	*le chlorure de polyvinyle*
polysterene	*le polystyrène*
polyethylene	*le polyéthylène*
acrilics	*l'acrylique*
foam	*la mousse*
carbon fibre composites	*composés en fibres de carbone*
hydrocarbons	*hydrocarbures*
auto exhausts	*gaz d'échappement*
an effluent	*un effluent*
nitrogen	*azote*
nitrogen oxides	*oxyde d'azote*
mercury	*le mercure*
phosphorus	*le phosphore*
lead	*le plomb*
asbestos	*amiante*
dioxine	*la dioxine*

hexafluoride	*l'hexafluorure*
methyl	*le méthyle*
isocyanate	*l'isocyanate*
uranium	*l'uranium*
plutonium	*le plutonium*
sulphuric	*sulfurique*
lean burn	*la combustion maigre*

II FORMS OF POLLUTION — *LES FORMES DE POLLUTION*

1 OCEAN POLLUTION — *LA POLLUTION DES OCEANS*

1.1 A TANKER — *UN PETROLIER*

an oil terminal	*un terminal*
an oil tanker	*un pétrolier*
a gas tanker	*un méthanier*
a supertanker	*un pétrolier géant*
to carry crude oil	*transporter du pétrole brut*
liquefied natural gas	*le gaz naturel liquide*
a floating bomb	*une bombe flottante*
a full load	*une pleine cargaison*
deadweight	*le chargement en lourd*
the stern	*la poupe*
the bow	*la proue*
the machinery	*les machines*
a watertight compartment	*un compartiment insubmersible*
a hull	*une coque*
a hold	*une cale*
a cargo	*une cargaison*
a tank	*une cuve*
the crew	*l'équipage*
a captain	*un capitaine*
a skipper	*un commandant de bord*
a shipper	*un affréteur*
a shipowner	*un armateur*
a tanker operator	" "
to steer a ship	*diriger un navire*

1.2 THE ACCIDENT — *L'ACCIDENT*

to have the makings of a disaster	*présager une catastrophe*
to make a damaging error	*commettre une erreur irréparable*
to go off course	*dévier de sa trajectoire*
a crackup	*un accident*
a blast	*une explosion*
to tear a huge gash in the hull	*provoquer une énorme brèche dans la coque*
the rupture of a storage tank	*la rupture d'un réservoir (d'emmagasinage)*
to strike a reef	*heurter un récif*
to impale a vessel on a reef	*empaler un bâtiment sur un récif*
to suffer damage at sea	*être endommagé en mer*
to run aground	*s'échouer*
to ram into	*éperonner*
a wounded ship	*un navire endommagé*
disabled	*hors d'état de fonctionner*
crippled	*paralysé*
to sink	*couler*
to capsize / to keel over	*chavirer*
to be shipwrecked	*faire naufrage*
a shipwreck	*un naufrage*
to founder	*s'échouer*
to drift	*dériver*
a mangled hull	*une coque tordue*
a wreck	*une épave*
to salvage	*sauver*
to tow	*remorquer*

1.3 MARINE POLLUTION — *LA POLLUTION MARINE*

ocean pollution	*la pollution des océans*
a receptacle for wastes	*un réceptacle de déchets*
to sink to the bottom	*sombrer au fond de l'eau*
to float	*flotter*
floatable materials	*matériaux flottants*
to be carried great distances	*être transporté sur de longues distances*
a navigable waterway	*une voie maritime navigable*
a current	*un courant*
to affect marine life	*affecter la vie marine*
toxicity	*la toxicité*
to dredge	*draguer*
a drum	*un fût*
a barrel (BBL)	*un baril*
an oil spill	*une marée noire*
a black tide	" " "
a spillage	" " "
an oil slick	*une nappe de pétrole*
an oil patch	*une petite nappe de pétrole*
a hemorrhage	*une hémorragie, une fuite*
a massive hemorrhage	*une fuite importante*
thick	*épais*
sticky	*visqueux*
greasy	*graisseux*
tarry	*goudronneux*
large scale	*de grande envergure*
gunk	*la mélasse*
sludge	*la boue*
to leak into	*s'infiltrer (gaz ou liquide)*
a leak	*une voie d'eau*
leakage	*ce qui fuit, le coulage, les infiltrations, les fuites*

to spring a leak	*faire eau, faire une voie d'eau*
to leach into	*s'infiltrer dans*
to escape (into)	*s'échapper (dans)*
to ooze into the sea	*s'échapper dans la mer*
to disgorge	*déverser*
to keep the spill at bay	*maintenir la nappe à distance*
tank cleaning	*le dégazage*
wastewaters	*eaux usées*
to dump	*déverser*
to flush tanks	*dégazer*
to swill	*"*
to spill	*se répandre*
to spread into a slick	*former une nappe*
to spread out of control	*échapper à tout contrôle*
to gush	*jaillir*
to have an impact on	*avoir des conséquences sur*
dire	*désastreux*
to be murder on the environment	*signifier la mort de l'environnement*

1.4 THE CONSEQUENCES OF A SPILL — *LES CONSEQUENCES D'UNE MAREE NOIRE*

1.4.1 ON NATURE — *SUR LA NATURE*

the aftermath	*les conséquences*
the wildlife toll	*les conséquences pour la faune*
to escape serious harm	*éviter toute conséquence dramatique*
to be at the mercy of winds	*être à la merci des vents*
to foul	*souiller*
to be fouled with oil	*être souillé par le mazout*
to be coated with crude	*être recouvert de pétrole brut*
to be unsuitable for swimming	*être interdit à la baignade*
to meet cleanliness standards	*répondre à des normes de sécurité*
a rock	*un rocher*
a beach	*une plage*
sand	*le sable*
to be tarsmeared	*être couvert de taches de goudron*
to be slathered with oil	*être recouvert d'une épaisse couche de pétrole*
encrusted oil	*croûtes de mazout*
a layer	*une couche*
to foul an enclosed body of water	*souiller un espace marin fermé*
pristine water	*eau pure*
heavily oiled	*largement pollué par le pétrole*
moderately oiled	*souillé en quantité modérée*
an oiled bird	*un oiseau mazouté*
to seep into	*pénétrer dans*
irretrievably	*irréparablement*
to suffer damage from	*causer des dégâts à*
to cause a deadly danger to	*causer un danger mortel pour*
to cause oxygen depletion	*provoquer la perte d'oxygène*
to cause reproductive failure	*faire échouer le processus de reproduction*

1.4.2 SEALIFE — *SUR LA VIE MARINE*

fish breeding	*la pisciculture*
a fishpond	*un vivier*
freshwater fish	*poissons d'eau douce*
seafish	*poissons de mer*
to swarm with	*foisonner*
a salmon catch	*une prise de saumons*
to ruin a catch	*ruiner une prise*
fishing grounds	*zones de pêche*
to spawn	*frayer*
spawning grounds	*champs de reproduction*
the shallows	*les hauts-fonds*
to survive a spill	*survivre à une marée noire*
a water mammal	*un mammifère marin*
a coalfish	*un colin*
a cod	*une morue*
a dolphin	*un dauphin*
an eel	*une anguille*
a flounder	*un carrelet*
a gurnet	*un rouget*
a haddock	*un églefin*
a hake	*un merlu*
a halibut	*un flétan*
a herring	*un hareng*
a shoal of herring	*un banc de harengs*
a mackerel	*un maquereau*
a pike	*un brochet*
a pilchard	*une sardine*
a plaice	*un carrelet*
a salmon	*un saumon*
a sea horse	*un hippocampe*
a sea lion	*une otarie*
a seal	*un phoque*
a sea elephant	*un éléphant des mers*
a shark	*un requin*
a skate	*une raie*
a sole	*une sole*
a sperm whale	*un cachalot*
a sturgeon	*un esturgeon*
a trout	*une truite*
a tunny	*un thon*
a turbot	*un turbot*
a walrus	*un morse*
a whale	*une baleine*
a school of whales	*un troupeau de baleines*
a whiting	*un merlan*
a gill	*une ouïe*
a scale	*une arête*
a fin	*une nageoire*
a bone	*une arête*
shellfish	*crustacés*
a clam	*une palourde*
a cockle	*une coque*
a crab	*un crabe*

a crayfish	*une langouste, une langoustine*
a cuttle fish	*une seiche*
a jellyfish	*une méduse*
a lobster	*un homard*
a mussel	*une moule*
an octopus	*une pieuvre*
a scallop	*un pétoncle, une coquille Saint-Jacques*
a tentacle	*une tentacule*
an otter	*une loutre*
an oyster	*une huître*
an oyster bed	*un parc à huîtres*
a prawn	*un bouquet, une crevette rose*
a sea urchin	*un oursin*
a shell	*un coquillage*
a shrimp	*une crevette grise*
a squid	*un calmar*
a starfish	*une étoile de mer*
a turtle	*une tortue de mer*
a winkle	*un bigorneau*
a mollusk	*un mollusque*
sea-weed	*algues*
kelp	*le varech*
plankton	*le plancton*
a micro organism	*un micro-organisme*
to inhabit the water	*vivre dans l'eau*
to be deposited along the beaches	*se déposer le long des plages*
to graze	*paître*
to scavenge	*fouiller à la recherche de nourriture*
to wipe out a population	*exterminer une population*
despoliation of the oceans	*la ruine des océans*
to write off a fishing season	*ruiner une saison de pêche*
to cancel the herring season	*anéantir une saison de pêche aux harengs*
to wipe out a livelihood	*ôter un gagne-pain*

1.4.3 ON THE OIL COMPANY — *POUR LA COMPAGNIE PETROLIERE*

to fuel antipathy toward	*accroître l'antipathie envers*
to boycott	*boycotter*
to let a company off the hook	*laisser une compagnie s'en tirer à bon compte*
to sue a company for damages	*poursuivre une compagnie en justice pour dommages-intérêts*
to find fault with	*reprocher à*
to accuse a company of / to blame a company for	*accuser une compagnie de*
to be charged with	*être accusé de*
to criticize (for)	*critiquer (pour)*
to compensate for a disaster	*dédommager des conséquences d'une catastrophe*
to make up for	*réparer les dégâts*
a fine	*une amende*
insurance	*l'assurance*
to be insured against	*être assuré contre*
to settle an oil spill case	*régler une affaire de marée noire*

1.5 CLEANUP — *LE NETTOYAGE*

to reduce	*réduire*
to dispel oil	*dissiper le mazout*
to seal a leak	*colmater une brèche*
to caulk a leak	" " "
to stem the tanker flow	*arrêter l'hémorragie de pétrole*
to clean up	*nettoyer, épurer*
a clean-up	*un nettoyage*
a cleanup program	*un programme d'épuration*
a cleanup crew	*une équipe de nettoyage*
a cleanup campaign	*une campagne de nettoyage*
cleanup costs	*coûts de nettoyage*
cleanup operations	*opérations de nettoyage*
cleanup procedures	*processus d'épuration*
spill cleanup technology	*technologies de nettoyage d'une marée noire*
to mop up	*nettoyer*
to gauge the extent of a spill	*estimer l'envergure d'une marée noire*
to undo a spill	*réparer les dégâts causés par une marée noire*
to combat a spill	*lutter contre une marée noire*
to handle a spill	*faire face à une marée noire*
to mount a response to	*mettre au point un plan de lutte*
to rush equipment to	*envoyer d'urgence du matériel*
to marshal boats	*réquisitionner des bateaux*
an absorbant	*un absorbant*
an absorbant pad	*un tampon absorbant*
to disperse the oil	*disperser le mazout*
to emulsify	*émulsionner*
to mix	*mélanger*
to bond with sea water	*adhérer à l'eau de mer*
a dispersant	*un dispersant*
straw	*la paille*
sawdust	*la sciure de bois*
polyurethane foam	*mousse de polyuréthane*
a gelling agent	*un agent solidifiant*
a chemical	*un produit chimique*
a detergent	*une lessive*
to solidify	*solidifier*
to break down	*réduire*
to trap the slick	*enfermer la nappe*
to remove	*ôter*
to scrub individual rocks	*nettoyer les rochers un à un*
to hose the shorelines	*arroser les plages au jet*
to spray	*asperger*
a spray nozzle	*un ajutage*
to rinse	*rincer*
a rinse	*un rinçage*
high pressure	*à haute pression*
high temperature	*à haute température*
to speed the reproduction (of)	*accélérer la reproduction (de)*

an oil-consuming organism	*un organisme absorbant le mazout*
to scour oil-fouled beaches	*nettoyer les plages souillées par le mazout*
a boom	*un barrage*
to boom the oil	*contenir le pétrole*
to float a boom	*lancer un barrage*
to deploy a boom	*mettre un barrage en place*
a rake	*un rateau*
to skim	*dégraisser*
a skimmer	*une dégraisseuse*
to scoop up the oil	*ramasser le pétrole*
a scrubber	*un épurateur*
a supersucker vacuum	*un aspirateur haute performance*
to have a spill under control	*maîtriser une marée noire*
to contain the oil	*contenir une nappe*
a stain	*une tache*
to complete a cleanup	*achever le nettoyage*
indelible	*indélébile*
toxic to	*nuisible pour*
to keep the equipment up to mark	*être équipé du dernier cri*
a spill expert	*un expert en marées noires*
to render the effort ineffective	*rendre tout effort inefficace*
to persist in cleanup efforts	*poursuivre les tentatives de nettoyage*

1.6 TANKER REGULATIONS — *LA REGLEMENTATION DES PETROLIERS*

a regulation	*un règlement, une disposition*
to impose a regulation	*imposer un règlement*
to enact laws	*voter des lois*
to enact a ban on	*interdire*
to urge a ban on	*conseiller vivement d'interdire*
a sweeping ban	*une interdiction générale*
tough	*sévère*
to sharpen scrutiny on	*examiner avec plus d'attention*
Big Oil	*l'industrie pétrolière*
an oil field	*un champ pétrolifère*
an oil rig	*une plate-forme de forage*
to drill	*forer*
drilling	*le forage*
off the coast	*au large des côtes*
offshore exploration	*les recherches en mer*
the oil-shipping industry	*l'industrie du transport du pétrole*
a fleet	*une flotte*
an aging fleet	*une flotte vieillissante*
a leviathan	*un vieux rafiot*
a life span	*une durée de vie*
to keep a fleet in shape	*entretenir une flotte*
maintenance deficiencies	*les défauts d'entretien*
to carry out repairs	*effectuer les réparations*
to be structurally unsound	*être structurellement dangereux*
a mammoth vessel	*un monstre des mers*
a larger-staffed crew	*un équipage plus nombreux*
better-trained	*mieux entraîné*
to cut back one's crew	*réduire son équipage*
a shipping lane	*un couloir de navigation*
a flag of convenience	*un pavillon de complaisance*
to fly the American flag	*battre pavillon américain*
to be of American registry	" " "
registry	*le pavillon*
oil spill prevention	*la prévention des marées noires*
to increase the odds of new spills	*accroître les risques de nouvelles marées noires*
tanker design	*la conception des pétroliers*
a double hull	*une double coque*
a double hulled tanker	*un pétrolier à double coque*
a double bottom	*un double fond*
to retrofit a tanker (with)	*équiper un pétrolier (de)*
to place territories off limits to	*délimiter des zones interdites à*

2 WATER POLLUTION — *LA POLLUTION DE L'EAU*

2.1 WATER SUPPLY — *L'APPROVISIONNEMENT EN EAU*

running water	*l'eau courante*
water gathering techniques	*les techniques de captage des eaux*
a water company	*une entreprise des eaux*
the water authorities	*les services des eaux*
a waterworks	*une station hydraulique*
a water system	*un réseau hydrographique, un réseau d'alimentation en eau*
the water system	*l'approvisionnement en eau, la distribution des eaux*
to pump water	*pomper de l'eau*
a pumping station	*une station de pompage*
a water tank	*un réservoir d'eau*
a water meter	*un compteur d'eau*
a water main	*une conduite principale*
a water pipe	*un tuyau d'alimentation*
to pipe water	*amener l'eau*
a water purifier	*un épurateur d'eau*
a water softener	*un adoucisseur d'eau*
to supply water	*alimenter en eau*
clean water supplies	*approvisionnement d'eau pure*
a spring	*une source*
drinking water	*l'eau potable*
tap water	*l'eau du robinet*
bottled water	*l'eau minérale*
mineral water	" "
a mineral-water brand	*une marque d'eau minérale*
a water table	*un niveau hydrostatique*
an underground aquifer	*une nappe phréatique*
underground waters	*nappes souterraines*
a water source	*une source d'eau*

an artesian well	*un puits artésien*
an underground source	*une source souterraine*
groundwater	*« nappe phréatique »*
poor water quality	*eau de mauvaise qualité*
to be safe to drink	*être sans danger pour la consommation*
unsafe to drink	*non potable*
unfit for drinking	*impropre à la consommation*
to purify	*purifier*
purification	*la purification*

2.2 WATER POLLUTION — *LA POLLUTION DES EAUX*

river pollution	*la pollution des fleuves*
to dump toxic wastes (into)	*déverser des déchets toxiques (dans)*
to discharge / to pour	*déverser*
to poison lakes (with)	*empoisonner les lacs (par / avec)*
to pump dry	*assécher*
to contaminate	*contaminer*
salinization	*le salement*
salinity	*la teneur en sel*
to ruin tracts of farmland (through)	*ruiner des parcelles de terre (à cause de)*
to make areas infertile	*rendre des zones stériles*
a desalinization plant	*une usine de désalement*
to stop saltwater intrusion	*enrayer les infiltrations de sel*
alga / algae	*algue / algues*
toxic algae bloom	*le développement des algues toxiques*
aquatic life	*la vie aquatique*
a water body	*une étendue d'eau*
eutrophication	*eutrophisation*
oxygen deficiency	*le manque d'oxygène*
to clog	*s'accumuler*
to be loaded with organic matter	*être chargé de matières organiques*
an offensive odour	*une odeur agressive*
detergents	*lessives*
nitrates	*nitrates*
phosphates	*phosphates*
nitrogen runoff of fertilizer	*infiltrations d'engrais dans le sol*
a fertilizer	*un engrais*
manure	*le fumier*
to be loaded with	*être chargé de*
nitrate concentration	*la teneur en nitrate*
the presence of	*la présence de*
to carry health risks	*entraîner des risques pour la santé*
a health warning	*un risque pour la santé*
blue baby syndrome	*le syndrome du bébé bleu*
stomach cancer	*le cancer de l'estomac*
to be associated with	*être lié à*
diarrhea	*la diarrhée*
thrush	*le muguet (inflammation des muqueuses)*
a fishless lake	*un lac sans poissons*

2.3 WATER POLLUTION CONTROL — *LE CONTROLE DE LA POLLUTION DES EAUX*

to treat water	*traiter l'eau*
untreated	*non traité*
to filter	*filtrer*
a filter	*un filtre*
unfiltered	*non filtré*
to reduce to acceptable levels	*ramener à des niveaux acceptables*
a nitrate removal plant	*une station de traitement du nitrate*
to have a filter plumbed in	*faire installer un filtre*
chlorine	*le chlore*
chlorinated	*javellisé*
water conservation	*économies d'eau*
an ultra low flush toilet	*une chasse d'eau à faible débit*
to cut water use	*réduire la consommation d'eau*
a drop of water	*une goutte d'eau*
phosphate-free detergent	*lessives sans phosphate*

3 AIR POLLUTION — *LA POLLUTION DE L'AIR*

3.1 THE ATMOSPHERE — *L'ATMOSPHERE*

oxygen	*oxygène*
the biosphere (where man lives)	*la biosphère (où l'homme vit)*
the troposphere (up to 10 miles)	*la troposphère (jusqu'à 16 km)*
the stratosphere (up to 30 miles)	*la stratosphère (jusqu'à 50 km)*
atmosphere pollution	*la pollution atmosphérique*
air pollution levels	*niveaux de pollution atmosphérique*
an atmosphere physicist	*un physicien de l'atmosphère*
to gather atmospheric data	*rassembler des données atmosphériques*
to breathe	*respirer*
breathing	*la respiration*
unbreathable	*irrespirable*
a gas mask	*un masque à gaz*
a cloud	*un nuage*
a poison cloud	*un nuage toxique*
to hang over	*planer sur*
to evaporate (from)	*s'évaporer (de)*
to emanate (from)	*provenir (de)*
to discharge into the atmosphere	*se dégager dans l'atmosphère*
to leak out (of)	*s'échapper (de)*
to spew (into)	*recracher (dans)*
to vomit	*vomir*
to heave out noxious clouds	*soulever des nuages toxiques*
to throw up into the atmosphere	*recracher dans l'atmosphère*

to disgorge (into)	*se déverser (dans)*
to belch	*cracher*
to escape into space	*s'échapper dans l'atmosphère*
to combine with other substances	*se mélanger à d'autres substances*
a smudge	*une traînée*
to smudge	*salir*
a smudged sky	*un ciel brouillé*
to foul the air	*salir l'atmosphère*
to sully	*souiller*
to shroud	*envelopper*
to be wrapped in clouds	*être enveloppé de nuages*
noxious gases	*gaz délétères*
gaseous wastes	*déchets gazeux*
to overload the atmosphere (with)	*surcharger l'atmosphère (de)*
clouds of smoke	*nuages de fumée*
yellowish	*jaunâtre*
a mist	*une brume*
a haze	" "
a vapour	*une vapeur*
smog	*le smog*
fog	*le brouillard*
airborne particles	*particules en suspension*
to cake faces	*recouvrir les visages*
to burn	*brûler*
burning	*la combustion*
to generate	*produire*
to build up	*s'accumuler*
a build-up	*une accumulation, une concentration*
to pump CO_2 into the atmosphere	*imprégner l'atmosphère de CO2*
to absorb CO_2	*absorber le gaz carbonique*
a CO_2 user	*un consommateur de* CO_2
high CO_2 fuels	*carburants riches en* CO_2
to release CO_2	*libérer du* CO_2
carbon dioxide emissions	*émanations de dioxyde de carbone*
acid rain	*pluies acides*
to acidify rain	*acidifier les pluies*
oxidation	*l'oxydation*
the wear and tear	*l'usure*
pollution-eroded sculpture	*sculptures rongées par la pollution*
erosion	*érosion*
urban pollution	*la pollution urbaine*
urban sprawl	*étalement urbain*
automobile traffic	*la circulation automobile*
exhaust fumes	*gaz d'échappement*
auto exhausts	" "
to emit fumes	*émettre des gaz*
a tail pipe	*un pot d'échappement*
tail pipe emissions	*gaz d'échappement*
a gas guzzler	*une voiture vorace en carburant*
overcrowding	*excès de concentration de population*
high density population	*la forte densité de population*
congestion	*embouteillages*
to be strangled by traffic	*être étouffé par la circulation*
a bacterium / bacteria	*une bactérie / bactéries*
cattle	*le bétail*
the muck	*la boue*
rice paddies	*rizières*
cattle feedlots	*pâturages*
rotting garbage	*ordures en décomposition*
a landfill	*une décharge à ordures*

3.2 THE OZONE LAYER — *LA COUCHE D'OZONE*

to deplete	*épuiser*
depletion	*la diminution*
to thin	*réduire*
the thinning	*la réduction*
to attack ozone	*attaquer l'ozone*
to eat away at the ozone layer	*ronger la couche d'ozone*
ozone-destroying	*qui détruit l'ozone*
atmosphere-destroying	*qui détruit l'atmosphère*
chlorofluorocarbures (CFCs)	*chlorofluorocarbures*
to spray	*pulvériser*
an aerosol spray	*une bombe aérosol*
a spray can	*un atomiseur*
an air conditioner	*un climatiseur*
air-conditioning	*la climatisation*
a coolant	*un refroidissant*
a propellant gas	*un gaz vaporisé*
a food insulator	*un emballage isolant*
plastic foam materials	*matériaux en mousse plastifiée*
refrigerateur coil	*une bobine de réfrigérateur*
liquid cleaners	*nettoyants liquides*
to destroy ozone molecules	*détruire les molécules d'ozone*
to shatter the oxygen molecules	*briser les molécules d'oxygène*
to absorb	*absorber*
ultraviolet radiation	*rayons ultraviolets*
to be vital (to)	*être vital (pour)*
to block cancer-using rays	*arrêter les rayons cancérigènes*
sunburn	*coups de soleil*
a skin rash	*une irritation de la peau*
a blotch	*une tache rouge*
a skin disease	*une maladie de peau*
skin cancer	*le cancer de la peau*
excessive exposure (to)	*l'exposition excessive (à)*
to be blinded	*rendre aveugle*
a cataract	*une cataracte*

3.3 THE GREENHOUSE EFFECT — *L'EFFET DE SERRE*

to heat up the earth in a greenhouse effect	*réchauffer la terre pour provoquer un effet de serre*
heat	*la chaleur*
excess heat	*l'excès de chaleur*

to retain heat	*retenir la chaleur*
to trap heat	*retenir la chaleur prisonnière*
a heat-trapping blanket	*une couverture qui retient la chaleur*
to act as a cap on	*faire l'effet d'une chape sur*
to warm	*(se) réchauffer*
warming	*le réchauffement*
warming warning	*dangers de réchauffement*
a greenhouse	*une serre*
to keep excess heat from	*empêcher l'excès de chaleur de*
to radiate into space	*se répandre dans l'espace*
to ease the greenhouse effect	*réduire l'effet de serre*
to curb the greenhouse effect	*limiter l'effet de serre*
to threaten the earth's climate	*menacer le climat de la terre*
to alter weather patterns	*modifier le cours du temps*
to perturb the climate	*perturber le climat*
to produce climatic changes	*provoquer des changements de climats*
a major shift in	*un bouleversement important de*
to hasten a global warming trend	*précipiter une tendance planétaire au réchauffement*
the average temperature	*la température moyenne*
to drive up the temperature	*élever la température*
to send glaciers creeping	*provoquer le glissement des glaciers*
to melt	*fondre*
the polar cap	*la calotte glaciaire*
to flood	*inonder*
a flood	*une inondation*
to be wracked by floods	*être la proie des inondations*
to devastate	*dévaster*
to raise the level	*élever le niveau*
a rise in sea level	*une augmentation du niveau de la mer*
expansion of the sea	*la dilatation des mers*
to cause the oceans to rise (by)	*provoquer l'élévation du niveau des océans (de)*
shoreline erosion	*érosion des rivages*
coastal flooding	*inondations côtières*
a coastal town	*une ville côtière*
a coastal area	*une région côtière*
a levee	*une digue*
a dike	" "
a bulwark	*un brise-lames*
a seawall	*un fronton*
the tidal flow	*le flux des marées*
to shore up a city	*consolider les défenses d'une ville*
to touch off refugee movements	*provoquer des mouvements migratoires*
intensification of tropical storms	*l'intensification des orages tropicaux*
to revamp the ecological face	*refaçonner le paysage*
agricultural disruption	*bouleversements agricoles*

3.4 AIR POLLUTION CONTROL — *LA LUTTE CONTRE LA POLLUTION ATMOSPHERIQUE*

air quality standards	*normes de la qualité de l'air*
to cut down wood and fossil fuel burning	*réduire la combustion de bois et de carburants fossiles*
a clean air Act	*une loi sur la pureté de l'air*
to counteract global warming	*réagir contre le réchauffement général*
to take CO_2 out of the air	*nettoyer l'atmosphère de CO_2*
to reduce one's dependence (on)	*limiter sa dépendance (en)*
a CO_2 user fee	*une taxe sur l'utilisation du CO_2*
to plant trees	*planter des arbres*
to launch a tree planting program	*lancer un programme de reboisement*
to stop deforestation	*arrêter le déboisement*
to raise the cost of fuels	*augmenter le prix des carburants*
to set emission standards	*fixer des normes d'échappement*
to tighten emission standards	*renforcer les normes d'échappement*
to end one's overreliance on	*cesser de dépendre exclusivement de*
to ban traffic	*interdire la circulation*
a number plate	*une plaque minéralogique*
odd	*impair*
even	*pair*
a catalytic converter (a "cat")	*un pot catalyptique*
to equip a car with	*équiper une voiture de*
to develop alternative energy cars	*mettre au point des voitures utilisant une autre source d'énergie*
to be fuel efficient	*qui consomme peu en carburant*
an auto journey	*un trajet en voiture*
to car pool	*partager une voiture à plusieurs*
car pooling	*le partage d'une voiture à plusieurs*
to join an auto pool	*faire partie d'un pool d'automobilistes*
to run on clean fuels	*rouler avec des carburants propres*
methanol	*le méthanol*
to run on methanol	*rouler au méthanol*
natural gas	*le gaz naturel*
ethanol	*l'éthanol*
propane	*le propane*
lead-free petrol	*l'essence sans plomb*
aerosol spray minus CPCs	*aérosols sans CFC*

to extol ozone-safe propellants	*encourager les bombes arérosols sans CFC*
a scrubber	*un épurateur, un électrofiltre*
a mass transit system	*un réseau de transport en commun*

4 LAND AND SOIL POLLUTION — *LA POLLUTION DES SOLS*

agricultural solid wastes	*déchets solides agricoles*
animal manure	*le fumier*
to generate manure	*produire du fumier*
a herbicide	*un herbicide*
a pesticide	*un pesticide*
weeds	*mauvaises herbes*
a fungicide	*un fongicide*
fungus / fungi	*un champignon / champignons*
an insecticide	*un insecticide*
a pest	*un insecte nuisible*
a locust	*une sauterelle*
a rodenticide	*la mort au rat*
a fertilizer	*un engrais*
nitrogenous fertilizers	*engrais azotés*
to control pests	*limiter les insectes*
to develop compounds	*mettre des composés au point*
to decompose	*se décomposer*
agrochemicals	*produits chimiques agricoles*
to resist disease	*résister à la maladie*
ill effects	*effets néfastes*
to run off the land	*s'infiltrer dans la terre*
to spray	*pulvériser*
to douse	*noyer*
a crop	*une récolte*
to defend crops from	*protéger les récoltes de*
to help crop production	*encourager la production des récoltes*
crop losses	*récoltes perdues*
to do damage to crops	*endommager les récoltes*
yield	*le rendement*
intensive agriculture	*l'agriculture intensive*
to increase productivity	*accroître la productivité*
to ripen	*mûrir*
ripe	*mûr*
unripe	*vert*
to grow	*faire pousser*
organic farming	*l'agriculture biologique*
factory farming	*l'élevage hors ferme*

5 WASTE — *LES DECHETS*

5.1 SOURCES OF WASTE — *LES SOURCES DE DECHETS*

household waste	*ordures ménagères*
municipal waste	*déchets urbains*
toxic waste	*déchets toxiques*
plastic waste	*déchets en plastique*
industrial waste	*déchets industriels*
radioactive waste	*déchets radioactifs*
hazardous wastes	*déchets dangereux*
solid / liquid waste	*déchets solides / liquides*
rubbish	*ordures*
garbage	"
trash	"
a trashcan	*une poubelle*
to take the trash out	*sortir les poubelles*
a dustbin	*une poubelle*
refuse	*détritus, ordures*
litter	*détritus (sur le sol)*
a litter bug	*un pollueur*
littered with	*jonché de*
strewn with	" "
town refuse	*résidus urbains*
a dustman	*un éboueur*
a dump	*une décharge*
a landfill	*une décharge (enterrée)*
a tip	*une décharge*
a garbage heap	*un tas d'ordures*
a junkyard	*un dépotoir*
a scrapyard	*un dépôt de ferraille*
sewage	*eaux usées, eaux d'égoût*
raw sewage	*eaux usées non traitées*
a sewer	*un égoût*
sludge	*boues*
sewer sludge	*vidanges*
turbid	*trouble*
dregs	*la lie*
festering	*putride*
a waste choked river	*un fleuve engorgé par les détritus*
an effluence	*une émanation*
burnables	*produits combustibles*
non burnables	*produits non combustibles*
durables	*produits lourds*
harmfuls	*produits nuisibles*
castoffs	*rejets*
the by-products of civilization	*les sous-produits / les conséquences de la civilisation*
a throw away society	*une société de gaspillage*
profligacy	*le gaspillage*
profligate	*qui dépense sans compter*
affluence	*l'abondance*
affluent	*riche*
the society of affluence	*la société d'abondance*
the society of abundance	" " "
to waste	*gaspiller*
to throw away	*jeter*
to dispose of	*se débarrasser de*
to get rid of	" " "
to discard	*mettre au rebut*
to dump	*décharger*
to discharge	*rejeter*
to litter	*déposer des ordures*
to tip	" " "
to befoul	*souiller*

5.2 WASTE PROCESSING — *LE TRAITEMENT DES DECHETS*

garbage collection	*le ramassage des ordures*
a garbage truck	*une benne à ordures*

the Toxic Substances Control Act	*la loi sur le traitement des produits dangereux*
to create waste	*produire des déchets*
to dispose of	*se débarrasser de*
waste disposal	*l'élimination des déchets*
a waste disposal system	*un système d'élimination des déchets*
a method of disposal	*une méthode d'élimination*
to control the volume of waste	*maîtriser le volume d'ordures*
to shrink the mountain of waste	*réduire la montagne de déchets*
to cut one's waste discharges	*réduire l'élimination des déchets*
to reach a capacity crunch	*atteindre un seuil critique*
to be filled to the brim	*être plein à ras bord*
to control the output of	*limiter la production de*
dumping costs	*coûts d'élimination*
a garbage disposal unit	*un broyeur d'ordures*
a waste disposal unit	" " "
to reduce waste	*réduire les gaspillages*
to clean up the mess	*nettoyer*
to process	*traiter*
to bury	*enterrer*
to clean up a landfill	*nettoyer une décharge*
to shut a landfill	*fermer une décharge*
to run out of landfill space	*manquer de place pour les décharges*
a dump site	*un lieu de décharge*
to fit a landfill with	*équiper une décharge de*
impermeable clay	*argile imperméable*
synthetic liners	*joints d'étanchéité synthétiques*
to drain liquid waste	*drainer les déchets liquides*
to generate electricity	*produire de l'électricité*
waste-to-energy facilities	*moyens de reconversion des déchets en énergie*
an incineration plant	*une usine d'incinération*
an incinerator	*un incinérateur*
to export wastes	*exporter les déchets*
a refuse barge	*une péniche à ordures*
to ban ocean dumping	*interdire les décharges en mer*
to ban the export of waste	*interdire les exportations de déchets*
not-in-my-backyard policy (NIMBY)	*le syndrome du tout-sauf-dans-ma-cour (le rejet des décharges)*

5.3 WASTE RECYCLING — *LE RECYCLAGE DES DECHETS*

to recycle	*recycler*
recycling	*le recyclage*
a recyclable item	*un article recyclable*
recyclable packaging	*emballages recyclables*
biodegradable	*biodégradable*
non degradable	*non dégradable*
a biodegradable rubbish bag	*un sac poubelle biodégradable*
biodestructible	*biodestructible*
unbleached lavatory paper	*le papier hygiénique sans décolorant*
a shopping bag	*un sac en plastique*
plastic packaging	*le conditionnement en plastique*
film-wrapped packages	*paquets sous emballage de cellophane*
aluminium	*aluminium*
tin	*l'étain, le fer blanc*
glass	*le verre*
motor oil	*l'huile de vidange*
a car battery	*une batterie automobile*
nickel cadmium	*le cadmium au nickel*
a broken down air conditioner	*un climatiseur cassé*
a CFC recovery bag	*un sac pour la récupération de CFC*
a refrigerant recycling machine	*une machine à récupérer les gaz réfrigérants*
to catch refrigerant	*récupérer les gaz réfrigérants*
a reusable item	*un article réutilisable*
a disposable item	*un article jetable*
a used item	*un article d'occasion*
non recyclable	*non recyclable*
a recycling program	*un programme de recyclage*
a recycling law	*une loi sur le recyclage*
to minimize waste	*réduire les déchets au minimum*
to cut waste generation	*limiter la production de déchets*
to curb waste	*réduire le gaspillage*
to separate out waste	*trier les déchets*
to sort garbage (into)	*trier les ordures (en)*
a deposit (on)	*une consigne (sur)*
a deposit scheme	*un système de consigne*
to redeem	*récupérer*
a street redeemer	*un conteneur de récupération public*
bottle redemption	*la récupération du verre*
a redemption center	*un centre de récupération*
a bottle redemption firm	*une usine de récupération du verre*
a collection point	*un point verre*
a bottle bank	" " "
a container	*un conteneur*
to return bottles	*consigner les bouteilles*
a return	*une consigne*
to refund	*rembourser*
to offer a cash refund	*offrir un remboursement en espèces*
an empty	*une bouteille vide*
to turn trash into hard cash	*transformer les ordures en or dur*
to convert back into	*reconvertir en*
valuable materials	*matériaux de valeur*
to charge households	*imposer les ménages*
to collect garbage	*ramasser les ordures*
a garbage-collection fee	*une taxe sur les ordures ménagères*
to compost fallen leaves	*composter les feuilles mortes*
lawn clippings	*herbe coupée*
to burn methane	*brûler le méthane*
to be given off by a landfill	*se dégager d'une décharge*

to collect methane	*recueillir le méthane*
to recover	*récupérer*
to tap gas in	*exploiter le gaz*
to reuse	*réutiliser*
to repair	*réparer*
to replace	*remplacer*

6 NOISE POLLUTION — *LES NUISSANCES SONORES*

a decibel	*un décibel*
a noisemaking activity	*une activité bruyante*
the source of the noise	*la source du bruit*
a jet takeoff	*un décollage d'avion*
a sonic boom	*le mur du son*
to squeal (tires)	*crisser (pneus)*
to screech (brakes)	*crisser (freins)*
to blare (radios)	*retentir (radios)*
to drone (planes)	*vrombir (avions)*
to honk	*klaxonner*
to wail	*hurler (sirènes)*
a pneumatic drill	*un marteau piqueur*
auto traffic	*la circulation automobile*
painfully loud	*pénible pour l'oreille*
annoying	*agaçant*
intrusive	*dérangeant*
nerve-racking noise	*bruit qui met les nerfs à vif*
quiet	*calme*
audible	*audible*
to impair hearing	*abîmer l'ouïe*
to be threatened with hearing damage	*être menacé de pertes auditives*
an exposure to noise	*l'exposition au bruit*
sound absorbing	*insonorisé*
an earplug	*une boule quiès*

7 VISUAL POLLUTION — *LA POLLUTION VISUELLE*

an eyesore	*une horreur pour la vue*
a billboard	*un panneau d'affichage*
a boarding	*un panneau publicitaire*
a neon sign	*une enseigne au néon*
light pollution	*la pollution par la lumière (artificielle)*
glare	*l'éclat*
streetlights	*l'éclairage urbain*
an advertising sign	*un panneau de publicité*
to disfigure a landscape	*défigurer un paysage*
a disfigurement	*une défiguration*
to deface	*défigurer*
defacement	*la dégradation*
to spoil	*gâcher*
a blemish on	*une tache sur*
to degrade	*dégrader*
a blighted zone	*une zone ravagée*
ugly	*laid*
ugliness	*la laideur*

III PUBLIC AWARENESS OF ENVIRONMENTAL PROBLEMS — *LA PRISE DE CONSCIENCE COLLECTIVE DES PROBLEMES DE L'ENVIRONNEMENT*

1 GENERAL BACKLGROUND — *GENERALITES*

to be made aware of	*être sensibilisé par*
to spread awareness	*élargir la prise de conscience*
to heighten awareness	*accroître la prise de conscience*
an increase in awareness	*une prise de conscience plus forte*
to set off alarm bells	*déclencher la sonnette d'alarme*
an awareness-building campaign	*une campagne de sensibilisation*
to mobilize mass commitments	*mobiliser les énergies de tous*
to stir public opinion	*remuer l'opinion publique*
to be at stake	*être en jeu*
a public outcry	*un tollé général*
to capture imaginations	*enflammer les imaginations*
to set off a debate	*engager un débat*
to ignite a debate	*enflammer un débat*
to bring an issue into the heart of a political debate	*introduire un problème dans le débat politique*
to press an issue	*faire sentir l'urgence d'un problème*
to have a legitimate interest (in)	*avoir un intérêt légitime (à / dans)*
to act responsibly toward	*agir de façon responsable envers*
to engage in environmentally sound practices	*se livrer à pratiques écologiques saines*
responsible practices	*comportements responsables*
to introduce environmental education programs (into)	*introduire des programmes d'éducation sur l'environnement (dans)*
to dominate headlines	*faire la une de la presse*
to develop a sense of responsibility	*développer un sentiment de responsabilité*

2 HEALTH AND POLLUTION — *SANTE ET POLLUTION*

the threshold of safety	*le seuil de danger*
to sound pollution alerts	*donner l'alerte à la pollution*
to exceed guidelines	*dépasser les limites*
a hazard	*un danger*
a health hazard	*un danger pour la santé*
hazardous	*dangereux*
a threat	*une menace*
to threaten	*menacer*
to jeopardize	*mettre en danger*
in jeopardy	*en danger*
to endanger	*mettre en danger*
to highlight the dangers	*souligner les dangers*
to assess the health risks	*mesurer les risques pour la santé*
endangered	*menacé*
toxic	*toxique*
to harm	*nuire à*
to do harm	*causer du tort*
harmful	*nuisible*
harmless	*sans danger*
noxious	*nocif*
innocuous	*inoffensif*
safe	*sans danger*
unsafe	*dangereux*
to poison	*empoisonner*
poisonous	*toxique*
poisoned	*empoisonné*
poisoning	*un empoisonnement*
lead poisoning	*le saturnisme*
gas poisoning	*l'asphyxie au gaz*
deadly	*mortel*
lethal	"
fatal	"
to turn lethal	*devenir mortel*
to die from	*mourir des suites de*
environmentally-induced causes	*causes liées à l'environnement*
a carcinogen	*un produit cancérigène*
carcinogenic	*cancérigène*
carcinogenic properties	*propriétés cancérigènes*
cancer-causing	*qui provoque le cancer*
cancer-related	*lié au cancer*
cancer-causing potential	*capable de provoquer un cancer*
cancer-causing substances	*produits qui provoquent le cancer*
a cancer victim	*une victime du cancer*
traceable to	*qu'on peut lier à*
reproductive effects	*conséquences pour la reproduction*
a mutation	*une mutation*
mutagenic effects	*conséquences génétiques*
the food chain	*la chaîne alimentaire*
to affect	*toucher*
to damage	*endommager*
to impair	*altérer*
to destroy	*détruire*
a residue	*un résidu*
a trace	*une trace*
an additive	*un additif*
a side effect	*un effet secondaire*
organic	*biologique*
a respiratory disease	*une affection respiratoire*
to choke	*s'étouffer (par blocage)*
to stifle	*étouffer (par excès de chaleur)*
to sneeze	*éternuer*
to cough	*tousser*
to have a sore throat	*avoir mal à la gorge*
asthma	*l'asthme*
to develop chronic bronchitis	*contracter une bronchite chronique*
a heart ailment	*une maladie cardiaque*
to develop a tumour	*présenter une tumeur*
lung cancer	*le cancer du poumon*
to feel dizzy / giddy (from)	*avoir des vertiges (à cause de)*
to faint	*s'évanouir*
anaemia	*l'anémie*
a liver disorder	*une maladie du foie*
an occupational disease	*une maladie professionnelle*
undue intake of chemicals	*l'absorption excessive de produits chimiques*
infant mortality	*la mortalité infantile*
radiation sickness	*le mal des rayons*
a freak animal birth	*une naissance d'animal anormal*

see : health — *voir : la santé*

3 GOING GREEN — *LA CONVERSION A L'ECOLOGIE*

to go green	*se convertir à l'écologie*
viridian	*vert, écologique*
to be green-minded	*penser écologique*
green sentiment	*un état d'esprit écologique*
a green policy	*une politique écologique*
green power	*le pouvoir des écologistes*
green activism	*le militantisme écologique*
an ecodefender	*un défenseur de la nature*
an ecoraider	*un destructeur de la nature*
countrycide	*destructeur de la campagne*
seacide	*destructeur de la mer*
rivercide	*destructeur des fleuves*
an ecofreak	*un fou de l'écologie*
a greenoid	*un obsédé de l'écologie*
greenery / viridity	*le caractère écologique (d'un produit, d'une législation etc.)*
to buy green	*acheter vert*
a green brand	*une marque écologique*
green retailing	*magasins de détail écologiques*
green consumerism	*le consumérisme écologique*
a green consumer	*un consommateur écologique*
a green product	*un éco-produit*
ungreen	*non écologique*

the rise of the green consumer	*l'avènement du consommateur écologique*
to rush into greenery	*se précipiter sur les produits écologiques*
to promote the greenness of a product	*promouvoir le côté écologique d'un produit*
to be friendly to the environment	*être inoffensif pour l'environnement*
to be environmental friendly	*être sans danger pour l'environnement*
an environmental(ly) friendly fuel	*un carburant sans danger pour l'environnement*
environmental friendliness	*de ce qui est inoffensif pour l'environnement*
to use natural ingredients	*utiliser des ingrédients naturels*
a non-toxic product	*un produit sain*
an eco-labelling scheme	*un système d'étiquetage écologique*
to change buying habits	*changer les habitudes d'achat*
to favour	*préférer*

4 MANAGING GREENLY — *LA GESTION ECOLOGIQUE*

to take the environment seriously	*prendre l'environnement au sérieux*
to change one's corporate image	*changer l'image de son entreprise*
to strengthen ties with customers	*renforcer les liens avec ses clients*
corporate liability (for)	*la responsabilité de l'entreprise (pour)*
to raise one's credibility with consumers	*être plus crédible aux yeux des consommateurs*
to be environmentally unclean	*bafouer les normes anti-pollution*
environmental credentials	*états de service qui prouvent le souci porté à l'environnement*
a green mutual fund	*une SICAV de produits écologiques*
a green portfolio	*un portefeuille d'actions d'entreprises soucieuses de respecter l'environnement*
environmental law	*le droit de l'environnement*
to break environmental laws	*violer les lois sur l'environnement*
an environmental attorney	*un avocat spécialiste de l'environnement*
regulatory constraints	*contraintes réglementaires*
to comply with environmental law	*respecter les lois anti-pollution*
to meet environmental objectives	*répondre aux objectifs anti-pollution*
to set oneself stringent targets	*se fixer des objectifs rigoureux*
a pollution prevention program (PPP)	*un programme anti-pollution*
environmental spending	*le budget de l'environnement*
environmental auditing	*la vérification de l'application des normes anti-pollution (au sein d'une entreprise)*
to report all the pollutants emitted	*rendre compte des produits polluants dégagés*
to keep track of the waste generated	*surveiller la production des déchets*

5 ENVIRONMENTAL POLICY — *LA POLITIQUE DE L'ENVIRONNEMENT*

5.1 FASHIONING POLICIES — *L'ELABORATION DES POLITIQUES*

the Department of the Environment	*le ministère de l'Environnement*
the Environment Minister	*le ministre de l'Environnement*
the Environment Protection Agency (EPA) (USA)	*l'Agence pour la protection de l'environnement*
the Nature Conservancy	*l'administration chargée des problèmes de l'environnement*
an environmental fund	*un budget de l'environnement*
a watchdog agency	*un organisme de surveillance*
to monitor pollution	*surveiller la pollution*
an agenda for environmental action	*priorités pour une action en faveur de l'environnement*
to meet environmentalists' objectives	*répondre aux objectifs des écologistes*
to propose major steps	*proposer des mesures importantes*
to draft legislation	*faire voter des lois*
to enact laws	*promulguer des lois*
enactment	*la promulgation*
an environmental law	*une loi sur l'environnement*
to revise ineffectual laws	*réviser les lois inadéquates*
to formulate adequate policies	*formuler des politiques appropriées*
to develop a policy	*définir une politique*
to pursue a policy	*suivre une politique*
to fashion effective policies	*formuler des politiques efficaces*
to issue directives	*publier des directives*
to regulate	*réglementer*
a regulation	*un règlement, une disposition*
to follow the regulations	*se conformer à la réglementation*

stringency	*la sévérité*
stringent	*draconien*
flexibility	*la souplesse*
flexible	*souple*
laxity	*le laxisme*
lax	*laxiste*
a standard	*une norme*
to meet standards	*répondre aux normes*
to impose standards	*imposer des normes*
to apply standards	*appliquer des normes*
to violate ecological standards	*violer les normes écologiques*
a violation	*une violation*
to achieve standards	*remplir les conditions*
to exceed the limits	*dépasser les limites*
to comply with	*se plier à, observer, se conformer à*
to adapt standards (to)	*adapter des normes (à)*
to bring one's rules in line with	*harmoniser ses règlements avec*
to drop one's restrictions (on)	*abandonner ses restrictions (pour)*
to police	*veiller à l'application de*
a mandate	*une obligation*
mandatory	*obligatoire*
a drive to	*une campagne pour*
to be in the vanguard of the effort	*être à l'avant-garde de l'effort*
a call for action	*un appel à l'action*
to call on a country to	*inviter un pays à*
to frame solutions	*formuler des solutions*
to allocate resources	*affecter de l'argent*
to increase funding (for)	*augmenter les ressources (pour)*
a contingency plan	*un plan d'urgence*
an emergency	*une urgence*
to pressure	*faire pression sur*
a pressure	*une pression*
to move an issue at the top of the agenda	*accorder la priorité à un problème*
to conduct environmental-impact assessments	*mesurer l'impact sur l'environnement*

5.2 INTERNATIONAL COOPERATION — *LA COOPERATION INTERNATIONALE*

the United Nations Environment Program (UNEP)	*le programme sur l'environnement des Nations unies*
to enhance the role	*accroître le rôle*
to factor into a program	*faire rentrer en ligne de compte dans un programme*
to promote international treaties	*promouvoir des traités internationaux*
international partnership	*la coopération internationale*
to adhere to a treaty	*adhérer à un traité*
to sign a convention	*signer une convention*
to skirt a convention	*contourner une convention*
to safeguard	*garantir*
to move towards a comprehensive treaty	*élaborer un traité global*
a unilateral approach	*une approche unilatérale*
to heal the planet	*guérir la planète*
to get the earth in intensive care	*mettre la terre sous haute surveillance*
a world watch institute	*un institut mondial de surveillance*
to spur the development	*hâter le développement*
to get a plan together	*élaborer un plan en commun*
on a global scale	*sur une échelle planétaire*
worldwide	*mondial*
to spread conservation expertise (to)	*étendre le savoir-faire écologique (à)*
to train professionals (in)	*former des experts (à)*
to join international efforts	*unir les efforts de tous les pays*
a new Marshall Plan for environmental preservation	*un nouveau Plan Marshall pour la sauvegarde de l'environnement*
to monitor the vital signs	*surveiller les signes vitaux*
to launch an international earth-watch program	*lancer un programme international de surveillance de la planète*
an earth-watch satellite	*un satellite d'observation de la terre*
an earthscape	*une vue de la terre prise d'un engin spatial*
to coordinate research projects	*coordonner les projets de recherche*
to require a worldwide commitment	*nécessiter un engagement mondial*
to stir public support	*remuer l'opinion publique*
to pool the results of research efforts	*partager les résultats des recherches*
to centralise data on	*centraliser les données sur*
the state of the world	*la santé du monde*
sustainable development	*le développement acceptable*
to meet the needs of the present	*faire face aux besoins actuels*
to mesh in with economic policy	*être imbriqué dans la politique économique*
incompatible with economic growth	*incompatible avec la croissance économique*
to bequeath resources (to)	*léguer des ressources (à)*
to be fair to posterity	*être honnête avec les générations à venir*

6 THE GREENS — *LES VERTS*

the green movement	*le mouvement écologique*
the environmental movement	*" " "*
the green revolution	*la révolution écologique*
the Ecology party	*les Verts*
a green voter	*un électeur écologiste*
a green future	*un avenir en vert*
a green lobby	*un lobby écologique*
a pressure group	*un groupe de pression*
a green bill	*un projet de loi écologique*
influential	*qui exerce une influence*
to press for	*réclamer*

to set up a green group	*fonder un groupe écologique*
to oversee	*surveiller*
to stage	*organiser*
a trash in	*une manifestation écologique*
an eco fair	*une foire écologique*
monkey-wrenching	*le sabotage d'équipements anti-écologiques*
a monkey-wrench	*une clé anglaise*
a monkey-wrench gang	*un gang de saboteurs écologistes*

7 CONTROLLING POLLUTERS — *LE CONTROLE DES POLLUEURS*

effective	*efficace*
feasible	*réalisable*
to test chemicals	*tester les produits chimiques*
to determine the toxicity	*évaluer la toxicité*
to take strong steps	*prendre des mesures efficaces*
to comply with legislation	*se conformer à la législation*
to check compliance (with)	*surveiller la conformité (à)*
to enforce a ban	*faire respecter une interdiction*
to crack down on	*réprimer*
to fine	*condamner à une amende*
to levy a fine	*imposer une amende*
an offender	*un délinquant*
an offending industry	*une industrie en infraction*
to penalise polluters	*pénaliser les pollueurs*
an environmental tax	*un impôt écologique*
to impose taxes on	*imposer des taxes sur*
to tax the use of	*taxer l'utilisation de*
a tax penalty	*une pénalisation par l'impôt*
a carbon tax	*une taxe sur l'oxyde de carbone*
a car tax	*une taxe sur les automobiles*
the vehicle excise duty (VED)	*la vignette*
to raise petrol duty	*augmenter les taxes sur l'essence*
a road-user charge	*une taxe sur l'utilisation des routes*
a water charge	*une taxe sur l'eau*
to impose a toll on cars	*imposer une taxe sur les voitures*
a green impost	*un impôt vert*
to collect a pollution fee	*taxer les pollueurs*
a charge on waste	*une taxe sur les déchets*
to charge industry	*faire payer les industries*
to think up new charges	*trouver de nouveaux moyens de faire payer*
the polluter-pay principle	*le principe du pollueur-payeur*
to yield	*rapporter*
to make operations failsafe	*rendre les opérations sûres à 100%*
extra landing fees for	*droits supplémentaires d'atterrissage*
to clean up one's act	*laisser place nette*
law enforcement	*l'application de la loi*
to enforce the law	*faire respecter la loi*

8 ZERO POLLUTION — *LE DEGRE ZERO DE POLLUTION*

to save energy	*économiser l'énergie*
energy saving	*les économies d'énergie*
to conserve energy	*préserver l'énergie*
to boost energy saving	*encourager les économies d'énergie*
to encourage energy conservation	" " " "
to spur	*inciter*
a workable solution	*une solution réalisable*
a viable alternative	*une alternative viable*
an incentive	*une incitation*
a tax incentive	*une incitation fiscale*
tax relief	*l'abattement fiscal*
to put out preventive measures in place	*mettre en place des mesures préventives*
to be energy-efficient	*être économe en énergie*
energy-saving technology	*une technologie sobre en énergie*
an alternative energy source	*une autre source d'énergie*
to develop an alternative to	*mettre au point des substituts à*
to substitute	*remplacer*
to switch from . . . to . . .	*passer de ... à ...*
to move away from	*s'assujettir de*
to turn to	*se tourner vers, adopter*
to call for a reduction	*demander une réduction*
to achieve a reduction (in)	*parvenir à une réduction (de)*
to prevent release (of)	*empêcher les fuites (de)*
to cut	*limiter*
to cut down	*réduire*
to cut back on the use of	*limiter l'utilisation de*
to force a cutback in	*obliger à limiter*
to cut down on	*économiser*
to call for a reduction	*demander la limitation*
to slash in	*tailler dans*
a slash in	*faire des coupes dans*
to use sparingly	*user avec modération*
to phase out	*éliminer progressivement*
to ban	*interdire*
to better life	*améliorer la vie*
to improve the quality of life	*améliorer la qualité de la vie*
to be conservation-conscious	*être soucieux d'économiser l'énergie*
to insulate (against)	*isoler (de)*
home insulation	*le calorifugeage / l'isolation des maisons*
to plug leaky windows	*calfeutrer les fenêtres*
to lower one's thermostat	*baisser son thermostat*
an air conditioner	*un climatiseur*

see : energy — *voir : l'énergie*

4 WILDLIFE — *LA FAUNE*

I THE WILDS — *LES REGIONS SAUVAGES*

1 THE WILDERNESS — *LA NATURE SAUVAGE*

wild	*sauvage*
wildness	*l'aspect sauvage*
a desert	*un désert*
barren	*aride*
inaccessible	*inaccessible*
remote	*reculé*
a godforsaken place	*un endroit perdu*
pristine	*pur*
unspoilt	*virginal*
untouched	"
unexplored	*inexploré*
uncharted territory	*le territoire inexploré*
forbidding	*sinistre*
lifeless	*sans vie*
hostile	*hostile*
uncivilized	*non civilisé*
sparsely populated	*faiblement peuplé*
inhospitable	*inhospitalier*
the average temperature	*la température moyenne*
to fall to inconceivable levels	*tomber sous des seuils inconcevables*
to record a temperature	*enregistrer une température*
the Arctic	*l'Arctique*
the Antarctic	*l'Antarctique*
the South Pole	*le Pôle sud*
the North Pole	*le Pôle Nord*
northermost	*le plus septentrional*
an iceberg	*un iceberg*
icefloe	*glaces flottantes*
an icefield	*une banquise*
the floe	*la banquise, un champ de glace*
an ice layer	*une couche de glace*
to be ice free	*être libre de glaces*
the seabed	*le lit de l'océan*
a botanist	*un botaniste*
a naturalist	*un naturaliste*
a researcher	*un chercheur*
to do research	*faire des recherches*
to conduct scientific research	*faire des recherches scientifiques*
to establish a base	*établir une base*
to place a base	" "
a permanent base	*une base permanente*
a research station	*une station de recherches*
to carry out experiments	*se livrer à des expériences*
to gather data	*rassembler des données*
scientific cooperation	*la coopération scientifique*

2 GAME — *LE GIBIER*

an ant-eater	*un tapir*
an antelope	*une antilope*
an ape	*un grand singe*
a baboon	*un babouin*
a tribe of baboons	*une tribu de babouins*
a bear	*un ours*
a she-bear	*une ourse*
a bear-cub	*un ourson*
a polar bear	*un ours polaire*
a bison / a buffalo	*un bison*
a buffalo	*un buffle*
a camel	*un chameau*
a caribou	*un caribou*
a chimpanzee / a chimp	*un chimpanzé*
a cobra	*un cobra*
a cougar	*un puma*
a crocodile	*un crocodile*
a dromedary	*un dromadaire*
a hump	*une bosse*
an elephant	*un éléphant*
a herd of elephants	*un troupeau d'éléphants*
a cow-elephant	*un éléphant femelle*
an infant elephant	*un éléphanteau*
a tusker	*un éléphant adulte (qui a ses défenses)*
to trumpet	*barrir*
a trunk	*une trompe*
a tusk	*une défense*
a giraffe	*une girafe*
a gorilla	*un gorille*
a hippopotamus	*un hippopotame*
a hyena	*une hyène*
a jackal	*un chacal*
a kangaroo	*un kangourou*
a llama	*un lama*
a leopard	*un léopard*
a lion	*un lion*
a lioness	*une lionne*
a mane	*une crinière*
a fang	*un croc*
a mangoose	*une mangouste*
a mink	*un vison*
a monkey	*un singe*
a moose	*un orignac, un élan*
an orang-utan	*un orang-outang*
an ostrich	*un autruche*
a panther	*une panthère*
a penguin	*un pengouin*
a python	*un python*
a rhinoceros	*un rhinocéros*
a seal	*un phoque*

a skua	*un stercoraire*
a tiger	*un tigre*
a wildcat	*un chat sauvage*
a wolf	*un loup*
a pack of wolves	*une meute de loups*
a zebra	*un zèbre*
fierce	*féroce*
striped	*rayé*
spotted	*moucheté*
bloodthirsty	*sanguinaire*
flesh-eating	*carnivore*
voracious	*vorace*
rapacious	*rapace*
to feed on	*se nourrir*
a carrion	*une charogne*
predatory	*prédateur*
the gait	*l'allure*
hide	*la peau*
pelt	" "
fur	*la fourrure*
fat	*la graisse*
meat	*la viande*

II ENDANGERED SPECIES — *LES ESPECES EN DANGER*

1 GENERAL BACKGROUND — *GENERALITES*

the fauna and the flora	*la faune et la flore*
to be home to	*abriter*
earth's variety of life	*la variété des espèces*
a fragile population	*une population fragile*
a species	*une espèce*
a subspecies	*une sous-espèce*
to domesticate a species	*domestiquer une espèce*
to harbour a species	*abriter une espèce*
to support a species	*faire vivre une espèce*
interdependent species	*espèces interdépendantes*
interdependence	*l'interdépendance*
inbreeding	*le croisement d'animaux*
to breed	*se reproduire*
a mammal	*un mammifère*
to hatch an egg	*pondre un oeuf*
to thrive	*prospérer*
to repopulate	*repeupler*
a repopulation plan	*un plan de repeuplement*
a wildlife reservation / a wildlife preserve	*une réserve d'animaux sauvages*
a wildlife park	" " "
wildlife protection	*la protection de la faune*
a nature reserve	*une réserve naturelle*
to mate with	*s'accoupler*
a rookery	*une colonie*
a habitat	*un biotope*
an ecosystem	*un écosystème*
a marine ecosystem	*un écosystème marin*

2 HUNTING — *LA CHASSE*

2.1 THE HUNTER — *LE CHASSEUR*

to hunt	*chasser*
to go hunting	*aller à la chasse*
a hunting party	*un groupe de chasseurs*
a hunter / a huntsman	*un chasseur*
a hunter's paradise	*un paradis pour chasseurs*
a sportsman	*un chasseur*
to shoot	*tirer*
shooting	*la chasse (avec un fusil)*
to load a gun	*charger un fusil*
to pull the trigger	*appuyer sur la gâchette*
a gunshot	*un coup de feu, une portée de fusil*
the report	*la détonation*
the shooting season	*la saison de la chasse*
a shooting licence	*un permis de chasse*
a hunting licence	" " " "
a reservation ground	*une chasse gardée*
game laws	*règlements de chasse*
a marksman	*un bon tireur*
a good shot	*un bon fusil*
a gamebag	*une gibecière*
a cartridge belt	*une cartouchière*
a poacher	*un braconnier*
poaching	*le braconnage*
indiscriminate hunting	*la chasse aveugle*
a safari	*un safari*
to go on a safari	*faire un safari*
a safari-hunter	*un chasseur de safari*
to be dressed in a safari outfit	*être en tenue de safari*
a safari guide	*un guide de safari*

2.2 THE QUARRY — *LA PROIE*

big game hunting	*la chasse aux grands fauves*
bear hunting	*la chasse à l'ours*
stag hunting	*la chasse au cerf*
game birds	*le gibier à plumes*
waterfowl	*le gibier d'eau*
a game catcher	*un chasseur de gibier*
a gamekeeper	*un garde-chasse*
a game reserve	*une réserve de grands fauves*
a game warden	*un gardien chargé de la protection des animaux*
to be kept in a reservation	*être élevé dans une réserve*
a pack of hounds	*une meute de chiens*
a pointer	*un chien d'arrêt*

a track / a trail	*une piste*
to stalk a prey	*traquer une proie*
to lose the scent	*perdre la trace*
to lie in wait for	*être à l'affût de*
a beat	*une battue*
a beater	*un rabatteur*
to ensnare	*prendre au piège*
to trap	" " "
a snare	*un collet*
a pitfall	*une fosse*
a prey	*une proie*
a quarry	" "
an animal in the wild	*un animal en liberté*
a bow	*une arc*
an arrow	*une flèche*
a spear	*un javelot*
the kill	*la mise à mort*
an encounter with	*une rencontre avec*
to lurk	*se cacher*
to be on the look-out (for)	*guetter*
to creep	*ramper*
to steal	*se glisser*
to cower	*se tapir*
to crouch	" "
to lie in wait	" "
to steal	*se glisser subrepticement*
to spring (at)	*s'élancer (sur)*
to spring	*bondir*
to leap	"
to charge	*charger*
onrushing	*en train de charger*
to tear to pieces	*déchiqueter*
to wound	*blesser*
to gore	*encorner*
to maim	*mutiler*
to eat up	*dévorer*
to wreck a harvest	*dévaster une récolte*
to lay waste	*dévaster*
at bay	*aux abois*
a lair	*une tanière (bêtes fauves)*
a den	*une tanière (bêtes féroces)*

3 ENDANGERED SPECIES — *LES ESPECES EN VOIE DE DISPARITION*

ongoing extinction	*l'extinction en cours*
to become extinct	*être en voie d'extinction*
an extinct species	*une espèce disparue*
the pace of extinction	*le rythme de disparition*
the rate of extinction	*le taux de disparition*
the pattern of extinction	*le mode de disparition*
to near extinction	*avoir presque entièrement disparu*
to drive a species to extinction	*réduire une espèce à néant*
to be threatened with extinction	*être menacé de disparition*
on the verge of extinction	*sur le point de disparaître*
to face extinction	*faire face à la disparition*
irreversible extinction	*l'extinction irréversible*
to force a species into extinction	*condamner une espèce à disparaître*
to slip into extinction	*disparaître doucement*
on the decline	*sur le déclin*
an expendable species	*une espèce non indispensable*
to destroy irreplaceable species	*détruire des espèces irremplaçables*
to be at risk	*être en danger*
to be in peril	" " "
beleaguered	*en danger*
at stake	*en jeu*
to dwindle	*diminuer*
to vanish from the face of the earth	*disparaître de la surface du globe*
to kill off a species	*exterminer une espèce*
to wipe out a species	*anéantir une espèce*
to die out	*disparaître*
died out	*disparu*
to decimate	*décimer*
to eradicate	*éliminer*
the elephant plight	*la tragédie des éléphants*
to slaughter	*massacrer*
a scene of slaughter	*une scène de massacre*
a carnage	*un carnage*
to mow down herds	*abattre des troupeaux*
to spray with automatic fire	*arroser à l'arme automatique*
to plunder herds	*décimer les troupeaux*
to butcher	*massacrer*
to cut to pieces	*découper en morceaux*
a carcass	*une carcasse*
orphaned	*orphelin*
to hack the tusks	*tailler les défenses à la hache*
to ax	*découper à la hache*
an axe	*une hache*
reproductive behaviour	*habitudes de reproduction*
to disrupt breeding patterns	*bouleverser les schémas de reproduction*
to cull one's herd	*abattre des animaux en surnombre*
culling	*abattage*
to cut the population (by)	*réduire la population (de)*
to overlook a tragedy	*ignorer une tragédie*
conservation	*la protection*
to survive	*survivre à*
survival	*la survie*
to safeguard a population	*sauvegarder une population*
to maintain a population	*préserver une population*
to protect herds	*protéger les troupeaux*
to rally to the rescue	*venir en aide*
to make a recovery	*réapparaître*
to save a species from extinction	*sauver une espèce de la disparition*
the Convention on International Trade in Endangered Species (CITES)	*la Convention sur le commerce international des espèces de faune et de flore sauvages menacées d'extinction*

4 TOURISM AND THE WILDERNESS — *TOURISME ET NATURE SAUVAGE*

to visit a country	*visiter un pays*
a visitor	*un visiteur*
a tourist	*un touriste*
a tourist program	*un programme touristique*
to attract tourists	*attirer les touristes*
a tourist group	*un groupe de touristes*
a boatload of tourists	*un bateau de touristes*
a busload of tourists	*un bus chargé de touristes*
to limit the size of a group	*limiter la taille d'un groupe*
to set up a tour	*organiser un voyage*
a wildlife sanctuary	*une réserve naturelle*
to attract animal lovers	*attirer les amoureux des animaux*
revenue from	*revenus tirés de*
to make money (from)	*gagner de l'argent (sur le dos de)*
proceeds (from)	*revenus (tirés de)*
wildlife profits	*les revenus tirés de la nature*
to be armed with a camera	*être muni d'une caméra*
to snap pictures	*prendre des photos*
a photography buff	*un passionné de photographie*
to tramp through	*parcourir*
a park warden	*un gardien de parc*
ecotourism	*le tourisme écologique*
to harass animals	*harceler les animaux*
to foul	*souiller*
an intrusive visitor	*un intrus*
an invader	*un envahisseur*
to gawk at	*regarder bouche bée*
see : tourism	*voir : le tourisme*

5 THE IVORY TRADE — *LE TRAFIC D'IVOIRE*

ivory	*l'ivoire*
to trade in	*faire le commerce de*
an ivory trader	*un marchand d'ivoire*
illegal trading	*le commerce illégal*
an ivory hunter	*un chasseur d'ivoire*
to go in search of ivory	*chasser l'ivoire*
illicit ivory	*ivoire illégal*
an ivory consuming nation	*une nation consommatrice d'ivoire*
to be greedy (for)	*être grand amateur (de)*
the ivory trail	*la piste de l'ivoire*
an ivory network	*un réseau de l'ivoire*
to launder ivory	*blanchir l'ivoire*
ill-gotten ivory	*ivoire acquis frauduleusement*
a questionable origin	*une origine douteuse*
an ivory retailer	*un détaillant en ivoire*
an exporter	*un exportateur*
an export permit	*une licence d'exportation*
an ivory scandal	*un scandale de l'ivoire*
a conduit	*une filière*
a smuggler	*un contrebandier*
to smuggle	*faire de la contrebande*
the officials	*les autorités*
to turn a blind eye	*fermer les yeux*
inaction	*la passivité*
deceit	*la duperie*
greed	*la cupidité*
corrupt	*corrompu*
inept	*stupide*
to be in collusion with	*être de mèche avec*
the lure of profits	*l'appât du gain*
to entice	*aguicher*
profit-making	*qui rapporte*
to stockpile	*stocker*
an undocumented tusk	*une défense dont l'origine est frauduleuse*
to lack documentation	*être en infraction*
to trace a tusk	*retrouver l'origine d'une défense*
falsified export documents	*documents d'exportation falsifiés*
bogus documents	*faux papiers*
to skirt the system	*contourner les lois*
to beat the system	*frauder*
a raw material for industry	*une matière première pour l'industrie*
to be prized	*être prisé*
to be in great demand	*être très recherché*
to meet the demand	*répondre à la demande*
to take in 40 per cent of the trade	*absorber 40% du commerce*
a hedge against inflation	*un moyen de se prémunir contre l'inflation*
to turn into	*transformer en*
to carve	*sculpter*
a carver	*un sculpteur*
a bauble	*une babiole*
a trinket	*un bibelot*
a piano key	*une touche de piano*
a necklace	*un collier*
a ring	*une bague*
a figurine	*une statuette*
a comb	*un peigne*
a pistol grip	*une crosse de pistolet*
rosary beads	*perles de rosaire*
a tooth pick	*un cure-dent*
a fly whisk	*un chasse-mouches*
a billiard ball	*une boule de billard*
to draw one's living from	*vivre de*
to sell for a pittance	*vendre pour une bouchée de pain*
to eke out a living	*arrondir ses fins de mois*

6 REPRESSION OF TRADE — *LA REPRESSION DU TRAFIC*

to declare war on	*déclarer la guerre à*
to seize illegal tusks	*saisir les défenses interdites*
to thwart poaching	*faire échec au braconnage*
to eradicate corruption	*mettre fin à la corruption*
to restrict the trade	*limiter le commerce*
to control commerce (in)	*réglementer le commerce (de)*

to regulate the trade (in)	" " "
to monitor the wildlife trade	*surveiller le trafic des animaux sauvages*
to adopt export quotas	*contingenter les exportations*
to register	*faire enregistrer*
to declare a moratorium (on)	*instaurer un moratorium (sur)*
to bar illegal ivory	*interdire l'ivoire illégal*
to ban trade (in)	*interdire le commerce (de)*
to trigger a global ban (on)	*déclencher une interdiction générale*
to call for a ban	*appeler à une interdiction*
to enforce a ban	*faire respecter une interdiction*
to go into force	*entrer en vigueur*
an anti-poaching unit	*une unité de lutte contre le braconnage*
an armed warden	*un gardien armé*
to check the flow	*enrayer le trafic*
to crack down on	*réprimer*
a crackdown	*la répression*
a raid	*une descente*
to confiscate a hoard	*confisquer un stock*
a porous ban	*une interdiction peu respectée*
to curb the illegal trade	*mettre un frein au trafic interdit*
to impose curbs on imports	*restreindre les importations*
to awaken people to the plight of	*sensibiliser les gens à la tragédie de*
consumer revulsion	*le dégoût du consommateur*
to put out of business	*obliger à fermer boutique*

5 DEFORESTATION — *LE DEBOISEMENT*

I THE ECOSYSTEM — *L'ECOSYSTEME*

1 THE FOREST — *LA FORET*

a forest	*une forêt*
a forester	*un forestier (un garde / un agent)*
a forest ranger	*un garde forestier*
forestry	*la sylviculture*
the Forestry Commission (UK)	*les Eaux et Forêts*
a wood	*un bois*
woodland	*un pays boisé*
woodlands	*les surfaces boisées*
a wooded area	*une région boisée*
woody	*boisé*
the underwood / the undergrowth	*le sous-bois*
a timber forest	*une futaie*
a thicket	*un fourré*
a copse / a coppice	*un taillis*
a grove	*un bosquet*
a plantation	*une plantation*
replantation	*le reboisement*
a glade	*une clairière*
the outskirts	*l'orée*
brushwood	*broussailles*
a bush	*un buisson*
a clump of trees	*un bouquet d'arbres*
a shrub	*un arbrisseau*
a shrubbery	*une plantation*
heather	*la bruyère*
heath	*la lande*
fern	*la fougère*
bracken	*une espèce de fougère*
the rain forest	*la forêt amazonienne*
the Amazon / Amazonia	*l'Amazone*
the Amazon river	*le fleuve Amazone*
a tropical forest	*une forêt tropicale*
a watershed	*un bassin hydrographique*
forest vegetation	*la végétation forestière*
luxurious / overgrown	*luxuriant*
a mangrove	*un palétuvier*
groundwater	*nappes souterraines*
wetlands	*marécages*
a swamp	*un marécage*
a marsh	*un marais*
marshland	*une région marécageuse*
a fen	*un marécage*
a bog	*une fondrière*
everglade	*terres marécageuses*
quick sands	*sables mouvants*
a tract of forest	*une parcelle de forêt*
a swath of forest	*une coupe dans la forêt*
a dense forest	*une forêt impénétrable*
teeming	*grouillant*
entangled	*enchevêtré*
a tangle	*un enchevêtrement*
fragile	*fragile*
balanced	*équilibré*

2 TREES — *LES ARBRES*

a species	*une essence*
an acacia	*un acacia*
an alder	*un aune*
an ash tree	*un frêne*
an aspen	*un tremble*
a beech	*un hêtre*
a birch	*un bouleau*

a cedar	*un cèdre*
a chestnut-tree	*un châtaignier*
a copper beech	*un hêtre pourpre*
a cypress	*un cyprès*
a dogwood	*un cornouiller*
an elm	*un orme*
a fir	*un sapin*
a gum tree	*un gommier*
hemlock	*la ciguë*
a hickory	*un hickory*
a hornbeam	*un charme*
a horse chestnut	*un marronier*
a juniper tree	*un genévrier*
a larch / a tamarack	*un mélèze*
a laurel	*un laurier*
a lime / a linden	*un tilleul*
a live oak	*un chêne vert*
a locust tree	*un caroubier*
a maple	*un érable*
a monkey-puzzle tree	*un araucaria*
a myrtle	*un myrte*
an oak	*un chêne*
an acorn	*un gland*
a palm tree	*un palmier*
a pine tree	*un pin*
a pine needle	*une aiguille de pin*
a cone	*une pomme de pin*
a pinewood	*une pinède*
a plane tree	*un platane*
a poplar	*un peuplier*
a redwood tree	*un séquoia*
a sassafras	*un sassafras*
a spruce	*un épicéa*
a sycamore / a buttonwood	*un sycomore*
a tulip tree	*un tulipier*
a walnut tree	*un noyer*
a willow	*un saule*
a weeping willow	*un saule pleureur*
a yew	*un if*
lianas	*lianes*
ebony	*l'ébène*
mahogany	*l'acajou*
rosewood	*le palissandre*
a rubber tree	*un hévéa*
a coconut tree	*un cocotier*
a sapling	*un jeune arbre*
stunted	*rabougri*
twisted	*tordu*
lofty	*majestueux*
slender	*élancé*
coniferous	*résineux*
a coniferous tree	*un conifère*
a deciduous tree	*un arbre à feuilles caduques*
indeciduous	*à feuilles persistantes*
an evergreen tree	*un arbre à feuilles persistantes*
a tree trunk	*un tronc d'arbre*
a root	*une racine*
to uproot	*déraciner*
bark	*l'écorce*
a leaf / leaves	*une feuille / feuilles*
leafy	*touffu*
to shed one's leaves	*perdre ses feuilles*
foliage	*le feuillage*
a canopy	*une voûte*
moss	*la mousse*
mossy	*moussu*
a branch / a bough	*une branche*
a twig	*une brindille, un rameau*
a stump	*une souche*
sap	*la sève*
resin	*la gemme*
to graft	*greffer*
to prop	*étayer*
to prune	*tailler*
to lop off	*émonder*
to pollard	*étêter, écimer*
a pollard	*un arbre étêté*

3 BIODIVERSITY — *LA BIODIVERSITE*

3.1 INSECTS — *LES INSECTES*

a pest	*un insecte nuisible*
to pester	*être nuisible à*
invertebrate	*invertébré*
a grub	*une larve*
a cocoon	*un cocon*
a feeler	*une antenne*
an ant	*une fourmi*
an anthill	*une fourmilière*
a bee	*une abeille*
a beehive	*une ruche*
a swarm of bees	*un essaim d'abeilles*
a honeycomb	*un rayon de miel*
wax	*la cire*
a bee-keeper	*un apiculteur*
a beetle	*un coléoptère*
a bumblebee	*un bourdon*
a butterfly	*un papillon*
a caterpillar	*une chenille*
a centipede	*un mille-pattes*
a cockroach	*un cafard*
a cicada / cicades	*une cigale / cigales*
a cricket	*un grillon*
a dragonfly	*une libellule*
a fly	*une mouche*
a firefly	*une luciole*
a flea	*une puce*
a glow-worm	*un ver luisant*
a gnat	*un moucheron*
a grasshopper	*une sauterelle*
a hornet	*un frelon*
a horsefly	*un taon*
a ladybird	*une coccinelle*
a locust	*une sauterelle*
a louse / lice	*un pou / poux*
a maybug	*un hanneton*
a mosquito	*un moustique*
a moth	*une phalène, une mite*
a scorpion	*un scorpion*
a silkworm	*un ver à soie*
a slug	*une limace*
a snail	*un escargot*

a spider	*une araignée*
a cobweb	*une toile d'araignée*
to weave	*tisser*
a tadpole	*un têtard*
a termite	*une termite*
a tick	*une tique*
a wasp	*une guêpe*
a worm	*un ver de terre*
to change into	*se muer*
to wriggle	*se tortiller*
to bite	*piquer*
to sting	*mordre*
to transmit a disease	*transmettre une maladie*
a mosquito-borne disease	*une maladie colportée par un moustique*

3.2 WATER SPECIES — *LES ESPECES AQUATIQUES*

a fish species	*une espèce de poisson*
a bass	*une perche*
a bleak	*une ablette*
a carp	*une carpe*
a catfish	*un poisson-chat*
a conger	*un congre*
an eel	*une anguille*
a frog	*une grenouille*
a tree frog	*une rainette*
a kingfisher	*un martin-pêcheur*
a leech	*une sangsue*
an otter	*une loutre*
a piranha	*un piranha*
a roach	*un gardon*
a manatee (sea cow)	*un lamantin*
a stingray	*une raie pastenague*
a toad	*un crapaud*
a water vole	*un rat d'eau*

3.3 REPTILES — *LES REPTILES*

snake-infested / snake-ridden	*infesté de serpents*
a poisonous snake	*un serpent venimeux*
an anaconda	*un anaconda*
a boa	*un boa*
a caiman	*un caïman*
a copperhead	*une vipère cuivrée*
a lizard	*un lézard*
a snake	*un serpent*
a grass-snake / a ring-snake	*une couleuvre*
a hooded snake	*un cobra, un naja*
a python	*un python*
a rattlesnake	*un serpent à sonnettes, un crotale*
a viper	*une vipère*
to creep	*ramper*
to coil up	*se lover*
to hiss	*siffler*
venom	*le venin*
to shed skin	*muer*
a molt	*une mue*
scales	*écailles*
fangs	*crocs*
a snakebite	*une morsure de serpent*

3.4 AVIFAUNA — *L'AVIFAUNE*

birdlife	*la vie des oiseaux*
a migratory bird	*un oiseau migrateur*
a predatory bird	*un rapace*
a bird of prey	*un oiseau de proie*
a bird sanctuary	*une réserve d'oiseaux*
a raptor / a raptore	*un rapace*
a migrant	*un oiseau migrateur*
passerine birds	*passereaux*
waterfowl	*le gibier d'eau*
a wader	*un échassier*
a stilt	*une échasse*
wildfowl	*le gibier à plume, le gibier d'eau*
a wheater	*un cul-blanc*
an avocet	*une avocette*
a barn-owl	*une chouette*
a bat	*une chauve-souris*
a blackbird	*un merle*
a budgerigar / a budgie	*une perruche*
a buzzard	*une buse*
a chaffinch	*un pinson*
a cygnet	*un jeune cygne*
a crow	*une corneille*
a cuckoo	*un coucou*
a curlew	*un courlis*
a dove	*une colombe*
a dovecote	*un colombier*
a drake	*un canard mâle*
a duck	*un canard*
a wild duck	*un canard sauvage*
an eagle	*un aigle*
a flamingo	*un flamant (rose)*
a peregrine falcon	*un faucon pélerin*
a goldcrest	*un roitelet huppé*
a goldfinch	*un chardonneret*
a ground-dove	*une géopélie*
a grouse	*un coq de bruyère*
a hawk	*un faucon*
a sparrow hawk	*un épervier*
a humming bird	*un colibri*
a jay	*un geai*
a kestrel	*une crécerelle, un faucon crécerelle*
a lark	*une alouette*
a linnet	*une linotte*
a magpie	*une pie*
a nightingale	*un rossignol*
an owl	*un hibou*
a parrot	*un perroquet*
a partridge	*une perdrix*
a young partridge	*un perdreau*
a pheasant	*un faisan*
a pigeon	*un pigeon*
a plover	*un pluvier*
a quail	*une caille*
a raven	*un corbeau*
a redbreast / a robin	*un rouge-gorge*
a redshank	*un chevalier*
a redstart	*un rouge-queue*

a ruff	*un pigeon capucin*
a sanderling	*un bécasseau des sables, un sanderling*
a sandpiper	*un bécasseau*
a seagull	*une mouette*
a siskin	*un chardonneret, un sizerin, un tarin*
a sparrow	*un moineau*
a starling	*un étourneau*
a stork	*une cigogne*
a swallow	*une hirondelle*
a swan	*un cygne*
a teal	*une sarcelle*
a tern	*une hirondelle de mer, une sterne*
a thrush	*une grive*
a tomtit / a tit	*une mésange*
a turnstone	*un tournepierre*
a vole	*un campagnol*
a vulture	*un vautour*
a wagtail	*une bergeronnette*
a warbler	*une fauvette*
a whimbrel	*un petit courlieu*
a wigeon / a widgeon	*un canard siffleur*
a woodcock	*une bécasse*
a woodpecker	*un pivert*
a wood pigeon	*un ramier, une palombe*
a wren	*un roitelet*
a wing	*une aile*
down	*le duvet*
a feather	*une plume*
a claw	*une griffe*
a talon	*une serre*
a beak	*un bec (crochu)*
a bill	*un bec (droit)*
an eyrie	*une aire*
to alight	*se poser*
to soar	*prendre son essor*
to hover	*planer*
to swoop down (on)	*fondre (sur)*
to nestle	*se nicher*
a nest	*un nid*
to breed	*se reproduire*
a brood	*une couvée*
to winter	*hiverner*

3.5 FIELD AND WOOD ANIMALS — *LES ANIMAUX DES CHAMPS ET DES BOIS*

a rodent	*un rongeur*
carnivorous	*carnivore*
herbivorous	*herbivore*
a badger	*un blaireau*
a beaver	*un castor*
a chipmunk	*un tamia*
a deer	*un daim*
a doe / a hind	*une biche*
a fallow deer	*un daim*
a fawn	*un faon*
a fox	*un renard*
a hare	*un lièvre*
a hedgehog	*un hérisson*
a marten	*une marte*
a mole	*une taupe*
a molehill	*une taupinière*
a mongoose	*une mangouste*
a muskrat	*un rat musqué*
a polecat	*un putois*
a porcupine	*un porc-épic*
a rabbit	*un lapin*
a rat	*un rat*
a reindeer	*un renne*
a roe buck / a roe deer	*un chevreuil*
a squirrel	*un écureuil*
a stag / a hart	*un cerf*
the antlers	*la ramure*
a turtle	*une tortue*
a weasel	*une belette*
a wild boar	*un sanglier*
a young wild boar	*un marcassin*
to burrow	*se terrer*
a burrow	*un terrier*
a shelter	*un gîte*
a warren	*une garenne*
to gnaw	*ronger*
to nibble	*grignoter*

II THE PLIGHT OF THE FOREST — *LA TRAGEDIE DE LA FORET*

1 DESTRUCTION — *LA DESTRUCTION*

to destroy	*détruire*
to devastate	*dévaster*
devastation	*la dévastation*
to wipe out	*effacer*
to bulldoze	*détruire à coups de bulldozer*
to obliterate	*effacer*
to be gone	*disparaître*
to cut down forests	*abattre des forêts*
to fell trees	*abattre des arbres*
to denude forests	*dénuder les forêts*
to strip forests of	*dépouiller les forêts de*
to raze a forest	*raser une forêt*
to chop down	*abattre*
to level	*raser*
to squander	*dilapider*
to clear land (for)	*défricher la terre (pour)*
clearing	*le déboisement*
careless cutting	*coupes inconsidérées*
a supply of trees	*une provision d'arbres*
to run out	*s'épuiser*

to burn the forest	*incendier la forêt*
to set fire to	*mettre le feu à*
a forest fire	*un incendie de forêt*
to be reduced to ashes	*être réduit en cendres*
immolation	*la destruction par le feu*
the torching of a forest	*un incendie de forêt*
wholesale burning	*incendie systématique*
charred	*calciné*
charcoal	*le charbon de bois*

2 A FRAGILE ECOSYSTEM — *UN ECOSYSTEME FRAGILE*

a habitat	*un biotope*
an ecotype	*un écotype*
to sustain oneself	*se suffire à soi-même*
to decline	*décliner*
to be under attack	*subir les assauts*
to face the threat of elimination	*être menacé de disparition*
to face bleak survival	*être condamné à court terme*
a self-sustaining ecosystem	*un écosystème autonome*
a reserve of natural resources	*une réserve de ressources naturelles*
a library for life sciences	*une bibiliothèque des sciences de la vie*
a pharmaceutical laboratory	*un laboratoire pharmaceutique*
biological diversity	*la richesse biologique*
an assortment of life	*une variété biologique*
an untapped storehouse	*une réserve non exploitée*
to be home to	*abriter*
lush territory	*un territoire luxuriant*
to yield one's secrets	*révéler ses secrets*
to prove valuable to mankind	*se révéler précieux pour l'humanité*
genetic heritage	*héritage génétique*
information encoded in genes	*renseignements contenus dans les gènes*
a cornucopia	*une réserve inépuisable*
a life form	*une forme de vie*
an organism	*un organisme*
a compound	*un composé*
a property	*une propriété*
a chemical	*un produit chimique*
a nutrient	*un élément nutritif*
to be nutrient-poor	*être pauvre en éléments nutritifs*
to lead to new treatments	*conduire à de nouveaux traitements*
to hold the key (to)	*posséder la clé (de)*
the soil	*la terre*
a plant species	*une variété de plante*
a species of insect	*une variété d'insecte*
to scour the fauna and flora for	*parcourir la faune et la flore à la recherche de*
to collect	*rassembler*
to classify	*classer*
to preserve biodiversity	*préserver la diversité biologique*
to suffer the decline of	*souffrir du déclin de*
to be at war (with)	*être en guerre (contre)*
to destroy an ecosystem	*détruire un écosystème*
a troubled area	*une région en danger*
to set the stage for mass extinction	*préparer le terrain pour la disparition massive*

3 FOREST EXPLOITATION — *L'EXPLOITATION DE LA FORET*

3.1 GENERAL BACKGROUND — *GENERALITES*

to yield wood	*fournir du bois*
to raise cash	*trouver des ressources*
to harvest cash from the forest	*tirer profit de la forêt*
to profit from the forest	" " " " "
to tap the forest's wealth	*exploiter les richesses forestières*
to push for exploitation	*pousser à l'exploitation*
a development scheme	*un plan de développement*
to come up with a scheme	*proposer un plan*
a pole of development	*un pôle de développement*
to unleash development	*déclencher l'exploitation*
to integrate the forest (into)	*intégrer la forêt (dans)*
to covet resources	*convoiter des ressources*
to exploit resources	*exploiter des ressources*
to gain from a project	*profiter d'un projet*
to carve a rubber empire (out of)	*se forger un empire du caoutchouc (à partir de)*
to launch an ambitious project	*lancer un projet ambitieux*
to plant trees for timber	*planter des arbres pour l'exploitation*
a market value	*une valeur marchande*
to spark a speculative boom	*provoquer un essor spéculatif*
a speculative trend	*une tendance à la spéculation*
to own forest tracts	*posséder des parcelles de terrain*
a land title	*un droit de propriété*
to establish a title (to)	*établir un titre (de)*
to proclaim ownership	*se proclamer propriétaire*
a land baron	*un grand propriétaire terrien*
to make payments (on)	*rembourser*
a debt payment	*un remboursement de dette*
to alleviate foreign debt	*soulager la dette extérieure*
to pay off loans	*rembourser des emprunts*
to lighten debt	*alléger la dette*
a debt-for-nature swap	*un échange d'un bout de nature contre une remise de dette*

to earn hard currency	*rapporter des devises fortes*

3.2 LOGGING — *L'ABATTAGE*

a log	*un rondin*
to log	*tronçonner, débiter*
a logger	*un bûcheron*
a logging company	*une société d'exploitation*
a logging concession	*une concession d'exploitation*
a logging licence	*un permis d'exploitation*
a woodcutter	*un bûcheron*
a woodman	*un forestier*
a forester	*un garde forestier*
the holder of a concession	*l'exploitant d'une concession*
to lumber	*abattre*
lumbering	*le tronçonnage*
lumber	*le bois d'abattage / de charpente*
a lumberjack	*un bûcheron*
a lumber mill	*une scierie*
to saw	*scier*
a saw	*une scie*
a chain saw	*une tronçonneuse*
a circular saw	*une scie circulaire*
a saw mill	*une scierie*
an axe	*une hache*
to axe	*couper à la hache*
to chop / to cut up	*débiter*
to split	*fendre*
to peel	*écorcer*
timber	*le bois de construction*
to season	*sécher*
water seasoning	*le flottage*
driftwood	*le bois flotté*
rafting	*la drave*
a raftsman	*un draveur*
to market timber	*commercialiser le bois*
timber exports	*exportations de bois*
a consumer of tropical timber	*un consommateur de bois tropical*
teakwood	*le teck*
firewood	*le bois de chauffage*
plywood	*le contreplaqué*

3.3 RANCHING — *L'EXPLOITATION D'ELEVAGE*

to settle	*s'installer*
a settler	*un colon*
a settlement	*une ferme*
a land rush	*une ruée sur la terre*
to prompt a land rush	*provoquer une ruée sur les terres*
a land grab	*une ruée sur la terre*
a claim	*un droit, un titre*
to stake one's claim to sth.	*revendiquer qqch.*
to assert sovereignty	*affirmer sa souveraineté*
to offer incentives	*offrir des incitations*
a swarm of settlers	*une nuée de colons*
to be under assault by settlers	*être la proie des colons*
to develop	*exploiter, mettre en valeur*
a developer	*un promoteur*
a development	*l'exploitation, la mise en valeur*
a development area	*une zone d'exploitation*
a construction company	*une entreprise de travaux publics*
an infrastructure deal	*un marché portant sur les équipements*
to create roads	*bâtir des routes*
a highway-and-settlement scheme	*un projet de développement et d'infrastrucures routières*
the Trans Amazon Highway	*la Transamazonienne*
firewood	*le bois de chauffage*
building material	*matériaux de construction*
arable land	*la terre cultivable*
to make way (to)	*aménager l'espace (pour)*
to stand in the way of	*entraver la progression*
farming	*exploitation agricole*
intensive farming	*exploitation intensive*
a landowner	*un propriétaire terrien*
a rancher	*l'exploitant d'un ranch*
the ranching oligarchy	*l'oligarchie des exploitants*
a cattle ranch	*un ranch d'élevage*
ranchland	*terres d'élevage*
grassland	*la prairie*
to create pasture	*aménager des terres d'élevage*
a cow pasture	*un pâturage*
to make over the forest to cattle	*livrer la forêt au bétail*
to raise steers	*faire de l'élevage bovin*
to expand one's domain	*étendre son domaine*
to slash through the forest	*tailler dans la forêt*
to encroach upon	*empiéter sur*
encroachment	*l'empiètement*
to make a dent in the forest	*faire une brèche dans la forêt*
to drive back the forest	*repousser la forêt*
to move deeper into the forest	*s'enfoncer dans la forêt*
to claim land	*revendiquer des terres*
to brave jungle	*affronter la jungle*
slash and burn techniques	*techniques de défrichement par brûlis*
to abandon fields	*abandonner des terres*
land reshaping	*le remembrement*
to exhaust the meagre soil	*épuiser le sol pauvre*
depredation	*ravages*

3.4 MINING — *L'EXPLOITATION MINIERE*

to mine	*extraire*
mining	*extraction*
a miner	*un mineur*

a mining scheme	*un projet d'exploitation minière*
a mining consortium	*un consortium minier*
a mining complex	*une exploitation minière*
a mineral deposit	*un gisement de minéraux*
to exploit	*exploiter*
to push for exploration	*inciter à l'exploration*
wildcatting	*le forage dans une zone vierge*
iron	*le fer*
iron ore	*le minerai de fer*
manganese	*le manganèse*
bauxite	*la bauxite*
copper	*le cuivre*
nickel	*le nickel*
chromite	*la chromite*
gold	*or*
silver	*argent*
tin	*étain*
titanium	*le titane*
molybdenum	*le molybdène*
low grade	*de mauvaise qualité*
high grade	*de haute qualité*
a lode	*un filon*
pig iron production	*la production de fonte*
to consume the forest	*brûler les forêts*
to poison rivers	*empoisonner les fleuves*
a boom and bust cycle	*un cycle de prospérité suivi de dépression*
oil drilling	*le forage pétrolier*
an oil driller	*un foreur*
an oil rig	*un puits de pétrole*
to stand the strain	*supporter le choc*
oil production	*l'exploitation pétrolière*
a pipeline	*un oléoduc*
to snake one's way	*serpenter à travers*

4 THE FOREST AND THE NATIVES — *LA FORET ET SES HABITANTS*

a native	*un autochtone*
an indigeneous people	*un peuple indigène*
the forest peoples	*les peuples de la forêt*
an extinct tribe	*une tribu disparue*
a reservation	*une réserve*
a sanctuary	*un sanctuaire, une réserve*
to endure misery	*souffrir de la misère*
to lose population (to)	*perdre des habitants (à cause de)*
a newly introduced disease	*une maladie nouvelle*
to be disease-ridden	*être la proie des maladies*
to be driven from the forest	*être chassé de la forêt*
an expulsion (from)	*une éviction (de)*
to be swept over by land rush	*être balayé par la ruée sur les terres*
to harvest rubber	*récolter le caoutchouc*
latex	*le latex*
tapping	*le gemmage*
a rubber tapper	*un seringuero*
a backwoodsman	*un pionnier*
to be relocated	*être déplacé*
to make a living from the forest	*vivre du produit de la forêt*
to be deprived of a livelihood	*être privé d'une source de revenu*
to save one's traditional livelihood	*préserver son mode de vie traditionnel*
to produce impoverished itinerants	*fournir des vagabonds misérables*
to eke out an impoverished existence	*mener une existence de subsides*
to give usufruct rights to	*accorder des droits de jouissance à*

5 SAVE THE FOREST — *SAUVONS LA FORET*

a wildcat scheme	*un projet insensé*
to stop the destruction	*mettre fin à la destruction*
to lead to climatic chaos	*conduire au chaos climatique*
to bring about a climatic change	*produire un changement climatique*
a global weather pattern	*un courant météorologique planétaire*
to heighten the warming trend	*accroître la tendance au réchauffement*
to generate clouds	*produire des nuages*
to absorb carbon monoxide from the air	*absorber l'oxyde de carbone dans l'air*
to soak excess CO_2	*absorber l'excès de* CO_2
to distribute the sun heat	*répartir la chaleur solaire*
to magnify the greenhouse effect	*amplifier l'effet de serre*
a disruption	*une perturbation*
rainfall patterns	*schémas pluvieux*
drought	*la sécheresse*
to erode	*éroder, ronger*
erosion	*érosion*
scorched	*brûlé*
infertile	*stérile*
land degradation	*la dégradation de la terre*
to erode the topsoil	*ronger la couche arable*
to anchor topsoil	*retenir la couche supérieure*
to absorb excess moisture	*absorber l'excès d'humidité*
to contribute to mud slides	*aggraver les glissements de terrain*
a bald hill	*une colline dénudée*
soil conservation	*la préservation des sols*
a land-care program	*un programme de sauvegarde de la terre*
to rescue the forest (from)	*venir à la rescousse des forêts*
to preserve forests	*sauvegarder la forêt*
to save woodland	*sauver les bois*
to reforest	*reboiser*
reforestation / reafforestation	*le reboisement*
retimbering	" "
to regenerate	*régénérer*
to rejuvenate	*rajeunir*

to regrow	*repousser*
a nursery	*une pépinière*
a tree-saving scheme	*un plan de sauvetage des arbres*
to restore fertility to	*rendre sa fertilité à*
to set land aside	*préserver des terres*
to devise zoning plans	*établir un plan d'occupation*
to keep the loggers out	*interdire aux bûcherons*
to fight the logging traffic	*lutter contre la circulation forestière*
to blockade the roads leading (into)	*interdire les routes menant (à / dans)*
to curtail oil exploration	*réduire l'exploitation pétrolière*
to curb mineral exploitation	*réduire l'exploitation des minéraux*
to put under federal protection	*mettre sous protection de l'Etat*
a sensitive area	*une zone sensible*
to take sanctions against	*prendre des sanctions contre*
unlicensed burning	*brûlis non autorisés*
to monitor the rate of deforestation	*surveiller le taux de déboisement*
to repeal a dismal experience	*arrêter une expérience désastreuse*
to stop a wasteful project	*arrêter un projet coûteux*

6 CATASTROPHES — *LES CATASTROPHES*

I NATURAL CATASTROPHES — *LES CATASTROPHES NATURELLES*

1 GENERAL BACKGROUND — *GENERALITES*

a phenomenon / phenomena	*un phénomène / phénomènes*
a natural phenomenon	*un phénomène naturel*
a man made catastrophe	*une catastrophe humaine*
potential	*virtuel*
destructive / devastating	*destructeur*
catastrophic / calamitous	*catastrophique*
large scale / full blown	*de grande ampleur*
a cataclysm	*un cataclysme*
a tragedy	*une tragédie*
a calamity	*une calamité*
a disaster	*un désastre, une catastrophe*
a quirk of nature	*une bizarrerie de la nature*
a freak of nature / a whim of nature	*un caprice de la nature*
an unruly force of nature	*une force rebelle*
a controllable event	*un événement maîtrisable*
to trigger	*déclencher*
to spark	*provoquer*
to set in motion	*mettre en branle*
a danger zone	*une zone dangereuse*
an accident	*un accident*
to be vulnerable to	*être vulnérable à*
to predict	*prédire*
to sense	*sentir*
to avert / to avoid	*éviter*
to strike	*frapper*
to be visited by / to suffer	*être victime (de)*
to endure	*supporter*
to devastate	*dévaster*
to unleash one's fury	*se déchaîner*
violence out of the blue	*la violence subite*
an irrevocable moment	*un instant irrévocable*
to go wrong	*se dérégler*
to go amiss	" "
human failure	*la défaillance humaine*
to recover from	*se remettre de*

2 CATASTROPHES — *LES CATASTROPHES*

2.1 THE FLOOD — *L'INONDATION*

a river	*un fleuve, une rivière*
a stream / a current	*un courant*
a stream	*un torrent*
a tributary	*un affluent*
a delta	*un delta*
a flow of water	*un flot*
upstream / downstream	*en amont / en aval*
the river bed	*le lit du fleuve*
to flood / to inundate	*inonder*
to be in spate	*être en crue*
the rate of flow	*le débit*
a flooded river	*un fleuve en crue*
a spring flood	*une crue de printemps*
a flash flood	*une crue subite*
a glacier flood	*une inondation glaciaire*

the magnitude of a flood	*l'amplitude d'une inondation*
a flood prone nation	*un pays coutumier des inondations*
to melt	*fondre*
melted snow	*la neige fondue*
a thaw	*une fonte, un dégel*
a snowslide	*une coulée de neige*
the rainy season	*la saison des pluies*
excessive rainfall	*pluies abondantes*
a monsoon	*une mousson*
monsoon rain	*les pluies de la mousson*
a pelting rain	*une pluie battante*
to be pelted by rain	*être inondé par la pluie*
a monsoon-swollen river	*un fleuve gonflé par les eaux de la mousson*
to absorb rains	*absorber les pluies*
a sea wave / a tidal wave	*un raz de marée*
a tsunami	*" " " "*
to swamp beaches	*inonder les plages*
flood water	*eaux en crue*
a flood level	*un niveau de crue*
mud	*la boue*
muddy	*boueux*
knee-deep	*jusqu'aux genoux*
a watershed	*une ligne de partage des eaux, un tournant critique*
a dike / a dyke	*une digue*
to give way	*céder*
an embankment	*une digue de retenue, une berge*
to sandbag	*fortifier, renforcer*
a sandbag	*un sac de sable*
a foundation	*une fondation*
to swell	*gonfler, grossir*
swelling	*crues*
to overflow one's banks	*sortir de son lit*
to burst one's banks / to overflow	*déborder*
to wash away	*emporter (par les flots)*
to sweep along / to carry along	*entraîner*
to submerge / to immerse	*immerger*
to cling to the top of one's house	*se cramponner au toit de sa maison*
to fight off poisonous snakes	*lutter contre les serpents venimeux*
to lay under water	*reposer sous les eaux*
to recede	*se retirer*
a flood-related disease	*une maladie causée par les inondations*
water-purification tablets	*comprimés de permanganate*
flood control	*la surveillance des crues*
flood containment	*la maîtrise des crues*
to keep the sea at bay	*écarter le danger de la mer*
to contain a river	*canaliser un fleuve*
a channel	*un canal*
a protective levee	*une digue protectrice*
a storage reservoir	*un réservoir de stockage*
the conservation of soils	*la conservation des sols*
to absorb runoff from storms	*absorber les pluies d'orage*
denuded soil	*le sol dénudé*
deforestation	*le déboisement*
a dam	*un barrage*
to dam a river	*construire un barrage pour endiguer les eaux d'un fleuve*

2.2 THE VOLCANO ERUPTION — *L'ERUPTION VOLCANIQUE*

a volcano / volcanoes	*un volcan / volcans*
volcanic	*volcanique*
a vulcanologist	*un volcanologue*
volcanology	*la volcanologie*
volcanic activity	*l'activité volcanique*
to finish one's activity	*s'éteindre*
to lie fallow	*être en inactivité*
dormant	*en inactivité*
extinct	*éteint*
magma	*le magma*
a tectonic plate	*une plaque tectonique*
to collide	*se heurter*
tectonic clashing	*le choc de plaques tectoniques*
the continental drift	*la dérive des continents*
the earth's crust	*l'écorce terrestre*
the mantle	*l'enveloppe*
the core	*le noyau, la graine*
a trench	*une fosse*
active	*en activité*
to come alive / to reawaken	*se réveiller*
to erupt	*entrer en éruption*
an eruption	*une éruption*
a likely eruption	*une éruption probable*
to build up	*s'accumuler*
a buildup of	*une accumulation de*
molten rock	*la roche fondue*
trapped gases	*gaz prisonniers*
superheated	*en surchauffe*
a tentative stirring	*un vague tremblement*
a tremor / a shake	*un tremblement*
to rumble	*gronder*
rumblings	*grondements*
a blast	*une détonation*
a crater	*un cratère*
to spit out / to spew forth	*cracher*
to gush	*jaillir*
a shower of stones	*une pluie de pierres*
lava	*la lave*
a lava flow	*un flot de lave*
ash	*la cendre*
fumes	*émanations*
to steam	*fumer*
steam	*la fumée, vapeurs*
to coalesce	*(se) fondre*
a geyser	*un geyser*
the outcome of an eruption	*l'issue d'une irruption*

2.3 THE EARTHQUAKE — *LE TREMBLEMENT DE TERRE*

2.3.1 GENERAL BACKGROUND — *GENERALITES*

a quake	*un tremblement de terre*
an earth tremor	*une secousse sismique*
an offshore quake	*un tremblement de terre sous-marin*
a seism	*un séisme*
seismic	*sismique*
a seismograph	*un sismographe*
a seismologist	*un sismologue*
seismological	*sismologique*
a geophysicist	*un géophysicien*
the epicentre	*l'épicentre*
the location	*la localisation*
the extent / magnitude	*l'amplitude*
the strength	*la force*
the timing	*l'heure*
medium sized	*de taille moyenne*
to measure 8.0	*mesurer 8*
to register	*atteindre*
on the Richter scale	*sur l'échelle de Richter*
local geology	*la géologie locale*
an earthquake hazard	*un risque de tremblement de terre*
a dress rehearsal (for)	*une répétition générale (de)*

2.3.2 WARNINGS — *LES SIGNES AVANT-COUREURS*

quiescence	*la latence*
activity	*activité*
portentous	*de mauvais augure*
a precursor (of)	*un précurseur (de)*
a pattern	*un ensemble de signes*
to detect a pattern	*déceler un ensemble de signes*
to spawn an earthquake	*provoquer un tremblement de terre*
to generate	*produire*
a foreshock	*un tremblement avant-coureur*
to read a foreshock	*prévoir un choc avant-coureur*
a fault	*une faille*
a ruptured fault	*une rupture de faille*
a fold	*un pli*
a fissure / a crack	*une fissure*
cracked	*fissuré*
a landslide	*un glissement de terrain*
to slip	*glisser*
a slippage	*un glissement*
to shift	*se déplacer*
an after shock	*une réplique*

2.3.3 THE QUAKE — *LE TREMBLEMENT DE TERRE*

to be struck by a shattering earthquake	*être frappé par un tremblement de terre dévastateur*
to rock	*ébranler*
to hit	*frapper*
to rattle	*trembler*
to feel the earth move	*sentir la terre bouger*
to stand tall	*se dresser fièrement*
to sway	*osciller*
to teeter	*vaciller*
foundations	*fondations*
to break apart	*se désintégrer*
to sag	*s'effondrer*
to crumble	*s'effriter*
to slip off	*glisser*
to come crashing down	*s'effondrer*
to deform	*se déformer*
shaky	*branlant*
shakiness	*le manque de solidité*
to buckle buildings	*faire plier des bâtiments*
to subside	*s'apaiser*

2.3.4 BUILDING STANDARDS — *LES NORMES DE CONSTRUCTION*

structural unstability	*instabilité structurelle*
sound building construction	*de / la solide construction*
to withstand the stress	*résister à la tension*
to be earthquake-proof	*résister aux tremblements de terre*
a building code	*un permis de construire*
to adhere to a building code	*respecter un permis de construire*
to meet building standards	*satisfaire aux normes de construction*
a local building law	*un règlement de construction local*
to shore up buildings	*renforcer les constructions*
to prop up	*étayer*
retrofitting	*la consolidation*
to absorb the quake's energy	*absorber le choc du tremblement de terre*
a damper	*un amortisseur*
a condemned building	*un bâtiment condamné*

2.4 STORMS — *LES TEMPETES*

2.4.1 FORMS — *LES FORMES*

a tornado	*une tornade*
a twister (USA)	" "
a cyclone	*un cyclone*
a waterspout	*une trombe*
a whirlwind	*une tornade, une trombe*
a vortex / vortices	*un tourbillon / tourbillons*
a typhoon	*un typhon*
a monsoon	*une mousson*
a storm	*une tempête*
the eye of the storm	*l'œil du cyclone*
to brew	*se préparer*
a gale	*un coup de vent*
a squall	*un orage*

a snowstorm	*une tempête de neige*
a blizzard	*une tempête de neige, un blizzard*
wind / a wind	*le vent / un vent*
a gust of wind	*une rafale, une bourrasque*
high winds	*grands vents*
wind shifts	*changements de vent*
a force 9 gale	*un vent de force 9*
gale-force wind	*le vent de tempête*
wind speed	*la vitesse du vent*
howling wind	*le mugissement du vent*
a packing wind / a heavy wind	*un vent violent*

2.4.2 WIND ACTION — *L'ACTION DU VENT*

to arise	*se lever*
to bash through areas	*s'abattre sur des régions*
to batter	*battre, endommager*
to blow	*souffler*
to blow down	*s'abattre*
to be blown down	*être renversé par les vents*
to buffet	*secouer*
to double in force	*redoubler d'intensité*
to hammer	*marteler*
to hit the coast squarely	*frapper la côte de plein fouet*
to howl	*mugir*
to roar	*rugir*
to lash / to whip up	*fouetter*
to whip through	*cingler, fouetter (à travers)*
to pack a l40 mph punch	*atteindre une vitesse de 200 km/heure*
to pound	*battre*
to rip	*arracher*
to slam into a town	*s'abattre sur une ville*
to be struck by hurricane winds	*être frappé par un ouragan*
to smash into	*s'écraser sur*
to sideswipe into	*heurter de plein fouet*
to strike hard at	*toucher durement*
to sweep across a country	*balayer un pays*
to sweep into / to tear into	*s'engouffrer dans*
to toss	*ballotter*
to whirl	*tourbillonner*

2.4.3 THE PATH OF A HURRICANE — *LA TRAJECTOIRE D'UN OURAGAN*

the course of a hurricane	*la trajectoire d'un ouragan*
to track a hurricane	*suivre la trajectoire d'un ouragan*
to monitor the course (of)	*surveiller la trajectoire (de)*
a predicted path	*une trajectoire prévue*
a killer	*un ouragan destructeur*
to approach	*s'approcher*
to near	*se rapprocher*
to gather strength	*prendre de la vigueur*
to pick up strength	*prendre de la force*
to regain force	*reprendre de la force*
to pick up speed	*prendre de la vitesse*
to veer	*se détourner*
an onslaught	*un assaut*
an epic force	*une force extraordinaire*
virulence	*la virulence*
raging fury	*la furie destructrice*
turbulence	*turbulences*
ominous	*menacant*
to carve an arc of destruction	*détruire tout sur son passage*
to spend oneself	*s'épuiser*
to spend one's fury	*épuiser ses forces*
to spin oneself out	*perdre de sa force*
to peter out	*mourir*
to dwindle (to)	*s'affaiblir (pour devenir)*
to subside	*s'éloigner, se calmer*
to dissipate	*se dissiper*
a lull	*une accalmie*

2.4.4 HURRICANE WARNING — *DANGER : OURAGAN*

a storm forecasting	*un avis de tempête*
to be flown off an island	*évacuer une île en avion*
to flee the approach (of)	*fuir à l'approche (de)*
to clog the highways	*encombrer les axes routiers*
to board up windows	*barricader les fenêtres*
to fortify one's house	*barricader sa maison*
to evacuate coastal areas	*évacuer les zones côtières*
to seek shelter from	*chercher à s'abriter de*
an emergency shelter	*un abri de secours*
a makeshift shelter	*un abri de fortune*

2.5 DISASTERS AT SEA — *LES CATASTROPHES MARITIMES*

2.5.1 SHIPWRECK — *LE NAUFRAGE*

a smooth sea	*une mer calme*
a choppy sea	*une mer clapotante*
a rough sea	*une mer mauvaise*
stormy	*démonté*
billowy	*houleux*
a groundswell	*une lame de fond*
a beachcomber	*une déferlante*
the seabed / sea bottom	*le fond marin*
the ebb and flow	*le flux et le reflux*
high tide	*(la) marée haute*
low tide	*(la) marée basse*
a wave	*une vague*
a sandbar	*un banc de sable*
a reef	*un récif*
an iceberg	*un iceberg*
the tip of an iceberg	*la pointe d'un iceberg*
to be wrecked	*faire naufrage*
a navigational error	*une erreur de navigation*
to stray (into)	*s'égarer (dans)*
to sink	*couler*
to run aground / to strand	*s'échouer*

to founder	*sombrer*
to land on a sandbar	*(s') échouer sur un banc de sable*
to hit a reef	*heurter un récif*
to run into a reef	*s'échouer sur un récif*
to collide with / to foul	*entrer en collision avec*
a collision / a foul	*une collision*
a colliding ship	*un navire abordeur*
to run down	*éperonner*
to run foul of	*aborder*
to spring a leak	*provoquer une voie d'eau*
to contain a leak	*colmater une brèche*
an accident at sea	*un sinistre en mer*
to befall	*arriver à*
an injury to machinery	*une avarie de machines*
to tilt	*donner de la gîte*
to heel	*donner de la bande*
to unbalance a ship	*déséquilibrer un navire*
to exacerbate the instability	*accentuer l'instabilité*
to overload	*surcharger*
to careen	*donner de la bande*
to bail out	*écoper*
to drift	*dériver*
to be adrift	*être à la dérive*
to break up	*se briser*
to smash	*se fracasser*
to tip / to turn over	*se retourner*
to capsize / to overturn	" "
to keel over	" "
to lower the boats	*mettre les canots à la mer*
to go down	*sombrer*
a distressed ship	*un navire en détresse*
disabled / crippled	*désemparé*
stricken	*en détresse*
to jettison	*jeter à la mer, se délester*
a jetsam / a derelict / a wreck	*une épave*
a flotsam	*une épave flottante*
a sinking ship	*un navire en perdition*
to be on fire	*être en feu*
to burn at sea	*brûler en mer*
to tow / to tug	*remorquer*
a line	*un câble*
to throw a line	*envoyer un câble*
to refloat	*renflouer*
to salvage	*effectuer le sauvetage*
a salvage	*un sauvetage*
salvage charges	*primes de sauvetage*
the salvage value	*la valeur résiduelle*
see : pollution	*voir : la pollution*

2.5.2 THE VICTIMS — *LES VICTIMES*

to send out a distress signal	*envoyer un signal de détresse*
an SOS message	*un SOS*
to radio	*envoyer par radio*
a beacon	*une balise*
a flare	*une fusée de détresse*
the coastguard	*les garde-côte (s)*
to abandon a ship	*évacuer un navire*
to get off	*évacuer*
life-saving equipment	*le matériel de sauvetage*
a raft	*un canot*
a life raft	*un canot de sauvetage*
a life jacket	*un gilet de sauvetage*
a life preserver	" " " "
a life vest	" " " "
a life belt	*une ceinture de sauvetage*
to be pitched overboard	*être projeté par-dessus bord*
to be washed overboard	*être emporté par une lame*
a freak wave	*une vague subite*
to be trapped inside the hull	*être prisonnier de la coque*
a bubble of air	*une poche d'air*
a diving team	*une équipe de plongeurs*
a diver	*un plongeur*
to pull men from the sea	*recueillir les naufragés*
to pick up / to pluck up	*recueillir*
to airlift	*évacuer par la voie des airs*
to winch survivors (from)	*hisser les survivants hors de l'eau à l'aide d'un treuil*
to drown	*se noyer*
a drowning	*une noyade*
to haul in	*sortir de l'eau*
hypothermia	*hypothermie*
to be lost with all hands	*être perdu corps et biens*

II MAN MADE DISASTERS — *LES CATASTROPHES HUMAINES*

1 INDUSTRIAL DISASTERS — *LES CATASTROPHES INDUSTRIELLES*

Bhopal	*Bhopal*
Chernobyl	*Tchernobyl*
industrial dangers	*dangers industriels*
human progress	*les progrès humains*
human frailty	*la fragilité humaine*
an occupational hazard	*un risque professionnel*
a science fiction nightmare	*un cauchemar digne des romans de science fiction*
a specter	*un spectre*
the chemical industry	*l'industrie chimique*
the energy industry	*l'industrie énergétique*

a petrochemical facility	*les installations pétrochimiques*
an oil tank	*un réservoir de pétrole*
an oil platform	*une plate-forme de forage en mer*
an offshore installation	*une installation en mer*
an oil rig	*un puits de forage*
a gas / gases	*un gaz / gaz*
liquefied gas	*le gaz liquéfié*
hazardous gas	*gaz dangereux*
a gas plant	*une usine à gaz*
an array of gases	*une variété de gaz*
a time bomb	*une bombe à retardement*
to keep in stock	*avoir en réserve*
to manufacture	*fabriquer*
to produce gas	*produire des gaz*
a chemical	*un produit chimique*
a deadly compound	*un composé mortel*
lethal	*mortel*
cyanide	*le cyanure*
chlorine	*le chlore*
dioxin	*la dyoxine*
vinyl chloride	*le vynile de chlore*
nitroglycerin	*la nitroglycérine*
methyl isocyanate	*l'isocyanate de méthyle*
phosgene	*le phosgène*
polyethylene	*le polythène*
argon	*l'argon*
an industrial mishap	*un accident industriel*
a hazardous factory	*une usine dangereuse*
a structural weakness	*une défaillance structurelle*
an equipment failure	*une défaillance du matériel*
a mechanical failure	*une défaillance mécanique*
a hot spot	*un point névralgique*
to explode	*exploser*
a toxic explosion	*une explosion de gaz*
to trigger an explosion / to set off an explosion	*provoquer une explosion*
to be shaken by an explosion	*être secoué par une explosion*
a blast	*une déflagration*
a primary disaster (explosion, fire, leak)	*une catastrophe primaire (explosion, incendie, fuite)*
a secondary disaster	*une catastrophe secondaire*
poisoning of water	*l'empoisonnement des eaux*
toxic seepage	*infiltrations toxiques*
to spill	*se déverser*
to leak	*fuir*
a leak	*une fuite*
to release into the atmosphere	*libérer dans l'atmosphère*
a cloud of poison	*un nuage toxique*
to spread	*s'étendre*
to dissipate	*se dissiper*
a pipe	*une canalisation*
to rupture	*se rompre*
to be exposed to	*être exposé à*
to be blinded	*être aveuglé*

see : pollution — *voir : la pollution*

2 FIRE — *L'INCENDIE*

2.1 THE BLAZE — *LE BRASIER*

a conflagration	*un sinistre*
to break out / to erupt	*se déclarer*
to be on fire	*être en feu*
to set fire to	*mettre le feu à*
to touch off / to ignite	*déclencher*
a fireball	*une boule de feu*
to explode into a fireball	*exploser en une boule de feu*
to be aflame	*être en flammes*
the resulting fire	*l'incendie qui a suivi*
a fire hazard	*un danger d'incendie*
a forest fire	*un incendie de forêt*
a tinderbox	*une poudrière*
a wildfire	*un incendie dévastateur*
fire-ravaged	*ravagé par les flammes*
to fuel combustion	*alimenter les flammes*
combustible	*combustible*
acrid smoke	*la fumée âcre*
a fire-trap	*un piège à incendie*
a flame	*une flamme*
a wall of flames	*un mur de flammes*
to burn / to scorch	*brûler*
to lick	*lécher*
to bear upon	*se diriger sur*
to race through	*s'engouffrer*
to sustain fires	*entretenir les incendies*
to be fanned by a mistral	*être attisé par un mistral*
to cut roads	*couper les routes*
to rage	*faire rage*
to consume	*consumer, dévorer*
to get out of hand	*être impossible à maîtriser*
cinders	*scories*
to melt with the heat	*fondre sous l'effet de la chaleur*
to incinerate	*incinérer*
to go up in smoke	*s'envoler en fumée*

2.2 FIRE-FIGHTING — *LA LUTTE CONTRE LE FEU*

a fire alarm	*un avertisseur d'incendie*
an emergency exit	*une sortie de secours*
a water tank	*un réservoir d'eau*
a sprinkler / a fire extinguisher	*un extincteur*
a fire hose	*une lance à incendie*
a fire hydrant / a fire-plug	*une bouche d'incendie*
to battle the flames	*lutter contre les flammes*
to burn unhindered	*brûler sans discontinuer*
to contain a fire	*fixer un feu*
a backfire	*un contre-feu*
to put down a fire / to put a fire out	*éteindre un incendie*
to quench a fire	" " "
to choke off a blaze	*étouffer un brasier*
to control a fire	*maîtriser un incendie*

to contain the flames	*enrayer les flammes*
to have a fire under control	*se rendre maître d'un incendie*
to damp down the flames	*noyer les flammes*
to douse flames	*éteindre les flammes*
to burn oneself out	*se consumer*

2.3 THE FIRE-FIGHTERS — *LES SOLDATS DU FEU*

a fire department / a fire brigade	*une caserne de pompiers*
a fire station / a firehouse	*une caserne de pompiers*
a fire engine / a fire truck	*une voiture de pompiers*
a firefighter	*un pompier*
a helmet	*un casque*
a turnout coat / a bunker suit	*une tenue de pompier*
an aerial tanker	*un Canadair*
a plane drop	*un largage d'eau*
a fire truck	*un camion de pompiers*
a fireboat	*un bateau pompe*
a fire escape	*une issue de secours, une échelle d'incendie*
a ladder	*une échelle*
an aerial ladder	*une échelle pivotante*
a folded hydraulic ladder	*une grande échelle hydraulique*
a pole	*un mât*
a dispatcher	*un émetteur radio*
arson	*incendie criminel*
an arsonist	*un pyromane*
fire regulations	*consignes d'incendie*
to fireproof	*ignifuger*
fireproof / fire resistant	*à l'épreuve du feu*
flame retardant	" " " "
fire suppressant foam	*la mousse ignifugée*
to singe	*roussir*
to gag at the fumes	*tousser sous l'effet des émanations*
to snuff out a life	*coûter la vie à qqn.*
charred	*carbonisé*
charred beyond recognition	*rendu méconnaissable par le feu*

III THE AFTERMATH — *LES CONSEQUENCES*

to cope with the aftermath	*affronter les conséquences*
in the wake of	*à la suite de*
a disaster assistance agency	*un bureau d'aide aux victimes*
the Federal Emergency Management Agency (FEMA) (USA)	*l'Agence pour les catastrophes naturelles*
civil defense	*la défense civile*
a disaster specialist	*un expert en catastrophes*

1 RESCUE — *LES SECOURS*

1.1 GENERAL BACKGROUND — *GENERALITES*

to rescue	*sauver*
a rescuer	*un sauveteur*
a rescue operation	*une opération de secours*
to carry out an operation	*mettre une opération en œuvre*
rescue work	*le travail des sauveteurs*
rescue effort	*les efforts des sauveteurs*
round the clock rescue efforts	*les efforts de secours ininterrompus*
to rush to the rescue (of)	*se précipiter au secours (de)*
to speed to the rescue (of)	" " "
to rush into action	*se dépêcher d'intervenir*
to be under way	*être en cours*
to be on the way	*être en route*
to impede the efforts	*entraver les efforts*
to hamper	*retarder*
a rescue coordination center	*un PC des opérations de secours*
to set up	*installer*
a rescue team	*une équipe de secours*
to organize rescue teams	*organiser les équipes de secours*
a rescue	*un sauvetage*
quake rescue	*les secours aux victimes de tremblement de terre*
a rescue camp	*les installations de secours*
a rescue mission	*une mission de sauvetage*
a rescue squad	*une unité de secours*
a rescue crew	*une équipe de secours*
a rescue boat	*un bateau de sauvetage*
to take part in	*prendre part à*
to direct	*diriger*
the pace of the effort	*l'intensité des efforts*
to step up efforts	*intensifier les efforts*
to monitor efforts	*surveiller les opérations*
to halt rescue efforts	*interrompre les efforts de sauvetage*
to suspend an operation	*interrompre une opération*
grassroots efforts	*les efforts de la population*
civic spirit	*le civisme*
an efficient response	*une aide efficace*
a task force	*une cellule de crise*
a civilian force	*une force civile*
statewide coordination	*la coordination nationale*
to assist the victims	*venir en aide aux victimes*
relief	*les secours*
disaster relief	*les secours aux victimes de catastrophe*

a relief fund	*un compte au profit des victimes*
to set up a relief fund	*ouvrir un compte au profit des victimes*
emergency aid	*aide d'urgence*
an emergency plan	*un plan ORSEC*
an emergency centre	*un poste de secours*
emergency procedures	*procédures d'urgence*
an emergency operation centre	*un PC des secours*
to respond to an emergency	*réagir à une crise*

1.2 THE SEARCH FOR VICTIMS — *A LA RECHERCHE DES VICTIMES*

an attempt	*une tentative*
to give up the attempt	*renoncer à la tentative*
to search for	*rechercher*
to join the search for	*se joindre aux recherches*
to search an area	*fouiller une zone*
to search for wreckage	*rechercher une épave*
a search operation	*une opération de recherche*
to mount a search operation	*organiser une opération de recherche*
to suspend an operation	*interrompre une opération*
to inspect a wreckage for victims	*inspecter une épave à la recherche de victimes*
the wreckage	*les décombres*
to hunt for	*rechercher*
a sniffer dog	*un chien renifleur*
to sniff out	*renifler*
to spot	*repérer*
to free sb. from	*libérer qqn. de*
to be trapped in the rubble	*être prisonnier des décombres*
to be trapped underground	*être prisonnier sous terre*
to be entombed	*être enseveli*
entombment	*ensevelissement*
to work against time	*lutter contre la montre*
to work frantically	*travailler avec acharnement*
to hunt for survivors	*chercher les survivants*
to sift through the rubble	*chercher parmi les décombres*
to reach out to people	*atteindre les gens*
to pull clear	*dégager*
to be pulled from	*être retiré de*
to pick through the ruins	*ramasser parmi les ruines*
to be buried up one's neck	*être enterré jusqu'au cou*
to be buried alive	*être enseveli vivant*
to retrieve bodies	*récupérer des corps*
to recover	*retrouver*
to identify	*identifier*

1.3 RESCUE EQUIPMENT — *LE MATERIEL DE SECOURS*

equipment	*le matériel*
relief material	*le matériel de secours*
a cherry picker	*un chariot élévateur*
a crane	*une grue*
a generator	*un générateur*
a backup generator	*un groupe électrogène*
a cutting torch	*un chalumeau*
cutting gear	*le matériel de désincarcérage*
pliers	*pinces*
a car jack	*un cric*
a shovel	*une pelle*
a pickaxe	*une pioche*
a sledgehammer	*un marteau-pilon*
a power hammer	*" " "*
a hammer drill	*une perceuse à percussion*
a pneumatic drill	*un marteau piqueur*
a flashlight	*une torche*
a fiberscope	*un fibroscope*
a sound detector	*une sonde acoustique*
a stretcher	*une civière*
bandages	*pansements*
gauze	*la gaze*
drinking water	*eau potable*
bottled water	*eau minérale*
a battery	*une pile*

2 THE CASUALTIES — *LES VICTIMES*

2.1 GENERAL BACKGROUND — *GENERALITES*

a victim / a casualty / a fatality	*une victime*
the deceased	*les morts*
a corpse	*un corps*
a body	*un cadavre*
fatal results	*conséquences mortelles*
safe and sound	*sain et sauf*
alive and well	*bel et bien vivant*
to escape unhurt	*s'en tirer sans une égratignure*
unscathed / unharmed	*indemne*
to be grateful for miracles	*remercier le ciel pour les miracles*
to count one's blessings	*s'estimer heureux*
to survive a quake	*survivre à un tremblement de terre*
to manage to survive	*s'en sortir*
to reach safety	*se mettre à l'abri*
to run for one's life	*courir se mettre à l'abri*
to take the road in flight	*fuir par la route*

2.2 SHOCK — *LE CHOC*

shock	*l'horreur, l'indignation*
to be in shock	*être en état de choc*
a shocking sight	*un spectacle affreux*
to express shock	*exprimer l'horreur*
to be dazed	*être stupéfait*
astounded	*atterré*
bewildered	*désorienté*
dismayed	*désemparé*

stunned	*abasourdi*
shell shocked	*commotionné*
to be overcome with panic	*être pris de panique*
to be panic-stricken	*" " " "*
terror-stricken	*paralysé par la peur*
to be gripped by	*être saisi par*
to be transfixed (with)	*être paralysé (par)*
to experience shock	*subir un choc*
sheer surprise (at)	*la surprise totale (devant)*
to grope for words	*chercher ses mots*
disbelief	*incrédulité*
a sight	*un spectacle*
staggering	*renversant*
unexpected	*inattendu*
to be appalled (at / by)	*être horrifié (de / par)*
to recoil (from)	*reculer (devant), refuser d'admettre*
horror	*horreur*
ghastly	*horrible*
a nightmare	*un cauchemar*
nightmarish	*cauchemardesque*
to be mystified	*être perplexe*
mystification	*la perplexité*
to be worried sick	*être fou d'inquiétude*

2.3 AFTERSHOCK — *LES POST-TRAUMATISMES*

a delayed trauma reaction	*une réaction traumatique à retardement*
post-traumatic stress disorder	*troubles du comportement post-traumatiques*
to live in a state of terror	*vivre dans la terreur*
to experience nightmares	*avoir des cauchemars*
sleep disturbances	*troubles du sommeil*
lingering depression	*une dépression persistante*
irritability	*irritabilité*
hypervigilance	*hypervigilance*
to seek professional help	*faire appel à la médecine*
to seek counseling	*avoir recours à la psychothérapie*
to air one's anxieties	*faire part de ses angoisses*
emotional aftershock	*réactions émotionnelles au choc*
to handle a crisis	*affronter une crise*
to cope with the unknown	*affronter l'inconnu*

2.4 THE INJURED — *LES BLESSES*

to be hurt / injured	*être blessé*
to be hit	*être atteint*
an injury	*une blessure*
to sustain an injury	*être blessé*
a slight / serious injury	*une blessure légère / grave*
to lose blood	*perdre du sang*
to be drained of one's blood	*être vidé de son sang*
a concussion	*une commotion*
concussed	*commotionné*
paralysis	*la paralysie*
a trauma victim	*la victime d'un traumatisme*
to endure an ordeal	*subir une épreuve*
to require urgent medical attention	*nécessiter des soins d'urgences*
to be in critical condition	*être dans un état critique*
to suffer from traumatic injuries	*souffrir de traumatismes*
to suffer serious lesions	*souffrir de lésions graves*
to disperse supplies around	*distribuer les fournitures*
to cause birth defects	*entraîner des déformations congénitales*
to test for	*subir des examens*
side effects	*effets secondaires*
lingering consequences	*séquelles*
long term	*à long terme*
to have harrowing effects	*avoir des conséquences dramatiques*
to cause cancer	*provoquer des cancers*
an occupational injury	*un accident du travail*
to double over with racking coughs	*être plié en deux sous l'effet des quintes de toux*
to gasp for breath	*chercher à respirer*
to be convulsed with spasms	*être pris de convulsions*
a blood donor	*un donneur de sang*
to collect a pint of blood	*recueillir un flacon de sang*
a collection spot	*un don du sang*
a survivor	*un survivant*
to recover	*guérir*
to overwhelm hospital facilities	*envahir les hôpitaux*
a makeshift clinic	*une clinique improvisée*
an operating theatre	*une salle d'opérations*
to be treated at hospitals	*être soigné dans des hôpitaux*
to keep a vigil	*veiller*
to set up a morgue	*installer une morgue*
a chapel of rest	*une chapelle ardente*
to be overwhelmed	*être débordé*
to be overworked	*travailler sans relâche*
to work under harrowing conditions	*travailler dans des conditions épouvantables*
to be undersupplied	*être à court de matériel*
emergency	*le service des urgences*
an intensive care unit	*une unité de soins intensifs*
to be in intensive care	*être en réanimation*

2.5 HOPE — *L'ESPOIR*

a glimmer of hope	*une lueur d'espoir*
a fleeting hope	*un mince espoir*
a fond hope	*un fol espoir*
to take heart	*reprendre courage*
to hope for a miracle	*espérer un miracle*
hope is running out	*les espoirs s'amenuisent*
despair	*le désespoir*
to dash / to wreck hopes	*anéantir / briser les espoirs*

shattered / blighted hopes	*espoirs anéanties*
a hopeless situation	*une situation désespérée*
beyond hope	*désespéré*
to hope against hope	*espérer en dépit de tout*
to despair	*désespérer*
to lose heart / hope	*perdre courage / espoir*

2.6 DEATH — *LA MORT*

to kill instantly	*tuer sur le coup*
to die from the effects (of)	*mourir des suites (de)*
to succumb to the effects (of)	*succomber sous l'effet (de)*
a sepulchral silence	*un silence de mort*
a high casualty count	*une longue liste de victimes*
a casualty list	*une liste des victimes*
to claim 4,000 casualties	*faire 4000 victimes*
to claim 4,000 lives	*faire 4000 morts*
to range beyond 50,000	*s'élever à plus de 50 000*
to swell to	*grossir pour atteindre*
to take the lives of	*tuer*
to be counted among the dead	*faire partie des victimes*
to suffer losses of lives	*subir des pertes humaines*
widespread loss of life	*lourdes pertes en vies humaines*
a death toll	*un bilan des victimes*
to take a heavy toll (among)	*faire de nombreuses victimes (parmi)*
a grim task	*une tâche sinistre*
to be missing	*être porté disparu*
to beg for coffins	*demander d'urgence des cercueils*
to be orphaned	*devenir orphelin*
an orphan	*un orphelin*
a rat	*un rat*
a pariah dog	*un chien errant*
a vulture	*un vautour*
to feast on	*se nourrir de*
to rot	*se décomposer*
rotting flesh	*la chair en décomposition*
a carcass	*une carcasse*
a stench	*une odeur nauséabonde*
the threat of epidemics	*la menace d'épidémies*
an outbreak	*une épidémie*
the specter of cholera	*le spectre du choléra*
to spread lime over the ruins	*répandre de la chaux sur les ruines*

3 GRIEF — *LE CHAGRIN*

to mourn (for sb.)	*pleurer (la mort de qqn.)*
mourning	*le deuil*
to go into mourning	*prendre le deuil*
to be pitched into mourning	*être plongé dans le deuil*
to join in mourning	*se joindre au deuil*
to play mourning music	*diffuser une musique funèbre*
to grieve a death	*pleurer la mort de*
to stiffen in sorrow	*se figer dans le chagrin*
sorrow	*la douleur (morale)*
to set off expressions of grief	*déclencher des manifestations de chagrin*
to partake in sb.'s grief	*partager le chagrin de qqn.*
to be consumed with grief	*se consumer de chagrin*
to be saddened (by)	*être attristé (par)*
to stir the soul of a nation	*ébranler l'âme d'une nation*
to hold a memorial service (for)	*organiser un service funèbre (à la mémoire de)*
to play a funeral hymn	*jouer un hymne funéraire*
to lower a flag at half staff	*mettre un drapeau en berne*
to drop a flag to half mast	" " "
to pay a tribute (to)	*rendre hommage (à)*
a farewell (for)	*un adieu (à)*
to pray (for)	*prier (pour)*
to offer words of solace	*offrir des paroles de réconfort*
to burst into tears	*éclater en sanglots*
to sob	*sangloter*
to cry one's eyes out	*pleurer toutes les larmes de son corps*
to be disconsolate	*être inconsolable*
to dab one's eyes	*s'essuyer les yeux*
to send a sympathy message	*envoyer un message de sympathie*
to send condolences	*envoyer ses condoléances*
to draw sympathy	*attirer la sympathie*
a fallen hero	*un héro mort*
a memorial to the victims	*un monument aux victimes*
to be awarded a medal	*décerner ue médaille*
to pledge donations	*promettre des dons*
to name a street after	*baptiser une rue d'après*
the laying of wreaths	*le dépôt de gerbes*

4 THE DAMAGE — *LES DEGATS*

a disaster area / zone	*une zone sinistrée*
an afflicted area	" " "
a stricken area	*une région dévastée*
to be declared a disaster area	*être déclaré zone sinistrée*
a disaster of epic proportion	*une catastrophe aux proportions considérables*

4.1 GENERAL BACKGROUND — *GENERALITES*

the day-after damage	*les conséquences matérielles*
to be hard hit	*être durement touché*
to suffer a cruel beating	*être très éprouvé*
to destroy	*détruire*
to damage	*endommager*
damaged / undamaged	*endommagé / intact*
to cause damage	*causer des dégâts*
to sustain damage	*subir des dégâts*
to take heavy damage	*subir des dégâts importants*

property damage	*dégâts matériels*
to wreak havoc (on)	*causer des dégâts (à)*
to take a pounding	*être mis à mal*
to be mauled	*être endommagé*
to devastate	*dévaster*
devastation	*la ruine*
to wreck	*ruiner*
a shambles	*un spectacle de dévastation*
to leave a trail of wreckage	*semer la ruine dans son sillage*
to batter a country	*meurtrir un pays*
to disintegrate	*anéantir*
a disintegration	*un anéantissement*

4.2 PROPERTY DAMAGE — *LES DEGATS MATERIELS*

to be left homeless	*se retrouver sans abri*
a shelter	*un abri*
without shelter	*sans abri*
the homeless	*les sans-abri*
to be left at the mercy of the elements	*être livré à la merci des éléments*
property losses	*pertes matérielles*
to upend homes	*souffler les maisons*
to tear off roofs	*emporter les toitures*
to rip off rooftops	" " "
to blow roofs	*souffler les toitures*
to send rooftops cartwheeling	*projeter les toitures*
to collapse	*s'effondrer*
to flatten	*aplatir*
to level	*raser*
to heave ships	*soulever les bateaux*
to lay a region flat	*dévaster une région*
to wipe out homes	*détruire les maisons*
to be reduced to a heap of rubble	*être réduit à un tas de décombres*
the remains of houses	*les vestiges des maisons*
to knock down	*renverser*
to collapse	*s'effondrer*
to topple trees	*coucher les arbres*
to uproot trees	*déraciner les arbres*
a litter of doomed trees	*un cimetière d'arbres morts*
to overturn buses	*renverser les autobus*
twisted debris	*débris tordus*
a gas leak	*une fuite de gaz*
to ignite fire	*déclencher des incendies*

4.3 SERVICES — *LES SERVICES*

to be out of service	*être hors service*
to be put out of action	*être mis hors d'usage*
to cripple a country	*paralyser un pays*
to be cut off from the rest of the world	*être coupé du reste du monde*
to batter out of commission	*rendre inutilisable*
to close an airport	*fermer un aéroport*
a control tower	*une tour de contrôle*
a communication breakdown	*une rupture des communications*
to knock out electric power	*couper l'éléctricité*
a phone line	*une ligne téléphonique*
water supplies	*l'approvisionnement en eau*
water pipes	*conduites d'eau*
to demolish power lines	*détruire les lignes à haute tension*
electrical and telephone services	*les services de l'électricité et du téléphone*
a broken utility pole	*un poteau électrique brisé*
a tangle of electric wire	*un enchevêtrement de fils électriques*
to knock out power	*couper l'électricité*
to be out of kilter	*être hors d'état de marche*
to shut down a service	*interrompre un service*
to send a city to its knees	*mettre une ville à genoux*
to displace people	*reloger la population*

4.4 LOOTING — *LE PILLAGE*

a looter	*un pillard*
rioting	*émeutes*
an outbreak of violence	*une flambée de violence*
a brush with anarchy	*une tentation à l'anarchie*
to ransack stores	*piller des magasins*
to cart off	*emporter*
vandalism	*le vandalisme*
a law and order breakdown	*une défaillance des forces de l'ordre*
to dispatch military police	*dépêcher la police militaire*
to enforce a curfew	*faire appliquer un couvre-feu*
to restore order	*rétablir l'ordre*
see : political violence	*voir : la violence politique*

4.5 RECOVERY — *LA REMISE EN ETAT*

to be left short of food	*se retrouver à court de nourriture*
to ruin the economy	*ruiner l'économie*
to face a huge bill	*faire face à une lourde note à payer*
to tag a bill at	*estimer les dégâts à*
to cause untold millions of dollars in damage	*causer des dégâts incalculables*
to foot the bill / to pick up the tab	*payer l'addition*
to foot relief costs	*supporter le coût des opérations de secours*
to face a whopping bill	*faire face à une note gigantesque*
disaster insurance	*une assurance risques majeurs*
to clean up the mess	*procéder au nettoyage*
to repair the physical destruction	*réparer les dégâts*
to restore essential services	*rétablir les services essentiels*

to recover (from)	*se remettre (de)*
to pull through	*se tirer d'affaire*
to ride out a disaster	*surmonter une catastrophe*
to come through	*s'en tirer*
to return to normal	*revenir à la normale*
a recovery program	*un programme de reconstruction*
the pace of a program	*le rythme d'un programme*
to rebuild	*reconstruire*
to reinforce	*renforcer*
to raze	*raser*
to demolish	*démolir*
to detoxify / to decontaminate	*décontaminer*
decontamination	*la décontamination*

4.6 THE TRAVEL INDUSTRY — *L'INDUSTRIE DES VOYAGES*

to lose business	*perdre des clients*
to get back on the tourist track	*attirer à nouveau les touristes*
to hasten renovations	*hâter les travaux de remise à neuf*
to be ready for visitors	*être prêt pour les touristes*
to offer a money-back guarantee	*offrir une garantie de satisfaction ou de remboursement*
to rip away beauty	*détruire la beauté*
the approach of the high season	*l'approche de la saison touristique*
the high tourist season	*la haute saison de tourisme*
to cancel	*annuler*
a cancellation	*une annulation*
to pour in	*affluer*
to drop out of trips (for)	*annuler des voyages (pour)*
to plant trees	*replanter des arbres*
to grow back	*repousser*
to landscape	*dessiner les jardins*
to spruce up	*embellir*
see : tourism	*voir : le tourisme*

5 LIABILITIES — *LES RESPONSABILITES*

to probe	*enquêter*
a lenghty probe	*une longue enquête*
an investigation	*une enquête*
to start an investigation	*ouvrir une enquête*
to search for an answer	*chercher une réponse*
to gather every scrap of evidence	*rassembler les indices de preuves*
to center speculation on	*supputer que*
to take issue with theories	*engager une controverse sur les théories*
to file a lawsuit	*intenter un procès*
on behalf of victims	*au nom des victimes*
corporate greed	*la cupidité du patronat*
to take advantage of cheap labour	*profiter d'une main-d'œuvre bon marché*
lax laws	*lois permissives*
see : insurance	*voir : les assurances*

6 DISASTER PREPARADNESS — *LA PREVENTION DES CATASTROPHES*

to warn	*avertir*
to forewarn	*prévenir*
a warning	*un avertissement*
to heed the warnings	*tenir compte des avertissements*
to issue warnings (to)	*lancer des avertissements (à)*
to predict	*prédire*
to forecast	*prévoir*
to have a 50 per cent chance of striking	*avoir 50% de chance de se produire*
a state of preparadness	*un état d'alerte*
to put on alert	*mettre en état d'alerte*
to alert	*alerter*
a warning sign	*un signe avant-coureur*
to monitor	*surveiller*
to abound	*abonder*
to live in dread of the future	*vivre dans la peur du lendemain*
to cope with unforeseen obstacles	*affronter des obstacles inconnus*
to face a sudden catastrophe	*faire face à une catastrophe soudaine*
to raise what-ifs	*soulever des hypothèses*
to pose a potential threat to	*constituer une menace virtuelle pour*
to contemplate a disaster	*envisager une catastrophe*
an acceptable level of risk	*un risque acceptable*
to weigh in the balance	*mettre dans la balance*
to court disaster	*jouer avec le feu*
to eliminate a hazard	*éliminer un danger*
the outcome of a disaster	*l'issue d'une catastrophe*
to take precautions	*prendre des précautions*
contingency planning	*plans d'urgence*
a preparedness manual	*un manuel de consignes de sécurité*
an emergency response drill	*un exercice d'alerte*
a fire drill	*un exercice d'incendie*
to mount a practise exercise	*organiser un exercice d'alerte*
to formulate a plan	*mettre un plan au point*
a survival kit	*un équipement de survie*
to stock up (on)	*faire provision (de)*
to respond to a hazard	*réagir à un risque*
to prepare contingency plans	*mettre sur pied un plan d'urgence*
to address a threat	*faire face à une menace*
to move out of a state (USA)	*changer d'état*
to evacuate	*évacuer*
an evacuation	*une évacuation*

an evacuee	*une personne évacuée*
to depreciate a danger	*sous-estimer un danger*
to minimize the danger	*minimiser le danger*
to downplay the extent of a catastrophe	*minimiser l'étendue d'une catastrophe*

7 SAFETY — *LA SECURITE*

to run a risk	*courir un risque*
to take a risk	*prendre un risque*
to cope with a risk	*faire face à un risque*
to minimize a risk	*minimiser un risque*
a safety measure	*une mesure de sécurité*
safety precautions	*précautions de sécurité*
a safety system	*un système de sécurité*
a safety record	*une tradition de sécurité*
safety rules	*un règlement de sécurité*
safety standards	*normes de sécurité*
safety procedures	*procédures de sécurité*
lax procedures	*procédures négligées*
stringent	*rigoureux*
harsh	*sévère*
to maintain	*entretenir*
a lapse in maintenance	*une défaillance dans l'entretien*
a safeguard (against)	*une garantie (contre)*
to make things safe	*améliorer la sécurité*
to pay off	*être payant*
to take a prudent course	*adopter une attitude prudente*
to weigh factors	*peser le pour et le contre*
to weigh the pros and cons	" " " " "
to grow concerned with	*se préoccuper de*
to express concern about	*faire part de ses préoccupations au sujet de*

7 DROUGHT — *LA SECHERESSE*

1 GENERAL BACKGROUND — *GENERALITES*

dry	*sec, tari, aride*
dryness	*aridité*
to dry up	*(s') assécher*
a dry spell	*une période de sécheresse*
a drought	*une sécheresse*
to strike	*frapper, s'abattre*
a drought prospect	*la perspective d'une sécheresse*
a drought unit	*une cellule de crise sur la sécheresse*
to endure a drought	*subir une sécheresse*
to be in the midst of a drought	*être en pleine sécheresse*
to curse a country	*accabler un pays*
a drought-stricken country	*un pays frappé par la sécheresse*
to be plagued by drought	*être frappé de sécheresse*
to be beleagered (by)	*être frappé (par)*
a drought-plagued country	*un pays frappé par la sécheresse*
a drought-beleagered country	" " " "
to be gripped by a drought	*être aux prises avec une sécheresse*
to be in the throes of	*être en proie à*
to suffer from drought	*souffrir de sécheresse*
lean years	*années de vache maigre*
to cast a cloud over	*jeter une ombre sur*
to struggle against	*lutter contre*
to be laid waste (by)	*être ravagé (par)*
a lack of rain	*un manque de pluie*
spotty precipitation	*la rareté des précipitations*
to restrict water use	*restreindre la consommation d'eau*
a lawn sprinkler system	*un combiné d'arrosage*
a sprinkler system	*un combiné d'arrosage*
sprinkling	*arrosage*
a water meter	*un compteur d'eau*

2 A DRY COUNTRY — *UN PAYS SEC*

a scorching sun	*un soleil brûlant*
a scorcher	*une journée torride*
to hammer the land	*s'acharner sur un pays*
superheated air	*air chargé de chaleur*
a searing temperature	*une température élevée*
to parch	*dessécher*
to bake	*griller, rôtir*

to stunt	*déformer, retarder la croissance de*
stunted	*rabougri*
to shrink a river	*assécher une rivière*
to run dry	*s'assécher, se tarir*
a puny river	*un mince filet d'eau*
a riverbed	*le lit d'un fleuve*
to deplete the oxygen level	*diminuer le niveau d'oxygène*
to dredge	*creuser*
an emergency channel	*un canal de secours*
to unclog	*déboucher*
to blacken	*noircir*
wetlands	*les marécages*
dried up land	*la terre asséchée*
bare	*nu*
barren land	*la terre stérile / inculte*
arable land	*la terre cultivable*
windswept	*balayé par les vents*
denuded	*dénudé*
treeless	*sans arbres*
stripped of vegetation	*dépouillé de toute végétation*
forbidding	*sinistre*
forlorn	*triste*
scorched	*brûlé, roussi*
overgrazed pasture land	*pâturages surexploités*
rains	*les pluies*
to break a drought	*mettre fin à une sécheresse*
to come on schedule	*arriver comme prévu*
to wait a drought out	*attendre la fin de la sécheresse*
groundwater reserves	*nappes phréatiques*
underground water resources	*nappes souterraines*
the water table	*le niveau hydrostatique*
to shrink / to run low	*s'amenuiser*
a spring	*une source*
a well	*un puits*
a dry water hole	*un puits asséché*
water supplies	*approvisionnement en eau*
to dwindle	*s'amenuiser*
a shortage (of)	*une pénurie (de)*
a tanker truck	*un camion d'approvisionnement en eau*
to truck in water	*apporter l'eau par camion*
drought wreckage	*les dégâts provoqués par la sécheresse*
overpumping	*le pompage excessif*
to outstrip water stocks	*épuiser les ressources en eau*
to be hard hit (by)	*être durement touché (par)*
water-starved	*qui souffre de la sécheresse*
to be hard pressed (by)	*être très affecté (par)*
to hurt livestock	*nuire au cheptel*
to wither	*flétrir*
to ruin crops	*ruiner les cultures*
scraggy	*efflanqué, décharné*
a forest fire	*un incendie de forêt*
to rebuild a cattle herd	*reconstituer un troupeau de bestiaux*
a pail	*un seau*
a bucket of water	*un seau d'eau*

3 DESERTIFICATION *LA DESERTIFICATION*

a desert	*un désert*
a sand dune	*une dune de sable*
a wasteland	*terres mortes*
parched land	*la terre desséchée*
to be taken over by	*être envahi par*
to gain ground (on)	*gagner du terrain (sur)*
to make advances (on)	*gagner (sur)*
to encroach (upon)	*empiéter (sur)*
to eat up the land	*dévorer les terres*
to gnaw away at	*grignoter*
to erode	*éroder*
soil erosion	*l'érosion des sols*
to cause widespread erosion	*provoquer une large érosion*
topsoil	*la couche de terre supérieure*
to blow land away	*emporter la terre*
to churn up the soil	*fouetter la terre*
to whip up the soil	*soulever la terre*
a dust bowl	*un désert de poussière*
a dust storm	*un tourbillon de poussière*
to turn into	*se transformer en*

see : famine — *voir : la famine*

8 FAMINE — *LA FAMINE*

I THE FOOD CRISIS — *LA CRISE ALIMENTAIRE*

1 HUNGER — *LA FAIM*

a hunger crisis	*une crise alimentaire*
the hungry	*les affamés*
to be famished	*être affamé*
to go hungry	*se passer de nourriture*
to be hungry	*avoir faim*
to die of hunger	*mourir de faim*
to satisfy one's hunger	*manger à sa faim*
to be hunger-stricken	*être victime de la faim*
to look hungry	*avoir l'air affamé*
to have a hungry look	*avoir un air affamé*
hungrily	*goulûment*
hungry eyes	*yeux affamés*
to be mal nourished	*être mal nourri*
ill-fed	*mal nourri*
ill nourished	" "
underfed	*sous-alimenté*
hunger stalks Africa	*la famine règne en Afrique*

2 STARVATION — *LA FAMINE*

to starve	*être affamé*
to starve oneself	*se priver de nourriture*
starving	*famélique*
to starve to death	*mourir de faim*
to starve for food	*être affamé*
to be starved of food	*être privé de nourriture*
to hover on the brink of starvation	*être au bord de la famine*
to teeter on the verge of starvation	*être à deux doigts de la famine*
to live at the brink of starvation	*vivre au bord de la famine*
to be threatened by starvation	*être menacé par la famine*
to meet food needs	*satisfaire les besoins alimentaires*
to face starvation	*faire face à la famine*
starved looking	*à l'air affamé*
the Horn of Africa	*la Corne de l'Afrique*
Eritrea	*l'Erytrée*
Tigre	*le Tigre*
Ethiopia	*l'Ethiopie*
Sudan	*le Soudan*
Addis Ababa	*Addis Abeba*

3 FOOD — *LA NOURRITURE*

foodstuffs	*vivres, aliments*
food relief	*l'aide alimentaire*
to feed	*nourrir*
to nourish a country	*nourrir un pays*
to be dependent on . . . for food	*dépendre de ... pour les vivres*
a lack of food	*un manque de nourriture*
to lack food	*manquer de nourriture*
to be deprived of food	*être privé de nourriture*
a shortfall	*un manque*
to be short of food	*être à court de nourriture*
to be in short supply	*manquer de, être à court de*
to run out of food supplies	*être à court de vivres*
to go without food	*se passer de nourriture*
to do without food	" " " "
to make do with	*se contenter de*
a food shortage	*une pénurie de nourriture*
a scarcity of food	*un manque de nourriture*
to cry out for food	*réclamer de la nourriture*
to beg for food	*mendier de la nourriture*
to wander in search of food	*errer à la recherche de nourriture*
to be put on half ration	*être réduit à une demi-ration*
to dole out rations	*distribuer des rations avec parcimonie*
to allot rations	*distribuer des rations*
to ration	*rationner*
a bowl of rice	*un bol de riz*
a vitamin tablet	*un comprimé de vitamines*
salt enriched water	*une eau enrichie en sels*
a salt tablet	*un comprimé de sel*
to glut	*saturer*
a glut	*une surabondance*

4 FAMINE CRISIS — *LA CRISE ALIMENTAIRE*

a scourge	*un fléau*
a blight	" "
a plague	" "
the scope of a famine	*l'ampleur d'une famine*
a widespread famine	*une famine étendue*
a rampant famine	*une famine qui sévit*
a famine of biblical proportions	*une famine apocalyptique*
a famine-threatened country	*un pays menacé par la famine*
a man made famine	*une famine artificielle*
a famine-prone nation	*un pays enclin à la famine*
a belt of privation	*une région de pauvreté*
a famine-stricken country	*un pays frappé par la famine*
a famine-ridden country	" " "

to admit to a famine	*admettre l'existence de la famine*
to suffer from famine	*souffrir de la famine*
to face famine	*être confronté à la famine*
to be famine-plagued	*être touché par la famine*
to be in the throes of famine	*être en proie à la famine*
to be the prey of famine	*être la proie de la famine*
to reel from famine	*être ébranlé par la famine*
to strike a country	*frapper un pays*
to be on the verge of	*être au bord de*
to be affected (by)	*être touché (par)*
to be devastated (by)	*être décimé (par)*
to be decimated (by)	" " "
to be hard hit (by)	*être durement touché (par)*
to be gripped by	*être aux prises avec*
to be wiped out	*être anéanti*
to be annihilated	*être annihilé*
to be overwhelmed	*être accablé*
to be crushed	*être écrasé*
to rear one's ugly head	*réapparaître*
to wreak havoc	*causer des ravages*
to blight the face of a country	*ravager un pays*
to leave one's scar on the population	*meurtrir une population*

II CONSEQUENCES OF FAMINE — *LES CONSEQUENCES DE LA FAMINE*

1 PHYSICAL CONSEQUENCES — *CONSEQUENCES PHYSIQUES*

the physical appearance	*l'apparence physique*
to play havoc with sb.'s body	*ruiner la santé de qqn.*
to turn a man into a ghost	*devenir l'ombre de soi-même*
deprived	*démuni*
destitute	*sans ressources*
to be too weak to help oneself	*être trop faible pour s'alimenter*
a specter	*un spectre*
flesh	*la chair*
to shrivel	*se flétrir*
to wither	*s'étioler*
wasted	*décharné*
a hollow face	*un visage creusé*
hollow cheeked	*aux joues creuses*
with sunken cheeks	" " "
with hollow eyes	*aux yeux caves*
an anguished stare	*un regard chargé d'angoisse*
haggard looking	*à l'air hâve, hagard*
drawn	*les traits tirés*
sickly looking	*à l'air malingre*
a bone	*un os*
bones are showing through	*avoir la peau sur les os*
skeletal	*d'apparence squelettique*
gaunt	*décharné*
emaciated	*émacié*
skinny	*maigre*
spindly	*grêle*
scrawny	*efflanqué, décharné*
scraggy	*famélique*
scragginess	*l'aspect famélique*
a fly-covered face	*un visage couvert de mouches*

2 PHYSIOLOGICAL CONSEQUENCES — *CONSEQUENCES PHYSIOLOGIQUES*

to be susceptible to	*être vulnérable à*
to be the prey of a disease	*être victime d'une maladie*
to be riddled with a disease	*être ravagé par une maladie*
a disease-riddled body	*un corps ravagé par la maladie*
to be wrecked with a disease	*être dévasté par une maladie*
to suffer from vitamin deficiency	*souffrir d'une carence en vitamines*
a swollen belly	*un ventre ballonné*
dehydration	*la déshydratation*
rickets	*le rachitisme*
diphteria	*la diphtérie*
typhoid fever	*la fièvre typhoïde*
anemia	*anémie*
malaria	*la malaria, le paludisme*
dysentery	*la dysenterie*
diaerrha	*la diarrhée*
to go blind	*devenir aveugle*
to go deaf	*devenir sourd*
the death toll	*le bilan des victimes*
to take heavy toll on	*prélever un lourd tribut sur*
to exact a heavy toll on	" " " " "
a death ridden country	*un pays frappé par le malheur*

3 MORAL CONSEQUENCES — *CONSEQUENCES MORALES*

to give up all hope	*abandonner tout espoir*
to resign oneself to one's fate	*se résigner à son sort*
resignation	*la résignation*
passivity	*la passivité*
passive	*passif*
to feel helpless	*se sentir impuissant*

helplessness	*impuissance*
defenseless	*sans défense*
to bend under the weight of	*plier sous le poids de*
sorrow	*le chagrin*
grief	*la douleur*
misery	*la misère*
wretchedness	" "
wretched	*misérable*
to be displaced	*être chassé*
to wander	*errer*
to be uprooted	*être déraciné*
to go in search (of)	*partir à la recherche (de)*

4 ECONOMIC CONSEQUENCES — *CONSEQUENCES ECONOMIQUES*

economic woes	*malheurs économiques*
a continent-wide tragedy	*une tragédie qui affecte tout un continent*
to ruin the economy	*ruiner l'économie*
to bring an economy to its heels	*mettre une économie à genoux*
economic collapse	*l'effondrement économique*
to founder	*sombrer*
to take a tumble	*chuter*
to crumble	*s'effondrer*
to fall into pieces	"
to break apart	*se briser*
to go to wrack and ruin	*courir à sa perte*
to declare a state of emergency	*déclarer l'état d'urgence*
a natural disaster area	*une zone sinistrée*
to rebuild the economy	*rebâtir l'économie*
to put the economy back on its feet	*remettre l'économie sur pied*

see : economic crisis — *voir : la crise économique*

III FAMINE RELIEF — *LES SECOURS AUX AFFAMES*

1 GENERAL BACKGROUND — *GENERALITES*

relief	*le secours*
to relieve	*secourir*
to send relief to	*envoyer des secours à*
relief supplies	*secours*
a relief program	*un programme de secours*
to mount a relief operation	*monter une opération de secours*
a charity	*un organisme caritatif*
a nonvoluntary agency	*un organisme non-gouvernementale (ONG)*
the relief pipeline	*les canaux de secours*
an emergency relief flight	*un vol de secours d'urgence*
to coordinate a relief program	*coordonner un programme d'aide*
a logistical problem	*un problème de logistique*
a relief worker	*un secouriste*
relief workers	*équipes de secours*
to dispatch relief workers	*envoyer des équipes de secours*
to alleviate pain	*soulager la douleur*
a famine relief center	*un centre de secours aux affamés*
an emergency relief center	*un centre d'urgence à l'aide alimentaire*
a famine camp	*un camp de secours aux affamés*
a relief camp	*un camp de secours*
a refugee camp	*un camp de réfugiés*
a disease control centre	*un centre de prévention des maladies*
to set up a relief camp	*dresser un camp de secours*
a makeshift camp	*un campement de fortune*
a tent	*une tente*
a famine victim	*une victime de la famine*
a famine casualty	" " " " "

2 RESCUE — *LES SECOURS*

to come to the rescue	*venir en aide*
to fold one's hands	*se croiser les bras*
a rescue operation	*une opération de sauvetage*
to set up a rescue operation	*mettre sur pied des opérations de sauvetage*
to form a human chain	*former une chaîne humaine*
to converge on	*se diriger sur*
to get through to	*parvenir jusqu'à*
to be under way	*être en cours*
to airlift starving people	*évacuer les populations affamées par pont aérien*
an airlift	*un pont aérien*
to evacuate	*évacuer*
an evacuation	*une évacuation*
to relocate people	*reloger*
a relocation scheme	*un programme de relogement*
to resettle	*transférer*
a resettlement scheme	*un plan de transfert*
to displace people	*déplacer les populations*

3 INTERNATIONAL AID	L'AIDE INTERNATIONALE
a call for help	*un appel à l'aide*
to call for help	*solliciter l'aide*
humanitarian aid	*l'aide humanitaire*
outside aid	*l'aide extérieure*
aid efforts	*efforts de secours*
technical assistance	*assistance technique*
to appeal for aid	*lancer un appel à l'aide*
to grant aid	*accorder des aides*
with no strings attached	*sans conditions*
to respond	*réagir*
a response	*une réaction*
to cooperate	*coopérer*
cooperation	*la coopération*
to dispatch aid	*envoyer de l'aide*
aid donors	*les bénévoles*
to allocate aid	*répartir l'aide*
to earmark aid	*affecter des fonds*
to channel aid	*diriger l'aide*
to pour in aid	*venir massivement en aide*
a volunteer worker	*un bénévole*
to volunteer help	*offrir son aide bénévolement*
a sinkhole for western aid	*un gouffre pour l'aide occidentale*
to monitor the famine situation	*surveiller l'évolution de la famine*
to disrupt the aid effort	*perturber les efforts pour venir en aide*
a recipient	*un bénéficiaire*
mercy food	*aide alimentaire humanitaire*

4 FOOD SUPPLIES	L'AIDE ALIMENTAIRE
a food aid agency	*une agence d'aide alimentaire*
to supply	*fournir*
supplies	*fournitures, vivres*
to ship relief supplies	*faire parvenir du matériel d'urgence*
to ferry supplies	*acheminer des vivres*
to organize truck convoys	*organiser des convois par camions*
a relief convoy	*un convoi de secours*
to be backed up by	*être appuyé par*
to airlift food	*envoyer de la nourriture par avion*
to assist the needy	*venir en aide aux nécessiteux*
to provide food and clothing	*fournir des vivres et des vêtements*
to approve the delivery of	*approuver la livraison de*
to pledge tons of foodstuff	*promettre des tonnes de vivres*
a distribution network	*un réseau de distribution*
to distribute food	*distribuer / répartir la nourriture*
to allocate the food	*distribuer la nourriture*
to grant food (to)	*octroyer une aide alimentaire (à)*
to earmark food (for)	*destiner une aide alimentaire (à)*
to ship food	*expédier de la nourriture*
a food shipment	*une cargaison de nourriture*
a food truck	*un camion de vivres*
to increase food shipments	*intensifier les envois de nourriture*
to ship a planeload of food	*envoyer une cargaison de nourriture (par avion)*
to get food to the hungry	*ravitailler les affamés*
to pour food into a country	*envoyer massivement de la nourriture dans un pays*
to stockpile food	*stocker la nourriture*
food trickles in	*la nourriture arrive au compte-gouttes*
" floods in	*se déverse*
" pours in	" "
" reaches a country	*parvient à un pays*
" has trouble reaching a country	*parvient difficilement à un pays*
" is hard to come by	*est difficile à obtenir*
" is easy to come by	*est facile à obtenir*
" gets through	*parvient à bon port*
" is scarce	*est rare*
" is getting scarce	*se fait rare*
" is abundant	*est abondante*
" is plentiful	" "
to withhold food from a country	*priver un pays d'aide alimentaire*
to hold back food from a country	*priver un pays de nourriture*
to divert food from a country	*détourner l'aide alimentaire d'un pays*
a distribution foul-up	*une erreur de distribution*
to foul up	*avoir des ratés*
to rot	*pourrir*
rotting food	*la nourriture avariée*
to go to waste	*se gâter*

5 FINANCIAL AID	L'AIDE FINANCIERE
to appeal for funds	*demander des fonds*
to raise funds	*rassembler des fonds*
to collect money	*recueillir des fonds*
a collection	*une quête*
to organize a fund-raising campaign	*organiser une campagne de collecte*
a public fund-raising campaign	*une collecte publique*
a money-raising fast	*un jeûne pour recueillir des fonds*
to go on a hunger march	*participer à une marche de la faim*
a hunger marcher	*un participant à une marche de la faim*
to stage a concert	*organiser un concert*

to donate money	*faire des dons en espèces*
a donation	*un don en espèces*
a donor	*un donateur*
a donor nation	*un pays donateur*
to send money (to)	*envoyer de l'argent (à)*
to pitch in	*verser son obole*
to pour in	*arriver de toutes parts*
to be committed to send money	*s'engager à envoyer de l'argent*
to pledge money to	*promettre des dons en espèces*

a pledge	*une promesse*
to vote special funding for	*voter des crédits spéciaux pour*
to approve special funding	*approuver des crédits spéciaux*
to contribute money to	*envoyer de l'argent*
a contribution	*un versement*
to awaken public sympathy	*soulever la sympathie du public*
to arouse	*susciter*
to spark a response	*provoquer un élan*

9 OVER-POPULATION — *LA SURPOPULATION*

1 GENERAL BACKGROUND — *GENERALITES*

demography	*la démographie*
demographic	*démographique*
demographic statistics	*les statistiques démographiques*
a demographer	*un démographe*
the birth rate	*le taux de natalité*
the death rate	*le taux de mortalité*
the mortality rate	" " " "
the infant mortality rate	*le taux de mortalité infantile*
life expectancy	*l'espérance de vie*
population	*la population*
the world population	*la population mondiale*
to rise (by)	*augmenter (de)*
a rise in	*un accroissement de*
to fall (by)	*diminuer (de)*
a fall in	*une baisse de*
to double	*doubler*
to halve	*diviser par deux*
to increase five-fold	*être multiplié par cinq*
to expand	*se développer*
to jump from . . . to . . .	*faire un bond de ... à ...*
to soar	*grimper*
population figures	*la démographie*
population planning	*la planification démographique*
a population movement	*un mouvement de population*
a migratory movement	*un mouvement migratoire*
the population growth	*la croissance de la population*
a population increase	*un accroissement démographique*
population density	*la densité de population*
surplus population	*l'excédent de population*
the working population	*la population active*

an aging population	*une population vieillissante*
a population projection	*une prévision démographique*
the projected population	" " "
a population challenge	*un défi démographique*
a population bomb	*une bombe démographique*
a population issue	*un problème démographique*
to address an issue	*s'attaquer à un problème*
population distribution	*la répartition de la population*
populated	*peuplé*
heavily populated	*fortement peuplé*
sparsely populated	*faiblement peuplé*
350 people to the square km	*350 habitants au km²*
a geometrical ratio	*une progression géométrique*
an arithmetical ratio	*une progression arithmétique*
fertility	*la fécondité*
the fertility rate	*le taux de reproduction*
the replacement rate	*le taux de remplacement*
to cut fertility	*diminuer la fécondité*
to restrict fertility	*restreindre la fécondité*
to reverse a trend	*renverser une tendance*
an age pyramid	*une pyramide des âges*
a baby boom	*une explosion démographique*
a baby bust	*un effondrement démographique*
the baby boomers	*les enfants de l'explosion démographique*
the baby busters	*les enfants de l'effondrement démographique*

a grey glut	*un excès de personnes âgées*
to stabilise	*se stabiliser*
to level off	*" "*
a household	*un foyer*
the size of the population	*la taille de la population*
see : immigration	*voir : l'immigration*

2 A CENSUS *UN RECENSEMENT*

a population census	*un recensement de la population*
census-taking	*faire un recensement*
to count people	*recenser, compter*
to count out	*dénombrer*
a head count	*un dénombrement*
the census Bureau	*les services du recensement*
a census-taker	*un agent du recensement*
a census record	*les archives du recensement*
to conduct a census	*faire un recensement*
a ten-yearly count	*un recensement décennal*
census data	*données du recensement*
a questionnaire	*un questionnaire*
a census form	*" "*
to enumerate	*dénombrer*
to enumerate oneself	*se compter*
enumeration	*le dénombrement*
an enumerator	*un agent recenseur*
to compile population figures	*compiler les chiffres de la population*
to survey	*faire une étude de / une enquête sur*
to pry information out of	*chercher à obtenir des renseignements sur*
intrusive questions	*questions indiscrètes*
to fill out a form	*remplir un questionnaire*
to deliver a form	*remettre un questionnaire*
to pick up a form	*chercher un questionnaire*
to turn in one's form	*rendre son questionnaire*
to return one's form	*renvoyer son questionnaire*
a short count	*une sous-estimation*
uncounted people	*personnes non comptées*
to go unsurveyed	*échapper au recensement*
to overlook	*négliger*
to miss l.5 per cent of the population	*oublier 1,5% de la population*
an undercount	*une sous-estimation*
an undercounted population	*une population sous-estimée*
to adjust a figure upward	*réviser un chiffre à la hausse*
ethnicity	*le caractère ethnique*
political representation	*la représentation politique*
to apportion the number of	*répartir le nombre de*
to redistrict local legislatures	*redessiner les circonscriptions locales*
a grant-in-aid	*une subvention*

3 FAMILY PLANNING *LE PLANISME FAMILIAL*

to bring population growth under control	*maîtriser la croissance démographique*
to check overpopulation	*enrayer la surpopulation*
to restrict family size	*réduire la taille de la famille*
to increase contraceptive use	*accroître l'utilisation des contraceptifs*
a family planning organization	*un centre de planisme familial*
a planned parenthood federation	*une fédération de planisme*
contraceptive information	*informations sur la contraception*
to galvanize a people behind	*galvaniser un peuple pour*
a contraceptive device	*un procédé contraceptif*
birth control	*la régulation des naissances*
to be coerced into	*être forcé de*
to have an abortion	*se faire avorter*
an infanticide	*un infanticide*
to foster family planning	*encourager le planisme familial*
to practice	*pratiquer*
to rally support for	*rassembler des forces en faveur de*
a malthusian nightmare	*un cauchemar malthusien*
to run out of space	*être à court de place*
to hold people	*contenir (des personnes)*
to provide the bare necessities	*fournir le minimum vital*
a lack of food	*un manque de nourriture*
to sustain	*supporter*
an extra mouth	*une bouche supplémentaire*
a bulging city	*une ville surpeuplée*
to crowd (into)	*venir s'entasser (dans)*
overcrowded	*surpeuplé*
to teem with people	*grouiller de monde*
to swarm (with)	*pulluler (de)*
to limit the population	*limiter le nombre d'habitants*

INDEX

Anglais

Français

Aubin Imprimeur
LIGUGÉ, POITIERS

Achevé d'imprimer en mars 2003
N° d'impression L 64981
Dépôt légal mars 2003 / Imprimé en France